中国社会科学院创新工程学术出版资助项目

归善斋《尚书》三谟章句集解

上中卷

尤韶华 ◎ 纂

SENTENTIAL VARIORUM ON YAODIAN
AND SHINDIAN IN SHANGSHU

中国社会科学出版社

图书在版编目(CIP)数据

归善斋《尚书》三谟章句集解（全3卷）/ 尤韶华纂．—北京：中国社会科学出版社，2015.10

ISBN 978-7-5161-7194-3

Ⅰ.①归… Ⅱ.①尤… Ⅲ.①中国历史-商周时代②《尚书》-注释 Ⅳ.①K221.04

中国版本图书馆 CIP 数据核字(2015)第 282042 号

出 版 人	赵剑英
责任编辑	任　明
特约编辑	乔继堂
责任校对	郝阳洋
责任印制	何　艳
出　　版	中国社会科学出版社
社　　址	北京鼓楼西大街甲 158 号
邮　　编	100720
网　　址	http://www.csspw.cn
发 行 部	010-84083685
门 市 部	010-84029450
经　　销	新华书店及其他书店
印刷装订	北京市兴怀印刷厂
版　　次	2015 年 10 月第 1 版
印　　次	2015 年 10 月第 1 次印刷
开　　本	710×1000　1/16
印　　张	84.25
插　　页	2
字　　数	1305 千字
定　　价	600.00 元

凡购买中国社会科学出版社图书，如有质量问题请与本社营销中心联系调换
电话：010-84083683
版权所有　侵权必究

自序
心存敬畏　唯善唯一

（一）

　　《归善斋〈尚书〉三谟章句集解》，是《归善斋〈尚书〉章句集解》的第二册。本书的完成，恰逢第一册《归善斋〈尚书〉二典章句集解》出版之时。典、谟，属于《尚书·虞书》，而《尚书·虞书》唯有典、谟二体，即二典、三谟。《尚书》的《夏书》、《商书》、《周书》无典、谟，而按《尚书注疏·尚书序》唐孔颖达的分类，有训、诰、誓、命、歌、贡、征、范八类，与《虞书》的典、谟合为十体。《归善斋〈尚书〉章句集解》以后各册，仍将按书体分类，陆续完成。第三册拟为《归善斋〈尚书〉诸诰章句集解》，第四册拟以《归善斋〈尚书〉诸誓章句集解》。其后各册视情况而定。

　　在《归善斋〈吕刑〉汇纂叙论》的序文中提到，归善斋有三重含义，即汇集经学善解；《吕刑》导人向善；国学诸家合善。此外对学术善政也有所期盼。《归善斋〈尚书〉章句集解》，意在汇集众家之解，以供读者探觅其善，以免限于一家之言。《钦定四库全书》有五十余种《书》类著作，可分为几类：（一）基本上对《尚书》逐篇逐句解说，有（汉）孔氏撰（唐）陆德明音义孔颖达疏《尚书注疏》、（宋）苏轼《书传》、（宋）林之奇《尚书全解》、（宋）史浩《尚书讲义》、（宋）夏僎《夏氏尚书详解》、（宋）时澜《增修东莱书说》、（宋）黄度《尚书说》、（宋）袁燮《絜斋家塾书钞》、（宋）蔡沈《书经集传》、（宋）黄伦《尚书精义》、

（宋）陈经《陈氏尚书详解》、（宋）钱时《融堂书解》、（宋）魏了翁《尚书要义》、（宋）陈大猷《书集传或问》、（宋）胡士行《胡氏尚书详解》、（元）吴澄撰《书纂言》、（元）陈栎《尚书集传纂疏》、（元）许谦《读书丛说》、（元）董鼎《书传辑录纂注》、（元）朱祖义《尚书句解》、（明）王樵《尚书日记》、（清）《御制日讲书经解义》。（二）对各篇的某些章句考据解说，有（宋）金履祥《尚书表注》、（元）黄镇成《尚书通考》、（元）陈师凯《书蔡传旁通》、（元）王充耘《读书管见》、（元）陈悦道《书义断法》、（明）梅鷟《尚书考异》、（明）马明衡《尚书疑义》、（明）袁仁《尚书砭蔡编》、（明）陈泰交《尚书注考》、（明）陈第《尚书疏衍》、（清）王夫之《尚书稗疏》、（清）毛奇龄《尚书广听录》、（清）朱鹤龄《尚书埤传》、（元）王充耘《书义矜式》、（清）张英《书经衷论》、（清）孙之騄辑《尚书大传》、（清）蒋廷锡《尚书地理今释》。（三）只就数篇加以解说，有（清）李光地《尚书七篇解义》、（宋）杨简《五诰解》。（四）仅就单篇解说，有（宋）毛晃《禹贡指南》、（宋）程大昌《禹贡论》、（宋）傅寅《禹贡说断》、（清）朱鹤龄《禹贡长笺》、（清）胡渭《禹贡锥指》、（清）徐文靖《禹贡会笺》、（宋）胡瑗《洪范口义》、（宋）赵善湘《洪范统一》、（明）黄道周《洪范明义》、（清）胡渭《洪范正论》。此外，（清）阎若璩《古文尚书疏证》、（清）毛奇龄《古文尚书冤词》则论辩今古文《尚书》。以上著作，均或多或少表达了自己的见解。（元）王天与《尚书纂传》、（明）刘三吾《书传会选》、（清）《书经大全》仅汇集相关解说。

　　这些著作起于汉唐，迄于明清，而以宋代居多，汉唐仅《尚书注疏》一部。文化是一种积淀，后人的著作征引前人的著作。越往后，征引越多。而后人对前人的征引，或褒，或贬，或认同，或质疑，或补充，可以从这些征引中看到《书》学的发展轨迹。其中汉唐二孔的《尚书注疏》和南宋蔡沈的《书经集传》最为重要。其他《书》类著述大多围绕《尚书注疏》、《书经集传》而作。唐宋时，《尚书注疏》立于官学，而元明清《书经集传》立于官学。《书经集传》为朱熹门人蔡沈受师命所作，部分书稿经朱熹审定。元明及清代前期《书》类著述，大多认同《书经集传》。元代吴澄《书纂言》、陈栎《尚书集传纂疏》、董鼎《书传辑录纂

总 目

·上 卷·

第一编 《大禹谟》章句集解

大禹谟第三 …………………………………………… 3
一 序言 ………………………………………………… 6
二 稽古 ………………………………………………… 35
三 克艰 ………………………………………………… 51
四 善政养民 …………………………………………… 150
五 摄政 ………………………………………………… 201
六 徂征有苗 …………………………………………… 428

·中 卷·

第二编 《皋陶谟》章句集解

皋陶谟第四 …………………………………………… 537
一 稽古 ………………………………………………… 545
二 修身 ………………………………………………… 573
三 知人 ………………………………………………… 589
四 安民 ………………………………………………… 735

1

·下 卷·

第三编 《益稷》章句集解

益稷第五	835
一 决川播种	842
二 慎位安止	923
三 股肱耳目	963
四 韶乐合奏	1190
五 作歌唱和	1261

目 录

·上卷·

第一编 《大禹谟》章句集解

大禹谟第三 ·· 3

一 序言 ·· 6
序 皋陶矢厥谟 ·· 6
禹成厥功 ·· 14
帝舜申之 ·· 18
作《大禹》、《皋陶谟》 ···································· 21
《益稷》 ·· 25
《大禹谟》 ·· 28

二 稽古 ·· 35
曰若稽古大禹 ·· 35
曰文命敷于四海，祗承于帝 ································ 46

三 克艰 ·· 51
曰：后克艰厥后，臣克艰厥臣，政乃乂，黎民敏德 ············ 51
帝曰：俞！允若兹，嘉言罔攸伏，野无遗贤，万邦咸宁 ········ 59
稽于众，舍己从人，不虐无告，不废困穷，惟帝时克 ·········· 74

益曰：都！帝德广运，乃圣乃神，乃武乃文 ………………… 78

　　皇天眷命，奄有四海，为天下君 …………………………… 90

　　禹曰：惠迪吉，从逆凶，惟影响 …………………………… 94

　　益曰：吁！戒哉！儆戒无虞，罔失法度 …………………… 103

　　罔游于逸，罔淫于乐 ………………………………………… 127

　　任贤勿贰，去邪勿疑，疑谋勿成，百志惟熙 ……………… 132

　　罔违道，以干百姓之誉 ……………………………………… 136

　　罔咈百姓，以从己之欲 ……………………………………… 141

　　无怠无荒，四夷来王 ………………………………………… 145

四　善政养民 ……………………………………………………… 150

　　禹曰：於！帝念哉！德惟善政，政在养民 ………………… 150

　　水、火、金、木、土、谷惟修 ……………………………… 169

　　正德、利用、厚生惟和 ……………………………………… 175

　　九功惟叙，九叙惟歌 ………………………………………… 179

　　戒之用休，董之用威，劝之以九歌，俾勿坏 ……………… 185

　　帝曰：俞！地平天成，六府三事允治，万世永赖，时乃功 … 192

五　摄政 …………………………………………………………… 201

　　帝曰：格！汝禹，朕宅帝位三十有三载，耄期倦于勤。汝惟
　　　不怠，总朕师 ……………………………………………… 201

　　禹曰：朕德罔克，民不依。皋陶迈种德，德乃降，黎民怀之 … 213

　　帝念哉！念兹在兹，释兹在兹 ……………………………… 223

　　名言兹在兹，允出兹在兹，惟帝念功 ……………………… 231

　　帝曰：皋陶，惟兹臣庶，罔或干予正 ……………………… 235

　　汝作士，明于五刑，以弼五教 ……………………………… 248

　　期于予治，刑期于无刑，民协于中，时乃功，懋哉 ……… 252

　　皋陶曰：帝德罔愆，临下以简，御众以宽 ………………… 257

　　罚弗及嗣，赏延于世 ………………………………………… 274

　　宥过无大，刑故无小 ………………………………………… 278

罪疑惟轻，功疑惟重 ································· 282

与其杀不辜，宁失不经，好生之德，洽于民心，兹用，不犯于
　　有司 ··· 287

帝曰：俾予从欲以治，四方风动，惟乃之休 ··········· 292

帝曰：来，禹！降水儆予，成允成功，惟汝贤 ········· 299

克勤于邦，克俭于家，不自满假，惟汝贤 ············· 317

汝惟不矜，天下莫与汝争能；汝惟不伐，天下莫与汝争功 ··· 321

予懋乃德，嘉乃丕绩，天之历数在汝躬，汝终陟元后 ··· 327

人心惟危，道心惟微，惟精惟一，允执厥中 ··········· 333

无稽之言勿听，弗询之谋勿庸 ························ 363

可爱非君，可畏非民，众非元后，何戴？后非众，罔与守邦 ··· 369

钦哉！慎乃有位，敬修其可愿。四海困穷，天禄永终 ··· 378

惟口出好兴戎，朕言不再 ····························· 383

禹曰：枚卜功臣，惟吉之从 ··························· 388

帝曰：禹！官占惟先蔽志，昆命于元龟 ··············· 398

朕志先定，询谋佥同，鬼神其依，龟筮协从，卜不习吉 ··· 403

禹拜稽首，固辞 ····································· 408

帝曰：毋！惟汝谐 ··································· 412

正月朔旦，受命于神宗 ······························· 415

率百官，若帝之初 ··································· 423

六　徂征有苗 ·· 428

帝曰：咨，禹！惟时有苗弗率，汝徂征 ··············· 428

禹乃会群后，誓于师曰：济济有众，咸听朕命 ········ 443

蠢兹有苗，昏迷不恭 ································· 448

侮慢自贤，反道败德 ································· 452

君子在野，小人在位 ································· 456

民弃不保，天降之咎 ································· 459

肆予以尔众士，奉辞伐罪 ····························· 463

尔尚一乃心力，其克有勋 ····························· 467

3

三旬，苗民逆命 ··· 471
益赞于禹曰：惟德动天，无远弗届 ······················ 481
满招损，谦受益，时乃天道 ································· 488
帝初于历山，往于田，日号泣于旻天，于父母 ······ 492
负罪引慝，祗载见瞽瞍，夔夔斋栗，瞽亦允若 ······ 500
至诚感神，矧兹有苗 ·· 505
禹拜昌言曰：俞！班师振旅 ···································· 509
帝乃诞敷文德 ··· 516
舞干羽于两阶 ··· 523
七旬，有苗格 ··· 528

·中 卷·

第二编 《皋陶谟》章句集解

皋陶谟第四 ··· 537

一 稽古 ··· 545
曰若稽古皋陶 ··· 545
曰允迪厥德，谟明弼谐 ··· 562
禹曰：俞！如何 ··· 567

二 修身 ··· 573
皋陶曰：都！慎厥身修，思永 ································· 573
惇叙九族，庶明励翼，迩可远在兹 ······················ 578
禹拜昌言曰：俞 ··· 582

三 知人 ··· 589
皋陶曰：都！在知人，在安民 ································· 589
禹曰：吁！咸若时，惟帝其难之 ··························· 604

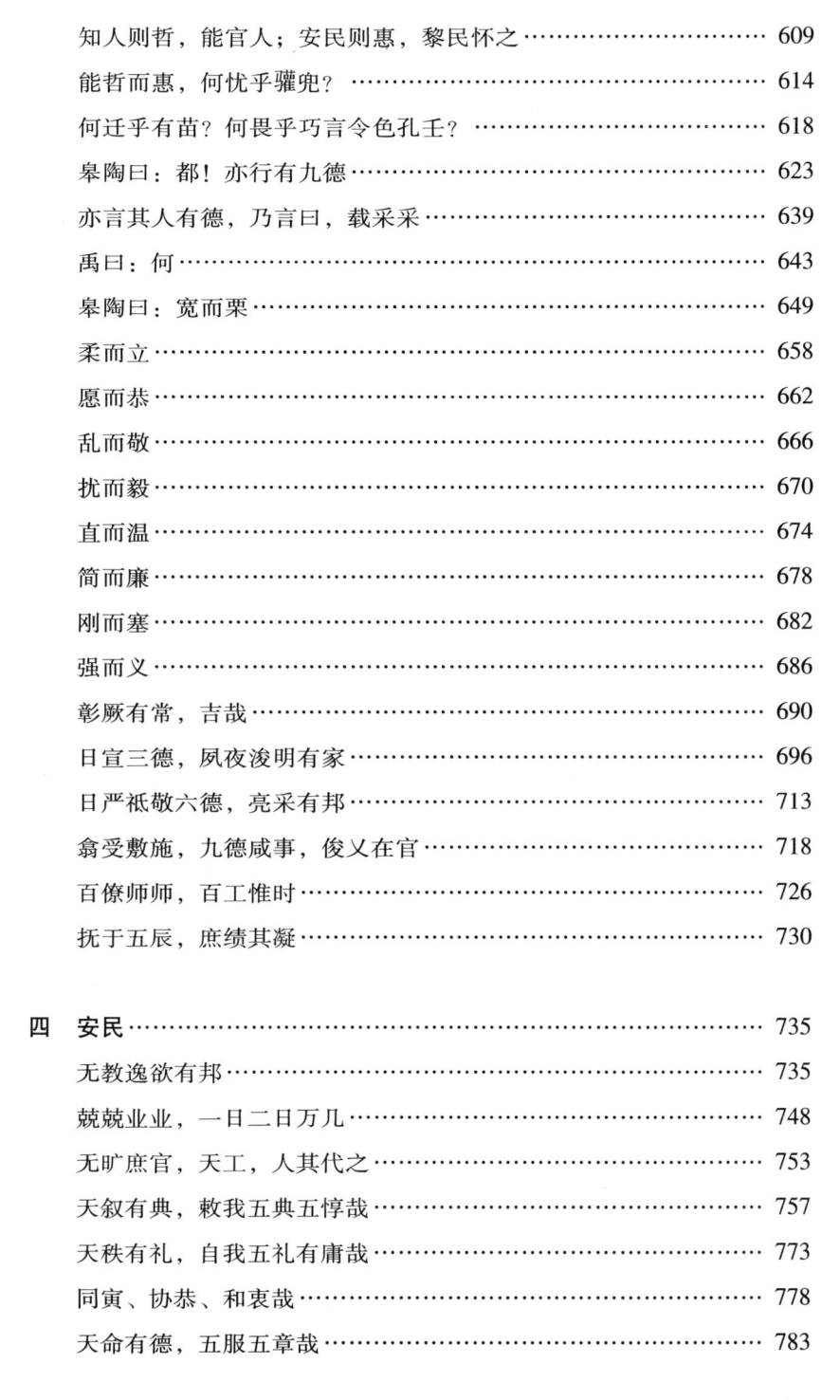

知人则哲，能官人；安民则惠，黎民怀之 …………………… 609
能哲而惠，何忧乎骧兜？ ………………………………… 614
何迁乎有苗？何畏乎巧言令色孔壬？ …………………… 618
皋陶曰：都！亦行有九德 ………………………………… 623
亦言其人有德，乃言曰，载采采 ………………………… 639
禹曰：何 …………………………………………………… 643
皋陶曰：宽而栗 …………………………………………… 649
柔而立 ……………………………………………………… 658
愿而恭 ……………………………………………………… 662
乱而敬 ……………………………………………………… 666
扰而毅 ……………………………………………………… 670
直而温 ……………………………………………………… 674
简而廉 ……………………………………………………… 678
刚而塞 ……………………………………………………… 682
强而义 ……………………………………………………… 686
彰厥有常，吉哉 …………………………………………… 690
日宣三德，夙夜浚明有家 ………………………………… 696
日严祗敬六德，亮采有邦 ………………………………… 713
翕受敷施，九德咸事，俊乂在官 ………………………… 718
百僚师师，百工惟时 ……………………………………… 726
抚于五辰，庶绩其凝 ……………………………………… 730

四　安民 ……………………………………………………… 735
无教逸欲有邦 ……………………………………………… 735
兢兢业业，一日二日万几 ………………………………… 748
无旷庶官，天工，人其代之 ……………………………… 753
天叙有典，敕我五典五惇哉 ……………………………… 757
天秩有礼，自我五礼有庸哉 ……………………………… 773
同寅、协恭、和衷哉 ……………………………………… 778
天命有德，五服五章哉 …………………………………… 783

天讨有罪，五刑五用哉 …………………………………………… 789

政事懋哉懋哉 …………………………………………………… 793

天聪明，自我民聪明 …………………………………………… 797

天明畏，自我民明威 …………………………………………… 808

达于上下，敬哉有土 …………………………………………… 812

皋陶曰：朕言惠，可厎行 ……………………………………… 816

禹曰：俞！乃言厎可绩 ………………………………………… 824

皋陶曰：予未有知，思曰赞赞襄哉 …………………………… 828

・上 卷・

第一编

《大禹谟》章句集解

大禹谟第三

《尚书全解》卷四

（宋）林之奇撰

《大禹谟》

虞史既述二典，而其所载义，有所未备者。于是又叙其君臣之间，嘉言善政二典之所不载者，以为《大禹谟》、《皋陶谟》、《益稷》三篇。此盖备二典之所未备者，非如《舜典》之初，上接《尧典》之末也。盖《舜典》之末已载舜死。而此三篇答问之言，皆舜未死已前之言也。然文势虽不相接，而其意实相属。《尧典》载四岳荐舜于侧微之中，尧妻以二女，既为《舜典》张本矣。故《舜典》之初，即载历试受禅之事。《舜典》既载禹宅百揆之职，继舜之任，而其本末，未有所属也。故《大禹谟》则载大禹居摄帝位，率百官若帝之初，然后舜之始末无所不备。此其所以谓之《虞书》也。然《左氏传》举皋陶、益稷之言，若"皋陶迈种德"、"地平天成"、"敷纳以言"等语，皆以为《夏书》。此盖孔子未定书已前传写之误也，以为《虞书》者，意其出孔子之所厘正矣。据此三篇，皆是舜、禹、皋陶、夔益之徒，相与都、俞、赓歌之言，而其事则止于禹之居摄，受命徂征有苗，犹未及夫禹即帝位告庙之事，安得以为《夏书》邪。

《尚书详解》卷三

（宋）夏僎撰

《大禹谟》

林少颖谓：虞史既述二典，而其所载义有所未备者，于是又叙其君臣之间嘉言善政，二典之所不载者，以为《大禹》、《皋陶谟》、《益稷》三篇。此盖备二典之所未备者，非如《舜典》之初，上接《尧典》之末也。盖《舜典》已载舜死，此三篇皆舜未死已前之言，文不相接，而意实相属。《舜典》既载禹宅百揆，继舜之任，而其本末未有所属，故此篇载禹摄帝位，率百官若帝之初，然后舜之始末无所不备，此所以为《虞书》。《左氏传》所举以为《夏书》盖孔子未定书以前，传写之误也。

《书经集传》卷一

（宋）蔡沈撰

《大禹谟》

谟，谋也。林氏曰："虞史既述二典，其所载有未备者，于是又叙其君臣之间嘉言善政，以为《大禹》、《皋陶谟》、《益稷》三篇，所以备二典之未备者，今文无，古文有。"

《尚书详解》卷三

（宋）陈经撰

《大禹谟》

序书者曰："皋陶矢厥谟，禹成厥功"，后之君子，亦由禹以功，皋陶以谟，不闻禹之有谟也。今此篇之书，以《大禹谟》名篇，而详观所载，又皆非大禹之言，不过曰"克艰"与"六府"、"三事"数语而已。然则，何也？禹之所谓"功"者，非其不能言之谓。皋陶之所谓"谟"者，非无功之谓。禹之谟，即言其所能行；皋陶之功，即行其所能言。言其所能行，谓之"成厥功"可也。行其所能言，谓之"矢厥谟"可也，故作书者，以《大禹谟》名篇，可见圣贤之德，不可以一端求之。况此篇，虽伯、益、皋陶与帝舜反复其言，而大要，则皆因禹，而更唱迭发也。典、谟之书，先贤尝以为难读。看《大禹谟》、《皋陶谟》、《益稷》三篇之书，无非君臣相与警戒。说者以为保治之意，未足以尽帝王君臣用心，圣人之德自当如此。苟须臾而不警，则有间断，非纯乎天德者也。《诗》曰："维天之命，于穆不已，于乎不显，文王之德之纯。"孔子曰：

"我学不厌,而教不倦也。"子在川上曰:"逝者如斯夫,不舍昼夜。"知此意,则可以观此书。

《尚书句解》卷二

(元)朱祖义撰

《大禹谟第三》

序书者曰:"皋陶矢厥谟,禹成厥功",君子亦曰:"禹以功,皋陶以谟,不闻禹有谟也。"今此篇以《大禹谟》名,详观所载,又皆非大禹之言。大禹不过"克艰"与"六府"、"三事"数语而已,何也?禹非不能言,所谓谟者,即言其所能行;皋陶非无功,所谓功者,即行其所能言。圣贤之德,其可以一端求欤?

一 序言

序 皋陶矢厥谟

1. 《尚书注疏》卷三

（汉）孔氏传，（唐）陆德明音义，孔颖达疏

序皋陶矢厥谟。

传：矢，陈也。

音义：皋，音高；陶，音遥；矢，本又作丢。谟字又作暮，重直用反，下同。

疏：正义曰：皋陶为帝舜陈其谋。

传正义曰：矢，陈也；《释诂》文，陈其成功。此是谟篇。

2. 《书传》卷三

（宋）苏轼撰

皋陶矢厥谟，禹成厥功。帝舜申之，作《大禹谟》、《皋陶谟》、《益稷》。

矢，陈也。申，推明之也。

3.《尚书全解》卷四

(宋)林之奇撰

皋陶矢厥谟，禹成厥功。帝舜申之，作《大禹》、《皋陶谟》、《益稷》。

(归善斋按：见《大禹谟》)

4.《尚书讲义》卷三

(宋)史浩撰

皋陶矢厥谟，禹成厥功。帝舜申之，作《大禹》、《皋陶谟》、《益稷》。

矢，陈也。谟，嘉言也。禹以功，皋陶以谟，列于帝尧之朝。舜因而申之，宜矣。而必附以益、稷者，史之意也。盖益、稷，亦禹皋陶之俦也。惟此四人，舜之同僚，而能推腹心，露诚实移，所以事尧者。事舜，则舜必有以服其心者矣。得此四人之心，舜之所以有天下也。文王作兴，二老归之。说者谓天下之父归之其子焉。往汉高叙三杰曰：吾能用之，所以得天下也。然则帝舜申之，而附以益、稷意可见矣。

5.《尚书详解》卷三

(宋)夏僎撰

皋陶矢厥谟，禹成厥功。帝舜申之，作《大禹》、《皋陶谟》、《益稷》。

在舜之时，皋陶以谟显大，禹以功著。作《书》者，既述二典，载其君之始末，于是，又录其君臣之间，嘉言善政，作此《大禹谟》、《皋陶谟》、《益稷》三篇，以见当时，为臣者忠力如此。孔氏叙《书》，将发明其所以作此书之意。故言皋陶为舜陈其谟，禹为舜成其功。舜则因二子之谟功而申之，故作《大禹》、《皋陶》、《益稷》三篇。盖此三篇，皆是禹之功，皋陶之谟，与舜美之之言。故孔子作序，所以必云也。"帝舜申之"，说者不同。林少颖谓：申，重也。皋陶之谟显矣，舜则申之，使致其功，若所谓"时乃功懋哉"是也。禹之功著矣，舜则申之，使陈其谟，

7

若所谓"汝亦昌言"是也。苏氏则谓：申，推明之也。张氏则谓：申，发扬而暴白之，使功与谟皆申而不屈。皆不若汉孔氏谓：申，重美二子之言。唐孔氏广其说曰：若《大禹谟》言"帝曰：俞！地平天成，时乃功，懋哉"。《益稷》又云"迪朕德，时乃功惟叙"，是皆重美二子之言。此是矣。篇次先禹，后皋陶；序乃先皋陶，而后禹。唐孔氏谓：《皋陶》之篇，皋陶自先发端，禹乃然而问之。皋陶言在禹先，故序先言皋陶。殊不知，禹谟言"后克艰厥后"以下，亦禹先发端，则禹言又在皋陶之先，岂可谓皋陶言在禹先，故先皋陶。又孔氏之说，特可该《皋陶》一篇而已。此序，包括三篇，岂可只以《皋陶谟》一篇为据哉。沈博士又谓：篇次先禹后皋陶，以禹继舜有天下，序先言矢谟而后成功，意禹之功，未必非皋陶有以发之。此说虽近似，然考之于经，禹功自功，皋陶谟自谟，未见有皋陶发之之意。惟少颖谓：先言皋陶而后言禹，非有轻重取与于其间。盖先言谟而后言功，事辞之序然也。此说最为平稳。说者谓：伏生以《益稷》合于《皋陶谟》今考《益稷》，篇首言"帝曰：来！禹，汝亦昌言"，与《皋陶》篇末"思曰赞赞襄哉"文势相接。又此篇无益、稷一言，则安国分为二篇，未必古文如此。余谓安国得古文于屋壁。以其古书，心必增敬，岂敢以已意妄加分别。《益稷》一篇必是古文自尔。林少颖谓：古者编竹简成书，竹简所载不能多，必析而分之。既分之，必取数字名篇，此篇有暨《益稷》之文，故借此二字以名简策，犹《论语》以颜子、微子，《孟子》以公孙丑、万章等名篇也。又此三篇，又谓之禹谟者，岂尽禹之谟，亦有皋陶之言；皋陶谟者，岂尽皋陶之谟，亦有大禹之言。其分为三，便于简策，而非谓禹谟尽在第一，皋陶谟尽在第二。汉孔氏谓：《大禹谟》九功，《皋陶谟》九德，是皆拘于篇名，而为此说。故林少颖亦云不必如此。凡三篇中，出于禹言者，皆禹谟，何必九功。出于皋陶者，皆皋陶谟，何必九德，此说尤当。

6.《增修东莱书说》卷三

（宋）吕祖谦撰，时澜增修

皋陶矢厥谟，禹成厥功。帝舜申之。作《大禹》、《皋陶谟》、《益稷谟》。

孔子序《书》，以三语包括三篇之大义。"帝舜申之"，尤有深旨。皋陶矢谟，舜则曰"时乃功"，禹成功。舜则曰"禹亦昌言"，说者多以此为"申之"之意。非也。盖皋陶固有谟，禹固有功，舜无以"申之"，则谟与功之功用，未著也。惟"申之"，则谟与功始昭著暴白，而不可掩。观"申"之一字，见舜得君道之象，譬之"烛"焉，未燃之时，烛而已矣，既燃之后，则辉光发耀。今之烛，非前之烛矣，此"申之"之说也。

7.《尚书说》卷一

（宋）黄度撰

皋陶矢厥谟，禹成厥功帝，舜申之作，《大禹》、《皋陶谟》、《益稷》。

矢，陈；申，重也，反复之也。书名"谟"，序称功，何也？禹之谟，实纪功也。其先皋陶，何也？皋陶之谟，推明君德，本末该贯。禹功虽高，其行事要不出于皋陶之所陈述也。是故，皋陶非无功而称其谟，禹非无谟而称其功。圣人之言，初无异者。治水明刑，各见诸行事。而地平天成，禹之功，为独高也。皋陶曰"朕言惠可厎行"，禹曰"乃言厎可绩"，皋陶之谟，必可行也。禹曰"予思日孜"，皋陶曰"师汝昌言"，禹之功必可言也。舜所以反复之，使互相发明也。是故，二典为万世之常道，圣人大宝，不可以浅德居也。三谟，万世之格言，禹之功，皋陶之谟，皆行其君师之职也。

8.《洁斋家塾书钞》卷二

（宋）袁燮撰

皋陶矢厥谟，禹成厥功。帝舜申之，作《大禹》、《皋陶谟》、《益稷》。

尧、舜曰"典"，大禹、皋陶曰"谟"。典者，道之常行者也；谟者，言之至嘉者也。典即谟，谟即典，本一也。皋陶，大略是论思献纳之官；禹，则专理会平水土。皋陶虽是作士，然毕竟自在朝廷，朝夕于人主之侧，可以启沃人主。正如今刑部，虽云掌刑，毕竟是论思献纳之官也。惟皋陶多所献纳，故言"谟"。禹却专于平水土，理会"地平天成"厎事，故言功。矢，陈也，展尽底蕴，更无一毫隐匿不尽之意。谓之"矢"，纯

9

全备具，更无一毫亏遗不到之处。谓之"成"，若使皋陶之谟，犹有怀而不尽；禹之功，犹有毫厘欠阙，不可以言"矢"，不可以言"成"。申，重也。皋陶所以能"矢厥谟"，禹所以能"成厥功"，皆缘是。有一帝舜在上方，谟之未矢，功之未成。所以能使之"矢"且"成"者，帝舜也。及"谟"已"矢"矣，"功"已"成"矣。帝舜之心犹不已焉，故谓之"申"。申者，重复不已之意。圣人只是一个不已，即这不已处，便是圣人唐虞之道，天也。"维天之命，于穆不已"。唐虞之道所以极盛，亦惟不已而已。欲观帝舜"申"之处，合三篇观之便可见。《益稷》帝曰"来！禹，汝亦昌言"，直至终篇，犹是皋陶赓歌，此可见其"申"之处。三篇本合而为一，所以孔子序书，将此二句并叙三篇，到底方才见得当。子细看个"申"字。

9. 《书经集传》卷一

（宋）蔡沈撰

（归善斋按：未解）

10. 《尚书精义》卷五

（宋）黄伦撰

皋陶矢厥谟，禹成厥功。帝舜申之，作《大禹》、《皋陶谟》、《益稷》。

无垢曰：皋陶"言"克艰之意，以矢谟；大禹"行"克艰之说以成功。舜何为哉？恭己南面，优游无为，垂衣庙堂之上，各因其所长，而称荐慰安之，岂有私意哉？使陈谟者、成功者，各安心肆意，展尽四体，悉行其所学，以惠天下四海焉。张氏曰：谋之已定谓之"谟"；兴事造业谓之"功"。"谟"者。坐而论道之事；"功"者，作而行之之事也。作而行之，非所以命禹，故其名篇则谓之《大禹谟》，虽然，皋陶以谟，则其绝德在谟者也；禹以功，则其绝德在功者也。此经所以于皋陶言谟，于禹言功，各以其尤大者而称之也。有谟矣，然后有功，故经先言"皋陶矢厥谟"，然后言"禹成厥功"。以"谟"对"功"，则皋陶之谟，固不若禹功之大，此篇之序，所以先大禹而后皋陶。

第一编 《大禹谟》章句集解

11.《尚书详解》卷三

（宋）陈经撰

皋陶矢厥谟，禹成厥功。帝舜申之，作《大禹》、《皋陶谟》、《益稷》。

此夫子序此三篇之大旨也。谋之已定者，曰"谟"。皋陶矢陈其谟，如"知人"、"安民"是也。"禹成厥功"，如"决九州，濬畎浍"是也。二臣各因其职，各随其能，及其谟与功既显，而舜犹且"申之"。"申之"云者，有重复之意。谓皋陶不可以谟而自恃，禹亦不可以功而自足也。"时乃功懋哉"，又曰"予懋乃德"，此皆"申之"之意。皋陶乃居禹之上，何也？曰此圣人之深意，以禹之功，犹不得以居矢谟之臣之上，则知文墨议论之臣，谋王事，断国论者，固不可以功臣加之也。由此观之，诸将之功，安能处萧何之右？李愬之功，岂可躐（liè）处裴度之先哉？作《大禹谟》、《皋陶谟》、《益稷》，此三篇之书所由以作也。舜以不得禹、皋陶为己忧。禹、皋陶同功一体之人，而《益稷》者特附大禹以成功，而亦得以命篇继之禹、皋之后，则功何必争名，何必擅哉？苟怀至公之心，共成天下之务，而名与功自显矣。

12.《融堂书解》卷二

（宋）钱时撰

皋陶矢厥谟，禹成厥功。帝舜申之，作《大禹》、《皋陶谟》、《益稷》。

《大禹谟》、《皋陶谟》、《益稷》，其篇名次，第自古以然也。孔子序书，独何所见首言"皋陶矢厥谟"，次言"禹成厥功"，特断之以"帝舜申之"之一语。嗟夫！非圣人安能如此观书？安能脱去篇章名字，独出真见，断定圣经如此其的哉？《皋陶》篇曰"允迪厥德，谟明弼谐"，是皋陶以谟为己任也。《益稷》篇曰"予何言？予思日孜孜"，是禹以功为己任也。此三篇，谟为主，则《皋陶谟》宜居篇首，如何大禹亦以谟名，反次诸皋陶之上，盖"万世永赖"，维禹之功，而三篇之中，忠言嘉谟，不一而足，此书首明"克艰"之旨，惠吉、逆凶之旨，善政养民之旨。

11

帝屡称赞之，以至总师之命独断，断于斯人。禹虽逊之皋陶，一则曰"惟汝贤"，二则曰"惟汝贤"，而先定之志，终以不易。正以功谟俱显，不容从于皋陶耳。不止言其功，而特名之曰"谟"，冠诸三篇之首，所以"申之"，此之谓欤。孔子深探此旨，不徇篇次名义，直书"皋陶矢厥谟，禹成厥功，帝舜申之"，以明《大禹》、《皋陶谟》、《益稷》之所由作，此一"申"字，如天地造化，摹写不可形容之妙，岂后世依经解义，所能及其万一哉？矢，陈也。申，犹伸也。《益稷》篇，特因禹有"暨益"、"暨稷"之言，取以题号书，不为二子而作也，故书序不及二子。

13.《尚书要义》卷三

（宋）魏了翁撰

（归善斋按：未引）

14.《书集传或问》卷上

（宋）陈大猷撰

（归善斋按：未解）

15.《尚书详解》卷二

（宋）胡士行撰

皋陶矢（陈）厥谟（九德之谋），禹成厥功（六府三事之功），帝舜申之（发扬暴白之，使功与谟，申而不屈，于此见舜得君道焉。林云：申，重也。陶谟矣，而舜以"时乃功"，申致其功。禹功矣，而舜以"汝亦昌言"，申致其言。唐孔氏曰：重美二子之言）。作《大禹》、《皋陶谟》、《益稷》。

虞史既述二典，义有未备，又叙其君臣嘉言善政，为此三篇。三篇意本相属（连）。古人编竹简成书，所载不能多，故析之，因取篇首所载以名，非禹自禹，皋自皋，而益稷自益稷也。此三书所以一序也，先谟，后功，或以为功发于谟，非也，事辞之叙然也。

16.《书纂言》卷一

（元）吴澄撰

（归善斋按：缺）

17.《书集传纂疏》卷一

（元）陈栎撰

（归善斋按：未解）

18.《读书丛说》卷三

（元）许谦撰

（归善斋按：未解）

19.《书传辑录纂注》卷首下

（元）董鼎撰

皋陶矢厥谟，禹成厥功，帝舜申之，作《大禹》、《皋陶谟》、《益稷》。

矢，陈；申，重也。序《书》者，徒知皋陶以谟名，禹以功称，而篇中有"来！禹，女亦昌言"，与"时乃功，懋哉"之语，遂以为舜申禹，使有言；申皋陶，使有功。其浅近如此，而不知禹曷尝无言，皋陶曷尝无功，是岂足以知禹、皋陶之精微者哉？

辑录：

《大禹谟》序"帝舜申之"，序者之意见。《书》中皋陶陈谟了，"帝曰：来！禹，汝亦昌言"，故先说"皋陶矢厥谟，禹成厥功"，帝又使禹亦陈"昌言"耳。今《书》序固不能得《书》意，后来说《书》者又不晓序者之意，只管穿凿求巧妙耳，广"帝舜申之"之说，亦尝疑之。既而考其文，则此序乃三篇之序也。"皋陶矢厥谟"，即谓《皋陶谟》篇也；"禹成厥功"，即谓《大禹谟》篇也。陈"九功"之事，故曰"成厥功"也。申，重也。帝舜因皋陶陈"九德"而禹"俞"之，因复申命禹曰"来！禹，汝亦昌言"，而禹遂陈《益稷》篇"申之"语，此一句序《益稷》篇也。以此读之，文意甚明，不烦生意。答任。

《尚书》小序不是孔子作，只是周秦间低手人作。然，后人亦自理会他本义未得，且如《禹谟》序，申，重也。序者本意先说皋陶，后说禹，谓舜欲令禹重说，故将"申"字系禹字，盖伏生《书》以《益稷》合于《皋陶谟》。而"思曰赞赞襄哉"，与"帝曰来禹汝亦昌言"相连。"申之"二字，便见是舜令禹重言之意，此是序者本意。今人都不如此说，说得虽多，皆非其本意也。

20.《尚书句解》卷二

（元）朱祖义撰

皋陶矢厥谟（皋陶矢陈其谟。陶，摇）。

21.《尚书日记》卷三

（明）王樵撰

（归善斋按：未解）

22.《日讲书经解义》卷二

（清）库勒纳等撰

（归善斋按：未解）

禹成厥功

1.《尚书注疏》卷三

（汉）孔氏传，（唐）陆德明音义，孔颖达疏

禹成厥功

传：陈其成功。

疏：禹为帝舜陈己成所治水之功。

禹成其功，陈其功耳，蒙上矢文，故传明之言陈其成功也。序"成"在"厥"上，传"成"在下者，序顺上句，传从便，文故倒也。

第一编 《大禹谟》章句集解

2.《书传》卷三

（宋）苏轼撰
（归善斋按：未解）

3.《尚书全解》卷四

（归善斋按：见《大禹谟》）

4.《尚书讲义》卷三

（宋）史浩撰
（归善斋按：见"皋陶矢厥谟"）

5.《尚书详解》卷三

（宋）夏僎撰
（归善斋按：见"皋陶矢厥谟"）

6.《增修东莱书说》卷三

（宋）吕祖谦撰，时澜增修
（归善斋按：见"皋陶矢厥谟"）

7.《尚书说》卷一

（宋）黄度撰
（归善斋按：见"皋陶矢厥谟"）

8.《洁斋家塾书钞》卷二

（宋）袁燮撰
（归善斋按：见"皋陶矢厥谟"）

15

9. 《书经集传》卷一

（宋）蔡沈撰

（归善斋按：未解）

10. 《尚书精义》卷五

（宋）黄伦撰

（归善斋按：见"皋陶矢厥谟"）

11. 《尚书详解》卷三

（宋）陈经撰

（归善斋按：见"皋陶矢厥谟"）

12. 《融堂书解》卷二

（宋）钱时撰

（归善斋按：见"皋陶矢厥谟"）

13. 《尚书要义》卷三

（宋）魏了翁撰

（归善斋按：未引）

14. 《书集传或问》卷上

（宋）陈大猷撰

（归善斋按：未解）

15. 《尚书详解》卷二

（宋）胡士行撰

（归善斋按：见"皋陶矢厥谟"）

第一编 《大禹谟》章句集解

16. 《书纂言》卷一

（元）吴澄撰

（归善斋按：缺）

17. 《书集传纂疏》卷一

（元）陈栎撰

（归善斋按：未解）

18. 《读书丛说》卷三

（元）许谦撰

（归善斋按：未解）

19. 《书传辑录纂注》卷首下

（元）董鼎撰

（归善斋按：见"皋陶矢厥谟"）

20. 《尚书句解》卷二

（元）朱祖义撰

禹成厥功（禹成其功）。

21. 《尚书日记》卷三

（明）王樵撰

（归善斋按：未解）

22. 《日讲书经解义》卷二

（清）库勒纳等撰

（归善斋按：未解）

帝舜申之

1.《尚书注疏》卷三

（汉）孔氏传，（唐）陆德明音义，孔颖达疏

传：申，重也。重美二子之言。

疏：帝舜因其所陈，从而重美之。

申，重，《释诂》文。《大禹谟》云"帝曰：俞！地平天成，时乃功"；又"帝曰：皋陶惟兹臣庶，罔或干予正，时乃功懋哉"；《益稷》云"迪朕德，时乃功"，皆是重美二子之言也。

2.《书传》卷三

（宋）苏轼撰

（归善斋按：见"皋陶矢厥谟"）

3.《尚书全解》卷四

（归善斋按：见《大禹谟》）

4.《尚书讲义》卷三

（宋）史浩撰

（归善斋按：见"皋陶矢厥谟"）

5.《尚书详解》卷三

（宋）夏僎撰

（归善斋按：见"皋陶矢厥谟"）

第一编 《大禹谟》章句集解

6.《增修东莱书说》卷三

（宋）吕祖谦撰，时澜增修
（归善斋按：见"皋陶矢厥谟"）

7.《尚书说》卷一

（宋）黄度撰
（归善斋按：见"皋陶矢厥谟"）

8.《洁斋家塾书钞》卷二

（宋）袁燮撰
（归善斋按：见"皋陶矢厥谟"）

9.《书经集传》卷一

（宋）蔡沈撰
（归善斋按：未解）

10.《尚书精义》卷五

（宋）黄伦撰
（归善斋按：见"皋陶矢厥谟"）

11.《尚书详解》卷三

（宋）陈经撰
（归善斋按：见"皋陶矢厥谟"）

12.《融堂书解》卷二

（宋）钱时撰
（归善斋按：见"皋陶矢厥谟"）

19

13. 《尚书要义》卷三

（宋）魏了翁撰

（归善斋按：未引）

14. 《书集传或问》卷上

（宋）陈大猷撰

或问："帝舜申之"，孔氏谓"申，重也。重美二子"如何？曰：此说谓舜因皋之谟，而重美其功；因禹之功，而重美其谟耳。虽舜有"汝亦昌言，时乃功之"语，终不若申达不屈之意为平妥。

15. 《尚书详解》卷二

（宋）胡士行撰

（归善斋按：见"皋陶矢厥谟"）

16. 《书纂言》卷一

（元）吴澄撰

（归善斋按：缺）

17. 《书集传纂疏》卷一

（元）陈栎撰

（归善斋按：未解）

18. 《读书丛说》卷三

（元）许谦撰

（归善斋按：未解）

19. 《书传辑录纂注》卷首下

（元）董鼎撰

（归善斋按：见"皋陶矢厥谟"）

20. 《尚书句解》卷二

（元）朱祖义撰

帝舜申之（帝舜重美二子）。

21. 《尚书日记》卷三

（明）王樵撰

（归善斋按：未解）

22. 《日讲书经解义》卷二

（清）库勒纳等撰

（归善斋按：未解）

作《大禹》、《皋陶谟》

1. 《尚书注疏》卷三

（汉）孔氏传，（唐）陆德明音义，孔颖达疏

作《大禹》、《皋陶谟》

传：《大禹谟》九功，《皋陶谟》九德。

疏：史录其辞，作《大禹》、《皋陶》二篇之谟。

二篇皆是谟也。序以一谟总二篇，故传明之。大禹治水能致九功，而言谟，以其序有谟文，故云谟也。

《尚书注疏》卷三《考证》

《大禹》、《皋陶谟》序传：大禹谋九功，皋陶谋九德。

臣召南按：九功，为万古治民之经；九德，为万古官人之准。六府三事，箕子所陈，《洪范》原于此矣。三德、六德，周公所陈，《立政》原于此矣。又按：《史记·夏本纪》只载《皋陶谟》，则《汉志》谓司马迁从安国问古文，亦未必然也。

2.《书传》卷三

（宋）苏轼撰

（归善斋按：未解）

3.《尚书全解》卷四

（宋）林之奇撰

（归善斋按：见《大禹谟》）

4.《尚书讲义》卷三

（宋）史浩撰

（归善斋按：见"皋陶矢厥谟"）

5.《尚书详解》卷三

（宋）夏僎撰

（归善斋按：见"皋陶矢厥谟"）

6.《增修东莱书说》卷三

（宋）吕祖谦撰，时澜增修

（归善斋按：见"皋陶矢厥谟"）

7.《尚书说》卷一

（宋）黄度撰

（归善斋按：见"皋陶矢厥谟"）

8.《洁斋家塾书钞》卷二

（宋）袁燮撰

（归善斋按：见"皋陶矢厥谟"）

9.《书经集传》卷一

（宋）蔡沈撰

（归善斋按：未解）

10.《尚书精义》卷五

（宋）黄伦撰

（归善斋按：见"皋陶矢厥谟"）

11.《尚书详解》卷三

（宋）陈经撰

（归善斋按：见"皋陶矢厥谟"）

12.《融堂书解》卷二

（宋）钱时撰

（归善斋按：见"皋陶矢厥谟"）

13.《尚书要义》卷三

（宋）魏了翁撰

（归善斋按：未引）

14.《书集传或问》卷上

（宋）陈大猷撰

（归善斋按：未解）

15.《尚书详解》卷二

（宋）胡士行撰

（归善斋按：见"皋陶矢厥谟"）

16. 《书纂言》卷一

（元）吴澄撰

（归善斋按：缺）

17. 《书集传纂疏》卷一

（元）陈栎撰

（归善斋按：未解）

18. 《读书丛说》卷三

（元）许谦撰

（归善斋按：未解）

19. 《书传辑录纂注》卷首下

（元）董鼎撰

（归善斋按：见"皋陶矢厥谟"）

20. 《尚书句解》卷二

（元）朱祖义撰

作《大禹》、《皋陶谟》、《益稷》（于是作此二篇之书）。

21. 《尚书日记》卷三

（明）王樵撰

（归善斋按：未解）

22. 《日讲书经解义》卷二

（清）库勒纳等撰

（归善斋按：未解）

《益稷》

1. 《尚书注疏》卷三

（汉）孔氏传，（唐）陆德明音义，孔颖达疏

《益稷》

传：凡三篇。

疏：又作《益稷》之篇。凡三篇也。篇先大禹，序先言皋陶者，皋陶之篇，皋陶自先发端，禹乃然而问之，皋陶言在禹先，故序先言皋陶。其此篇以功大为先，故先禹也。《益稷》之篇亦是禹之所陈，因皋陶之言，而禹论益稷，在《皋陶谟》后，故后其篇。

《益稷》亦大禹所谋。不言谟者，禹谋言及益稷，非是益稷为谋，不得言《益稷谟》也。其篇虽有"夔曰"、"夔言"，乐和本非谋虑，不得谓之夔谟。

2. 《书传》卷三

（宋）苏轼撰

（归善斋按：未解）

3. 《尚书全解》卷四

（宋）林之奇撰

（归善斋按：见《大禹谟》）

4. 《尚书讲义》卷三

（宋）史浩撰

（归善斋按：见"皋陶矢厥谟"）

5.《尚书详解》卷三

（宋）夏僎撰

（归善斋按：见"皋陶矢厥谟"）

6.《增修东莱书说》卷三

（宋）吕祖谦撰，时澜增修

（归善斋按：见"皋陶矢厥谟"）

7.《尚书说》卷一

（宋）黄度撰

（归善斋按：见"皋陶矢厥谟"）

8.《洁斋家塾书钞》卷二

（宋）袁燮撰

（归善斋按：见"皋陶矢厥谟"）

9.《书经集传》卷一

（宋）蔡沈撰

（归善斋按：未解）

10.《尚书精义》卷五

（宋）黄伦撰

（归善斋按：见"皋陶矢厥谟"）

11.《尚书详解》卷三

（宋）陈经撰

（归善斋按：见"皋陶矢厥谟"）

12.《融堂书解》卷二

（宋）钱时撰

（归善斋按：见"皋陶矢厥谟"）

13.《尚书要义》卷三

（宋）魏了翁撰

（归善斋按：未引）

14.《书集传或问》卷上

（宋）陈大猷撰

（归善斋按：未解）

15.《尚书详解》卷二

（宋）胡士行撰

（归善斋按：见"皋陶矢厥谟"）

16.《书纂言》卷一

（元）吴澄撰

（归善斋按：缺）

17.《书集传纂疏》卷一

（元）陈栎撰

（归善斋按：未解）

18.《读书丛说》卷三

（元）许谦撰

（归善斋按：未解）

19.《书传辑录纂注》卷首下

(元)董鼎撰

(归善斋按:见"皋陶矢厥谟")

20.《尚书句解》卷二

(元)朱祖义撰

(归善斋按:见作《大禹》、《皋陶谟》)

21.《尚书日记》卷三

(明)王樵撰

(归善斋按:未解)

22.《日讲书经解义》卷二

(清)库勒纳等撰

(归善斋按:未解)

《大禹谟》

《尚书注疏》卷三

(汉)孔氏传,(唐)陆德明音义,孔颖达疏

《大禹谟》

传:禹称"大",大其功。谟,谋也。

疏:传正义曰:余文单称禹,而此独加"大"者,故解之。禹与皋陶同为舜谋,而禹功实大。禹与皋陶不等,史加大其功,使异于皋陶。于此独加"大"字,与皋陶并言故也。谟,谋,《释诂》文。此三篇皆是舜史所录,上取尧事,下录禹功善,于尧之知己,又美所禅得人。故包括上下,以为《虞书》其事以类相从,非由事之先后。若其不然,上篇已言

舜死，于此岂死后言乎？此篇已言禅禹，下篇岂受禅后乎？明史以类聚为文，计此三篇。《禹谟》最在后，以禹功大，故进之于先。《孟子》称舜荐禹于天，十有七年，则禹摄一十七年。舜"陟方乃死"，不知禹征有苗，在摄几年。史述禹之行事，不必以摄位之年，即征苗民也。

《尚书全解》卷四

（宋）林之奇撰

《大禹谟》

《孟子》曰：尧以不得舜为己忧，舜以不得禹、皋陶为己忧。盖舜之所为治者，禹、皋陶之力居多。皋陶以谟显，故曰：皋陶矢厥谟。矢，陈也。禹以功著，故曰：禹成厥功。皋陶、大禹之功，皆可以为万世法，以是事舜，舜犹以为未也，于是又从而申之。申，重也。皋陶之谟显矣。舜申之，使致其功，若所谓"时乃功懋哉"是也。禹之功著矣，舜申之，使陈其谟，若所谓来禹汝亦昌言是也。皋陶有谟矣，而又有功禹有功矣，而又有谟实帝舜申之之效也。先言皋陶，而后言禹者，此非有所轻重取与于其间盖先言谟而后言功事辞之序也。大禹皋陶谟益稷三篇，其序之，所以总言三篇之意也。然一序而必分为三篇者，盖古者编竹简以成书，竹简所载不能多也，故必析而分。既已析而分之，则必取数字名其篇，以为简册之别。故此分为三篇者，徒欲以便于简册而已，非谓《大禹谟》尽在第一篇，《皋陶谟》尽在第二篇也。汉孔氏云：《大禹谟》九功，《皋陶谟》九德，此则拘于篇名，必欲以本篇所据而为其谟也。予窃谓不必如此，三篇之中，凡出于禹之所言者，皆大禹谟也，何必九功。凡出于皋陶所言者，皆皋陶谟也。何必九德。九功、九德固可以为禹、皋之谟。而禹、皋之谟，非九功九德所能尽也。谓之谟者，如器之有模，言之于此，而可为万世法也。

《尚书详解》卷三

（宋）夏僎撰

《大禹谟》曰：若稽古大禹，曰文命敷于四海，祗承于帝。

此言"《大禹谟》曰"者，盖作书之体，皆揭其目，诸篇尽然也。下言"若稽古大禹，文命敷于四海，祗承于帝"者，盖史官欲作《禹谟》故自言：我考于古之大禹，其人有文教，布于四海，且能敬承于帝。谓大禹虽有是之教，犹不忘于敬君。此盖作《书》，凡为此人作此书，必先述其德。如《尧典》"若稽古"，下言"放勋，钦明文思，安安"；《舜典》言"若稽古"，下言"重华协于帝"也。史官谓禹之文德，敷于四海之外，无所不及，于是陈其谟，以祗承于帝。帝者，指舜而言。其所陈谟，即下"克艰厥后"以下是也。

《尚书要义》卷三

（宋）魏了翁撰

一、禹加"大"字，并尧、禹，皆为《虞书》，此舜史所录。

史加大其功，使异于皋陶，于此独加"大"字与皋陶并言故也。谟，谋，《释诂》文。此三篇，皆是舜史所录，上取尧事，下录禹功，善于尧之知已，又美所禅得人，故包括上下，以为《虞书》计此三篇，《禹谟》最在后，以禹功大，故进之于先，《孟子》称"舜荐禹于天十有七年"，则禹摄一十七年。"舜陟方乃死"，不知禹征有苗在摄几年，史述禹之行事，不必以摄位之年，即征苗民也。

《书纂言》卷一

（元）吴澄撰

（归善斋按：缺）

《书集传纂疏》卷一

（元）陈栎撰

《大禹谟》

（归善斋按：《书经集传》略，下文皆同，不另注）

纂疏：

孔氏曰：禹称大，大其功。陈氏大猷曰：序言禹成厥功，指禹之实也。书名《大禹谟》以此书多禹之谟也。禹之功多见于谟之所述。

愚谓：诸臣惟禹称大者，尧曰"大哉，尧之为君"，舜曰"大舜有大焉"，舜继尧称"大舜"，禹继舜，故亦称"大禹"，三圣相承，皆以"大"称，岂诸臣比哉。

《读书丛说》卷三

（元）许谦撰

《大禹谟》

三谟皆陈于帝舜之前，乃《舜典》之余事。《禹谟》自"格！汝禹"以下，舜晚年事，以禹王天下，故在皋、益前。

《书传辑录纂注》卷一

（元）董鼎撰

《大禹谟》

（归善斋按：《书经集传》略，下文皆同，不另注）

纂注：

孔氏曰："禹称大，大其功。"

陈氏大猷曰：序言"禹成厥功"，指禹之实也。书名《大禹谟》，以此书多禹之谟也。禹之功，多见于谟之所述。

姜氏曰：禹以功显而称谟何也？禹告舜曰"后克艰"而"政乂"，德政养民而"勿坏"，此禹之嘉谟也。使治水之功虽成，而不"克艰"，无德政则水患虽去，患有甚于水者，是前日平患之功，必有资于此谟，以保其终也。故夫子序《书》，以《禹谟》为先，而《禹贡》为后，以见嘉言之益，其在胼胝之功之上也与。

王氏曰休曰：禹以功，皋以谟，而禹亦谓之谟者，以其功已见于《禹贡》，此则纪其谟而已。

《尚书句解》卷二

（元）朱祖义撰

《大禹谟》（旧竹简所标之题）。

《尚书日记》卷三

（明）王樵撰

《大禹谟》

孔氏曰：禹称大，大其。谟，谋也。

许氏曰：三谟，皆陈于帝舜之前，乃舜典之别篇。《禹谟》自"格汝禹"以下，舜晚年事，以禹王天下，故在皋、益之前。

吴才老谓：此书不专为大禹而作，此十七字当是后世模仿二典为之。《皋陶谟》篇首九字亦类此。朱子谓此篇稽古之下，犹赞禹德，而后篇便记皋陶之言，体亦不类，恐吴说为然。

《日讲书经解义》卷二

（清）库勒纳等撰

《大禹谟》

《大禹谟》者，史臣记大禹所陈告于帝舜之谟议也，故以《大禹谟》名篇。

《尚书考异》卷二

（明）梅鷟撰

《大禹谟》

变乱圣经之体者，《大禹谟》是也。凡伏生《书》，典则典，谟则谟，誓则誓，典、谟、誓杂者，未之有也。今此篇首，至"万世永赖，时乃功"，谟之体也；自"帝曰：格！汝禹"至"率百官，若帝之初"，典之体也；自"帝曰：咨！禹，惟时有苗弗率"至"七旬，有苗格"，誓之体也。溷三体而成一篇。吾故曰：变乱圣经之体者《大禹谟》是也。虽然不惟变乱之而已，而又反易之焉。《皋陶》禹谟之戒帝曰"毋若丹朱傲"，帝之命禹曰"汝无面从，退有后言"，交相儆戒如此，而此篇，禹以"六府三事"自述，而帝以"地平天成"，"万世永赖"归功，是反易谟之体也。《尧典》曰"乃言厎可绩"，"可"之一言，岂以舜之功为有余哉，正天子告臣之体，默寓儆勉之意。今此篇曰"惟汝贤"、"懋乃德"、"嘉乃丕绩"，则谀禹之词也。曰"人心惟危，道心惟微，惟精惟一"，则少禹之词也，至于询事考言，以为慎重受禅之实事，曾无片语，是反易典之体也。古者誓师，而出无敌于天下，今会后誓师，历三旬之久，而苗民逆命，是苗之誓茫无成算，犹在甘汤太牧之下也而可乎？是反易誓之体也。吾故曰不惟变乱之而已，而又反易之焉，此之谓也。

《尚书疑义》卷一

（明）马明衡撰

《大禹谟》

《禹谟》一篇，大段是叙舜禅禹之事，而及其君臣相儆戒劝勉之辞。此今文所无，则是梅赜所上，以为古文者也。先儒疑其平缓卑弱，不类先汉以前之文。今亦未见其必然，读者仍其旧可也。但"无怠无荒，四夷来王"，"来王"字出于《商颂》"莫敢不来王"。不知唐虞时亦说"王"字否？若"六府三事"以为"九功"，则亦非后世所能杜撰。后世只说五行，更不能添一"谷"字。又"念兹在兹，释兹在兹"，亦难说平顺。

《尚书埤传》卷三

（清）朱鹤龄撰

《大禹谟》

章如愚曰：尧、舜考其行，大禹、皋陶考其言。尊卑不同，故典、谟名异。禹君天下而云谟者，舜时未为君。

《书经衷论》卷一

（清）张英撰

《大禹谟》

典、谟，为唐、虞、夏三代圣人之书，而实皆虞廷之书也。《尧典》成于虞史，《禹谟》陈于虞廷，故皆统之于《虞书》。二典记尧、舜为君之事，故称为"典"。《禹谟》记大禹为人臣时之言，故称为"谟"而别《禹贡》为《夏书》，以明夏有天下之由也。

《禹谟》首节，史臣统言承谟之始，二节以下，承"克艰"之谟，帝不敢任而归之于尧。益因帝言而又赞尧也。四节以下，禹承"惠迪"之谟，而益申言"惠迪"之条目也。"於！帝念哉"之下，禹承"善政养民"之谟，而帝复归功于禹也。"格汝禹"以下，帝欲逊位于禹，而禹让于皋陶，帝因赞陶之功，皋陶不敢当，而归功于帝，帝复申赞之也。"来！禹"以下，帝逊位于禹，而告以修身治民之要也。"枚卜"以下，禹辞而帝固命之也。"正月朔旦"以下，记禹摄位以及伐有苗之事也。前段记承谟之言。后段记巽位之事。当非一时之言。而史臣撮而书之耳。

《尚书七篇解义》卷一

（清）李光地撰

《大禹谟》

按：《书》别古今文者，《书》本百篇，方秦焚经，伏生壁藏之，及汉初禁除求之，才得二十八篇，以教授齐鲁间。文帝遣晁错从受焉。然错不识科斗，而生不通隶字，以口相传。齐语多难晓者，错用意属读而已。后武帝时，孔壁《书》，出百篇虽具，而科斗亦无知者。以伏生书参对求之，又得二十余篇。错受经后，定为隶书，故曰今文。孔壁《书》，则三代六书之体可见，故曰"古文"。前儒疑今文多诘屈，而古文尽平易，或曰自伏、晁授受时，因音语讹也。然武帝时，犹可据此以得余篇，反不能追正其讹乎？或曰辞命之文雅驯；告谕通俗，则用时语。然两体固有相杂者，犹不可通也。意自参校孔壁书时，遇不可读，即未免删添，其后又久秘不出，更东汉至晋，《书》始萌芽，传者私窃窜一二字，复恐不免矣，以此古文从顺者多。伏生《书》，则自前汉而立学官，无敢改者，艰易之原，盖出于此。浅者缘此，尽訾古文非真《书》如此，谟其首也。宋元儒倡之近学者，尤加甚。果哉，其疑古也？

此谟杂记禹、益、皋陶前后之言，以终于禹受命，非一时也。旧说相连处多，故今分段释之。

二 稽古

曰若稽古大禹

1.《尚书注疏》卷三

（汉）孔氏传，（唐）陆德明音义，孔颖达疏

曰若稽古大禹。

传：顺考古道而言之。

疏：正义曰：史将录禹之事，故为题目之辞曰：能顺而考。按古道而言之者，是大功之禹也。

传正义曰：典是常行，谟是言语。故传于典云"行之"，于谟云"言之"，皆是顺考古道也。

2.《书传》卷三

（宋）苏轼撰

曰若稽古大禹，曰文命敷于四海，祗承于帝。

命，教也。以文教布于四海，而继尧舜。以文命为禹名，则布于四海者为何事耶？

3.《尚书全解》卷四

（宋）林之奇撰

曰若稽古大禹。

《孟子》曰：大舜有大焉，舍己从人，乐取诸人以为善。自耕稼陶渔，以至为帝，无非取诸人以为善。盖自其既即帝位而言之，则谓之帝。自其未即位尚为耕稼陶渔之时而言之，则谓之大舜。盖史称于大禹者，盖此书主为舜而作。自舜之时言之，禹尚为臣，未可以君天下之辞而称也，故"曰若稽古大禹"。

4.《尚书讲义》卷三

（宋）史浩撰

曰若稽古大禹，曰文命，敷于四海，祇承于帝。曰：后克艰厥后，臣克艰厥臣，政乃乂，黎民敏德。帝曰：俞！允若兹，嘉言罔攸伏，野无遗贤，万邦咸宁。稽于众，舍己从人，不虐无告，不废困穷，惟帝时克。

"粤若稽古大禹，曰文命"，文命，禹之号，若"尧曰放勋"，"舜曰重华"，是也。放勋者，"荡荡乎民无能名，巍巍乎其有成功"也。重华者，袭尧之爵，行尧之道，是尧而已矣。文命者，奉尧之声教，而"敷于四海"也。《禹贡》告功成而归美于帝，曰：东渐于海，西被于流沙，朔、南暨声教讫于四海，即"文命敷于四海，祇承于帝"也。舜所以申禹之成功始见，于是其曰"后克艰厥后，臣克艰厥臣"。禹言为君难，而为臣不易也。政乃作义，黎民易于归德者，禹所以戒舜也。舜曰"俞！允若兹"，信其为然也。"嘉言罔攸伏"者，无言不听也。"野无遗贤"者，无德不用也。"万邦咸宁"者，敏德之实也。"稽于众，舍己从人"者，无善不好也。"不虐无告，不废困穷"者，无一夫不被其泽也。舜于此备言为治之效，不自以为德，而归德于尧，故曰"惟帝时克"。

5.《尚书详解》卷三

（宋）夏僎撰

（归善斋按：见《大禹谟》）

6. 《增修东莱书说》卷三

（宋）吕祖谦撰，时澜增修

曰若稽古大禹，曰文命敷于四海，祇承于帝。

"文命"，命之有条理者，如后世一札十行之意也。"敷于四海"，犹言"声教讫于四海"，亦已至矣。方且"祇承于帝"，无一毫自有之意见，禹有君民之大德，有事君之小心也。然"祇承"与"重华"不同。"重华"，有日月并明之意，"祇承"不过坤承乾之象而已，此帝、王之间也。

7. 《尚书说》卷一

（宋）黄度撰

曰若稽古大禹，曰文命敷于四海，祇承于帝。曰：后克艰厥后，臣克艰厥臣。政乃乂，黎民敏德。帝曰：俞！允若兹，嘉言罔攸伏，野无遗贤，万邦咸宁。稽于众，舍己从人，不虐无告，不废困穷。惟帝时克。益曰：都！帝德广运，乃圣乃神，乃武乃文。皇天眷命，奄有四海，为天下君。

禹功高，遂受舜禅，故史称"大禹"以别于诸臣。禹亦考古而行之。"命"者，令也。敷，布也。文德命令，布于四海。《禹贡》东渐、西被、朔、南暨声教也。鸿水方割，尧独忧之。禹治水有功，文德命令由是布于四海，是谓敬承于帝。史表禹之功如此，然则禹谟之所以为谟，实纪功也。虽然未尝无其言焉。"曰：后克艰厥后，臣克艰厥臣。政乃乂，黎民敏德"，禹之言也。禹所以"文命敷于四海，祇承于帝"，皆本乎斯言也。为君难，为臣不易。君臣克艰，故其政治而"黎民敏德黎"。齐人有士君子之行也。敏，疾，进德修业欲及时也。此所以为尧、舜之民。舜承禹之言而申之，以为信乎。其如此博询广问，故嘉言无所伏。"俊乂在官"，故"野无遗贤"。周人，乡自五家为比，野自二十五家为里。比长、里正，爵皆下士。"野无遗贤"，非虚言也。岂独天子之国哉？四方万国，莫不皆然，故"咸宁"。"稽于众，舍己从人"，试鲧可见。鳏寡孤独，天民之无告者也。"不虐"、"不废"，匹夫匹妇，无不与被其泽者，惟尧能之。尧盖知为君之难矣。孔子曰"尧舜其犹病诸"，夫岂易事哉。益承舜之言，而推美尧德，以为尧之所以能如此者，由其有大德也。变动不居周流六虚广运也大而化之之圣也。圣、神、武、文，不可执一端而求

37

圣，而不可知之神也。尧有大德，天眷命之。《诗》曰"乃眷西顾"，此惟与宅。天之择君也精矣。"奄有四海，为天下君"，天下一统，中国一人也。天下，大物也，非有大德，奚能居之。

8.《洁斋家塾书钞》卷二

（宋）袁燮撰

曰若稽古大禹，曰文命敷于四海，祗承于帝。

"文命"，文德教命。大略只是声教。"敷于四海"者，言其声教迤于四海之远也。故人多说这"四海"二字，中国居其中，环四方，皆海也。极天地之所覆载，可谓至远矣，而声教无不及焉。古人非虚言也，如"奄有四海"，盖实有此事。曰"敷于四海"，则实无不及也。观此，如何不与天合德。《中庸》曰"声名洋溢于中国，施及蛮貊"，舟车所至，人力所通，天之所覆，地之所载，日月所照，霜露所坠，凡有血气，莫不尊亲，故曰"配天"。但子细玩味此数句，可见"敷于四海"处，可见其治之荡荡巍巍处。承，继也。禹之德，与尧、舜之德，吻合无间，所以能继承二帝之统。若使其道，有一毫不相似，中间略曾间断，不可以言承矣。

9.《书经集传》卷一

（宋）蔡沈撰

曰若稽古大禹，曰文命敷于四海，祗承于帝。

命，教；祗，敬也。帝，谓舜也。"文命敷于四海"者，即《禹贡》所谓"东渐、西被，朔、南暨声教讫于四海"者是也，史臣言禹既已布其文教于四海矣。于是陈其谟以敬承于舜，如下文所云也。"文命"，《史记》以为禹名。苏氏曰：以文命为禹名，则敷于四海者为何事邪？

10.《尚书精义》卷五

（宋）黄伦撰

曰若稽古大禹，曰文命，敷于四海，祗承于帝。

张氏曰：域中有四"大"，道大，天大，地大，王亦大。王者体道之大，以配乎天地。故其见于事业，所以为"大"。禹之所谓"大"者，盖禹以功而王，其业之所以"大"故也。"文命"，禹之号也，以其有以贲饰于事，故谓之文；以其有以号令于下，故谓之"命"。禹之所以为王者，在此而已，故其号所以因之者也。"敷于四海"，则为下为民是也；"祗承于帝"则为上为德是也。下有以"敷于四海"，则惠泽之施溥矣；上有以"祗承于帝"，则钦顺之道尽矣。萧氏曰：舜之事，皆同乎尧，故曰"重华，协于帝"；禹之事，则有异乎舜，故曰"文命敷于四海，祗承于帝"。文则非独为之华，而命则处之在我。事虽有所不合，而意则"祗承"之也。有以"文命"称禹者，犹"放勋"之于尧也。

11.《尚书详解》卷三

（宋）陈经撰

曰若稽古大禹，曰文命敷于四海，祗承于帝。曰：后克艰厥后，臣克艰厥臣。政乃乂，黎民敏德。

"文命敷于四海"者，作史者述禹之德，若尧之"放勋"，舜之"重华"。"文命"者，谓文德教命。敷布于四海，以此而敬奉于尧、舜之帝。盖尧、舜之所望禹者，亦欲其文命敷四海尔。禹能使东渐于海，西被于流沙，朔南暨声教讫，则所以"祗承"之道尽矣。曰："后克艰厥后，臣克艰厥臣。政乃乂，黎民敏德"，此即禹所陈之谟，一篇之纲领也。为君难，为臣不易。君知所以难，而尽"克艰"之道；臣知所以不，易而亦尽"克艰"之道，则君臣各尽其分，各止其所，政乂而民敏德，此自然之理也。如使君臣之际，安于其所仅足，怠心一萌，出其位而亏其分，则施于有政，必有废而不举者。民何所观望，而能速于为德哉？惟君臣上下均以"克艰"为念，日在忧勤警畏之中，则政事无缺，合于公理，当于人心，黎民自然感化之速，而敏于为德也。圣贤所言，皆合内外之道，不分本末，不分精粗。"政乃乂，黎民敏德"，只在君臣"克艰"之中，非君臣"克艰"之外，自有政乂而黎民敏德也。由此形彼，根同体同，惟知"道"者，能默识之。

12.《融堂书解》卷二

（宋）钱时撰

曰若稽古大禹，曰文命敷于四海，祗承于帝。

此"文命",禹之文命也,如何却说"祗承于帝"?孔子赞坤曰"承天而时行",坤之德,即乾之德;坤之行,即乾之行,此其所以承天也。明乎此,则知"祗承于帝"之妙矣。此"祗承"之心,无始终,无作止,无古今,所谓"克艰"者,"祗承"也;所谓"安汝止"者,"祗承"也。无一日,一时,一事,一物之不"祗承"也。"文命"之"敷",此之谓也。禹"祗承于帝",即舜"重华协于帝",但"祗承"比"重华",差有轻重,此帝王之间也,玩味而自得之。

13.《尚书要义》卷三

(宋)魏了翁撰

(归善斋按:未引)

14.《书集传或问》卷上

(宋)陈大猷撰

(归善斋按:未解)

15.《尚书详解》卷二

(宋)胡士行撰

曰若稽古大禹,曰文(德)命(教)敷(布)于四海,祗(敬)承(奉)于帝。

此史述禹之德,如尧、舜典也。吕云:禹声教讫四海,方承于帝,有君民之大德,有事君之小心也。"重华",有日月之意;"祗承",则坤顺承天之象而已,此帝王之间也。

16.《书纂言》卷一

(元)吴澄撰

(归善斋按:缺)

17.《书集传纂疏》卷一

(元)陈栎撰

曰若稽古大禹,曰文命敷于四海,祗承于帝。

纂疏：

孔氏曰：外布文德教命，内则敬承尧、舜。

林氏曰："祗承于帝"，当与下文"曰"字相继读，陈谟以敬承于帝。《舜谟》，即"克艰"以下是也。蔡传实用林说。

18. 《读书丛说》卷三

（元）许谦撰

（归善斋按：未解）

19. 《书传辑录纂注》卷一

（元）董鼎撰

曰若稽古大禹，曰文命，敷于四海，祗承于帝。

辑录：

吴氏云：此书不专为大禹而作，此十有七字，当是后世模仿二典为之。《皋陶谟》篇首九字亦类此。今按此篇，"稽古"之下，犹赞禹德，而后篇便记皋陶之言其，体亦不相类，吴氏之说恐或然也。《书记》。

纂注：

孔氏曰：言其外布文德、教命，内则敬承尧、舜。

吕氏曰：声教如此，亦已至矣。方"祗承于帝"，无一豪自有意见。禹有君民之大德，有事君之小心，然"祗承"与"重华"异，"重华"有日月并明之意，"祗承"，不过坤承乾之象，此帝王之间也。

20. 《尚书句解》卷二

（元）朱祖义撰

曰若稽古大禹（史官言顺考古道而行之者大禹）。

21. 《尚书日记》卷三

（明）王樵撰

"曰若稽古大禹"至"黎民敏德"。按，圣人之心至诚无息，而万物各得其所，谨之于人心之危，道心之微，而达之于"水、火、金、木、土、谷惟修；正德、利用、厚生惟和"者一事而已矣。诚之无息于此者，所之各得于彼者也。一有息焉，则四海之大，吾心有不贯，吾事有不得者矣。此大禹所以于"文命四敷"之日，而犹必"祗承于帝"也。而其"承于帝"之言，亦惟"曰后克艰厥后，臣克艰厥臣"而已。所谓"艰"者，四海之广，生民之众，其治乱安危，系其心之存。主与其行事之得失，诚不敢以易视之，则必夙夜祗惧，各务尽其所当为矣。如是则其政事乃能修治而无邪慝，下民自然速化于善以应其上。政又民化，正见不可不"克艰"也。盖政自君臣出，而民则观上而兴者也。得于观感风动神速，故下个"敏"字。

22.《日讲书经解义》卷二

（清）库勒纳等撰

曰若稽古大禹，曰文命敷于四海，祗承于帝。

此一节书，史臣叙禹陈谟之由也。禹功业盛大，故称"大禹"。"文命"，文德教命也。敷，布也。祗，敬也。帝，指舜而言。史臣稽考古时大禹，曰禹为舜臣，当治水成功，其文德教命，既已敷布于四海之内，于是陈其谟谋议论，以敬承于帝舜，欲其保治于无穷。盖好问、好察、兢兢保治者，帝舜之心也。禹之开陈善道，正所以敬承帝舜之美意耳。

《尚书考异》卷二

（明）梅鷟撰

曰若稽古大禹，曰文命敷于四海，祗承于帝。

首句仿《尧典》、《皋陶谟》，虽两仿之，而仿《皋陶谟》之意多，故不曰帝禹，而曰大禹，盖此篇以谟称故也。虽以谟称，然事体莫重于受禅主意，尤注于拟典，故即以"文命"二字效"放勋"二字。既效"放勋"二字，又恐人得以蹑其迹，下文后"克艰"二句复转而效《皋陶谟》也。夫其变见出没至于如此，学者岂得容易窥之哉。"文命"二字，《史记》以为禹名，而此不从之，"以敷于四海"缀其下者，亦此人善变见之一端也。犹"放勋"二字，《尧典》以为至功之意，而后人乃引"放勋曰"，初何害于经邪。此人颇能深知曲折如此，宜其大肆手笔，以巍然擅尊于后

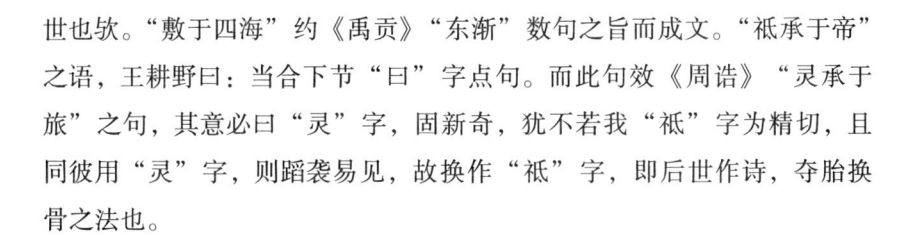

世也欤。"敷于四海"约《禹贡》"东渐"数句之旨而成文。"祗承于帝"之语，王耕野曰：当合下节"曰"字点句。而此句效《周诰》"灵承于旅"之句，其意必曰"灵"字，固新奇，犹不若我"祗"字为精切，且同彼用"灵"字，则蹈袭易见，故换作"祗"字，即后世作诗，夺胎换骨之法也。

《书义矜式》卷一

（元）王充耘撰

若稽古大禹，曰文命敷于四海，祗承于帝。曰：后克艰厥后，臣克艰厥臣。政乃乂，黎民敏德。

大禹德化大洽，而尤尽告戒之诚，正欲君臣责难以为图治化之本，此史臣所以既赞其教化之盛于先，而尤备述其责难之辞于后也。以为考古之大禹，其文命之敷，既可以遍及于四海，若可以自足，而其心以为未尝足也。方且陈其谟训，以敬承于帝焉。而其告君之辞，有曰君必难其为君，臣必难其为臣。君臣克艰，各务尽其所当为者，则其政事，乃能修治。下民自共观感而速化于善矣。处已治而犹若未治者如此，非德量之大者，能之乎？史臣以大禹称之，良有以也。自常情观之，孰不曰治功之未感，教化之未行，圣人之所忧也。"四方风动"，"万邦作乂"，则可以相安于无事矣。禹之心何为而自视欿然耶？呜呼！是未知禹之心者也。彼诚见乎朝廷之上，君臣之间，万事之根本在焉，万化之权舆系焉。苟顷刻谨畏之不存，则怠荒之所起；毫发几微之不谨，则祸患之所由生。为君者，兢业以图治，尤恐君道之或弛，况可为之以易乎？为臣者，"同寅、协恭"以辅君，尤恐臣职之或废，况可承之以怠乎？此所以不以德化大洽于一时者为已足，而必以政治民化于无已者望其君也。禹之心其若是乎。且文命之敷，果何自而见也？观其东渐于海（阙）间，无非此德之充周也；西被于流沙，则弱水之（阙）之洋溢也。朔南暨声教讫，则衡山之南，幽都之（阙），此德之敷畅也。地势有远近。而禹之德教无远近之（阙），有彼此而禹之德教无彼此之异。他人不啻足矣，而禹之心尤欿然，方自献可替否而尽其责难之恭也。翼翼小心而竭其陈善之敬也。于是忠言嘉谟，日陈于前，而其告戒之辞，乃曰："后克艰厥后，臣克艰厥臣。政乃乂，黎民敏德"焉。禹之意，岂不曰贵为天子，固可安也，而一日万几，谁之责乎？尊居百揆，固可安也，而敬亮天工，谁之任乎？必也，君不易其为君，而常怀宵衣旰食之忧；臣不易其为臣，而常怀瘝官旷职之念。如是，则纪纲法度，必粲然可观；礼乐刑政，必四达而不悖，而政事无一之不修举矣。夫君臣之身，乃万民之所观仰也。君臣之政化既行，则天下之习俗其有不美者乎？吾观夫林林而生者，其质虽不齐，今皆为"于变时雍"之归；总总而群者，其情虽不一，而皆有遍为尔德之洽。虽风之偃草，地之敏树，有不足以喻其速者矣。抑又论之"克艰"之道，禹为舜陈，而舜以天下让，实基于此也。何也？盖"克艰"之辞，方发于禹，而"允若兹"之语，即契于舜，是既有味于其言矣。异时禅禹之辞，有曰"汝惟不怠，总朕师"，又曰"克勤"、"克俭"、"不矜"、"不伐"、"终陟元后"焉，则舜以天下授禹，非独以其治水之功，实以其"克艰"之故也。然则，是道也，实万世君臣为治之本原也。孔子曰"为君难，为臣不易"，岂不信哉？

"文命敷于四海，祗承于帝。曰：后克艰厥后，臣克艰厥臣"，当德化已敷之后，正君臣责难之时，是何古大臣也，告君若是其至欤？盖德化未敷，常情皆知其难。德化已敷，虽一时君臣不能视之以易，此（阙）。治之原往（阙）。起于大治既成之后者，此之故耳。故文德之敷，禹虽可以"祗承于帝"，而无愧克难之戒。禹方以为君臣之责而不辞，有虞之朝，必非以文命既敷而有以易心者，禹之相与警戒，则实恐其有是（阙）也。夫岂以一时之治效已成，而可以自已乎（云云）？其（阙）。天下之事以难为之，则得其所以难；以易视之，则（阙）之所以之难。虽四海之大，兆民之众，皆可以渐摩于（阙）治政治之余。视之以易，则泰和至治，熏蒸洋溢而玩心（阙）生，吾固未知其所终也。嗟夫！天下无常治之时，而爱君之深者，每致忧于盛治之际。世之为人臣者任君之事，惟（阙）未宁，一民未化，有以上厪宵旰之忧，而无以为敬事之实。一日治定功成，民淳俗化，瞻宇宙无复可为，君臣之间，动止相庆，孰能以忧治危民之意，致之言动之间哉？禹之事舜，则有异是焉者。盖自洪水方殷，受任平治。吾观舜之所以命之者，曰"汝宅百揆"，曰"亮采惠畴"，其委任付托之重，有非一时群臣所可并者。禹以一身膺委任之重，其所以

（阙）而祗顺者，宜何如其尽吾力也。今也，地平而天成（阙），而三事和，当是之时，德洽民心，光至海隅，恭己无为，于（阙）。东渐西被之声教，有不知其所以然者。皆禹之力也。回思下民昏垫之初，厎于今见四方风动之效，其艰难如此。继自今，告厥成功之后，亦可以少致吾敬君之初意，而庙堂之上，"都"、"俞"相与，自此亦可以少宽其忧矣。而禹之意则曰，君臣教理之道，不难于未治之日，而难于既治之时，逸居无教之初，不可以易心为之；而万邦作乂之后，正当以为难，而不可以为易也。矧宇宙生民之责。萃于君相之身，一理有亏，即君道之所欠。匹夫不被其泽，则受（阙）职任夫事者，其责有不得辞。天下至大，玩心易生。"罔游于逸，罔淫于乐"，伯夷之言所当戒也。"兢兢业业，一日二日万几"，皋陶之谟不可忽也。谨御辔于康庄之途，慎舟楫于恬静之顷，则德化之已敷者益深，治功之已盛者益著。盖至（阙）而禹承敬之意而后为尽耳。虽然君道如舜，臣道如禹、皋、稷、契，亦云至矣，而禹犹拳拳焉，何哉？吁！此其为圣人之治也。盖圣人之心，德愈盛而愈下，治愈隆而愈不足。其（阙）警戒之意凛然，若遭至危而临大患者，盖其心真见治之不足恃，非心实自足而姑为是责难之辞也。吁！太和文德之治，非后世之所可及欤。

《尚书七篇解义》卷一

（清）李光地撰

曰若稽古大禹，曰文命敷于四海，祗承于帝。曰：后克艰厥后，臣克艰厥臣。政乃乂，黎民敏德。帝曰：俞！允若兹，嘉言罔攸伏，野无遗贤，万邦咸宁。稽于众，舍己从人。不虐无告，不废困穷，惟帝时克。益曰：都！帝德广运，乃圣乃神，乃武乃文。皇天眷命，奄有四海，为天下君。

此言禹治水之后，声教四讫还朝，而宅百揆，因敬承于帝而陈谟也。君臣"克艰"以为心，则政治而民劝矣。"允若兹"者，言信乎，若汝所言也，善言日闻，贤士咸用，而后万邦可安。然非易事也。必也，"稽于众"，斯言者不隐；"舍己从人"，斯贤乐为用；"不虐无告，不废困穷"，斯邦无不安矣。此其"明扬侧陋"，无己之心；哀矜鳏寡，犹病之意。诚所谓"克艰"者，而惟帝"克"之而已。益因而极赞帝尧之德，可见其一时，君臣皆以尧之心为心，师其德而述其事也。

曰文命敷于四海，祗承于帝

1.《尚书注疏》卷三

（汉）孔氏传，（唐）陆德明音义，孔颖达疏

曰文命敷于四海，祗承于帝。

传：言其外布文德教命，内则敬承尧舜。

音义：文命，孔云：文德教命也。先儒云：文命，禹名。

疏：此禹能以文德教命布陈于四海，又能敬承尧舜。外布四海内承二帝，言其道周备。

敷于四海，即敷此文命。故言：外布文德教命也。四海，举其远地，故传以外内言之。祗，训敬也。禹承尧舜二帝，故云敬承尧舜。传不训"祗"，而直言"敬"，以易知而略之。

2.《书传》卷三

（宋）苏轼撰

（归善斋按：见"曰若稽古大禹"）

3.《尚书全解》卷四

（宋）林之奇撰

曰文命，敷于四海，祗承于帝。此当与下文"曰后克艰厥后，臣克艰厥臣"，曰相继续文命。上一"曰"字，史官曰也。下一"曰"字，禹曰也。不言"禹曰"者，蒙上之文也。史官谓禹之文德，敷于四海之外，无所不及也。此即《禹贡》所谓"东渐于海，西被于流沙，朔、南暨声教讫于四海"是也。文命既已敷于四海矣，于是陈其谟，以祗承于帝。帝者，指舜而言之也。其所陈谟以祗承于帝，即"后克艰厥后"以下是也。先儒言：外布文德教命，内以敬承尧舜。其意以此二句，亦如尧、舜二典之称

尧、舜之德。苟以此二句，为称帝之德，则下文"曰"字无所属矣。史官记载，其体自有不同者。《尧典》、《舜典》，其名曰"典"。"典"则必记载其德。《大禹谟》、《皋陶谟》，其名曰"谟"。"谟"则必记载其功。如"允迪厥德"、"谟明弼谐"皆是皋陶之言也。然《皋陶谟》载皋陶之言。至《大禹谟》，则加"文命敷于四海，祗承于帝"二句者，史官欲见禹之文德敷命，既东渐，西被，暨于朔、南，然后陈谟，以祗承于帝也。

4.《尚书讲义》卷三

（宋）史浩撰

（归善斋按：见"曰若稽古大禹"）

5.《尚书详解》卷三

（宋）夏僎撰

（归善斋按：见《大禹谟》）

6.《增修东莱书说》卷三

（宋）吕祖谦撰，时澜增修

（归善斋按：见"曰若稽古大禹"）

7.《尚书说》卷一

（宋）黄度撰

（归善斋按：见"曰若稽古大禹"）

8.《洁斋家塾书钞》卷二

（宋）袁燮撰

（归善斋按：见"曰若稽古大禹"）

9.《书经集传》卷一

（宋）蔡沈撰

（归善斋按：见"曰若稽古大禹"）

10.《尚书精义》卷五

（宋）黄伦撰

（归善斋按：见"曰若稽古大禹"）

11.《尚书详解》卷三

（宋）陈经撰

（归善斋按：见"曰若稽古大禹"）

12.《融堂书解》卷二

（宋）钱时撰

（归善斋按：见"曰若稽古大禹"）

13.《尚书要义》卷三

（宋）魏了翁撰

（归善斋按：未引）

14.《书集传或问》卷上

（宋）陈大猷撰

（归善斋按：未解）

15.《尚书详解》卷二

（宋）胡士行撰

（归善斋按：见"曰若稽古大禹"）

16.《书纂言》卷一

（元）吴澄撰

（归善斋按：缺）

17.《书集传纂疏》卷一

（元）陈栎撰

（归善斋按：见"曰若稽古大禹"）

18.《读书丛说》卷三

（元）许谦撰

（归善斋按：未解）

19.《书传辑录纂注》卷一

（元）董鼎撰

（归善斋按：见"曰若稽古大禹"）

20.《尚书句解》卷二

（元）朱祖义撰

曰文命敷于四海：谓其有文德之教命，布于四海，祇承于帝：能祇敬继承帝舜之治。

21.《尚书日记》卷三

（明）王樵撰

（归善斋按：见"曰若稽古大禹"）

22.《日讲书经解义》卷二

（清）库勒纳等撰

（归善斋按：见"曰若稽古大禹"）

《书义断法》卷一

（元）陈悦道撰

文命敷于四海，祇承于帝。曰：后克艰厥后，臣克难厥臣。政乃义，黎民敏德。

广文教之敷,而又尽责难之恭。大禹平生相业,于此二语足以该之。盖广文教之敷者,臣之所以治天下,而尽吾职所当为之事也;尽责难之恭者,君之所当端政本,而动斯人不能自已之机也。君尽君道以先乎臣。政本既立,而人心自化,禹之所望于君者如此,而所以敬君者亦不越乎此。此其精神心术之感,有不待敷教而自然乐循理者,是以观史臣美禹之德而言,必观大禹所以进言。此读禹谟开卷第一之义也。

《尚书疑义》卷一

(明) 马明衡撰

"祇承于帝",如孔传"外布文德教命,内则敬承尧舜",亦好人能以"克艰"为心,常持不息,则天理精明,人欲退听,而求贤取善以自助,自不能已。此圣所以益圣也。而尧之"稽于众,舍己从人,不虐无告,不废困穷"者,非其持"克艰"之心乎?故尧舜之道,在兢业而已,桀纣之道在放肆而已。其端系于一念之微,而其终治乱存亡由之此,岂独为君者之所当戒哉。

《尚书砭蔡编》

(明) 袁仁撰

"祇承于帝",此句宜连下"曰"字读,不宜分章。"祇承于帝"者,言舜有是意,而禹承之也。

《书义矜式》卷一

(元) 王充耘撰

(归善斋按:见"曰若稽古大禹")

《尚书七篇解义》卷一

(清) 李光地撰

(归善斋按:见"曰若稽古大禹")

三
克艰

曰：后克艰厥后，臣克艰厥臣，政乃乂，黎民敏德

1.《尚书注疏》卷三

（汉）孔氏传，（唐）陆德明音义，孔颖达疏

曰：后克艰厥后，臣克艰厥臣，政乃乂，黎民敏德。

传：敏，疾也，能知为君难，为臣不易，则其政治，而众民皆疾修德。

音义：易，以豉（chǐ）反。治，直吏反。

疏：正义曰：禹为帝舜谋曰：君能重难其为君之事，臣能重难其为臣之职，则上之政教乃治，则下之众民皆化，而疾修其德。

传正义曰：许慎《说文》云，敏，疾也。是相传为训。为君难，为臣不易，《论语》文。能知为君难，为臣不易，则当谨慎恪勤，求贤自辅，故其政自然治矣。见善则用，知贤必进，众民各自举，则皆疾修德矣。此经，上不言禹者，承上禹事以可知而略之。

2.《书传》卷三

（宋）苏轼撰

曰：后克艰厥后，臣克艰厥臣。政乃乂，黎民敏德。

此禹之言也。君臣各艰畏，则非辟无自入民利，在为善而已，故敏于德。

3. 《尚书全解》卷四

（宋）林之奇撰

曰：后克艰厥后，臣克艰厥臣。政乃乂，黎民敏德。

此则禹之谟也。孔子曰：仁者先难而后获，必在难之于先，而后获之于后也。政乃乂，黎民敏德。此其所以致此者，必在为君者难其所以为君，为臣者难其所以为臣。孟子曰：欲为君尽君道，欲为臣尽臣道。君尽君道，则难其所以为君矣。臣尽臣道，则难其所以为臣矣。君臣各尽其道，以之立政，则民乃乂；以之教民，则黎民敏德。曾无甚难者，世之人，徒以舜之为君，夫何为哉，恭己正南面而已，遂以舜之治天下，优游无为，曾无所用其心。殊不知舜之君臣，其"都"、"俞"、"赓歌"于一堂之上，自一话一言，未尝不以"克艰"为戒。惟其君臣之间，皆不忘于"克艰"，兹所以享无为之治也。

4. 《尚书讲义》卷三

（宋）史浩撰

（归善斋按：见"曰若稽古大禹"）

5. 《尚书详解》卷三

（宋）夏僎撰

曰：后克艰厥后，臣克艰厥臣，政乃乂，黎民敏德。

此"曰"，乃禹言也，不言禹者，上既有"稽古大禹"，故继上文，不言也。禹告舜谓：为君难，为臣不易。君臣者，政之本也。君能尽君之道，而克艰于为君；臣能尽臣之道，而克艰于为臣。如此则政之本立矣。本立，则政治，而黎民则敏于修德。"敏"之为言，速也。民速于从善，如所谓"故民之从之"也，"轻是"也。林少颖以为此禹之谟也。世之人徒以舜之为君，恭己无为而已，遂以舜之治天下优游无为，曾无所用其心，殊不知舜之君臣，其"都"、"俞"、"赓歌"于一堂之上，自一话一言，未尝不以

"克艰"为戒。惟其君臣之间，皆不忘于"克艰"，此所以享无为之治也。

6. 《增修东莱书说》卷三

（宋）吕祖谦撰，时澜增修

曰：后克艰厥后，臣克艰厥臣，政乃乂，黎民敏德。

欲为君尽君道，欲为臣尽臣道。"克艰"者，圣人相传之道也。"艰"者，兢业之念；"克"者，一念之诚。"厥后"、"厥臣"，各止其所之意也。君克艰君之事，臣克艰臣之事，思不出其位也。君不尽君道，而下行臣事，君职必亏，非所谓"艰厥后"也。臣不尽臣道，而上僭君事，臣职必亏，非所谓"艰厥臣"也。君臣各尽其职，政何由而不乂。黎民见君臣各克其艰，自然而敏于德，如木之根本既固，枝叶无不流畅矣。

7. 《尚书说》卷一

（宋）黄度撰

（归善斋按：见"曰若稽古大禹"）

8. 《洁斋家塾书钞》卷二

（宋）袁燮撰

曰：后克艰厥后，臣克艰厥臣，政乃乂，黎民敏德。

孔子曰"为君难，为臣不易"，孟子曰"欲为君，尽君道；欲为臣，尽臣道"，君臣皆欲尽其道，此是第一件难事。须是知其为难，临深履薄之念，斯须不忘，庶几能尽其道。稍以为易而忽之，则不知其难。将见君不君，臣不臣矣。君臣"克艰"于上，则朝廷政事无不修举，故谓之"政乃乂"，群黎百姓遍为尔德，故谓之"黎民敏德"。这"乂"字与"敏"字，便是这"艰"字。在我者，少有放漫，政事便有欠阙，黎民便有怠心。"敏"，不特是速，有黾勉不已之意，速亦在其中矣。"天生民而立之君，使司牧之，勿使失性"。盖所谓司牧之责，非但衣之食之而已。《孟子》：养生丧死无憾只是王道之始。须是天下皆"敏于德"，皆为善人，君子方可以无愧于君师之任。唐虞之时，比屋可封；成周之治人，有士君子之行。必如此，则君臣之道尽矣。若使朝廷政事有不修举，群黎百姓有不遍为尔德，君

53

何取于君,臣何取于臣,君臣之间两失其道矣。呜呼,斯其所以为难也。

9.《书经集传》卷一

(宋)蔡沈撰

曰:后克艰厥后,臣克艰厥臣,政乃乂,黎民敏德。

"曰"以下即"禹祗承于帝"之言也。艰,难也。孔子曰"为君难,为臣不易",即此意也。"乃"者,难辞也。敏,速也。禹言:君而不敢易其为君之道;臣而不敢易其为臣之职。夙夜祗惧,各务尽其所当为者,则其政事乃能修治而无邪慝,下民自然观感速化于善,而有不容己者矣。

10.《尚书精义》卷五

(宋)黄伦撰

曰:后克艰厥后,臣克艰厥臣。政乃乂,黎民敏德。

无垢曰:"克艰"之义,其大矣乎!以此处心,则不欺暗室,不愧屋漏;以此处身,则言无可择,行无过举;以此治家,则女正位乎内,男正位乎外;以此治国、治天下,则事察其微几,戒于早。临兆民,若驭六马;见宴安,若嗜鸩毒。其敢轻乎?君以克艰待臣下,臣以克艰事君父,各在警戒修省之地,其诚心相感,实德交孚。此风一行,黎民自然乐于趋善矣。夫民敏德之几,非在他也,仍在乎君臣克艰之际耳。使君克艰于上,臣克艰于下,则事不敢忽,义不敢违,思虑反覆,号令参审。凡有施为,无不当于人心,合于公论。民之从之也,若走下之水,传命之邮,此自然之理也。黄氏曰:古之人君,以任天下为忧,而后世以得天下为乐;古之人臣,以事君为忧,而后世以得君为乐。忧之,则必知其难矣。可忧而乐焉则易,易则慢,慢则弛,此天下所以多乱也欤。孔子曰:"人之言曰为君难,为臣不易。如知为君之难也,不几乎一言而兴邦乎。"夫子谓知为君之难可以兴邦,则知为臣之不易可以兴邦矣。

11.《尚书详解》卷三

(宋)陈经撰

(归善斋按:见"曰若稽古大禹")

12. 《融堂书解》卷二

（宋）钱时撰

曰：后克艰厥后，臣克艰厥臣。政乃乂，黎民敏德。

"克艰"二字，正是圣学切的工夫。"克艰"，则无须臾而不兢业，自始学，以至为贤，为圣，皆"克艰"之积也。不"克艰"，则无往而不放逸，自意念微动，以至积恶，而不可掩罪。大而不可解，为四凶，为桀纣，皆不能"克艰"之积也。呼！可畏哉。

13. 《尚书要义》卷三

（宋）魏了翁撰

（归善斋按：未引）

14. 《书集传或问》卷上

（宋）陈大猷撰

（归善斋按：未解）

15. 《尚书详解》卷二

（宋）胡士行撰

曰后克艰（难）厥后，臣克艰厥臣，政乃（方）乂（治），黎民敏（勉速）德。

此禹陈"克艰"之谟于舜也。"克艰"者，圣人相传之道，即尧、舜所谓钦也。为君难，为臣不易，政之本也。本立，则政乂；上之艰，下之敏，感应之速，有不期然而然者矣。

16. 《书纂言》卷一

（元）吴澄撰

（归善斋按：缺）

17.《书集传纂疏》卷一

（元）陈栎撰

曰：后克艰厥后，臣克艰厥臣，政乃乂，黎民敏德。

纂疏：

《语录》：自"克艰"至"来王"，只是一时说话。陈氏大猷曰：君臣"克艰"，乃政化之本原，《禹谟》之纲领也。忽其艰，则玩；畏其艰，则沮。徒以为艰而不克，尽其艰则畏而沮，与忽而玩者均耳，故不徒曰"艰"，而必曰"克"也。愚谓：后世言政，不及化。"政乂"而"民敏德"，政非徒政，政即化也。此其功用，皆本原于共政君臣精神心术中，君臣克艰，忧勤戒惧，有未易以言语形容者，人知政乂，而感"民敏德"之不易，则知君臣"克艰"，之所以不易者矣。

18.《读书丛说》卷三

（元）许谦撰

（归善斋按：未解）

19.《书传辑录纂注》卷一

（元）董鼎撰

曰：后克艰厥后，臣克艰厥臣，政乃乂，黎民敏德。

辑录：

自"后克艰厥后"至"四夷来王"。只是一时说话。后面则不可知。"广德"者，言其德化之深也。《书说》。

纂注：

林氏曰：人知舜恭己，以享无为之治；不知舜之君臣，自一话一言，未尝不以艰难为戒。惟君臣不忘于"克艰"，此所以享无为之治也。

陈氏大猷曰：君臣"克艰"，乃政化之本原，《禹谟》之纲领也。忽其艰，则玩；畏其艰，则沮；徒以为艰而不恪尽其艰，则畏而沮，与忽而玩者均耳。故禹不徒曰"艰"，而必曰"克"也。

新安陈氏曰：后世言政，不及化。"政乂"而"民敏德"，政非徒政，政即化也。此其功用，皆本原于共政之君臣精神心术中。君臣"克艰"，忧勤戒惧，有未易以言语形容者。人知"政乂"，而能使"民敏德"之不易，则知君臣"克艰"之所以不易者矣。

20.《尚书句解》卷二

（元）朱祖义撰

曰（禹言）：后克艰厥后（君尽君之道而能难于为君），臣克艰厥臣（臣尽臣之道而能难于为臣）。政乃乂（则政乃治而政教礼刑无不理），黎民敏德（由是众人皆敏疾于修德）。

21.《尚书日记》卷三

（明）王樵撰

（归善斋按：见"曰若稽古大禹"）

22.《日讲书经解义》卷二

（清）库勒纳等撰

曰：后克艰厥后，臣克艰厥臣，政乃乂，黎民敏德。

此一节书，记禹祗承于帝之谟也。后，即君；克，能也；艰，难也；乂，治也；敏，速也。大禹陈谟曰：人君一身，总庶政，统万民，其道最为难尽。人臣受国家委任，有辅政长民之责，其道亦最为难尽。必须为君者真知为君之难，兢兢然，务尽为君之道；为臣者，真知为臣之难，亦兢兢然，务尽为臣之道。如此，上下交修，然后朝廷政事，乃得整饬修举，而无坏乱之弊。天下人民，亦皆从上之令，速化于善，而不容自已。苟为君与臣者，不知其难，或徒知其难，而不能实尽其难，则政事必至于废弛，民心必至于涣散，岂能使政乂，而民化哉。

《书义断法》卷一

（元）陈悦道撰

（归善斋按：见"文命敷于四海"）

57

《尚书考异》卷二

（明）梅鷟撰

后克艰厥后，臣克艰厥臣。

"后克艰厥后"之言，于《皋陶谟》"允迪厥德"用其意；于孔子《论语》用其辞。"后"，即"君"字之别名。"艰"，即"难"字之换字也。"臣克艰厥臣"，于《皋陶谟》"谟明弼谐"用其意；于孔子《论语》用其辞。"臣"，即《语》之"臣"；"艰"，即"不易"字之减字也。有《皋陶谟》以为绳墨，有圣人所引之言以为活法，由是而作为圣经，以号召于天下，其谁则敢议宜乎？后之儒者，皆俯首为之服役，诵读之不暇也。盖至此，而孔子亦在其范围之内矣。何者？后圣人，固宜让前圣人也。虽然，吾则不能无言焉。夫圣人教君，远舍前圣之格言，而近述一时之方言，岂偶忘所删述之经邪？抑岂定公质下，不可与入大禹之道；祗可与述世俗之常邪？以孔子为必居一于此。二者，吾则不敢以为然也。

《尚书注考》

（明）陈泰交撰

"后克艰厥后"，"奏庶艰食"，训艰，难也。"厥惟艰哉"，训"艰"者，饥寒之"艰"。

《尚书埤传》卷三

（清）朱鹤龄撰

克艰厥后。

陈大猷曰：忽其艰则玩，畏其艰则沮。徒以为艰，而不克尽其艰，则畏而沮与忽而玩者均耳。故禹不徒曰"艰"，而必曰"克"。

《书义矜式》卷一

（元）王充耘撰

（归善斋按：见"曰若稽古大禹"）

《书经衷论》卷一

(清) 张英撰

承谟之首在克艰，天位之难履，谁不知之，而克之者几人？"朝乾夕惕"，"兢兢业业"，无一念之敢弛，无一民之敢忽，而后谓之"克艰"。盖始勤而终怠，非"克"也。外严而内疏，非"克"也。敬于大，而忽于小，非"克"也。谨凛于危乱，而纵逸于治安，非"克"也。制之不得其方，操之不得其要，非"克"也。故舜且不敢居而归之于尧曰"惟帝时克"。"克艰"且难，而况于易视之者乎。《易》曰"履虎尾，不咥人，亨"，夫子释之以"履帝位而不疚"，噫非帝位，其孰如虎尾之危乎？

《尚书七篇解义》卷一

(清) 李光地撰

(归善斋按：见"曰若稽古大禹")

帝曰：俞！允若兹，嘉言罔攸伏，野无遗贤，万邦咸宁

1.《尚书注疏》卷三

(汉) 孔氏传，(唐) 陆德明音义，孔颖达疏

帝曰：俞！允若兹，嘉言罔攸伏，野无遗贤，万邦咸宁。

传：攸，所也，善言无所伏，言必用。如此，则贤才在位，天下安宁。

音义：俞，羊朱反。攸，音由，徐以寻反。宁，安也。《说文》安宁如此，愿辞也。

疏：而帝曰：然，信能如此，君臣皆能自难，并愿善以辅己，则下之善言无所隐伏，在野无遗逸之贤。贤人尽用，则万国皆安宁也。

攸，所，《释言》文。善言无所伏者，言其必用之也。言之善者，必出贤人之口，但言之易，行之难。或有人不贤，而言可用也，故嘉言与贤异其文也。如此，用善言，任贤才在位，则天下安。舜称为帝，故知帝谓

尧也。舜因嘉言无所伏，以为尧乃能然，故遂称尧德，以成其义。

2. 《书传》卷三

（宋）苏轼撰

帝曰：俞！允若兹，嘉言罔攸伏，野无遗贤，万邦咸宁。

君臣无所艰畏，则易事而简贤。贤者遁去，而善言不敢出矣。

3. 《尚书全解》卷四

（宋）林之奇撰

帝曰：俞！允若兹，嘉言罔攸伏，野无遗贤，万邦咸宁。稽于众，舍己从人，不虐无告，不废困穷，惟帝时克。

禹既以克艰厥后，陈谋而告舜，舜于是然其言，谓能尽克艰之道者，惟尧为然，而犹不足于此也。允若兹者，犹曰"信能行此"也。"嘉言罔攸伏，野无遗贤"，尧之治，至于人之有嘉谟、嘉猷，则皆入告于上，而无所遗，伏草野之中；有贤者，则皆愿仕于朝而无遗。其万邦又已咸宁，则其治之可谓大成矣。"嘉言罔攸伏"，若可以无事于询访；"野无遗贤"，若可以无事于营求；"万邦咸宁"，若可以无事于忧恤。而尧之心，犹以为未也，于是稽于众，以询其政治之得失。有未至者，则舍己从人而不吝，又且不虐无告，不废困穷，惟恐一夫之不得其所。无告，谓鳏寡孤独，天民之穷者，皆哀矜而不虐之。困穷，谓士之失职者，皆任用而不废之。极四海之间，无有一士之失职者，无有一民之不被其泽，然后为能尽君之道，则是后克艰厥后，惟尧足以当此言也。

4. 《尚书讲义》卷三

（宋）史浩撰

（归善斋按：见"曰若稽古大禹"）

5. 《尚书详解》卷三

（宋）夏僎撰

帝曰：俞！允若兹，嘉言罔攸伏，野无遗贤，万邦咸宁。稽于众舍己从人，不虐无告，不废困穷，惟帝时克。

此一段，诸儒之说，皆不贯穿。惟林少颖谓：禹既以"克艰厥后"陈谟，而告舜，舜于是然其言，谓能尽克艰之道者，惟尧为然，而犹不足于此也。"允若兹"者，犹曰"信能行此"也。"嘉言罔攸伏，野无遗贤"，尧之治，至于人之有嘉猷，则皆入告于上，而无所隐伏；草野之中，有贤者，则皆愿仕于朝，而无遗。其万邦又已咸宁，则其治之，可谓大成矣。"嘉言罔攸伏"，若可以无事于询访；"野无遗贤"，若可以无事于营求；"万邦咸宁"，若可以无事于忧恤，而尧之心犹以为未也，于是稽于众，以询其政治之得失。有未至者，则舍己从人而不吝。又且"不虐无告，不废困穷"，惟恐一夫之不得其所。"无告"，谓鳏寡孤独，天民之穷者，皆哀矜而不虐之。"困穷"，谓士之失职者，皆任用而不废之。极四海之间，无有一士之失职者，无有一民之不被其泽，然后为能尽君之道，则是"后克艰厥后"，惟尧足以当此言也。此说为当。

6.《增修东莱书说》卷三

（宋）吕祖谦撰，时澜增修

帝曰：俞！允若兹。嘉言罔攸伏，野无遗贤，万邦咸宁。稽于众，舍己从人，不虐无告，不废困穷。惟帝时克。

"俞"者，舜深契于禹之言，舜于"克艰"工夫深矣。故闻禹之言，有当于心。大抵实尝用力于此者，闻人之言，心领意会，闻之必切，故以为信如此。"嘉言罔攸伏"以下，舜举尧"克艰"之道以证之也。嘉言无伏于下，贤无遗于野，万邦复咸宁矣。方且稽于众，以求乎人，舍其己以从乎。人无告者，不敢虐；困穷者，不敢废。曰虐与废，不必横政暴刑也。哀怜矜悯之心，有一毫精神念虑之不到，是废之、虐之也。文王发政施仁，必先斯四者。"武王不泄迩，不忘远"，圣人之忧恤如此。其切者，非求为哀矜，求免于废虐也。"惟帝时克"，尧之所克，克于艰也。尧之所谓艰者，不出求言安民之事，"艰厥后"之谓也。

7.《尚书说》卷一

（宋）黄度撰

（归善斋按：见"曰若稽古大禹"）

8.《洁斋家塾书钞》卷二

（宋）袁燮撰

帝曰：俞允若兹，嘉言罔攸伏，野无遗贤，万邦咸宁。稽于众，舍己从人，不虐无告，不废困穷，惟帝时克。

帝舜平日在"克艰"上做工夫，今一闻禹之言，有会于心，曰"允若兹"，信其如此也，于是举尧所以克艰者言之。"嘉言罔攸伏"者，忠嘉之言，悉上达而无有隐伏也。后世天下有嘉谋嘉猷，而不得上达者，何限。今观此一句，须当思何故能如此，必是人主中心好之，然后在彼，方能无隐。《孟子》曰："夫苟好善，则四海之，内皆将轻千里而来告之以善。夫苟不好善，则人将曰'訑（yí）訑。予既已知之矣'。訑訑之声音颜色，拒人于千里之外。士止于千里之外，则谗谄面谀之人至。"若是，人主好谗佞，恶忠直，则天下之人，何苦而犯人主之所恶哉。尧所以能使之"罔攸伏"，这里大有工夫。惟嘉言无有伏，则在野无一贤之遗，此皆不是容易的事。唯如此，方是唐、虞之时，天生贤，固欲人君用之也。以天下之贤，为天下之用，所以万邦无一不宁。人主不能用贤，则不能用天下。既不能用天下，何以能使万邦之咸宁。"嘉言罔攸伏"，是忠嘉之言，无一人之隐伏也。"野无遗贤"，是田野之间，无一贤之或遗也。"万邦咸宁"，是天下之大，无一民之不得其所也。此岂非是唐、虞盛时，虽然嘉言既无伏矣，野既无遗贤矣，犹且稽询于众，舍己之能，从人之长。万邦既咸宁矣，犹且不虐无告，不废困穷，非帝尧之心，孰能如此？故曰"惟帝时克"，以言尧确然能尽此道也。自"嘉言罔攸伏"，至"不废困穷"，皆是尧"克艰"处。

帝曰：俞允若兹，嘉言罔攸伏，野无遗贤，万邦咸宁。稽于众，舍己从人，不虐无告，不废困穷，惟帝时克。

9.《书经集传》卷一

（宋）蔡沈撰

帝曰：俞！允若兹，嘉言罔攸伏，野无遗贤，万邦咸宁。稽于众，舍己从人，不虐无告，不废困穷。惟帝时克。

嘉，善；攸，所也。舜然禹之言，以为信能如此，则必有以广延众论，悉致群贤，而天下之民咸被其泽，无不得其所矣。然非忘私顺理，爱民好士之至，无以及此，而惟尧能之，非常人所及也。盖为谦辞以对，而不能自谓其必能。舜之"克艰"于此亦可见矣。程子曰"舍己从人，最为难事"。己者，我之所有，虽痛舍之，尤惧守己者固，而从人者轻也。

10.《尚书精义》卷五

（宋）黄伦撰

帝曰：俞！允若兹，嘉言罔攸伏，野无遗贤，万邦咸宁，稽于众，舍己从人，不虐无告，不废困穷。惟帝时克。

无垢曰：虚心屈己，故善言日闻，贤者日进。四方万里之远，民情之细微，物态之变故，利害是非，千百年之祸福，皆皎然在于几席之间矣。此万邦所以咸宁也。其"克艰"之状如何？不敢独断，而考于众谋；不敢自是，而舍己从人；不敢自安，而矜怜无告之穷民；不敢自高，而礼遇天下之寒士。合此四事，以观尧之心，每见其兢业忧惧，若危亡之立至，而祸患之必来也。凡禹之所言，他人所惮者，尧皆身亲而心安之，此所以言"惟帝时克"也。惟舜处于"克艰"之地，故深肯禹之言，又深见尧"克艰"之心，而能形容此数语也。高氏郢曰：众心成城，众口铄金，则舆人之诵不可轻，故《书》曰"罔咈百姓，以从己之欲"，《易》曰"圣人感人心，而天下和平"，《诗》曰"恺悌君子，神所劳矣"。此言王者将有为也，将有行也，必稽于众，而顺乎人，则自然之福，不求而自至，未然之祸，不除而自绝矣。陈氏曰：克，能也。"稽于众，舍己从人"，此听言之事也。"不虐无告，不废困穷"，此逮下之事也。众言皆稽之，况嘉言乎？困穷犹不废之，况大禹乎？然听言逮下尧之能事也，舜敢废之乎？

11.《尚书详解》卷三

（宋）陈经撰

帝曰：俞！允若兹，嘉言罔攸伏，野无遗贤，万邦咸宁。稽于众，舍己从人。不虐无告，不废困穷。惟帝时克。

禹之心，"克艰"之心也。舜之心亦"克艰"之心也。惟舜、禹同此一

"克艰"，故禹所言与舜相契，所以闻克艰之戒，既然之又信之，谓然哉。禹之言，信乎其若此矣，使舜于此无"克艰"之念，则虽禹谆谆言之，舜犹不闻也，犹不知也，必曰我虽不敏，请尝试之；必曰君且止矣，我将思之。"俞！允若兹"之言，奚自而发哉？惟舜既有以然禹之言而信之，遂见帝尧之心，亦此"克艰"之心，何以知之？尧之时，公道盛行，下情无壅，忠嘉之言无所隐伏矣。贤者在位，能者在职，而野无遗弃之贤矣。六合同风，九州共贯，而万邦无不宁之虞矣。当此之时，尧若可以自足而且犹不足焉。稽考众言，舍己而不自用，从他人之所长。意者，惟恐众人之有所长者，不得以尽其情也。无告者易虐，而不敢虐；困穷者易废而不敢废，意者惟恐斯民有不得其所，人才之陆沉于下，有不得以尽伸也。盖此心，惟尧能之。尧之心，何心哉，不自足之心也，克艰之心也。使尧于此，自谓嘉言罔伏矣，野无遗贤矣，万邦咸宁，众人之所长不必稽而从之，无告困穷者不必加之，意则尧为自恃，为怠惰，为不敬，安足以为尧哉？孔子曰"博施济众，尧舜其犹病诸"，"修己以安百姓尧舜其犹病诸"，此足以形容尧之心矣。后之学者不，学尧舜则已，如欲学尧舜，但能兢兢，能业业，能小心翼翼，能惧不睹，恐不闻，则尧舜虽远，即吾心而见之。

12.《融堂书解》卷二

（宋）钱时撰

帝曰：俞！允若兹，嘉言罔攸伏，野无遗贤，万邦咸宁。稽于众，舍己从人，不虐无告，不废困穷。惟帝时克。

"克艰"，则无我，自然博询众谋，不徇乎己。能舍己见，乐从乎人，如是，则人之善，即我之善矣，嘉言安得而伏于下？贤者安得而遗于野乎。"克艰"则物我一体，恩及无告，自然不虐困穷；有养，自然不废，如是，则天地之间无，一物之失其所矣，万邦安得而不咸宁乎？"嘉言罔攸伏，野无遗贤"者，"稽于众，舍己从人"之符也。"万邦咸宁"者，"不虐无告，不废困穷"之应也。"惟帝时克"，此不是舜姑为此谦辞，见得"克艰"工夫，直是不易。

13. 《尚书要义》卷三

（宋）魏了翁撰

（归善斋按：未引）

14. 《书集传或问》卷上

（宋）陈大猷撰

（归善斋按：未解）

15. 《尚书详解》卷二

（宋）胡士行撰

帝曰：俞！允（信）若（如）兹（此）。

心总意会，一"俞"之外无余辞；兹者，此外无余理也。

嘉（美）言罔（无）攸（所）伏（藏），野无遗（弃）贤，万邦咸宁，稽（考）于众，舍己（己见）从人（人言），不虐无告，不废（弃）困穷，惟帝（尧）时（是）克（从）。

此舜信禹谟，而举尧"克艰"之道证之。"罔伏"、"无遗"矣，方稽而从焉；咸宁矣，方惧其虐且废焉。此克艰之道，惟尧时克也。"稽"、"从"，知人也。不"虐"、"废"，安民也。皋谟，所谓帝其难之者也，尧岂有如后世"虐"、"废"之政哉，其哀悯之念，一豪不到，则尧以为若"虐"、"废"之矣。

16. 《书纂言》卷一

（元）吴澄撰

（归善斋按：缺）

17. 《书集传纂疏》卷一

（元）陈栎撰

帝曰：俞！允若兹，嘉言罔攸伏，野无遗贤，万邦咸宁。稽于众，舍己从人。不虐无告。不废困穷，惟帝时克。

纂疏：

苏氏曰："无告"，天民之穷者；"困穷"，士之不遇者。

陈氏经曰：言"罔伏"至"咸宁"，此时尧若可以自足，而犹稽众从人，不虐、不废，尧之心不自足也。使自以为足，安足以为尧哉。夫子以"博施济众"、"安百姓"，为尧、舜犹病，此足以形容尧之心矣。程子曰：苟谓吾治已足，则便不是圣人，即此意。

吕氏曰：舜于"克艰"工夫深矣。故闻禹言，有当于心，以为信如此也。"嘉言"以下，举尧"克艰"之道，以证之尧之时克，克此"艰"也。

真氏曰：知为君之难。易真知，而能尽其道难，故曰"允若兹，惟帝时克"。世主谓言已用而不必求言，不知伏于下者之难达也；贤已得，而不必求贤，不知遗于野者之难进也。惟尧一以难视之，故能使言不伏，贤不遗，而万邦安。虽然，尧犹虑其难也，方且稽众，以求事理之当，舍己以从人情之公。易虐废者，不虐废之，皆自"克艰"一念为之也。

愚谓：舜惟本有"克艰"之心，故深信禹"克艰"之谟。"允若兹"，深信其当如此也。"惟帝时克"，以"克艰"归之尧，惟尧能如此，谦言己未能如此也。公孙丑问浩气，孟子曰难言也。程子谓：观此一言，则孟子实有是气可知。今观舜斯言，则舜真能"克艰"亦可知矣。王氏曰：舜后也，故但言尧"克艰"事。今按定公问"一言兴邦"，孔子对以"君难臣不易"。下文惟及君而不及臣，意亦类此。

18.《读书丛说》卷三

（元）许谦撰

"允若兹"一章，"万邦咸宁"以上，以效验言；"稽于众"以下，以工夫言。稽众从人，则嘉言罔伏；"不虐无告"，则"万邦咸宁"；"不废困穷"，则"野无遗贤"。后、臣"克艰"，禹本两平说，舜则归重于己，谓惟尧时克，其意若曰惟"后克艰厥后"，则"臣克艰厥臣"。

东莱先生曰：不虐、不废，不必横政暴刑也，哀怜矜悯之心，有一毫精神念虑不到，是废之，虐之也。

19.《书传辑录纂注》卷一

(元)董鼎撰

帝曰：俞！允若兹，嘉言罔攸伏，野无遗贤，万邦咸宁。稽于众，舍己从人。不虐无告，不废困穷，惟帝时克。

辑录：

无告，困穷也。帝，谓尧也。《书说》。

纂注：

孔氏曰：舜遂称尧德以成其义。考众从人，矜孤愍穷。凡人所轻，圣人所重。

苏氏曰：无告，天民之穷者。困穷，士之不遇者。

陈氏经曰：言"罔伏"至"咸宁"，此时尧若可以自足，而犹稽众从人。"不虐"、"不废"，尧之心不自足也。使于此自以为足，而不加之意，安足以为尧哉？孔子以"博施济众，安百姓"，为"尧舜其犹病诸"，此足以形容尧之心矣。

程子曰：苟谓吾治已足，则便不是圣人。

真氏曰：知为君之难易，真知其难，而能尽其道者难。故曰"允若兹"为"帝时克"。世之人主谓言已用，而不必求言，不知伏于下之难达也；贤已得，而不求贤，不知遗于野者之难进也。惟尧于此，一以难视之，故能使言不伏，贤不遗，而致万邦之安。虽然，尧犹虑其难也，方且稽众，以求事理之当，舍己以求人情之公。易虐者不虐，易废者不废，皆目"克艰"一念为之。

20.《尚书句解》卷二

(元)朱祖义撰

帝曰：俞（舜言俞所以然之）！允若兹（惟尧信能如此），嘉言罔攸伏（故人有嘉谟、嘉猷，皆入告于上而无所隐伏），野无遗贤（草野中有贤，皆得仕于朝，而无所遗弃也），万邦咸宁（万邦以此皆安）。

21.《尚书日记》卷三

(明) 王樵撰

帝曰："俞允若兹"至"为天下君"。"允兹"，指"克艰"二句而言。"嘉言罔攸伏"三句，"克艰"所致也。"稽于众"以下，则正"克艰"之事也。舜然禹之言，以为信能如此，则必有以广延众论，悉致群贤，而天下之民咸被其泽，无不得其所矣。此三者最难也。必也"稽于众，舍己从人"，忘私顺理如此，乃可以尽来天下之言。必也"不虐无告，不废困穷"，爱民礼士之至如此，乃可以惠及万邦，而尽致天下之士，岂他人可能哉？故曰"惟帝时克"。此段非泛语，乃尧之实事，舜之所亲炙而自得之者也。

天下有三脉，言路、贤路与民情是也。此三脉一有不通，世道便可忧。人君之心一有不至，则三者之脉，便有所梗而不通，最可畏也。尧之心，常与天下之善言为一，故嘉言毕达，而无有伏于下者；常与天下之贤者为一，故贤智毕进，而无有遗于野者；常与天下之休戚为一，故无告毕得以自通，而无有蔽盖屈抑而不知者。

"知人"、"安民"，禹尝言"咸若时，惟帝其难之"，与帝此意同。"野无遗贤"，"知人"也；"万邦咸宁"，"安民"也。禹陈"克艰"是论其理；舜答以此，是举其事。盖人君所难，在此三者而已。

"稽于众"，不徇一己之见，必尽众人之同也。己未善，舍之无所系吝；人有善，从之不待勉强。此圣人大公无我之心也，人孰不乐告以善哉。

"舍己从人"，舜以称尧。《孟子》以称舜且曰"善与人同"，"乐取诸人以为善"，又曰"自耕稼陶渔以至为帝，无非取于人者"，又曰"闻一善言，见一善行，若决江河沛然，莫之能御也"。舜之舍己，孟子形容之可谓尽矣。程子曰：舍己从人，最为难事。己者，我之所有，虽痛舍之，犹惧守己者，固而从人者轻也。此程子体验亲切之言。守己者固而从人者轻，盖有贤者而不能免者，故非忘私顺理，乐善之至，不能舍己从人也。

"用人惟己，改过不吝"，此成汤所以同德于尧舜也。尧、舜未易希，闻义能徙，过则勿惮改者，人皆可以为尧舜也。

士盖有怀才抱德而困穷者，其端有二：一曰难进，二曰难合也。难进者，士之节其去就固不苟也；难合者，士之道固不肯诎，以殉人也。苟无遇合之君，则终焉而已，安能无困穷也。苟上无求士之诚，则有阶者进，困穷者废矣，安得野之无遗贤也。是以明君在上，其求士也，盖急于士之求君。岩穴之幽，山林之深，有晦其迹而未为人知者，有乐其道而不求人知者，吾则必知之，举则必先之，困穷不废，有阶而进者，又可知矣。此野之所以无遗贤也。尧、舜岂有困穷之士哉。而"不废困穷"则真尧之心也。只以举舜观之可见矣。方未师锡之前，固已"予闻"，是侧陋之贤，尧之知未尝不先也。

人而谓之无告者，孤远愚弱，有情不能以自通者也。人君岂期于虐此等人哉？然而四海之广，四民之众，万情不齐，而吾耳目所不及，心思所不到，有受其不便者焉，非予虐之而谁也？圣人不泄，迩不忘远，虽以天下之大，而视之无异于一身。是以其于人之痾瘝疾痛，无有不知而所以抚摩而抑搔之者，无有不及斯，其所以无虐也。无告者得所，则无不得其所矣，此万邦所以咸宁也。

此三言者，尧舜之心法也。是以舜初即位，即"询于四岳、辟四门、明四目、达四聪"，"无告不虐、困穷不废"可知。

朱子曰：古人云"不废困穷，不虐无告"，自非大无道之君，孰肯废、虐之者。然心力用不到那上，便是自家废、虐之。须是圣人方会无一处不到。

舜与益，皆因"后克艰厥后"一句而言为君艰难之道。舜言人君所难，在嘉言尽闻，贤才毕进，万邦得所，此由忘私顺理，爱民礼士之至。昔尝于尧见之。朕德罔克，敢不知其艰乎？益因赞尧德之大以勉乎。舜谓其全体不息，变化不测，与天同德，不可名言，故天眷命，全界所覆，后克如帝，兹惟后矣。不其艰乎，帝当何以匹之哉。

孔氏曰：益因舜言，又美尧也。"广"，谓所覆者大；"运"，谓所及者远。圣无不通，神妙无方，文经天地，武定祸乱。眷，顾；奄，同也，言尧有此德，为天所命，所以勉舜也。

真氏曰："广运"而与天同德，故能受天之命，益之勉舜，全在"广运"二字。按，真说甚得经旨。盖舜德固盛，而益犹欲其于无外不息处加意也。"广运"，自尧本身上说，不涉治化上去。《中庸》曰"辟如天地之无不持载，无不覆帱；辟如四时之错行如日月之代明"，即"广运"之意，纯亦不已，则"广运"矣。惟"广"也兼备，而不可以一名，所以时出之也；惟"运"也周流，而不可以一居，所以悉有之也。"圣"、"神"，以其妙于无迹者言之；"武"、"文"，以其可见者言之。圣神如造化不测，武文如春生秋杀。

曰"广运"则不可名言，"圣"、"神"、"文"、"武"自人之所见，而名之之辞，故传曰，大而无外，则变化不测；变化不测，谓圣人之德无方，体不可为象耳。非"圣"变为"神"，"文"变为"武"也。"眷命"指付予之重，说今尧往而付予之重，又在帝矣。"奄有"二句，不涉势分说。

22.《日讲书经解义》卷二

（清）库勒纳等撰

帝曰：俞！允若兹，嘉言罔攸伏，野无遗贤，万邦咸宁。稽于众，舍己从人。不虐无告。不废困穷。惟帝时克。

此一节书，记帝舜然禹"克艰"之谟，因推广之，而归于尧也。"兹"指上文君臣"克艰"而言。"攸"解作"所"。伏，隐伏也。众，兼臣民言；无告，是民之鳏寡孤独，无处告诉者；困穷，是士之困苦贫贱穷而未遇者。帝，指尧也。帝舜答禹曰：汝谓君臣"克艰"，则政修民化，此言诚然。为君臣者，信能如此，将见闻见博而壅蔽通。凡嘉言可以补益者，无有隐伏于下矣。四门辟而群贤进。凡怀才抱德者，无有遗弃在野矣。贤才聚于上，膏泽施于下，虽万邦之广，万民之众，无有一夫之不获其所矣。君臣"克艰"之效至于如此，然此岂易致哉。必须稽考于众人，言有善，即舍己从之，然后人乐告以善，而嘉言罔伏也。又必广询民瘼，有穷而无告者，一一周恤，不忍虐害，然后德泽远被，而"万邦咸宁"也。又必博求贤哲，虽困苦贫贱者，一一举用，不至废弃，然后多士毕集，而野无遗贤也。此三事者，惟帝尧乃为能之也。夫舜于"克艰"之事，不敢自谓曰"能"，而必归诸尧，则舜之克艰于此，亦可见矣。

《尚书考异》卷二

(明) 梅鷟撰

帝曰：俞！允若兹，嘉言罔攸伏，野无遗贤，万邦咸宁。稽于众，舍己从人，不虐无告，不废困穷。惟帝时克。

"俞"见前篇，"允"字亦见前篇。"若兹"见《周诰》诸篇。"嘉言"即"昌言"之别。"伏"字见《盘庚》，无或敢伏小人之攸箴野无遗贤见诗小序。"万邦咸宁"见《易》大传。"稽于众"见《召诰》"稽我古人之德"，"稽谋自天"之"稽"字。"舍己从人"，"无告"见《孟子》，《王制》亦曰"天民之穷而无告者"。"不虐"二字，即《洪范》"无虐"字。文五十年季文子曰"君子之不虐幼贱"。"不废"，"废"字见"八柄"。"困穷"字凡二次用，一则《商书》"子惠困穷"。"惟帝"二字见《皋陶谟》。"时克"，效"时"。举此可见搜集之大略。但"舍己从人"一句，《孟子》盖以言大舜乐善之诚，此则舜之言，而以惟尧能之，略不同耳。孟子，大贤也，且生又后，安得与大舜争强夺尧，而即与舜。

《尚书注考》

(明) 陈泰交撰

"嘉言罔攸伏"，"受王嘉师"，训嘉，善。"嘉靖殷邦"，训嘉，美。

《书义矜式》卷一

(元) 王充耘撰

嘉言罔攸伏，野无遗贤，万邦咸宁。稽于众，舍己从人，不虐无告，不废困穷，惟帝时克。

求言而任贤，盛治所由基；虚己以好贤，圣人之所独。夫惟善道登用，而后天下无不安之民，亦惟圣人在上，而后天下无不用之贤。苟非圣人，莫能及也。是故，言之上者无所伏，人之贤者无所遗，其有以使天下之民，咸被其泽，而得其所者宜矣。然非圣人之忘私顺理，岂能稽众人而使善言之不弃；非圣人爱民好士，岂能不虐、不废，而使贤才之无遗。此所以惟帝能之，而非常人所及也。禹以"克艰"之道，望之舜；舜以"克难"之效，归之尧。圣人之于治，不敢自谓其已（阙）如此（云云）。天下之安危，系乎善言之进退，而善类之（阙）又系乎君心之公私。言治者所以深探其本，而极陈之也。盖言者，所以通上下之情；贤者所以立邦家之基。苟善论有一之未达，贤才有一之或遗，则民之不得其所者多矣。然则，谓天下之安危，不系乎善言之进退，不可也。谏在臣，听在君；德在人，用之在君。苟非人君有大公无我之心，有视人犹己之量，则谗谄至，而公议微；礼貌衰，而贤者去。欲贤无遗，而言罔攸伏，得乎？然则，谓善言之进退，不系乎君心之公私，不可也。古人之能尽此道，而致此效者，其惟帝尧乎？贱而刍荛，皆得以尽其情；微而草茅，皆得以伸其论，则善言固无所伏矣。居宽闲之野，皆将有职于朝；处寂寞之滨，皆将有位于列，则贤者固无所遗矣。夫是以政（阙），而民安风移而俗易，四方有磐石之固，天下犹泰山之安，万邦咸宁，亦其效之所必至也。虽然，诞诞颜色，拒人于千里之外，一夫不获（阙），主罔与成厥功。苟知有己，而不知有人，欲言之毕达者，犹之覆巢取卵，而凤鸟不至；刳胎焚林，而麒麟不游。苟虐无告而废困穷，欲贤者之毕集也，难矣。圣人惟知乎此也，博询众庶，而不惮咨访之勤，闻善则从，而无系吝之意，众人之言且乐闻之，则言之善者可知矣，善论岂有抑而未达者乎？民之颠连而无告，人所易虐者也，而不之虐；士之困而处穷，人所易废者，而不之废，于无告困穷且加意焉，则人之贤者可知矣，贤才岂有不录者乎？夫惟大公无我，故能舍己以从人；惟其德盛礼恭，故能不虐而不废。断以"惟帝时克"者，非常人之所能为也，惟之为言独也，尧之外，无余人克之，为言能也。尧之水莫能及，自非圣人深见其道之未易尽，安能究极至此也哉？程子曰：舍己从人，最为难事。己者，我之所有，虽痛舍之，犹惧守己者固，而从人者轻，此所以非帝尧莫能及也。虽然，舜绍尧致治者也，重华协帝，固有自来，观其好察迩言，取人为善，则言之嘉者，必无所伏矣。"元恺登庸"，"九德咸事"，则人之贤者，必无所遗矣。当是时也，"庶政惟和"，"万国咸宁"，则天下之民，固无不安者矣。君臣告戒，方且指此为"克艰"之目，而不敢自谓其必能，其战兢惕励不自满足之心，为何如哉？孔子曰："博施济众"，"修己安人"，"尧舜其犹病诸"，亦可谓知圣人之心矣。

嘉言罔攸伏，野无遗贤，万邦咸宁。

善言无不达，贤才无不用，则天下之民亦无不安矣。夫天下安危，系于贤才之用舍，而尤系于言论之通塞也。故当泰和之世，言之嘉者，既无所伏于下，人之贤者，又无或遗于野，广延众论，悉至群臣，如此，则万邦虽广，又焉有不得其所者乎？善类聚于朝，而善治形于下，固有不期然而然者矣（云云）。尝谓，人君之治天下，孰无任贤使能之心；贤者之生斯世，亦孰无致君泽民之念哉？而匹夫匹妇，有不被其泽者，何也？谓言已闻而不必咨，不知伏于下者之难达也；贤已用而不必求，不知困于侧陋者之难进也。夫忠言谠论，有不尽闻，则何以周知生民之利病；端人正士有不尽用，则孰与任天下之事功。以是而求治，安不犹郄步而求前，倒植而求茂，不可得也。圣人知其然，故赏谏诤以来谠言，集众思以广忠益，使凡古今理乱之故，政治得失之由，孰为利而在所当兴，孰为害而在所当去，苟可以安国家，利社稷者，知无不言，言无不听，则天下之嘉言，举无所隐伏矣；旁招俊乂而有德者无不举矣。"翕受敷施"，而有善者，无不容使。凡怀材抱艺者，皆将有职于朝，而无考槃在涧之讥；佩仁服义者，皆将陈力就列，而无白驹空谷之叹，则在野之贤，举无或遗者矣。夫善言必达，则治不昧于所施；贤俊登庸，则政不失于所付，将见道德之所薰陶，教化之所浃洽，跻斯民于仁寿，措斯世于平康，而凡胙土分茅，星罗棋布者，又安有一邦之不蒙其休，而一夫之不获其所者哉，谓之"咸宁"信乎？天下之民举安矣。嗟夫！为治固有其本，而致治必有其要。人君惟能受言如流，求贤如渴，而万邦为之安。此固为治之本也。欲言之罔伏，在于舍己而从人；欲贤之无遗，在于不废困穷之士，是又至治之要也。然非忘私顺理，爱民好士之至，何以及于此哉？帝舜不敢自谓其必能，而归之"惟帝时克"，其一念"克难"为何如也，有虞之治岂偶然哉。

《尚书七篇解义》卷一

（清）李光地撰

（归善斋按：见"曰若稽古大禹"）

稽于众，舍己从人，不虐无告，不废困穷，惟帝时克

1.《尚书注疏》卷三

（汉）孔氏传，（唐）陆德明音义，孔颖达疏

稽于众，舍己从人，不虐无告，不废困穷，惟帝时克。

传：帝，谓尧也。舜因嘉言无所伏，遂称尧德，以成其义。考众从人，矜孤愍穷，凡人所轻，圣人所重。

（音义）：舍，音捨。告，故毒反。矜，居陵反。

（疏）：为人上者，考于众言，观其是非。舍己之非，从人之是，不苛虐鳏寡。孤独无所告者，必哀矜之，不废弃困苦。贫穷无所依者，必愍念之。惟帝尧于是能为此行，余人所不能言，克艰之不易也。

此禹言之义，以尧之圣智，无所不能，惟言其考众从人，矜孤愍穷，以为尧之美者。此是凡人所轻，圣人所重。不虐不废，皆谓矜抚愍念之互相通也。《王制》云：少而无父谓之孤，老而无子谓之独，老而无妻谓之鳏，老而无夫谓之寡。此四者，天民之穷而无告者。故此无告是彼四者。彼四者而此惟言孤者，四者皆孤也，言孤足以总之。言困穷，谓贫无资财也。

2.《书传》卷三

（宋）苏轼撰

稽于众，舍己从人，不虐无告，不废困穷，惟帝时克。

无告，天民之穷者也；困穷，士之不遇者也。帝，尧也。

3.《尚书全解》卷四

（宋）林之奇撰

（归善斋按：见"允若兹"）

4.《尚书讲义》卷三

（宋）史浩撰
（归善斋按：见"曰若稽古大禹"）

5.《尚书详解》卷三

（宋）夏僎撰
（归善斋按：见"允若兹"）

6.《增修东莱书说》卷三

（宋）吕祖谦撰，时澜增修
（归善斋按：见"允若兹"）

7.《尚书说》卷一

（宋）黄度撰
（归善斋按：见"曰若稽古大禹"）

8.《洁斋家塾书钞》卷二

（宋）袁燮撰
（归善斋按：见"允若兹"）

9.《书经集传》卷一

（宋）蔡沈撰
（归善斋按：见"允若兹"）

10.《尚书精义》卷五

（宋）黄伦撰
（归善斋按：见"允若兹"）

11.《尚书详解》卷三

（宋）陈经撰

（归善斋按：见"允若兹"）

12.《融堂书解》卷二

（宋）钱时撰

（归善斋按：见"允若兹"）

13.《尚书要义》卷三

（宋）魏了翁撰

（归善斋按：未引）

14.《书集传或问》卷上

（宋）陈大猷撰

（归善斋按：未解）

15.《尚书详解》卷二

（宋）胡士行撰

（归善斋按：见"允若兹"）

16.《书纂言》卷一

（元）吴澄撰

（归善斋按：缺）

17.《书集传纂疏》卷一

（元）陈栎撰

（归善斋按：见"允若兹"）

18.《读书丛说》卷三

（元）许谦撰

（归善斋按：见"允若兹"）

19.《书传辑录纂注》卷一

（元）董鼎撰

（归善斋按：见"允若兹"）

20.《尚书句解》卷二

（元）朱祖义撰

稽于众（尧犹稽考于众人，以访政治之得失），舍己从人（舍己所谋，以从人所谋），不虐无告（民穷而无告者，尧则哀矜之而不虐），不废困穷（士之失职困穷在下者，尧则任用而不废），惟帝时克（凡此惟尧是能）。

21.《尚书日记》卷三

（明）王樵撰

（归善斋按：见"允若兹"）

22.《日讲书经解义》卷二

（清）库勒纳等撰

（归善斋按：见"允若兹"）

《书义断法》卷一

（元）陈悦道撰

稽于众，舍己从人，不虐无告，不废困穷，惟帝时克。

稽众从人，圣人之无我也；"无告"、"困穷"，圣人之成能也。人之一心，才有毫发之私必，不能稽众从人，必不能爱民好士。虽大舜之乐取人以为善，而犹若慊然不足如此者，所以不敢自以为能，而言惟尧能之。虽大舜之谦辞，而舜之克艰，于此亦可见矣。

77

《尚书考异》卷二

（明）梅鷟撰

（归善斋按：见"允若兹"）

《书义矜式》卷一

（元）王充耘撰

（归善斋按：见"稽于众，舍己从人"）

《尚书七篇解义》卷一

（清）李光地撰

（归善斋按：见"曰若稽古大禹"）

益曰：都！帝德广运，乃圣乃神，乃武乃文

1. 《尚书注疏》卷三

（汉）孔氏传，（唐）陆德明音义，孔颖达疏

益曰：都！帝德广运，乃圣乃神，乃武乃文。

传：益因舜言，又美尧也。广，谓所覆者大；运，谓所及者远。圣无所不通，神妙无方，文经天地，武定祸乱。

疏：正义曰：益承帝言，叹美尧德。曰：呜呼！帝尧之德，广大运行，乃圣而无所不通，乃神而微妙无方，乃武能克定祸乱，乃文能经纬天地，以此为大。

传正义曰：广者，阔之义，故为所覆者大。运者，动之言，故为所及者远。《洪范》云"睿作圣言，通知众事"，故为无所不通。按，《易》曰：神者，妙万物而为言也。又曰：神妙无方。此言神道微妙，无可比方，不知其所以然。《易》亦云：阴阳不测之谓神。《谥法》云：经纬天地曰"文"；克定祸乱曰"武"。经传文武倒者，经取韵句，传以文重

故也。

2. 《书传》卷三

(宋) 苏轼撰

益曰：都！帝德广运，乃圣乃神，乃武乃文，皇天眷命，奄有四海，为天下君。

都，美也。至道必简，至言必近。君臣相与艰畏，舍己而用众，礼鳏寡，达穷士，其为德若卑约然。此夸者之所小，而世俗之所谓无所至也。故舜特申之曰：是德也。惟尧能之，他人不能也。益又从而赞之曰：是德也。推而广之，则乃所以为圣神文武，而天之所以命尧为天子者，特以是耳。

3. 《尚书全解》卷四

(宋) 林之奇撰

益曰：都！帝德广运，乃圣乃神，乃武乃文。皇天眷命，奄有四海，为天下君。

都，美辞也。孔氏曰：益因舜言，又美尧也。此说不然。夫舜既即天子之位，则凡群臣之称帝者，皆指舜而言也。如禹曰"于！帝念哉"，曰"帝光天之下"，皋陶曰"帝德罔愆"，皆指舜而言也。夫当舜之时，舜谓尧为帝可也。使益亦谓尧为帝，则舜宜何称哉？张横渠曰：此美舜也。因舜归美于尧，故益亦归美于舜。此说为得之。盖舜既言克艰之道，惟尧能尽之，于是益言舜之德既广运如此，则其于"克艰厥后"之道，盖亦优为之也。广者，洪之至；运者，通之至。惟洪，故能广；惟通，故能运。薛氏曰：广如地，运如天。广则大矣，而无不载；运则通矣，而无不周。此说尽之矣。乃圣乃神，乃武乃文，即广运而为圣神文武之德也。盖舜之德，既洪而能广，通而能运，如天地之无不持载，无不覆焘也。是德也，自其大而化之而言之，则谓之圣；自其圣而不知而言之，则谓之神；自其威而可畏而言之，则谓之武；自其英华发于外而言之，则谓之文。圣神文武，即广运之所发也。非于广运之外，别有圣神文武也。而王氏则谓：乃圣乃神，所以立道；乃武乃文，所以立事。先圣而后神，道之序也；先武而后文，事之序也。审如是说，则是道之外，复有事；事之外，复有道。

79

既有道之序，复有事之序，使道无预于事，事无预于道。此王氏患天下之术之原，惟舜之德，自其广运而充之，至于乃圣乃神，乃武乃文。故皇天于是眷顾，而命之起于侧微之中。玄德外闻，遂以受尧之禅，奄有四海，而君天下也。盖谓舜之广运之德，既已修于畎亩之中，升闻天朝，上为天之眷顾，下为四海之感戴，则其"克艰厥后"，以合于尧。不在乎他，在乎加之意而已。先儒以为"皇天眷命，奄有四海，为天下君"，言尧有此德，故为天所命。所以知其不然者，盖舜自匹夫而为天子，则其所以为皇天之所眷命，奄有四海，而君天下，非其德之广运，不能至于是，故可言也。尧继世以有天下，则其奄有四海为天下君，固其所宜也，又何言哉？此张横渠之说，所以为善也。

4.《尚书讲义》卷三

（宋）史浩撰

益曰：都！帝德广运，乃圣乃神，乃武乃文。皇天眷命，奄有四海，为天下君。

都，美也。彼都者，彼美也。甚都者，甚美也。益闻禹赞敏德，又闻舜之归德，乃推广其意，又有"广运"之言焉。以谓尧之治，以道化也。广运，如天之无为。四时行焉，百物生焉，天未尝有为也。其所以"敏德"，与夫"惟帝时克"，皆道之见于事业者，故皆曰"德"也。而尧德广运，冥然不见其迹者，进乎道矣。圣神文武，随所应而彰，非可以一德名也。神耶，圣耶，文耶，武耶，不可得而指名矣。荡荡乎、巍巍乎，皇天眷命，而使奄有四海者，所谓大哉，尧之为君也。

5.《尚书详解》卷三

（宋）夏僎撰

益曰：都！帝德广运，乃圣乃神，乃武乃文。皇天眷命，奄有四海，为天下君。

林少颖谓：都，美辞也。此舜既即天子位，群臣之称帝，皆指舜言也。盖舜既言克艰之道，惟尧能尽之，于是益言舜之德，既如此，则其于克艰厥后之道，盖亦优为之也。此说极贯穿上下之意。"广运"，孔氏谓：

"广",言所覆之大;"运",言所及之远。薛氏云:"广",如地运,如天广,则大而无不载。"运",则通而无不周。此说与孔氏相同,不若张横渠谓:广大而流行。其意谓"广运"不可析而为二,特言舜德大而能运,用故以广运言之。下文"圣"、"神"、"武"、"文",此皆舜自广大中"运"而为之也。盖大而能运,则无若伯夷可名以"清",而不可名以"任";伊尹可名以"任",而不可名以"和"。惟"大"而能"运",则变化不测,自其大而化之而言,则谓之"圣";自其"圣"而不可知而言,则谓之"神";自其威之可畏而言,则谓之"武";自其英华发于外而言,则谓之"文"。"圣"、"神"、"文"、"武",皆"广运"之所发,非于"广运"之外。复有"圣"、"神"、"文"、"武"也。故益于"广运"下,皆言"乃"者,盖谓是德广而运之,乃所以为"圣"、"神"、"文"、"武"也。故惟舜之德如此,故皇天由是眷祐而命之,起于侧微之中,"玄德升闻",遂受尧禅,"奄有四海"而君天下。故曰"皇天眷命,奄有四海,为天下君"。然则,益必言及此者,其意盖谓舜既以大禹"克艰"之戒,惟尧独能,他人不可及,故益言此谓:舜广运之德,既修于畎亩之中,升闻于天朝,上为天所眷顾,下为民所仰戴,则欲"克艰厥后",以合乎尧,不在乎他,在乎加之意而已。此正益之意也。

6.《增修东莱书说》卷三

(宋)吕祖谦撰,时澜增修

益曰:都!帝德广运,乃圣乃神,乃武乃文。皇天眷命,奄有四海,为天下君。

益又发明"克艰"之道,言"克"非拘迫之谓也。"帝德广运","克艰"之德,日日流转,变动而不息,周流而不居。由圣而神,由武而文。圣、神、武、文,迭相为用,无非体"克艰"之意于"广运"之中。盖周流不息之道,惟"克艰"者知之。益指其大者言之也。是以,上为天之所眷,下为四海之所归。至于"为天下君",皆"广运"之所自来也。益恐人止识尧之"克艰",不识舜之"克艰",故复称舜也。"广运"者,乾健不息之意,止则不运。惟其"广运",乃能"克艰"。学者于禹益之言,参而观之,则"克艰"之义备矣。人多以此帝为尧,非也。自

81

舜"格于文祖"以前，帝则称尧，后则称舜。禹言"克艰"，益虑人，以"克艰"为拘迫，故以"广运"推明之。

7.《尚书说》卷一

（宋）黄度撰

（归善斋按：见"曰若稽古大禹"）

8.《洁斋家塾书钞》卷二

（宋）袁燮撰

益曰：都！帝德广运，乃圣乃神，乃武乃文。皇天眷命，奄有四海，为天下君。

广，大也；运，行也，言其广大运行也。变化无方，谓之圣，圣而至于神。妙不可测，谓之神。凡发、强、刚、毅，皆武也；宽、裕、温、柔，皆文也。戡定祸乱，此是武；礼乐文章，此是文。但不止此耳，"广运"二字，便是"克艰"二字。既如此广大，而又运行不已，所谓圣人只是不已。看"嘉言罔攸伏，野无遗贤"之后，犹且"稽于众，舍己从人"；"万邦咸宁"之后，犹且"不虐无告，不废困穷"，此所谓不已也。惟其不已，故圣、神、武、文，溥博渊泉，而时出之，不可以一德名。凡人可以一德名者，皆由其功夫之有息也。柳下惠之和，伯夷之清，便可名之以"清"、"和"。若是孔子"圣之时"，如何定名得？今夫，天有四时，春和而夏暑，秋凉而冬寒，皆可以一字名之。若夫元气之运行，发而为春、夏、秋、冬，夫何可以定名也。此所谓"圣之时"也。《中庸》论天下之至，圣聪明睿，知足以有临也；宽裕温柔，足以有容也；发强刚毅，足以有执也；斋庄中正，足以有敬也；文理密察，足以有别也。即尧之"乃圣乃神，乃武乃文"也。夫君子未至于圣人，犹且不器，而况圣人乎？然其所以如此，自"不已"中来。若其运行稍有时而息，便偏倚而不全，便浅狭而易窥。惟其运行不息，而圣德之盛如此，所以"皇天眷命，奄有四海"而君之。舜、禹、益之言，皆只是反复讲明君道。禹曰"克艰"，克艰君道也。舜曰"惟帝时克"，克尽君道也。益又曰"为天下君"，亦谓如此，而后可以君天下也。夫天下戴之以为君，享崇高富贵之极,此岂易事,要须尽其道乃可。自三代以后,人主鲜有知君道者。其间欲治之主,亦不过知得三五分。若是,真个知得,必是尧、舜、三代可也。读书当识纲领。如读此处,便当理会得如何是君道。

9.《书经集传》卷一

(宋)蔡沈撰

益曰:都!帝德广运,乃圣乃神,乃武乃文。皇天眷命,奄有四海,为天下君。

"广"者,大而无外。"运"者,行之不息。大而能运,则变化不测。故自其大而化之而言,则谓之圣;自其圣而不可知而言,则谓之神;自其威而可畏而言,则谓之武;自其英华发外而言,则谓之文。眷,顾;奄,尽也。尧之初起,不见于经传,称其自唐侯,特起为帝。观益之言,理或然也。或曰舜之所谓"帝"者,尧也。群臣之言"帝"者舜也。如"帝德罔愆","帝其念哉"之类,皆谓舜也。盖益因舜尊尧,而遂美舜之德以劝之,言不特尧能如此,帝亦当然也。今按此说,所引比类,固为甚明,但益之语,接连上句。"惟帝时克"之下,未应遽舍尧而誉舜,又徒极口以称其美,而不见其有劝勉规戒之意,恐唐、虞之际,未遽有此谀佞之风也,依旧说赞尧为是。

10.《尚书精义》卷五

(宋)黄伦撰

益曰:都!帝德广运,乃圣乃神,乃武乃。文皇天眷命,奄有四海,为天下君。

无垢曰:"广"者,大也。"运"者,行而不止也。尧德广大,行而不止,此所以行于"克艰"之中,而不急迫;又以圣、神、武、文,行于克艰之中,而不拘挛。出入阖辟,何所不可,岂以为克艰,而反急迫拘挛哉?即形而下,造形而上,兹其所以为尧欤。然则,欲求广运,圣、神、武、文者,不求之他,求之"克艰"足矣。张氏曰:广言尧德之体运。言:尧德之用,其大无疆,而所施者,博德之广也;其动不息,而所行者,疾德之运也。尧有广运之德,入与道俱,则为"乃圣乃神";出与事显,则为"乃武乃文"。大而化之之谓圣圣而不可知之之谓神。"圣"而后"神",道之序也。戡定祸乱而为"武";经天纬地而为"文"。"武"而后"文"者,事之序也。尧有圣、神、武、文之德。此皇天之所以眷命,而使之奄有四海,为天下君宜矣。四海远矣,非有德者,不能奄而有之。天下大矣,非有德者,不能君而临之,谓之奄,不特有之而已。至于为天下君,又见其出命,以尹众者也。

11.《尚书详解》卷三

(宋)陈经撰

益曰:都!帝德广运,乃圣乃神,乃武乃文。皇天眷命,奄有四海,为天下君。

此伯益申美帝尧也。此一章当与前一章相参而观之,体用互相发明,有前一章,无后一章,不足以尽尧之德。自常情观之,尧于天下已安、已治之后,兢兢然不自足如此,宜若无优游舒缓气象,殊不知尧德之广运,圣、神、文、武,随所寓而名,岂若是急迫之为哉?广而无方,运而不穷,以其大而化之,则谓之圣;而不止于圣,以其圣而不可知,则谓之神;而不止于神,以其戡定祸乱,则谓之武;而不止于武,以其经天纬地,则谓之文;而不止于文,尧之德,其不可一定名也。如此,有至大之德,则必膺至大之任,皇天眷顾之,命之以"奄有四海,为天下君",固其宜也。天非有私于尧,尧非有求于天。德与天同,则命不期而至,理之必然者也。

12.《融堂书解》卷二

(宋)钱时撰

益曰:都!帝德广运,乃圣乃神,乃武乃文。皇天眷命,奄有四海,为天下君。

益闻舜论上节"克艰"功用,惟尧能之,于是不觉发叹,称赞舜之盛德如此,得天如此,得天下如此,皆"克艰"之功用,不独尧能然也。无所不通,曰圣;变化不测,曰神;刚健不挠,曰武;条理可观,曰文。禹只道"克艰"二字,舜便推广此旨,归美于尧。益便接此语脉,发明广运之妙，归美于舜。不是当时克艰工夫日用纯熟了无凝滞，安能六通四辟？如是其妙哉。自此以下，凡数节，更相发挥，衮衮不断，如珠联星纬，读之使人敬叹。自舜即位后，凡群臣所称帝，皆是指舜。若舜所称帝，却是尧，"惟帝时克"是也。

13.《尚书要义》卷三

（宋）魏了翁撰

（归善斋按：未引）

14.《书集传或问》卷上

（宋）陈大猷撰

（归善斋按：未解）

15.《尚书详解》卷二

（宋）胡士行撰

益曰：都（美辞）！帝（尧）德广（大）运（流转不息），乃圣（大而化之）乃神（圣不可知），乃武（戡定祸乱）乃文（经纬天地）。皇（大）天眷（顾）命，奄（合）有四海，为天下君。

孔云：此益因舜言又美尧也，大而不运，犹可名也；大而运之，则化矣。大可言也，化不可言也。乃谓之圣，乃谓之神，乃谓之武，文名言之不可也。故天命而君天下焉，此"克艰"一念之不息所致也。吕、夏以"惟帝"为益美舜。

16.《书纂言》卷一

（元）吴澄撰

（归善斋按：缺）

17.《书集传纂疏》卷一

（元）陈栎撰

益曰：都！帝德广运，乃圣乃神，乃武乃文。皇天眷命，奄有四海，为天下君。

纂疏：

《语录》：都，美辞也。都君子之居，鄙野人之居，故古谓野为鄙，美为都。

孔氏曰：益因舜言又美尧也，言尧有此德，故为天所命，所以勉舜。

薛氏曰：圣、神、武、文，即"广运"之所发。

陈氏大猷曰："广"，如天之无不覆；"运"，如天之行健不息。圣、神，如天之造化不测；武、文，如天之春生、秋杀。圣、神自妙于无迹者言之；武、文自显于可见者言之。知天德，则知帝德矣。

真氏曰："广运"而与天同德，故能受天命。益勉舜，全在"广运"二字。愚谓：美舜之说，出《横渠传》，辨之当矣。广，圣德之全体也。运，圣德之大用也。圣、神全体之不可见者；武、文大用之可见者也。其可见者，即不可见者之发见呈露者也。

18.《读书丛说》卷三

（元）许谦撰

（归善斋按：未解）

19.《书传辑录纂注》卷一

（元）董鼎撰

益曰：都！帝德广运，乃圣乃神，乃武乃文。皇天眷命，奄有四海，为天下君。

辑录：

"都"，叹美之辞也。"都"者，君子之居；鄙者，野人之居。故古者，谓"野"为鄙，谓"都"为美也。《书说》。

纂注：

孔氏曰：益因舜言，又美尧也。言尧有此德，故为天所命，所以勉舜也。

薛氏曰："圣"、"神"、"武"、"文"，即"广运"之所发也。

陈氏大猷曰："广"，如天之无不覆；"运"，如天之行健不息。"圣"、

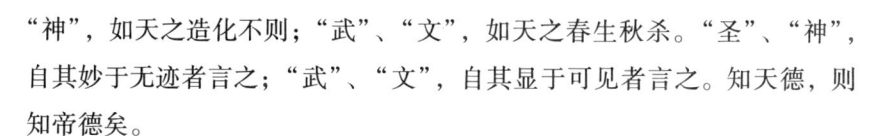

"神",如天之造化不则;"武"、"文",如天之春生秋杀。"圣"、"神",自其妙于无迹者言之;"武"、"文",自其显于可见者言之。知天德,则知帝德矣。

真氏曰:"广运"而与天同德,故能受天之命。益之勉舜,全在"广运"二字。

20.《尚书句解》卷二

(元)朱祖义撰

益曰:都(益于是言"都",以申美帝尧)!帝德广运(谓尧德大于运用,其于前数者,亦优为之),乃圣乃神(故自大而化之而言,乃谓之圣;自圣不可知而言,乃谓之神),乃武乃文(自武之可畏而言,乃谓之武;自英华外发而言,乃谓之文)。

21.《尚书日记》卷三

(明)王樵撰

(归善斋按:见"允若兹")

22.《日讲书经解义》卷二

(清)库勒纳等撰

益曰:都!帝德广运,乃圣乃神,乃武乃文。皇天眷命,奄有四海,为天下君。

此一节书,伯益因舜以"克艰"归尧,因赞尧以勉舜也。都,叹美辞;广,广大也;运,运行也;眷,是眷顾之意;奄,尽也。伯益曰:美哉!帝尧之德既广大而无外,且运行而不息,有不可一端形容者。自其德出于自然者言之,谓之圣;自其圣妙于莫测者言之,谓之神;自其刚毅能断者言之,谓之武;自其英华宣著者言之,谓之文。帝尧之德,可谓极盛而无加矣。是以皇天眷顾其德,保佑命之,使其有四海之地,尺地莫非其有;"为天下之君",一民莫非其臣焉。夫尧以盛德得天如此,所谓"克艰厥后"者,信乎为尧之能事也。今帝绍尧,而为治可不思"克艰",以承天之眷命乎。天眷有德,民怀有仁。帝尧广运之德,乃帝尧如天之仁也。法尧者,以尧之所以治民者，治民则四海戴若父母，而皇天之眷佑，亦无疆矣。

《书义断法》卷一

(元) 陈悦道撰

帝德广运，乃圣乃神，乃武乃文。皇天眷命，奄有四海，为天下君。

尧与天同德，故为天所命。盖尧之德广大，而包乎天地运行，而周乎四海，其广也，覆焘而无外；其运也行健而不息，此大德也，即下文圣、神、文、武之四德也。有大德者，必受天命，人心其将安归乎。极天所覆，极地所载，奄而君之。圣人亦何心于此，而天命所归，圣人有不得辞者。故伯益极言帝德，而终归于天命，亦足以见尧之天德敉宁，而天之惟德是辅也。

《尚书考异》卷二

(明) 梅鷟撰

益曰：都！帝德广运。乃圣乃神。乃武乃文。皇天眷命，奄有四海。为天下君。(阙)

《尚书疑义》卷一

(明) 马明衡撰

"帝德广运"，承"惟帝时克"之"帝"言之，当以赞尧为正。

《尚书注考》

(明) 陈泰交撰

"帝德广运"，训"广"者大而无外；"齐圣广渊"，训"广"，言其大。"乃圣乃神"，训其大而化之而言，谓之"圣"；"睿作圣"、"齐圣广渊"，训"圣"，无不通。"惟圣罔念"，"人之彦圣"，训"圣"，通明。

《书义矜式》卷一

(元) 王充耘撰

帝德广运，乃圣乃神，乃武乃文。皇天眷命，奄有四海，为天下君。

圣人萃盛德于一身，故有为于三才之主宰。盖大德者，必受命，圣人所以富有四海，而贵为天子也。吾于古之帝尧见之。帝尧之德广大而无外，运行而不息。大而能运，则变化不测，故其妙于无迹，则为圣、为神；显于可见，则为武、为文，皆此德之充周，殆非言语形容所能尽也。夫以是天鉴厥德，用集大命，俾之悉有四海，而君临天下焉。其付畀之重，为何如哉（云云）？"皇天无亲，惟德是辅"，天难忱斯命不易哉，未有盛德不足以格天，亦未有天命不佑于有德者也。故"用集大命"，而"抚绥万方"，必"齐圣广渊"之成汤也；"诞膺天命，以抚方夏"，必"徽柔懿恭"之文王也。汤也，文王也，初无心于得天下，而天自不能不命之，天岂私厚于圣人哉？盖天之于物，栽者培之，倾者覆之，因其材而笃焉，则眷命之隆，付托之重，自不容舍盛德之圣人而他适矣。天于成汤、文王如此，则其于帝尧可知矣。且尧之德何如哉？自其大而无外者言之，则如天之无不覆帱也，如地之无不持载也；自其运行不息者言之，则如四时之错行，如日月之代明也。以言其圣，则大而能化，非方体之可拘；以言其神，则圣不可知，非推测之所能及。发强刚毅，足以勘定其祸乱，此固赫然可畏之武；贲饰礼乐，足以经纬天地，又所以为焕然成章之文。盖圣、神、武、文，以粲然有伦者言之，其小德之川流广运；以浑然本体者言之，其大德之敦化。圣人之德如此，天于圣人，当何如哉？眷而顾之，所以使之有四海也；顾而命之，所以使之君天下也。四海至广，而圣人有之，则尺地莫非其有矣；天下至大，而圣人君之，则一民莫非其臣矣。至富之无敌，至贵之无伦如此，圣人果何以得此于天哉？无他，有大力量，则有大负荷。夫以四海之广，群生之众，皆受制于一人，非聪明睿智，足以有临，其孰能与于此？帝尧自唐侯特起为帝，凡其"绥来动和"而措天下，如太山之安；除残去暴而跻群生于仁寿之域，使雍熙之治，独高于五帝，而冠绝乎百王，皆神、圣、武、文之功用也，而岂徒然哉？或者以为益之此言，非以美尧，且以规舜，是未知颂美之辞，异乎规戒之体者也，又乌足以知圣人也哉？虽然，舜绍尧以致治者也，"濬哲文明，温恭允塞"，舜之大德，亦尧之大德也。历数在躬，故自耕稼陶渔，以至于帝舜之得位，亦尧之得位也。先圣、后圣，其揆一也，而何以优劣疑之哉？抑又论之大德，为必受命者，其常也。若吾夫子"温良恭俭让"之德，止闻侯国之政，终不能朝诸侯有天下者，是又其变。然而尧舜能以其道治天下，孔子又推其道以教万世，其功又有大于尧舜者焉。善乎！

宰我之言曰"以予观于夫子,贤于尧舜远矣"。

皇天眷命,奄有四海,为天下君

1.《尚书注疏》卷三

(汉)孔氏传,(唐)陆德明音义,孔颖达疏

皇天眷命,奄有四海,为天下君。

传:眷,视;奄,同也。言尧有此德,故为天所命,所以勉舜也。

音义:眷,居倦反;奄,于简反。

(疏):天顾视而命之,使同有四海之内,为天下之君。

《诗》云"乃眷西顾",谓视而回首。《说文》亦以眷为视。奄,同,《释言》文。益因帝言盛称尧善者,亦劝勉舜,冀之必及尧也。

2.《书传》卷三

(宋)苏轼撰

(归善斋按:见"帝德广运")

3.《尚书全解》卷四

(宋)林之奇撰

(归善斋按:见"帝德广运")

4.《尚书讲义》卷三

(宋)史浩撰

(归善斋按:见"帝德广运")

5.《尚书详解》卷三

(宋)夏僎撰

(归善斋按:见"帝德广运")

6.《增修东莱书说》卷三

（宋）吕祖谦撰，时澜增修
（归善斋按：见"帝德广运"）

7.《尚书说》卷一

（宋）黄度撰
（归善斋按：见"曰若稽古大禹"）

8.《洁斋家塾书钞》卷二

（宋）袁燮撰
（归善斋按：见"帝德广运"）

9.《书经集传》卷一

（宋）蔡沈撰
（归善斋按：见"帝德广运"）

10.《尚书精义》卷五

（宋）黄伦撰
（归善斋按：见"帝德广运"）

11.《尚书详解》卷三

（宋）陈经撰
（归善斋按：见"帝德广运"）

12.《融堂书解》卷二

（宋）钱时撰
（归善斋按：未解）

13. 《尚书要义》卷三

（宋）魏了翁撰

（归善斋按：未引）

14. 《书集传或问》卷上

（宋）陈大猷撰

（归善斋按：未解）

15. 《尚书详解》卷二

（宋）胡士行撰

（归善斋按：见"帝德广运"）

16. 《书纂言》卷一

（元）吴澄撰

（归善斋按：缺）

17. 《书集传纂疏》卷一

（元）陈栎撰

（归善斋按：见"帝德广运"）

18. 《读书丛说》卷三

（元）许谦撰

（归善斋按：未解）

19. 《书传辑录纂注》卷一

（元）董鼎撰

（归善斋按：见"帝德广运"）

20. 《尚书句解》卷二

(元) 朱祖义撰

皇天眷命（由是皇天眷佑而命之），奄有四海，为天下君（尽有四海之广，而为天下之君）。

21. 《尚书日记》卷三

(明) 王樵撰

(归善斋按：见"允若兹")

22. 《日讲书经解义》卷二

(清) 库勒纳等撰

(归善斋按：见"帝德广运")

《书义断法》卷一

(元) 陈悦道撰

(归善斋按：见"帝德广运")

《尚书注考》

(明) 陈泰交撰

"奄有四海"，训"奄"，尽也。"王来自奄"，训"奄"，不知所在。

《书义矜式》卷一

(元) 王充耘撰

(归善斋按：见"帝德广运")

《尚书七篇解义》卷一

(清) 李光地撰

(归善斋按：见"曰若稽古大禹")

禹曰：惠迪吉，从逆凶，惟影响

1. 《尚书注疏》卷三

（汉）孔氏传，（唐）陆德明音义，孔颖达疏

禹曰：惠迪吉，从逆凶，惟影响。

传：迪，道也。顺道吉，从逆凶。吉凶之报，若影之随形，响之应声，言不虚。

音义：迪，徒历反。响，许丈反。应，应对之。应下，应风同。

疏：正义曰：禹因益言，谋及世事，言人顺道，则吉；从逆则凶。吉凶之报，惟若影之随形，响之应声，言其无不报也。

传正义曰：迪，道《释诂》文。

2. 《书传》卷三

（宋）苏轼撰

禹曰：惠迪吉，从逆凶，惟影响。

惠，顺也。迪，道也。言吉凶之出于善恶，犹影响之生于形声。

3. 《尚书全解》卷四

（宋）林之奇撰

禹曰：惠迪吉，从逆凶，惟影响。

益既称美舜德之广运，乃圣乃神，乃武乃文，遂以上为天所眷命，下为四海所爱戴，则其于"后克艰厥后"之道，固可以优游为之矣。禹于是又从而戒焉。帝之德，虽为天所眷命，然天之祸福吉凶，本无常也。人能顺之而从道，则天应之以吉。其或从逆而不复顺道，则吉将变而为凶。是道也，如影之随形，如响之应声，盖有不期然而然者。其言舜虽有广运之德，尚在乎兢兢业业，尽其寅畏之志，然后有以"尽克艰"之道。盖益之言，所以勉之于其始禹之言所以戒之于其终或勉之或戒之，皆所以成

就君之德。舜既不以广运之德自居，而虚己求弼直之言；禹益之徒，不以君之圣明，忘其箴戒之意。君臣上下，相与图治，孜孜如不及，此其所以为唐虞之治也。

4.《尚书讲义》卷三

(宋) 史浩撰

禹曰：惠迪吉，从逆凶，惟影响。益曰：吁！戒哉，儆戒无虞，罔失法度，罔游于逸，罔淫于乐。任贤勿贰，去邪勿疑。疑谋勿成，百志惟熙。罔违道以干百姓之誉，罔咈百姓以从己之欲。无怠无荒，四夷来王。

道降而有德，非降也，道之见于事业也。是故，谓之德，盖道无对也。孔子所谓"巍巍乎"，颜子所谓"卓尔"，孟子所谓"跃如"也。发而为德，则道生一矣。生一则有两端，是有对矣。是故，有吉必有凶，吉凶由人所召，顾所修之德如何耳。禹所谓"惠迪吉，从逆凶"者，思顺其一，而无二三其德也。所谓德惟一动，罔不吉；德二三动，罔不凶也。天之降灾祥，在德而已矣。舜于此盖优为之。益乃因禹之戒，赞曰："戒哉，儆戒无虞"。圣人不畏多难，而畏无难也。"罔失法度"，无作聪明，乱旧章也。"罔游于逸，罔淫于乐"，无佚游荒亡之事也。"任贤勿贰"，谮愬不行也。"去邪勿疑"，无依违牵制也。"疑谋勿成"，无敢尝试为之，而侥倖其或成也。百志安得不光明乎？百姓之誉人，所欲得也，违道而干，毁必随之矣，何补乎？百姓之欲，虽天必从。咈其情，而从吾之欲，则背叛而不可救矣，何补乎？此皆昏乱之世所有。益事尧舜之君，上接洪荒，断无此事，何自而知之耶？盖以理推也。舜固无是矣，而益乃谆谆言之，盖举其害德者，以坚舜修德之心，爱君之道也。舜不以为忤。"无怠无荒"，勤而行之，四夷安得不归往乎？舜之德，所以如天之无不覆帱，如地之无不持载，至矣，尽矣，不可以有加者，实得禹、益之规戒，故进而不已，而至于道也。

5.《尚书详解》卷三

(宋) 夏僎撰

禹曰：惠迪吉，从逆凶，惟影响。

林少颖谓：益既言舜德广运，为天所眷命，民所爱戴，于克艰之道，

95

可以优游为之矣。禹于是又戒之曰：帝虽为天所眷命，然祸福吉凶，本无常也。人能顺之而从道，则天应之以吉。其或从逆而不顺道，则将变而为凶。是道也，如影之随形，如响之应声。盖有不期然而然者。其言舜虽有广运之德，尚当"兢兢业业"，尽其寅畏之志，然后有以尽克艰之道。盖益之言，勉之于其始；禹所以戒之于其终。此说曲尽其妙。吴蕴古谓：作善，则福在其中，非于善之外复有所谓福；作恶，则祸在其中，非于恶之外，复有所谓祸。譬之有形斯有影；有声斯有响，夫岂判然二物哉。此说极得大禹"惟影响"之本意，故特存之。

6.《增修东莱书说》卷三

(宋) 吕祖谦撰，时澜增修

禹曰：惠迪吉，从逆凶，惟影响。

益之言开，禹之言阖，益言其用。禹复究其本，以继之益言"帝德广运"，其意宽而大。禹虑舜或以此自恃，故言天命，虽不庸，释然顺此道则吉，从逆则凶。吉凶由于顺逆之间，其报应，如反掌之易，天理何常之有，当时时省察，顷刻不忘可也。大抵此四节，指意相承，气脉相贯，初无间断。禹"克艰"之言，得舜之言而益彰；舜"克艰"之道，得益之言而愈大；益"克艰"之妙，得禹之言而始备。圣贤之言，互相发明，互相警戒。于以见君道之广大而无穷，君心之诚敬而不已也。

7.《尚书说》卷一

(宋) 黄度撰

禹曰：惠迪吉，从逆凶，惟影响。益曰：吁！戒哉！儆戒无虞，罔失法度，罔游于逸，罔淫于乐。任贤勿贰，去邪勿疑，疑谋勿成，百志惟熙。罔违道以干百姓之誉，罔咈百姓以从己之欲。无怠无荒，四夷来王。禹曰：于！帝念哉！德惟善政，政在养民。水、火、金、木、土、谷惟修；正德、利用、厚生惟和；九功惟叙；九叙惟歌。戒之用休，董之用威，劝之以九歌，俾勿坏。帝曰：俞！地平天成，六府三事允治，万世永赖，时乃功。

禹又陈逆顺吉凶之理，而益承之吁嗟而致戒焉。吁，嗟之者，去其逆也。忽无虞，废法度，游佚淫乐，贤、不肖倒置，违道干誉，咈众从欲，怠荒罔终，皆逆者也。去邪弗果，庸暗不论，中主以上未免有之。疑谋而欲成之，徼倖行险，得失猜忌，此心何由而熙广哉？大抵明照聪达，奚有疑谋。谋之而疑，必有逆于理者，故其事难成，虽强而成，亦难保也。疑而舍之，其心泰矣。"百志"，言此心无适而不然也。虽然共工，尧知其邪而容之；鲧堙水，尧知其不可而听为之。尧，天德也，岂得而窥测哉。"勿疑"、"勿成"，戒人之不善学尧者也。人各有分量，必当自知蓼萧。其德不爽，寿考不忘，蛮夷之所以悦服也。怠荒一作，萧墙不戒，况疆场之外乎？禹承益言，则又叹美之。叹美之者，效其顺也。德懋政修，"六府三事允治"，戒、董、劝，各以其道，皆其顺者也。禹使舜念其事，六府三事，必欲其勿坏。则凡益之言，皆当念也。"德惟善政"，而后有及物之功。虽有仁心，仁闻而民不被其泽者，无其政也。政在养民而已。六府、三事皆养民也。正德，仁义、礼乐，外此邪矣。利用，共工邦事；厚生，稷播种，虞山泽，皆是也。正德先于利用、厚生者，自古皆有死，民无信不立也。"修"，故不坏；"和"，故不争。苟不正德，不夺不餍。休，选贤与能；威，挞罚不齿。以九功之叙作诗章，使人歌咏之，以此劝天下，仁声之入人深也，圣人由是作乐焉。舜承禹言，而推其功于禹。"勿坏"之训诫，不敢忽也。是则《大禹谟》，一君臣克艰，为承尧也；二逆顺吉凶，戒舜，保其功于无穷也。舜反复之，益推明其间，于是而禅禹焉。故曰《禹谟》纪功也。

8.《洁斋家塾书钞》卷二

（宋）袁燮撰

禹曰：惠迪吉，从逆凶，惟影响。

"惠迪"者，顺此道也。"从逆"者，逆此道者也。大凡顺这道理，便吉；逆这道理，便凶。"帝德广运，乃圣乃神，乃武乃文"，能行此道，所谓"惠迪"也。"皇天眷命，奄有四海，为天下君"，非吉而何？所谓"道"，不过只是眼前厎道理。圣、神、武、文，皆其所当然者，顺是而行，吉孰大焉。有形便有影，有声便有响，形即影也，声即响也。惠迪即吉，从逆即凶也。试反而思之，凡有所为，无不顺道，当是之时，其心安，其体泰，所谓心广体胖，非吉而何？如此，则鬼神亦享之，天命亦归之，凡有所为皆逆此道，当是之时，仰有所愧，俯有所怍，非凶而何？如此鬼神亦不汝飨，天命亦不汝眷，由是知顺道之时，吉已具焉；从逆之时，凶已萌焉，皆吾之所以自取，非由外求也。

9.《书经集传》卷一

（宋）蔡沈撰

禹曰：惠迪吉，从逆凶，惟影响。

惠，顺；迪，道也。逆，反道者也。惠迪，从逆，犹言顺善，从恶也。禹言天道可畏，吉凶之应于善恶，犹影响之出于形声也，以见不可不艰者，以此而终上文之意。

10.《尚书精义》卷五

（宋）黄伦撰

禹曰：惠迪吉，从逆凶，惟影响。

无垢曰：顺于道理者"吉"，则随之，非道理之外，又有"吉"也。当其顺于道理时，此即吉也。此古之论福者，曰"百顺"之名也。且谓体信而达义者，谓之百顺。而《诗》人指"葛藟虆之"谓之"福履"，其禹之意欤。然而，禹于益之意外，又立"从逆凶"之说。以发明之，此亦禹始终于"克艰"之意也。夫"从逆"即是"凶"，不必谓"逆"之外。别有"凶"也。昔燕王旦，谋反日深，变怪愈至，如大风折木，鼠舞端门，失火城楼，此怪非自外来也，即旦恶逆之心，凝结成象耳，岂自外来哉？此君子所以戒谨乎？其所不睹，恐惧乎？其所不闻，而不愧屋漏，不欺暗室，诚诸中，形诸外，此理之自然者也。如影之随形，响之随声。影即形也，岂形之外，复有影乎？响即声也，岂响之外，复有声乎？禹是以知吉即惠迪，凶即从逆，非于顺道之外别有吉，从逆之外别有凶。禹之此意以谓，使吉在道外，则福可邀；使凶在逆外，则祸可避，如此，则异端得志，而吾道衰矣，不可不谨于此矣。张氏曰："惠迪"者，顺道之谓也。故天命之以吉，反是而从逆则凶矣。夫顺逆之理，吉凶之报，至于不旋踵而至，而无毫发之差，如影之于形，曲直长短，因之而已；如响之于声，洪纤高下，应之而已。所谓"如影响"者，其报应之验也。

11.《尚书详解》卷三

（宋）陈经撰

禹曰：惠迪吉，从逆凶，惟影响。

禹因伯益述尧之德，于是广其意，而为吉凶之说，谓尧之所以圣、神、文、武，而遂得天之眷命者，以其"惠迪"而有"吉"也。惠，顺；迪，道也。顺道而行之，则吉，非顺道之外，有所谓吉也。从其"逆"者而行之，则凶，非从逆之外，有所谓凶也。当顺道之时，返己无愧，心广体胖，其吉孰大焉？外此而言"吉"，是侥倖于非望之福也。当从逆之时，十目所视，心劳日拙，其凶孰甚焉？外此而言"凶"，是其祸可得而逭（huàn）也？故六经言吉凶祸福，无不自己求之，曾不于一己之外，而言祸福，以启人倖得苟免之心，此其为应也。岂不犹影响于形声哉？盖形之中自有影，声之中自有响也。

12.《融堂书解》卷二

（宋）钱时撰

禹曰：惠迪吉，从逆凶，惟影响。

惠迪，顺行也。禹闻益赞帝，复接其语脉而发挥之。何谓顺，"克艰"是也；何谓逆，不"克艰"是也。舜之盛德如此，得天如此，得天下如此，固"克艰"之功用也。或者兢业微懈，不顺而逆，则凶咎之来捷，如影响。此禹所以兼吉凶两端，申明"克艰"之旨，广益之所未备，拳拳为帝舜告也。

13.《尚书要义》卷三

（宋）魏了翁撰

（归善斋按：未引）

14.《书集传或问》卷上

（宋）陈大猷撰

或问：三山陈氏说"迪吉逆凶"如何（三山陈氏曰：当顺道之时，反己无愧，心广体胖，其吉孰大焉。外此而言"吉"，是徼倖于非望之福也。当从逆之时,十目所视,心劳日拙,其凶孰甚焉。外此而言凶,是其为祸可得而逭也)?曰:如此则是非望之福,可以舍道而倖得不可逭之祸,可以从逆而苟免也。抑不知舍道而求福,决无得福之理,纵或得之,乃所以为有道之祸耳。从逆而免祸,决无可免之理,纵或苟免,乃所以积恶而灭身耳。此正与世俗所论祸福同,非圣经之旨也。

三山陈氏说"罔游"、"罔逸"一节亦善(曰:惟圣君能受尽言,不如此者,言语必有所逊,入而后可。又见古人谏君,不纤悉于末节,惟先正其本原。本原既正,万事自得其理)。

15.《尚书详解》卷二

(宋)胡士行撰

禹曰:惠(顺)迪(道)吉,从逆(非道)凶,惟影(应形)响(应声)。

迪则吉,逆则凶,非于善恶之外别有祸福也,其应之速可知。迪,即"克艰"之道。

16.《书纂言》卷一

(元)吴澄撰

(归善斋按:缺)

17.《书集传纂疏》卷一

(元)陈栎撰

禹曰:惠迪吉,从逆凶,惟影响。

纂疏:

《语录》:书中迪字,或解为"道",或解为"行",疑只是"顺"字,此以逆对,迪可见。

18.《读书丛说》卷三

(元)许谦撰

(归善斋按:未解)

19. 《书传辑录纂注》卷一

（元）董鼎撰

禹曰：惠迪吉，从逆凶，惟影响。

辑录：

《书》中"迪"字或解为"道"，或解为"行"，疑只是"顺"字。"惠迪吉，从逆凶"，以"逆"对"迪"，可见《书》中"迪"字用得皆轻也。《书说》。长孺问先生须得邵尧夫之术。先生久之曰：吾之所知者，"惠迪吉，从逆凶"，"满招损，谦受益"，若明日晴，明日雨，吾安能知耶。《语略》。

20. 《尚书句解》卷二

（元）朱祖义撰

禹曰（禹乃言）：惠迪吉（信乎顺道而行，则天应以吉），从逆凶（从逆而行则吉变为凶），惟影响（吉凶之来，如影随形，响应声）。

21. 《尚书日记》卷三

（明）王樵撰

禹曰：惠迪吉，从逆凶，惟影响。

孔氏曰：迪，道也，顺道吉，从逆凶。吉凶之报，若影之随形，响之应声，言不虚。愚按：此见天人非有二也。欲知天人之不二者，盍占之吾心气之间。心安者，气善；心不安者，气不善。心之安、不安者，理之所在也；气之善、不善者，吉凶之所在也。人之作为，皆气也。善祥凶恶，皆气机也；形骸曰人通天地一气耳。故一念之发，人所不知而已，所独知之际，即通乎天地之气矣。吉凶之于善恶，不曰"如""影响"，而曰"惟影响"。曰"如"则犹是比也。善恶吉凶，即是"影响"之理。今夫钟，怒而击之则武，哀而击之则悲。怒与哀在我，而声应之"惟影响"也。

22. 《日讲书经解义》卷二

（清）库勒纳等撰

禹曰：惠迪吉，从逆凶，惟影响。

此一节书，禹有感于益之言，因深言天道，以终不可不"克艰"之意，所以责难于帝也。惠，顺也；迪，道也。逆，反道者也。禹曰：凡人行事，能顺道理而行，天必降之以福。凡吉庆皆集于其身。若背道理而行，天必降之以殃。凡凶祸皆集于其身，犹之表立而影随，声出而响应，不可易也。帝尧有广运之德，斯受皇天之眷，正所谓"惠迪吉"也。天人感应之理。昭昭如此。然则，君臣其可以不"克艰"哉。

《尚书考异》卷二

（明）梅鷟撰

禹曰：惠迪吉，从逆凶，惟影响。

"景"字，古文无"彡"，唐玄宗天宝三载，命集贤学士卫包，改古文从今文时所增也，今从古文。"惠迪"二句，即"作善降之百祥，作不善降之百殃"意。"景响"二字见《荀子》诸书。《荀子·富国篇》"三德者，诚乎上则下应之，如影向"。杨倞注："向"读为"响"。又曰"其下应之，如影响"。又《臣道篇》曰："形下如影"，"齐给如响"。

《尚书疑义》卷一

（明）马明衡撰

"惠迪吉，从逆凶，惟影响"，只此三言，说得极洁净精神，无长语，非圣人不能道也。所行但顺便吉，但逆便凶。吉只在顺上生，凶只在逆上生，更无别样门路，亦无别费心思。但当常顺不逆，可以长吉无凶，多少简易明白。今人要卜筮前知，行其私意，所谓吉凶者，随其意之所适，以为趋避之方，既非古人之所谓吉凶，而其所谓前知者，即知得亦非圣人正意，此康节之学所以不同。程伊川谓，在尧夫，便须推测，某则不须推测，只道起处起，一语极妙，深得圣人之正意也。

《尚书注考》

（明）陈泰交撰

"惠迪吉"，训"迪"，道也；"尔尚迪果毅"、"四人迪哲"，训"迪"，蹈；"矧今民罔迪"，训"迪"，即"迪吉康"之"迪"；"不克终日,劝于帝之迪",训"迪",启迪也。

《书经衷论》卷一

(清)张英撰

"惠迪"之谟,修身之事也,故兼言吉、凶。善政之谟,治人之事也,故兼言政教。圣人之政,始于农桑,而终于礼乐,故"六府"养民,而终之以"九歌"也。

《尚书七篇解义》卷一

(清)李光地撰

禹曰:惠迪吉,从逆凶,惟影响。益曰:吁!戒哉,儆戒无虞。罔失法度,罔游于逸,罔淫于乐。任贤勿贰,去邪勿疑,疑谋勿成,百志惟熙。罔违道,以干百姓之誉;罔咈百姓,以从己之欲。无怠无荒,四夷来王。

此又禹、益他日之言也。惠,顺也;迪,蹈也;顺,对逆;蹈,对从,错文也。言顺道则吉,逆理则凶。吉凶自为,有如影响。益因推广其意。"儆戒无虞"四句,言持身也。"任贤勿贰"二句,言用人也。"疑谋勿成"二句,言断事也。"罔违道"二句,言治民也。能修身,则能用人;能用人,则能制事;能制事,则知所以治民矣。"百志惟熙",凡事皆欲其光明洞达,坦然而无疑也。始之以"儆戒无虞",惕于心者也;终之以"无怠无荒",勉于事者也。

益曰:吁!戒哉!儆戒无虞,罔失法度

1. 《尚书注疏》卷三

(汉)孔氏传,(唐)陆德明音义,孔颖达疏

益曰:吁!戒哉!儆戒无虞,罔失法度。

传:先吁,后戒,欲使听者精其言。虞,度也。无亿度,谓无形。戒于无形,备慎深;秉法守度,言有恒。

（音义）：吁，况俱反。度，徒布反。注守度同，虞，度，徒洛反，后亿度同。

（疏）：益闻禹语，惊惧而言曰：吁！诚如此言，宜诫慎之哉。所诫者，当儆诫其心。无亿度之事，谓忽然而有，当诫慎之，无失其守法度，使行必有恒，无违常也。

《尧典》传云，吁，疑怪之辞。此无可怪，闻善惊而为声耳。先吁后戒者，惊其言之美，然后设戒辞，欲使听者精审其言。虞，度，《释诂》文。无亿度者，谓不有此事，无心亿之。《曲礼》云：凡为人子者，听于无声，视于无形。戒于无形见之事，言备慎深也。安不忘危，治不忘乱，是其慎无形也。法度当执守之，故"以秉法守度"解。不失，言有恒也。

《尚书注疏》卷三《考证》

儆戒无虞。

朱子曰：儆古文作敬，开元改经文。

2.《书传》卷三

（宋）苏轼撰

益曰：吁！戒哉，儆戒无虞。

虞，忧也。自其未有忧而戒之矣。

3.《尚书全解》卷四

（宋）林之奇撰

益曰：吁！戒哉，儆戒无虞。

禹既以吉凶影响之理，陈戒于舜，益于是申言所以儆戒之道，当如此也。吁，叹辞也。叹而后戒者，将使听者审其言也。《毕命》曰"四方无虞，予一人以宁虞度也谓四方晏然无可度之事也。夫惟四方晏然，无可度之事，则危亡祸乱所自萌也，故当儆戒而无忽，正如皋陶'兢兢业业，一日二日万几'。盖一日二日之间，危亡祸乱之几，至于万数，可不戒慎恐惧乎。"

罔失法度。

盖方是时，袭尧之爵，行尧之道，法度彰，礼乐著，垂拱而坐视天民之阜。夫何为哉？惟守法度勿失，斯可矣。自古太平无事之世，上恬下熙，君臣无为，足以致治矣。而小人之好作为者，必肆其私辩，欲尽取前世之法度纷更之，时君世主，不悟而入其说，往往至于危乱而不自知，汉之武帝，唐之明皇，皆坐此也。周公相成王，已致太平之治，作为《无逸》之书，以戒成王。而其终篇申儆之曰："古之人犹胥训告，胥保惠，胥教诲，民无或胥诪张为幻。此厥不听，人乃训之，乃变乱先王之正刑，至于小大，民否则厥心违怨，否则厥口诅祝。"此即益戒舜意也。舜，大圣人也，益之言简而尽。成王，中才之主也，周公之言详而明。然而其意则一也。

4.《尚书讲义》卷三

（宋）史浩撰

（归善斋按：见"惠迪吉"）

5.《尚书详解》卷三

（宋）夏僎撰

益曰：吁！戒哉，儆戒无虞，罔失法度，罔游于逸，罔淫于乐。任贤勿贰，去邪勿疑，疑谋勿成。百志惟熙。罔违道，以干百姓之誉；罔咈百姓，以从己之欲。无怠无荒，四夷来王。

虞，度也。言天下无可度之事，故谓之"无虞"。与《毕命》言"四方无虞"同意。大抵天下之理，多事之际，中才之主，亦知儆戒以居之。惟无事之际，则燕安鸩毒，藏于中。居安而忘危，不知"福者祸所伏"。虽聪明之主，亦有时而惑，卒至变起，不图有不自知。故禹既以吉凶、影响之理，陈戒于舜。益于是申言所以"儆戒"之道，尤在于"无虞"之日。自"罔失法度"以下，皆"无虞"之日所当"儆戒"者也。"吁"者，疑怪之辞。禹言吉凶、祸福，常理，若无可怪。而益必言"吁"者，盖益闻禹善言，惊而为是声尔。故唐孔氏谓：先吁后戒者，惊其言之美，然后设戒辞，使听者精审其言。此说极是。自古太平无事之世，上恬下熙，天下无事。虽无为，而可以致治。然好大喜功者，则欲纷更旧章，以逞己能；恣行淫逸，以快己欲。优柔不断者，久安则怠于黜陟，而贤否不分，昧于听断，而疑谋必行。故益必以"罔失法度"者，恐其纷更旧章也。戒以"罔游于逸，罔淫于乐"者，恐其恣行淫逸。又戒以"任贤勿贰，去邪勿疑，疑谋勿成"者，恐其怠于黜陟，而昧于听断也。盖舜之时，袭尧之爵，行尧之道，法度彰，礼乐著，垂拱视天民之阜，夫何为哉？惟谨守法度，使不失故当而已。故先言"罔失法度"。若周公当太平之后，作《无逸》之书，亦以变乱先王之正刑为戒，正此意也。"罔游于逸"者，言人君，春省耕，秋省敛。一游一豫为诸侯度，则人君何尝不游，但不游于逸。若周穆王车辙马足，遍天下，为无益之游也。林少颖所谓"不为己甚之游"是也。"罔淫于乐"者，淫，过也。过于乐，若纣长夜之乐，谓"淫乐"，林少颖所谓"不为己甚之乐"也。"任贤勿贰"，欲其一意用贤，谓知其贤，则一德一心，共图致治，故谓之"勿贰"。一有异念，则贰矣。"去邪勿疑"，欲其果于去邪。盖奸邪之人，诡计邪谋，足以固宠。一知其邪，当决然去之，勿复怀疑，使出其不意。彼虽欲别生诡计，有所不及。一疑而不果，则奸谋旋生。虽去之，或以招乱。故去邪，所以欲勿疑。"疑谋勿成"，说者多连上文解，谓：任贤而贰，去邪而疑，皆疑谋也，故不可成。余谓：上言"任贤勿贰，去邪勿疑"，即言"疑谋勿成"三句，皆对之而下，不可连文而解，当自作三句解。谓："任贤"欲其一意，故戒以"勿贰"；"去邪"欲其果断，故戒以"勿疑"；"疑谋"足以败事，故戒以"勿成"。"疑谋"如《诗》所谓"筑室于道，谋是用不溃于成"，则谋之疑者。苟行之，非惟不能成事，且将败事，故戒以"勿成"者。谓：既知其疑，则不复强行以求其成也。凡是数者，皆足以蔽人君之心。故既如此上文数事，人君诚能戒而不为，则一心之中，明白洞达无有蔽惑，如浮云扫尽，太空廓然。百志如之何而不光明哉？人君特一心耳。谓之"百志"者，盖天下百为之事，皆关乎人君之心。人君以一心经营百为，是心一而志百，故曰"百志"。益既戒舜以不为上数事，则百志广明，而其意犹以为未也。故又戒以"罔违道以干百姓之誉"，欲其遵道而行。政治，则民自亲誉于我。若大道而不行，区区如后世移民、移粟之君，务行小惠，故取民誉，岂足取哉。又戒以"罔咈百姓，以从己之欲"者，以天生斯民，立之君以司牧之，将以人君治天下，非以天下奉一人。故人君当顺众心以图治，不可咈众欲以从己故也。又戒之以"无怠无荒，四夷来王"者，盖益既反覆申戒如此，又恐其行之不勤，故又言舜于此数者，能尽其"儆戒"之意，躬而行之，于心无怠，于事无荒，岂惟中国治而已，虽四夷，亦将来王。盖极言其效，以勉舜，使之"儆戒"也。林少颖谓"无怠无荒"，犹所谓不倦以终之。此说是矣。苏氏曰：九州之外，世一见曰王。《国语》曰：日祭、月祀、时享、岁贡、终王。其意谓：诸侯见君，有日见者，有月见者，时见，岁见，世见者。日见者，为日祭；月见者，为月祀；时见者，为时享；岁见者，为岁贡。远夷一世见者，谓之终王。此言"四夷来王"，谓：四夷皆讲朝见之礼也。林少颖谓：益非不知舜之心不至如上所云，而必谆谆告戒，惟恐不及，圣人智周万物，道济天下，为其兢兢业业者，实未尝须臾忘此，其所以为圣人也。

6.《增修东莱书说》卷三

（宋）吕祖谦撰，时澜增修

益曰：吁！戒哉，儆戒无虞，罔失法度，罔游于逸，罔淫于乐。任贤勿贰，去邪勿疑。疑谋勿成，百志惟熙。罔违道以干百姓之誉，罔咈百姓以从己之欲。无怠无荒，四夷来王。

益又言"克艰"之目，必以事事物物而存此理。"吁"者，叹息以重其事，又加之以戒哉，则尤不可忽也。"儆戒无虞"者，圣贤之论，治必于毫厘眇忽之中而加意，无虞之中，事机之所伏也。圣人之心，无时而不儆戒。其于"无虞"，儆戒之尤不可缓也。"罔失法度"，不独政事纪纲之谓也，凡一身之间，一动一作，饮食起居之际，莫不有法度。动容周旋，皆中于礼而已。"罔游于逸"，至"疑谋勿成"，训诂已明，事事物物，欲克其艰，而各致其戒，亦"广运"之意也。既随事随物，而尽其理矣。则凡心有所之，皆广而明。"百"字，须看人，只有一心，安得有百志。盖志者，心之所之也。一心既正，则凡其所之，无有不熙。盖人惟未能循天下之理，有当有否，故有明与不明。圣人动与理契，凡精神心术之运，随所之而光明盛大。故谓之"百志惟熙"。"罔违道以干百姓之誉"，谓不偏于人也。"罔咈百姓以从己之欲"，谓不偏于己也。人君因百姓之誉，可以验己之治。但谓之"干"，则不可至于咈人从欲徇己也。无求与徇之私，去人与己之累，平而视之，则见此心之本。体识其本，体则"无荒无怠"以正守之，即有"四夷来王"之理矣。"无怠无荒"，"克艰"之义也，非止朝廷之上无怠荒也。凡治天下之道，一一备具，虽缓而不切者，莫不讲明。此之谓"无怠无荒"。治道运行而不息，心则正矣。心正，则家正；家正，则国正；国正，则天下正。推而至于"四夷来王"信矣，此二句极本末而言之。上极言其本，下极言其末。若以为"无荒无怠"，四夷即来王，理虽通，而事则未也。

7.《尚书说》卷一

（宋）黄度撰

（归善斋按：见"惠迪吉"）

8.《洁斋家塾书钞》卷二

（宋）袁燮撰

益曰：吁！戒哉，儆戒无虞，罔失法度，罔游于逸，罔淫于乐。任贤勿贰，去邪勿疑，疑谋勿成，百志惟熙；罔违道以干百姓之誉，罔咈百姓以从己之欲，无怠无荒，四夷来王。

虞，度也。方四方未宁，民生未安，必反复虞度，何以宁四方，何以安民生。及中国既治，边鄙宁谧，则是无可虞度之事，当此之时，此心最易得不警戒。虽是圣人，朝夕警戒不怠，然毕竟时节不同，此心犹恐因时而变，故处无虞之世，常常如有事之日，战战兢兢，如临深渊，如履薄冰。如此，则庶乎其治之可保也。盖治乱相生，而无常方。其治时，所谓乱者，已伏于此。观《易》泰、否二卦，天地交，而万物通，可谓泰之极矣。然上六，便有城复于隍之戒。至否之，九五休否，是休息天下之否以循，致于泰也。然便有其亡，其亡系于苞桑之戒。圣人防患未然之意深矣。自古当治安之时，而危乱之萌已兆者甚多。汉宣帝渭上之朝，见于甘露之三年。而是年也，元后得幸于太子，实生成帝，则是王氏之篡汉，已兆于极盛之日矣。即此一事，看无虞之世，岂可以不警戒。警戒之念不忘，则法度自不至于失坠。自一身而言，动容周旋中礼，一身之法度也。由天下而言，纪纲文物，天下之法度也。一身之法度，即天下之法度也。吾身之法度，苟颠倒错乱，则天下之法度，亦颠倒错乱矣。"法度"二字不可轻看。古人言，容止可度；又曰，严恭寅，畏天命。自度只如一身，须当终日于规矩准绳之中，视听言动，一或非礼，便失其法度。孔子七十而从心所欲，不逾矩。"不逾矩"，即"罔失法度"。也古人盘盂有戒，几杖有铭，不曾顷刻自放于法度之外，终日只在法度里面行，一身之法度犹不可失，况于天下乎？"罔游于逸，罔淫于乐"，逸，安逸也；乐，欢晏也。游于逸者，贪于逸而忘返也；淫于乐者，过于乐而无节也，岂能无安逸之时，亦岂能无欢乐之时。然却不可游，不可淫逸与乐，非美事也。苟不至于过，则亦不害其为法度。流而忘返，便是失法度也。"任贤勿贰"，言知其为贤，则当断然任之也。"去邪勿疑"，言知其为邪，则当断然去之也。夫贤之与邪，犹黑之与白，本有定论。贤者，显然当任；邪者，昭然当去。初心本自明。这贰与疑，皆是后来如此，"勿"之一字，言其不可贰，不可疑也。"疑谋勿成"，亦是此意。大抵人心，本自明，有不善，未尝不知，知之未尝不疑，苟有所疑，便当勿成。人惟用心不刚，停蓄于此，所以成其疑谋者多矣。这疑处，便是人之初心。初心至明，成之则必有后悔。"百志惟熙"，心之所往谓之"志"。"熙"者，光明也。天下同归，而殊涂。一，致而百虑，心只是一个心，然其心之所之，却不一。"疑谋勿成"，则百志安得而不光明？"罔违道以干百姓之誉，罔咈百姓以从己之欲"，此二句，是既不欲失己，又不欲失人。内不失己，外不失人，所谓合内外之道也，所谓忠恕一贯之道也。夫惧百姓之不我誉，而欲要其誉，于是违道以从人。违道，则失己矣。或者但欲吾事之济，不恤民之利害，不顾天下之便与否，一切为之，此是咈百姓。咈百姓，则失人矣。己固不可失，人亦不可失也。这个要须区处，使之两尽，然后可。后世举事，所以为之而不成者，皆缘不达此二句。且以一事明之，朝廷欲省官、省兵，道理所当省也。理所当省，而欲于人之誉，依违不决，岂不违道。苟又一切省之，不顾人情，则又必至于咈人。故善处天下事者，必于此有所处，既不违道，又不咈人。果明此理，何事不可为。"无怠无荒，四夷来王"，"怠"，是怠惰；"荒"是荒唐。"无怠无荒"即警戒之谓也。人主不敢怠荒,则虽远夷之人,孰不慕义而来王乎?舜生三十征庸,三十在位,至今日又不知其在位几年矣,意舜是时,春秋已甚高,而伯益之戒如此,至教之以"无怠无荒",盖虽是圣人,稍不警戒,便有过失。此心不可顷刻放失也。今观益之称尧曰"帝德广运,乃圣乃神,乃武乃文,皇天眷命,奄有四海,为天下君",玩其辞气,尊之如天。至于戒舜,不啻如戒一中才庸主,然道只是一个道理,尧之圣神文武,先原是儆戒中来,儆戒不怠,行之也久,习之也熟,所谓"圣神文武"已在是矣。是故求道,初不在高远,只在眼前。一部《论语》只是眼前道理。所谓固有神妙不可测处,然却不可于这上面求,躬行于其至易、至近者求焉,则所谓神妙不可测者,当得之矣。

9.《书经集传》卷一

(宋)蔡沈撰

益曰:吁!戒哉,儆戒无虞,罔失法度,罔游于逸,罔淫于乐。任贤勿贰,去邪勿疑,疑谋勿成,百志惟熙。罔违道以干百姓之誉,罔咈百姓以从己之欲。无怠无荒,四夷来王。

乐,音洛;咈,符勿反。先吁后戒,欲使听者精审也。儆与警同;虞,度;罔,勿也。法度,法则制度也。淫,过也。当四方无可虞度之时,法度易至废弛,故戒其失坠;逸、乐易至纵恣,故戒其游淫,言此三者所当谨畏也。任贤,以小人间之,谓之"贰";去邪不能果断,谓之"疑";谋,图为也,有所图为,揆之于理而未安者,则不复成就之也。百志,犹《易》所谓"百虑"也。咈,逆也。九州之外,世一见曰"王"。帝于是八者,朝夕戒惧,无怠于心,无荒于事,则治道益隆,四夷之远,莫不归往,中土之民服从可知。今按益言,八者亦有次第。盖人君能守法度,不纵逸乐,则心正身修,义理昭著。而于人之贤否,孰为可任,孰为可去;事之是非,孰为可疑,孰为不可疑,皆有以审其几微,绝其蔽惑,故方寸之间,光辉明白。而于天下之事,孰为道义之正而不可违;孰为民心之公而不可咈,皆有以处之不失其理,而毫发私意不入于其间。此其惩戒之深旨,所以推广大禹"克艰"、"惠迪"之谟也。苟无其本,而是非取舍,决于一己之私,乃欲断而行之无所疑惑,则其为害,反有不可胜言者矣,可不戒哉。

10.《尚书精义》卷五

(宋)黄伦撰

益曰:吁!戒哉,儆戒无虞,罔失法度,罔游于逸,罔淫于乐。任贤勿贰,去邪勿疑,疑谋勿成,百志惟熙。罔违道以干百姓之誉,罔咈百姓以从己之欲。无怠无荒,四夷来王。

无垢曰:虞,度也,谓于未可亿度以前,未然未形,早为警戒也。夫身欲逸,心欲乐,此天下万世同情也。逸不已,必至于荡;乐不已,必至于淫。使舜在畎亩时,与木石俱,与鹿豕游,与顽嚚傲弟处,何俟于益之进戒?今贵为天子,富有天下,耳目与昔时异,事几与昔时异,处于逸乐之地,而不见忧患之侵,其习已惯,其几已熟。已逸,而又求逸,得无荡乎?已乐,而又求乐,得无淫乎?益之叹息而警惧,盖谓此也。又曰:大抵人心有三事,可行则行,可止则止。既非可行,又非可止,则为疑矣。守法度,可行则行也,故能任贤不贰。"罔游于逸,罔淫于乐",可止则止也,故能去邪不疑。疑于可行,而又不敢行,疑于可止而又不敢止,此疑也,乃荡淫之渐,而失法度之几也,蓄之于心,终必害道,断然斥去。第据可行可止,明白光辉者,而行止之,如此,则吾心之所向,无不高明光大矣。此"百志"所以"熙"也。然而,行不可急也,当循序而行之。行之太急,则违道以干誉矣。如德宗早岁,用崔祐甫,杖邵光超,行之太急,事不终久。晚岁,乃任卢杞,而黜陆贽,是其始时,特违道以干誉耳。违道,即不循序而太急也。止亦不可急也,当循序而止之。止之太急,则"咈百姓"以"从己之欲"矣。如梁武帝初年,舍身养菜以率,士民无不从风而靡。晚岁乃信朱异,而任侯景,是其始时,特咈百姓以从己之欲耳。咈百姓,则不循序而太急也。夫天理自然,岂可以私智乱之。法度,乃先圣之法度,是天理也,非私智也,或行,或止,皆当循之。傥出于法度之外,而增损一毫,非"干誉"即从"欲"耳。史氏曰:得民心难,失民心易。得失之原,不过"道"与"欲"而已矣。盖道,出于天下之公共;欲,本一人之私情。"违道"者,"干百姓之誉",而终不可得专"欲"者。咈百姓之情,而有所不顾"道"衰,而欲胜民心之不失者，未之有也。又曰：何谓"道"，仁义礼乐，归于"大中至正"者是也。何谓"欲"，声色货利，流于"放辟邪侈"者是也。张氏曰：法度者，先王所赖以为治也。在我者有法，则下斯守法矣。在我者有度，则人皆谨度矣。法度一失，则纲纪以之大坏。法度其可失者哉？

11.《尚书详解》卷三

(宋) 陈经撰

益曰：吁！戒哉，儆戒无虞。罔失法度，罔游于逸，罔淫于乐。任贤勿贰，去邪勿疑，疑谋勿成，百志惟熙。罔违道以干百姓之誉，罔咈百姓以从己之欲。无怠无荒，四夷来王。

伯益见禹有顺迪而吉之言，遂得儆戒之机，谓人君所以顺道而不从逆者，皆自夫儆戒者得之，故先"吁"而后"戒"，欲使闻者之专其听也。"儆戒无虞"，当天下无事可虞之事，人情之所忽，而圣主之所畏也。满盈之为累，倚伏之不常，人主当于此时儆畏而戒惧。然则当无虞之时，怀儆戒之念，当何如哉？曰：法度不可失也，逸乐不可过也，"勿贰"、"勿疑"、"勿成"、"罔违"、"罔咈"、"无怠无荒"可也。有一身之法度，有一家之法度，有一国之法度，口容止，足容重，无故不去琴瑟，此一身之法度也。女正乎内，男正乎外，此一家之法度也。礼乐刑政，井井有叙，此一国之法度也。有法度，则有堤防，有准则；失法度，则是去其堤防，坏其准则，身不丧，家国不败者，未之有也。宫室台榭之侈，田猎之好，此"游于逸"也；安于纵放而难于拘检，此"淫于乐"也。罔游逸，不可过乎逸；罔淫乐，则亦不可过乎乐。知其贤而任之必专，不可以有所"贰"；知其邪而去之，必决不可以有所"疑"；君子难进而易退，小人易进而难退。傥于此，或"贰"或"疑"，则君子引身而退，小人乘隙而进矣。就此数句观之，亦不能无先后，苟逸乐之心肆然无忌，则吾心为逸乐所汩，安知其贤而任之？安知其邪而去之哉？"疑谋"者，谋之未定者也。进退犹豫，足以为此心之累，故断然勿成之，如此，则"百为"之志，既广且明，何向不济，何施不可哉？顺于道者，必有美名。若违道以干誉，是好名也。合百姓之心者，必能适己之欲。若"咈百姓以从己"，是纵欲也。好名而纵欲，是以私而害公矣。故戒以"罔违"、"罔咈"。

怠，惰也。荒，忽也。若于是数者，自以为己足，而怠心生；自以为己能，而荒心生，则虽"儆戒"，犹不儆戒也。故以"无怠无荒"者终之。根本既固，则枝叶必盛。自心而身，身而家，家而国，国而四夷，同此一本也。"四夷来王"，亦理之必然，合内外之道也。余考此一章，有以见唐、虞之盛。圣君本无过，天下本无事，而大臣告戒之辞，常若祸患之踵于后，盖惟圣君，然后可以受。尽言下于此者，言语必有所巽，入而后可。又有以见古人谏诤之法，不纤悉于细，务末节，惟先有以正其本原，既正万事，自得其理，伯益之戒，岂特为舜言哉。千万世为君之法，莫不在此，因是而上遡帝之心。尧之"稽于众"，此心也；舜之兢业，此心也；大禹之"克勤"、"不伐"，此心也；汤之"栗栗危惧"，文之不敢"盘于游田"，武之"夙夜祗畏"，亦此心也。惟纯而后不已，而已者非纯；惟诚而后不息，而息者非诚。齐桓公以葵丘之会而骄；晋文公以践土之盟而骄；晋悼公以萧鱼之会而骄。人之度量如此，其相远耶。

12.《融堂书解》卷二

（宋）钱时撰

益曰：吁！戒哉，儆戒无虞，罔失法度，罔游于逸，罔淫于乐。任贤勿贰，去邪勿疑，疑谋勿成，百志惟熙罔。违道以干百姓之誉，罔咈百姓以从己之欲。无怠无荒。四夷来王。

禹闻益盛称帝德，而有惠吉、逆凶之戒。益一闻之为之惊叹，曰"吁！戒哉"。"吁"者，不可之辞，指言从欲之不可，当以为戒也。其间无非发明"克艰"之旨，以究不可从逆之意。"儆戒"，即"克艰"也。下复详言"儆戒"之目："罔失法度"，罔游、罔淫、勿贰、勿疑、勿成、是谓"克艰"，不然是"从逆"也。任贤而贰，则不专，君子之迹危矣；去邪而疑，必不断，小人之计行矣。舜，大圣人，法度之失，逸乐之过，断无此事。至如九官之命，正是不贰；四凶之诛，正是不疑。"罪疑惟轻，功疑惟重"，正是"勿成"。而伯益告戒之辞，不啻若伊、周之于太甲、成王者。何至如是？嗟夫！此虞廷之盛，所以贵于"克艰"者欤。熙，亦有广明之义。"百志惟熙"，可谓甚善。到此，复陈干誉、从欲之戒，恐又有此二病，所以极言之。"誉"者道之符也，有道自然有誉。"违道",如姑息而害仁,好施而不知义之类是也。去此二病,可谓莹然无瑕。然犹未也,一念怠荒,百病丛起,凛乎,其难保也。益到此,复申之以"无怠无荒"。盖如前所陈,尚有事之可指。若"无怠无荒",则应事时如此,不应事时亦如此,动静昼夜如此,无时而不"克艰"也,此来王之机,即"黎民敏德"之机,即"万邦咸宁"之机,即"皇天眷命"之机,即吉凶影响之机。伯益此章言"罔"者五,言"勿"者三,言"无"者二,命辞深切,立语严厉,读之使人毛骨森竦,在舜犹有此戒,后世君天下者,闻之可不惧欤?

13. 《尚书要义》卷三

(宋)魏了翁撰

(归善斋按:未引)

14. 《书集传或问》卷上

(宋)陈大猷撰

(归善斋按:未解)

15. 《尚书详解》卷二

(宋)胡士行撰

益曰:吁(叹)!戒(谨)哉,儆(惧)戒无(可)虞(度之事)。罔失法度(旧章也。吕云:不独政事纪纲之谓,一身之间,动作饮食,罔不有之,所谓动容周旋,中礼是也),罔游(过)于逸(安),罔淫(过)于乐。任(用)贤勿(无)贰(二心),去邪(邪人)勿疑,疑谋勿成(可疑之谋。如《诗》所谓"筑室于道",谋也行之,必无成事,故勿成之。或云邪人为疑谋,以间贤人),百志(心所之)惟熙(广大也,或曰明,或曰安)。罔违道以干(求)百姓之誉(因民誉可以验已治,舍大道而行小惠以干之,则不可);罔咈(逆)百姓(公)以从己之欲(私)。无怠(惰)无荒(纵),四夷(东夷、西戎、南蛮、北狄)来王(朝)。

此"克艰"之目也。天下无事,上恬(安)下熙(乐),而治忽

（乱）之几（微）起，每伏（藏）于意度之所不及（到），正"克艰"时也。守法度，而无游淫，修身也；任去坚，而绝疑谋，尊贤也。熙百志，以顺百姓，子庶民也。无怠荒而四夷王，来远人也。"勿"焉，"罔"焉，事事而戒之也。

16.《书纂言》卷一

（元）吴澄撰

（归善斋按：缺）

17.《书集传纂疏》卷一

（元）陈栎撰

益曰：吁！戒哉，儆戒无虞，罔失法度。罔游于逸，罔淫于乐。任贤勿贰，去邪勿疑，疑谋勿成，百志维熙。罔违道，以干百姓之誉；罔咈百姓，以从己之欲。无怠无荒，四夷来王。

纂疏：

《语录》：当无虞时，易至失法度，游逸淫乐，故当戒其如此。既知戒此，则当"任贤"至"勿成"如此，方能"罔违道"至"从己之欲"也。圣贤言语，自有个血脉贯在里。如此一段，先说"儆戒无虞"，盖制治未乱，保邦未危，自未有可虞之时，必儆必戒，能如此则不至失法度，游逸淫乐矣。若无"儆戒"底心，欲不失法度，不游逸淫乐，不可得也。既能如此，然后可以知得贤者、邪者，谋可疑、无可疑者。若是自家身心颠倒，便会以不贤为贤，以邪为正，所当疑者，亦不知矣，何以"任"之、"去"之、"勿成"之哉。盖此三句，便是上面有三句了，方会恁地又如此，然后方能"罔违道"以求名，罔咈民以从欲。盖于贤否疑有所未明，则何者为道，何者为非道；何者是百姓所欲，何者非百姓所欲哉？

吕氏曰：此益又言"克艰"之目也。

陈氏大猷曰：多事之际，常情犹知儆戒无事之时明主犹或玩弛。自"罔失法度"至"无怠荒"，皆"无虞"时所当"儆戒"者。人心"儆戒"，则强立而清明；清明，则轨则严，逸乐戢，是非辨。此心卓然立于事物之表，足以宰制事物，而事听命于心。人心玩弛，则颓放而昏塞。昏塞，则法度废，嗜慾肆，邪正乱。此心隤然屈于事物之下，而事物反役乎此心矣。

林氏曰："无怠荒"，所谓"不倦以终之"也。舜，大圣人，益所戒犹如此，可见圣贤兢业之诚矣。

愚谓：自"克艰"至此，五节文意相连，实一时之言。禹以"克艰"告舜，舜不自居，归"时克"于尧，故益因言"广运"以下，以美尧禹，又申其未尽之蕴，以迪吉、逆凶戒舜。故益因尽言画一以戒舜。知此则以"广运"一节为美舜者，其非明矣。

18.《读书丛说》卷三

（元）许谦撰

"益曰吁"一章，五罔，三勿，二无，皆"儆戒"之目，作四节看。上三罔，属"儆戒无虞"一句，盖此三者多失于无事之时。三勿，自为一节，历数之也。下二罔，属"百志惟熙"一句，盖违道从欲，只为私意锢蔽。私则志不广矣。若所见者大，必不违道从欲，要在"道"、"欲"二字。上下两句，又结上三节，谓于是八者"无怠无荒"，则四夷皆来王矣。

19.《书传辑录纂注》卷一

（元）董鼎撰

益曰：吁！戒哉，儆戒无虞。罔失法度，罔游于逸，罔淫于乐。任贤勿贰，去邪勿疑，疑谋勿成，百志惟熙。罔违道以干百姓之誉，罔咈百姓以从己之欲。无怠无荒，四夷来王。

辑录：

儆，古文作"敬"，开元改今文。《书说》。当无虞时，须是警戒者，何也？"罔失法度，罔游于逸，罔淫于乐"，人当"无虞"时，易至于失"法度"，"游淫逸乐"，故当戒其如此。既知戒此，则当"任贤勿贰，去邪勿疑，疑谋勿成"，如此方能"罔违道以干百姓之誉，罔咈百姓以从己之欲"也。义刚。圣贤言语，自有个血脉贯在里。如此一段，他先便说"儆戒无虞"，盖制治未乱，保邦未危，自其未有可虞之时，必儆必戒，能如此则不至失"法度","游于逸","淫于乐"矣。若无个"儆戒"底心，欲不至于失"法度"，不淫佚，不游乐，不可得也。既能如此，然后可以知得贤者，邪者，正者，谋可疑者，无可疑者。若是自家身心颠倒，便会以不贤为贤，以邪为正，所当疑者亦不知矣，何以"任"之、"去"之、"勿成"之哉？盖此三句，便是从上面有三句了，方会恁地又如此，然后能"罔违道以咈百姓之欲"。盖于贤否、邪正、疑审，有所未明，则何者为道，何者为非道，何者是百姓所欲，何者非百姓所欲哉？夔孙。

纂注：

吕氏曰：此益又言"克艰"之目也。

陈氏大猷曰：多事之际，常情皆知儆庇；无事之时，明主犹或玩弛。"儆戒"，则强立而清明；玩弛，则颓放而昏塞。

林氏曰："无怠无荒"，所谓不倦以终之也。舜，大圣人，益所戒乃如此，可见圣贤兢业之诚矣。

王氏曰："罔失法度"以下，修之身者也。"任贤勿贰"以下，修之朝者也。"罔违道"以下，施之天下者也。

新安陈氏曰：自"克艰"至此，五节文意相连，实一时之言。禹以"克艰"告舜，舜不自居，归"时克"于尧。故益因言"帝德广运"以美尧。禹又申其未尽之蕴，以迪吉、遂凶，戒舜。故益因尽言画一，以戒舜。若然，则以"广运"一节为美舜者，其非明矣。

20.《尚书句解》卷二

（元）朱祖义撰

益曰：吁（益遂吁嗟而言）！戒哉（谓人君所以顺道而不从逆者，亦自儆戒而得）！儆戒无虞（当儆戒于无事可虞之时），罔失法度（无失法度而纷更旧章）。

21.《尚书日记》卷三

（明）王樵撰

"益曰：吁！戒哉，儆戒无虞"至"时乃功"。

孔氏曰：先"吁"后"戒"，欲使听者精其言也。虞，度也。戒于无形，备慎深。秉法守度，言有恒。淫，过也。游逸过乐，败德之原。无虞所忽，故特以为戒。一意任贤，果于去邪，疑则勿行，道义所存于心，日以广矣。

正义曰：淫者，过度之意；逸，谓纵体；乐，谓适心。

"罔失法度，罔游于逸，罔淫于乐"，此三事，为下五事之本，圣贤视之甚重，而后人看之甚忽，以为益陈戒之道姑然耳。舜聪明睿智，岂虑其有是而以为戒。此由圣学不明，未尝实用其力，而以言语视之，故忽其平常而不知道理，正在于平常之内也。"人心之危，道心之微"无他，只在民之质矣日用饮食处，故《孟子》称"禹恶旨酒而好善言"，孔子以出事公卿，入事父兄，丧事不敢不勉，不为酒困，尚曰何有于我。圣贤只是于人所不可有者，真不为；而于其所当然者，实做而无违缺耳，故谓"罔失法度，罔游于逸，罔淫于乐"。为舜之所以为舜可也。身有身之法度；家有家之法度；朝廷有朝廷之法度；百官府有百官府之法度。君为法度之主。虑以无虞而有所失。故戒以"罔失"。虽上智不能无人心，如逸乐亦人情之所有，但流则为恶耳。人易流，而圣有节，理欲之界限分明也。道心常为主，而人心听命也。陆象山诵此三句而曰"至哉"真圣人学也。

五罔、三勿，皆儆戒之目。首三罔，是君身上当儆戒之事；次二勿，是用人上当儆戒之事；次，处事上当儆戒之事；终二罔，是民心上当儆戒之事。

任贤去邪何故？无虞时易忽，人多以唐德宗之于李、郭、陆贽、卢杞证之，固是。但彼以中材之君，多难则不得已而任用贤者，听纳忠言；事平则依旧小人易亲。若益之戒舜，则以圣人当极治之时，不可忘戒惧。任用禹、稷，则当常如黎民阻饥、洪水为害之时。邪如四凶，则不可以尧时旧人，而过于包容，当去之勿疑尔。

"疑谋勿成，百志惟熙"，"疑"对"熙"，言人先有妄志，而后有妄谋。《书》中"熙"字例训"广"，无训"明"者。蔡氏"光辉明白"，贴无所蔽惑，非贴"熙"字也。"广"之对"疑"，何也？歧于理则"疑"，合于理则"广"。理如周行，坦坦平平，何处不通。人起妄念，乃蔽而不见四边，疑谋之所以用也。中实不安，而自诡于可成。始而疑，中而决，以之而生事取败者多矣。昔梁武帝欲纳侯景，意犹未决，尝独言，我国家如金瓯，无一伤缺，今忽受景地，讵是事宜，脱致纷纭，悔之何及？予谓，此正所谓"疑谋"也。武帝不胜贪心，又惑于朱异之佞词而行之，遂致台城之祸。

"干百姓之誉"，咈百姓之欲二句，意实相对，盖戒其干誉则或至咈民；戒其咈民，则或至干誉。要紧在"道"、"欲"二字。《左传》曰："以欲从人则可，以人从欲鲜济"。"以欲从人"，非克己爱民之君不能也。然当视乎理之所在，苟不主乎理，而主于从人，则鲜有不至于违道干誉者矣。日月之行，则有冬有夏，王者罔违道以干誉之气象也。"咈百姓以从己之欲"，此"欲"字，只可作"愿欲"之"欲"，非货色游畋之"欲"也。夫君欲之，而百姓皆不欲，人情未顺，即是义理未安处。若义理所安，则《洪范》所谓汝从，卿士从，龟筮从，而庶民逆，不害于吉。盖从理，即非咈百姓也。蔡传"道义之正"、"民心之公"八字要玩味。"道义之正"，即"民心之公"，顺道义之正，即合民心之公矣。如此则虽顺民，而不得谓之干誉；虽独断而不得谓之咈民。如盘庚迁殷，所咈者安土重迁之私情；而所不咈者，审于利害之公心也。使盘庚重咈世家大族之心而不迁，则为违道以干誉矣。

传中谓八者，亦有次第，非推出言外之意。盖平铺出来，中间道理血脉自成次第。凡圣贤之言，类如此，如《论语》道千乘之国，五者相因，亦此类也。然此非谓只能守法度，不纵逸乐，则人之贤否坐判，而自能任之勿贰，去之不疑也。如此又何用历历戒之。正谓若不守法度，而纵逸乐，则莫知贤否之所在。盖身不守法度，则必忌法度之士；身既纵逸乐，则必悦阿意之人。如齐桓公多欲之君也。管仲死，而竖貂、易牙、开方进，安望其"任贤勿贰，去邪勿疑"。管仲之器所以为小者，无正己格君之道，而幸合以求功也。故戒以彼，而后可戒以此，言之序也。然周成王亦法度之君矣，管叔流言而疑周公，则勿贰、勿疑一事一戒，又岂可缺哉。故太甲已不败度，而伊尹犹戒以任贤唯一。成王已敬作所，而周公犹戒以罔用憸人。图任三宅，罔有间之，盖为此也。余仿此。

"无怠无荒"，谓存于心见于事，皆不忘乎所儆戒之八事也。《周礼》大行人云，九州之外，谓之蕃国，世一见，谓其父死子继，及嗣王即位，皆来朝。

按,"祗承"、"克艰",正"儆戒无虞"之心也。"惠迪"、"从逆"正所当"儆戒"之事也。益因而推广之言"罔"者五,"勿"者三,知所儆戒是为"克艰"是为"惠迪",不然是为"从逆"而"凶"矣,"无虞"可常保乎?君心之敬,肆关四海之治忽,此其所以"艰"也。益推禹之意,禹又广益之意。"德惟善政,政在养民","六府三事",即"养民"之政。"俾勿坏",即"儆戒"之心也,欲帝加意于"府"、"事"之"修"、"和"。因其已然,而知所保;防其未然,而知所戒,亦不出于益之意而广之也。

自"后克艰厥后"至"万世永赖,时乃功"七节,是一时说话,舜因禹言"克艰"遂指三者之"艰",而归"时克"于尧。益遂陈尧德,合天而受命,以归勉于舜。禹因言天之吉凶应如影响,所以申益之说也。益又因禹之意,而发"儆戒无虞"一段。盖失法度也,游于逸也,淫于乐也,任贤而贰也,去邪而疑也,疑谋而用也,违道以干百姓之誉也,咈百姓以从己之欲也。无虞不知儆戒,而怠荒焉从逆之凶,可畏也。夫逆之,从与不从,在一念之止与不止而已矣。"罔失法度"也,"罔游于逸"也,"罔淫于乐"也,"任贤勿贰"也,"去邪勿疑"也,"疑谋勿成"也,"罔违道以干百姓之誉"也,"罔咈百姓以从己之欲"也。"无怠无荒","无虞"知"儆戒"如此,"四夷"且"来王"矣,惠迪之吉可见也。益之言如此,而禹又申明其实,以为君之德,不徒戒谨恐惧,修之于己,独善而已,在善政以养其民,饬叙九功,又有以激励劝,相保其成功于不坏,此君德见于行事之实也。禹之言如此,舜因美禹已然之功,而实寓望其助于无穷之意。盖事之成坏常相因,而吉凶常相倚伏,故无虞之日,正儆戒之时也。为君臣者,恶可以不艰哉?

"水、火、金、木、土、谷惟修"以下,正承"政在养民"而言。"养民"之政,有"六府"焉。"惟修"则有以为"养民"之本,有"三事"焉。"惟和",则有以尽"养民"之事,合"六府"与"三事"是谓"九功"。惟"修"、"和"而"叙"焉,则民享"九叙",惟乐生而歌焉,斯为"养民"之成矣。然怠心或生,则成功易坏,故又欲其"戒之用休,董之用威,劝之以九歌,俾勿坏"也。"俾勿坏",然后"德惟善政,政在养民"之责为有终,而"克艰"、"儆戒"之心为克尽也。

禹之心，盖不自以为已"修"、已"和"，故陈其道之当然者，始终本末具如此耳。据下节"六府三事允治，万世永赖，时乃功"，则"修"、"和"是已然事。然在舜归其功，则可；在禹陈其功则不可也（时说"惟歌"以上，为"叙"致治之功，已然事也，即是"无虞"；下详保治之意，未然事也，即是"儆戒"，似非语意）。

"六府"不可一日不修。一日不修则坏矣。故水土已平，而舜犹浚川，禹犹尽力乎沟洫，岂可谓一无事乎？"戒之用休"以下，又是劳民劝相之事，非"修"、"和"，皆是叙既往。而禹之意，只重在戒之以下也。

此"六府"与《洪范》之"五行"，皆以质言，而此又以其相克之次言之，所以必言其相克之次者。"五行"以"相克"为用也。如堤防灌溉，乃土水相制之用也。烹饪藏泄，乃水火相济之用也。水火不可同处，而能使相合为用，而不相害。火之用，唯燔与烹。《易》曰"以木巽火"，烹饪也。火之命藏于木，古之人钻木取火。《庄子》曰"木与木相摩则然"，是又木火相克之用也。"金与火相守则流"，《洪范》曰"金曰从革"，圣人因其从革之性，镕之而流，制以为五兵、田器诸物之用，是金火相克之用也。"木曰曲直"，圣人因其曲直之性，度以规矩方圆，以成宫室器用，非斧斤不克，是金木相克之用也。斲木为耜，揉木为轮，一耦之伐；广尺深尺，是木土相克之用也。

按《周礼》，遂人治野夫间有遂之类；稻人掌稼下地以潴蓄水之类；匠人为沟洫，广尺深尺，谓之亩之类，凡皆所以修水政也。四时变国火，季春、秋出纳火，以木铎修火禁。凡国失火，野焚莱则有罚，凡皆所以修火政也。卝人掌金玉锡石之地，而为之厉禁以守之，以时取之，巡其禁令。攻金之工，筑氏执下齐，冶氏执上齐，凫氏为声，栗氏为量之类，凡皆所以修金政也。山虞掌山林之政令，物为之厉而为之守禁。仲冬斩阳木，仲夏斩阴木，令万民时斩材有期日，凡所以修木政也。大司空以土会之法，辨五地之物生；以土宜之法辨十有二壤之物，而知其种，以教稼穑树艺。载师掌任土之法，廪人掌九谷之数，以岁之上下数邦用，以知足否，以诏国用。凡万民之食，食者，人四鬴，上也；人三鬴，中也；人二鬴，下也。若食不能人二鬴，则令邦移民就谷，诏王杀邦用，凡皆所以修土谷之政也。

生养之本，水火为急，谷为大，故居其始终焉。孔子曰"民之于仁也，甚于水火"，言切也。水、火所以居"六府"之首也。《孟子》曰"圣人治天下，使有菽粟如水火"，言多也。谷，所以配五行，而为六也。

"六府"，庶事之所由出，故禹平水土，"六府孔修"，然后"庶土交正，厎慎财赋，咸则三壤，成赋中邦"，即"利用"、"厚生"之事也。"祗台德先，不距朕行"，即"正德"之事也。然所以必另列而为"三事"者，"六府"，天地自然之利，圣人因而"修"之而已。"三事"则圣人所以尽裁成辅相之道，以左右民者也。观鲧汨陈其五行，而彝伦攸斁，岂非"六府"不治，而"三事"乖宜之明戒乎？人非天不因生五谷以食之，桑麻以衣之。天者，既遂，然后有"正德"之事焉，有"利用"之事焉，有"厚生"之事焉。"正德"者，教以人伦，禁民为非也。"利用"者，工作什器，商通货财也。"厚生"者，衣帛食肉，不饥不寒也。"六府"，天也；"三事"，人也。天人相须，以成功化。功化虽一，而天人所为，各自有分。夫惟各自有分也，则"六"之与"三"，安得而不别。知其相须以成也，则"六"之与"三"，安得而不合乎？

《孟子》论王道，首曰"不违农时，谷不可胜食也；数罟不入洿池，鱼鳖不可胜食也；斧斤以时入山林，材木不可胜用也"，以此为王道之始。盖为治之初，法制未备，且因天地自然之利，而撙节爱养之，此亦修"六府"之意也。继曰"五亩之宅，树之以桑，五十者可以衣帛矣。鸡豚狗彘之畜无失其时，七十者可以食肉矣。百亩之田，勿夺其时，数口之家，可以无饥矣。谨庠序之教，申之以孝弟之义，颁白者不负戴于道路矣"。此制田里，教树畜，以厚其生，利其用。立学校，明礼义，以正其德，三事备矣。五亩、百亩、庠序之制，所谓法制之详也。老幼有等，颁白不提挈，所谓品节之详也。于天下匹夫匹妇，无不各为之所，如己呴而衣之，提耳而教之，极财成辅相之道，以左右民。唐、虞九功之叙，亦不过如此而已。

民禀五气以生，资五材以养，而具五常以为性。圣人为之修六府，以厚其生，利其用；明五常之教，以正其德，而复其性，《洪范》九畴盖出于此。

德不正，而生厚、用利，是备水、火、金、木、土、谷之养，以厚奉苑囿，而繁殖禽兽也，故"正德"为"三事"之首。

《书》中"惟"字有数义，有"惟独"之"惟"，"惟服食器用"之类是也；有"思惟"之"惟"，"惟其始"之类是也；有起语之"惟"，

"惟天阴骘下民"，"惟嗣王不惠于阿衡"之类是也。"惟元祀十有二月朔"，"惟十有三祀"，"惟十有三年春"，"惟"字用之策书年月之首，此类尤多。又有"是惟"之"惟"，"济河惟兖州"之类是也。又如"厥土惟涂泥"，"厥草惟繇"，"厥木惟条"，"厥贡惟金三品"，此等类于"是惟"之义，稍近而又微不同。此数项，犹可以意会"惟"。此经"惟修"、"惟和"、"惟叙"、"惟歌"，与上"德惟善政"，五"惟"字不应有二义。蔡传解"德惟善政"云，"德非徒善而已，惟当有以善其政"，此虽非以"当"字训"惟"，而以"当"字贴"惟"字之下，则为"当然"之义明矣。窃谓，此等"惟"字当另作一义，凡事理当然，古人例用"惟"字。但"修"、"和"有工夫，"惟歌"是自然耳。

"戒之用休"以下，皆有事实，如考其德行道艺而劝之，纠其过恶而戒之。三让而罚，三罚而士加明刑，耻诸嘉石，役诸司空之类，否则不见圣人作用，人将谓"戒"、"董"止是几句空言，如苏威之五教矣。

苏氏谓九歌若《豳风》之类。

正义曰：九叙皆可歌，乐乃为善政之验，所谓和乐兴，而颂声作也。文七年《左传》晋郤缺言于赵宣子，引此一经，乃言"九功"之德皆可歌也。皆可歌者，若水能灌溉，火能烹饪，金能断割，木能兴作，土能生殖，谷能养育，古之歌咏各述其功，"三事"亦然。

地平而天自成，是一串，意地平内有工夫，天成无工夫。"六府三事允治"，又本平成而言，此舜以"九功之叙"归功于禹之治水处也。"万世永赖"，大其功非一世之功也，正应其"俾勿坏"之意。"时乃功"，意言非汝弗克致此，则相与保之，俾其勿坏，亦正有赖于汝也。禹责难于君，而帝求助于禹，圣世君臣之心见矣。

成坏相因，治忽在心，无以保之则坏矣。禹不以平成自满，而先为"勿坏"之忧，保之之意深矣。帝不以"俾勿坏"为己能，而归美其"永赖"之绩，其欲相与保之之意，不更见于言外哉。

吕氏曰：虽历万世之远不能外，天地以有生不能外，府事以为治，是禹之功，与天地相终始也。

《禹谟》止此，下记禅摄，及征苗之事。禹谟中有益，而篇名《大禹谟》，以禹为主也。皋谟中有禹，而篇名《皋陶谟》，以皋陶为主也。

22.《日讲书经解义》卷二

(清) 库勒纳等撰

益曰：吁！戒哉，儆戒无虞，罔失法度，罔游于逸，罔淫于乐。任贤勿贰，去邪勿疑，疑谋勿成，百志惟熙。罔违道以干百姓之誉。罔咈百姓以从己之欲。无怠无荒，四夷来王。

此一节书，益因禹陈"克艰"、"惠迪"之谟，而推广之以告舜也。"无虞"，无可忧虞之事。"罔"字，"勿"字，皆禁止之辞。逸，安逸也。淫，过也。谋，图为也。百志，谓凡百谋虑。熙，光明也。咈，拂逆也。益曰：吁嗟乎！天位至重，保守为难，帝其戒之哉。今四方太平，无可忧危。然乱每生于极治，而变常发于不虞，正须常常儆戒，不可自谓治安也。盖承平既久，法度易至废弛，必须修明振举，不可失坠。太平无事，人情易流逸乐，必须愈加勤励，不可游于安逸，淫于宴乐。任用贤人，勿使小人间阻；屏斥憸邪，不可少有迟疑。凡谋为事务心，或疑而未安，切不可苟且成就；凡百志虑，必须正大光明，理顺心安者，然后可以成之。至于刑赏予夺，自有公正道理，不可违背正理，而屈法徇情，以求百姓之称誉。凡人好恶从违，皆有本然公心，不可咈百姓之公心，而任情好恶，以从一己之私欲。此八者，皆当儆戒者也。人君，若能内而无怠于心，无一念之不儆戒；外而无荒于事，无一事之不儆戒，则治道益隆，太平可保，不但中国之民服从而已，虽远方四夷，亦莫不闻风向化，稽首来朝矣。"儆戒无虞"，其效如此。"儆戒无虞"，即所谓制治于未乱，保邦于未危也。古圣人持盈保泰，宵旰不遑，故能卜世卜年，懋建无穷之基业。后王德薄，晏安鸩毒，灾患当前而莫之省，可不戒哉。

《尚书考异》卷二

(明) 梅鷟撰

益曰：吁！戒哉，儆戒无虞。罔失法度，罔游于逸，罔淫于乐。任贤勿贰，去邪勿疑。疑谋勿成，百志惟熙。罔违道，以干百姓之誉；罔咈百姓，以从己之欲。无怠无荒，四夷来王。

《诗》曰"用戒不虞"，以"儆"字代"用"字，以"无"字代"不"

字,依《无逸》当亦作"罔淫于逸",然句法名同,而用《语》"逸游",庄周"淫乐"字。"任贤"二句见《战国策》赵武灵王曰《书》云"去邪勿疑,任贤勿贰",《礼》曰"疑事勿质"。"儆戒"一句提其纲,下文"三罔"是儆戒其修诸身者。"三勿",是儆戒其施诸朝廷者。一"惟",是儆戒其凡间志虑者。又二"罔"是儆戒其施诸民者。二"无"是儆戒其始终者,末句儆戒之效也。僖二十年臧文仲曰"以欲从人则可,以人从欲鲜济"。

《尚书埤传》卷三

（清）朱鹤龄撰

儆戒无虞。

任贤勿贰,去邪勿疑,疑谋勿成,百志惟熙。

王应麟曰:洁斋解云,治安之日,即危乱之萌,如汉宣帝时,匈奴来朝渭上,是时元后生成帝,新都篡汉已兆于此。兴衰倚伏,果可畏哉。

司马光曰:《大禹谟》有云,任贤勿贰,去邪勿疑,人主莫患乎使贤者为之,又与不肖者规之,是犹立直木,而恐其景之枉也,惑孰大焉?凡忠直之臣,行其道于国家,必与天下之奸邪为怨敌,非好与之怨也,不与之为怨,则君不尊,国不治,名不立也。以一人之身,日与天下之奸邪为敌,更进迭毁于君前,而君不能决,兼听而两可,如是则忠直之臣虽欲无危不可得也。明王知其然,审求天下之大贤,而急用之,专信之,至亲不能夺,至贵不能争,大逸不能间,然后得以竭其心而展其才,人主端拱无为,而光宅四海,身享荣名,用此道也。

王樵曰:《书》传"熙"字例训"广";蔡传"光辉明白"等语当删。"广"之对"疑"何也?歧于理则"疑",合于理则"广"。中实不安而自诡于可成,冥冥决事,以之取败者多矣。梁武帝欲纳侯景,意犹未决,尝独言我国家如金瓯无一伤缺,今忽受景地,讵是事宜脱致纷纭,悔之何及?此正疑谋也,武帝不胜贪心,成于朱异之佞词,遂有台城之祸。

《书义矜式》卷一

（元）王充耘撰

益曰:吁!戒哉,儆戒无虞,罔失法度,罔游于逸,罔淫于乐。任贤勿贰，去邪勿疑，疑谋勿成，百志惟熙。罔违道，以干百姓之誉；罔咈百姓，以从己之欲。无怠无荒，四夷来王。

　　大臣嗟叹，以进戒于其君。盖欲其君道之无不尽，而致其远人之无不服也。夫远人岂易格哉？顾君道之尽，何如耳？为大臣者，岂容己于言乎？昔者，益之戒舜，其知此矣。先吁后戒，而欲使其听言之审。首曰"戒哉"，而能致其陈善之诚。盖君道至难尽也，尽之要，未有不自此戒而始也。况当天下无虞之时，法度未至于废弛，故戒失坠；逸、乐易至于纵恣，故戒其游淫，言此三者，人君之所当谨畏也。然未可以为至也。任贤以小人间之谓之贰，则欲其勿贰；去邪不能果断谓之疑，则欲其勿疑；谋为揆于理而未安者，则勿成焉；志虑谋于心而未发者，则惟熙焉。罔违乎道义之正，罔咈乎人心之公，于是八者，皆人君之所当戒惧者也。果能以此道而无怠于心，无荒于事，则治道益隆，四海之远，莫不归往。盖有不期然而然者矣。为人上者，可不以君道而以为来远人之计哉（云云）？伯益（阙）。禹克艰（阙）之谨，其旨如此（阙）之言而人主不可（阙）之助（阙）。以为（阙）则不（阙）论以（阙）戒之一辞（阙）立（阙）之（阙）果何所见于此哉？盖治不忘（阙）不忘（阙）此大臣之（阙），而欲其君道之无不尽也。夫（阙）所（阙）为所当为（阙）之民，未有不心悦而（阙）者矣。治道（阙）四方（阙）之心，虽不期于远人之至，而远人之（阙）义向化自（阙）于圣人之世矣。伯益之道，戒其知所当务哉。夫戒之为美大矣。大臣所以（阙）戒哉（阙）辞，而寓其深长之意者（阙）不切事情之谈，以（阙）而（阙）动其君之听哉。盖戒者一（阙）之准，百为之原。为君而苟不知戒，则理欲之分不明，而修己治人之道废矣。故当朝廷清明，海宇宁谧，此天下无虞之时也，人君于法度则易失，于逸乐则易纵。惟儆戒之心，先入以为之主，则法度之扃鐍，吾见其能守矣；逸乐之萌芽，吾见其能杜矣。夫如是，则心正、身修，义理昭著，而于人之贤否，孰为可任，孰为可去；事之是非，孰为可疑，孰为不可疑，皆有以寓其几微，而绝其蔽惑之患，故其天君泰然，百体从令，清明在躬，志气如神，而于天下之事，孰为道义之正，而不可违，孰为人心之公而不可咈，皆有以处之，而不失其理焉。益之此言，甚有次第，详其惩戒之本旨，无非欲人君以是八者，内无怠于其心，外无荒于其事，尽君道之所当尽，而致其治道之隆，则远人之归，可计日而待矣。虽然，圣人之治，不过九州，东夷西戎言语不通，未易格也；南蛮北狄，道路寥远，未易至也。今也，合四夷之众，而无间于来王之心，是岂无其故哉？亦惟圣人君道之能尽耳，伯益之为帝舜规其旨微矣。尝因伯益之言而思之，舜"帝德罔愆"，由仁义行，而于逸乐无有也。元恺登庸，四凶摈斥，而于邪正之辨至明也。"兢兢业业"，善与人同，其于君道无不尽也。夫圣莫圣于舜，而益岂不知之。其进职之而（阙）不足者何哉？盖大臣忧国爱君之心（阙），欲勉其所未至。况处乎崇高之位，所以儆戒者，当如是也。厥后周公之告成王，亦得伯益之遗意者欤。观其《无逸》之书，以"呜呼"而发其端，以"无皇耽乐"而为之戒，其意古之大臣，务引其君以当道，而尽责难之恭，吾于伯益、周公见之矣。有志于唐、虞、成周之盛者，不可不考于斯。

《书经衷论》卷一

（清）张英撰

"儆戒无虞"是纲，下八条是目。曰罔者五，曰勿者三，皆直切禁止之辞。"任贤而贰"与"勿任"同。去邪而疑，则必终为其所惑。违道干誉，致与咈民从欲。等此所谓"王道荡荡"也。《孟子》论王道、霸道之界限甚严，全从此处分别耳。

《尚书七篇解义》卷一

（清）李光地撰

（归善斋按：见"惠迪吉"）

罔游于逸，罔淫于乐

1. 《尚书注疏》卷三

（汉）孔氏传，（唐）陆德明音义，孔颖达疏

罔游于逸，罔淫于乐。

传：淫，过也。游逸过乐，败德之原，富贵所忽，故特以为戒。

（音义）：乐，音洛。

（疏）：无游纵于逸豫，无过耽于戏乐，当诫慎之，以保己也。

淫者，过度之意，故为过也。逸，谓纵体；乐，谓适心。纵体在于逸游；适心在于淫恣，故以游逸过乐为文。二者败德之源，富贵所忽，故特以为戒。

2.《书传》卷三

（宋）苏轼撰

罔失法度，罔游于逸，罔淫于乐，任贤勿贰，去邪勿疑。

贰，不专任也。

3.《尚书全解》卷四

（宋）林之奇撰

罔游于逸，罔淫于乐，任贤勿贰，去邪勿疑，疑谋勿成，百志惟熙。

"罔游于逸"者，谓不可为无方之游也。"罔淫于乐"者，谓不可为已甚之乐也。"任贤勿贰"者，谓任贤不当使小人惑之也。"去邪勿疑"者，谓苟知为小人，则决意去之，不复置疑于其间也。所以"任贤勿贰，去邪勿疑"，又在于"疑谋勿成"也。自古君子小人并仕于朝廷之上，小人知其必不见容于君子，往往进其疑谋，以惑人主之视听。苟人主不察，而使其疑谋得成，则小人必得志，君子必受祸矣。刘子正曰：执狐疑之心者，来谗贼之口；持不断之志者，开群枉之门。使人主不能破疑谋于未成之间，则任贤岂能勿贰，去邪岂能勿疑。惟其使小人疑谋勿成，则是非贤不肖，洞然明白。如大明之升天，无有不显也。此百志所以惟熙也。

4.《尚书讲义》卷三

（宋）史浩撰

（归善斋按：见"惠迪吉"）

5.《尚书详解》卷三

（宋）夏僎撰

（归善斋按：见"儆戒无虞"）

6.《增修东莱书说》卷三

（宋）吕祖谦撰，时澜增修
（归善斋按：见"儆戒无虞"）

7.《尚书说》卷一

（宋）黄度撰
（归善斋按：见"惠迪吉"）

8.《洁斋家塾书钞》卷二

（宋）袁燮撰
（归善斋按：见"儆戒无虞"）

9.《书经集传》卷一

（宋）蔡沈撰
（归善斋按：见"儆戒无虞"）

10.《尚书精义》卷五

（宋）黄伦撰
（归善斋按：见"儆戒无虞"）

11.《尚书详解》卷三

（宋）陈经撰
（归善斋按：见"儆戒无虞"）

12.《融堂书解》卷二

（宋）钱时撰
（归善斋按：见"儆戒无虞"）

13.《尚书要义》卷三

（宋）魏了翁撰

（归善斋按：未引）

14.《书集传或问》卷上

（宋）陈大猷撰

（归善斋按：见"惠迪吉"）

15.《尚书详解》卷二

（宋）胡士行撰

（归善斋按：见"儆戒无虞"）

16.《书纂言》卷一

（元）吴澄撰

（归善斋按：缺）

17.《书集传纂疏》卷一

（元）陈栎撰

（归善斋按：见"儆戒无虞"）

18.《读书丛说》卷三

（元）许谦撰

（归善斋按：见"儆戒无虞"）

19.《书传辑录纂注》卷一

（元）董鼎撰

（归善斋按：见"儆戒无虞"）

20.《尚书句解》卷二

（元）朱祖义撰

罔游于逸（无游于安逸），罔淫于乐（无过于乐）。

21.《尚书日记》卷三

（明）王樵撰

（归善斋按：见"儆戒无虞"）

22.《日讲书经解义》卷二

（清）库勒纳等撰

（归善斋按：见"儆戒无虞"）

《尚书考异》卷二

（明）梅鷟撰

（归善斋按：见"儆戒无虞"）

《尚书注考》

（明）陈泰交撰

"罔淫于乐"、"时谓淫风"、"则其无淫"，训"淫"，过也；"今惟淫舍牿牛马"，训"淫"，大也。

《书义矜式》卷一

（元）王充耘撰

（归善斋按：见"儆戒无虞"）

《尚书七篇解义》卷一

（清）李光地撰

（归善斋按：见"惠迪吉"）

任贤勿贰，去邪勿疑，疑谋勿成，百志惟熙

1.《尚书注疏》卷三

（汉）孔氏传，（唐）陆德明音义，孔颖达疏

任贤勿贰，去邪勿疑，疑谋勿成，百志惟熙。

传：一意任贤，果于去邪，疑则勿行。道义所存于心，日以广矣。

（音义）：去，起吕反。熙，火其反。

疏：任用贤人，勿有二心；逐去回邪，勿有疑惑；所疑之谋勿成用之，如是，则百种志意，惟益广也。

2.《书传》卷三

（宋）苏轼撰

疑谋勿成，百志惟熙。

人之为不善，虽小人不能无疑。凡疑则已，则天下无小人矣。人之所以不能大相过者，皆好行其所疑也。疑谋勿成，则凡所志，皆卓然光明无可愧者。

（归善斋按：另见上句）

3.《尚书全解》卷四

（宋）林之奇撰

（归善斋按：另见"罔游于逸"）

4.《尚书讲义》卷三

（宋）史浩撰

（归善斋按：见"惠迪吉"）

5.《尚书详解》卷三

（宋）夏僎撰

（归善斋按：见"儆戒无虞"）

6.《增修东莱书说》卷三

（宋）吕祖谦撰，时澜增修
（归善斋按：见"儆戒无虞"）

7.《尚书说》卷一

（宋）黄度撰
（归善斋按：见"惠迪吉"）

8.《洁斋家塾书钞》卷二

（宋）袁燮撰
（归善斋按：见"儆戒无虞"）

9.《书经集传》卷一

（宋）蔡沈撰
（归善斋按：见"儆戒无虞"）

10.《尚书精义》卷五

（宋）黄伦撰
（归善斋按：见"儆戒无虞"）

11.《尚书详解》卷三

（宋）陈经撰
（归善斋按：见"儆戒无虞"）

12.《融堂书解》卷二

（宋）钱时撰
（归善斋按：见"儆戒无虞"）

13. 《尚书要义》卷三

（宋）魏了翁撰

(归善斋按：未引)

14. 《书集传或问》卷上

（宋）陈大猷撰

(归善斋按：未解)

15. 《尚书详解》卷二

（宋）胡士行撰

(归善斋按：见"儆戒无虞")

16. 《书纂言》卷一

（元）吴澄撰

(归善斋按：缺)

17. 《书集传纂疏》卷一

（元）陈栎撰

(归善斋按：见"儆戒无虞")

18. 《读书丛说》卷三

（元）许谦撰

(归善斋按：见"儆戒无虞")

19. 《书传辑录纂注》卷一

（元）董鼎撰

(归善斋按：见"儆戒无虞")

20. 《尚书句解》卷二

（元）朱祖义撰

任贤勿贰（知其贤而任之必专，不可有所贰），去邪勿疑（知其邪而去之必决，不可有所疑），疑谋勿成（去邪而疑，必待谋之于人，则勿成之矣），百志惟熙（儆戒如此，则百为之志，既广且明，何向不济）。

21. 《尚书日记》卷三

（明）王樵撰

（归善斋按：见"儆戒无虞"）

22. 《日讲书经解义》卷二

（清）库勒纳等撰

（归善斋按：见"儆戒无虞"）

《书义断法》卷一

（元）陈悦道撰

任贤勿贰，去邪勿疑。疑谋勿成，百志惟熙。

圣人一心纯乎天理，方寸之间，光辉明白。其于百为之虑，无不各得其当。然姑以此二字言之，亦以用人之邪正，谋事之是非，此其事之大者，非胸中湛然，事来能明，未有不疑、贰于用舍之间，而蔽惑于谋为之际也。是以，益之戒舜，欲其谨之于用人图事之初，而必本于措心积虑之始，岂非端本澄源之论哉。

《尚书考异》卷二

（明）梅鷟撰

（归善斋按：见"儆戒无虞"）

《尚书砭蔡编》

（明）袁仁撰

"任贤勿贰，去邪勿疑"，"贰"对"疑"字说，即"疑贰"之"贰"。一心任贤，表里无间，始终无间，言与行亦无间，故曰"勿贰"。若云勿以小人间之，则又是去邪之事矣。

《尚书注考》

（明）陈泰交撰

"疑谋勿成"，训"谋"图为也；"弗询之谋"，训"谋"谓计事；"聪作谋"，训"谋"者，度也；"尔有嘉谋"，训言切于事谓之"谋"。

《尚书埤传》卷三

（清）朱鹤龄撰

（归善斋按：见"儆戒无虞"）

《书义矜式》卷一

（元）王充耘撰

（归善斋按：见"儆戒无虞"）

《尚书七篇解义》卷一

（清）李光地撰

（归善斋按：见"惠迪吉"）

罔违道，以干百姓之誉

1. 《尚书注疏》卷三

（汉）孔氏传，（唐）陆德明音义，孔颖达疏

罔违道，以干百姓之誉。

传：干，求也，失道求名，古人贱之。

疏：无违越正道，以求百姓之誉。

干，求，《释言》文。失道求名，谓曲取人情，苟悦众意，古人贱之。

2.《书传》卷三

（宋）苏轼撰

罔违道，以干百姓之誉。罔咈百姓，以从己之欲。

民至愚而不可欺。凡其所毁誉，天且以是为聪明，而况人君乎。违道足以致民毁而已，安能求誉哉？以是知尧舜之间，所谓百姓者，皆谓世家大族也。好行小惠以求誉于此，固不足恤。以为不足恤而纵欲，以戾之，亦殆矣。咈，戾也。

3.《尚书全解》卷四

（宋）林之奇撰

罔违道，以干百姓之誉；罔咈百姓，以从己之欲。

此言为治者，既不可违道以干众誉，又不可咈众以从己之欲也。盖自古无道之政，必出于此二者。班孟坚曰：秦燔诗书，以立私议。王莽诵六经，以文奸言，同归殊途，俱用灭亡。盖若秦者，是所谓"咈百姓，以从己之欲"者也；若王莽者，是所谓"违道，以干百姓之誉"者也。虽其所为不同，而其所以致乱亡之道，则一也。夫为治者，既不可违道，以干百姓之誉，又不可咈众以从己之欲。然则，将奈何？惟上不违先王之道，下不咈百姓之欲，则两得之矣。王氏以谓，咈百姓以从先王之道，则可；咈百姓，以从己之欲，则不可。古之人有行之者，盘庚是也。盖人之情，顺之则誉；咈之，则毁，所谓违道以干百姓之誉也，即咈百姓，以从先王之道者也。此说大戾。夫盘庚将迁都，民咨胥怨而不从，盘庚不强之以迁也，方且优游训诰，若父兄之训子弟，至于再，至于三，必使之知迁都之为利，不迁之为害，然后率之以迁焉，何尝咈之以从己哉。夫王者之安天下，必本于人情。未有咈百姓，而可以从先王之道也。王氏此说，甚牴牾于圣经矣。

4.《尚书讲义》卷三

（宋）史浩撰
（归善斋按：见"惠迪吉"）

5.《尚书详解》卷三

（宋）夏僎撰
（归善斋按：见"儆戒无虞"）

6.《增修东莱书说》卷三

（宋）吕祖谦撰，时澜增修
（归善斋按：见"儆戒无虞"）

7.《尚书说》卷一

（宋）黄度撰
（归善斋按：见"惠迪吉"）

8.《洁斋家塾书钞》卷二

（宋）袁燮撰
（归善斋按：见"儆戒无虞"）

9.《书经集传》卷一

（宋）蔡沈撰
（归善斋按：见"儆戒无虞"）

10.《尚书精义》卷五

（宋）黄伦撰
（归善斋按：见"儆戒无虞"）

11.《尚书详解》卷三

（宋）陈经撰
（归善斋按：见"儆戒无虞"）

12.《融堂书解》卷二

（宋）钱时撰
（归善斋按：见"儆戒无虞"）

13.《尚书要义》卷三

（宋）魏了翁撰
（归善斋按：未引）

14.《书集传或问》卷上

（宋）陈大猷撰
（归善斋按：未解）

15.《尚书详解》卷二

（宋）胡士行撰
（归善斋按：见"儆戒无虞"）

16.《书纂言》卷一

（元）吴澄撰
（归善斋按：缺）

17.《书集传纂疏》卷一

（元）陈栎撰
（归善斋按：见"儆戒无虞"）

18.《读书丛说》卷三

（元）许谦撰

（归善斋按：见"儆戒无虞"）

19.《书传辑录纂注》卷一

（元）董鼎撰

（归善斋按：见"儆戒无虞"）

20.《尚书句解》卷二

（元）朱祖义撰

罔违道以干百姓之誉（无违道以干求百姓之誉）。

21.《尚书日记》卷三

（明）王樵撰

（归善斋按：见"儆戒无虞"）

22.《日讲书经解义》卷二

（清）库勒纳等撰

（归善斋按：见"儆戒无虞"）

《尚书考异》卷二

（明）梅鷟撰

（归善斋按：见"儆戒无虞"）

《书义矜式》卷一

（元）王充耘撰

（归善斋按：见"儆戒无虞"）

《尚书七篇解义》卷一

（清）李光地撰

（归善斋按：见"惠迪吉"）

罔咈百姓，以从己之欲

1. 《尚书注疏》卷三

（汉）孔氏传，（唐）陆德明音义，孔颖达疏

罔咈百姓，以从己之欲。

传：咈，戾也。专欲难成，犯众兴祸，故戒之。

（音义）：咈，扶弗反。戾，连悌反。

（疏）：无反戾百姓，以从己心之欲。

《尧典》已训"咈"为"戾"。彼谓戾朋侪，此谓戾在下，故详其文耳。专欲难成，犯众兴祸，襄十年《左传》文。

2. 《书传》卷三

（宋）苏轼撰

（归善斋按：见上句）

3. 《尚书全解》卷四

（宋）林之奇撰

（归善斋按：见"罔违道"）

4. 《尚书讲义》卷三

（宋）史浩撰

（归善斋按：见"惠迪吉"）

5.《尚书详解》卷三

（宋）夏僎撰

（归善斋按：见"儆戒无虞"）

6.《增修东莱书说》卷三

（宋）吕祖谦撰，时澜增修

（归善斋按：见"儆戒无虞"）

7.《尚书说》卷一

（宋）黄度撰

（归善斋按：见"惠迪吉"）

8.《洁斋家塾书钞》卷二

（宋）袁燮撰

（归善斋按：见"儆戒无虞"）

9.《书经集传》卷一

（宋）蔡沈撰

（归善斋按：见"儆戒无虞"）

10.《尚书精义》卷五

（宋）黄伦撰

（归善斋按：见"儆戒无虞"）

11.《尚书详解》卷三

（宋）陈经撰

（归善斋按：见"儆戒无虞"）

12.《融堂书解》卷二

（宋）钱时撰
（归善斋按：见"儆戒无虞"）

13.《尚书要义》卷三

（宋）魏了翁撰
（归善斋按：未引）

14.《书集传或问》卷上

（宋）陈大猷撰
（归善斋按：未解）

15.《尚书详解》卷二

（宋）胡士行撰
（归善斋按：见"儆戒无虞"）

16.《书纂言》卷一

（元）吴澄撰
（归善斋按：缺）

17.《书集传纂疏》卷一

（元）陈栎撰
（归善斋按：见"儆戒无虞"）

18.《读书丛说》卷三

（元）许谦撰
（归善斋按：见"儆戒无虞"）

19.《书传辑录纂注》卷一

（元）董鼎撰

（归善斋按：见"儆戒无虞"）

20.《尚书句解》卷二

（元）朱祖义撰

罔咈百姓以从己之欲（无逆百姓以从己所欲。咈，音弗）。

21.《尚书日记》卷三

（明）王樵撰

（归善斋按：见"儆戒无虞"）

22.《日讲书经解义》卷二

（清）库勒纳等撰

（归善斋按：见"儆戒无虞"）

《尚书考异》卷二

（明）梅鷟撰

（归善斋按：见"儆戒无虞"）

《书义矜式》卷一

（元）王充耘撰

（归善斋按：见"儆戒无虞"）

《尚书七篇解义》卷一

（清）李光地撰

（归善斋按：见"惠迪吉"）

无怠无荒，四夷来王

1.《尚书注疏》卷三

（汉）孔氏传，（唐）陆德明音义，孔颖达疏

无怠无荒，四夷来王。

传：言天子常戒慎，无怠惰荒废，则四夷归往之。

（音义）：怠，音待。惰，徒卧反。

（疏）：常行此事，无怠惰荒废，则四夷之国，皆来归往之。此亦所以劝勉舜也。

2.《书传》卷三

（宋）苏轼撰

无怠无荒，四夷来王。

九州之外，世一见曰王。《国语》：日祭，月祀，时享，岁贡，终王。

3.《尚书全解》卷四

（宋）林之奇撰

无怠无荒，四夷来王。

言苟能行此数者，尽其儆戒之意，而继之以于心无怠，于事无荒，则岂惟中国之治哉，虽四夷，亦将来王矣。"无怠无荒"，犹所谓不倦以终之也。圣人之治夷狄，听其自来，而信其自去，未尝招之而使来也。苟修于此者既尽，则彼将梯山航海而自至，非有爵赏以劝乎其前，又无刑罚以驱于其后。"无怠无荒"，而彼自来矣。此唐虞之世，御戎之上策也。夫舜，大圣人也。益既称其德之广运，"乃圣乃神，乃武乃文"，遂为皇天之所眷顾，奄四海，而君天下矣。彼失法度，游于逸，淫于乐，任贤贰，去邪疑，疑谋成，与夫违道干誉，咈众从欲，或荒或怠之事，盖中材庸主之所不为也。益之智，岂不知舜之心，不至于此。然而谆谆告戒，惟恐不

及者,盖圣人虽智周万物,道济天下,而其兢兢业业者,实未尝须臾忘此,其所以为圣人也。孔子曰:德之不修,学之不讲,闻义不能徙,不善不能改,是吾忧也。夫孔子之圣,岂有学之不讲,岂有义之不徙,而以是为忧,乃知圣人颠沛造次,未尝敢忘儆戒之意。舜之德盛,于淫逸荒怠等事,虽不至于此,然而圣人儆戒之意,实未尝敢忘此,益之所以拳拳为舜言之而不已也。

4.《尚书讲义》卷三

(宋)史浩撰

(归善斋按:见"惠迪吉")

5.《尚书详解》卷三

(宋)夏僎撰

(归善斋按:见"儆戒无虞")

6.《增修东莱书说》卷三

(宋)吕祖谦撰,时澜增修

(归善斋按:见"儆戒无虞")

7.《尚书说》卷一

(宋)黄度撰

(归善斋按:见"惠迪吉")

8.《洁斋家塾书钞》卷二

(宋)袁燮撰

(归善斋按:见"儆戒无虞")

9.《书经集传》卷一

(宋)蔡沈撰

(归善斋按:见"儆戒无虞")

10.《尚书精义》卷五

（宋）黄伦撰

（归善斋按：未解）

11.《尚书详解》卷三

（宋）陈经撰

（归善斋按：见"儆戒无虞"）

12.《融堂书解》卷二

（宋）钱时撰

（归善斋按：见"儆戒无虞"）

13.《尚书要义》卷三

（宋）魏了翁撰

（归善斋按：未引）

14.《书集传或问》卷上

（宋）陈大猷撰

（归善斋按：未解）

15.《尚书详解》卷二

（宋）胡士行撰

（归善斋按：见"儆戒无虞"）

16.《书纂言》卷一

（元）吴澄撰

（归善斋按：缺）

17.《书集传纂疏》卷一

（元）陈栎撰

（归善斋按：见"儆戒无虞"）

18.《读书丛说》卷三

（元）许谦撰

（归善斋按：见"儆戒无虞"）

19.《书传辑录纂注》卷一

（元）董鼎撰

（归善斋按：见"儆戒无虞"）

20.《尚书句解》卷二

（元）朱祖义撰

无怠无荒（惟无怠惰，无荒忽），四夷来王（则是圣君在上，四夷莫不来朝，享而尊为王）。

21.《尚书日记》卷三

（明）王樵撰

（归善斋按：见"儆戒无虞"）

22.《日讲书经解义》卷二

（清）库勒纳等撰

（归善斋按：见"儆戒无虞"）

《书蔡氏传旁通》卷一下

（元）陈师凯撰

九州之外，世一见曰王。

《周礼·秋官·大行人》云：九州之外，谓之蕃国，世一见。注云：

九州之外，无朝贡之岁。父死子立，及嗣王即位，乃一来耳。

《尚书考异》卷二

（明）梅鷟撰

（归善斋按：见"儆戒无虞"）

《尚书砭蔡编》

（明）袁仁撰

"无怠无荒"，倦勤曰"怠"，废弃曰"荒"。始于逸豫，终于荒芜，只此一心。今分无怠于心，无荒于事，于理未安。

《尚书注考》

（明）陈泰交撰

"四夷来王"，训九州之外世一见曰"王"；王若曰："孟侯"，训"王"，武王也；王若曰："呜呼！君牙"，训"王"，穆王也。"以为天下王"，训谓之"王"者，指其君长而言。

《书义矜式》卷一

（元）王充耘撰

（归善斋按：见"儆戒无虞"）

《尚书七篇解义》卷一

（清）李光地撰

（归善斋按：见"惠迪吉"）

四
善政养民

禹曰：於！帝念哉！德惟善政，政在养民

1.《尚书注疏》卷三

（汉）孔氏传，（唐）陆德明音义，孔颖达疏

禹曰：於！帝念哉！德惟善政，政在养民。

传：叹而言，念重其言，为政以德，则民怀之。

音义：於，音乌。

疏：正义曰：禹因益言，又献谋于帝曰：呜呼！帝当念之哉，言所谓德者，惟是善于政也。政之所为，在于养民。

传正义曰：於，叹辞，叹而言。念，自重其言，欲使帝念之。此史以类相从，共为篇耳，非是一时之事，不便念益言也。禹谋以九功为重，知重其言者，九功之言也。

2.《书传》卷三

（宋）苏轼撰

禹曰：於！帝念哉。德惟善政，政在养民，水、火、金、木、土、谷惟修。

所谓六府。

3.《尚书全解》卷四

(宋)林之奇撰

禹曰：於！帝念哉，德惟善政，政在养民。水、火、金、木、土、谷，惟修。正德、利用、厚生惟和，九功惟叙，九叙惟歌。

益既谆谆告戒，其所以启迪于帝之德。禹遂言德之施于有政者。此盖为治之要也。然而告于舜而曰"於！帝念哉"。"於"者，叹美而言之；"帝念哉"，重其言也。"德惟善政，政在养民"，言圣人膺天明命，为民父母，其所以兢兢业业，日新厥德，不忘儆戒之意。如益之所言者，凡欲美其政也。而所以美其政者无他，欲以养民而已。夫"水、火、金、木、土、谷惟修"，谓之六府，此天地之养万物者也。圣人裁成辅相，使水润下，火炎上，木曲直，金从革，土爱稼穑。六者不失其性，谓之"惟修"。正德、利用、厚生，谓之三事。此则圣人体天地化育之德，以养万民者也。《孟子》论王道之始曰：不违农时，谷不可胜食也；数罟不入污池，鱼鳖不可胜食也；斧斤以时入山林，材木不可胜用也。谷与鱼鳖不可胜食，材木不可胜用，是使民养生、丧死无憾也。养生丧死无憾，王道之始也。五亩之宅，树之以桑，五十者可以衣帛矣。鸡豚狗彘之畜，无失其时，七十者可以食肉矣。百亩之田，勿夺其时，数口之家可以无饥矣。谨庠序之教，申之以孝悌之义，颁白者不负戴于道路矣。七十者衣帛食肉，黎民不饥不寒，然而不王者，未之有也。"谨庠序之教，申之以孝悌之义"，此所谓正德也。谷与鱼鳖不可胜，食材木不可胜用，养生丧死无憾，此所谓利用也。五亩之宅树之以桑，鸡豚狗彘之畜无失其时，百亩之田勿夺其时，此所谓厚生也。使此三者，施之天下而不失其和，故谓之"惟和"。六府修，三事和，则九功于是惟叙矣。谓之"惟叙"者，非谓六府之修，先水、火，而后金、木、土、谷也。谓之惟和。亦非谓三事之和，先正德，而后利用、厚生。但谓九者，皆不失其序而已。王氏谓以惟叙为六府三事之序，故以土治水，以水治火，然后水火为用；以火治金，以金治木，然后金木为器；以木治土，以土治谷，然后土谷为利。杨龟山曰不然，神农氏斲木为耜，揉木为耒。耒耜之利以教天下。盖以木治土，然后有耒耜之利，非土能治谷矣。《洪范》曰：土爱稼穑，与水之润下，火之炎上，木之曲直，金之从革，一也。谓土能治谷者，非也。此说为是。然龟山既知土能治谷之为非，而又曰五行相生以相继，相尅以相治，相生为四时之序，相尅为六府之序也。夫既以相尅为六府之序，则自水治火而推之，亦将以土治谷矣。此则流入于王氏之说而不自知也。"九叙惟歌"者，六府修三事治，其功德皆可歌也。功德既可歌，则功成治定，不可以有加矣，惟在不倦以终之也，故继之曰"戒之用休，董之用威"。

4.《尚书讲义》卷三

（宋）史浩撰

禹曰：於！帝念哉，德惟善政，政在养民。水、火、金、木、土、谷惟修，正德、利用、厚生惟和，九功惟叙，九叙惟歌。戒之用休，董之用威。劝之以九歌，俾勿坏。帝曰：俞！地平天成，六府三事允治，万世永赖，时乃功。

舜，重尧之华，所以行尧之所未行，皆盛德事也。而益尚戒之。禹闻益之戒，叹曰：於！欲帝念此言而无忽，然且指其治要以告之，谓凡为君，必主于德，以德为政，斯为善政。善政之实，专在养民，民之所以有养，以谷为重。谷者，养民之大本。五材得是而能聚，是故谓之六府。无则五材为虚，器虽有，不能为用也。三德得是而能宣。是故谓之三事。无是，则三事为虚，名虽有，不能为用也。用五材、三事者，名也。陶冶械器，则非粟不易；仓廪不实，则礼节不知。禹之胼胝荒度者，意有在于"烝民乃粒"，而彝伦可叙也。故箕子述《洪范》九畴之要，首言五行，次言五事。五行，六府之本；五事，三事之资也。而继之以八政：一曰食，盖明九功非谷不能叙也。然则谷者，实五材、三事之精神脉络也。六府惟修，三事惟和，非君有食以养斯民，安得九功惟叙，而斯民歌舞以乐其生乎？"戒之用休"，《洪范》之"五福"也。"董之用威"，《洪范》之"六极"也。民知避凶而趋吉矣。"劝之以九歌"者，以咏歌作起人心之向德也。"俾勿坏"者，仁声入人，有日新之德，而彝伦不斁也。然则"德惟善政"，果在于不违农时，务农重谷也。后有人君，今年下诏曰农者天下之大本也，明年下诏曰农者天下之大本也，卒使海内富庶，兴于礼义，史臣赞其德曰：务在养民，得是道也。舜俞其言，而举"地平天成，六府三事允治,万世永赖"为禹之功,所谓禹成厥功,帝舜申之,此其实也。

5.《尚书详解》卷三

(宋)夏僎撰

禹曰:於!帝念哉,德惟善政,政在养民。水、火、金、木、土、谷惟修;正德、利用、厚生惟和;九功惟叙,九叙惟歌;戒之用休,董之用威。劝之以九歌,俾勿坏。

益前既谆谆告戒,使舜"儆戒无虞",而尽其所以致治之道。故禹于是又言舜,今日以德政养民已有成效,尤不可不保其成,使之至于无坏也。於,叹美之辞。既叹美而又言"帝念哉"者,谓:今日德政已成其事,诚美在帝,不可不念其保之之术也。盖莫非政也,以德为政,则斯为善。所谓善政者,凡欲养民而已。今舜之治,以之水、火、金、木、土、谷之六府,则既已"惟修"。"惟修",谓六者,各得其性,各致其利也。以之正德、利用、厚生之三事,则既已"惟和"。"惟和",谓三者,施之天下而不失其和也。"正德",若所谓"谨庠序之教"是也。"利用",若所谓"谷不可胜食,材木不可胜用"是也。"厚生",若所谓"五亩之宅,树之以桑;百亩之田,勿夺其时"是也。是三者,别而言之,则谓之"六府",谓之"三事"。合而言之,则谓之"九功"。六府修,三事和,则"九功"可谓有序矣。有序,非谓先水火,而后金木土谷;先正德,而后利用、厚生也。特谓九者之功,各得其序而不失其利尔。"九功"既有序,则民被泽,欢欣鼓舞,即此序而歌咏之,故谓之"九序惟歌"。禹言此者,谓善政所以养民。今六府三事修和如此,民皆颂而歌舞之,则善政之养民,于此无加。为舜计者,不必复求所谓善者。惟思所以戒之、董之、劝之,使此政不坏足矣。此正大禹所以言之之意。林少颖谓:九者得其叙,则天休滋至,吾乃寅畏以享之,此之所谓"戒之用休"。其或不然,则天威将至,故督之,以威而避。又以九功之歌播之于声乐,发扬蹈厉以自劝。其意,盖谓戒之、董之、劝之,皆使人君自戒、自董、自劝。然详味文理,似乎非是望君以此自戒。其意乃谓今日养民之政,既已如此,然六府三事,皆斯民所日用者,民情勤始怠终,万一豢养既久,怠心一生，虽人君以是为养民之具，而民或忽而不念，则安保不坏？故必"戒之以休"，使知勤于此者，必有无穷之美利；"董之以威"，使知怠于此者，必有可畏之刑威；"劝之以九歌"，使之歌咏其事，乐而忘劳。如是，则民皆将终身惟六府三事是赖，共起而修之，则人君养民之政，岂有坏耶？是戒之、董之、劝之，皆欲人君用此，以劝天下之民。说者皆谓修六府，和三事，皆禹之功。然禹身致其功，而自言之，岂夸其功，以侈其君耶？殊不知禹圣臣也，既委质为人君，任天下之责，则视天下之事，皆所当为。虽为之，而功盖天下，亦不自以为功，非特不自以为功，亦不知为己之功。岂若小丈夫，稍有寸功，即矜夸而以见知为说哉。今其所以及此，特因益以"儆戒无虞"，为舜之戒，故进此言，使舜知今日养民之政，既以如此，在舜犹不可不念，所以保之之术，亦所以助成伯益进戒之意尔。陈少南谓：金、木、水、火、土、谷六者，财用所自出，故曰"六府"。正德、利用、厚生三者，人事所当为，故曰"三事"。此训释府、事二字，甚善。

6.《增修东莱书说》卷三

（宋）吕祖谦撰，时澜增修

禹曰：於！帝念哉，德惟善政，政在养民，水、火、金、木、土、谷惟修；正德、利用、厚生惟和；九功惟叙，九叙惟歌。戒之用休，董之用威。劝之以九歌，俾勿坏。

於，叹美之辞也。先为叹美之言，使人君不苟于听，故继之曰"帝念哉"，发号施令：莫非政也。惟有德行乎其中，则为善政。政之所在，主乎养民。"德惟善政"，政本于德也。"政在养民"，民资于政也。后世，富国强兵，非养民之政也。自古善献言者，必先格君心，然后言治天下之纲目。如《孟子》之告齐王，使之反本。既陈"正心"之道，而后继之百亩之田，数口之家，至于鸡豚狗彘之微详，及于政事之纲目。盖民政出于人君之心也。君心既正，民政无有不善。禹前与益反覆议论，无非《孟子》反本之言。切于正心者，以次发明六府、三事之用，亦《孟子》王政品目之谓也。"禹曰：於"，言六府、三事之美也。"帝念哉"，言帝当念于是也。水、火、金、木、土、谷，天地间常用之物，而有自然之序。

"惟修"者，裁成使遂其性，利民而不为害也。"正德"者，正民之德也。"利用"者，宣导流通，士农工商各安其业也。"厚生"者，培养其生也。"惟和"者，使三者浑融无间，无有差戾也。正德所以正其心，利用、厚生所以养其生。养其生，亦所以正其心。所谓日用饮食，遍为尔德也。合而为九功，各以成叙，则形之，歌咏播之乐也。"戒之用休"以下，维持保全长久之理也。前一节易，后一节难。"九功惟叙"，人心愿治，不敢自怠。九功已成，怠心易生。故维持之道为尤难。善以戒之，威以董之，又"劝之以九歌，俾勿坏"。"歌"者，所以发扬其志，虑不至于惰滞也。此三句本末全备，当以内外表里观之。"戒"、"董"，则以刑赏示之，在外之事也。"劝之以九歌"，则以音容养之，在内之事也。此段精神全在"俾"字不可不详味。大抵消息盈虚，天理之常，裁成辅相，君人之道也。故有盛必有衰，有成必有坏，理之不易也。今九功既叙矣，是成也，不能必其不坏也。圣人所以叙之、歌之、戒之、董之、劝之，无非所以使"九功"至于"勿坏"。"俾"云者，盖圣人裁成辅相，以赞消息盈虚之理。观"勿坏"之意，圣人无穷之心见矣。

7.《尚书说》卷一

（宋）黄度撰

（归善斋按：见"惠迪吉"）

8.《洁斋家塾书钞》卷二

（宋）袁燮撰

禹曰：於！帝念哉。德惟善政，政在养民。水、火、金、木、土、谷惟修；正德、利用、厚生惟和。九功惟叙，九叙惟歌，戒之用休，董之用威，劝之以九歌，俾勿坏。帝曰：俞地平天成，六府、三事允治，万世永赖，时乃功。

念者，念念不忘也。《书》中多说此字。曰"苗顽弗即工，帝其念哉"；曰"念兹在兹"，皆不忘之谓也。且修身之道，要须是能念，然后其德日进。人主治天下，亦须念念不忘天下，然后天下始治，稍有怠荒，便不能念。才能念，则所谓逸游怠荒，这许多事自然是无。古之人主，造次颠沛，无顷刻不在天下。所谓"念"，只是要勿忘了德。"惟善政"，人主之治天下皆政也，然必根源于"德"方是善政。只是外面做事，有不本于德者，未足言"善政"也。所谓"善政"只在"养民"。"养"之一字，意味甚深长，使天下皆在生育之中，如天地之养物，且万物盈于宇宙间，皆天地养之之功也。圣人之治天下，无一物不得其所，亦犹天地之于万物然。匹夫匹妇，鳏寡孤独，有一人不能自遂，不可以言"养"。《易》曰：圣人养贤，以及万民。学者须当致思，如何是圣人养民处。予之以粟帛，结之以恩惠，未足为养也。养民广大之时，须还是唐、虞、三代。汉之文景，赐田租，劝农桑，亦可谓养民矣，然犹未尽得圣人养民之道。要之，亦贤于后世，所以只说文景务在养民。文景而下，便说这一字不得。武帝穷兵黩武，可以谓之养乎？宣帝严刑峻法，可以谓之养乎？后世人主，孰不治民，然未尝养也。"水、火、金、木、土、谷惟修"以下，是养民之事。此六者，皆生民之所日用，须是圣人在上，与之理会，故曰"惟修"。"水、火、金、木、土、谷惟修"，此只举其纲领。其中条目，则至纤至悉。观《周礼》一书可见，如沟、洫、浍、川，与夫以潴蓄水，以防止水，以沟荡水，以遂均水，以列舍水，以浍泄水之类，皆是理会水事；如季春出火，季秋纳火之类，皆是理会火事；如筑、冶、凫、栗、段、桃之工，是理会金底事；轮、舆、弓、庐、匠、车、梓之工，与夫山虞林衡所当斩伐、厉禁，是理会木底事；如土会辨五地之物生，土宜辨十二土之名物，土均辨五物九等，制天下之地征，土化物地相宜而为之种，皆理会土之事也；如六遂之官，趋耕耨，简稼器，修稼政，廪人掌九谷之数，仓人掌粟人之藏，司稼掌巡邦野之稼，则是理会谷之事。"水、火、金、木、土、谷"，此"六府"，天地间之所自有也，而修之，则在圣人。"正德、利用、厚生"，此"三事"，亦民性之所自有也，而和之，则在圣人。"正德"者，是使之皆为正直之归，不至于放辟邪侈也。"利用"，是顺利之谓，应人接物，皆应得是。凡所施为，皆做得是，夫安得而不"利"。苟于应接之间有所不当，举事之间有所未安，则必有悔吝，非可以言"利"也。"厚生"者，"生"，不特是其形生，善心常不泯没，是谓之"生"。"克绥先王之禄，永厎烝民之生"。此岂食之、衣之，能全其身于天地之间而已哉？饱食、暖衣、逸居而无教，虽生，无以异于死，若以为"生"止于养其形，则水、火、金、木、土、谷，所以生之者，亦足以矣，何必又说"正德、利用、厚生"。人未尝不生也，须是能厚，其生始得惟"和"者。薰烝陶冶，使之日入于善而不自知，是之谓"和"。"九功"者，言其皆底于成绩也。六府、三事有一些欠阙，有一些不修、不和，不可以言功。九者皆备，而底于有成，是之谓"功"。九者之功，至于"惟叙"，所以形于歌谣不能自已。夫民之歌，此非可以勉强为也。要须是出于其心之自然，《孟子》所谓"乐则生矣，生则恶可已也。恶可已，则不知足之蹈之，手之舞之也"。成康之时，《颂声》作于下，《关雎》作于上。什一，天下之中正也。什一行，而颂声作矣。只是唐、虞、三代之时有此。在后世，则罕闻矣。只观《行苇》、《既醉》诸诗，真所谓治世之音。《康衢（qú）》之歌曰"立我烝民，莫匪尔极"，此皆欢欣悦怿之情，发见于咏歌讴吟之际，此极不易得。惟汉至文景，盖庶几焉。所谓六七十翁嬉戏如小儿状。本朝咸平、景德间，亦有这气象。必至于民形于歌谣，方是九功叙处。"戒之用休，董之用威"，休，近于赏；威，近于刑。不"赏"、"刑"，而曰"休"、"威"，言赏、罚则无甚味，言休、威则其意深长也。毕竟治天下，赏罚亦不可废。欲民之知所趋，岂可无赏；欲民之知所避，岂可无刑。"戒之用休"，使之有所慕而知所自勉也；"董之用威"，使之有所恐惧也。这个自是无不得，但有前面许多，方才可用赏刑。无前一节，便说赏刑，非所谓"正德"也。虽然此二句言于前，固不可言于后。而无下面"劝之以九歌"一句，亦非所谓"正德"也。此九歌，即民间之九歌也。古者，采民言而寓于乐，即民间之歌谣，而播之乐章，还以劝之。今三百五篇，或出于小夫贱隶、妇人女子，皆是涂歌里咏。《孟子》曰"仁言不如仁声之入人深也"。"劝之以歌"，不与言语相似，若使人主谆谆然，以言语劝人，未必能感动。"劝之以九歌"，所以鼓舞动荡，深入其心，术之微也。今之歌曲，非正声也，然亦足以沦人之肌肤，浃人之骨髓，况先王中正之音乎？有这许多，然后九功可以不坏。"俾"者，使也，所以使九功之勿坏也。唐、虞、三代之时，只是一个"勿坏"，所以禹首发语曰"帝念哉"，言其当念念不忘，使之至于久远而不坏也。才不致念便有欠阙，便是"坏"也。"六府"、"三事"无一之不"修"、不"和"，至于秩然有序；歌声并作，而又"戒之"、"董之"、"劝之",必至于久而不坏。如此,方是德政,方是养民。养民之事备于此矣。观此一章,想像当时之民生,长于泰和之中,其气象如何哉?想夫仰事、俯育之具,皆充足有余,无复有憾,不特衣食充足而已,而又人人有士君子之行。歌谣之音,洋洋盈耳,所谓叹息、愁恨之声无有也。养民之功至于如此,宁复有一毫之亏乎?拱把之桐梓,人苟欲生之,皆知所以"养"之者。后世所以不如古,只缘欠这一字,且如水、火、金、木、土、谷,何尝去理会。只以谷之一事言之,如惰农不服田亩,耕耘收敛不及其时,水利之不修,灌溉无所资,上之人未尝为之整顿区处也。"帝曰:俞!地平天成,六府三事允治,万世永赖,时乃功",先言地,而后言天者,洪水为患,地不平,则天亦不成。水患既平,然后万物始得生养,而天道成焉。故先地而后天也。"允治"者,信乎。其"治"也,六府、三事固是天地间之所自有,民性中之所自具,然所以"修",所以"和",皆禹实为之耳。且以当时汤汤浩浩之势,下民有昏垫之忧,生养之具安在?"正德、利用、厚生"又安有焉?自禹出,然后六府、三事始治,故曰"微禹,吾其鱼乎?吾与子弁冕端委"。于今日,万世之下安居而暇食,优游以生死,皆禹之功也。向使洪水之患无禹治之,安得复见今日乎?所以谓之"万世永赖"。如此方可以言"功",故曰"禹成厥功"。功业必至若是,可以与天地参矣。

9.《书经集传》卷一

(宋)蔡沈撰

禹曰:於!帝念哉。德惟善政,政在养民。水、火、金、木、土、谷惟修;正德、利用、厚生惟和。九功惟叙,九叙惟歌。戒之用休,董之用威,劝之以九歌,俾勿坏。

於,音乌。益言"儆戒"之道,禹叹而美之,谓帝:当深念益之所言也。且德非徒善而已,惟当有以善其政。政非徒法而已,在乎有以养其民。下文"六府、三事",即养民之政也。"水、火、金、木、土、谷惟修"者,水克火,火克金,金克木,木克土,而生五谷,或相制以泄其过,或相助以补其不足,而六者无不修矣。"正德"者,父慈、子孝、兄友、弟恭、夫义、妇听,所以正民之德也。"利用"者,工作什器,商通货财之类，所以利民之用也；"厚生"者，衣帛食肉，不饥不寒之类，所以厚民之生也。六者既修，民生始遂，不可以逸居而无教，故为之惇典敷教，以正其德；通功易事，以利其用；制节谨度，以厚其生，使皆当其理，而无所乖，则无不和矣。"九功"，合"六"与"三"也。"叙"者，言九者各顺其理，而不汩陈，以乱其常也。"歌"者，以"九功"之叙而咏之歌也，言九者既已修和，各由其理，民享其利，莫不歌咏，而乐其生也。然始勤终怠者，人情之常，恐安养既久，怠心必生，则已成之功，不能保其久而不废，故当有以激励之，如下文所云也。董，督也。威，古文作"畏"。其勤于是者，则戒喻而休美之；其怠于是者，则督责而惩戒之；然又以事之出于勉强者，不能久，故复即其前日歌咏之言，协之律吕，播之声音，用之乡人，用之邦国，以劝相之，使其欢欣鼓舞，趋事赴功，不能自已，而前日之成功，得以久存而不坏。此《周礼》所谓"九德之歌，九韶之舞"，而太史公所谓"佚能思初，安能惟始，沐浴膏泽，而歌咏勤苦"者也。葛氏曰：《洪范》五行：水火木金土而已。谷本在木行之数，禹以其为民食之急，故别而附之也。

10.《尚书精义》卷五

（宋）黄伦撰

禹曰：於！帝念哉，德惟善政，政在养民。水、火、金、木、土、谷惟修；正德、利用、厚生惟和。九功惟叙，九叙惟歌。戒之用休，董之用威，劝之以九歌，俾勿坏。

无垢曰：夫人者，天地之德，阴阳之交，鬼神之会，五行之秀，气凝聚而生者也。然而，有常产者，有常心；无常产者，无常心。顾上所以养之，如何耳？养，如农夫之养禾，慈母之养赤子，不惰以失节，不急以助长，滋以膏液。时其渴饥，去螟螣之害，适寒暖之宜，然后畅茂秀发，光明硕大，千仓万箱，五常百行，以享终岁之饱，而为克家之子焉。养民亦犹是也。水、火、金、木、土、谷，以遂，其日用之急；正德、利用、厚生，以安其天与之性。先富后教，不失其序，发扬感兴，不失其和。进勤劳，而黜怠惰；勉辛勤，而去康乐，此"戒之用休"也。宅不毛者，有里布；田不耕者，出屋粟。咒觎以辱之，挞罚以耻之，"董之用威"也。

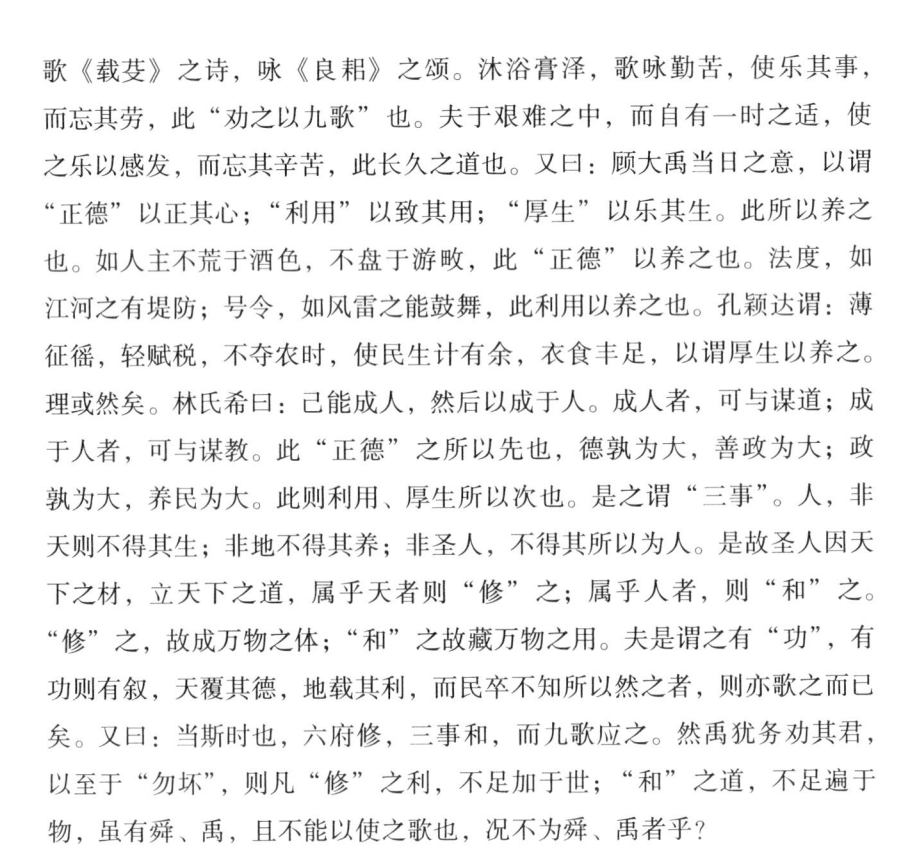

歌《载芟》之诗，咏《良耜》之颂。沐浴膏泽，歌咏勤苦，使乐其事，而忘其劳，此"劝之以九歌"也。夫于艰难之中，而自有一时之适，使之乐以感发，而忘其辛苦，此长久之道也。又曰：顾大禹当日之意，以谓"正德"以正其心；"利用"以致其用；"厚生"以乐其生。此所以养之也。如人主不荒于酒色，不盘于游畋，此"正德"以养之也。法度，如江河之有堤防；号令，如风雷之能鼓舞，此利用以养之也。孔颖达谓：薄征徭，轻赋税，不夺农时，使民生计有余，衣食丰足，以谓厚生以养之。理或然矣。林氏希曰：己能成人，然后以成于人。成人者，可与谋道；成于人者，可与谋教。此"正德"之所以先也，德孰为大，善政为大；政孰为大，养民为大。此则利用、厚生所以次也。是之谓"三事"。人，非天则不得其生；非地不得其养；非圣人，不得其所以为人。是故圣人因天下之材，立天下之道，属乎天者则"修"；属乎人者，则"和"之。"修"之，故成万物之体；"和"之故藏万物之用。夫是谓之有"功"，有功则有叙，天覆其德，地载其利，而民卒不知所以然者，则亦歌之而已矣。又曰：当斯时也，六府修，三事和，而九歌应之。然禹犹务劝其君，以至于"勿坏"，则凡"修"之利，不足加于世；"和"之道，不足遍于物，虽有舜、禹，且不能以使之歌也，况不为舜、禹者乎？

11.《尚书详解》卷三

（宋）陈经撰

禹曰：於！帝念哉。德惟善政，政在养民。水、火、金、木、土、谷惟修；正德、利用、厚生惟和。九功惟叙，九叙惟歌。戒之用休，董之用威，劝之以九歌，俾勿坏。

此一章亦与前一章，相为表里。前一章，乃德之见于治身；后一章，乃德之见于养民，故禹之戒，舜先叹而后戒，谓帝念之，而不可忘也。养民之功，虽已成，使帝于此，斯须而不念，则已成者复亏矣。所谓"德"者，何自而见之？惟于善政可以见之也。此二句，惟以养民为主，指其德之实用言之。下云"六府"、"三事"者，皆言养民也。天生五材，民并用之。《洪范》谓之"五行"，此谓之"六府"者。《洪范》以"土爰稼穑"合而言之。《大禹谟》以"养民"为主，故土、谷分言之。谓之

"府"者,以其财货之所聚也。"惟修",则六者贵得其叙而不乱。"正德"者,正民之德,如身正于上,民化于下,此正德也。"利用"者,利民之用,如佃渔取离,宫室取大壮之类也。"厚生"者,厚民之生,如轻徭薄赋,厚而不困是也。谓之"三事",是则斯民有所事乎此也。"惟和",则三者得其平,而不乖。"六府"以养民之身;"三事",以养民之心。合之而为"九功",则九者得其叙矣。谓之"九叙",九功之德皆可叙也;谓之"九歌",九功之德皆可歌也。可叙可歌,则无之不成矣。虽然,当功之未成也,人犹知所以艰难勤苦,以要其成。及其既成也,则乐于放肆,而不复有艰难勤苦之意。此人之情也。故圣人于此,又为"戒之"、"董之"、"劝之"之术焉。"休"者,美也,福也。"戒"之意若曰:民生在勤,勤则不匮。九者之功,无时而忘,则身安而室家长享其乐,此"戒之用休"也。"威"者,福也,以其可畏也。"董"之意若曰:生于忧患,而死于逸乐。忧勤,则有生之理;安乐,则有死之道。使九者之功,一时而或忘,则饥寒日至,放辟邪侈,日陷于罪。此"董之用威"也。"戒之",使之心有所慕;"董之",使之心有所畏。然畏慕,有时而忘,又不若使之心有所乐。乐,则无时而忘也,故劝勉之以九功之歌,使之手舞足蹈,感发其善心,荡涤其邪虑,及善心油然而生,则所谓九歌者,有得于中。心之诚然,则非有勉强矫拂之意。凡此三者,皆所以使其功之勿坏而已。自"德为善政"而下,至于"九叙惟歌",此养民之政,必欲其备也。自"戒之用休"而下,至于"俾勿坏",此防民之具,尤欲其详也。圣人之养民也,于"六府"、"三事"之外,又有以维持保全之。若此,则斯民之得所养,又安知圣人之力哉?"劝之以九歌",观《豳风·七月》之诗可见。

12.《融堂书解》卷二

(宋)钱时撰

禹曰:於!帝念哉,德惟善政,政在养民。水、火、金、木、土、谷惟修;正德、利用、厚生惟和。九功惟叙,九叙惟歌。戒之用休,董之用威,劝之以九歌,俾勿坏。

观于"政在养民"一语,而知当日为治之本也。《大禹谟》一篇,君臣告戒，可谓至矣。而上下之所以为治者，不外乎"养民"也。能养民，而后可谓之"善政"。此惟禹八年于外，亲知民间之疾苦者，始克举以相告也。水、火、金、木、土、谷，皆民生，所不可阙者，修之，只在君上。当日"庶绩咸熙"，如平水土之官，播谷之官，共工之官，皆见于书，当必有司。火司金，如所谓火工、金工者。五官分司其职，而归重于谷，以重民本，才可谓之"惟修"。正德、利用、厚生，皆行治之事也。观"惟和"二字，分明有从容不迫意思，即是行所无事也。九功之叙，则又有条理整齐处，不是一味宽和。此三项互相呼应。极有次第，缺一不可。此禹从阅历过来发明，为政之要。

13.《尚书要义》卷三

（宋）魏了翁撰

（归善斋按：未引）

14.《书集传或问》卷上

（宋）陈大猷撰

（归善斋按：未解）

15.《尚书详解》卷二

（宋）胡士行撰

禹曰：於（叹美辞）！帝念哉（前言保功，而推其原于君心也），德惟善政（莫非政也，以德乃善），政在养民（在者不可他求也）。水、火、金、木、土、谷（天地间常用之物）惟修（裁成六者，使遂其性，为利而不为害）；正德（正民之德，谨庠序之教也）、利用（宣道流通，使士、农、工、商各安业）、厚生（五亩宅，百亩田，以培养民生）惟和（三者施之天下，无有差戾）。九功（惟修之六府，财用之所自出；惟和之三事，人事所当为，九者皆有成功）惟叙（各得其叙，而不失其和），九叙惟歌（民被其泽，而歌咏之）。戒（儆民）之用（以）休（赏言能保功之美），董（督）之用威（罚言不能保功之祸）。劝（感发）之以九歌（因其出于人心者，还以劝之，使之自不能已），俾（使）勿坏（败）。

此因益"儆戒无虞"之意,而启帝念,以保九功也。以德为政,而养民修和,叙而歌矣,方"戒"、"董"、"劝"之使其成者勿坏焉。"俾"者,圣人裁成辅相,以赞消息盈虚之理,一念之无穷也。吕云:正德以正其心;利用、厚生以养其生。养其生,亦所以正其心。所谓日用饮食,遍为尔德也。"戒"、"董",以刑赏示之,在外之事也;"九歌",以声音养之,在内之事也。一说"六府"以养民之心,教之也。一说帝以"念哉"叙九功。

16.《书纂言》卷一

(元)吴澄撰

(归善斋按:缺)

17.《书集传纂疏》卷一

(元)陈栎撰

禹曰:於!帝念哉。德惟善政,政在养民。水、火、金、木、土、谷惟修;正德、利用、厚生惟和。九功惟叙,九叙惟歌。戒之用休,董之用威,劝之以九歌,俾勿坏。

纂疏:

《语录》:水,如堤防灌溉;金,如五兵田器;火,如出纳火、禁焚莱;木,如斧斤以时之类,皆"惟修"之义。古人设官,掌此六府,盖为民惜此物,不使妄用。问戒、董、劝九歌。曰:正是"匡之、直之、辅之、翼之"之意。"九歌",只是"九功"之叙可"歌",想那时,田野自有此歌,今不可得见。"九功惟叙",止"劝以九歌",此便是作韶乐之本。韶乐只是和而已。"功"以"九叙",故"韶"以"九成",所谓九德之歌,九韶之舞也。

唐孔氏曰:此言五行与《洪范》之次不同。《洪范》以生数为次,此以相克为次。

陈氏曰:五行相克,正《洛书》之序,此亦禹,则《洛书》之一端也。

王氏曰:政莫要于养民,六府养民之具也。"正德"所以养其心;

"利用"、"厚生",所以养其身。沟浍之导,潴之蓄,井之汲,水之修也;钻燧有变,焚莱有禁,火之修也;产于地,取之有时,镕范而成之,金之修也;植于山林,斩之有时,抡材而取之,木之修也;辨肥瘠,相高下,以植万物,土之修也;播种有宜,耨获有节,谷之修也。水以制火。火以炼金。金以治木。木以垦土。土以生谷,此六府之序。无恒产,则无恒心。"六府"修,然后可以正民德,先富而后教也,以"正德"为先"三事"之序也。织纴而衣,耒耜而耕,釜甑而爨,资"六府"以"利用"也。老有奉,幼有长,鳏寡废疾皆有养,资"六府"以"厚生"也。"六府"出于天地,而"修"之在人。"三事"行于天下而"和"之在人。

吕氏曰:"正德"以"利用、厚生",所谓日用饮食,遍为尔德也。德不正,虽有粟,吾得而食诸?

张氏九成曰:戒"用休",若《周礼》大比兴贤,能"明其有功者,属其治地者"之类;董"用威",如《周礼》"宅不毛者有里布","田不耕者出屋粟"与"乡八刑纠万民"之类。

陈氏经曰:人情始勤终怠,安能保其不坏,故戒以休,使知勤者有休美,则心有所慕;董以威,使知怠者有刑威,则心有所畏。然畏慕有时而忘,不若使心有所乐,乐则无时而忘,故"劝以九歌",感动于自然,非有勉强矫拂。将乐事劝功,而忘其劳,斯可使"九功"永久不坏也。

吴氏曰:"劝以九歌",如《周礼》州正趋其稼事,里宰趋其耕耨,籥章吹《豳雅》、《豳颂》,与夫为春酒,杀羔羊,及百日之蜡,一日之泽,乃古遗制之犹存者。

吕氏曰:"俾"字宜详味。消息盈虚者,天理之常;辅相财成者,君道之大。九功既叙,盛也。戒、董、劝,俾勿至于坏,使之盛而不衰也。"俾"云者,财成辅相,以赞消息盈虚,圣人无穷之心也。

18.《读书丛说》卷三

(元)许谦撰

(归善斋按:未解)

19.《书传辑录纂注》卷一

（元）董鼎撰

禹曰：於！帝念哉，德惟善政，政在养民。水、火、金、木、土、谷惟修，正德、利用、厚生惟和。九功惟叙，九叙惟歌。戒之用休，董之用威，劝之以九歌，俾勿坏。

辑录：

问"水、火、金、木、土谷惟修，正德、利用、厚生惟和"，"正德"是正民之德否？曰：固是。水如堤防灌溉，金如五兵田器，火如出火纳火、禁焚莱之类，木如斧斤以时之类。良久云，古人设官掌此"六府"，盖为民惜此物，不使之妄用。非如今世之民，用财无节也。"戒之用休"，言戒谕以休美之事。"劝之以九歌"，感动之意，但不知所谓"九歌"者如何？《周官》有"九德之歌"，大抵禹只说纲目，其详不可考矣。人杰。问"戒之用休，董之用威，劝之以九歌"，林氏谓自戒、自董、自劝，未知此说如何？先生曰：九歌今亡，其辞不可稽考，以理观之，恐是君臣相戒，如赓歌之类。答潘子善。"韶"与"武"，今皆不可考，但《书》所谓"正德"，止"九歌"，此便是作韶乐之本。看得此歌，本是下之人作歌，不知当时如何取之以为乐，却以此劝下之人。又曰：韶乐只是和而已。南升。功以九叙，故乐以"九成"，所谓"九德"之歌，"九韶"之舞也。刘潜夫问"戒之用休，董之用威"，并"九歌"。曰：正是"匡之、直之、辅之、翼之"之意。"九歌"，只是九功之叙可歌。想那时田野自有此歌今不可得见。贺孙。

纂注：

唐孔氏曰：此言五行与《洪范》之次不同。《洪范》以生数为次，此以相克为次。

新安陈氏曰：五行相克，正《洛书》之序，此亦禹则《洛书》之一端。

王氏炎曰：政之大要，莫切于"养民"。"六府"，"养民"之具也。"正德"，所以养其心；"利用、厚生"，所以养其身。沟会之导，潴之蓄，井之汲，水之修也。钻燧有变，焚莱有禁，火之修也；产于地，取之有时，镕范而成之，金之修也；植于山林，斩之有时，抡材而取之，木之修也。辨肥瘠，相高下，以植百物，土之修也；播种有宜，耨获有节，谷之修也。水以制火，火以炼金，金以冶木，木以垦土，土以生谷，此六府之序。无恒产则无恒心。"六府"修，然后可以正民德，先富而后教。以"正德"为先，"三事"之序也。织纴而衣，耒耜而耕，金甑而爨，资"六府"以"利用"也。老有奉，幼有长，鳏寡废疾皆有养，资"六府"以"厚生"也。"六府"出于天地，而修之在人。"三事"行于天下，而"和"之在人。

息斋余氏曰："六府"，当以五材言。《洪范》所谓"润下作咸"，等皆言材耳。今曰：水克火，火克金，金克木，木克土，而生五谷，似全以五气言矣。

苏氏曰："利用、厚生"，先言"正德"者，德不正，惟有粟，吾得而食诸？

张氏曰："戒用休"，若《周官》大比兴贤，能"明其有功者，属其治地者"之类。"董用威"，如《周官》"宅不毛者有里布，田不耕者出谷粟"，与"乡八刑纠万民"之类是也。

夏氏曰：人情始勤终怠，或忽而不念，安保其不坏，故戒以休，使知勤于此者，有无穷之美；董以威，使知怠于此者，有可畏之刑；又"劝以九歌"，使歌咏其事，乐而忘劳。如是，则民将终身惟"六府"、"三事"是赖，共起而修之，则"养民"之政，岂有坏耶？

吴氏曰："劝以九歌"者，民已乐之，又因其情被之弦歌，以助其乐事赴功。《周官》县正趋其稼事，里宰趋其耕耨，籥章吹《豳雅》、《豳颂》，与夫为春酒，杀羔羊，及百日之蜡，一日之泽，古之遗制犹有存者。

吕氏曰："俾"字，宜详味。消息盈虚者，天理之常；辅相财成者，君道之大。天下之理，盛必有衰，成必有坏。今九功既叙，盛也。圣人所以"戒"之、"董"之、"劝"之，无非使之勿至于坏。"俾"之者，盖圣人财成辅相，以赞消息盈虚之理，使之盛而不衰，成而不坏也。圣人无穷之心可见矣。

20.《尚书句解》卷二

（元）朱祖义撰

禹曰：於（禹于是叹美而言。於，音乌）！帝念哉（舜其念于心而不忘者无他）！德惟善政（以德为政，斯为善政），政在养民（所谓善政，惟在养民）。

21.《尚书日记》卷三

（明）王樵撰

（归善斋按：见"儆戒无虞"）

22.《日讲书经解义》卷二

（清）库勒纳等撰

禹曰：於！帝念哉。德惟善政，政在养民。水、火、金、木、土、谷惟修，正德、利用、厚生惟和。九功惟叙，九叙惟歌。戒之用休，董之用威。劝之以九歌，俾勿坏。

此一节书，大禹因伯益陈"儆戒"之言，遂叹美之而告帝舜也。於，叹美词；叙，顺也；戒，晓喻也；休，休美也；董，督责之意。禹曰：呜呼！美哉，伯益所陈"儆戒无虞"之言，帝当常常思念，而不可忽哉。盖为人君者，贵乎有德。然德非徒存诸心而已，当见之行事，使政无不善，乃为实德。而所谓政者，又在为百姓兴利造福，使民无不安，乃为善政。养民之政何如？水、火、金、木、土、谷，此六者，天地自然之利，民生日用，不可缺者，必须一一整理，或泄其太过，或补其不足，使六者无有不修。六者既修，于是教之明伦理，修礼义，以正其德；教之作什器，通货财，以利其用；又教之勤生业，节用度，以厚其生。将此三者一一区画，各得其宜，各当其理，使无不和合。此六者与三者。总谓之"九功"，既能"修"、"和"，则养民之政，各有成功。一顺其当然之理，而不至错乱矣。"九功"既叙，则民皆利其利，而乐其乐，莫不形之于歌咏之间矣。然始勤终怠，人之常情。已成之功，能保其久而不废乎？是故，百姓有勤于"九功"者当以善言戒励，使知所勉；有怠于"九功"者，当以刑罚督责，使知所畏。而又恐其出于勉强，或不能久也，复劝之以"九歌"即取百姓前日歌咏之言，协之律吕，播之声音，用之乡人，用之邦国，以感动之，使百姓欢欣趋事，鼓舞不倦，则修者常修，和者常和。前日之成功，得以永久不坏，而养民之政，曲成而不遗矣。此皆保治之道。帝之所当深念者也。夫养民之政，至于"惟叙"、"惟歌"，即伯益所谓"无虞"也。而必保其治于"勿坏"，即伯益所谓"儆戒"也。禹益之言，其互相发明如此。

《书义断法》卷一

（元）陈悦道撰

帝念哉！德惟善政，政在养民。水、火、金、木、土、谷惟修；正德、利用、厚生惟和。

德非徒善，在乎有以善其政；政非徒法，在乎有以养其民。至其所谓养民者，又不特养其身，而且有以养其心也。圣人之于民，政教具举，而治定功成，不至其极不止。此其心术念虑，何可一日忘天下，而伯益儆戒之言，又何可不深虑而勉图之哉。

《尚书考异》卷二

（明）梅鷟撰

禹曰：於！帝念哉，德惟善政，政在养民。水、火、金、木、土、谷惟修；正德、利用、厚生惟和。九功惟叙，九叙惟歌。戒之用休，董之用威。劝之以九歌，俾勿坏。

此一节，全宗《左传》。文六年郤文公曰"命在养民"。七年郤缺言于宣子引《夏书》止曰"戒之用休。董之用威，劝之以九歌，勿使坏"，而无上文一段，但其下释之曰"九功之德皆可歌也"，谓之九歌。六府、三事谓之"九功"。水、火、金、木、土、谷谓之"六府"。正德、利用、厚生谓之"三事"。今修饰其文于上如此。"惟修"，"修"字见《禹贡》。

今按此章，果有如上文数语，则郤缺决不训释于下。观郤缺训释于下，则上文决无此长语。王耕野云："戒"之一句，诱之以赏也；董之一句，惧之以刑也。"劝之以九歌"，和之以乐也。三者并用，所以能使治功久而不坏也。襄二十八年晏子曰："夫民生厚而用利。于是乎正德以幅之"。

《尚书七篇解义》卷一

（清）李光地撰

禹曰：於！帝念哉，德惟善政，政在养民。水、火、金、木、土、谷惟修；正德、利用、厚生惟和。九功惟叙，九叙惟歌。戒之用休，董之用威。劝之以九歌，俾勿坏。帝曰：俞！地平天成，六府三事允治，万世永赖，时乃功。

此又禹与帝他日之言也。德必有见于善政，政则莫大于养民。"六府"以为经，"三事"以为纬，皆所谓"养民"之政，是"九功"也。以德行政，则政理，而"九功惟叙"矣。以政养民，则民悦而"九叙惟歌"矣。至于此尤当"戒之"、"董之"。而终以"劝之"。"戒"者，晓之于先；"董"者匡之于继；"劝"者，卒乃使之欢欣鼓舞，而入于善也。盖行政以德为本，及乎政之行于民也，亦将使民遍德而已。故"六府"统于"三事"，而"三事"先乎"正德"。民非攸好德，而能受五福者，未之有也。前曰"九叙惟歌"，民之所以为风也；后曰"劝之以九歌"，上之所以为化也。二者相须，而大乐作矣。帝然禹言，而归功焉，美其成而相与勉，为万世之事业也。

水、火、金、木、土、谷惟修

1.《尚书注疏》卷三

（汉）孔氏传，（唐）陆德明音义，孔颖达疏

水、火、金、木、土、谷惟修。

传：言养民之本，在先修六府。

疏：养民者，使水、火、金、木、土、谷，此六事，惟当修治之。

下文，帝言六府，即此经六物也。六者，民之所资，民非此不生。故言，养民之本，在先修六府也。府者，藏财之处。六者，货财所聚，故称

169

六府。襄二十七年《左传》云"天生五材，民并用之"，即是水、火、金、木、土。民用此自资也。彼惟五材，此兼以谷，为六府者，谷之于民尤急。谷是土之所生，故于土下言之也。此言五行，与《洪范》之次不同者，《洪范》以生数为次；此以相尅为次，便文耳。六府，是民之急。先有六府，乃可施教，故先言六府，后言三事也。

《尚书注疏》卷三《考证》：
水、火、金、木、土、谷惟修，疏此以相尅为次。
王炎曰：水以制火，火以炼金，金以治木，木以垦土，土以生谷。此六府之序也。

2.《书传》卷三

（宋）苏轼撰

（归善斋按：见上句）

3.《尚书全解》卷四

（宋）林之奇撰

（归善斋按：见"帝念哉"）

4.《尚书讲义》卷三

（宋）史浩撰

（归善斋按：见"帝念哉"）

5.《尚书详解》卷三

（宋）夏僎撰

（归善斋按：见"帝念哉"）

6.《增修东莱书说》卷三

（宋）吕祖谦撰，时澜增修

（归善斋按：见"帝念哉"）

7.《尚书说》卷一

（宋）黄度撰

（归善斋按：见"惠迪吉"）

8.《洁斋家塾书钞》卷二

（宋）袁燮撰

（归善斋按：见"帝念哉"）

9.《书经集传》卷一

（宋）蔡沈撰

（归善斋按：见"帝念哉"）

10.《尚书精义》卷五

（宋）黄伦撰

（归善斋按：见"帝念哉"）

11.《尚书详解》卷三

（宋）陈经撰

（归善斋按：见"帝念哉"）

12.《融堂书解》卷二

（宋）钱时撰

（归善斋按：见"帝念哉"）

13.《尚书要义》卷三

（宋）魏了翁撰

二、《洪范》五行，以生为次，此以相尅，便文。

言养民之本，在先修六府也。府者，藏财之处。六者，货财所聚，故称六府。襄二十七年《左传》云"天生五财，民并用之"，即是水、火、金、木、土，民用此自资也。彼惟五财，此兼以谷，为六府者，谷之于民尤急。谷是土之所生，故于土下言之也。此言五行，与《洪范》之次不同者，《洪范》以生数为次，此以相剋为次，便文耳。六府是民之急，先有六府，乃可施教，故先言六府，后言三事也。

14.《书集传或问》卷上

（宋）陈大猷撰

（归善斋按：未解）

15.《尚书详解》卷二

（宋）胡士行撰

（归善斋按：见"帝念哉"）

16.《书纂言》卷一

（元）吴澄撰

（归善斋按：缺）

17.《书集传纂疏》卷一

（元）陈栎撰

（归善斋按：见"帝念哉"）

18.《读书丛说》卷三

（元）许谦撰

（归善斋按：未解）

19.《书传辑录纂注》卷一

（元）董鼎撰

（归善斋按：见"帝念哉"）

20. 《尚书句解》卷二

（元）朱祖义撰

水、火、金、木、土、谷惟修（六者，所以养民之身也。疏凿钻灼，使水火适其用；冶铸矫揉，使金木成其材，垦辟播种，使土谷全其利，而"六府"无不修矣）。

21. 《尚书日记》卷三

（明）王樵撰

（归善斋按：见"儆戒无虞"）

22. 《日讲书经解义》卷二

（清）库勒纳等撰

（归善斋按：见"儆戒无虞"）

《书蔡氏传旁通》卷一下

（元）陈师凯撰

水、火、金、木、土、谷惟修者，水克火，火克金，金克木，木克土而生五谷，或相制以泄其过，或相助以补其不足，而六者无不修矣。

水克火以烹饪，火克金以锻冶，金克木以成器。此相制以泄其过者也。斲木为耜，揉木为耒，耒耨之利以教天下，此木克土而生五谷，相助以补其不足者也，虽然，此以人事言之也。五行之用，质生于地而气行于天。圣人因五材而修之，其功可见也。所以燮调元气，财成辅相，而致其参赞化育之功者，则不可得而见也。然"政在养民"，而又谓之"六府"，则是当以在人者论，不以在天者论。

《书义断法》卷一

（元）陈悦道撰

（归善斋按：见"帝念哉"）

《尚书考异》卷二

（明）梅鷟撰

（归善斋按：见"帝念哉"）

《尚书埤传》卷三

（清）朱鹤龄撰

水、火、金、木、土、谷惟修，九叙惟歌（至）九歌。

孙奕《示儿编》"五行一也"。《大禹谟》所序与《洪范》不同，何也？曰：圣经之言，各有攸主。《禹谟》所主者，养民之政，故以五行之相克言之，克下为财故也。《洪范》之所主者，自然之数，故以五行之生数言之，举生数，则成数可知矣。

邹季友曰：经以五行并谷，为六府，则五行当指物而言，不当言气也。孔疏云，府者，藏财之处。六物者，民之所资也。立言之序，与《洪范》异者，便文耳。意亦谓六物，皆民所用，无所重轻，不专取相克之义。蔡传云，五行相克而生谷，似主重谷之意。然四序顺布，百谷用成，岂必五气相克，而后生谷哉？余氏（芭舒）亦云，六府当以五材言。《洪范》"润下作咸"等皆言材耳。按蔡传，既言相克，下文又云相助者，假如火盛则金衰，若水泻火之势，则金得补矣。余仿此。（附考）蔡传"什器"，按《史记索隐》"什器，什数"也。盖人家常用之器非一，故以什为数，犹今云"什物"也。

孔疏：晋郤缺引此经言，九功之德，皆可歌也，谓之九歌。如水能灌溉，火能烹饪，金能断割，木能兴作，土能生殖，谷能养育，见之谣咏，各述其功，犹汉魏以来乐府歌词。《礼记》疏：歌出于人，而还感人，如雨出于山而还雨山；火出于木，而还燔木。朱子曰：九歌今亡其词，不可稽考。以理观之，恐是君臣相戒如赓歌之类。

王应麟曰：《书大传》，帝十有六载，庙歌《大化》、《大训》、《六府》、《九原》，而夏道兴。注云，四章皆歌禹之功。所谓"九叙惟歌"，九德之歌于此，犹可考。金履祥曰：九功之歌，旧矣。禹言于帝，比音而乐之，以劝于民，使之不倦。至是而歌之于庙也。其后，禹有天下，盖尝用之。后世守之，以为禹乐，《离骚》所谓"启九辨与九歌"是也。《周礼》"九德之歌，九韶之舞"，以享人鬼，盖兼用虞夏之乐。而说者，以九歌为韶乐，误矣（朱子曰："九歌"，禹乐也，所谓"九德之歌"也。"九韶"，舜乐也，所谓"九韶之舞"也。瞽矇掌"九德之歌"，比于"六诗"，意其词详矣。惜后世不传）。张氏曰：戒用休，如《周官》"大比兴贤"，"能明其有功者，属其治地者"之类。董用威，如《周官》"宅不毛者有里布"、"田不耕者出谷粟"与"乡八刑纠万民"之类。"劝以九歌"，如《周官》"州正趋其家事，里宰趋其耕耨，籥章吹《豳雅》、《豳颂》"之类。

《尚书七篇解义》卷一

（清）李光地撰

（归善斋按：见"帝念哉"）

正德、利用、厚生惟和

1.《尚书注疏》卷三

（汉）孔氏传，（唐）陆德明音义，孔颖达疏

正德、利用、厚生惟和。

传：正德以率下，利用以阜财，厚生以养民。三者和，所谓善政。

（疏）：正身之德，利民之用，厚民之生，此三事，惟当谐和之。

正德者，自正其德。居上位者，正己以治民，故所以率下人。利用者，谓在上节俭，不为糜费，以利而用，使财物殷阜，利民之用，为民兴利除害，使不匮乏，故所以阜财。阜财谓财丰大也。厚生，谓薄征徭，轻赋税，不夺农时，令民生计温厚，衣食丰足。故所以养民也。三者和，谓德行正，财用利，生资厚。立君所以养民，人君若能如此，则为君之道备矣。故谓善政，结上"德惟善政"之言。此三者之次。人君自正，乃能正下，故以正德为先，利用然后厚生，故后言厚生。厚生，谓财用足，礼让行也，上六下三，即是六府三事。

《尚书注疏》卷三《考证》：

正德、利用、厚生惟和。传：正德以率下。

臣浩按：传解正德稍差。若说正德以率下，当在修和府事之上，不当与利用厚生并列也。宋儒解以正民之德，方与经义相合。

2.《书传》卷三

（宋）苏轼撰

正德、利用、厚生惟和。

所谓三事也。《春秋传》曰：民生厚，而德正；用利，而事节。正德者，《管子》所谓"仓廪实而知礼节，衣食足而知荣辱也"。利用，利器用也。厚生，时使薄敛也，使民之赖其生也者厚也。民薄其生，则不难犯上矣。利用、厚生，而后民德正。先言正德者，德不正，虽有粟，吾得而食诸？

3.《尚书全解》卷四

（宋）林之奇撰

（归善斋按：见"帝念哉"）

4.《尚书讲义》卷三

（宋）史浩撰

（归善斋按：见"帝念哉"）

5.《尚书详解》卷三

（宋）夏僎撰

（归善斋按：见"帝念哉"）

6.《增修东莱书说》卷三

（宋）吕祖谦撰，时澜增修

（归善斋按：见"帝念哉"）

7.《尚书说》卷一

（宋）黄度撰

（归善斋按：见"惠迪吉"）

8.《洁斋家塾书钞》卷二

（宋）袁燮撰

（归善斋按：见"帝念哉"）

9.《书经集传》卷一

（宋）蔡沈撰

（归善斋按：见"帝念哉"）

10.《尚书精义》卷五

（宋）黄伦撰

（归善斋按：见"帝念哉"）

11.《尚书详解》卷三

（宋）陈经撰

（归善斋按：见"帝念哉"）

12.《融堂书解》卷二

（宋）钱时撰

（归善斋按：见"帝念哉"）

13.《尚书要义》卷三

（宋）魏了翁撰

（归善斋按：未引）

14.《书集传或问》卷上

（宋）陈大猷撰

（归善斋按：未解）

15.《尚书详解》卷二

（宋）胡士行撰

（归善斋按：见"帝念哉"）

16.《书纂言》卷一

（元）吴澄撰

（归善斋按：缺）

17.《书集传纂疏》卷一

（元）陈栎撰

（归善斋按：见"帝念哉"）

18.《读书丛说》卷三

（元）许谦撰

（归善斋按：未解）

20.《尚书句解》卷二

（元）朱祖义撰

正德、利用、厚生惟和（三者，所以养民之心也。正民之德，使无偏而无党；利民之用，使求得而欲从；厚民之生，使家给而人足，而"三事"无不和矣）。

21.《尚书日记》卷三

（明）王樵撰

（归善斋按：见"儆戒无虞"）

22. 《日讲书经解义》卷二

（清）库勒纳等撰

（归善斋按：见"儆戒无虞"）

《书蔡氏传旁通》卷一下

（元）陈师凯撰

正德者，父慈、子孝、兄友、弟恭、夫义、妇听，所以正民之德也。又云，为之惇典敷教，以正其德。

惇典，惇五典也；敷教，敷五教也。上云父子、兄弟、夫妇，是五典五教中切于民者也，其实并五典尽教之，三者举其近耳。

《书义断法》卷一

（元）陈悦道撰

（归善斋按：见"帝念哉"）

《尚书考异》卷二

（明）梅鷟撰

（归善斋按：见"帝念哉"）

《尚书七篇解义》卷一

（清）李光地撰

（归善斋按：见"帝念哉"）

九功惟叙，九叙惟歌

1. 《尚书注疏》卷三

（汉）孔氏传，（唐）陆德明音义，孔颖达疏

九功惟叙，九叙惟歌。

传：言六府三事之功有次叙，皆可歌乐，乃德政之致。

音义：乐，音洛。

疏：修和六府三事，九者皆就，有功。九功，惟使皆有次叙；九事次叙，惟使皆可歌乐。此乃德之所致。

此总云九功，知六府三事之功，为九功。惟叙者，即上惟修、惟和为次叙。事皆有叙，民必歌乐君德，故九叙皆可歌乐，乃人君德政之致也，言下民必有歌乐，乃为善政之验。所谓和乐兴，而颂声作也。

2.《书传》卷三

（宋）苏轼撰

九功惟叙，九叙惟歌。戒之用休，董之用威，劝之以九歌，俾勿坏。

先事而语曰"戒"、"休"，恩也。董，督也。太史公曰：沐浴膏泽，而歌咏勤苦。古之治民者，于其勤苦之事，则歌之，使忘其劳。九功之歌，意其若《豳诗》也欤？

3.《尚书全解》卷四

（宋）林之奇撰

（归善斋按：见"帝念哉"）

4.《尚书讲义》卷三

（宋）史浩撰

（归善斋按：见"帝念哉"）

5.《尚书详解》卷三

（宋）夏僎撰

（归善斋按：见"帝念哉"）

6.《增修东莱书说》卷三

（宋）吕祖谦撰，时澜增修

（归善斋按：见"帝念哉"）

7.《尚书说》卷一

（宋）黄度撰

（归善斋按：见"惠迪吉"）

8.《洁斋家塾书钞》卷二

（宋）袁燮撰

（归善斋按：见"帝念哉"）

9.《书经集传》卷一

（宋）蔡沈撰

（归善斋按：见"帝念哉"）

10.《尚书精义》卷五

（宋）黄伦撰

（归善斋按：见"帝念哉"）

11.《尚书详解》卷三

（宋）陈经撰

（归善斋按：见"帝念哉"）

12.《融堂书解》卷二

（宋）钱时撰

（归善斋按：见"帝念哉"）

13.《尚书要义》卷三

（宋）魏了翁撰

（归善斋按：未引）

14.《书集传或问》卷上

(宋)陈大猷撰

(归善斋按:未解)

15.《尚书详解》卷二

(宋)胡士行撰

(归善斋按:见"帝念哉")

16.《书纂言》卷一

(元)吴澄撰

(归善斋按:缺)

17.《书集传纂疏》卷一

(元)陈栎撰

(归善斋按:见"帝念哉")

18.《读书丛说》卷三

(元)许谦撰

(归善斋按:未解)

19.《书传辑录纂注》卷一

(元)董鼎撰

(归善斋按:见"帝念哉")

九功惟叙(合之为"九功","修"、"和"而得其"叙"),九叙惟歌(九者得其叙,则民皆颂而歌舞之)。

21.《尚书日记》卷三

(明)王樵撰

(归善斋按:见"儆戒无虞")

22. 《日讲书经解义》卷二

（清）库勒纳等撰

（归善斋按：见"儆戒无虞"）

《书蔡氏传旁通》卷一下

（元）陈师凯撰

九者既已修和，各由其理，民享其利，莫不歌咏而乐其生也。

《朱子语录》云：九歌便是作韶乐之本。看得此歌，本是在下之人作歌，不知当时如何取之以为乐。又曰：九歌只是九功之叙可歌，想那时田野，自有此歌。今不可得见。

《周礼》所谓"九德之歌，九韶之舞"。

《大司乐》云"九德之歌，九磬之舞"注引《左氏》云，九功之德皆可歌也，谓之九歌。九磬读为大韶。

太史公所谓"佚能思初，安能惟始，沐浴膏泽，而歌咏勤苦"者也。

《史记·乐书》云：君子不为，约则修德，满则弃礼，佚能思初，安能惟始？沐浴膏泽而歌咏勤苦，非大德，谁能如斯。

《书义断法》卷一

（元）陈悦道撰

九功惟叙，九叙惟歌。戒之用休，董之用威，劝之以九歌。

隆古盛时，于府事顺治之余，思为久远无穷之计。虽其戒喻程督之意不可少废，而其所以感动人心，使之欢欣鼓舞，趋事赴功而不自足，又非徒刑责之严而已也。盖始之"九叙惟歌"者，一本于自然之心；而终之"劝以九歌"者，已播于九成之韶乐，人人愈深则其功愈远，九功之德所以皆可歌者，夫岂后世所及哉？

《尚书考异》卷二

（明）梅鷟撰

（归善斋按：见"帝念哉"）

《尚书疑义》卷一

(明) 马明衡撰

古人歌咏之意极好。后世作事，只是刑驱势迫，民不得已而从之，非有实意，又况能从容不迫，入于其中而不自知哉？古人教人，盖本至诚，恻怛之意，民自然感动而兴起，又皆以人治人。如水、火、金、木、土、谷，正德、利用、厚生。所谓"九功"者只是教人务生业，行善道，皆民之所乐，从其谁不感动而兴起者。迨夫生业既遂，善道皆行，民自然欢忻悦豫，或形诸声音之间，皆以鸣其胸中之所自得，而动乎天机之不容己。如《桃夭》、《兔罝》、《罘苢》之诗，出作入息之咏，所谓咏歌也。是其声音之和，出于道化洋溢之余，则以之而被于管弦，协诸律吕，用之闺门，用之邦国，使民益鼓舞融化，固结而不可解，所以为"于变时雍，四方风动"之治。此古人之歌诗，皆至治之影子，故采之，足以观其俗歌之足以化天下。无至治之实，又安得有诗乎？故孟子曰"诗亡，然后《春秋》作"。诗之亡者，先王道化之息也。夫子之作《春秋》，所以继周也。文公谓黍离变为国风而雅亡，恐亦未得其旨也。

《尚书注考》

(明) 陈泰交撰

"九功惟叙"，训"叙"者言九者，各顺其理，而不汩陈，以乱其常也。"天叙有典"训"叙"者，君臣、父子、兄弟、夫妇、朋友之伦叙也。"各以其叙"，训"叙"者，应节候也。"诞敢纪其叙"，训"叙"，绪。"笃叙乃正父"，训"叙"者，先后之不紊。"乃承叙万年"，训"叙"，教条次第也。

"九叙惟歌"，训"歌"者，以"九功"之叙而咏之歌也。"帝庸作歌"，训"歌"，诗歌也。

《尚书埤传》卷三

(清) 朱鹤龄撰

(归善斋按：见"水、火、金、木、土、谷惟修")

《尚书大传》卷一

（清）孙之騄辑

歌《大化》、《大训》、《六府》、《九原》，而夏道兴。

郑玄曰：四章皆歌禹之功，所谓"九叙惟歌"，九德之歌于此犹可考。

《尚书七篇解义》卷一

（清）李光地撰

（归善斋按：见"帝念哉"）

戒之用休，董之用威，劝之以九歌，俾勿坏

1.《尚书注疏》卷三

（汉）孔氏传，（唐）陆德明音义，孔颖达疏

戒之用休，董之用威，劝之以九歌，俾勿坏。

传：休，美；董，督也，言善政之道，美以戒之，威以督之，歌以劝之。使政勿坏，在此三者而已。

（音义）：俾，必尔反。坏，乎怪反。

（疏）：是德能为善政之道，终当不得怠惰。但人虽为善，或寡令终，故当戒敕之，念用美道，使民慕美道行善。又督察之，用威罚，言其不善当获罪。劝勉之，以九歌之辞。但人君善政，先致九歌成辞，自劝勉也。用此事，使此善政勿有败坏之时。劝帝使长为善也。

休，美，《释诂》文。又云"董，督正也"，是"董"为"督"也。此戒之、董之、劝之，皆谓人臣自戒劝。欲使善政勿坏，在此三事而已。文七年《左传》云：晋郤缺言于赵宣子。引此一经，乃言"九功之德，皆可歌也，谓之九歌。若吾子之德，莫可歌也，其谁来之，盍使睦者歌吾子乎？"言九功之德皆可歌者，若水能灌溉，火能烹饪，金能断割，木能兴作，土能生殖，谷能养育。古之歌咏，各述其功，犹如汉魏以来，乐府之歌事，歌其

功用，是旧有成辞。人君修治六府，以自劝勉，使民歌咏之。三事亦然。

《尚书注疏》卷三《考证》：

劝之以九歌。

苏轼曰：古之治民者，于其勤苦之事，则歌之，使忘其劳。九功之歌，意其若豳诗也欤。朱子曰：九歌，今忘其词，恐是君臣相戒，如赓歌之类，此便是作韶乐之本。臣召南按：舜时韶乐，后夔典之。至其所以作乐之由，则在大禹。此文九歌，即《周官·大司乐》所谓九德之歌，九磬之舞者也。故《史记》曰：禹乃兴九招之乐，致异物，凤凰来翔。又曰：天下皆宗禹之明度数声乐也。

2.《书传》卷三

（宋）苏轼撰

（归善斋按：见上句）

3.《尚书全解》卷四

（宋）林之奇撰

戒之用休，董之用威，劝之以九歌，俾勿坏。

九者皆得其叙，则天休滋至，吾乃寅畏以享之。此戒之用休也。其或不然，则天威将至，而危败祸乱，自此生矣。故督之以威而避也。"劝之以九歌"，谓九功之德既可歌矣，则遂以是九功之歌播之声诗，发扬蹈厉，以自劝。如此则九功之叙，无有败坏之时矣。戒之、董之、劝之，皆是人君自戒、自董、自劝也。古者作乐，歌以象德，舞以明功。舜之为治，自"德惟善政，政在养民"，至于"九功惟叙，九叙惟歌"，则其功德皆已尽其善矣。故其乐象之，而韶乐遂以九为节。《周礼·大司乐》曰：黄钟为宫，大吕为角，大蔟为徵，应钟为羽，路鼓、路鼗，阴竹之管，龙门之琴瑟，九德之歌，九韶之舞，奏之宗庙之中。若乐九变，则人鬼可得而礼矣。盖舜之韶乐，升歌于上者；九德之歌，合乐而舞于庭者。九韶之舞，韶乐之奏，至于"鸟兽率舞，凤凰来仪"者，原其所以致此者，则本于"九功惟叙"。而九功之所由叙者，本夫舜之德施于有政然也。以是观之，则韶乐之舞尽善尽美，岂苟然也。自"德惟善政，政在养民"，至于"劝之以九歌，俾勿坏"，此则箕子所陈《洪范》九畴，而谓之天乃锡禹者。但《洪范》之书箕子衍之而加详焉耳。其实不出乎此数语，学者于此数语而求之《洪范》，思过半矣。

4. 《尚书讲义》卷三

（宋）史浩撰
（归善斋按：见"帝念哉"）

5. 《尚书详解》卷三

（宋）夏僎撰
（归善斋按：见"帝念哉"）

6. 《增修东莱书说》卷三

（宋）吕祖谦撰，时澜增修
（归善斋按：见"帝念哉"）

7. 《尚书说》卷一

（宋）黄度撰
（归善斋按：见"惠迪吉"）

8. 《洁斋家塾书钞》卷二

（宋）袁燮撰
（归善斋按：见"帝念哉"）

9. 《书经集传》卷一

（宋）蔡沈撰
（归善斋按：见"帝念哉"）

10.《尚书精义》卷五

（宋）黄伦撰

（归善斋按：见"帝念哉"）

11.《尚书详解》卷三

（宋）陈经撰

（归善斋按：见"帝念哉"）

12.《融堂书解》卷二

（宋）钱时撰

（归善斋按：未解）

13.《尚书要义》卷三

（宋）魏了翁撰

三、九功之德可歌，犹汉魏后乐府。

文七年《左传》云晋郤缺言于赵宣子，引此一经，乃言"九功之德，皆可歌也。谓之九歌，若吾子之德，莫可歌也，其谁来之，盍使睦者，歌吾子乎？"言九功之德，皆可歌者，若水能灌溉，火能烹饪，金能断割，木能兴作，土能生殖，谷能养育。古之歌咏，各述其功，犹如汉魏以来乐府之歌事，歌其功用，是旧有成辞，人君修治六府，以自劝勉，使民歌咏之，三事亦然。

14.《书集传或问》卷上

（宋）陈大猷撰

（归善斋按：未解）

15.《尚书详解》卷二

（宋）胡士行撰

（归善斋按：见"帝念哉"）

16.《书纂言》卷一

（元）吴澄撰

（归善斋按：缺）

17.《书集传纂疏》卷一

（元）陈栎撰

（归善斋按：见"帝念哉"）

18.《读书丛说》卷三

（元）许谦撰

（归善斋按：未解）

19.《书传辑录纂注》卷一

（元）董鼎撰

（归善斋按：见"帝念哉"）

20.《尚书句解》卷二

（元）朱祖义撰

戒之用休（然后警戒之以休美，使知勤于此者，有无穷之美利），董之用威（董督之以威，使知怠于此者，有可畏之刑威）。劝之以九歌（复以前日九叙之歌勉之，使之歌咏其事，乐而忘劳），俾勿坏（凡此，皆所以使民共起修和九功而勿坏）。

21.《尚书日记》卷三

（明）王樵撰

（归善斋按：见"儆戒无虞"）

22.《日讲书经解义》卷二

（清）库勒纳等撰

（归善斋按：见"儆戒无虞"）

《书义断法》卷一

（元）陈悦道撰

（归善斋按：见"九功惟叙"）

《尚书考异》卷二

（明）梅鷟撰

（归善斋按：见"帝念哉"）

《尚书砭蔡编》

（明）袁仁撰

戒之用休，董之用威。

古注疏云：人虽为善，或寡令终，故当戒敕之念用美道，使民慕美道行善，又督察之用威罚，言其不善当获罪。此训甚正。今若谓，勤于是者戒，怠于是者董，则非矣。岂有勤而反戒者乎？夫戒者，禁惩之词也，今反用"休"，是于禁惩之中，而寓以美善之旨。董者，督率之义也，今反用"威"，是于督率之内而示以严畏之机。此二句原有妙义，况当圣世，勤者必多然，未必其有终。注疏：人虽为善或寡令终，最为得旨。

《尚书注考》

（明）陈泰交撰

"董之用威"、"自我民明威"，训"威"，古文作"畏"。"威侮五行"，训"威"，暴殄之也。"威克厥爱"，训"威"者，严明之谓。"自乱于威仪"，训"威"者，有威可畏。"非讫于威"，训"威"，权势也。

《尚书埤传》卷三

（清）朱鹤龄撰

（归善斋按：见"水、火、金、木、土、谷惟修"）

《书经衷论》卷一

（清）张英撰

尝言：六经皆治世之书，独诗以吟咏性情，美刺贞慝，似于治道为泛。观"教胄子"而始之以典乐，曰"诗言志"。观养民而终之以"九歌"，曰"俾勿坏"，然后知诗之为教极深远也。天地以雨露濡泽万物，日月照临万物，而非得风以动之，则万物不生。圣人之教，兴于诗，成于乐，所以使人鼓舞涵濡，而不自知者，诗之为教也。故周至成康之时，而后雅、颂兴，王泽既湮，颂声不作，诗岂易言者哉？必至于《兔罝》、《苤莒》而后可以言风俗；必至于《鹿鸣》、《扦格束湿之风尽去矣。故曰：言治至于诗教始成矣。秦汉以来维持上下于法天保》而后可以言君臣。《皇华》、《采薇》，君父代言其情。《鱼丽》、《甘瓠》，臣子亦且为客。《蓼萧》、《湛露》，联九土之势于一堂，樽酒之上，盖至此，而制禁令之中，仅仅无失耳。乖心戾气，隐伏于人心，而不能上通天地之和，时时溢为灾祲水旱，背畔盗贼，而无复太和元气者，职是故欤。

古所谓"诗言志"及所谓"九歌"皆必实有其文。惜后世之不传。《卿云》、《喜起》之歌，殆即其遗响欤？厥后见于经者，惟《五子之歌》与"皇极之敷言"，是皆先三百篇而有者也。"克艰"之善归之于帝；"九功"之叙归之于禹；"风动"之化，归之于皋陶。上则以让善于君；下则以让善于臣。此圣人之虚衷无我，所以称温恭也欤。

《尚书七篇解义》卷一

（清）李光地撰

（归善斋按：见"帝念哉"）

帝曰：俞！地平天成，六府三事允治，万世永赖，时乃功

1.《尚书注疏》卷三

（汉）孔氏传，（唐）陆德明音义，孔颖达疏

帝曰：俞！地平天成，六府三事允治，万世永赖，时乃功。

传：水土治，曰平；五行叙，曰成。因禹陈九功，而叹美之言。是汝之功，明众臣不及。

音义：治，直吏反。

疏：帝答禹曰：汝之所言为然。汝治水土，使地平天成，六府三事，信皆治理。万代长所恃赖，是汝之功也。归功于禹，明众臣不及。

《释诂》云"平，成也"，是平、成义同。天地，文异而分之耳。天之不成，由地之不平，故先言地平。本之于地，以及天也。禹平水土，故水土治，曰平。五行之神，佐天治物，系之于天，故五行叙，曰成。《洪范》云：鲧陻洪水，汩陈其五行，彝伦攸斁。禹治洪水，彝伦攸叙，是禹命五行叙也。帝因禹陈九功，而叹美之，指言是汝之功，明众臣不及。

2.《书传》卷三

（宋）苏轼撰

帝曰：俞！地平天成，六府三事允治，万世永赖，时乃功。

水土治曰平，五行叙曰成。赖，利也。乃，汝也。

3.《尚书全解》卷四

（宋）林之奇撰

帝曰：俞！地平天成，六府三事允治，万世永赖，时乃功。

"帝曰俞"，然其言也。"地平天成"者，地既平矣，则天功可得而成也。盖阴阳四时之运，天施之，地成之。洪水横流，泛滥于中国。地不得

以生，天虽施之而生之之功，无自而成。今地既平矣，则天功可得而成也。所以"地平天成"者，由六府、三事之允治也。"水、火、金、木、土、谷惟修"，谓之六府。此六者，天地生物之府也。正德、利用、厚生，谓之三事。此三者，圣人修人事，以赞天地之化育也。六府三事既治，岂一时被其德哉，盖万世永赖禹之功也。禹既言"九功惟叙，九叙惟歌，戒之用休，董之用威，劝之以九歌，俾勿坏"者，谓舜当戒之、董之、劝之，使勿坏也。舜于是称美其功，言汝之功，虽万世亦将赖之。予其可不尽儆戒之意哉。观箕子以此言演为九畴，而其书谓之《洪范》者，大法也，谓万世帝王治天下之大法，举不出于此书。以《洪范》之书观之，则谓大禹之功，"万世永赖，时乃功"者，岂溢美也哉。

4.《尚书讲义》卷三

（宋）史浩撰

（归善斋按：见"帝念哉"）

5.《尚书详解》卷三

（宋）夏僎撰

帝曰：俞！地平天成，六府三事允治，万世永赖，时乃功。

禹前既陈今日六府已修，三事已和，在舜，不可不知念其所以保之之术，故舜乃俞而然之，谓言之当也。既然其言，于是又归功于禹，谓六府三事，所以治者，实禹之功也。夫禹平水土而已。六府三事禹未尝加之意。然乃以为禹功者，盖洪水未平，六府三事虽存，而人孰蒙其利？惟水土既治，则地平矣。地平，则天时之运于上者，人皆可以因之播种敛藏，故六府自此日修，三事自此日和。是六府、三事，禹虽未尝修和之，而实若有功于其间。故舜所以先言"地平天成"，而后继之以"六府三事允治，万世永赖，时乃功"者，盖言今日六府修，三事和，皆由汝治水之后，"地平天成"，故六府三事所以允治，而万世永赖其利，则汝前所陈养民之政，虽保之在我，而其功实原于汝也。且以今日观之，天下之民皆安然无事。饥食，渴饮，曾无忧愁困苦之患，皆禹之功。然则禹之功，安得不为"万世永赖"？虽然，又岂惟万世而已，其曰"万世"云者，姑取其数之多，而言之耳。

6.《增修东莱书说》卷三

(宋)吕祖谦撰，时澜增修

帝曰：俞！地平天成，六府三事允治，万世永赖，时乃功。

"俞"者，舜领禹之言，知其果成也。"地平"者，谓向者洪水之害，高下失宜，不得耕桑。今也，民得以安居而乐业。地既平矣，至于天，则未尝不成。何为乃在地平之后，禹之治水，地平可也，天何赖焉？盖天始万物，非资人辅赞弥缝，则不能以成功。昏垫之害，固有动植飞潜，不得其性者矣。是天未成也。舜原其本而论之，谓天地为之一新，万物各得以自遂，不惟一时赖之，虽历万世之远，不能外。天地以有生外，六府三事以为治，是禹之功，与天地相为终始而无穷也，得不归之"时乃功"欤？

7.《尚书说》卷一

(宋)黄度撰

(归善斋按：见"惠迪吉")

8.《洁斋家塾书钞》卷二

(宋)袁燮撰

(归善斋按：见"帝念哉")

9.《书经集传》卷一

(宋)蔡沈撰

帝曰：俞！地平天成，六府三事允治，万世永赖，时乃功。

治，去声。水土治曰"平"，言水土既平，而万物得以成遂也。六府，即水、火、金、木、土、谷也。六者，财用之所自出，故曰"府"。三事，正德、利用、厚生也。三者，人事之所当为，故曰"事"。舜因禹言养民之政，而推其功以美之也。

10. 《尚书精义》卷五

(宋) 黄伦撰

帝曰：俞！地平天成，六府三事允治，万世永赖，时乃功。

张氏曰："地平"者，水土之平也。"天成"者，四时之成也。原隰至于厎绩，莱夷可以作牧，则地平可知。东作西成，不失其序；南讹朔易，不乖其次，则天成可知。横流之初，天下无适而非水，民之昏垫不得平土而居之，则地未平矣。地未平，则天何自而成哉？此所以先言地平，而后言天成也。

11. 《尚书详解》卷三

(宋) 陈经撰

帝曰：俞！地平天成，六府三事允治，万世永赖，时乃功。

帝舜闻禹之言，深信于心而然之，且归其功于禹。"地平"者，水土得其平也。"天成"者，四时寒暑得其成也。"六府三事允治"者，谓"水、火、金、木、土、谷惟修；正德、利用、厚生惟和"，信乎其治也。然则，禹有平水土之功矣，而及于天时，与"六府三事"者，何哉？盖天所以生长万物，而不得人以裁成辅相之，则无自而成。使水未平，则天之所以生万物者，不远矣？使水未平，则所谓金也，火也，木与土谷也，三事也，皆无所措矣。禹治水其功，至于平成，而六府三事皆治，此所以"万世永赖"之也。随山濬川，而后世无滔天之患；田赋一定，而后世无虐取于民之患。歌之于诗者，谓之"澧水东注，维禹之绩；奕奕梁山，维禹甸之"。见河洛者，犹思其功，谓之"万世永赖"，岂不信然。禹自言其功，而舜复归其功，君臣之间，各言其所当言，不事形迹如此。

12. 《融堂书解》卷二

(宋) 钱时撰

帝曰：俞！地平天成，六府三事允治，万世永赖，时乃功。

帝于是又推原九功之所以得叙，实在"地平天成"之后，而归功于禹。是又言臣之所以"克艰"也。前言"克艰"功用，虽无所不备，犹是言一时事，而此则又言其功用，及于万世。呜呼！尽之矣。

13.《尚书要义》卷三

（宋）魏了翁撰

四、水土治曰"平"五行叙曰"成"，地平故天成。

天之不成，由地之不平，故先言地平。本之于地，以及天也。禹平水土，故水土治曰"平"。五行之神，佐天治物，系之于天，故五行叙，曰"成"。《洪范》云：鲧陻洪水，汩陈其五行，彝伦攸斁。禹治洪水，彝伦攸叙，是禹命五行叙也。

14.《书集传或问》卷上

（宋）陈大猷撰

（归善斋按：未解）

15.《尚书详解》卷二

（宋）胡士行撰

帝曰：俞（信禹之言）！地平天成，六府三事允（信）治，万世永（长）赖（藉依），时（此）乃（汝）功。

洪水之害，不特地失其高下之宜，而天所以始万物者，亦不能成功。所谓"平"、"成"、"允治"者，禹平水之功也。惟"勿坏"，故"永赖"。"万世"之远，可于其一念预占之。

16.《书纂言》卷一

（元）吴澄撰

（归善斋按：缺）

17.《书集传纂疏》卷一

（元）陈栎撰

帝曰：俞！地平天成，六府三事允治，万世永赖时乃功。

纂疏：林氏曰：天施地生。水患，地不得生，天虽施之，亦无自而成。今地既平。天之功始成。王氏炎曰：谓之府，天地之藏，其出不穷者也。陈氏经曰：府者，天府；事者，人事。吕氏曰：虽历万世之远不能外天地以有生外六府三事以为治是禹之功与天地相终始也。

18.《读书丛说》卷三

（元）许谦撰

"六府"，蔡传谓，或相制以泄其过，或相助以补其不足。如濬川设防，"四时变国火以救时疾"；斩冰出冰，以节阴阳气之类，然颇费力。金先生曰：《礼记》殷制天子之"六府"，曰"司"，土司，木司，水司，草司，器司，货典司。六职盖本有虞氏之旧制也。土、木、水三司，其名不易。司草，则谷府。司货，则金府。司器，则火府，镕冶之事也。郑氏谓在周，则司土，土均也。司木，山虞也。司水，川衡也。司草，稻人也。司货，卝人也。在虞，岂非司空，朕虞，后稷，共工之职欤？或九官之外，自有专司"六府"者欤。或当时"六府"以事而名，不必专职欤。"六府"各修其职矣。而政事之大有三焉。教之，以正其德；通之，以利其用；节之，以厚其生，此"三事"所以同天下也，故谓之"和"。"正德"，则"厚典庸礼"之事，如"司徒敷教"，"伯夷降典"，"后夔典乐"，"士制百姓"，皆是"利用"，即"同律度量衡"，"懋迁有无化居"之事。"厚生"，则制用均节之事，如"老者衣帛食肉，黎民不饥不寒"，"三十年之通"，"民无菜色"是也。旧说"三事"，既指人力之为；"六府"，乃指五行自然之利，非类例矣。

19.《书传辑录纂注》卷一

（元）董鼎撰

帝曰：俞！地平天成，六府三事允治，万世永赖，时乃功。

辑录："地平天成"，是包得下面"六府"、"三事"在。义刚。刘潜夫问《书》中"六府"、"三事"，林少颖云"六府"本乎天，"三事"行乎人。吴才老说上是施，下是功。未知孰是？先生曰：林说是。贺孙纂注：张氏曰：天施地生。洪水之患。地不得以生，天虽施之，亦无自而成。今地既平。天之功始成也。

王氏炎曰：谓之"府"，天地之藏其出不穷者也。

吕氏曰：虽历万世之远，不能外天地以有生，外六府三事以为治，是禹之功与天地相始终也。

20.《尚书句解》卷二

（元）朱祖义撰

帝曰：俞（舜闻禹言，信而然之）！地平天成（谓在地之水土既平，在天之时既成），六府三事允治（六府三事信乎其治），万世永赖（为万世永赖而无所终穷），时乃功（皆是汝治平水功致之）。

21.《尚书日记》卷三

（明）王樵撰

（归善斋按：见"儆戒无虞"）

22.《日讲书经解义》卷二

（清）库勒纳等撰

帝曰：俞！地平天成，六府三事允治，万世永赖，时乃功。

此一节书，帝舜因大禹陈养养民之功，遂应而许之也。"六府"即上文，所云"水、火、金、木、土、谷"。"三事"，即"正德、利用、厚生"。乃，犹"汝"也。帝对禹曰：汝谓政在养民，而已成之功当保而勿坏，此言是也。但保治固我所当为，而成治实汝所由致。往时洪水为灾，天地皆失其职，万民不得其所。今水土既平，上天亦得成其生物之功，于是"水、火、金、木、土、谷"，相资为用。"六府"信无一之不修。"正德、利用、厚生"，各当其理，"三事"信无一之不"和"，而养民之政成矣。不但今日之民蒙其利，万世之后，犹将赖之。此皆汝治水经理之功，非他人所能预也。夫天下事成之甚难。而坏之甚易。功虽成。岂可不思所以保之。"克艰"、"惠迪"之道，为君臣者信，当相与以图之矣。

《尚书通考》卷五

（元）黄镇成撰

六府三事允治，万世永赖，时乃功。

六府三事图（"六府"用王炎说，"三事"用蔡传）

（归善斋按，图略）

愚按，此图可见功成作乐之意。盖始者，"六府"之所以"修"，"三事"之所以"和"，虽欲作乐不可强也。及其既"修"既"和"。则沐浴膏泽而歌咏，勤苦皆有自然之乐于斯时也。圣人乃即其前日歌咏之言，协之律吕，播之声音，而后乐始作也。故"六府"、"三事"之杂然，而独终之以"九叙惟歌"之一句。传曰"必世后仁"，岂不信然？

《书义断法》卷一

（元）陈悦道撰

地平天成，六府三事允治，万世永赖，时乃功。

唐虞君臣之养民，论其政，则必原其所始，盖非水土之平，无以致天成而治府事也；论其功，则必要其所终，盖非万世之久，无以验其功而造其极也。一时治水之政，万世传远之功，尚复有加于大禹者哉。

《尚书考异》卷二

（明）梅鷟撰

帝曰：俞！地平天成，六府三事允治，万世永赖，时乃功。

僖二十四年君子曰：子臧之服不称也，夫《夏书》曰"地平天成"，称也。文十八年史克曰"地平天成"，又"内平外成"。

帝曰：俞！地平天成，六府三事允治，万世永赖。

僖二十四年君子曰：《夏书》曰"地平天成"，称也。文十八年史克曰：舜举八恺，使主后土，以揆百事，莫不时序，地平天成，举八元，使布五教于四方，父义、母慈、兄友、弟恭、子孝，内平外成。

《尚书注考》

（明）陈泰交撰

"六府"，训六者财用之所自出，故曰府。"惟府幸功"，训"府"，聚也。

"三事"，训"三"者，人事之所当为，故曰事。"故一人有事"，训"事"，征伐会同之类。"作三事"，训以职言，故曰事。

《书经衷论》卷一

（清）张英撰

"地平天成"禹之功也。有大功于天地，而能"不矜"、"不伐"，禹之德之盛也，故曰"予懋乃德"。

《尚书七篇解义》卷一

（清）李光地撰

（归善斋按：见"帝念哉"）

五
摄政

帝曰：格！汝禹，朕宅帝位三十有三载，耄期倦于勤。汝惟不怠，总朕师

1.《尚书注疏》卷三

（汉）孔氏传，（唐）陆德明音义，孔颖达疏

帝曰：格！汝禹，朕宅帝位三十有三载，耄期倦于勤，汝惟不怠，总朕师。

传：八十、九十曰耄；百年曰期颐，言已年老，厌倦万几。汝不懈怠于位。称总我众，欲使摄。

音义：格，庚白反。朕，直锦反。耄，莫报反。倦，其眷反。期颐，以之反。期，要；颐，养也。厌，于艳反。解，于卖反。

疏：正义曰：此舜言将禅禹。帝呼禹曰：来！汝禹，我居帝位，已三十有三载。在耄期之间，厌倦于勤劳。汝惟在官不懈怠，可代我居帝位，总领我众。

传正义曰：八十、九十曰耄，百年曰期颐，《曲礼》文也。如《舜典》之传，计舜年六十三即政，至今九十五矣，年在耄期之间，故并言之。郑云：期，要也；颐，养也。不知衣服食味，孝子要尽养之道而已。孔意当然。

2. 《书传》卷三

（宋）苏轼撰

帝曰格汝禹朕宅帝位三十有三载，耄期倦于勤。

八十、九十曰耄，百年曰期颐。

3. 《尚书全解》卷四

（宋）林之奇撰

帝曰：格！汝禹，朕宅帝位三十有三载，耄期，倦于勤，汝惟不怠，总朕师。

此言舜将禅位于禹之事。"格！汝禹"者，犹言"格！汝舜"也。"朕宅帝位三十有三载"，言舜自格于文祖，践天子之位，至是盖三十有三年矣。《礼记》曰：八十、九十曰耄，百年曰期颐。舜生三十征庸，三十在位，并尧之丧而数之，其即位也，盖年六十有三。至是年，九十六矣。其年在于耄期之间，则方厌倦于万机之务矣。盖言禹当不懈其位，以总朕之众，盖将使之代己，总揽万机之政也。传曰：老将昏而耄及之，言老则昏，昏则耄也。舜年九十六，禅位于禹，当其未禅也。盖犹朝诸侯，巡狩方岳，总揽万机之务。及其既禅也，天下之大事，犹所关及，命禹徂征，敷文德，舞干羽，格有苗，皆舜之所有事也。虽及耄期之年，而其德不昏，此圣人之所以为圣人也。

4. 《尚书讲义》卷三

（宋）史浩撰

帝曰：格！汝禹，朕宅帝位，三十有三载，耄期倦于勤。汝惟不怠，总朕师。禹曰：朕德罔克，民不依。皋陶迈种德，德乃降，黎民怀之。帝念哉，念兹在兹，释兹在兹，名言兹在兹，允出兹在兹。惟帝念功。帝曰：皋陶，惟兹臣庶，罔或干予正。汝作士，明于五刑，以弼五教，期于予治，刑期于无刑，民协于中，时乃功，懋哉。皋陶曰：帝德罔愆，临下以简，御众以宽，罚弗及嗣，赏延于世，宥过无大，刑故无小，罪疑惟轻，功疑惟重。与其杀不辜，宁失不经。好生之德，洽于民心，兹用不犯于有司。帝曰：俾予从欲以治，四方风动，惟乃之休。

尧曰"格！汝舜"，舜曰"格！汝禹"。尧以道治，舜德升闻，故以禅舜。舜逊于德弗嗣，已而嗣位，德足以堪之故也。是以《禹谟》所叙，罔匪以德，至是帝尧，《大学》之道，得所付矣。《大学》之道，在明明德。舜得是道，所言、所行，罔非明德。史谓明德，是虞帝始，盖以此也。今舜告老，复欲禅禹。"禹曰朕德罔克，民不依"，此亦舜逊于德弗嗣之意也。舜弗逊其人，而禹逊皋陶，且曰"皋陶迈种德"。夫德贵于根深而柢固也。皋陶种德，如农者之深耕易耨，固其根本，所以能获。盖《大学》之道，以正心、诚意为本，所以能明明德于天下也。正心、诚意可谓种之德也。进而至于平天下，可谓远也。盖一年之计，莫如种谷；十年之计，莫如种木，百年之计莫如种德。种德及远，故曰迈也。皋陶之德，既下于民，民怀其德，素望已著。禹自以为不足，是以逊之。盖知其德，可以平天下也。"帝念哉"者，欲舜念念不忘皋陶之德。禹所以为皋陶地者，至矣。念者，心不暂舍，造次颠沛，必于是"念之在兹"，德也；"释之在兹"亦德也。名之必可言，言之必可行，亦德也。出而见于事业，亦德也。"惟帝念功"，念皋陶种德之功也。其亦可以付托矣。舜因其言，故曰"皋陶，惟兹臣庶，罔或干予正"，是其下皆正也。汝作士，以刑辅教，而吾彝伦得叙也。期于予治，而民协于中，刑乃措而不用，是皋陶懋此大德，而教中于民之功，不可不念也。而皋陶不自以为德，归德于舜，谓刑之所以不用者，帝以好生之德，洽于民心，而其所致之，实本于帝德之罔愆也。罔愆者，无过不及，能执其两端，而用其中于民也。故凡所赞，皆舜之用中也。夫"简以临下"，有不紊之纲，至其御众，则有宽和之恩，中也。"罚弗及嗣"，而赏则延之，宽厚也。宥过者，赦其讹误；刑故者，罪其有心，宽厚也。"罪疑惟轻"，罚则从恕；"功疑惟重"，赏则从予，宽厚也。与"其杀不辜，宁失不经"，宽厚之极也。舜之用中，济以宽厚，此好生之德，所以使民沦肌浃髓，而不可忘，故能置刑罚于无用之地也。舜不自以为德，而复归德于皋陶曰"俾予从欲以治，四方风动，惟乃之休"，盖舜明刑弼教之本心，于此得矣。故曰"从欲以治"。然舜赞皋陶如此，而禹之所以逊皋陶之意，舜无一言及之者，盖舜之心已属禹久矣，不可以一时之逊，而易吾之心，其曰：朕志先定，岂虚言哉。

5.《尚书详解》卷三

（宋）夏僎撰

帝曰：格！汝禹，朕宅帝位三十有三载，耄期，倦于勤，汝惟不怠，总朕师。

此言舜将禅位于禹之事，不与上文交接。《礼记》：八十、九十曰耄。耄之为言，昏也。百年曰期颐。期，要也。颐，养也。谓年老不知衣服食味。惟要孝子颐养。舜生三十征庸，三十在位，终尧三年之丧，时年六十三，更加宅帝位三十三载，时年九十五，在耄期之间。故兼耄期而言之。舜之意，谓帝位甚大，惟兢兢业业，勤而行之，方可以称其责。今舜年在耄期，倦于勤劳之事，故呼禹来而谓之曰：朕倦于勤，汝惟不怠，可以代己，总率天下之民。夫舜上圣之资，继尧之绪年，至耄期，方倦于勤，而求逊位，又必命禹之不怠者，是古人君常以天下为己忧，不以得位为乐也。

6.《增修东莱书说》卷三

（宋）吕祖谦撰，时澜增修

帝曰：格！汝禹，朕宅帝位三十有三载，耄期倦于勤，汝惟不怠，总朕师。

禹有正天地之大功，则可以为天地之主，故舜因此以逊位也。"耄期"者，舜精力之衰，将告老矣。"倦于勤"，不可不深味。圣人之心纯，亦不已与天同运。何由有倦，但老将至，而血气若倦。虽倦而于勤之意，不敢忘止，倦于勤而已，非倦于道也。常人之心，苟至于倦，即放肆而不可收。圣人于勤之中，察其若倦，则展转而不敢居，见圣人之心有加无已，常病其力之不给也。夫居天位者，当以勤为本。舜既以倦自嫌，必求如舜之勤者，而逊位也。"汝惟不怠"，圣人所以为圣人也，"不怠"之言，虽若常谈，惟实用工者，方知"不怠"之中，深有功用。天行健，天之不怠也；圣道运而无积，圣人之不怠也。自古为帝，为王者，功业皆以不怠而成，而事事物物之备，亦生于不怠也。其辞约，其义大。逊位，大事也。不言其他才德，止言不怠，即付以天下。"不怠"二字足以当帝位，盖帝德广运，亦不怠之功用也。舜践履之熟，故其言平常。人之称圣人，言常大而实不相近。圣人之称圣人，言虽小而实不外，此知与不知故也。且孟子之称孔子，不过曰"仲尼不为已甚"。孔子自称亦曰：我学不厌，而教不倦。夫子所谓"不厌"、"不倦"，非自谦也。盖圣人之道，未尝一日息。息则间断，不可以言圣矣。

7.《尚书说》卷一

（宋）黄度撰

帝曰：格！汝禹，朕宅帝位，三十有三载，耄期，倦于勤。汝惟不怠，总朕师。禹曰：朕德罔克，民不依。皋陶迈种德。德乃降，黎民怀之。帝念哉。念兹在兹，释兹在兹，名言兹在兹，允出兹在兹，惟帝念功。

益"怠"、"荒"，禹"勿坏"，其戒切矣。舜方耄期倦勤，而禹能不怠，于是禅禹。《文言》曰"知进而不知退，知存而不知亡，知得而不知丧，其惟圣人乎"？知进退存亡，而不失其正者，其惟圣人乎？此尧、舜之德也。迈，犹过也。禹以为皋陶种德过人，而降于民，民实怀之。帝所当念也。虽有其德，不能推以及物，为不降。"念兹在兹"，无一念不在是也。释，舍也。舍之而不复念也，然犹未尝忘之。是则，无时而不在是也。"名言"，名之必可言也。司勋，勋功，庸劳，力多，其"名"也；其事皆可指述，则"言"也。既不可名，又不可言，则诬也。名言此，必在此矣。而又惧其言之出，不本于诚也，则又使信出之。必信出之者，至诚乐与也。《诗》曰"中心好之，曷饮食之"，此人主念功之道也。皋陶之降德，无一日而能已也。皋陶无一日能已，舜为可已乎。是故舜能念皋陶之功如此，则其自进德，为可知矣。

8.《洁斋家塾书钞》卷二

（宋）袁燮撰

帝曰：格！汝禹，朕宅帝位三十有三载，耄期，倦于勤。汝惟不怠，总朕师。禹曰：朕德罔克，民不依。皋陶迈种德，德乃降，黎民怀之。帝念哉，念兹在兹，释兹在兹，名言兹在兹，允出兹在兹，惟帝念功。

舜生三十征庸，三十在位。至是宅帝位又三十三载，是九十三岁也。古之帝王，必享高寿也。工夫既到，有可延年之理。后世所以少得高寿，盖缘平日失所养，私喜怒，妄念虑，所以戕其生者多矣。倦勤，非志气之倦，乃血气之倦也。大抵有志气，有血气，此二者不可不明辨。无老无少者，志气也。少而壮，老而衰者，血气也。圣人之志气，虽至老不倦，然筋力形体，有不可勉强者。故虽圣人，其血气，老而必衰。舜之血气，较诸常人已大，故不倦年至九十，犹尊临天下，日酬万几，岂非血气之异常，而能之乎？但至于耄期，虽欲勉强，有不可得者。若论舜此心，则何尝少倦。此事须要讲之至精，不可认血气为志气。舜倦于勤，而禹却能不怠。"勤"之一字，不可轻看。《诗》称"文王既勤止"，召公戒成王"夙夜罔或不勤"，且君道之尊，不躬亲庶政，而所勤者果何事？学者要当思而得之。盖缘此心，不可一念不存。"兢兢业业，一日二日万几"，要须常常兢业，造次必于是，颠沛必于是，人一能之已百之，人十能之已千之，是之谓"勤"。"勤"，则其德日进。圣人之所以为圣人，"勤"而已矣。今日有过失，皆缘不勤之故。禹亦只是一个不怠，所谓"克勤于邦"。曰"朕德罔克"，观此四字，便见禹不怠处，便见得大禹之心。且禹之功业，可谓极矣。四隩既宅，九山刊旅，九州涤源，四海会同，六府孔修，"地平天成"，"六府三事允治，万世永赖"，有如此功业，而禹之心，常若不足以为吾之所成者功而已矣，而非德也。外面虽有如此功业，至于切身利害处，却尚有欠，吾之德罔克，诚不如皋陶之"迈种"；民之依我，诚不如怀皋陶。禹平日此心，常以此不足，故见之于言如此。此是禹心腹肾肠间说话。讽诵此数句，岂不足以见禹之心。非惟足以见禹之心，亦足以见皋陶之心。彼其孜孜种德，所以用工者深矣。"帝念哉"，言其不可忘皋陶也。舜固非忘皋陶者，然今总朕师之任不及皋陶，而及己，是帝未念皋陶也。

9.《书经集传》卷一

（宋）蔡沈撰

帝曰：格！汝禹，朕宅帝位三十有三载，耄期，倦于勤。汝惟不怠，总朕师。

耄，莫报反。九十曰耄，百年曰期。舜至是年已九十三矣。总，率也。舜自言既老，血气已衰，故倦于勤劳之事。汝当勉力不息，而总率我众也。盖命之摄位之事。尧命舜曰"陟"帝位，舜命禹曰"总朕师"者，盖尧欲使舜真宅帝位，舜让弗嗣，后惟居摄，亦若是而已。

10.《尚书精义》卷五

（宋）黄伦撰

帝曰：格！汝禹，朕宅帝位三十有三载，耄期，倦于勤，汝惟不怠，总朕师。

张氏曰：《记》曰"八十、九十曰耄，百年曰期颐"，耄，言乎其昏也。"期"者，指是以为"期"也。期，则当颐以养之时。舜生三十征庸，三十在位，其宅帝位又至于三十有三载，此所谓耄期之年也。耄则昏矣，昏则不可以有为；期则养之时也，养则不可以有为。此舜之所以倦于勤。夫天下之事，日出而无穷，惟孜孜克勤，然后足以有济。今也，耄期而倦于勤，此所以欲逊位于禹，而使之总师也。尝观禹之治水，八年于外，三过其门而不入。舜尝称其"克勤于邦"，则禹之不息可知矣。惟不息，然后可以总朕师。

11.《尚书详解》卷三

（宋）陈经撰

帝曰：格！汝禹，朕宅帝位三十有三载，耄期，倦于勤，汝惟不怠，总朕师。禹曰：朕德罔克，民不依。皋陶迈种德，德乃降，黎民怀之。帝念哉，念兹在兹，释兹在兹，名言兹在兹，允出兹在兹。惟帝念功。

自此以下，乃舜欲禅位之事。来！汝禹，朕居帝者之位，三十有三载矣。舜年六十二始即位，至此三十三年，寿九十五岁矣。八十、九十曰耄，百年曰期颐。当耄期之年，已倦于勤矣。有强、有弱者，血气也；无强、无弱者，心也。舜之心，盖与天行健者同，而舜之血气，则衰矣。"汝惟不怠"，故可以摄我之众。古之圣人，岂常以位为乐哉？倦勤者，不可以居此位，则可以居此位者，惟不息而已。"禹曰：朕德罔克，民不

207

依",有德者,民所归也。民心之从违,可以卜其德之至与否。至诚而不动者,未之有也。朕德无所能,故民不依归。皋陶远种其德,民归之,则可以受帝之禅者,惟在皋陶。常人之种德也近,朝种而暮获;皋陶之种德也,厚施而不求其报,故其种也远。惟其种之远,积之厚如此,故德之下也,民皆怀之。且皋陶之所掌者,刑而已。刀锯之惨,斧钺之威,德何在焉?盖至威之中,有爱存焉。慈祥,岂弟哀矜恻怛之意,虽刑而实德也,以见古人之所谓刑者,即其所谓德。后之世而刑与德,始分为二矣。禹与皋陶,盖同功一体之人,故禹之所逊者,必在皋陶。舜非不知有皋陶也,以有禹在焉,固当先禹。无禹则舜之所禅位,必在皋陶矣。"帝念哉,念兹在兹",此禹以皋陶能"种德,黎民怀之"若此,因以戒舜,谓舜之于德,亦不可不念。"念"者,念之而不少忘也。当其念念不忘时,则德固在此。及其念之既熟,则造次颠沛,从容周旋,不期于念,而德亦不忘也。故"释兹"而德亦"在兹",形于"名言",而德亦"在兹",不言而信,出于心者,德亦"在兹"。释也,名言也,允出也,以见德无适而不在。其始,则实根于一念之微。故皋陶之"种德"者,此念也。舜之所当戒者,亦在此念也。惟帝当知念之之功如此。

12.《融堂书解》卷二

(宋)钱时撰

帝曰:格!汝禹,朕宅帝位三十有三载,耄期,倦于勤。汝惟不怠,总朕师。

禹之德,舜所熟知。今欲禅让,令总我众,略无他语,止言其"不怠"。夫舜老而倦,筋力不逮故也。禹之"不怠",正是禹平日工夫。观其告君,有曰"克艰",曰"安汝止"。微不安,即怠也;微不克艰,即怠也。

13.《尚书要义》卷三

(宋)魏了翁撰

五、舜将禅禹,禹辞举皋陶。

此舜言将禅禹。帝呼禹曰:来!汝禹,我居帝位已三十有三载,在耄期之间,厌倦于勤劳,汝惟在官不懈怠,可代我居帝位,总领我众。禹让之曰:我德实无所能,民必不依就我也。言已不堪总众也。皋陶行布于德,德乃下洽于民,众皆归服之,可令皋陶摄也。我所言者,帝当念之哉。凡念爱,此人在此,功劳知有功乃用之;释,废。此人在此罪衅,知有罪乃废之,言进人退人,不可诬也。名目言谈此事,必在此事之义而名言之。若信实出见此心,必在此心之义而出见之,言已名言其事,出见其心,以举皋陶,皆在此义,不有虚妄。帝当念录其功,以禅之,言皋陶堪摄位也。

六、计舜年九十五,在耄期之间。

八十、九十曰耄,百年曰期颐,《曲礼》文也,如《舜典》之传,计舜年六十三即政,至今九十五矣,年在耄期之间,故并言之。

14.《书集传或问》卷上

(宋)陈大猷撰

(归善斋按:未解)

15.《尚书详解》卷二

(宋)胡士行撰

帝曰:格!来,汝禹,朕宅(居)帝位,三十有三载(自除尧丧即位后),耄(八十、九十曰耄)期(百年曰期颐),倦(怠)于勤。汝惟不怠,总(统)朕师。

禹有正天下之大功,则可以为天地主。舜时年九十五,心不息而精力衰,于勤之中,察其若倦政,欲以禹之不怠代己。盖圣人不以天下为乐,而以为忧,不敢一念息也。

16.《书纂言》卷一

(元)吴澄撰

(归善斋按:缺)

17.《书集传纂疏》卷一

（元）陈栎撰

帝曰：格！汝禹，朕宅帝位三十有三载，耄期，倦于勤汝。惟不息，总朕师。

（归善斋按：无纂疏）

18.《读书丛说》卷三

（元）许谦撰

（归善斋按：未解）

19.《书传辑录纂注》卷一

（元）董鼎撰

帝曰：格！汝禹，朕宅帝位三十有三载，耄期，倦于勤。汝惟不息，总朕师。

纂注：张氏曰：禹惜寸阴，过门不入，不息可知。

20.《尚书句解》卷二

（元）朱祖义撰

帝曰（舜言）：格！汝禹（至汝禹），朕宅帝位（我居帝位）三十有三载（舜至六十二始即位，至此三十三年，寿九十五矣），耄期，倦于勤（《礼记》八十、九十曰耄。百年曰期颐。期。要也；颐，养也，谓年老不知衣服食味，惟要孝子颐养，实倦怠于勤劳之事）。汝惟不息（汝惟不倦怠），总朕师（总摄我众民）。

21.《尚书日记》卷三

（明）王樵撰

"帝曰：格！汝禹"，至"不息总朕师"。此命禹以摄位之事。

舜居摄，盖尧在，而舜不敢遽践其位，亦自是事理宜然，不然便涉二天子之嫌，此尧所以亦听之而不复强也。自是遂为故事，故舜命禹止曰

"总朕师"。而禹受命止"率百官,若帝之初"而已。舜倦勤,初付禹以天下曰"总朕师"。"师"曰"朕师",已未释位之辞也。舜初即位命相曰"有能奋庸熙帝之载","载"曰"帝","载"未敢遽身,当天下之辞也。

22.《日讲书经解义》卷二

（清）库勒纳等撰

帝曰：格！汝禹，朕宅帝位三十有三载，耄期，倦于勤。汝惟不怠，总朕师。禹曰：朕德罔克，民不依。皋陶迈种德，德乃降，黎民怀之。帝念哉！念兹在兹，释兹在兹，名言兹在兹，允出兹在兹。惟帝念功。

此二节书，记舜命禹摄位，及禹让皋陶之辞也。"朕德"之"朕"，禹自谓也。古者，上下皆可称"朕"。迈，勇往力行之意。种，布也；降，下也。兹，皆指皋陶。言帝舜欲禅位，而群臣之功无过禹者，遂推美其功，呼而命之曰：来！汝禹，我居此帝位三十有三年，过于耄而及于期，血气已衰，倦于勤劳之事，汝当朝夕勉力不怠，以总率我之臣民。禹对曰：摄位重事，我之德薄，民不依归，岂能当此。群臣中，惟皋陶能勇往力行，以布其德。其德下及于民，民皆感戴而怀服之。帝欲为天下得人，当以此人为念，不可忘也。且我之让皋陶，岂苟然哉。我尝思念堪此重任者，惟在于皋陶。要舍而他求，未见有过于皋陶者，亦惟在于皋陶；我显然称道者，惟在于皋陶；我发自本心所深信而诚服者，亦惟在于皋陶。反覆思之，终无可易，惟帝深念其功，而使之摄位，必有以副帝之任，而不孤天下之望也。夫摄位重事也，而禹之推让皋陶，谆切如此，盖圣人之心，惟欲为天下得人而已，岂有一毫私己之意哉。

《尚书考异》卷二

（明）梅鷟撰

帝曰：格！汝禹，朕宅帝位三十有三载，耄期，倦于勤。汝惟不怠，总朕师。

"格汝"二字，见《尧典》"格！汝舜，格尔众庶"，"朕宅帝位三十有三载"。《尧典》曰"朕在位七十载"。尧十六即位，在位七十载，试舜三载，共八十九载。舜六十即位，而在位三十三载，盖年九十三岁，则禹当摄位十有七年，此盖因《孟子》"舜荐禹于天十有七年"故也。"耄期，倦于勤"，用《孟子》"尧老"之"老"字意。《曲礼》九十曰耄，百年曰期。以为耄则更有三载，以为期则犹少七年，故二字兼举。若《孟子》称乐正子之为人，既曰"善人"，又曰"信人"，而结之曰"二之中"是也。圣人辞气恐不如是之巧也。"倦于勤"三字，则决知其非大圣人之言矣。何也？与前后篇戒饬之辞背而驰故也。传位，天下之大事，正欲禹之兢兢栗栗，日慎一日，顾乃首以倦勤之言唱之哉，此可决知其妄也。曰甚言己之老而衰以示禹，当传位之意也，曰非然也。"五十载陟方乃死"，柳下惠曰舜勤民事而野死，《祭法》亦以此为言，则年百有十岁，非若前此九十三年之期也，而未尝倦勤犹如此，且言与行违而以此示人，尚何足谓之大舜哉？孔子曰"不知老之将至"云尔。赵孟偷人曰"老将知而耄及之"，《荀子·正论篇》曰"老衰而擅"，是又不然，血气筋力则有衰，若夫知虑取舍，则无衰。曰老者不堪其劳而休也，是又畏事者之议也。故曰诸侯有老，天子无老。

《尚书注考》

（明）陈泰交撰

"耄期倦于勤"，训九十曰耄。"百年耄荒"，训"耄"，老而昏乱之称。"耄期"，训百年曰"期"。"期于予治"，训"期"，先事取必之谓。

《书经衷论》卷一

（清）张英撰

尧之言曰"朕在位七十载，汝能庸命，巽朕位"，舜之言曰"朕宅帝位三十有三载，耄期，倦于勤，汝惟不怠，总朕师"，此所谓"日昃之离"、"前明将尽"，后明将来之时，求人以继其事，正所谓"鼓缶而歌"不为"大耋之嗟"者也。尧舜忧天下之心，至深至切，脱使神仙可学，尧舜必将为天下久存于世，而不必如是之亟亟矣。六经中原有了生死之理，人自未察耳。

《尚书大传》卷一

（清）孙之騄辑

舜将禅禹八风修（一作循）通。

《尚书七篇解义》卷一

（清）李光地撰

帝曰：格！汝禹，朕宅帝位三十有三载，耄期，倦于勤。汝惟不怠，总朕师。禹曰：朕德罔克，民不依。皋陶迈种德，德乃降，黎民怀之。帝念哉，念兹在兹，释兹在兹，名言兹在兹，允出兹在兹，惟帝念功。

此纪舜始命禹摄位之事也。禹让皋陶而反覆极言之。盖总师至重，舜、禹共为筹度，思其可者固在于此，舍而他求复在于此，称说而名言之，固在于此，保任而实举之，亦在于此也。

禹曰：朕德罔克，民不依。皋陶迈种德，德乃降，黎民怀之

1. 《尚书注疏》卷三

（汉）孔氏传，（唐）陆德明音义，孔颖达疏

禹曰：朕德罔克，民不依。皋陶迈种德，德乃降，黎民怀之。

传：迈，行；种，布；降，下；怀，归也。言己无德，民所不能依。皋陶布行其德，下洽于民，民归服之。

音义：种，章用反。降，江巷反。

疏：禹让之曰：我德实无所能，民必不依就我也。言己不堪总众也。皋陶行布于德，德乃下洽于民，众皆归服之，可令皋陶摄也。

迈，行；降，下，《释言》文。又云：怀，来也。来，亦归也。种物必布于地，故为布也。兹，此，《释诂》文。释，为"舍"义，故为废也。禹之此意，欲令帝念皋陶。

2. 《书传》卷三

（宋）苏轼撰

汝惟不怠，总朕师。禹曰：朕德罔克，民不依，皋陶迈种德，德乃

降，黎民怀之。帝念哉，念兹在兹，释兹在兹，名言兹在兹，允出兹在兹，惟帝念功。

迈，远也。降，下也。种德者，如农夫之种殖也，众人之种其德也近，朝种而暮获，则其报亦狭矣。皋陶之种其德也远，造次颠沛，未尝不在于德，而不求其报也。及其充溢而不已，则沛然下及于民，而民怀之。圣人之德，必始于念，故曰：帝念哉。念兹者，固在兹矣。及其念之至也，则虽释而不念，亦未尝不在兹也。其始也，念仁而仁，念义而义，及其至也，不念而自仁义也。是谓念兹在兹，释兹在兹。名言者，其辞命也。允出者，其情实也。孔子曰"名之必可言，言之必可行"，是之谓名言。名之以仁，固仁矣；名之以义，固义矣，是谓名言兹在兹。及其念之至也，不待名言而情实皆仁义也，是谓允出兹在兹。此帝念念不忘之功也。故曰：惟帝念功。禹既以是推皋陶之德，因以是教帝也。曰迈种德者，其德不可以一二数也。念之而已，念之至者，念与不念，未尝不在德也。其外之辞命，其中之情实，皆德也，而德不可胜用矣。孔子曰"非礼勿视，非礼勿听，非礼勿言，非礼勿动"，一出于礼，而仁不可胜用矣。舜、禹、皋陶之微言，其传于孔子者盖如此。

3.《尚书全解》卷四

（宋）林之奇撰

禹曰：朕德罔克，民不依，皋陶迈种德。德乃降，黎民怀之。

自"朕德罔克"以下，正如《舜典》所谓"舜让于德弗嗣"也。典、谟所载，其文简，其事备。盖其为体，或详于此，而略于彼；或略于此，而详于彼，以互相发明。如舜终于文祖，而下则言"在璿玑玉衡，以齐七政"，至告祭于上帝百神，觐诸侯，巡狩方岳之事，无所不载。而禹受终于神宗之下，则惟记一言曰"率百官若帝之初"。观此，则"在璿玑玉衡"以下，不言而可见矣。舜禅位于禹，禹让于皋陶，舜不从其让，而更授禹。禹又辞让，至于再三，然后受命于神宗。其载之详如此，至于尧之授舜，则惟记以一言曰"舜让于德弗嗣"。观此，则知舜之让也，亦将有所答问辞逊，若禹之于舜也。典、谟所载，其辞不费类，皆如此。"朕德罔克"者，禹谓己之不德，民之所不从。皋陶远迈其德，其德下洽于民，而民怀之。禹自以为不若皋陶也。德必称其"迈种"者，苏氏曰种德如农夫之种殖也，众人之种其德也。近朝种而暮收，则其报也亦狭矣。皋陶之种其德也，造次颠沛，未尝不在于德，而不求其报也。及其充溢而不已，则沛然下及于民，而民怀之。此说尽之矣。汉于定国父于公，其间门坏，父老方共治之。于公曰：少高大门闾，令容驷车，我治狱多阴德，子孙当有兴者。夫于公治狱无所冤，信有阴德矣。然而遂高大门闾，以望子孙之兴，则知未能无利之之心，非所谓迈种德也。皋陶之作士，"刑期于无刑，民协于中"，其德可谓大矣，不期其报，而民自归之。此其所以为难。禹让于德，无以易皋陶矣。

4.《尚书讲义》卷三

（宋）史浩撰

（归善斋按：见"朕宅帝位"）

5.《尚书详解》卷三

（宋）夏僎撰

禹曰：朕德罔克，民不依。皋陶迈种德，德乃降，黎民怀之。帝念哉，念兹在兹，释兹在兹，名言兹在兹，允出兹在兹。惟帝念功。

舜既让禹以位，禹谦逊不敢当，而让皋陶，故其言"朕德罔克"，谓我德不能胜其任，民不依附我。惟皋陶"迈种德"，惠泽加于民。兆民允怀，实可当帝位。帝念其功，而授之。苏氏谓：迈，远；种，德如农夫之种殖也。其意谓：众人有德于民，必期其报。惟皋陶远种其德。无求于民，而民自归之。此实人之所甚难。故禹所以举此，为让皋陶之辞也。禹让皋陶，既言其种德，使帝念之，于是又言"念兹在兹，释兹在兹，名言兹在兹，允出兹在兹"，以见禹之注念，常在皋陶也。苏氏则谓：禹既称皋陶之德，因以是教舜，使舜念德。其说虽可喜，然上文言"帝念哉"，下文言"惟帝念功"，皆是禹让皋陶称其德，使帝念之，不应于此，使舜自念其德。故当皆为禹让皋陶之辞解之。诸儒虽多有作让皋陶之辞解之。然其说不同。王氏则谓：念此人，当知此人有可念之道；释此人，当知此人有不可念之理；名言此人，当察此人之贤否，此事之是非；允出于此

215

道，则当察此道之可否。盖禹以谓皋陶有可念之功，无可释之事。名其人，则有德；言其事则民怀。舜允出于禅位，则皋陶在所当念，不在所当释。陈少南谓："念兹在兹"者，禹戒舜以念皋陶也。"名言兹在兹"者，禹自言皋陶之功也。舜念此，则皋陶当在念虑之间。及其久也，念之熟矣。舜虽欲释皋陶不可得也。禹名言皋陶之功，常在皋陶，然言有穷，而情不可穷。禹于不言之间，其情未尝不允出于皋陶也。此二说虽作禹让皋陶解，然不如林少颖之说为当。少颖谓禹之让于皋陶也，盖以谓我心念其可以受帝禅者，惟在皋陶。舍皋陶无人能及之者，则可以受帝禅者，亦惟在皋陶。故名言于口，以为在皋陶，允出于心，亦以为在皋陶。谓己之反覆思之，无有以易。此说极当。禹既言皋陶可以当帝位，故告以"惟帝念功"，谓我前念皋陶如此可用，令帝念其功而用之也。林少颖谓"朕德罔克"，正如《舜典》所谓舜"让于德弗嗣"也。

6.《增修东莱书说》卷三

（宋）吕祖谦撰，时澜增修

禹曰：朕德罔克，民不依。皋陶迈种德，德乃降，黎民怀之。

此非禹之谦辞也。禹尽克艰之道，德虽已克，而常见其罔克；民虽已依，而常见其不依。禹之意谓：位者，天之位，惟有德者可以居之。苟无德而在民上，民将不依矣。当民不依之际，岂不累帝知人之明乎？此即"让于德弗嗣"之意也。圣人之心，见天下之理广大无穷。而举皋陶以自代。"迈种"者，言皋陶栽培其德，至于丰熟也。"德乃降"者，如雨露之降，黎民被其润泽，罔有不怀也。以皋陶之"迈种"，比之于"罔克"者，为如何？以皋陶之"民怀"，较之于"民不依"者，为如何？参视对观，优劣自见，而用舍亦可决矣。禹之心灼然不敢当帝位于"罔克"之中，但知自勉而已，此非深造克艰之。学者未易语也。

7.《尚书说》卷一

（宋）黄度撰

（归善斋按：见"朕宅帝位"）

8.《洁斋家塾书钞》卷二

（宋）袁燮撰

（归善斋按：见"朕宅帝位"）

9.《书经集传》卷一

（宋）蔡沈撰

禹曰：朕德罔克，民不依。皋陶迈种德，德乃降，黎民怀之。帝念哉，念兹在兹，释兹在兹，名言兹在兹，允出兹在兹。惟帝念功。

迈，勇往力行之意。种，布，降下也。禹自言其德不能胜任，民不依归。惟皋陶勇往力行，以布其德，德下及于民，而民怀服之。帝当思念之而不忘也。兹，指皋陶也。禹遂言念之而不忘，固在于皋陶，舍之而他求，亦惟在于皋陶，名言于口，固在于皋陶，诚发于心，亦惟在于皋陶也。盖反复思之，而卒无有易于皋陶者。惟帝深念其功，而使之摄位也。

10.《尚书精义》卷五

（宋）黄伦撰

禹曰：朕德罔克，民不依。皋陶迈种德，德乃降，黎民怀之。

无垢曰：夫皋陶，刑官也。朝夕所论者，御戎夷，与夫治寇贼奸宄，五刑，五流，五宅，三就，三居之事。小则墨劓，大则大辟，又其大则陈之原野之刑尔，何以知其为"迈种德"哉？非深知皋陶之所存，其谁能于刑见其为德耶？余观寒朗、徐有功传，见其于告变谋反事，使人主怒不得行威不能慑至濒于死而不惧，孳孳以人命为重，而不顾一身之死生。舜，大圣明，虽当时固无冤枉之狱，然于有罪者，想见皋陶，以身体之，时其饥渴，审其寒暑，不使一毫之冤，意外之苦，其脱免无罪，辨析难明，固已出人意外，至其就刑而赴死者，亦矜怜抚恤，伤痛嗟咨，悼其失路，而悯其无知，使悔过于无形，而修身于将来者，又不可胜数也。颜氏曰：舜之将禅禹也，禹逊以皋陶。夫禹之所逊者，必众贤之优也。而皋陶之所以优于众人者，何耶？天下固有以德而怀人者矣。未有以刑而能怀人者也。此皋陶之所以优也。

11.《尚书详解》卷三

（宋）陈经撰

（归善斋按：见"朕宅帝位"）

12.《融堂书解》卷二

（宋）钱时撰

禹曰：朕德罔克，民不依。皋陶迈种德，德乃降，黎民怀之。帝念哉，念兹在兹，释兹在兹，名言兹在兹，允出兹在兹。惟帝念功。

迈，远也。种，如苗之种。皋陶曰"兢兢业业"，是其种德之法也；曰"慎厥身修，思永"，是又其迈种德之妙旨也。皋陶，士官也。惟种此德，故其降及于民者，亦无非此德，虽刀锯斧钺之施，皆皋陶种德之地也。民之怀之，岂是偶然。以此见得禹不是姑为此让，只是深知皋陶，直是尊敬皋陶。舜即位之初，"命宅百揆"，既让于稷、契、皋陶矣。至今禅让帝位，其他皆不及，又独拳拳乎皋陶一人，虽不知稷、契在与不在，然禹之所尊敬而推让之者，举一世莫有过于斯人者矣。语至此，又申言曰"帝念哉"，言不可等闲听过，当深念之哉。今一念及此，只在斯人；释而不念，亦只在斯人；指名而言，只在斯人；允出于心，亦只在斯人。于是又申之曰"惟帝念功"，不言德而言功，功即德也。

13.《尚书要义》卷三

（宋）魏了翁撰

（归善斋按：见"朕宅帝位"）

14.《书集传或问》卷上

（宋）陈大猷撰

（归善斋按：未解）

15.《尚书详解》卷二

（宋）胡士行撰

禹曰：朕德罔克（能胜）民不依（归附）。

此舜"让于德弗嗣"之意，禹"克艰"，而以"罔克"自处，此所以为不怠也。

皋陶迈（远）种（如农种植栽培）德，德乃降（沛然下及），黎民怀（爱）之。帝念（念皋陶）哉。念兹在兹，释兹（释而不念）在兹（亦在此），名言（指其事而言之）兹在兹，允出（不言而反其心之所出）兹在兹。惟帝念功（民怀之功）。

此禹举皋陶自代，而使舜不忘也。念不念，言不言，皆在皋陶，如参于前，倚于衡也。

16.《书纂言》卷一

（元）吴澄撰

（归善斋按：缺）

17.《书集传纂疏》卷一

（元）陈栎撰

禹曰：朕德罔克，民不依。皋陶迈种德，德乃降，黎民怀之。帝念哉，念兹在兹，释兹在兹，名言兹在兹，允出兹在兹。惟帝念功。

纂疏：《语录》："念兹在兹，释兹在兹"，用舍皆在此人；"名言兹在兹，允出兹在兹"，语默皆在此人。舜命禹宅揆，禹让稷、契、皋陶，今不及稷、契，意至是二人已不存矣。

苏氏曰："种德"，如农之种植，众人之种德也近，朝种暮获；皋之种德也远，沛然如时雨之降，民被其泽，怀之宜也。

张氏震曰：禹所逊独皋者，《孟子》论道之传，亦曰若禹皋，则见而知之。又曰：舜以不得禹、皋为己忧。《书》称三圣"稽古"，独以皋继之。扬雄论绝德亦曰：舜以孝，禹以功，皋以谟，可见禹之外，未有能先皋者也。

陈氏经曰：皋所掌者刑，德安在至威之中，至爱存焉。慈祥恻怛之寓，虽刑也，而实种德也。

18.《读书丛说》卷三

（元）许谦撰

（归善斋按：未解）

19.《书传辑录纂注》卷一

（元）董鼎撰

禹曰：朕德罔克，民不依。皋陶迈种德，德乃降，黎民怀之。帝念哉，念兹在兹，释兹在兹，名言兹在兹，允出兹在兹。惟帝念功。

辑录：

"念兹在兹，释兹在兹"，用舍皆在此人；"名言兹在兹，允出兹在兹"，语默皆在此人；"名言"，则"名言"之；"允出"，诚实之所发见者也。人杰。问"念兹在兹，释兹在兹，允出兹在兹"，诸说皆以禹欲舜念皋陶，而林氏以为禹自言其念之如此，未知二说如何？先生曰：林说是。答潘子善。舜命禹宅百揆，而禹让稷、契、皋陶，今不反稷、契者，《史记》载稷、契皆帝喾之子，与尧为兄弟，意其至是必，已不复存矣。

纂注：

苏氏曰：种德如农之种殖。众人之种德也近，朝种而暮获，报亦狭矣。皋之种德也远，栽培之深厚，滋养之丰裕，反其充溢不已，自沛然如雨露之降，民被其润泽而怀之也。

张氏震曰：禹所逊独皋者，《孟子》论道之传，亦曰：若禹、皋陶，则见而知之。又曰：舜以不得禹、皋陶为己忧。《书》称尧、舜、禹"稽古"，独以皋配之，扬雄论绝德亦曰：舜以孝，禹以功，皋以谟。以是观之，自禹之外，诸臣未有能先皋者也。

陈氏经曰：皋所掌者刑，德安在，至威之中，至爱存焉。慈祥恻怛之寓，虽刑也，而实种德也。

王氏炎曰：禹所以宅百揆，以平水之功。禹不论功而论德，曰"已德罔克"，皋陶之德可以克己，及继以"惟帝念功"，则皋之功亦不可忘也。

20.《尚书句解》卷二

（元）朱祖义撰

禹曰（禹答云）：朕德罔克（我德不能胜任），民不依（民不依附我）。皋陶迈种德（皋陶远种其德，如农之种植），德乃降（德乃下及于民），黎民怀之（众民皆怀归之）。

21.《尚书日记》卷三

（明）王樵撰

"禹曰：朕德罔克，民不依"至"惟帝念功"。当时禹"地平天成"之功"万世永赖"，而禹乃盛推皋陶之功，以为己所不及者，盖禹、皋陶心一、道同。《孟子》尝言"若禹皋陶则见而知之"。心法之传，精微之懿，皋陶之得诸躬者，禹之所独契也。然推其道德，而不考诸功则无验，故言其"迈种"乎德，栽培之深厚，沛然如雨露之降，民被其泽而怀之。此其功，众之所共见也。惟帝念功，则见其不可易矣。禹自以勤事之劳，不若皋陶道化之厚，至诚推先而不自知其德业之盛，真圣人之心也。"迈种"必有事实。据常人之见，则皋陶一刑官耳，纵使悉聪明，尽忠爱，人人当其罪，亦尽刑官之一职耳，"迈种德"于何处乎？此殊不知张释之之无冤民，且足以称贤，而况皋陶以圣人为之乎？其聪明所加，皆至诚所动；其忠爱所著，皆道化所存。民日迁善，而不知谁之为之者。《康诰》言以德用罚，不用罚而用德在皋陶可知矣。

好生者，帝之德也。涵育之久，洽于民，而民无不化。以帝之心为心者，皋陶之德也。"迈种"之久降于民，而民无不怀。

"念兹在兹"四句，义本难晓。旧说皆迂晦，惟蔡氏之解，最为明确。盖禹欲帝念皋陶之功，因言得人，如皋陶之不可易，以为使念之固在此人，舍之而复有可念之人焉；名言固在此人，允出而复有可言之人焉，则未见斯人之不可易也。今也，念之则有皋陶而已，舍之则有皋陶而已，名言则有皋陶而已，允出则有皋陶而已，是反覆思之，卒无有易于皋陶者也，故又曰"惟帝念功"。三"念"字，一也，皆自帝而言。

德即功，功即德，德之化民，即功也。

禹之功，脱民于昏垫，以全其生；皋陶之功，使民复其所受之中，以全其所以生也。

非舜、禹不能表皋陶之功。

禹让皋陶，不及稷、契（据"使宅百揆"，"让于稷、契暨皋陶"）。史言稷契皆帝喾子，虽未可信，要之，稷、契，尧之旧臣，其任用在舜未征庸之先，于时必已不在矣。三谟，惟有禹、益、皋陶答问之言，而无稷、契，稷、契先亡可见也。

22.《日讲书经解义》卷二

（清）库勒纳等撰

（归善斋按：见"朕宅帝位"）

《尚书考异》卷二

（明）梅鷟撰

禹曰：朕德罔克，民不依。皋陶迈种德，德乃降，黎民怀之。帝念哉。

此因《孟子》有"舜以不得禹、皋陶为己忧"，又见下文，皋陶陈谟，故意当时，禹必让皋陶也。王耕野先生曰：舜有臣五人，而天下治。大禹又安得以无功而辞。"民不依"出于不情，非臣子所以对君父之语。庄八年公曰：《夏书》曰"皋陶迈种德，德乃降"，姑务修德以待时乎。

《尚书注考》

（明）陈泰交撰

"皋陶迈种德"，训"迈"，勇往力行之意。"予惟克迈乃训"，训"迈"，行也。

《尚书埤传》卷三

（清）朱鹤龄撰

皋陶迈种德。

惟帝念功。

苏传："种德"，如农之种殖，众人之种德也。近朝播而暮获报，亦狭矣。皋之"种德"也远，栽培之深厚，滋养之丰裕，及其充溢不已，自沛然如雨露之降，民被其润泽而怀之也。

禹盛推皋陶之功，其后不荐皋陶于天，而荐益何也？考《夏本纪》则禹受禅之后，皋陶寻卒矣。《路史》云：皋陶年一百六岁，未知出何书。

《尚书七篇解义》卷一

（清）李光地撰

（归善斋按：见"朕宅帝位三十有三载"）

帝念哉！念兹在兹，释兹在兹

1. 《尚书注疏》卷三

（汉）孔氏传，（唐）陆德明音义，孔颖达疏

帝念哉！念兹在兹，释兹在兹。

传：兹，此；释，废也。念此人，在此功；废此人，在此罪。言不可诬。

疏：我所言者，帝当念之哉。凡念爱此人，在此功劳，知有功乃用之。释废此人，在此罪衅，知有罪乃废之。言进人退人，不可诬也。

下云"惟帝念功"，"念"是念功，知"废"是废罪，言念废必依其实，不可诬罔也。

2. 《书传》卷三

（宋）苏轼撰

（归善斋按：见"朕德罔克"）

3. 《尚书全解》卷四

（宋）林之奇撰

帝念哉，念兹在兹，释兹在兹，名言兹在兹，允出兹在兹，惟帝念功。

223

言帝之所当念也。"念兹在兹,释兹在兹,名言兹在兹,允出兹在兹",薛氏以系于皋陶迈种德之言,而为之说,曰:念兹者,固在兹矣。及其念之至也,则虽释而不念,亦未尝不在兹也。其始也,念仁而仁,念义而义,及其至也,不念而自仁义也,是谓"念兹在兹,释兹在兹"。名言者,其辞命也;允出者,其情实也。名之以仁,固仁矣;名之以义,固义矣,是谓"名言兹在兹",及其至也,不待名言,而情实皆仁义也,是谓"允出兹在兹"。禹既以是称皋陶之德,因以是教舜也。曰"迈德"者,其德不可以一一数也,念之而已。念之至者,念与不念,未尝不在德。其外之辞命,其中之情实,皆德也。而德不可胜用矣。薛氏此言,其论"念"、"释"、"名言"、"允出"、"在兹"之义,可谓曲当其理。然上文曰"帝念哉",下文曰"惟帝念功",皆是禹让于皋陶之意,因以教舜而念哉。念功,皆为念德,则是此乃禹称皋陶之德,殊不见其让于皋陶之意,与上文"朕德罔克"文势不相接。故薛氏说虽善,而非书之意也。孔氏、王氏,皆以此为让于皋陶,其说是也。然而,意亦未顺。予窃谓,禹之让于皋陶也,盖以谓我之心念,其可以受帝之禅者,惟在于皋陶。舍皋陶之外而求之,余人亦无及于皋陶者,则可以受帝之禅者,亦惟在皋陶。故"名言"于口,以为在皋陶;"允出"于心,亦以为在皋陶。谓己之反覆而思之,卒无有以易皋陶者,犹下文舜谓禹曰"毋!惟汝谐"是也。"惟帝念功"者,言皋陶之德见于功者,帝之所当念,而可禅以位也。

4.《尚书讲义》卷三

(宋)史浩撰

(归善斋按:见"朕宅帝位")

5.《尚书详解》卷三

(宋)夏僎撰

(归善斋按:见"朕德罔克")

6.《增修东莱书说》卷三

(宋)吕祖谦撰,时澜增修

帝念哉!念兹在兹,释兹在兹,名言兹在兹,允出兹在兹。惟帝念功。

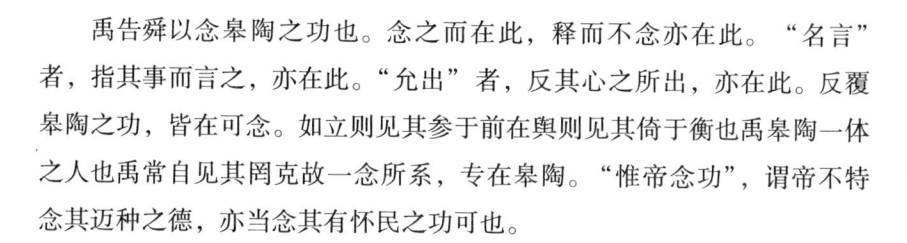

禹告舜以念皋陶之功也。念之而在此，释而不念亦在此。"名言"者，指其事而言之，亦在此。"允出"者，反其心之所出，亦在此。反覆皋陶之功，皆在可念。如立则见其参于前在舆则见其倚于衡也禹皋陶一体之人也禹常自见其罔克故一念所系，专在皋陶。"惟帝念功"，谓帝不特念其迈种之德，亦当念其有怀民之功可也。

7.《尚书说》卷一

（宋）黄度撰

（归善斋按：见"朕宅帝位"）

8.《洁斋家塾书钞》卷二

（宋）袁燮撰

（归善斋按：见"朕宅帝位"）

9.《书经集传》卷一

（宋）蔡沈撰

（归善斋按：见"朕宅帝位"）

10.《尚书精义》卷五

（宋）黄伦撰

帝念哉！念兹在兹，释兹在兹，名言兹在兹，允出兹在兹。惟帝念功。

无垢曰：夫操则存，舍则亡，此人之心也。操之则为德，舍之则为欲矣。"念兹"者，操之也；"在兹"者，操其存也。念念既久，德机愈熟，德本愈深，虽舍之亦不亡也。"释兹"者，舍之也；"在兹"者不亡也。种德至于舍之而不亡，则德远而大。夫既远而大，不能自已，虽无意于此德，然发于声音言语者，亦自然无非德也，故曰"名言兹在兹"。至其未发于声音语言，而动于念虑者，亦无非此德也，故曰"允出兹在兹"。至此，则人与德相忘矣。原其本初，特"念"之一字而已，所以又指舜曰"惟帝念功"，以言"念之功"如此也。又曰：孔子"十五而志于学"，志念也。至于"立",至于"不惑",至于"知天命",至于"耳顺",皆"念兹在兹"也。至于从心不逾矩,此"释兹在兹"也。岂特孔子,傅说告高宗曰"允怀于兹"、"念终始典于学","念兹在兹"也。"日厥德修罔觉","释兹在兹"也。圣贤相传,无非此念,其可忽哉?张氏曰:思而不忘,谓之"念";存而察之谓之"在"。"念兹在兹"者,念此人,则当察此人而有可念之道也。释而废,则不念矣。"释兹在兹"者,释此人则亦察此人,而有不可忘之理也。"念兹"而不"在兹",则所念者,未必有功。"释兹"而不"在兹",则所释者,未必有罪也。"名言兹在兹"者,名其人,言其事,所名之人,未必果贤也,所言之事未必果是也。故当察此人之贤否,此事之是非,然后可以名言之矣。"允出兹在兹"者,信出于此道,然此道未必皆可,必当察此道之可否,然后可以"允出"之矣。禹以为皋陶在所当念,不在所当释也。名其人,则皋陶之贤在所可名矣;言其事,则皋陶之行在所可言矣。允出于禅位,则皋陶在所当禅,不在所当废矣。故终之曰"惟帝念功",盖亦以皋陶之功非所可忘也。

11.《尚书详解》卷三

(宋)陈经撰

(归善斋按:见"朕宅帝位")

12.《融堂书解》卷二

(宋)钱时撰

(归善斋按:见"朕德罔克")

13.《尚书要义》卷三

(宋)魏了翁撰

(归善斋按:见"朕宅帝位")

14.《书集传或问》卷上

(宋)陈大猷撰

(归善斋按:未解)

15.《尚书详解》卷二

（宋）胡士行撰

（归善斋按：见"朕德罔克"）

16.《书纂言》卷一

（元）吴澄撰

（归善斋按：缺）

17.《书集传纂疏》卷一

（元）陈栎撰

（归善斋按：见"朕德罔克"）

18.《读书丛说》卷三

（元）许谦撰

"念兹在兹"四句，《蔡传》禹自道也。金先生谓禹勉帝舜念之，谓念之也熟，则虽舍之而不可易；言之也熟，则虽外之而不可违，如此则与上下两"念"字相应，而三"念"字，皆是一意。

19.《书传辑录纂注》卷一

（元）董鼎撰

（归善斋按：见"朕德罔克"）

20.《尚书句解》卷二

（元）朱祖义撰

帝念哉（舜当念念于皋陶而不忘）。念兹在兹（念其可受此位者，惟在此皋陶），释兹在兹（舍皋陶之外求之，余人无有及于皋陶，则可受此位者，亦在此皋陶）。

21.《尚书日记》卷三

（明）王樵撰

（归善斋按：见"朕德罔克"）

22.《日讲书经解义》卷二

（清）库勒纳等撰

（归善斋按：见"朕宅帝位"）

《尚书考异》卷二

（明）梅鷟撰

允出兹在兹。

襄二十三年仲尼曰：《夏书》曰"念兹在兹"，顺事恕施也。观辞气似非指皋陶。哀公六年《左传》孔子曰：楚昭王知大道矣，其不失国也宜哉。《夏书》曰"惟彼陶唐"云云。又曰：允出兹在兹，由己率常可矣。杜预注曰：又逸书言信，出己则福亦在己。孔安国曰：信出此心，亦在此义。《书》传曰：诚发于心，亦惟在于皋陶也。今味《左传》孔子辞气，则"在兹"，恐非指皋陶。

念兹在兹，释兹在兹，名言兹在兹，允出兹在兹。惟帝念功。

襄二十一年臧武仲曰：纥也闻之，在上位者，洒濯其心，一以待人，轨度其信，可明征也，而后可以治人。夫上之所为，民之归也。上所不为而民或为之，是以加刑罚焉，而莫敢不惩。若上之所为，而民亦为之，乃其所也，又可禁乎？《夏书》曰"念兹在兹，释兹在兹，名言兹在兹，允出兹在兹，惟帝念功"，将谓由己一也，信由己一，而后功可念也。正义曰：此断章为义，故与《尚书》本文稍殊也。孔安国传曰，念此人在此功，废此人在此罪，言不可诬。名言此事，必在此义，信出此心，亦在此义，言皋陶之德，以义为主，所宜念之。犹不敢与内传太远也。至蔡沈云，念而不忘，固在于皋陶；舍之而他求，亦惟在于皋陶；名言于口，亦惟在于皋陶；诚发于心，亦惟在于皋陶。盖反复思之，而卒无有易于皋陶者，惟帝深念其功，而使之摄位也。殊不知襄二十三年仲尼曰：夏书曰，念兹在兹，言顺事恕施也。仲尼辞气固非指皋陶。又哀六年孔子曰：楚昭王知大道矣，其不失国也宜哉。《夏书》曰，惟彼陶唐，帅彼天常，有此冀方。又曰，允出兹在兹，由己帅常可矣。孔子之意，正与臧武仲"由己"一也。相合安得谓之断章。晋人伪作安国传者，犹有兢惧之意，与杜注不敢太远。凡此曲折关纽，蔡沈一毫不加考据，方且晏然自以为将顺古文善解，文义其亦刚愎不逊，犯疑事无质直，而不有之戒者哉。

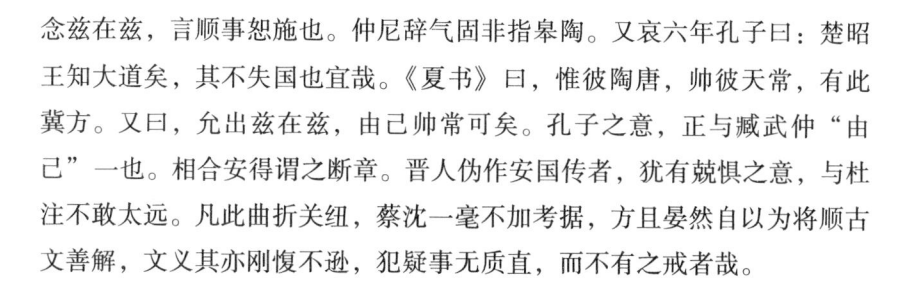

《尚书疑义》卷一

（明）马明衡撰

"念兹在兹"四句，本亦难解。先儒皆以通指皋陶而言，似亦牵强。禹虽言皋陶之德，未必重迭若此，亦非立言之体。详其意，当是己让皋陶，又启舜曰：此事至大，此责至重，帝当念之，念之时在此事，释之时亦在此事，言之时在此事，出之时亦在此事。如此详审，庶可为天下得人，而详审之实，惟在念功。皋陶德为民怀，其不在皋陶耶。如此看似觉平稳，然禹是时平成功显，既让皋陶，而又言"惟帝念功"者，不嫌于阳让于人，而默自荐耶。盖在当时，禹之功固大，而皋陶之功亦大。虞廷诸臣，德盛而功大者，未有出于二人也。禹虽有大功，然圣人之心，何尝自有？况承鲧"绩用弗成"之后，其兢业惕励之诚，惟恐不能掩父之过，而当天下之心，况敢轻受天子之位，而当为天下得人之责乎？此禹之心，诚有见夫功之难成，而天下之责之不容易塞也。其操心之危，虑患之深，比之他人，又自不同，故尔力辞。下文又曰"枚卜功臣"，则禹之心可见矣。惟舜深知之，故卒不听其让，而授之位也。

《尚书注考》

（明）陈泰交撰

"念兹在兹"训"兹"指皋陶也。"嗣王其监于兹"、"君肆其监于兹"，训"兹"者，指上文而言。"迩可远在兹"、"允怀于兹"、"兹惟后矣"，训"兹"者此也。

《尚书疏衍》卷二

（明）陈第撰

念兹在兹。

"念兹在兹"四句，旧说皆谓禹劝帝念皋陶。念皋陶何必若是？其义浅矣。此正言皋陶之"迈种德"也。夫"种"者，滋殖之义；"迈"者，黾勉之意。农夫之种也。岂惟春耕夏耘而秋收哉？朝夕麀思，出作入息，无敢卤莽灭裂，故能成厥功。皋陶司刑，刑者，民命所关，故皋陶念时此事，不念时亦此事。言时此事，不言而信发于心，亦此事，所以广好生之德，而深入于民心，是之谓"迈种"，黎民所以怀也，其功卓矣。故始"帝曰念哉"，终曰"惟帝念功"。《左传》邾庶其以二邑来奔，季孙以公姑姊妻之，皆有赐于从者。于是鲁多盗，臧武仲不能诘也。其复于季孙曰：纥也，闻之在上位者，洒濯其心，一以待人，轨度其信，可明征也，而后可以治人。《夏书》曰"念兹在兹，释兹在兹，名言兹在兹，允出兹在兹，惟帝念功"，将谓由己一也，信由己一而后功可念也。其此章之训诂也欤。

《尚书广听录》卷一

（清）毛奇龄撰

"念兹在兹"四句，正言皋之"迈种德"，而民怀之也，君民相感，必先治己而后可治人。念我耶，去我耶，在此而不在彼也，欲以明言我，欲以诚见我，在此而不在彼也。夫如是，而功可思矣，不惟德矣。此说在鲁臧武仲释《书》有之。《春秋》襄二十一年，邾庶其以漆闾丘来奔，季武子妻以公之姑姊，而厚赐从者，于是鲁多盗。武子乃使臧武仲诘盗，而武仲辞曰，子为正卿而召盗，我安能去之？纥闻在上位者，洒濯其心，轨度其信，而后可治人。夫上之所为，民之所归也。上所不为，而民或为之，是以加刑罚，而莫敢不惩。若上之所为，民亦为之，固其所也，又可禁乎？《夏书》曰"念兹在兹"云云。

《尚书七篇解义》卷一

（清）李光地撰

（归善斋按：见"朕宅帝位三十有三载"）

名言兹在兹，允出兹在兹，惟帝念功

1. 《尚书注疏》卷三

（汉）孔氏传，（唐）陆德明音义，孔颖达疏

名言兹在兹，允出兹在兹，惟帝念功。

传：名言此事，必在此义；信出此心，亦在此义。言皋陶之德，以义为主。所宜念之。

疏：名目言谈此事，必在此事之义而名言之。若信实出见此心，必在此心之义而出见之。言已名言其口，出见其心，以举皋陶，皆在此义，不有虚妄。帝当念录其功，以禅之。言皋陶堪摄位也。

名言，谓已发于口；信出，谓始发于心，皆据欲举皋陶，必先念虑于心，而后宣之于口。先言名言者，已对帝让皋陶，即是名言之事，故先言其意，然后本其心，故后言信出以义为主者，言已让皋陶，事非虚妄，以义为主。

2. 《书传》卷三

（宋）苏轼撰

（归善斋按：见"朕德罔克"）

3. 《尚书全解》卷四

（宋）林之奇撰

（归善斋按：见"帝念哉"）

4.《尚书讲义》卷三

（宋）史浩撰

（归善斋按：见"朕宅帝位"）

5.《尚书详解》卷三

（宋）夏僎撰

（归善斋按：见"朕德罔克"）

6.《增修东莱书说》卷三

（宋）吕祖谦撰，时澜增修

（归善斋按：见"帝念哉"）

7.《尚书说》卷一

（宋）黄度撰

（归善斋按：见"朕宅帝位"）

8.《洁斋家塾书钞》卷二

（宋）袁燮撰

（归善斋按：见"朕宅帝位"）

9.《书经集传》卷一

（宋）蔡沈撰

（归善斋按：见"朕宅帝位"）

10.《尚书精义》卷五

（宋）黄伦撰

（归善斋按：见"帝念哉"）

11.《尚书详解》卷三

（宋）陈经撰

（归善斋按：见"朕宅帝位"）

12.《融堂书解》卷二

（宋）钱时撰

（归善斋按：见"朕德罔克"）

13.《尚书要义》卷三

（宋）魏了翁撰

（归善斋按：见"朕宅帝位"）

14.《书集传或问》卷上

（宋）陈大猷撰

（归善斋按：未解）

15.《尚书详解》卷二

（宋）胡士行撰

（归善斋按：见"朕德罔克"）

16.《书纂言》卷一

（元）吴澄撰

（归善斋按：缺）

17.《书集传纂疏》卷一

（元）陈栎撰

（归善斋按：见"朕德罔克"）

18.《读书丛说》卷三

(元)许谦撰

(归善斋按:见"帝念哉")

19.《书传辑录纂注》卷一

(元)董鼎撰

(归善斋按:见"朕德罔克")

20.《尚书句解》卷二

(元)朱祖义撰

名言兹在兹(名言于口以为在此皋陶),允出兹在兹(信出于心亦以为在此皋陶),惟帝念功(惟舜当于此念其功而用之)。

21.《尚书日记》卷三

(明)王樵撰

(归善斋按:见"朕德罔克")

22.《日讲书经解义》卷二

(清)库勒纳等撰

(归善斋按:见"朕宅帝位")

《尚书考异》卷二

(明)梅鷟撰

(归善斋按:见"帝念哉")

《尚书疑义》卷一

(明)马明衡撰

(归善斋按:见"念兹在兹")

《尚书疏衍》卷二

（明）陈第撰

（归善斋按：见"念兹在兹"）

《尚书广听录》卷一

（清）毛奇龄撰

（归善斋按：见"念兹在兹"）

《尚书埤传》卷三

（清）朱鹤龄撰

（归善斋按：见"朕德罔克"）

《尚书七篇解义》卷一

（清）李光地撰

（归善斋按：见"朕宅帝位三十有三载"）

帝曰：皋陶，惟兹臣庶，罔或干予正

1.《尚书注疏》卷三

（汉）孔氏传，（唐）陆德明音义，孔颖达疏

帝曰：皋陶，惟兹臣庶，罔或干予正。

传：或，有也。无有干我正，言顺命。

疏：正义曰：帝以禹让皋陶，故述而美之。帝呼之曰：皋陶，惟此群臣众庶，皆无敢有干犯我正道者。

2.《书传》卷三

(宋)苏轼撰

帝曰:皋陶,惟兹臣庶,罔或干予正。

干,犯也。

3.《尚书全解》卷四

(宋)林之奇撰

帝曰:皋陶!惟兹臣庶,罔或干予正。汝作士,明于五刑,以弼五教,期于予治,刑期于无刑,民协于中,时乃功,懋哉。

舜因禹之让皋陶,于是称美皋陶之功,以勉之也。"惟兹臣庶,罔或干予正",言民皆循理率教,无有干予正者,言不犯法也。民之所以不犯法者,则以皋陶之作士,能明五刑以弼五教故尔。古之圣人,所以制为刑辟者,非期于多刑人,多杀人,以为威也。凡欲以辅吾教之所不逮而已,出教则入于刑,出刑则入于教,使民皆趋于五教,而刑为无用者,是真圣人之本心也。皋陶能体此意,故其用刑也,亦非期于深文峻法,使民无所措手足也。其所期者,惟欲使舜从欲以治而已。欲使舜从欲以治,要在使民不犯于有司,囹圄空虚,天下无一人之狱,群黎百姓,皆协于大公至正之道,使人徒知契与伯夷之教,而不知有皋陶之刑。此舜之威德,惟皋陶能推明其意,而见于治功者,然也。董仲舒曰:天道之大者,在阴阳。阳为德,阴为刑。刑主杀,而德主生。是故,阳常居大夏,而以生育长养为事;阴常居大冬,而积于虚空不用之处,以此见天之任德,不任刑也。天使阳出布施于上,而主岁功;使阴入伏于下,而出佐阳。阳不得阴之助,亦不能独成岁功。阳以成岁为名,此天意也。王者承天意以从事,故任德而不任刑。刑之不可任以治世,犹阴之不可任以成岁也。观此则知,刑以弼教,期于无刑,真圣人之本意也。盖百官有司之职,各职其职业,而使其职无旷,然后为能。如百揆,必能熙帝之载;不能熙帝之载,则为旷职矣。稷官,必能播百谷;不能播百谷,则为旷职矣。共工,必能使百工各尽其能;不能使百工各尽其能,则为旷职矣。虞衡,必能使草木鸟兽各遂其性;不能使草木鸟兽各遂其性,则为旷职矣。以至司徒之于教,秩宗之于礼,龙之于纳言,必欲皆修其本职，然后为无旷也。惟士之一官，乃独异于此。要在乎推明圣人所以明刑立法之意，使民不犯于有司，囹圄空虚，天下无一人之狱，其官若为虚设者，然后为能其官。此皋陶之德，所以为万世治刑狱之法也。"时乃功，懋哉"者，言其既称其功，又勉之，使懋其职业也。亦犹使禹宅百揆，禹让于稷、契暨皋陶，舜既不许其让，则更称三人之前功，而勉之也。然禹之宅百揆，以让于稷、契暨皋陶，此惟让皋陶，而不及稷、契者，按《史记》，稷、契皆帝喾之子，帝喾崩而挚立，挚崩而尧立。尧立七十年，而使舜摄帝位二十八年而尧崩，终尧之丧三年，而后即帝位，即帝位而后命九官。当命九官之时，稷、契盖年百有余岁矣。舜即位三十三年而后禅禹，当禅禹之际，此时稷、契之徒，盖已死矣。使是时尚存，则其让之固当所先也。

4.《尚书讲义》卷三

（宋）史浩撰

（归善斋按：见"朕宅帝位"）

5.《尚书详解》卷三

（宋）夏僎撰

帝曰：皋陶，惟兹臣庶，罔或干予正。汝作士，明于五刑，以弼五教，期于予治，刑期于无刑，民协于中，时乃功，懋哉。

此舜因禹之让皋陶，于是称美皋陶之功，以勉之也。刑所以正民之不正。谓之"罔或干予正"者，犹云罔或犯于法也。舜之意谓：此群臣众民，所以各率理循教，无有一人敢犯于法者，实惟汝皋陶作士师之官，于用刑之际，不务刑人杀人，惟以教人为主，教之不从，则明五刑，以辅五教之不逮，其所以期者，直期如我之欲治，故于施刑之际，必欲刑一人，而天下皆有所惩，莫敢犯法，可以致无刑之效，然后始刑之。此舜之时，所以民皆合于中道，而无一人犯法者，实皋陶之功也。皋陶可不勉哉？此正舜之意也。大抵制刑以防民者，君也。体君之意以用刑者，臣。倪君有爱民之心，而臣不能体其忠厚，而惨酷行之，则君虽有是欲，将谁从其欲哉？惟舜之刑，非务刑名，本欲辅教。而皋陶奉行，又能期如其所欲。一刑之施，必欲至于无刑。此其功，舜所以谈不容口也。林少颖谓：此节正如使禹宅百揆，禹让稷、契、暨皋陶，舜既不许其让，则更称三人前功以勉之，故言"时乃功，懋哉"。盖舜之意已决，欲禅禹。今禹既让于皋陶，故舜述其前功以勉之，未尝言及禅位之事。盖其意已述于禹，不可易。其美皋陶，乃顺适禹意。少颖又谓：禹宅百揆，让于稷、契暨皋陶，此惟让皋陶，而不及稷、契者，按《史记》，稷、契，皆帝喾之子，帝喾崩而挚立，挚崩而尧立，尧立七十年，而使舜摄帝位二十八年，而尧崩，终尧之丧三年，而后即位，即帝位而后命九官，当命九官之时，稷、契盖年百有余岁，舜即位三十三年而后禅禹。此时稷、契之徒盖已死矣。此亦似有此理。

6.《增修东莱书说》卷三

（宋）吕祖谦撰，时澜增修

帝曰：皋陶，惟兹臣庶，罔或干于正。汝作士，明于五刑，以弼五教，期于予治，刑期于无刑，民协于中。时乃功，懋哉。

正者，典也。帝者之世，风俗醇厚，敢干于正者已无。而或干于正者，亦无有。舜推原其功，皆由皋陶作士之力也。"明于五刑，以弼五教"，"以"者，刑与教对立，出彼入此，出此入彼，左右辅翼，使迁于善也。"期于予治，刑期于无刑"，"期"者，立此意，则至此地也。"刑"者，刑也。"无刑"者，教也。"民协于中"者，或有所偏，而刑以纠之，则归于中，无非大为堤防，使民无入而不自得如此者，是汝之功盛哉。舜非以禹，力称皋陶，而姑言其功，以塞禹之意也。唐虞广大之象，于此可见。禹亦非文具之让也。禹、皋陶一体之人，皋陶之德实可以当帝位，但当时有禹，故以天下授禹。然亦岂以禹，掩皋陶之功哉？子华使齐，孔子虽知其乘肥马，衣轻裘。冉子请粟，亦与之釜。圣人非以人情与之，圣人宽大自如此。如此气象，自尧、舜以下，于洙泗见之。

7.《尚书说》卷一

（宋）黄度撰

帝曰：皋陶，惟兹臣庶，罔或干予正。汝作士，明于五刑，以弼五教，期于予治。刑期于无刑，民协于中。时乃功，懋哉。皋陶曰：帝德罔愆，临下以简，御众以宽。罚弗及嗣，赏延于世。宥过无大，刑故无小，罪疑惟轻，功疑惟重。与其杀不辜，宁失不经。好生之德，洽于民心，兹用，不犯于有司。帝曰俾予从欲以治，四方风动，惟乃之休。

"期"，犹要也。明刑弼教，要其君于治，刑不得已而用之，而必要之于无刑。"协中"，则无过差。不协，虽善犹过差也。况凶德乎必丽于法矣。此皋陶之功，舜所能念也。"罔愆"，躬率以正也。"简"、"宽"，君德也。烦苛急蹙，岂所以君天下哉。罪不相及，赏延，宥过，刑故，功罪疑轻、重，皆为天下后世法。孔氏曰：忠厚之至。"与其杀不辜，宁失不经"，哀矜恻怛如此，故"好生之德，洽于民心"，民皆自爱，不犯有司。此非苟为归美之言也。人主无好生之心，有司得宽平之名，此岂可行。汉文帝本仁厚，张释之辅其不及耳。如使事武帝，岂得行其志乎？君视民如禽兽而猎之，民有很心，扞格滋甚。秦法烦密，刑人如恐不胜，由是天下群起为盗。汉初约法三章，号为纲，漏吞舟之鱼，而人知自爱，重犯法。至文景，几致刑措。其事一一可验。然则，皋陶之推功于舜，本之于君德，诚非苟为归美也。故舜亦遂任之于己，以为予固欲之。然能使予从欲以治，风动四方，则由皋陶推明之。是则皋陶之美也。稷、契、皋陶，同功一体。禹命宅百揆，让稷、契、皋陶。命禅，独让皋陶，不及稷、契，何也？皋陶彰明君德，其功大，不当在诸臣之下也。试使治水、粒食、彝教，各共其事，而民不丕应，忿疾，傲虐之遂作，失德刑之序，废君师宠绥之职，则虽一夫向隅而泣，犹为君道不尽。是故，王功曰勋，事功曰劳，皋陶辅导君德，功当为冠。禹治，犹为事功，独以怀襄患大，功遂独出耳。稷、契之功，皆因于禹，固不能先皋陶也。故夫子序三谟，独以皋陶配禹，而犹加诸禹之上。《史记》禹为天下举皋陶荐之，且授政，皋陶卒始荐益。

8.《洁斋家塾书钞》卷二

（宋）袁燮撰

帝曰：皋陶，惟兹臣庶，罔或干予正。汝作士，明于五刑，以弼五教，期于予治。刑期于无刑，民协于中，时乃功懋哉。

"罔或干予正"，言天下无人干我之正道也。"明于五刑，以弼五教"，圣人之治天下，不过只是"五教"。五教，即所谓父子有亲，君臣有义，夫妇有别，长幼有序，朋友有信也。成周之法，亦有不孝之刑，不婣（yīn）

239

之刑，不睦之刑。盖日用之间不出此五者，何往而非君臣、父子、夫妇、长幼、朋友，是以圣人之教，以此为急。故五刑之用，亦惟以弼五教而已。"期于予治，刑期于无刑"，此两"期"字不可不详玩，可以见得皋陶之心。"期于予治"，是期使天下至于大治也；"刑期于无刑"，是不特苟了职事，必欲至于无刑也。犹有刑焉，是天下犹有不善之人也。天下犹有不善，是明刑之责也。人莫不有所期，如射者期中于的。所期高者，其至必高；所期远者，其至必远。苟无所期，则亦终于卑污蹇浅而已。观"期"之一字，想见"一夫不获"，皋陶必曰"时予之辜"。惟其心足以风动天下，"民协于中"，能使天下皆为皇极之民。用刑之效，顾如此崎大欤。民受天地之"中"以生，人心皆有此"中"也。有事于此，少过焉，皆知其为过；少不及焉，皆知其不及，必至于至中不偏，的当恰好，然后人心始无憾。不特贤者、智者为然，愚鄙小人亦然；不特士大夫为然，工商走卒亦然。此可见人心皆有此"中"也。"民协于中"者，举天下皆归于"中"，皆为皇极之民也。夫皋陶以明刑为职耳，何以能使"民协于中"，此无他，只缘皋陶之刑，既"协于中"，所以能使"民协于中"。彼其用刑之际，此心清明，如明鉴然，斟酌审谛，轻者从轻，重者从重，毫厘之不差。夫如是，民安得不协于中。皋陶之刑，非后世之刑也。后世之刑，有罪者幸免，无辜者滥及。皋陶之刑，何独有罪无罪之不误而已，直是更无一毫之差。彼其"迈种德，德乃降，黎民怀之"，只是用刑之所致。吾是以知皋陶之刑，非后世之刑也。懋，勉也，便只是"勤"与"不怠"。

9.《书经集传》卷一

（宋）蔡沈撰

帝曰：皋陶，惟兹臣庶，罔或干予正。汝作士，明于五刑，以弼五教，期于予治。刑期于无刑，民协于中，时乃功懋哉。

干，犯；正，政；弼，辅也。圣人之治，以德为化民之本，而刑特以辅其所不及而已。"期"者，先事取必之谓。舜言惟此臣庶无或有干犯我之政者。以尔为士师之官，能明五刑，以辅五品之教，而期我以至于治。其始虽不免于用刑，而实所以期至于无刑之地，故民亦皆能协于中道。初无有过、不及之差，则刑果无所施矣。凡此皆汝之功也。懋，勉也。盖不听禹之让，而称皋陶之美，以劝勉之也。

10.《尚书精义》卷五

（宋）黄伦撰

帝曰：皋陶！惟兹臣庶，罔或干予正。汝作士，明于五刑，以弼五教，期于予治。刑期于无刑，民协于中，时乃功懋哉。

无垢曰：夫臣庶所以犯刑者，则以其心不正也。不正之念，起于微芒，长于芽蘖，倪或纵之，荡如狂澜，不可收拾，至于为寇贼奸宄，而不知耻矣。圣人忧之，故设为五刑，小有墨、劓，大有大辟，或刑于朝，或刑于市。又其大，有陈之原野者，使见之者惊，闻之者沮，所以折天下不正之念，而使销殒于无刑之间也，岂好杀人也哉？今舜之臣，庶其心皆正，至无有一毫邪念，犯舜之正者。夫臣庶之心正，何与于舜，而谓乃舜之正哉。盖舜与天下通为一体者也。使天下臣庶有一邪念，犯其心之正者，即犯舜之正也。然则，臣庶不以邪犯正，是谁之力哉？乃皋陶明五刑之功也。明五刑于此。则臣庶知邪念不收。必堕刑狱。皆儆戒检察。而不敢放肆。如此。则邪念消殒矣。邪念消殒。自然归于仁、义、礼、智、信之中，而识君臣、父子、兄弟、夫妇、朋友之用矣。以弼五教，夫复何疑？皋陶之明刑，果何为哉？期于舜之天下，人人有士君子之行，而大治也，岂好杀人哉？期天下无一人犯法而后已。使天下无一人犯法，则天下之心，皆正可知矣。其心既正，不待教令，不烦鞭朴，措心积虑，自然合于中道矣。史氏曰：任法者，不若责之以人；任人者，不若勉之以功。以舜为君，法不待于任，以皋陶为臣，功不待于勉，然必区区为是者，盖治道之常，有不可得而忽也。夫五刑之设，不独待天下之有罪，亦所以明天下之无罪。自皋陶为士，始至于弼教，而终至于无刑，皆岂任法之故耶。始于大臣庶官罔干予正，终于天下之民皆协于中，则非任人有所不能也。舍法而任人因人，而有功为帝舜者，其可不以是而勉之哉？

11.《尚书详解》卷三

（宋）陈经撰

帝曰：皋陶，惟兹臣庶，罔或干予正。汝作士，明于五

241

教，期于予治。刑期于无刑，民协于中，时乃功，懋哉。

此舜因禹之逊皋陶，而归功于皋陶者也。惟此臣庶，无有犯我之正理，盖天下之正理。舜以身体之，是以天下为一身者也。天下之有过，则亦在其君。故曰"百姓有过，在予一人"。天下之不犯于正者，亦在其君，故曰"罔干予正"。既不干予正，则人人有士君子之行矣。此皆汝作士，明刑弼教之功也。古之所谓刑者，岂为残民之具哉？辅五教而已。故不孝者有刑，不弟者有刑，不睦者有刑，使民知有所避，故因以知所趋而已。"期于予治"者，期于五教之行也。"刑期于无刑"者，期于不违此五教也。"民协于中"者，协此五教也。"期于予治，刑期于无刑"者，君子无用刑之心，然犹有期之之意存焉。"民协于中"者，君子无用刑之功，至于民自协"中"者，则不待有所期矣，盖"中"即五教也。出"中"则入于五刑；出刑则入于"中"矣。既曰"正"，又曰"中"，盖"中"可以兼正，正不可以兼"中"。"罔干予正"者，乃所以为趋中之路也。"时乃功，懋哉"，此虽汝皋陶之功，若自以为功而不加懋勉，则前之功，乌保其不亏，故舜既称其功而美之，复因前功而勉之。

12.《融堂书解》卷二

(宋) 钱时撰

帝曰：皋陶，惟兹臣庶，罔或干予正。汝作士，明于五刑，以弼五教，期于予治。刑期于无刑，民协于中，时乃功懋哉。

此段前面"罔或干予正"，与后面"民协于中"相应，不可不细玩。以其无邪，谓之正；以其无偏，谓之中，皆道之异名，非有二也。"正"曰"予正"者，天下之心，舜一人之心也。其心正，即舜之正；其念不正，即是由舜之不正。"明"，即"惟明克允"之"明"，即"乃明于刑之中"之"明"，灼见是非曲直，灼见情伪轻重。水镜澄然，物无遁藏。而五刑之用，有以大服乎人心，为恶者知惧；为善者知劝，自然乐趋于善，而不忍自弃于为恶，谓弼教合于中，方是弼教成功处。

13. 《尚书要义》卷三

（宋）魏了翁撰

（归善斋按：未引）

14. 《书集传或问》卷上

（宋）陈大猷撰

（归善斋按：未解）

15. 《尚书详解》卷二

（宋）胡士行撰

帝曰：皋陶，惟兹臣庶，罔或（有）干（犯）予正（法）。汝作士（士师），明（明示）于五刑，以弼（助）五教（刑教对立出此则入彼），期（望也立意至此地也）于予治。刑（明刑）期于无刑，民协（合）于中，时（此）乃功，懋（勉）哉。

此舜因禹让皋陶。而美之也。士，刑官也。而惟以弼教，期于治，期于无刑而已。协于中，则不干于正矣。此其功，有超于刑官之外者，不亦懋哉。

16. 《书纂言》卷一

（元）吴澄撰

（归善斋按：缺）

17. 《书集传纂疏》卷一

（元）陈栎撰

帝曰：皋陶，惟兹臣庶，罔或干予正。汝作士，明于五刑，以弼五教，期于予治。刑期于无刑，民协于中，时乃功，懋哉。

纂疏：唐孔氏曰：无有干犯我正道者。林氏曰：刑非期于刑，人以辅吾教之不及而已。出教则入刑，出刑则入教，使民趋教，而刑为无用。此圣人本心也。皋能体此意而行之，使天下知有契之教，不知有皋之刑。盖百官以无旷为能，惟"士"不然，必使民皆不犯，官若虚设，始为能其官也。陈氏经曰：明刑以弼教，非特期至于治，又期于无刑焉。弼教以刑，民犹有所畏而为善也。无刑而协中，则无所畏而为善矣。出刑则入于中，中可以兼正。"罔干予正"，趋中之渐也。陈氏大猷曰：明五刑，智也，法守也；期无刑，仁也，法外意也。"协于中"，不犯，正不待论也，中则无不正矣。

18.《读书丛说》卷三

（元）许谦撰

（归善斋按：未解）

19.《书传辑录纂注》卷一

（元）董鼎撰

帝曰：皋陶，惟兹臣庶，罔或干予正。汝作士，明于五刑，以弼五教，期于予治。刑期于无刑，民协于中，时乃功，懋哉。

辑录：

法家者流，往往常患其过于惨刻。今之士大夫，耻为法官，更相循袭以宽大为事，于法之当死者，反求以生之。殊不知明于五刑，以弼五教，虽舜亦不免。教之不从，刑以督之，惩一人而天下人知所劝诫，所谓辟以止辟，虽曰杀之，而仁爱之实已行于中。今非法以求其生，则人无所惩惧，陷于法者愈众，虽曰仁之，适以害之道。夫圣人，亦不曾徒用政刑。到德礼既行，天下既治，亦不曾不用政刑，故《书》说，刑期于无刑，只是存心期于无，而刑初非可废。又曰："钦哉，惟刑之恤哉"，只是说恤刑。贺孙。

纂注：唐孔氏曰：无有干犯我正道者。

林氏曰：圣人制刑，非期于刑杀人，凡以辅吾教之不及而已。出教则入刑，出刑则入教，使民趋教而刑为无用，此圣人本心也。皋能体此意而行之，使天下知有契之教，而不知有皋之刑。盖百官以无旷为能，惟士不然，必使民皆不犯，官若虚设，始为能其官也。

陈氏经曰：明刑以弼教，非特期至于治而已，又期无刑焉。且弼教以刑，民犹有所畏而为善也。无刑而协中，则无所畏而为善矣。

陈氏大猷曰：明五刑，智也，法守也；期无刑，仁也，法外意也。"协于中"，则不犯，正不待论也。程子曰："中则不违于正，正未必中也。"禹之功，脱民于昏垫，以全其生。皋之功，使民复其所受之中，以全其所以生也。

20.《尚书句解》卷二

（元）朱祖义撰

帝曰：皋陶（舜于是称美皋陶，而命之曰），惟兹臣庶（惟此群臣庶民）罔或干予正（无或有一人敢犯干五常之正理者）。

21.《尚书日记》卷三

（明）王樵撰

"帝曰：皋陶，惟兹臣庶"至"时乃功，懋哉"。帝不听禹之让，而称皋陶之功，以劝勉之。盖时禹、皋陶同在帝前也。言惟此臣庶，无或有干犯我之政令者，以尔为士师之官，能明于五刑，使轻重适当，以辅五常之教，而期我以至于治刑而实期于无刑，故民亦皆能协于中道，初无有过、不及之差，则刑果无所施矣。凡此皆汝之功也。大抵三纲五常，天理民彝之大节，而治道之本根也。故圣人之治，为之教以明之，为之刑以弼之。是其义刑义杀，虽或至于伤民之肌肤，残民之躯命，然刑一人，而天下之人耸然不敢肆意于为恶，则是乃所以正直辅翼，而若其有常之性也。是则所谓"弼教"者也。有违教，而后有明刑；刑之明，欲其无违教而已。教行而刑安用之，才曰弼教，则知非常用之器，而要以无刑可明，始为尽职，故曰"刑期于无刑"。

林氏曰：圣人制刑，非期于刑杀人。凡以辅吾教之不及而已，出教则入刑，出刑则入教，使民趋教，而刑为无用。此圣人之本心也。皋陶体此意而行之，使天下知有契之教，而不知有皋陶之刑。盖百官以无旷为能，惟士不然，必使民皆不犯官若虚设，始为能其官也。

"象刑"节惟说到"钦哉，钦哉，惟刑之恤哉"；命作士，惟说到"惟明克允"；此称皋陶之德，故于明刑之中，又见其弼教之实。刑期无刑，实皋陶之心，非帝舜孰能知之，非帝舜孰能言之。

按，法者，人臣之所守，故在皋陶则曰明刑，在帝则曰"好生"。然皋陶之刑，主于弼教，"期于无刑"，则未尝不归于"好生"也。

"民协于中"，弼教者，于是乎有德于民之中矣，此所以为"迈种德"也与。

22.《日讲书经解义》卷二

（清）库勒纳等撰

帝曰：皋陶，惟兹臣庶，罔或干予正。汝作士，明于五刑，以弼五教，期于予治。刑期于无刑，民协于中，时乃功，懋哉。

此一节书，帝舜因禹让皋陶，遂呼皋陶而称美之也。干，干犯正政令。五刑，墨、劓、剕、宫、大辟。五等之刑也。五教，君臣、父子、夫妇、长幼、朋友，五伦之教也。弼，辅也；期，望也；懋，勉也。帝舜曰：汝皋陶，惟兹臣民众庶，无或有干犯我之政令者，此何故哉？盖由汝作士师之官，能明于五等之刑，以辅五品之教，而期我以至于治。其初，五品不逊，或不免于用刑，非忍于残民也，实期人皆迁善改过，至于无刑可用耳。所以民皆感化，皆能合于中道，不至越礼犯分，罹于法网，而刑果无所施矣。凡此皆汝之功也。汝当益加懋勉。始终此心可也。民出乎教，则入乎刑，入乎教则出乎刑。刑禁于已然，而教感于未然。皋陶，刑官也，而曰"弼教"，故王者以教化为首务。刑者，不得已而后用之，后世，日从事于科指条禁之烦，章程法令之末，而于所谓化民成俗，陶于仁寿之本，计则视为迂阔，而莫举治。莫古若职，此之故与。

《书义断法》卷一

（元）陈悦道撰

惟兹臣庶，罔或干予正。汝作士，明于五刑，以弼五教，期予于治。刑期于无刑，民协于中。

皋陶本士师，掌刑之官，而五刑之用，惟以弼教，期望之责在于无刑，此其风化之原甚深，而禁防之具甚略。当时比屋可封，民皆由于中道，其好犯上鲜矣。夫政者，正也。有协中之俗，则岂有干正之民。皋陶之所谓明刑者,盖如此。

《尚书考异》卷二

(明) 梅鷟撰

帝曰:皋陶,惟兹臣庶,罔或干予正。汝作士,明于五刑,以弼五教,期于予治。刑期于无刑,民协于中。时乃功,懋哉。

方欲禅,禹因荐皋陶而遂与皋陶言者。仿《尧典》禹拜稽首让于稷、契暨皋陶。"帝曰:俞!汝往哉。"而其下因亦夷弃、契、皋陶也。"惟兹臣庶",《孟子》以为舜告象之言。下文"汝其于予治",此则曰"罔或干予正","于"去一钩作"干",又止蹈袭一"予"字,何其神于变化邪?《尧典》命皋陶曰"汝作士,五刑有服",此则曰"汝作士,明于五刑",又"皋陶方施象刑,惟明"。《尧典》命皋陶之先,命契曰"敬敷五教",此则曰"以弼五教"。弼,又后篇"弼成五服"之"弼"。《孟子》曰:"舜命象曰,汝其于予治。"此则曰"期于予治",至此句而变化之神拙矣。改"其"字为"期"字,音之同也。"于予治"三字终于蹈袭,则踪迹显然矣,吾故曰"拙"。或曰此人才思,足以调易。其所以必露此者,将以嗤后世之无人也。"刑期于无刑"之言"民协于中",见《吕刑》"士制百姓于刑之中"。"时乃功"见《皋陶谟》。《淮南子·诠言训》:"听狱制中者,皋陶也。"

《尚书注考》

(明) 陈泰交撰

"罔或干予正",训"干",犯。"舞干羽于两阶"、"比尔干"训"干",楯。

《尚书七篇解义》卷一

(清) 李光地撰

帝曰:皋陶,惟兹臣庶,罔或干予正。汝作士,明于五刑,以弼五教,期于予治。刑期于无刑,民协于中,时乃功,懋哉。皋陶曰:帝德罔愆,临下以简,御众以宽,罚弗及嗣,赏延于世。宥过无大,刑故无小。罪疑惟轻,功疑惟重。与其杀不辜,宁失不经。好生之德,洽于民心。兹用，不犯于有司。帝曰：俾予从欲以治，四方风动，惟乃之休。

此因类记帝与皋陶之言，未必在禹让之时也。尧之先，苗民乱德，淫刑多矣。至尧舜而罚弗及嗣，夏商之间又少变矣。故《甘誓》、《汤誓》，犹有"孥戮"之言，及文王之治岐也，罪人不孥，实修尧舜之政。今考《周书》无曰"孥戮"者，文王开之也。其可谓至德也已矣。过则宥之，疑则轻之，此所宥所轻之中，将来或有失之出者，而圣人不以为悔，虑其杀一不辜故也。

汝作士，明于五刑，以弼五教

1.《尚书注疏》卷三

（汉）孔氏传，（唐）陆德明音义，孔颖达疏

汝作士，明于五刑，以弼五教。

传：弼，辅；期，当也。叹其能以刑辅教，当于治体。

音义：治，直吏反，注同。当，丁浪反，又如字。

疏：由汝作士官，明晓于五刑，以辅成五教，当于我之治体。

传正义曰：《书》传称"左辅右弼"，是弼亦辅也。期，要，是相当之言，故为当也。传言当于治体，言皋陶用刑，轻重得中，于治体与正相当也。

2.《书传》卷三

（宋）苏轼撰

汝作士，明于五刑，以弼五教，期于予治，刑期于无刑，民协于中，时乃功，懋哉。

期，至也。

3.《尚书全解》卷四

（宋）林之奇撰

（归善斋按：见"惟兹臣庶"）

4.《尚书讲义》卷三

（宋）史浩撰
（归善斋按：见"朕宅帝位"）

5.《尚书详解》卷三

（宋）夏僎撰
（归善斋按：见"惟兹臣庶"）

6.《增修东莱书说》卷三

（宋）吕祖谦撰，时澜增修
（归善斋按：见"惟兹臣庶"）

7.《尚书说》卷一

（宋）黄度撰
（归善斋按：见"惟兹臣庶"）

8.《洁斋家塾书钞》卷二

（宋）袁燮撰
（归善斋按：见"惟兹臣庶"）

9.《书经集传》卷一

（宋）蔡沈撰
（归善斋按：见"惟兹臣庶"）

10.《尚书精义》卷五

（宋）黄伦撰
（归善斋按：见"惟兹臣庶"）

11.《尚书详解》卷三

（宋）陈经撰

（归善斋按：见"惟兹臣庶"）

12.《融堂书解》卷二

（宋）钱时撰

（归善斋按：见"惟兹臣庶"）

13.《尚书要义》卷三

（宋）魏了翁撰

（归善斋按：未引）

14.《书集传或问》卷上

（宋）陈大猷撰

（归善斋按：未解）

15.《尚书详解》卷二

（宋）胡士行撰

（归善斋按：见"惟兹臣庶"）

16.《书纂言》卷一

（元）吴澄撰

（归善斋按：缺）

17.《书集传纂疏》卷一

（元）陈栎撰

（归善斋按：见"惟兹臣庶"）

18.《读书丛说》卷三

（元）许谦撰

（归善斋按：未解）

19.《书传辑录纂注》卷一

（元）董鼎撰

（归善斋按：见"惟兹臣庶"）

20.《尚书句解》卷二

（元）朱祖义撰

汝作士（实惟汝皋陶作士师之官），明于五刑（能明审于墨、劓、剕、宫、大辟之五刑），以弼五教（以佐五常之教所不逮）。

21.《尚书日记》卷三

（明）王樵撰

（归善斋按：见"惟兹臣庶"）

22.《日讲书经解义》卷二

（清）库勒纳等撰

（归善斋按：见"惟兹臣庶"）

《书义断法》卷一

（元）陈悦道撰

（归善斋按：见"惟兹臣庶"）

《尚书考异》卷二

（明）梅鷟撰

（归善斋按：见"惟兹臣庶"）

《尚书注考》

（明）陈泰交撰

"以弼五教"，训"弼"，辅也。"承弼厥辟"，训"弼"者，正救之谓。

《尚书疏衍》卷二

（明）陈第撰

明于五刑，以弼五教。

《孟子》曰："使契为司徒，教以人伦，父子有亲，君臣有义，夫妇有别，长幼有序，朋友有信。"此自天地剖判以，来圣人教天下不可得而变革者也。民不率教，则绳之以刑，于是有不亲、不义、不别、不序、不信之刑。教之所服，刑之所去也；教之所悖，刑之所施也。故教行，则刑益省；刑立，则教益彰。《家语》曰：虽有不孝弑上之狱，而无陷刑之民；虽有淫乱变闻之狱，而无陷刑之民；虽有奸邪贼盗靡法妄行之狱，而无陷刑之民。是之谓至德至治之世也。故读唐虞之书，若登春台之上，熙然翔风，洽蔼然，协气流。

《尚书七篇解义》卷一

（清）李光地撰

（归善斋按：见"惟兹臣庶"）

期于予治，刑期于无刑，民协于中，时乃功，懋哉

1.《尚书注疏》卷三

（汉）孔氏传，（唐）陆德明音义，孔颖达疏

期于予治。刑期于无刑，民协于中，时乃功，懋哉。

传：虽或行刑，以杀止杀，终无犯者。刑期于无所刑，民皆合于大中之道，是汝之功，勉之。

音义：懋，音茂。

疏：用刑期于无刑，以杀止杀，使民合于中正之道，令人每事得中，是汝之功，当勉之哉。

虽或行刑，以杀止杀者，言皋陶或行刑，乃是以杀止杀。为罪必将被刑，民终无犯者。要使人无犯法，是期于无所用刑。刑无所用，此期为限，与前经期义别。而《论语》所谓"胜残去杀"矣。民皆合于大中，言举动每事得中，不犯法宪，是合大中。即《洪范》所谓"皇极"是也。

2.《书传》卷三

（宋）苏轼撰

（归善斋按：见"汝作士"）

3.《尚书全解》卷四

（宋）林之奇撰

（归善斋按：见"惟兹臣庶"）

4.《尚书讲义》卷三

（宋）史浩撰

（归善斋按：见"朕宅帝位"）

5.《尚书详解》卷三

（宋）夏僎撰

（归善斋按：见"惟兹臣庶"）

6.《增修东莱书说》卷三

（宋）吕祖谦撰，时澜增修

（归善斋按：见"惟兹臣庶"）

7.《尚书说》卷一

（宋）黄度撰

（归善斋按：见"惟兹臣庶"）

8.《洁斋家塾书钞》卷二

（宋）袁燮撰

（归善斋按：见"惟兹臣庶"）

9.《书经集传》卷一

（宋）蔡沈撰

（归善斋按：见"惟兹臣庶"）

10.《尚书精义》卷五

（宋）黄伦撰

（归善斋按：见"惟兹臣庶"）

11.《尚书详解》卷三

（宋）陈经撰

（归善斋按：见"惟兹臣庶"）

12.《融堂书解》卷二

（宋）钱时撰

（归善斋按：见"惟兹臣庶"）

13.《尚书要义》卷三

（宋）魏了翁撰

（归善斋按：未引）

14.《书集传或问》卷上

（宋）陈大猷撰

或问："刑期于无刑"，莫只是"辟以止辟"之意否？曰："辟以止辟"，则是截然以刑而遏其不犯，如"齐之以刑，民免而无耻"者是也。"刑期于无刑"，则有哀矜恻怛之意在焉，气象盖不侔矣。曰：然则，成王之说非欤？曰：才添"乃辟"二字，便有不忍轻用之意，其味便不同也。

15.《尚书详解》卷二

（宋）胡士行撰

（归善斋按：见"惟兹臣庶"）

16.《书纂言》卷一

（元）吴澄撰

（归善斋按：缺）

17.《书集传纂疏》卷一

（元）陈栎撰

（归善斋按：见"惟兹臣庶"）

18.《读书丛说》卷三

（元）许谦撰

（归善斋按：未解）

19.《书传辑录纂注》卷一

（元）董鼎撰

（归善斋按：见"惟兹臣庶"）

20.《尚书句解》卷二

（元）朱祖义撰

期于予治（其所期望者直期如我之欲治）。刑期于无刑（施刑之际，必欲天下皆为君子长者之归，可以致无刑之效），民协于中（民皆合于中道，无一夫犯法者），时乃功（是汝皋陶之功），懋哉（可不勉哉）。

21.《尚书日记》卷三

（明）王樵撰

（归善斋按：见"惟兹臣庶"）

22.《日讲书经解义》卷二

（清）库勒纳等撰

（归善斋按：见"惟兹臣庶"）

《书义断法》卷一

（元）陈悦道撰

（归善斋按：见"惟兹臣庶"）

《尚书考异》卷二

（明）梅鷟撰

（归善斋按：见"惟兹臣庶"）

《尚书埤传》卷三

（清）朱鹤龄撰

刑期于无刑。

林之奇曰：出教则入刑，出刑则入教，民皆趋教而刑为无用。此圣人之本心也。盖百官以无旷为能，惟士不然，必使民皆不犯，官若虚设，始为能其官尔。

《尚书七篇解义》卷一

（清）李光地撰

（归善斋按：见"惟兹臣庶"）

皋陶曰：帝德罔愆，临下以简，御众以宽

1.《尚书注疏》卷三

（汉）孔氏传，（唐）陆德明音义，孔颖达疏

皋陶曰：帝德罔愆（qiān），临下以简，御众以宽。

传：愆，过也。善则归君，人臣之义。

（音义）：愆，起虔反。

（疏）：皋陶以帝美己，归美于君。曰：民合于中者，由帝德纯善，无有过失，临臣下以简易，御众庶以优宽。

愆，过，《释言》文。《坊记》云"善则称君，过则称已，则民作忠"，是善则称君，人臣之义也。临下，据其在上；御众，斥其治民，简易、宽大亦不异也。《论语》云"居敬而行，简以临其民，不亦可乎"，是临下宜以简也。又曰"宽则得众，居上不宽，吾何以观之哉"，是御众宜以宽也。

2.《书传》卷三

（宋）苏轼撰

皋陶曰：帝德罔愆，临下以简，御众以宽，罚弗及嗣，赏延于世，宥过无大，刑故无小。罪疑惟轻，功疑惟重，与其杀不辜，宁失不经。好生之德，洽于民心，兹用，不犯于有司。

帝因禹之让皋陶，故推其功而勉之。皋陶忧天下后世，以刑为足以治也，故推明其所自，以为非帝之至德不能至也。

3.《尚书全解》卷四

（宋）林之奇撰

皋陶曰：帝德罔愆，临下以简，御众以宽，罚弗及嗣，赏延于世，宥过无大，刑故无小，罪疑惟轻，功疑惟重，与其杀不辜，宁失不经。

舜既推美皋陶之功，皋陶于是推本其所，自以谓非舜之盛德，则已亦不能成此功也。盖有司之所守，法令而已。至于操纵予夺，权其轻重之宜，以济有司之不及者，则在天子。惟皋陶执法于下，而舜以好生之德推之于上，此民所以不犯于有司也。"帝德罔愆"者，谓帝之德，无有愆过，盖不以喜怒好恶，而用刑赏也。既不以喜怒好恶而用刑赏，则有司得以奉公守法，无所顾望阿私，以行其志矣。"临下以简，御众以宽"者，此谓操之于上者，既无繁苛之法，则施之于民者，必无暴虐之政矣。盖惟简，故能宽也。汉高祖入秦关，约法三章，余悉除去秦法，而秦民皆案堵如故，由其简，故能宽也。"罚弗及嗣，赏延于世，宥过无大，刑故无小，罪疑惟轻，功疑惟重，与其杀不辜，宁失不经"，此皆舜以忠厚之德，济有司之所不及也。人情莫不欲爱其子孙。其所不欲者，则惟恐子孙之陷入其中。及其所欲者，则惟恐不能遗其子孙。圣人之政，本于人情。故"罚弗及嗣"，以谓父子之罪不相及；而赏得以延及于一世，以此见圣人之用刑赏之法，本于人情，伸于用赏，而屈于用刑也。"宥过无大"，谓过误所犯，虽大必宥，犹《舜典》所谓"眚灾肆赦"是也。"刑故无小"，不忌故犯，虽小必刑，犹《舜典》所谓"怙终贼刑"是也。盖圣人制刑辟，所以待小人长恶不悛者，而非谓君子不幸而陷入于其中也。小人长恶不悛者，虽小罪亦不可苟免，则世之小人者，皆悔过自新之心。而君子入于非辜，虽大罪亦在所赦，则君子有所依赖，不为小人之所诬。此圣人所以制刑罚之本意也。"罪疑惟轻，功疑惟重"，此君子长者之道待天下，乐夫君子之有功，不忍小人之有罪也。颍滨曰：君之与民，其远近之势，小大之分，故不待夫为之争寻常之是非，以胜之。与其不屈吾法，孰若使民全其肌肤，保其首领，而无憾于上与；其不使名器之僭，孰若使之乐得为善之利，而无望望不足之意，斯言尽矣。"与其杀不辜"，谓大辟之刑，疑而谳于上，其罪可以杀，可以无杀。不杀之则惧其实有罪，而失不常之刑；杀之则惧其实无罪，而陷于非辜。此意有可疑而不敢决者，而以谳于上。舜之意，则以谓斯人也，其罪在于可不可之间，与其杀无罪而陷于非辜，宁纵有罪而失于不经也。此大舜不忍用刑之意也。自"临下以简"，至于"宁失不经"，则舜明慎用刑而致其仁爱之意至矣尽矣，不复可以有加矣。

4.《尚书讲义》卷三

（宋）史浩撰

（归善斋按：见"朕宅帝位"）

5.《尚书详解》卷三

（宋）夏僎撰

皋陶曰：帝德罔愆，临下以简，御众以宽，罚弗及嗣，赏延于世。宥过无大，刑故无小。罪疑惟轻，功疑惟重。与其杀不辜，宁失不经。好生之德，洽于民心，兹用不犯于有司。

舜既推美皋陶之功，皋陶于是推本，其所自以谓非舜之盛德，则已亦不能成此功也。"帝德罔愆"者，谓帝之德无有愆也。盖不以喜怒好恶而用刑赏，则有司得以奉公守法，而行其志。"临下以简，御众以宽"者，谓上无繁苛之法，则无暴虐之政，惟简，故宽也。"罚弗及嗣，赏延于世"，见圣人用刑赏之法，本于人情。人情倖于用赏，而屈于用刑也。"宥过无大"，谓过误所犯，虽大必宥。"刑故无小"，谓不忌故犯，虽小必刑也。"罪疑惟轻，功疑惟重"，张彦政谓：罪可以刑，可以无刑，则其罪为可疑，轻之可也；可以赏。可以无赏，则其功为可疑，重之可也。解此二句，语法甚当，但未甚分明。"与其杀不辜，宁失不经"，谓其罪在可不可之间者，与其杀陷于非辜，宁纵有罪而失于不经。此大舜不忍用刑。自"临下以简"，至"宁失不经"，皆舜明慎用刑，忠厚之至者。"好生之德，洽于民心"，民皆知上不忍刑我，而以君子长者之道自待，而不轻于犯法。此"不犯于有司"。皋陶所以推本，为舜德之所致也。夫舜以"罔或干予正，以互相称美哉？舜非皋陶，则虽有忠厚之心，无人推而致之于民。皋陶非舜，则虽欲推人君忠厚之心以致之于民，而无其君，则无所禀令。有是君，有是臣，此舜所以得从欲以治，皋陶所以得推举而行。苏氏谓：舜让皋陶，故称其功以勉之。皋陶忧天下，以刑虽足以致治，故推明其所自，以为无非常之至德，则不能至。余谓：苏氏此说虽善，但谓皋陶为能推明所自，非帝至德不能至，则可。谓忧天下后世，以刑为足以致治，故推明所自，则不可。（林说并见拙斋全解）

6.《增修东莱书说》卷三

（宋）吕祖谦撰，时澜增修

皋陶曰：帝德罔愆，临下以简，御众以宽，罚弗及嗣，赏延于世。宥过无大，刑故无小，罪疑惟轻，功疑惟重。与其杀不辜，宁失不经。好生之德，洽于民心。兹用，不犯于有司。

皋陶复称舜之德，"罔愆"，意极渊涵，惟实用功之人知之。夫德至于"罔愆"，非盛德之至，刚健纯粹，质天地而不疑，对百圣而不惭，历万世而无弊者，何以至此。"罔愆"，即克艰、广运之意也。皋陶独以"罔愆"二字，该尽帝舜之德，非若后世泛言人君之德者。曰聪明，曰仁智，就其德之名而称之也。"临下以简"，曰"简"者，当于临中求之，有统宗会元之意。"御众以宽"，曰"宽"者，当于御中求之，有天覆地载之意。自"简"、"宽"而发，无非好生之德。盖好多事者，必不能好生；好苛刻者，必不能好生。惟以简、宽为本，故"罚弗及嗣"，罪止其身，犹不得已，况其后乎？赏延于世，报功之意，宁过于厚。人之或罹于罪，本于过者，虽大必宥；本于故者，虽小必刑。罪之疑则惟轻，功之疑则惟重。好生之德，随寓而著。而于"刑故无小"，尤足以深见圣人好生之心。何者？过慈，则近于姑息，反所以害仁。观此一编，苟无"刑故无小"之言，好生之义不备于"无小"之中，深见圣人之所以为好生，圣人见人之故于为恶者，知其终不可赦也。不俟其恶之大，而后罪之。恶大，则足以灭其身矣。自其小而刑之，所以戢其为恶之心。厚德深仁，无越于此。圣人以此之心。为此之德，浃洽渐渍于民心，而犹有有司之犯，则非唐虞之民也。虽然"罪疑惟轻，功疑惟重"，较之汉宣帝，综核信必，何舜朝名实之不定，功罪之多疑也。信必之效，著不过汉之宣帝，而罪、功未免于有疑者，乃所以为舜也。宣帝之信必，爝火之光也。帝舜之疑，天地之宽也。学者当致思于此意。

7.《尚书说》卷一

（宋）黄度撰

（归善斋按：见"惟兹臣庶"）

8.《洁斋家塾书钞》卷二

(宋)袁燮撰

皋陶曰：帝德罔愆，临下以简，御众以宽，罚弗及嗣，赏延于世。宥过无大，刑故无小。罪疑惟轻，功疑惟重。与其杀不辜，宁失不经。好生之德，洽于民心。兹用，不犯于有司。帝曰：俾予从欲以治，四方风动，惟乃之休。

愆，过也。"罔愆"者，言其无一毫之过也。看此二字，当思舜何以能"罔愆"，又当思常人何以多过愆。观其兢兢业业，无怠无荒，一闻大禹"克艰"之言，便从而俞之曰"允若兹"。舜所以躬行者如此，而伯益之徒，至有"罔游于逸，罔淫于乐"之戒如此，安得有过差。大抵才能兢业不怠荒，便自是罔愆；才不兢业，才怠荒，便有过失。知常人以怠荒，不兢业而有过，则知舜之所以"罔愆"。其本在"临下以简，御众以宽"。简，简要也。宽，宽大也。简要，君上之道。君临万邦，苟不知执要，是自同于臣下，失为上之体矣。以上临下，居君上之位，其道必简。皋陶戒舜曰"元首丛脞哉"，"丛脞"者，不简之谓也。文王罔攸兼于庶狱、庶慎，此文王之简。"子曰：'雍也，可使南面'，仲弓问子桑伯子，子曰：'可也，简'"。知简之可以南面，则知君上之道，贵乎简也明矣。此等皆不可轻看，如"临下以简"，此四字，是万世君上之大端。周公《立政》一书，专是此一句。后世人主，皆失之好详。汉唐贤君，如宣帝犹五日以听事。太宗犹兼行将相事。贤君尚尔，况于秦皇之"衡石程书"乎，况于隋文之"卫士传飧"乎？荀卿有言：主好要，则百事详；主好详，则百事荒。人主岂可不知简要之道。宰相犹不亲细务，而况天子乎？"罔愆"者，本也。"临下以简，御众以宽"，皆"罔愆"之所自出也。"仲弓曰：居敬而行简，以临其民，不亦可乎"。居敬，即"罔愆"也。"临下以简"，即所谓行简也；"御众以宽"，当宽大，不要促迫，广大优游，使天下皆在吾生育之中，日入于善而不自知。苟促迫之，则民虽欲为善，难矣。故"宽"以养之。克宽、克仁，抚民以宽。古人多说这"宽"字。后世，惟汉高，称宽大长者。古人之"宽"，非后世之"宽"也。后世之宽，多失之纵弛。古人只是一个宽大，曰"御众以宽"者，如御马

261

然，操纵皆在我，若是纵弛，岂所谓"御"乎？简亦非简略。简略则失之于不周密。"简略"之"简"，非真"简"也；纵弛之"宽"，非真"宽"也。才是"罔愆"，既得此大本，则见于临下之时，自然真是"简"；见于御众之际，自然真是"宽"。"罚弗及嗣，赏延于世，罪疑惟轻，功疑惟重，与其杀不辜，宁失不经"，大抵赏虽过无害，罚则不可少过。赏、罚，一也。何故赏可过，而罚不可过？盖赏是仁恩一向，罚是杀戮一向，大略二者，皆不可过，必不得已，宁过于赏，无过于罚。此是圣人忠厚之心。讽诵此数句，圣人之心，当于此处观焉。见得圣人之心如此，则吾之存心，亦当如此。才不忠厚才，是刻薄，便非圣人之心。虽然"与其杀不辜，宁失不经"，可谓极于"宽"矣。至于"刑故无小"乃毅然有所不可犯此，非徒严也。盖亦所以正人心。何者？一时有过，此特其误尔，于心术未有害也。至于故情犯罪，其罪虽小，然心术却有病。天生民而立之君使司牧之，勿使失性。为人君者，盖将以存人心之本然者也。既是心术之病，岂可以不刑，是故罪虽小，而断然刑之，有所不恕。《中庸》曰："舜其大知也欤"，"执其两端，用其中于民"。"宥过无大，刑故无小"，方其"宽"也。虽大，必有及其严也。虽毫厘之间，亦必察此所谓两端也。观此便见圣人之时"中"处。观舜与皋陶之问答，须要知君，无臣不得；臣，无君不得。人君虽有此欲，然无臣下辅佐，何以达于天下。至于人臣，若非人君主张，亦无可为之理。所以禹、皋陶不得，舜自以为己之忧。人主之忧，只忧此耳。盖此等未得，吾一人，亦不能自治其天下。至于自古人臣不遇明圣之君，则亦终身不出，若出来，亦须辅佐其君，使至于"罔愆"之地。如太甲之不贤，伊尹尽心辅翼，必使至于"克终允德"。盖不如是，不足与有为也。舜称皋陶"民协于中"为"时乃功"，皋陶复归于舜，以为帝德罔愆之所致。舜犹以为"俾予从欲以治"，汝之休也。反复玩诵，而君臣相须之义见矣。

9.《书经集传》卷一

（宋）蔡沈撰

皋陶曰：帝德罔愆，临下以简，御众以宽。罚弗及嗣，赏延于世。宥过无大，刑故无小。罪疑惟轻，功疑惟重。与其杀不辜，宁失不经。好生之德，洽于民心。兹用，不犯于有司。

眚，过也。"简"者，不烦之谓。上烦密，则下无所容。御者急促，则众扰乱。"嗣"、"世"，皆谓子孙。然"嗣"亲，而"世"疏也。延，远及也。父子罪不相及。而赏则远延于世。其善善长，而恶恶短如此。"过"者，不识而误犯也。"故"者，知之而故犯也。过误所犯虽大，必宥；不忌故犯，虽小必刑，即上篇所谓"眚灾肆赦，怙终贼刑"者也。罪已定矣，而于法之中有疑，其可重可轻者，则从轻以罚之。功已定矣，而于法之中有疑，其可轻可重者，则从重以赏之。辜，罪；经，常也，谓法可以杀，可以无杀，杀之则恐陷于非辜，不杀之恐失于轻纵。二者皆非圣人至公至平之意，而杀不辜者，尤圣人之所不忍也。故与其杀之，而害彼之生，宁姑全之而自受失刑之责。此其仁爱忠厚之至，皆所谓好生之德也。盖圣人之法有尽，而心则无穷，故其用刑行赏，或有所疑，则常屈法以申恩，而不使执法之意，有以胜其好生之德。此其本心所以无所壅遏，而得行于常法之外，及其流衍洋溢，渐涵浸渍，有以入于民心，则天下之人，无不爱慕感悦，兴起于善，而自不犯于有司也。皋陶以舜美其功，故言此，以归功于其上。盖不敢当其褒美之意，而自谓己功也。

10.《尚书精义》卷五

（宋）黄伦撰

皋陶曰：帝德罔愆，临下以简，御众以宽，罚弗及嗣，赏延于世。宥过无大，刑故无小，罪疑惟轻，功疑惟重，与其杀不辜，宁失不经。好生之德。洽于民心。兹用，不犯于有司。

无垢曰：设法，如江河，使民易避；下令，如流水，使民易从。在下者，不苦其烦；处众者，不患其急。罚止一身，而不及嗣；赏延于世，非止其身。过，无大而不宥，使人有自新之路；故，无小而不刑，使人有谨独之心。"罪疑惟轻"，无刻薄之态也；"功疑惟重"，有忠厚之风也。求舜之处心，"与其杀不辜"以励威，宁若失不经以取谤。积此数事，深见舜好生之德矣。夫举一好生之心，则天下无不感动。且如"罚弗及嗣"，"宥过无大"，"罪疑惟轻"，每举一事，则天下皆起宽恕之心矣。"赏延于世"，"功疑惟重"，每举一事，则天下皆起乐善之心矣。一事尚然，而况事事如此乎？所以好生之德，渐渍优渥，洽于民心。民心皆为忠恕，皆自乐善，邪念消殒，中正自生，不犯有司，夫何足怪。史氏曰：德不失于中，则政无往不中。政不外乎中，则民奚为而不中。执其两端用其中于民，其斯以为舜乎不失之过，不失之不及。此德之所以"罔愆"也。"简"之所临，"宽"之所御，"罚"之所及，"赏"之所延，刑宥之小大，功罪之轻重，凡行之于政者，自然无往而不中矣。是数者，宁可失于不常，不可杀于无辜，忠厚之所寓，权义之所立故也。好生之德，洽民如此，民奚为而不中哉？东坡曰：《传曰》"赏疑从与，所以广恩也；罚疑从去，所以谨罚也"。当尧之时，皋陶为士，将杀人，皋陶曰杀之三，尧曰宥之三，故天下畏皋陶执法之坚，而乐尧用刑之宽。四岳曰鲧可用，尧曰不可，"鲧方命圮族"，既而曰"试之"，何尧之不听，皋陶之杀人而从？四岳之用鲧也，然而圣人之意，盖亦可见矣。又曰：可以赏，可以无赏，赏之过乎仁；可以罚可以无罚，罚之过乎义。过乎仁，不失为君子；而过乎义，则流而遂入于忍人。仁可过也，义不可过也。古者，赏不以爵禄，刑不以刀锯。赏以爵禄，是赏之道行于爵禄之所加，不行于爵禄之所不加。刑以刀锯，是刑之威施于刀锯之所及，不施于刀锯之所不及。先王知天下之善不胜赏，而爵禄不足以满也；知天下之恶不胜刑，而刀锯不足以裁也。是故，疑则举而归之于仁，以君子长者之道待天下，使天下相率而归于君子长者之道，故曰忠厚之至也。余氏曰：圣人劝善，所欲也；惩恶，不得已也。以所欲之心，行不得已之政，知其所以然也。又其君臣相戒饬之辞曰"汝作士，明于五刑，以弼五教，刑期于无刑"，而申之"钦恤"之言，其不得已者，亦所以弼教，终必期于无刑而已矣。其功罪疑者，又非率然以意轻重之也，盖其君臣，虽圣且贤，不敢以神明自德，犹怀天下之疑，故凡赏一功，刑一罪，公卿可士，大夫可庶人，可然后实于爵位，丽于刑辟。众之所疑者，乃付轻重之议，盖舜、皋陶善与天下之人，同其好恶然耳。

11.《尚书详解》卷三

（宋）陈经撰

皋陶曰：帝德罔愆，临下以简，御众以宽，罚弗及嗣，赏延于世。宥过无大，刑故无小，罪疑惟轻，功疑惟重。与其杀不辜，宁失不经。好生之德，洽于民心。兹用，不犯于有司。

皋陶得舜之归美，不敢自居其功，复归美于舜。此一段，前后亦相发明，有皋陶之明刑，无舜好生之德，不可；有舜好生之德，非有皋陶之明刑，亦不可，故皋陶所称者，皆归于舜之德，谓帝之德，无有所过，皆中也。既谓之"宽"，谓之"简"，罚则不及嗣，赏则延于世，宥过则无大，刑故则无小，罪疑从轻，功疑从重，疑若非中也，而谓之罔愆，何哉？曰此乃以为"中"也。圣人之心，惟近厚而已。使用心而过乎薄，岂所以为"中"哉？近厚，即"中"也。临下贵乎知所简要，不简则失之苛；御众贵乎知所宽恕，不宽则失之暴。临，有统摄之意；御，有制御之意。居敬行简者，可以临民，居上不宽者，有不足观，则知"宽"与"简"，皆为上之道。罚止其身，而不及嗣，恶恶也短；赏不止于身，而延及于世，善善也长。过误为之，虽大罪，亦在所宥，以其情之轻，在所可恕也。故意为之，虽小罪，亦在所刑，以其情之重，在所不当恕也。观"刑故无小"一句，亦可见圣人于仁心之中，自有义，非姑息之谓也。宥过、刑故，以其情之已定，可得而知之者也，故宥之、刑之。功罪之疑，以其情之未定，不可得而知者也，故从轻、从重，可以罪，可以无罪，罪之疑也。罚疑从去，故"惟轻"。可以赏，可以无赏，功之疑也，赏疑从予，故惟重。《左传》曰"赏僭则惧及淫人；刑滥，则惧及善人"，宁僭无滥，亦此意也。与其杀无罪之人，宁若失不常之典。"失不经"，未甚害也。而"杀不辜"，使无罪者受戮，则其害多矣。凡此皆圣人好生之德。天地大德，曰生。一阳方复于建子之月，雷在地中而易，以为见天地之心。则天地之心者，皆所以生物也。圣人好生，然洽于民心者，洽浃（jiā）也。圣人推爱人之心，及其洽浃，则民心亦知所自爱。民既自爱，岂有轻其身而犯有司之法哉？皋陶之意，以谓明刑者，特一有司之职，民之所以自爱而重犯法，岂有司之所能及，皆舜之德也。舜以"罔干予正"，而归功于皋陶。皋陶以"不犯于有司"，而归功于舜，君臣之际可谓盛哉。

12.《融堂书解》卷二

（宋）钱时撰

皋陶曰：帝德罔愆，临下以简，御众以宽。罚弗及嗣，赏延于世，宥过无大，刑故无小，罪疑惟轻，功疑惟重。与其杀不辜，宁失不经。好生之德，洽于民心，兹用，不犯于有司。

曰简，曰宽，即"罔怨"之德也。自此以下，无非"简"、"宽"之用，即所谓"好生之德"也。

13.《尚书要义》卷三

（宋）魏了翁撰

（归善斋按：未引）

14.《书集传或问》卷上

（宋）陈大猷撰

（归善斋按：未解）

15.《尚书详解》卷二

（宋）胡士行撰

皋陶曰：帝德罔愆（过），临（莅）下（臣）以简（不苛细），御（制）众（民）以宽（不急迫）。罚（罪）弗及嗣（子孙），赏（功）延（长及）于世（后世）。宥（恕）过（误）无大（虽大必宥使得自新），刑故（故意）无小（虽小必刑使不长恶）。罪疑（重而疑轻）惟轻（宁从轻），功疑（轻而疑重）惟重（宁从重）。与其杀（误杀）不辜（罪），宁失（误故纵）不经（常）。好生（生，民生）之德，洽（浸入）于民心。兹（此）用（所以）不犯于有司（士师）。

此皋陶因舜美己，而推其原于舜也。"罔愆"，意极渊源，非盛德之至，刚健纯粹，质天地而不疑，开百圣而不惭，历万世而无弊者，何以至此。临而简，有统宗会元之意；御而宽，有天覆地载之意。"好生之德"，皆自此发。上不忍薄其民，民忍自薄乎？此其所以不犯也。刑故者，灭趾之义也（《易》噬嗑卦：初六，履校灭趾，无咎。上九，何校灭耳，凶）。无此，则"好生之德"不备。盖不俟其大而戢之，厚德深仁，无越于此。汉宣综核信必何舜，于名实之不定，功罪之多疑也。汉宣焰火之光，舜天地之量也。

16.《书纂言》卷一

（元）吴澄撰

（归善斋按：缺）

17.《书集传纂疏》卷一

（元）陈栎撰

皋陶曰：帝德罔愆，临下以简，御众以宽，罚弗及嗣，赏延于世。宥过无大。刑故无小。罪疑惟轻。功疑惟重。与其杀不辜，宁失不经。好生之德，洽于民心，兹用，不犯于有司。

纂疏：

《语录》：观"帝德罔愆"以下，便见圣人之心，涵育发生，真与天地同德，而物或自逆于理，以干天诛。则夫轻重取舍之间，亦自有决然不易之理。其"宥过"，非私恩；其"刑故"，非私怒；"罪疑惟轻"，非姑息；"功疑惟重"，非过予。如天地四时之运，寒凉肃杀，常居其半，而涵育发生之心，未尝不流行乎其间。此所以好生德洽，而自不犯有司，非既抵罪而复纵舍之也。"罪疑惟轻"岂有不疑而欲轻之之理。王季海当国，好出人死罪，以积阴德，奴佃杀主，亦不至死。

孔氏曰：刑疑附轻，赏疑从重，忠厚之至。

吕氏曰：自以"简"下，皆舜"好生之德"。此章苟无"刑故无小"一句，好生之义不备，故犯虽小必刑，不事姑息，而济仁以义也，见圣人好生不偏处。过于姑息，反所以害仁。

陈氏经曰：帝德无所过，皆"中"也。"简宽"以下，忠厚仁恕，无非所以为"中"。

吴氏曰：与其二句，盖设词以形容"好生之德"。

陈氏大猷曰：天地之大德曰生。圣人得天地生物之心以为心，曰"好生"。上好人之生，人亦自好其生，仁心之相感也。

愚谓：舜以"无刑"为皋之功。皋原所以无刑，本帝"好生之德"而不敢以为己功。舜欲逊禹，禹欲逊皋，禹、皋时皆在帝前。数章相联，皆对面语也。

18.《读书丛说》卷三

（元）许谦撰

（归善斋按：未解）

19.《书传辑录纂注》卷一

（元）董鼎撰

皋陶曰：帝德罔愆，临下以简，御众以宽。罚弗及嗣，赏延于世。宥过无大，刑故无小。罪疑惟轻，功疑惟重。与其杀不辜，宁失不经，好生之德，洽于民心。兹用，不犯于有司。

辑录：

向蒙面诲，尧舜之世，一用轻刑，当时尝以所疑为请，匆匆不及究其说。近熟思之，亦有不可不论者。但观皋陶所言"帝德罔愆"以下一节，便是圣人之心，涵育发生，真与天地同德。而物或自逆于理，以干天诛，则夫轻重取舍之间，亦自有决然不易之理。其宥过，非私恩；其刑故，非私怒；罪疑而轻，非姑息功；疑而重，非过予，如天地四时之运，寒凉肃杀，常居其半，而涵养发生之心，未始不流行乎其间。此所以好生之德洽于民心，而自不犯于有司。非既抵冒而复纵舍之也。夫既不能止民之恶，而又为轻刑以诱之，使得以肆其凶暴于人而无所忌，则不惟彼见暴者，无以自伸之为冤；而奸民之犯于有司者，且将日以益众，亦非圣人匡、直、辅、翼，使民迁善远罪之意也。答郑众望。"罪疑惟轻"，岂有不疑而强欲轻之之理乎？王季海当国，好出人死罪以积阴德，至于奴与佃客杀主亦不至死，人杰。

纂注：

孔氏曰：刑疑从轻，赏疑从重，忠厚之至。

吕氏曰：自"临下以简"以下，皆舜"好生之德"，此一段，苟无"刑故无小"一句，好生之义不备。圣人于故犯，虽小必刑，盖不事姑息，而济仁以义，乃见圣人好生不偏处。过慈，近于姑息，反所以害仁。

吴氏曰："与其杀不辜，宁失不经"，盖设辞以形容"好生之德"。

陈氏大猷曰：天地之大德，曰生；君得天地生物之心以为心，曰"好生"。上好人之生，人亦自好其生，仁心之相感也。

新安陈氏曰：舜以无刑为皋之功，皋推原所以无刑，本于帝"好生之德"而不敢以为己功也。舜欲逊禹，禹欲逊皋，禹毕是时，皆在帝之前。数章相联，皆一时对面应答之言也。

20.《尚书句解》卷二

（元）朱祖义撰

皋陶曰（皋陶又复归功于舜而言）：帝德罔愆（协中之效，实本于帝德无愆过而适中），临下以简（欲能临涖其下以简略），御众以宽（御治其众以宽恕）。

21.《尚书日记》卷三

（明）王樵撰

"帝德罔愆"至"不犯于有司"。订传极融彻，盖纯朱子之笔也。义理文章之妙，无以加矣。诵之其快于心，如濯江汉，而暴秋阳也。

帝德无所过，皆中也。"简宽"以下，忠厚仁恕，无非所以为中。

"临下"两句相对，易置一字不得。居上临下，其体自当简；统御万众，其道自当宽。

朱子曰：观皋陶所言，"帝德罔愆"以下一节，便是圣人之心，涵育发生，真与天地同德。而物或自逆于理，以干天诛，则夫轻重取舍之间，亦自有决然不易之理。其宥过，非私恩；其刑故，非私怨；罪疑而轻，非姑息；功疑而重，非过予。如天地四时之运，寒凉肃杀，常居其半，而涵养发生之心，未始不流行乎其间。此所以"好生之德洽于民心"，而自不犯于有司，非既抵罪而复纵舍之也。夫既不能止民之恶，而又为轻刑以诱之，使得以肆其凶，暴于人而无所忌，则不惟彼见暴者无以自伸，而奸民之犯于有司者，且将日以益众，亦非圣人匡、直、辅、翼，使民迁善远罪之意也。又曰：罪之疑者从轻，功之疑者从重。所谓疑者，非法令之所能决，则罪从轻，而功从重。唯此一条为然耳，非谓凡罪皆可以从轻，而凡功皆可以从重也。

陆氏曰："与其杀不辜，宁失不经"，谓罪疑者也，使其不经甚明而无疑，则天讨所不容释，岂可失也。

程子曰：《书》称尧舜，不曰刑必当罪，赏必当功，而曰"罪疑惟轻，功疑惟重，与其杀不辜，宁失不经"，异乎后世刻核之论矣。

"与其杀不辜，宁失不经"，盖设辞以形容"好生之德"。圣人固无"杀不辜"之事，亦无"不经"之事，此特言圣人之心，与其杀之而陷于非辜，宁不杀之而失于轻纵。对"杀不辜"而言，则其心如此，而卒亦未尝有所轻纵也。汉人曰罪疑者予民。

八言皆人心之同，天理之公也，圣人便都辏合这个天则。

赏罚因其人之功罪耳，圣人何心哉，一赏一罚，犹春生秋杀。而《春秋传》乃谓，劝赏而畏刑，又虑赏僭则或及淫人，刑滥则或及善人，而谓"宁僭毋滥"，此盖闻《虞书》之言而失其意者。从重，谓夫赏之疑者耳。不疑，则当重而重，当轻而轻，不当赏而不赏，皆不可一毫僭差，何从厚之可言哉？今以刑滥，或及善人，而谓"宁僭毋滥"，圣人无是也。赏刑君之柄，与天下共之，大公之道何劝赏畏刑之有？

帝则曰"罔干予正"，皋陶明刑之功；皋陶则曰"不犯有司"，帝德好生之效。

帝之德至难名也，而皋陶以"罔愆"蔽之，今之言举事无失者，必以为精明之极，而帝乃首以"宽"、"简"得之。不言其赏当功、罚当罪、不杀无辜、不失有罪，而言其赏之世延、罚之弗及嗣、刑故宥过，与夫刑赏之疑者，宁屈法以申恩，而总之曰"好生之德"。然则帝之所得者"仁"而已。《虞书》未尝言及"仁"，而"好生"一言，已尽"仁"之妙矣。

魏太常曰：皋繇为古今刑官第一。今不能知其详矣。大抵其学，以天为主，而"好生"一言，真天心也。

22.《日讲书经解义》卷二

（清）库勒纳等撰

皋陶曰：帝德罔愆，临下以简，御众以宽。罚弗及嗣，赏延于世。宥过无大，刑故无小，罪疑惟轻，功疑惟重。与其杀不辜，宁失不经。好生之德，洽于民心，兹用，不犯于有司。

此一节书，皋陶因舜美其功，而归功于上也。愆，过，差也。嗣、世，皆谓子孙。宥，赦免也。"过"者，误犯；"故"者，故犯。不辜，谓无罪之人；不经，谓不合于常法。皋陶曰："民协于中"，此岂臣之功哉，盖由帝之德，尽善尽美，无一毫过愆，故能然耳。臣略数之，如临臣下则简静，而不至于烦扰；御众民则宽裕，而不至于急促；罚有罪之人，则止在本身，而不及其子孙；赏有功之人，则不止本身，而且及其后世；过出无心者，量情恕之，虽大事亦从宽贷；明知故犯者，尽法治之，虽小事，亦不轻恕。罪已定矣，或有可轻可重，在疑似之间者，惟从轻以处之；功已定矣，或有可轻可重在疑似之间者，则从重以赏之。又有一等罪人，法可以杀可以无杀，杀之则恐陷于非辜，不杀则恐失于纵舍。帝则以为，与其轻于用刑而致枉杀无罪之人，宁可姑全其生，使我自受失刑之责。此其仁爱忠厚之至，皆所谓好生之德也。帝有此德，深入于民心，所以天下之人，无不兴起于善，而自不犯于有司也。皋陶以民之不犯，由于帝德之"罔愆"，而不敢以"种德"，"民怀"之化自居，不敢以"明刑弼教"之功自任。古大臣善则称君，类如此。

《书义断法》卷一

（元）陈悦道撰

帝德罔愆，临下以简，御众以宽。罚弗及嗣，赏延于世。宥过无大，刑故无小。罪疑惟轻，功疑惟重。

圣人临御之德，主于宽简，故圣人刑赏之用，极其忠厚。惟宽简，故其体不烦而不迫；惟忠厚，故其用刑轻而赏重。或曰：刑故无小，不得为忠厚。曰：不然也，人之有罪，其于小而惩之，使不流于大恶，非忠厚而何哉？是非有盛德者不能，是以，皋陶不徒论其法，而先论其德也。

一说，圣人盛德至善，猝然在中，而善政宽简，无非盛德之发见，是以用法之阴，每得法外意也。盖功赏不明，无以临御天下，而宽简之德常流行乎其中。是以，善善之意长于恶恶，而情之可推，功罪之有可疑者，莫不有以处之，而终归于厚，可以见圣人之政简而有要，宽而不迫，深得乎临御之宜，而不失其本心之正。皋陶之归美舜，是以尚论其德也。

《尚书考异》卷二

（明）梅鷟撰

皋陶曰：帝德罔愆，临下以简，御众以宽。罚弗及嗣，赏延于世。宥过无大，刑故无小。罪疑惟轻，功疑惟重。与其杀不辜，宁失不经。好生之德，洽于民心，兹用，不犯于有司。

"愆"字，见《诗》"不愆"。"临下以简"，见《论语》"居敬而行简，以临其民"。"御众以宽"，见《论语》"宽则得众"。"罚弗及嗣"，用《孟子》"罪人不孥"。"赏延于世"，用《孟子》"仕者世禄"。"宥过无大"二句，用《康诰》"人有小罪，非眚"云云，至"时乃不可杀"。又《尧典》"眚灾肆赦，怙终贼刑"。"罪疑"二句，贤人以下忠厚之事，圣人似不止此。"与其杀不辜"二句见《左传》襄二十五年声子曰《夏书》云云。《易》曰"天地之大德曰生"，孟子曰"不嗜杀人者能一之"。民望之若水之就下，沛然孰能御之。《荀子》哀公问舜冠，孔子不对，曰"其政好生而恶杀焉"，所谓"好生之德洽于民心"也。"有司"，皋陶自谓也。士师司刑，不犯者，即上言"期于无刑，民协于中"也。襄二十六年声子曰："善为国者，赏不僭，而罚不滥。赏僭则惧及淫人，刑滥则惧及善人。若不幸而过，宁僭无滥，与其失善，宁其利淫"。不僭不滥，此汤所以获天福也。《荀子·君臣篇》"赏不躬僭，刑不躬滥。赏僭则利及淫人，刑滥则害及君子。若不幸而过，宁僭无滥，与其害善，不若利淫"。

《尚书注考》

（明）陈泰交撰

"临下以简"，训"简"者，不烦之谓。"简贤附势"，训"简"，略也。"惟简在上帝之心"，训"简"，阅也。"克以尔多方简"，训"简"，择也。"五辞简孚"，训"简"，核其实也。"简恤尔都"，训"简"者，简阅其士。

《书义矜式》卷一

（元）王充耘撰

帝德罔愆，临下以简，御众以宽。罚弗及嗣，赏延于世，宥过无大，刑故无小。罪疑惟轻，功疑惟重。与其杀不辜，宁失不经，好生之德洽于民心。兹用，不犯于有司。

君德寓于立法，行仁者其感深，民心协于迁善远罪者其化盛。此圣人之所以感乎下，与斯民之所以化乎上者一，人心之相为流通也。昔帝德之"罔愆"，而临御以宽简为本。凡其用刑行赏，或有所疑，则常屈法以申恩，不使执法之意胜其好生之德，此其仁爱之心，得以行乎常法之外，而入于民心之深也。上焉而好民之心如此，下焉而自好其生者，莫不观感向化之同，迁善远罪之至，而不犯于有司之法矣。吁！此皋陶以帝舜美其功，而归功于帝也欤（云云）。大哉仁心之相周流乎。其所以为圣德，君临之至，而民心向化之机乎？何则，天地之大德曰生，则天地生物之心而已。圣人以天地之心为心，所以好民之生者此也；斯民以圣人之心为心，则所以自好其生者，同此心也。圣人而好民之生，则君临于上，而不忍于法者，非此心之所由推乎？斯民而自好其生，则向慕于下者，非此心之所感乎？一心流通贯彻乎？君民上下之交，而斯民之不犯，盖在于君德之好生矣。且皋陶为士师之官，则上不用刑，而下不犯法者，皋陶之法守也。何拳拳于帝之德欤？盖谓帝德之盛，非一善之可名，而无一毫之或过也。上烦密，则下无所容。而帝之临下以简则无烦（阙）之法矣。御众者，急促则扰（阙）而帝之（阙）众以宽，则无（阙）之政矣。刑（阙）恶而（阙）而令，则远延于世矣。（阙），所犯虽大，必宥不忌，故（阙）必刑。则凡刑罚之用，不亦原情而定罪乎？罪有可疑用轻以罚之；功有可疑，则重以赏之。以其刑罚之施，不亦刑而厚赏乎？一或杀之，则恐陷于非辜，不杀之则或失之轻纵，是又非圣人至公至正之心矣。而圣人则曰：与其杀之而害彼之生，宁姑全之，而自受失刑之责。此其仁爱忠厚之志，何莫非"帝德罔愆"，而好生之本心哉？是心也，默寓于用刑行赏之中，洋溢乎屈法申恩之日，则其深入人心者，不啻沦于肌肤，浃于骨髓。由是，而斯民渐染于德化之中者曰，吾君而不忍伤民之生，而吾民者可不自爱其生乎？兹其所以迁善远罪而不犯于有司也。由是而沐浴膏泽之下者曰，吾君而不忍残民之生，为吾民而可不自好其生乎？兹其所以趋善避恶而不犯于有司也。夫刑期无刑者，有司之责；而斯民之不犯则吾君好生之至焉。辟以止辟者，固有司之职耳，而斯民之不犯，则吾君好生之至焉。上有好生之德，则下有不犯之休。此皋陶以斯民之不犯者，归美于舜欤。前乎此，而舜之训曰"惟刑之恤哉"，既而命皋陶者曰"惟明"、"克允"者矣。至此而归美于皋陶也，则以"惟兹臣庶，罔或干于正"者言之。皋陶岂愧于帝舜之命哉。今也，不居其功，而归功于舜，抑又知所本矣。而舜之意，则未然也，故曰"俾予从欲以治，四方风动，时乃之休"，则舜之拳拳于皋陶者，何如哉？呜呼！皋陶作士，而不有帝舜之德，固无以使民不犯而刑措不用也；帝舜好生，而不有皋陶之功，亦何以奉宣良法，而广上之德意耶？传曰舜以不得禹皋陶为已忧，信矣。

《尚书七篇解义》卷一

（清）李光地撰

（归善斋按：见"惟兹臣庶"）

罚弗及嗣，赏延于世

1.《尚书注疏》卷三

（汉）孔氏传，（唐）陆德明音义，孔颖达疏

罚弗及嗣，赏延于世。

传：嗣，亦世，俱谓子。延，及也。父子罪不相及，而及其赏，道德之政。

（疏）：罚人不及后嗣，赏人延于来世。

嗣，谓继父；世，谓后胤，故俱谓子也。延，训"长"，以长及物，故"延"为"及"也。

2.《书传》卷三

（宋）苏轼撰

（归善斋按：见"帝德罔愆"）

3.《尚书全解》卷四

（宋）林之奇撰

（归善斋按：见"帝德罔愆"）

4.《尚书讲义》卷三

（宋）史浩撰
（归善斋按：见"朕宅帝位"）

5.《尚书详解》卷三

（宋）夏僎撰
（归善斋按：见"帝德罔愆"）

6.《增修东莱书说》卷三

（宋）吕祖谦撰，时澜增修
（归善斋按：见"帝德罔愆"）

7.《尚书说》卷一

（宋）黄度撰
（归善斋按：见"惟兹臣庶"）

8.《洁斋家塾书钞》卷二

（宋）袁燮撰
（归善斋按：见"帝德罔愆"）

9.《书经集传》卷一

（宋）蔡沈撰
（归善斋按：见"帝德罔愆"）

10.《尚书精义》卷五

（宋）黄伦撰
（归善斋按：见"帝德罔愆"）

11.《尚书详解》卷三

（宋）陈经撰

（归善斋按：见"帝德罔愆"）

12.《融堂书解》卷二

（宋）钱时撰

（归善斋按：未解）

13.《尚书要义》卷三

（宋）魏了翁撰

七、释宥过刑故，轻罪重功之等。

"罚弗及嗣，赏延于世"，嗣，亦世，俱谓子延及也。父子罪不相及，而及其赏，道德之政。"宥过无大，刑故无小"，过误所犯虽大，必宥；不忌故犯虽小，必刑。"罪疑惟轻，功疑惟重"，刑疑附轻，赏疑从重，忠厚之至。"与其杀不辜，宁失不经，好生之德洽于民心，兹用，不犯于有司"，辜，罪；经，常；司，主也。皋陶因帝勉己，遂称帝之德，所以明民不犯上也。宁失不常之罪，不枉不辜之善，仁爱之道。

14.《书集传或问》卷上

（宋）陈大猷撰

（归善斋按：未解）

15.《尚书详解》卷二

（宋）胡士行撰

（归善斋按：见"帝德罔愆"）

16.《书纂言》卷一

（元）吴澄撰

（归善斋按：缺）

17.《书集传纂疏》卷一

（元）陈栎撰

（归善斋按：见"帝德罔愆"）

18.《读书丛说》卷三

（元）许谦撰

（归善斋按：未解）

19.《书传辑录纂注》卷一

（元）董鼎撰

（归善斋按：见"帝德罔愆"）

20.《尚书句解》卷二

（元）朱祖义撰

罚弗及嗣（罚止其身，不及其嗣），赏延于世（赏不止一身而延及后世）。

21.《尚书日记》卷三

（明）王樵撰

（归善斋按：见"帝德罔愆"）

22.《日讲书经解义》卷二

（清）库勒纳等撰

（归善斋按：见"帝德罔愆"）

《书义断法》卷一

（元）陈悦道撰

（归善斋按：见"帝德罔愆"）

《尚书考异》卷二

（明）梅鷟撰

（归善斋按：见"帝德罔愆"）

《尚书注考》

（明）陈泰交撰

"罚弗及嗣"，训"嗣"，子孙。"嗣尔股肱"，训"嗣"，续。

"赏延于世"，训"延"，远及也。"延入翼室"，训"延"，引也。

"赏延于世"，训"嗣"、"世"，皆谓子孙。"用殄厥世"，训"世"者，世尧之天下也。"世选尔劳"，训"世"，非一世也。"官人以世"，训世，子弟也。"世变风移"，训父子曰"世"。

《书义矜式》卷一

（元）王充耘撰

（归善斋按：见"帝德罔愆"）

《尚书七篇解义》卷一

（清）李光地撰

（归善斋按：见"惟兹臣庶"）

宥过无大，刑故无小

1.《尚书注疏》卷三

（汉）孔氏传，（唐）陆德明音义，孔颖达疏

宥过无大，刑故无小。

传：过误所犯虽大，必宥。不忌故犯，虽小必刑。

音义：宥，音又。

疏：宥过失者无大，虽大亦宥之。刑其故犯者无小，虽小必刑之。

2.《书传》卷三

（宋）苏轼撰

（归善斋按：见"帝德罔愆"）

3.《尚书全解》卷四

（宋）林之奇撰

（归善斋按：见"帝德罔愆"）

4.《尚书讲义》卷三

（宋）史浩撰

（归善斋按：见"朕宅帝位"）

5.《尚书详解》卷三

（宋）夏僎撰

（归善斋按：见"帝德罔愆"）

6.《增修东莱书说》卷三

（宋）吕祖谦撰，时澜增修

（归善斋按：见"帝德罔愆"）

7.《尚书说》卷一

（宋）黄度撰

（归善斋按：见"惟兹臣庶"）

8.《洁斋家塾书钞》卷二

（宋）袁燮撰

（归善斋按：见"帝德罔愆"）

9.《书经集传》卷一

（宋）蔡沈撰

（归善斋按：见"帝德罔愆"）

10.《尚书精义》卷五

（宋）黄伦撰

（归善斋按：见"帝德罔愆"）

11.《尚书详解》卷三

（宋）陈经撰

（归善斋按：见"帝德罔愆"）

12.《融堂书解》卷二

（宋）钱时撰

（归善斋按：未解）

13.《尚书要义》卷三

（宋）魏了翁撰

（归善斋按：见"罚弗及嗣"）

14.《书集传或问》卷上

（宋）陈大猷撰

（归善斋按：未解）

15.《尚书详解》卷二

（宋）胡士行撰

（归善斋按：见"帝德罔愆"）

16.《书纂言》卷一

（元）吴澄撰

（归善斋按：缺）

17.《书集传纂疏》卷一

（元）陈栎撰

（归善斋按：见"帝德罔愆"）

18.《读书丛说》卷三

（元）许谦撰

（归善斋按：未解）

19.《书传辑录纂注》卷一

（元）董鼎撰

（归善斋按：见"帝德罔愆"）

20.《尚书句解》卷二

（元）朱祖义撰

宥过无大（过误而犯，虽大罪亦在所宥），刑故无小（故意而犯虽小罪亦在所刑）。

21.《尚书日记》卷三

（明）王樵撰

（归善斋按：见"帝德罔愆"）

22.《日讲书经解义》卷二

（清）库勒纳等撰

（归善斋按：见"帝德罔愆"）

《书义断法》卷一

(元)陈悦道撰

(归善斋按:见"帝德罔愆")

《尚书考异》卷二

(明)梅鷟撰

(归善斋按:见"帝德罔愆")

《尚书注考》

(明)陈泰交撰

"宥过无大",训"过"者,不识而误犯也。"过九江",训"过",经过也。又"东过漆沮",训既得沣,泾渭愈大,漆沮皆小,故曰过。"百姓有过",训"过",《广韵》曰"责"也。"正于五过",训"过",误也。

《书义矜式》卷一

(元)王充耘撰

(归善斋按:见"帝德罔愆")

《尚书七篇解义》卷一

(清)李光地撰

(归善斋按:见"惟兹臣庶")

罪疑惟轻,功疑惟重

1. 《尚书注疏》卷三

(汉)孔氏传,(唐)陆德明音义,孔颖达疏

罪疑惟轻,功疑惟重。

传：刑疑附轻，赏疑从重，忠厚之至。

疏：罪有疑者，虽重，从轻罪之。功有疑者，虽轻，从重赏之。

2. 《书传》卷三

（宋）苏轼撰

（归善斋按：见"帝德罔愆"）

3. 《尚书全解》卷四

（宋）林之奇撰

（归善斋按：见"帝德罔愆"）

4. 《尚书讲义》卷三

（宋）史浩撰

（归善斋按：见"朕宅帝位"）

5. 《尚书详解》卷三

（宋）夏僎撰

（归善斋按：见"帝德罔愆"）

6. 《增修东莱书说》卷三

（宋）吕祖谦撰，时澜增修

（归善斋按：见"帝德罔愆"）

7. 《尚书说》卷一

（宋）黄度撰

（归善斋按：见"惟兹臣庶"）

8. 《洁斋家塾书钞》卷二

（宋）袁燮撰

（归善斋按：见"帝德罔愆"）

9.《书经集传》卷一

（宋）蔡沈撰

（归善斋按：见"帝德罔愆"）

10.《尚书精义》卷五

（宋）黄伦撰

（归善斋按：见"帝德罔愆"）

11.《尚书详解》卷三

（宋）陈经撰

（归善斋按：见"帝德罔愆"）

12.《融堂书解》卷二

（宋）钱时撰

（归善斋按：未解）

13.《尚书要义》卷三

（宋）魏了翁撰

（归善斋按：见"罚弗及嗣"）

14.《书集传或问》卷上

（宋）陈大猷撰

（归善斋按：未解）

15.《尚书详解》卷二

（宋）胡士行撰

（归善斋按：见"帝德罔愆"）

16. 《书纂言》卷一

（元）吴澄撰

（归善斋按：缺）

17. 《书集传纂疏》卷一

（元）陈栎撰

（归善斋按：见"帝德罔愆"）

18. 《读书丛说》卷三

（元）许谦撰

（归善斋按：未解）

19. 《书传辑录纂注》卷一

（元）董鼎撰

（归善斋按：见"帝德罔愆"）

20. 《尚书句解》卷二

（元）朱祖义撰

罪疑惟轻（可以刑，可以无刑，罪之可疑也，罚疑从去，故惟轻），功疑惟重（可以赏，可以无赏，功之疑也。赏疑从予，故惟重）。

21. 《尚书日记》卷三

（明）王樵撰

（归善斋按：见"帝德罔愆"）

22. 《日讲书经解义》卷二

（清）库勒纳等撰

（归善斋按：见"帝德罔愆"）

《书义断法》卷一

（元）陈悦道撰

（归善斋按：见"帝德罔愆"）

《尚书考异》卷二

（明）梅鷟撰

（归善斋按：见"帝德罔愆"）

《尚书砭蔡编》

（明）袁仁撰

罪疑惟轻，功疑惟重。与其杀不辜，宁失不经。

注云：二者皆非圣人至公至平之意。此误说也。圣人之心，好生为主。其赏罚功罪，必如此而后为至公；必如此而后为至平。此"罔愆"之德也。安得有过哉？

《书义矜式》卷一

（元）王充耘撰

（归善斋按：见"帝德罔愆"）

《书经衷论》卷一

（清）张英撰

"罪疑惟轻，功疑惟重"，圣人之善善长，而恶恶短也。"与其杀不辜，宁失不经"，圣人之所以断疑狱也。天地以生物为德，圣人体天心，而有好生之德。故于刑为慎后世处疑狱不能决者，曷不以此四语为断，亦岂有滥刑乎？

《尚书七篇解义》卷一

（清）李光地撰

（归善斋按：见"惟兹臣庶"）

与其杀不辜，宁失不经，好生之德，洽于民心，兹用，不犯于有司

1.《尚书注疏》卷三

（汉）孔氏传，（唐）陆德明音义，孔颖达疏

与其杀不辜，宁失不经。好生之德，洽于民心，兹用，不犯于有司。

传：辜，罪；经，常；司，主也。皋陶因帝勉己，遂称帝之德，所以明民不犯上也。宁失不常之罪，不枉不辜之善，仁爱之道。

音义：辜，音孤。好，呼报反。

疏：与其杀不辜非罪之人，宁失不经不常之罪。以等枉杀无罪，宁妄免有罪也。由是，故帝之好生之德，下洽于民心，民服帝德如此。故用是不犯于有司。言民之无刑，非己力也。

辜，罪，《释诂》文。经，常；司，主，常训也。皋陶因帝勉己，遂称帝之德。所以明民不犯上者，自由帝化使然，非己力也。不常之罪者，谓罪大，非寻常小罪也。枉杀无罪，妄免有罪，二者皆失，必不得民心。宁妄免大罪，不枉杀无罪，以好生之心故也。大罪尚赦，小罪可知。欲极言不可枉杀不辜，宁放有罪故也，故言非常大罪以对之耳。"宁失不经"与"杀不辜"相对，故为放赦罪人，原帝之意。等杀无罪，宁放有罪。传言帝德之善，宁失有罪，不枉杀无罪，是仁爱之道。各为文势，故经传倒也。洽，谓沾渍优渥。洽于民心，言润泽多也。

2.《书传》卷三

（宋）苏轼撰

（归善斋按：见"帝德罔愆"）

3.《尚书全解》卷四

（宋）林之奇撰

好生之德，洽于民心，兹用，不犯于有司。

好生之德，洽于民心，如是则民自不犯法矣。扬子曰：秦之有司，负秦之法度。秦之法度，负圣人之法度。秦之严刑峻法，既已负圣人之法度矣，而其有司又从而负其法度焉。此刑狱之所以繁也。舜既以好生之德，垂拱于上，而皋陶又能推明其意，以君子长者之道待天下，此所以使民不犯于有司也。虽不犯于有司，而原其所由，是舜之盛德所致也。故舜虽归美于皋陶，非皋陶之所敢当也。

（归善斋按：另见"帝德罔愆"）

4.《尚书讲义》卷三

（宋）史浩撰

（归善斋按：见"朕宅帝位"）

5.《尚书详解》卷三

（宋）夏僎撰

（归善斋按：见"帝德罔愆"）

6.《增修东莱书说》卷三

（宋）吕祖谦撰，时澜增修

（归善斋按：见"帝德罔愆"）

7.《尚书说》卷一

（宋）黄度撰

（归善斋按：见"惟兹臣庶"）

8.《洁斋家塾书钞》卷二

（宋）袁燮撰

（归善斋按：见"帝德罔愆"）

9.《书经集传》卷一

（宋）蔡沈撰

（归善斋按：见"帝德罔愆"）

10.《尚书精义》卷五

（宋）黄伦撰

（归善斋按：见"帝德罔愆"）

11.《尚书详解》卷三

（宋）陈经撰

（归善斋按：见"帝德罔愆"）

12.《融堂书解》卷二

（宋）钱时撰

（归善斋按：见"帝德罔愆"）

13.《尚书要义》卷三

（宋）魏了翁撰

（归善斋按：见"罚弗及嗣"）

14.《书集传或问》卷上

（宋）陈大猷撰

（归善斋按：未解）

15.《尚书详解》卷二

（宋）胡士行撰

（归善斋按：见"帝德罔愆"）

16.《书纂言》卷一

（元）吴澄撰

（归善斋按：缺）

17.《书集传纂疏》卷一

（元）陈栎撰

（归善斋按：见"帝德罔愆"）

18.《读书丛说》卷三

（元）许谦撰

（归善斋按：未解）

19.《书传辑录纂注》卷一

（元）董鼎撰

（归善斋按：见"帝德罔愆"）

20.《尚书句解》卷二

（元）朱祖义撰

与其失不辜，宁失不经（与其杀无罪之人，宁可失不常之罪而不及诛）。好生之德（由是帝舜好生恶杀之德），洽于民心（浃洽于民心）。兹用，不犯于有司（于此，民皆知自爱，用不犯有司之法）。

21.《尚书日记》卷三

（明）王樵撰

（归善斋按：见"帝德罔愆"）

22.《日讲书经解义》卷二

（清）库勒纳等撰

（归善斋按：见"帝德罔愆"）

《书义断法》卷一

（元）陈悦道撰

好生之德洽于民心，兹用，不犯于有司。

好生出于圣人之本心，而刑法特出于有司之所掌。以吾之心洽民之心，优柔渐渍之深，岂复有入刑者哉。刑法之施，虽付之有司，而民自不犯有司，是士师为虚设，而德之流行，皆由内心以生者也。执法之意，常不足以胜其好生之德，此其本心所以无所壅遏，而得行于常法之外者欤。

《尚书考异》卷二

（明）梅鷟撰

（归善斋按：见"帝德罔愆"）

《尚书注考》

（明）陈泰交撰

"与其杀不辜"训"辜"，罪也。"亦罔非酒惟辜"，训丧邦故言"辜"。"宁失不经"，训"经"，常也。"论道经邦"，训"经"者，经纶之谓。

《书义矜式》卷一

（元）王充耘撰

（归善斋按：见"帝德罔愆"）

《书经衷论》卷一

（清）张英撰

（归善斋按：见"罪疑惟轻"）

《尚书大传》卷一

（清）孙之騄辑

舜好生恶杀，凤凰巢其木（一作树）。

《尚书七篇解义》卷一

（清）李光地撰

（归善斋按：见"惟兹臣庶"）

帝曰：俾予从欲以治，四方风动，惟乃之休

1.《尚书注疏》卷三

（汉）孔氏传，（唐）陆德明音义，孔颖达疏

帝曰：俾予从欲以治，四方风动，惟乃之休。

传：使我从心所欲，而政以治民，动顺上命，若草应风，是汝能明刑之美。

（疏）：帝又述之曰：使我从心所欲，而为政以大治，四方之民从我化，如风之动草，惟汝用刑之美。言已知其有功也。

2.《书传》卷三

（宋）苏轼撰

帝曰：俾予从欲以治，四方风动，惟乃之休。

帝之所欲，欲民仁，而寿且富也。风动者，如风动物，而物不病也。

3.《尚书全解》卷四

（宋）林之奇撰

帝曰：俾予从欲以治，四方风动，惟乃之休。

皋陶虽不敢当其功，而舜则以谓"临下以简，御众以宽"至于"与其杀不辜，宁失不经"，虽如其所欲者如此，苟使有司不能推明其意，则己虽有好生之德，亦无自而洽于民心。故谓之曰：所以使予从欲以治，至于四方从化，靡然如风之偃草，乃汝之功。皋陶归功于舜。不敢自有其功。舜不以盛德自居，而又归功于皋陶，更相推美其功德之盛，夷考其实，未有一言，溢美于其间，其君臣相与，以至诚如此，唐虞之治，所以历万世不可企及也。

4.《尚书讲义》卷三

（宋）史浩撰

（归善斋按：见"朕宅帝位"）

5.《尚书详解》卷三

（宋）夏僎撰

帝曰：俾予从欲以治，四方风动，惟乃之休。

胡益之谓：舜知天下之治本由于己，非皋陶之功，以禹之所推如此，而义不蔽善，故举言之。及皋陶推明舜德所致，则舜不复虚饰，只言"俾予从欲以治"。夫舜、禹、皋陶，君臣之间相与以诚，若果如益之之言，则舜之美皋陶，乃姑为是云耳，非出于中心之诚然是，何待舜之浅耶？况制官刑者君也，顺君意以行刑者，臣也。则臣之能事，莫大乎使人君"从欲以治"。今皋陶能使舜"从欲以治"，则能毕人臣之事矣。舜以是称之，正所谓美其功之极致者，安可谓舜知功不在皋陶，故只言"从欲以治"哉。然则，舜言及于此者，盖谓：吾前美皋陶，能明刑以弼教，期如我之所欲治，以此为皋陶之功。皋陶乃辞不敢居，推明所自，本于我之德化，故民不犯，吾不忍皋陶有是功辞而不居，天下后世无自而知，故再申美其功，谓：我本心期于无刑，而汝乃能从我所欲，而致于无刑。故四方皆喜人君以君子长者之道待我，而亦以君子长者自期，靡然向善，如风之动，欢欣鼓舞，日趋于善，此实汝之美也。陈少南广其意，而为之说，曰："从欲"者，不拂吾之本心。舜之本心，不在用刑，特以天下无刑，则恶不知惧，善不知劝，故不得已制刑，命皋陶掌之，使皋陶不能纳民于无刑，必拂舜之本心。惟其能致民于无刑，故舜得以慰其心，故申言"从欲以治"，所以盛陈其美也。此说得之。林少颖谓：皋陶归功于舜，不敢自有其功。舜不以盛德自居，而又推美于皋陶，更相称誉夷考。其实未有一言溢美于其间。由此言之，则胡益之之谓舜姑为是云者，何待舜君臣之浅耶。

6.《增修东莱书说》卷三

（宋）吕祖谦撰，时澜增修

帝曰：俾予从欲以治，四方风动，惟乃之休。

自"罔愆"以下，皆舜之所欲也。能遂帝之欲而治者，皋陶明刑弼教之功也。"四方风动"，可以见皋陶之刑矣。夫刑者，诛戮斩伐，森然可畏。何以能感动四方如此。盖刑之中有教，皋陶之弼教，当于刑外求之。此帝之所以休也。则知皋陶之刑，非律法之谓，乃德教也。四方风动，莫不鼓舞于德教之中。

7.《尚书说》卷一

(宋) 黄度撰

(归善斋按：见"惟兹臣庶")

8.《洁斋家塾书钞》卷二

(宋) 袁燮撰

(归善斋按：见"帝德罔愆")

9.《书经集传》卷一

(宋) 蔡沈撰

帝曰：俾予从欲以治，四方风动，惟乃之休。

民不犯法，而上不用刑者，舜之所欲也。汝能使我如所愿欲以治，教化四达，如风鼓动，莫不靡然。是乃汝之美也。舜又申言以重叹美之。

10.《尚书精义》卷五

(宋) 黄伦撰

帝曰：俾予从欲以治，四方风动，惟乃之休。

无垢曰：夫舜之欲，何欲哉？其所欲者，"臣庶不干予正"，"民协于中"尔。今皋陶明刑弼教，折邪心于无形，起中正而有象。五刑既明，墨、劓、剕、宫、大辟，"阅实其罪"，使见者神惊，闻者色沮，四方震动，不敢萌不正之心。常若皋陶之明，照烛于暗室，屋漏无人之处，而莫敢肆其邪焉。"惟乃之休"，岂曰虚语。张氏曰：无为而治者，舜之所欲也。然非皋陶明于五刑，以弼五教，则安从其所欲者乎？虽然，莫非教也，有可欲之欲，有不可欲之欲，"从欲以治"，则可欲之欲也。"咈百姓以从己之欲"，则非可欲也。此圣人所以不欲也。圣人之治也，神而已鼓之舞之，莫见其为之之迹。天下之民，莫不披靡而从焉。此之谓风动，自非皋陶用刑之效，安能至于是哉？故曰"惟乃之休"。"休"者以其有美道，可以为人所依故也。

11. 《尚书详解》卷三

（宋）陈经撰

帝曰：俾予从欲以治，四方风动，惟乃之休。

帝复美皋陶之德，俾我之治，得以从予所欲，而使"四方风动"者，皆汝之美也。"四方风动"，乃舜之所甚欲也。人君孰不欲四方之民，顺上之化，如草之应风，而每每不遂其欲者，盖不得其人，以道达其德意志虑。今也，皋陶能推广帝舜好生之德，民至于"罔干予正"，"不犯有司"，则皆为君子之归矣，岂非皋陶之美乎？且皋陶所掌者，刑之事也，第见斩艾杀戮，刀锯斧钺之威而已，何以能使四方至于风动，又何以为休耶？以此知皋陶所掌者，虽刑而实德也。古人不以刑视刑，而以德视刑，故舜谓之"从欲"，谓之"风动"，谓"之休"，亦如穆王谓之"有庆祥刑"也，岂若后世，专事杀戮，而至于不忍言也哉。

12. 《融堂书解》卷二

（宋）钱时撰

帝曰：俾予从欲以治，四方风动，惟乃之休。

九官十二牧，孰非与帝共治者，而"俾予从欲以治"，如何独归之皋陶？大凡天下好事，不可有所梗。若蛮夷猾夏，寇贼奸宄之为挠，而明刑弼教者无其人，民未协中，臣庶未免干正，则所以梗。吾治者多矣，谓之从欲可乎？惟是皋陶，料理此事，翕然向化，无一人来作梗，所以使我得从欲以治，四方皆为之风动也。"风动"二字，甚精神。前言"功"，而此言"休"，休，虽训"美"，而有不可名状之妙。若只作"美"字看，便不精神。此字正指"风动"而言。

13. 《尚书要义》卷三

（宋）魏了翁撰

八、使从心所欲以治，惟乃之休。

"帝曰：俾予从欲以治，四方风动，惟乃之休"，使我从心所欲，而政以治民，动顺上命，若草应风，是汝能明刑之美。

14.《书集传或问》卷上

（宋）陈大猷撰

（归善斋按：未解）

15.《尚书详解》卷二

（宋）胡士行撰

帝曰：俾（使）予从（如）欲以治。四方风（君子之德风）动，惟（是）乃之休（美）。

"罔怨"以下，皆舜所欲。使如所欲者，皋之弼教也。"风动"，则如风之披拂，有使民迁善而不自知之妙，是皋之刑非刑也，德教也，休孰大焉。

16.《书纂言》卷一

（元）吴澄撰

（归善斋按：缺）

17.《书集传纂疏》卷一

（元）陈栎撰

帝曰：俾予从欲以治，四方风动，惟乃之休。

纂疏：

吕氏曰：皋之刑，非徒刑，乃德教也。四方鼓动于德教中，休孰大焉。

18.《读书丛说》卷三

（元）许谦撰

（归善斋按：未解）

19.《书传辑录纂注》卷一

（元）董鼎撰

帝曰：俾予从欲以治，四方风动，惟乃之休。

纂注：

吕氏曰：掌刑何以能风动四方，盖皋之刑，非徒刑，乃德教也，四方鼓舞于德教中，休孰加焉。

20.《尚书句解》卷二

（元）朱祖义撰

帝曰（帝再申美皋陶之功而言）：俾予从欲以治（使我得以从所欲而治），四方风动（四方之民如风动而草偃，日趋于善），惟乃之休（实汝之美）。

21.《尚书日记》卷三

（明）王樵撰

"帝曰：俾予从欲以治"至"惟乃之休"。皋陶之刑，所以弼教，故此言其用刑之效，能使民劝勉愧耻，迁善远罪，契之教化，四达不悖，如风鼓动，莫不靡然。弼教之功于是为大矣。据常言，政刑能使民远罪而已，四方风动，德礼之效，宜若非刑官所及。而今以归于皋陶者，盖契以身立教，而皋陶以德用刑，故其感化之功，相济之美有如此，而不可以刑官之常效言也。传云"申言重叹美"者，"从欲以治"，即期予于治也；"四方风动"，即"民协于中"也。"惟乃之休"是重叹美之；而明刑弼教，刑期无刑之意，又在"俾予"之前。"俾予"者，正以此也。

22.《日讲书经解义》卷二

（清）库勒纳等撰

帝曰：俾予从欲以治，四方风动，惟乃之休。

此一节书，帝舜因皋陶称颂其德，又申言以归美于皋陶也。俾，使也。风动，谓德教感民，如风之动物也。帝曰：民不犯法，而上不用刑者，此我之所欲也。汝能使我如所愿欲，以治教化，流行于东、西、朔、南之间，譬如风之鼓动万物，莫不靡然顺从。此乃汝之休美，不可得而辞也。使非汝"明刑弼教"，则我好生之念虽切，亦岂能遽洽于民哉。皋陶有弼教之功，而不自居，必归之于上。舜有好生之德，而不自居，必归之于下。古之君臣，其相与让善也，类如此。

《书义断法》卷一

（元）陈悦道撰

俾予从欲以治，四方风动，惟乃之休。

刑措不用者，圣人之本心；化民成俗者，大臣之盛美。以皋陶掌刑，惟主于弼教，其从风而靡者，一出于自然，故其从欲以治者，莫不有自然而然者矣。夫尚德而不尚刑，为人者孰无是心，其不得以直遂其心者，以朝无宣明政化之大臣也。有臣如此，君得以遂欲治之心，而臣得以专化民之美，得不申言以美之哉？

《尚书考异》卷二

（明）梅鷟撰

帝曰：俾予从欲以治，四方风动，惟乃之休。

《荀子·大略篇》"舜曰：惟予从欲而治"以上三节，皆因《皋陶谟》。"皋陶方祗厥叙，方施象刑惟明"数演成文。帝以"民协于中"，归美皋陶。皋陶以"好生之德，洽于人心"归美于帝，复以"俾予从欲以治，四方风动"，归"休"于皋陶，与《皋陶谟》中儆戒之言，殊不类。盖彼之美皋陶者，因禹有"苗顽弗即工，帝其念哉"之语而云然，其意深远矣。

《尚书七篇解义》卷一

（清）李光地撰

（归善斋按：见"惟兹臣庶"）

帝曰：来，禹！降水儆予，成允成功，惟汝贤

1.《尚书注疏》卷三

（汉）孔氏传，（唐）陆德明音义，孔颖达疏

帝曰：来！禹，降水儆予，成允成功，惟汝贤。

传：水性流下，故曰降水。儆，戒也。能成声教之信，成治水之功。言禹最贤，重美之。

音义：儆，居领反。重，直用反。

疏：正义曰：帝不许禹让，呼之曰：来！禹，下流之水，儆戒于我，我恐不能治之。汝能成声教之信，能成治水之功，惟汝之贤。

传正义曰：降水，洪水也。水性下流，故曰下水。禹以治水之事，儆戒于予。《益稷》云：予创若时，娶于涂山。辛壬癸甲，启呱呱而泣，予弗子，惟荒度土功之事。虽文在下篇，实是欲禅前事，故帝述而言之。《禹贡》言"治水功成"云"朔、南暨声教"，故知"成允"是成声教之信；"成功"是成治水之功也。前已言地平天成是汝功，今复说治水之事，言禹最贤，重美之也。禹实圣人，美其贤者，其性为圣，其功为贤，犹《易》系辞云"可久，则贤人之德；可大，则贤人之业"，亦是圣人之事。

2.《书传》卷三

（宋）苏轼撰

帝曰：来！禹，降水儆予，成允成功，惟汝贤。

降，当作洚。《孟子》曰"洚水者，洪水也。"天以洪水儆予，而禹平之，使声教信于四海。

3.《尚书全解》卷四

（宋）林之奇撰

帝曰：来！禹，降水儆予，成允成功，惟汝贤；克勤于邦，克俭于

家，不自满假，惟汝贤。汝惟不矜，天下莫与汝争能；汝惟不伐，天下莫与汝争功。

舜禅位于禹，禹让于皋陶。帝虽独美皋陶之功，而卒不许其让也。舜于是遂申命以摄位之事。与《舜典》"汝往哉"之意同。但此为摄位而言，兹事体重，故其诰戒之辞，加详焉。则"来！禹"者，犹云"格！汝禹"也。不言"格！汝禹"，而言"来！禹"者，盖史官变其文也。泽水，当从《孟子》，作"洪水"字。其说曰：泽水者，洪水也。盖谓"泽水"者。洪水之异名。而《说文》"泽"字、"洪"字，皆音胡公反，以是知此二者，不惟义同，字亦通用也。而先儒从经文，作"诞降嘉种"之"泽"，同其说，以水性流下，故曰泽水。此盖不然。水性下流，固得其性矣。惟其逆行，此其所以为害也。"泽水儆予"，舜谓天以洪水，而儆戒予也。尧之洪水说者，皆以谓当尧之世，有如此大变异也。惟胡文定之说曰：尧之洪水，非有以致之。盖自开辟以来，水行者，未得其所归。使禹治之，然后人得平土而居之。盖其意以谓尧世洪水之害，乃事势之所激，非忽然而有也。此论甚当。夫其水害既出于事势之所激，非忽然而有，而舜则以谓"泽水儆予"者，盖圣人上儆天戒，下重民命，未尝敢忘戒惧之心。虽实事势之使然，而圣人之心不以为天灾，而忘所以儆天戒，重民命者，故谓之"儆予"而不敢忽也。夫使人君，苟无儆戒之心，则虽天灾之显然可见者，犹不知惧，又从而为之辞，以自解免者。如汉武帝，谓旱为乾封，彗为德星，如此则修人事，应天变者废矣。司马温公曰：人君之所畏者。惟畏天。若不畏天，何事而不可为者哉。尧舜之洪水，真所谓无妄之灾也。而谓之儆予，盖自尽其所以畏天之意，而不谓我无以致之也。唐虞之治实基于此。"成允成功"，谓禹能体舜儆戒之意，以成此治水之功也。自古圣贤举大事，定大难，未有不能成允成功也。盖成功非难，成允难。允成于此，而功成于彼。盖有不期然而然者。商鞅之于秦，惟能徙木以示信，故令下之日，一国之民无敢违者。夫鞅岂真能信哉？假而行之，其效且如此，况禹以至诚恻怛之心，思天下之有溺者，由己溺之，故信而后劳其民，民虽劳而不怨，则其成天下之大顺，致天下之大利，盖可指顾而办也。"惟汝贤"者，言无若汝之贤。既有是功，而又勤于邦，俭于家，不自满假，此人情之所尤难也。孔子曰：禹，吾无间然矣。菲饮食，而致孝乎鬼神；恶衣服，而致美乎黻冕；卑宫室，而尽力乎沟洫。此"克勤于邦，克俭于家"之实也。"不自满假"者，执心谦冲，而不自盈大也，言禹有如是之功而退然，若未尝有功者。故勤于邦，俭于家，不自满假者，皆不居其功也。"惟汝贤"者，言无若汝之贤也。贤者，能为人所不能，故贤于人也。此又申前之义，而无结文，言禹有是能矣，而不自矜也。虽不自矜，而天下莫与之争能；有是功矣，而不自伐也。虽不自伐，而天下莫与之争功。《说命》曰：有其善，丧厥善；矜其能，丧厥功。矜，则人与之争能；伐，则人与之争功矣。至于不矜、不伐，又谁与之争邪？夫"成允成功"，非难。有是功，而"克勤于邦，克俭于家"，不矜、不伐，然后为难。禹既有是"成允成功"之美，而又有是"克勤于邦，克俭于家"，不矜、不伐之德，此舜所以勉其有如是之德，而遂嘉其有如是之功也。故继之曰"予懋乃德，嘉乃丕绩"。

4.《尚书讲义》卷三

（宋）史浩撰

帝曰：来！禹，洚水儆予，成允成功，惟汝贤；克勤于邦，克俭于家，不自满假，惟汝贤。汝惟不矜，天下莫与汝争能；汝惟不伐，天下莫与汝争功。予懋乃德，嘉乃丕绩，天之历数在汝躬，汝终陟元后。人心惟危，道心惟微，唯精唯一，允执厥中。无稽之言勿听，弗询之谋勿庸。可爱非君，可畏非民，众非元后何戴？后非众罔与守邦。钦哉！慎乃有位，敬修其可愿。四海困穷，天禄永终。惟口出好兴戎，朕言不再。禹曰：枚卜功臣，惟吉之从。帝曰：禹，官占惟先蔽志，昆命于元龟。朕志先定，询谋佥同，鬼神其依，龟筮协从，卜不习吉。禹拜稽首，固辞。帝曰：毋，惟汝谐。正月朔旦，受命于神宗，率百官，若帝之初。

舜虽念皋陶之功，而属禹之意愈笃，乃曰"洚水儆予"。洚水，洪水也。天降灾祥，所以儆戒予。而地平天成之功，他人不能办也，故曰"惟汝贤"。"克勤于邦，克俭于家"，若所谓无间然者，而又不敢自溢自大，此又他人不能及也，故曰"惟汝贤"。不矜不伐，而天下之功，能悉归焉。"予懋乃德，嘉乃丕绩"，其德其功果在皋陶之上，是"天之历数在汝躬"无疑矣。我老汝摄，终当陟元后，盖天命已定，不可辞也。于是告之以历代圣人所传之道曰"人心惟危，道心惟微，惟精惟一，允执厥中"也。惟皇上帝，降衷于下民，是以历代圣人执其两端，而用其中于民。民既受中以生，非天作之，君作之，师以辅翼之，则其中安保不迷而失之耶。然则，中者，君天下之纲领，而历代帝王受命之符也。舜命禹之言，尧盖尝以语舜矣。《鲁语》所谓"尧曰咨尔舜"是也。且喜怒哀乐之未发，谓之中。既曰未发，何时而见此道心也，岂不微乎？惟其发而中节，人始知其自中出也。不从中出，则喜怒哀乐四者之动，吉凶悔吝生焉。此人心也，岂不危乎？夫心一而已，自其静者言之，则道心不可见；自其动者言之，则人心多妄作。惟能心悟而自得，得其中于喜怒哀乐未发之前，则发而皆中节矣。孰不为喜圣人之喜，则天下鼓舞于春风和气，中矣。孰不为怒圣人之怒，则一怒而安天下之民矣。以至哀则为礼，以防万民之伪；乐则为乐，以防万民之情，以其中节故也。然则，何以知之，"惟精惟一"而已。精者，杳兮，冥兮，不专心致志，则不得道心之静也。一者，为物不贰，一之所起，人心之动也。有一，则两端具矣。两端具，则可中取矣。不于一而中取，则二三其德而动，罔不凶矣。舜执其两端，而用中于民，以其得一也。得一者，心有所得于喜怒哀乐未发之前，所谓心悟也。通于一，则万事毕矣。自道而出惟一，可以见中，道生一故也。尧、舜、禹三圣，相授以一，道中而已矣。圣人既已得是道，发而无不中节者，不失其道心也。本于道心，则不可以人心间之。而世之人，岂能皆知道心乎？无稽之言，弗询之谋，非奸则佞。此人心也，岂可信乎？抚我则后，虐我则雠，可爱可畏，此人心也，岂可恃乎？汝其钦哉，修其可愿，"民之所欲，天必从之"，而况君乎？使鳏寡孤独，困穷之民罔不获，所为君之职尽矣，则于万斯年永绥尔禄宜也。此"天禄永终"也。夫口者，祸福之门，既能出好兴戎。吾言一出，祸福所系，汝岂可不从吾命乎？禹之不愿为君，出于诚实，舜之所以属禹，坚确不移。禹乃曰"枚卜功臣，惟吉之从"。使舜取在廷之功臣，若皋陶、益、稷辈，人人卜之也。卜之而吉，则予之。夫举天下以予人，不由于心，而独付之卜筮，何容易哉？此乃禹惊惧之际，迫切之辞也。于此可以深知其不敢当也。《洪范》稽疑之畴，凡卜筮，皆本于汝则从，然后谋之龟筮，卿士庶民也。今使舜泛然卜之龟筮可乎？故舜告之曰"官占惟先蔽志"，此汝则从而方谋之龟筮也。曰官之占，必先蔽自朕志，然后求卜。今朕志先定，然后询谋于人而金同，卜之龟筮而协从，质之鬼神而无疑矣。我其已卜，岂可再乎？习，再也，若"习坎"之"习"。傥再卜之渎，则不告矣。禹至是何言乎？惟拜而坚辞也。"舜曰毋"，毋者，勿复辞也。他人无以当朕意者，故曰"惟汝谐"也。"月正元日，受命于神宗"，有虞氏祖颛顼，而宗尧，告于尧庙也。凡即庙之礼，悉如舜之初受命。抑尝论舜、禹之相受如此。而孔子叹道之巍巍，乃曰：舜、禹之有天下而不与焉，何哉？盖以尧之治纯于道，舜、禹之治自道而向于德。民有德以名之也。故《舜典》、《禹谟》无非阐扬其德之见于事功者也，非若尧荡荡而民无能名焉。向非舜剖露危微之心，精一之学，后世何以知舜、禹得尧之传乎？孔子正惧学者之于典、谟止，求事功之迹，而不求舜、禹精一之妙，故于洙泗之教，发是警策也。然则舜、禹之圣，不在于得尧之天下，而在于传尧之道，明矣。呜呼！盛哉。

5.《尚书详解》卷三

（宋）夏僎撰

帝曰：来！禹，洚水儆予，成允成功，惟汝贤；克勤于邦，克俭于家，不自满假，惟汝贤。汝惟不矜，天下莫与汝争能；汝惟不伐，天下莫与汝争功。予懋乃德，嘉乃丕绩。天之历数在汝躬。汝终陟元后。

舜既历数禹之功，而禅位之事也，注意在禹而不可易。迨禹让于皋陶，帝虽美皋陶，而卒不言其让，故至此申言摄位之事，且直言"历数在尔躬"，谓天命已归，不可辞也。林少颖谓："来！禹"，犹言"格，汝禹"。洚水者，洪水之异名。《说文》：洚、洪，皆胡公反，二字义同，可通用。先儒从经文，作"诞降嘉种"之"降"同其说。以水性流下。故曰"洚水"。此盖不然。水性下流，逆行所以为害。尧之洪水，说者皆以谓尧时有如此变异。胡文定则以为：自开辟以来，水行者，未得其所归，非尧有以致之，乃事势之自然，非忽然而有。今舜必曰"儆予"者，盖圣人虽无事，犹不忘于儆戒。况洪水方割，圣人岂谓非己所致，而不畏天之戒欤？此舜所以必言"洚水儆予"也，洚水之患，无人能任其责，惟禹能体舜之意，而"成允成功"，则当时之人，莫贤于禹也。众人之于功，皆急欲其成，凡立一功，必期成于朝夕。虽拂忤民，有所不恤。惟冀其成尔，何暇求人之信不信哉？惟禹则不然，虽任治水之责，而不敢要迫效,图速成。先有以信服于人,然后始敢施功。如洪水之害,以禹之智,岂不能速去哉?必徘徊八年,不入其门,至十有三载乃始有成者,盖不急于功之成不成,必期有以信服于人,而后始冀其功尔。此舜所以独贤。"成允成功"者,盖众人皆毕于成功,而禹乃能"成允成功"所以为尤难及也。舜既以"成允成功"为禹之贤。然又谓:众人有是功,必恃其成,而怠心或生,安能勤矜其成;而夸心或生,安能俭惟?禹有是功而不自以为功,方且勤于邦,不以其已成而怠。方且俭于家,不以其已成而夸。其处心常慊然,未尝有一毫盈满假大之心。此所以为尤贤。故舜又言"惟汝贤",以申美之也。舜既贤禹有功,而"不自满假",故于此,又言:汝之有功,"不自满假",岂惟我贤汝尔,天下莫不贤汝,而不敢与汝较功争能也。凡人之情,于人有寸长者,孰不欲永有以成之。纵不求胜,亦必谓我亦能是,不独彼能而已,岂肯漠然自谓:我不能而不敢彼较哉。何者?好先人而不忍后己,天下之通患也。今有好先人不忍后己之人,而乃能漠然自处以无能,而不敢与人争者,非好胜之心,向也存,今也亡。盖惟人之有能,有功者,不以是能,是功,夸耀于我。彼尚自视若无能,无功者,吾虽与之争,将谁与之争哉?此禹之能所以"人莫敢与之争能"者,非不敢也,禹不以是矜之,彼虽欲与之争,不可得也。禹之功,所以"人莫敢与之争功"者,亦非不敢也,禹不以是伐之,彼虽欲与之争,不可得也。盖矜与伐,皆是以我之所长,夸耀于人也。我既不夸耀于彼,彼与我初不相涉,宜其不与我争也。若相如避廉颇,方且引车而避,无心于服颇也,不与之度长絜(xié)短尔。及其终也,颇乃负荆请罪,此岂非我不以所长自居,彼无所与较,故自不容不服者。禹之不矜不伐,而致天下之莫与争。观此可见舜既极言禹之谦德如此,大功如此。谓其必可践帝位,故断然告之曰:我实懋盛尔之德,加美尔之绩。汝之德如此,则"天之历数在尔躬",汝虽欲辞之,不可得也,终当升帝位。少颖谓:是时,方命以居摄,未即帝位,故以终陟言。

6.《增修东莱书说》卷三

(宋)吕祖谦撰,时澜增修

帝曰:来!禹,泽水儆予,成允成功,惟汝贤。

舜称皋陶，皋陶归美于舜。舜复逊位于禹，故来禹而命之也。夫"洚水"者，洪水也。舜之时水已平矣，何以谓之"儆予"，圣人前后相承，同为一体。"洚水"，虽本以儆尧，舜岂以为尧之事而已，敢自安儆尧之意。尧既用以自儆，舜虽不见洪水之害，而常若洪水之在目前。其忧惧兢业之心为何？如圣人之于灾异，虽毫厘，必加畏天地，万物视为一体。天地之中一物不顺，无非"儆予"，何暇计时之先后。况舜之时，水犹未尽平，诚不可不儆也。公孙弘谓：尧使禹治水，未闻舜之有洪水也。舜居当时，欲认洪水为己责。弘于百世之下，乃推而归于尧，圣人、小人之心相万也。"成允成功"，"成允"者，先有以信天下之心也，然后可以成功。尧朝多耆艾旧德，盖天下之所信者也。禹之治水诚难。父之覆辙彰著于前。禹其子也，天下疑鲧之心，将及于禹矣。所以能"成允"者，必有不言之孚。如冰炭不待言，其冷热而人自喻，使禹求人之信己，则信之成，禹不能必也。惟天下信禹之心有素，不待言传，所以"成允"而功之成随之也。禹之信，成于未治水之先，禹之功成于人已信之后，则当尧之世，惟禹一人而已，故曰惟汝贤。

7.《尚书说》卷一

（宋）黄度撰

帝曰：来！禹，洚水儆予，成允成功，惟汝贤；克勤于邦，克俭于家，不自满假，惟汝贤。汝惟不矜，天下莫与汝争能；汝惟不伐，天下莫与汝争功。予懋乃德，嘉乃丕绩。天之历数在汝躬，汝终陟元后。人心惟危，道心惟微。惟精惟一，允执厥中。无稽之言勿听，弗询之谋勿庸。可爱非君，可畏非民。众非元后，何戴？后非众，罔与守邦？钦哉！慎乃有位，敬修其可愿，四海困穷，天禄永终。惟口出好兴戎，朕言不再。

"洚水儆予"，天降洪水，以儆人君，使知惧也。舜承尧，安敢不任之于己。天下大灾患，非人主以其身任之，将谁使属哉？《书》、《传》皆曰：尧有九年之水，尧以前盖无此也。自开辟而来，水未顺道，则地为未平，于是天将平之，尧、舜、禹、益、稷，数圣人，俱生于斯时。而尧、舜为能承天意，任其事于己。故尧举舜，舜使禹治之。舜曰"敕天之命，惟时惟几"，苟失此几，不知何时可平哉。九年浩荡滔天之势，天意为可知也。禹治水十三载，四海赋功，自非怀襄大灾，民心同厌苦之，则亦安敢兴此大役乎？由是观之，圣贤不作，天命流行，几之不察，而失之有不可胜言者矣。降，《孟子》作"泽"，共工、鲧皆尝治水障塞，抑或言功，而非所谓"成允成功"也。禹声为律，身为度，左准绳石规矩，载四时，是为历数在躬。孔氏曰：言天道在其身是也。元，首也。众建诸侯，而天子加焉，故称元后。人心，应缘接物，与民同患者也，易流故危。典礼兴行，人纪攸立，故曰人心。道心，冥漠虚寂，不可名象者也。无迹故微，卓乎独立，道体斯在，故曰道心。道心，体也，人心用也。用之而危，则害道；不用则偏。体孤德堕于荒茫，不可以同乎人。精，纯一，曰熟；一，致一。《大雅》曰"无然歆羡，无然畔援"，歆羡、畔援，皆二也。武王牧野，无贰尔心，孟子不动心有道，皆致一之学。寂然不动，感而遂通天下之故，虽本末，未尝动也，故曰：允执其中。舜执两端，而用其中于民，机熟而力全也。不堕于无，不没于有，然则有无皆迹也，故谓之两端。无所稽验，其言勿听；未尝咨询，其谋毋庸。禹闻善言则拜，虚受可知也。舜犹惧其有听受之失。故戒之舜，乐取诸人以为善，其用此精矣。君民分殊而势敌。自古圣贤，常为匹敌之言。君为可爱，则义之尽。民为可畏，则仁之至。后世法家者流，严而少恩，盖以为，不如是，则无以正君臣上下之分，于是威劫而势压之，不得意，则杀戮殄灭，使不敢喘，民始疾视其上，上下愈隔绝不可合。"众非元后，何戴"，天下岂容有两统哉？"后非众，罔与守邦"，无民，岂能独立乎？"可愿"，即《孟子》"可欲"。可欲、不可欲隐之于心，无不自知者。可欲为善，不可欲为恶。善当积，恶当消，性之所固有也。天之置君，专以为民，而使困穷无告，岂能独丰，天禄长绝矣。终，绝也。《大雅》曰"命之不易，无遏尔躬"，君子于言无所苟也。虽至于兴戎大事，必自其口出，岂敢不慎。孔氏曰：虑而宣之，成于一也。

8.《洁斋家塾书钞》卷二

（宋）袁燮撰

帝曰：来！禹，洚水儆予，成允成功，惟汝贤；克勤于邦，克俭于家，不自满假，惟汝贤。汝惟不矜，天下莫与汝争能；汝惟不伐，天下莫与汝争功。予懋乃德，嘉乃丕绩，天之历数在汝躬，汝终陟元后。

《孟子》曰："洚水者，洪水也。"水之本性，初不如是。今至于泛滥冲溢，浩浩滔天，为民之害者，此必我之所以感召者，有未是也。故舜以为"儆予"，分明是天以此警戒人主。大凡灾异，皆非外物，皆是这里物事，日月剥蚀，星辰失行，水旱为灾，如此之类，莫非有以感召之，一毫欠阙，灾异随应。此无他，只缘天、人，本是一致。何以见天、人本一致，只缘此心，无天、人之殊。天得此心，而为天；地得此心，而为地；人得此心，而为人。今但为形体所隔，遂见有如此差别。试静而思之，所谓形体者，安在我之形体。犹是无有，而又何有天、人之异乎？此可见天、人本一也。惟其心之本一，故人主失德，则谪见于天。尧舜之世，固无失德感召灾异之理。然天象示变在我，自当惕然警戒，恐惧修省，必是我有未是，所以致此也。义理之学至微，不可有毫厘之隔，如天人一致之理，必须洞然通彻直无疑可也。"成允成功"，"允"者，信也。禹所以能治水，只是一个诚信。他人但见禹成治水之功，惟舜能知禹之成功，皆自"成允"中来。若使禹之心，有一毫不诚，便有私意。才有私意，便不能顺水之性。禹既能"成允"，是以能"成功"。"六府、三事允治，万世永赖"，九山刊旅，九川涤源，九泽既陂，四海会同，六府孔修，庶土交正，东渐于海，西被于流沙，朔、南暨声教讫于四海，可谓"成"矣。所谓"禹成厥功"，有禹之功，方当得一"成"字。功业未至，于禹不可以言"成"。"克勤于邦，克俭于家"，欲晓此二句，当观孔子"禹，吾无间然"一段。孔子曰："禹，吾无间然矣。菲饮食而致孝乎鬼神，恶衣服而致美乎黻冕；卑宫室而尽力乎沟洫。禹，吾无间然矣。""间"者，间隙也。"无间"者，言其更无间隙可寻观。其奉己之际如此其薄，至于为国家，事鬼神则如此其厚。这便是君子之时"中"。若使吾薄于奉己，而为国家，事鬼神亦从薄焉，非也。若使吾厚于外，而奉己亦从厚焉，亦非也。惟宜薄者既薄，而当厚者又厚。犁焉有当于人心，尚何间之可寻。晓得这几句，便晓得"克勤于邦，克俭于家"二句。谁不爱其子，禹则"启呱呱而泣"，而"弗子"。谁不爱其家，禹则三过其门而不入。禹非有心焉也，切于为民心，专在治水，忘其为家与子也。其心如此，可谓"勤"矣。为国之念，若是其勤，至于处家，则"菲饮食"，"恶衣服"，"卑宫室"，其俭又有如是者，此可以见得大禹之心。大禹之心，惟夫子知之。此处皆是万世不易之至理。"不自满假","假"大也,言其不自满,不自大也。"不矜"、"不伐",注家以为,自贤曰"矜",自能曰"伐"。大略矜近贤,伐近功。要之,只是自夸耀、自尊大之意。禹有如此莫大功业,而此心尚慊然不自足,这便是圣人之心。读书且当识圣人之心。如"启呱呱而泣,予弗子",此所谓圣人之心也。"不自满假","不矜","不伐",此所谓圣人之心也。学者须于此处,常常涵泳,使油然自得,则圣人之心当见矣。"予懋乃德。嘉乃丕绩",言禹之德,勉勉不已,故曰"懋乃德";禹之功至嘉,故曰"嘉乃丕绩"。"丕绩"者,大功也,所谓"成允成功"也,功即德,德即功也。功与德,本不可分。成己处便是德;成物处,便是功。成允所以成己也,成功所以成物也。能成己,即能成物矣。如正心、诚意,便能治国、平天下,此岂二物?自后世,功、德始分,所以有"功德兼隆"之论,只缘有功者,未必有德;有德者,未必有功。故有此等议论。三代以前无此议论,言功德兼隆,功德之衰也。"天之历数在汝躬,汝终陟元后",且舜何以知"天之历数"在禹,舜亦只以人事观之。父以传子,固万世不易之道,然舜之子却不肖,而当时,大臣如禹者,有如此大功业,民皆尊仰之,天意可知矣。盖人心、天心,一而已矣。

9.《书经集传》卷一

(宋)蔡沈撰

帝曰:来!禹,洚水儆予,成允成功,惟汝贤;克勤于邦,克俭于家,不自满假,惟汝贤;汝惟不矜,天下莫与汝争能;汝惟不伐,天下莫与汝争功。予懋乃德,嘉乃丕绩。天之历数在汝躬,汝终陟元后。

洚水,洪水也,古文作"降",《孟子》曰"水逆行谓之洚水"。盖山崩水浑,下流于塞,故其逝者,辄复反流,而泛滥决溢,洚洞无涯也。其灾所起,虽在尧时,然舜既摄位,害犹未息,故舜以为天警惧于己,不敢以为非己之责,而自宽也。允,信也。禹奏言,而能践其言;试功,而能有其功,所谓"成允成功"也。禹能如此,则既贤于人矣,而又能勤于王事,俭于私养,此又禹之贤。有此二美,而又能不矜,其能不伐其功,然其功能之实,则自有不可掩者,故舜于此复申命之,必使摄位也。"懋"、"楙",古通用。楙,盛大之意。丕,大;绩,功也。"懋乃德"

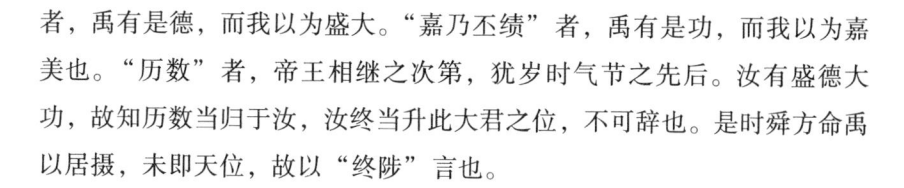

者，禹有是德，而我以为盛大。"嘉乃丕绩"者，禹有是功，而我以为嘉美也。"历数"者，帝王相继之次第，犹岁时气节之先后。汝有盛德大功，故知历数当归于汝，汝终当升此大君之位，不可辞也。是时舜方命禹以居摄，未即天位，故以"终陟"言也。

10.《尚书精义》卷六

（宋）黄伦撰

帝曰：来！禹，洚水儆予，成允成功，惟汝贤；克勤于邦，克俭于家，不自满假，惟汝贤。汝惟不矜，天下莫与汝争能；汝惟不伐，天下莫与汝争功。予懋乃德，嘉乃丕绩。天之历数在汝躬，汝终陟元后。

无垢曰：鲧既"绩用弗成，殛于羽山"，在廷之臣，自度才智，无足以任其责者，皆退避不言。太史公曰"禹伤先人之功不成受诛"，乃焦心劳思"居外十三年"，是众人不敢当此任，而禹自信以卒父业，卒使东渐于海，西被于流沙，朔南暨声教讫于四海，以雪父之耻，以遂禹之本志，此所谓"成允"也。披九山，通九泽，决九河，定九州，各以其职来贡，不失厥宜，此所谓"成功"也。众臣之中，有及之者乎？无有也，故曰"惟汝贤"。又曰：勤俭之德，稍自好者，亦能为之，而不自满假，斯为难也。秦始皇"衡石程书"亦已勤矣，乃巡历天下，刻石纪功，此自谓勤而"满假"也。梁武帝薄衣茹素，亦已俭矣，乃贻书臣下，自述其功，此自谓俭而"满假"也。惟禹虽恶衣服，虽菲饮食，尽力沟洫，而退处于惊惧之地，常恐盈溢广肆，以贻君子之讥焉。众臣之中，有及之者乎？无有也，故又曰"惟汝贤"。又曰：夫有勤俭之能而不矜，则亦息天下自矜之心矣，故其能愈高也；有"允成"之功而不伐，则亦息天下自伐之心矣，故其功愈大也。莫与争者，盖言天下之人，亦因禹，而无矜伐之心也。夫我自矜，则起天下自矜之心；我自伐，则起天下自伐之心。此心既起，以能相高，以功相大，风俗薄恶，妒嫉交行，此非圣贤之道也。陈氏曰：天下之物，有盈必有亏，有盛必有衰。盈亏盛衰，先自战于胸中，欲天下之不与我争，不可得也。圣人以天地万物，皆同乎吾之一体，疾痛疴痒，吾所当去；安佚休息，吾所当取。初非有为物之心也，故其能也，不见有其能；其功也，不见有其功。盈亏盛衰无一介有乎其心，则天下孰与吾争者耶？黄氏曰：不矜、不伐，圣贤之令德也。用之治世，足以成其功名；用之乱世，足以辟其祸怨。盖功名者，世之所慎重也。诚能不争世之所甚重，则怨祸希矣。

11.《尚书详解》卷三

(宋) 陈经撰

帝曰：来！禹，洚水儆予，成允成功，惟汝贤；克勤于邦，克俭于家，不自满假，惟汝贤。汝惟不矜。天下莫与汝争能；汝惟不伐，天下莫与汝争功。予懋乃德，嘉乃丕绩。天之历数在汝躬。汝终陟元后。

舜以位逊禹。禹曰"朕德罔克"，舜至此，兼述其功德，以命之。"来！禹，洚水儆予"，《孟子》曰"洚水者，洪水也"。水性润下，而至于逆行，此变异也。天所儆戒我也。洪水乃在尧时，与舜何与焉？今舜引以归己，盖天下无一物而非圣人之身。故一物不得其性，则圣人自以为己之责，此恐惧修省之意也。惟此意弗嗣。而后汉世，以灾异而免三公。当灾异之时，三公自以为不任其职，引身而退则可，人主以此责三公，则不可。若人主以是而责三公，是移过于臣而已，不知惧者也，岂所以谨天戒者哉？当水之为患也，禹既能"成允成功"，允，信也，禹先有以自信于己。若韩信之举燕赵，击齐；若耿弇之取涿郡，收富平，皆是规模素定，信其必能"成功"也。惟先有以"成允"，故能"成功"，此禹之贤也。"克勤于邦，克俭于家"，"勤"如"三过其门而不入"是也；"俭"，如"菲饮食，卑宫室"是也。心无两用，为公者，必忘其私；为国者，必忘其家。邦既克勤，则家自然俭约矣。满，盈也。假，大也。不以勤俭之德，而自盈自大，此禹之贤也。"成允成功"，所以言禹之有功；勤俭，"不自满假"，所以言禹之有德。禹有此德，未尝自有其德，乃"不矜"也；禹有此功，而未尝自有其功，乃"不伐"也。盖"矜"、"伐"者，岂必暴露所长，夸耀于人，然后谓之"矜"、"伐"哉？禹之心，苟自知其有功、有德，即为"矜"、"伐"矣。惟禹之心视之，如未尝有焉。己虽"不矜"，而天下逊其能；己虽"不伐"，而天下逊其功。能者忌之媒，功者争之渐。吾有矜伐之心，则夫人亦皆有争功、争能之心，以吾之不矜、不伐，而起天下之不矜、不伐，则是能与功也。天下不以归禹，而归谁哉？余尝考圣贤尽性之学，以谓天命之性，万善具备，无有亏缺不足之处，圣贤所谓"孜孜"、"汲汲"者，惟欲尽此而已，初无分外之事，孟子知此意，故曰"舜尽事亲之道"，又曰"事亲若曾子可也"。初未尝以舜、曾子为过外，盖以其分所当为之事，能尽此者，方能免其责耳，尚何矜伐之有？使圣贤而有过外之事，为人所不得为，则矜伐可也。圣贤无过外之事，如禹之功，皆是禹所当然，故禹自不见其为功德也。汝有此德，而吾复懋勉之，使之不已；汝有此功，吾复加美之，而不敢忘。天之历数，当在汝之身，汝当升元后之位也。"历数"者，圣人作历以步其数，裁成辅相之道也。"天之历数"，犹言裁成辅相之人，当在汝矣。天人一理也，圣人所见处，自然与天合。舜以禹为可禅，则天意亦在是也。况舜当倦勤之年，商均既不肖，不可以任其责；廷臣又未有出禹之右者，此天意可见矣。圣人以任事而卜天意，何必以图命符谶之说，自为怪诞者哉。

12.《融堂书解》卷二

（宋）钱时撰

帝曰：来！禹，洚水儆予，成允成功，惟汝贤；克勤于邦，克俭于家，不自满假，惟汝贤。汝惟不矜，天下莫与汝争能；汝惟不伐，天下莫与汝争功。予懋乃德，嘉乃丕绩。天之历数在汝躬，汝终陟元后。

儆，犹戒也。不言"灾"而言"儆"，见得圣人所遇，无非恐惧修省之地，进德修业之机也。"矜"者，骄色，"满假"之状也；"伐"者，夸辞，"满假"之言也。"不自满假"，所以"不矜"、"不伐"，大抵有我，即有敌；无我，敌不立。不矜、不伐，无我也。

13.《尚书要义》卷三

（宋）魏了翁撰

（归善斋按：未引）

14.《书集传或问》卷上

（宋）陈大猷撰

（归善斋按：未解）

15.《尚书详解》卷二

(宋)胡士行撰

帝曰：来！禹，洚水（水逆行谓之洚水）儆（天戒）予。成允（信）成功，惟（独）汝贤。

灾异之来，天所以儆圣人也。圣人以天地万物为一体。一物不顺，无非儆予。公孙弘谓：尧使舜治水，未闻舜有洪水也。舜当时认为己责，而弘于百世下，欲归之尧。圣人、小人之用心相万也。鲧湮洪水，人方疑之，而禹遽能使人之信，必有不言之孚矣。信成于未治水之先，功成于人已信之后。当尧之世，一人而已。

16.《书纂言》卷一

(元)吴澄撰

(归善斋按：缺)

17.《书集传纂疏》卷一

(元)陈栎撰

帝曰：来！禹，洚水儆予，成允成功，惟汝贤；克勤于邦，克俭于家，不自满假，惟汝贤。汝惟不矜，天下莫与汝争能；汝惟不伐，天下莫与汝争功。予懋乃德，嘉乃丕绩。天之历数在汝躬，汝终陟元后。

纂疏：

吕氏曰：禹继父治水，人易疑之。禹能使人信于未成功之先，故功成于人已信之后。人才立己，便有物与我对。对则必争。一"矜"、"伐"其"功"、"能"，便有争之理。"矜"、"伐"者，争之对也。不矜不伐，无我也。无我，则无对；无对，则无争。

陈氏经曰："能"者，忌之媒；"功"者争之府。禹以不矜、伐之心，起天下不争之心。臣子所为，初无分外之事。"事亲若曾子者可也"，未尝以曾子为过乎分外。盖以所当为之事，能尽此者，方能免责耳，尚何矜、伐之有？如禹之事，皆禹所当然，故自不见其为"功"、"能"也。

王氏曰：矜，有执持意；伐，有夸大意。"能"过天下而不"矜"，故天下愈服其"能";"功",高天下而不"伐",故天下愈服其"功"。

愚按:《通历》曰"禹不贵尺璧,而重寸阴",《语》曰"禹菲饮食,恶衣服",克勤、俭之实也。

18.《读书丛说》卷三

(元)许谦撰

"洚水儆予"一章,总言"功"、"德"二字。"成允成功"、"汝惟不伐"、"嘉乃丕绩",皆以"功"言也。克勤俭,"不满假","汝惟不矜","予懋乃德",皆以"德"言也。

成允成功,能成其实成之功也。

19.《书传辑录纂注》卷一

(元)董鼎撰

帝曰:来!禹,洚水儆予,成允成功,惟汝贤;克勤于邦,克俭于家,不自满假,惟汝贤。汝惟不矜,天下莫与汝争能;汝惟不伐,天下莫与汝争功。予懋乃德,嘉乃丕绩。天之历数在汝躬,汝终陟元后。

纂注:

吕氏曰:公孙弘谓,尧使禹治水,未闻舜有洪水也。舜在当时,认洪水为己责。弘居百世下,乃推而归之尧。圣人、小人之心相万也。禹继鲧治水,人易疑之,禹能使人信于未成功之先,故功成于人已信之后。

夏氏曰:常人恃功而怠,安能勤;矜功而侈,安能俭。

新安陈氏曰:《通历》曰"禹不贵尺璧,而重寸阴",《语》曰"禹菲饮食,恶衣服",克勤、克俭之实也。

孔氏曰:自贤曰矜,自功曰伐。

吕氏曰:才立己,便有物与我对,对则必争。一"矜"、"伐"其功,能便有争之理。"矜"、"伐"者,争之对也。不矜、不伐,无我也。无伐,则无对;无对则无争。

陈氏经曰:能者,忌之媒;巧者争之府。禹以不矜、伐之心,而起天下不争之心,圣贤所为尽己而已。初无分外之事,事亲若曾子者可也。初未尝以曾子为过乎分外。盖己所当为之事,能尽此者,方能免于责尔,尚何矜、伐之有？如禹之功，皆是禹所当然，故禹自不见其为功、能也。

王氏曰：矜，有执持之意；伐有夸大之意。故以"矜"言"能"，以"伐"言"功"，"伐"甚于"矜"也。"能"过天下而不"矜"，故天下愈服其"能"，功高天下而不"伐"，故天下愈服其"功"。

20.《尚书句解》卷二

（元）朱祖义撰

帝曰：来！禹（舜命禹来），洚水儆予（天以洪水为灾儆戒于我），成允成功（汝之治水，自信其必能成功），惟汝贤（所以唯有汝贤）。

21.《尚书日记》卷三

（明）王樵撰

"帝曰：来！禹，洚水儆予"至"汝终陟元后"。降，《孟子》作"洚"，古字通用。洚水者，洪水也。常人以为气数之适然，圣人以为人事之未尽故。灾自尧时，而曰"儆予"，以身任之也。"成允成功"，指治水言，行如其言曰"成允"；事就其绪，曰"成功"。唐、虞之时，"敷奏以言，明试以功"。舜之征庸，禹之治水，皆尝若是。故尧贤舜曰"询事考言，乃言底可绩"，舜贤禹曰"成允成功"，其事一也。禹思天下有溺者，由己溺之也。八年于外，三过其门而不入，克勤于邦也可知。后之述者，犹曰禹不贵尺璧，而惜寸阴。其于家也，菲饮食、恶衣服、卑宫室，克俭可知。盖忧勤惕厉之心，其检身约己，自有常度而不至于侈肆，非如墨翟、晏婴之所谓也。恶旨酒，好善言，有天下而不与，亦是心也。舜"罔失法度，罔游于逸，罔淫于乐"，亦是心也。假，借也。满假，谓志满而自假借也。圣人之至诚，常见所不足，何由满假。吉人为善，惟日不足，何得而满假。再言"惟汝贤"，所以历见其贤也。自贤曰"矜"，自功曰"伐"。圣贤所为尽己而已，何"矜"、"伐"之有。人才立己，即有物我。不矜、不伐，无我也，何与争之有？懋，与"楙"同，盛也，《晁错传》曰"夏以长楙"。丕，大；绩，功也。"楙乃德"者，禹有是德，而我以为盛大。"嘉乃丕绩"者，禹有是功，而我以为嘉美也。"历数"者，帝王相继之次第，犹岁时气节之先后也，尧之曰"在舜"，舜之曰

"在禹",亦曰以其功德知之耳,非有他术也,言之以见其不可辞。是时,方使居摄,未即天位,故以"终陟"言也。天子称"元后",以有国皆"后",而天子都为之长也。

22.《日讲书经解义》卷二

(清)库勒纳等撰

帝曰:来!禹,洚水儆予。成允成功,惟汝贤;克勤于邦,克俭于家,不自满假,惟汝贤。汝惟不矜,天下莫与汝争能;汝惟不伐,天下莫与汝争功。予懋乃德,嘉乃丕绩,天之历数在汝躬,汝终陟元后。

此一节书,帝舜因禹以功德推皋陶,故特举禹之功德,而申命之也。洚水。洪水也;允,信也。"满"者,自足;"假"者,宽假;懋,盛大也;嘉,称美也;丕绩,是大功;乃,犹"汝"也。历数,谓帝王相承之次序。陟,升也。帝曰:来!汝禹,昔者洪水泛滥,乃天示儆戒于我。当是时,汝奏言而能践其言,试功而能有其功。汝能如此,则既贤于人矣。常人于成功之后,未免有满足自恕之意,汝又能在邦则勤于王事,在家则俭于私养,自视歉然,不敢满假。此亦惟汝之贤也。汝惟不自矜其能,而能之实,不可掩天下,谁与汝争能。汝惟不自伐其功,而功之实,不可掩天下,谁与汝争功。汝之德,我以为盛大;汝之"丕绩",我以为嘉美。天之历数,当归于汝,汝终当升此大君之位,以为天下臣民之主。今日"总师"之命,岂可得而辞哉。尧之德曰"允恭克让",舜之德曰"温恭允塞";禹之德曰"不自满假"。三圣人所由先后一揆与。

《书义断法》卷一

(元)陈悦道撰

成允成功,惟汝能;克勤于邦,克俭于家,不自满假,惟汝贤。汝惟不矜,天下莫与汝争能;汝惟不伐,天下莫与汝争功。

允,成也;功,治水之功也。禹以一念之诚,弭大灾,捍大患。治定功成,未有不以自负。而始之,克勤克俭,终不自以为盛也。终之,不矜、不伐,人莫与争其功、能,岂非诚者物之终始。一有不诚,则其于盛德大业,未有不满假而矜伐,岂所以为圣人之纯诚哉?舜美大禹之功德,而以"成允"二字先之,可谓能知禹之心矣。

《尚书七篇解义》卷一

(清)李光地撰

帝曰:来!禹,洚水儆予。成允成功。惟汝贤;克勤于邦,克俭于家,不自满假,惟汝贤。汝惟不矜,天下莫与汝争能;汝惟不伐,天下莫与汝争功。予懋乃德,嘉乃丕绩。天之历数在汝躬。汝终陟元后。人心惟危。道心惟微。惟精惟一,允执厥中。无稽之言勿听,弗询之谋勿庸。可爱非君,可畏非民。众非元后,何戴?后非众,罔与守邦。钦哉!慎乃有位,敬修其可愿。四海困穷,天禄永终。惟口出好兴戎。朕言不再。禹曰:枚卜功臣,惟吉之从。帝曰:禹官占惟先蔽志,昆命于元龟。朕志先定,询谋佥同,鬼神其依,龟筮协从。卜不习吉。禹拜稽首,固辞。帝曰:毋!惟汝谐。

此记舜再命禹摄位之事,而因传以心法、治法。《鲁论》以为,即尧命舜者也,有人则有心,而道具焉,一而已矣。然人者形也,心者神也,道者性也。妙合以凝,而精粗本末分矣。形有迹,性无象。心之神明,则出入有无之间,而兼体之者也。自其因形以发,则曰"人心",口、鼻、耳、目、四肢之欲是也。自其根性而生,则曰"道心",仁、义、礼、智之良是也。形交于物,而引于物,故我为物役,则"危"矣。性本于天。而命于天,故人与天远。则"微"矣。"精"者察其机辨,"人心"所以差之介;"一"者存其诚保,"道心"所自具之真也。"中"者理之极致,《易》所谓"天德"、"天则"者也。存而体之,则立天下之大本;察而由之,则成天下之大经。"惟精惟一",即所以执其中者,非"精"、"一"之外,别有执中之事也。"稽"者,稽于古;"询"者,询于今。"道"者,"人心"之所同。然无古今"一"也。故有"精"、"一"之学,又当稽、询而审处之。《中庸》所谓"好问好察","执其两端,用其中于民"者,舜之事也。"可爱"者君,以其众所戴也。"可畏"者民,为其邦所以守也。"可愿",即"可爱"也。敬修其可爱者,则众惟元后之戴矣。若民困穷,则天禄将去,邦谁与守?可畏孰甚焉。夫圣人之爱民,出自"道心"之至仁,非惧其天禄之去而后为之也。然圣人者,吉凶与民同患，不言及吉凶祸福之几，则闻者无所儆戒。知者闻之，反之于身，而自求多福焉；不知者闻之，屑屑于防患。猜物权诈，兵刑将由此起，故帝云，我言亦止于是矣，不必谆谆也。

克勤于邦，克俭于家，不自满假，惟汝贤

1. 《尚书注疏》卷三

（汉）孔氏传，（唐）陆德明音义，孔颖达疏

克勤于邦，克俭于家，不自满假，惟汝贤。

传：满，谓盈实；假，大也。言禹恶衣薄食，卑其宫室，而尽力为民。执心谦冲，不自盈大。

音义：假，工雅反。尽，津忍反。为，于伪反。

疏：汝能勤劳于国，谓尽力于沟洫；能节俭于家，谓薄饮食，卑宫室。常执谦冲，不自满溢夸大，惟汝之贤也。

满以器喻，故为盈实也。假，大，《释诂》文，言己无所不知，是为自满；言己无所不能，是为自大。禹实不自满大，故为贤也。《论语》美禹之功德云"恶衣服，菲饮食，卑宫室，而尽力乎沟洫"，故传引彼，恶衣薄食，卑其宫室，是俭于家。尽力为民，是勤于邦。上言其功，此言其德，故再云"惟汝贤"。

2. 《书传》卷三

（宋）苏轼撰

克勤于邦，克俭于家，不自满假，惟汝贤。

假大也。

3. 《尚书全解》卷四

（宋）林之奇撰

（归善斋按：见"浚水儆予"）

4.《尚书讲义》卷三

（宋）史浩撰

（归善斋按：见"泽水儆予"）

5.《尚书详解》卷三

（宋）夏僎撰

（归善斋按：见"泽水儆予"）

6.《增修东莱书说》卷三

（宋）吕祖谦撰，时澜增修

克勤于邦，克俭于家，不自满假，惟汝贤。

人初立事之时，在邦不敢以自懈，在家不敢以自奉。作为之始，不期而然。及功大名显，则此心渐，若有以自慰，而随寓稍放，亦势也。禹居平水土成大功之后，乃如立事之初，方且勤于邦，俭于家。勤俭非二事也，勤中有俭，俭中有勤，孜孜不息。其心寂然，若无一能之可观，则满假之心何自而生？舜命九官，而独称禹之贤，盖满假之心，稍有片能寸长者，有所未免。禹有天地之大功，而此心绝无，又九官中之最贤者也。"不自满假"者，不必矜夸然后为满假。功成之后，苟自以为功，即满假也。禹"成允成功"而继之以"克勤"、"克俭"，所以为不自满假。

7.《尚书说》卷一

（宋）黄度撰

（归善斋按：见"泽水儆予"）

8.《洁斋家塾书钞》卷二

（宋）袁燮撰

（归善斋按：见"泽水儆予"）

9. 《书经集传》卷一

（宋）蔡沈撰

（归善斋按：见"泽水儆予"）

10. 《尚书精义》卷六

（宋）黄伦撰

（归善斋按：见"泽水儆予"）

11. 《尚书详解》卷三

（宋）陈经撰

（归善斋按：见"泽水儆予"）

12. 《融堂书解》卷二

（宋）钱时撰

（归善斋按：见"泽水儆予"）

13. 《尚书要义》卷三

（宋）魏了翁撰

（归善斋按：未引）

14. 《书集传或问》卷上

（宋）陈大猷撰

（归善斋按：未解）

15. 《尚书详解》卷二

（宋）胡士行撰

克勤于邦（在邦不自怠），克俭于家（在家不自奉），不自满假（大），惟汝贤。

成大功之后，而方勤俭焉，则满假之心何自而生。

16.《书纂言》卷一

（元）吴澄撰

（归善斋按：缺）

17.《书集传纂疏》卷一

（元）陈栎撰

（归善斋按：见"泽水做予"）

18.《读书丛说》卷三

（元）许谦撰

（归善斋按：见"泽水做予"）

19.《书传辑录纂注》卷一

（元）董鼎撰

（归善斋按：见"泽水做予"）

20.《尚书句解》卷二

（元）朱祖义撰

克勤于邦（能勤劳于邦），克俭于家（能节俭于家），不自满假（不自盈且大），惟汝贤（惟有汝贤）。

21.《尚书日记》卷三

（明）王樵撰

（归善斋按：见"泽水做予"）

22.《日讲书经解义》卷二

（清）库勒纳等撰

（归善斋按：见"泽水做予"）

《书义断法》卷一

（元）陈悦道撰

（归善斋按：见"泽水傲予"）

《尚书考异》卷二

（明）梅鹫撰

帝曰：来！禹，泽水傲予。成允成功，惟汝贤。

"泽水傲予"，见《孟子》。"成允成功"，见襄五年君子谓楚共王：于是不刑，已则无信，而杀人以逞不亦难乎？《夏书》曰"成允成功"。杜注：逸书。允，信也，言信成然后有成功。《史·夏本纪》：禹为人敏给克勤，其德不违，其仁可亲，声为律，身为度云云。为纲为纪，伤先人父鲧功不成受诛，乃劳心焦思，居外十三年，过家门不敢入。薄衣食致孝于鬼神，卑宫室致费于沟洫。襄二十九年季札见舞大夏者，曰：美哉，勤而不德，非禹其孰能修之。

《尚书七篇解义》卷一

（清）李光地撰

（归善斋按：见"泽水傲予"）

汝惟不矜，天下莫与汝争能；汝惟不伐，天下莫与汝争功

1. 《尚书注疏》卷三

（汉）孔氏传，（唐）陆德明音义，孔颖达疏

汝惟不矜，天下莫与汝争能；汝惟不伐，天下莫与汝争功。

传：自贤曰矜，自功曰伐，言禹推善让人，而不失其能；不有其劳，而不失其功，所以能绝众人。

疏：又申美之，汝惟不自矜夸，故天下莫敢与汝争能；汝惟不自称伐，故天下莫敢与汝争功。美功之大也。

自言己贤曰"矜"，自言己功曰"伐"。《论语》云"愿无伐善"，《诗》云"矜其车甲"。矜与伐，俱是夸义。已经有"争能"、"争功"，故别解之耳。弗矜，莫与汝争能，即矜者，矜其能也。贤能大同小异，故自贤解"矜"。《老子》云"夫惟不争，故天下莫能与之争"，是故，不矜伐而不失其功。能此，所以能绝异于众人也。

2.《书传》卷三

（宋）苏轼撰

汝惟不矜，天下莫与汝争能；汝惟不伐，天下莫与汝争功。予懋乃德，嘉乃丕绩。天之历数在尔躬，汝终陟元后。人心惟危，道心惟微。惟精惟一，允执厥中。

人心，众人之心也，喜怒哀乐之类是也。道心，本心也，能生喜怒哀乐者也。安危生于喜怒，治乱寄于哀乐，是心之发，有动天地，伤阴阳之和者，亦可谓危矣。至于本心，果安在哉，为有耶？为无耶？有则生喜怒哀乐者非本心矣，无则孰生喜怒哀乐者？故夫本心，学者不可以力求而达者，可以自得也。可不谓微乎？舜戒禹曰：吾将使汝从人心乎，则人心危而不可据；使汝从道心乎，则道心微而不可见。夫心岂有二哉，不精故也。精则一矣。子思子曰：喜怒哀乐之未发，谓之中；发而皆中节，谓之和。中也者，天下之大本也；和也者，天下之达道也。致中和，天地位焉，万物育焉。夫喜怒哀乐之未发，是莫可名言者。子思名之曰中，以为本心之表著。古之为道者，必识此心。养之有道，则卓然可见于至微之中矣。夫苟见此心，则喜怒哀乐，无非道者。是之谓和，喜则为仁，怒则为义，哀则为礼，乐则为乐，无所往而不为盛德之事。其位天地，育万物，岂足怪哉。若夫道心隐微，而人心为主，喜怒哀乐，各随其欲，其祸可胜言哉？道心，即人心也；人心，即道心也，放之则二，精之则一。桀纣非无道心也，放之而已。尧舜非无人心也，精之而已。舜之所谓道心者，子思之所谓中也；舜之所谓人心者，子思之所谓和也。

3.《尚书全解》卷四

（宋）林之奇撰
（归善斋按：见"洚水儆予"）

4.《尚书讲义》卷三

（宋）史浩撰
（归善斋按：见"洚水儆予"）

5.《尚书详解》卷三

（宋）夏僎撰
（归善斋按：见"洚水儆予"）

6.《增修东莱书说》卷三

（宋）吕祖谦撰，时澜增修

汝惟不矜，天下莫与汝争能；汝惟不伐，天下莫与汝争功。

天下之理，必有对。己立则物对，有对则有争。一矜其能，一伐其功，则争之理已存。盖矜、伐者，争之对也。禹之能，不自以为能，而视以为天下之能；禹之功，不自以为功，而视以为天下之功，是无我也。无我则无对，无对则无争矣。禹且无我，天下其与之争乎？

7.《尚书说》卷一

（宋）黄度撰
（归善斋按：见"洚水儆予"）

8.《洁斋家塾书钞》卷二

（宋）袁燮撰
（归善斋按：见"洚水儆予"）

9. 《书经集传》卷一

（宋）蔡沈撰

（归善斋按：见"汝水儆予"）

10. 《尚书精义》卷六

（宋）黄伦撰

（归善斋按：见"汝水儆予"）

11. 《尚书详解》卷三

（宋）陈经撰

（归善斋按：见"汝水儆予"）

12. 《融堂书解》卷二

（宋）钱时撰

（归善斋按：见"汝水儆予"）

13. 《尚书要义》卷三

（宋）魏了翁撰

（归善斋按：未引）

14. 《书集传或问》卷上

（宋）陈大猷撰

或问："不矜"、"不伐"之说，夏与无垢，不逮吕说远矣，亦附载何也？曰：意味虽浅于吕，然亦各有一意，必备诸说而后经意方全，不可尽以一说为限界，此类多矣，后不尽载。

15. 《尚书详解》卷二

（宋）胡士行撰

汝惟不矜（夸能），天下莫（无）与汝争能；汝惟不伐（夸功），天下莫与汝争功。

天下之理,无独,必有对。"矜"、"伐"者,争之对也。不"矜"、"伐"则无我,无我则无对,无对则无争矣。

16.《书纂言》卷一

(元)吴澄撰

(归善斋按:缺)

17.《书集传纂疏》卷一

(元)陈栎撰

(归善斋按:见"泽水儆予")

18.《读书丛说》卷三

(元)许谦撰

"汝惟不矜"、"不伐"四句,言禹惟其"不矜"、"不伐",故天下莫与"争能"、"争功",盖矜、伐者,自有其"能"与"功"也。凡物据以为己有,则人亦将据之,故有争。我不以为有而无所据,则无迹之可寻,人何从而争之乎?故禹之"功"、"能"虽极大,人竟莫能指而与之争相上也。又一说,禹惟但"不矜"、"不伐"而已,而人之"功"、"能",自然无出其上者,况敢争乎?

(归善斋按:另见"泽水儆予")

19.《书传辑录纂注》卷一

(元)董鼎撰

(归善斋按:见"泽水儆予")

20.《尚书句解》卷二

(元)朱祖义撰

汝惟不矜(汝惟不以其能夸耀于人),天下莫与汝争能(则天下自莫有与汝争能),汝惟不伐(汝惟不以其功夸大于人),天下莫与汝争功

（则天下自莫有与汝争功）。

21.《尚书日记》卷三

（明）王樵撰

（归善斋按：见"洚水儆予"）

22.《日讲书经解义》卷二

（清）库勒纳等撰

（归善斋按：见"洚水儆予"）

《书义断法》卷一

（元）陈悦道撰

（归善斋按：见"洚水儆予"）

《尚书考异》卷二

（明）梅鷟撰

汝惟不矜，天下莫与汝争能；汝惟不伐，天下莫与汝争功。

老子曰：不自伐，故有功；不自矜，故长夫；唯不争，故天下莫能与之争。后章又曰：自伐者无功，自矜者不长。又曰：以其不争，故天下莫能与之争。夫圣贤不得已而有功，故功成而自不伐，非为天下之与我争功也，无所为而多能，故能多而自不矜，非为天下之与我争能也。智哉老子。闪奸打讹，下将以上也，不足将以无损也，不自大将以成其大也。将欲取之，必姑与之。凡其所言，无非立地步占便宜之术与。我圣贤大公无我，盛德之至，非为生正行干禄气象。固若九地，视九天之远矣。至于反之圣，无所为而为，不计功谋利者，亦不啻南北水火之阔越也。故其不矜、不伐之言未脱于口，而"天下莫与争"之句，已迫于下效之来，若不俟其功之毕。先儒谓退一步法者，可谓一言以蔽之矣。然则，此人必借老子之言，以为出于舜之口者何也？曰：其意以为天下皆服其功，最其能，禹可以当天下而不必辞也。圣人禅授气象，似不若此。曰圣人气象，果若何？曰"询事考言，乃言底可绩"而已，曰"天之历数在尔躬"而即以戒辞缀之。曰"允执其中，四海困穷，天禄永终"而已。尧即舜，舜即尧，夫道一而已矣，决不如是之赘也。今除《尧曰》"舜亦以命禹"之数言，其外多为称美夸大之辞。果曰"亦以命禹"，决不如是之谀也。且面谀之中，而谋利计功之意溢于言外。果曰"非攘"，决不如是之同也。

《尚书埤传》卷三

（清）朱鹤龄撰

不矜，不伐。

吕祖谦曰：才立己便有物与我对，对则必争。矜、伐者，争之对也。不矜、不伐，无我也。无我，则无对，无对则无争。

《书经衷论》卷一

（清）张英撰

（归善斋按：见"地平天成"）

予懋乃德，嘉乃丕绩，天之历数在汝躬，汝终陟元后

1.《尚书注疏》卷三

（汉）孔氏传，（唐）陆德明音义，孔颖达疏

予懋乃德，嘉乃丕绩，天之历数，在汝躬，汝终陟元后。

传：丕，大也。历数，谓天道。元，大也。大君，天子。舜善禹有治水之大功，言天道在汝身，汝终当升为天子。

音义：丕，普悲反，大也，徐甫眉反。

疏：我今勉汝之德，善汝大功。天之历运之数，帝位当在汝身。汝终当升此大君之位，宜代我为天子。

丕，大，《释诂》文。历数，谓天历运之数。帝王易姓而兴，故言历

数，谓天道。郑玄以历数在汝身，谓有图箓之名。孔无谶纬之说，义必不然。当以大功既立，众望归之，即是天道在身。《释诂》"元"训为"首"。首，是体之大也。《易》曰"大君有命"，是大君谓天子也。

2.《书传》卷三

（宋）苏轼撰

（归善斋按：见"汝惟不矜"）

3.《尚书全解》卷四

（宋）林之奇撰

予懋乃德，嘉乃丕绩。天之历数在汝躬，汝终陟元后。

万章问于孟子曰：舜有天下也，孰与之？曰：天与之。天与者，谆谆然命之乎？曰：否，天不言，以行与事示之而已矣。"予懋乃德，嘉乃丕绩"，则其所以示之者，可谓至矣。故以是，卜知天命之所在，而曰"天之历数在汝躬"，言天命在汝，汝当终陟元后，而作天子也。是时，方命以居摄，未即天子之位，故以终陟言。

4.《尚书讲义》卷三

（宋）史浩撰

（归善斋按：见"洚水儆予"）

5.《尚书详解》卷三

（宋）夏僎撰

（归善斋按：见"洚水儆予"）

6.《增修东莱书说》卷三

（宋）吕祖谦撰，时澜增修

予懋乃德，嘉乃丕绩。天之历数在汝躬，汝终陟元后。

"懋"，非勉之谓，盖孜孜不已之意也。舜于"不矜"、"不伐"中，深见禹之孜孜不息，懋德无穷。舜目系心化，亦愈勉其德，而不自知。禹有地"平天成,万世永赖"之功。故舜从而嘉之。通二句而观,"德"之既"懋",始见其"绩"之"丕"。使禹有如是之功,而稍有骄矜,则其功小矣,不足谓之"丕"也。"绩"之既"丕",亦足以见德懋,禹所以能全是大功而不失者,必其涵养宽厚,度量恢大,常充实于内矣,亦可想像其"德"之"懋"也。圣人之心,即天之心。圣人之所推,即天所命也。故舜之命禹,"天之历数"已在"汝躬"矣。舜谓禹"德"之"懋"如此,"绩"之"丕"如此,此心此理,盖纯于天也。"天之历数"自然在躬,初非历数自外而至,亦不可辞矣。"汝终陟元后"也,丕绩根本之壮也,懋德培养之丰也。

7.《尚书说》卷一

(宋)黄度撰

(归善斋按:见"泽水儆予")

8.《洁斋家塾书钞》卷二

(宋)袁燮撰

(归善斋按:见"泽水儆予")

9.《书经集传》卷一

(宋)蔡沈撰

(归善斋按:见"泽水儆予")

10.《尚书精义》卷六

(宋)黄伦撰

(归善斋按:未解)

11.《尚书详解》卷三

(宋)陈经撰

(归善斋按:见"泽水儆予")

12. 《融堂书解》卷二

（宋）钱时撰

（归善斋按：未解）

13. 《尚书要义》卷三

（宋）魏了翁撰

（归善斋按：未引）

14. 《书集传或问》卷上

（宋）陈大猷撰

或问："历数"，圣人亦言数乎？曰："数"见《易》大传详矣。圣人何尝不言，但不泥此而忽人事，如后世符谶耳。邵康节之学，专主"数"，然其言祸福，则以为不由天地，只由人。故伊川谓"数"学至康节方有理。阚子《明筮说》谓：人事兆未然之机，卜筮明将然之应，则"数"亦未尝不系于人事。三说皆有理也。曰：然则三说如何？曰：孔以"历数"为天道，意颇包涵。吴推孔说，专指"历"言；王专指"数"言。朱大意指"数"言而以"历"为譬喻。按《易》大传止言"数"而不及"历"。《尧典》止言"历"而不及"数"。"历数"与"数"自是两事。

15. 《尚书详解》卷二

（宋）胡士行撰

予懋（盛）乃德，嘉（美）乃丕（大）绩（功）。天之历数（帝王相继之次第，如岁、时、节气之先后）在汝躬。汝终陟（升）元（大）后（君）。

以不"矜"、"伐"之德，而见于"平"、"成"大功之后，禹之心纯乎天也。天之历数，非自外至，不可辞矣。

16. 《书纂言》卷一

（元）吴澄撰

（归善斋按：缺）

17. 《书集传纂疏》卷一

（元）陈栎撰

（归善斋按：未解）

18. 《读书丛说》卷三

（元）许谦撰

（归善斋按：见"浇水儆予"）

19. 《书传辑录纂注》卷一

（元）董鼎撰

（归善斋按：见"浇水儆予"）

20. 《尚书句解》卷二

（元）朱祖义撰

予懋乃德（此我所以懋勉汝之德，而使汝不已），嘉乃丕绩（嘉美汝之大功，不敢少忘）。天之历数在汝躬（以天之历数推之，君位当在汝之身），汝终陟元后（汝终升大君之位）。

21. 《尚书日记》卷三

（明）王樵撰

（归善斋按：见"浇水儆予"）

22. 《日讲书经解义》卷二

（清）库勒纳等撰

（归善斋按：见"浇水儆予"）

《尚书考异》卷二

（明）梅鷟撰

《尧曰第二十》

《尧曰》"咨！尔舜，天之历数在尔躬"云云。舜亦以命禹者若是而已，何为复增之曰："来！禹，洚水儆予，成允成功，惟汝贤；克勤于邦，克俭于家，不自满假，惟汝贤。汝惟不矜，天下莫与汝争能；汝惟不伐，天下莫与汝争功。予懋乃德，嘉乃丕绩。天之历数在汝躬，汝终陟元后。"《尧曰》"允执厥中"，舜亦以命禹者若是而已，何为复增之曰："人心惟危，道心惟微，惟精惟一，允执厥中。无稽之言勿听，弗询之谋勿庸。"《尧曰》"四海困穷，天禄永终"，舜亦以命禹者，若是而已，何为复增之曰："可爱非君，可畏非民。众非元后，何戴？后非众，罔与守邦。钦哉！慎乃有位，敬修其可愿。四海困穷，天禄永终。惟口出好兴戎，朕言不再。"《易》曰："吉人之辞寡，躁人之辞多。"舜，大圣人也，岂其躁而不吉哉。韩子曰："夫子与回言不违"，"则其与众人辨也有矣"。禹祗台德先也，岂其众人而不回若哉。大抵皆胶粘之饰辞耳。故其文多支离而不贯，补缀而可厌，谀佞而不庄，细冗而不切。

《尚书注考》

（明）陈泰交撰

"天之历数"，训"历数"者，帝王相继之次第，犹岁时气节之先后。"五曰历数"，训"历数"者，占步之法，所以纪岁、月、日、星辰也。

《书经衷论》卷一

（清）张英撰

（归善斋按：见"地平天成"）

人心惟危，道心惟微，惟精惟一，允执厥中

1.《尚书注疏》卷三

（汉）孔氏传，（唐）陆德明音义，孔颖达疏

人心惟危，道心惟微，惟精惟一，允执厥中。

传：危，则难安；微，则难明。故戒以精一，信执其中。

疏：因戒以为君之法。民心惟甚危险，道心惟甚幽微。危，则难安；微，则难明。汝当精心，惟当一意信执其中正之道，乃得人安，而道明耳。

居位则治民，治民必须明道，故戒之以"人心惟危，道心惟微"。道者，径也，物所从之路也。因言人心，遂云道心。人心为万虑之主，道心为众道之本。立君，所以安人，人心危，则难安。安民，必须明道，道心微，则难明。将欲明道，必须精心；将欲安民，必须一意，故以戒"精心一意"。又当信执其中，然后可得明道，以安民耳。

《尚书注疏》卷三《考证》

人心惟危，道心惟微。

王应麟曰：《荀子·解蔽篇》：尧舜之治天下，不以事诏而万物成。故道经曰："人心之危，道心之微。"注：今《虞书》有此语。而云道经，盖有道之经也。

疏：立君所以安人，人心危则难安。臣召南按：传疏以民心解人心，即下文可畏非民之意，其义亦通，但下即言精一执中，以《论语》、《大学》、《中庸》证之，则程朱以人欲天理训人心道心，为精当不易耳。

2.《书传》卷三

（宋）苏轼撰

（归善斋按：见"汝惟不矜"）

3.《尚书全解》卷四

（宋）林之奇撰

人心惟危，道心惟微。惟精惟一，允执厥中。

此尧、舜、禹，三圣人相授受之际，发明其道学之要，以相畀付者。韩子曰：尧以是传之舜，舜以是传之禹，禹以是传之汤，汤以是传之文武周公，文武周公传之孔子，孔子传之孟轲。轲之死，不得其传。历代圣贤，所以相传者，不得尽见，然以尧、舜、禹之所以相授受者而视之，则知汤与文武而下，其所以相传者，盖不出诸此矣。此实圣学之渊源。而诸儒之说，各有不同。盖圣人发明其心术之秘，以相授受，故其言渊深，又必有圣人复起，默而识之，自得于言意之表，非诂训章句之学，可得而知也。诸儒虽各以意形容，而圣人之意终于不可尽。某何人也，足以知此？姑掇诸儒之遗说，而臆度之。其中与否，不可必也。《中庸》曰：喜、怒、哀、乐之未发，谓之中；发而皆中节，谓之和。苟于其既发，而为私欲所胜，则将发而不中节矣。夫所发者，既已危而不安，则未发者，亦将微而难明。诚能"惟精惟一"，以安其危，则喜、怒、哀、乐中节而和矣。所发者既和，则未发之中，亦将卓然而独存矣。故"能允执厥中"，此盖与《中庸》之言相为表里。自尧、舜、禹，以至孔、孟所以相传者，举不出此，学者不可以不深意，而精思之也。

4.《尚书讲义》卷三

（宋）史浩撰

（归善斋按：见"洚水儆予"）

5.《尚书详解》卷三

（宋）夏僎撰

人心惟危，道心惟微，惟精惟一，允执厥中，无稽之言勿听，弗询之谋勿庸。

舜前既谓"历数在汝躬，汝终陟元后"，故此以心学之妙，传之于禹。盖天下虽大，治之在道。四海虽远，治之在心。苟不正，则作于其心，害于其政，虽尧舜不能以善治，故尧之授舜，既告以"天之历数在尔躬"，"允执其中"宜舜亦以命禹也。心一而已，岂有二哉？此言人心、道心者，盖喜怒哀乐之既发，是心出与人接，故谓之人心喜怒哀乐之未发，则是心，冥与道俱，故谓之道心。其实一心耳。由其有已发、未发之异，故有人心、道心之殊也。方喜怒哀乐之既发也，一不中节，则有动天地，伤阴阳之和者，可不谓危乎？方喜怒哀乐之未发也，视之不见，听之不闻，寂然无有，可不谓微乎？心者，中之所在也；中者，治天下国家之要道也。人君执中而治天下，而人心乃危而难安如此，道心乃微而难明如此，中将何自而见哉。故舜之戒禹，必谓"中"，固不离于此心。然人心则危而难安，道心则微而难明，汝必欲执中治天下，不必他求。惟"专精守一"。精则不杂，一则不二。不杂不二，则神全而天理昭彻。吾于是即是心而求其所谓不偏不倚，卓然中立者，允而执之，则出与人接时，中亦不离乎此心，何危之有？冥与道俱，中不离乎此心，何微之有？自其精一之理未全而言之，则有人心、道心之别。自其精一之理既全而言之，则人与道融，非惟一心反观而照。惟其所谓中者，卓然特立于方寸之中。初不知孰为道，孰为人也。中者，"当其可"之谓也。治天下国家者，患不当其可而已。苟当其可，则虽尧舜之授不为泰，汤武之取不为贪，伊尹放君而不为篡，周公诛兄而不为逆。宜尧、舜、禹必以此为相传之懿也。舜既授禹以心传之妙，然又恐禹未尽精一之理，反求其心，未知中之所在，或滋其异议，而失其固有之中，故又告以"无稽之言勿听，弗询之谋勿庸"。盖谓：吾前所谓"允执之中"，非由外铄（shuò）我也，惟人精一之理未尽，则是中隐于吾心。而人皆行而不著，习而不察。苟精一之理全，则如将囊取物，近在目前。汝今惟尽精一之理足矣，不可谓求之吾心而不得，而求之于人。至于无稽之言有时而听，弗询之谋有时而庸，若然，则去中益远矣。舜言及此，诚以天下与人，其事甚大，既告以心传之妙，又恐其万一自信不笃，则其流弊有不可胜言者，故虽禹以圣受，舜亦必极其弊，以反覆详告之也。"无稽之言"，说者皆谓：不考于古，谓之无稽。"弗询之谋"，说者谓：不咨于众，谓之弗询。此说允当。盖言而能考合于古，谋而能咨访于众，则所言、所谋必合于中道。惟"无稽"、"弗询"，皆私意曲说，背道益远，实"中"之大害。舜所以切戒于此焉。

无稽，谓之言；弗询谓之谋，唐孔氏谓：言，是率意为语。谋，是预计前事。余谓此释"言"、"谋"二字极然。但此说"言"与"谋"，皆随意立言，非有取予于其间，故不若林少颖谓：曰言，曰谋，或听，或庸，盖随意立言，非有深义。此说然矣。

6.《增修东莱书说》卷三

（宋）吕祖谦撰，时澜增修

人心惟危，道心惟微。惟精惟一，允执厥中。无稽之言勿听，弗询之谋勿庸。

舜既授天下于禹，遂命以保天下之要。人君以正心为本，故先之。人心，私心也。私则胶，胶扰扰，自不能安。道心，善心也，乃本然之心，微妙而难见也。此乃心之定体，一则不杂，精则不差。此又下工夫处。既有它定体，又知所用功，然后"允"，能执其"中"也。"中"之在人，非前失而后得，非前晦而后明也。水本清，沙溷之沙澄，而水自清矣。火本明，烟郁之烟去，则火自明矣。惟"精"、"一"，可以见道。此理，禹所自知，舜复切于言者，以天下授人，谨之、重之，自不容己也。继以下两句，若不相干，何也？盖用功于精一，省察之道，不可不密。"无稽之言"，私言也，不可稽考，如潢潦之无根源，非"名之必可言"，"言之必可行"之谓也。"弗询之谋"，私谋也。阴谋险论，将以贼害，而不可与众共者也。圣人之道，质之百王而无愧，安有所谓无稽之言，建诸天地而不悖，安有所谓"弗询之谋"？听言之际，深见精一之功。《孟子》谓"我知言，我善养吾浩然之气"，见善明，用心刚，是以，于邪遁之辞，皆知其失也。大抵无伪不能乱真，无邪不能干正。孔子曰"不知言无以为君子"，使禹有心于执"中"，而辨别言谋之不审，则操守之不谨，识见之未明，何以为"中"哉。

7.《尚书说》卷一

（宋）黄度撰

（归善斋按：见"泽水儆予"）

8.《洁斋家塾书钞》卷二

(宋) 袁燮撰

人心惟危,道心惟微。惟精惟一。允执厥中。

凡是人便有这心。所谓"人心"、"道心"者,良心也。人心危而难安;道心微而难明。所谓"道心",只是此心之识道理者。人心日与物接,则易为物所诱。《孟子》所谓"物交物则引之而已矣",或动于喜怒,或牵于富贵,或移于声色,安得而不危?然方其喜怒之萌,反而以道理观之,其当喜耶,不当喜耶,当怒耶,不当怒耶;方其声色之接,反而以道理观之,其当好耶,不当好耶,是非美恶昭然甚明,所以知此是非美恶者,谁欤此正吾之本心?此所谓"道心"也。只是道心隐微不著,人心既危,道心又微,然则当如之何?"惟精惟一"者,此圣人之所以用功也。精,是精细;一,是纯一。十分子细,不敢一毫忽略,是之谓精。圣贤工夫,直是精密。今人所以有过,不精故也。《中庸》曰"天地之道可一言而尽也,其为物不贰"。天地之所以为天地,只是纯一不贰,所谓"一"者,有一毫之私意,有一毫之人欲,便不是"一"。"惟精惟一",则人心必不至于危,道心亦不至于微。中道之大,于是可固执而勿失矣。欲见得微精处,当观古人"兢兢业业","如临深渊,如履薄冰",其精如此。爱其子者,人之常情,禹心专于治水,至忘其子焉,其"一"如此。

9.《书经集传》卷一

(宋) 蔡沈撰

人心惟危,道心惟微。惟精惟一,允执厥中。

"心"者,人之知觉,主于中,而应于外者也。指其发于形气者而言,则谓之人心;指其发于义理者而言,则谓之道心。人心易私而难公,故"危";道心难明而易昧,故"微"。惟能精以察之,而不杂形气之私,一以守之而纯乎义理之正道。心常为之主,而人心听命焉,则危者安,微者著。动静云为自无过、不及之差,而信能执其中矣。尧之告舜,但曰"允执其中",今舜命禹,又推其所以,而详言之。盖古之圣人,将以天下与人,未尝不以其治之之法,并而传之。其见于经者如此,后之人君,其可不深思而敬守之哉。

10.《尚书精义》卷六

（宋）黄伦撰

人心惟危，道心惟微。惟精惟一，允执厥中。无稽之言勿听，弗询之谋勿庸。可爱非君，可畏非民。众非元后，何戴？后非众，罔与守邦。钦哉。慎乃有位。敬修其可愿，四海困穷，天禄永终。惟口出好兴戎，朕言不再。

无垢曰：夫天下之大，四方万里之远，事之不一，物之不齐，宜不可以一言断之矣。然而使圣人见天下，见四方万里，若大若远；见事，见物，不一不齐，窃意圣人之心亦已不给矣。惟圣人知天下四方万里，若事若物之本，执而绥之，所以天下，四方万里，事物之情，无不灼然布于几席之上，而发号施令靡然，自当于天下，四方万里，事物之心，使无冤苦失职之叹者，则以得其本也。夫所谓天下，四方万里，事物之本何物也？曰中而已矣。盖天下，此心也；四方万里，此心也；若事若物，此心也。此心，即中也。中之难识也久矣。吾将即人心，以求中乎？人心，人欲也。人欲无过而不危，何足以求中？又将即道心，以求中乎？道心，天理也。天理至微而难见，何事而求中？曰天理，虽微而难见，惟"精"、"一"者得之。"精"、"一"者，何也？曰："精"，则心专，入而不已；"一"，则心专，致而不二。如此用心，则戒谨不睹，恐惧不闻，久而不变，天理自明，中其见矣。既得此中，则天下，在此也；四方万里，在此也；若事若物，在此也。信而执之，以应天下，四方万里，事物之变，盖绰绰有余裕矣。又曰：君执此中也，故可爱而不可远；民具此中也，故可畏而不可忽，是君与民，皆有此中者也。民非君之中，其何以依倚，故曰"众非元后，何戴"；君非民之中，其谁与保守，故曰"后非众，罔与守邦"，是中之所在，无适而不宜也。贾氏曰：夫辩人心、道心之异者，正心之义也。必"精"必"一"以胜人，而入道者，存诚之义也。去人之危，入道之微，则心不外，驰而中，已确然矣。其德罔怨而广运，岂不宜哉？虽然是中也，尧既咨舜，舜亦以命，禹、夏、商、周，又以建极。孔子又常常讽道之，孟子亦愿学。孔子其相传之妙，固已明矣。此韩愈所以得而言之，且谓至轲而止也。然则，五世之所以盛，岂徒然哉噫。五世已往，传而在上，故其道行。五世以来，传而在下，故其言立道之不明，日已久矣。周氏曰：人心，利欲之私也。行乎利欲之间，岂不危乎？道心，义理之心也，求诸义理之所在，岂不微乎？"惟危"也，故察之为难；"惟微"也，故明之为难。是以三圣，精研而不扰，致一而不二。本心昭旷，而后能执其中道。张氏曰：孔子云"仁者，人也"，所谓"人心"者，以道为心也。庄子曰"道兼于天"，所谓"道心"者，以天道为心也。抟之不得，视之不见，幽深不可度，则道心可谓微而难知矣。由人心，以至于道心，入道之序也。至于道心，则神矣。神则极高明矣，及其出而应物，又有以道中庸者焉，故"惟精"所以存神；"惟一"所以守精。存之以"精"，守之以"一"。而不能以中行之，则崖异卓绝，且将异人异物，则人将何望于我哉？此又所以终之以"允执厥中"也。"精"以存之，则神无不明，而天下之物，莫足以丧吾存也；"一"以守之，则"精"无不固，而天下之物，莫足以更吾守也。孔子曰"中庸之为德，其至矣乎"，则"允执厥中"其可忽哉？能"允执厥中"，则贤者、智者，不忽其易；愚者、不肖者，不苦其难。有余者可以俯就，不足者可以企及，非天下之至中，其孰能与？此又曰"四海困穷"，则饥馑冻馁，民不聊生，君虽有粟，焉得而食，此天禄所以永终也。言永终者，谓其不复有"继之"之道也。《苕之华》诗曰"民可以食，鲜可以饱"。此特幽王之时，饥馑荐臻，民卒流亡。周室由是而大坏。君子闵之，故作是诗也。有天下，必以富民为先。盖百姓足，则君孰与不足，故四海不困穷，则天禄亦长享矣。舜欲禅禹以位，其告戒之详，至于如此。盖天下大器也，有而为之，其可易耶？

11.《尚书详解》卷三

（宋）陈经撰

人心惟危，道心惟微。惟精惟一，允执厥中。无稽之言勿听，弗询之谋勿庸。可爱非君，可畏非民。众非元后，何戴？后非众，罔与守邦。钦哉，慎乃有位，敬修其可愿。四海困穷，天禄永终。惟口出好兴戎，朕言不再。

此尧、舜、禹三圣传心之要旨也。《尧典》不载命舜事，而《大禹谟》载舜命禹之辞，可见尧、舜、禹一心，惟夫子得之，故于《尧曰》篇首云"尧曰：咨！尔舜，天之历数在尔躬"，舜亦以命禹。天下之大，事物之繁，人主苟不得其要，则将见用力愈劳，而愈无功。其要者安在？曰"中"是也。事事物物，皆有其"中"。吾能执其"中"，则出而应事物之繁，无一而不适其宜，不当其理。然"中"为难识，故舜于是有"人心"、"道心"之辨。使其于人欲、天理之差，从而审择焉。人心，人欲也，故危而难安；道心，天理也，故微而难见。惟其天理微而难见，故微得以胜欲；而人心每每为道心之累。然则，孰从而求之，曰精而不杂，一而不二。"精"者，如求金于沙，沙尽则金可见；"一"者，如水之流止，东西不失其平如此，则危者去，微者复，"中"可得而执矣。"中"即"道心"也。以其无过、不及之失，则谓之"中"。道之大原出于天，尧传之舜，舜传之禹，谓之"中"。禹传之汤谓之"咸有一德"。汤传之文武为"皇极"。孔子谓之"忠恕一贯"，子思谓之"诚"，孟子谓之"浩然之气"，皆一物也。"无稽之言勿听，弗询之谋勿庸"，所以守护此"中"而勿失也。无稽考之言，易以惑人，则勿听之；弗询于众人之谋，谓其不合人情者，易以败人之事，则勿用之。舜之意，谓虽已得此"中"矣，若夫听言、用谋之不审，使邪说得乘间而入，则向之所谓"中"者不可保矣。孔子告颜子以四代之礼乐，必终戒之以"放郑声，远佞人"。孟子所以言，养气必先以知言，盖邪说易惑，必闲邪可以存诚也。民视君为命，得非可爱乎？君失道则民叛之，得非可畏乎？君之所以可爱者，以众非元后，则无所仰戴故也。民之所以可畏者，以君非得众，则无以守邦也。君之与民并言之，以见其势之均也，亦与"后非民罔使，民非后罔事"同意。虽足君民之势均，而《书》之所言，大率先君而后民，名分所在，当以君为重也。然则，孟子何以谓"民为贵而君为轻"，倒置如此。盖《书》所言者，万世之常法；而孟子所言者，特救时之弊，为时君鄙薄其民之故也。夫子作《春秋》，将尊师众，则曰某帅师，大夫与师敌也。将卑师众，则曰某师，师为重也。至于君将，不言帅师；君见获，不言师败绩，以君重于师也。《春秋》正名分，为万世法，与《书》所言亦同。"钦哉，慎乃有位"，为人君者，当致其敬，以位为忧勤，而不可借是以为逸乐，此"慎乃有位"也。"敬修其可愿"，"可愿"与"可欲之谓善"同。人君之"可愿"者,"愿"为善,不"愿"为恶。"愿",天下治安;不"愿",为危乱,敬以修之。于此而不谨不敬,则"四海困穷",而天禄止于此矣。天命视民心为从违,民心得,则天命可以长享,盖能"敬修其可愿"故也。民心去而至于"困穷"、"无告",则"天禄"亦于是而终,盖不能"敬修"故也。详复此数语,治天下之要,尽在是矣。故舜密以授禹"惟口出好兴戎。朕言不再"。"出好"者赏善,"兴戎"者罚恶。"口"者,命令所自出,赏善罚恶存焉,则言岂可?谓我之所以命禹者,其言一定不可变易。汝禹安得而辞哉?使禹得而辞之,是舜于赏善罚恶之言,可更变矣。

12.《融堂书解》卷二

(宋)钱时撰

人心惟危,道心惟微,惟精惟一,允执厥中。

动乎意入于人伪,谓之人心;动乎意者为人心,则知本心之即道也,谓之道心。

13.《尚书要义》卷三

(宋)魏了翁撰

(归善斋按:未引)

14.《书集传或问》卷上

(宋)陈大猷撰

或问:心之知觉一耳,发之于人欲则为人心,发之于道义则为道心,而所以为心则一如何?曰:譬犹水火,用之于灌溉、烹饪,则是道心;用之于漂荡延燎,则是人心。然所以为水火,则非有二也。譬人之强勇,用于为善,则为道义之勇;用于忿斗,则为血气之勇,然岂有二勇哉。但人心之说,不如晦菴之全耳。曰:或谓动而应事者为人心,故惟危静而无为者为道心,故"惟微"如何?曰:心苟合道,动亦道,静亦道也,岂特静者为道,而动者非道哉?此老庄所谓"道",非吾儒之"道"也。

15.《尚书详解》卷二

（宋）胡士行撰

人心（动与物接）惟危（难安），道心（静与理俱）惟微（难见）。惟精（不杂）惟一（不二），允（信）执（守）厥中（不偏）。

人心：气情欲动出应，喜怒哀乐之已发；道心：理性理静入定，喜怒哀乐之未发。危过动，中不过动；微过静，中不过静。精明不差，察动静之理；一诚不二，守动静之正。尧之一言："允执"中，"中"则不"危微"。舜之三言："精"、"一"、"危微"，"允执"则"精"、"一"。天下虽大，治之在道；四海虽广，治之在心，舜将传天下于禹，故告以传道、传心之要焉。帝誉"执中"以遍天下，尧以允执其中命舜。而舜之命禹也，又以帝"允执"之一言，演为"危微"、"精"、"一"之三言。心，一心也，其未发而静为"道"，下愚亦有之。其已发而动为"人"，上圣亦不能无。道心善，人心亦无不善也。惟一于动而胶扰焉，则危矣；一于静而寂灭焉，则微矣。人心、道心，心之本体然也；危微则不能养心之过也。惟"精"焉以察之，而不差；一焉以守之，而不二，则危微之失去，而心之本体全矣。"允执"则"精"、"一"之谓也。"中"则不偏不倚，天所赋人，所以之正，融道心、人心为一，乃心体之全当其可，而不危不微者也。舜之三言，所以释尧之一言也，治天下国家之要无余蕴矣。吕云：人心，私心也；道心，善心也。或云：人心危，则道心微，人众而胜天也。精一执中，则天定而胜人矣。或云：危，溺于卑污，为不及，申韩是也。微，荡于高虚，为太过，老庄是也；中，则无过、不及而不危微矣。

16.《书纂言》卷一

（元）吴澄撰

（归善斋按：缺）

17.《书集传纂疏》卷一

（元）陈栎撰

人心惟危，道心惟微。惟精惟一，允执厥中。

纂疏：

朱子《中庸章句序》曰：允执其中者，尧之所以授舜也。"人心惟危"至"允执厥中"者，舜之所以授禹也。尧之一言至矣，尽矣。而舜复益之以三言，则所以明夫尧之一言，必如是而后可庶几也。盖尝论之心之虚灵，知觉一而已矣。而以为有"人心"、"道心"之异者，则以其或生于形气之私，或原于性命之正，而所以为知觉者不同，是以或危殆而不安，或微妙而难见耳。然人莫不有是形，故虽上智，不能无"人心"，亦莫不有是性；故虽下愚，不能无"道心"。二者杂于方寸之间，而不知所以治之，则危者愈危，微者愈微，而天理之公，卒无以胜夫人欲之私矣。"精"，则察夫二者之间而不杂也。"一"，则守其本心之正而不离也。从事于斯无少间断，必使"道心"常为一身之主，而"人心"每听命焉，则危者安，微者著，而动静云为，自无过不及之差矣。夫尧、舜、禹，天下之大圣也。以天下相传，天下之大事也。以天下之大圣，行天下之大事，而其授受之际，丁宁反覆，不过如此，则天下之理，岂有以加于此哉？

《语录》：问程子曰"人心，人欲也"。曰：人欲也，未全是不好，谓之"危"者，危险，欲堕未堕之间，若无"道心"以御之，则一向入于邪恶，又不止于危也。问"圣人亦有人心，亦危否"？曰：圣人全是"道心"主宰，故其"人心"自是不危。形气是私有底物，不比道公共。危亦未便是不好，只是有个不好底根本。

"道心"者，"人心"之理。"惟微"者，有时发见些子，有时又不见了。惟圣人辨之"精"，守得彻头彻尾。学者则须是择善而固执之。

只是此一个心之灵，其知觉从耳目之欲上去，便是"人心"；知觉从义理上去，便是"道心"。自人心而收之，便是"道心"，自"道心"而放之，便是人心。"人心"如卒徒；"道心"如将。

喜怒，"人心"也。喜过而不能禁，怒甚而不能遏，是皆为"人心"

所使也。须是喜所当喜，怒所当怒，乃是"道心"。又如饥食渴饮，须是饮食所当饮食，乃是"道心"。若饮"盗泉"之水，食"嗟来"之食，则"人心"胜，而"道心"亡矣。问"人心"可无否？曰：如何无得，但以"道心"为主，而"人心"听命焉。

饥食渴饮，"人心"也；得饮食之正者，"道心"也。须是一心只在"道心"上，少间那人心自降伏得不见了。"人心"与"道心"为一，恰似无了。那人心相似，只要"道心"纯一。"道心"都发见在那人心上。

"道心"虽先得之，然被"人心"隔了一重，故难见。如清水之在浊水，惟见其浊，不见其清，故微而难见。"人心"，只见那边利害之私；"道心"便见这边道理之公。有"道心"则"人心"为所节制，"人心"皆"道心"也。

"道心"为主，则"人心"亦化而为"道心"矣。如《乡党》所记饮食衣服，本是人心之发，在圣人分上，则浑是"道心"也。须知将"道心"去用那"人心"方得。

圣人不以"人心"为主，而以"道心"为主。"人心"倚靠不得。"人心"如船；"道心"如柁。任船则所在无定向，若执定柁，则去住在我。

"人心"未为悉皆邪恶。"危"亦未为便至凶咎。但既不主于理，而主于形，则其流为邪恶，以致凶咎亦不难矣，所以为"危"，非若"道心"之必善而无恶，有安而无倾，有准的而可据依也。故必致"精一"之功，使公而无不善者，常为一身万事之主，私而或不善者不得与焉，则凡所云为，不待择于过、不及之间，而自然无不"中"矣。

"人心"是血气和合做成，嗜欲皆从此出，故"危"。"道心"是本来禀受得仁、义、礼、智之心。圣人以此二者对待而言，正欲察之"精"，而守之"一"。察之"精"，则两个界限分明。"一"，是专一守着个"道心"，不令"人欲"得以干犯。这二者也，须"精"去拣择。若拣得不"精"，又便只是"人心"。"惟精"，是要拣得"精"；"惟一"，是要常守得固。有初拣得"精"，后来被物欲引从"人心"去，所以又贵于"惟一"。

虽圣人不能无"人心"，如饥食渴饮之类；虽小人，不能无"道心"，如见孺子而怵惕皆是。"人心",尧舜不能无;"道心"桀纣不能无。"人欲"易流,故"危";"道心",即恻隐羞恶之心,其端甚"微"。"精"字,是脉缝上见得分明;"一",是守得彻头彻尾。如颜子择《中庸》是"精",服膺勿失是"一"。"精"、"一",是舜教禹做工夫处。此自尧、舜以来,未有他议论时,先有此言。圣人心法,无以易此。后来孔门教人先后次第,皆宗之《中庸》。"择善"即"惟精";固执即"惟一"。"博学"至"明辨",皆"惟精";"笃行"是"惟一"。"明善","精"也;"诚身","一"也。"格物致知",非"惟精"不可。能"诚意",则"惟一"矣。学只是学此道理。孟子以后失其传,亦只是失此。

若"人心"如此不好,则须绝灭此身,而后"道心"始明。"人心"是有知觉嗜欲者,此岂能无,但为物诱,而至于陷溺,则为害耳。"道心",则义理之心,可为人心之主宰,而"人心"据以为准者也。如饥渴欲饮食,"人心"也,然必有义理存焉。有可食,有不可食,如子路食于孔悝,此不可食者。当使"人心"每听"道心"之区处方可耳。然此"道心"却杂出于"人心"之间,微而难见,必须"精"之,"一"之,而后"中"可执。

陆子静云:舜若以"人心"为全不好,则须说不好,使人去之,今止说"危"。"危"者,不可据以为安耳。此言亦自是。

"人心"易得走从恶上去,所以言"危"。"微",是微妙,亦是微昧。"精"、"一",是两截工夫,辨别了,又须固守。不辨别得,固守个甚?辨别得了,若不固守,则不长远。

问:尧、舜、禹,大圣人,"执"字似亦大段吃力。曰:圣人固不思不勉,然使圣人自有此意,则罔念而作狂矣。经言此类非"一"。

"中",只是个恰好的道理。允,信也,是真个执得。"人心","道心","精"、"一"三句,是"执中"以前事。"惟精"是别得不杂。"惟一"是守得不离。"惟精惟一",所以能"允执厥中"。

《书》传所载,多是说无过、不及之"中"。如《中庸》之"中",亦只说无过、不及。但喜怒哀乐,未发之"中"。"一",处说"中"之体。

所觉者,心之理;能觉者,气之灵。理未知觉,气聚成形,理与气合，便能知觉。

虚灵，是心之本体。

问："生于形气之私下"，"私"字何也？曰：饥饱寒暖之类，皆生于吾之血气形体，而他人无与焉，所谓"私"也，亦未便是不好，但不可一向徇之耳。

真氏曰：或疑形气之私。曰："私"，犹言己之所独耳，如私亲、私恩，可谓之恶乎？问：六经曾有谓私非恶者否？曰："遂及我私"，言私其豵（zōng），以恶言之可乎？

愚谓："人心"、"道心"杂然发见，惟在"精"，以察之于"人心"中，别其孰为"道心"，复"一"以守之，纯乎"道心"，而不摇夺于"人心"。使察之不"精"，则误认"人欲"为"天理"矣。守之不"一"，则天理又将摇夺于"人欲"矣。"精"、"一"既至，"人心"常听命于"道心"。"人心"之发，皆"道心"也。惟孔子之"从心所欲"，足以证此心。"所欲"，"人心"也。随其心之"所欲"，而自不踰于矩度，非"人心"，皆"道心"，而自合于"中"乎。非"道心"之外，他有所谓"中"。"中"，即"道心"之流行于日用间，而无过、不及者也。又按《语录》云"虚灵是心之本体"，则可见知觉是心之发用，所以《中庸序》云"心之虚灵知觉，一而已矣"，先兼体用言。下云所以为知觉者不同，单指心之用而言也。

18. 《读书丛说》卷三

（元）许谦撰

人心可善，可恶。理欲皆可包在里许。目视，耳听，鼻臭，口味，四肢之奉，皆是"道心"，则一于理，而不杂以私，恻隐、羞恶、辞让、是非，是也。"精"，则于凡人心之所接处，事事察之极精，而知理欲分晓。"一"，则专守于"理"，而不使一毫私欲间于其间。其及于事物，信能执其中矣。"精"，是知得到；"一"是守得坚；"中"是行得及，如此即纯是"道心"，然亦未尝出于人心之外，但无私耳。

19.《书传辑录纂注》卷一

（元）董鼎撰

人心惟危，道心惟微，惟精惟一，允执厥中。

辑录：

士毅问：先生说人心是形气之私。形气则是口、鼻、耳、目、四肢之属。先生曰：固是。又问：如此则未可便谓之私欲。先生曰：但此数件事，属自家体段上便是私有底物，不比道，便公共，故上面便有个私底根本。且如危，亦未便是不好，只是有个不好底根本。问：程子曰"人心，人欲也"。文公曰：人欲也，未全是不好。谓之危者，危险欲堕，未堕之间，若无道心以御之，则一向入于邪恶，又不止于危也。问：圣人亦有人心，不知亦危否？曰：圣人全是道心主宰，故其人心，自是不危。若只是人心也危。故曰"惟圣罔念作狂"。《格言》。节问："人心惟危"，则当去了"人心"否？曰：从道心，而不从人心。

可欲之谓善，欲仁而仁至，使所欲如此，又岂可无？惟欲其所不欲。乃私耳。私欲，当添"心"字。《大尔雅通释》"危"者，欲陷未陷之辞。子静说得是。《格言》。"道心"，"人心"之理。节。道心，惟微者难明。有时发见些子，使自家见得，有时又不见了。惟圣人便辨之精，守得彻头彻尾。学者则须是择善而固执之。方子。子上以书来云，去冬问"人心"、"道心"。先生云：此心之灵，其觉于理者，"道心"；其觉于欲者，"人心"也。

武子问："人心惟危，道心惟微"，"道心"是先得，"人心"是形气所有，但地步较阔，"道心"却在形气中。所以"人心"易得陷了，"道心"也是如此否？曰：天下之物，精细底更难见。那人心便是粗底，且如饥渴寒暖，便是至粗底。这虽至愚之人，亦知得。若以较细者言之，如利害，则禽兽已有不能知者。若是义理，则愈是难知。这只有些子不多，所以说人之所以异于禽兽者，几希言所争也不多。

或问"人心"、"道心"之别。曰：只是这一个心，知觉从耳目之欲上去，便是"人心"；知觉从义理上去，便是"道心"。"人心"则危而易陷；"道心"则微而难著。微，亦微妙之义。学蒙。自"人心"而收之，则是"道心";自"道心"而放之,便是"人心"。"惟圣罔念作狂,惟狂克念作圣",近之"人心如卒徒,道心如将"。伯羽问"人心"、"道心"之别。曰:如喜怒,则"人心"也,然无故而喜焉,喜至于过而不能禁。无故而怒焉,怒至于甚而不能遏,是皆为"人心"之所使也。须是喜其所当喜,怒其所当怒,乃是"道心"。问"饥食渴饮",此是"人心"否?曰:然。须是食其所当食,饮其所当饮,乃不失所谓"道心"。若饮盗泉之水,食嗟来之食,则"人心"胜,而"道心"亡矣。问"人心"可以无否?曰:如何无得,但以"道心"为主,而"人心"每听命焉耳。僴。又曰:饥欲食,渴欲饮者,"人心"也。得饮食之正者,"道心"也。须是一心只在"道心"上,少间,那"人心"自降伏得不见了。"人心"与"道心"为一,恰似无了那人心相似只是要得道心纯一道心都发见在那人心上。僴。问"人心"、"道心"。曰:饥食、渴饮,"人心"也;如是而饮食,如是而不饮食,"道心"也。唤做人,便有形气。"人心"较切近于人。"道心"虽先得之,然被"人心"隔了一重,故难见"道心",正如清水之在浊水,惟见其浊,不见其清,故"微"而难见。"人心",如《孟子》言"耳目之官不思";"道心",如言"心之官则思",故贵"先立乎其大者"。"人心"只见那边情欲利害之私;"道心"只见这边道理之公。有"道心",则"人心"为人节制,"人心"皆"道心"也。伯羽。问"人心"、"道心",既云"上智",何以更有"人心"?曰:掐着痛,爬着庠,此非"人心"而何?人自有"人心"、"道心",一个生于血气,一个生于理。饥寒痛痒,此人心也;恻隐羞恶,是非辞逊,此"道心"也。虽上智,亦同。一则危殆而难安;一则微妙而难见。必使"道心"常为一身之主,而人心每听命焉,乃善也。《经说》。"道心"为主,则"人心"亦化而为"道心"矣。如《乡党》所记,饮食衣服,本是"人心"之发,在圣人分上,则浑是"道心"也。但谓之"人心",则固未以为悉皆邪恶。但谓之"危",则固未以为便至凶咎,但既不主于理,而主于形,则其流为邪恶,以致凶咎,亦不难矣。此其所以为"危",非若"道心"之必善而无恶,有安而无倾,有准的而可据依也。故必致精一于此两者之间,使公而无不善者,常为一身万事之主,而私而或不善者,不得与焉,则凡所云为不待择于过、不及之间,而自然无不

"中"矣。

须是知将"道心"去用那"人心"方得。

"人心"亦未全是不好，故只言"危"盖从形体上言，泛泛无定向，故言其"危"。圣人不以"人心"为主，而以"道心"为主。盖"人心"倚靠不得。"人心"如船，"道心"如柁。任船，则所在无定向。若执定柁，则去住在我。

问"人心"、"道心"、"惟精惟一"。曰："人心"、"道心"，元来只是一个。"精"是辨之明；"一"是守之专。卓。程子曰"'人心'，人欲也；'道心'，天理也"，所谓"人心"者，是血气和合做成。先生以手指身，嗜欲之类，皆从此出，故"危"。"道心"则是本来禀受得仁、义、礼、智之心。圣人以此二者对待而言政，欲其察之"精"，而守之"一"也。察之"精"则两个界限分明，专一守着一个"道心"，不令"人欲"得以干犯。譬如一物判作两片，便知得一个好，一个恶。尧、舜所以授受之妙，不过如此。德明。因论"惟精惟一"，曰：虚明安静，乃能精辨而不杂；诚笃确固，乃能纯一而无间。僴。"人心"，是饥而思食，寒而思衣底心。思食后，思量合当食与不食；思衣后，思量合当著与不著，这便是"道心"。

圣人也不能无"人心"，但圣人常常合著那"道心"，不教"人心"胜了"道心"。这二者也，须子细辨别，精去拣择。若拣得不精，又便只是"人心"。"惟精"，是要拣择；"惟一"是要常守得。今人固有其初拣得精，后来被物欲引从"人心"去，所以又贵于"惟一精一"是舜教禹做工夫处。

问：尧、舜、禹，大圣人也。"允执厥中"，"执"字似亦大段吃力，如何？曰圣人固不思不勉，然使圣人自有此意，则"罔念而作狂"矣。经言此类不一，更细思之。人杰。"中"，只是个恰好的道理。允，信也，是真个执得。尧告舜，只这一句。舜告禹，又添"人心"、"道心"、"精一"三句，又较子细。三句是"允执厥中"以前事，是舜教禹做工夫处。尧告舜一句，是舜已晓得那三句了，不须更告。如《论语》后面说"谨权量，审法度，修废官，举逸民"之类，皆是恰好当做底事，这便是执中处。尧、舜、禹、汤、文、武相传，治天下之大法，圣门所说，也只是这个道理。虽是圣人治天下，纤悉不止此。然要处都不出此。《格言》：舜、禹相传，只是说"人心惟危"。止"允执厥中"只就这心上理会也。只在日用动静之间求之，不是去虚空中讨一个物事来。"惟皇上帝降衷于下民"、"天叙有典"、"天秩有礼"，天便是这个道理。这个道理只在日用间存养，是要养这许多道理在中间，这里正好著力。"人心惟危"，是知觉口之于味，目之于色，耳之于声厎，未是不好，只是"危"。若便说个"人欲"已属恶了，何用说"危"。"道心"是知觉道理底；"惟微"，是微妙，亦是微隐。"惟精"，是要别得不杂。"惟一"，是要守得不离。"惟精惟一"，所以能"允执厥中"。从周。问"人心惟危，道心惟微"，"微"是微妙难体，"危"是危动难安否？曰：是危动难安。大凡徇人欲，自是危险。其心忽然在此，忽然在彼，又忽然在四方万里之外。《庄子》所谓"其热焦火，其寒凝冰"，凡苟免者，皆幸也。动不动便是堕坑落堑，危孰甚焉？又问"精"、"一"。曰："精"，是精别此二者；"一"，是守之固。伊川云，惟精惟一，所以至之允执厥中所以行之，此语甚好。文蔚。舜功问：人多要去人欲，亦太畏之。如未上船，先作下水计较，不若于天理上理会，理会得天理，人欲自退。曰：尧、舜不如此。天理、人欲是交界处，不是两个人心，不成都流，只是占得多。"道心"，不成十全，亦是占得多。须是在天理则明；天理在人欲，则去人欲。尝爱五峰云天理人欲同行异情，此语甚好。舜功云：陆子静说人心溷溷未别。曰：此说亦不妨。大抵"人心"、"道心"只是交界，不是两个物。观下文"惟精惟一"可见。德粹。

问：既曰"精"、"一"，何必云"执中"？曰："允"字有道理。惟精惟一则信乎，其能执中也。可学。人心不全是不好底。若人心是全不好底，不应只下个"危"字。盖为人心易得走从恶处去，所以下个"危"字。若全不好，则是都倒了，何止于"危"。"危"，是危殆。"道心惟微"，微是微妙，亦是微昧。"惟精惟一"，是两截工夫。"精"，是辨别得这物事。若说"道心"天理，"人心"人欲，却是有两个心。人只有一个心，知觉从道理上去，便是"道心"；知觉从声色臭味上去，便是"人心"。不争得多，只争得些子，辨别了，又须固守他。若不辨别得时，固守个甚么？辨别得了，又不固守，则不长远。惟能如此，所以能合于中道。"人心，人欲也"，此语有病。即知觉得声色臭味底，便是"人心"，虽上智不能无此，岂可谓全不是。《书说》。程子曰"人心人欲，故危殆；道心天理，故精微，惟精以致之惟一以守之如此方能执中"，此言尽之矣。"惟精"者，精密之而勿杂也。"惟一"者，有首有尾，专一也。此自尧舜以来，所传，未有他议论，特尧有此言。圣人心法，无以易。此经中此意极多，所谓择善而固执之。择善，则"惟精"也，固执，则"惟一"也。又如"博学之，审问之，谨思之，明辨之"，皆"惟精"也。且如"笃行之"是"惟一"也。至如明善，是"惟精"也；诚身，便是"惟一"也。《大学》"致知格物"，非"惟精"不可。能诚意，则"惟一"矣。学，是学此道理。孟子以后失其传，亦只是失此。洽。虽圣人不能无"人心"，如饥食渴饮之类；虽小人不能无"道心"，如见孺子入井而恻隐，皆是。"人心"，尧舜不能无；"道心"桀纣不能无。"人心"易流，故"危"；"道心"，即恻隐羞恶之心，其端甚微。"精"字，只脉缝上见得分明；"一"，是守之固，守得彻头彻尾。如颜子择中是"精"。得一善，拳拳服膺而勿失，便是"一"。"允执厥中"，是其效也。"人心"，是此身有知觉嗜欲者，如所谓感于物而动性之欲也。此岂能无，但为物诱而至于陷溺，则为害耳。"道心"，则义理之心，可以为"人心"之主宰，而"人心"据以为准者也。且如饮食言，凡饥渴欲得饮食，"人心"也，然必有义理存焉。有可以食，有不可以食。如子路食于孔悝，此不可食者。当使人心每听道心之区处方可耳。然此"道心"却杂出于"人心"之间，微而难见，必须"精"之，"一"之，而后"中"可执。然此又非有两心也。只是人欲与义理之辨尔。

"允执厥中"，尧之所以授舜也；"人心惟危"止"厥中"者，舜之所授禹也。尧之一言至矣尽矣，而舜复益之以三言者，则所以明夫尧之一言，必如是而后可庶几也。盖尝论之，心之虚灵，知觉一而已矣。而以为有"人心"、"道心"之异者，则以其或生于形气之私，或原于性命之正。而所以为知觉者不同，是以或危殆而不安，或微妙而难见耳。然又莫不有是形，故虽上智不能无"人心"。亦莫不有是性，故虽下愚不能无"道心"。二者杂于方寸之间，而不知所以治之，则"危"者愈"危"，"微"者愈"微"，而天理之公，卒无以胜夫"人欲"之私矣。"精"，则察夫二者之间而不杂也;"一",则守其本心之正而不离也。从事于斯无少间断,必使道心常为一心之主,而人心每听命焉,则"危"者安,"微"者著,而动静云为,自无过、不及之差矣。《中庸序》。

20.《尚书句解》卷二

(元)朱祖义撰

人心惟危(奈何人君惟有一心,人欲之役于心者,既危而难安),道心惟微(则天理之存于心者,遂微而易泯)。惟精惟一(吾惟精专而不杂,纯一而不二),允执厥中(信以执其中道,斯可矣)。

21.《尚书日记》卷三

(明)王樵撰

"人心惟危"至"允执厥中"。《中庸》序曰:盖自上古,圣神继天立极,而道统之传有自来矣。其见于经,则"允执厥中"者,尧之所以授舜也。"人心惟危,道心惟微,惟精惟一,允执厥中"者,舜之所以授禹也。尧之一言至矣,尽矣。而舜复益之以三言者,则所以明夫尧之一言,必如是而后可庶几也。盖尝论之心之虚灵,知觉一而已矣。而以为有"人心"、"道心"之异者,则以其或生于形气之私(真氏曰:私,犹言我之所独耳。今人言私亲、私恩之类,非恶也。如六经中"遂及我私","言私其豵",此类以恶言可乎?),或原于性命之正,而所以为知觉者不同,是以或危殆而不安,或微妙而难见耳。然人莫不有是形,故虽上智不能无人心,亦莫不有是性。故虽下愚,不能无道心。二者杂于方寸之间而不知,所以治之,则危者愈危,微者愈微,而天理之公,卒无以胜夫人欲之私矣。"精",则察夫二者之间而不杂也;"一",则守其本心之正而不离也。从事于斯无少间断,必使"道心"常为一身之主,而"人心"每听命焉。则"危"者安,"微"者著,而动静云为,自无过、不及之差矣。

按,十六字,《中庸》序发明甚畅,此后于推本相传之意,尤极反覆。

尧、舜传心,在十六字;孔子传尧、舜之心,在《大学》、《论语》、

《中庸》，而《中庸》又多其微言。朱子谓，子思子忧道学之失，其传不得已而笔之书，可谓深见作者之心矣。序既尽其大意，而语录数条发明此经，亦极明尽，今并录于左，学者宜深玩之。

朱子曰：尧、舜以来，未有议论时，先有此言，圣人心法无以易此。学者只是学此理。孟子以后失其传亦，只是失此。

问：如此则人心纯为不善矣乎？曰：非也，但谓之人心，则有口鼻耳目之欲，易为物诱，所以谓之"惟危"，圣人亦未尝无人心，其好恶皆与人同。各当其则，是所谓"道心"也。

人受天地之中，以生，道心合下先得，但有此形气，"道心"便隔了一重。所以释氏常说，父母未生前一著便厌弃"人心"，欲并去之，殊不知"道心"即在这里。

问：向来专以人可以有"道心"，而不可以有"人心"，今方知其不然。曰：人心出于形气，如何去得。然性命之理不明，而专为形气所使，则流于人欲矣。如其达性命之理，则虽"人心"之用，而无非"道心"。"人心"是此身有知觉，有"嗜欲"者，感于物而动，此岂能无，但为物诱，而至于陷溺，则为害尔。故圣人以为"人心"有知觉嗜欲，无所主宰，则流而忘返，不可据以为安，故曰"危"。"道心"，则是义理之心，可以为"人心"主宰，而"人心"据之为准者也。且以饮食言之，凡饥渴而欲饮食者，人心也。欲必有义理存焉，有可以食，有不可以食。如子路食于孔悝之类，与夫"嗟来之食"，此皆不可食者也。又如父之慈其子，子之孝其父，人亦能之，此"道心"之正也。苟父一虐其子，则子必狠然以悖其父，此"人心"之所以"危"也。惟舜则不然，虽其父欲杀之，而舜之孝未尝替，此"道心"也。故当使"人心"每听"道心"之区处方可。然此道心，却杂出于"人心"之间，微而难见，故必"精"之、"一"之，而后"中"可执。圣人全是"道心"主宰，故其"人心"自是不危。

"道心惟微"者难明，有时发见些子，便自家见得，有时又不见了。

问如何是"惟微"。曰：是道心略瞥见些子，便失了底意思。

问"道心惟微"。曰：义理精微难见，且如利害最易见，是粗底，然鸟兽已有不知之者。

舜以始初所得于尧之训诫，并平日所尝用力于尧之训诫而自得之者，尽以授禹。

愚按，尧、舜传心，子思子发其微旨于《中庸》首章，舍《中庸》以说经，未有不差者也。喜怒哀乐，情也，"人心"也。其未发，则性也，道心也。发而皆中节，情之正也，"道心"也。谨独所以审其几，而判其一念于天理、人欲之间，正所谓"惟精"也。"精"不容贰，守之勿贰，所谓"惟一"也。戒慎乎其所不睹，恐惧乎其所不闻，"一"之至也。"一"贯初终，"精"在中间。无念之前，无起也，则"一"而已矣。无差之际，无间也，则"一"而已矣。"一"者，"道心"之守也。涵养吾一，省察其间，吾一者尔。

"道心"则中而已矣，所谓天命之谓性也，过与不及，皆物欲所生，非天之命，皆失道也。故圣人之学，使人知"人心"之危，其过、不及之流，无所不至，常戒谨恐惧，而慎其独；天理、人欲之际常判然，而吾心之所发，常一于天理而不杂于人欲，则"人心"不"危"，而"道心"不"微"。"人心"不"危"，则"人心"之发皆"道心"也。"道心"不"微"，则益得以为"人心"之主。如是，则动静云为，岂不信能"执"其"中"而无所失乎。中而曰"执"，"执"而曰"允执"，以见非"精一"之至而有定力，则拟议之间，忽不自知其堕于过、不及之归矣。

释氏以空为性，以身为幻，故以理为障，以起念为尘，是无"人心"，亦无"道心"。近之论学者曰：心一而已，"人心"者人欲之私也，当去之而纯乎"道心"。以朱子道心为主而人心听命之说为非。又曰："道心"者，寂然不动，无声无臭，故"微"。此盖老佛之绪。余未生前，本来面目本无一物之遗意，差之毫厘，谬以千里，不可以不察夫。惟皇上帝降衷于下民，若有恒性。"天叙有典"，"天秩有礼"。曰"降"，曰"有"，岂可谓"空"乎？以义制事，以礼制心，岂非"道心"为主，而"人心"听命乎？岂可谓《商书》之言亦非乎？释氏不识帝降之衷，甚至谓，欲因爱生，命因欲有。世界一切种性，卵生、胎生、湿生、化生，皆因淫欲，而正性命，其不知天命而无忌惮如此，而人犹有惑之者，亦愚矣哉。

罗文庄公谓：程门有凡言"心"者皆指已发之说，朱子既辩其非，至解"人心"、"道心"又以知觉言心，是犹有此意。按，知觉不专于已发，不曰思虑未萌而知觉不昧乎？又曰：静中须有物始得，非知觉，而何知觉者心之所以为心，而全体无不在是者也。其与程门弟子之误指，岂可同哉？又谓：道心是未发，人心是已发，此尤不妥。发而皆中节，孰非"道心"。"道心"非专于未发也。发而皆中节，何危之有？"人心"不可以寂感对"道心"而名也。圣经渊微无所不尽，子思子发明之，昭如日月；朱子得其旨曰，其曰天命率性，则"道心"之谓也。可见"道心"一言，性命之理，性情之德，皆尽之矣。喜怒哀乐，吾儒谓之未发，而佛老谓之本无，执此以观，不同可见。淫辞邪说，亦可以不为所惑矣。吾故曰：舍《中庸》以说经，未有不差者也。

22. 《日讲书经解义》卷二

（清）库勒纳等撰

人心惟危，道心惟微。惟精惟一，允执厥中。

此一节书，舜将传位于禹，而告以存心出治之本也。危，危殆也。微，微妙也。帝舜曰：心，一而已。由其发于形气之私者言之，则谓之人心。此心一发，若无义理以节制之，便流于邪恶，而不可止，岂不"危"哉？由其发于义理之正者言之，谓之"道心"，此心才发，一为私意所蔽，未免又入于昏昧，岂不"微"哉？"危"、"微"二者，间不容发，择之不精，则理、欲溷淆，中道亦沦于晦，故欲其"惟精"。守之不一，则理动于欲，此中未免摇夺，故欲其"惟一"。"惟精惟一"，由是危者安，微者著。自"人心"而收之，孰非"道心"，自"道心"而扩之，孰非中道？吾心之内，信能执此至当不易之理，而推之以运万化，以达万变，安有过、不及之患哉？尧之告舜，但曰"允执其中"，今舜命禹，又推其所以，而详告之。古之圣人将以天下与人，先以治之之本传之。心法者，治法之本也。故其丁宁告戒有如此。

《尚书通考》卷五

（元）黄镇成撰

人心惟危，道心惟微。惟精惟一，允执厥中。

帝王道统传授之图				
	惟精			
尧允执其中	舜禹允执厥中		汤建中	武建极
	惟一			

愚按，中者，无过、不及，大公至善之道也。乡邻有斗而闭户所谓无过也。往救则过矣。同室有斗，被发缨冠而救之，所谓无不及也。闭户不救，则不及矣。上帝降衷不丰于圣，不啬于愚，所谓大公也。事理当然之极，而无一毫私伪之杂，所谓至善也。常人之情，气质物欲，流而罔觉；天理民彝，微而莫察。知有"人心"，而不知有"道心"所以失其中。圣人则明睿所照，精以不杂，始终无间，一以不贰，"道心"为主而"人心"听命，所以得其中。圣、愚之相去远矣。其分则在乎"中"之存与否耳。故自帝而王，若尧之舍嫡传贤，舜之殛父兴子，汤、武之征诛，易位其变也。为天地立心，为生人立命，为万世开太平。其常也，圣人所以大过人者无他，亦时"中"而已。尧、舜、禹见而知之，口传面命。汤、武以来闻而知之，躬行心得，而书简载述，先后相符，时虽异，而圣则同也。然则"中"之一字，乃圣学相传之统，千万世帝王之治法也。后之欲法帝王之治者，可不于是而求之乎。

《书蔡氏传旁通》卷一下

（元）陈师凯撰

心者，人之知觉主于中，而应于外者也。

《中庸序》云：心之虚灵，知觉一而已矣。盖虚灵，是未发时心之体也；知觉，是已发时心之用也。"人心"、"道心"，皆是已发之心，故以知觉言之，不必下"虚灵"字。然又云：主于"中"，则所主者即体也。

指其发于形气者而言，则谓之人心。

如寒欲衣，饥欲食，目欲色，耳欲声，口欲味，鼻欲臭，四肢欲安佚之类，皆从形气上来。此"人"字，非"人己"之"人"，如"天人"之"人"，以其皆属自家身己上事，故曰"人心"。

指其发于义理者而言，则谓之"道心"。

如渴不饮盗泉水，饿不食嗟来食，见孺子入井而怵惕之类，皆从义理上来，即知觉之得其正者，以其合于事物当然之理，故曰"道心"。

"人心"易私而难公，故"危"。

私者，我之所独。盖耳目鼻口，皆属自家体段，如专欲求利于己，则必违义而生害，以至于危而不安矣。

"道心"难明，而易昧故微。

道者，人之所共由，盖四端之发，原于仁、义、礼、智，是天下公共之理也。然不能即其善端发见而充广之，则人欲纵肆，而所谓"道"者微妙难见矣。

"道心"常为之主，而"人心"每听命焉。

"人心"不能无也必，"道心"常为之主，则理可胜欲。虽形气之所发者，亦无不合乎义理之正，而无一毫私意于其间矣。

动静云为，自无过、不及之差，而信能执其"中"矣。

此"时中"之"中"，指已发而言也。先儒于未发之"中"，则以"不偏不倚"训之；已发之"中"，则以"无过、不及"训之。盖未发之前，不见其过与不及也。必已发而"时中"，然后见其无过，亦无不及焉。所谓"允执"者，亦"性焉安焉"之谓。欲执其"中"者，必在"精一"。至于"允执"则不思不勉，而亦无事乎。精一矣，唯圣者能之。大贤以下则择善固执而已。

《书义断法》卷一

（元）陈悦道撰

人心惟危，道心惟微。惟精惟一，允执厥中。无稽之言勿听，弗询之谋勿庸。

心一而已。"人心"则指其发于形气而言；"道心"则指其根于义理而言也。"人心"难公，"道心"易昧，故必"精"以察之，"一"以守之，使"道心"常为之主，而"人心"听命焉。然后动静云为，信能执其中，而无过、不及之差矣。然"无稽之言"、"弗询之谋"又妨政害治之大者，故言"勿听"、"勿庸"，以示禁止之意。盖存心出治之本，听言处事之要，二者并行而不悖，而内外之所以相资，治道之所以无弊也。

《尚书考异》卷二

(明) 梅鷟撰

人心惟危,道心惟微。惟精惟一,允执厥中。

"允执厥中",尧之言也,见《论语·尧曰第二十》。夫尧之一言至矣尽矣,而舜复益之以三言者,先儒以为所以明乎尧之一言,必如是而后可庶几也。自今考之,惟"允执厥中"一句,为圣人之言,其余三言盖出《荀子》,而钞略掇拾,胶粘而假合之者也。《荀子·解蔽篇》曰:昔者舜之治天下也,不以事诏而万物成,处一之危,其荣满侧;养一之微,荣矣而未知。故《道经》曰"人心之危,道心之微"。危微之几,惟明君子而后能知之。荀卿称《道经》曰:初未尝以为舜之言,作古文者见其首称舜之治天下,遂改二"之"字为二"惟"字,而直以为大舜之言。杨倞为之分疏云:今《虞书》有此语,而云《道经》盖有道之经也。其言似矣。至于"惟精惟一"则直钞略荀卿前后文字,而攘以为己有,何哉?所谓"伯宗攘善其无后乎"?荀卿子上文有曰"心者,形之君也,出令而无所受令,故曰心容,其择也无禁,必自见,其物也杂博,其精之至也不贰",又曰"心枝则无知,倾则不精",又曰"有人也不能此。精于田,精于市,精于器之三技,而可使治三官,曰精于道者也"。下文有曰"好义者众矣,而舜之独传者一也,自古及今,未尝有两而能精者也"。又曰"蚊虻之声,闻则挫其精,可谓危矣,未可谓微也"。此其"精"字"一"字之所自来也。或曰:荀子之言"精一",以"精一"为一,古文之言"精一"以"精一"为二,此正犹南北、水火之不同也,初何害其字之偶同哉。曰:非然也。自伪孔安国注古文,云"危则难安,微则难明",故戒以精一信执其中。先儒因其注而推广之,遂以"精"为择善,"一"为固执,而有知、行两者之分。若原作者之意,则正蹈袭荀卿之旨,而何异之有哉?正犹杨倞分疏"道经"二字而为"有道之经"之意也。夫《荀子》一书,引《诗》则曰"《诗》云",引《书》则曰"《书》云",或称篇名者有之,何独于此二语,而独易其名曰《道经》哉?若曰此二句独美,故以为"有道之经",则出此二语之外,皆为无道之经也而可乎?虽曰荀疵,不如是之悖也。或曰先儒之释"精一",正与《大学》之"格致诚正",《中庸》之"择善固执",《论语》之"博文约礼",大《易》之"学聚问辨",无不吻合,此其所以为圣贤传授心法之妙也,夫何疑之有哉?曰:圣人之言平正通达,明白简易,而言之发也未尝不当。其可禅位之时,而授以《大学》之始教,其得为时乎?善乎耕野王先生之言曰:尧命舜"允执其中",其说见于《论语》。今推其意,若曰"咨!尔舜,天之历数在尔躬"者,言己之禅位,出于天,非有所私于汝也。"允执其中",犹言汝好为之。凡不中之事,慎不可为也。"四海困穷,天禄永终",言若所为不"中",而致百姓"困穷"则汝亦休矣。盖古人授人以职位,必有警饬之辞。如舜命九官,皆勉以"钦哉"之类,欲其知所戒惧而不敢纵恣云耳。大舜,圣人也,岂有蹈不"中",以亡天下。然古人兢业自持,日慎一日。训饬之语,观禹戒舜以"无若丹朱,好慢游,作傲虐",则尧之戒舜,岂其过哉。中土呼事之当其可者,谓之"中";其不可者,谓之不"中"。于物之好恶,人之贤、不肖,皆以"中"与不"中"目之。《孟子》所谓"中也养不中,才也养不才",即是指人之贤、不肖言之也。其所谓中、不中,犹南方人言可与不可,好与不好耳。盖其常言俗语,虽小夫贱隶,皆能言之。初无所谓深玄高妙也。传者不察其"中"为一方言,遂以为此圣贤传授心法也矣。夫所谓心法者,盖言治心之法耳,其意以为人能操存制伏,此心使之无过、不及,然后能治天下。故圣贤以此相授。其说固若有理。且足以醒人耳目。然初学之士,于道未知向方,必有先知觉之士为之开示蕴奥则可。舜自侧微以至征庸。观其居家,则能化顽嚚傲狠者,使不为奸命;以职位,则能使"百揆时叙",而"四门穆穆"。过者化,存者神,治天下如运诸掌。斯时,盖未闻"执中"之旨也,而所为已如此,岂其冥行罔觉邪?抑天质粹美,而暗合道妙邪?迨即位而后,得闻心法之要,则其年已六十矣。然自授受之后,未闻其行事有大异于前日者,是尧之所传,不足为舜损益也。舜生三十征庸,即命禹治水,则禹生后,舜不过十余年耳。舜耄期,而后授禹,则且八九十矣,使禹果可闻道及此,而后语之,不亦晚乎?且舜之称禹以"克勤"、"克俭"、"不矜"、"不伐",而禹所陈"克艰"之谟,所论养民之政,皆判然于理欲之间,而其言无纤毫过差者,此岂犹昧于"人心"、"道心"而行事,不免有过、不及之失者,必待帝舜告语而后悟邪?方其未闻也,其心不见有所损；及其既闻也，其心不见有所益，则谓此为传授心法者，吾未敢以为然也。仲虺告汤以"建中于民"，成王告蔡仲以"率自中，无作聪明乱旧章"。成汤，圣主；蔡仲，贤臣，犹或可以与此。盘庚告群臣以"各设中于乃心"，盘庚之臣，皆傲上从康、总货宝者，亦得与闻心法之训，何邪？盖尝论之，尧之告舜，仅曰"允执厥中"，而舜亦以命禹，则其辞一而已，当无所增损也。《禹谟》出于孔壁，后人附会，窃取《鲁论·尧曰篇》载记而增益之，析四句为三段，而于"允执其中"之上妄增"人心"、"道心"等语，传者不悟其伪，而以为实然，于是有传心法之论，且以为禹之资不及舜，必益以三言然后喻，几于可笑。盖皆为古文所误耳，固无足怪也。不特此也，孔子告颜子以非礼勿视、听、言、动，盖教学者不得不尔，而亦以为传授心法切要之言，非颜子之明健，不得闻。不知今之教者，于初学之士，动作不循礼度者，将禁制之，使不为乎！抑姑听之，待其至颜子地位，而后约之以礼也。是其为说，固有所不通耳。孟子叙尧舜至于孔子，以为见而知之。韩昌黎谓尧传之舜，舜传之禹、汤、文、武、周公、孔子者，皆言其圣圣相承，其行事出于一律，若其转相付授然耳，岂真有所谓口传面命邪？道者，众人公共之物，虽愚不肖，可以与知；能行而谓圣人。私以相授者，妄也。汤、文、孔子，相去数百岁，果如何以传授也邪？若谓其可传，则与释氏之传法，传衣钵者，无以异，恐圣人之所谓道者，不如是也。孔子告曾子以"吾道一贯"，此亦寻常之语言。而今人亦推崇以为其师弟子密相授，而以为曾子得一贯之妙，且以"一"与"贯"字相为对待，而训释之，如此为"一"，如此为"贯"，皆不成文理。何以知之？以曾子告门人以"夫子之道忠恕而已矣"知之也。盖夫子恐曾子以为己之道施于己是一般，施之人又是一般。不知圣人之道，退则修己，出则治人。成己为忠，成物为恕。人、己虽有不同，而道则安有二致？故曰"吾道一以贯之"。门人不喻其意，而曾子晓之曰"夫子之道忠恕而已矣"。政即其实以晓之，知"忠恕"出于一致，则知夫子之道，果是"一以贯之矣"。此与子贡论"多学而识"，而告以予"一以贯之"者，语意不同，此则言我之道，是人、己一贯，彼则言余之于学，非"多学而识"，乃"一以贯之"犹所谓"通于一而万事毕"云尔。

《尚书疑义》卷一

（明）马明衡撰

"人心"即人欲，"道心"即天理。人欲易肆，故危；天理难持，故微。所以易危而难存者，惟人怠惰气荒，而戒惧之意不立，故时常昏昧私意，任其横流，故必戒惧之意常存，精明不昧，不使一毫私意得以萌动，容留其间，而又终始如一，无有间断，不惑他岐，则此心纯乎理之发，而无往非中矣。谓之"允执"者，诚心以固守之，而天下莫有违焉。夫子"一以贯之"，不过此理。此数言者，实为万世道学之祖，而尊德性道，问学博约，知行格致诚正。后儒纷纷之说，愈多愈惑，则以词说为之蔽也。若实用其力，反而求之吾"心"如何，而为"精"如何，而为"一"亦何难明？大抵学要求其自得，不自得而较量于文字言语之间，无怪乎其辨之愈多而愈惑也。唐虞之时，君臣相与，当至治之极，若疾痛在身，每事必咨问，无时不儆戒，所谓"兢兢业业，一日二日万几"者，是其惕厉之意，曷尝敢有一毫之或肆。此便是"惟精"。日用之间，只是一个道理，一个功夫。万事只是一事，万心只是一心，更无他事，更无他心，此便是"惟一"。学者能即诸"心"而求，之则尧舜何远哉？

《尚书砭蔡编》

（明）袁仁撰

"人心惟危，道心惟微"，心只有一个，自人而言，则曰危；自道而言，则曰微。若曰一心为主，一心又在旁边听命，万无此理。

《尚书埤传》卷三

（清）朱鹤龄撰

人心惟危，道心惟微。

黄度曰："人心"，应缘接物者也，易流故危；"道心"，虚寂难名者也，无迹故微。朱子曰："人心"如卒徒，"道心"如将。"道心"为主，则"人心"亦化而为"道心"矣。愚按：《虞书》言"心"不言性；《商书》言性不言情。然横渠云，心统性情，"道心"即性也，"人心"即情也。精、一、执中，则约情之偏，而合乎性之本然也。

《书义矜式》卷一

(元) 王充耘撰

人心惟危，道心惟微，惟精惟一，允执厥中。无稽之言勿听，弗询之谋勿庸。

存于内者，守乎理之正；接乎外者，绝乎人之私，此圣人传心之要也。盖圣人之所以为圣者，以其内外之交相养乎。昔者，舜之命禹谓，夫人心本一，囿乎形气，则为"人心"；本乎性命，则为"道心"。心非道，则无所主而愈"危"；道非人，则无所寓而愈"微"。诚能"精"以察之，一以守之，则此心所存，纯乎天理之正，而此心所守，莫非至中之体。允而执中，又安有过不及之失哉？然心学，有全体所当信者，天理之公；所不当信者，人情之私。彼无稽之言者，不师古之言也；弗询之谋，无参考之私谋也。其与"中"相反甚矣，必也拒之而勿听，绝之而毋庸。庶乎私情不为天理之累，而执之有得于中者，亦固焉。吁！内外之交相为养，斯所以全其大"中"之道欤（云云）。尝谓：人皆知圣人之谨诸内，所以全吾心之天；而不知圣人之谨诸外，亦所以全吾心之天。盖谨诸内者，存诚之本；而谨诸外者，闲邪之机。始焉养乎内，以察其外；终焉制乎外，以安其内。内外之间，夫亦兼致其谨而已。且人皆有是形也，故虽上智，不能无"人心"；心皆有是性，故虽下愚，不能无"道心"。是心也一而二，二而一者也。是故，舍道而徇乎人，则荡于情欲，将危殆而不安矣。离人而求道，则流于虚无，益微妙而难明矣。"精"以察之，而常使"人心"不汨乎"道心"；"一"以守之，而常使"道心"不陷乎"人心"。夫如是，而后有依据，无所偏倚，而此理体以具，所谓中"者"，信乎。其可执而不失其理之正矣。虽然，"中"有所执，是果无所用其心哉。天下之理，会于一致，散于万殊，运（阙）无乎不在交际之顷，尤圣人之所深虑也。盖人惟一心（阙）之者众，一听之不审，则彼之投此之（阙）也。一谋之（阙），则彼之谋此之蠹也。是故，（阙）辞之蔽（阙）之（阙）之言也，乃人情之私也。要当绝之而不（阙）曰中道之已执可保。其不作（阙）。其中。此圣人养心之极功，传心之（阙）旨。舜禹授受之际，是将何求哉？自是以来，成汤、文武之为君，伊、傅、周、召之为臣，既皆以此而接乎道统之传。吾夫子，虽不得其位，而所以继往圣开来，学其功，盖与尧、舜并。《鲁论》一书，皆圣人言行之所萃。观其曾子"一贯"，叹"中庸"之"鲜能"，无非以"精"、"一"之理，示当时学者。至于口给之屡憎，佞人之必远，尤汲汲为申言之。盖与大舜无稽勿听，弗询勿庸，论越宇宙，而同一关键也，噫！微圣人，吾谁与归？

《书经衷论》卷一

（清）张英撰

"惟危"者，如骙驾之马，放熘之舟，此心一纵，顷刻千里。"惟微"者，如水中之星，风中之烛，旋明旋灭，不可捉摸。"惟精"者，审择之明知也。"惟一"者，坚固之守勇也。先言"惟精"，次言"惟一"，便是自明诚之学。

性曰恒性，心曰"人心"、"道心"。盖性无善恶，所以为善为恶者，皆心为之也。故《大学》之教，在"正心"。《孟子》之学在"辨性"。

《尚书七篇解义》卷一

（清）李光地撰

（归善斋按：见"浍水做予"）

无稽之言勿听，弗询之谋勿庸

1. 《尚书注疏》卷三

（汉）孔氏传，（唐）陆德明音义，孔颖达疏

无稽之言勿听，弗询之谋勿庸。

传：无考无信验，勿询专独，终必无成，故戒勿听用。

音义：听，徐天定反。

疏：又为人君不当妄受用人语。无可考验之言，勿听受之；不是询众

之谋，勿信用之。

为人之君不当妄用人言，故又戒之。无可考校之言，谓无信验；不询于众人之谋，谓专独用意。言无信验，是虚妄之言。独为谋虑，是偏见之说。二者终必无成，故戒令勿听用也。言，谓率意为语；谋，谓豫计前事，故互文也。

2.《书传》卷三

（宋）苏轼撰

无稽之言勿听，弗询之谋勿庸。可爱非君，可畏非民。众非元后何戴？后非众，罔与守邦。钦哉，慎乃有位，敬修其可愿。

人之所愿，与圣人同，而不修其可以得所愿者，孟子所谓"恶湿而居下，恶醉而强酒"也。

3.《尚书全解》卷四

（宋）林之奇撰

无稽之言勿听，弗询之谋勿庸。

此又戒以听言之道也。"无稽之言"，不考于古也。"弗询之谋"，不稽于众也。仁人君子之言，上必考于古，下必稽于众。故其用之，可以为天下国家之利。苟非此二者，则是专己自用，以济其私。为国家者，小用之则小害，大用之则大害。《无逸》所谓"诪（zhōu）张为幻"者是也。故舜以谆谆戒禹，谓守盈保成之业，惟在于遏绝此二者之萌而已，故使之勿听，勿庸也。曰谋，曰言，曰听，曰庸，此盖随宜立言，非有深义也。

4.《尚书讲义》卷三

（宋）史浩撰
（归善斋按：见"洚水儆予"）

5.《尚书详解》卷三

（宋）夏僎撰
（归善斋按：见"人心惟危"）

6.《增修东莱书说》卷三

（宋）吕祖谦撰，时澜增修
（归善斋按：见"人心惟危"）

7.《尚书说》卷一

（宋）黄度撰
（归善斋按：见"浮水儆予"）

8.《洁斋家塾书钞》卷二

（宋）袁燮撰

无稽之言勿听，弗询之谋勿庸。

稽，稽考也。询，询谋也。有所证据者，谓之稽。广询于人，曾经商量者，谓之询。言而无所稽考，岂可用？谋而未尝广询于人，岂可庸？此二句是万世听言用人之大法。后世人主，孰不听言，孰不用谋，然其间不审，至于败事者多矣。舜亲曾经历过见此理也，明所以举而告焉。

9.《书经集传》卷一

（宋）蔡沈撰

无稽之言勿听，弗询之谋勿庸。

"无稽"者，不考于古；"弗询"者不咨于众。言之无据，谋之自专，是皆一人之私心，必非天下之公论，皆妨政害治之大者也。言，谓泛言，勿听可矣。谋，谓计事，故又戒其勿用也。上文既言存心出治之本，此又告之以听言、处事之要，内外相资，而治道备矣。

10.《尚书精义》卷六

（宋）黄伦撰
（归善斋按：见"人心惟危"）

11. 《尚书详解》卷三

（宋）陈经撰

（归善斋按：见"人心惟危"）

12. 《融堂书解》卷二

（宋）钱时撰

无稽之言勿听，弗询之谋勿庸。

"勿听"、"勿庸"，防闲极密。后世有旁寄聪明者，其鉴于兹。

13. 《尚书要义》卷三

（宋）魏了翁撰

（归善斋按：未引）

14. 《书集传或问》卷上

（宋）陈大猷撰

（归善斋按：未解）

15. 《尚书详解》卷二

（宋）胡士行撰

无稽（考于古）之言，勿听，弗询（言于人）之谋勿庸（用）。

此恐其为心害也，闲（防）邪所以存诚（允中）也。《孟子》论养气而必曰"我知言"，夫子曰"不知言，无以为君子"，盖听用之际，一有不审，则耳目官诱于物，有不摇其心之官者乎？"勿听"、"勿庸"，此亦用工于精一处也。

16. 《书纂言》卷一

（元）吴澄撰

（归善斋按：缺）

17.《书集传纂疏》卷一

（元）陈栎撰

无稽之言勿听，弗询之谋勿庸。

纂疏：

陈氏经曰："勿听"、"勿庸"，所以守护此中，而勿失之。

18.《读书丛说》卷三

（元）许谦撰

"弗询之谋"，金先生谓己之谋也。人言无考于实者，勿听；己谋不询于众者，勿庸。

19.《书传辑录纂注》卷一

（元）董鼎撰

无稽之言勿听，弗询之谋勿庸。

（归善斋按：未辑录纂注）

20.《尚书句解》卷二

（元）朱祖义撰

无稽之言勿听（然无所考合于古而言者，谓之私言，亦足以惑吾之中也，吾则不听），弗询之谋勿庸（无所询访于众而谋者，谓之私谋，亦足以惑吾之中也，吾则不用）。

21.《尚书日记》卷三

（明）王樵撰

"无稽之言勿听，弗询之谋勿庸"，此帝好问，执两端，而用其中之心法也。古者帝王听政，使公卿大夫，至于列士庶人之贱，瞽史之微，莫不得以自达。有见者陈其言，有谋者献其谋，而天子执"一""中"以裁酌焉。言之考于古，谋之咨于众者，必事理之当，人心之公也。合天下之见，成天下之务，圣人所以不难于舍己，不吝于从人也。若言不考于古，则为一人之私言；谋不咨于众，则为不可成之疑谋。公听并览之中，有裁揆临制之本焉，岂可得而误听误用哉？言不误听，谋不误用，安往而不允执其中乎？上文十六言者，本也。有其本乃可以资于外。此十二言者，听览之要也，得其要，益有以资于内。故曰内外相资，而治道备矣。盖惟能谨之于"人心"之"危"、"道心"之微，则志气清明，义理昭著，而于言之当否，事之是非，自有以判其几微，绝其蔽惑。然圣人不以率自中，而遂专决独断，必尽众人之同。虽曰乐取人，而"无稽"、"弗询"，必严"勿听"、"勿庸"之戒，此所以为圣人之心也。

后之人君，得真儒，讲圣学，"罔失法度，罔游于逸，罔淫于乐"，欲寡心清，然后所谓精一执中者，可得而语也。亲大臣，勤政事，辟四门，明四目，达四聪，嘉言罔攸伏，鳏寡无盖，然后所谓无稽勿听，弗询勿庸者，可得而言也。此事之序也。法尧舜者，不出此三条而已。

22.《日讲书经解义》卷二

（清）库勒纳等撰

无稽之言勿听，弗询之谋勿庸。

此一节书，帝舜告禹以听言处事之要也。稽，考证也；询，咨访也；庸，用也。帝曰：人君听人之言，必须其言原本古人，历历可据，然后可以听之。若无所稽考之言，驾空悬说，设误听之，未有不淆乱国是，妨害政事者。汝宜绝之而勿听焉。人君用人之谋，必须其谋曾经咨访合于众论，然后可以用之，若不询于众之谋，独任己见，设误用之，未有不拂逆人情，阻格难行者。汝宜拒之而弗庸焉。此二者，听言处事之要也。既有存心出治之本，又得听言处事之要，内外相资，而治道备矣。

《书义断法》卷一

（元）陈悦道撰

（归善斋按：见"人心惟危"）

《尚书注考》

（明）陈泰交撰

"无稽之言"，训"言"谓泛言。"嘉言孔彰"，训"言"谓其训。

《书义矜式》卷一

（元）王充耘撰

（归善斋按：见"人心惟危"）

可爱非君，可畏非民，众非元后，何戴？后非众，罔与守邦

1. 《尚书注疏》卷三

（汉）孔氏传，（唐）陆德明音义，孔颖达疏

可爱非君，可畏非民。众非元后，何戴？后非众，罔与守邦。

传：民以君为命，故可爱；君失道，民叛之，故可畏。言众戴君以自存，君恃众以守国，相须而立。

疏：言民所爱者，岂非人君乎？民以君为命，故爱君也。言君可畏者，岂非民乎？君失道，则民叛之，故畏民也。众非大君，而何所奉戴？无君则民乱，故爱君也。君非众人，无以守国，无人则国亡，故畏民也。君民相须如此。

百姓无主，不散则乱，故民以君为命。君尊民畏之，嫌其不爱，故言爱也。民贱君忽之，嫌其不畏，故言畏也。

2. 《书传》卷三

（宋）苏轼撰

（归善斋按：见"无稽之言勿听"）

3.《尚书全解》卷四

（宋）林之奇撰

可爱非君，可畏非民，众非元后，何戴？后非众，罔与守邦。

此又言君民相须，君不可不畏民，民不可不使爱君。先儒谓"可爱非君"，民可爱者，岂非君乎？又谓"可畏非民"，君可畏者，岂非民乎，民以君为命，故可爱。君失道，则民叛之，故君畏民也。正如《北风》之诗云"莫赤匪狐，莫黑匪乌"，谓赤莫赤于狐，黑莫黑于乌也，所以谓"可爱非君"者，以众非元后，则无以奉戴，故曰"众非元后何戴"？盖民无君则乱，故民爱君也。所以谓"可畏非民"者，以后非众，罔与共守，故曰"后非众，罔与守邦"，盖君失民，则失国，故君畏民也。惟君民相须如此，则为君者其可不致其兢慎之意，如下所云哉。

4.《尚书讲义》卷三

（宋）史浩撰

（归善斋按：见"浮水儆予"）

5.《尚书详解》卷三

（宋）夏僎撰

可爱非君，可畏非民。众非元后，何戴？后非众，罔与守邦？钦哉，慎乃有位，敬修其可愿。四海困穷，天禄永终。惟口出好兴戎，朕言不再。

舜既戒禹以执中治天下之道，至此又告以君民相须之理。言：民当爱君，君当畏民也。唐孔氏谓：可爱非君者，谓民之可爱，岂非君乎？言可畏非民者，谓君之可畏者，岂非民乎？如《诗·北风》言"莫赤匪狐，莫黑匪乌"，谓莫赤者，非狐乎？莫黑者，非乌乎，与此文势正同。舜既言"可爱非君，可畏非民"，又言"众非元，后何戴？后非众，罔与守邦"者，谓民所以爱君，以民以君为命，非君则无奉戴，至于无主而乱，故民当爱君也。君所以畏民，以君或失道，则民叛之君，非得众，则无与守国，故君又当畏民也。舜既言君民相须，至相爱畏如此，故戒之以"钦哉慎乃有位，敬修其可愿"，以君民之相须如此，在禹不可不钦其事，以慎守其位。而所以慎守其位，又在"敬修其可愿"。"可愿"，谓人君所愿欲之事。人君之愿欲，不过欲人心爱戴于我，我能得众以守邦而已。舜上言"众非元后，何戴？后非众，罔与守邦"，是已言人君所愿欲之事，故于此，又言敬修其愿，盖欲其尽夫在我，使民戴于我，而我得之以守邦也。既欲敬修可愿，又恐禹修之或有不敬，故又言"四海困穷，天禄永终"，谓人君可愿，固在得民。倪不能修其可愿，而使四海之民至于困穷无告，则天禄永绝。谓其不得人，则无与之守邦，宜乎，天禄所以永终。人君贵为天子，富有天下，皆得于天之眷顾，故言天禄。唐孔氏则以属于上文，谓人君能慎有位，修可愿，抚育困穷，勤此三者，则天之禄秩常终于汝身。夫经但言"四海困穷"，孔氏增"抚育"二字以解之，岂有此理。一说谓：戒禹使慎有位，修可愿，于四海困穷之民，又当以天禄长及之，所谓推恩以长，终其身。然此说于经文虽顺，但不贯穿上下文意，故皆不可从也。舜之志，其欲禅禹也，盖已断然而不可易。至此既反覆告戒，然又恐禹或再三辞让，有拒成命，故又告以"惟口出好兴戎，朕言不再"。其意盖谓：吾之言已出诸口。言出于口而善，则能出好，谓能出好言也；言出于口而不善，则能兴戎，谓能兴诛杀也。口为荣辱枢机，如此我言其可再发乎。盖欲禹之必从也。陈少南又谓：天位，人之所窥也。人君授受之际，呼吸出乎口，则易致兵戎之事。苟或依违未决，未有不为鲁子翚（huī）、宋与夷之祸者，今舜之言其可再乎？少南此说，盖以"好"谓：其口之所出，多好兴兵，于义亦通。

6.《增修东莱书说》卷三

（宋）吕祖谦撰，时澜增修

可爱非君，可畏非民。众非元后，何戴？后非众，罔与守邦。钦哉，慎乃有位，敬修其可愿。四海困穷，天禄永终。

可爱固君也，而民则甚可畏。享无敌无伦之富贵，岂不可爱；以一身宅乎万民之上，其可畏不亦甚哉？众固常戴后，然非众，则难与守邦。后者，人心之所归赴；邦者，非人君所能自守也。见君民一体之意。位，天位也，可不钦哉。"钦"之一字，百圣用功之地。尧、舜相传，皆不外此。"谨乃有位"，曰"乃"者，深意所寓。既"钦"又"谨"，乃能有位,则知位不可以苟居也。"可愿"者,犹《孟子》之"可欲敬修"者,用功之无已也。大抵善心难持,于可"愿"、"欲"之事,尤当加"敬'以'修"之。圣人之心,纯乎敬。既曰"钦",又曰"谨",复曰"敬",舜纯诚之实,积于中,故纯诚之言,发于外也。"四海困穷",舜垂拱视天民之阜矣,安有困穷之民邪?圣人之心,常若不足,视四海如悉在困穷之域。此非舜之谦辞,学者宜深思之。"天禄永终",言以天下付于禹,则开端造始在于禹也。此一编,尧、舜、禹相传之要领也。尧之命舜,亦不外此。于《论语》可见,《书》不载尧之命,舜因后以见前,如"率百官若帝之初"皆史之要体。古人作史,不独书之者有意,其不书者亦有意,以是知唐虞史官,皆有道之士也。"四海困穷,天禄永终",味此二句,舜若付困穷之天下授禹,抚摩之责,悉将于禹求之,可以见以天下与人,非以为德;受人之天下,非以为乐也。

7.《尚书说》卷一

(宋)黄度撰

(归善斋按:见"洚水儆予")

8.《洁斋家塾书钞》卷二

(宋)袁燮撰

可爱非君,可畏非民。众非元后,何戴?后非众,罔与守邦。

前既言听言用谋之道,此又论敬民之道,皆是天下之大事。舜、禹授受以此大事吩咐之,使知君道之大务,有在于此。何以知君之可爱,众非元后,则无所戴焉,君岂不可爱乎?何以知民之可畏,"后非众,罔与守邦",民岂不可畏乎?观此数语,须知是唐、虞时节说话。至于三代,犹有此等言语。三代以后,便不肯如此说矣。且至尊,莫如君;至卑,莫如民。贵为万乘,贵为天子,富有四海之内,下视斯民之微,何可同日语。今乃比而言之,"众非元后,何戴?后非众,罔与守邦",若敌体然。盖以势位论,固有尊卑之殊;以利害言,君民等耳,民固不可无君,君亦不可无民。自后世,为势位所惑,遂见君尊民卑。才见民卑,便有轻视天下之心。才有轻视天下之心,便是危亡之机也。《孟子》曰"民为贵,社稷次之,君为轻",

《周官·司寇》"献民数于王,王拜而受之",古人敬民何至如此?盖彼不为势位所惑,深知君臣相须之理,见之也,明是以畏之也。至伊尹告太甲曰"民非后,罔克胥匡以生;后非民,罔以辟四方",伊尹亦深见此理。所以并而言之,深知民之可畏,须还是尧、舜三代之时。汉、唐治世,犹有遗意。是以一女子之言,能除肉刑之法,君民犹未甚隔绝也。降及后世,君臣之间,且不相接,况于民乎?所以间阎疾苦,上之人皆莫之知。

9.《书经集传》卷一

（宋）蔡沈撰

可爱非君,可畏非民。众非元后,何戴?后非众,罔与守邦。钦哉,慎乃有位,敬修其可愿,四海困穷,天禄永终。惟口出好兴戎,朕言不再。

可爱非君乎?可畏非民乎?众非君,则何所奉戴?君非民,则谁与守邦?"钦哉",言不可不敬也。"可愿",犹孟子所谓"可欲"。凡可愿欲者,皆善也。人君当谨其所居之位,敬修其所可愿欲者,苟有一毫之不善生于心,害于政,则民不得其所者多矣。四海之民,至于困穷,则君之天禄一绝而不复续,岂不深可畏哉?此又极言安危存亡之戒,以深警之。虽知其功德之盛,必不至此,然犹欲其战战兢兢,无敢逸豫,而谨之于毫厘之间,此其所以为圣人之心也。好,善也。戎,兵也,言发于口,则有二者之分,利害之几,可畏如此。吾之命汝,盖已审矣,岂复更有他说。盖欲禹受命,而不复辞避也。

10.《尚书精义》卷六

（宋）黄伦撰

（归善斋按：见"人心惟危"）

11.《尚书详解》卷三

（宋）陈经撰

（归善斋按：见"人心惟危"）

12.《融堂书解》卷二

（宋）钱时撰

可爱非君，可畏非民。众非元后，何戴？后非众，罔与守邦。钦哉！慎乃有位。敬修其可愿，四海困穷，天禄永终。惟口出好兴戎，朕言不再。

"众非元后"，何所归戴乎？此其所以"可爱"也。"后非众"，谁与守邦乎？此其所以"可畏"也。"慎乃有位"。慎之如何，"敬修其可愿"而已人。莫不各有所愿，但有可、不可之别耳。"惟口出好兴戎，朕言不再"，今我之言，已出于口矣，所以关系于事体者，不轻矣，岂复再有言乎？

13.《尚书要义》卷三

（宋）魏了翁撰

（归善斋按：未引）

14.《书集传或问》卷上

（宋）陈大猷撰

（归善斋按：未解）

15.《尚书详解》卷二

（宋）胡士行撰

可爱（惜）非君（乎），可畏（者）非民（乎）。众（民）非元（大）后（君），何戴（仰望）？后非众（民），罔（无）与守邦。钦哉，慎乃有位（天子位）。敬修（治）其可愿（可欲之谓善），四海困穷，天禄永（长）终（孔云：能无困穷，则禄长保其终。夏云：若民穷，则天禄长绝，戒之也）。

前既传以道，以心，此乃言传天下之事也。"民非君何戴"，则"可爱"者"非君"乎？君非民，罔守邦，则"可畏"者"非民"乎。君民相须之势如此，可不钦、不慎、不敬乎？"钦"之一字，此尧、舜心法也。一云：君位固可乐，民嵒（yán）亦可畏，可不保民以终君之禄？

16.《书纂言》卷一

（元）吴澄撰

（归善斋按：缺）

17.《书集传纂疏》卷一

（元）陈栎撰

可爱非君，可畏非民。众非元后，何戴？后非众，罔与守邦。钦哉，慎乃有位。敬修其可愿，四海困穷，天禄永终。惟口出好兴戎，朕言不再。

纂疏：

陈氏大猷曰："人心惟危"以下，示心法，传道统也。"可爱非君"以下，示治法，传治统也。

愚按：尧授舜，舜授禹，言有详略，而精微之理，敬畏之心，戒慎之辞，一也。尧传舜曰"天之历数在尔躬，允执其中"。"四海困穷，天禄永终"，舜之传禹，凡所得于尧之四句，一一为禹言之，中间增有十三句，令义理益明，儆戒益至耳，合《尧曰》、《禹谟》而观之可见矣。

18.《读书丛说》卷三

（元）许谦撰

（归善斋按：未解）

19.《书传辑录纂注》卷一

（元）董鼎撰

可爱非君，可畏非民。众非元后，何戴？后非众，罔与守邦。钦哉，慎乃有位，敬修其可愿。四海困穷，天禄永终。惟口出好兴戎，朕言不再。

纂注：

陈氏大猷曰："人心惟危"以下，示心法，传道统也。"可爱非君"以下，示治法，传治统也。

新安陈氏曰：尧授舜，舜授禹，言有详略，而精微之理，敬畏之心，戒慎之辞，一也。尧之传舜曰"天之历数在尔躬，允执其中"。"四海困穷，天禄永终"，舜之传禹，凡所得于尧之四句，一一为禹言之，中间不过增益十有三句，令义理益明，儆戒益至耳，合《尧曰》、《禹谟》二篇而观之可见矣。

20.《尚书句解》卷二

（元）朱祖义撰

可爱非君（可爱者非君乎）？可畏非民（可畏者非民乎）？众非元后，何戴（苟民不爱君，则众非长君，何所奉戴）？后非众，罔与守邦（君不爱民，则君非众人无与守）。

21.《尚书日记》卷三

（明）王樵撰

"可爱非君"至"朕言不再"。孔氏曰：民以君为命，故可爱；君失道，民叛之，故可畏。言众戴君以自存，君恃众以守国，相须而立。

正义曰：百姓无主，不散则乱，故民以君为命，君尊民畏之，嫌其不爱，故言爱也。民贱君忽之，嫌其不畏，故言畏也。

"敬修其可愿"，此可爱之实。民受天地之中以生。中也者，人心之所同然也。自我先得之，则民之秉彝，好是懿德，而吾之所为，莫非"可愿"矣。"可愿"非"敬修"不得。若不"修"其"可愿"，而徒恃其"可爱"，使有不善生于心，害于政，则"可畏"者至矣。故曰："四海困穷，天禄永终。"

人之交，嘉合则为好，衅争则为戎，故以相对而言。出好者口，兴戎者口，言不可不慎也。

22.《日讲书经解义》卷二

（清）库勒纳等撰

可爱非君，可畏非民。众非元后，何戴？后非众，罔与守邦。钦哉，慎乃有位，敬修其可愿。四海困穷，天禄永终。惟口出好兴戎，朕言不再。

此一节书，帝舜命禹摄位，既反覆教戒之至，此又深儆之也。位，谓君位；可愿，是人心同欲之理。好，善也；戎，兵也。帝曰：君之与民，分虽相悬，道实相须。人但知君为可畏，自我观之，民所可爱，岂非君乎？人但知民为可忽，自我观之，君所可畏，岂非民乎？盖天下百姓至众，若无大君，则饥寒谁与赈救，争害谁与治理？将何所仰戴乎？此君所以可爱也。人君一身最孤，若无众民，则财用谁为供给，役使谁为出力，将何以守邦乎？此民所以可畏也。然则，人君居此可爱之位，治此可畏之民，可不敬哉？必"兢兢业业"，慎守其所居之位，可也。慎位何如？盖中道之在吾心，固至善之理，而可愿欲者也，必敬修其所可愿欲之理。凡存于心，发于政务，使有善而无恶，有可欲而无可恶，然后人心永戴，天位常安。苟或不然，使四海人民困苦穷极，则向时仰戴者，转为怨嗟；向时守邦者，转为离叛。人心既失，所受于天之禄亦永绝，而不可复矣。夫言发于口，利害攸关。惟口生出好事，惟口兴起戎兵，所系之重如此，今我命汝之言，岂容更有他说。汝当受命摄位，无复辞逊也。舜曰"可畏非民"，禹曰"民为邦本"，孟子曰"民为贵"，民心从违，即天命去留，如之何不以民事为兢兢。

《书义断法》卷一

（元）陈悦道撰

可爱非君，可畏非民。众非元后，何戴？后非众，罔与守邦。钦哉！慎乃有位，敬修其可愿。

上四句，是言君民相期之势；下三句，是言至善之理。以势言，则反复其辞而已明；以理言，则非深致其敬无以行之也。谨守其所居之位，敬修其可欲之善，敛而益慎，慎而益敬，战兢惕厉，以期造至至善。而所谓君民相与之势，又有不足言者矣。盖人君之所以常持其敬者，皆职分之所当然，亦天理之本然，非特"顾畏民嵒"而已。

《尚书考异》卷二

（明）梅鷟撰

众非元后，何戴？后非众，罔与守邦。

《周语》内史过曰：《夏书》有之曰"众非元后何戴？后非众，无与守邦"。

《尚书埤传》卷三

(清)朱鹤龄撰

可爱非君,可畏非民。

孔疏:百姓无主,非散则乱,故民以君为命,君尊,民畏之,嫌其不爱,故言爱也。民贱,君忽之,嫌其不畏,故言畏也。

《书经衷论》卷一

(清)张英撰

"可爱非君",又曰"慎乃有位",圣人何尝不思永保天位为可乐哉?至桀、纣而始,不知君之可爱、位之当慎矣。"敬修其可愿",即民之所好好之,民之所恶恶之也。至桀纣而始不知人之所愿,而咈民以从欲矣。

《尚书七篇解义》卷一

(清)李光地撰

(归善斋按:见"洚水儆予")

钦哉!慎乃有位,敬修其可愿。
四海困穷,天禄永终

1.《尚书注疏》卷三

(汉)孔氏传,(唐)陆德明音义,孔颖达疏

钦哉!慎乃有位,敬修其可愿。四海困穷,天禄永终。

传:有位,天子位。可愿,谓道德之美;困穷,谓天民之无告者。言为天子勤此三者,则天之禄籍长终汝身。

疏:当宜敬之哉。谨慎汝所有之位。守天子之位,勿使失也。敬修其可愿之事,谓道德之美,人所愿也。养彼四海困穷之民,使皆得存立,则天之禄籍,长终汝身矣。

上云"汝终陟元后，命升天位"，知其"慎汝有位"，慎天子位也。道德，人之可愿，知可愿者，是道德之美也。惟言四海困穷，不结言民之意。必谓四海之内，困穷之民，令天子抚育之，故知如《王制》所云"孤独鳏寡"，此四者，天民之穷而无告者，此是困穷者也。言为天子当慎天位，修道德，养穷民。勤此三者，则天之禄籍，长终汝身。禄，谓福禄；籍，谓名籍，言享大福，保大名也。

2.《书传》卷三

（宋）苏轼撰

四海困穷，天禄永终。

舜之授禹也，天下可谓治矣，而曰四海困穷者，托于不能以让禹也。

（归善斋按：另见"无稽之言勿听"）

3.《尚书全解》卷四

（宋）林之奇撰

钦哉，慎乃有位，敬修其可愿。四海困穷，天禄永终，惟口出好兴戎，朕言不再。

"钦哉，慎乃有位"者，谓当敬其事，慎汝所守之位也。"钦哉，慎乃有位"，则不可不敬修其可愿。盖人君于所愿欲之事，苟知其可为，则在决意以行之。其所可愿而不能决意以行之，则是欲其所不欲，为其所不为矣。孟子曰：欲无敌于天下，而不以仁，是犹恶湿而居下也。以是知人君之治天下，于其愿欲之事，不可不敬而修之。敬修其可愿，则仁达于天下矣。"四海困穷，天禄永终"者，先儒以属于上文，谓四海之内，有困穷之民，君当抚而育之，言人君苟能勤此"慎乃有位，敬修其可愿"，与夫抚育四海困穷之三者，则天之禄秩常终汝身尔。夫经但云"四海困穷"，而先儒增为抚育之文，其说为赘。薛氏曰：舜之授禹也，天下可治矣。而说"四海困穷"者，托于不能以委禹也。此说虽于经文为顺然，又未若王氏之说曰："四海困穷"则失民，失民则无与守邦；无与守邦，则天禄永终矣。此说为长。此盖申言上文"罔与守邦"之义也。圣人之治天下，所以生而不伤，厚而不困，持而不危，节其力而不尽者，惟恐四海之困穷，不能终其天禄故也。舜之所以告禹者，尽于此矣。于是遂言其所以禅位之事，既有成命，而不可改也。"惟口出好兴戎，朕言不再"者，言己之出命，宣之于口者，其言善，则有以出好其言；不善则有以兴戎。今之所以禅位于禹者，虑之于心者，既定发而为言矣，不可以更授他人，而再出命也。

4.《尚书讲义》卷三

（宋）史浩撰

（归善斋按：见"泽水儆予"）

5.《尚书详解》卷三

（宋）夏僎撰

（归善斋按：见"可爱非君"）

6.《增修东莱书说》卷三

（宋）吕祖谦撰，时澜增修

（归善斋按：见"可爱非君"）

7.《尚书说》卷一

（宋）黄度撰

（归善斋按：见"泽水儆予"）

8.《洁斋家塾书钞》卷二

（宋）袁燮撰

钦哉！慎乃有位，敬修其可愿。

以天下相授受，其命告之辞不过只是"钦哉"，字"慎"字，"敬"字。盖为天下君，非是易事，要须以"钦哉"为主。"修其可愿"，人莫不有所愿，愿为善者，人之所同然也。然须修其可愿，则方能得其所愿。苟莫知修所愿，何从而得愿哉。《孟子》所谓"可欲之谓善"是也。且人孰不愿为圣人，愿为圣人之心，良心也。然必去做圣人之事，圣人方可至。未尝躬行，岂能成圣，万无是理，此所以贵乎修也。

四海困穷，天禄永终。

舜耄期，倦于勤，精力至此衰矣。虽欲勉强而不可得。人主才倦勤，则四海便困穷。舜倦于勤，而禹却有大功之德，此便是天之历数在禹，便是舜之天禄至此而终，圣人亦只以理而推之耳。

9.《书经集传》卷一

（宋）蔡沈撰

（归善斋按：见"可爱非君"）

10.《尚书精义》卷六

（宋）黄伦撰

（归善斋按：见"人心惟危"）

11.《尚书详解》卷三

（宋）陈经撰

（归善斋按：见"人心惟危"）

12.《融堂书解》卷二

（宋）钱时撰

（归善斋按：见"可爱非君"）

13.《尚书要义》卷三

（宋）魏了翁撰

（归善斋按：未引）

14.《书集传或问》卷上

（宋）陈大猷撰

（归善斋按：未解）

15.《尚书详解》卷二

（宋）胡士行撰

（归善斋按：见"可爱非君"）

16.《书纂言》卷一

（元）吴澄撰

（归善斋按：缺）

17.《书集传纂疏》卷一

（元）陈栎撰

（归善斋按：见"可爱非君"）

18.《读书丛说》卷三

（元）许谦撰

（归善斋按：未解）

19.《书传辑录纂注》卷一

（元）董鼎撰

（归善斋按：见"可爱非君"）

20.《尚书句解》卷二

（元）朱祖义撰

钦哉（君民相须如此汝不可不钦敬）！慎乃有位（以谨守汝所有之位），敬修其可愿（以敬修汝之所可愿欲者）。四海困穷（苟四海之民至于困穷无告而不恤），天禄永终（则人君所享之天禄长绝矣）。

21.《尚书日记》卷三

（明）王樵撰

（归善斋按：见"可爱非君"）

22.《日讲书经解义》卷二

（清）库勒纳等撰

（归善斋按：见"可爱非君"）

《书蔡氏传旁通》卷一下

（元）陈师凯撰

可愿，犹《孟子》所谓"可欲"。

《孟子集注》云：天下之理，其善者必可欲，其恶者必可恶。其为人也，可欲而不可恶，则可谓善人矣。《孟子》是论观人之法，《书》是论修己之法。然可欲之善则同。

《书义断法》卷一

（元）陈悦道撰

（归善斋按：见"可爱非君"）

《书经衷论》卷一

（清）张英撰

（归善斋按：见"可爱非君"）

《尚书七篇解义》卷一

（清）李光地撰

（归善斋按：见"洚水儆予"）

惟口出好兴戎，朕言不再

1.《尚书注疏》卷三

（汉）孔氏传，（唐）陆德明音义，孔颖达疏

惟口出好兴戎，朕言不再。

传：好，谓赏善；戎，谓伐恶。言口荣辱之主，虑而宣之，成于一也。

音义：出，如字，徐尺遂反。好，如字，徐许到反。

疏：又告禹，惟口之所言，出好事，兴戎兵，非善思虑无以出口。我言不可再发，令禹受其言也。

昭二十八年《左传》云"庆赏刑威曰君，君出言有赏有刑"。出好，谓爱人而出好言，故为赏善；兴戎，谓疾人而动甲兵，故为伐恶。《易》系辞曰"言语者，君子之枢机"。枢机之发，荣辱之主，必当虑之于心，然后宣之于口，故成之于一，而不可再。帝言我命汝升天位者，是虑而宣之，此言故不可再。

2.《书传》卷三

（宋）苏轼撰

惟口出好兴戎，朕言不再。

好，爵禄也。戎，兵刑也。吾言非苟而已，喜则为爵禄，怒则为兵刑。其为授禹也，决矣。

3.《尚书全解》卷四

（宋）林之奇撰

（归善斋按：见"钦哉，慎乃有位"）

4.《尚书讲义》卷三

（宋）史浩撰

（归善斋按：见"洚水儆予"）

5.《尚书详解》卷三

（宋）夏僎撰

（归善斋按：见"可爱非君"）

6.《增修东莱书说》卷三

（宋）吕祖谦撰，时澜增修

惟口出好兴戎，朕言不再。

一言之间，祸福系焉。"出好"者，口也；"兴戎"，亦口也。舜谓禹：一言可以"出好"，一言可以"兴戎"。言之重如此，逊位之言既出，不可以再。此周公谓成王"天子无戏言"之意。虽然舜言"出好兴戎"，言之不敢易，外如有敌人之窥衅，内如有权臣之乘间，惟恐毫发之差，人蹑其后。舜之时，安得有此，盖谨言者，圣人常行之理。

7.《尚书说》卷一

（宋）黄度撰

（归善斋按：见"洚水儆予"）

8.《洁斋家塾书钞》卷二

（宋）袁燮撰

惟口出好兴戎，朕言不再。

观于此言，可见圣人之谨言如此，言行君子之枢机，枢机之发，荣辱之主也，言语，君子之所以动天地，可不谨乎？口能出好，亦能兴戎，一言之失，则足以兴兵戎，此岂可不谨？圣人言语未尝有一辞之妄发，惟其见之也明，故其言之也公。后世人主有知言之不可轻者，亦不过曰言语不可不谨耳。孰谓其可以兴戎，舜直至谓兵戎之兴，在乎言语之间，以见其致谨如此。后世人主言之轻发，至于召兵戎者有之矣。

9.《书经集传》卷一

（宋）蔡沈撰

（归善斋按：见"可爱非君"）

10.《尚书精义》卷六

（宋）黄伦撰

（归善斋按：见未解）

11.《尚书详解》卷三

（宋）陈经撰

（归善斋按：见"人心惟危"）

12.《融堂书解》卷二

（宋）钱时撰

（归善斋按：见"可爱非君"）

13.《尚书要义》卷三

（宋）魏了翁撰

（归善斋按：未引）

14.《书集传或问》卷上

（宋）陈大猷撰

（归善斋按：未解）

15.《尚书详解》卷二

（宋）胡士行撰

惟口出好（赏）兴（起）戎（兵罚），朕言不再。

出好，口也；兴戎，亦口也。逊位之言，一出其可再乎？所谓天子无戏言也。

16.《书纂言》卷一

（元）吴澄撰

（归善斋按：缺）

17.《书集传纂疏》卷一

（元）陈栎撰

（归善斋按：见"可爱非君"）

18.《读书丛说》卷三

（元）许谦撰

（归善斋按：未解）

19.《书传辑录纂注》卷一

（元）董鼎撰

（归善斋按：见"可爱非君"）

20.《尚书句解》卷二

（元）朱祖义撰

惟口出好兴戎（惟口之所发，或出好以赏善，或兴戎以罚恶，一定而不可变），朕言不再（则我之所以命禹者，亦一定而不可易，岂可再乎）。

21.《尚书日记》卷三

（明）王樵撰

（归善斋按：见"可爱非君"）

22.《日讲书经解义》卷二

（清）库勒纳等撰

（归善斋按：见"可爱非君"）

《尚书考异》卷二

（明）梅鷟撰

惟口出好兴戎，朕言不再。

《缁衣》：《说命》"惟口起羞，惟甲胄起戎"。今上句用"惟口"字，下句用"兴戎"字合作一句,为若《说命》之言,取诸此者。

《尚书注考》

(明) 陈泰交撰

"惟口出好兴戎",训"戎",兵也。"乃不畏戎毒于远迩",训戎,大。

《尚书七篇解义》卷一

(清) 李光地撰

(归善斋按:见"洚水儆予")

禹曰:枚卜功臣,惟吉之从

1.《尚书注疏》卷三

(汉) 孔氏传,(唐) 陆德明音义,孔颖达疏

禹曰:枚卜功臣,惟吉之从。

传:枚,谓历。卜之而从其吉,此禹让之志。

音义:枚,音梅。

疏:正义曰:禹以让而不许更请。帝曰:每以一枚历卜功臣,惟吉之人从而受之。

传正义曰:《周礼》有衔枚氏,所衔之物,状如箸。今人数物,云一枚、两枚,则枚是筹之名也。枚卜,谓人人以次,历申卜之,似若枚数然。然请卜不请筮者,举重也。占,是卜人之占,

2.《书传》卷三

(宋) 苏轼撰

禹曰:枚卜功臣。

枚,历也。

(归善斋按:另见"官占惟先蔽志")

3. 《尚书全解》卷四

（宋）林之奇撰

禹曰：枚卜功臣，惟吉之从。帝曰：禹！官占惟先蔽志，昆命于元龟。朕志先定，询谋佥同，鬼神其依，龟筮协从，卜不习吉。禹拜稽首固辞。帝曰：毋，惟汝谐。

禹于是辞让不受，谓受禅大事也，当并立枚卜功臣，择其可授而授之也。"帝曰：禹！官占惟先蔽志"者，舜又不许禹之让，而为之明言，其不以枚卜之理也，官占者，谓帝王立卜筮之官，此先自断其志，然后命元龟以决之，苟使不先断其志，而徒取决于龟筮，则南蒯之占，虽得文王之兆，亦为无益也。故《洪范》之稽疑曰：谋及乃心，谋及卿士，谋及庶人，而后谋及卜筮。盖人谋既尽，然后可以稽之于天命也。禅位大事也，舜之虑也，可谓至矣。既先定其志，然后询之众人而谋之。而众谋无不佥同。以人言既协。则幽而鬼神，其必依之。故其稽之卜筮，则协从而无所不吉矣。正如《洪范》曰：是之谓大同。夫既协之于天，人之望己从，而无所不吉矣。故继之曰：卜不习吉。习者，重也。如习坎之习同。"不习吉"者，言无所事于重卜也。先儒谓以习为因，非也。"禹拜稽首固辞"者，盖言禹又不敢受帝之位也，于是再拜稽首，而固让焉。古之人于宾主授受之际，犹以三辞三让，然后成礼，况于受天下之重，辄敢易而为之哉。故必辞让，至于再三。再三辞者，皆出于其中心之诚然也，非勉强而为之。如汉文帝立自代邸东向，让天下者三，南向让天下者再。此亦知夫天下大器，不敢轻受。文帝所以致刑措之治，其端盖本诸此。若夫饰情钓誉，为不情之让，以济其私，若王莽之所为，是乃舜禹之罪人也。盖"毋"者，禁止之辞也，止之使不能复让也。"惟汝谐"者，惟禹可以当此元后之位也。

4. 《尚书讲义》卷三

（宋）史浩撰

（归善斋按：见"洚水儆予"）

5.《尚书详解》卷三

(宋)夏僎撰

禹曰：枚卜功臣，惟吉之从。帝曰：禹，官占惟先蔽志，昆命于元龟。朕志先定，询谋佥同，鬼神其依，龟筮协从，卜不习吉。禹拜稽首，固辞。帝曰：毋，惟汝谐。

禹前让于皋陶，帝不允而复以禅位之事命禹。禹无所与让，于是请帝"枚卜功臣"，择其卜之吉者而授之。枚卜，汉孔氏谓：历卜之。唐孔氏推广其义，谓：礼衔枚氏以衔物，状如筯。今人数物，云一枚、二枚，则枚是筹之名。其曰"枚卜"，谓：人人以次历卜，若枚数然。此说是也。禹既请帝枚卜择吉者授，帝于是言不必再卜之状，谓帝王立卜筮之官，于占问之际，惟先断其志，然后始即命于大龟以决之。昆，后也。元，大也。"昆命于元龟"，谓后命于大龟。舜之志其欲禅禹已先定于中矣，而又询谋于众，而众皆同辞以为在禹。人谋既从，则鬼神依人而行，自然依其所谋。而于卜筮之间，无不从矣。如《洪范》之稽疑，必先谋及乃心，谋及卿士，谋及庶人，然后始谋及卜筮也。舜谓自我断于志，则禅位之事既决在禹，稽之卜筮，无不协从，则汝又欲使我枚卜，卜岂能习吉哉。少颖谓："习，重也，如"习坎"之"习"。"不习吉"，犹言无所事于重卜。余谓以"习"训"重"极当。但此言"卜不习吉"，而少颖谓"无所事于重卜"，则于文势不顺舜之意。盖谓：我前卜汝已吉矣，今若又枚卜之，岂有汝既已吉，又更有人与汝重叠而吉哉？卜筮既信决，不如是之，不可凭也。唐孔氏谓：帝此言，则帝既谋，既卜，方始命禹。今禹又言"枚卜"者，必当时帝与朝臣私谋，私卜，禹不预知，故请更卜也，恐亦有此理。"禹拜稽，首固辞"者，盖言禹又不敢受帝之位，于是再拜而固辞焉。古之人于宾主授受之际，必三辞三让，然后成礼，况于受天下之重。禹敢易而为之哉？故必辞让，至于再三。再三辞者，皆出于其中心诚然，非勉强而为之。如汉文帝入自代，抵东向让天下者三，南向让天下者再，此亦知天下之不可轻受也。故文帝刑措之治，其端盖始于此。若夫缔情钓誉，为不情之让，以济其私，若王莽之所为，乃舜、禹之罪人也。"毋"者，禁止之辞，止之使不复让也。"惟汝谐"者，惟汝可以当此元后之位也。

6.《增修东莱书说》卷三

（宋）吕祖谦撰，时澜增修

禹曰：枚卜功臣，惟吉之从。

亦非禹谦辞。在朝之臣，如此众多，人人而卜，吉者从之，不必专注于一人也。

7.《尚书说》卷一

（宋）黄度撰

禹曰：枚卜功臣，惟吉之从。帝曰：禹，官占惟先蔽志，昆命于元龟。朕志先定，询谋佥同，鬼神其依，龟筮协从，卜不习吉。禹拜稽首，固辞。帝曰：毋！惟汝谐。

益、稷诸臣不独有功，而皆有君德，故禹欲枚卜之。伯夷、柳下惠，得百里之地而君之，皆能朝诸侯，有天下，皆为有君德也。舜志先定，询谋又同，宜有以当鬼神之心矣。然而隐幽不可见也，故托之于龟筮，而无不协从者。古人不苟卜也。已卜而又卜，则为习。习，因，仍也。卜不习，则吉。习则为渎。渎则不告，为凶。

8.《洁斋家塾书钞》卷二

（宋）袁燮撰

禹曰：枚卜功臣，惟吉之从。帝曰：禹！官占惟先蔽志，昆命于元龟。朕志先定，询谋佥同，鬼神其依，龟筮协从，卜不习吉。禹拜稽首固辞。帝曰：毋！惟汝谐。正月朔旦，受命于神宗。率百官若帝之初。

"官占惟先蔽志"，此一句，是万世卜筮之大法。我之志先定，然后可谋之鬼神，我之志不定，而谋于鬼神，亦不相应，吉凶亦未必的实。后世卜筮，皆是志不先定，疑惑无所决，从而卜筮，此所以吉凶祸福，皆不的当也。《洪范》曰"汝则有大疑，谋及乃心，谋及卿士庶人也"。"鬼神其依，龟筮协从"，所谓谋及卜筮也。谋之于心，谋之于人，方可谋之鬼神。谋之于心，不谋之于人，犹不可谋之鬼神，况乎志不先定，而欲卜筮，乌可哉？"卜不习吉"，既吉，则不再卜，不敢渎也。读书只欲晓头项，如此一段，要知万世卜筮之大法。神宗，尧也。

9.《书经集传》卷一

(宋) 蔡沈撰

禹曰：枚卜功臣，惟吉之从。帝曰：禹，官占惟先蔽志，昆命于元龟。朕志先定，询谋佥同，鬼神其依，龟筮协从，卜不习吉。禹拜稽首固辞。帝曰：毋，惟汝谐。

枚卜，历卜之也。帝之所言人事已尽，禹不容复辞，但请历卜有功之臣，而从其吉，冀自有以当之者而已，得遂其辞也。官占，掌占卜之官也。蔽，断；昆，后；龟，卜筮蓍；习，重也。帝言：官占之法，先断其志之所向，然后令之于龟。今我志既先定，而众谋皆同，鬼神依顺，而龟筮已协从矣，又何用更枚卜乎？况占卜之法，不待重吉也。固辞，再辞也。"毋"者，禁止之辞，言惟汝可以谐此元后之位也。

10.《尚书精义》卷六

(宋) 黄伦撰

禹曰：枚卜功臣，惟吉之从。

无垢曰：舜使禹为百揆，禹"让于稷、契暨皋陶，帝曰：俞！汝往哉"，不闻其复让也。及其禅位，禹称皋陶，而不敢当，舜亦称皋陶而归其美，又备述禹之功德盛大，天之历数已在其躬，不可避之意，又传以为天下之心法，事已备矣，不可已也。禹方欲"枚卜功臣，惟吉之从"，何其辞避之深？与百揆时，不同也。曰：天下"克艰"之物也，愚者借此以为乐，卒至于亡其躯，堕其祖庙，曾不若闾巷匹夫，刻苦而自保也。智者见天下之富，不如贫之安；见天子之贵，不如贱之乐。盖贫贱者，责轻而忧寡；富贵极者，责重而忧深，况以中人之资，而使在人上，意气得行，逸乐自恣，其能免者几希。舜二十以孝闻，三十而历试诸难，六十而即位，在位十有三载，而求禅位，是生九十五年矣，统摄位，禅位，六十余载矣。其于一身之理，天下之事，亦已熟矣，而益方进"罔游于逸，罔淫于乐"之戒，禹方进"念兹在兹，释兹在兹"之戒，是为天子者，不可顷刻而不戒也。其艰难如此，非至愚人，其谁愿以天下为乐乎。张氏曰：舜以天下让禹，禹以谓在舜之朝，臣之有功于国者，固非一人也，当人人而卜之，卜吉则从而授之以天下，故曰"惟吉之从"。

11.《尚书详解》卷三

（宋）陈经撰

禹曰：枚卜功臣，惟吉之从。帝曰：禹，官占惟先蔽志，昆命于元龟。朕志先定，询谋佥同，鬼神其依，龟筮协从，卜不习吉。禹拜稽首，固辞。帝曰毋，惟汝谐。

观下文"龟筮协从，卜不习吉"，则舜之命禹盖尝卜筮矣。禹又曰"枚卜功臣"，先儒以为帝与朝臣私谋私卜，禹不预谋，故更欲卜也。枚卜，谓历历而卜之，就功臣之中，惟其吉而从之可也，何必专命禹。此禹有谦逊不敢当之意也。"帝曰：禹官占惟先蔽志，昆命于元龟"，昆，后也。朕志既先定矣，询于众人之谋又同矣，故鬼神之从，见于龟筮亦无不协者。《洪范》七稽疑曰"汝则有大疑，谋及乃心，谋及卿士，谋及庶人，谋及卜筮"，盖人谋、鬼谋，虽欲其合，大率以人谋为先。就人谋之，必以己心为之主。设若己之志不定，而徒信他人之谋，惑于鬼神之说。其可哉？先断之以心，故询谋者，所以参吾身之所见，鬼神者又以验吾心之所见，而实非询于鬼神为主也。今也，舜之命禹，舜之所见，即天人之所见也，己自无间矣。所谓"先天，而天弗违"者也，必至理之固然，幽明无二。宜乎朕志之定，而询谋亦于是而同，龟筮亦于是而协也。"卜不习吉"，再三渎，渎则不告，岂有再卜而再吉也哉？"禹拜稽首，固辞"，辞之之坚也。"帝曰：毋"，"毋"者，禁止之词。惟汝能谐其事，不许其辞也。前此宅百揆，禹尝逊稷、契、皋陶，未闻辞之如此其峻。今也，既辞又辞之，以见神器之重。可重而不可轻，又非宅百揆之比也。观禹之逊如此，圣贤之有天下，何尝容心哉？宜乎舜视弃天下犹敝屣，然《孟子》曰"中天下而立，定四海之民，君子乐之，所性不存焉"。

12.《融堂书解》卷二

（宋）钱时撰

禹曰：枚卜功臣，惟吉之从。帝曰：禹，官占惟先蔽志，昆命于元龟。朕志先定，询谋金同，鬼神其依，龟筮协从，卜不习吉。禹拜稽首，固辞。帝曰：毋，惟汝谐。

若更卜之，内自变乱其初志，外咈众心，幽不听命于鬼神。而欲再卜，安有重吉之理。舜命夔、益，皆言"往哉，汝谐"，独于此，确然说一"惟"字，盖人君为天地人物之，举天地间，有纤毫未尽分处，即是未谐，此非一职一事之比也。

13.《尚书要义》卷三

（宋）魏了翁撰

九、枚，卜，谓人人申卜之，先断志，后命龟。

"禹曰：枚卜功臣，惟吉之从"，枚，谓历卜之而从其吉。此禹让之志。"帝曰：禹，官占惟先蔽志，昆命于元龟"，帝王立卜占之官，故曰"官占"。蔽，断；昆，后也。官占之法，先断人志，后命于元龟，言志定，然后卜。"朕志先定，询谋金同，鬼神其依，龟筮协从，卜不习吉"，习，因也，言己谋之于心，谋及卜筮，四者合从，卜不因吉，无所枚卜。正义曰：《周礼》有衔枚氏，所衔之物，状如箸。今人数物，云一枚两枚，则枚是筹之名也。枚卜，谓人人以次历申卜之，似若枚数然。

14.《书集传或问》卷上

（宋）陈大猷撰
（归善斋按：未解）

15.《尚书详解》卷二

（宋）胡士行撰

禹曰：枚（枚，如箸数一二之筹）卜功臣，惟吉之从。

禹前让皋陶，帝不允矣，又请枚卜之。

16.《书纂言》卷一

（元）吴澄撰

（归善斋按：缺）

17. 《书集传纂疏》卷一

（元）陈栎撰

禹曰：枚卜功臣，惟吉之从。帝曰：禹，官占惟先蔽志，昆命于元龟。朕志先定，询谋佥同，鬼神其依，龟筮协从，卜不习吉。禹拜稽首固辞。帝曰：毋，惟汝谐。

纂疏：

王氏曰：木干曰"枚"，枝曰条。"枚"有条，故数物曰"枚"，数事曰条。"枚卜"，人人而卜之也。苏氏曰：命龟，令龟也。王氏十朋曰：古以昆为兄，兄为父后，故训"昆"为"后"与。后、昆同。夏氏曰：卜，汝已吉，岂有更卜他人，而重吉者。习，重也，如习坎为重险。陈氏经曰：人谋、鬼谋，虽欲其合，大率以人谋为先。就人谋中，又以己心为主。

18. 《读书丛说》卷三

（元）许谦撰

（归善斋按：未解）

19. 《书传辑录纂注》卷一

（元）董鼎撰

禹曰：枚卜功臣，惟吉之从。帝曰：禹，官占惟先蔽志，昆命于元龟。朕志先定，询谋佥同，鬼神其依，龟筮协从，卜不习吉。禹拜稽首，固辞。帝曰：毋惟汝谐。

纂注：

王氏曰：木干曰：枚，枝曰条，枚有条，故数物曰"枚"，数事曰"条"。枚卜，人人而卜之也。

王氏十朋曰：古人以昆为兄，兄为父后，故训"昆"为"后"，与"后昆"之"后"同。

陈氏经曰：习，重习也，如"习坎"，"重险"也。

夏氏曰：卜汝已吉，岂有更卜他人而重吉者。

陈氏经曰：人谋、鬼谋虽欲其合，大率以人谋为先，就人谋中，又以谋及己之心为主。

20.《尚书句解》卷二

（元）朱祖义撰

禹曰（禹乃辞曰）：枚卜功臣（更可历历以有功之臣），惟吉之从（卜之若杖数然，惟其吉者从之）。

21.《尚书日记》卷三

（明）王樵撰

"禹曰：枚卜功臣"至"帝曰：毋！惟汝谐"。王氏曰：木干曰枚，枝曰条，故数物曰枚，数事曰条。枚卜，人人而卜之也。

朱子曰：舜所谓"朕志先定，询谋佥同，鬼神其依，龟筮协从"，便是自家所见已决，而卜亦不过如此。故曰"卜不习吉"。又曰："其"犹"将"也，言虽未卜，而吾志已是先定，询谋已是佥同，鬼神亦必将依之，龟筮亦必须协从之。所以谓"卜不习吉"者，盖习，重也。这个道理已是断然见得如此，必是吉了，便自不用卜。若卜，则是重矣。

22.《日讲书经解义》卷二

（清）库勒纳等撰

禹曰：枚卜功臣，惟吉之从。帝曰：禹，官占惟先蔽志，昆命于元龟。朕志先定，询谋佥同，鬼神其依，龟筮协从，卜不习吉。禹拜稽首固辞。帝曰：毋！惟汝谐。正月朔旦，受命于神宗，率百官，若帝之初。

此二节书，叙禹再辞，舜再不许，禹不获已而受命也。枚卜，历举而卜之也。官占，谓掌占卜之官。蔽，决断也。昆，解作"后"。依，顺也。龟，谓灼龟观兆；筮，谓揲蓍起卦。协，合也。习，解作"重"。"毋"者，禁止之词。神，宗尧之庙号。帝，指舜也。禹曰：摄位大事，不可专注于人谋，今在廷之臣，有功者多，请一一卜之，于龟从其吉者而命之可也。帝舜曰：汝禹，凡设官占卜之法，必先断定其志所向，然后命于元龟，以验其吉凶。今我命汝摄位之志，已先定于心，无所疑惑；询谋于众，亦同以为然，是以鬼神依顺，验之龟筮，已自协从矣。又何用取群臣而枚卜之乎？且占卜之法一得吉兆，不必再卜。今鬼神既依，龟筮协从，又何须重卜，以求吉乎？禹拜而稽首，恳切逊避。帝舜曰：汝毋固辞，惟汝可以谐此元后之位也。禹既不获辞，乃以正月一日受摄位之命于帝尧之庙。在舜则告其终，在禹则告其始。由是，总率百官，摄行庶政，一如帝舜受终摄位之初。尧、舜、禹之相传一道，故其事亦无不同，如此观，此龟卜之法，虽亦古人所重，然必在定志询谋之后。故《周书·洪范》稽疑，"谋及乃心，谋及卿士，谋及庶人，而后谋及卜筮"。后世舍人而问鬼，舍明而求幽，以致术数之流，皆得妄谈休咎，荧惑听闻。吁，抑愚甚矣。

《尚书考异》卷二

（明）梅鷟撰

禹曰：枚卜功臣，惟吉之从。帝曰：禹，官占惟先蔽志，昆命于元龟。朕志先定，询谋佥同，鬼神其依，龟筮协从，卜不习吉。禹拜稽首，固辞。帝曰：毋！惟汝谐。

哀十七年楚王与叶公，枚卜子良，以为令尹。十八年君子曰：惠王知志。《夏书》曰："官占惟能蔽志，昆命于元龟"。其是之谓乎"志"，曰"圣人不烦卜筮，惠王其有焉"。盖右司马子国之卜也，观瞻曰"如志"，故命之。及巴师至，将卜帅。王曰"宁如志，何卜焉"，此所谓"朕志先定"者也。《洪范》曰：汝则有大疑，谋及乃心，谋及卿士，谋及庶人，谋及卜筮。汝则从，龟从，筮从，卿士从，庶民从，是之谓大同。此所谓"询谋佥同，鬼神其依。龟筮协从"。《左传》曰"卜不袭吉"；《周书》曰"一习吉"；又石□曰"岁习其祥，祥习则行，不习则增，修德而改卜"；《尧典》曰"禹拜稽首，让于稷、契暨皋陶"；《仪礼》曰"敢固以辞"；原思辞禄，子曰"毋"；禹让于稷、契暨皋陶，帝曰"俞！往哉，汝谐"。

帝曰：禹！官占惟先蔽志，昆命于元龟

1.《尚书注疏》卷三

（汉）孔氏传，（唐）陆德明音义，孔颖达疏

帝曰：禹！官占惟先蔽志，昆命于元龟。

传：帝王立卜占之官，故曰官占。蔽，断；昆，后也。官占之法，先断人志，后命于元龟。言志定然后卜。

音义：蔽，必世反，徐甫世反。断，丁乱反。

疏：帝曰：禹，卜官之占，惟能先断人志，后乃命其大龟。而云官占者，帝王立卜筮之官，故曰官占。《洪范》稽疑云"择建立卜筮人"，是帝王立卜筮之官。《周礼》司寇断狱为蔽狱，是"蔽"为"断"也。昆，后，《释言》文官。占之法，先断人志，后命元龟，言志定然后卜也。《洪范》云"汝则有大疑，谋及乃心，谋及卿士，谋及庶人"，是先断人志；乃云"谋及卜筮"，是后命元龟。元龟，谓大龟也。

2.《书传》卷三

（宋）苏轼撰

惟吉之从。帝曰：禹，官占惟先蔽志，昆命于元龟。

蔽，断也。昆，后也。使卜筮之官占是事，必先断志，而后令龟。

3.《尚书全解》卷四

（宋）林之奇撰

（归善斋按：见"枚卜功臣"）

4.《尚书讲义》卷三

（宋）史浩撰

（归善斋按：见"泽水傲予"）

5. 《尚书详解》卷三

（宋）夏僎撰

（归善斋按：见"枚卜功臣"）

6. 《增修东莱书说》卷三

（宋）吕祖谦撰，时澜增修

帝曰：禹！官占惟先蔽志，昆命于元龟。朕志先定，询谋佥同，鬼神其依，龟筮协从，卜不习吉。

择时人作卜筮，此官占也。未占之先，自断于心，而后命于元龟。我志既先定矣，以次而谋之人，谋之鬼，谋之卜筮。圣人占卜，非泛然无主于中，委占卜以为定论也。通神明为一理。懋德嘉绩之时，见已定矣。固知天人之理，不违于是也。其所以谋之幽明者，参之以为证验耳。后世遇事不能以自决，取决于幽明之间，如之何而可决也。心者，神明之舍，昧此之神明，求彼之神明，是以甲可乙否，终无定议。舜以天下授之禹，舜志既先定，人民得其所依，鬼神得其所主。舜虽不稽之幽明，想幽明之理已流通而无间。况验之卜已吉矣，岂俟再言乎？禹之嗣，舜断无可疑矣。

7. 《尚书说》卷一

（宋）黄度撰

（归善斋按：见"枚卜功臣"）

8. 《洁斋家塾书钞》卷二

（宋）袁燮撰

（归善斋按：见"枚卜功臣"）

9. 《书经集传》卷一

（宋）蔡沈撰

（归善斋按：见"枚卜功臣"）

10.《尚书精义》卷六

（宋）黄伦撰

帝曰：禹！官占惟先蔽志，昆命于元龟。朕志先定，询谋佥同，鬼神其依，龟筮协从。卜不习吉。禹拜稽首，固辞。帝曰：毋！惟汝谐。

无垢曰：夫官占之法，先断于人心，非尽取于谋卜筮也。"惟先蔽志"，是先断之以心也。心既已定，然后质之于鬼神，盖幽、明一也。使吾先所见，极尽天下至正之理，则龟筮其有不从之者乎？傥志之所见，或暗于一偏，则龟筮亦不得而私也，是龟筮者，所以证吾之明暗也。舜以人事观之，其子不肖，而吾年又耄期，倦于勤矣。大禹乃有盛德元功如此，天下非禹其谁乎？是朕志先定也。在廷之臣，亦自谓禹之德大，举天下，无足以及之也。天下非禹其谁乎？此询谋之间，所以皆无异论而佥同也。鬼神，即天下之正理也。舜之心如此，鬼神舍此而何依乎？"龟筮协从"，自然之理也。由是观之，人不能舍龟筮以自是，而龟筮亦不能舍人而自私也。龟筮在动植中，无情而至公者也。先圣取此以决疑，非穷知事物之理者，其能留此法，以正后世妄作之君乎？然卜以决疑，不疑何卜？舜无疑矣，而犹卜焉者，不敢自以为尽天下之理。卜已协从，则亦已矣，岂有重卜习吉之理乎？再三渎，渎则不告，天理之自然者也。

11.《尚书详解》卷三

（宋）陈经撰
（归善斋按：见"枚卜功臣"）

12.《融堂书解》卷二

（宋）钱时撰
（归善斋按：见"枚卜功臣"）

13.《尚书要义》卷三

（宋）魏了翁撰

十、《洪范》亦是先谋人，后谋卜筮。

《洪范》云"汝则有大疑，谋及乃心，谋及卿士，谋及庶人"，是先断人志，乃云谋及卜筮，是后命元龟。元龟，谓大龟。

（归善斋按：另见"枚卜功臣"）

14.《书集传或问》卷上

（宋）陈大猷撰

（归善斋按：未解）

15.《尚书详解》卷二

（宋）胡士行撰

帝曰：禹，官（立时人作卜筮）占惟先蔽（断）志（心），昆（后）命于元（大）龟。朕（我）志先定，询谋佥同，鬼神其依（倚），龟（卜）筮（蓍）协从，卜不习（重）吉。

心者，神明之舍。志定矣，以次而谋之人，谋之鬼，谋之卜筮，非泛然无主，而委之占卜也，岂容有习吉乎。

16.《书纂言》卷一

（元）吴澄撰

（归善斋按：缺）

17.《书集传纂疏》卷一

（元）陈栎撰

（归善斋按：见"枚卜功臣"）

18.《读书丛说》卷三

（元）许谦撰

（归善斋按：未解）

19.《书传辑录纂注》卷一

（元）董鼎撰

（归善斋按：见"枚卜功臣"）

20.《尚书句解》卷二

（元）朱祖义撰

帝曰：禹（舜命禹），官占（且帝王立卜筮之官于卜占之际）惟先蔽志（惟先蔽以在己之志），昆命于元龟（然后始命于大龟以卜之）。

21.《尚书日记》卷三

（明）王樵撰

（归善斋按：见"枚卜功臣"）

22.《日讲书经解义》卷二

（清）库勒纳等撰

（归善斋按：见"枚卜功臣"）

《尚书考异》卷二

（明）梅鷟撰

（归善斋按：见"枚卜功臣"）

《尚书埤传》卷三

（清）朱鹤龄撰

昆命于元龟。

王十朋曰：命龟，令龟也。古人以昆为兄，兄为父后，故训"昆"为"后"，与"后昆"之"后"同。

朕志先定，询谋佥同，鬼神其依，龟筮协从，卜不习吉

1.《尚书注疏》卷三

（汉）孔氏传，（唐）陆德明音义，孔颖达疏

朕志先定，询谋佥同，鬼神其依，龟筮协从，卜不习吉。

传：习，因也。言已谋之于心，谋及卜筮，四者合从，卜不因吉，无所枚卜。

音义：佥，七潜反。

疏：我授汝之志先以定矣。又询于众人，其谋又皆同美矣。我后谋及鬼神，加之卜筮，鬼神其依我矣。龟筮复合从矣。卜法不得因前之吉，更复卜之，不须复卜也。

《丧记》云"卜筮不相袭"。郑云，袭，因也。然则，习与袭同。重衣谓之袭。习，是后因前，故为因也。"朕志先定"，言已谋之于心。"龟筮协从"，是谋及卜筮。经言询谋佥同，谋及卿士、庶人，谋皆同心。"鬼神其依"，即是龟筮之事。卜，筮通鬼神之意，故言"鬼神其依"。"龟筮协从"，谓卜得吉，是依从也。志先定也，谋佥同也，鬼神依也，龟筮从也。四者合从，然后命汝。卜法，不得因吉，无所复枚卜也。如帝此言，既谋既卜，方始命，禹仍请枚卜者，帝与朝臣私谋私卜，将欲命禹。禹不预谋，故不在，更请卜也。

2.《书传》卷三

（宋）苏轼撰

朕志先定，询谋佥同，鬼神其依，龟筮协从。

"其"者，意之之词也，以"龟协从"知之。

卜不习吉。

习，因也。卜已吉，而更卜为习吉。

3.《尚书全解》卷四

（宋）林之奇撰

（归善斋按：见"枚卜功臣"）

4.《尚书讲义》卷三

（宋）史浩撰

（归善斋按：见"泺水儆予"）

5.《尚书详解》卷三

（宋）夏僎撰

（归善斋按：见"枚卜功臣"）

6.《增修东莱书说》卷三

（宋）吕祖谦撰，时澜增修

（归善斋按：见"官占惟先蔽志"）

7.《尚书说》卷一

（宋）黄度撰

（归善斋按：见"枚卜功臣"）

8.《洁斋家塾书钞》卷二

（宋）袁燮撰

（归善斋按：见"枚卜功臣"）

9.《书经集传》卷一

（宋）蔡沈撰

（归善斋按：见"枚卜功臣"）

10. 《尚书精义》卷六

（宋）黄伦撰

（归善斋按：见"官占惟先蔽志"）

11. 《尚书详解》卷三

（宋）陈经撰

（归善斋按：见"枚卜功臣"）

12. 《融堂书解》卷二

（宋）钱时撰

（归善斋按：见"枚卜功臣"）

13. 《尚书要义》卷三

（宋）魏了翁撰

十一、卜法不得因吉，"习"与"袭"同。

《丧记》云"卜筮不相袭"，郑云，袭，因也。然则，"习"与"袭"同。重衣，谓之袭。习是后因前，故为因也。"朕志先定"，言已谋之于心。"龟筮协从"是谋及卜筮。经言"询谋佥同"，谋及卿士、庶人，谋皆同心。"鬼神其依"，即是龟筮之事，卜筮通鬼神之意，故言"鬼神其依，龟筮协从"，谓卜得吉，是依从也。志先定也，谋佥同也，鬼神依也，龟依从也，四者合从，然后命汝。卜法不得因吉，无所复枚卜也。如帝此言，既谋，既卜，方始命。禹仍请枚卜者，帝与朝臣私谋私卜，将欲命禹，禹不预谋，故不在，更请卜也。

（归善斋按：另见"枚卜功臣"）

14. 《书集传或问》卷上

（宋）陈大猷撰

（归善斋按：未解）

15.《尚书详解》卷二

（宋）胡士行撰

（归善斋按：见"官占惟先蔽志"）

16.《书纂言》卷一

（元）吴澄撰

（归善斋按：缺）

17.《书集传纂疏》卷一

（元）陈栎撰

（归善斋按：见"枚卜功臣"）

18.《读书丛说》卷三

（元）许谦撰

（归善斋按：未解）

19.《书传辑录纂注》卷一

（元）董鼎撰

（归善斋按：见"枚卜功臣"）

20.《尚书句解》卷二

（元）朱祖义撰

朕志先定（今我之志其欲禅禹者已先定于中矣），询谋佥同（又询谋咨问于众人，其致意于禹者，众皆同辞矣），鬼神其依（鬼神依随其所谋），龟筮协从（故见于卜龟筮筴之际，无不合从），卜不习吉（汝又欲使我枚卜。夫再三渎，渎则不告，岂有重卜重吉哉）。

21.《尚书日记》卷三

（明）王樵撰

（归善斋按：见"枚卜功臣"）

22.《日讲书经解义》卷二

（清）库勒纳等撰

（归善斋按：见"枚卜功臣"）

《书蔡氏传旁通》卷一下

（元）陈师凯撰

龟卜蓍筮。

蓍所以筮，龟所以卜，《史记》云"上有捣蓍（捣，逐留反），下有神龟"，龟千岁乃满尺二寸，蓍百年而一本生百茎。分而为五十者二，每用四十九茎，分挂揲归，十有八变而成卦，以占吉凶。卜官得大龟，以庚辛日杀之，剔取其甲，以清水澡之，东向立灼，以荆若刚木灼钻毕，以五兆占之，以辨吉凶。其祝龟曰"假尔泰龟有常"，祝蓍曰"假尔泰筮有常"，详见《洪范》七稽疑。

《尚书考异》卷二

（明）梅鷟撰

（归善斋按：见"枚卜功臣"）

《书经衷论》卷一

（清）张英撰

"朕志先定，询谋佥同"，此乃古人卜筮之法。盖卜筮止借以证己之所见耳。志不先定，而惟鬼神之是从；人不协谋，而惟卜筮之是信，其何以断大事乎？

禹拜稽首，固辞

1. 《尚书注疏》卷三

（汉）孔氏传，（唐）陆德明音义，孔颖达疏

禹拜稽首，固辞。

传：再辞曰固。

疏：禹犹拜，而后稽首固辞。

2. 《书传》卷三

（宋）苏轼撰

禹拜稽首，固辞。帝曰：毋！惟汝谐。正月朔旦，受命于神宗。

尧之所从受天下者，曰文祖；舜之所从受天下者，曰神宗。受天下于人，必告于其人之所从受者。《礼》曰"有虞氏禘黄帝而郊喾，祖颛顼而宗尧，则神宗为尧明矣。舜、禹之受天下于尧、舜也。及尧、舜之存，而受命于其祖宗矣。舜受命二十八年而尧崩，禹受命十七年而舜崩。既崩三年，然后退而避其子。是犹足信乎？"

3. 《尚书全解》卷四

（宋）林之奇撰

（归善斋按：见"枚卜功臣"）

4. 《尚书讲义》卷三

（宋）史浩撰

（归善斋按：见"洚水儆予"）

5.《尚书详解》卷三

（宋）夏僎撰

（归善斋按：见"枚卜功臣"）

6.《增修东莱书说》卷三

（宋）吕祖谦撰，时澜增修

禹拜稽首，固辞。帝曰：毋！惟汝谐。正月朔旦，受命于神宗，率百官若帝之初。

禹至此，犹拜稽首，固辞。有皋陶，则辞之皋陶；有功臣，则辞之功臣。无可辞矣，而犹辞，非过于谦也，恐天心之未从，人心之未协耳。帝曰"毋！惟汝谐"，和同天、人之意也。"正月朔旦"，与天下更始，而听新君之号令也。"受命于神宗"，亦舜"受终于文祖"之意。"神宗"，尧也。天下者，尧之天下，受命于"神宗"，示不敢专也。"率百官若帝之初"，自"璇玑玉衡"至于"巡守"，皆如舜之故事。

7.《尚书说》卷一

（宋）黄度撰

（归善斋按：未解）

8.《洁斋家塾书钞》卷二

（宋）袁燮撰

（归善斋按：未解）

9.《书经集传》卷一

（宋）蔡沈撰

（归善斋按：见"枚卜功臣"）

10.《尚书精义》卷六

（宋）黄伦撰

（归善斋按：未解）

11.《尚书详解》卷三

（宋）陈经撰

（归善斋按：见"枚卜功臣"）

12.《融堂书解》卷二

（宋）钱时撰

（归善斋按：未解）

13.《尚书要义》卷三

（宋）魏了翁撰

（归善斋按：未引）

14.《书集传或问》卷上

（宋）陈大猷撰

（归善斋按：未解）

15.《尚书详解》卷二

（宋）胡士行撰

禹拜稽首，固（坚）辞。帝曰：毋（无），惟汝谐。
固辞者，恐天人之未从也。谐则和，同天人之际矣。

16.《书纂言》卷一

（元）吴澄撰

（归善斋按：缺）

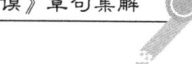

17.《书集传纂疏》卷一

（元）陈栎撰

（归善斋按：见"枚卜功臣"）

18.《读书丛说》卷三

（元）许谦撰

（归善斋按：未解）

19.《书传辑录纂注》卷一

（元）董鼎撰

（归善斋按：见"枚卜功臣"）

20.《尚书句解》卷二

（元）朱祖义撰

禹拜稽首，固辞（禹首至地，为稽首而拜，坚以辞之）。

21.《尚书日记》卷三

（明）王樵撰

（归善斋按：见"枚卜功臣"）

22.《日讲书经解义》卷二

（清）库勒纳等撰

（归善斋按：见"枚卜功臣"）

《尚书考异》卷二

（明）梅鷟撰

（归善斋按：见"枚卜功臣"）

帝曰：毋！惟汝谐

1. 《尚书注疏》卷三

（汉）孔氏传，（唐）陆德明音义，孔颖达疏

帝曰：毋惟汝谐。

传：言毋所以禁其辞。禹有大功德，故能谐和元后之任。

音义：禁，今鸠反，又音金。

疏：帝曰：毋。毋者，禁止其辞也。惟汝能谐和，此元后之任，汝宜受之。

《说文》云：毋，止之也。其字从女，内有一画像，有奸之者禁止，令勿奸也。古人言毋，犹今人言莫，是言毋者，所以禁其辞，令勿辞。

2. 《书传》卷三

（宋）苏轼撰
（归善斋按：见"禹拜稽首，固辞"）

3. 《尚书全解》卷四

（宋）林之奇撰
（归善斋按：见"枚卜功臣"）

4. 《尚书讲义》卷三

（宋）史浩撰
（归善斋按：见"洚水儆予"）

5. 《尚书详解》卷三

（宋）夏僎撰
（归善斋按：见"枚卜功臣"）

6.《增修东莱书说》卷三

（宋）吕祖谦撰，时澜增修
（归善斋按：见"禹拜稽首"，固辞）

7.《尚书说》卷一

（宋）黄度撰
（归善斋按：未解）

8.《洁斋家塾书钞》卷二

（宋）袁燮撰
（归善斋按：未解）

9.《书经集传》卷一

（宋）蔡沈撰
（归善斋按：见"枚卜功臣"）

10.《尚书精义》卷六

（宋）黄伦撰
（归善斋按：未解）

11.《尚书详解》卷三

（宋）陈经撰
（归善斋按：见"枚卜功臣"）

12.《融堂书解》卷二

（宋）钱时撰
（归善斋按：见"枚卜功臣"）

13.《尚书要义》卷三

（宋）魏了翁撰

（归善斋按：未引）

14.《书集传或问》卷上

（宋）陈大猷撰

（归善斋按：未解）

15.《尚书详解》卷二

（宋）胡士行撰

（归善斋按：见"禹拜稽首"，固辞）

16.《书纂言》卷一

（元）吴澄撰

（归善斋按：缺）

17.《书集传纂疏》卷一

（元）陈栎撰

（归善斋按：见"枚卜功臣"）

18.《读书丛说》卷三

（元）许谦撰

（归善斋按：未解）

19.《书传辑录纂注》卷一

（元）董鼎撰

（归善斋按：见"枚卜功臣"）

20.《尚书句解》卷二

（元）朱祖义撰

帝曰：毋（舜言毋，以禁止之。毋，音无）！惟汝谐（惟汝能谐和其事）。

21.《尚书日记》卷三

（明）王樵撰

（归善斋按：见"枚卜功臣"）

22.《日讲书经解义》卷二

（清）库勒纳等撰

（归善斋按：见"枚卜功臣"）

《尚书考异》卷二

（明）梅鹫撰

（归善斋按：见"枚卜功臣"）

正月朔旦，受命于神宗

1.《尚书注疏》卷三

（汉）孔氏传，（唐）陆德明音义，孔颖达疏

正月朔旦，受命于神宗。

传：受舜终事之命。神宗，文祖之宗庙。言神尊之。

音义：正，音政，徐音征。

疏：正义曰：舜即政三十三年，命禹代己。禹辞不获免，乃以明年正月朔旦，受终事之命于舜神灵之宗庙。

传正义曰：《舜典》说，舜之初，受终于文祖。此言若舜之初，知受命，即是舜终事之命也。神宗，犹彼文祖，故云文祖之宗庙。文祖，言祖

有文德。神宗，言神而尊之，名异而实同。神宗当舜之始祖。

《尚书注疏》卷三《考证》：

受命于神宗。传：神宗，文祖之宗庙，言神尊之。

苏轼曰：尧之所从受天下者，文祖；舜之所从受天下者，神宗。受天下于人，必告于其人之所从受者。礼曰有虞氏禘黄帝而郊喾祖颛顼而宗尧则神宗为尧明矣。臣召南按：孔传及疏，但言是舜之宗庙，不言是谁，亦阙疑之义。然苏氏直指帝尧，确已。

2.《书传》卷三

（宋）苏轼撰

（归善斋按：见"禹拜稽首，固辞"）

3.《尚书全解》卷四

（宋）林之奇撰

正月朔旦，受命于神宗，率百官，若帝之初。

辞既不获矣，于是正月之朔旦，受命于神宗。"神宗"者，尧庙也。《祭法》曰：有虞氏禘黄帝，而郊喾；祖颛顼，而宗尧。《大禹谟》，《虞书》也，所称"祖宗"必指有虞之世而言之。薛氏云：受天下于人，必告于其人所从受天下者，此论是也。"率百官，若帝之初"，先儒云：顺舜初摄帝位故事，奉行之。此说固是，然而以"若"为"顺"，则失之无据。此"若"字，但训如《舜典》所谓"巡狩如初"也。盖禹既受命于神宗，则其率百官，如舜居位之初，所行之事也。其所行之事，即"在璇玑玉衡，以齐七政"以下是也。尧、舜、禹三圣相授，而守一道。尧咨舜之言，即舜咨禹之言。禹摄所行之事，即舜摄所行之事。史官互文见义，其言约而尽，简而不费。使学者深思而自得之，可谓善叙事矣。

4.《尚书讲义》卷三

（宋）史浩撰

（归善斋按：见"洚水儆予"）

5.《尚书详解》卷三

（宋）夏僎撰

正月朔旦，受命于神宗，率百官，若帝之初。

辞既不获矣，于是正月之朔日，受命于神宗。神宗，尧庙。《祭法》曰：有虞氏禘黄帝而郊喾，祖颛顼而宗尧。《大禹谟》，《虞书》也，所称祖宗，必指有虞之世而言之。苏氏云：受天下于人，必告于其人所从受天下者，此论是也。盖舜前居摄之后，即"察玑衡，类上帝，辑五瑞，觐群后"，今禹又居摄，故其所行之事，皆如帝舜摄位之初。则此"若"字，盖训"如"。与《舜典》载巡守言"如初"同意。先儒乃以"若"训"顺"，谓：顺帝舜初摄帝位之事。余谓：奉行故事之说，则固然矣，若以"若"训"顺"，则未然也。说者乃谓：授禅则与舜同受终文祖，系于《虞书》，至禹受命神宗，乃不系于《夏书》岂帝之与王，必有隆杀，殊不知，《禹谟》本《夏书》孔子序正，以明三圣相授，守一道。余前已详辩于《尧典》矣。又岂知受命神宗，不系于《夏书》乎？

6.《增修东莱书说》卷三

（宋）吕祖谦撰，时澜增修
（归善斋按：见"禹拜稽首"，固辞）

7.《尚书说》卷一

（宋）黄度撰

正月朔旦，受命于神宗，率百官，若帝之初。

孔氏曰："神宗"，文祖之宗庙。非也。舜祖颛顼而宗尧。盖尧庙也。"率百官"，摄行天子之事也。舜摄曰"受终"，尧虽在位不复为政也。禹摄曰"受命"，命使摄也。大政令犹自舜出，征苗可见。

8.《洁斋家塾书钞》卷二

（宋）袁燮撰
（归善斋按：见"官占惟先蔽志"）

9. 《书经集传》卷一

（宋）蔡沈撰

正月朔旦，受命于神宗，率百官，若帝之初。

神宗，尧庙也。苏氏曰：尧之所从受天下者，曰"文祖"；舜之所从受天下者，曰"神宗"。受天下于人，必告于其人之所从受者。《礼》曰"有虞氏禘黄帝而郊喾，祖颛顼而宗尧"，则神宗为尧明矣。正月朔旦，禹受摄帝之命于神宗之庙，总率百官，其礼一如帝舜受终之初等事也。

10. 《尚书精义》卷六

（宋）黄伦撰

正月朔旦，受命于神宗，率百官，若帝之初。

无垢曰："文祖"者，尧之祖。"神宗"者，舜之宗。《祭法》曰有虞氏禘黄帝而郊喾，祖颛顼而宗尧，是神宗者，乃尧庙也。继世者不忘于始祖。"受终于文祖"者，尧继世也，"禅位"者，受命于所禅之君，故受命必于神宗。舜受尧命故也。此理自可推矣。"率百官若帝之初"，则察玑衡，类帝禋宗，与夫巡守之事，一皆循舜故事，而不敢忽也。张氏曰：尧禅舜，而尧受终于文祖。尧言受终。则舜之受命可知矣。舜之禅禹。而禹受命于神宗。禹言"受命"，则舜之"受终"可知矣。文祖，祖之远者也；神宗，宗之近者也。于前举远，以见其近；于后举近，以知其远，皆作书者之法也。"率百官，若帝之初"者，如舜始事之时也。舜之即位，在玑衡，以齐七政，类上帝，禋六宗，望山川，遍群神，五瑞则辑之，四岳群牧则觐之，此帝之初也。禹之受命如之而已，故曰"若帝之初"。

11. 《尚书详解》卷三

（宋）陈经撰

正月朔旦，受命于神宗，率百官，若帝之初。

"正月朔旦"，与"正月上日"、"月正元日"同，与《春秋》书"春王正月，公即位"同。"神宗"者，舜之宗文祖，尧之祖。继世者必受之于祖，故尧授舜，必告于文祖。禅位者，必受之于所禅之君，故舜授禹，必告于"神宗"。"神宗"者，尧庙也。《祭法》曰"有虞氏禘黄帝而郊喾，祖颛顼而宗尧"。"率百官若帝之初"，亦如舜摄位之初，"在璇玑"而下是也。圣人所为善，盖有不约而同，不求合而自契，盖以循乎天理而已，非大禹事事欲求其同舜，而为之也。

12.《融堂书解》卷二

（宋）钱时撰

正月朔旦，受命于神宗，率百官，若帝之初。

若帝之初，与《舜典》是一般授受。

13.《尚书要义》卷三

（宋）魏了翁撰

十二、此舜三十四年命禹，若帝摄位故事。

"正月朔旦，受命于神宗"，受舜终事之命。神宗，文祖之宗庙，言神尊之。"率百官，若帝之初"，顺舜初摄帝位故事，奉行之。正义曰：舜即政三十三年，命禹代己。禹辞不获免，乃以明年正月朔旦，受终事之命于舜神灵之宗庙，总率百官，顺帝之初摄事，言与舜受禅之初，其事悉皆同也。此年，舜即政三十四年，九十六也。

十三、神宗犹文祖，盖黄帝、颛顼之等。

文祖，言祖有文德；神宗，言神而尊之，名异而实同。神宗，当舜之始祖。按《帝系》云"黄帝生昌意，昌意生颛顼，颛顼生穷蝉，穷蝉生敬康，敬康生勾芒，勾芒生蟜牛，蟜牛生瞽瞍，瞽瞍生舜"，即是舜有七庙。黄帝为始祖，其颛顼与穷蝉为二祧，敬康、勾芒、蟜牛、瞽瞍为亲庙。文祖为黄帝、颛顼之等也。

14.《书集传或问》卷上

（宋）陈大猷撰

（归善斋按：未解）

15.《尚书详解》卷二

（宋）胡士行撰

正月朔旦，受命于神宗（《祭法》：夏后祖颛顼，而宗尧），率百官，若（如）帝（舜）之初（初位）。

"若帝之初"，谓在"璿玑"以下至"巡守"也。

16.《书纂言》卷一

（元）吴澄撰

（归善斋按：缺）

17.《书集传纂疏》卷一

（元）陈栎撰

正月朔旦，受命于神宗，率百官，若帝之初。

（归善斋按：未纂疏）

18.《读书丛说》卷三

（元）许谦撰

（归善斋按：未解）

19.《书传辑录纂注》卷一

（元）董鼎撰

正月朔旦，受命于神宗，率百官，若帝之初。

纂注：

新安陈氏曰：朱子订传，元本有曰"正月，次年正月也。神宗，说者以为舜祖颛顼而宗尧，因以神宗为尧庙，未知是否？如帝之初等事，盖未尝质言为尧庙"。今本云云，其朱子后自改乎？抑蔡氏所改乎？《语录》尝云"尧庙当立于丹朱之国"，又云："《祭法》之说，伊川以为可疑，更当博考。"

吴氏曰：《祭法》必有所据，舜受尧之天下，今以授禹，其宗尧为宜。或谓舜不当立尧庙，然尧与舜，皆黄帝之后，其宗尧何嫌？

愚按，朱子亲集《书传》，自孔序止此，其他大义，悉口授蔡氏，并亲稿百余段，俾足成之。

20.《尚书句解》卷二

（元）朱祖义撰

正月朔旦（乃以明年正月一日），受命于神宗（禹受命于尧庙。《祭法》曰"有夏氏祖颛顼，而宗尧"，则神宗为尧明矣）。

21.《尚书日记》卷三

（明）王樵撰

正月朔旦，受命于神宗，率百官若帝之初。

神宗为尧，不必引证《祭法》，其理自断然不易。三圣以天下相传，道德心法相继，祀以为宗，以天下之大义，君师万世之大统也。舜既宗尧，禹必宗舜。祭法之言不足据。

舜受尧禅，受终于文祖。禹受舜禅，受命于神宗。受天下于人，必受命于其所受者，示君师万世之大统，以天下之大义相承，而非一人之事也。"率百官"，即所谓"总朕师"也，一如帝初摄故事。

文祖、神宗，其祖有功，宗有德之所自始与。汤称烈祖，太甲为太宗，太戊为中宗，武丁为高宗，即文祖、神宗之意也。《谥法》虽起于周，然曰文，曰神，已肇其端矣。

22.《日讲书经解义》卷二

（清）库勒纳等撰

（归善斋按：见"枚卜功臣"）

《书蔡氏传旁通》卷一下

（元）陈师凯撰

神宗，尧庙也。

苏子《古史》云"神宗者，舜之所宗尧也"注云：舜受命于文祖，禹受命于神宗，盖将以天下与人，必告其所从受天下者也。《祭法疏》云，有虞氏以上尚德，禘郊祖宗，配用有德者而已。虞氏禘郊祖宗之人，皆非虞氏之亲，是尚德也。自夏以下，稍用其姓代之。

《尚书疑义》卷一

（明）马明衡撰

"正月朔旦，受命于神宗"，孔氏以为文祖之宗庙，而蔡氏以为尧庙也。但文祖者，孔氏亦以为尧文德之祖庙，大段皆主尧而言。至宋诸儒，又祖承礼书禘黄帝之言，则以尧、舜同祖，故以神宗必为尧庙也。大抵文祖、神宗皆不可考。以后世祖宗之义论之，宜皆是自家祖宗之庙，但或以古人道统相传，以天下相授受，则必皆为立庙，受天下者必告于其庙，亦自相应，此则继天立极之大义，本自光明，又不必更牵滞尧、舜同祖为言也。

《尚书广听录》卷一

（清）毛奇龄

舜"格于文祖"，此与"受终文祖"，"归格艺祖"同一尧祖庙。"艺"即"文"也。特是尧三年丧毕，舜始即位，则此时，应有尧主入庙，可就庙受命，而仍称文祖者，统所尊也。盖尧是黄帝之玄孙，玄嚣之曾孙，蟜极之孙，帝喾之子。此七庙，不知谁是祖庙？五帝首黄帝，其前不可考矣。禹受命于神宗，是舜祖庙。其称神宗，亦统舜祖庙言之。但其庙甚备。正义据《帝系》谓，舜亦黄帝之后，黄帝是始祖，昌意其迁祖也，颛顼、穷蝉为二祧，敬康、勾芒、蟜牛、瞽瞍为四亲。此七庙皆具者。

蔡注据苏轼之说，谓神宗尧庙，且谓尧之所从受天下者，文祖；舜之所从受天下者，神宗；受天下于人，必告于其人之所受者，殊不知尧既已天下与人，则此时，天下非尧天下矣。此所谓公天下也。若犹是尧之天下，则私天下矣，且其意不过谓舜受尧禅，则舜一代不当立庙。此皆小人之腹，妄测大典。天下岂有身为天子，而不为宗祖立庙者。若然，则孔子所谓宗庙飨之者安在？若谓宗庙飨，子孙保，皆指商均以后言，则天子不事七世，而欲使诸侯事五世，岂通之论也。且蔡注引《祭法》有虞氏禘黄帝，而郊喾；祖颛顼，而宗尧，证尧庙矣。正惟此时，舜自立有虞氏七庙，故得禘黄帝，祖颛顼。禘与祖，皆庙中之祭。黄帝与颛顼，皆舜之亲。尧未尝与颛顼有统系也。此舜立庙也，其不得不郊喾而宗尧者，以舜不宗，舜不得不以郊祀配天属之喾宗祀明堂属之尧耳。故宗禹，宗汤，宗武王，皆继世之主所宗。舜无继世也。然且其所郊所宗，皆无庙之主，但有特设而不得移主于庙者，而蔡氏以宗尧证帝尧之庙，则但见宗字相同，便强引作据，又何曾于宗法一考究乎？

《尚书埤传》卷三

（清）朱鹤龄撰

神宗。

吴械曰：《祭法》必有所据。舜受尧之天下，今以授禹，其宗尧何疑？唐孔氏以为舜始祖之庙，非也。王樵曰：神宗为尧，断然不易。文祖、神宗，其祖有功，宗乃德之，所自始欤。汤称烈祖，大甲为太宗，太戊为中宗，武丁为高宗，即文祖神宗之意也。周人谥法已权舆于此。

《尚书七篇解义》卷一

（清）李光地撰

正月朔旦，受命于神宗，率百官，若帝之初。

后世称曰"神尧"，故"神宗"为尧庙。

率百官，若帝之初

1.《尚书注疏》卷三

（汉）孔氏传，（唐）陆德明音义，孔颖达疏

率百官，若帝之初。

传：顺舜初摄帝位故事，奉行之。

疏：总率百官，顺帝之初摄故事，言与舜受禅之初，其事悉皆同也。此年舜即政三十四，年九十六也。

按《帝系》云：黄帝生昌意，昌意生颛顼，颛顼生穷蝉，穷蝉生敬康，敬康生句芒，句芒生蟜（jiǎo）牛，蟜牛生瞽瞍，瞽瞍生舜，即是舜有七庙，黄帝为始祖。其颛顼与穷蝉为二祧，敬康、句芒、蟜牛、瞽瞍为亲庙，则文祖为黄帝、颛顼之等也，若不得为"如"也。《舜典》巡狩之事，言如初者，皆言"如"不言"若"，知此"若"为"顺"也。顺舜初摄帝位故事，而奉行之。其奉行者，当如《舜典》在"璿玑"以下，"班瑞群后"以上也。其巡守，非率百官之事。舜尚自为陟方，禹摄帝位，未得巡守。此是舜史所录，以为虞书，故言顺帝之初，奉行帝之事，故自美禅之得人也。

2.《书传》卷三

（宋）苏轼撰

率百官，若帝之初。帝曰：咨！禹，惟时有苗弗率，汝徂征。

率，循也。徂，往也。

3.《尚书全解》卷四

（宋）林之奇撰

（归善斋按：见"正月朔旦"）

4.《尚书讲义》卷三

（宋）史浩撰

（归善斋按：见"洚水儆予"）

5.《尚书详解》卷三

（宋）夏僎撰

（归善斋按：见"正月朔旦"）

6.《增修东莱书说》卷三

（宋）吕祖谦撰，时澜增修

（归善斋按：见"禹拜稽首"，固辞）

7.《尚书说》卷一

（宋）黄度撰

（归善斋按：见"正月朔旦"）

8.《洁斋家塾书钞》卷二

（宋）袁燮撰

（归善斋按：未解）

9.《书经集传》卷一

（宋）蔡沈撰

（归善斋按：见"正月朔旦"）

10.《尚书精义》卷六

（宋）黄伦撰

（归善斋按：见"正月朔旦"）

11.《尚书详解》卷三

（宋）陈经撰

（归善斋按：见"正月朔旦"）

12.《融堂书解》卷二

（宋）钱时撰

（归善斋按：见"正月朔旦"）

13.《尚书要义》卷三

（宋）魏了翁撰

（归善斋按：见"正月朔旦"）

14.《书集传或问》卷上

（宋）陈大猷撰

或问："率百官，若帝之初"，"若"训"如"岂不可？曰：训"顺"则有奉承之意，训"如"则轻矣。故唐孔氏谓："若"不得为"如"。《舜典》言"巡狩"曰"如初者"皆不为"若"，则知此"若"为"顺"也。

15.《尚书详解》卷二

（宋）胡士行撰
（归善斋按：见"正月朔旦"）

16.《书纂言》卷一

（元）吴澄撰
（归善斋按：缺）

17.《书集传纂疏》卷一

（元）陈栎撰
（归善斋按：未纂疏）

18.《读书丛说》卷三

（元）许谦撰
（归善斋按：未解）

19.《书传辑录纂注》卷一

（元）董鼎撰
（归善斋按：见"正月朔旦"）

20.《尚书句解》卷二

（元）朱祖义撰
率百官若帝之初（率百官若舜摄位之初"在璿玑"而下是也）。

21.《尚书日记》卷三

（明）王樵撰

（归善斋按：见"正月朔旦"）

22.《日讲书经解义》卷二

（清）库勒纳等撰

（归善斋按：见"枚卜功臣"）

六
徂征有苗

帝曰：咨，禹！惟时有苗弗率，汝徂征

1.《尚书注疏》卷三

（汉）孔氏传，（唐）陆德明音义，孔颖达疏

帝曰：咨！禹，惟时有苗弗率，汝徂征。

传：三苗之民，数干王诛。率，循；徂，往也。不循帝道，言乱逆，命禹讨之。

音义：数，音朔。

疏：正义曰：史言禹虽摄位，帝尊如故。时有苗国不顺。帝曰：咨嗟！汝禹，惟时有苗之国，不循帝道，汝往征之。

传正义曰：《吕刑》称"苗民作五虐之刑，皇帝遏绝苗民，无世在下"，谓尧初诛三苗。《舜典》云"窜三苗于三危"，谓舜居摄之时投窜之也。《舜典》又云"庶绩咸熙，分北三苗"，谓舜即位之后，往徙三苗也。今复不率命，命禹徂征，是三苗之民，数干王诛之事。禹率众征之，犹尚逆命，即三苗是诸侯之君，而谓之民者，以其顽愚，号之为民。《吕刑》云"苗民弗用灵"，是谓为民也。《吕刑》称尧诛三苗，云"无世在下"，而得有苗国历代常存者，"无世在下"，谓诛叛者，绝后世耳。盖不灭其国，又立其近亲，绍其先祖。鲧既殛死于羽山，禹乃代为崇伯。三苗亦窜

其身，而存其国。故舜时，有被宥者，复不从化，更分北流之。下传云"三苗之国，左洞庭，右彭蠡"，其国在南方。盖分北之时，使为南国君。今复不率帝道。率，循；徂，往，皆《释诂》文。不循帝道，言其乱逆。以其乱逆，故命禹讨之。按《舜典》，皆言舜受终之后，万事皆舜主之。舜自巡守，不禀尧命。此言若帝之初，其事亦应同矣。而此言命禹征苗，舜复陟方乃死，与舜受尧禅事不同者，以题曰《虞书》，即舜史所录，明其详于舜事，略于尧禹也。

《尚书注疏》卷三《考证》：

又疏：舜受终之后，万事皆舜主之。舜自巡狩，不禀尧命。

臣召南按：舜之巡狩，恐亦是秉承尧命，非自专也。舜曰"觐群后"，禹曰"会群后"，其为摄位，一耳。

2.《书传》卷三

（宋）苏轼撰

（归善斋按：见"率百官，若帝之初"）

3.《尚书全解》卷四

（宋）林之奇撰

帝曰：咨！禹，惟时有苗弗率，汝徂征。禹乃会群后，誓于师曰：济济有众，咸听朕命。蠢兹有苗，昏迷不恭，侮慢自贤，反道败德，君子在野，小人在位。民弃不保，天降之咎。

尧老而舜摄者，二十有八年；舜老而禹摄者，十有七年。其居摄也，盖代总万机之政，而尧、舜之尊为天子，盖自若也。故国有大事，犹禀命焉。禹之征有苗，盖在夫居摄之后，而其命禀于舜，禹不敢专也。以征有苗而推之，则知舜之诛四凶，其亦禀尧之命。而流、放、窜、殛，非舜之所专也。而《左氏传》载太史克之言，以谓浑敦、穷奇之徒，世济其凶，增恶名，以至于尧，尧不能去，舜承尧，流四凶族，投诸四裔。此徒见四凶之诛，不在尧之世，而在舜历试之时，遂谓尧不能去。殊不知舜之去，四凶实受尧之命也。典、谟所载，其文明甚，特后世未之思耳。三苗之国，左洞庭，右彭蠢，实负固不服之国也。舜之诛四凶盖，始迁其君之桀骜者于三危之地。虽迁其君，不灭其国，更立其近亲，以绍其宗嗣。至舜之格于文祖而即帝位，至于三考黜陟之后，盖三十余年矣。而苗民犹不之服。舜未忍加诛也。于是分别其善恶。而析居之。及舜以耄期禅位于禹，使禹居摄，又将三十年，而苗民怗终其恶，卒不从教。盖恃其土地之险，谓兵刑之所不能加也。舜于是命禹率诸侯而征之，所以讨其负固不服之罪，而明正典刑也。咨，嗟也。嗟禹而告之曰，惟时有苗，尚不率教，汝其率诸侯以往征之也。"禹乃会群后"，盖禹于是合诸侯而与之共征有苗也。孟子曰：天子讨而不伐，诸侯伐而不讨。盖古者有负固之国，天子致其讨罪之辞，以告诸侯，然后方伯连帅，率诸侯而往征之。诸侯虽能敌王所忾，而讨罪之辞，则必受之于天子，不敢专也。舜曰"咨！禹，惟时有苗弗率，汝徂征。禹乃会群后，而往征之"，天子、诸侯之义，是两尽之矣。"誓于师"者，誓众以所为征有苗之意也。有会必有誓。自唐、虞以来则然也。而《礼记》则曰：有虞氏未施信于民，而民信。夏后氏未施敬于民，而民敬之。商人作誓，而民始叛。周人作会，而民始疑。《谷梁子》亦曰：诰、誓不及五帝。观此言，"禹乃会群后，誓于师"，则是会与誓皆出于舜、禹之时矣。盖合诸侯，以钦承天子之命，岂可以无会。有军旅之事，将警众以用之，岂可以无誓。此尧、舜、禹所不能废。有会、有誓，亦何害于未施信而民信之，未施敬而民敬之。而又谓誓者，殷民所以叛；会者，周民所以疑，此徒见春秋之，盟会之烦，诰誓之数，而民不信也。则谓帝王之时亦然，此盖未尝深探其本原故也。"济济有众"，众，盛之貌。"咸听朕言"，当听朕誓戒之命也。蠢，动也。此盖所以声言有苗之罪也。夫苗民之所以蠢动而不服者，则其昏迷且不恭也。惟其不恭，故"侮慢自贤"。惟其昏迷，故"反道败德"。"君子在野，小人在位"，言其国乱无政，而祸及斯民，弃而不保。民既弃而不保，是以知天将降之咎也。

4.《尚书讲义》卷三

（宋）史浩撰

帝曰：咨！禹，惟时有苗弗率，汝徂征。禹乃会群后，誓于师曰：济济有众，咸听朕命。蠢兹有苗，昏迷不恭，侮慢自贤，反道败德，君子在野，小人在位。民弃不保，天降之咎。肆予以尔众士，奉辞伐罪。尔尚一乃心力，其克有勋。三旬，苗民逆命。益赞于禹曰：惟德动天，无远弗届。满招损，谦受益，时乃天道。帝初于历山，往于田，日号泣于旻天，于父母，负罪引慝，祗载见瞽瞍，夔夔斋栗，瞽亦允若，至诚感神，矧兹有苗。禹拜昌言曰：俞！班师振旅。帝乃诞敷文德，舞干羽于两阶。七旬，有苗格。

征苗之举，当载在禹未受命之前。盖舜初居摄，已窜三苗于三危。于时弗率，禹乃奉辞而伐罪也。逮禹治水，三危既宅，三苗已丕叙矣。若以禹受命之后弗率。岂苗再叛乎？况舜既已倦勤，禹有天下，远人不服，禹当召六卿，而恭行天讨，若后世所谓亲征也。乃会群后，奉辞而罚罪，岂禹自知不能服苗，尚仗舜之余威乎？抑口授之笔录，屋壁之断简，失其次乎？所不敢知也。禹宅百揆，能使"地平天成，六府三事允治，万世永赖"，绍位之后，闻益"满招损，谦受益，时乃天道"之言，是欲修德以待天时也。禹当自修文德，以来远人，而尚以烦舜乎？恐无是理也。其曰"帝乃诞敷文德"，必在禹未绍位之前明矣。盖尝论帝王之臣出行，所学以辅人主，了无他法。一言以蔽，曰"德"而已矣。"苗民逆命"，是不可以兵取，而当以德化也。是故，益之赞禹，言舜之德可以化顽嚚于闺门之内，使之厎豫，非德动皇天，皇天降佑，父母之衷，其能丕变如此耶？是以人主，当以修德为先务。德既格天，岂有人而不能化乎？三代而下，士不知学，置德于无用之地，或以兵武导其君，或以财利蛊其君，或以谗谄面谀逢其君，使其君从事于征伐，从事于聚敛，不信忠良，吝于改过者，皆伯益之罪人也。此无他，不学故也。伊尹在有莘，所以欲尧舜其君者，德也。卒能格于皇天，而受天明命。傅说相高宗，高宗专欲纳诲以辅其德。鬼方三年乃克者，修德以待其自服也。孔子罪由、求之不能相季氏，以其远人不服，不能修文德以来之，而谋动干戈于邦内也。呜呼，伯益"惟德动天"之一语，实万世人臣事君之定法，圣人复起不易其言矣。

5.《尚书详解》卷三

（宋）夏僎撰

帝曰：咨！禹，惟时有苗弗率，汝徂征。禹乃会群后，誓于师曰：济济有众，咸听朕命。蠢兹有苗，昏迷不恭，侮慢自贤，反道败德，君子在野，小人在位，民弃不保，天降之咎。肆予以尔众士，奉辞伐罪。尔尚一乃心力，其克有勋。三旬，苗民逆命。

林少颖曰：尧老而舜摄者，二十有八年。舜老而禹摄者，十有七年。盖代总万几之政，而尧、舜之尊为天子，盖自若也，故国有大事，犹禀命焉。禹之征有苗，盖在居摄之后，而其禀命于舜，禹不敢专也。禹既承帝之命，于是合群后共征不庭。盖古者，有负固之国，则天子议讨罪之辞，以告诸侯，然后方伯连帅，率诸侯以征之。禹既会诸侯之兵，于是誓于众而告以往征有苗之意。自"济济有众"以下，至其"克有勋"，皆誓众之辞也。有会必有誓，自唐虞以来，则然矣。而《礼》云：有虞氏未施信于民，而民信之；夏后氏未施敬于民，而民敬之。商人作誓，而民始叛；周人作会，而民始疑。《谷梁子》亦曰：诰、誓不及五帝。此皆附会之说，不探本原。岂有承天子命，以讨有罪，而不会诸侯者？又岂有军旅之事，欲众用命，而无誓以警之者哉？"济济"，言其盛也。禹谓此济济之众，当听我誓命。惟此有苗，蠢动作乱，昏昧迷惑，不明上下之分，乃不恭上命。于教命之施，皆侮慢而轻忽之，常自以为贤。此即帝前所谓"有苗弗率"者也。惟其不率教如此，故以道则反之。道者，当顺而行之，乃反正道而从邪道也。以德则败之。德者当自得于己，乃弃而不修，至于败也。惟其"反道败德"，则以正为邪，以善为恶。故君子则弃之在野，小人则用之在位。小人得位，则剥下附上，民弃不保。民既不保，则天乃降灾。此盖深言有苗积恶如此。民既不归，则天必不与，我不可不征也。故禹于是谓我奉天讨罪之辞，以伐有苗。尔众尚庶几一乃心力，则能有功以报上矣。此盖勉之之言也。禹既率诸侯以征有苗，至三旬而犹不服。故作书者，纪以"三旬，苗民逆命"，谓：禹奉命讨罪，而苗尚逆命未服也。汉孔氏谓：责舜不先有文诰之命，威让之辞，而便惮之以威，胁之以兵，有苗所以生乱。此说不然。要之苗民逆命，但是昏迷不恭耳。

6.《增修东莱书说》卷三

（宋）吕祖谦撰，时澜增修

帝曰：咨！禹，惟时有苗弗率，汝徂征。

舜窜三苗，止窜其君耳，又分北之，分其恶类，使不至党比耳。至此犹未率化，可见苗民之顽。以舜为之君，化之不服，强梗顽很，日甚于前。禹摄位之初，舜命之"徂征"。圣人自反之既尽，不得已而至于征。曰"弗率"者，化之非一端，而终弗率也。

7.《尚书说》卷一

(宋) 黄度撰

帝曰：咨！禹，惟时有苗，弗率，汝徂征。禹乃会群后。誓于师曰：济济有众，咸听朕命。蠢兹有苗，昏迷不恭，侮慢自贤，反道败德。君子在野，小人在位，民弃不保，天降之咎。肆予以尔众士，奉辞伐罪。尔尚一乃心力，其克有勋。三旬，苗民逆命。

舜摄巡守，禹摄苗，皆新其事也。事亦渐变矣。不禀政令为不率。苗依水为国，其君已伏罪，而其民犹有保山泽。逆命者三旬，须暇之由不伏，故至于既格，遂分北之。

8.《洁斋家塾书钞》卷二

(宋) 袁燮撰

帝曰：咨！禹，惟时有苗弗率，汝徂征。禹乃会群后，誓于师曰：济济有众，咸听朕命。蠢兹有苗，昏迷不恭，侮慢自贤，反道败德，君子在野，小人在位。民弃不保，天降之咎。肆予以尔众士，奉辞伐罪。尔尚一乃心力，其克有勋。三旬，苗民逆命。益赞于禹曰：惟德动天，无远弗届。满招损，谦受益，时乃天道。帝初于历山，往于田，日号泣于旻天，于父母，负罪引慝，祇载见瞽瞍，夔夔斋栗。瞽亦允若。至诚感神，矧兹有苗。禹拜昌言曰：俞！班师振旅。帝乃诞敷文德，舞干羽于两阶。七旬，有苗格。

禹虽受命于神宗，然舜在上，禹只是摄。《孟子》曰"尧老而舜摄也"，舜既摄尧位，则禹亦只是摄舜位。所以征苗之命，仍出于舜，而苗既不服。"诞敷文德"，实舜为之。盖尧、舜相授受，不如后世之禅位，便不与其事，所谓摄，未是正为天子。但摄行天子事尔，理当如此。天无二日，民无二王。天下安有二主哉。前此固尝窜三苗于三危矣，又尝分北三苗矣。既诛其君，赦其民，以示激劝，复分其族类以示旌别之。法至此而犹弗率，故不得不用六师以征之。夫以二圣授受之初，未遑他务，而首为征苗之举，似非所急，不知盖所以除天下之害也。然又须看他既窜三苗，又分北三苗，犹有未率者，然后始加之以兵。苟未尝教而遽征之，岂圣人之心哉？"禹乃会群后，誓于师"，观禹之誓，须合《甘誓》、《汤誓》、《泰誓》、《牧誓》、《费誓》诸誓告之书观之，可以观世变。"君子在野，小人在位，民弃不保"，禹所以数有苗之罪，不过如此。"尔尚一乃心力，其克有勋"，禹所以誓师之辞，亦不过如此。至于《甘誓》便不同。"用命赏于祖，弗用命戮于社。予则孥戮"。汝禹之誓未尝有此辞也。成汤数桀之罪，只《汤誓》一篇。武王数纣之罪，至《泰誓》三篇。《牧誓》一篇至于《费誓》，戈矛弓矢，器械糗粮，莫不悉数焉，又加详矣。圣人之心虽无异，然时自有不同，风气一日开一日，故曰可以观世变矣。禹数有苗之罪，虽不过数语，然"君子在野，小人在位"，既不能用君子而去小人；"民弃不保"，又不爱民。举此二事，罪何逃焉？天心爱民，弃民而不保，天所以降之咎也。圣人深知有苗之罪，天之所不赦，故以六师加之，此所谓"天讨"也。"三旬，苗民逆命。益赞于禹曰：惟德动天，无远弗届。满招损，谦受益，时乃天道"。所谓"满招损，谦受益"，只是说德。泛观天下万物之理，未有满而不损，谦而不益者。以器贮水，满则必溢，虚则能容。有一毫自满之心，德何由而能进。不惟不进，反有损焉。惟谦谦然常若不足，斯能有所受而加。益曰"时乃天道"，言天之道理盖如此也。知损盈益谦为天道，则知德之盛者，必能动天。益赞禹之意，谓苗不当便兴征伐，但当内自修德，德至于感动上苍，何远而不格乎？《诗》曰："太平之君子能持盈守成，神祇祖考安乐之也。"天下惟盈成之余最难持守。当舜之时，承累世接续之盛，内外宁谧，民人阜繁，所谓垂拱视天民之阜，此其时也。时方盈盛，易于自满。有一毫自满之心，便非天道。帝在历山，所以能"祇载见瞽瞍，瞽亦允若"，只缘是谦而不满。且舜前日何以能感动瞽瞍，今却不能感动有苗，盖前日是处父子之间，既无可去之理，只得自勉。今以君而视民，民之不服，便以为民之罪，才自视为是，而谓民有罪焉。此便自满之谓也。方其"日号泣于旻天，于父母，负罪引慝"之时，此心为何？如"号泣于旻天"，《孟子》

所谓"父母之不我爱,于我何哉"是也。自负其罪,引慝归己,但见己之未是,不见父母之有过。孜孜自勉,祗敬之心发于夔夔斋栗之容。虽瞽瞍之无道,亦允若焉。下一"亦"字,盖言瞽瞍,是天下之至无道,至顽嚚者亦可感动。"至诚感神",而况于有苗乎?盖此心之良,人所固有。爱其子者,人之常情。瞽瞍日夜以杀舜为事,良心若几于泯没,然感动之至,犹解"允若",良心未始不存也。有苗虽傲然不服,不知礼义,不知君臣上下之分,特此心昏迷而然耳。要其本然之良,未尝泯没夫,安有不可感动之理。故禹一闻益之赞,不觉下拜振旅而还。舜一见禹班师,于是大敷文德。当其大敷文德,不特不为征伐之事,亦且无征伐之念。"班师振旅",禹无一毫自满之心;"诞敷文德"舜无一毫自满之心。读"帝乃诞敷文德,舞干羽于两阶"之句,此心即前日"负罪引慝,祗载见瞽瞍"之心。此心既复,所以七旬而苗民自格焉,果无事乎兵刑可也。天下果无不可感动之心也。禹受舜命而徂征,闻益言而班师不疑;舜见禹班师,亦不罪禹之违命,方且"诞敷文德",此等气象,惟唐、虞之时为然。

9.《书经集传》卷一

(宋)蔡沈撰

帝曰:咨!禹,惟时有苗弗率,汝徂征。禹乃会群后,誓于师曰:济济有众,咸听朕命。蠢兹有苗,昏迷不恭,侮慢自贤,反道败德,君子在野,小人在位,民弃不保,天降之咎。肆予以尔众士,奉辞伐罪。尔尚一乃心力,其克有勋。

蠢,尺尹反。徂,往也。舜咨嗟,言今天下,惟是有苗之君,不循教命,汝往征之。征,正也,往正其罪也。会,征会也。誓,戒也。军旅曰"誓",有会有誓,自唐、虞时已然。《礼》言"商作誓,周作会",非也。禹会诸侯之师,而戒誓以征讨之意。济济,和整众盛之貌。蠢,动也,蠢蠢然无知之貌。昏,暗;迷,惑也。不恭,不敬也。言苗民昏迷不敬,侮慢于人,妄自尊大,反戾正道,败坏常德,用舍颠倒,民怨天怒,故我以尔众士,奉帝之辞,罚苗之罪。尔众士,庶几同心同力,乃能有功。此上禹誓众之辞也。林氏曰:尧老而舜摄者,二十有八年;舜老而禹摄者,十有七年。其居摄也，代总万几之政，而尧、舜之为天子，盖自若也。故国有大事，犹禀命焉。禹征有苗，盖在夫居摄之后，而禀命于舜，禹不敢专也。以征有苗推之，则知舜之诛四凶，亦必禀尧之命无疑。

10.《尚书精义》卷六

(宋) 黄伦撰

帝曰：咨！禹，惟时有苗弗率，汝徂征。禹乃会群后，誓于师曰：济济有众，咸听朕命。蠢兹有苗，昏迷不恭，侮慢自贤，反道败德，君子在野，小人在位，民弃不保，天降之咎。肆予以尔众士，奉辞伐罪。尔尚一乃心力，其克有勋。

无垢曰：禹方知有苗之过，而不知朝廷之过，且举其过而誓于师，有奉舜之辞，罚苗之罪，"其克有勋"之说，是将"芟夷蕴崇"之矣。五十余年向化，一旦弗率，遽为此举，岂不太严乎。且其举有苗之罪曰"昏迷不恭，侮慢自贤，反道败德，君子在野，小人在位，民弃不保，天降之咎"，其信然乎？曰信然，则征之宜矣。曰：禹虽有盛德大功，人臣也。人臣而摄君位，倪非君子，其能无疑乎？有苗之国，资禀小人，见舜之摄，则作乱，至窜至分北然后已，今又见禹之摄位，则又不率矣。其不率也，以昏迷而不知圣贤之举也。"不恭"、"侮慢"，以禹之故；"自贤，反道败德"，以禹之故。其中必有君子谏，其不然者，故遂使之在野，必有小人。同心以济其恶者，故用之，以在位。民不以为然，故弃而不保；天不以为然，故降之咎。其失皆以禹，故其心不明，其气不平，故为昏迷而不恭，为侮慢为自贤，为反道，为败德，至小人与之君子皆弃之。

11.《尚书详解》卷三

(宋) 陈经撰

帝曰：咨！禹，惟时有苗弗率，汝徂征。禹乃会群后，誓于师曰：济济有众，咸听朕命。蠢兹有苗，昏迷不恭，侮慢自贤，反道败德。君子在野，小人在位，民弃不保，天降之咎。肆予以尔众士，奉辞伐罪。尔尚一乃心力，其克有勋。三旬，苗民逆命。

甚矣，有苗之顽也。自尧时，"鳏寡有辞于苗"，盖尝"遏绝"之矣。

舜即位之后，又尝窜其君矣，又尝分北其党矣。至于此又且弗率。是其怙终之恶，罪在不赦。芟夷蕰崇之，绝其本根，勿使能植，宜不为过。而舜之命禹，特曰"惟时有苗弗率"，"徂征"，详味圣人优游和缓之意，未尝有忿戾之心。圣人之量，与天地同其大。一物之失其和，岂不伤天地之仁。而天地生物之心，当自若也。有苗之恶，特其气禀之浑浊尔。其畏威寡罪之性，盖与人同。舜方且哀矜怜悯之。窜之、分之、征之，皆所以使之畏威寡罪，求以生全之而已矣，何忍疾其恶，遂至于弃绝之哉？"禹会群后"，会群诸侯之师也。当用兵，严戒之日，不闻羽檄交驰，转输之费，调度之广，以大臣自将，特曰"会群后"而已。呜呼何其从容，整暇如此。意者，政刑明于闲暇之时，戎器除于不虞之日，不待事至而后图也。"誓于师"，国之大事，在祀与戎，故行师则有誓命，祭祀则有誓戒，皆所以谨重其事而不敢忽也。说者以谓誓诰不及五帝，然则帝者之世，虽曰不言而人已信，亦曷尝废言语哉？余尝读典、谟之书，以其简严宽大，事事毕备。《书》有六体：典、谟、训、诰、誓、命是也。至于典、谟之书，六体皆具，与他书不同，如与益"儆戒"之词皆"训"也。如"钦哉，惟时亮天功"之辞，皆"诰"也。如禹会群后，誓师之辞，皆"誓"也。如"命汝作纳言"，皆"命"也。谁谓誓诰不及五帝者哉？"济济"者，众之盛也。"咸听朕命"者，欲其众志之一也。"蠢兹有苗"，谓有苗蠢然至微，而无知者也。"昏迷"谓其昏塞而不知有恭敬之道。惟其不知恭敬，故"侮慢"而自以为贤。敬，则自然合于道，而顺于德；不敬，则宜反其道，而败其德也。敬，则能用君子，退小人。下自然为民所归，上自然为天所与。不敬，则君子所以退，小人所以进，民所以弃之而不安之；天所以降之咎，而不宥其罪，皆原于不恭敬之故。肆我以尔众士。奉其可罚之辞。伐彼之罪尔。庶几一乃心力，无或有异志，则能成功矣。"三旬，苗民逆命"，以师临之一月，苗民犹有辞，而逆命，则其昏塞也，亦甚矣。

12.《融堂书解》卷二

（宋）钱时撰

帝曰：咨！禹，惟时有苗弗率，汝徂征。禹乃会群后，誓于师曰：济济有众,咸听朕命。蠢兹有苗,昏迷不恭,侮慢自贤,反道败德。君子在野,小人在位。民弃不保,天降之咎。肆予以尔众士,奉辞伐罪,尔尚一乃心力,其克有勋。三旬,苗民逆命。

有苗者,左洞庭,右彭蠡,负固不服之国也。舜摄政之初,固尝窜之矣,即位之后,又尝分之矣。五六十年之间,德化浃洽,"四方风动",而有苗尚尔"弗率",其顽如此哉。舜历年许久不闻有此施行,如何禹一摄政,便有徂征之命?以道里计,是荒服也。若稍稍帖息,圣人犹不应遽动干戈,必是禹摄政后,有苗无知,陆梁不服,抗逆朝廷,上干天讨,事有不可得而已者。所谓"弗率"、"不恭"、"侮慢",其是之谓欤。首提"昏迷不恭"一语,所以指其病根。"三旬,苗民逆命",观于此语,得见其党与浸盛,非异时可窜,可分之比,又见得"徂征"之师,止是震之以天威,使其知惧自服,非逞兵直前,必欲剿绝之也。

13.《尚书要义》卷三

(宋) 魏了翁撰

十四、禹虽摄位,犹以帝命征苗。

史言禹虽摄位,帝尊如故。时有苗国不顺,帝曰:咨嗟,汝禹,惟时有苗之国不循帝道,汝往征之。禹得帝命,乃会群臣诸侯,告誓于众。

十五、苗既窜又分北今又徂征。

《吕刑》称"苗民作五虐之刑,皇帝遏绝苗民,无世在下",谓尧初诛三苗。《舜典》云"窜三苗于三危",谓舜居摄之时,投窜之也。《舜典》又云"庶绩咸熙,分北三苗",谓舜即位之后,往徙三苗也。今复不率命,命禹徂征,是三苗之民数干王诛之事,禹率众征之,犹尚逆命,即三苗是诸侯之君,而谓之民者,以其顽愚号之为民。《吕刑》云"苗民弗用灵",是谓为民也。《吕刑》称尧诛三苗,云"无世在下",而得有苗国,历代常存者,"无世在下",诸诛叛者,绝后世耳,盖不灭其国,又立其近亲,绍其先祖。鲧既殛死于羽山,禹乃代为崇伯。三苗亦窜其身,而存其国。故舜时,有被宥者,复不从化,更分北流之。下传云"三苗之国,左洞庭,右彭蠡",其国在南方,盖分北之时,使为南国君。今复不率帝道。率,循;徂,往,皆《释诂》文。不循帝道,言其乱逆。以其

乱逆，故命禹讨之。按《舜典》，皆言舜受终之后，万事皆舜主之，舜自巡守，不禀尧命。此言"若帝之初"，其事亦应同矣。而此言命禹征苗，舜复"陟方乃死"，与舜受尧禅事不同者，以题曰《虞书》，即舜史所录，明其详于舜事，略于尧、禹也。

14.《书集传或问》卷上

（宋）陈大猷撰

（归善斋按：未解）

15.《尚书详解》卷二

（宋）胡士行撰

帝曰：咨！禹，惟时（是）有苗弗率（循也，从也），汝徂（往）征（正其罪）。

禹摄位代总万几，而舜之尊为天子自若也。国有大事犹禀命焉。有苗之国，左洞庭，右彭蠡，负（恃）固（险）不服。舜诛四凶，窜其君于三危，更立一君以绍其国。至三载黜陟后，又分北其党。至此，卒不率教，命禹征之。

16.《书纂言》卷一

（元）吴澄撰

（归善斋按：缺）

17.《书集传纂疏》卷一

（元）陈栎撰

帝曰：咨！禹，惟时有苗弗率，汝徂征。禹乃会群后，誓于师曰：济济有众，咸听朕命。蠢兹有苗，昏迷不恭，侮慢自贤，反道败德，君子在野，小人在位，民弃不保，天降之咎。肆予以尔众士，奉辞伐罪。尔尚一乃心力，其克有勋。

纂疏：

陈氏曰：时薄海内外，皆迪有功。弗率惟有苗耳。三苗之君，舜尝窜之。三苗之民，又尝分之。至此而犹弗率，故征之。孙氏曰：指其君长曰有苗；兼君民言，曰苗民；以种类言，曰三苗。

18.《读书丛说》卷三

（元）许谦撰

（归善斋按：未解）

19.《书传辑录纂注》卷一

（元）董鼎撰

帝曰：咨！禹，惟时有苗弗率，汝徂征。禹乃会群后，誓于师曰：济济有众，咸听朕命。蠢兹有苗，昏迷不恭，侮慢自贤，反道败德，君子在野，小人在位。民弃不保。天降之咎。肆予以尔众士，奉辞伐罪，尔尚一乃心力，其克有勋。

纂注：

陈氏曰：舜时，薄海内外，皆迪有功。弗率惟有苗耳。三苗之君，舜尝窜之，三苗之民又尝分之。至此而犹弗率，故征之。

孙氏曰：指其君长，则曰有苗；兼其君民言，则曰苗民；以种类言，则曰三苗。

陈氏大猷曰：其豫期之解。

20.《尚书句解》卷二

（元）朱祖义撰

帝曰（舜言）：咨！禹（命禹），惟时有苗弗率（向者已迁有苗之君于三危，惟是有苗之恶，党又不率教），汝徂征（汝禹可往征之）。

21.《尚书日记》卷三

（明）王樵撰

"帝曰：咨！禹，惟时有苗弗率"至"七旬有苗格"。此上古征伐见于经之始。"一乃心力"一语，简而深远。凡诸誓有节制，有敕戒，不能出此二语也。夫以禹董师，益为佐，合群后，济济之众，而心力不一，犹不可以成功，况其他乎。

禹之徂征，也不必直捣其穴也。奉辞以临之，起其悔悟耳。苗之逆命，不必发兵拒守也，不从辞命，未知悔悟耳。然非舜、禹德有未至，与志或自满也，而益云然者，古者圣贤，行有不得，皆反求诸己，大率如此。益言凡三，致意谓，天道之远而德可动，瞽瞍之顽而孝可若，神明之幽而诚可感。苗亦人耳，岂有德之盛诚之至，而不可动者，当不烦兵而自服也。夫以帝之事父，岂有不至而不得于父，则亦惟负罪引慝，起敬起孝而已。此一段分明说，至诚无不感动。帝初年亦只是此心，以瞽瞍至尊而致难事者，尚且感化，但不可将瞽瞍与苗比说，故又进一步说，此至诚之效，虽感于神明亦由此道，而况有苗乎？脱了瞽瞍，便接上苗去。

方六师之临也，苗知罪之在己而不自容，圣德虽如天，而不遐思也。譬之援弓（矢敷）而向禽鸟之居，彼之惊飞而远去，固其情也。及因益赞而班师，置苗之罪。圣心若曰，是吾德之未至而已。益思所阙，史臣原其心而曰"诞敷文德"。"诞敷"者如天之荡荡，有时雷雨交作，百物振拂。及雨止云罢，而益见其清明。圣人之至诚，遇行有不得处，自反诚切真，自见有"动心忍性，增益所不能"处，故谓之"诞敷"。心亦尽，事亦尽也，苗遂来格。德动，诚感，谦益，岂不信哉？

孔氏曰：诚，和也，至和感神，况有苗乎？言易感。订传云：诚感物曰"诚"。此朱子以注，意未尽，而订定之辞。朱子精矣，不可漫读过。《周书》"诚小民"，亦当从此训。

瞽瞍之"瞍"，朱子曰，瞍，长老之称。朱子是，注疏非。

天为至远，而德可动，是德之所感"无远弗届"也。

阴阳之理，"满"则不能复进，故"招损"；"谦"则足以有加，故"受益"。满损、谦益，不但日月阴阳，凡人事一一皆然，皆天道也。

日中则昃，月盈则亏，满则不可以复进也，江海处下，众流归之。

正义曰：禹还不请者，《春秋》襄十九年晋士匄帅师侵齐，闻齐侯卒乃还。《公羊传》曰"大夫以君命出，进退在大夫"，是言进退由将，不须请也。或可当时请帝乃还，文不具耳。

初，"苗顽不即工"，禹欲"帝念哉"，意在于德化也。帝以刑未可废，方以顽者付之士师，及威以象刑而犹不服，乃始徂征，而分北行焉。

夫禹戒"念哉"于先，益赞班师于后，而中间象刑之施，徂征之命，乃出帝之意，帝岂欲以威服人者哉？"天讨有罪，五刑五用"，遏恶扬善，顺天休命，实时宜也。及其犹逆命也，自他人视之，则见其愈顽，而遂其威讨，奚向不克？而帝乃反躬罢武，文德是敷，于是见舜之德如天地之广大，如寒暑之敛舒，物不能出其造化之中也。师临以威之，苗已知惧，悔机已动，但未敢即来耳。及班师敷德，而彼自来人，知其为德化所感，然不可谓师临无助也。有武之神动，物之改而已，而杀之事，实未尝试。此所以为唐、虞征伐之师也。夫帝欲威顽谗，而禹不以为然；禹欲念苗顽，而帝以刑不可废；帝命禹徂征，而益以为满乃招损，不如谦之受益；益欲还兵修德，而"禹拜昌言"，帝"敷文德"，从如转圜。此见圣世君臣相与之至。禹、益真所谓其"弼直"、"无面从"；而帝舜真所谓"舍己从人"者也，皆盛德之至，万世之法也。

22.《日讲书经解义》卷二

（清）库勒纳等撰

帝曰：咨！禹，惟时有苗弗率，汝徂征。禹乃会群后，誓于师曰：济济有众，咸听朕命。蠢兹有苗，昏迷不恭，侮慢自贤，反道败德，君子在野，小人在位。民弃不保，天降之咎。肆予以尔众士，奉辞伐罪。尔尚一乃心力，其克有勋。

此一节书，叙禹既摄位，舜命禹伐苗，及禹誓众之辞也。徂，往也。群后，谓诸侯。誓，行军时告戒之言。济济，众盛也。肆，解作"故"。帝舜曰：嗟乎！汝禹，方今天下皆已无虞，惟是有苗之君，不循教令。汝当躬率六师，往正其罪。禹承帝命，乃征召诸侯，以兵来会，遂誓戒于众曰：济济然尔众，当皆听我之命令。今顽蠢无知有苗之君，昏昧迷惑，不知恭敬，侮慢他人，自以为贤，反戾正道，败坏常德，君子却使在野，小人却使在位，由是下失民心，弃之而不保，上失天心，降之以灾咎。故我以尔众士，奉帝之辞，以讨伐其罪。尔众士，务一尔之心，不可少有疑贰；务一尔之力，不可少有退缩，然后战无不胜，攻无不取，而能成除暴安民之功也。尔众士，可不勉哉。有苗自干天诛，舜之命禹徂征，不得已也。

《尚书七篇解义》卷一

（清）李光地撰

帝曰：咨！禹，惟时有苗弗率，汝徂征。禹乃会群后，誓于师曰：济济有众，咸听朕命。蠢兹有苗，昏迷不恭，侮慢自贤，反道败德。君子在野，小人在位。民弃不保，天降之咎。肆予以尔众士，奉辞伐罪。尔尚一乃心力，其克有勋。三旬，苗民逆命。益赞于禹曰：惟德动天，无远弗届。满招损，谦受益。时乃天道。帝初于历山，往于田，日号泣于旻天，于父母，负罪引慝，祇载见瞽瞍，夔夔斋栗。瞽亦允若。至诚感神，矧兹有苗。禹拜昌言曰：俞！班师振旅。帝乃诞敷文德，舞干羽于两阶。七旬，有苗格。

此记禹既摄位而奉命征苗之事。按，典、谟之终，皆以苗为言，则有苗，唐虞之大患也。益之意，盖以为天将释，此以为外惧，而使吾君臣修德焉，必以力服，非天意也。舜遇父母、兄弟之极穷。由后观之。乃所以玉成乎舜之德。故益引之以为今日之苗，亦修德之助，盍反诸吾德之未至欤，此不足忧也。考之后世，或遇乱危而引咎省躬，则其兴也勃焉。然后知圣贤之言，乖训远矣。

禹乃会群后，誓于师曰：济济有众，咸听朕命

1.《尚书注疏》卷三

（汉）孔氏传，（唐）陆德明音义，孔颖达疏

禹乃会群后，誓于师曰：济济有众，咸听朕命。

传：会诸侯，共伐有苗。军旅曰誓。济济，众盛之貌。

音义：济，子礼反。

疏：禹得帝命，乃会群臣诸侯，告誓于众曰。济济，美盛之。有众皆听从我命。

军旅曰誓，《曲礼》文也。隐八年《谷梁传》曰："诰誓不及五帝，盟诅不及三王，交质不及二伯。"二伯，谓齐桓公、晋文公也。不及者，

言于时未有也。据此文,五帝之世有誓。《周礼》立司盟之官,三王之世有盟也。《左传》云"平王与郑交质",二伯之前有质也。《谷梁传》汉初始作,不见经文,妄言之耳。美众军,而言济济,知是众盛之貌。

《尚书注疏》卷三《考证》:
禹乃会群后,誓于师曰。疏:告誓于众。
告誓,监本讹"告书"。又不恭敬王命,讹"至命",今并改正。

2.《书传》卷三

(宋)苏轼撰

禹乃会群后,誓于师曰:济济有众,咸听朕命。蠢兹有苗。
蠢,动也。

3.《尚书全解》卷四

(宋)林之奇撰
(归善斋按:见"惟时有苗弗率")

4.《尚书讲义》卷三

(宋)史浩撰
(归善斋按:见"惟时有苗弗率")

5.《尚书详解》卷三

(宋)夏僎撰
(归善斋按:见"惟时有苗弗率")

6.《增修东莱书说》卷三

(宋)吕祖谦撰,时澜增修
禹乃会群后,誓于师,曰:济济有众,咸听朕命。
以上伐下,有征而无战,则誓师之辞,似不必作。况尧舜之时,不战而屈人兵,亦安用夫誓师之辞哉。大抵苟至于用兵,则誓师不可免,既以锋刃矢石相交,岂可不临事而惧,先事而戒。禹誓于师,正此意也。"济济"者,欲其军伍行阵之间,整肃而不乱也。

7.《尚书说》卷一

(宋)黄度撰

(归善斋按:见"惟时有苗弗率")

8.《洁斋家塾书钞》卷二

(宋)袁燮撰

(归善斋按:见"惟时有苗弗率")

9.《书经集传》卷一

(宋)蔡沈撰

(归善斋按:见"惟时有苗弗率")

10.《尚书精义》卷六

(宋)黄伦撰

(归善斋按:见"惟时有苗弗率")

11.《尚书详解》卷三

(宋)陈经撰

(归善斋按:见"惟时有苗弗率")

12.《融堂书解》卷二

(宋)钱时撰

(归善斋按:见"惟时有苗弗率")

13.《尚书要义》卷三

(宋)魏了翁撰

十六、帝有誓,王有盟,伯前有质,与《谷梁》异。

"军旅曰誓",《曲礼》文也。隐八年,《谷梁传》曰:"诰、誓不及五帝;盟诅不及三王;交质不及二伯。"二伯,谓齐桓公、晋文公也。不及者,言于时未有也。据此文,五帝之世有誓。《周礼》立司盟之官,三王之世有盟也。《左传》云"平王与郑交质",二伯之前有质也。《谷梁传》汉初始作,不见经文,妄言之耳。

(归善斋按:另见"惟时有苗弗率")

14.《书集传或问》卷上

(宋)陈大猷撰

(归善斋按:未解)

15.《尚书详解》卷二

(宋)胡士行撰

禹乃会(合)群后,誓(告)于师(兵)曰:济济(盛和)有众,咸听朕命。

以上伐下,有征无战。况尧舜之时,不战屈人。兵犹誓云者,"临事而惧"故也。济济,整肃不乱也。

16.《书纂言》卷一

(元)吴澄撰

(归善斋按:缺)

17.《书集传纂疏》卷一

(元)陈栎撰

(归善斋按:见"惟时有苗弗率")

18.《读书丛说》卷三

(元)许谦撰

(归善斋按:未解)

19.《书传辑录纂注》卷一

（元）董鼎撰

（归善斋按：见"惟时有苗弗率"）

20.《尚书句解》卷二

（元）朱祖义撰

禹乃会群后（禹乃会聚群诸侯兵），誓于师曰（誓于众曰）：济济有众（有众济济而盛），咸听朕命（皆听我命誓）。

21.《尚书日记》卷三

（明）王樵撰

（归善斋按：未解）

22.《日讲书经解义》卷二

（清）库勒纳等撰

（归善斋按：见"惟时有苗弗率"）

《书蔡氏传旁通》卷一下

（元）陈师凯撰

军旅曰"誓"。

见《周礼·士师》。

商作"誓"，周作"会"。

见《礼记·檀弓》。

《尚书注考》

（明）陈泰交撰

"禹乃会群后"，训"会"，征会也"作会"，训"会"者，绘也。"灉沮会同"，训"会"者，水之合也。"东会于沣，又东会于泾"，训沣、泾大，与渭并，故曰"会"。"会其有极"，训"会"者，合而来也。"用会绍乃辟",训"会"者,合之而使不离。

《书经衷论》卷一

(清)张英撰

三代誓师之词,始见于禹之征有苗。"反道败德","天降之咎",正所谓"从逆凶"也。"奉辞伐罪"者以此誓众之词,止于"一乃心力,其克有勋"而已。其与后世"赏祖"、"戮社"、"孥戮"、"罔赦"之辞,遂有今古之升降矣。

蠢兹有苗,昏迷不恭

1. 《尚书注疏》卷三

(汉)孔氏传,(唐)陆德明音义,孔颖达疏

蠢兹有苗,昏迷不恭。

传:蠢,动;昏,暗也。言其所以宜讨之。

音义:蠢,春允反。

疏:今蠢蠢然动而不逊者,是此有苗之君,昏暗迷惑,不恭敬王命。蠢,动,《释诂》文。《释训》云:蠢,不逊也。郭璞云:蠢,动,为恶不谦逊也。日入为昏,是为暗也。动为恶,而暗于事,言其所以宜讨之。

2. 《书传》卷三

(宋)苏轼撰

(归善斋按:见"禹乃会群后")

3. 《尚书全解》卷四

(宋)林之奇撰

(归善斋按:见"惟时有苗弗率")

4.《尚书讲义》卷三

(宋)史浩撰

(归善斋按:见"惟时有苗弗率")

5.《尚书详解》卷三

(宋)夏僎撰

(归善斋按:见"惟时有苗弗率")

6.《增修东莱书说》卷三

(宋)吕祖谦撰,时澜增修

蠢兹有苗,昏迷不恭,侮慢自贤,反道败德,君子在野,小人在位,民弃不保,天降之咎。

有苗之罪,尽出于"昏迷不恭",列数之恶,皆从此出。尧之所以为尧,"允恭克让"尔。舜之所以为舜,"温恭允塞"尔。有苗之为,有苗实在于"昏迷不恭"。盖"不恭"者,为恶之本原。"昏迷"之中,养成"不恭"之念。遂至于为"侮慢自贤"之事,夫"不恭"、"侮慢",百罪之总贯。虽四凶抵诛,亦不过此。所谓"象恭滔天","方命圮族",皆"不恭"、"侮慢"之变态。苗以一人之身,而备数人之恶。"反道败德"者,恭则顺,不恭则不顺乎,正理矣。"不恭"以接贤者,宜其望望然而去之。同恶相济者,皆小人也。民于是而弃之,天于是而降咎。不恭之心,与民与天,皆扞格背戾而不相通,夫安得而不征。

7.《尚书说》卷一

(宋)黄度撰

(归善斋按:见"惟时有苗弗率")

8.《洁斋家塾书钞》卷二

(宋)袁燮撰

(归善斋按:见"惟时有苗弗率")

9. 《书经集传》卷一

（宋）蔡沈撰

（归善斋按：见"惟时有苗弗率"）

10. 《尚书精义》卷六

（宋）黄伦撰

（归善斋按：见"惟时有苗弗率"）

11. 《尚书详解》卷三

（宋）陈经撰

（归善斋按：见"惟时有苗弗率"）

12. 《融堂书解》卷二

（宋）钱时撰

（归善斋按：见"惟时有苗弗率"）

13. 《尚书要义》卷三

（宋）魏了翁撰

（归善斋按：未引）

14. 《书集传或问》卷上

（宋）陈大猷撰

（归善斋按：未解）

15. 《尚书详解》卷二

（宋）胡士行撰

蠢（无知）兹有苗，昏（暗）迷（乱）不恭（不恭者，百罪之总也），侮慢自贤，反道败德。君子在野，小人在位。民弃不保，天降之咎。肆（故）予以尔众士，奉辞（天讨之辞）伐罪。尔尚（庶）一乃心力，其克有勋。

虽圣人不得不戒彼。宋襄之不擒二毛者,是自欺,以教其众心力之不齐也。

16.《书纂言》卷一

(元)吴澄撰

(归善斋按:缺)

17.《书集传纂疏》卷一

(元)陈栎撰

(归善斋按:见"惟时有苗弗率")

18.《读书丛说》卷三

(元)许谦撰

(归善斋按:未解)

19.《书传辑录纂注》卷一

(元)董鼎撰

(归善斋按:见"惟时有苗弗率")

20.《尚书句解》卷二

(元)朱祖义撰

蠢兹有苗(今蠢动作乱者,惟此有苗。蠢,春允反),昏迷不恭(昏昧迷惑不敬上帝)。

21.《尚书日记》卷三

(明)王樵撰

(归善斋按:未解)

22.《日讲书经解义》卷二

(清) 库勒纳等撰

(归善斋按：见"惟时有苗弗率")

侮慢自贤，反道败德

1.《尚书注疏》卷三

(汉) 孔氏传，(唐) 陆德明音义，孔颖达疏

侮慢自贤，反道败德。

传：狎侮先王，轻慢典教，反正道，败德义。

音义：侮，亡甫反。慢，亡谏反。

疏：侮慢典常，自以为贤，反戾正道，败坏德义。

侮，谓轻人身；慢，为忽言语。故为狎侮先王，轻慢典教。侮、慢义同，因有二字，而分释之。《论语》云"狎大人，侮圣人之言"，则狎侮为异。《旅獒》云"狎侮君子"，则狎侮意亦同。郑玄云"狎惯，忽也，惯见而忽之"，是侮之义。传取狎侮连言之，慢先王典教。自谓己贤，不知先王训教道者，物所由之路；德，谓自得于心。反正道，从邪径，败德义，毁正行也。

2.《书传》卷三

(宋) 苏轼撰

昏迷不恭，侮慢自贤，反道败德，君子在野，小人在位，民弃不保，天降之咎。肆予以尔众士，奉辞伐罪，尔尚一乃心力。

尚，庶几也。

3.《尚书全解》卷四

(宋) 林之奇撰

(归善斋按：见"惟时有苗弗率")

4.《尚书讲义》卷三

（宋）史浩撰
（归善斋按：见"惟时有苗弗率"）

5.《尚书详解》卷三

（宋）夏僎撰
（归善斋按：见"惟时有苗弗率"）

6.《增修东莱书说》卷三

（宋）吕祖谦撰，时澜增修
（归善斋按：见"蠢兹有苗"）

7.《尚书说》卷一

（宋）黄度撰
（归善斋按：见"惟时有苗弗率"）

8.《洁斋家塾书钞》卷二

（宋）袁燮撰
（归善斋按：见"惟时有苗弗率"）

9.《书经集传》卷一

（宋）蔡沈撰
（归善斋按：见"惟时有苗弗率"）

10.《尚书精义》卷六

（宋）黄伦撰
（归善斋按：见"惟时有苗弗率"）

11.《尚书详解》卷三

（宋）陈经撰

（归善斋按：见"惟时有苗弗率"）

12.《融堂书解》卷二

（宋）钱时撰

（归善斋按：见"惟时有苗弗率"）

13.《尚书要义》卷三

（宋）魏了翁撰

（归善斋按：未引）

14.《书集传或问》卷上

（宋）陈大猷撰

（归善斋按：未解）

15.《尚书详解》卷二

（宋）胡士行撰

（归善斋按：见"蠢兹有苗"）

16.《书纂言》卷一

（元）吴澄撰

（归善斋按：缺）

17.《书集传纂疏》卷一

（元）陈栎撰

（归善斋按：见"惟时有苗弗率"）

18.《读书丛说》卷三

（元）许谦撰

（归善斋按：未解）

19.《书传辑录纂注》卷一

（元）董鼎撰

（归善斋按：见"惟时有苗弗率"）

20.《尚书句解》卷二

（元）朱祖义撰

侮慢自贤（轻忽上之教命而自以为己贤），反道败德（反正道而从邪道，败弃在己之德而不修）。

21.《尚书日记》卷三

（明）王樵撰

（归善斋按：未解）

22.《日讲书经解义》卷二

（清）库勒纳等撰

（归善斋按：见"惟时有苗弗率"）

《书经衷论》卷一

（清）张英撰

（归善斋按：见"禹乃会群后"）

君子在野，小人在位

1.《尚书注疏》卷三

（汉）孔氏传，（唐）陆德明音义，孔颖达疏

君子在野，小人在位。

传：废仁贤，任奸佞。

疏：君子在野，小人在位。

虽则下愚之君，皆云好贤疾佞，非知贤而废之，知佞而任之。但愚人，所好必同于民。贤求其心，佞从其欲。以贤为恶，谓佞为善。故仁贤见废，奸佞被任，此则昏迷之状也。

《尚书注疏》卷三《考证》：

又疏：但愚人，所好必同于民，贤求其心，佞从其欲。以贤为恶，谓佞为善。臣浩按数句，疑有讹误。按文应作，但愚人好恶不同于民，贤拂其心，佞从其欲。各本并然，姑仍之。

2.《书传》卷三

（宋）苏轼撰

（归善斋按：未解）

3.《尚书全解》卷四

（宋）林之奇撰

（归善斋按：见"惟时有苗弗率"）

4.《尚书讲义》卷三

（宋）史浩撰

（归善斋按：见"惟时有苗弗率"）

5.《尚书详解》卷三

（宋）夏僎撰

（归善斋按：见"惟时有苗弗率"）

6.《增修东莱书说》卷三

（宋）吕祖谦撰，时澜增修

（归善斋按：见"蠢兹有苗"）

7.《尚书说》卷一

（宋）黄度撰

（归善斋按：见"惟时有苗弗率"）

8.《洁斋家塾书钞》卷二

（宋）袁燮撰

（归善斋按：见"惟时有苗弗率"）

9.《书经集传》卷一

（宋）蔡沈撰

（归善斋按：见"惟时有苗弗率"）

10.《尚书精义》卷六

（宋）黄伦撰

（归善斋按：见"惟时有苗弗率"）

11.《尚书详解》卷三

（宋）陈经撰

（归善斋按：见"惟时有苗弗率"）

12.《融堂书解》卷二

（宋）钱时撰

（归善斋按：未解）

13.《尚书要义》卷三

（宋）魏了翁撰

（归善斋按：未引）

14.《书集传或问》卷上

（宋）陈大猷撰

（归善斋按：未解）

15.《尚书详解》卷二

（宋）胡士行撰

（归善斋按：见"蠢兹有苗"）

16.《书纂言》卷一

（元）吴澄撰

（归善斋按：缺）

17.《书集传纂疏》卷一

（元）陈栎撰

（归善斋按：见"惟时有苗弗率"）

18.《读书丛说》卷三

（元）许谦撰

（归善斋按：未解）

19.《书传辑录纂注》卷一

(元）董鼎撰

(归善斋按：见"惟时有苗弗率"）

20.《尚书句解》卷二

(元）朱祖义撰

君子在野（君子则弃在野），小人在位（小人则用在位）。

21.《尚书日记》卷三

(明）王樵撰

(归善斋按：未解）

22.《日讲书经解义》卷二

(清）库勒纳等撰

(归善斋按：见"惟时有苗弗率"）

民弃不保，天降之咎

1.《尚书注疏》卷三

(汉）孔氏传，（唐）陆德明音义，孔颖达疏

民弃不保，天降之咎。

传：言民叛天灾之。

音义：咎，其九反。

疏：由此民弃叛之，不保其有众，上天降之殃咎。

2.《书传》卷三

（宋）苏轼撰
（归善斋按：未解）

3.《尚书全解》卷四

（宋）林之奇撰
（归善斋按：见"惟时有苗弗率"）

4.《尚书讲义》卷三

（宋）史浩撰
（归善斋按：见"惟时有苗弗率"）

5.《尚书详解》卷三

（宋）夏僎撰
（归善斋按：见"惟时有苗弗率"）

6.《增修东莱书说》卷三

（宋）吕祖谦撰，时澜增修
（归善斋按：见"蠢兹有苗"）

7.《尚书说》卷一

（宋）黄度撰
（归善斋按：见"惟时有苗弗率"）

8.《洁斋家塾书钞》卷二

（宋）袁燮撰
（归善斋按：见"惟时有苗弗率"）

9.《书经集传》卷一

（宋）蔡沈撰

（归善斋按：见"惟时有苗弗率"）

10.《尚书精义》卷六

（宋）黄伦撰

（归善斋按：见"惟时有苗弗率"）

11.《尚书详解》卷三

（宋）陈经撰

（归善斋按：见"惟时有苗弗率"）

12.《融堂书解》卷二

（宋）钱时撰

（归善斋按：未解）

13.《尚书要义》卷三

（宋）魏了翁撰

（归善斋按：未引）

14.《书集传或问》卷上

（宋）陈大猷撰

（归善斋按：未解）

15.《尚书详解》卷二

（宋）胡士行撰

（归善斋按：见"蠢兹有苗"）

16.《书纂言》卷一

（元）吴澄撰

（归善斋按：缺）

17.《书集传纂疏》卷一

（元）陈栎撰

（归善斋按：见"惟时有苗弗率"）

18.《读书丛说》卷三

（元）许谦撰

（归善斋按：未解）

19.《书传辑录纂注》卷一

（元）董鼎撰

（归善斋按：见"惟时有苗弗率"）

20.《尚书句解》卷二

（元）朱祖义撰

民弃不保（民既弃之而不与守国），天降之咎（天亦降下灾咎而不恤）。

21.《尚书日记》卷三

（明）王樵撰

（归善斋按：未解）

22.《日讲书经解义》卷二

（清）库勒纳等撰

（归善斋按：见"惟时有苗弗率"）

《书经衷论》卷一

（清）张英撰

（归善斋按：见"禹乃会群后"）

肆予以尔众士，奉辞伐罪

1. 《尚书注疏》卷三

（汉）孔氏传，（唐）陆德明音义，孔颖达疏

肆予以尔众士，奉辞伐罪。

传：肆，故也。辞，谓不恭；罪，谓侮慢以下事。

疏：故我以尔众士，奉此谴责之辞，伐彼有罪之国。

肆，故，《释诂》文所奉之辞，即所伐之罪。但天子责其不恭，数其身罪，因其文异而分之。

2. 《书传》卷三

（宋）苏轼撰

（归善斋按：未解）

3. 《尚书全解》卷四

（宋）林之奇撰

肆予以尔众士，奉辞伐罪。尔尚一乃心力，其克有勋。三旬，苗民逆命。益赞于禹曰：惟德动天，无远弗届。满招损，谦受益，时乃天道。

惟其苗民之罪，为天所断弃，故予以尔众士，奉天讨罪之辞，以伐有苗之罪尔。尚，庶几。"一乃心力"，其将有功勋，以复于上。"三旬，苗民逆命"者，言禹率诸侯以征有苗，至于三旬，而苗民犹弗服也。汉孔氏曰：责舜不先有文诰之命，威让之辞，而便惮之以威，胁之以兵，有苗所以生辞。此说不然。夫有苗之罪，在所当诛也久矣。舜以是宽待之，至是

463

盖五六十年矣。文诰之命，威让之辞，岂有不尽。苗安得以是而责舜哉。而唐孔氏云：以大舜足达用兵之道，而不为文诰之辞，使之得生辞者，有苗数干王诛逆者，难以言服，故惮之以威武，任其生辞，待其有辞，为之振旅，彼若师退而服我，复更有何求？退而又不降，复往必无辞说。若先告以辞，未必即得从命。不从而后行师，必将大加杀戮。不以文诰，感德自来，固大圣之远谋也，信斯言也，则是舜、禹、益用师，进退皆出于权谲变诈之谋，何期圣人之浅邪？要之，苗民逆命，但是昏迷不恭耳，不必从而为之说。益赞于禹者，益是时，亦从禹出征，见苗民负固恃强，不可以威服也，则以言赞佐禹，欲使之班师振旅，以德怀之也。谓德至于动天，则将无远而弗届。彼苗民者岂能终弗服哉。欲德之动天，则在天顺，天道之常理。满招损，谦受益，此实天理之常也，谓人之处心，自满者招损，盖有其善丧厥善，矜其能丧厥功也。谦抑则自受其益。自后者，人先之；自下者，人高之。言此者，欲禹以谦冲之德，不与苗较。苟顺于天理之自然，则有苗将自至矣。

4.《尚书讲义》卷三

（宋）史浩撰

（归善斋按：见"惟时有苗弗率"）

5.《尚书详解》卷三

（宋）夏僎撰

（归善斋按：见"惟时有苗弗率"）

6.《增修东莱书说》卷三

（宋）吕祖谦撰，时澜增修

肆予以尔众士，奉辞伐罪。尔尚一乃心力，其克有勋。

"奉辞伐罪"，深见舜命，禹"徂征"之举，出于不得已，而非轻举也。其与后世责昭王之不复，反取侮于水滨之语者异矣。"尚一乃心力，其克有勋"，圣人遇戎，而戒理当如此。彼宋襄"不禽二毛"以自欺，是教其众心力之不尽也。

7.《尚书说》卷一

（宋）黄度撰

（归善斋按：见"惟时有苗弗率"）

8.《洁斋家塾书钞》卷二

（宋）袁燮撰

（归善斋按：见"惟时有苗弗率"）

9.《书经集传》卷一

（宋）蔡沈撰

（归善斋按：见"惟时有苗弗率"）

10.《尚书精义》卷六

（宋）黄伦撰

（归善斋按：见"惟时有苗弗率"）

11.《尚书详解》卷三

（宋）陈经撰

（归善斋按：见"惟时有苗弗率"）

12.《融堂书解》卷二

（宋）钱时撰

（归善斋按：未解）

13.《尚书要义》卷三

（宋）魏了翁撰

（归善斋按：未引）

14.《书集传或问》卷上

（宋）陈大猷撰

（归善斋按：未解）

15.《尚书详解》卷二

（宋）胡士行撰

（归善斋按：见"蠢兹有苗"）

16.《书纂言》卷一

（元）吴澄撰

（归善斋按：缺）

17.《书集传纂疏》卷一

（元）陈栎撰

（归善斋按：见"惟时有苗弗率"）

18.《读书丛说》卷三

（元）许谦撰

（归善斋按：未解）

19.《书传辑录纂注》卷一

（元）董鼎撰

（归善斋按：见"惟时有苗弗率"）

20.《尚书句解》卷二

（元）朱祖义撰

肆予以尔众士（故我以尔等众士），奉辞伐罪（奉其可伐之辞，以伐彼可伐之罪）。

22.《日讲书经解义》卷二

（清）库勒纳等撰

（归善斋按：见"惟时有苗弗率"）

《尚书考异》卷二

（明）梅鹫撰

奉辞伐罪。

哀二十三年知瑶伐齐曰"以辞伐罪"。

《书经衷论》卷一

（清）张英撰

（归善斋按：见"禹乃会群后"）

尔尚一乃心力，其克有勋

1.《尚书注疏》卷三

（汉）孔氏传，（唐）陆德明音义，孔颖达疏

尔尚一乃心力，其克有勋。

传：尚，庶几。一汝心力，以从我命。

疏：尔等庶几同心尽力，以从我命，其必能有大功勋，不可懈惰。

《释言》云：庶几，尚也。反以相解，故"尚"为"庶几"。

2.《书传》卷三

（宋）苏轼撰

（归善斋按：见"侮慢自贤，反道败德"）

3.《尚书全解》卷四

（宋）林之奇撰

（归善斋按：见"肆予以尔众士"）

4.《尚书讲义》卷三

（宋）史浩撰

（归善斋按：见"惟时有苗弗率"）

5.《尚书详解》卷三

（宋）夏僎撰

（归善斋按：见"惟时有苗弗率"）

6.《增修东莱书说》卷三

（宋）吕祖谦撰，时澜增修

（归善斋按：见"肆予以尔众士"）

7.《尚书说》卷一

（宋）黄度撰

（归善斋按：见"惟时有苗弗率"）

8.《洁斋家塾书钞》卷二

（宋）袁燮撰

（归善斋按：见"惟时有苗弗率"）

9.《书经集传》卷一

（宋）蔡沈撰

（归善斋按：见"惟时有苗弗率"）

10. 《尚书精义》卷六

（宋）黄伦撰

（归善斋按：见"惟时有苗弗率"）

11. 《尚书详解》卷三

（宋）陈经撰

（归善斋按：见"惟时有苗弗率"）

12. 《融堂书解》卷二

（宋）钱时撰

（归善斋按：未解）

13. 《尚书要义》卷三

（宋）魏了翁撰

（归善斋按：未引）

14. 《书集传或问》卷上

（宋）陈大猷撰

（归善斋按：未解）

15. 《尚书详解》卷二

（宋）胡士行撰

（归善斋按：见"蠢兹有苗"）

16. 《书纂言》卷一

（元）吴澄撰

（归善斋按：缺）

17. 《书集传纂疏》卷一

（元）陈栎撰

（归善斋按：见"惟时有苗弗率"）

18. 《读书丛说》卷三

（元）许谦撰

（归善斋按：未解）

19. 《书传辑录纂注》卷一

（元）董鼎撰

（归善斋按：见"惟时有苗弗率"）

20. 《尚书句解》卷二

（元）朱祖义撰

尔尚一乃心力（尔庶几一尔心力），其克有勋（则能有成功矣）。

21. 《尚书日记》卷三

（明）王樵撰

（归善斋按：见"惟时有苗弗率"）

22. 《日讲书经解义》卷二

（清）库勒纳等撰

（归善斋按：见"惟时有苗弗率"）

《书经衷论》卷一

（清）张英撰

（归善斋按：见"禹乃会群后"）

三旬，苗民逆命

1.《尚书注疏》卷三

（汉）孔氏传，（唐）陆德明音义，孔颖达疏

三旬，苗民逆命。

传：旬，十日也。以师临之，一月不服。责舜不先有文诰之命，威让之辞，而便惮之以威，胁之以兵，所以生辞。

音义：诰，古报反。惮，徒旦反，一音丹末反。胁，许业反。

疏：正义曰：禹既誓于众，而以师临苗，经三旬，苗民逆帝命，不肯服罪。

传正义曰：《尧典》云"三百有六旬"，是知旬十日也。以师临之一月不服者，责舜不先有文告之命，威让之辞，而便惮之以威，胁之以兵，所以有苗得生辞也。传知然者，昭十三年《左传》论征伐之事云"告之以文辞，董之以武师"，是用兵者，先告，不服然后伐之。今经，无先告之文，而有逆命之事，故知责舜不先有文告之命，而即胁之以兵。其文告之命，威让之辞，《国语》亦有其事。夫以大舜足达用兵之道，而不为文告之命，使之得生辞者，有苗数干王诛，逆者难以言服，故惮之以威武，任其生辞，待其有辞，为之振旅。彼若师退而服我，复更有何求焉？退而又不降，复往，必无辞说。不恭而征之，有辞而舍之，正是柔服之道也。若先告以辞，未必即得从命，不从而后行师，必将大加杀戮。不以文诰，感德自来，固是大圣之远谋也。

2.《书传》卷三

（宋）苏轼撰

其克有勋，三旬，苗民逆命。益赞于禹曰：惟德动天，无远弗届。
届，至也。

3.《尚书全解》卷四

（宋）林之奇撰

（归善斋按：见"肆予以尔众士"）

4.《尚书讲义》卷三

（宋）史浩撰

（归善斋按：见"惟时有苗弗率"）

5.《尚书详解》卷三

（宋）夏僎撰

（归善斋按：见"惟时有苗弗率"）

6.《增修东莱书说》卷三

（宋）吕祖谦撰，时澜增修

三旬，苗民逆命。

"奉辞伐罪"，兵至则服，此帝王之举。而三旬之久，犹逆命者，何也？非"徂征"之先，尚有毫厘之未尽也。圣人至于兴师，其揆于我，察于彼者，至矣，审矣义。尽理极而后征之，但苗民障蔽之深，自有难感动者。正当以天地观之，一气之春，草木发生。而阴崖深谷，甲者未坼（chè），根者未芽，岂春气之或偏欤？固阴凝结壅蔽，阳和姑少，俟之及其流畅，昔之未发生者，悉坼而悉芽矣。苗民三旬逆命，寒气凝结壅蔽之时也。舜之春风和气，举世游泳。苗民虽顽，固有时而被其泽矣。

7.《尚书说》卷一

（宋）黄度撰

（归善斋按：见"惟时有苗弗率"）

8.《洁斋家塾书钞》卷二

（宋）袁燮撰

（归善斋按：见"惟时有苗弗率"）

9.《书经集传》卷一

（宋）蔡沈撰

三旬，苗民逆命。益赞于禹曰：惟德动天，无远弗届。满招损，谦受益，时乃天道。帝初于历山，往于田，日号泣于旻天，于父母，负罪引慝，祗载见瞽瞍，夔夔斋栗。瞽亦允若。至诚感神，矧兹有苗。禹拜昌言曰：俞！班师振旅。帝乃诞敷文德，舞干羽于两阶。七旬，有苗格。

届，音介。旻，音民。诚，音咸。慝，惕德反。矧，音哂。羽，王遇反。三旬，三十日也。以师临之阅月，苗顽犹不听服也。赞，佐；届，至也。是时，益盖从禹出征，以苗负固恃强，未可威服，故赞佐于禹，以为惟德可以动天，其感通之妙，无远不至，盖欲禹还兵而增修其德也。满损、谦益，即《易》所谓"天道亏盈而谦益"者。帝，舜也。历山，在河中府河东县。仁覆闵下，谓之旻。日，非一日也，言舜耕历山，往于田之时，以不获顺于父母之故，而日号呼于旻天，于其父母，盖怨慕之深也。负罪，自负其罪，不敢以为父母之罪。引慝，自引其慝。不敢以为父母之慝也。祗，敬；载，事也。瞍，长者之称，言舜敬其子职之事，以见瞽瞍也。斋，庄敬也。栗，战栗也。夔夔，庄敬战栗之容也。舜之敬畏，小心而尽于事亲者如此。允，信；若，顺也。言舜以诚孝感格，虽瞽瞍顽愚，亦且信顺之，即《孟子》所谓"厎豫"也。诚，感物曰"诚"。益又推极至诚之道，以为神明亦且感格，而况于苗民乎？"昌言"，盛德之言；"拜"，所以敬其言也。班，还；振，整也，谓整旅以归也。或谓：出曰班师，入曰振旅，谓班师于有苗之国，而振旅于京师也。诞，大也。文德，文命德教也。干，楯；羽，翳也，皆舞者所执也。两阶，宾主之阶也。七旬，七十日也。格，至也。言班师七旬，而有苗来格也。舜之文德，非自禹班师而始，敷苗之来格，非以舞干羽而后至。史臣以禹班师，而归弛其威武，专尚德教，干羽之舞，雍容不迫，有苗之至，适当其时，故作史者，因即其实以形容有虞之德。数千载之下，犹可以是，而想其一时气象也。

10.《尚书精义》卷六

（宋）黄伦撰

三旬，苗民逆命。益赞于禹曰：惟德动天。无远弗届。满招损，谦受益，时乃天道。帝初于历山，往于田，日号泣于旻天，于父母，负罪引慝，祇载见瞽瞍，夔夔斋栗。瞽亦允若。至诚感神，矧兹有苗。禹拜昌言曰：俞！班师振旅。帝乃诞敷文德，舞干羽于两阶。七旬，有苗格。

无垢曰：赞，助也。夫德可以动天，是无远弗至也。今三苗，虽在王畿之外，未为远也。德且可以动天地，况近如有苗，岂不可至乎？然而所以弗率而逆命者，岂德有所未至乎。夫五十年向化，一有弗率，遽往征之，是疑于满矣。退而修德，"谦"也，谦必受益。遽而往征，"满"也，满必招损，此天之道也。然则，苗之弗率而逆命，此乃天道警戒舜禹也。夫顽如瞽瞍，舜"号泣于旻，天于父母"，以哀感之也。负罪而不敢辩，引慝而不敢辞，祇载以见，而不敢疏；夔夔斋栗，而不敢慢，此以敬感之也。感于此，必应于彼。瞽亦信顺之舜哀敬之力，积久而形见也。至诚尚可以感幽明之鬼神，况显明如有苗者，其有不感乎？然则，弗率而逆命，是舜、禹之满，形见于有苗者，诚诸中，必形诸外，岂可忽哉？张氏曰："赞"者，利导之而已。《蔡仲之命》曰"皇天无亲，惟德是辅"，《洞酌序》曰"皇天亲有德"，则德之可以动天可知矣。夫以天之高远，德犹可动，其有远人而不届者乎？"满招损"，言天道之亏盈也；"谦受益"，言天道之益谦也。《易》曰"天道亏盈，而益谦"，此"满招损，谦受益"，所以谓之"时乃天道"。又曰：《易》曰"咸感也速也"，盖因时乘理，而感物之速者，莫如咸，故至诚可以感神。夫神之为物，在色非色，在声非声，视之不见，听之不闻，自非至诚，曷足以感之者哉？天，则有形者也，故曰"动"；神，则有情者也，故曰"感"。《诗序》言"动天地，感鬼神"，与此同意。夫天之高也，有德者足以动之；神之幽也，至诚者足以感之；瞽瞍之至顽，舜之大孝足以使之允若。矧兹有苗，其有不化之者哉？又曰：孔子曰"远人不服，则修文德以来之"，帝乃诞敷文德，将以柔远人也。舜之文德，其修之也，固有素矣。至此乃曰"诞敷"者，盖亦圣人躬自厚之道也。夫干戚之舞，羽旄之容，所以为乐。舞干，则干戚之舞，武舞者所执也；舞羽，则羽旄之容，文舞者所执也。盖武以象扞蔽之功，故其执以干。干，主扞蔽故也。文以昭翼蔽之德，故其执以羽。羽，主翼蔽故也。舞以干，所以示武之可威；舞以羽，所以示文之可怀。非武非文，无以示德，则"舞干羽于两阶"者，示之德故也。此所以"七旬，有苗格"，则其慕德可知矣。

11.《尚书详解》卷三

（宋）陈经撰

（归善斋按：见"惟时有苗弗率"）

12.《融堂书解》卷二

（宋）钱时撰

（归善斋按：见"惟时有苗弗率"）

13.《尚书要义》卷三

（宋）魏了翁撰

（归善斋按：未引）

14.《书集传或问》卷上

（宋）陈大猷撰

（归善斋按：未解）

15.《尚书详解》卷二

（宋）胡士行撰

三旬苗民逆（违）命。

此一气之春，万类发生，而阴崖深谷，固阴凝结，独未芽甲也。

16.《书纂言》卷一

（元）吴澄撰

（归善斋按：缺）

17.《书集传纂疏》卷一

（元）陈栎撰

三旬，苗民逆命。益赞于禹曰：惟德动天，无远弗届。满招损，谦受益，时乃天道。帝初于历山，往于田，日号泣于旻天，于父母，负罪引慝，祗载见瞽瞍，夔夔斋栗。瞽亦允若。至诚感神，矧兹有苗。禹拜昌言曰：俞！班师振旅。帝乃诞敷文德，舞干羽于两阶。七旬，有苗格。

纂疏：

《语录》：舞干羽之事，想只是置三苗于度外，而自闲暇之意。

吕氏曰：苗民障蔽之深，如春风既至，而阴崖寒谷，犹未发荣。禹自会此理，闻益之赞，心领神受，如曾子之唯，即班师而还，其从如响。干羽舞阶，闲暇自然，非故为如此，而有苗自格。此如春风流畅。寒谷草木，终皆发荣也。

唐孔氏曰：益赞禹修德，而帝诞敷文德，可见君臣同心。武舞执干，文舞执羽。

张氏曰：帝之文德，素敷，至此又诞敷之。

林氏曰：此史臣形容舜、禹盛德，不用兵戈以服苗。惟优游敷德，而苗自至，非谓班师而归，舞于两阶，以是为敷文，而冀苗之格也。

愚谓：禹"不满假"，不矜伐如此，益犹以满损、谦益言，盖勉以乾乾不息之诚也，又三致其意，谓天道之远，而德可感。瞽瞍之顽，而孝可若；神明之幽，而诚可格。苗亦人耳，岂有德之盛，诚之至，而不可动者。宜其终，不烦兵而自服也。

董氏鼎曰：禹有万世永赖之功，又有大关万世君道之谟，非同列所得而先也。况此篇所纪，又有授受传心一大事，百圣道统，万世道学在焉，安得不以继二典，而冠三谟哉？前一截皆发明究竟"克艰"之旨。后一截皆纪述授受之事。前之纲领在"克艰"；后之纲领在"道心"，"精"、"一"。人君能得"精"、"一"、"执中"之传，则知性。分内事，即宇宙内事；宇宙内事，即职分内事。而于克君道之艰，自见其当，然有不必勉，而能然者矣。

18.《读书丛说》卷三

（元）许谦撰

（归善斋按：未解）

19.《书传辑录纂注》卷一

（元）董鼎撰

三旬，苗民逆命。益赞于禹曰：惟德动天，无远弗届。满招损，谦受益。时乃天道。帝初于历山，往于田，日号泣于旻天，于父母，负罪引慝，祗载见瞽瞍，夔夔斋栗。瞽亦允若。至诚感神，矧兹有苗。禹拜昌言曰：俞！班师振旅。帝乃诞敷文德，舞干羽于两阶。七旬，有苗格。

辑录：

"号泣于旻天"，呼天而泣也。"于父母"，呼父母而泣也。孟注"舞干羽之事"，想只是置三苗于度外，而示以闲暇之意。广。

纂注：

吕氏曰：苗民障蔽之深，譬如春气既至，而阴崖寒谷犹未发荣。

新安陈氏曰：以禹"不满假"，不矜伐如此，而益犹以满损、谦益为言，盖兢业不已之诚，犹惧其有一毫非苗而是己之心，故以此开端，而引帝之负罪。夔夔以实之，欲其谦谦之益，勉也。益又凡三致意，谓天道之远，而德可动；瞽瞍之顽而孝可若；神明之幽而诚可感。苗亦人耳，岂有德之盛，诚之至，而不可动者，当不烦兵而有服也。

新安胡氏曰：禹誓师曰"尔尚一乃心力"，欲以力而成功也。三旬而力未足以成功，于是益有"惟德动天"之说，欲尚德而不尚力也。禹于是班师，"帝乃诞敷文德"，而苗自格焉。不尚力争，而务德化，可见唐虞气象。若后世遇逆命，自穷兵黩武而已，肯班师乎？

唐孔氏曰：益赞禹修德，而帝自"诞敷文德"，见君臣同心。

张氏曰：帝之文德素敷，至此又"诞敷"之，圣人躬自厚之意。

吕氏曰：禹自会此理，闻益之赞，神领心受，如"曾子之唯"，便班师而还。其从如响，略无凝滞。干羽舞阶，朝廷闲暇，自然而然，非故为如此。而有苗自格，正如春气流畅，寒谷草木，自皆发荣也。

唐孔氏曰：凡武舞执干，文舞执羽。

愚谓：禹虽以治水为功，而功之外有"克艰"之谟，是谟也，大辟万世为君之道。其功，其谟，非皋、益、稷所得而先也。且此篇所记，又有舜禹授受一大事，安得不以接二典之后，冠三谟之首哉？大抵一篇之中，自"后克艰"至"时乃功"，所以发明究竟"克艰"之旨。自"格！汝禹"至"若帝之初"，皆所以纪述授受之辞。而征苗一节，则摄位后事也。前一大节中，其纲领在后，臣克艰后一大节中，其纲领在"人心"、"道心"。二者皆于心上用功，必能致察于"人心"、"道心"之间，纯乎义理之正而不杂于形气之私，则人欲净尽，天理流行，自然见得宇宙内事，皆职分内事；职分内事，皆性分内事；而于克尽君道之艰，自见其当然有不必勉而能之者矣。

20.《尚书句解》卷二

（元）朱祖义撰

三旬，苗民逆命（禹奉帝命讨罪，以师临之一月，有苗之民乃奉迎帝命而来服。如《金縢》"惟朕小子其新逆"，《顾命》"逆子钊于南门之外"，皆解"逆"为"迎"，是有苗之民虽迎迓顺从其命令，有苗之国君党恶，则未服）。

21.《尚书日记》卷三

（明）王樵撰

（归善斋按：见"惟时有苗弗率"）

22.《日讲书经解义》卷二

（清）库勒纳等撰

三旬，苗民逆命。益赞于禹曰：惟德动天，无远弗届。满招损，谦受益，时乃天道。帝初于历山，往于田，日号泣于旻天，于父母，负罪引慝，祗载见瞽瞍，夔夔斋栗。瞽亦允若。至诚感神，矧兹有苗。禹拜昌言曰：俞！班师振旅。帝乃诞敷文德，舞干羽于两阶。七旬，有苗格。

此一节书，叙苗民逆命。益赞禹班师，及帝敷文德，有苗来格之事也。赞，助也；届，至也。帝，指舜。历山，山名，在今山西蒲州。旻，是仁覆悯下之意。天心怜悯下民,所以谓之旻天。慝,解作"恶"。祗,敬也;载,事也。瞽瞍,帝舜之父。斋,庄敬也;栗,战栗也。夔夔,斋栗之容。允,信也;若,顺也。"诚"者,诚能感物之意。"昌言",盛德之言也。班,还也;振,即整也;诞,大也。干,是楯;羽,是羽旄,皆舞者所执。格,至也。禹征有苗,兵临其国已三十日,而苗民违逆命令,未肯服从。是时,伯益从征,乃赞助于禹曰:惟有德之人,可以上动天心。天虽高远,此德无远不到。大凡盈满者,必招损伤;谦虚者,定受利益。此乃天道之自然。知天道之自然,惟当谦以修德,不可自满以伐人矣。帝微贱之初,曾耕于历山,而往于田,日日呼旻天而号泣,又呼父母而号泣。虽是帝之父母不慈,然帝之心只是自认以为己罪,自引以为己恶,不敢一毫归咎父母,只是敬修为子之事。在瞽瞍前,夔夔然庄敬战栗,终被孝心感动,瞽瞍亦欢喜信顺,化而为慈矣。夫人苟能尽以诚感物之道,而为至诚,虽无形无声之鬼神,亦将洋洋乎来格,况苗民亦人类也,岂有不可以诚感者乎?何必勤兵于远哉?伯益劝禹之言如此,真盛德之言也。禹即拜而受之,应之曰:然!遂班师振旅,归于京师。帝舜亦感于益之言,大布其文命德教,不复以苗民顺逆为念。当是时朝廷无事,惟有执干楯者,执羽旄者,相与舞于东西两阶而已。从禹班师之后,才七十日,而有苗已回心向化,群然来格。伯益修德之言,至是验矣。夫一苗民也,以兵临之,则不服;以德感之,而即来,可见服远之道,惟在内治之修。内治不修,而徒恃师武臣之力,非圣人之所贵也。观虞廷雍容太和景象,千古而下,不犹可想见邪。

《尚书考异》卷二

(明)梅鷟撰

三旬苗民逆命。

伏生《书》廿有八篇,浑浑尔,灏灏尔,噩噩尔。典则典,谟则谟,誓则誓,诰则诰,如《尧典》一篇述尧命羲和,放斋驩兜,四岳及禅位之事,暨舜受禅,巡狩,命九官,十二牧之事。纲领宏张,循循有序,固非史臣之有意。于文治之盛言之,自不能不文也。《皋陶谟》一篇,君臣一堂之上,更相戒饬,陈谟之体又如此。《禹贡》、《洪范》、《顾命》,各是一体，真如日、月、列星之施于天，山川、岳渎之经于地，非后世老于文墨者之所可企而及也。至于殷盘、周诰，则又佶屈聱牙，有难以句者矣。若夫古文者，除《禹谟》一篇之外，余《五子之歌》而下，如出一律，间或有异者，不过改易增换，略加润色，即为一篇耳，非若今文之篇篇出于事实也。廿有五篇之中，独《禹谟》一篇长且多于他篇，若以振发其奇异，而非寂寥短章之比也。最其用心者在此篇，最为纰缪者亦在此篇。故杂三体而为一。原其初意，专为禹受禅而作，恃《尧曰》首章而发，意嫌其太寂寥，故首之以谟，终之以誓。自今观之，《皋陶谟》已备载禹之谟矣，而又有《大禹谟》篇，岂得不为长文哉？耕野王先生曰：《禹谟》一篇出于伪作，其征苗之事，亦不可信。今按征苗一段，虽为欲廓长其篇句而设，然此人之会萃诸书，蹈袭而成文，亦不可不知也。今略举一二：《战国策》曰"禹祖入裸国"，《史记》吴起曰"昔者，三苗氏，左洞庭，右彭蠡，修政不德，禹灭之"，遂有禹"徂征"之事。僖十九年子鱼曰："文王闻崇德乱而伐之，军三旬而不降，退修教而复伐之，因垒而降。"又因文王伐崇三旬弗降，遂有"三旬，苗民逆命"之事。因子鱼有劝襄公退师无阙而后动，遂有益赞于禹之事。因文王有"退修教而复伐之，因垒而降"遂有"诞敷文德，舞干羽于两阶。七旬，苗格"之事。

《尚书埤传》卷三

（清）朱鹤龄撰

苗民，历山，干羽。

孙觉曰：指其君长，则曰有苗；兼其君民言，则曰苗民；以种类言，则曰三苗。

《史记正义》：《括地志》云，蒲州河东县雷首山，一名中条山，亦名历山，亦名首阳山。此山，西起雷首，东至吴坂，凡十二名，随州县分之历山，尚有舜井。

孔传：舞文舞于宾王阶间，抑武事。疏云：《释言》干，扞也（楯，为人蔽扞）。羽，翳也（舞者执以自蔽翳）据器有武有文，俱用以为舞，而不用于敌，故教为文也。

益赞于禹曰：惟德动天，无远弗届

1.《尚书注疏》卷三

（汉）孔氏传，（唐）陆德明音义，孔颖达疏

益赞于禹曰：惟德动天，无远弗届。

传：赞，佐；届，至也。益以此义佐禹，欲其修德致远。

音义：届，音戒。

疏：益乃进谋以佐于禹，曰：惟是有德，能动上天。苟能修德，无有远而不至。

礼有赞佐，是助祭之人，故"赞"为"佐"也。届，至也，《释诂》文。经云"惟德动天"。天远而难动，德能动远。又言"无远弗届"。乃据人言，德动远人，无不至也。益以此义佐禹，欲修德致远，使有苗自来也。德之动天，经传多矣。《礼运》云：圣人顺民，天不爱其道，地不爱其实，故天降膏露，地出醴泉，如此之类，皆德动之也。

2.《书传》卷三

（宋）苏轼撰
（归善斋按：见"三旬，苗民逆命"）

3.《尚书全解》卷四

（宋）林之奇撰
（归善斋按：见"肆予以尔众士"）

4.《尚书讲义》卷三

（宋）史浩撰
（归善斋按：见"惟时有苗弗率"）

5.《尚书详解》卷三

（宋）夏僎撰

益赞于禹曰：惟德动天，无远弗届。满招损，谦受益，时乃天道。帝初于历山，往于田，日号泣于旻，天于父母，负罪引慝，祗载见瞽瞍，夔夔斋栗。瞽亦允若。至诚感神，矧兹有苗。禹拜昌言曰：俞！班师振旅。帝乃诞敷文德，舞干羽于两阶。七旬，有苗格。

禹征，有苗既逆命。益是时，亦从禹出征，见苗负固不服，不可以威制，乃以言赞佐于禹，欲使之"班师振旅"，以德怀之。谓：德上可以动天，旁可以及远。苟处心自满，反自招损。惟谦者，乃可以受益。亏盈、益谦，乃天道之常。益言此，盖欲禹以谦冲为德，不与苗较，使自修德，则彼自服也。益既言"谦受益"之说，于是举舜之事，以为"谦受益"之验，谓：舜当侧微，居于历山，不得意于父母。舜不敢归咎于父母，方且竭力耕田，供为子职。于耕田之次，日日号泣，上以哀吁于天，下以怨慕父母，惟自任其罪，引咎于己，不敢以为父母之失。惟舜以谦冲之德自居，不以父母之不我爱为怨，行之不已，故一旦敬以事，见瞽瞍夔夔然恐惧，虽恐惧，亦不失其斋庄严栗之容。惟其如此，故虽瞽瞍之顽，亦信顺之。夫舜不得意于父母，号泣于旻天，诚意上格天心密相，使瞽瞍至于允若。是至诚，且可以感格于神明，况此有苗人尔。苟谦以自居，不以其不服而归罪于彼，反而自修，则何苗之不可格哉。此正益赞禹之意也。说者谓：此言舜居历山之时，瞽瞍已允若。及《尧典》言舜未举之前，而三恶已"不格奸"，是舜于彼时，父母、兄弟各已和睦。至《孟子》万章问言，舜乃有焚廪掩井之事，与象欲分仓廪，干戈琴弤之说，是舜于尧既举之后，三恶犹欲害之，安得为"允若"，"不格奸"。若以"允若"、"不格奸"之说为然，则万章之言，必是无有此事。余谓：孟子以咸丘蒙之问，非舜实事。孟子则辩之，谓此非君子之言。今万章问三恶共谋杀舜，孟子不辩，方且一一教之，是当时实有其事明矣。"不格奸"者，前已详辩于《尧典》不复言。"允若"者，唐孔氏谓：信顺，是舜以至诚敬见瞽瞍，瞽瞍见其诚，时适信顺。益于赞禹之际，将使禹知至诚，必能感物，故以此为言尔。益既以修德来远之事，告禹，禹于是拜其善言，且犹俞而然之,遂"班师振旅"而归也。班师,还师也。振旅,复整理其众也。盖谓禹从益言,还师于有苗之国。自有苗归至京师,乃复整理其众也。禹既班师旅而归,舜于是大布文德,以怀来之。偃兵不用,而舞干羽于宾主之两阶,以示偃武修文之意。故苗民知舜待之之意,非乐于诛杀。其遣禹徂征者,乃前此既窜其君,又分北其民,我犹不服,故不得已而征之,我既逆命,即不再加诛戮,反自责己,益务修德,彼之待我既如此,我其可自绝于彼乎?是宜其退省,至于七旬,举国而来格也。干,盾也,舞者执之为翳蔽。《简兮》之诗曰"左手执籥,右手秉翟",盖文舞也。帝敷文德,而舞文武者,切意此言两阶,必当时或舞文,或舞武于主阶,或舞武,舞文于宾阶,亦示扬扬之意。但经文不备,不可强通,姑意之云尔。夫舜文德。何时不诞敷,至此始言"诞敷"者,盖作书至此,见舜责躬自反,不与苗较,而修文德,故以"诞敷"之言,非谓前此未之有,至此始敷布也。林少颖云:唐虞之世,声教所被,讫于四海之外。不服者,惟有苗一国而已。以天下之全力,而制一国之逆命,何难之有?而舜禹怀之以德,待之以宽,迁其君而不服,则为之分北其善恶,而析居之。分北而犹不服命,率诸侯而征之,亦不责其必至也。又为之班师,能使之自服。盖自苗民始叛至于是,凡五六十年,然后得其心悦诚服。圣人优游宽大之政,非后世所能及也。

6.《增修东莱书说》卷三

(宋)吕祖谦撰,时澜增修

益赞于禹曰:惟德动天,无远弗届。满招损,谦受益,时乃天道。帝初于历山,往于田,日号泣于旻天,于父母,负罪引慝,祗载见瞽瞍,夔夔斋栗。瞽亦允若。至诚感神,矧兹有苗。

赞之意,不可不味也。禹征有苗,而苗不服,非教化之不善,而苗民不率也。禹之心苟以为弗率在苗,而非教化之未至,则满矣。自反愈至,而不罪苗,乃谦也。谦则有受益之理;满则有招损之道。月亏则必盈,日中则必昃也。满损谦益,此乃天道。圣人工夫无穷,其心纯,亦不已,所以与天道相通而无间。禹,大圣人也,见有苗之未化,哀矜而自勉,以修教化之未至。而益又从而赞之。赞者,犹赞天地之化育。禹已有是心,而益赞之，非告之以其所未知也。"惟德动天"，天且可以德动，况苗民，天地间之一物乎？方舜之初，于历山也，其往于田，日号泣于天，于父母。天未有不爱其物者，父母未有不爱其子者。父母天也。父母之不我爱，必为子之道未尽也。"号泣"者，自怨自艾。"负罪引慝"者，舜之事亲，岂有罪慝，而其心常若负无穷之过恶，无一毫可以自赎，敬其事以见瞽瞍，"夔夔斋栗"，如前临深渊，后逼猛虎。而瞽亦信顺。乃春气之流畅也。"至诚"可以感神，神与人一理也。历举天之可动，神之可感，人如瞽瞍亦可以使之"允若"，则岂苗民之不可格？当时虞廷，如禹，如益，皆实用功者，故其言深见天理如此。

7.《尚书说》卷一

（宋）黄度撰

益赞于禹曰：惟德动天，无远弗届。满招损，谦受益。时乃天道。帝初于历山，往于田，日号泣于旻天，于父母，负罪引慝，祗载见瞽瞍，夔夔斋栗。瞽亦允若。至诚感神，矧兹有苗。禹拜昌言曰：俞！班师振旅。

"日号泣于旻天，于父母"，《孟子》曰"怨慕也"。诚，和。和，理顺也。故至和能感神，昌，盛，其言盛大也。尧舜之盛德而用武，诚为不得已。反己而求，虽非不足，而亦不见其有余。皋陶"得刑"之叙，益"谦满损益"之戒，是或一道也。此责难之义，故禹拜之，而《大禹谟》终焉。历山，在河中府河东县，即首阳山也。或曰在濮州雷泽县，或以为在济阴，今兴仁府也。

8.《洁斋家塾书钞》卷二

（宋）袁燮撰
（归善斋按：见"惟时有苗弗率"）

9.《书经集传》卷一

（宋）蔡沈撰
（归善斋按：见"三旬，苗民逆命"）

10.《尚书精义》卷六

（宋）黄伦撰

（归善斋按：见"三旬，苗民逆命"）

11.《尚书详解》卷三

（宋）陈经撰

益赞于禹曰：惟德动天，无远弗届。满招损，谦受益，时乃天道。帝初于历山，往于田，日号泣于旻天，于父母，负罪引慝，祗载见瞽瞍，夔夔斋栗。瞽亦允若。至诚感神，矧兹有苗。

此一段，乃圣贤自反之意。《孟子》曰：有人于此，其待我以横逆，君子必自反也，曰我必不忠，自反而忠矣；其横逆犹是也，君子必自反也，曰我必不仁也，必无礼也，此物奚宜至哉？圣贤责己尝多，责人尝少。然则，舜之此举，无乃有过欤。曰圣人无过举也，使舜于此自谓无过举，而徒有责夫三苗，则舜亦几于自满矣。圣人虽无不尽处，尝若有未尽。然益之赞禹者，谓禹亦有此意，从益而赞助也。天虽远矣，而德可以动之，是无远而不届者也。自满者，适以招损；自谦者，必受益，此天理也。天道亏盈，而益谦自尽，而人无不从；自满而人多不服，此即损益也。"帝初于历山"，举舜初年之事，帝之耕于历山也。"往于田，号泣于旻天，于父母"，以谓父母之不我爱，于我何哉？天地之于物，无不爱，父母之于子，亦无不爱。父母之所以不爱其子者。必其子有未尽也。舜之"号泣于旻天"者，岂常有怨父母之心，特怨慕耳。谓吾何为而得罪于父母也。舜本无罪，负罪以归己；舜本无慝，引慝以归己。"祗载"者，敬其事也。敬其事以见瞽瞍。"夔夔"者，栗惧不已之貌，斋庄而畏栗，以此见舜之心。舜之敬诚，无所极纪，瞽瞍虽顽，而舜敬之至，亦足以感发之，故瞽瞍以从，而信顺。"至诚感神"，"诚"，和也，和之至，可以感鬼神，而况有苗乎？凡此皆极言感应之道，谓尽其在己者，自无不应于彼，莫远于天，而德能动之；莫顽于瞽瞍，"祗载"能格之；莫微于鬼神，而至诚能感之。有苗之顽，亦岂有不可感发之理，舜、禹第反求诸己可也。

485

12. 《融堂书解》卷二

（宋）钱时撰

益赞于禹曰：惟德动天，无远弗届。满招损，谦受益，时乃天道。帝初于历山，往于田，日号泣于旻天，于父母。负罪引慝，祗载见瞽瞍，夔夔斋栗，瞽亦允若。至诚感神，矧兹有苗。禹拜昌言曰：俞！班师振旅。帝乃诞敷文德，舞干羽于两阶。七旬，有苗格。

"徂征"之命，乃圣人，生全有苗之道，非黩武也。苗顽弗悟，尚尔抗逆。若勇往直前，奋于一怒，必至于屠戮而后已。此岂圣人之本心。禹方徘徊未决，益从而赞之，所以深契其心，亟下"昌言"之拜也。今苗民逆命，不自反，而进兵，是满也。满者，损之招也，不若谦以自反，敛兵而退。苗虽顽，亦人尔，安有不感动于德者乎？舜、禹，大圣人，其所举动，无非盛德。今日之征，即盛德也。苗民知其为兵，而不知其为德，所以逆尔。故益之赞禹，主在休兵，非不足于舜禹之修德也。禹闻益言，"班师振旅"，帝亦不以为异。遂"敷文德"，从善之速如此。

13. 《尚书要义》卷三

（宋）魏了翁撰

（归善斋按：未引）

14. 《书集传或问》卷上

（宋）陈大猷撰

（归善斋按：未解）

15. 《尚书详解》卷二

（宋）胡士行撰

益赞（佐）于禹曰：惟德（舜德）动（感）天，无远弗届（至）。满招损，谦受益，时乃天道（《易》曰："天道亏盈而益谦"）。帝初（帝侧微时）于历山（耕历山），往于田，日号泣于旻（闵）天，于父母，负（自任）罪引（引归己）慝（恶），祗（敬）载（事）见瞽瞍，夔夔（恐惧）斋（敬）栗（战）。瞽亦允（信）若（顺）。至（极）诚（德和）感神，矧（况）兹有苗。

赞，如"赞化育"之"赞"。禹本有此心，而益助成之也。不罪苗而自反，谦也。瞽之允若，舜亦自反得之。舜德之诚如此，神且格矣，而况苗乎。

16.《书纂言》卷一

（元）吴澄撰

（归善斋按：缺）

17.《书集传纂疏》卷一

（元）陈栎撰

（归善斋按：见"三旬，苗民逆命"）

18.《读书丛说》卷三

（元）许谦撰

（归善斋按：未解）

19.《书传辑录纂注》卷一

（元）董鼎撰

（归善斋按：见"三旬，苗民逆命"）

20.《尚书句解》卷二

（元）朱祖义撰

益赞于禹曰（故益乃赞佐于禹曰）：惟德动天（天虽远矣，惟德可以感动），无远弗届（德无远而不至况有苗乎）。

21.《尚书日记》卷三

（明）王樵撰

（归善斋按：见"惟时有苗弗率"）

22.《日讲书经解义》卷二

（清）库勒纳等撰

（归善斋按：见"惟时有苗弗率"）

《书义断法》卷一

（元）陈悦道撰

惟德动天，无远弗届。满招损，谦受益，时乃天道。

以德之动天者言之，则其所感甚远。以道之出于天者言之，则其所应甚速。所感之远者，极精神心术之通；而所应之速者，惟在于辞气容色之际。盖亏盈益谦，天道之常。人能深明其理，而思所以自持，则其盛德之感，上际下蟠，而格天之妙可言矣。

满招损，谦受益，时乃天道

1.《尚书注疏》卷三

（汉）孔氏传，（唐）陆德明音义，孔颖达疏

满招损，谦受益，时乃天道。

传：自满者，人损之；自谦者，人益之，是天之常道。

疏：因言行德之事，自满者招其损，谦虚者受其益，是乃天之常道。欲禹修德谦虚，以来苗，既说其理又言其验。

自以为满，人必损之；自谦受物，人必益之。《易》谦卦象曰"天道亏盈而益谦，地道变盈而流谦，鬼神害盈而福谦，人道恶盈而好谦"，是满招损，谦受益，为天道之常也。益言此者，欲令禹修德息师，持谦以待有苗。

2.《书传》卷三

（宋）苏轼撰

满招损，谦受益，时乃天道。帝初于历山，往于田，日号泣于旻天，

于父母。负罪引慝，祗载见瞽瞍，夔夔斋栗，瞽亦允若。

夔夔，敬惧貌也。

3.《尚书全解》卷四

（宋）林之奇撰

（归善斋按：见"肆予以尔众士"）

4.《尚书讲义》卷三

（宋）史浩撰

（归善斋按：见"惟时有苗弗率"）

5.《尚书详解》卷三

（宋）夏僎撰

（归善斋按：见"惟德动天"）

6.《增修东莱书说》卷三

（宋）吕祖谦撰，时澜增修

（归善斋按：见"惟德动天"）

7.《尚书说》卷一

（宋）黄度撰

（归善斋按：见"惟德动天"）

8.《洁斋家塾书钞》卷二

（宋）袁燮撰

（归善斋按：见"惟时有苗弗率"）

9.《书经集传》卷一

（宋）蔡沈撰

（归善斋按：见"三旬，苗民逆命"）

10.《尚书精义》卷六

（宋）黄伦撰

（归善斋按：见"三旬，苗民逆命"）

11.《尚书详解》卷三

（宋）陈经撰

（归善斋按：见"惟德动天"）

12.《融堂书解》卷二

（宋）钱时撰

（归善斋按：见"惟德动天"）

13.《尚书要义》卷三

（宋）魏了翁撰

（归善斋按：未引）

14.《书集传或问》卷上

（宋）陈大猷撰

（归善斋按：未解）

15.《尚书详解》卷二

（宋）胡士行撰

（归善斋按：见"惟德动天"）

16.《书纂言》卷一

（元）吴澄撰

（归善斋按：缺）

17. 《书集传纂疏》卷一

（元）陈栎撰

（归善斋按：见"三旬，苗民逆命"）

18. 《读书丛说》卷三

（元）许谦撰

（归善斋按：未解）

19. 《书传辑录纂注》卷一

（元）董鼎撰

（归善斋按：见"三旬，苗民逆命"）

20. 《尚书句解》卷二

（元）朱祖义撰

满招损（苟自满则适以招损），谦受益（惟自谦则可以受益），时乃天道（亏盈益谦，是乃天道之常。禹宜以谦冲为德，不与苗较，则苗自服）。

21. 《尚书日记》卷三

（明）王樵撰

（归善斋按：见"惟时有苗弗率"）

22. 《日讲书经解义》卷二

（清）库勒纳等撰

（归善斋按：见"惟时有苗弗率"）

《书义断法》卷一

（元）陈悦道撰

（归善斋按：见"惟德动天"）

《尚书考异》卷二

(明) 梅鷟撰

益赞于禹曰：惟德动天，无远弗届。满招损，谦受益，时乃天道。

《诗》曰"致天之届"，《易》谦之象传曰"天道亏盈而益谦"，下文有"地道"、"人道"、"鬼"、"神"四句连类而发，所谓矢口为经，决非因袭之语。今《易》"盈"字为"满"字，《易》"亏"字为"损"字，所以新其字也。《易》"亏盈"为"满招损"，《易》"益谦"为"谦受益"，所以奇其句也。藏形匿迹如此，然后以"时乃天道"束之于下，与象传繁简顺逆，迥不同矣。自以为龙蛇虎豹变见出没，人孰得而搏捕之哉。然总之，不离一天道亏盈而益谦也。以此欺孩提乳臭者，可矣。若以欺明镜止水之贤人君子，乌乎！可且蹈袭而无当。以上文观之，舜称禹"不自满假"、"不矜"、"不伐"矣。禹何弗谦之有？是于上文无当。以下文观之，即引舜之至德要道，所以感通神明者，谦又不足以言之也。是于下文无当，此之谓百孔千疮。

帝初于历山，往于田，日号泣于旻天，于父母

1.《尚书注疏》卷三

(汉) 孔氏传，(唐) 陆德明音义，孔颖达疏

帝初于历山，往于田，日号泣于旻天，于父母。

传：仁覆愍下，谓之旻天，言舜初耕于历山之时，为父母所疾，日号泣于旻天及父母，克己自责，不责于人。

音义：田，本或作畋。号，亡高反。旻，武巾反。

疏：帝乃初耕于历山之时，为父母所疾。往至于田，日号泣于旻天，于父母。

仁覆愍下，谓之旻天，《诗》毛传文也。旻，愍也，求天愍己，故呼曰旻天。《书》传言"舜耕于历山"，郑玄云"历山在河东"，是耕于历山

之时，为父母所疾，故往于田，日号泣于旻天。何为然也？《孟子》曰：怨慕也。长息问于公明高曰：舜往于田，则予既闻命矣，号泣于旻天及父母，即吾不知矣。公明高曰：非尔所知也。我竭力耕田，供为子职而已，父母不爱我，何哉？大孝，终身慕父母。五十而慕者，予于大舜见之矣。言舜之号泣怨慕者，克己自责，不责于人也。

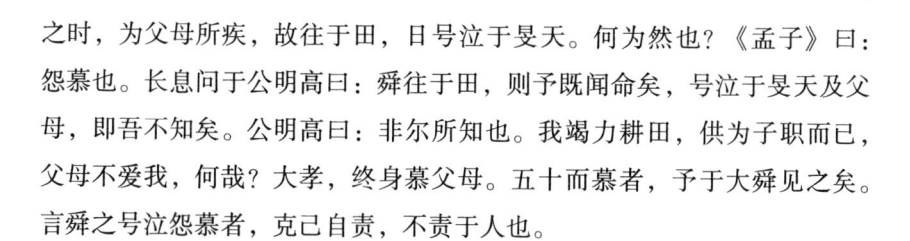

2. 《书传》卷三

（宋）苏轼撰

（归善斋按：未解）

3. 《尚书全解》卷四

（宋）林之奇撰

帝初于历山，往于田，日号泣于旻天，于父母，负罪引慝，祗载见瞽瞍，夔夔斋栗。瞽亦允若。至诚感神，矧兹有苗。

此又言舜之克谐瞽瞍之事，以见德之至者，虽其凶顽之人，犹可以化服之也。"帝初于历山，往于田"，谓舜之居侧微畎亩之时也。是时，为父母所疾，自咎其不顺于父母，既号泣于旻天，又号泣于父母，盖自尽其怨慕之德，其所号泣于旻天、父母，惟负罪引慝而已。盖引咎以自责，不以为父母之失也。孟子载其言曰：我竭力耕田，供为子职而已。父母之不我爱，于我何哉？此负罪引慝之实也。惟其"负罪引慝"，故供为子职，不敢不尽其力。"祗载见瞽瞍"，谓敬其事以见于父，起敬起爱，而不敢怨也。夔夔，恐惧之貌，谓恐惧斋庄爱敬，尽于事亲也。惟竭至诚以事其父，故虽瞽瞍之顽，亦信顺之。夫舜之号泣于旻天，于父母，而其至诚，实有以感格于上天之意，则虽瞽瞍之顽，犹至于允若，以是知至诚可以感格于神明也如此。况兹有苗之顽，未至于瞽瞍之甚。苟使禹以德而怀来之，彼将自至，何必区区以干戈而征之，此盖益赞于禹之意也。

4. 《尚书讲义》卷三

（宋）史浩撰

（归善斋按：见"惟时有苗弗率"）

5.《尚书详解》卷三

（宋）夏僎撰

（归善斋按：见"惟德动天"）

6.《增修东莱书说》卷三

（宋）吕祖谦撰，时澜增修

（归善斋按：见"惟德动天"）

7.《尚书说》卷一

（宋）黄度撰

（归善斋按：见"惟德动天"）

8.《洁斋家塾书钞》卷二

（宋）袁燮撰

（归善斋按：见"惟时有苗弗率"）

9.《书经集传》卷一

（宋）蔡沈撰

（归善斋按：见"三旬，苗民逆命"）

10.《尚书精义》卷六

（宋）黄伦撰

（归善斋按：见"三旬，苗民逆命"）

11.《尚书详解》卷三

（宋）陈经撰

（归善斋按：见"惟德动天"）

12.《融堂书解》卷二

（宋）钱时撰

（归善斋按：未解）

13.《尚书要义》卷三

（宋）魏了翁撰

（归善斋按：未引）

14.《书集传或问》卷上

（宋）陈大猷撰

（归善斋按：未解）

15.《尚书详解》卷二

（宋）胡士行撰

（归善斋按：见"惟德动天"）

16.《书纂言》卷一

（元）吴澄撰

（归善斋按：缺）

17.《书集传纂疏》卷一

（元）陈栎撰

（归善斋按：见"三旬，苗民逆命"）

18.《读书丛说》卷三

（元）许谦撰

（归善斋按：未解）

19.《书传辑录纂注》卷一

（元）董鼎撰

（归善斋按：见"三旬，苗民逆命"）

20.《尚书句解》卷二

（元）朱祖义撰

帝初于历山（且如舜初以侧微居历山），往于田（往耕于田），日号泣于旻天，于父母（日日号泣哀吁于旻天，以不得意于父母）。

21.《尚书日记》卷三

（明）王樵撰

（归善斋按：见"惟时有苗弗率"）

22.《日讲书经解义》卷二

（清）库勒纳等撰

（归善斋按：见"惟时有苗弗率"）

《书蔡氏传旁通》卷一下

（元）陈师凯撰

历山在河中府河东县。

《韵会》云：蒲州河东县雷首山，一名中条，亦名历山。又越州余姚县濮州雷泽及妫州，皆有历山舜井。

《书蔡氏传旁通》卷一下

（元）陈师凯撰

仁覆闵下谓之"旻"。

《尔雅》云：秋为旻天。《诗序》云：旻，愍也。毛公云：仁覆闵下则称"旻天"，闵、愍通用。《书》疏云：求天愍已，故呼曰"旻天"。

号呼于旻天，于其父母。

《朱子语录》云，号，泣。"于旻天"，呼天而泣也；"于父母"，呼父母而泣也。

怨慕之深。

《孟子集注》云，怨己之不得其亲而思慕也。又云，自责不知己有何罪耳，非怨父母也。

即《孟子》所谓"厎豫"也。

《集注》云：厎，致也。豫，悦，乐也。《书》所谓"不格奸"，亦"允若"是也。

《尚书考异》卷二

（明）梅鷟撰

帝初于历山，往于田，日号泣于旻天，于父母，负罪引慝，祗载见瞽瞍，夔夔斋栗。瞽亦允若。

此因《尧典》"父顽"字，与《皋陶谟》"苗顽弗即工"之"顽"字相同，而遂搜辑此二条以立言。《万章》曰"舜往于田，号泣于旻天"。何为其"号泣"也？无"于父母"三字。长息问于公明高曰"舜往于田，则吾既得闻命矣。号泣于旻天，于父母则吾不知也"，则"舜往于田，号泣于旻天，于父母"此三句恐为逸书，然亦未敢必。盖以二人口气，无引"《书》曰"之文故也。首以"帝初于历山"者，因《史记》"耕于历山，历山之人皆让畔者"故也。言"初"者，以见其后之化也。所以承上起下之辞也。此句乃晋人所增，当删。盖既云"于历山"正以"田"而往也，与下句"往于"二字重复，有碍学者。读惯不觉，细味之，自见。"负罪引慝"一句，亦晋人所增，当删。盖因《孟子》下文"父母之不我爱，于我何哉"之意。而用此四字于二条之间，亦所以承上起下。"负罪"二字，用廉颇"负荆谢罪"之意。"引"之一字，若"引咎责躬"之"引"。"慝"之一字，用《诗》之"死矢靡慝"之"慝"。然涉于心之思虑，拟议口之自责自艾，然后"祗载见瞽瞍，夔夔斋栗"者，是乃所以言贤人君子以下之事，而非"由仁义行"，非行仁义者之所作为也。辞虽贯穿，而意实侮舜矣，故曰当删。"号泣于旻天"之上，加"日"字，乃此人之故知如此圣化神矣。恒情罔测，礼家虽有三谏号泣之说，然当耕而耕，日日号泣，亦非存心不他之义，不若《万章》长息无此字语，尤圆而活也。"衹载"三句见《孟子》，且有"书曰"二字，此可知其必为逸书无疑，当拈出而标注之，然后见后学尊经之意，不敢以鱼目袭我明月夜光也。"瞽亦允若"，《孟子》有"瞍"字，为是今此人节去"瞍"字者，因《尧典》有"瞽子"之文故也。当是时，四岳既居显位，而复当尧天子之前，故言"瞽"字无害。今舜既为天子矣，禹、益皆其臣子，又非帝尧当阳之时，瞽瞍为天子之父，即后世之所谓太上皇也，公然以待"有鳏在下"者父之名称之，但知字之可据，而不知时地之不同。吾恐禹、益之心，不惟不敢，亦惕然有所不忍乎。《记》曰"拟人必于其伦"。圣天子之父，亦既"允若"矣，"厎豫"矣，谆谆口之，以侪诸蠢窜分北之苗，可谓于其伦乎哉？以明月夜光而投之以弹野雀，此逸书之不幸也。急于搜葺而不知其上下文不从，字不顺，句句失其职。《皋陶谟》之"昌言"殆不类此。崇伯子之所以荐于天者，决知其不然。吾以为晋人之诬伯、益厚矣，安得不"昌言"以排之哉？或曰伯益特借"瞽"以明至诚感应之机云耳。吾子何求之深也？曰事体不例之甚。感父顽者，可以"号泣"、"衹载"。施之苗顽，则不可。试即其言而例之，必曰：禹往于苗，日号泣于旻天，于有苗，负罪引慝，衹载见有苗，夔夔斋栗，苗亦允若，然后为"至诚"也，不敬何以别乎？其辞气之弊，必至于此。且瞽之顽，乃舜在下时之不幸。此书之言，又荐禹以后时所言，晋人欲取以神其说，不知其不当言也。此"班师"一段，皆暗用文王伐崇事，而失之远甚。舜、禹感苗之"诚"久矣，与文王时势之难者，亦复不例之甚。若前此而"诚"犹有所未至，文教犹有所未"诞敷"，必待益之交修不逮，而后求"诚"，而后"诞敷"，则卫武公以下之事，汤武亦不必然也。然则，何足以为舜禹？吾故曰非益之言也。诬之者厚也，益必不忍借圣天子"允若"之父，以例苗顽也。因"父顽"、"苗顽"，二"顽"字之相同，而搜辑此二条，以立言者果信也。

《尚书疑义》卷一

（明）马明衡撰

"帝初于历山"，舜既称帝矣。而瞽瞍犹只称瞽瞍，则未尝有尊异之言，是虽尊为天子之父，而不敢以天下私其亲，盖以天下为公器也。

《尚书注考》

（明）陈泰交撰

"日号泣于旻天"，训仁闵覆下，谓之"旻"。"旻天大降，丧于殷"，训"旻天"，秋天也，主肃杀而言。

《尚书埤传》卷三

（清）朱鹤龄撰

（归善斋按：见"三旬，苗民逆命"）

《书经衷论》卷一

（清）张英撰

人世之最难格者，莫如家庭，尤莫如家庭之"顽"、"嚚"，以其"顽"、"嚚"也，则不可以理喻情感。以其家庭也，则不可以权格势禁。暱而亲之不可也，推而远之亦不可也。圣人处此，几于无术，惟有号泣而已矣，惟有至试而已矣，惟有负罪引慝而已矣。至于"烝乂"、"格奸"，则圣人之心已通幽隐、贯金石。舜之所以升闻者，以此。舜之所以感神者，亦以此。至禹伐有苗弗服，益犹举此以赞禹。洵乎，圣人之绝德，而为古今之所不可及也哉。

《尚书大传》卷一

（清）孙之騄辑

仁闵覆下，则称旻天（《说文》引《虞书》）。

今《尚书》欧阳说，春曰昊天，夏曰苍天，秋曰旻天，冬曰上天（《诗》、《周礼》、《尔雅》疏）。

《尚书地理今释》

（清）蒋廷锡撰

历山，在今山西平阳府蒲州南三十里，即《禹贡》雷首山也。《水经注》云：河东郡南有历山，谓之历观舜所耕处。

负罪引慝，祗载见瞽瞍，夔夔斋栗，瞽亦允若

1. 《尚书注疏》卷三

(汉) 孔氏传，(唐) 陆德明音义，孔颖达疏

负罪引慝，祗载见瞽瞍，夔夔斋栗，瞽亦允若。

传：慝，恶；载，事也。夔夔，悚惧之貌。言舜负罪引恶，敬以事。见于父，悚惧斋庄，父亦信顺之。言能以至诚感顽父。

音义：慝，他侧反。见，贤遍反。瞽，音古。瞍，素后反。夔，求龟反。斋，侧皆反。

疏：乃自负其罪，自引其恶，恭敬以事，见父瞽瞍，夔夔然悚惧，斋庄战栗，不敢言己无罪。舜谦如此，虽瞽瞍之顽愚，亦能信顺。

"慝"之为"恶"，常训耳。《舜典》已训"载"为事，以非常训，故详其文。夔夔，与斋栗共文，故为悚惧之貌。自负其罪，引恶归己，事势同耳。丁宁深言之。敬以事见于父者，谓父亦信顺之者恭敬，自因事务须见父，恭敬以见，夔夔然悚惧斋栗，是见时之貌，谓当以事见之时，顺帝意不悖怒也。言能以至诚感顽父者，言感，使当时暂以顺耳，不能使每事信顺，变为善人。故《孟子》说舜既被尧征用，尧妻之以二女，瞽瞍犹与象欲谋杀舜，而分其财物，是下愚之性，终不可改。但舜善养之，使不至于奸恶而已。

2. 《书传》卷三

(宋) 苏轼撰

(归善斋按：见"满招损，谦受益")

3. 《尚书全解》卷四

(宋) 林之奇撰

(归善斋按：见"帝初于历山")

4. 《尚书讲义》卷三

（宋）史浩撰
（归善斋按：见"惟时有苗弗率"）

5. 《尚书详解》卷三

（宋）夏僎撰
（归善斋按：见"惟德动天"）

6. 《增修东莱书说》卷三

（宋）吕祖谦撰，时澜增修
（归善斋按：见"惟德动天"）

7. 《尚书说》卷一

（宋）黄度撰
（归善斋按：见"惟德动天"）

8. 《洁斋家塾书钞》卷二

（宋）袁燮撰
（归善斋按：见"惟时有苗弗率"）

9. 《书经集传》卷一

（宋）蔡沈撰
（归善斋按：见"三旬，苗民逆命"）

10. 《尚书精义》卷六

（宋）黄伦撰
（归善斋按：见"三旬，苗民逆命"）

11. 《尚书详解》卷三

（宋）陈经撰

（归善斋按：见"惟德动天"）

12. 《融堂书解》卷二

（宋）钱时撰

（归善斋按：未解）

13. 《尚书要义》卷三

（宋）魏了翁撰

十七、如孟子说，瞽瞍暂顺，终不可改。

夔夔与斋栗共文，故为悚惧之貌。自负其罪，引恶归己，事势同耳，言能以至诚感顽父者。言感，使当时暂以顺耳，不能使每事信顺，变为善人，故孟子说舜既被尧征用，尧妻之以二女，瞽瞍犹与象欲谋杀舜，而分其财物，是下愚之性终不可改。但舜善养之，使不至于奸恶而已。

14. 《书集传或问》卷上

（宋）陈大猷撰

（归善斋按：未解）

15. 《尚书详解》卷二

（宋）胡士行撰

（归善斋按：见"惟德动天"）

16. 《书纂言》卷一

（元）吴澄撰

（归善斋按：缺）

17.《书集传纂疏》卷一

（元）陈栎撰

（归善斋按：见"三旬，苗民逆命"）

18.《读书丛说》卷三

（元）许谦撰

（归善斋按：未解）

19.《书传辑录纂注》卷一

（元）董鼎撰

（归善斋按：见"三旬，苗民逆命"）

20.《尚书句解》卷二

（元）朱祖义撰

负罪引慝（惟自负荷其罪，引咎于己），祗载见瞽瞍（一旦舜敬以其事见瞽瞍），夔夔斋栗（夔夔然恐惧，而有斋庄严栗之容），瞽亦允若（故虽瞽瞍之顽亦信顺之，况有苗乎）。

21.《尚书日记》卷三

（明）王樵撰

（归善斋按：见"惟时有苗弗率"）

22.《日讲书经解义》卷二

（清）库勒纳等撰

（归善斋按：见"惟时有苗弗率"）

《书蔡氏传旁通》卷一下

（元）陈师凯撰

瞍，长老之称。

《集注》云：瞽瞍，舜父名。蔡氏于《尧典》云"瞽，无目之名"，于此又云"瞍长老之称"，盖舜父老而无目，号曰"瞽瞍"，而蔡传释其所以为号之由也。

《尚书考异》卷二

（明）梅鷟撰

（归善斋按：见"帝初于历山"）

《尚书疑义》卷一

（明）马明衡撰

（归善斋按：见"帝初于历山"）

《尚书疏衍》卷二

（明）陈第撰

负罪引慝。

舜之事父母，处兄弟，自他人视之，若无罪慝。然者，此不知孝道之难，与大舜之心也。夫家人骨肉之间，安忍论是非可否。故舜不得于亲，惴惴然，真以为罪，真以为慝，由中心达于面目，若见己之，当刑，当诛，投豺虎而父母非厉；磔四体而父母非刻者。故服田力穑之间，不觉涕泣之横集，呼号之惨戚也。《孟子》曰："人悦之好色、富贵，无足以解忧者，惟顺于父母可以解忧。"扬子云曰："事父母自知不足矣，其舜乎？"二子知舜之心矣。是心也，于动天地，格鬼神，孚臣民，感蛮貊，何有嗟夫？当军旅之间，而谈祗父之事，舍攻战之法，而拜至诚之言，此唐虞至德之妙用，非叔世所能识也。

《书经衷论》卷一

（清）张英撰

（归善斋按：见"帝初于历山"）

至诚感神，矧兹有苗

1. 《尚书注疏》卷三

（汉）孔氏传，（唐）陆德明音义，孔颖达疏

至诚感神，矧兹有苗。

传：諴（xián），和；矧，况也。至和感神，况有苗乎，言易感。

音义：諴，音咸。矧，失忍反。易，以豉反。

疏：帝至和之德，尚能感于冥神，况此有苗乎？言其苗易感于瞽瞍。

諴，亦咸也，"咸"训为"皆"，皆能相从，亦"和"之义也。矧，况，《释言》文。上言德能动天，次言帝能感瞽。天以玄远难感，瞽以顽愚难感，言苗民近于天，而智于瞽，故言感天感瞽，以况之。天是神也，覆动上天，言至和，尚能感天神，而况于有苗乎？言其苗易感。神覆动天而不覆，言瞽者，以瞽虽愚，犹是人类。天神，事与人隔，感天难于感瞽，故举难者，以况之。其实天与瞽，俱言难感，以况有苗易于彼二者。

2. 《书传》卷三

（宋）苏轼撰

至诚感神。

以诚感物曰諴。

3. 《尚书全解》卷四

（宋）林之奇撰

（归善斋按：见"帝初于历山"）

4. 《尚书讲义》卷三

（宋）史浩撰

（归善斋按：见"惟时有苗弗率"）

5.《尚书详解》卷三

（宋）夏僎撰
（归善斋按：见"惟德动天"）

6.《增修东莱书说》卷三

（宋）吕祖谦撰，时澜增修
（归善斋按：见"惟德动天"）

7.《尚书说》卷一

（宋）黄度撰
（归善斋按：见"惟德动天"）

8.《洁斋家塾书钞》卷二

（宋）袁燮撰
（归善斋按：见"惟时有苗弗率"）

9.《书经集传》卷一

（宋）蔡沈撰
（归善斋按：见"三旬，苗民逆命"）

10.《尚书精义》卷六

（宋）黄伦撰
（归善斋按：见"三旬，苗民逆命"）

11.《尚书详解》卷三

（宋）陈经撰
（归善斋按：见"惟德动天"）

12. 《融堂书解》卷二

（宋）钱时撰

（归善斋按：见"惟德动天"）

13. 《尚书要义》卷三

（宋）魏了翁撰

（归善斋按：未引）

14. 《书集传或问》卷上

（宋）陈大猷撰

（归善斋按：未解）

15. 《尚书详解》卷二

（宋）胡士行撰

（归善斋按：见"惟德动天"）

16. 《书纂言》卷一

（元）吴澄撰

（归善斋按：缺）

17. 《书集传纂疏》卷一

（元）陈栎撰

（归善斋按：见"三旬，苗民逆命"）

18. 《读书丛说》卷三

（元）许谦撰

（归善斋按：未解）

19.《书传辑录纂注》卷一

（元）董鼎撰

（归善斋按：见"三旬，苗民逆命"）

20.《尚书句解》卷二

（元）朱祖义撰

至诚感神（且幽而莫测为神，可以至诚而感动），矧兹有苗（况此有苗小人耳。反而自修，何忧不格）。

21.《尚书日记》卷三

（明）王樵撰

（归善斋按：见"惟时有苗弗率"）

22.《日讲书经解义》卷二

（清）库勒纳等撰

（归善斋按：见"惟时有苗弗率"）

《尚书考异》卷二

（明）梅鷟撰

至诚感神。

《召诰》曰"其丕能諴于小民，今休"。

至诚感神，矧兹有苗。禹拜昌言曰：俞！

"诚"字见《召诰》"其丕能諴于小民，今休"。感神明，用《孝经》"通于神明"句。"矧兹"用《孝经》"达于邦家"意。"禹拜昌言曰：俞"，全用《皋陶谟》语。上文曰"惟德动天，无远弗届"，则下文宜举远于苗者，以为况方与"无远"二字相照应，顾乃引天子宫禁之内亲父，以为况此文义之不相照应者。亲亲而仁民，顺而易者。苗民弗用灵，逆而难者也。取顺而易者，以况逆而难者，将以嘲禹之不能格鲧耶？此岂近于人情？益果以禹之"至诚"不能感神格苗，何不昌言于未出师之前，及劳师费食三旬之久，然后乃教禹以"谦"，又教以"至诚"。斯师也，谓之何哉？殆《左传》所谓"迁延之师"者与。"禹拜昌言曰：俞"者，拜"慎厥身修"至"迩可远在兹"之昌言也，移于此"兹"，所谓惑者也。

《尚书注考》

（明）陈泰交撰

"至诚感神"，训诚感物曰"诚"。"其不能诚于小民"，训"诚"，和。

禹拜昌言曰：俞！班师振旅

1. 《尚书注疏》卷三

（汉）孔氏传，（唐）陆德明音义，孔颖达疏

禹拜昌言曰：俞！班师振旅。

传：昌，当也，以益言为当，故拜受而然之。遂还师。兵入曰振旅，言整众。

音义：当，丁浪反。下同。还，经典皆音旋。

疏：禹拜受益之当，言曰然然益语也。遂还师，整众而归。

昌，当也，《释诂》文。禹以益言为当，拜受而已。即还，还不请者，《春秋》襄十九年，晋士匄帅师侵齐，闻齐侯卒，乃还。《公羊传》曰"大夫以君命出，进退在大夫"，是言进退由将，不须请也。或可当时请帝乃还，文不具耳。兵入曰振旅，《释天》文，与《春秋》二传皆有此文。振，整也，言整众而还。

2. 《书传》卷三

（宋）苏轼撰

矧兹有苗。禹拜昌言曰：俞！

昌言，盛德之言也。

班师振旅。

班，还也。入曰振旅。

3. 《尚书全解》卷四

（宋）林之奇撰

禹拜昌言曰：俞！班师振旅。帝乃诞敷文德，舞干羽于两阶。七旬，有苗格。

薛氏曰：昌言，盛德之言也。此盖禹以益之言为盛德之言，于是拜受其言，而然之，遂为之班师振旅而归也。班师，旋师也。《左氏传》曰：班，马有声，谓还马也。入曰振旅，出曰班师。谓班师于有苗之国，而振旅于京师也。禹既班师振旅而归，于是舜大布文德，以怀来之也。大舜之文德，何时不诞敷，至是而后，言诞敷者，盖责己自反，不与苗较。彼知圣人之大度，足以有容如此，则愧耻迁善之心，油然而生。此其所为诞敷文德也。干，盾也。舞者执之，以为扞蔽。《明堂位》曰"朱干玉戚，以舞大武"，盖武舞也。羽，翳也，亦舞也。舞者执之以为蔽翳也。《简兮》之诗曰"左手执籥，右手秉翟"，盖文舞也，言舜之格有苗，不用干戈以服之，惟舞干戚于宾主两阶之间，而苗民自至。详考此言，盖是史官形容舜、禹盛德，不用干戈以服有苗，惟履服无事，舞干羽于两阶，而苗民自至。此形容不尽之意于言外，非禹之班师振旅而归舞于庭，以是为诞敷文德，而望苗民之来也。故曰以意逆志是为得之。禹既不用干戈，以与苗较，惟诞敷文德以怀来之，故至七旬，而有苗自格。"格"与"有耻且格"之"格"同。言有所感慕而来也。夫唐、虞之世，声教所被，讫于四海之外，不服者惟一有苗国而已。以天下之全力，而制一国之逆命，何难之有？而舜、禹怀之以德，待之以宽，迁其君而不服，则为之分北其善恶，而析居之。分北而犹不服，命率诸侯而征之，亦不责其必至也，又为之班师，能使之自服，盖自苗民始叛，至于凡五六十余年，然后得其心悦诚服，圣人优游宽大之政，非后世所能及也。

4. 《尚书讲义》卷三

（宋）史浩撰

（归善斋按：见"惟时有苗弗率"）

5.《尚书详解》卷三

（宋）夏僎撰

（归善斋按：见"惟德动天"）

6.《增修东莱书说》卷三

（宋）吕祖谦撰，时澜增修

禹拜昌言曰：俞！班师振旅。帝乃诞敷文德，舞干羽于两阶。

禹已知此理，益又从而赞之。禹神领心受，无所疑滞。如曾子之唯，两相忘于言意之外，即班还其师，整肃其旅，无踌躇之意。帝乃"诞敷文德"。帝之"文德"素"敷"于天下，又大"敷"之，则和气弥满，熏蒸于天地之间。此"诞敷"之意也。"舞干羽于两阶"，朝廷闲暇礼文之肄，非有意以示有苗也。《孟子》曰：自反而忠矣，自反而仁矣，自反而有礼矣。其横逆犹是也，曰此必妄人也已其与禽兽，奚择焉。夫《孟子》自反之尽，付之妄人，付之禽兽。舜之自尽，可谓至矣。有苗三旬不服，岂不可以付之妄人与禽兽乎？乃"诞敷文德"求之己，而不求之苗，则知圣贤之度量不同矣。

7.《尚书说》卷一

（宋）黄度撰

（归善斋按：见"惟德动天"）

8.《洁斋家塾书钞》卷二

（宋）袁燮撰

（归善斋按：见"惟时有苗弗率"）

9.《书经集传》卷一

（宋）蔡沈撰

（归善斋按：见"三旬，苗民逆命"）

10. 《尚书精义》卷六

（宋）黄伦撰

（归善斋按：见"三旬，苗民逆命"）

11. 《尚书详解》卷三

（宋）陈经撰

禹拜昌言曰：俞！班师振旅。帝乃诞敷文德。舞干羽于两阶。七旬，有苗格。

舜禹君臣，何其从善之敏也。《孟子》曰"禹闻善言则拜"，又曰"舜闻一善言，见一善行，若决江河，沛然莫之能御也。"伯益言中其机，故禹闻之而"拜昌言"，舜闻之而"敷文德"，曾无吝惜之意。前日徂征之举，舜与禹，随即冰释，所过者化矣。呜呼！君臣之际，何其同心同德也如此。自常情观之，舜命禹以徂征，而益之心，似若有阻君命者，宜告之舜，而反告之禹。禹受舜命，既无成功，听益言而还，似若专于进退者，宜告之舜，而反不告。舜之意，欲征有苗，既有成命，而二臣若此疑贰，加罪于二臣可也，而且"诞敷文德"，以此见君臣之际，两无疑情。益之意，谓禹犹己也，禹之意谓舜犹己也，此岂后世之所能及哉？"诞敷文德"何自而见之，岂未征苗之前，"文德"独不敷，及苗之逆命，而始"敷文德"耶？曰"舞干羽于两阶"，此即文德也。当其"徂征"也，干戈用之于行阵，及其班师振也，干羽用之于舞蹈，以见无事于用武矣。无事于用武，即文德也。诚意之所孚，精诚之所感。宜乎七旬之久，而有苗自格也。有苗之所以格者，岂能回心向道，遽革其旧习也哉？特畏威寡罪耳。革道之终，小人革面则亦足矣。抑余尝论感应之理，谓天下之理一而已矣，惟其一，故感彼应此，不疾而速，不行而至者也。自夫人反躬之未至，天理不明，人欲昏塞，故物我为二。天人为二，内外彼此为二，障蔽日深，动辄窒碍，何自而能感哉。"山下有泽"，"君子以虚受人"。圣贤所谓"物我"者，初无异理。惟能私意消释，天地皆吾同体，自然有感有应，所谓"正己而物正"、"笃恭而天下平"、"其身正而天下归之"，皆此理也。干羽舞而有苗格，高宗梦而傅说来，成王悟而天反风，《春秋》

成而麟至，亦此理也。后之学者，当横逆之来，且先自处以为吾忠矣，吾仁矣，吾礼矣，不知自反，而专于责人。忿疾一萌，悔吝百出，又安知圣贤之功用哉？虽然，说者谓，结绳之政，不足以理暴秦之乱；干羽之舞，不足以解平城之围。谓当排难解纷之际，干羽之舞诚无用也。曾不思，道固有并行而不悖者。舜之舞干羽，固足以格有苗矣。使舜之威命不行，师旅不整，征讨不加，而徒曰吾将以诚意感之，彼其谓我不能师也，不几于起侮乎？天下之事，惟权之在我者，然后可以用吾诚。苗之服舜也，意其必曰天威之可畏如此，今也威不加吾，而且退而修德，吾其可不服哉？是舜有其威权，而不自用其威权，故诚意所感足以使人来格者。有贲育之勇而揖逊，则揖逊足以使人服。三尺童子，以揖逊服人，人将谓童子弗能，而且侮之矣。明乎此，则"徂征"之举，与"诞敷文德"者，皆并行而不相悖也。不然，则宋襄公以不鼓不成列而取败，陈余以仁义之师而取败。反执"舞干羽"之说，是亦腐儒耳。

12.《融堂书解》卷二

（宋）钱时撰

（归善斋按：见"惟德动天"）

13.《尚书要义》卷三

（宋）魏了翁撰

十八、禹拜益言，即还言，进退由将。

禹以益言为当，拜受而已。即还，还不请者。《春秋》襄十九年，晋士匄师师侵齐，闻齐侯卒，乃还。《公羊传》曰"大夫以君命出，进退在大夫"，是言进退由将，不须请也。或亦当时请帝乃还，文不具耳。兵入曰振旅。

14.《书集传或问》卷上

（宋）陈大猷撰

（归善斋按：未解）

15.《尚书详解》卷二

（宋）胡士行撰

禹拜昌（善）言曰：俞！班（还）师振（整齐）旅。帝乃诞（大）敷（布）文德，舞干（武舞）羽（文舞）于两阶（宾主阶）。七旬，有苗格。

神领心会，拜而俞之，如曾子之"唯无疑滞"也。"班师振旅"，略无跻踌之意，帝德之敷素矣。至此不间以用兵而益大敷之两阶之舞。朝廷闲暇礼文之彝，非有意以服苗也，而苗自格。盖阳和之畅至是，而寒谷皆春矣。苗始叛至是五六十年，然后心悦诚服，圣人优游宽大之政，天地之造也。

16.《书纂言》卷一

（元）吴澄撰

（归善斋按：缺）

17.《书集传纂疏》卷一

（元）陈栎撰

（归善斋按：见"三旬，苗民逆命"）

18.《读书丛说》卷三

（元）许谦撰

（归善斋按：未解）

19.《书传辑录纂注》卷一

（元）董鼎撰

（归善斋按：见"三旬，苗民逆命"）

20.《尚书句解》卷二

（元）朱祖义撰

禹拜昌言曰：俞（禹于是拜受益之善，言"俞"以然之）！班师振旅（遂还师于有苗之国，整理其众而归）。

21.《尚书日记》卷三

（明）王樵撰

（归善斋按：见"惟时有苗弗率"）

22.《日讲书经解义》卷二

（清）库勒纳等撰

（归善斋按：见"惟时有苗弗率"）

《书义断法》卷一

（元）陈悦道撰

禹拜昌言曰：俞！班师振旅。帝乃诞敷文德，舞干羽于阶。七旬，有苗格禹敬盛德之言，而班师于苗国。舜大文德之敷，而舞干羽于两阶。盖大臣从谏之速，而人主尚德之深，固非有意于服苗民也。而七旬之间，有苗来格，虽其理之必然，而亦其事之适然。史臣比事而书之，盖纪实也。

《尚书考异》卷二

（明）梅鷟撰

班师振旅

《左传》襄十年荀偃、士匄"请班师"。又传云："出曰治兵，入曰振旅。"《荀子·成相篇》："舜授禹以天下，尚德推贤，不失序。外不避仇，内不阿亲贤者予。禹劳心力，尧有德，干戈不用，三苗服。举舜甽亩，任之天下，身休息。"庄周曰："舜舞干羽于两阶，而有苗服。"《淮南子·齐俗训》："当舜之时，有苗不服，于是舜齐政偃兵，执干戚而舞之。时天下大雨。"《氾论训》："舜干戚而服有苗。"许慎注：舜之初，有苗叛。舜执干戚而舞于两阶之间。有苗服，从之，以德化怀来也。

（归善斋按：另见"至诚感神"）

帝乃诞敷文德

1.《尚书注疏》卷三

(汉)孔氏传,(唐)陆德明音义,孔颖达疏

帝乃诞敷文德。

传:远人不服,大布文德以来之。

音义:诞,音但。阶,徐音皆。

疏:帝舜乃大布文德。

远人不服,文德以来之,《论语》文也。益赞于禹,使修德。而帝自诞敷者,言君臣同心。大布者,多设文德之教,君臣共行之也。

2.《书传》卷三

(宋)苏轼撰

帝乃诞敷文德。

诞,大也。

3.《尚书全解》卷四

(宋)林之奇撰

(归善斋按:见"班师振旅")

4.《尚书讲义》卷三

(宋)史浩撰

(归善斋按:见"惟时有苗弗率")

5.《尚书详解》卷三

(宋)夏僎撰

(归善斋按:见"惟德动天")

6.《增修东莱书说》卷三

（宋）吕祖谦撰，时澜增修
（归善斋按：见"班师振旅"）

7.《尚书说》卷一

（宋）黄度撰

帝乃诞敷文德，舞干羽于两阶。七旬，有苗格。

舞干羽于两阶，偃武修文也。两阶，朝位，禹复命，帝益修文，而苗格。

8.《洁斋家塾书钞》卷二

（宋）袁燮撰
（归善斋按：见"惟时有苗弗率"）

9.《书经集传》卷一

（宋）蔡沈撰
（归善斋按：见"三旬，苗民逆命"）

10.《尚书精义》卷六

（宋）黄伦撰
（归善斋按：见"三旬，苗民逆命"）

11.《尚书详解》卷三

（宋）陈经撰
（归善斋按：见"班师振旅"）

12.《融堂书解》卷二

（宋）钱时撰
（归善斋按：见"惟德动天"）

13.《尚书要义》卷三

（宋）魏了翁撰

（归善斋按：未引）

14.《书集传或问》卷上

（宋）陈大猷撰

（归善斋按：未解）

15.《尚书详解》卷二

（宋）胡士行撰

（归善斋按：见"班师振旅"）

16.《书纂言》卷一

（元）吴澄撰

（归善斋按：缺）

17.《书集传纂疏》卷一

（元）陈栎撰

（归善斋按：见"三旬，苗民逆命"）

18.《读书丛说》卷三

（元）许谦撰

（归善斋按：未解）

19.《书传辑录纂注》卷一

（元）董鼎撰

（归善斋按：见"三旬，苗民逆命"）

20.《尚书句解》卷二

（元）朱祖义撰

帝乃诞敷文德（舜乃大布文德，以怀来之）。

21.《尚书日记》卷三

（明）王樵撰

（归善斋按：见"惟时有苗弗率"）

22.《日讲书经解义》卷二

（清）库勒纳等撰

（归善斋按：见"惟时有苗弗率"）

《书义断法》卷一

（元）陈悦道撰

（归善斋按：见"班师振旅"）

《尚书考异》卷二

（明）梅鷟撰

帝乃诞敷文德，舞干羽于两阶。七旬，有苗格。

或曰：子之攻诘古文，不遗余力矣。其亦有所据乎？自魏晋以来，明智之儒，不可枚举，悉皆尊信古文，而伏生《书》反附丽以行，至子之身，而深距之，若无所据，则不免于侮圣言者矣。子独，且奈何哉？应之曰：无所据而妄为之说，小子何敢？吾所据者，匪从天降，匪从地出，即以伏生之本经，而发伪书之墨守也。不然，则晋人伪书，反为膏肓沉痼之疾，而伏生所传者，圣人之本经，反为千载之废疾矣。予之汲汲于攻之者，将以箴膏肓，而起废疾耳。予岂好辨哉？予不得已也。传曰：有功不赏，有罪不罚，虽尧南面而立，舜北面而朝，天下不可一朝居也。夫尧、舜赏功之实，果何在哉？匪尧举舜，舜举十六相也耶？尧舜罚罪之实果何在哉？匪流共工，放驩兜，窜三苗，殛鲧也耶？故曰"四罪而天下咸服"。晋人窃取庄周之寓言,乱我圣经之正理。庄周曰:"孙叔敖甘寝","而郢人投兵";"舜舞干羽于两阶,而有苗来格"。晋人愚而受欺,以为文德格远,真圣人过化存神之事,于是攘臂搜茸,驾空纽捏,创为征苗之誓,以拓长一篇之文,而有"诞敷文德,舞干羽于两阶。七旬,有苗格"之言。后之儒者,不复致思,不加参考,遂至曲为弥缝,两可依违,宁使正经之蔽亏,讳言邪说之乱真。呜呼!惜哉。真所谓"以华丹乱窈窕"、"以强辞夺正理"者矣。未尝参互考订,安能深知其为膏肓沉痼之邪说,所以惑世而诬圣者耶?考之《尧典》曰"窜三苗于三危",蔡曰:盖其负固不服,乍臣乍叛,舜摄位时而窜逐之。禹治水之时,三危既宅,而犹"顽不即工",则舜之窜为徒窜,而史臣"四罪咸服"之言当削矣。此其违经叛圣,党邪说,而助之攻正一也。考之《皋陶谟》,"禹曰:苗顽弗即工。帝其念哉。帝曰:迪朕德,时乃功惟叙",初未尝有命禹徂征之事。帝又曰"皋陶方祗厥叙,方施象刑,惟明",则帝以付皋陶之象刑,若"五流有宅,五宅三居"者是也。又安得有命禹"徂征"之事。蔡沈曰禹摄位之后,帝徂征而犹逆命,其违经叛圣,党邪说而助之攻正,二也。考之《禹贡》曰"三危既宅,三苗丕叙",与《尧典》"窜三苗于三危"之文,特相照应,与帝命皋陶为士,五流有宅之刑,特为互见。可见伏生圣经未尝失其本经,非独口以传授,而为壁出之善本也明矣。今蔡言"既宅"、"丕叙"之后,而旧都犹"顽不即工",则安得谓之"既宅",谓之"丕叙"哉?且其负固全力之时,不假用兵,而可以远宅、丕叙之于三危之远,顾于旧都遗落之种,乃敢阻兵,安忍而逆命,抗衡于誓师之久,又不通之说矣。此其违经叛圣,党邪说而助之攻正者,三也。又考之《吕刑》曰:"苗氏弗用灵,制以刑,惟作五虐之刑曰法,杀戮无辜。爰始淫为劓、刵、椓、黥。越兹丽刑并制,罔差有辞,民兴胥渐,泯泯棼棼,罔中于信,以覆诅盟,虐威庶戮,方告无辜于上。上帝监民,罔有馨香德,刑发闻惟腥。皇帝哀矜庶戮之不辜,报虐以威,遏绝苗民,无世在下。"蔡沈曰《吕刑》之"遏绝"通其本末而言,所谓本者,非言舜之窜逐时乎?所谓末者,非言舜之分北时乎?夫本之时,既言有旧都之顽在,安得谓之"遏绝"哉?末之时,既曰"来格"矣,又从而"遏绝"之。不几于"遏绝"已降者乎?此其违经叛圣,党邪说而助之攻正,四也。《吕刑》又曰"皇帝清问下民，鳏寡有辞于苗"，又曰："其今尔何惩，惟时苗民，匪察于狱之丽，罔择吉人，观于五刑之中。惟时庶威夺货，断制五刑，以乱无辜。上帝不蠲，降咎于苗。苗民无辞于罚，乃绝厥世"。曰"有辞于苗"，曰"无辞于罚"，曰"乃绝厥世"，皆与《尧典》、《皋陶》、《禹贡》合，而独无一字及于"徂征"、"来格"之意与《禹谟》合。蔡沈犹不能辨，其有胸无心亦已甚矣。此其违经叛圣，党邪说而助之攻正者，五也。至于《尧典》之末，而特书"分北三苗"一言者，是即《禹贡》"三危既宅，三苗丕叙"之意，匪有它也。盖窜迁之时，有"顽不即工"者，皋陶以象刑谪遣之。禹于雍州，即随至而"宅"、"叙"之。此其首尾照应，较然可寻，文理血脉，贯通无间。安可以"徂征"、"来格"之文，反易明征之实迹哉？且人既"来格"，不可追其既往。革心向化之人，圣人必不分北之。圣人既分北之，则决非"来格"之人。"来格"之与"分北"，不啻冰炭之相反也。学者将以"分北"为是乎？将以"来格"为是乎？如以"来格"为是，则《大禹谟》为真，《尧典》为伪矣。如以"分北"为是，则《尧典》为真，《大禹谟》为伪矣。《尧典》既为伪，则《皋陶谟》、《禹贡》、《吕刑》，皆不足信也，皆可删也。《大禹谟》为伪，则《皋陶谟》、《禹贡》、《吕刑》，皆昭如日月也，皆不可以附丽俦列于五十九篇之内也。二者必居一。于是安得伥伥茫茫，为无星之称，无寸之尺，而两可依违于其间，使千载而下，舜、禹大圣人，独蒙"分北"已降之过者哉？夫使我二帝三王之正经，万古如长夜，溷玄珠于沉沙，岂非吾儒之罪也哉？圣经如日焉，忍溷之？吾尝原晋人之心矣，以为非剿取文王伐崇，修教因垒而降，不足以形容舜、禹过化存神之妙。殊不知天地之大德曰生，非不欲为无秋之春也。然四时以序而行，不能即夏而为春。故君子静观天地震曜杀戮之心，是即天地生育养长之心，不必别求天地之心也。圣人法天者也，赏以类天之生育养长；刑以类天之震曜杀戮。故君子静观圣人流放窜殛之心，是即圣人过化存神之心，不必别求圣人之心也。如必以流、放、窜、殛之刑，为不足以尽圣人过化存神之妙，而别求"干羽"以为奇，则吾将求其备。古之人所以大过人者，无他焉，善推其所为而已矣。故九经之序，由家以及朝廷，由朝廷以及其国，由国以及于天下。三苗，天下之荒服也。共工、驩兜、鲧，朝廷之臣也。今既能忽然而使有苗之"来格"矣，又何不忽然而使工、兜、鲧之勃化，尚何以流、放、殛，为商均传家之子也？又何不忽然而使商均之洗心，尚何有不肖为哉？是则，勐虎虺蛇之不能扰驯，不害其为天地。工、兜、苗、鲧之不能化，不害其为圣人。而立异以紊圣经，即为邪说也，昭昭矣斯义也。晋人固不足以知之。蔡沈略知其说之不通，曲为文饰，又不自知其立说之乖剌也。其注《皋陶谟》曰：威以象刑。而苗犹不服，然后禹以征之；征之不服，以益之谏，而又增修德教。及其"来格"，然即从而分北之。是欺其不见而取之也。焉有仁人在位，罔苗之事而可为哉？犹自夸以为知圣人兵刑之叙，与帝舜治苗之本末，岂非诬而可怜哉？于彼则曰以益之谏，又增修德；于此则曰舜之文德，非自禹班师而始敷，则彼所谓增修者，果何物也耶？注之上文既曰：苗之来格，非以舞干羽而至，干羽之舞，雍容不迫，有苗之至适，当其时，则益之戒为空言无补，而作史者亦随事札记之常耳。下文复曰：作史者因即其实，以形容有虞之德，千载之下，犹可以是而想其一时气象。夫奉辞不足以威敌，则其用兵也，诚为儿戏；舞羽无关于向化，则其文舞也，不过目观。如此气象，尚何可想之有？此其言，皆自相牴牾者也。且有苗之格，既逆于三旬之"徂征"，又不为"干羽"之速化，则其格也，岂别有神兵以驱之耶？凡皆弥缝谄佞晋人之讹，而逞其儿童之见，无足取者，岂非无得于心，故不得于言也耶？

《书经衷论》卷一

（清）张英撰

"诞敷文德"，两阶舞羽，此圣人之以文德怀天下也。七旬苗格，适当其时耳。岂因格苗，而始敷文德乎？置梗化之人于度外，而不与之校，盛德之至也。如斗杓东指，天下皆春，苗民阻化之心，冻融冰解，且不自知圣人宁有心乎？

舞干羽于两阶

1.《尚书注疏》卷三

（汉）孔氏传，（唐）陆德明音义，孔颖达疏

舞干羽于两阶。

传：干，楯；羽，翳也，皆舞者所执。修阐文教，舞文舞于宾主阶间，抑武事。

音义：楯，食允反。翳，于计反。阐，尺善反。

疏：舞干羽于两阶之间。

《释言》云：干，扞也。孙炎曰：干，楯，自蔽扞也，以楯为人扞通，以干为楯名，故干为楯。《释言》又云：纛，翳也。郭璞云：舞者，持以自蔽，翳也。故《明堂位》云："朱干玉戚，以舞大武。"戚，斧也，是武舞，执斧执楯。《诗》云"左手执籥，右手秉翟"，是文舞执籥、秉羽。故干、羽，皆舞者所执。修阐文教，不复征伐，故舞文德之舞于宾主阶间，言帝抑武事也。经云"舞干羽"，即亦舞武也。传惟言舞文者，以据器言之，则有武有文，俱用以为舞，而不用于敌，故教为文也。御之必有道者，不恭而往征，得辞而振旅，而御之以道。

2.《书传》卷三

（宋）苏轼撰

舞干羽于两阶。

干，楯也。羽，翳也。两阶，宾主之阶也。

3.《尚书全解》卷四

（宋）林之奇撰

（归善斋按：见"班师振旅"）

4.《尚书讲义》卷三

（宋）史浩撰

（归善斋按：见"惟时有苗弗率"）

5.《尚书详解》卷三

（宋）夏僎撰

（归善斋按：见"惟德动天"）

6.《增修东莱书说》卷三

（宋）吕祖谦撰，时澜增修

（归善斋按：见"班师振旅"）

7.《尚书说》卷一

（宋）黄度撰

（归善斋按：见"帝乃诞敷文德"）

8.《洁斋家塾书钞》卷二

（宋）袁燮撰

（归善斋按：见"惟时有苗弗率"）

9.《书经集传》卷一

（宋）蔡沈撰

（归善斋按：见"三旬，苗民逆命"）

10.《尚书精义》卷六

（宋）黄伦撰

（归善斋按：见"三旬，苗民逆命"）

11. 《尚书详解》卷三

（宋）陈经撰

（归善斋按：见"班师振旅"）

12. 《融堂书解》卷二

（宋）钱时撰

（归善斋按：未解）

13. 《尚书要义》卷三

（宋）魏了翁撰

十九、干羽，即武舞，传言舞文，以不用于敌。

《释言》云，干，扞也。孙炎曰：干，楯，自蔽扞也。以楯为人扞通，以干为楯名，故干为楯。《释言》又云：纛，翳也。郭璞云：舞者持以自蔽翳也。故《明堂位》云"朱干玉戚，以舞大武"，戚，斧也，是武舞执斧，执楯。《诗》云"左手执籥，右手秉翟"，是文舞执籥。故干、羽，皆舞者所执。修阐文教，不复征伐，故舞文德之舞于宾主阶间，言帝抑武事也。经云"舞干羽"，即亦舞武也。传惟言舞文者，以据器言之，则有武有文，俱用以为舞，而不用于敌，故教为文也。

14. 《书集传或问》卷上

（宋）陈大猷撰

（归善斋按：未解）

15. 《尚书详解》卷二

（宋）胡士行撰

（归善斋按：见"班师振旅"）

16.《书纂言》卷一

（元）吴澄撰

（归善斋按：缺）

17.《书集传纂疏》卷一

（元）陈栎撰

（归善斋按：见"三旬，苗民逆命"）

18.《读书丛说》卷三

（元）许谦撰

（归善斋按：未解）

19.《书传辑录纂注》卷一

（元）董鼎撰

（归善斋按：见"三旬，苗民逆命"）

20.《尚书句解》卷二

（元）朱祖义撰

舞干羽于两阶（舞干羽于宾主之两阶，即文德也，所以示偃武修文之意。干，楯也；羽，翳也，皆舞者执之，以修阐文教）。

21.《尚书日记》卷三

（明）王樵撰

（归善斋按：未解）

22.《日讲书经解义》卷二

（清）库勒纳等撰

（归善斋按：见"惟时有苗弗率"）

《尚书通考》卷五

(元) 黄镇成撰

舞干羽于两阶,七旬有苗格。

颖达曰：《释言》云,干,捍也。孙炎曰：干,楯,自蔽扞也,以楯为人扞通,以干为楯名,故孔氏云"干"为"楯"。《释言》又云,纛,翳也。郭璞云：舞者,持以自蔽翳也。故《明堂位》云："朱干玉戚,以舞大武。"戚,斧也,是武舞执斧,执楯。《诗》云"左手执籥,右手秉翟",是文舞执籥,秉羽,故干、羽皆舞者所执。

《书蔡氏传旁通》卷一下

(元) 陈师凯撰

干,楯；羽,翳也,皆舞者所执也。

《尔雅》疏云：干,扞也。郭云：相扞卫。孙炎云：干,盾,自蔽扞。纛,翳也。孙炎云：舞者所持羽也。郭云：今之羽葆幢,舞者所以自蔽翳。又按《周礼·春官》乐师有羽舞,有干舞。注云：宗庙以羽,兵事以干。疏云：析羽为旌。羽舞,析羽也。干戈兵事所用,故以干舞为兵。孔氏《书》疏云：武舞执楯,文舞执羽,干羽皆舞者所执。据器言之,有武有文,用以为舞,而不用于敌,故教为文也。

《书义断法》卷一

(元) 陈悦道撰

(归善斋按：见"班师振旅")

《尚书埤传》卷三

(清) 朱鹤龄撰

(归善斋按：见"三旬,苗民逆命")

《书经衷论》卷一

(清)张英撰

(归善斋按：见"诞敷文德")

七旬，有苗格

1. 《尚书注疏》卷三

(汉)孔氏传，(唐)陆德明音义，孔颖达疏

七旬，有苗格。

传：讨而不服，不讨自来，明御之者必有道。三苗之国，左洞庭，右彭蠡，在荒服之例，去京师二千五百里。

音义：洞，徒弄反。蠡，音礼。

疏：七旬而有苗自服来至，言主圣臣贤，御之有道也。

《史记》吴起对魏武侯云："昔三苗氏，左洞庭，右彭蠡，德义不修，而禹灭之。"此言来服，则是不灭。吴起言灭者，以武侯恃险，言灭以惧之，辩士之说，不必皆依实也。知在荒服之例者，以其地验之为然。《禹贡》五服：甸、侯、绥、要、荒。荒最在外。王畿，面五百里。其外四服，又每服五百里，是去京师为二千五百里。

《尚书注疏》卷三《考证》：

七旬，有苗格。疏：事势同耳。

势，监本讹"瞀"，今改正。

2. 《书传》卷三

(宋)苏轼撰

七旬，有苗格。

世传《汲冢书》以尧舜为幽囚野死，而伊尹为太甲所杀，或以为信

然。学者虽非之，而心疑其说。考之于《书》禹既受命于神宗，出征三苗而反，帝犹在位，修文德，舞干羽，以来有苗，此岂逼禅也哉？

3.《尚书全解》卷四

（宋）林之奇撰

（归善斋按：见"班师振旅"）

4.《尚书讲义》卷三

（宋）史浩撰

（归善斋按：见"惟时有苗弗率"）

5.《尚书详解》卷三

（宋）夏僎撰

（归善斋按：见"惟德动天"）

6.《增修东莱书说》卷三

（宋）吕祖谦撰，时澜增修

（归善斋按：见"班师振旅"）

7.《尚书说》卷一

（宋）黄度撰

（归善斋按：见"帝乃诞敷文德"）

8.《洁斋家塾书钞》卷二

（宋）袁燮撰

（归善斋按：见"惟时有苗弗率"）

9.《书经集传》卷一

（宋）蔡沈撰

（归善斋按：见"三旬，苗民逆命"）

10. 《尚书精义》卷六

（宋）黄伦撰

（归善斋按：见"三旬，苗民逆命"）

11. 《尚书详解》卷三

（宋）陈经撰

（归善斋按：见"班师振旅"）

12. 《融堂书解》卷二

（宋）钱时撰

（归善斋按：未解）

13. 《尚书要义》卷三

（宋）魏了翁撰

二十、吴起言禹灭三苗，辩士不必依实。

《史记》吴起对魏武侯云"昔三苗氏，左洞庭，右彭蠡，德义不修，而禹灭之"，此言来服，则是不灭。吴起言灭者，以武侯恃险，言灭以惧之。辩士之说，不必皆依实也。知在荒服之例者，以其地验之为然。《禹贡》五服：甸、侯、绥、要、荒。荒最在外。王畿面五百里，其外四服，又每服五百里，是去京师为二千五百里。

14. 《书集传或问》卷上

（宋）陈大猷撰

（归善斋按：未解）

15. 《尚书详解》卷二

（宋）胡士行撰

（归善斋按：见"班师振旅"）

16. 《书纂言》卷一

（元）吴澄撰

（归善斋按：缺）

17. 《书集传纂疏》卷一

（元）陈栎撰

（归善斋按：见"三旬，苗民逆命"）

18. 《读书丛说》卷三

（元）许谦撰

（归善斋按：未解）

19. 《书传辑录纂注》卷一

（元）董鼎撰

（归善斋按：见"三旬，苗民逆命"）

20. 《尚书句解》卷二

（元）朱祖义撰

七旬有苗格（故有苗国君之恶党，知舜待我之厚，其退省至乎。七旬乃举国而至）。

21. 《尚书日记》卷三

（明）王樵撰

（归善斋按：见"惟时有苗弗率"）

22. 《日讲书经解义》卷二

（清）库勒纳等撰

（归善斋按：见"惟时有苗弗率"）

《书义断法》卷一

（元）陈悦道撰

（归善斋按：见"班师振旅"）

《书经衷论》卷一

（清）张英撰

（归善斋按：见"诞敷文德"）

《尚书日记》卷三

（明）王樵撰

此篇亦载事，亦记言，与二典相类。盖三圣相授受，乃隆古一大事。此三篇，盖以备三圣之事也。皋陶、益、稷，则专记言而已。然《皋陶谟》连《益稷》篇首，乃一时之言，而"夔曰"二节，"帝庸作歌"一节不知何时之言。史臣附记于问答之终。大抵典、谟皆记唐、虞之大事大训。其分篇者，以简帙重大而分，因各为之名，以识其端耳。血脉实相连，文势自相接，初未尝预分体制，如后史纪传之为也。

二典本只一篇，至"陟方乃死"记二帝之事终矣。《禹谟》乃别更端，记禹之言，与受禅之事；自《禹谟》之末，接"皋陶曰允迪厥德"；自皋陶曰："予未有知思，日赞赞襄哉"，接《益稷》帝曰："来！禹，汝亦昌言"，盖记其平时相问答之言。三谟，本一书，而分为三篇，凡伏生所合，皆不妄，后人但知典、谟备三圣之事，遂以后世纪传视之。见《尧典》之首有"曰若稽古"之语，遂截中半为《舜典》而加以二十八字。又见《禹谟》之首亦有"曰若稽古"之语，因遂及于皋陶，亦加以此四字语，意不伦粲如白黑，盖不难见也。

《禹谟》一篇，上接二典，下统二谟，义理弘大，传心之要在焉。《孟子》曰"若禹、皋陶，则见而知之"，所见而知者此而已。后世以刑知皋陶，以谟知皋陶，而不知皋陶之德与功。稷、契之流，禹之亚也，亦于此篇见之。"六府三事"，《洪范》之原也，在天惟"五行"，在人惟"五事"，此"六府三事"之本也。润下者，水也；炎上者，火也；曲直者，木；从革者，金；惟稼穑，非土也，故曰"土爰稼穑"，以其体异故也。此六府，土谷之所以并列也。"五事"即"正德"之实。人君建极以先之，"三德"以行之；"五纪"、"八政"以先后之；稽疑、庶征以考验之；"五福"、"六极"以劝惩之，无非以为此而已。"八政"曰"厚生"，则又以"厚生"兼"三事"矣。就"八政"而以"三事"分之，则食货，"厚生"也；司空，"利用"也。司徒之教、司寇之刑、祀宾以为礼、师旅以禁暴，皆"正德"也。皇极之敷言，亦"劝以九歌"之遗意与。"向用五福"，"戒之用休"也。"威用六极"，"董之用威"也。"九功惟叙"，即九畴所叙也。《洪范》之原于《禹谟》，人无能知之者；知之无能言之者。禹发其自得之学，初陈于帝，后叙为畴，箕子传之，以授武王。呜呼至矣，微哉。

· 中 卷 ·

第二编 《皋陶谟》章句集解

皋陶谟第四

《尚书句解》卷二

（元）朱祖义撰

《皋陶谟第四》

此篇，其初因禹之问答，其后皆皋陶所陈之谟谟，可为万世帝王之法，故名之以《皋陶谟》。

《皋陶谟》

《尚书注疏》卷三

（汉）孔氏传，（唐）陆德明音义，孔颖达疏

《皋陶谟》

传：谟，谋也，皋陶为帝舜谋。

音义：为，于伪反。

疏：传正义曰：孔以此篇，惟与禹言，嫌其不对帝舜，故言为帝舜谋，将言为帝舜谋，故又训"谟"为"谋"以详其文。

《尚书全解》卷五

（宋）林之奇撰

《皋陶谟》。曰若稽古皋陶，曰允迪厥德，谟明弼谐。

谟，如器之有模立之于此，万世之所取正也。谟有二，或出于祖宗之

谟，所以诒法于子孙。如《胤征》曰：圣有谟训，明征定保。伊训曰：圣谟，洋洋是也，或出于臣之谟，所以告戒于君者，《大禹谟》、《皋陶谟》是也。据《皋陶谟》一篇从首至尾，皆是禹相与答问之言，而乃谓之谟者，盖虽与禹相答问，其实陈于帝舜之前，此其所以谓之谟。《史记》曰：帝舜朝，禹、皋陶相与，语帝前。此说是也。夫惟相语帝前，故扬子云曰：皋陶以之为帝谟，不曰为禹谟也。"曰若稽古皋陶，曰允迪厥德，谟明弼谐"者，典、谟皆称"若稽古"，而其辞则异。典主于记载尧舜之事，篇名曰"典"，故于尧"曰放勋，钦明文思，安安，允恭克让，光被四表，格于上下"；于舜"曰重华，协于帝，濬哲文明，温恭允塞"。此皆称述尧、舜之德也。谟主于记载禹、皋陶之言，"后克艰厥后，臣克艰厥臣"而下，皆禹之谟也。"允迪厥德，谟明弼谐"而下，皆皋陶之谟也。名篇曰"谟"故即以其言属于"若稽古"之下，犹言其谟之如此也。然而《大禹谟》又增"文命敷于四海，祗承于帝"二句者，此见禹成治水之功，声教讫于四海，然后为帝陈谟也。皋陶直言谟而已，故不载陈谟之故，而直述其言也。薛氏以"文命敷于四海"为禹德，以"允迪厥德，谟明弼谐"为皋陶之德。至于下文："禹曰：俞！如何？"其文无所属，则谓其间当有脱文。此盖未深考典、谟命名之旨，而欲以其体合而为一。其说之不通，则委曲迁就，而为己意。盖薛氏之于经，遇其说之不通，则多欲变易经文，而就己意。如《洪范》"王省惟岁，卿士惟月，师尹惟日"以下，则欲属于五纪；于《康诰》"惟三月哉生魄，周公初基，作新大邑于东国洛"而下数句，则欲属于《洛诰》"周公拜手稽首曰"上，皆徇私立义，轻议圣人之经。不知古人多闻阙疑，慎言其余。予尝以为王氏于经失之泥，泥则多凿。薛氏于经失之易，易故多欲变易经文，以就己意。盖矫枉过直者，此古君子之通患也。"允迪厥德，谟明弼谐"，此皋陶之谟也。先儒以谓人君当信蹈行古人之德，谋广聪明，以辅谐其政。以"谟明"为"谋广聪明"，以"弼谐"为"辅谐其政"，上二字加"广聪"，下二字加"其政"然后成文，皋陶之言必不如是之迂也。王氏曰：迪，道也。允迪，谓允当于道。苟以"允迪"为"允当于道"，而下又加"厥德"二字，岂不为赘哉。要之，此二说，皆以人君之蹈行其德，故与下文龃龉而不合。予尝闻之，刘文昭信曰："迪"如"启迪"之"迪"，如《冏命》曰："迪上，以非先王之典"是也，言人臣欲以至诚，启迪人君之德，则其谟不可以不明。谟不明，则不能开陈道义，以启迪人主之德。谟明矣，而欲弼人主之为，则不可以不谐。弼不谐，则诋讦太甚，非所谓优游厌饫而入之也。"谟明弼谐"，则事君之义尽于此矣。皋陶言此者，将与禹推此道以事舜也。

《尚书详解》卷四

(宋) 夏僎撰

《皋陶谟》。曰若稽古皋陶，曰允迪厥德，谟明弼谐。

据《皋陶谟》一篇，从首至尾，虽皆是禹与皋陶相答问之辞，其实陈于帝舜之前，故扬子云谓：皋陶以智为帝谟。《史记》谓：帝舜朝，禹、皋陶相与帝前，陈此法，则知实陈于帝舜之前，明矣。首言"《皋陶谟》曰"者，每篇必揭其题于首，作书之体，皆如此。继言"若稽古皋陶，曰允迪厥德，谟明弼谐"者，盖作书者谓，顺考古之皋陶，其陈谟有是言也。苏氏谓：此"若稽古"在《书》有四，于下皆言其为人之大略。尧曰"放勋，钦明文思，安安，允恭克让，光被四表，格于上下"；舜曰"重华，协于帝，濬哲文明，温恭允塞"；禹曰"文命敷于四海，祗承于帝"；皋陶曰"允迪厥德，谟明弼谐"，皆所以称其人之德。其说谓：世称皋陶之德，皋陶信能蹈而行之。盛德之人，通于至理而无间，故其谋事也。明合于大公而无私，故其正人也和。此说解经文虽顺，与前篇之体虽同，然言"禹曰：俞！如何？"则是因皋陶既言之后，然其言，而问其果如何也。禹既问其言果何如，则此"允迪厥德，谟明弼谐"，当为皋陶之言，不当为史官美皋陶之言矣。苏氏既以此为称皋陶之德，于下"禹曰：俞！如何？"其文无所属，乃为此下当有缺文。夫解经不通，即以脱文断之，则经之难通者，皆可强为之说，此病于学者，故不敢从。惟从旧说，作皋陶之言解之，而又皆不同。孔氏谓：皋陶言人君，当信蹈行古之德，谋广聪明以辅谐其政。夫以"谟明"为"广谋聪明"，以"弼谐"为"辅谐其政"，上加"广聪"二字，下加"其政"二字，岂不赘哉。王氏以谓：迪，道也。"允迪厥德"谓：所行之德，允当于道，能"允迪厥德"，则心彻于内，而思虑不蔽；以之成谋，则明智彻于外，而视听不悖；以之受弼，则谐。夫皋陶直言"允迪厥德"而已。王氏乃加"道"字。

直言"弼谐"，王氏乃加"受"字，其辞亦赘。故不若林少颖之说为当。少颖谓：刘昭信以此"迪"如"启迪"之"迪"，如《冏命》曰"迪上"，以非先王之典是也。言人臣欲以至诚，启迪人君之德，则其谟不可以不明。谟不明，则不能开陈道义，以启迪人主之德。谟明矣，而欲弼人主之为，则不可以不谐。弼不谐，则诋讦太甚，非所谓优游，餍（yàn）饫而入之也。"谟明弼谐"，则事君之义尽矣。下文"禹曰：俞！如何？"即是禹问皋陶所谓"谟明弼谐"者如何也。"皋陶曰：都！慎厥身修，思永"以下，谓谟之明弼之谐者。乃此言详考。少颖此说，颇贯上下文意，故特从之。但少颖既以此二句为皋陶之言，而"若稽古"之下，不称皋陶之德。《大禹谟》"若稽古"下乃有"文命敷于四海，祗承于帝"之言，遂谓此二句，亦非称禹之德，但作书者谓禹成治水之功，声教讫于四海，然后为帝陈谟，故言"文命敷于四海，祗承于帝"。"曰后克艰厥后"，自此以下皆禹祗承于帝所陈之谟。少颖自知其说颇迂回，乃曲为之说，谓典、谟皆称"若稽古"而其辞则异，典主于记载尧舜之事，谟主于记载禹、皋陶之言。殊不知"文命敷于四海，祗承于帝"，详味文意，实所以美禹之德，岂可因《皋陶谟》不美皋陶之德，遂谓此非所以美禹，乃述所以陈谟之故哉。兼作书，各自有体，正不可求其必同，而强为之说。且如《虞书》五篇，四篇言"若稽古"，《益稷》独不言，又岂可强为之说哉，故少颖之说，不敢以为必然之论。

《书经集传》卷一

（宋）蔡沈撰

《皋陶谟》

今文古文皆有。

《尚书详解》卷四

（宋）陈经撰

《皋陶谟》

此篇，其初乃因禹之问答，其后皆皋陶之所陈，谋之一定，可以为万世帝王之法，故名之以《皋陶谟》，其大要，则以知人、安民为主，而知人、安民之本，又在"惠"、"迪厥德"。盖德之不迪，则必不能知人、安民。知人而人不尽知，安民而民不尽安者，皆基于迪德之未至，合表里内外而言之也。自"亦行有九德"而下，至"天工，人其代之"即知人之理也。自"天叙有典"而下，至"敬哉有土"，即安民之理也。其言相连属，其意相贯通。学者自流而溯其源，斯得之矣。

《融堂书解》卷二

（宋）钱时撰

《皋陶谟》。曰若稽古皋陶，曰允迪厥德，谟明弼谐。禹曰：俞！如何？皋陶曰：都！慎厥身修，思永。惇叙九族，庶民励翼，迩可远在兹。禹拜昌言曰：俞！

观篇末，皋陶语才竟，帝即呼曰"来！禹，汝亦昌言"，又观孔子序书谓"皋陶矢厥谟，禹成厥功，帝舜申之"，则是皋陶陈谟于舜之前，无可疑者。然此书终篇，是与禹对答，若皋陶正以告舜，舜不应略无一语，又况皋陶一说"知人"、"安民"，禹遽曰："吁！咸若时，惟帝其难之。"其辞旨谓两尽乎。此虽舜亦以为难，岂他人所可及。若皋陶正以告舜，禹不应有是言也。然则，皋陶之谟，虽在舜之前，其实乃是与禹言之欤。此书后世为皋陶陈谟而作，故亦云"若稽古"。允，信也。迪，行也，实履之谓也。苟实履矣，则发而为谋，谟皆此德之华也，自然昌明。推而为辅弼，皆此德之用也，自然谐和。

《书集传或问》卷上

（宋）陈大猷撰

《皋陶谟》

无垢说"谟明弼谐"文意敷畅，亦可发明叶氏之说。（无垢曰：有德之人，心地豁然，洞见是非，成败如鉴之照形，烛之灼物，其为谟，岂有不明乎。心神和粹，使人之异意消。其绳愆纠缪，蔼如春风之著物，益如和气之袭人，其弼人岂有不谐乎？)

《书纂言》卷一

（元）吴澄撰

《皋陶谟》

谟，谋也。典者，载尧舜二帝之善政；谟者，载皋陶、禹二臣之嘉言。

《书集传纂疏》卷一

（元）陈栎撰

《皋陶谟》

（归善斋按：《书经集传》略，下文皆同，不另注）

纂疏：

碧梧马氏曰：此篇首尾皆与禹问答，而谓之谟者，实陈于帝之前也。故扬雄曰"皋陶以智为帝谟"。

《书传辑录纂注》卷一

（元）董鼎撰

（归善斋按：《书经集传》略，下文皆同，不另注）

《尚书句解》卷二

（元）朱祖义撰

《皋陶谟》（孔子于《大禹谟》总序此篇，故此篇只从古书所揭之题起。陶，摇）。

《尚书日记》卷四

（明）王樵撰

《皋陶谟》

孔氏曰：皋陶为帝舜谋。正义曰：孔以此篇惟与禹言，嫌其不对帝舜，故言为帝舜谋。

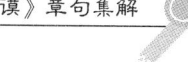

《日讲书经解义》卷二

《皋陶谟》

《皋陶谟》者，史臣记皋陶所陈告于帝舜之谟议也，故以《皋陶谟》名篇。

《尚书疑义》卷一

（明）马明衡撰

《皋陶谟》

《皋陶谟》，以稽古发之，与二典、《禹谟》同。而"允迪厥德，谟明弼谐"，则遂以为皋陶之言，与上"放勋"、"重华"、"文命"赞其功德者不同，是皆不可晓者也。先儒吴氏谓，《大禹谟》首十七字，与此"曰若稽古"之言，皆是后人模仿二典所增者。文公亦谓近之。而苏氏又以"禹曰：俞"上当有阙文，则是以"允迪厥德"二句，亦为赞皋陶之德，而"禹曰：俞"上当有所承，故以为阙文也。二者之疑，必有一得。吴氏之说，或为长耳。若蔡传以禹受舜天下，非尽皋陶比例，立言有轻重者，则恐失之凿矣。

《尚书埤传》卷三

（清）朱鹤龄撰

《皋陶谟》

林之奇曰：此篇首尾皆大禹言，其实陈于帝前。《史记》曰帝舜朝，禹、皋陶相与语帝前，是也。

《书经衷论》卷一

（清）张英撰

《皋陶谟》

皋陶首陈迪德之谟，以起帝之问，而复详言之。"身修，思永"，即修身、正心之事也；"敦叙九族，庶明励翼"，即齐家、治国之事也。"迩可远在兹"即天下平之事也。《大学》八条已具于此数句之内。后人特推衍而畅发之耳。

次陈知人安民之谟,而禹赞美之下,复详言其事也。

《尚书七篇解义》卷一

(清)李光地撰

《皋陶谟》

二典记行事之始终,《禹谟》记言亦前后更端,非一时之言也。惟《皋陶谟》,似禹、皋一时答问于帝前者。象山陆氏曰:"《皋陶谟》,《洪范》传道之书。"

一 稽古

曰若稽古皋陶

1.《尚书注疏》卷三

（汉）孔氏传，（唐）陆德明音义，孔颖达疏

曰若稽古皋陶。

传：亦顺考古道以言之。夫典谟，圣帝所以立治之本，皆师法古道，以成不易之则。

音义：夫，音扶。治，直吏反，下同。

疏：正义曰：史将言皋陶之能谋，故为题目之辞。曰能顺而考按古道。而言之者是皋陶也。

传正义曰：二谟其目正同，故云亦顺考古道以言也。尧、舜考古以"行"，谓之为典；大禹、皋陶考古以"言"，谓之为谟。典、谟之文不同，其目皆云考古，故传明言其意。夫典、谟，圣帝所以立治之本。虽言行有异，皆是考法古道，以成不易之则，故史皆以稽古为端目，但君则行之，臣则言之，以尊卑不同，故典、谟名异，禹亦为君而云谟者，禹在舜时未为君也。顾氏亦同此解。皋陶，德劣于禹，皆是考古以言，故得同其题目。但禹能敷于四海，祗承于帝，皋陶不能然，故此下更无别辞耳。

《尚书注疏》卷三《考证》

《皋陶谟》曰若稽古皋陶。

王应麟曰：若稽古称尧舜禹三圣，而皋陶与焉，舜以天下逊禹，禹独逊皋陶。《孟子》论道之正，传亦曰：若禹、皋陶则见而知之。又曰：舜以不得禹、皋陶为己忧。子夏亦曰：舜举皋陶。观于谟，而见皋陶之学之粹也。

2. 《书传》卷三

（宋）苏轼撰

曰若稽古皋陶，曰允迪厥德，谟明弼谐。

迪，蹈也。谟，谋也。弼，正也。谐，和也。言世所称皋陶之德。皋陶信蹈而行之，非虚名也。其为人谋也明，其正人之失也和，皆皋陶之德也。《书》言若稽古者四，盖史之为此书也。曰吾顺考古昔，而得其为人之大。凡如此在尧"曰放勋，钦明文思，安安，允恭克让，光被四表，格于上下"；在舜"曰重华，协于帝，濬哲文明，温恭允塞"；在禹"曰文命敷于四海，祗承于帝"；在皋陶"曰允迪厥德，谟明弼谐"，皆有虞氏之世史官，记其所闻之辞也。有虞氏之世，而谓舜、皋陶为古可乎？曰自今已上皆古也，何必异代。《春秋传》凡《虞书》皆曰《夏书》，则此书作于夏氏之世，亦不可知也。

3. 《尚书全解》卷五

（宋）林之奇撰

（归善斋按：见"《皋陶谟》"）

4. 《尚书讲义》卷四

（宋）史浩撰

曰若稽古皋陶，曰允迪厥德，谟明弼谐。禹曰：俞！如何？皋陶曰：都！慎厥身修，思永。惇叙九族，庶明励翼，迩可远在兹。禹拜昌言：俞！皋陶曰：都！在知人，在安民。禹曰：吁！咸若时，惟帝其难之。知人则哲，能官人。安民则惠，黎民怀之。能哲而惠，何忧乎驩兜？何迁乎有苗？何畏乎巧言令色孔壬。皋陶曰：都！亦行有九德，亦言其人有德，乃言曰：载采采。禹曰：何？皋陶曰：宽而栗，柔而立，愿而恭，乱而敬，扰而毅，直而温，简而廉，刚而塞，强而义。彰厥有常，吉哉。日宣三德，夙夜浚明有家。日严祗敬，六德，亮采有邦。翕受敷施，九德咸事，俊乂在官。百僚师师，百工惟时，抚于五辰，庶绩其凝。无教逸欲有邦。兢兢业业，一日二日万几，无旷庶官。天工，人其代之。天叙有典，敕我五典五惇哉。天秩有礼，自我五礼有庸哉，同寅、协恭、和衷哉。天命有德，五服五章哉。天讨有罪，五刑五用哉，政事懋哉懋哉。天聪明，自我民聪明；天明畏，自我民明威。达于上下，敬哉有土。皋陶曰：朕言惠，可厎行。禹曰：俞！乃言厎可绩。皋陶曰：予未有知，思曰赞赞襄哉。

"粤若稽古皋陶"，史谓皋陶有君人之大德，可以考信，故称稽古也。以其无位，故不着称号，而直叙其德，曰"允迪厥德，谟明弼谐"也。说者乃曰：此皋陶之言，窃谓不然。若以是为皋陶之言，则"放勋钦明文思"，"重华协于帝，濬哲文明"，"文命敷于四海，祗承于帝"，岂亦皆尧舜禹之言乎？以是知，其为叙皋陶之德也。允迪者，允，蹈也，允蹈其德，非空言也。是故，能以嘉谟明其弼谐之道，可以取信也。扬雄论厥德曰：舜以孝，禹以功，皋陶以谟。是言皋陶独能以谟显于当时，而垂之万世也。皋陶矢厥谟于帝尧之朝，帝舜又申之。而此独载禹之答问，何哉？盖方皋陶陈谟，禹实在其列也。然皋陶未言，而禹先曰"俞"，如何者，禹素信服皋陶，故于未言之前，精神相感，已得之目击，不待谆谆也，第问其如何耳。如何者，所以发皋陶之谟也。苟不在君前，答问不足谓之谟矣。皋陶未闻禹之言，遽曰"都"者，美禹之能问也。皋陶之学，《大学》之道也。故其所言，首于"慎厥身修"。而修身，本于思永。思者，正心、诚意。永者，不息则久也。盖以修身本于正心、诚意，故能行远也。禹赞皋陶迈种德者，修身以正心、诚意为本，如木之有根。植根之固，而能久于其道也。自思永而推之，则修身而可以齐家矣，故曰厚叙九族。家齐则可以治国平天下矣，故曰"庶明励翼"，言众庶明吾修道之教，勉而励翼也。翼者，中也，如鸟之有翼，所以辅中也。故舜赞皋陶曰：民协于中，而皋陶亦以谓"迩可远在兹"，谓陟遐必自迩也。盖自正心、诚意而至于治国平天下。斯民皆协于中。皋陶迈种德之功，其要又在于思永也。禹闻其言而拜以皋陶阐扬《大学》明德之要故也。皋陶曰"都"者，美其领解也。故直，指其明明德于天下之所在，曰"在知人，在安民"。禹曰"吁"者，叹其难也。"后克艰厥后，臣克艰厥臣，政乃乂，黎民敏德"，禹之言也。至是乃曰"惟帝其难之"，则知人、安民之说，禹已领其意矣。故曰"知人则哲，能官人。安民则惠，黎民怀之"。"能哲而惠"，国宁有不治，天下有不平乎？帝尧所以不虑乎四凶，使与皋、夔、稷、契并列于朝，而不害其为治国平天下者，知夫明德之所在，故不虑乎小人间之也。至舜则不敢容矣。此帝尧所以为难能也。四凶叙其三，禹为亲讳也。皋陶复美其言曰"都！亦行有九德，亦言其人有德"者，九德，人之行未易知也。其所以知之取人言也。人言其有德。则当"载采采"者，载之行事，考察其功，而采用也。孔子所谓"尔所不知人其舍诸"，知人之方也。禹曰"何"者，觊闻九德之目也。夫民心罔中，惟尔之中。皋陶弼教，能使民协于中，以奉扬圣君执中之道，于此可见矣。当是时，民心皆丕变，而协于中矣。故其德无偏。宽者必栗，柔者必立，愿者必恭，治者必敬，顺者必毅，直者必温，简者必廉，刚者必实，强者必义。使九者一有所偏，则非中矣，安可谓之常德乎？厥德匪常，则动罔不凶矣。"彰厥有常"，是取其协于中也。吾能用之，则吉矣。此知人之要诀也。"日宣三德"，夙夜浚治而明行之，则可以有家矣，身修而家齐也。进而至于日严祗敬六德，信用而有邦矣，家齐而国治也。"翕受敷施"，九德咸用，"俊乂在官"，则能收知人之效矣。"百僚师师"，尊贤也。"百工惟时"，使能也。《孟子》曰"尊贤使能俊杰在位"，所以发明皋陶"俊乂在官"之旨也。"抚于五辰"，五行之度不乱，天之所助者，顺也。"庶绩其凝"，凝，成也，结也。人之所助者，信也，国治而天下平矣。此"明明德于天下"之"明"，效大验也。皋陶之学，可谓知所本矣。宜乎，称其为嘉谟也。"抚于五辰，庶绩其凝"，天人之际，和同无间，可谓太平之极矣。皋陶于此，惧其志骄意满，而濒于殆也。于是而致戒焉。"无教逸欲"，不兴逸欲之教，上既率以无逸，勤则不匮矣。上既率以无欲，下皆家给矣。兢兢业业，震惧自保，修己以敬也。"一日二日万几",几者,动之微,一日二日,其来有万,可使顷刻不治乎?君既惟日不足,庶官岂敢旷职乎?其曰"天工",言所用之官,不以私,皆合于天理,而能代天理物者也。所以归之天者,皆顺自然,而无私心也。天叙自然之叙,所谓君臣、父子、夫妇、朋友、长幼也。以其为经常之道,故曰五典。敕此以教天下,是谓五惇。天秩自然之秩,所谓吉、凶、军、宾、嘉也。以其当天下之理,故曰五礼。由我以行是,谓有庸。惇也,庸也,道之以德,齐之以礼也。天命自然之赏,王侯卿大夫士之服,所以章有德也。天讨自然之刑,墨、劓、剕、宫、大辟之等,所以警有罪也。章也,用也,道之以政,齐之以刑也。德礼以待君子,故有同寅、协恭、和衷之应;政刑以防小人,故有政事懋哉懋哉之应。君人之道,至是尽矣。皋陶犹以为未也,又直言天寄聪明于民之耳目,寄威怒于民之背叛,使人君,上则恐惧以畏天,下则忧勤以畏民。"达于上下,敬哉有土",言有土者,不可不于此致敬也。皋陶自以为吾言惠,可厎行。禹复曰:用汝之言,厎可绩,不徒可行,必有功也。皋陶曰"予未有知",若曰"吾无所知识",谦词也。"思日赞赞襄哉"者,襄,成也。但思日日赞成吾君明明德于天下而已。窃尝谓,《禹谟》、《益稷》,君臣之间皆有褒颂归美之词,独《皋陶谟》一篇其始以正心、诚意,种明德之根本。其中以知人、安民、彰明德之功用,其末以恐惧、修省,保明德之钦崇,迄无一言见于褒美颂扬者。盖如是,然后可以为嘉谟也。禹亦有谟,而舜申其成功,禹之功,不专在谟故也。然则立言以为天下后世人臣之楷模者,莫皋陶若也。扬雄曰"谟合皋陶之谓嘉",信哉。

5.《尚书详解》卷四

(宋)夏僎撰

(归善斋按:见《皋陶谟》)

6.《增修东莱书说》卷四

(宋)吕祖谦撰,时澜增修

曰若稽古皋陶

尧舜禹,谓之若稽古,固也。皋陶,臣也,亦与三圣人并称,何哉?

盖舜以孝，禹以功，皋陶以谟，后世尝并称美。舜以不得禹、皋陶为己忧，未闻舍皋陶而独称禹也。禹、皋陶一体之人也。使禹不受舜之位，则皋陶为天子矣。使舜不受尧之位，则四岳为天子矣。皋陶亦尧时四岳之类也。况舜有天下选于众举，皋陶不仁者远矣，益稷之徒不得而与也。虞廷之臣，独皋陶称"若稽古"，史臣特以是推皋陶，而附之于三圣人之列，皋陶与禹分位，相去不远，皆亚圣也。

7.《尚书说》卷一

（宋）黄度撰

曰若稽古皋陶，曰允迪厥德，谟明弼谐。禹曰：俞！如何？皋陶曰：都！慎厥身修，思永。惇叙九族，庶明励翼。迩可远在兹。禹拜昌言曰：俞！

"允迪厥德，谟明弼谐"，皋陶之言也。禹虽称"谟"，实以功见。故史先述其功，而后载其言。皋陶不以功见，而专以"谟"称，故史直著其言焉。夫能信蹈其德，故其为君陈谟，而明弼丞之而谐，固未有不自治而能治人者也。禹既然其言，而欲尽发其义，乃致问焉。皋陶于是称美而详之。"慎厥身修"，其理身长在所思也，不思则不得矣。《诗》曰"思无疆，思无期"，"思永"也。徒思不学则殆，"慎厥身修"，学也。学，则知识开明，而能钩深致远矣。"惇叙九族"，自身而推之家也。"庶明励翼，迩可远在兹"，自家而推之国，自国而推之天下也。"励勉翼敬"，万里昭明，一勉以敬，推而放诸四海而准矣。皋陶守约用博，言近指远，条理一贯，本末兼举。自后圣贤之言德行者，皆祖述之，其言盛大矣。当其初，脱皋陶之口，诚可敬异，故禹拜而受之。虽然，皋陶固亦有所受也，故史称之曰"稽古"。

8.《洁斋家塾书钞》卷三

（宋）袁燮撰

曰若稽古皋陶，曰允迪厥德，谟明弼谐。禹曰：俞！如何？皋陶曰：都！慎厥身修，思永。惇叙九族，庶明励翼，迩可远在兹。禹拜昌言曰：俞！

迪，训"蹈"。蹈者，践履之谓也。得此心者，谓之"德"。人固有所得而不见于躬行者，非"允迪厥德"也。耻有其辞而无其德；耻有其德而无其行。君子以成德为行，日可见之行也。有所得而见于躬行。夫是谓之"德行"。允迪者，信能行之也。见善必迁，有过必改，汲汲皇皇然，如恐弗及，此所谓"允迪厥德"也。诚能"允迪厥德"，则见于陈谟，自然是"明"。"明"之一字不可轻看。后世人臣，所以不能启迪人主，非皆其君之不听，亦其谟之未至于明也。使其言昭然著明，如黑与白，则安得而不感动。且夫君德之有缺失，政治之有舛逆，与夫当世之有利病，若见之明者，必知其病之所由，起根源之所由在。如良医察见病源，药与病对，则无毫厘之差。如此方可谓之"明"矣，才是"允迪厥德"之人。其谟自是著明。盖体之也愈深，则言之也愈切。未能躬行者，如想象山之高，而未尝到者也。"允迪厥德"者，是亲经历目见其所以为高者也。浅深之间，盖不同矣。其所得既深，其言语自是各别。"明"之一字，惟唐虞三代之臣，足以当之汉。贾谊、董仲舒其言非不美矣，然未足以为"明"谟。至于"明"此非易事。言之未是，非"明"也；理之未尽，非"明"也。若董仲舒只是说正当说话，岂不可喜，但较之《孟子》当时启迪时君，岂可同日语？只观其因易牛之事，指点齐宣之良心，可谓明也已矣。"弼谐"，谐和也，言其不费力也。事有扞格，必至犯颜逆耳，终非盛世之美事。唐虞之时，赓歌一堂之上，所谓犯颜逆耳者无有也。既能"允迪厥德"，而谟至于"明"，则其辅弼自然谐和。此两句分明是皋陶说，继之以"禹曰：如何"可见矣。此皋陶对禹说他平日心腹间话，故史臣因以赞其德，而缀于若稽古之下焉。皋陶谓"允迪厥德"者为谟也"明"，而其弼也"谐"。禹乃问皋陶欲如何陈谟？"慎厥身修，思永"以下，此则皋陶所言也。修身之道，必贵乎谨。"战战兢兢"，"如临深渊，如履薄冰"，此所谓"谨"也。"修"者，如衣破则补之，器坏则修之。人有此身，要须当修治，去其恶，而长其善；补其阙，而归于全，是非致谨不能。身不可不修，心则无待于修。扬子说"修性"，性其可修耶。《大学》论修身之道，曰有所忿懥（zhì）、恐惧、好乐、忧患，则不得其正，独言身而未尝言心也。"思永"者，当思其长久之道，不可但为目前之计。君子务知大者、远者；小人务知小者、近者，君子、小人之分，在远近大小之间耳。"敦叙九族"，敦，厚也；叙，次叙也。此只是"恩"、"礼"二字。厚之以恩，使情日接，所谓"敦"也；节之以礼，有尊卑大小之分，所谓"叙"也。"庶明励翼"者，言贤者皆勉励辅助也。"迩可远在兹"者，自身与家言，则一身为近，一家为远；自家与庶民，言则九族为近，庶民为远；自天下国家言之，则此三句为近，天下国家为远。必能"慎厥身修，思永"，而后，九族可以敦叙矣。必能"敦叙九族"，而后，庶民无不励翼矣。必能尽斯三者，而后，天下国家可得而理矣。故近可远之道，在于此也。"可"之一字，有无穷之义。孰非迩也，然而可远者，实难。且总而言之，人莫不欲修其身，莫不欲亲其亲，莫不欲朋友亲戚辅我、翼我也，此所谓迩也。使于此三者未尽其道，可以望乎？吾有以知其不可矣。皋陶平日躬行于此，灼然知此理之可以及远，所以断然言之。所谓"庶明励翼"，非有求于彼也。修身、齐家之道既尽，气类所感，贤者自来辅助也。故"修身"、"敦叙"皆言于上，而"励翼"独言于下焉。"修"与"敦叙"在我，"励翼"在人。此是感化之效，既能感动贤者皆相辅翼，安有不能感动天下者乎？此所以知迩之必可远也。"光被四表，格于上下"，帝尧之治天下，可谓远矣。然明俊德、亲九族、平章百姓，尧只自"迩"者始。皋陶所谓"允迪厥德"，盖"允迪"乎此也。想夫皋陶修身之道，真所谓临深履薄，真所谓务知远者、大者。其亲九族，真是恩礼并著。其于朋友、故旧，真是能使之相辅相助。惟皋陶于此躬行，是以知其可远。惟禹于此躬行，是以一闻其言，俞而拜之。禹之拜，非常人之拜也。精神内契，有会于心，禹亦不自知其所以然也。

9.《书经集传》卷一

（宋）蔡沈撰

曰若稽古皋陶，曰允迪厥德，谟明弼谐。禹曰：俞！如何？皋陶曰：都！慎厥身修，思永。惇叙九族，庶明励翼，迩可远在兹。禹拜昌言曰：俞！

"稽古"之下，即记皋陶之言者，谓考古皋陶之言如此也。皋陶言：为君而信蹈其德，则臣之所谋者，无不明；所弼者，无不谐也。"俞！如何"

者，禹然其言，而复问其详也。"都"者，皋陶美其问也。"慎"者，言不可不致其谨也。"身修"，则无言行之失；"思永"，则非浅近之谋；"厚叙九族"，则亲亲恩笃而家齐矣；"庶明励翼"，则群哲勉辅，而国治矣。迩，近；兹，此也，言近而可推之远者，在此道也。盖身修、家齐、国治而天下平矣。皋陶此言，所以推广"允迪"、"谟明"之义，故禹复"俞"而然之也。又按，典、谟皆称"稽古"，而下文所记，则异。典主记事，故尧、舜皆载其实。谟，主记言，故禹、皋陶，则载其谟。"后克艰厥后，臣克艰厥臣"，禹之谟也。"允迪厥德，谟明弼谐"，皋陶之谟也。然《禹谟》之上，增"文命敷于四海，祗承于帝"者，禹受舜天下，非尽皋陶比例立言，轻重于此可见。

10.《尚书精义》卷六

（宋）黄伦撰

曰若稽古皋陶，曰允迪厥德，谟明弼谐。

无垢曰："德"者，得也，心有所得。凡外之富贵贫贱，死生患难，不足以动之者，是所谓德也。倘有一毫动荡，凡心俗虑，岂可谓有所得哉？"允迪厥德"，谓信行其所得也。欲知所得有无，第观谋事明与暗，弼人和与乖耳。夫信行其所得者，心地廓然，洞见是非，成败利害之微，近在一世之表，远在千万年之外，莫不如鉴之照形，烛之灼物。其谋事，岂有不明乎？心神和粹，使人之异意见消。绳愆纠谬，格其非心，沐如春风之著物，盎如和气之袭人。其弼人，岂有不谐乎？张氏曰：尧、舜君也，"若稽古"于上，所以尽君道。禹、皋陶，臣也，"若稽古"于下，所以尽臣道。君臣上下，分虽不同，其于古也，必皆有以"若稽"之。盖以事不师古。而克永世者未之闻也。又曰：自仁、不仁言之，则有吉、有凶；自智、不智言之，则有昏、有明。君子之于德，向吉而背凶，舍昏而即明，则其"允迪"可知矣。又曰：能"允迪厥德"，则心彻于内，而思虑不蔽；智彻于外，而视听不悖。以之成谋，则明，谓其智足以烛理故也；以之受弼，则谐，谓其仁足以从谏故也。谋之既臧，则具是违；谋之不臧，则具是依，非所谓"谟明"也。"诲尔谆谆，听我藐藐，匪用为教，覆用为虐"，非所谓"弼谐"也。凡皆以不能"允迪厥德"，而有物以蔽之故也。吕氏曰："允迪厥德，谟明弼谐"，此两句，史官断尽皋陶为人有德者。必有言皋陶以谟闻天下，史官惟恐人徒知其谟之出于言，故先言"允迪厥德"，指其根本以示人。惟其有德，故以谟则明，以弼则谐。

11.《尚书详解》卷四

（宋）陈经撰

曰若稽古皋陶，曰允迪厥德，谟明弼谐。

作此书者，以"允迪厥德，谟明弼谐"名状，皋陶之所得也。禹与皋陶，皆若稽古，见其与尧、舜同德。益、稷而次，皆无与焉。允，信也。迪，蹈也。信能蹈行其德也。信蹈其德者，如之何？曰十目十手之指视，此德也，暗室屋漏，亦此德也，不以隐显二其心。朝夕行之，此德也；终身行之，亦此德也，不以久近渝其诚。达而富贵此德也，死生患难，亦此德也，不以险夷易其节。其为"允迪"如此，其至则天下之有，是非得失，成败利害，皆灼然于吾之胸中。其谋也，岂有不明，诚足以感人，如春风和气之于万物，不言而使人化。其弼也岂有不谐。然则，皋陶之"允迪厥德"者，第于谋事之明，与夫弼人之谐者。观之，若曰吾能"允迪厥德"矣，谋事而暗于事机，昧于安危成败之理；弼人，而有忿心厉色，违忤而不相顺，龃龉而不相合，则无乃"允迪"之未至乎？异端之学，自谓穷神知化，而不足以开物成务；知周乎万物，而道不足以济天下者，皆此类也。

12.《融堂书解》卷二

（宋）钱时撰

（归善斋按：见《皋陶谟》）

13.《尚书要义》卷四

（宋）魏了翁撰

（归善斋按：未引）

14.《书集传或问》卷上

（宋）陈大猷撰

（归善斋按：未解）

15.《尚书详解》卷二

（宋）胡士行撰

曰若稽古皋陶。

选众举皋，不仁者远。左禹右皋分位，皆亚圣也，故禹、皋古与二圣并称。

16.《书纂言》卷一

（元）吴澄撰

（归善斋按：未解）

17.《书集传纂疏》卷一

（元）陈栎撰

曰若稽古，皋陶曰：允迪厥德，谟明弼谐。禹曰：俞！如何？皋陶曰：都！慎厥身修，思永。惇叙九族，庶明励翼，迩可远在兹。禹拜昌言曰俞！

纂疏：

《语录》：问"允迪"至"弼谐"是称皋陶？曰：若称皋陶，则下句"禹曰：俞"，为何所"俞"耶。此八字，皋之言，禹善而问之，故皋复说下句，解此八字之义。或云此言皋之德谐。字下别有皋之言，今脱去，未知是否。下文谨身思永，是"允迪厥德"意；"庶明励翼"，是"谟明弼谐"意，恐不是形容皋陶底语。谟，是为人主谋谟。弼谐，是人臣辅翼，与之和合，如同寅、协、恭。

苏氏曰：虞世而谓禹、皋为古者，自今以上，皆为古，何必异代。《春秋传》引《虞书》皆云《夏书》，安知非作于夏时。"禹曰：俞"上当有缺文。

林氏曰：迪，启迪也，如迪上，言臣欲允信，以启迪君德。谟必贵明，弼必贵谐。皋与禹语于帝前，欲与之以此事舜也。

吕氏曰：史言皋之为人有德，而有言皋以谟闻，实本于德，故指其所本以示人。齐家、治国、平天下，皆自修身出，故慎于修身，必思永长之理，可久而后功用无穷也。

李氏舜臣曰：皋谟发端曰"慎厥身修"，一篇之要领也。取人以身，修身者知人，以安民之本也。

陈氏曰：九族宜厚，厚之也有次序，不至为夷子之二本也。禹、皋同列之际，无非真情实意。有合于心，则都之、俞之；不合，则吁之、咈之。善之在人犹在己，故闻言而拜，不为谄；善之在己犹在人，故自言而先曰"都"，不为矜。

陈氏大猷曰：治无二本，迩可则远在此矣。

王氏炎曰：《皋谟》有三：修身、知人、安民是也。而修身为本。迩者既可推之国与天下无不可者，其本盖在此也。本焉在修身而已矣。

真氏《大学衍义》以"克明俊德"章为首。此章次之谓"皋陈谟"，首以谨修其身为言，盖人君一身，天下国家之本。"慎"之一言，又修身之本也。"思永"，欲其悠久不息也。为君孰不知身之当修？然此心或放，则能暂而不能久，必也致其谨慎，思悠久而不息，然后谓之永，否则朝勤夕怠，乍作乍止矣。后之主有初鲜终，由不"思永"也。"慎"，则敬而不忽；"思永"则久而不忘，修身之道备矣。然后以亲亲、尊贤二者，继之九族必笃叙之，使均被吾恩，众贤必劝励之使乐为吾辅。身为之本，而二者又各尽其道，则自家可推之国，自国可推之天下，其道在此而已。《中庸》九经之序，其亦祖于此欤。

愚按，"允迪"二句，孔氏亦以为皋之言，迪德之君，则臣言易入，故谟易以明，而弼易以谐。皋欲君迪德，以为己陈谟之地也。程子家人传曰：正伦理，笃恩义，家人之道也。"惇"者，笃恩义；叙者，正伦理欤。二字尽齐家之义。

18.《读书丛说》卷三

（元）许谦撰

曰若稽古，尊辞也。尧、舜、禹、皋，其德与位，固有不同，而史臣皆以此称之，盖于此下，各叙德，而后及功者，二典法也。尧、舜之德固又非禹比，禹虽亦有帝位，而谟中所载，实虞廷事，故《禹谟》但叙其功，而不言德。皋陶始终臣道也，故但叙其言，而又不及其功。此盖史臣之意也。

19.《书传辑录纂注》卷一

（元）董鼎撰

曰若稽古皋陶，曰允迪厥德，谟明弼谐。禹曰：俞！如何？皋陶曰：都！慎厥身修，思永。惇叙九族，庶明励翼，迩可远在兹。禹拜昌言曰：俞！

辑录：

问："允迪厥德，谟明弼谐"，疑是称皋陶？先生曰：若以为称皋陶，则下句"禹曰：俞"者为何所俞邪？此八字是皋陶之言，禹善之而问其详，故皋陶复说下句，解此八字之义。或云此八字是言皋陶之德，"谐"字下别有皋陶之言，今脱去未知是否，姑存之可也。答潘子善。铢问：此二句是形容皋陶之德，或是皋陶之言？先生曰：下文说"谨厥身修，思永"，是"允迪厥德"意；"庶明励翼"，是"谟明弼谐"意，恐不是形容皋陶底语。又问：此是就人君身上说否？先生曰：是就人主身上说。谟，是人主谋；弼，是人臣辅翼，与之和合，如同"寅"、"协"、"恭"之意。"庶明励翼"，"庶明"，是众贤样，言赖众明者，勉励辅翼。义刚。

纂注：

苏氏曰：问虞世而谓禹、皋为古可乎？曰：自今以上皆古，何必异代。《春秋》传引《虞书》皆云《夏书》，安知非作于夏时乎？

林氏曰：此篇首尾皆与禹言，其实陈于舜前。《史记》曰"帝舜朝，禹"、"皋陶相与语帝前"是也。"迪"，如"启迪"之"迪"。《囧命》曰"迪上"，言臣欲允诚以启迪君德，则谟必贵明，弼必贵谐。不明，则不能开陈；不谐，则祇以牴牾。皋欲与禹以此事舜也。

新安陈氏曰："允迪厥德，谟明弼谐"，孔注亦以为皋之言，但谓君当信蹈古人之德耳。盖迪德之君，则臣言易入，故谟易以明，而弼易以谐。皋欲君迪德，以为己陈谟之地也。

吕氏曰：此史言皋之为人有德者，有言皋以谟闻，天下知其谟，不知其出于德，故指其根本以示人。

苏氏曰："禹曰：俞"上当有阙文。

李氏舜臣曰：其谟发端曰"慎厥身修，思永"，一书之要领也。取人以身修身者，知人以安民之本欤。

新安胡氏曰：程子"家人卦"传曰，正伦理，笃恩义，家人之道也。"惇"者，笃恩义；"叙"者正伦理。二字，尽齐家之道。

陈氏曰：九族宜厚，其厚之也。有次序不至为夷子之二本也。

吕氏曰：齐家、治国、平天下，皆自修身出，故慎于身修，必思永长之理，可久而后功用无穷也。

陈氏大猷曰：治无二本，迩可则远在此矣。

王氏炎曰：皋陶之谟有三：修身也，知人也，安民也。而修身为本，故先言之。"迩"者既可，由是推之国与天下，无不可者。其本在此，而不在彼也。在此者无他，修身而已矣。

真氏曰：皋陶陈谟未及他事，首以谨修其身为言。盖人君一身，天下国家之本，"慎"之一言，又修身之本也。"思永"，欲其悠久不息也。为君孰不知身之当修，然心或放，则能暂而不能久，必也。悠久不息，常思所以致谨，然后谓之"永"，否则朝勤夕怠，乍作乍止，果何益哉？后世人主，有初鲜终，由不知"思永"也。"慎"，则敬而不忽；"思永"则久而不忘，修身之道备矣。然后以亲亲、尊贤二者继之，九族必有以笃叙之；使均被吾恩，众贤必有以勤励之，使乐为吾辅。身为之本，而二者又各尽其道，则自家可推之国，自国可推之天下，其道在此而已。《中庸》九经之序，其亦有所祖于此与。

陈氏经曰：禹、皋同列之际，或"都"，或"俞"，或"吁"，或"咈"，或"如何"，无非真情实意之所发。有合于心，则"都"之、"俞"之；不合则"吁"之、"咈"之。善之在人犹在己也，故闻言而拜，不为谄；善之在己犹在人也，故自言而先曰"都"，不为矜。

20.《尚书句解》卷二

（元）朱祖义撰

曰若稽古皋陶（史官言，顺考古道而行之者，皋陶）。

21.《尚书日记》卷四

(明) 王樵撰

"曰若稽古皋陶"至"禹拜昌言曰：俞"。先儒以"允迪"二句为赞皋陶之辞，故谓"禹曰：俞"上当有阙文。今若去"曰若稽古"四字，直自"皋陶曰"发端，则文势相接，无阙文也。此篇发端"皋陶曰"与《益稷》发端"帝曰"正同。

林氏曰：此篇首尾皆与禹言，其实陈于舜前。《史记》曰"帝舜朝，禹、皋陶相与语帝前"是也。"迪"，"启迪"之"迪"，言臣欲允诚以启迪君德，则"谟"必贵"明"，"弼"必贵"谐"。不明则不能开陈，不谐则只以牴牾，皋陶欲与禹以此事舜也。

孔氏曰：迪，蹈也。蔡从孔训。然林说亦不可废。

按，人君能信蹈其德，则明足以烛理，虚足以受善，故臣之所谟者，无不明，所弼者无不谐。谟主开陈，弼主匡谏，明见察而谐不忤也。唐太宗之聪明，非"允迪"也；从谏，非诚心也。故忠言有时而不见察；直言有时而反取忤。

皋陶将"矢厥谟"，而以为其本在君。有"迪德之君，则有纳忠之，不患臣言之不尽，而患无受之之地也"。

"慎厥身修"以下，皋陶所以答其详也，言慎其"身修"而"思永"，则德为信蹈，如此则九族惇叙，"庶明励翼"。此言虽约，然天下之平，不出此道而已。盖天下国家之本在身，是以，修不可以不慎，而思不可以不永。如汉文帝清心恭俭，亦庶几知修其身矣。而学以寡过为足，民以休息为期，是不"思永"也。无慎独正心之功，是慎修之未至也。"身修思永"者无他，修己以安百姓，笃恭而天下平。其功始于知远之近，知风之自，知微之显，内省不疚，无恶于志，而其极至于至诚无息。不息则久，久则征，征则悠远。博厚、高明、悠久，足以配天地，而覆载成物。古之君子"慎厥身修"，则知其分内如此，"思"安得而不求哉？

文帝庶几无言行之失，然不免为浅近之谋也。无言行之失，究其极，非圣人不能也。言行安从出哉，慎独则无言行之失矣。

"慎厥身修，思永"，则"允迪厥德"矣。"庶明励翼"，则"谟明弼谐"矣。此即《中庸》"修身则道立，尊贤则不惑"之意。"迪德"非道立而何？"谟明"非不惑而何？"惇叙九族"，即《中庸》之"亲亲"也。皋陶意以天下国家之本在"身修"。身则有以齐其家，故九族惇叙。能修身齐家，则有以劝贤，而乐为吾辅，故"庶明励翼"。谟之所以无不明，弼之所以无不谐者，此也。此言虽约，然天下之平不出此道而已。

"惇叙九族"，齐家以身也；"庶明励翼"，劝贤以身也，皆承修身说。《中庸》以修身、尊贤、亲亲为九经之要，实本之此。远指天下，兹指修身。

《中庸》曰"知远之近"，即"迩可远"之意。"知远之近"，天下国家之本在身也；"迩可远"，修其身而天下平也。

22.《日讲书经解义》卷二

（清）库勒纳等撰

曰若稽古皋陶，曰允迪厥德，谟明弼谐。禹曰：俞！如何？皋陶曰：都！慎厥身修，思永。惇叙九族，庶明励翼。迩可远在兹。禹拜昌言曰：俞！

此一节书，是史臣记皋陶陈谟于帝舜，及与大禹问答之辞，言"迪德"之本在修身，而渐极推行之远也。允迪，实践也。谟，谓陈养道理；明，谓明白详尽；弼，匡救过失；谐，可否相济之意；思永，思虑长远也；惇，厚也；庶明，是众贤人；励，勉励也；翼，辅佐也；迩，指家国；远，指天下。稽考古时，皋陶曾陈谟于帝舜曰：为君者，诚能躬行实践，以修其德，则为臣者，知其君乐于闻善，所以为之谋者，无隐匿而不明者矣。知其君乐于闻过，所以弼其失者，无乖忤而不谐者矣。然则，人君欲臣下之尽言，不可不自勉，以为纳忠之地也。当时，大禹同在帝前，因问皋陶曰：汝言诚然，然"迪德"之义其详如何？皋陶曰：美哉汝之问也。为君者，必谨慎以修其身，一言一动，皆深思远虑，务为长久之计。此乃为"允迪厥德"，由是自身而推于家，则九族之亲属，莫不以恩相厚，以礼相序，而家可齐矣。自家而推于国，则群臣之明哲者，莫不勉励以辅佐之，而国可治矣。不特如此，又自家国之近，可达天下之远，使天下无不平者，亦在此修身思永推之耳，岂有他哉？禹遂屈己而拜之曰：

汝言甚是，真为君者之所当知也。

《书义断法》卷一

（元）陈悦道撰

曰若稽古皋陶，曰允迪厥德，谟明弼谐。

史臣稽皋陶迪德之谟，不敢同三圣典谟之体。史臣述皋陶陈谟之要，亦惟幸一时明良之逢。禹圣人也，史臣稽古大禹，独以二语称美，乃及"克艰"之谟。于皋陶则不敢同此例，直述其迪德之谟而已矣。然皋陶之心，即禹之心，皋陶之谟不异于禹之谟。勉其君以"允迪厥德"，君尽君道也；自述其"谟明弼谐"，臣尽臣道也，即其所谓君臣之"克艰"也。此其责难之恭，岂有异于禹哉？皋陶赓歌首言元首之明，继以股肱之良，亦无非相责难之意，当以二章并观之，勿谓书体之不同，而责难之意有异也。

《尚书疏衍》卷二

（明）陈第撰

曰若稽古皋陶，曰允迪厥德，谟明弼谐。

或问："放勋"、"重华"、"文命"，既为尧、舜、禹之名，则此"允迪"，亦为皋陶之名乎？曰：尧、舜、禹之名，有《帝德》、《帝系》可考据也。故稽"尧曰放勋"下即序尧德，舜、禹亦然，词至顺矣。然史固有词，同而实异者，不可一例齐之。何者？不必出于一人之手也。蔡注"稽古皋陶"言曰："允迪厥德，谟明弼谐"，"禹曰：俞！如何"，词亦似顺。若作"稽古皋陶"，名曰"允迪"，下叙其德，所谋者明，所弼者谐，尧、舜、禹之例义，无不可，但皋陶未有言，"禹曰：俞"又谁乎？然苏子瞻疑"弼谐"之下必有阙文，是亦一说也。或问曰：若为发语词，于何证之？曰："越若来"，见《召诰》。

《尚书七篇解义》卷一

（清）李光地撰

曰若稽古皋陶，曰允迪厥德，谟明弼谐。禹曰：俞！如何？皋陶曰：都！慎厥身修，思永。惇叙九族，庶明励翼，迩可远在兹。禹拜昌言曰：俞。

人君信蹈其德，则听言者审，而于臣下之所谋，无不明信任者专而于臣下之所弼无不谐，此为治之要也。又因禹之问，而申其意，谓迪德之道，在乎慎修其身，而所虑者远二者，盖持敬、谨、几之学也。德之见于行者，自亲者始。不顺乎亲，不信乎朋友矣。身修、家齐，然后谋无不明，而在位皆群哲。弼无不谐，而群哲皆勉辅。不出宫廷而天下治者，由此道也。

曰允迪厥德，谟明弼谐

1.《尚书注疏》卷三

（汉）孔氏传，（唐）陆德明音义，孔颖达疏

曰允迪厥德，谟明弼谐。

传：迪，蹈；厥，其也。其古人也，言人君当信，蹈行古人之德，谋广聪明，以辅谐其政。

音义：蹈，徒报反。

疏：其为帝谋曰：为人君者，当信实，蹈行古人之德，而谋广其聪明之性，以辅谐己之政事，则善矣。

《释诂》文，迪，道也，声借为导，导音与蹈同，故迪又为蹈也。其德即其上稽古，故曰其古人也。而臣为君谋，故云言人君当信，蹈行古人之德，谓蹈履依行之也。谋广聪明，聪明者，自是己性。又当受纳人言，使多所闻见，以博大此聪明，以辅弼和谐其政。经惟言"明"，传亦有聪者，以耳目同是所用，故以聪明言之。

2.《书传》卷三

（宋）苏轼撰

（归善斋按：见"曰若稽古皋陶"）

3.《尚书全解》卷五

（宋）林之奇撰
（归善斋按：见《皋陶谟》）

4.《尚书讲义》卷四

（宋）史浩撰
（归善斋按：见"曰若稽古皋陶"）

5.《尚书详解》卷四

（宋）夏僎撰
（归善斋按：见《皋陶谟》）

6.《增修东莱书说》卷四

（宋）吕祖谦撰，时澜增修
曰允迪厥德，谟明弼谐。

此二句，史官所以断皋陶之为人。有德者，必有言。皋陶以谟闻于天下。史官恐人徒知其谟，而不知其谟之出于德，故先言"允迪厥德"，指其根本，以示人也。惟其有德，故以谟则明，以弼君则谐和。"允迪"者，实用工履践之地也。

7.《尚书说》卷一

（宋）黄度撰
（归善斋按：见"曰若稽古皋陶"）

8.《洁斋家塾书钞》卷三

（宋）袁燮撰
（归善斋按：见"曰若稽古皋陶"）

9.《书经集传》卷一

（宋）蔡沈撰

（归善斋按：见"曰若稽古皋陶"）

10.《尚书精义》卷六

（宋）黄伦撰

（归善斋按：见"曰若稽古皋陶"）

11.《尚书详解》卷四

（宋）陈经撰

（归善斋按：见"曰若稽古皋陶"）

12.《融堂书解》卷二

（宋）钱时撰

（归善斋按：见"《皋陶谟》"）

13.《尚书要义》卷四

（宋）魏了翁撰

（归善斋按：未引）

14.《书集传或问》卷上

（宋）陈大猷撰

（归善斋按：未解）

15.《尚书详解》卷二

（宋）胡士行撰

曰允（至诚）迪（启）厥（君）德，谟（进言）明弼（辅）谐（和）。

此皋与禹言人臣以至诚，启迪君德。"谟明"矣而"弼"欲"谐"，盖不谐则讦评太甚，非优游厌饫以入之道也。孔云：言人君当信蹈行古之德，谋广聪明，以辅谐其政。吕云：有德必有言，此史臣言皋陶，惟允蹈其德，故以谟则明，以弼君则谐。允蹈者，实用工践履之地，谟之所从出也。

16.《书纂言》卷一

（元）吴澄撰

皋陶曰：允迪厥德，谟明弼谐。禹曰：俞！如何？皋陶曰：都！慎厥身修，思永。惇叙九族，庶明励翼。迩可远在兹。禹拜昌言曰：俞！

迪，犹导也。明，谓明哲之人。弼，犹辅也。谐，犹"汝谐"之"谐"。惇，厚而笃也。叙，各得其伦理也。庶，众也。励，勉也。翼，犹"弼"也。言臣之于君，信实开导其德，所资之谋谟，必以明者为辅弼而谐和之。所谓"允迪厥德"者，谨其身之所修，而思永久，则其德终始如一也。身修则家可齐，故能惇叙九族，所谓谟明弼谐者。庶明之人勉励辅翼则国治也，国治则天下可平，故自一国之迩可推而及于天下之远者。在此皋陶、禹问答于帝前，皋陶所言善，故禹拜而然其言，孟子曰"禹闻善言则拜"。

17.《书集传纂疏》卷一

（元）陈栎撰

（归善斋按：见"曰若稽古皋陶"）

18.《读书丛说》卷三

（元）许谦撰

史臣以皋陶所言"允迪厥德，谟明弼谐"两语，明皋陶之谟，亦以见皋陶之德，而一篇纲领亦惟在此两句。"慎厥身修""惇叙九族"，"安民"及"天叙"以下，皆"迪德"之类也。"庶明励翼"，"知人"及"九德"以下，皆"明"、"谐"之类也，然"迪德"，则可以"知人"；"明"、"谐"，则可以"安民"。而"知人"之目，其末戒以"兢兢业业"，则又"迪德"之事。"安民"之目，其中有"服"、"刑"之用，则又"明"、"谐"之事。虽分言互言，各有条理，大要不过两端耳。

19.《书传辑录纂注》卷一

（元）董鼎撰

（归善斋按：见"曰若稽古皋陶"）

20.《尚书句解》卷二

（元）朱祖义撰

曰允迪厥德（皋陶告大禹曰，凡为臣欲以至诚启迪人君之德者），谟明弼谐（必须所进之谟明，然后其所辅弼，自然谐和，于人主之前，不至诋讦太甚）。

21.《尚书日记》卷四

（明）王樵撰

（归善斋按：见"曰若稽古皋陶"）

22.《日讲书经解义》卷二

（清）库勒纳等撰

（归善斋按：见"曰若稽古皋陶"）

《书义断法》卷一

（元）陈悦道撰

（归善斋按：见"曰若稽古皋陶"）

《尚书疏衍》卷二

（明）陈第撰

（归善斋按：见"曰若稽古皋陶"）

《尚书七篇解义》卷一

（清）李光地撰

（归善斋按：见"曰若稽古皋陶"）

禹曰：俞！如何

1.《尚书注疏》卷三

（汉）孔氏传，（唐）陆德明音义，孔颖达疏

禹曰：俞！如何。

传：然，其言问所以行。

疏：禹曰然，然其谋是也。此当如何行之？

此曰，上不言皋陶，犹大禹为谋曰，上不言禹。

2.《书传》卷三

（宋）苏轼撰

禹曰：俞！如何？"允迪厥德，谟明弼谐"者，史之所述，非皋陶之言也。而禹曰"俞"，所然者谁乎？此其间必有阙文者矣。皋陶有言，而禹然之，且问之。简编脱坏，而失之耳。

3.《尚书全解》卷五

（宋）林之奇撰

禹曰：俞！如何？皋陶曰：都！慎厥身修，思永，惇叙九族，庶明励翼，迩可远在兹。

禹于是然其言。既然其言，遂问"谟明弼谐"之道当如何也。皋陶曰"都"者，善其问也，言人臣欲"谟明弼谐"以启迪人主之德，则当使人君"慎厥身修"。盖古之欲明明德于天下者，物格而后知至，知至而后意诚，意诚而后心正，心正而后身修，身修而后家齐，家齐而后国治，国治而后天下平。自天子至于庶人，一是皆以修身为本。其本乱而末治者，否矣。其所厚者薄，而所薄者厚未之有也。古之所以明明德于天下，始于"格物致知，正心诚意"者，凡欲以修身而已。身既修矣，则扩而充之，至于家齐而后国治，国治而后天下平，无不可者。然而修身者，又不可不思为长久之道，动而世为

天下道，行而世为天下法，言而世为天下则。此其所谓"思永"也。欲"身修"而"思永"当以何为先？"惇叙九族，庶明励翼"，此其所以当先。惇，厚也。叙，次也。"惇叙九族"，谓亲亲也。"庶明"，近臣也。励，勉也。翼，辅也。近臣皆勉励以翼己，谓尊贤也。盖亲亲者，仁之本也；尊贤者，知之本也。人君之治天下，其极至于仁，知不可胜用，而其原则必本于亲亲、尊贤之二者。"迩可远在兹"者，谓修之于此，而效见于彼者，在此二者而已。《中庸》论治天下有九经：修身也，尊贤也，亲亲也，敬大臣也，体群臣也，子庶民也，来百工也，柔远人也，怀诸侯也。自"修身"至于"敬大臣"、"体群臣"，则其本立矣。自其本而推之，无所施而不可。尧舜之治天下，禹、皋陶、稷、契之陈谟于君，其叙未尝不本于此。

4.《尚书讲义》卷四

（宋）史浩撰

（归善斋按：见"曰若稽古皋陶"）

5.《尚书详解》卷四

（宋）夏僎撰

禹曰：俞！如何？皋陶曰：都！慎厥身修，思永。惇叙九族，庶明励翼，迩可远在兹。

皋陶前既言人臣欲启迪人君之德，谟不可不明，弼不可不谐。禹于是然其言，遂问"谟明弼谐"之道当如何？皋陶既承禹问，于是言"都！"以善其问，遂言其所谓"谟明弼谐"者，下文"慎厥身修，思永。惇叙九族，庶明励翼，迩可远在兹"，只此数语，用以启迪于君，则其为谟，岂不明，为弼岂不谐哉？皋陶之意，谓人君诚慎修其身，不苟目前之利，言必虑其所终，行必稽其所敝。直欲动，而世为天下道，行而世为天下法，言而世为天下则。思永如此，而又能惇厚以次序九族，又得众明之，臣勉励辅翼，则设施注措，虽在目前，而自近及远实，不外乎此道，故言"迩可远在兹"，谓自近而可推之远者，实此道也。详考文意，理正或然。先儒则谓：皋陶之意，谓能慎其身，厚次九族，则众庶明其教，而自勉励戴于上，近可推而远者，在此道。其意，以上两句为政治之本，下两句为政治之效。至王氏之徒，则又曰：身立，则政立，故皋陶先言修身，能修其身，然后可以齐其家，故继之以"惇叙九族"；家齐而后国治，故继之以"庶明励翼"；国治而天下平，故继之以"迩可远在兹"。其意以修身为本。以下三句，为驯致之效，然详文意，皆不如前说。又在学者深思，而去取之。

6.《增修东莱书说》卷四

（宋）吕祖谦撰，时澜增修

禹曰：俞！如何？

或言上有阙文，未可知。皋陶必先有所言，禹始发问，如《大禹谟》，先载禹言之类。

7.《尚书说》卷一

（宋）黄度撰

（归善斋按：见"曰若稽古皋陶"）

8.《洁斋家塾书钞》卷三

（宋）袁燮撰

（归善斋按：见"曰若稽古皋陶"）

9.《书经集传》卷一

（宋）蔡沈撰

（归善斋按：见"曰若稽古皋陶"）

10.《尚书精义》卷六

（宋）黄伦撰

禹曰：俞！如何？皋陶曰：都！慎厥身修，思永。惇叙九族，疏明励翼，迩可远在兹。禹拜昌言曰：俞！

无垢曰：禹问如何，其言未终，不知皋陶何所见。而遽叹美之曰"都"乎。以此知古人默识众理，见其美恶，而发于"吁"、"都"之间者，他人盖莫知也。其美如何，使九族亲厚，近臣"励翼"，亦可谓大矣。然不过吾"允迪厥德"而已。岂非可叹美乎？吾何以知德之所在哉？"慎厥身修，思永"而已。夫"慎厥身修"者，以谓修身不可不慎也。杨、墨皆修身也，惟不慎，其所取杨，遂至于无君；墨遂至于无父。其弊如何，弊在不思而已矣。"君子过言，则民作辞；过动，则民作则"。故君子言必虑其所终；行必稽其所敝；岂肯遽然无所稽考思虑，妄以谓修身之法在此哉？必也索赜探隐，钩深致远，于利中求害，于是中求非，参之于心，验之于古，询之于朋友，正之于父师，必使考诸三王，建诸天地，质诸鬼神，百世以俟圣人，不谬不悖，无疑不惑而后已。

11.《尚书详解》卷四

（宋）陈经撰

禹曰：俞！如何？皋陶曰：都！慎厥身修，思永。惇叙九族，庶明励翼，迩可远在兹。禹拜昌言曰：俞！

"禹曰：俞！如何"，上必有阙文。"皋陶曰：都"，皋陶因禹有"如何"之问，先美之而后言。"慎厥身修，思永其"，意略与《尧典》"以亲九族"，"平章百姓"意同。盖皋陶之所得者，在于"允迪厥德"，故言"惇叙九族，庶明励翼"，皆本于身修。能修其身者，德之所以"允迪"也。谨其身之所修，必思为长久之道。异端之学，亦非不修身也。然致远则泥，故君子思其所以长久者，欲其参之天地，质之鬼神，百世俟圣人，而不惑，不悖。不疑，不惑者如此，则修身之道尽矣。身修，而家齐，国治，故能"惇九族"而厚其恩爱；"叙九族"而次第其伦理，众贤明者莫不勉励而辅已焉。故"惇叙九族，庶明励翼"者，皆修身之验也，自迩而可以远者，在此而已。自其身与九族与朝廷言之，则其身为近，朝廷为远。今焉，身修于此，而"庶明励翼"，自应于彼。又自朝廷而推之，以达于天下，亦此理也。岂非所守"约"而施"博"哉？禹闻皋陶修身之言，远近兼举，其简如此，故拜其善言而"俞"之也。禹、皋同列之际，或都，或俞，或吁，或咈，无非真情实意之法，不可以常情窥之也。惟其好善之心，出于真情，故言有合于其心则"俞"之；有疑于其心，则吁之，问之，善之，在人犹在己也。故闻言而拜，不以为谄。善之在己犹在人也，故自言而先曰"都"，不以为矜。后世孔门学者，"知之为知之，不知为不知"，如三子言志无有隐情。正名曰迂，短丧曰安，皆是真情所在，与虞舜之廷禹、皋陶同列"都"、"俞"之气象，亦有相似。

12.《融堂书解》卷二

（宋）钱时撰

（归善斋按：未解）

13.《尚书要义》卷四

（宋）魏了翁撰

（归善斋按：未引）

14.《书集传或问》卷上

（宋）陈大猷撰

（归善斋按：未解）

15.《尚书详解》卷二

（宋）胡士行撰

禹曰：俞！如何？

此禹问"谟明弼谐"之道何如也。

16.《书纂言》卷一

（元）吴澄撰

（归善斋按：见"允迪厥德"）

17.《书集传纂疏》卷一

（元）陈栎撰

（归善斋按：见"曰若稽古皋陶"）

18. 《读书丛说》卷三

（元）许谦撰

（归善斋按：未解）

19. 《书传辑录纂注》卷一

（元）董鼎撰

（归善斋按：见"曰若稽古皋陶"）

20. 《尚书句解》卷二

（元）朱祖义撰

禹曰：俞（禹于是信其言），如何（问其当如何）？

21. 《尚书日记》卷四

（明）王樵撰

（归善斋按：见"曰若稽古皋陶"）

22. 《日讲书经解义》卷二

（清）库勒纳等撰

（归善斋按：见"曰若稽古皋陶"）

《尚书疏衍》卷二

（明）陈第撰

（归善斋按：见"曰若稽古皋陶"）

《尚书七篇解义》卷一

（清）李光地撰

（归善斋按：见"曰若稽古皋陶"）

二 修身

皋陶曰：都！慎厥身修，思永

1.《尚书注疏》卷三

（汉）孔氏传，（唐）陆德明音义，孔颖达疏

皋陶曰：都！慎厥身修，思永。

传：叹美之重也。慎修其身，思为长久之道。

音义：身修，绝句。

疏：皋陶曰：呜呼！重其事，而叹美之。行上谋者，当谨慎其己身，而修治人之事，思为久长之道。

郑玄云：以皋陶下属为句，则稽古之下无人名，与上三篇不类甚矣。"慎厥身修，思永"，按传之言，以修为上读，顾氏亦同也。

2.《书传》卷三

（宋）苏轼撰

皋陶曰：都！慎厥身修，思永。

慎其身之所修者，思其久远之至者。《礼》曰："君子过言则民作辞。过动则民作则。"故言必虑其所终，行必稽其所敝。

3.《尚书全解》卷五

(宋)林之奇撰

(归善斋按:见"禹曰:俞!如何")

4.《尚书讲义》卷四

(宋)史浩撰

(归善斋按:见"曰若稽古皋陶")

5.《尚书详解》卷四

(宋)夏僎撰

(归善斋按:见"禹曰:俞!如何")

6.《增修东莱书说》卷四

(宋)吕祖谦撰,时澜增修

皋陶曰:都!慎厥身修,思永。惇叙九族,庶明励翼,迩可远在兹。

"都"者,叹美之辞也。先叹美而后言者,不敢易其辞也。大抵齐家、治国至于平天下,皆自"身修"而出,故当修身之际,必深思永久之理。可久而后功用无穷也。"惇叙九族",自"身修"而见于齐家也。伊川家人传曰:"正伦理,笃恩义"。"惟惇叙",足以该齐家之道也。"庶明励翼",又大于一家者,朝廷之上,百官之中,明白一心,各思勉励翼敬,以奉其职。"翼",与"小心翼翼"之"翼"同,自齐家以至于治国,皆自根本始,故曰"迩可远在兹"。"可"之一字,不可不味。"可"者,明其有此理也。盖用工不已,则其理可远,非谓修身,即能齐家、治国、平天下也。

7.《尚书说》卷一

(宋)黄度撰

(归善斋按:见"曰若稽古皋陶")

8.《洁斋家塾书钞》卷三

（宋）袁燮撰

（归善斋按：见"曰若稽古皋陶"）

9.《书经集传》卷一

（宋）蔡沈撰

（归善斋按：见"曰若稽古皋陶"）

10.《尚书精义》卷六

（宋）黄伦撰

（归善斋按：见"禹曰：俞！如何"）

11.《尚书详解》卷四

（宋）陈经撰

（归善斋按：见"禹曰：俞！如何"）

12.《融堂书解》卷二

（宋）钱时撰

（归善斋按：未解）

13.《尚书要义》卷四

（宋）魏了翁撰

（归善斋按：未引）

14.《书集传或问》卷上

（宋）陈大猷撰

或问：林氏以"行而世为天下法；言而世为天下则"说"思永"，善矣，不载何也？曰：所谓"思永"者，思其终久之善否，如何而谨，所择以自修耳。"世为天下法则"，但指其善者而言。其意不若苏氏所举

《礼记》之言全备，兼此亦无"思"义。此盖意似近而未全者也。曰：既欲世为法则，则其致思于善否，不言可知。曰：释经之体，但当依经释义，若转转推去，固是可通，然不免因盖及车，因车及马之意，而终堕于支离之弊。不若于盖说盖，于车说车之为有界则也。此类多矣，后不尽辩。

15.《尚书详解》卷二

（宋）胡士行撰

皋陶曰：都！慎厥身修，思永（长久之理）。惇（厚）叙（次序）九族，庶（众官）明（明白）励（勉）翼（辅戴其君。吕云：敢也），迩（近）可（可以）远（及远）在兹（此理）。

身修，则家齐、国治、天下平，皆自此出，此至近而可及远之理也。

16.《书纂言》卷一

（元）吴澄撰

（归善斋按：见"允迪厥德"）

17.《书集传纂疏》卷一

（元）陈栎撰

（归善斋按：见"曰若稽古皋陶"）

18.《读书丛说》卷三

（元）许谦撰

（归善斋按：未解）

19.《书传辑录纂注》卷一

（元）董鼎撰

（归善斋按：见"曰若稽古皋陶"）

20.《尚书句解》卷二

（元）朱祖义撰

皋陶曰：都（皋陶言都以美其问）！慎厥身修（谓不过告人君详其身之所修），思永（思为长远之计）。

21.《尚书日记》卷四

（明）王樵撰

（归善斋按：见"曰若稽古皋陶"）

22.《日讲书经解义》卷二

（清）库勒纳等撰

（归善斋按：见"曰若稽古皋陶"）

《书义断法》卷一

（元）陈悦道撰

慎厥身修，思永。惇叙九族，庶明励翼，迩可远在兹。

修身、齐家、治国、平天下，此一理之贯通。然古昔圣贤，谨之于修身之初，已为久远之思，故推之齐家、治国、平天下，自无远迩之间，此君子之所以先立乎其大者，由是举而措之，莫非兹理之贯通也。其或修身而不能慎，慎而不能思永，则亦苟焉浅近之工夫，又乌能善推其所为，而造新民之懋功哉？皋陶陈迪德之谟，理政如此，故于此申言之。

《尚书注考》

（明）陈泰交撰

"慎厥身修"，训"慎"者，言不可不致其谨也。"其难其慎"，训"慎"者，慎于听察。

《尚书埤传》卷三

(清) 朱鹤龄撰

皋陶曰：都！

惇叙九族，庶明励翼。

陈氏曰：善之在己犹在人也，故自言而先曰"都"不为矜；善之在人犹在己也，故闻言而拜不为谄。

陈师凯曰：程子《家人传》曰，正伦理，笃恩义，家人之道也。惇者笃恩义，叙者正伦理，二者尽齐家之道。

王肃曰：以众贤明为砥砺，为羽翼。愚按，古厉、励、砺三字通用。

《尚书七篇解义》卷一

(清) 李光地撰

(归善斋按：见"曰若稽古皋陶")

惇叙九族，庶明励翼，迩可远在兹

1.《尚书注疏》卷三

(汉) 孔氏传，(唐) 陆德明音义，孔颖达疏

惇叙九族，庶明励翼，迩可远在兹。

传：言慎修其身，厚次叙九族，则众庶皆明其教，而自勉励，翼戴上命，近可推而远者，在此道。

音义：惇，切韵，都昆反。

疏：又厚次叙九族之亲，而不遗弃，则众人皆明晓上意，而各自勉励，翼戴上命行之于近，而可推而至远者，在此道也。

自身以外，九族为近，故慎修其身，又厚次叙九族，犹尧之为政，先以亲九族也。人君既能如此，则众庶皆明其教，而各自勉励，翼戴上命。昭九年《左传》说晋叔向言"翼戴天子"，故以为"翼戴上命"，言如鸟之羽翼，而奉戴之。王者率己以化物，亲亲以及远，故从近可推而至于远

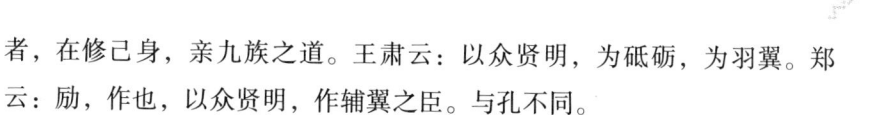

者，在修己身，亲九族之道。王肃云：以众贤明，为砥砺，为羽翼。郑云：励，作也，以众贤明，作辅翼之臣。与孔不同。

2.《书传》卷三

（宋）苏轼撰

惇叙九族，庶明励翼，迩可远在兹。

惇，厚也。叙，次也。庶明，众显者，谓近臣也。励，勉也。翼，辅也。自修身，以及九族近臣，此迩可远之道也。

3.《尚书全解》卷五

（宋）林之奇撰

（归善斋按：见"禹曰：俞！如何"）

4.《尚书讲义》卷四

（宋）史浩撰

（归善斋按：见"曰若稽古皋陶"）

5.《尚书详解》卷四

（宋）夏僎撰

（归善斋按：见"禹曰：俞！如何"）

6.《增修东莱书说》卷四

（宋）吕祖谦撰，时澜增修

（归善斋按：见"慎厥身修"）

7.《尚书说》卷一

（宋）黄度撰

（归善斋按：见"曰若稽古皋陶"）

8.《洁斋家塾书钞》卷三

（宋）袁燮撰

（归善斋按：见"曰若稽古皋陶"）

9.《书经集传》卷一

（宋）蔡沈撰

（归善斋按：见"曰若稽古皋陶"）

10.《尚书精义》卷六

（宋）黄伦撰

（归善斋按：见"禹曰：俞！如何"）

11.《尚书详解》卷四

（宋）陈经撰

（归善斋按：见"禹曰：俞！如何"）

12.《融堂书解》卷二

（宋）钱时撰

（归善斋按：未解）

13.《尚书要义》卷四

（宋）魏了翁撰

众庶明其教，勉励翼戴，孔与王、郑不同。

自身以外，九族为近，故慎修其身，又厚次序九族，犹尧之为政，先以亲九族也。人君既能如此，则众庶皆明其教，而各自勉励，翼戴上命。昭九年《左传》说晋叔向言"翼戴天子"，故以为"翼戴上命"，言如鸟之羽翼，而奉戴之。王者率己以化物，亲亲以及远，故从近可推而至于远者，在修己身，亲九族之道。王肃云：以众贤明为砥砺，为羽翼；郑云：厉，作也，以众贤明，作辅翼之臣；与孔不同。

14. 《书集传或问》卷上

（宋）陈大猷撰

（归善斋按：未解）

15. 《尚书详解》卷二

（宋）胡士行撰

（归善斋按：见"慎厥身修"）

16. 《书纂言》卷一

（元）吴澄撰

（归善斋按：见"允迪厥德"）

17. 《书集传纂疏》卷一

（元）陈栎撰

（归善斋按：见"曰若稽古皋陶"）

18. 《读书丛说》卷三

（元）许谦撰

（归善斋按：未解）

19. 《书传辑录纂注》卷一

（元）董鼎撰

（归善斋按：见"曰若稽古皋陶"）

20. 《尚书句解》卷二

（元）朱祖义撰

惇叙九族（厚以次叙九族，则家齐矣），庶明励翼（众明之臣勉励辅翼，则国治矣），迩可远在兹（夫近而吾身，以至家、国，既可如是而治，然后远而治天下，不外乎此道，则天下平矣）。

21.《尚书日记》卷四

(明) 王樵撰

(归善斋按：见"曰若稽古皋陶")

22.《日讲书经解义》卷二

(清) 库勒纳等撰

(归善斋按：见"曰若稽古皋陶")

《书义断法》卷一

(元) 陈悦道撰

(归善斋按：见"慎厥身修")

《尚书埤传》卷三

(清) 朱鹤龄撰

(归善斋按：见"慎厥身修")

《尚书七篇解义》卷一

(清) 李光地撰

(归善斋按：见"曰若稽古皋陶")

禹拜昌言曰：俞

1.《尚书注疏》卷三

(汉) 孔氏传，(唐) 陆德明音义，孔颖达疏

禹拜昌言曰：俞！

传：以皋陶言为当，故拜受而然之。

音义：当，丁浪反，下同。

疏：禹乃拜受其当理之言。曰然，美其言，而拜受之。

2.《书传》卷三

（宋）苏轼撰

禹拜昌言曰：俞！

盛德之言，故拜。

3.《尚书全解》卷五

（宋）林之奇撰

禹拜昌言曰：俞！皋陶曰：都！在知人，在安民。禹曰：吁！咸若时，惟帝其难之。知人则哲，能官人；安民则惠，黎民怀之。能哲而惠，何忧乎驩兜？何迁乎有苗？何畏乎巧言令色孔壬。

"禹拜昌言曰：俞"，则其昌盛之言也，故拜而然之。《孟子》曰"禹闻善言则拜"，盖谓此也。禹既然其言矣，皋陶于是又推广其义。而欲尽乎"迩可远在兹"之道者，必在乎自尊贤之知而推之，以尽夫知人之哲；自亲亲之仁而推之，以尽夫爱民之惠，然后可也。"禹曰：吁"，叹辞也，将使舜敬重其言而行之，故叹之也。"咸若时"者，犹言"若兹"。"惟帝其难之"，谓皋陶之言如此，帝当难其言而行之也。所以在于难其言而行之者，盖知人始于尊贤，自尊贤而推之，至于无所不知。无所不知，则能官人。安民始于亲亲，由亲亲而推之，至于惠，则无所不爱。无所不爱，故黎民怀之。此盖所以推广皋陶之言，而发明其义也。"知人则哲，能官人"，则尽乎知人之道，而知不可胜用也。安民则惠黎民怀之，则尽乎安民之道，而仁不可胜用也。仁且知，圣人之事备矣。此其所以"何忧乎驩兜？何迁乎有苗？何畏乎巧言令色孔壬"也。"巧言令色孔壬"，谓共工也，"静言庸违象恭"，故言"巧言"。"令色孔壬"言甚佞也，与"嘉言孔彰"之"孔"同。舜既流共工、放驩兜、窜三苗矣，而其战战兢兢之心，唯恐又有如此之人复出而为恶，故未尝敢忘忧畏之心。禹则以谓，苟能用皋陶此言，而尽乎知人之哲，安民之惠，则不复忧畏如此之人矣。共工、驩兜，其大奸大佞，在朝廷之上，故以"忧畏"言之。三苗为诸侯在外，故但曰"迁"而已。盖小人在朝廷之上者，尤为可忧畏也。不言

"何畏乎共工",而言"巧言令色孔壬"者,盖言共工之所为如此,其为可忧畏,又甚于驩兜、有苗也。若但言"何畏乎共工",则未足以尽其义也。自先儒、王氏,皆以"惟帝其难之"为指尧而言之,独张横渠以帝为舜。所以必从张横渠之说者,盖禹不当谓尧为帝。于《大禹谟》"帝德广运"已论之详矣。而又四凶之诛,在舜历试之时。当尧之时,虽知其大恶大奸,然而未尝有可诛之罪,故释之而不诛,非忧之、畏之而不敢诛也。苟以"惟帝其难之"为指尧而言,则是禹之意,以尧未能尽其知人、安民之意,故曰"何忧乎驩兜,何迁乎有苗,何畏乎巧言令色孔壬"。审如是说,则禹之言,是所以贬尧,非所以称美之矣,又与帝德广运异矣。不如张横渠之言为善。夫所谓四凶之为大奸大佞,皆在所忧畏。此但言驩兜、共工、有苗,而不及于鲧,盖所谓子为父隐,直在其中矣。

4.《尚书讲义》卷四

(宋)史浩撰

(归善斋按:见"曰若稽古皋陶")

5.《尚书详解》卷四

(宋)夏僎撰

禹拜昌言曰:俞!皋陶曰:都!在知人,在安民。禹曰:吁!咸若时,惟帝其难之,知人则哲,能官人,安民则惠,黎民怀之。能哲而惠,何忧乎驩兜,何迁乎有苗,何畏乎巧言令色孔壬。

皋陶既为禹陈修身,而致迩可远之道,禹于是拜而俞之,谓皋陶之言切于治体,故拜而服其言,且称"俞"而然其言也。皋陶犹以其言为未尽,故又推广其义,谓"在知人,在安民"。其意,盖谓:人君所以慎修其身,惇叙九族,复赖庶明左右励翼者,凡欲自是推之,以知天下之人,以安天下之民也。盖能知人,则无贤之不用;能安民,则无一民不得其所。治道至此,盖无余蕴。宜乎,皋陶所以必为禹推广而言之,将使禹知向吾所以必。故人君,修身、亲亲、尊贤者,意盖在此也。皋陶既为禹推广其义,谓在于知人、安民,禹于是谓:自修身、亲亲、尊贤,推而至于知人、安民,其效如此宏大,故称"吁"者,所观变于前,所闻耸于后,不觉卒然而惊，故为是叹辞也。"咸若时，惟帝其难之"，犹云皆如是，虽帝亦难之也。说者多以此帝为尧，谓尧之朝，驩兜党共工，害于知人；三苗不分孤寡，不恤穷匮，害于安民。尧不能去，至舜臣尧，乃始去之，是知人、安民实尧所难。林少颖谓不然。舜为天子，凡群臣称帝，皆指舜，不应为尧。前《大禹谟》"帝德广运：解已详辨之矣。兼张横渠亦以此帝为舜。难此二者，故去四凶。故少颖亦谓四凶之诛，在舜历试之时，虽知其大奸大恶，然未有可诛之罪，故尧释而不诛，非忧之、畏之，而不敢诛也"。兼分北三苗，乃舜践位三考黜陟之后始分北之，尧未尝迁有苗。苟必以"惟帝其难之"，为指尧而言，则是禹意，以尧未能尽知人、安民之道，故"忧驩兜"，"迁有苗"，"畏巧言令色孔壬"。诚如是，则禹之言，乃所以贬尧，非所以称美有善则称君之义，切料禹之意必不昧此。少颖谓：禹言"咸若时，惟帝其难之"者，谓皋陶之言如此，帝当难其言而行之也。所以在于难其言而行之者，盖知人，始于尊贤。由尊贤而推之，至于哲则无所不知。无所不知，则能官人。安民始于亲亲，由亲亲而推之，至于惠则无所不爱。无所不爱故黎民怀之。此盖所以推广皋陶之言，而发明其义也。"知人则哲，能官人"，则尽乎知人之道，而知不可胜用也。"安民则惠黎民怀之"，则尽乎仁民之道，而仁不可胜用也。仁且知，圣人之事尽矣。此所以"何忧乎驩兜？何迁乎有苗？何畏乎巧言令色孔壬"也。少颖此说极当。四凶，皆舜所畏，但禹言驩兜、三苗、共工，不及鲧者，马融云：禹为父隐，亦有此理。此言实是。舜，先儒多以为尧而难之之说，又皆多以为尧不能尽知人、安民之道，颇以贬尧。惟少颖作"苗"解，而就中。其说又最可采，故又存之。少南谓：尧之知人、安民与后世不同。尧之于人，固无有不知者，见其间有未可以贤否判者，圣人姑亦容之，故以知人为难也。尧之于民，固无有不安者。见其间有未可化者，圣人亦诛杀之，故以安民为难也。且如尧知共工，共工主驩兜，尧亦知驩兜也，奈何驩兜在位久矣。当尧之时，天下犹未平洪水之患，尧犹未有以去之，何以大慰斯民哉？未有以大慰斯民，而诛戮遽行于旧臣，在尧有所未可知前，所未可以贤否判者，驩兜之类是也。放于既老之时，亦非尧之本心也。尧之意，谓窜一人，则一人不安；迁一民，则一民不安。然忍于一人之不安，故二事皆谓之难。

6.《增修东莱书说》卷四

(宋)吕祖谦撰,时澜增修

禹拜昌言曰:俞!

禹"克勤"、"克俭","不自满假",学问工夫之深,其于"身修,思永"之道已入其奥,故闻皋陶之言,不特"俞"之,且拜之。盖深契乎心,故感发之机形之,拜而不自知。孟子所谓"禹闻善言则拜"也。

7.《尚书说》卷一

(宋)黄度撰

(归善斋按:见"曰若稽古皋陶")

8.《洁斋家塾书钞》卷三

(宋)袁燮撰

(归善斋按:见"曰若稽古皋陶")

9.《书经集传》卷一

(宋)蔡沈撰

(归善斋按:见"曰若稽古皋陶")

10.《尚书精义》卷六

(宋)黄伦撰

(归善斋按:见"禹曰:俞!如何")

11.《尚书详解》卷四

(宋)陈经撰

(归善斋按:见"禹曰:俞!如何")

12. 《融堂书解》卷二

（宋）钱时撰

（归善斋按：未解）

13. 《尚书要义》卷四

（宋）魏了翁撰

（归善斋按：未引）

14. 《书集传或问》卷上

（宋）陈大猷撰

（归善斋按：未解）

15. 《尚书详解》卷二

（宋）胡士行撰

禹拜昌言曰：俞！

孟子所谓"禹闻善言则拜"，"不自满假"之工夫也。

16. 《书纂言》卷一

（元）吴澄撰

（归善斋按：见"允迪厥德"）

17. 《书集传纂疏》卷一

（元）陈栎撰

（归善斋按：见"曰若稽古皋陶"）

18. 《读书丛说》卷三

（元）许谦撰

（归善斋按：未解）

19.《书传辑录纂注》卷一

(元)董鼎撰

(归善斋按:见"曰若稽古皋陶")

20.《尚书句解》卷二

(元)朱祖义撰

禹拜昌言曰:俞(禹于是拜皋陶之善言,"俞"以然之)!

21.《尚书日记》卷四

(明)王樵撰

(归善斋按:见"曰若稽古皋陶")

22.《日讲书经解义》卷二

(清)库勒纳等撰

(归善斋按:见"曰若稽古皋陶")

《尚书七篇解义》卷一

(清)李光地撰

(归善斋按:见"曰若稽古皋陶")

三 知人

皋陶曰：都！在知人，在安民

1.《尚书注疏》卷三

（汉）孔氏传，（唐）陆德明音义，孔颖达疏

皋陶曰：都！在知人，在安民。

传：叹修身亲亲之道，在知人所信任，在能安民。

疏：正义曰：皋陶以禹然其言，更述修身亲亲之道，叹而言曰：人君行此道者，在于知人善恶，择善而信任之；在于能安下民，为政以安定之也。

2.《书传》卷三

（宋）苏轼撰

皋陶曰：都！在知人，在安民。禹曰：吁！咸若时，惟帝其难之，知人则哲，能官人，安民则惠，黎民怀之。能哲而惠，何忧乎驩兜？何迁乎有苗？何畏乎巧言令色孔壬。

孔，甚也。壬，佞也。

3. 《尚书全解》卷五

（宋）林之奇撰

（归善斋按：见"禹拜昌言"）

4. 《尚书讲义》卷四

（宋）史浩撰

（归善斋按：见"曰若稽古皋陶"）

5. 《尚书详解》卷四

（宋）夏僎撰

（归善斋按：见"禹拜昌言"）

6. 《增修东莱书说》卷四

（宋）吕祖谦撰，时澜增修

皋陶曰：都！在知人，在安民。

皋陶言：自修身至于治国平天下，本末已备，苟不明所谓"知人"，"安民"则不足以尽修身之理。盖"知人"、"安民"乃修身中，纲目之大者。皋陶特指以为言，谓修身之道，当先于其大者而致力。两曰"在"者，辞定而理决，可以知其为修身用工之地也。

7. 《尚书说》卷一

（宋）黄度撰

皋陶曰：都！在知人，在安民。禹曰：吁！咸若时，惟帝其难之。知人则哲，能官人。安民则惠，黎民怀之。能哲而惠，何忧乎驩兜？何迁乎有苗？何畏乎巧言令色孔壬？

修身，本也；知人，要也；安民，体也。皋陶刑官，推明君德，刑期无刑，其事必当有本也。知人、安民亦本于修身而已。《诗》曰"尔德不明，以无陪无卿"，此知人之本。孔子曰"修己以敬"，修己以安百姓，此安民之本。身修矣，而民不被其泽者，不知其体要也。故皋陶次第指陈之。禹以其言益盛大，故嗟叹之，而以为知人、安民，虽尧犹难之，哲明之盛也。小大长短，各当其任，故为能官人。饥食寒衣，无一夫不获其所惠也，故黎民怀之。明生于止善，惠推于不忍之固有。尧舜安之而为仁，汤武身之而为德，五霸假之而为力。下此，虽假，不能直情径行，何难之有，故"自假"，等而上之，至于安，用力为愈难。孔氏曰："巧言"，"静言庸违"；"令色"，"象恭滔天"，指谓共工、骦、苗之恶。易见共工之恶，难知巧佞，每能使人溺也。故不著其名，而表其状。然四罪，共工独轻，何也？行法与立言不同，行法据其事，立言原其心。象恭，必求自盖其心，虽甚无状，而其迹多隐伏。圣人行法，终不以其所不可见者，深文坐之。至于立言，为世训，则常推其所未为，而知其所必至，故尧以为"滔天"，禹以为"孔壬"。《孟子》辟杨墨，而以兼爱为无父，为我为无君，皆禽兽之道。其极，必至于食人，亦若是也。公孙弘假《春秋》诛心之法以杀人，惨矣。"哲能知人"，凶慝不敢肆；惠，"黎民怀之"本根不摇。虽四凶不能独为乱，故尝杂仕于尧朝矣。然则舜诛之，为有遗憾欤。曰：德刑之叙，君师宠绥之职，而彼四人者，独不与被其泽，岂圣人之心哉？故皆贷其死，而流窜之。艺祖皇帝读《书》，以为四凶之罪，止于流窜，遂轻刑，是知尧舜之用心矣。此举四凶之恶不及鲧，禹当为亲讳也。禹虽功高，不能免鲧。鲧得罪于天，禹不敢私也。箕子曰"帝乃震怒"。

8.《洁斋家塾书钞》卷三

（宋）袁燮撰

皋陶曰：都！在知人，在安民。禹曰：吁！咸若时，惟帝其难之。知人则哲，能官人，安民则惠，黎民怀之。能哲而惠，何忧乎骦兜？何迁乎有苗？何畏乎巧言令色孔壬？

修身、齐家、治国、平天下之道，皋陶虽陈其大端于前矣，然治道有至切者，不可泛而言之，故于此，特拈出来说。"在"之一字，要人看。如所谓"大学之道在明明德，在新民，在止于至善"。大学之道何在？在此三者。为治国之道何在？在此二者。凡论治道，要须知治道之所在，知其所在，然后可于此而用力焉。不知其所在，泛然何所适从乎？皋陶前面所陈知人、安民固已在其中矣。"庶明励翼",非知人乎?"迩可远在兹",非安民乎?但犹惧其未明,故又再拈此二者出来说,以为治道之大端有在于此,此所谓"谟明"也。后世为治,皆不知其所在,只是泛然为之,宜其治之,不古若也。治道大端,不出知人、安民。既能知人,又能安民,复有何事。后世非无英明俊杰之主,非不勤,非不俭,非无志于天下,然治卒不如古者,何故?只缘此处欠了第一。且是不知人。知人、安民非是易事也。他人之腹心肝胆,皆欲洞烛,此岂易见乎?不特知其贤与不肖,又须知其才之所堪,如此方可谓之知人。鳏寡孤独,无一不得其所,如此方可谓之安民。禹一闻皋陶之言,以为"咸若时",则虽尧亦难之。盖禹平日在此用工,所以知其难也。知人是我之哲,便能官人;安民是我之惠,便能使黎民怀之。能官人与民怀,此皆非易事。惟是唐虞之时,方能尽之。所谓能官人者,皆知其才之所堪,处之各当其任也。如九官之设,典刑者无与于礼,共工者不兼于虞之类,是谓官人。所谓黎民怀之,直是怀之,如父母依归爱戴,不忍舍去,这方是怀。后世之民,何尝真个曾怀其上。特劫之以智力,民之智力不如其上,故不得不服耳。所谓非心服也,力不赡也。以德服人者,中心悦而诚服也,如七十子之服孔子也,此所谓"怀"也。这一字,后世绝少。汉文帝差近之,然亦安得如古人。禹谓:果能哲而惠,则驩兜何忧?有苗何迁?巧言令色孔壬何畏乎?今犹忧之、迁之、畏之,则是于此犹有未足者焉可见。知人、安民之难也。后世学者类谓尧不能去驩兜,至舜方去之,此皆不曾深考而妄为之说。尧所以未去者,盖其才可用,其过未彰也。然谓之何忧乎驩兜,于以见尧亦尝以此等人为忧矣。放驩兜,迁有苗,皆在舜摄位之时。禹既摄位,征苗之命,犹出于舜,则舜之放驩兜,迁有苗,亦尧之命也,是亦尧去之也。况《史记》自谓"舜归而言",帝流共工则出于尧之命也审矣。

9.《书经集传》卷一

(宋)蔡沈撰

皋陶曰:都!在知人,在安民。禹曰:吁!咸若时,惟帝其难之。知人则哲,能官人。安民则惠,黎民怀之。能哲而惠,何忧乎驩兜?何迁乎有苗?何畏乎巧言令色孔壬?

592

皋陶因禹之俞，而复推广其未尽之旨，叹美其言，谓在于知人，在于安民二者而已。知人，智之事。安民，仁之事也。"禹曰：吁"者，叹而未深然之辞也。时，是也。帝，谓尧也。言既在知人，又在安民，二者兼举，虽帝尧亦难能之。哲，智之明也。惠，仁之爱也。"能哲而惠"，犹言能知人而安民也。迁，窜；巧，好；令，善；孔，大也。好其言善，其色而大，包藏凶恶之人也。言"能哲而惠"，则智、仁两尽，虽党恶如骦兜者，不足忧；昏迷如有苗者，不足迁；与夫好言善，色大，包藏奸恶者不足畏。是三者，举不足害吾之治。极言仁、智功用如此其大也。或曰："巧言令色孔壬"，共工也。禹言三凶而不及鲧者，为亲者讳也。杨氏曰：知人、安民，此《皋陶》一篇之体要也。"九德"而下，知人之事也。"天叙有典"而下，安民之道也。非知人而能安民者，未之有也。

10.《尚书精义》卷六

（宋）黄伦撰

皋陶曰：都！在知人，在安民。禹曰：吁！咸若时，惟帝其难之。知人则哲，能官人；安民则惠，黎民怀之。能哲而惠，何忧乎骦兜？何迁乎有苗？何畏乎巧言令色孔壬？

无垢曰：知人，乃哲也，哲则能随人才大小而官之；安民，乃惠也，惠则能使天下皆怀之。审尧能尽哲惠，顾如骦兜，有苗，巧言令色孔壬之徒，一皆使之在朝廷，岂能害吾知人、安民乎？惟尧之德，未至于"哲"、"惠"，所以忧四凶在廷，吾不能不惑其奸，而至人不尽其材，民不获其所。所以忧，所以迁，所以畏，则以不自保其有哲惠之德也。呜呼！此禹之见耳。此禹以理当如是者，为艰难耳，不知忧、迁、畏，乃所以为"哲"、"惠"也。夫骦兜之比周，理在所忧；而放之三苗之作乱，理在所迁；而窜之"巧言令色孔壬"，若共工者，理在所畏。而流之非能哲而惠之君，岂能为此？倘使四凶不去，此不"哲"、不"惠"之罪也。禹反以为不能"哲"、"惠"者，此自其艰难中见之也。尧固如是哉，然则禹之言害道乎？曰此正尧之心也，安得谓之害道。尧之心，肯自以谓吾能"哲"而"惠"乎？不能者，正尧之用意处，使天下后世，皆知尧以谓不能，则其能，岂有既乎？余指其忧、迁、畏为"哲"、"惠"者，以谓天下之观尧者，当如此，而欲学尧者，当如禹之言，以不能自处可也。此又圣贤之微意。孔氏曰：甚哉，人之难知也。天地吾知，其寒暑代至，而万物所以生也；鬼神吾知，其鉴察幽微，而祸福所以应诸人也；山川吾知，其险阻在前，而梯航可以逾也。若夫斯人，吾不知，其思虑藏诸心，而缘事以发也。将以言求耶，则其议论，莫非圣贤，而所为不少侔焉。出而面诸人，则道前古之遗余，而归于善；退而怡于私，则怨睚薄恶，而靡所不至。将以行考耶，则其独居，操履修正无缺，而处众，莅事曾莫通其情焉。为名利而自勉，则君子也；当忧危乘隙志盈而中变，则又小人也。藏诸中，发诸外者，言与行尔，言行既不可以尽其心，则知之也，岂不诚难哉。张氏曰：智足以有察，然后可以言"知人"之方；仁足以有爱，然后可以言"安民"之道。不知人，则贤佞无所别，故为君之道，在知人而已；不安民，则黎疏失其养，故为君之道，在安民而已。尧、舜之知不遍物，则知人者，帝之所难；尧舜之仁不遍爱，则安民者，帝之所难。夫人心险于山川，难于知天，则人固不易知矣。能知人，然后可以为"哲"。"夏暑雨，小民惟曰怨咨；冬祁寒，小民亦惟曰怨咨。"则民固不易安矣，能安民，然后可以为"惠"。

11.《尚书详解》卷四

（宋）陈经撰

皋陶曰：都！在知人，在安民。禹曰：吁！咸若时，惟帝其难之。知人则哲，能官人；安民则惠，黎民怀之。能哲而惠，何忧乎驩兜？何迁乎有苗？何畏乎巧言令色孔壬？

皋陶既言"身修，思永"之道，推而至于"迩可远在兹"，则亦包括无余矣。及禹拜昌言之后，皋陶又就其中，举其至要者言之曰"知人"、"安民"是也。举此二者，以为人君立治之大端，故先美之而后言曰"在知人，在安民"。谓"身修，思永，惇叙九族，庶明励翼"者，不在乎他，而惟在"知人"、"安民"。禹平日所学者，在于"克艰"，一闻"知人"、"安民"之说，遂疑于心，而见其所以难，故曰"吁！咸若时，惟帝其难之"。咸，皆也。若，顺也。"知人"之与"安民"，皆顺是二者而行之，虽尧尚且以为难。何以言之？善知人，则为"哲"，必于"官人"

者见之。"官人"者,谓能官,使人材随材而授之职也。吾自谓知人矣,而官人之际,小大长短不适其宜,则何以为知人,此知人之所以难也。安民则为惠,必于"黎民怀"见之。"黎民怀"者,谓不令而自从,不约而自至,推之不能去,逃之不能免者也。吾自谓能安民,而黎民不怀,心之不同如其面焉,则何以为能安民,此安民之所以难也。使帝尧于"哲"、"惠"之德无所不能,则党恶如驩兜,不必忧之可也;顽如三苗,不迁之可也;"巧言令色"、"静言庸违"如共工,不必畏之可也。帝尧犹且忧之,迁之,畏之,恐其为"知人"、"安民"之累,则帝于此二者,何尝不以此为难。然则,帝尧之所以难者,果不能乎?曰:帝尧固无所不能也,帝尧自以为能,而有易心焉,则不足以为帝尧矣。惟夫子知此,故曰"尧、舜其犹病诸",尧舜以为天下不能皆贤,而犹有不肖者焉;天下不能皆君子,而犹有小人焉。"知人"之心安得不以为病。五十者衣帛,而少年不得衣帛;七十者食肉,五十者未得食肉,安民之心安得不以为病。虽然就"知人"、"安民"而论之,"知人"可以兼"安民",使贤者在位,能者在职,天下之事不劳而治,民其有不安乎?孟子曰"尧舜之仁不遍爱人,急亲贤之为务",故《皋陶谟》亦以"知人"为先。

12.《融堂书解》卷二

(宋)钱时撰

皋陶曰:都!在知人,在安民。禹曰:吁!咸若时,惟帝其难之。知人则哲,能官人;安民则惠,黎民怀之。能哲而惠,何忧乎驩兜?何迁乎有苗?何畏乎巧言令色孔壬?

"能哲而惠",虽有驩兜变乱是非,何用忧乎?虽有苗民贼虐百姓,何必迁乎?虽有巧言令色孔壬,如共工之徒,何足畏乎?然而舜必放必窜,必流者,以知人、安民为难故也。或曰:信如斯说,则是舜于哲惠有所未足,而禹之言殆若贬舜者,是不然。舜之所以去四凶,正是"知人",正是"安民"。所谓难者,不敢以为易耳,非不足于"哲"、"惠"也。皋陶首言"允迪厥德,谟明弼谐",禹"俞"之,次言"慎厥身修,思永。惇叙九族",以至"迩可远在兹",禹又拜而"俞"之,及闻"知人"、"安民"之语,则遽曰"吁",乃有不可之意。谟之明,弼之谐,即

"惇叙九族"，即"知人"、"安民"。六通四辟，无非"允迪厥德"之妙用。大禹岂不洞达此妙，何故然之于前，而独疑之于后也。盖古人论学，句句皆是心事，的皆是实履。言契于心，随即称赏。才自揆有难能处，便不敢容易承当，未免吁俞之异，若只作空言听过，必无此疑。于此可见禹平日"克艰"工夫。

13.《尚书要义》卷四

（宋）魏了翁撰

（归善斋按：未引）

14.《书集传或问》卷上

（宋）陈大猷撰

（归善斋按：未解）

15.《尚书详解》卷二

（宋）胡士行撰

皋陶曰：都！在知（识）人，在安民。

此"远在兹"之纲目也。"在"者，兹定而理决，无大于此者矣。"知人"、"安民"，《皋谟》一篇纲领，"九德"以下，"知人"之道也；"天叙"以下，"安民"之道也。

16.《书纂言》卷一

（元）吴澄撰

皋陶曰：都！在知人，在安民。禹曰：吁！咸若时，惟帝其难之。知人则哲，能官人。安民则惠，黎民怀之。能哲而惠，何忧乎驩兜？何迁乎有苗？何畏乎巧言令色孔壬？

申上文之意，言"庶明励翼"者在于知人；"迩可远"者在于安民。帝，帝舜也。禹谓，皋陶言治国平天下，惟在于"知人"、"安民"二者，诚能如是之所言。然人未易知，民未易安。帝舜虽圣，当以二者为难，而不可忽也。知人，则有明哲之智，而能官使人才。安民，则有惠爱之仁，而民心无不归向。巧，好；令，善；孔，甚也。好其言，善其色，佞伪于外，而包藏于中甚深，盖指共工也。前此，忧驩兜而放之于崇山，以其阿党惑上，而害于知人也。迁有苗，而窜之于三危，以其威虐残下，而害于安民也。畏"巧言令色孔壬"之共工，而流之于幽州，以其"静言"、"象恭"，奸回叵测，而于"知人"、"安民"俱有害也。既能哲，又能惠，则知仁两尽，虽有如共、驩、三苗，亦不能昏吾之智，梗吾之仁，而何怪乎，忧之，迁之，畏之哉？或问：人之难知，民之难安，何也？曰：尧舜之智，而不遍物，当务之为急。天下之人品不一也，岂两耳目之聪明所能尽知？修己，以安百姓，博施于民而能济众，尧、舜"其犹病诸"。天下之民数至众也，讵可谓覆载之内，无有匹夫匹妇，不得其所者乎？虽大圣人，不敢自足也。

17.《书集传纂疏》卷一

（元）陈栎撰

皋陶曰：都！在知人，在安民。禹曰：吁！咸若时，惟帝其难之。知人则哲，能官人；安民则惠，黎民怀之。能哲而惠，何忧乎驩兜？何迁乎有苗？何畏乎巧言令色孔壬？

纂疏：

陈氏大猷曰：君道在"知人"、"安民"。"知人"而后能"安民"又其序也。

陈氏曰："咸若时"，谓悉如上所言，皆如是也。

孔氏曰：帝尧亦以"知人"、"安民"为难。

张横渠曰：帝，谓舜也。

林氏曰：舜既罪四凶，唯恐又有如此之人复出为恶，未尝忘忧畏也。

真氏曰：孔壬，古注以为甚佞，介甫谓其包藏祸心，盖以"壬"为"妊娠"之"妊"。胡氏非之，谓此训将以腹非罪人。蔡氏仍祖其说，不若从孔注为长。

愚谓：此处言帝，但当指舜，与"帝德广运"不同，彼上文"惟帝时克"，舜方美尧，故益承其说美尧。此禹、皋言于舜前，舍舜言，尧何所因耶？禹于"克艰"真知灼见"知人"、"安民"之不易，故吁以叹其难，谓兼尽之，虽舜犹难也。"其难之"，即"犹病诸"之意。知人则必

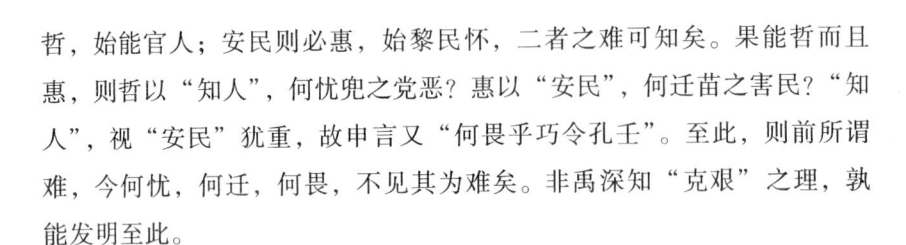

哲，始能官人；安民则必惠，始黎民怀，二者之难可知矣。果能哲而且惠，则哲以"知人"，何忧兜之党恶？惠以"安民"，何迁苗之害民？"知人"，视"安民"犹重，故申言又"何畏乎巧令孔壬"。至此，则前所谓难，今何忧，何迁，何畏，不见其为难矣。非禹深知"克艰"之理，孰能发明至此。

18.《读书丛说》卷三

（元）许谦撰

（归善斋按：未解）

19.《书传辑录纂注》卷一

（元）董鼎撰

皋陶曰：都！在知人，在安民。禹曰：吁！咸若时，惟帝其难之。知人则哲，能官人；安民则惠，黎民怀之。能哲而惠，何忧乎骧兜？何迁乎有苗？何畏乎巧言令色孔壬？

纂注：

陈氏大猷曰：君道在知人、安民两者。"知人"然后能"安民"，又其序也。

陈氏经曰：咸若是，谓悉如上所言，皆如是也。

孔氏曰：帝尧亦以"知人"、"安民"为难。

张子曰：帝，谓舜也。叶、吕、真同。吴氏曰：孔氏不察，谓"帝其难之"为尧。观诛及四凶等，则此帝为舜，明矣。

新安陈氏曰：此处言帝，但当指舜，与益曰"帝德广运"不同，彼上文有"惟帝时克"，舜方美尧，故益承其说美尧。此禹、皋相与言于舜前，舍舜言尧何所因邪？禹于"克艰"之理，实践深知，而知"知人"、"安民"之为不易，故吁以叹其难，而谓兼尽之，虽舜犹难也。"帝其难"，即"尧、舜其犹病诸"之意。知人必哲，始能官人；安民必惠，黎民始怀，二者之难可知矣。果能"哲"且"惠"，则"哲"可以"知人"，何忧骧之党恶？"惠"可"安民"，何迁苗之害民？"知人"视"安民"尤重而居先，故申言知人之事，又何畏巧令孔壬？至此，则前所谓

"难之",今"何忧"、"何迁"、"何畏",不见其为难矣。非禹深知笃信"克艰"之理,孰能发明至此。

林氏曰:舜既流、放、窜三凶,其心惟恐又有如此之人复出为恶,未尝忘"忧"、"畏"之心也。

真氏曰:"孔壬",古注以为"甚佞"。介甫谓其包藏祸心,盖以"壬"为"妊娠"之"妊"。胡氏非之,以为此训将以腹诽罪人也,不若从孔注为长。

20. 《尚书句解》卷二

(元)朱祖义撰

皋陶曰:都(皋陶又推广其义先美而后言)!在知人(为治之道,在于知人,而无一贤之不察),在安民(在于安民,而无一民不得其所)。

21. 《尚书日记》卷四

(明)王樵撰

"皋陶曰:都!在知人"至"何畏乎巧言令色孔壬"。

陈氏经曰:禹、皋同列之际,或"都",或"俞",或"吁",或"咈",或"如何",无非真情实意之所发。有合于心则"都"之、"俞"之;不合则"吁"之、"咈"之。善之在人犹在己也,故闻言而拜不为诌;善之在己犹在人也,故自言而先曰"都"不为矜。

自修身而言,知人智之事,安民仁之事,皆德之所当"迪"也。自修身而推知人,则百官得其职,安民则万民遂其生,皆务之所当先也,此两"在"字之意。

修身则"庶明励翼",然又当"知人"。修身,则"迩可远在兹",然又当"安民"。盖"庶明励翼"者,言其感而已,必人君自有"知人"之德,然后能"官人"而尽贤材之用也。"迩可远在兹"者,言其化而已,所以遂其兴起之心,而使无一夫之不获者,又在"安民"之有道也。

君道在"知人"、"安民"。"知人"然后能"安民"又其序也。

"知人"、"安民"一篇之体要,然修身又二者之本也。

"咸若时,惟帝其难之"者,言二者兼尽,虽帝尧亦难能之也。

"知人",则鉴别之明,能使大小庶官,各当其职,以天下材,治天下事。于治何有,必如是而后可以言"知人",此"知人"之所以难也。"安民"则恩惠之广,能使亲贤乐利,各得其所,民怀之而不能忘,必如是,而后可以言"安民",此安民之所以难也。"能哲而惠",犹言能"知人"而"安民"也,言二者兼尽,则虽有奸邪小人,不足畏矣。凡奸邪之所以害治者,以人主不知其为奸邪也。苟诚知之,虽驩兜未放,有苗未窜,共工未流,彼安能肆其恶哉?故深叹其难而不敢易也。

"知人"、"安民"各为一事,各非易事。帝尧失之共、鲧,孔子失之宰予,是"知人"有遗憾也。"博施济众,尧舜犹病诸",是"安民"有遗憾也。是各就其一欲满吾心且不易,况"咸若时"乎?

盖亦有知好贤,而不能官人者矣,是亦"知人"之未至也。用之违其材,置之非其所,谓之不能"官人"可也。"何忧"三句,正见帝之时,犹有是三者,岂非犹病于"知人"之难而民之受其害乎?可以见仁智功用之大,而不易言矣。

真氏曰:"孔壬"二字,旧说以为"甚佞",而王荆公则训为"包藏祸心",盖以"壬"为"妊娠"之"妊",而胡氏非之,以为荆公为此训,将以腹诽罪人也。近复有祖其说者,愚谓,不若从旧为长。按孔传于《舜典》"难壬人"只云,壬,佞也。于此"孔壬",只云"甚佞",似为简径。而蔡传每处加以"包藏"之义,得非亦先入于荆公之说乎?

22.《日讲书经解义》卷二

(清) 库勒纳等撰

皋陶曰:都!在知人,在安民。禹曰:吁!咸若时,惟帝其难之。知人则哲,能官人;安民则惠,黎民怀之。能哲而惠,何忧乎驩兜?何迁乎有苗?何畏乎巧言令色孔壬?

此一节书,是皋陶推广"迪德"之要,在"知人"、"安民"。而禹深叹兼尽之难也,吁叹而未深然之词。时,是也,指"知人"、"安民"。言帝,指尧;官人,谓用人;迁,窜徙也。"巧言令色孔壬",谓好其言,善其色,而大包藏奸恶之人。皋陶曰:美哉!人君为治之道,其大者有二:一在于"知人",一在于"安民"。盖人不能知,则用舍失当,无以任众职，而兴事功，民不能安，则民心离散，无以固根本而奠邦家。禹曰：嗟乎！如汝所言，"知人"、"安民"，二者兼举，维帝尧之圣，犹且难之。盖人固未易知也，为君者果能"知人"，则睿知所照，将与日月并明，何哲如之？以是用人，必能使才称其职，德称其位，岂有不宜者乎？民固未易安也，为君者果能"安民"，则恩泽所及，将与雨露同润，何惠如之？由是万邦黎庶，尊之则元后，爱之则父母，岂有不怀者乎？夫人君唯不能"知人"、"安民"，常恐不善之人得乘间，而害我之治。"能哲而惠"，如此将见众贤集于朝，百姓和于野，虽有党恶如驩兜者，亦将改行从善，何足忧？虽有昏迷如有苗者，亦将感化归服，何必迁？虽有巧好其言，令善其色，大包藏奸恶者，亦将变巧诈而为诚实，何足畏？"知人"、"安民"，功用之大，至于如此，岂可易视之哉。禹言此，盖欲帝舜深思其难，而求尽其道也。

《书义断法》卷一

（元）陈悦道撰

皋陶曰：都！在知人，在安民。禹曰：吁！咸若时，惟帝其难之。知人则哲，能官人。安民则惠，黎民怀之。

仁知兼举，治天下之急先务，无以加之。然人不易知，非知之明，无以成官人之能；民不易安，非仁之爱，无以得黎民之心。古者大臣相与，讲明治天下之道，不特举其要，而必思其极，故皋陶以"知人"、"安民"为美，而大禹以"知人"之"哲"、"安民"之"惠"为难，反覆究极，不至于成能、成功不止。盖古圣贤之陈谟，责难其不苟如此。

《书义矜式》卷一

（元）王充耘撰

皋陶曰：都！在知人，在安民。禹曰：吁！咸若时，惟帝其难之。知人则哲，能官人；安民则惠，黎民怀之。

大臣美其言，而欲尽知仁之事。同列叹其难，而推论知仁之效。盖知仁二者，诚治道之所系，而欲行以致其效，则未易能也，观禹、皋陶答问之辞乃见矣。方皋陶叹美而言也，以为知以知人，仁以爱人，二者乃为治之要道，固不可偏废也。而禹吁而不尽然之，以为，既在"知人"，又在"安民"，二者兼举，虽帝尧亦难能之。何也？盖"知人"则见之明，而能尽官人之道；安民则惠之博，而能致黎民之怀。"知人"之效，其大如此，是果可以易能哉？大臣知"知人"之效为甚难，则必行以求之矣。尝谓：用人之当否，乃治乱之所系；而民心之叛服，又兴亡之攸基。二者之间，不可不加之意也。然官人非难，而尽"知人"之道为难，使吾心之明，无幽不烛，则不患用人之不当矣。得民非难，而尽安民之道为难，使吾心之仁，无远而不届，则不患民心之不归矣。何也？盖天下之人，善恶之相杂，知愚之相涵，苟吾之明，不足以察之，则君子在野，小人在位者有之矣，此知人所以为难也。天下之民，好尚之不齐，从违之靡定，抚之则后，虐之则雠，苟吾之惠不足以周之，则暑雨祈寒，民情怨咨者有之矣，此安民所以为难也。大禹、皋陶之相答问，必声嗟气叹，而不自己者，其亦有见于此欤甚矣。人心之不可不察，而民情不可以不安也。玉表者石中，凤鸣者鸳翰。优于赵魏，老者不可以为滕薛大夫。此为治所以必在于"知人"也。寒者欲衣，饥者欲食，鳏寡独孤者之欲得其所，此为治之必在于"安民"也。二者有一之或缺焉，则非所以为治矣。然皋陶既叹美而言之矣，禹之大圣，宜亦心领而神会矣。乃吁而不尽然之，复以为二者兼举，虽帝尧之圣，亦难能之，何哉？禹之意，岂不曰"知人"知之事，"安民"仁之事也。其知如神，莫帝尧若矣。然骧兜之咨，共工之举，犹不能无惑焉，则"知人"非帝尧之所难乎？其仁如天，亦莫帝尧若矣。然"博施济众"，"修己安人"，犹且以为病焉，则"安民"非帝尧之所难乎？仁、知兼尽，其难如此。然，非可以畏其难，而自阻也。惟思其艰，则可以图其易耳。诚使察人之际，果能有克知之明，灼见之真，则此心湛然，如鉴之空，而妍媸丑恶，自莫能逃于前矣。如是而官人，吾见在官，皆贤能之选，列职皆俊乂之才，宁复有不胜任者乎？治民之际，果能视之如伤，爱之如子，则德治民心，如春之融，而元元总总，无一夫不被其泽者，如是则黎民之众，皆欢欣鼓舞而无异情，怀服爱戴而无违心，宁复有梗化者乎？呜呼！"知人"、"安民"之效，其大盖如此哉。然尝论之皋陶之谟，实推广上文未尽之旨也，皋陶既言修齐治平为治道之大纲矣，复因禹之"俞"而言节目之要，唯在于"知人"、"安民"而已。盖人者己之辅，民者国之本。人君所当用力，莫切于此。能"知人"，则为庶民励翼之权舆矣；能"安民"则为近悦远来之枢纽矣。治平之要不外乎此。此禹所以为甚难，而皋陶复以"知人"、"安民"之谟陈也。帝舜在上，而皋陶之所答问者犹如此，所以唐虞之时，野无遗贤，而"万邦咸宁"也欤。虽然，"知人"、"安民"固为治之大端，而"知人"又"安民"之本也。盖君之仁不能自达于民，推其爱以及于民者，尤有赖于臣焉。故贤否不择，而庶职隳废，则人君虽有仁心、仁政，而民不被其泽矣，果何所恃以为安耶？此《孟子》所以曰"尧舜之仁，不偏爱人，急亲贤也"。观书者，必有考于斯。

《书经衷论》卷一

（清）张英撰

"知人"、"安民"，帝尧且难，况后世之君若臣乎？天下未有。

知其不肖而登用之者，所谓亡国之君，莫不自贤其臣者是也。小人之蔽君也有二：一则，明知其非，而乐其从谀，可以恣己之欲，所谓"姑将以为亲"者是也。一则，智术深而机变巧，使人主入其中而不觉；前后左右，援结深固，皆其延誉之人，人主一颦一笑，又代为伺察，故其所谋画，无不曲当人主之意。其或有忠鲠不阿者，则阴使之日远日疏。如唐德宗终身不知卢杞之奸，明英宗终身不知王振之恶。虽身经祸败，犹不自觉。寇莱公不知丁谓，而反引荐之者，何可胜数。使当时之论，人皆如，千载后之读史，黑白分明，贤奸朗然，则人亦何难知之，有天下亦岂有覆亡之事？不知身当其时者，如重云叠雾，前蔽后掩，至死不悟者，往往而是，小人有不虞之誉，君子当不虞之名。此古今之所深叹。"惟帝其难"，岂不然哉。《皋陶谟》中，言治理极切，实只两端而已，曰"知人"、"安民"。究之两端中，亦只是知人一事最难。不能知人，而言安民，譬如婴儿赤子，付之于狠妇悍婢之手，而望其饥饱、时寝、处安、长养、成就，亦已难矣。人君者，天下之父母也，百姓之愚贱、微弱，甚于赤子婴儿；长吏之酷虐、贪残，倍于狠妇、悍婢，无怪乎疵疠夭札，不得其所者众也。

《尚书七篇解义》卷一

（清）李光地撰

皋陶曰：都！在知人，在安民。禹曰：吁！咸若时，惟帝其难之。知人则哲,能官人。安民则惠,黎民怀之。能哲而惠,何忧乎骧兜?何迁乎有苗?何畏乎巧言令色孔壬?

皋陶又申前意,谓谋无不明,则能知人矣。弼无不谐,则能安民矣。禹于是感乎其道之难。盖明偶有所不周,则知人或失。诚偶有所未至,则安民或乖。虽帝尧其犹病诸,不敢自以为能也。使帝于是而不难之,则当日何以犹忧乎骧兜,犹迁乎有苗,而惧其民之不安乎?何以犹畏乎巧言令色孔壬,而惧其人之不知乎?

禹曰:吁!咸若时,惟帝其难之

1. 《尚书注疏》卷三

(汉)孔氏传,(唐)陆德明音义,孔颖达疏

禹曰:吁!咸若时,惟帝其难之。

传:言帝尧亦以知人、安民为难,故曰"吁"。

(疏):禹闻此言,乃惊而言曰:吁!人君皆如是,能知人,能安民,惟帝尧犹其难之,况余人乎?

2. 《书传》卷三

(宋)苏轼撰

(归善斋按:未解)

3. 《尚书全解》卷五

(宋)林之奇撰

(归善斋按:见"禹拜昌言")

4. 《尚书讲义》卷四

(宋)史浩撰

(归善斋按:见"曰若稽古皋陶")

5.《尚书详解》卷四

（宋）夏僎撰

（归善斋按：见"禹拜昌言"）

6.《增修东莱书说》卷四

（宋）吕祖谦撰，时澜增修

禹曰：吁！咸若时，惟帝其难之。知人则哲，能官人；安民则惠，黎民怀之。能哲而惠，何忧乎骦兜？何迁乎有苗？何畏乎巧言令色孔壬。

禹与皋陶其心相应，故闻其言，悄然而叹。盖禹于"克艰"之理践履既深，而知"知人"、"安民"之为不易。"吁"者，叹其"难"之意，非病其难也。"咸若时"，谓两者俱如此，虽以帝舜之圣，尚亦"难之"，况于己乎。见禹用工之切，不独见己之难，而又见舜之难。故"予何言，思日孜孜"，常有不自足之心，视"知人"、"安民"为至重。谓"知人"即"哲"，即可谓之"能官人"；"安民"即"惠"，即可以致黎民之怀。哲、惠两尽，何忧骦兜，何迁有苗，何畏巧言令色孔壬，若有惊愕怪讶之意。要之，"哲"、"惠"之理，禹已心知意会，践履之。人实知其中工夫之多，故闻其言，论其事，不觉自以为难也。若未尝学问，口耳之间，浮听而浪言之，必以"知人"、"安民"为何难，曾不知尧、舜修己以安百姓，其犹"病诸"。尧舜非病而不能行，兢兢业业以尽其道也。知尧舜"病诸"之意，则知禹"难之"之意。

7.《尚书说》卷一

（宋）黄度撰

（归善斋按：见"在知人，在安民"）

8.《洁斋家塾书钞》卷三

（宋）袁燮撰

（归善斋按：见"在知人，在安民"）

9.《书经集传》卷一

(宋)蔡沈撰

(归善斋按:见"在知人,在安民")

10.《尚书精义》卷六

(宋)黄伦撰

(归善斋按:见"在知人,在安民")

11.《尚书详解》卷四

(宋)陈经撰

(归善斋按:见"在知人,在安民")

12.《融堂书解》卷二

(宋)钱时撰

(归善斋按:见"在知人,在安民")

13.《尚书要义》卷四

(宋)魏了翁撰

(归善斋按:未引)

14.《书集传或问》卷上

(宋)陈大猷撰

(归善斋按:未解)

15.《尚书详解》卷二

(宋)胡士行撰

禹曰:吁(叹其大)!咸(皆)若(如)时(此),惟帝(尧)其难之。知人则哲(明),能官(使)人;安民则惠,黎民怀之。能哲而惠,何忧乎驩兜?何迁乎有苗?何畏乎巧言令色孔(甚)壬(佞也,此"静言庸违"之共工也。四凶不及鲧，为亲者讳也)？

禹实知用工，非学问口耳间者，故闻皋谟而惊叹，谓尧犹"难之"也。盖尧之哲，必无一人之不知尧之惠，必无一民之不怀，其道至大。所谓"其犹病诸"者，非病其难，而不能行也。兢兢业业，思其难，以图其易，"何忧"、"何迁"、"何畏"，"难之"之效也。

16.《书纂言》卷一

（元）吴澄撰

（归善斋按：见"在知人，在安民"）

17.《书集传纂疏》卷一

（元）陈栎撰

（归善斋按：见"在知人，在安民"）

18.《读书丛说》卷三

（元）许谦撰

（归善斋按：未解）

19.《书传辑录纂注》卷一

（元）董鼎撰

（归善斋按：见"在知人，在安民"）

20.《尚书句解》卷二

（元）朱祖义撰

禹曰：吁（禹于是嗟叹而言）！咸若时（知人与安民皆顺是二者而行），惟帝其难之（虽尧尚以为难）。

21.《尚书日记》卷四

（明）王樵撰

（归善斋按：见"在知人，在安民"）

22.《日讲书经解义》卷二

（清）库勒纳等撰

（归善斋按：见"在知人，在安民"）

《尚书砭蔡编》

（明）袁仁撰

吁！惟帝其难之。知人则哲，能官人；安民则惠，黎民怀之。能哲而惠，何忧乎驩兜？何迁乎有苗？何畏乎巧言令色孔壬？

蔡谓"吁"者叹而未深然之词，谬也。禹深然皋陶之言，而有所感慨，故以"吁"发之。"惟帝其难之"，"帝"指舜，非指尧也。驩兜、有苗、共工之事，皆不在尧时。禹言"知人"、"安民"，惟舜难行，所谓责难于君也。四凶之诛，惟鲧之殛于禹，有深痛焉。故言能"知人"则明通烛照，"能官人"矣，言外就有奸人不用之意。能"安民"则德泽沾洽，黎民怀之矣，言外就有小人不能害民，及黎民爱戴，小人不能摇惑之意。既"哲"而又"惠"，顽谗且有并生之庆矣，故曰"何忧"、"何迁"、"何畏"，上则责难于帝，下则思厄于亲。此禹之所深嗟而长吁也。

《书义矜式》卷一

（元）王充耘撰

（归善斋按：见"在知人，在安民"）

《书经衷论》卷一

（清）张英撰

（归善斋按：见"在知人，在安民"）

《尚书七篇解义》卷一

（清）李光地撰

（归善斋按：见"在知人，在安民"）

知人则哲，能官人；安民则惠，黎民怀之

1.《尚书注疏》卷三

（汉）孔氏传，（唐）陆德明音义，孔颖达疏

知人则哲，能官人；安民则惠，黎民怀之。

传：哲，智也，无所不知，故能官人。惠，爱也。爱则民归之。

（疏）：知人善恶，则为大智，能用官得其人矣。能安下民，则为惠政，众民皆归之矣。

传正义曰：哲，智，《释言》文。舍人曰：哲，大智也。无所不知。知人之善恶，是能官人。惠，爱，《释诂》文。君爱民，则民归之。

2.《书传》卷三

（宋）苏轼撰

（归善斋按：未解）

3.《尚书全解》卷五

（宋）林之奇撰

（归善斋按：见"禹拜昌言"）

4.《尚书讲义》卷四

（宋）史浩撰

（归善斋按：见"曰若稽古皋陶"）

5.《尚书详解》卷四

（宋）夏僎撰

（归善斋按：见"禹拜昌言"）

6.《增修东莱书说》卷四

（宋）吕祖谦撰，时澜增修
（归善斋按：见"咸若时"）

7.《尚书说》卷一

（宋）黄度撰
（归善斋按：见"在知人，在安民"）

8.《洁斋家塾书钞》卷三

（宋）袁燮撰
（归善斋按：见"在知人，在安民"）

9.《书经集传》卷一

（宋）蔡沈撰
（归善斋按：见"在知人，在安民"）

10.《尚书精义》卷六

（宋）黄伦撰
（归善斋按：见"在知人，在安民"）

11.《尚书详解》卷四

（宋）陈经撰
（归善斋按：见"在知人，在安民"）

12.《融堂书解》卷二

（宋）钱时撰
（归善斋按：见"在知人，在安民"）

13.《尚书要义》卷四

（宋）魏了翁撰

（归善斋按：未引）

14.《书集传或问》卷上

（宋）陈大猷撰

（归善斋按：未解）

15.《尚书详解》卷二

（宋）胡士行撰

（归善斋按：见"咸若时"）

16.《书纂言》卷一

（元）吴澄撰

（归善斋按：见"在知人，在安民"）

17.《书集传纂疏》卷一

（元）陈栎撰

（归善斋按：见"在知人，在安民"）

18.《读书丛说》卷三

（元）许谦撰

（归善斋按：未解）

19.《书传辑录纂注》卷一

（元）董鼎撰

（归善斋按：见"在知人，在安民"）

20. 《尚书句解》卷二

（元）朱祖义撰

知人则哲（盖知人则在于明哲），能官人（然后能官使人才）；安民则惠（安民则在于恩惠），黎民怀之（然后众民怀归之）。

21. 《尚书日记》卷四

（明）王樵撰

（归善斋按：见"在知人，在安民"）

22. 《日讲书经解义》卷二

（清）库勒纳等撰

（归善斋按：见"在知人，在安民"）

《尚书埤传》卷三

（清）朱鹤龄撰

知人则哲。

何畏乎巧言令色孔壬？

苏轼曰：古之欲立非常之功者，必有知人之明。苟非知人之明，则循规矩，蹈绳墨，以求寡过。二者皆审于自知，而安于材分者也，道可以讲习，而知德可以勉强而能。惟知人之明，不可学，必出于天资，后世如萧何之识韩信。此岂有法而可传哉？以孔明之贤，犹失之于马谡。而孔明亦自审，终身不敢用魏延，可以见知人之难也。

真德秀曰：孔壬，注疏以为"甚佞"。王荆公训"包藏祸心"，盖以"壬"为"妊娠"之"妊"。而胡氏非之，以为荆公为此训，将以腹诽罪人乎？今复有祖其说者，不若从旧为长（蔡传从荆公说）。黄度曰：孔传"巧言"，"静言庸违"；"令色"，"象恭滔天"，指谓共工。骥、苗之恶易见，共工之恶难知。巧佞，每能使人溺也，故不著其名，而表其状。然四罪，共工流，独轻于放、窜、殛。行法据其事，立言穷其情。象恭，必求自。盖其心虽甚，无状，而其迹多隐伏。圣人行法，终不以其所不可见者深文坐之。至于立言为世训，则尝推其所未为，而知其所必至，故尧谓之"滔天"，禹以为"孔壬"也。《易》曰"开国承家，小人勿用"，《书》曰"惇德允元而难任人"。"何畏乎巧言令色孔壬"，"任人"、"孔壬"，于小人之中，又分别言之，有以异乎？曰：君子、小人，天下之总名也。小人之中，有"壬人"焉。钟阴柔之气，乘雾雾之运，谨身曲意，以媚人主，使人主入之而化，去之而思，如膏油之相入，滑泽浸渍而不可解释。故禹畏之，而正名之曰"孔壬"。"孔壬"者，大而甚之之辞也。帝曰"静言庸违"，禹解之曰"巧言"；帝曰"象恭滔天"，禹解之曰"令色"。"巧言"之奸，著于"庸违"；"象恭"之恶，极于"滔天"。而其在人主之左右也，脂韦婉娈，便佞转侧，若鹦鹉之能言，若隽永之适口。人主岂能知而远之哉？禹深畏之，比于骓兜、有苗，而其屏而远之也。其效至于黎民乂安，蛮夷率服。盖圣人之视"壬人"如此其重，而"知人"、"安民"谆谆以其难，相告戒其畏，而思去之如此，其不易也。孔子论"为邦"曰"远佞人"，郑詹至鲁，曰"佞人来矣"。公羊子曰"甚佞也"。"甚佞"之云，其即《书》畏"孔壬"之义乎？然则君子之与"壬人"何以辨？曰：其色可观也，其言可听也。观其色，斋庄温栗者，君子也；便娟侧媚者，小人也。听其言，洋洋秩秩，有伦有崿者，君子也；缉缉幡幡，无坛无宇者，小人也。周勃木强少文，高帝曰"安刘氏者必勃"；李勉曰"卢杞奸邪，天下皆知，惟陛下独不知，所以为奸邪也"，此精于辨君子小人者也。

《书义矜式》卷一

（元）王充耘撰

（归善斋按：见"在知人，在安民"）

《尚书七篇解义》卷一

（清）李光地撰

（归善斋按：见"在知人，在安民"）

能哲而惠，何忧乎驩兜？

1.《尚书注疏》卷三

（汉）孔氏传，（唐）陆德明音义，孔颖达疏

能哲而惠，何忧乎驩兜？

传：佞人乱真，尧忧其败政，故流放之。

（疏）：此甚不易也。若帝尧能智而惠，则当朝无奸佞，何忧惧于驩兜之佞而流放之？

2.《书传》卷三

（宋）苏轼撰

（归善斋按：未解）

3.《尚书全解》卷五

（宋）林之奇撰

（归善斋按：见"禹拜昌言"）

4.《尚书讲义》卷四

（宋）史浩撰

（归善斋按：见"曰若稽古皋陶"）

5.《尚书详解》卷四

（宋）夏僎撰

（归善斋按：见"禹拜昌言"）

6.《增修东莱书说》卷四

（宋）吕祖谦撰，时澜增修

（归善斋按：见"咸若时"）

7.《尚书说》卷一

（宋）黄度撰

（归善斋按：见"在知人，在安民"）

8.《洁斋家塾书钞》卷三

（宋）袁燮撰

（归善斋按：见"在知人，在安民"）

9.《书经集传》卷一

（宋）蔡沈撰

（归善斋按：见"在知人，在安民"）

10.《尚书精义》卷六

（宋）黄伦撰

（归善斋按：见"在知人，在安民"）

11.《尚书详解》卷四

（宋）陈经撰

（归善斋按：见"在知人，在安民"）

12.《融堂书解》卷二

（宋）钱时撰

（归善斋按：见"在知人，在安民"）

13.《尚书要义》卷四

（宋）魏了翁撰

（归善斋按：未引）

14.《书集传或问》卷上

（宋）陈大猷撰

（归善斋按：未解）

15.《尚书详解》卷二

（宋）胡士行撰

（归善斋按：见"咸若时"）

16.《书纂言》卷一

（元）吴澄撰

（归善斋按：见"在知人，在安民"）

17.《书集传纂疏》卷一

（元）陈栎撰

（归善斋按：见"在知人，在安民"）

18.《读书丛说》卷三

（元）许谦撰

（归善斋按：未解）

19.《书传辑录纂注》卷一

（元）董鼎撰

（归善斋按：见"在知人，在安民"）

20.《尚书句解》卷二

（元）朱祖义撰

能哲而惠（惟帝尧能尽己之哲，以知人善任，使如《孟子》所谓"为天下得人谓之仁"，将见承流宣化者，各任其职，而恩惠足感黎民之怀），何忧乎䲩兜（则党恶如䲩兜何必忧之）？

21.《尚书日记》卷四

（明）王樵撰

（归善斋按：见"在知人，在安民"）

22.《日讲书经解义》卷二

（清）库勒纳等撰

（归善斋按：见"在知人，在安民"）

《尚书疑义》卷一

（明）马明衡撰

何忧乎驩兜？何迁乎有苗？何畏乎巧言令色孔壬？

蔡注以"迁"释"寋"，是谓"能哲而惠"，虽此等之人在朝同居，不足忧畏也。窃意，天下无君子小人同处之理。君子固能包容小人，而小人得志未有不害君子者。然则，为君者岂可恃以己之哲惠，而好为包容之美，以卒至于祸败，而贻患国家，至其身亦不能免也。宋建中之事，不可鉴乎？《书》意谓，能哲而惠，则小人无所不容，不足以惑吾之聪明，而乱吾政，当去则去之，当远则远之，亦何以不去、不远为能哉？迁，犹言惑，迷乱，失其常度也。

《尚书七篇解义》卷一

（清）李光地撰

（归善斋按：见"在知人，在安民"）

何迁乎有苗？何畏乎巧言令色孔壬？

1.《尚书注疏》卷三

（汉）孔氏传，（唐）陆德明音义，孔颖达疏

何迁乎有苗？何畏乎巧言令色孔壬？

传：孔，甚也。巧言，静言庸违；令色，象恭滔天。禹言有苗、驩兜之徒甚佞如此，尧畏其乱政，故迁放之。

（疏）：何须迁徙于有苗之君？何所畏惧于彼巧言令色，甚佞之人？三凶见恶，帝尧方始去之，是知人之难。

孔，甚，《释诂》文。上句既言驩兜、有苗，则此巧言令色，共工之行也。故以《尧典》共工之事解之。巧言，"静言庸违"也。令色，"象恭滔天"也。"孔壬"之文，在三人之下，总上三人皆甚佞也。苗，言其名；巧言令色，言其行。令其文首尾互相见，故传通言之。禹言有苗、驩兜之徒甚佞如此，尧畏其乱政，故迁放之。传不言共工，故云之徒以包之。迁与忧畏亦互相承，言畏之而忧，乃迁之也。四凶惟言三者，马融云，禹为父隐，故不言鲧也。

《尚书注疏》卷三《考证》：

能哲而惠，何忧乎驩兜。

疏：马融云：禹为父隐，故不言鲧也。

臣浩按：马融说，《史记》注引之，作康成语。

2.《书传》卷三

（宋）苏轼撰

（归善斋按：见"在知人，在安民"）

3.《尚书全解》卷五

（宋）林之奇撰

（归善斋按：见"禹拜昌言"）

4.《尚书讲义》卷四

（宋）史浩撰

（归善斋按：见"曰若稽古皋陶"）

5.《尚书详解》卷四

（宋）夏僎撰

（归善斋按：见"禹拜昌言"）

6.《增修东莱书说》卷四

（宋）吕祖谦撰，时澜增修

（归善斋按：见"咸若时"）

7.《尚书说》卷一

（宋）黄度撰

（归善斋按：见"在知人，在安民"）

8.《洁斋家塾书钞》卷三

（宋）袁燮撰

（归善斋按：见"在知人，在安民"）

9.《书经集传》卷一

（宋）蔡沈撰

（归善斋按：见"在知人，在安民"）

10.《尚书精义》卷六

（宋）黄伦撰

（归善斋按：见"在知人，在安民"）

11.《尚书详解》卷四

（宋）陈经撰

（归善斋按：见"在知人，在安民"）

12.《融堂书解》卷二

（宋）钱时撰

（归善斋按：见"在知人，在安民"）

13.《尚书要义》卷四

（宋）魏了翁撰

二、知人、安民，惟言三凶，禹为鲧隐。

上句既言驩兜、有苗，则此巧言令色，共工之行也。故以《尧典》共工之事解之。巧言，静言庸违也；令色，象恭滔天也。"孔壬"之文，在三人之下，总上三人皆甚佞也。苗，言其名；巧言令色，言其行令。其文首尾互相见，故传通言之。禹言有苗、驩兜之徒，甚佞如此，尧畏其乱政，故迁改之。传不言共工，故云之徒以包之。迁与忧、畏亦互相承，言畏之而忧，乃迁之也。四凶，惟言三者，马融云，禹为父隐，故不言鲧也。

14.《书集传或问》卷上

（宋）陈大猷撰

（归善斋按：未解）

15.《尚书详解》卷二

（宋）胡士行撰

（归善斋按：见"咸若时"）

16.《书纂言》卷一

（元）吴澄撰

（归善斋按：见"在知人，在安民"）

17.《书集传纂疏》卷一

（元）陈栎撰

（归善斋按：见"在知人，在安民"）

18.《读书丛说》卷三

（元）许谦撰

（归善斋按：未解）

19.《书传辑录纂注》卷一

（元）董鼎撰

（归善斋按：见"在知人，在安民"）

20.《尚书句解》卷二

（元）朱祖义撰

何迁乎有苗（顽如三苗何必迁之）？何畏乎巧言令色孔壬（"巧言令色"，"静言庸违"，其佥（xiān）壬如共工，何必畏之）？

21.《尚书日记》卷四

（明）王樵撰

（归善斋按：见"在知人，在安民"）

22.《日讲书经解义》卷二

（清）库勒纳等撰

（归善斋按：见"在知人，在安民"）

《书蔡氏传旁通》卷一下

（元）陈师凯撰

大包藏凶恶之人。

此指"孔壬"，与《舜典》"而难任人"同。《说文》云"象人怀妊之形"，故以"包藏"训之。

禹言三凶而不及鲧者，为亲者讳也。

《谷梁传》云：为尊者讳耻，为贤者讳过，为亲者讳疾。《公羊传》云：春秋为尊者讳，为亲者讳，为贤者讳。

《尚书疑义》卷一

（明）马明衡撰

（归善斋按：见"何忧乎驩兜"）

《尚书注考》

（明）陈泰交撰

"孔壬"、"六府孔修"，训"孔"，大也。"九江孔殷"、"嘉言孔彰"，训"孔"，甚也。

《尚书七篇解义》卷一

（清）李光地撰

（归善斋按：见"在知人，在安民"）

皋陶曰：都！亦行有九德

1.《尚书注疏》卷三

（汉）孔氏传，（唐）陆德明音义，孔颖达疏

皋陶曰：都！亦行有九德。

传：言人性，行有九德，以考察真伪则可知。

疏：正义曰：禹既言知人为难，皋陶又言行之有术。故言曰：呜呼，人性虽则难知，亦当考察其所行有九种之德。

传正义曰：言人性行有九德，下文所云是也。如此九者考察其真伪，则人之善恶，皆可知矣。然则皋陶之贤，不及帝尧远矣。皋陶知有此术，帝尧无容不知，而有四凶在朝。禹言帝难之者，尧朝之有四凶晦迹，以显舜尔。禹言"惟帝难之"，说彼甚佞，因其成败，以示教法，欲开皋陶之志，故举大事以为戒，非是此实甚佞，尧不能知也。顾氏亦云：尧实不以此为难，今云难者，俯同流俗之称也。

2.《书传》卷三

（宋）苏轼撰

皋陶曰：都！亦行有九德。亦言其人有德。乃言曰，载采采。

人有可知之道，而无可知之法。如萧何之识韩信，此岂有法可学哉？故圣人不敢言知人。轻用人而不疑，与疑人而不用，皆足以败国而亡家。然卒无知人之法，以诸葛亮之贤而短于知人，况其下者乎？人主欲常有为，则事繁而民乱；欲常无为，则政荒而国削。自古及今，兵强国治而民安者，无有也。人之难安如此，此禹之所畏，尧舜之所病也。皋陶曰：然，岂可以畏其难，而不求其术乎？盖亦尝试以九德求之。亦行有九德者，以此自修也。亦言其人有德者，以此求人也。论其人，则曰斯人也，有某德；言其德，则曰是德也，有某事。采者，事也。载采采者，历言之也。

3. 《尚书全解》卷五

（宋）林之奇撰

皋陶曰：都！亦行有九德，亦言其人有德。乃言曰，载采采。

禹既以知人为难，皋陶又为详言知人之道，以谓，苟得其要，则其为之亦不难也。据龟山曰：知人、安民，此《皋陶谟》一篇之体要也。九德而下，至于"庶绩其凝"，皆知人之事也。自"天叙有典"而下，皆安民之道也。非知人，使九德咸事，而能安民者，未之有也。此说为是。《中庸》曰"取人以身"，言必己之有是德，然后可以求于人也，故曰"亦行有九德"，谓用人之道，必在履之于身，先有是九德，然后可以求他人有德。然求他人有德，不可以信其空言，而遂以为有德也，故必言其行事，深切著明者，乃可以信其德，故曰"乃言曰：载采采"。载，行也；采，事也，谓称其人之有德，必言其人之所行某事以为验也。如四岳荐舜曰"有鳏在下，曰虞舜"，此所谓言"其人有德"也。而曰："瞽子，父顽、母嚚、象傲，克谐以孝，烝烝乂，不格奸"，此所谓"载采采"也。盖观人之法，苟不求之于躬行之际，而徒信其言语、文辞、声音、笑貌之间，则小人缘情饰伪，得以侥幸而进。惟取人之际，必考其行实，则小人无所容其间也。

4. 《尚书讲义》卷四

（宋）史浩撰

（归善斋按：见"曰若稽古皋陶"）

5. 《尚书详解》卷四

（宋）夏僎撰

皋陶曰：都！亦行有九德，亦言其人有德，乃言曰，载采采。

禹既以知人为难，皋陶于是又为详言知人之道，谓：苟得其要则为之，亦不难矣。《中庸》曰"取人以身言"，必己有是德，然后可以求之于人也。皋陶告禹以"亦行有九德，亦言其人有德"者，其意正谓用人之道，必在履之于身者，先有是九德，然后可以言他人之德也。皋陶告禹，既欲其先有诸己，然后求诸人。然恐托之以空言，不考以行事，则衔玉贾石者，或得以厕迹其间，故皋陶又告乃言曰"载采采"。载，行也。采，事也。盖谓：我言是人有是德，不可徒言也，必告于众曰：是人也有是德，非虚言也。其载而行之者，实有是事以验，共有是德也。谓之"载采采"，又见其行者，非一事，其可验者非一端也。如四岳荐舜曰"有鳏在下，曰虞舜"，此所谓言其人有是德也，继又曰"瞽子，父顽、母嚚、象傲，克谐以孝，烝烝乂，不格奸"。此所谓"乃言曰，载采采"也。杨龟山谓：知人、安民，《皋陶》一篇之体要也。"九德"而下，皆知人之事，"天叙有典"而下，皆安民之道，此说甚当。

6.《增修东莱书说》卷四

（宋）吕祖谦撰，时澜增修

皋陶曰：都！亦行有九德，亦言其人有德，乃言曰，载采采。

皋陶闻禹以为难，乃告以切近用工之地，谓人之行，亦有九德之可观，亦可以即其行，而言人之有德。曰"亦"者，自是可以造"知人"、"安民"之道也。皋陶言不尽意，乃言曰：将事事而条陈之。采，事也。载，自任也。皋陶自任事事条陈，盖深与禹相得，言之未尽，故继言之，不待问也。

7.《尚书说》卷一

（宋）黄度撰

皋陶曰：都！亦行有九德，亦言其人有德。乃言曰，载采采。禹曰：何？皋陶曰：宽而栗，柔而立，愿而恭，乱而敬，扰而毅，直而温，简而廉，刚而塞，强而义。彰厥有常，吉哉！

知人虽难，而亦有可见之行，言人之德，亦必有可称之事。成德为行，其别有九。载，则；采，事也。条数之曰：则某事，则某事。九德，刚柔之差也。其差，本不甚远，而名辄异。铢称寸量，以为官人之式程。宽患纵解，故贵栗；柔，患不立；愿，弱多堕，恭则谨；乱，治明辨者也，戒忽，贵敬；扰，顺气易卑，贵洪毅；简，率，贵廉隅；刚多浮，贵实；强，多悍，贵知义。宽、柔、愿、乱、扰、直、简、刚、强，其材之不能不偏也。栗、立、恭、敬、毅、温、廉、塞、义，各救其偏，以成中德也。乱扰敬柔，直近刚必，能彰明此九者，各有常吉，言善也。苟有是德，不问多寡，皆可为善士。

8.《洁斋家塾书钞》卷三

（宋）袁燮撰

皋陶曰：都！亦行有九德，亦言其人有德，乃言曰，载采采。禹曰：何？皋陶曰：宽而栗，柔而立，愿而恭，乱而敬，扰而毅，直而温，简而廉，刚而塞，强而义。

皋陶陈知人之谟，禹吁其说而难之。皋陶谓：人虽难知，然亦有可知之道，此所言，皆知人之道也。夫人藏其心不可测度，他人腹心肾肠，必欲洞烛其纤微，此至难事。后世非无欲治之主，往往是不知人。三代而降，如汉高之知人极不易得。惟君子为能通天下之志。至于能通天下之志，则人之心无有不知者，凡为人主而不知人，不足以治天下；为宰相不知人，不足以辅佐人主。人至难知人，又不可不知。然则，当如之何？于此有道焉，自明其心而已矣。自明其心，则能知人之心。"亦行有九德"，此知人之本也。曰"行有九德"者，即所谓"君子以成德为行，日可见之行也"。夫有此德，须著行于躬行。未能躬行，不足以谓之德。吾躬行于九德，则能言"人之有德"。盖身亲历之躬行益笃，则所得深，权衡在我，以此称量他人，其将何所逃哉？皋陶既如此说了，于是乃言曰"载采采"。采，事也。"载"，亦训"事"，所谓"熙帝之载"。"载采采"者，言事有许多条目，能任某事，任某事也。盖人必见于行事，方是着实处。自谓高明广大，而不足以开物成务，非德也。"宽而栗，柔而立"，大略九德有上一字，须有下一字，方才是德。如宽易之人，易得不栗；柔和之人，易得无所立。宽而不栗，是弛慢也；柔而不立，是懦弱也。宽大而必能庄栗，方是有宽之德；柔和而卓然，自立方是有柔之德。推此类，皆然。愿，是谨愿。谨愿之人，易得不恭。所谓恭者，严威俨恪，肃然其有畏者也，故曰"恭作肃"。惟谨愿之人，但不过循循自守，做一个寡过之人，少得有严威俨恪之意。故愿，必贵乎恭。乱，是能拨繁治剧，随机应变者。此等人，恃其有才往往不能持之以敬。既有随机应变之才，又能敬以守之，不亦美乎？故乱必贵乎敬。扰，是为人驯扰，而毅然有守，则不失之于弱。直是为人直易。直而粹然温和，则不失之太直。简者，简略也。简略多伤于率略，要须有廉隅。今阶之际，谓之廉取其方且正也，便如垂帘，亦取其限内外也。居敬而行简，以临其民，不亦可乎？简而廉，所谓居敬也。"刚而塞"，塞者，实也。外刚而内不实，何取乎刚？宁嬴谓"阳处父之刚，华而少实"，而知其怨之所聚。刚固不可不塞也。"强而义"，强与刚相近，而实不同。不肤挠，不目逃，思以一毫挫于人，若挞之于市朝，如此之类，是强。强须要义。《记》曰："所贵于勇敢者，为其敢行礼义也"。强而无礼义，是乃暴也，何取于强。九者全备，无一毫偏倚，夫是谓之"九德"。何故必如此，方谓之九德。今反而思之，宽而不栗，柔而不立，其然乎？其不然乎？质诸此心，昭然至明，以此知，其必皆备具方可谓之"九德"。德之为言，得我心之所本然者是也。《书》曰"惟皇上帝，降衷于下民"，民受天地之中，以生，所谓命也。天之所以为天，中而已矣。天得此中，而为天；人得此中，而为人。天以此中，降之于人；人受此中，而生焉。故曰"中"也者，天下之大本。大本者，人心也。人心者中也，人之本心固。至中而不偏，然广谷大川异制，民生其间者异俗。刚柔、轻重、迟速、异齐，禀山川之气。要不能无偏者，莫不知之。盖天下之理，惟有不偏者存，然后能见其为偏者。荀子谓"性恶"，固无足辨。然不知所以见其恶者谁欤，必有不恶者存矣。惟人心本不偏，所以能见其偏。所贵乎学问者，将以克其气质之偏，约而归于中也。故未归于中也，当强力矫揉，用工日深，使得其大本可也。吾日夜于"九德"之"中"用工，则以观人，彼其偏而未全者，皆将见之，将何所逃乎？《中庸》曰"夫焉有所倚"，有所倚则非中矣。无所倚，所谓中道也。且夫柔和之质，非向上之质也。然柔而能立，便自是刚强了。故人不幸而禀得非向上之质，必贵乎学，惟学而后能克其偏，而归于中也。"九德"之中，宽与柔，愿与扰，刚与毅，大略相似，然其实不同。古人言语至精微，思则得之矣。后世如荀子所谓"治气养心"之术，匡衡所谓"治性"之道，与皋陶所谓"九德"，大要相似，而究竟不同。荀、匡之言，皆是外面说。皋陶之论，自人本心上说来，盖有异矣。且如荀子只是说"人性恶"，故须用来修治此性，去其性之恶者，岂与皋陶所谓"九德"同哉。

9.《书经集传》卷一

(宋)蔡沈撰

皋陶曰：都！亦行有九德，亦言其人有德，乃言曰，载采采。禹曰：何？皋陶曰：宽而栗，柔而立，愿而恭，乱而敬，扰而毅，直而温，简而廉，刚而塞，强而义，彰厥有常，吉哉。

亦，总也。"亦行有九德"者，总言德之见于行者，其凡有九也。"亦言其人有德"者，总言其人之有德也。载，行；采，事也。总言其人有德，必言其行某事、某事，为可信验也。"禹曰：何？"者，问其九德之目也。"宽而栗"者，宽弘而庄栗也。"柔而立"者，柔顺而植立也。"愿而恭"者，谨愿而恭恪也。乱，治也。"乱而敬"者，有治才而敬畏也。扰，驯也。"扰而毅"者，驯扰而果毅也。"直而温"者，径直而温和也。"简而廉"者，简易而廉隅也。"刚而塞"者，刚健而笃实也。"强而义"者，强勇而好义也。"而"转语辞也，正言而反应者，所以明其德之不偏，皆指其成德之自然，非以彼济此之谓也。彰，著也，成德著之于身，而又始终有常，其吉士矣哉。

10.《尚书精义》卷七

(宋)黄伦撰

皋陶曰：都！亦行有九德，亦言其人有德，乃言曰，载采采。禹曰：何？皋陶曰：宽而栗，柔而立，愿而恭，乱而敬，扰而毅，直而温，简而廉，刚而塞，强而义。彰厥有常，吉哉。

张氏曰：载，事也。采，亦事也。载之为事，见于已成而行之。采之为事，见于未成而有为。"载采采"者，言其所行之事，尝事某事，此可见之行也，以此而知人，则人之情伪是非，无以逃吾洞鉴之中矣。无垢曰：夫自"宽"至"强"，皆天与之性也。自"栗"至"义"，皆学问之力也。任性而行，必至大过，以学问辅之，则成有用之德矣。夫五谷之性，可以济饥而养气。此天与之性也，使任其自生自成，则稂莠害之，螟螣残之，水旱乾溢之，则谷实不成，与凡草等耳。惟耕耘以时，除害惟谨；水则泄之，不使之沮洳；旱则滋之，不使之确瘠；粪其土膏，使脉理润，深其籽种，使本根长，然后实颖，实栗，实坚，实好，千仓万箱，以享上帝，以祭祖先，以燕宾客，以给老幼，同受终岁之饱焉。德亦犹是也，一委之天，而不以学问辅成之，终为不才之人，无可法则之士矣，真可惜也。此所以宽，必养之以栗；至于强，必养之以义，然后可为全材也。以学问辅之，则所谓"允迪厥德"也，又曰：宽如刘宽，柔如冯道，愿如胡广，乱如朱博，扰如王世充，直如汲黯，简如李广，刚如郅都，强如董宣，皆委之于天，而不济以学问。以圣人之论格之，皆不得谓之无罪。"宽而栗"，若郭子仪者；"柔而立"，若陈子昂者；"愿而恭"，若叚（xiá）秀实者；"乱而敬"，若龚遂者；"扰而毅"，若诸葛亮者；"直而温"，若李泌者；"简而廉"，若马援者；"刚而塞"，若颜真卿者；"强而义"，若李固者，皆以学问辅之，故皆有可观，使为天下得此数公者在朝廷，其尚忧不治者乎？范氏曰："宽而栗"，性宽厚而能庄栗。宽者失于太缓，故能庄严祗栗，乃为德。"柔而立"，性柔和而能有立。柔者，失于懦弱，遇事未必能执守，有立乃为德。"愿而恭"，愿者，谨也，性谨愿者，失于迟钝，必能恭恪乃为德。"乱而敬"，乱，治也，能治乱事，谓之乱。能治事者，或恃才轻物，心不庄敬。治而能敬乃为德。"扰而毅"，扰，顺也，果决为毅，性和顺者，失于无断，故扰而能毅，乃为德。"直而温"，正直者，失于刚讦，故直而能温和乃为德。"简而廉"，简，大也；廉，谓有廉隅，如物之有棱，曰"廉"。性简大者，失于不谨细行，不修廉隅，故简而能廉，乃为德。"刚而塞"，塞，实也。刚者能断，失于空疏，内心充实不为虚刚乃为德。"强而义"，强者，无所屈挠。强而无义，必有害。强直之人，动必合义乃为德。此九者，谓之"九德"。"彰厥有常，吉哉"，彰，明也；吉，善也。人君用"九德"，必彰显有常之人而用之，然后为善。若宽者，常能祗栗；柔者，常能自立，久而不变，谓之有常。用有常之人，则吉；用无常之人，则凶。故曰"吉哉"。黎氏曰：一言尽天地之道，中之谓也。"九德"，"中"之本也。皋陶之言，深于本也，夫宽舒者，戒在弩缓，故抗之以庄栗；悫愿者，戒在愚野，故文之以恭肃；柔懦、扰顺，则为纵懘，为不断，故厉之以成立，而绳之以严毅。直而不温慈，其失也激讦，乱而不逊谨，其失也矜夸；简而无廉隅，其失也倨肆；刚而不充塞，其失也愎违；强而不由义，其失也抗暴。九德咸备，而无有一失于其间，则是圣人也。夫天下之先务，不过所谓"知人"、"安民"也，能知人,则能安民矣。然而天下之人,贤与不肖在心,而衣冠言貌皆人也,吾何识其贤而用之欤?亦在行有"九德"耳。人之有是九德也,犹身之有耳目手足也,一不具,不足为完人,然皆出诸内,而非自外入者也。

11.《尚书详解》卷四

(宋)陈经撰

皋陶曰:都!亦行有九德,亦言其人有德,乃言曰,载采采。禹曰:何?皋陶曰:宽而栗,柔而立,愿而恭,乱而敬,扰而毅,直而温,简而廉,刚而塞,强而义,彰厥有常,吉哉。

皋陶见禹以"知人"、"安民"为难事,遂有"亦行有九德"之说,其意以为,知人虽难,然亦有可以用其力处,谓躬行是也,"亦行有九德",即"允迪厥德"也。"九德",自"宽而栗"至于"强而义",其品有九。在己者有"九德",然后足以知人之"九德"。无诸己,何以知夫人,故"知"之要,莫先于"自知"。尧有俊德,故能"明俊德";文王"克宅厥心",故能"克知三有宅心";孔子曰"不知言,无以知人也",《孟子》曰"我知言,我善养吾浩然之气",故欲"知人"者,在于"自知"。"自知"之道,莫如"亦行有九德"也。在己者,既行九德,必知人之德。能知人之有德,斯可以论人之有德,谓某人有某德也。既能论某人有某德也,德不可以虚名观,人不可以虚取,故乃言曰"载采采"。载,行也。采,事也。必言是人之有某德,是德之有某事,则知人之道可无余蕴矣。"禹曰:何?"者,问九德之品也,皋陶于是言德之品有九。盖人之全材备道者为难,其气禀有得一节,而以学问成之者,亦足以成德。自"宽"而至于"强",此其气质之自然也。自"栗"而至于"义",此其学问以成之者也。性之宽,易失之纵,惟宽而能庄栗,则斯可以为"宽"之德。性之柔,易失之懦,惟柔而能立事,则斯可以为"柔"之德。谨愿之人,或不能责难,惟愿之中有恭,则不至于弱;有治乱之才,或不能致敬,惟乱之中有敬,则不至于轻忽;扰顺者,或不能果敢;正直者,或不能温和;简略者,或不能廉隅;刚断者,或不能塞实;强壮者,或不能合宜。"扰而毅",则有决而不至于从顺;"直而温",则能和,而不至于直情径行;"简而廉",则有以表见,而不至于忽略慢易;

"刚而塞"则能诚实，而不至于多欲；"强而义"，则有以适宜，而不至于太躁。如此者，九德之品也。有上之九者，而无下之九者，则不可以谓之德。"彰厥有常，吉哉"，常者，德之所安者也。人固有勉强矫拂，亦足以欺人者。能矫拂于暂，不能矫拂于久；能勉强于一时，不能勉强于岁月。惟其安，而非有所勉强矫拂者，乃德之常也。至于常，则不变矣，朝夕如此，穷达如此，变故如此，而其德曾不少变。人主得如斯人者，而彰显之，国之福也。周公作《立政》亦曰"克用常人"，盖"常人"者，初无新奇可喜，而不至于邀功生事，若桑、麻、谷、粟之可以养生者也。故皋陶言"九德"之后，必继之以"彰厥有常，吉哉"。

12.《融堂书解》卷二

（宋）钱时撰

皋陶曰：都！亦行有九德，亦言其人有德，乃言曰，载采采。禹曰：何？皋陶曰：宽而栗，柔而立，愿而恭，乱而敬，扰而毅，直而温，简而廉，刚而塞，强而义。彰厥有常，吉哉。日宣三德，夙夜浚明有家；日严祗敬六德，亮采有邦。翕受敷施，九德咸事，俊乂在官。百僚师师，百工惟时，抚于五辰，庶绩其凝。

禹既以"知人"、"安民"为难，皋陶复自叹美曰"都"。于是，又敷明"知人"、"安民"之道，推极底蕴，为禹言之。特未可徒以为难而已也。自"亦行有德"而下是，言"知人"。自"无教逸欲，有邦"而下，是言"安民"。《易》曰："君子以成德为行，日可见之行也。"大凡德有九品，亦必有实行之可，见徒曰有德，而无实行，何足以为德哉？是故，德虽难知，而行则易考。载，行也。采采，犹事事也。今也，"亦言其人之有德"乎，乃是言其行某事某事也。行事，即行也，观人之法，莫要于此。皋陶既序九德，便继之"彰厥有常，吉哉"，此语尤紧切。彰者，举扬之也。举扬九德之有常者而用之，则无不吉矣。能日日宣达其德而不懈，是日见于用也，是有常也；能日日严于祗敬其德而不怠，有德而祗敬不放逸矣，又严以自律，是无时而不祗敬也，是有常也。姑举此三者，以例其余，非谓官止于诸侯卿大夫，亦非谓必皆备三德六德而后可用也，故下文即曰"翕受敷施，九德咸事"。

13.《尚书要义》卷四

（宋）魏了翁撰

三、皋陶知有九德，尧无容，不知四凶。

皋陶知有此术，帝尧无容，不知而有四凶在朝。禹言帝难之者，尧朝之有四凶晦迹，以显舜尔。禹言"惟帝难之"，说彼甚佞，因其成败，以示教法，欲开皋陶之志，故举大事以为戒，非是此实甚佞，尧不能知也。顾氏亦云，尧实不以为难，今云难者，俯同流俗之称也。

14.《书集传或问》卷上

（宋）陈大猷撰

（归善斋按：未解）

15.《尚书详解》卷二

（宋）胡士行撰

皋陶曰：都！亦行（人之德）有九德，亦言其人有德。乃言曰，载（行）采采（事）。

此言人之行，为德有九；亦言其有德矣，犹恐其为空言也，乃又言以告于众曰：其载之行者，事事可考也。夏云：取人以身，必己之行有九德也，乃可言人之德。

16.《书纂言》卷一

（元）吴澄撰

皋陶曰：都！亦行有九德，亦言其人有德，乃言曰，载采采。禹曰：何？

此以下自"亦行有九德"至"政事懋哉懋哉"，言"知人"之事；自"天聪明"至"敬哉有土"，言安民之事。"行"者，行于身；"德"者，得于心。言犹《王制》所谓"辩论官材"也。载，始行也。采采，事其事也。观其身之所行，则知其心之所得。其别有九者，人不可求备，苟有一德可矣。此"知人"之法也。先论量其人之有何一德，乃论量其人曰可以事何事，此"官人"之法也。"何"者，禹复问其详，而皋陶于下文乃详陈之也。

17.《书集传纂疏》卷一

（元）陈栎撰

皋陶曰：都！亦行有九德，亦言其人有德。乃言曰，载采采。禹曰：何？皋陶曰：宽而栗，柔而立，愿而恭，乱而敬，扰而毅，直而温，简而廉，刚而塞，强而义。彰厥有常，吉哉。

纂疏：

《语录》："载采采"，古语，不可晓。据文势解之，当云泛言人之行有此九德。若言其人之有德，当以事实言之。古注谓"必言其所行某事、某事以为验"，是也。"九德"分得细密。"九德"，凡十八种，是好底气质，每两件一家，斗合将来。舜论直、温、宽、栗，及皋陶"九德"，皆是反气质之性。

苏氏曰：论其人，则曰斯人也，有某德；论其德，则曰是德也，有某事。"载采采"，历言之也。横流而济，曰"乱"。才过人而可济难，亦曰"乱"，"乱臣十人"是也。才过人者，每患恃才而不敬。

唐孔氏曰："愿"者朴谨，失于外仪，故言恭。"治"者轻物，失于内心，故言敬。恭在貌，敬在心。刚是性，强是志。

真氏曰："九德"指气禀而言。若天命之性，则浑然全体无所偏也。

刘氏正一曰：常人，吉士一也。《立政》曰"庶常吉士"，则知"吉士"未始不有常德，而常德所以为吉士也。一说吉，福也。彰用常德，则为天下福。

叶氏曰：观人不求其全，而求其常。常而不全，不害为德，德而不常，皆矫伪耳。

愚谓：人之德性，本无不善，而气质所禀，鲜有不偏。宽弘者，易失之纵缓，故能庄栗乃成一德。余皆然也。自"宽"至"强"皆禀赋之性；自"栗"至"义"皆变化之功。能以此"九德"观人，则一德之成不成，众德之全不全，皆可知，而"知人"之道尽矣。气质之性，其意已根源于此，但未说破耳。

18.《读书丛说》卷三

(元) 许谦撰

"九德",金先生曰:自"宽"以至"强",九者,气质之性也;自"栗"以至"义",九者,变化进修之学也。有上九者,而无下九者以济之,是气禀之偏,非所以为德之中也。

19.《书传辑录纂注》卷一

(元) 董鼎撰

皋陶曰:都!亦行有九德,亦言其人有德,乃言曰,载采采。禹曰:何?皋陶曰:宽而栗,柔而立,愿而恭,乱而敬,扰而毅,直而温,简而廉,刚而塞,强而义。彰厥有常,吉哉。

辑录:"亦行有九德",泛言人之行有此九德,故言其人之有德,则当以此论之。"载采采",古语,不可晓,当阙之。答潘于善。据文势解之,当云"亦言其人有德,乃言曰,载采采",言其人之有德,当以事实言之。古注谓,必言其所行某事、某事以为验是也。人杰。"九德"分得细密。闳祖。"九德",九,十八种,是好底气质,每两件一家,斗合将来。人杰。舜论"直"、"温"、"宽"、"栗",及皋陶"九德",皆是反气质之性者。"简而廉","廉"者,隅也;"简"者,溷而不分明也。《论语集注》。"廉",谓棱角峭厉,与此"简"者溷而不分明相发。

纂注:

苏氏曰:"亦行有九德"者,以此自修也。"亦言其人有德"者,以此求人也。论其人,则曰斯人也有某德;论其德,则曰是德也有某事、某事。"载采采"者,历言之也。

唐孔氏曰:恭在貌,敬在心。"愿"者迟钝,外失于仪,故言恭。"治"者轻物,内失于心,故称敬。"刚"、"强"相近。刚是性,强是志。

苏氏曰:横流而济曰"乱",故才过人可以济大难者曰"乱","乱臣十人"是也。才过人者,患于恃才而不敬。

真氏曰:先儒以"九德"为人之性,盖指气禀而言,若天命之谓性,则浑然全体无所偏也。

新安陈氏曰：皋谓能以此九德观人，则德之成不成、全不全皆可知，而知人之道尽矣。

孔氏曰：吉，善也。明九德之常以择人而官之，则政之善。

一说，吉，福也，用有常，则为天下国家之福。

刘氏一止曰：常之为义大矣。曰常人，曰吉士，其揆一也。《皋陶谟》曰"彰厥有常，吉哉"，《立政》曰"庶常吉士"，则知吉士未始不有常德，而常德所以为吉士也。

20.《尚书句解》卷二

（元）朱祖义撰

皋陶曰：都（皋陶又先美而后言）！亦行有九德（知人虽难，在于知其人所行之行有九德）。

21.《尚书日记》卷四

（明）王樵撰

"皋陶曰：都！亦行有九德"至"彰厥有常，吉哉"。苏氏曰：人之难知如此，然岂可畏其难而不求其说乎？盖亦以九德求之。论其人，则曰斯人也有某德；论其德，则曰斯德也，有某事。如称人孝，须言尝有某事、某事，以知其孝。如称人廉，须言尝有某事、某事，以知其廉。"载采采"者历言之也。

真氏曰："知人"，诚非易事。然亦不过以德求之而已。有德，则为君子；无德则为小人。此知人之要也。人之行，凡有"九德"，言人之有德者，必观其行事如何。盖"德"者，事之本；事者德之施。徒曰有"德"，而不见之事，则德为虚言矣。此又"知人"之要也。自"宽而栗"以下，其目凡有九，人之有德者，克全而无偏，然后为成德。观其德之成与否，而人材之优劣判矣。此又"知人"之要也。先儒谓自"宽"至"强"皆所禀之性；自"栗"至"义"乃学问之力，此说得之。然有"德"者，又贵乎"有常"而不变。若勉于暂，不能持之久，亦不足以言"德"矣，是又"知人"之要也。愚按，丹朱之启明，共鲧之材，人皆知之，尧惟以"德"求之，而知人之所不及知，故以"嚚讼"知丹朱；以"静言庸违，象恭"知共工；以"方命圮族"知鲧，信乎以德求之，为知人之要也。

"宽而栗"，宽洪者，易失于疏阔。栗，严密也。

柔而不立，愿而不恭，鲜不为乡愿之同流合污，阉然媚于世矣。

愿，信厚也。恭者，矜庄之意。庄以持己，则愿而不自失矣。

乱，治也，有治才而敬畏，此最不易得。如霍光在武帝左右，小心敬谨，出入殿门，进止有常，处郎仆射，窃识视之，不失尺寸者二十余年，可谓近之。然光于敬其事之道，盖未尽也。

扰，与柔、愿类而不同。扰，是为人驯顺，无所乖戾之意。驯顺，而不果毅，则为婥婀软美矣。

简易而有廉隅者，中有主，而外有守，非徒简也。简，不烦也，不烦苛细琐者，又易至于无廉隅。

"刚而塞"，冀缺以阳处父刚而不实，知其不免。刚健而笃实，斯为美也。

刚以性言，强以志言，塞以心言，义以事言。强而义，勇而合，宜也。

九个"而"字，与命夔典乐章语意不同，盖彼言教胄子，欲其如此，有以彼济此之意，此则成德之自然也。

"彰厥有常"，彰，谓见于行而有可指之实，即所谓"采采"也。有常不变，乃为君子。成而不彰，有无未可知也；彰而不常，诚伪未可必也。

22.《日讲书经解义》卷二

（清）库勒纳等撰

皋陶曰：都！亦行有九德，亦言其人有德，乃言曰：载采采。禹曰：何？皋陶曰：宽而栗，柔而立，愿而恭，乱而敬，扰而毅，直而温，简而廉，刚而塞，强而义。彰厥有常，吉哉。

此一节书，是皋陶与禹言取人之要，盖"知人"之事也。"亦"解作"总"。载，解作"行"。采，事也，"采采"者，谓某事、某事也。栗，严密也；愿，谨厚也；乱，解作"治"；扰，驯顺也；毅，果断也；廉，谓有分辨；塞，笃实也；彰，著也；吉，善也。皋陶曰：美哉！人固难知，而观人有法，凡人必有德乃为贤人，总言此德之见诸行事者，其目有九。总言其人之有德者，必须指其所行某事、某事以为证验，则事皆有据，而名实不爽，不患人之难知矣。禹曰：九德之目何如？皋陶曰：凡人宽弘者，或流于纵弛，若宽弘而又庄栗，是一德也。柔顺者，或流于颓靡，若柔顺而又植立，是一德也。谨愿者，或过于鄙朴，若谨愿而又恭恪，是一德也。有治才者，或不足于敬畏，若有治才而又敬畏，是一德也。驯扰者，或失之优柔，若驯扰而又果毅，是一德也。径直者，或过于峭厉，若径直而又温和，是一德也。简易者，或过于坦率，若简易而又廉隅，是一德也。刚健者，或出于矫激，若刚健而又笃实，是一德也。强勇者，或任乎血气，若强勇而又好义，是一德也。九德之目如此，人能于此九者彰著于行事之间，且始终如一，常有而不变，斯可谓成德之吉士哉。以此观人，则下无遁情，而知人之哲得矣。

《书义断法》卷一

（元）陈悦道撰

亦行有九德，亦言其人有德，乃言曰，载采采。

古者圣贤相与，讲明治人之道，其初言人之实行有九德，末言其人也；继言斯人之为人有九德，末言其事也。言其人，则知其有实行之人；言其事，则知其有实事之验。而始谓之"亦"，终谓之"乃言"，以此见圣贤之患不知人，而不嫌于讲明之详也。

《尚书疑义》卷一

（明）马明衡撰

亦行有九德，亦言其人有德，乃言曰，载采采。

象山谓：必先言其人之有是德，然后乃言其人之有是事。盖德则根乎其中，达诸其气，不可伪为。若事则有才智之小人可伪为之。此意极是，盖从本原上发出根本之论也。人勉强一时行出好事，若不由中，总是无益，毕竟亦不能久。若所谓"九德"者，皆是天性自然，根于其心。既有是德，然后出行好事，则是实事，而于人亦有所济矣。圣人之世，论治事须是如此。后世依稀声音笑貌之间，偶行一善事，辄以夸于人，岂可同日而语哉。

《尚书疏衍》卷二

（明）陈第撰

亦行有九德，亦言其人有德，乃言曰，载采采。

夫民之不安，自官邪也。官之失德，无以择之也。以"九德"择之，则不失人矣。故皋陶因禹之问，答之以人之所行，原有"九德"为治者，亦言其人有何德，乃可曰任事事。"九德"下文历数之矣。"亦言其人有德"，即"日宣"、"日严"、"翕受敷施"之意。"载采采"，即"浚明有家"、"亮采有邦"，"庶绩其凝"之意。苏曰：论其人，则曰斯人也有某德；言其德，则曰是德也有某事。蔡亦本之，意似迂远。

《尚书埤传》卷三

（清）朱鹤龄撰

亦行有九德（至）采采。

愿而恭，乱而敬。

刚而塞。

陆九渊曰：皋陶论"知人"之道，谓必先言其人之有是德。然后乃言曰某人有某事。盖德则根乎其中，达乎其气，不可伪为。若事，则有才智之小人可伪为之，故"行有九德"，必言"其人有德"，乃以"载采采"言之，然后人不可得而廋也。陈雅言曰：君子取人，不可徒徇其名，而不究其实。徒徇其名而不究其实，则虚誉隆，而实德病矣。论人之德，先言行，而后言德者，盖由行而后见其德也。称人之事，先言事而后言德者，盖因事而始有以验其德也。按，"亦"者，旁及之词。蔡氏训作"总"，未详何本。西山真氏云，"知人"诚非易事，然亦不过以德求之而已，此较自然。"行"，注疏读下孟反。

孔疏：愿者，迟钝，外失于仪，故言恭，以表貌；治者，轻物，内失于心，故称敬，以显情。苏传：横流而济曰"乱"。故才过人可以济大难者，曰"乱"，"乱臣十人"是也。才过者，患在于夸傲。

孔疏：刚与强相似。刚是性，强是志。当官而行无所避忌，刚也；执己所是不为众挠，强也。苏传：刚者，或色厉而内荏，故以实为贵。冀缺以阳处父刚而不实，知其不免。陈龙正曰：皋陶"知人"之法，立名"九德"。《洪范》说"三德"，周公说夏臣"迪知忱恂"，亦只在"九德之行"，为其切实精当。故群圣递传述之。蔡氏解作"盛德自然"。程子以为此唐虞论学之密也。大约宽、柔、愿、扰是阴，是沈潜。下四者，即"刚克"之法。

乱、直、简、刚、强，是阳，是高明。下五者，即柔克之法。上以此造士，下以此自成。有此变化矫揉，便成正直，阳数宜胜。故阳五而阴四也。

《尚书七篇解义》卷一

（清）李光地撰

皋陶曰：都！亦行有九德，亦言其人有德，乃言曰，载采采。禹曰：何？皋陶曰：宽而栗，柔而立，愿而恭，乱而敬，扰而毅，直而温，简而廉，刚而塞，强而义。彰厥有常，吉哉。

皋陶言知人虽难，然不离乎迪德以知之。"亦"者蒙上之辞，言不徒听其言，"亦"观其行而已矣。盖徒听其言，则"巧言令色孔壬"诚可畏也。取人以身，而观其行，则人安廋哉。故知人者，亦曰人之行有"九德"耳，亦曰其人有德，然后使之事其事耳。禹问"九德"之目，而皋陶悉数之。"乱"者，能治事也；扰者，能驯物也。刚以体质言，强以发用言。前五德于柔中见其刚，后四德于刚中见其柔也。有是"九德"之行，又必著其有恒而不变，乃称吉士也。

亦言其人有德，乃言曰，载采采

1. 《尚书注疏》卷三

（汉）孔氏传，（唐）陆德明音义，孔颖达疏

亦言其人有德，乃言曰，载采采。

传：载，行；采，事也。称其人有德，必言其所行某事，某事以为验。

音义：行，下孟反。注："性行"、"行正直"之"行"同。

（疏）：人欲称荐人者，不直言可用而已，亦当言其人有德。问其德之状，乃言曰其德之所行某事，某事以所行之事，为九德之验，如此则可知也。

载者，运行之义，故为行也。此为荐举人者，称其人有德，欲使在上用之，必须言其所行之事，云见此人常行其某事，某事由此所行之事，以为有德之验。《论语》云"如有所誉者，其有所试矣"，是言试之于事，

乃可知其德。

2. 《书传》卷三

（宋）苏轼撰

（归善斋按：见"亦行有九德"）

3. 《尚书全解》卷五

（宋）林之奇撰

（归善斋按：见"亦行有九德"）

4. 《尚书讲义》卷四

（宋）史浩撰

（归善斋按：见"曰若稽古皋陶"）

5. 《尚书详解》卷四

（宋）夏僎撰

（归善斋按：见"亦行有九德"）

6. 《增修东莱书说》卷四

（宋）吕祖谦撰，时澜增修

（归善斋按：见"亦行有九德"）

7. 《尚书说》卷一

（宋）黄度撰

（归善斋按：见"亦行有九德"）

8. 《洁斋家塾书钞》卷三

（宋）袁燮撰

（归善斋按：见"亦行有九德"）

9.《书经集传》卷一

（宋）蔡沈撰

（归善斋按：见"亦行有九德"）

10.《尚书精义》卷七

（宋）黄伦撰

（归善斋按：见"亦行有九德"）

11.《尚书详解》卷四

（宋）陈经撰

（归善斋按：见"亦行有九德"）

12.《融堂书解》卷二

（宋）钱时撰

（归善斋按：见"亦行有九德"）

13.《尚书要义》卷四

（宋）魏了翁撰

（归善斋按：未引）

14.《书集传或问》卷上

（宋）陈大猷撰

（归善斋按：未解）

15.《尚书详解》卷二

（宋）胡士行撰

（归善斋按：见"亦行有九德"）

16. 《书纂言》卷一

（元）吴澄撰

（归善斋按：见"亦行有九德"）

17. 《书集传纂疏》卷一

（元）陈栎撰

（归善斋按：见"亦行有九德"）

18. 《读书丛说》卷三

（元）许谦撰

（以下原阙）

19. 《书传辑录纂注》卷一

（元）董鼎撰

（归善斋按：见"亦行有九德"）

20. 《尚书句解》卷二

（元）朱祖义撰

亦言其人有德（然后言论其人有九德），乃言曰（乃敢言论曰），载采采（此人之德，见于行某事，行某事，历历指实而言之）。

21. 《尚书日记》卷四

（明）王樵撰

（归善斋按：见"亦行有九德"）

22. 《日讲书经解义》卷二

（清）库勒纳等撰

（归善斋按：见"亦行有九德"）

《书义断法》卷一

（元）陈悦道撰

（归善斋按：见"亦行有九德"）

《尚书疑义》卷一

（明）马明衡撰

（归善斋按：见"亦行有九德"）

《尚书疏衍》卷二

（明）陈第撰

（归善斋按：见"亦行有九德"）

《尚书疏衍》卷二

（明）陈第撰

（归善斋按：见"亦行有九德"）

《尚书七篇解义》卷一

（清）李光地撰

（归善斋按：见"亦行有九德"）

禹曰：何

1.《尚书注疏》卷三

（汉）孔氏传，（唐）陆德明音义，孔颖达疏

禹曰：何？

传：问九德品例。

（疏）：皋陶既言其九德，禹乃问其品例，曰何谓也。

2. 《书传》卷三

（宋）苏轼撰

禹曰：何？皋陶曰：宽而栗。

栗，惧也。宽者，患不戒惧。

3. 《尚书全解》卷五

（宋）林之奇撰

禹曰：何？皋陶曰：宽而栗，柔而立，愿而恭，乱而敬，扰而毅，直而温，简而廉，刚而塞，强而义。彰厥有常，吉哉。

禹于是问皋陶九德之目。皋陶以九德之目而告之也。自"宽而栗，柔而立，愿而恭，乱而敬，扰而毅，直而温，简而廉，刚而塞，强而义"，人之德，不出于此九者。《易》曰："君子以成德为行，日可见之行也。"君子之德，必至于成，然后为行。德而不至于成，则德非其德也。宽而不栗，柔而不立，至于刚而不塞，强而不义，皆非成德也。德之非成，是皆有以贼其德，而德不为我有。惟宽而能栗，柔而能立，至于刚而能塞，强而能义，然后谓之成德。德至于成，然后可用也。圣人备道而全美，故其德无所不尽。自非圣人不能无所偏，惟其有所偏，故自古帝王于其一时之人才，必有长养而成就之，因其所偏，而长其善，救其失。苟于九德之中，而有一德之成，则可谓之小成矣。由此而积之，至于九德无所不然，后谓之大成。故观人之道，必以此九德，而察其人材之成与未成也。宽则易失之放纵，故必能庄栗，然后为成德。柔则易失之懦弱，故必有以立志，然后为成德。愿则易失于朴野，则必成以恭。乱者有济乱之材，如武王所谓"乱臣十人"是也。易失于轻忽，故当成之以敬顺。扰者多失于无断，故以果毅成之。直者多失于不能容物，故以温和成之。简者易失于略，故必济之以廉隅。刚者多失于上气而好争，故必济之以塞实。强则无所屈挠，多不中节，故成之必在合义。上九字者，人之性质所固有者，下九字，所以成其德也。恭之与敬，刚之与强，其义亦相近。此盖随宜立文。唐孔氏疏云：恭在貌，敬在心。愿者迟钝，失于外仪，故言恭以表貌。乱者轻物，内失于心，故称敬以显情。又曰：刚是性也，强是志也。当官而行无所避忌，刚也；执己所是，不为众挠，强也。刚、强相近。此说是也。皋陶言此者，盖谓，苟能以此九德观其人才之成不成、全不全，则知人之道无复余蕴矣。"彰厥有常，吉哉"者，言虽以此九德观夫人才之成不成，又必其德之有常者，然后可以为德。一作一辍，未足以为德。且以一德之常明之，如霍光，可谓有济乱之才耳。而其为人，在汉武帝左右，小心谨德，未尝有过，是其能乱而敬。而其出入殿门，进止有常，处郎仆射，窃识视之，不失尺寸者二十余年，此其乱而敬之有常者哉。武帝以是知其可用，故其末年，托以遗孤，卒能拥昭立宣，不负社稷之寄。彼于九德之一，能守有常，武帝彰而用之，其成效已如此。况于九德咸事，则其效宜如何哉？皋陶以是为知人之要，信"彰厥有常，吉哉"，此德惟一，动罔不吉也，有征矣。

4.《尚书讲义》卷四

（宋）史浩撰

（归善斋按：见"曰若稽古皋陶"）

5.《尚书详解》卷四

（宋）夏僎撰

禹曰：何？皋陶曰：宽而栗，柔而立，愿而恭，乱而敬，扰而毅，直而温，简而廉，刚而塞，强而义。彰厥有常，吉哉。

皋陶既言"亦行有九德，亦言其人有德"，故禹于是问以"九德"之目。问德之目而曰"何"者，其目果何如也。禹既询其目，皋陶于是以"九德"之目告之。自"宽而栗"至"强而义"，人之德不出于此九者。《易》曰"君子以成德为行"，曰可见之行也。君子之德必至于成，然后为行。德而不至于成，则德非其德也。宽而不栗，柔而不立，至于刚而不塞，强而不义，皆非成德也。德之不成，不为我有。惟宽而能栗，柔而能立，至于刚而能塞，强而能义，然后谓之成德，自非圣人，则或得其一，或得其三，或得其六，但能至于成德，而不至于一偏者，皆可用之才也。宽者，易失于放纵，故贵于栗。栗，谓"庄栗"也。柔者，易失于懦弱，故贵于立。

645

立,有立志也。愿,淳朴谨愿之人也,淳朴谨愿者,常略于外貌,故贵于恭。乱,谓有治乱之才也。有治乱之才者,必恃才轻物,故贵于敬。扰,驯也,亦安也。驯理安分之人,多失于无断,故贵于毅。毅,谓果毅也。直者,常直情径行,多失于不能容物,故贵于温,欲济以温和也。简者,宽大率略之名。志远者遗近,务大者遗细,故简率之人,常不谨细行,不修廉隅,故贵于廉。刚者,当官而行,无所避忌,然色厉而内荏者,故贵于塞,欲其内刚健而笃实,非外刚明而内乃柔懦也。强者,执己所是,不为众挠。然强明自任者,多任情违理,动不合宜,故贵于义,欲其合宜也。上九字,皆人之性质所固有者;其下九字,乃所以长救其失,辅成其德。恭之与敬,刚之与强,其义则同。唐孔氏谓:恭在貌,敬在心。愿者,迟钝失于外仪,故言恭以表其貌。乱者轻物,内失于心,故称敬,以显其情。刚是性,强是志。刚则当官而行,无所避忌;强则执己所长不为众挠。此说是也。皋陶既言九德之目,又言"彰厥有常,吉哉"者,言虽如此,九德观夫人才成不成,又必其德之有常者,然后可以为德。一作一辍未足为德也。且以一德之常明之如霍光,可谓有济乱之才耳。而其为人,在汉武帝左右,小心谨德,未尝有过,是其能乱而敬。而其出入殿门,进止有常,处郎仆射,窃识视之不失尺寸二十余年。此其"乱而敬"之有常者哉。武帝以是知其可用,故其末年,托以遗孤,卒能拥昭立宣,不负社稷之寄。彼一德有常,其效如此,况于九德咸事,其效宜如何哉?皋陶以是为知人之要,信"彰厥有常,吉哉",此德惟一,动罔不吉也,有征矣。

6.《增修东莱书说》卷四

(宋)吕祖谦撰,时澜增修

禹曰:何?皋陶曰"载采采",而未言其目。禹即叩"采采"之意,皋陶之言未终,而禹即问,如人对语,意味相属,其中自有不容己者。

7.《尚书说》卷一

(宋)黄度撰

(归善斋按:见"亦行有九德")

8.《洁斋家塾书钞》卷三

（宋）袁燮撰

（归善斋按：见"亦行有九德"）

9.《书经集传》卷一

（宋）蔡沈撰

（归善斋按：见"亦行有九德"）

10.《尚书精义》卷七

（宋）黄伦撰

（归善斋按：见"亦行有九德"）

11.《尚书详解》卷四

（宋）陈经撰

（归善斋按：见"亦行有九德"）

12.《融堂书解》卷二

（宋）钱时撰

（归善斋按：未解）

13.《尚书要义》卷四

（宋）魏了翁撰

（归善斋按：未引）

14.《书集传或问》卷上

（宋）陈大猷撰

（归善斋按：未解）

15.《尚书详解》卷二

（宋）胡士行撰

禹曰：何？

问"九德"之目。

16.《书纂言》卷一

（元）吴澄撰

（归善斋按：见"亦行有九德"）

17.《书集传纂疏》卷一

（元）陈栎撰

（归善斋按：见"亦行有九德"）

18.《读书丛说》卷三

（元）许谦撰

（归善斋按：缺或未解）

19.《书传辑录纂注》卷一

（元）董鼎撰

（归善斋按：见"亦行有九德"）

20.《尚书句解》卷二

（元）朱祖义撰

禹曰：何（禹问何谓九德）？

21.《尚书日记》卷四

（明）王樵撰

（归善斋按：见"亦行有九德"）

22.《日讲书经解义》卷二

(清)库勒纳等撰

(归善斋按:见"亦行有九德")

《尚书七篇解义》卷一

(清)李光地撰

(归善斋按:见"亦行有九德")

皋陶曰:宽而栗

1.《尚书注疏》卷三

(汉)孔氏传,(唐)陆德明音义,孔颖达疏

皋陶曰:宽而栗。

传:性宽弘而能庄栗。

(疏):皋陶曰:人性有宽弘而能庄栗也。

此九德之文,《舜典》云"宽而栗,直而温",与此正同。彼云"刚而无虐,简而无傲",与此小异。彼言"刚失之虐",此言"刚断而能实塞","实塞"亦是不为"虐"。彼言"简失之傲",此言"简大而有廉隅",廉隅亦是不为傲也。九德,皆人性也。郑玄云:凡人之性有异,有其上者,不必有下;有其下者,不必有上。上下相协,乃成其德,是言上下以相对,各令以相对,兼而有之,乃为一德。此二者虽是本性,亦可以长短自矫。宽弘者,失于缓慢,故性宽弘,而能矜庄严栗,乃成一德。九者皆然也。愿者,愨谨良善之名。谨愿者,失于迟钝,貌或不恭,故愨愿而能恭恪,乃为德。乱,治,《释诂》文。有能治者,谓才,高于人也。堪拨烦理剧者也。负才轻物,人之常性。故有治而能谨敬,乃为德也。愿言恭,治云敬者,恭在貌,敬在心。愿者迟钝,外失于仪,故言恭以表貌。治者轻物,内失于心,故称敬以显情。恭与敬,其事亦通愿,其貌恭而心敬也。《周礼·太宰》

649

云：以扰万民。郑玄云：扰，犹驯也。司徒云：安扰邦国。郑云：扰亦安也。扰是安、驯之义，故为顺也。致果为毅，宣二年《左传》文。彼文以杀敌为果，致果为毅，谓能致果，敢杀敌之心，是为强毅也。和顺者，失于不断，故顺而能决，乃为德也。简者，宽大率略之名。志远者遗近，务大者轻细。弘大者失于不谨细行，不修廉隅，故简大而有廉隅，乃为德也。塞，训"实"也。刚而能断，失于空疏，必性刚正而内充实，乃为德也。强直自立，无所屈挠，或任情违理，失于事宜，动合道义，乃为德也。郑注《论语》云"刚谓强，志不屈挠"，即刚、强义同。此刚、强异者，刚是性也；强是志也。当官而行无所避忌，刚也；执己所是，不为众挠，强也。刚、强相近，郑连言之。宽，谓度量宽弘；柔，谓性行和柔；扰，谓事理扰顺。三者相类，即《洪范》云"柔克"也。愿，谓容貌恭正；乱，谓刚柔治理；直，谓身行正直。三者相类，即《洪范》云"正直"也。简，谓器量凝简；刚，谓事理刚断；强，谓性行坚强。三者相类，即《洪范》云"刚克"也。而九德之次，从宽而至刚也，惟扰而毅，在愿、乱之下耳。其《洪范》三德，先人事，而后天地，与此不同。

2.《书传》卷三

（宋）苏轼撰

（归善斋按：见"禹曰：何？"）

3.《尚书全解》卷五

（宋）林之奇撰

（归善斋按：见"禹曰：何？"）

4.《尚书讲义》卷四

（宋）史浩撰

（归善斋按：见"曰若稽古皋陶"）

5.《尚书详解》卷四

（宋）夏僎撰

（归善斋按：见"禹曰：何？"）

6.《增修东莱书说》卷四

（宋）吕祖谦撰，时澜增修

皋陶曰：宽而栗，柔而立，愿而恭，乱而敬，扰而毅，直而温，简而廉，刚而塞，强而义。彰厥有常，吉哉。

皋陶于此历言之"九德"，非相济之谓也。栗济宽，立济柔，即不可谓之宽德、柔德矣。盖有所偏，然后有所济。既谓之德，则纯全也。如宽而不栗，则纵弛之人。柔而不立，则懦弱之人，岂所谓德乎？"九德"盖自然而然，莫之为而为者，初不俟强勉作为也。大抵"宽"多失于阔略，"宽"之中，必自有所谓整齐者。"柔"多失之委靡，"柔"之中必自有所谓卓立者。"愿"者，持心谨愨，耻言人过，多不尽情，自以为恭也。殊不知责难于君，谓之恭；待人不以诚实，乃不恭之大者。"乱"者，能治乱之人，多恃才，作为大则为鲧，小则为盆成括，必加之以敬，则处事而当。"扰"者，通熟于事之人，恃其通熟，心忽而志缓，反失之犹豫，必加果毅，则任事而成。"直"者多失于讦，必养之以"温"。"简"者，多失于卤莽，必收之以"廉隅"。"刚"者多不充实。所谓枨也欲，焉得刚？惟"刚"而能"塞"，则如《孟子》"至大至刚"，浩然之气塞乎天地。"强"者多失于勇而无义。所谓有"勇"而无"义"为乱。惟"强"而有"义"，则如《孟子》之"过孟贲远矣"。"彰厥有常，吉哉"，凡此"九德"又当观之于平昔，考之于闲暇，惟德之有常者，彰而用之，则为国家之福。"常"者，常久而不变也。

7.《尚书说》卷一

（宋）黄度撰

（归善斋按：见"亦行有九德"）

8.《洁斋家塾书钞》卷三

（宋）袁燮撰

（归善斋按：见"亦行有九德"）

9.《书经集传》卷一

（宋）蔡沈撰

（归善斋按：见"亦行有九德"）

10.《尚书精义》卷七

（宋）黄伦撰

（归善斋按：见"亦行有九德"）

11.《尚书详解》卷四

（宋）陈经撰

（归善斋按：见"亦行有九德"）

12.《融堂书解》卷二

（宋）钱时撰

（归善斋按：未解）

13.《尚书要义》卷四

（宋）魏了翁撰

四、皋陶明九德之常以择人。

"皋陶曰：宽而栗"，性宽弘而能庄栗。"柔而立"，和柔而能立事。"愿而恭"，悫愿而恭恪。"乱而敬"，乱，治也，有治而能谨敬。"扰而毅"，扰，顺也，致果为毅。"直而温"，行正直而气温和。"简而廉"，性简大而有廉隅。"刚而塞"，刚断而实塞。"强而义"，无所屈挠，动必合义。"彰厥有常，吉哉"，彰，明；吉，善也，明九德之常，以择人而官之，则政之善。

五、孔既释九德，疏申言之。

凡人之性有异，有其上者，不必有下；有其下者，不必有上。上下相协，乃成其德。是言上下以相对，各令以相对，兼而有之，乃为一德。此二者，虽是本牲，亦可以长短自矫。宽弘者，失于缓慢，故性宽弘而能矜庄严栗。谨愿者，失于迟钝，貌或不恭，故愨愿而能恭恪。乱，治，《释诂》文。有能治者，谓才高于人也，堪拨烦理剧者也。负才轻物，人之常性，故有治而能谨，乃为德也。愿言恭，治言敬者，恭在貌，敬在心。愿者迟钝，失于外仪，故言恭以表貌。治者轻物，内失于心，故称敬以显情。致果为毅，谓能致果敢杀敌之心，是为强貌也。和顺者，失于不断，故顺而能决，乃为德也。简者，宽大率略之名。志远者遗近，务大者轻细，故简大而有廉隅，乃为德也。刚而能断，失于空疏，必性刚正，而内充实。强直自立，无所屈挠，或任情违理，失于事，宜动合道义，乃为德也。

六、刚与强、义，宽与柔、扰，愿与乱、直，各相类。

郑注《论语》云：刚谓强，志不屈挠，即刚、强义同。此刚、强异者，刚是性也，强是志也。当官而行无所避忌，刚也；执己所是不为众挠，强也。刚、强相近，郑连言之。宽，谓度量宽弘；柔，谓性行和柔；扰，谓事理扰顺。三者相类，即《洪范》云"柔克"也。愿，谓容貌恭正；乱，谓刚柔治理；直，谓身行正直。三者相类，即《洪范》云"正直"也。简，谓器量凝简；刚，谓事理刚断；强，为性行坚强。三者相类，即《洪范》云"刚克"也。而九德之次，从柔而至刚也。惟"扰而毅"在"愿"、"乱"之下耳。其《洪范》三德，先人事，而后天地，与此不同。

14.《书集传或问》卷上

（宋）陈大猷撰

（归善斋按：未解）

15.《尚书详解》卷二

（宋）胡士行撰

皋陶曰：宽而栗（有栗则宽而不纵），柔而立（有立则柔而不懦），愿（诚朴）而恭（貌曰恭，则愿不失之太朴），乱（才能治乱也）而敬（敬则不恃才而傲物），扰（驯）而毅（果毅则扰不至于弱），直而温（温和而直不至于径行），简（略）而廉（有廉隅则简不至于疏），刚（不屈）而塞（塞实则刚不为虚气），强（执己见不为众挠）而义（则强不失之自任）。彰（明而不昏）厥有常（德之长久不变者）吉（为国家之福）哉。

柔德三		
宽	柔	愿
栗	柔善立	恭
纵	柔恶懦	太朴

正直三		
乱	直（近刚）	扰
敬	善温	毅
恃才	恶径行	弱

刚德三		
简	刚	强
廉	刚善塞	义
疏	刚恶虚气	自任

此《洪范》"三德"也。宽、柔、愿，柔德之三也。乱、扰、直，正直之三也。简、刚、强，刚德之三也。上九字，人之性质所固有者；下九字，学问涵养，能长其善，救其失者也。有此"九德"而能常焉，彰而用之，吉孰大焉。

16.《书纂言》卷一

（元）吴澄撰

皋陶曰：宽而栗，柔而立，愿而恭，乱而敬，扰而毅，直而温，简而廉，刚而塞，强而义。彰厥有常，吉哉。

此详陈"行有九德"之目。愿，谨悫也。乱，治也，才能可以治乱也。扰驯"狎"也。毅，果决也。廉，有分辩也。塞，实也。义，合宜也。宽宏而缜栗，则不阔疏；柔顺而植立，则不懦弱；谨愿而恭肃，则不至于朴野而不文；有治才而敬畏，则不至于逞能而妄作。驯扰而果毅，则不至于少断；径直而温和，则不至于多忤；简略而廉隅，则不至于无分辩；刚健而有实，则非虚矫恃气之刚；强勇而有义，则非斗狠为乱之强。宽与直对，柔与刚对，乱与简对，扰与强对，而转语辞合二长为一德，则不偏，皆天之所与，学之所成，自然而然之懿，非以彼济，此之谓彰著也，有常久而不变也。德著于外，终始不变，是为吉德也。

17.《书集传纂疏》卷一

（元）陈栎撰

（归善斋按：见"亦行有九德"）

18.《读书丛说》卷三

（元）许谦撰

（归善斋按：缺或未解）

19.《书传辑录纂注》卷一

（元）董鼎撰

（归善斋按：见"亦行有九德"）

20.《尚书句解》卷二

（元）朱祖义撰

皋陶曰（皋陶言）：宽而栗（宽者易失之纵，必贵于庄栗）。

21.《尚书日记》卷四

（明）王樵撰

（归善斋按：见"亦行有九德"）

22.《日讲书经解义》卷二

（清）库勒纳等撰

（归善斋按：见"亦行有九德"）

《书蔡氏传旁通》卷一下

（元）陈师凯撰

正言而反应者。

宽，正言也；栗，反应也。余仿此。

所以明其德之不偏。

宽而不栗，是偏于宽也；栗而不宽，是偏于栗也。今云宽而栗，是能兼有之，所以明其德之不偏。如伯夷是偏于清也，柳下惠是偏于和也。若伯夷清而和，柳下惠和而清，则不偏矣。余仿此。

皆指成德之自然，非以彼济此之谓也。

凡宽而且栗，柔而且立者，皆因气禀之不偏，故其德性之美，成于自然，非宽者勉求为栗以济宽，柔者强求为立以济柔也。朱子云：九德凡十八种，是好底气质。

《书义断法》卷一

（元）陈悦道撰

宽而栗，柔而立，愿而恭，乱而敬，扰而毅，直而温，简而廉，刚而塞，强而义。彰厥有常，吉哉。

九者皆盛德之事，非以彼齐此之谓也。故皆以"而"之一字为转语之辞，以此见其成德之皆全，而能不偏者也。复以"吉哉"一语为赞美之辞，以此见其成德之益彰。而能有常者也，以此见成德之人，为天下国家用，其为天下国家福，岂有量哉。

《尚书疑义》卷一

（明）马明衡撰

宽而栗，柔而立，愿而恭，乱而敬，扰而毅，直而温，简而廉，刚而塞，强而义。

是九者皆以气质之美，而济以学问之成也。虽在上古之时人，不能皆全才，虽有美质，亦未有不由学以成之，而后可以成德。观之唐虞君臣交相警戒，兢兢业业，天理不敢一日而不存，人欲不敢一毫之或肆，学问之功，比之常人更切，则其在下之人，交相勉于学，以成其美质者，不待言矣。故曰宽，曰柔，曰愿，曰乱，曰扰，曰直，曰简，曰刚，曰强，皆美质也。而未能纯乎中正，以之立事则必有偏，故宽而能栗，则宽不偏矣；柔而能立，则柔不偏矣；愿而能恭，则愿不偏矣；乱而能敬，则乱不偏矣；扰而能毅，则扰不偏矣；直而能温，则直不偏矣；简而能廉，则简不偏矣；刚而能塞，则刚不偏矣；强而能义，则强不偏矣。是皆所以济其气质之未纯，而归一于义理之正，然后可以为成德也。朱子谓"九德"十八种，每两件斗合将来。蔡子所谓皆指其成德之自然，非以彼济此之谓，是以上古之人另作一等异人，皆不由学问而成者。其实上古之人，此心此理皆同天下，岂有专气质而不由学问者。有好气质，必知学问；能自力于学问者，亦自好气质中来。故愚于此断以为有美质，而能自至其"中"以成德者，可以见古人之学问矣。若言两下斗合而成，是可言栗而宽，立而柔乎？盖圣人更不须言宽、言柔、言愿等名目。是皆圣人以下有此九等。举此九等，则尽乎天地间之人矣。故能彰显而用之，则亦尽用天下之才矣，此下文所谓"九德咸事"也。"彰厥有常，吉哉"注，孔氏说谓明九德之常，以择人而官之，则政之善，亦是。

《尚书注考》

（明）陈泰交撰

"宽而栗"，训"而"转语辞也。"其能而乱四方"，训"而"，如也。

《尚书七篇解义》卷一

（清）李光地撰

（归善斋按：见"亦行有九德"）

柔而立

1.《尚书注疏》卷三

（汉）孔氏传，（唐）陆德明音义，孔颖达疏

柔而立。

传：和柔而能立事。

疏：和柔而能立事也。

（归善斋按：另见"宽而栗"）

2.《书传》卷三

（宋）苏轼撰

柔而立，愿而恭。

愿，慤也，慤者或不恭。

3.《尚书全解》卷五

（宋）林之奇撰

（归善斋按：见"禹曰：何？"）

4.《尚书讲义》卷四

（宋）史浩撰

（归善斋按：见"曰若稽古皋陶"）

5.《尚书详解》卷四

（宋）夏僎撰

（归善斋按：见"禹曰：何？"）

6.《增修东莱书说》卷四

（宋）吕祖谦撰，时澜增修

（归善斋按：见"宽而栗"）

7.《尚书说》卷一

（宋）黄度撰

（归善斋按：见"亦行有九德"）

8.《洁斋家塾书钞》卷三

（宋）袁燮撰

（归善斋按：见"亦行有九德"）

9.《书经集传》卷一

（宋）蔡沈撰

（归善斋按：见"亦行有九德"）

10.《尚书精义》卷七

（宋）黄伦撰

（归善斋按：见"亦行有九德"）

11.《尚书详解》卷四

（宋）陈经撰

（归善斋按：见"亦行有九德"）

12. 《融堂书解》卷二

（宋）钱时撰

（归善斋按：未解）

13. 《尚书要义》卷四

（宋）魏了翁撰

（归善斋按：见"宽而栗"）

14. 《书集传或问》卷上

（宋）陈大猷撰

（归善斋按：未解）

15. 《尚书详解》卷二

（宋）胡士行撰

（归善斋按：见"宽而栗"）

16. 《书纂言》卷一

（元）吴澄撰

（归善斋按：见"宽而栗"）

17. 《书集传纂疏》卷一

（元）陈栎撰

（归善斋按：见"亦行有九德"）

18. 《读书丛说》卷三

（元）许谦撰

（归善斋按：缺或未解）

19.《书传辑录纂注》卷一

（元）董鼎撰

（归善斋按：见"亦行有九德"）

20.《尚书句解》卷二

（元）朱祖义撰

柔而立（柔者易失之懦，必贵于有立志）。

21.《尚书日记》卷四

（明）王樵撰

（归善斋按：见"亦行有九德"）

22.《日讲书经解义》卷二

（清）库勒纳等撰

（归善斋按：见"亦行有九德"）

《书义断法》卷一

（元）陈悦道撰

（归善斋按：见"宽而栗"）

《尚书疑义》卷一

（明）马明衡撰

（归善斋按：见"宽而栗"）

《尚书七篇解义》卷一

（清）李光地撰

（归善斋按：见"亦行有九德"）

愿而恭

1.《尚书注疏》卷三

（汉）孔氏传，（唐）陆德明音义，孔颖达疏

愿而恭。

传：悫愿而恭恪。

音义：愿，音愿。悫，苦角反。恪，苦各反。

疏：悫愿而能恭恪也。

（归善斋按：另见"宽而栗"）

2.《书传》卷三

（宋）苏轼撰

（归善斋按：见"柔而立"）

3.《尚书全解》卷五

（宋）林之奇撰

（归善斋按：见"禹曰：何？"）

4.《尚书讲义》卷四

（宋）史浩撰

（归善斋按：见"曰若稽古皋陶"）

5.《尚书详解》卷四

（宋）夏僎撰

（归善斋按：见"禹曰：何？"）

6. 《增修东莱书说》卷四

（宋）吕祖谦撰，时澜增修
（归善斋按：见"宽而栗"）

7. 《尚书说》卷一

（宋）黄度撰
（归善斋按：见"亦行有九德"）

8. 《洁斋家塾书钞》卷三

（宋）袁燮撰
（归善斋按：见"亦行有九德"）

9. 《书经集传》卷一

（宋）蔡沈撰
（归善斋按：见"亦行有九德"）

10. 《尚书精义》卷七

（宋）黄伦撰
（归善斋按：见"亦行有九德"）

11. 《尚书详解》卷四

（宋）陈经撰
（归善斋按：见"亦行有九德"）

12. 《融堂书解》卷二

（宋）钱时撰
（归善斋按：未解）

13. 《尚书要义》卷四

（宋）魏了翁撰

（归善斋按：见"宽而栗"）

14. 《书集传或问》卷上

（宋）陈大猷撰

（归善斋按：未解）

15. 《尚书详解》卷二

（宋）胡士行撰

（归善斋按：见"宽而栗"）

16. 《书纂言》卷一

（元）吴澄撰

（归善斋按：见"宽而栗"）

17. 《书集传纂疏》卷一

（元）陈栎撰

（归善斋按：见"亦行有九德"）

18. 《读书丛说》卷三

（元）许谦撰

（归善斋按：缺或未解）

19. 《书传辑录纂注》卷一

（元）董鼎撰

（归善斋按：见"亦行有九德"）

20.《尚书句解》卷二

（元）朱祖义撰

愿而恭（淳朴谨愿者常略于外貌，必贵于恭肃）。

21.《尚书日记》卷四

（明）王樵撰

（归善斋按：见"亦行有九德"）

22.《日讲书经解义》卷二

（清）库勒纳等撰

（归善斋按：见"亦行有九德"）

《书义断法》卷一

（元）陈悦道撰

（归善斋按：见"宽而栗"）

《尚书疑义》卷一

（明）马明衡撰

（归善斋按：见"宽而栗"）

《尚书疏衍》卷二

（明）陈第撰

（归善斋按：见"亦行有九德"）

《尚书七篇解义》卷一

（清）李光地撰

（归善斋按：见"亦行有九德"）

乱而敬

1. 《尚书注疏》卷三

（汉）孔氏传，（唐）陆德明音义，孔颖达疏

乱而敬。

传：乱，治也。有治而能谨敬。

疏：治理而能谨敬也。

（归善斋按：另见"宽而栗"）

2. 《书传》卷三

（宋）苏轼撰

乱而敬。

横流而济曰乱，故才过人，可以济大难者，曰乱，"乱臣十人"是也。才过人者，患在于夸傲。

3. 《尚书全解》卷五

（宋）林之奇撰

（归善斋按：见"禹曰：何？"）

4. 《尚书讲义》卷四

（宋）史浩撰

（归善斋按：见"曰若稽古皋陶"）

5. 《尚书详解》卷四

（宋）夏僎撰

（归善斋按：见"禹曰：何？"）

6.《增修东莱书说》卷四

（宋）吕祖谦撰，时澜增修
（归善斋按：见"宽而栗"）

7.《尚书说》卷一

（宋）黄度撰
（归善斋按：见"亦行有九德"）

8.《洁斋家塾书钞》卷三

（宋）袁燮撰
（归善斋按：见"亦行有九德"）

9.《书经集传》卷一

（宋）蔡沈撰
（归善斋按：见"亦行有九德"）

10.《尚书精义》卷七

（宋）黄伦撰
（归善斋按：见"亦行有九德"）

11.《尚书详解》卷四

（宋）陈经撰
（归善斋按：见"亦行有九德"）

12.《融堂书解》卷二

（宋）钱时撰
（归善斋按：未解）

13.《尚书要义》卷四

（宋）魏了翁撰

（归善斋按：见"宽而栗"）

14.《书集传或问》卷上

（宋）陈大猷撰

（归善斋按：未解）

15.《尚书详解》卷二

（宋）胡士行撰

（归善斋按：见"宽而栗"）

16.《书纂言》卷一

（元）吴澄撰

（归善斋按：见"宽而栗"）

17.《书集传纂疏》卷一

（元）陈栎撰

（归善斋按：见"亦行有九德"）

18.《读书丛说》卷三

（元）许谦撰

（归善斋按：缺或未解）

19.《书传辑录纂注》卷一

（元）董鼎撰

（归善斋按：见"亦行有九德"）

20. 《尚书句解》卷二

（元）朱祖义撰

乱而敬（有治乱之才者，常恃才轻物，必贵于庄敬）

21. 《尚书日记》卷四

（明）王樵撰

（归善斋按：见"亦行有九德"）

22. 《日讲书经解义》卷二

（清）库勒纳等撰

（归善斋按：见"亦行有九德"）

《书义断法》卷一

（元）陈悦道撰

（归善斋按：见"宽而栗"）

《尚书疑义》卷一

（明）马明衡撰

（归善斋按：见"宽而栗"）

《尚书注考》

（明）陈泰交撰

"乱而敬"、"兹予有乱政"、"同位殷其弗或乱正四方"、"四方迪乱"、"乱为四方"、"乱尔有政"、"自乱于威仪"、"其能而乱四方"、"民之乱"，训"乱"治也。"予有乱臣十人"、"惟以乱民"，训治乱曰"乱"。"乱于河"，训绝河而渡曰"乱"。"时谓乱风"，训倒置悖理曰"乱"。

《尚书疏衍》卷二

（明）陈第撰

（归善斋按：见"亦行有九德"）

《尚书七篇解义》卷一

（清）李光地撰

（归善斋按：见"亦行有九德"）

扰而毅

1. 《尚书注疏》卷三

（汉）孔氏传，（唐）陆德明音义，孔颖达疏

扰而毅。

传：扰，顺也。致果为毅。

音义：扰，而小反，徐音饶。毅，五既反。

疏：和顺而能果毅也。

（归善斋按：另见"宽而栗"）

2. 《书传》卷三

（宋）苏轼撰

扰而毅。

扰驯也。

3. 《尚书全解》卷五

（宋）林之奇撰

（归善斋按：见"禹曰：何？"）

4.《尚书讲义》卷四

（宋）史浩撰

（归善斋按：见"曰若稽古皋陶"）

5.《尚书详解》卷四

（宋）夏僎撰

（归善斋按：见"禹曰：何？"）

6.《增修东莱书说》卷四

（宋）吕祖谦撰，时澜增修

（归善斋按：见"宽而栗"）

7.《尚书说》卷一

（宋）黄度撰

（归善斋按：见"亦行有九德"）

8.《洁斋家塾书钞》卷三

（宋）袁燮撰

（归善斋按：见"亦行有九德"）

9.《书经集传》卷一

（宋）蔡沈撰

（归善斋按：见"亦行有九德"）

10.《尚书精义》卷七

（宋）黄伦撰

（归善斋按：见"亦行有九德"）

11.《尚书详解》卷四

（宋）陈经撰

（归善斋按：见"亦行有九德"）

12.《融堂书解》卷二

（宋）钱时撰

（归善斋按：未解）

13.《尚书要义》卷四

（宋）魏了翁撰

（归善斋按：见"宽而栗"）

14.《书集传或问》卷上

（宋）陈大猷撰

（归善斋按：未解）

15.《尚书详解》卷二

（宋）胡士行撰

（归善斋按：见"宽而栗"）

16.《书纂言》卷一

（元）吴澄撰

（归善斋按：见"宽而栗"）

17.《书集传纂疏》卷一

（元）陈栎撰

（归善斋按：见"亦行有九德"）

18.《读书丛说》卷三

（元）许谦撰

（归善斋按：缺或未解）

19.《书传辑录纂注》卷一

（元）董鼎撰

（归善斋按：见"亦行有九德"）

20.《尚书句解》卷二

（元）朱祖义撰

扰而毅（循理安分之人，多失于无断，必济以果毅）

21.《尚书日记》卷四

（明）王樵撰

（归善斋按：见"亦行有九德"）

22.《日讲书经解义》卷二

（清）库勒纳等撰

（归善斋按：见"亦行有九德"）

《书义断法》卷一

（元）陈悦道撰

（归善斋按：见"宽而栗"）

《尚书疑义》卷一

（明）马明衡撰

（归善斋按：见"宽而栗"）

《尚书注考》

（明）陈泰交撰

"扰而毅"、"扰兆民"，训"扰"，驯也。"俶扰天纪"训"扰"，乱也。

《尚书七篇解义》 卷一

（清）李光地撰

（归善斋按：见"亦行有九德"）

直而温

1.《尚书注疏》卷三

（汉）孔氏传，（唐）陆德明音义，孔颖达疏

直而温。

传：行正直而气温和。

疏：正直而能温和也。

（归善斋按：另见"宽而栗"）

2.《书传》卷三

（宋）苏轼撰

直而温，简而廉。

简易者或无廉隅。

3.《尚书全解》卷五

（宋）林之奇撰

（归善斋按：见"禹曰：何？"）

4.《尚书讲义》卷四

（宋）史浩撰
（归善斋按：见"曰若稽古皋陶"）

5.《尚书详解》卷四

（宋）夏僎撰
（归善斋按：见"禹曰：何?"）

6.《增修东莱书说》卷四

（宋）吕祖谦撰，时澜增修
（归善斋按：见"宽而栗"）

7.《尚书说》卷一

（宋）黄度撰
（归善斋按：见"亦行有九德"）

8.《洁斋家塾书钞》卷三

（宋）袁燮撰
（归善斋按：见"亦行有九德"）

9.《书经集传》卷一

（宋）蔡沈撰
（归善斋按：见"亦行有九德"）

10.《尚书精义》卷七

（宋）黄伦撰
（归善斋按：见"亦行有九德"）

11.《尚书详解》卷四

（宋）陈经撰

（归善斋按：见"亦行有九德"）

12.《融堂书解》卷二

（宋）钱时撰

（归善斋按：未解）

13.《尚书要义》卷四

（宋）魏了翁撰

（归善斋按：见"宽而栗"）

14.《书集传或问》卷上

（宋）陈大猷撰

（归善斋按：未解）

15.《尚书详解》卷二

（宋）胡士行撰

（归善斋按：见"宽而栗"）

16.《书纂言》卷一

（元）吴澄撰

（归善斋按：见"宽而栗"）

17.《书集传纂疏》卷一

（元）陈栎撰

（归善斋按：见"亦行有九德"）

18.《读书丛说》卷三

(元)许谦撰

(归善斋按:缺或未解)

19.《书传辑录纂注》卷一

(元)董鼎撰

(归善斋按:见"亦行有九德")

20.《尚书句解》卷二

(元)朱祖义撰

直而温(直情径行之人,多失于不能容物,必济以温和)

21.《尚书日记》卷四

(明)王樵撰

(归善斋按:见"亦行有九德")

22.《日讲书经解义》卷二

(清)库勒纳等撰

(归善斋按:见"亦行有九德")

《书义断法》卷一

(元)陈悦道撰

(归善斋按:见"宽而栗")

《尚书疑义》卷一

(明)马明衡撰

(归善斋按:见"宽而栗")

《尚书七篇解义》卷一

(清)李光地撰

(归善斋按:见"亦行有九德")

简而廉

1.《尚书注疏》卷三

(汉)孔氏传,(唐)陆德明音义,孔颖达疏

简而廉。

传:性简大而有廉隅。

疏:简大而有廉隅也。

(归善斋按:另见"宽而栗")

2.《书传》卷三

(宋)苏轼撰

(归善斋按:见"直而温")

3.《尚书全解》卷五

(宋)林之奇撰

(归善斋按:见"禹曰:何?")

4.《尚书讲义》卷四

(宋)史浩撰

(归善斋按:见"曰若稽古皋陶")

5.《尚书详解》卷四

(宋)夏僎撰

(归善斋按:见"禹曰:何?")

6.《增修东莱书说》卷四

（宋）吕祖谦撰，时澜增修
（归善斋按：见"宽而栗"）

7.《尚书说》卷一

（宋）黄度撰
（归善斋按：见"亦行有九德"）

8.《洁斋家塾书钞》卷三

（宋）袁燮撰
（归善斋按：见"亦行有九德"）

9.《书经集传》卷一

（宋）蔡沈撰
（归善斋按：见"亦行有九德"）

10.《尚书精义》卷七

（宋）黄伦撰
（归善斋按：见"亦行有九德"）

11.《尚书详解》卷四

（宋）陈经撰
（归善斋按：见"亦行有九德"）

12.《融堂书解》卷二

（宋）钱时撰
（归善斋按：未解）

13.《尚书要义》卷四

（宋）魏了翁撰

（归善斋按：见"宽而栗"）

14.《书集传或问》卷上

（宋）陈大猷撰

（归善斋按：未解）

15.《尚书详解》卷二

（宋）胡士行撰

（归善斋按：见"宽而栗"）

16.《书纂言》卷一

（元）吴澄撰

（归善斋按：见"宽而栗"）

17.《书集传纂疏》卷一

（元）陈栎撰

（归善斋按：见"亦行有九德"）

18.《读书丛说》卷三

（元）许谦撰

（归善斋按：缺或未解）

19.《书传辑录纂注》卷一

（元）董鼎撰

（归善斋按：见"亦行有九德"）

20. 《尚书句解》卷二

（元）朱祖义撰

简而廉（简率之人，常不谨细行，不修廉隅，故贵于廉）

21. 《尚书日记》卷四

（明）王樵撰

（归善斋按：见"亦行有九德"）

22. 《日讲书经解义》卷二

（清）库勒纳等撰

（归善斋按：见"亦行有九德"）

《书义断法》卷一

（元）陈悦道撰

（归善斋按：见"宽而栗"）

《尚书疑义》卷一

（明）马明衡撰

（归善斋按：见"宽而栗"）

《尚书七篇解义》卷一

（清）李光地撰

（归善斋按：见"亦行有九德"）

刚而塞

1.《尚书注疏》卷三

（汉）孔氏传，（唐）陆德明音义，孔颖达疏

刚而塞。

传：刚断而实塞。

音义：断，丁乱反。

疏：刚断而能实塞也。

（归善斋按：另见"宽而栗"）

2.《书传》卷三

（宋）苏轼撰

刚而塞。

塞，实也。刚者，或色厉而内荏，故以实为贵。《易》曰："刚健笃实，辉光日新其德。"

3.《尚书全解》卷五

（宋）林之奇撰

（归善斋按：见"禹曰：何？"）

4.《尚书讲义》卷四

（宋）史浩撰

（归善斋按：见"曰若稽古皋陶"）

5.《尚书详解》卷四

（宋）夏僎撰

（归善斋按：见"禹曰：何？"）

6.《增修东莱书说》卷四

（宋）吕祖谦撰，时澜增修
（归善斋按：见"宽而栗"）

7.《尚书说》卷一

（宋）黄度撰
（归善斋按：见"亦行有九德"）

8.《洁斋家塾书钞》卷三

（宋）袁燮撰
（归善斋按：见"亦行有九德"）

9.《书经集传》卷一

（宋）蔡沈撰
（归善斋按：见"亦行有九德"）

10.《尚书精义》卷七

（宋）黄伦撰
（归善斋按：见"亦行有九德"）

11.《尚书详解》卷四

（宋）陈经撰
（归善斋按：见"亦行有九德"）

12.《融堂书解》卷二

（宋）钱时撰
（归善斋按：未解）

13. 《尚书要义》卷四

（宋）魏了翁撰

（归善斋按：见"宽而栗"）

14. 《书集传或问》卷上

（宋）陈大猷撰

（归善斋按：未解）

15. 《尚书详解》卷二

（宋）胡士行撰

（归善斋按：见"宽而栗"）

16. 《书纂言》卷一

（元）吴澄撰

（归善斋按：见"宽而栗"）

17. 《书集传纂疏》卷一

（元）陈栎撰

（归善斋按：见"亦行有九德"）

18. 《读书丛说》卷三

（元）许谦撰

（归善斋按：缺或未解）

19. 《书传辑录纂注》卷一

（元）董鼎撰

（归善斋按：见"亦行有九德"）

20.《尚书句解》卷二

（元）朱祖义撰

刚而塞（刚者，当行而行，无所避忌，然多色厉而内荏，故贵于塞实）

21.《尚书日记》卷四

（明）王樵撰

（归善斋按：见"亦行有九德"）

22.《日讲书经解义》卷二

（清）库勒纳等撰

（归善斋按：见"亦行有九德"）

《书义断法》卷一

（元）陈悦道撰

（归善斋按：见"宽而栗"）

《尚书疑义》卷一

（明）马明衡撰

（归善斋按：见"宽而栗"）

《尚书疏衍》卷二

（明）陈第撰

（归善斋按：见"亦行有九德"）

《尚书七篇解义》卷一

（清）李光地撰

（归善斋按：见"亦行有九德"）

强而义

1. 《尚书注疏》卷三

（汉）孔氏传，（唐）陆德明音义，孔颖达疏

强而义。

传：无所屈挠动，必合义。

音义：挠，女孝反。

疏：强劲而合道义也。

（归善斋按：另见"宽而栗"）

2. 《书传》卷三

（宋）苏轼撰

强而义。彰厥有常，吉哉。

德惟一动，罔不吉。故常于是德，然后为吉也。

3. 《尚书全解》卷五

（宋）林之奇撰

（归善斋按：见"禹曰：何？"）

4. 《尚书讲义》卷四

（宋）史浩撰

（归善斋按：见"曰若稽古皋陶"）

5. 《尚书详解》卷四

（宋）夏僎撰

（归善斋按：见"禹曰：何？"）

6.《增修东莱书说》卷四

（宋）吕祖谦撰，时澜增修
（归善斋按：见"宽而栗"）

7.《尚书说》卷一

（宋）黄度撰
（归善斋按：见"亦行有九德"）

8.《洁斋家塾书钞》卷三

（宋）袁燮撰
（归善斋按：见"亦行有九德"）

9.《书经集传》卷一

（宋）蔡沈撰
（归善斋按：见"亦行有九德"）

10.《尚书精义》卷七

（宋）黄伦撰
（归善斋按：见"亦行有九德"）

11.《尚书详解》卷四

（宋）陈经撰
（归善斋按：见"亦行有九德"）

12.《融堂书解》卷二

（宋）钱时撰
（归善斋按：未解）

13.《尚书要义》卷四

（宋）魏了翁撰

（归善斋按：见"宽而栗"）

14.《书集传或问》卷上

（宋）陈大猷撰

（归善斋按：未解）

15.《尚书详解》卷二

（宋）胡士行撰

（归善斋按：见"宽而栗"）

16.《书纂言》卷一

（元）吴澄撰

（归善斋按：见"宽而栗"）

17.《书集传纂疏》卷一

（元）陈栎撰

（归善斋按：见"亦行有九德"）

18.《读书丛说》卷三

（元）许谦撰

（归善斋按：缺或未解）

19.《书传辑录纂注》卷一

（元）董鼎撰

（归善斋按：见"亦行有九德"）

20.《尚书句解》卷二

（元）朱祖义撰

强而义（强者，执己所是，不为众挠，然多动不合宜，故在于义）

21.《尚书日记》卷四

（明）王樵撰

（归善斋按：见"亦行有九德"）

22.《日讲书经解义》卷二

（清）库勒纳等撰

（归善斋按：见"亦行有九德"）

《书义断法》卷一

（元）陈悦道撰

（归善斋按：见"宽而栗"）

《尚书疑义》卷一

（明）马明衡撰

（归善斋按：见"宽而栗"）

《尚书七篇解义》卷一

（清）李光地撰

（归善斋按：见"亦行有九德"）

彰厥有常，吉哉

1.《尚书注疏》卷三

（汉）孔氏传，（唐）陆德明音义，孔颖达疏

彰厥有常，吉哉！

传：彰，明；吉，善也。明九德之常，以择人而官之，则政之善。

疏：人性不同，有此九德，人君明其九德所有之常，以此择人而官之，则为政之善哉。

彰，明；吉，善，常训也。此句言：用人之义，所言九德，谓彼人常能然者，若暂能为之，未成为德。故人君取士，必明其九德之常，知其人常能行之，然后以此九者之法，择人而官之，则为政之善也。明，谓人君明知之。王肃云"明其有常则善"，言有德当有恒也。其意亦言：彼能有常，人君能明之也。郑云：人能明其德所行，使有常，则成善人矣。其意谓彼人自明之，与孔异也。

《尚书注疏》卷三《考证》：

彰厥有常，吉哉。

王应麟曰：皋陶言"彰厥有常，吉哉"，周公言"庶常吉士"，召公言"吉士吉人帝王用人之道"。一言以蔽之，"曰吉"，舜所举"曰元"、"曰恺"，吉德之实也。

2.《书传》卷三

（宋）苏轼撰

（归善斋按：见"强而义"）

3.《尚书全解》卷五

（宋）林之奇撰

（归善斋按：见"禹曰：何？"）

4.《尚书讲义》卷四

（宋）史浩撰

（归善斋按：见"曰若稽古皋陶"）

5.《尚书详解》卷四

（宋）夏僎撰

（归善斋按：见"禹曰：何？"）

6.《增修东莱书说》卷四

（宋）吕祖谦撰，时澜增修

（归善斋按：见"宽而栗"）

7.《尚书说》卷一

（宋）黄度撰

（归善斋按：见"亦行有九德"）

8.《洁斋家塾书钞》卷三

（宋）袁燮撰

彰厥有常，吉哉。日宣三德，夙夜浚明有家；日严祗敬六德，亮采有邦。翕受敷施，九德咸事，俊乂在官。百僚师师，百工惟时，抚于五辰，庶绩其凝。

九德之人，所谓有常者也。孔子曰："善人，吾不得而见之矣。得见有恒者，斯可矣。"《立政》曰："其惟克用常人。"又曰："庶常吉士。"人岂可以无常，且以九德言，宽而能庄栗，柔而能特立如此，然后有常。使宽而不栗，是纵弛也，柔而不立，是委靡也。至于纵弛委靡，其可常乎？大抵完全都好，便可常有。不好处如何常得？完全都好，便可执守而不变。有不好处如何执守？宽而不栗，柔而不立，是过失也，何常之有。"人而无常，不可以作巫医"。巫医，犹不可不常，况进德乎？有时而勤，有时而怠，有时而镇静，有时而纷扰，难乎有常矣。有常之人，自然是吉。盖有常则无过。

无过则无凶。既无凶矣，非吉而何？方其未用，则吉在一身，及其见用，则吉在天下。熏陶渐渍，使人人有士君子之行。其为吉也大矣。人须当做一个吉德之人。才有常便吉，无常便凶，所谓"庶常吉士"。今以《易》所言吉凶观之，如何则吉，如何则凶，此可见矣。"彰厥有常"者，彰显之，使表表在上，不使沉埋隐伏于下也。"彰"之一字，须子细看。所谓"日宣"，"宣"，亦"彰"也。大夫有家，必当于"九德"之中，得"三德"而用之。诸侯有国，必当于"九德"之中得"六德"而用之。天子有天下，必当"九德"并用。"日宣"、"日严祗敬"，这两"日"字，是念念不忘之意，《立政》曰："自一话一言，我则末惟成德之彦。""日"者，言其日日在此也，宣达使皆出而为我用。大夫亦有朋友，亦有家臣，须是得贤有德之人以自辅，然后能深明有家之事浚深也。若不能"日宣三德"之人，有家之事，岂一人所能独办。孟献子百乘之家也，有友五人焉。身为卿大夫，岂可不得贤者以自辅。如今在朝为侍臣，为台谏，须要门下招致得几个名士。过失得其箴规，凡事与之商量，日夜讲论，方才可以辅佐人主。曰"严"，曰"祗"，曰"敬"。加之体貌尽其礼意，降心以咨访焉，屈己以从教焉，所谓严祗敬也。能"严祗敬六德"之人，则能明，有邦之事亮明也。采，事也。大夫所治者少，故言"三德"。诸侯所治者大，故言"六德"。若是天子，必"九德"之人，并用乃可。翕然并受，四面皆来，是谓翕受；敷而施之，授以职任，是谓"敷施"。大抵天子有天下，必当以天下之才，为天下之用。"翕受"二字，其中有无穷之义。且天下之大，未尝无人才。所谓昔之致治者，岂借才于异代，皆只是用当世之人，而天下贤才，有所抱负者，亦孰不欲出而致君泽民，兼善天下。然上苟不能受之，则贤者亦不肯苟售。度量不宏，规模褊狭，则不能受；用谗谄面谀之人，远忠直公正之士，则不能受。小人竞得志，朝廷不清明，则不能受。才是贤者不肯来，便是我不能受也。大抵有道之世，君臣契合，所以能受。无道之世，贤者与人主扞格而不相入，所以不能受。九德之人翕然并用。此方是唐虞之时，既翕受之矣。然后敷而施之。分付以职，使各任其事。如舜命九官，各有职分，不相侵紊。此"敷施"也。"翕受敷施"，则九德之人，咸事其事，而在官者，无非"俊乂"之人。至此，若上若下，若中若外，满天下无非是贤者。此所以为唐虞盛时也。"百僚师师"，"师师"者，以道义相师也。"百工惟时"，"惟时"者，趋事赴功，各及其时也。以僚属言之，故谓之百僚；以趋事赴功言之，故谓之"百工"。我师于人，人亦师。我以善相师，是谓"师师"。"时"未至则不为"时"，既至，则急为之，是谓"惟时"。后世见有善者，则相与忌克，非师师之义也。好功者，多先时而为；怠惰者，则后时而不为，非"惟时"之义也。"百僚师师，百工惟时"，此两句必"九德"之人，斯能尽之。盖"九德"之人，他日夜躬行，从事于此心，无忌克之心，所以能"师师"也。无怠惰之心，所以能"惟时"也。"百僚师师"，则其德日进；"百工惟时"，则其业日修。此亦进德修业之道也。此两句欠一句不得。"师师"，是理会做人；"惟时"，是理会做事。只理会做人，不理会做事，不可也。只理会做事，不理会做人，亦不可也。天人只是一致，既有"百僚师师，百工惟时"，所以能"抚于五辰"。五辰，五行之辰也。自一岁而言，春属木，夏属火，秋属金，冬属水，土分旺四季。凡事须当顺这五行，观《月令》可见矣。不特一岁一月之中，亦有当先当后者，不特一月数日之间，亦有当先当后者。"百工惟时"，则五辰自然能抚。抚者，安也，言其所为，未尝与之相违也。"庶绩其凝"，"凝"，不独是成，谓坚凝固结，而未尝涣散也。荀子曰：兼并易能也，坚凝之难。故凝士以礼，凝民以政。如齐桓公，岂无功业。然桓公一死，五公子争立，国内大乱。是无他故焉，不能凝故也。唐太宗一死，武后便篡，唐室几危。此皆不可谓之凝。若是唐虞之时，庶绩皆凝，结久而不散。此等字，后世少得说了。如此一字，无限精神。自"日宣三德"，以至"庶绩其凝"，便是"彰厥有常，吉哉"一句。"日宣"、"日严"与"翕受敷施"，此所谓"彰厥有常"也。"夙夜浚明有家"，"亮采有邦，抚于五辰，庶绩其凝"，此所谓"吉"也。观"日宣"、"日严祗敬"，须当思如何"宣"，如何"严祗敬"之。古人于贤者，直是念念不忘。看唐宪宗欲出游观，而惧李绛，曰："李绛必谏，不如勿往他"。常记得这"李绛"，只如此说，亦未尽所谓"念兹在兹，名言兹在兹"是也。

9.《书经集传》卷一

（宋）蔡沈撰

（归善斋按：见"亦行有九德"）

10.《尚书精义》卷七

（宋）黄伦撰

（归善斋按：见"亦行有九德"）

11.《尚书详解》卷四

（宋）陈经撰

（归善斋按：见"亦行有九德"）

12.《融堂书解》卷二

（宋）钱时撰

（归善斋按：见"亦行有九德"）

13.《尚书要义》卷四

（宋）魏了翁撰

七、王、郑谓人能明其有常则善，与孔异。

若暂为之，未成为德，故人君取士，必明其九德之常。王肃云"明其有常则善也"，言有德当有恒也。其意亦言，彼能有常，人君能明之也。郑云：人能明其德，所行使有常，则成善人矣。其意谓彼人自明之，与孔异也。

（归善斋按：另见"宽而栗"）

14.《书集传或问》卷上

（宋）陈大猷撰

（归善斋按：未解）

15.《尚书详解》卷二

（宋）胡士行撰

（归善斋按：见"宽而栗"）

16.《书纂言》卷一

（元）吴澄撰

（归善斋按：见"宽而栗"）

17.《书集传纂疏》卷一

（元）陈栎撰

（归善斋按：见"亦行有九德"）

18.《读书丛说》卷三

（元）许谦撰

（归善斋按：缺或未解）

19.《书传辑录纂注》卷一

（元）董鼎撰

（归善斋按：见"亦行有九德"）

20.《尚书句解》卷二

（元）朱祖义撰

彰厥有常，吉哉（人君当彰显擢用九德之中有常善而不变者，即《立政》"庶常吉士"是也）。

21.《尚书日记》卷四

（明）王樵撰

（归善斋按：见"亦行有九德"）

22.《日讲书经解义》卷二

（清）库勒纳等撰

（归善斋按：见"亦行有九德"）

《书义断法》卷一

（元）陈悦道撰

（归善斋按：见"宽而栗"）

《尚书疑义》卷一

（明）马明衡撰

（归善斋按：见"宽而栗"）

《尚书七篇解义》卷一

（清）李光地撰

（归善斋按：见"亦行有九德"）

日宣三德，夙夜浚明有家

1.《尚书注疏》卷三

（汉）孔氏传，（唐）陆德明音义，孔颖达疏

日宣三德，夙夜浚明有家。

传：三德，九德之中，有其三。宣，布；夙，早；浚，须也。卿大夫称家。言能日日布行三德，早夜思之，须明行之，可以为卿大夫。

音义：浚，息俊反。马云：大也。

疏：正义曰：皋陶既陈人有九德，宜择而官之，此又言官之所宜。若人能日日宣布三德，早夜思念，而须明行之，此人可以为卿大夫，使有家也。

传正义曰：此文承九德之下，故知三德是九德之内，课有其三也。《周语》云"宣布哲人之令德"，"宣"亦"布"义，故为布也。夙，早，《释诂》文。又云：须，待也。此经之意，谓夜思之，明旦行之。须为待之意，故"浚"为"须"也。大夫受采邑，赐氏族，立宗庙，世不绝祀，故称家。位不虚受，非贤臣不可。言能日日布行三德，早夜思之，待明行之。如此念德不懈怠者，乃可以为大夫也。以士卑，故言不及也，计有一德二德，即可以为士也。郑以三德六德，皆"乱而敬"以下之文，经无此意也。天子分地建国，诸侯专为己有，故有国为诸侯也。祗亦为敬，敬有二文。上谓敬身，下谓敬德。严，则敬之状也。故言日日严敬其身，敬行六德，以信治政事，则可以为诸侯也。诸侯、大夫皆言日日者，言人之行德，不可暂时舍也。臣，当行君之令，故早夜思之。君，是出令者，故言敬身行德。此文以小至大，总以天子之事，故先大夫，而后诸侯。

2.《书传》卷三

（宋）苏轼撰

日宣三德，夙夜浚明有家。

宣，达也。浚，尽其才也。明，察其心也。言九德之中得三，人而宣达之，尽其才而察其心，则卿大夫之家可得而治也。

3.《尚书全解》卷五

（宋）林之奇撰

日宣三德，夙夜浚明有家；日严祗敬六德，亮采有邦。

自"日宣三德"而下，此又言知人之道。见于官人者，则是其义也。南丰曾舍人曰：以天下之才为天下用，则用天下而有余。以一己之才为天下用，则为天下用而不足。盖为天子者，奄有天下之广，必能尽用天下之才，兼收并蓄，罔有或遗，然后能成天下之治。故必用是九德之人，自"宽而栗"至"强而义"者，无所不容，无所不受。盖所谓丘陵积土，以为高；江汉积水，以为大。大、人合并以为公也。惟其以是天下之才，选为天下之用，则虽天下之大，不足治也。至于诸侯，则其地不若天子之广，其民不若天子之众，故于九德之中，能用其六，则足以保其社稷和其人民矣。卿大夫之于诸侯，又其小者，故九德能用其三，则可以保宗庙。此言所处之势，有广狭，则所用之人亦有多寡也。宣，达也。孔氏以"浚明"为"须明"行之。以"浚"为"须"，于义无所据。按古文《书》，"浚明"与"濬哲"字同用，则知"浚明"者，是亦宣达之意，言卿大夫，能日夜宣达三德之人，使之显明，足以保卿大夫之家。"日严祗敬"者，谓敬重其人也。王氏以为貌严、行祗、心敬，亦不必如此之分别也。要之，既曰严，又曰祗，又曰敬，但谓好贤乐善之心，有加而无已也，言诸侯能敬重六德之人，与之共事，则足以保其诸侯之邦。"亮采"者，辅其事也。诸侯有民人焉，有社稷焉，故其于六德之人，必与之共事。至卿大夫，则但宣达之而已，言各有所当也。据言三德、六德，但谓有九德之中，有三、有六，不必指定其德，以充三、六之数。郑氏以谓，三德，自"简而廉"以下；六德，自"乱而敬"以下。信斯言也，是"直而温"以上，大夫之所不得有；"愿而恭"以上，诸侯之所不得用，岂非诬也。

4.《尚书讲义》卷四

（宋）史浩撰

（归善斋按：见"曰若稽古皋陶"）

5.《尚书详解》卷四

（宋）夏僎撰

日宣三德，夙夜浚明有家；日严祗敬六德，亮采有邦。

皋陶上既序九德之目，故此又论天子、诸侯、大夫所治，有大小，故用九德有详略。天子所治大，故兼九德而用之。下文所谓"翕受敷施，九德咸事"者是也。诸侯则狭于天子矣，故于九德之中，用其六德而足，大夫又狭于诸侯，故于九德之中，用其三德而足。夫所谓三德、六德者，特谓诸侯、大夫所治者，狭于天子，不必兼用，或九分得其三，或九分得其六已足致治，不必指定其德已充三、六之数。郑氏乃谓：三德，"简而廉"以下；六德，"乱而敬"以下，信斯言，则"直而温"以上，诸侯、大夫皆不可用，天下岂有是理耶？宣，达也。"日宣三德，夙夜浚明有家"者，言卿大夫，当日日宣达九德之三，使之治明其所有之家也。汉孔氏以"浚"训"须",谓:夙夜以思之须,明以行之。以"浚"训"须"无据,兼此文意,亦不如是。惟马氏训为"大",陈少南训为"治"。训"浚"谓"大",谓使之夙夜大明有家之事。训"浚"为"治",谓使之夙夜治明有家。二说虽皆无据,然文意上下却通,故特从之。要之,此二训,少南又长。又何以知之?盖古字多通用。《书》有"濬川",谓治而深之之谓也。则此"浚"字训"治"亦有理也。"日严祗敬六德,亮采有邦"者,言诸侯当日日敬重六德之人,使之弼亮其事于所有之邦。既曰严,又曰祗,又曰敬,但是好贤乐善之心,有加无已,不必如王氏曲生分别也。"浚明有家"、"亮采有邦",说者多谓大夫有三德,可以有家;诸侯有六德,可以有邦。其意:谓有三德者,可以为大夫,有六德者可以为诸侯。夫王朝之臣,尚用九德,岂有诸侯分治一国,乃只用六德之人,详此文意,正谓大夫当宣三德,以浚明于有家,诸侯当敬六德,以亮采于有邦,非谓三德者使之有家,六德者使之有邦。学者味上下文,自然可见。

6.《增修东莱书说》卷四

(宋)吕祖谦撰,时澜增修

日宣三德,夙夜浚明有家;日严祗敬六德,亮采有邦。

皋陶既言"九德"之目矣,而继之以德之序。"三德"之人,大夫所当用也。"日宣"达其情,而使至于无隐,则有家之事,自"夙夜"而"浚明"。观"浚明"之象,若整整然有条理而不紊也。"六德"之人,诸侯所当用也。"日严祗敬"与"日宣"之意合,而观之,谓之"宣",则"敬"在其中矣。此特言"严祗敬",位愈高而心愈"敬"也。虽有"三德"、"六德"之人,而不知此,则亦徒然尔。鲁穆公之侧,非无子思;齐宣王之国,非无孟子,但穆、宣无"日宣"、"祗敬"之心,所以不能"浚明"其家,"亮采"其邦也。"日宣"、"严祗"自有尊礼、信任之意在其中。"三德"、"六德"不必指言于"九德"之中得其三,得其六也。治有广狭,事有小大,故所用之人,有多寡也。

7.《尚书说》卷一

(宋)黄度撰

日宣三德,夙夜浚明有家;日严祗敬六德,亮采有邦。翕受敷施,九德咸事,俊乂在官,百僚师师,百工惟时,抚于五辰,庶绩其凝。

九德之中,有其三,日布而行之,而又早夜浚明之,譬之水,日浚之而益深;譬之镜,日躙之而亦明。深源发光,日新之功。此可使有家。九德之中,有六焉,日严敬之,而能明于是,此可使有邦。君国子民,其事广矣。翕合,不惟三、六,下有其一,上备其九,皆合受而敷施之事。仕九德,皆仕俊乂,无不在官。同官为僚;工,治事之名。师师,尚德有余不足,迭相师也。人才虽众,而无相师之风,则其患更多。"惟时",进修及时。各有职业,傲诞从康,则失时矣。抚,安也。五辰,纬星,凡星皆出辰没戌,故五星为五辰。十二舍,经星,亦为十二辰。岁星司肃典,致时雨;荧惑司哲典,致时燠;太白司乂典,致时旸;辰星司谋典,致时寒;填星司圣典,致时风;经星,有常不变;纬星,有伏,有息,有进,有退,与日相终始。变,则不可准,难齐。惟圣人能安之,而以日星为纪,日成,月要,岁会,由是而出,故庶绩凝焉。孔氏曰:辰时,谓五行之时,则《吕氏·月令》是也。

8.《洁斋家塾书钞》卷三

(宋)袁燮撰

(归善斋按:见"彰厥有常")

9.《书经集传》卷一

(宋)蔡沈撰

日宣三德,夙夜浚明有家;日严祗敬六德,亮采有邦。翕受敷施,九德咸事,俊乂在官。百僚师师,百工惟时。抚于五辰,庶绩其凝。

浚,音峻。宣,明也。"三德"、"六德"者,"九德"之中有其三,有其六也。浚,治也。亮,亦明也。有家,大夫也。有邦,诸侯也。"浚明"、"亮采",皆言家邦政事,明治之义,气象则有大小之不同。三德而为大夫,六德而为诸侯。以德之多寡，职之大小，概言之也。夫九德有其三，必"日宣"而充广之，而使之益以著。九德有其六，尤必"日严"而"祗敬"之，而使之益以谨也。翕，合也。德之多寡虽不同，人君惟能合而受之，布而用之，如此则"九德"之人，咸事其事，大而千人之俊，小而百人之乂，皆在官，使以天下之才，任天下之治。唐虞之朝，下无遗才，而上无废事者，良以此也。"师师"，相师法也，言百僚皆相师法，而百工皆及时以趋事也。"百僚"、"百工"，皆谓百官，言其人之相师，则曰"百僚"；言其人之趋事，则曰"百工"，其实一也。抚，顺也。五辰，四时也。木、火、金、水旺于四时，而土则寄旺于四季也。《礼运》曰"播五行于四时"者是也。凝，成也，言百工趋时，而众功皆成也。

10.《尚书精义》卷七

（宋）黄伦撰

日宣三德，夙夜浚明有家；日严祗敬六德，亮采有邦。

无垢曰：夫一家内，得三德之人以相佐助，其谐内外，接上下，必刚柔得所，缓急合宜。至于有难处之事，必能曲折周旋以应之；有仓卒之变，必能随宜合理以待之。盖"三德"之人，情性器度，中和详谛，其理当如此也。然非吾"日宣"之，"夙夜浚明"之，其德用亦何所自而见乎？又曰：以礼，则严而不慢；以事，则祗而不怠；以心，则敬而不忽。"亮采"者，谓信而委以事也。如此则"六德"之人皆得展尽底蕴，而一国之事举矣。夫有邦诸侯，民人社稷所系，朝聘燕享所出，天子有命，邻国有事，大则风俗之原，小则狱讼之委，其间事变非常，几微百出，傥非得中和之士，以相佐助，则缓急先后之施，节文秩序之称，应机而欲中，遇变而每安者，其谁任之哉？惟中和之人，沉审而不浮，从容而不迫，变愈出而应愈奇，事愈多而巧愈见，一国之事，尽处于谈笑之间。诸侯可不严而祗敬之与？可不信任而委以事乎？曾氏曰：以天下之才，为天下之用，则用天下而有余；以一己之才为天下之用，则为天下用而不足。盖为天子者，奄有天下之广，必能尽用天下之才，兼收并蓄，罔有或遗，然后能成天下之治。故必用是九德之人，自"宽而栗"至"强而义"者，无所不容，无所不受。盖所谓"丘陵积土以为之高，江海积水而为之大，大人合并以为公"也。惟其以是天下之才，选为天下之用，则虽天下之大，不足以为患也。至于诸侯，则以其地不若天子之广，其民不若天子之众，故于"九德"之中能用其六，则足以保其社稷和其人民矣。卿大夫之于诸侯又其小者，故"九德"能用其三，则可以保其宗庙。此言所处之势，有广狭，则所用之人亦有多寡也。

11.《尚书详解》卷四

（宋）陈经撰

（归善斋按：见"亦行有九德"）

12.《融堂书解》卷二

（宋）钱时撰

（归善斋按：见"亦行有九德"）

13.《尚书要义》卷四

（宋）魏了翁撰

八、日宣三德有家，日严六德有邦。

"日宣三德，夙夜浚明有家"，三德，九德之中有其三。宣，布；夙，早；浚，须也。卿大夫称家，言能日日布行三德，早夜思之，须明行之，可以为卿大夫。"日严祗敬六德，亮采有邦"，有国诸侯，日日严敬，其自身行六德，以信治政事，则可以为诸侯。"翕受敷施，九德咸事，俊乂在官"，翕，合也，能合受三、六之德，而用之以布施政教，使九德之人，皆用事，谓天子如此，则浚德治能之士并在官。夙，早，《释诂》文。又云：须，待也。此经之意，谓夜思之，明旦行之，须为待之意，故浚为须也。大夫受采邑，赐氏族，立宗庙，世不绝祀，故称家。天子分地建国，诸侯专为己有，故有国，谓诸侯也。

14.《书集传或问》卷上

（宋）陈大猷撰

（归善斋按：未解）

15. 《尚书详解》卷二

（宋）胡士行撰

日（日日）宣（达）三德（九德之中有是三者），夙夜浚（深）明（浚明之象，井井有条而不紊也）有家（卿大夫之家）；日严（庄）祗（诚）敬（尊礼）六德（九德之中有其六者），亮（明）采（事）有邦（诸侯之国）。翕（合）受（容）敷（分）施（用），九德咸（皆）事（任事），俊（才过千万人）乂（才过百人）在官。百僚（同官）师师（相法），百工（官）惟时（惟理之是。一说作"四时"之"时"，缀下五辰）。抚于五辰（木、火、土、金、水，天之五星），庶（众）绩（功）其凝（聚而不散。此言天子所用）。

木、火、土、金、水、木；春、夏、季、秋、冬、春。前言"九德"之目，此言天子、诸侯、大夫治有广狭，其用德有详略。"三德"、"六德"，言家、邦得此，足以为治，非谓不可在三、六之上，若《孝经》所谓"争臣"几人之类。若天子，则非合九德而用之不可。天以五行布万化，人禀（受）五行之秀（清）气以生。在人之"九德"，即在天之"五辰"也。其抚、其凝，一（理）而二（分天人），二（天人分）而一（共此理）也。

16. 《书纂言》卷一

（元）吴澄撰

日宣三德，夙夜浚明有家；日严祗敬六德，亮采有邦。翕受敷施，九德咸事，俊乂在官。百僚师师，百工惟时。抚于五辰，庶绩其凝。

此详陈言"其人有德，乃言曰，载采采"之意。"三德"、"六德"，谓"九德"之中或得其三，或得其六也。宣，达之也。浚，谓修事；明，谓通晓；有家，卿大夫之家也。"严祗敬"，礼之也。亮，亦通晓之谓；采，亦修事之谓；有邦，诸侯之国也。翕，合也。兼收而并蓄之，曰翕受；分别而任使之，曰"敷施"。俊，才之大而敏者；乂，才之可以治者。百僚，百官之属。师师，官之长也。百工，百官之事。抚，循也。五辰，四时也。木、火、金、水，旺于四时；土寄旺于四季，各旺七十二日，共三百六十日而成一岁也。凝，成也。卿大夫之有家者，得三德之人，日进达而用之，足以治其家矣。诸侯之有国者，得六德之人，日尊礼而用之，足以治其国矣。天子有天下者，于九德之人合而受之，敷而施之，使皆事其事，各随其能，以居其官，则百官长属所职之事，悉不违时，故循四时之序，而众功皆成也。

17.《书集传纂疏》卷一

（元）陈栎撰

日宣三德，夙夜浚明有家；日严祗敬六德，亮采有邦。翕受敷施，九德咸事，俊乂在官。百僚师师，百工惟时，抚于五辰，庶绩其凝。

纂疏：

《语录》：林氏谓：大夫、诸侯用此"三德"、"六德"之人，如《孝经》说诤臣之类，盖曰如是足矣，非必以为限也。

叶氏曰：皋既论"知人"之事，因言"官人"之道。

夏氏曰：浚，濬通，治而深之之谓。

王氏曰：日宣达三德之贤，使任有家；日严祗敬六德之贤，使任有邦。

林氏曰：百工之事，各得其时。

胡氏旦曰：五行在地为物，在天为时。顺其时而抚之，故仲春斩阳木，仲夏斩阴木，所以抚木辰。季春出火，季秋纳火，所以抚火辰。司空相坂隰以抚土辰。秋为徒杠，春达沟渠，以抚水辰。又春德在木，布德施惠，顺木辰也。后放此。

愚按："日宣"、"日严"，作贤者自修，出古注。蔡氏用之作人君用人，《语录》是之，与"翕受"意协。君之用贤，当随其德之小大，而酌其任之小大。"有家"视"邦"为小，故"三德"而足。"有邦"视"家"为大，故"六德"而足。朝廷视"有邦"尤大，故全德全才受而用之。"俊乂"，即全德之全才也。朝廷之治大关天人，故于用"九德"详言之，而要其功用之极焉。"惟时"训理之，是古注说，《书》中"惟时"，如"食哉惟时"，"惟时亮天功"，"惟时惟几"，皆天时也。况抚五辰，分配四时，正与天时意脉相贯。

18.《读书丛说》卷三

（元）许谦撰

（归善斋按：缺或未解）

19.《书传辑录纂注》卷一

（元）董鼎撰

日宣三德，夙夜浚明有家；日严祗敬六德，亮采有邦。翕受敷施，九德咸事，俊乂在官。百僚师师，百工惟时。抚于五辰，庶绩其凝。

辑录：

问："日宣三德"至"九德咸事"，如此则是天子、诸侯、大夫，"九德"各日以三宣，德亦不可僭邪。若诸侯大夫皆有"九德"，顾不美欤？先生曰："九德"之目，盖言取人不可求备，官人当以等耳，岂德不可僭之谓邪？答何叔京。问："夙夜浚明"至"有邦"，古注以为可以为卿大夫及诸侯，林氏谓卿大夫、诸侯用此"三德"、"六德"之人，未知孰是？先生曰：林说恐得之，犹《孝经》说"争臣"之类，盖曰"如是"足矣，非必以是为限也。答潘子善。

纂注：

叶氏曰：皋既论知人之事，故因言官人之道。

夏氏曰：浚与濬通，治而深之之谓。

林氏曰："严祗敬"，敬事之心有加无已也。诸侯与"六德"者共事，卿大夫则宣达"三德"而已。百工之事，各得其时。孔氏解"惟时"太迂。

马氏曰：张"有常"乃吉。"日宣"、"日严"，所谓"有常"也。

王氏曰：日宣达"三德"之贤，使任"有家"；日严祗敬六德"之贤，使任"有邦"。真氏取之，皆作君用贤说，庶与下文"翕受敷施，九德"之贤相协。

新安陈氏曰："日宣"、"日严"，作贤者自修之事，一说也；作人君用人之事，又一说也。前说，出于古注，蔡氏用之；后说，诸家多言之。文公又主之后说较优。又曰：有全德者，必有全才，"俊乂"即"九德"

之全才也。朝廷视家、邦为尤大，故受而用之。

胡氏旦曰：五行，在地为物，在天为时。顺其时而抚之，则五物皆成其材而为人用矣。故仲春斩阳木，仲夏斩阴木，所以抚木辰也。季春出火，季秋纳火，所以抚火辰也。司空以时相坂隰，所以抚土辰也。秋为徒桂，春达沟渠，所以抚天，水辰也。又曰：春盛德在木，布德施惠，所以顺木辰；夏盛德在火，劳民劝农，所以顺火辰。秋盛德在金，冬盛德在水，禁暴诛慢，谨盖藏，敛积聚，所以顺金、水之辰。土寄旺四时，四辰顺土在其中矣。

王氏曰：五辰分配四时，春则寅卯为木之辰，夏则巳午为火之辰，余仿此。

20.《尚书句解》卷二

（元）朱祖义撰

日宣三德（治一家者，其事略。卿大夫当日宣达夫人有九德之三者），夙夜浚明有家（使之夙夜深明所有一家之事浚峻）。

21.《尚书日记》卷四

（明）王樵撰

"日宣三德"至"庶绩其凝"。既论"知人"之事，因言"官人"之道。"日宣"、"日严"，所谓"有常"也，言人于"九德"之中设如有其三，而能"日宣"之，则三德彰而"有常"矣，可使为大夫。而"夙夜浚明有家"，"有家"，大夫之事也。设如有其六，而能"日严祗敬"之，则"六德"彰而"有常"矣，可使为诸侯。而"亮采有邦"，"采"者，诸侯之事也，言明其事于国中也。此概言人之德有不同，而受任各有所宜如此。下因言用人之道在于"翕受敷施"。"翕受"者，随其德之多寡，合而受之，而不求其备也。"敷施"者，随其职之大小，布而用之，而各当其材也。此所谓"能官人"也。"官人"者，使九德之人，咸以所长而施于事，大而千人之俊，小而百人之乂，皆在官使，则"百僚"皆以"德"交相师法，百工皆及时以趋事，而庶绩其凝矣。此能"官人"之效也。"五辰"，即四时。盖春则寅卯为木辰，夏则巳午为火辰，余仿此。

上文言"亦行有九德",此节亦言其人之有德,乃仅举"三德"、"六德"为言者,三、六盖以多寡之中见其余。八、九者,多之至,"六德"则于多之内举其中。一、二者寡之至,三德则于寡之内举其中,中间四、五不言,可以意会。故下文总之曰"九德咸事",言人君兼收并蓄,则士自一德以上,皆无不得以自见者矣。有未备者,又交相师师,孰不为全德之士哉。俊、乂只是"九德"中人分大小而言,不可以"九德"为"德","俊乂"为材也。"咸事"即"在官",但上言"咸事"者,见"九德"在人,虽未能皆备,而在国家则兼得其用而参有其全矣。下言"在官"者,大材小材皆归器使,而无遗弃于下尔。

群贤在朝,则同官之僚,皆同志之友,以身则同道相益,以事则同心共济,此所以"师师",惟时趋事,自不容已也与。

人之有技若己有之。人之彦,圣其心好之,不啻若自其口出,唐虞皆若人也。此其所以"师师"也。

夫"六德"之多,固"三德"之所少;"三德"之有,或"六德"者之所无。彼以其多寡有无,相师而交益焉。践履相观,精神相感,心术相示,有者无所弃于无,而无者不以忌乎有;多者不以病乎少,而少者乐其资于多。无不切于反观,而忧其所不至。非圣世,群贤合聚,何以有此。呜呼,盛哉!

宜明其三,严敬其六,皆以已成之德言。"日宣"、"日严",只见其"有常"尔,非进其未至之意。

22.《日讲书经解义》卷二

(清)库勒纳等撰

日宣三德,夙夜浚明有家;日严祗敬六德,亮采有邦。翕受敷施,九德咸事,俊乂在官,百僚师师,百工惟时。抚于五辰,庶绩其凝。

此一节书,是皋陶言"官人"之效,亦"知人"之事也。宣,著也;浚,解作"治"。严,畏也;亮,明也;采,事也。有家,谓大夫;有邦,谓诸侯。翕,合也;施,用也;抚,顺也。五辰,木、火、土、金、水。凝,成也。皋陶曰:凡人于"九德"不必其尽备,而贵其有常。如"九德"之中有其三者,能"日宣"而充广之,使之益以著,此三德之有常者也。使之为大夫而有家，必能夙夜匪懈以治其家，而家之事无不明治矣。"九德"之中有其六者，能"日严"而"祗敬"之，使之日以谨，此六德之有常者也。使之为诸侯而有邦，必能克谨无怠，以治其邦，而邦之事无不明治矣。夫德之"有常"者，多寡不同，而皆宜于用如此。人君若能合而受之，分布用之，将见有"九德"者，皆愿出而效其才能，以任国家之事。凡大而千人之俊，小而百人之乂，皆在官使，于是百僚彼此相师，百工及时趋事，顺于五辰，以修人事。春顺木之辰，夏顺火之辰，秋顺金之辰，冬顺水之辰。土寄王于四时，又修四时之令，以顺土之辰。由是一切功绩，皆有成效而无复有废坠怠弛之患矣。夫人君能"知人"而善用之，则贤才进，而治功成。如此"知人"，所系岂小也哉。

《书义断法》卷一

（元）陈悦道撰

日宣三德，夙夜浚明有家；日严祗敬六德，亮采有邦。翕受敷施，九德咸事，俊乂在官。

"九德"而有其三者，"日宣"而充广之，使之益著；"九德"有其六者，"日严"而祗敬之，使之益谨。此四句者，可以见圣人委曲成就人才之意，是以合而受之，布而用之，有德者无不事其事，而在官者无不展其才也。"九德"是总言"三德"、"六德"；"在官"是总言"有邦"、"有家"。千人之"俊"，百人之"乂"是才，然所谓才者，皆从"九德"中出。盖惟圣人在上涵养成就人才之功深，是以进于德，而优于才，内外百官，所以无废事，而亦无不尽之才，其以是欤。

《尚书疑义》卷一

（明）马明衡撰

日宣三德，夙夜浚明有家；日严祗敬六德，亮采有邦。

言"三德"、"六德"者，"九德"之中有其三、有其六。"三德"可以为大夫，"六德"可以为诸侯，孔氏与蔡氏之说皆然。愚窃以为不通。夫"九德"之中有其三、有其六者，岂有一人宽而立，而又柔而立乎？又岂有愿而恭，而又乱而敬乎？岂有柔而立，而又强而义乎？以一人而兼数德,此甚不可通者也。且必有"三德"为大夫,"六德"为诸侯,蔡氏谓以德之多寡,为职之大小,若使今有一人德性"宽而栗"者,是不可以使之在位耶?是皆不可通之甚者也。而古今无一人疑之何耶?或曰然则,所谓"三德""有家","六德""有邦"者奈何?曰"日宣三德"、"日严祗敬六德"是"九德"之人,各自致力于学问而不怠者之谓也。浚、明、亮、采,则任之以治庶政,明庶事之谓也。"有家"、"有邦"谓任"三德"可以有其家,任"六德"可以有其邦。至"翕受敷施,九德咸事",则是尽用天下之才,可以治天下矣。故曰"抚于五辰,庶绩其凝"。"三德"、"六德"亦只大约言之耳,犹言人才少用可以小治,多用可以大治也。

《尚书疏衍》卷二

(明)陈第撰

日宣三德。

人难于全德,用难于求备。故"九德"之中得有三人者,宣达之,可以治家;得有六人者,尊严敬用之,可以治国;得有九人者,合受而布之,可以治天下。故"日宣"、"日严",正与"翕受敷施"相应。得人有多寡,则治效有远近。此陈谟之意,为官人设也。蔡传曰:"九德"有其三,尤必"日宣"而充广之,而使之益以著;"九德"有其六,尤必"日严"而"祗敬"之,而使之益以谨,则似乎修德之事矣。

《尚书埤传》卷三

(清)朱鹤龄撰

日宣三德,(至)亮采有邦。

翕受敷施。

抚于五辰。

方孝孺曰:圣人之取人,德不求其全,而取其不违乎?道材不求其备,而贵乎能致其精。唐虞以九德待士,而有三德者,亦俾为大夫;有六德者,亦俾为邦君。圣人岂不欲得全德之人而用之哉。以为求人太全,则天下无全材,不若因德命官之为无失也。皋陶未必能达礼,益、稷未必能知乐。皋陶、益、稷所为之事，伯夷、后夔，宜亦有所未能。然而数子为之，各称其位，而成名于后世，以其精，而不以其备也。

孔疏：天子任人为职，故言合受而用之，其实天子亦备九德，故能任用三德、六德也。

胡旦曰：仲春斩阳木，仲夏斩阴木，所以抚木辰也。季夏出火，季秋纳火，所以抚火辰也。司空以时相坂隰，所以抚土辰也。冬为徒杠，春达沟渠，所以抚水辰也。又曰：春，盛德在木，布德施惠，所以顺木辰。夏，盛德在火，劳民劝农，所以顺火辰。秋，盛德在金；冬，盛德在水，禁暴诛慢，谨盖藏，敛积聚，所以顺金、水之辰。土寄旺四时，四时顺土，在其中矣。

《书义矜式》卷一

（元）王充耘撰

日宣三德，夙夜浚明有家；日严祗敬六德，亮采有邦。翕受敷施，九德咸事，俊乂在官。百僚师师，百工惟时。抚于五辰，庶绩其凝。

贤材之成，德各有所宜，故人君之用贤，各称其德，而治效为无间也。夫官人之要，量材录用而已。盖世无全人，惟贤材有偏长之德，苟非人君合众德，而并用之，则何以成天下之治哉？昔者，皋陶之告帝舜也，谓贤材非一端，有"三德"者，能"日宣"而"夙夜浚明"，则使之有家；有"六德"者，能"日严祗敬"，则使之有国。是贤材之成德固难，然人君之用贤尤难。必也合受而敷布之，则"九德"之人，咸事其事，而俊乂皆在官矣。上焉，百僚相师以及时而趋事；下焉，顺四时而众功皆成焉。然则，贤材自然之德，各著其邦家之际；人君当然之任，每极乎庶绩之成，非善于官人者，孰能与于斯（云云）。其旨如此。尝谓：九德为贤材自修之本，而用贤又人君致治之原。是何也？自贤材而言之，则"九德"之备于身者，有多寡之殊，而职任之宜于外者，有大小之别。"三德"而为大夫；"六德"而为诸侯焉。自人君而观之，则"九德"不必兼全于一人，而任贤必各随其差等，量材审官，度德授位，大以成其大，小以成其小，则朝无旷职，野无遗贤，而天下之治，有不期然而然者矣。苟为不然，凡"九德"之宜于家邦者，虽皆可官，可使之仁贤，而人君每责备"九德"于一人之身，借曰"国有仁贤"有而不用，有若无耳，天下奚其治？是以皋陶概言贤材成德之目于其前，而详伸人君用贤之道于其后，反覆丁宁。其告君之意至矣。且夫"三德"、"六德"者，"九德"之中，有其三，有其六也。"九德"有其三，而能日日"宣明"以充广之，早夜"浚明"，可以为卿大夫，则使之有家焉。"九德"有其六，而能日日"严祗敬"之，以治政事，则使之有国焉。此岂非贤材之成德，各有所宜者乎。然有"九德"者，贤材也，能用"九德"者，吾君耳。德之多寡，虽不同而人君之举用，则无遗。"翕受"则合众德而并举之；"敷施"则合众德而遍布之，俾其大而千人之俊，小而百人之乂，皆在官使，则夫朝廷百僚率相（阙）法，无一官之非贤也。内外百工及时趋事，无一职之或废也。言其人之相师，则曰"百官"；言其人之趋事，则曰"百工"，其实一而已。官得其人，则事无不举。"五辰"者，四时也。木、火、金、水，王于四时，而土则寄王于四季也。百工趋事，则能顺五辰，而不失其序矣。"庶绩"者，众功也。如春之修举政事，夏之劳民劝农，秋之禁暴诛慢，冬之谨盖藏敛积蓄，即所谓众功也。"抚于五辰"，则能成"庶绩"而不失其"凝"矣。此又岂非人君之用贤，各称其德，而治效为无间乎。论至于此，则知"日宣"、"日严"之有"家"、"邦"者，即"九德咸事"之人；"俊乂在官"，而"庶绩其凝"者，即"三德"、"六德"之士。原贤材之成德，不必分序"九德"之目而著其实。推人君之用贤，则能惟以"翕受敷施"之言而揭其要，所以深明官人者在于量材录用而已。一节深于一节，皋陶可谓善告君者矣。抑论之皋陶之告舜，一则曰"在知人，在安民"，一则曰"知人则哲"，"安民则惠"，此盖因言"知人"之事，而及"官人"之道也。其曰亦有"九德"之行，所以述其"知人"之目也。其曰"彰厥有常，吉哉"，所以言其"有常"之实也。所谓"日宣"、"日严"，非"有常"之谓乎？所谓"三德"、"六德"者，非"九德"之行乎？天下无弃材，而天下无废事。此唐虞之盛，为不可及也。呜呼！后世，殷周"克即宅"、"克即俊"，与夫克知"三有宅"，心灼见"三有俊"（阙），知（阙）。"官人"之道，犹仿佛唐虞之际，三代之治所以并隆者，良有以也。奈何秦汉而降，官失其人才胜乎德。其视"翕受敷施"之语，岂不甚可慨也夫吁！

日宣三德，夙夜浚明有家，日严祗敬六德，亮采有邦。

德有多寡，而日新之德同，故职有大小，而明治之效同。此圣人录德定位，量能授官之政也。昔者，皋陶陈谟于舜，谓人于"九德"之中有其三，"日宣"而充广之，则使为大夫，而复明其有家之政。"九德"之中，有其六，又必"日严"而"祗敬"之，则使之为诸侯，而亮采其有邦之政矣。"日宣"、"日严"，皆所以致其日新之功，故"浚明"、"亮采"，皆有以致其明治之效。人君明治之要，惟在于设官分职而已。然设官分职，岂拘拘于"九德"之备哉。夫德固不可求全，而位不可不称其德。必求其备，则下无全人，而废事多。不量其材，则德薄位尊，而幸位者众，小之不足以治一邑，况欲大而可治一邦也，亦难矣。惟其德足以胜任，而犹不敢有自足之心，进修之实在我者，有加而无已，则治效之见于家国者，可以有隆而无替矣。且夫人才品秩，固为不齐，总之为刚、柔、正直之三，分而不出乎宽栗、强义之九。九者在人，岂悉备而无缺哉？亦随其所有而取之耳。九者之中有其三，若宽而栗，以至愿而恭之类是也。岂徒贵其有是三者而已哉，以其能"日宣"而充广之，使其德之益以著也。如是，使之为大夫，吾知其夙兴夜寐，不敢怠遑，而一家之事，皆将粲然而有伦，秩然而不紊矣。"九德"之中有其六，若"乱而敬"以至"强而义"是也，然亦岂徒有六者而已哉，以其能"日严"而"祗敬"之，使其德之益以谨也。如是，而使之分茅胙土而为诸侯，吾知其必能戒惧以自持，战兢以自保，而一国之政，皆将昭著而可观，振举而不坠矣。然则，为政以德，果何事而不治，亦何为而不成也哉。虽然"三德"而有"家"，"六德"而有"邦"亦特以德之多寡，职之大小，概而言之，初非拘拘于三与六而已也，所贵乎人君者。"翕"而"受"之，"敷"而"施"之，使"九德"之人，咸事其事，大而千人之俊，小而百人之义，皆在官，使以天下之材，任天下之治。唐虞之时，下无违才，上无废事，良有以矣。

《尚书七篇解义》卷一

（清）李光地撰

日宣三德，夙夜浚明有家；日严祗敬六德，亮采有邦。翕受敷施，九德咸事，俊乂在官。百僚师师，百工惟时。抚于五辰，庶绩其凝。

既数九德之目，因言使之"采采"之道，有"三德"则可以为大夫矣，有"六德"则可以为诸侯矣。"九德"咸用，则百僚相师，百职无废，顺时育物，而功成焉。此所以适于安民之路也。

日严祗敬六德，亮采有邦

1.《尚书注疏》卷三

（汉）孔氏传，（唐）陆德明音义，孔颖达疏

日严祗敬六德，亮采有邦。

传：有国诸侯，日日严敬，其身敬行六德，以信治政事，则可以为诸侯。

音义：严，如字，马徐：鱼检反。

疏：若日日严敬其身，又能敬行六德，信能治理其事，此人可以为诸侯，使有国也。（归善斋按：另见上句）

2.《书传》卷三

（宋）苏轼撰

日严祗敬六德，亮采有邦。

得六，人而严惮敬用之，信任以事，则诸侯之国可得而治也。

3.《尚书全解》卷五

（宋）林之奇撰

（归善斋按：见"日宣三德"）

4.《尚书讲义》卷四

（宋）史浩撰

（归善斋按：见"曰若稽古皋陶"）

713

5.《尚书详解》卷四

（宋）夏僎撰

（归善斋按：见"日宣三德"）

6.《增修东莱书说》卷四

（宋）吕祖谦撰，时澜增修

（归善斋按：见"日宣三德"）

7.《尚书说》卷一

（宋）黄度撰

（归善斋按：见"日宣三德"）

8.《洁斋家塾书钞》卷三

（宋）袁燮撰

（归善斋按：见"彰厥有常"）

9.《书经集传》卷一

（宋）蔡沈撰

（归善斋按：见"日宣三德"）

10.《尚书精义》卷七

（宋）黄伦撰

（归善斋按：见"日宣三德"）

11.《尚书详解》卷四

（宋）陈经撰

日宣三德，夙夜浚明有家；日严祗敬六德，亮采有邦。翕受敷施，九德咸事，俊义在官。百僚师师，百工惟时，抚于五辰，庶绩其凝。

人才之难全也，久矣。为卿大夫而有一家者，苟能于九德之中得其三德之人，日日宣达之，使之得以自达其情，无所掩蔽，则三德之人，必能夙夜之际，深明有家之事，无一之不详究也。为诸侯而有一国者，苟能于九德之中得其六德之人，日日严之、祗之、敬之，礼貌之隆，畏惮之至，使之得以安其心，而无所顾忌，则六德之人，必能明其事于有邦，为之显设治具也。诸侯有一国，比诸大夫所治者为详，故必得六德之人。谓之"日严"、"日宣"，见其诚之不已也。苟须臾而有怠心，则诚有不至，而贤者不为吾用矣。至于天子，有天下比诸侯之国又为详，故必得九德之人。非谓一人而备此九德也，合众人所长，而受之，然后敷布而施之，谓某人掌礼乐，某人掌兵刑之类如此，则九德之人，咸趋于事。有德而谓之俊，有才而谓之乂者，皆在官矣。虽然，人才之盛如此，或相忌而至于争者，有之雷同而相为朋党者有之，则人才之盛，不足以为用，而反足以为累。惟上之人，有以使之和，而联事合治谓之"僚"者，皆有相师之风。相师则集其所长，去其所短。趋事赴功，百工皆有惟时之志。"惟时"，则勤而不失其时也。"师师"、"惟时"者，激昂奋发之意，故能收得人之效。上足以定天时，而"五辰"得其顺；下足以治人事，而"庶绩"得其"凝"。"五辰"，即五行之在天者，寅卯为木之辰，春之盛德；巳午为火之辰，夏之盛德；亥子为水之辰，冬之盛德。土包五行而旺于四季，则辰、戌、丑、未之辰也。"抚五辰"，则四时无愆，阳无伏，阴无凄风、无苦雨是也。地有广狭，事有详略，用人亦有众寡。为大夫者必得三德，诸侯必得六德，天子必得九德。苟贤才不足于用，则一国，一家，与天下之治，必有废而不举者矣。然则大夫者，必限之以三德，诸侯必限之以六德乎？曰为大夫之家，苟得夫六德之人；为诸侯之国，苟得夫九德之人，亦奚不可？然则，人才之难得，不可以求其备。孔子曰"天子有争臣七人，诸侯五，大夫三"，使诸侯而得七人，大夫而得五人，安可谓之僭乎？观书者，当求其意。

12.《融堂书解》卷二

（宋）钱时撰

（归善斋按：见"亦行有九德"）

13.《尚书要义》卷四

（宋）魏了翁撰

（归善斋按：见"日宣三德"）

14.《书集传或问》卷上

（宋）陈大猷撰

（归善斋按：未解）

15.《尚书详解》卷二

（宋）胡士行撰

（归善斋按：见"日宣三德"）

16.《书纂言》卷一

（元）吴澄撰

（归善斋按：见"日宣三德"）

17.《书集传纂疏》卷一

（元）陈栎撰

（归善斋按：见"日宣三德"）

18.《读书丛说》卷三

（元）许谦撰

（归善斋按：缺或未解）

19.《书传辑录纂注》卷一

（元）董鼎撰

（归善斋按：见"日宣三德"）

20. 《尚书句解》卷二

（元）朱祖义撰

日严祗敬六德（治一国者，其事详。诸侯当日日严之、祗之、敬之，以用夫人有九德之六者），亮采有邦（使明其事于所有之邦）。

21. 《尚书日记》卷四

（明）王樵撰

（归善斋按：见"日宣三德"）

22. 《日讲书经解义》卷二

（清）库勒纳等撰

（归善斋按：见"日宣三德"）

《书义断法》卷一

（元）陈悦道撰

（归善斋按：见"日宣三德"）

《尚书疑义》卷一

（明）马明衡撰

（归善斋按：见"日宣三德"）

《尚书埤传》卷三

（清）朱鹤龄撰

（归善斋按：见"日宣三德"）

《书义矜式》卷一

（元）王充耘撰

（归善斋按：见"日宣三德"）

《尚书七篇解义》卷一

（清）李光地撰

（归善斋按：见"日宣三德"）

翕受敷施，九德咸事，俊乂在官

1.《尚书注疏》卷三

（汉）孔氏传，（唐）陆德明音义，孔颖达疏

翕受敷施，九德咸事，俊乂在官。

传：翕，合也。能合受三、六之德，而用之以布施政教，使九德之人皆用事。谓天子如此，则俊德治能之士并在官。

音义：翕，许及反。俊乂，马曰：千人曰俊，百人曰乂。

疏：然后总以天子之任，合受有家有国三、六之德而用之，布施政教，使九德之人，皆得用事，事各尽其能，无所遗弃，则天下俊德治能之士，并在官矣，皆随贤才任职。

翕，合，《释诂》文。以文承三德、六德之下，故言合受三、六之德而用之，以此人为官，令其布施政教，使此九德之人，皆居官用事，谓天子也，任之所能。大夫所行三德，或在诸侯六德之内，但并此三、六之德，即充九数，故言九德。皆用事，谓用为大夫，用为诸侯，使之治民事也。大夫、诸侯，当身自行之，故言日宣、日严。天子当任人使行之，故言合受而用之。其实天子亦备九德，故能任用三德、六德也，则俊德治能之士，并在官矣。乂，训为"治"，故云"治能"。马、王、郑皆云：才德过千人为俊，百人为乂。

2.《书传》卷三

（宋）苏轼撰

翕受敷施，九德咸事，俊乂在官。百僚师师，百工惟时。抚于五辰，

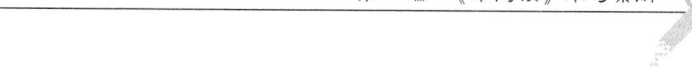

庶绩其凝。

翕,合也。有治才曰乂。抚,循也。五辰,四时也。凝,成也。九德并至,文武更进,刚柔杂用,则以能合而受之为难。能合而受之矣,则以能行其言为难。故曰"翕受敷施,九德咸事"。此天子之事也。古之知言者,忘言而取意,故言无不通。后之学士,胶于言,而责其必然,故多碍。多碍,故多说。天子用九德,诸侯用六,大夫用三,言不得不尔,而其实未必然也。孔子曰:天子有争臣七人,诸侯五人,大夫三人。使诸侯而有争臣七人,可得谓之僭天子乎?故观书者,取其意而已。或曰皋陶之九德,区区刚柔之迹耳,何足以与知人之哲乎?然则,皋陶何为立此言也。曰何独皋陶。舜命夔:曰直而温,宽而栗,刚而无虐,简而无傲。箕子教武王:正直、刚克、柔克。沈潜刚克,高明柔克。虽三圣之所陈,详略不同,然皆以长短相辅,刚柔相济。为不知人者,立寡过之法也。其意曰:不知人者,以此观人,参其短长,刚柔而用之,可以无大失矣。譬如药之有方,聚众毒而治一病。君臣相使,畏恶相制,幸则愈疾,不幸亦不至杀人者。此岂为秦越人华陀设乎?

3.《尚书全解》卷五

(宋)林之奇撰

翕受敷施,九德咸事,俊乂在官。百僚师师,百工惟时。抚于五辰,庶绩其凝。

此言天子官人之道也,言为天子者,必能于此九德之人,兼收并蓄,合而受之。既合而受之,于是敷而施之职位之间。使九德之人,咸事其事者,盖其所治者愈大,则其所用者,必尽天下之材也。"俊乂在官",孔氏谓俊德治能之士,并在官焉。马、郑云:才能过千人为俊,百人为乂。要之,但谓才,无小太,皆使之居官,有职位也。《孟子》曰:"晋平公之于亥唐也,入云则入,坐云则坐,食云则食。虽蔬食菜羹,未尝不饱也。盖不敢不饱也。然终于此而已,弗与共天位也,弗与治天职也,弗与食天禄也。士之尊贤者,非王公之尊贤也。"盖王公之尊贤,必在与之共天位,治天职,食天禄也。苟不与是,则未足以尽其尊贤之意也。皋陶论天子用人,必在使"九德咸事,俊乂在官,百僚师师,百工惟时";诸侯之用人，必在夫"亮采"；至于卿大夫，但言宣达显明而已。盖所处之势然也。俊乂既在官矣，于是百官皆相师法，而百工之事各得其时也。孔氏云：百官皆是言政无非，既以时为是，又以是为政无非。此说为迂。百僚、百工，皆指百官也。师师，指其人而言之，故曰"百僚"；惟时指其事而言之，故曰"百工"，其实一也。"抚于五辰"，言使百官各举其职，以顺此五辰之时，则众工皆兴也。五辰之说，张谏议论甚详，其说以谓本生于亥，壮于卯，成于未，此三辰者，皆木所终始也。就其壮而言之，则寅卯正木之辰，而春之盛德实在也。火生于寅，壮于午，成于戌，此三辰者，皆火所终始也。就其壮而言之，则巳午正火之辰，而夏之盛德实在也。金生于巳，壮于酉，成于丑，此三辰者，皆金所终始也。就其壮而言之，则申酉正金之辰，而秋之盛德实在也。水生于申，壮于子，成于辰。此三辰者，皆水所终始也。就其壮而言之，则亥子正水之辰，而冬之盛德实在也。土包载五行，而寄王于四季，则辰、戌、丑、未，皆土之辰焉。盖五行之时分而言之，则为十二辰。合而言之，则为五辰，其实一也。盖百官既得其职，以抚顺于五行之时。五行既得其顺矣，则三光全而寒暑平，五谷熟而草木茂，此庶绩所以其凝也。凝，成也。自"翕受敷施"至于"庶绩其凝"，此天子官人本末先后之序也。皋陶之论官人于天子，曰"翕受敷施"，固无可疑者。其于诸侯，局之以六；大夫则限之以三，此则学者以意逆志而得之，不可泥其文于章句之间也。薛氏曰：古之知言者，忘言而取意，故言无不通。后之学者，胶于言而责其实，故多疑。多疑故多说。天子用九，诸侯用六，大夫用三，言不得不尔，其实未必然也。孔子曰：天子有争臣七人，诸侯五人，大夫三人。使诸侯而有争臣七人，安待谓之僭天子？故观书者，取其意而已矣。此论善哉。

4.《尚书讲义》卷四

（宋）史浩撰

（归善斋按：见"曰若稽古皋陶"）

5.《尚书详解》卷四

（宋）夏僎撰

翕受敷施，九德咸事，俊乂在官。百僚师师，百工惟时。抚于五辰，庶绩其凝。

皋陶上既言卿大夫当用九德之三，诸侯当用九德之六，此又言天子当兼九德而用之也。翕，合也。翕受，谓于九德之人，兼收并蓄，合而受之。敷，布之也。敷施，谓既合而受，于是敷而施之于职位之间，使各治其事，各任其官也。惟人君能"翕受敷施"，故九德之人，皆任其事，俊乂之人，皆任其官。孔氏谓：俊乂，为俊德治能之士，并在官焉。马、郑云：才能过千人为俊，百人为乂。要之，才无大小，皆使之居官有职位也。既言"百僚"，又言"百工"者，僚其官属也，工其事也。犹言百官僚属皆相师法，则以之治百事，皆得时也。惟百官皆以时兴，故能顺乎五辰，而庶绩皆成也。盖"五辰"者，金、木、水、火、土之辰，是五者分配于四时，木王春，火王夏，金王秋，水王冬，土王四季。百工之事，皆因是时而作也。今也，既能"惟时"，宜乎其能"抚于五辰"也。能"抚于五辰"，则庶绩之成，亦理之宜矣。此又皋陶极言用"九德"之效，以勉人君，使勤于用人也。《孟子》曰："晋平公之于亥唐也，入云则入，坐云则坐，食云则食。"然终于此而已矣，弗与共天位，治天职，食天禄。今皋陶言"翕受九德"，必至于九德之咸事，俊乂之在官，可谓能与之共天位，治天职，食天禄矣。盖百官既得其职，以抚顺于五行之时，五行既得其顺矣，则三光全而寒暑平，五谷熟而草木茂，此"庶绩"所以"其凝"也。自"翕受敷施"至于"庶绩其凝"，此天子"官人"本末之先后也。

6.《增修东莱书说》卷四

（宋）吕祖谦撰，时澜增修

翕受敷施，九德咸事，俊乂在官。百僚师师，百工惟时。抚于五辰，庶绩其凝。

见此人君，如天之无不覆，地之无不载，不以一己之才为才，而敛天下之才以为才。故合九德之人而受之,又布之于职事之间,使九德之人,咸事而无遗才,俊乂之人在官而无旷职。此人君之体也。然犹言"百僚师师,百工惟时",何也?盖众贤既进,犹有所当用心者。惟圣人乃能公天下以为心,降圣人一等,未必能免毫厘之私。若果有之,岂能递相观法,以兴事造业,则必分朋立党,反以害事。故咸事在官之后,必有以兴起其相师之风。而"钦哉,惟时以亮天功"可也。"百僚"、"百工"非有不同。"师师"有僚友之义,故曰"僚"。自职业言之,故曰"工"。"抚于五辰",在天得其全者,为"五辰";在物得其偏者,为五行,同此一气也。自其势论之,五辰在天,人于何而可抚?以其理论之,则未尝有间。在我之五行,既得其理,则在天之五辰,亦得其理矣。"百僚师师,百工惟时",事事物物,各得其性,则五辰自然循轨。"庶绩"故"凝"而不散也。后世人臣之立功,有随成而坏者,是不凝也。功愈久而愈隆,乃凝之意。

7.《尚书说》卷一

(宋)黄度撰

(归善斋按:见"日宣三德")

8.《洁斋家塾书钞》卷三

(宋)袁燮撰

(归善斋按:见"彰厥有常")

9.《书经集传》卷一

(宋)蔡沈撰

(归善斋按:见"日宣三德")

10.《尚书精义》卷七

(宋)黄伦撰

翕受敷施,九德咸事,俊乂在官。百僚师师,百工惟时。抚于五辰,庶绩其凝。

无垢曰："翕受"之者，兼收而并蓄之者也。"敷施"者，各随其德以待其变也。如此，则九德之人，各尽其才，以效职事，故在官者，皆俊乂之士，而无猥琐阘茸之人。为百僚者，有相师之风，而无倔强好胜之态；为百工者，因时建事，而无怠惰苟且之心。如此，则刚柔适中，缓急有序。其无事也，则朝廷之上，有肃穆之风；其有事也，则论思之际，有从容之妙。事中其几，会逢其适。春之治，不行于秋；离之治，不兴于坎。如《吕氏·月令》之说者，则又"抚于五辰"，而"庶绩其凝"矣。胡氏曰：所谓"抚于五辰"者，五行之辰也，水、火、金、木、土，在地则为物，在天则为时。顺其时而抚之，则五物者，皆足以成其材而为用矣。是故，仲春斩阳木，仲夏斩阴木，所以抚"木辰"也。季春出火，季秋纳火，所以抚"火辰"也。司空以时相坂隰，所以抚"土辰"也。秋为徒杠，春达沟渠，所以抚"水辰"也。以春秋出纳"火"则"金"之事，可知矣。然水与土，金与火之事多合焉，则以相待而成功，相资以为用故也。所为"抚"者，如抚万物之"抚"，有爱心焉。五行之材，爱之则繁庑，虐之则凋残。非特五行也，凡物皆然。若郑国火，则火不抚矣；铸非其人，则金不抚矣；鲧陻洪水，则水不抚矣；斧斤不以其时，则木不抚矣。然则何以言"辰"也，自甲至癸，谓之日；自子至亥，谓之"辰"。日，阳也；辰，阴也。《尧典》言"敬授"，则君道也，故言"时"，"时"者，日运而成之也。此篇言"九德"，则臣事也，故抚言"辰"，"辰"者，五行运而成之也。薛氏曰：古之知言者，忘言而取意，故言无不通；后之学士，胶于言，而责其实，故多疑。多疑，故多说。天子用九，诸侯用六，大夫用三，言不得不尔，其实未必然也。孔子曰"天子有争臣七人，诸侯五人，大夫三人"，使诸侯而有争臣七人，宁得谓之僭天子？故观书者，取其意而已矣。吕氏曰："翕受敷施"，见人君如天之无不覆，如地之无不载，不以一己之才为才，而合天下之才为才，收而受之于一己，而又散之于天下。惟"九德咸事"，然后可谓"俊乂在官"也。

11.《尚书详解》卷四

（宋）陈经撰

（归善斋按：见"日宣三德"）

723

12.《融堂书解》卷二

（宋）钱时撰

（归善斋按：见"亦行有九德"）

13.《尚书要义》卷四

（宋）魏了翁撰

（归善斋按：见"日宣三德"）

14.《书集传或问》卷上

（宋）陈大猷撰

（归善斋按：未解）

15.《尚书详解》卷二

（宋）胡士行撰

（归善斋按：见"日宣三德"）

16.《书纂言》卷一

（元）吴澄撰

（归善斋按：见"日宣三德"）

17.《书集传纂疏》卷一

（元）陈栎撰

（归善斋按：见"日宣三德"）

18.《读书丛说》卷三

（元）许谦撰

（归善斋按：缺或未解）

19.《书传辑录纂注》卷一

（元）董鼎撰

（归善斋按：见"日宣三德"）

20.《尚书句解》卷二

（元）朱祖义撰

翕受敷施（至于天子有天下，比侯国又详，故必合众人之有九德者，受之以敷布施于列职之间），九德咸事（如此则九德之人皆趋于事），俊乂在官（俊而有德乂而有才者皆在官）。

21.《尚书日记》卷四

（明）王樵撰

（归善斋按：见"日宣三德"）

22.《日讲书经解义》卷二

（清）库勒纳等撰

（归善斋按：见"日宣三德"）

《书义断法》卷一

（元）陈悦道撰

（归善斋按：见"日宣三德"）

《尚书埤传》卷三

（清）朱鹤龄撰

（归善斋按：见"日宣三德"）

《书义矜式》卷一

（元）王充耘撰

（归善斋按：见"日宣三德"）

《尚书七篇解义》卷一

（清）李光地撰

（归善斋按：见"日宣三德"）

百僚师师，百工惟时

1. 《尚书注疏》卷三

（汉）孔氏传，（唐）陆德明音义，孔颖达疏

百僚师师，百工惟时。

传：僚、工，皆官也。师师，相师法。百官皆是，言政无非。

音义：僚，本又作寮。

疏：百官各师其师，转相教诲，则百官惟皆是矣，无有非者。僚，官，《释诂》文。工，官，常训也。师师，谓相师法也。

2. 《书传》卷三

（宋）苏轼撰

（归善斋按：见"翕受敷施"）

3. 《尚书全解》卷五

（宋）林之奇撰

（归善斋按：见"翕受敷施"）

4. 《尚书讲义》卷四

（宋）史浩撰

（归善斋按：见"曰若稽古皋陶"）

5.《尚书详解》卷四

（宋）夏僎撰

（归善斋按：见"翕受敷施"）

6.《增修东莱书说》卷四

（宋）吕祖谦撰，时澜增修

（归善斋按：见"翕受敷施"）

7.《尚书说》卷一

（宋）黄度撰

（归善斋按：见"日宣三德"）

8.《洁斋家塾书钞》卷三

（宋）袁燮撰

（归善斋按：见"彰厥有常"）

9.《书经集传》卷一

（宋）蔡沈撰

（归善斋按：见"日宣三德"）

10.《尚书精义》卷七

（宋）黄伦撰

（归善斋按：见"翕受敷施"）

11.《尚书详解》卷四

（宋）陈经撰

（归善斋按：见"日宣三德"）

12.《融堂书解》卷二

（宋）钱时撰

（归善斋按：未解）

13.《尚书要义》卷四

（宋）魏了翁撰

（归善斋按：未引）

14.《书集传或问》卷上

（宋）陈大猷撰

（归善斋按：未解）

15.《尚书详解》卷二

（宋）胡士行撰

（归善斋按：见"日宣三德"）

16.《书纂言》卷一

（元）吴澄撰

（归善斋按：见"日宣三德"）

17.《书集传纂疏》卷一

（元）陈栎撰

（归善斋按：见"日宣三德"）

18.《读书丛说》卷三

（元）许谦撰

（归善斋按：缺或未解）

19. 《书传辑录纂注》卷一

（元）董鼎撰

（归善斋按：见"日宣三德"）

20. 《尚书句解》卷二

（元）朱祖义撰

百僚师师（百官僚属皆相师法），百工惟时（以之治百事皆得其时）。

21. 《尚书日记》卷四

（明）王樵撰

（归善斋按：见"日宣三德"）

22. 《日讲书经解义》卷二

（清）库勒纳等撰

（归善斋按：见"日宣三德"）

《书义断法》卷一

（元）陈悦道撰

百僚师师，百工惟时，抚于五辰，庶绩其凝。

"百僚"、"百工"一也。但僚有僚友之情，相观而善；工有职任之守，各奏其功。其相共师法，乃盛时之气象，故顺天以时，能建盛时之功业也。《记》曰：播五行于四时。当时百官及时以趋事，而不违天以生事。是以治功有成。治体不扰，盖皆得于平日师友讲贯切磋之益，故其所成就如此。

《尚书注考》

（明）陈泰交撰

"百僚师师"，训"师师"，相师法也。"我有师师"，训"师师"，以官师为师也。

《书义矜式》卷一

（元）王充耘撰

（归善斋按：见"日宣三德"）

《尚书七篇解义》卷一

（清）李光地撰

（归善斋按：见"日宣三德"）

抚于五辰，庶绩其凝

1. 《尚书注疏》卷三

（汉）孔氏传，（唐）陆德明音义，孔颖达疏

抚于五辰，庶绩其凝。

传：凝，成也。言百官皆抚顺五行之时，众功皆成。

音义：抚，方武反。凝，鱼凌反，马云：定也。

疏：以此抚顺五行之时，以化天下之民，则众功其皆成矣。结上知人、安民之意。

郑玄亦云："凝，成也"，王肃云"凝，犹定也"，皆以意训耳。文承"百工"之下，"抚于五辰"还是百工抚之，故云：百官皆抚顺五行之时，则众功皆成也。五行之时，即四时也。《礼运》曰"播五行于四时"，土寄王四季，故为五行之时也。所抚顺者，《尧典》"敬授民时"，"平秩东作"之类是也。

2. 《书传》卷三

（宋）苏轼撰

（归善斋按：见"翕受敷施"）

3.《尚书全解》卷五

（宋）林之奇撰

（归善斋按：见"翕受敷施"）

4.《尚书讲义》卷四

（宋）史浩撰

（归善斋按：见"曰若稽古皋陶"）

5.《尚书详解》卷四

（宋）夏僎撰

（归善斋按：见"翕受敷施"）

6.《增修东莱书说》卷四

（宋）吕祖谦撰，时澜增修

（归善斋按：见"翕受敷施"）

7.《尚书说》卷一

（宋）黄度撰

（归善斋按：见"日宣三德"）

8.《洁斋家塾书钞》卷三

（宋）袁燮撰

（归善斋按：见"彰厥有常"）

9.《书经集传》卷一

（宋）蔡沈撰

（归善斋按：见"日宣三德"）

10.《尚书精义》卷七

（宋）黄伦撰

（归善斋按：见"翕受敷施"）

11.《尚书详解》卷四

（宋）陈经撰

（归善斋按：见"日宣三德"）

12.《融堂书解》卷二

（宋）钱时撰

（归善斋按：未解）

13.《尚书要义》卷四

（宋）魏了翁撰

九、抚五辰，谓顺五行之事。

百官皆抚顺五行之时，则众功皆成也。五行之时，即四时也。《礼运》曰"播五行于四时"，土寄王四季，故为五行之时也。所抚顺者，即《尧典》"敬授人时"，"平秩东作"之类是也。

14.《书集传或问》卷上

（宋）陈大猷撰

（归善斋按：未解）

15.《尚书详解》卷二

（宋）胡士行撰

（归善斋按：见"日宣三德"）

16.《书纂言》卷一

（元）吴澄撰

（归善斋按：见"日宣三德"）

17.《书集传纂疏》卷一

（元）陈栎撰

（归善斋按：见"日宣三德"）

18.《读书丛说》卷三

（元）许谦撰

（归善斋按：缺或未解）

19.《书传辑录纂注》卷一

（元）董鼎撰

（归善斋按：见"日宣三德"）

20.《尚书句解》卷二

（元）朱祖义撰

抚于五辰（故能顺金、木、水、火、土之五辰。木王春，火王夏，金王秋，水王冬，土王四季，百事皆因时而作），庶绩其凝（宜众功之有成）。

21.《尚书日记》卷四

（明）王樵撰

（归善斋按：见"日宣三德"）

22.《日讲书经解义》卷二

（清）库勒纳等撰

（归善斋按：见"日宣三德"）

《书蔡氏传旁通》卷一下

（元）陈师凯撰

木、火、金、水，旺于四时，而土则寄旺于四季也。

自立春后，木旺七十二日；立夏后，火旺七十二日；立秋后，金旺七十二日；立冬后，水旺七十二日；季春辰，土旺十八日，寄在立夏前；季夏未，土旺十八日，寄在立秋前；季秋戌，土旺十八日，寄在立冬前；季冬丑，土旺十八日，寄在立春前，亦共七十二日，通为三百六十日。

《书义断法》卷一

（元）陈悦道撰

（归善斋按：见"百僚师师"）

《尚书埤传》卷三

（清）朱鹤龄撰

（归善斋按：见"日宣三德"）

《书义矜式》卷一

（元）王充耘撰

（归善斋按：见"日宣三德"）

《尚书七篇解义》卷一

（清）李光地撰

（归善斋按：见"日宣三德"）

四 安民

无教逸欲有邦

1.《尚书注疏》卷三

（汉）孔氏传，（唐）陆德明音义，孔颖达疏

无教逸欲有邦。

传：不为逸豫贪欲之教，是有国者之常。

疏：正义曰：皋陶既言用人之法，又戒以居官之事。上之所为，下必效之。无教在下为逸豫贪欲之事，是有国之常道也。

传正义曰：毋者，禁戒之辞。人君身为逸欲，下则效之。是以禁人君，使不自为耳。不为逸豫贪欲之教，是有国者之常也。此文，主于天子。天子，谓天下为国。《诗》云"生此王国"之类是也。

2.《书传》卷三

（宋）苏轼撰

无教逸欲有邦，兢兢业业，一日二日万几。

事无不待教而成。惟国君之逸欲，莫有以教之者，而自能也。位不期骄，禄不期侈。故一日二日之间，而可致危亡者，至于无数，几危也。

3. 《尚书全解》卷五

（宋）林之奇撰

无教逸欲有邦，兢兢业业，一日二日万几，无旷庶官。天工，人其代之。

王氏曰：天子当以勤俭率天下诸侯，不当以逸欲教有邦。盖天子逸欲于上，则诸侯化之，亦将肆其逸欲，以盘乐怠傲于下，使有邦者，皆肆其逸欲，则生民之受其祸，可胜计哉？而其源，则自夫上之人，以逸乐导之也。诚使为天子者，澹然无营，清心寡欲，举天下之声色货利，曾不足以动其心，彼诸侯者，其敢肆其逸欲于下哉？故"无教逸欲有邦"者，此诚端本清源之道也。兢兢，戒慎也。业业，危惧也。几，政也。言当戒慎万事之政也。上文既言官人之道，至于"抚于五辰，庶绩其凝"，则是治定功成。以常人之情，当国家无事之时，则易安于逸乐，而无戒慎危惧之心。此则危败祸乱之所自萌也，故戒之曰"无教逸欲有邦，兢兢业业，一日二日万几"，言一日二日之间，而危亡祸乱之几至于万，其可畏如此，可不尽其戒慎危惧之意哉！"无旷庶官"，言非独天子当兢兢业业于上，又当劝勉群臣之在官者，使之各恭尔位，而无旷其职。所以必欲无旷庶官者，盖凡设官分职，其所治之事，无非代天之事也。使一官之或旷，则废天之职矣。天子虽兢兢业业于上，而百官有司废天秩于下，是亦危乱之道也。故皋陶之陈谟敕戒，既曰"一日二日万几"，又曰"无旷庶官，天工，人其代之"，其意盖欲"后克艰厥后，臣克艰厥臣"，以尽乎君臣之道，而共保无为之治也。

4. 《尚书讲义》卷四

（宋）史浩撰

（归善斋按：见"曰若稽古皋陶"）

5. 《尚书详解》卷四

（宋）夏僎撰

无教逸欲有邦，兢兢业业，一日二日万几，无旷庶官。天工，人其代之。

皋陶前既言人君当翕受九德，敷施于庶位，而致抚五辰，凝庶绩之效，至此，又恐溺于"逸欲"而致于"旷官"，故又言人君之所为诸侯之所法也。不可教逸于有邦之诸侯，惟当兢兢而戒慎，业业而恐惧。所以然者，诚以人君任天下之责，万务丛于一身。而其事皆微而难察，一不克慎，则所失甚微，所败甚著。故人君，当登吁贤俊，共成治工，不可旷废其官。以人君所治之事，皆天之工，天不能以自治，必须人以代治之也。下文言典、礼、命、讨，皆本于天而，人奉行之，皆所以发明天工，人其代之之意。

6.《增修东莱书说》卷四

（宋）吕祖谦撰，时澜增修

无教逸欲有邦。

"逸欲"者，亡国败家之事。虽至无道之君，岂欲有邦为此而教之哉。盖一人者，诸侯之观瞻，上有一毫之纵弛惰慢，即是"教逸欲"之道也。

7.《尚书说》卷一

（宋）黄度撰

无教逸欲有邦，兢兢业业，一日二日万几，无旷庶官。天工，人其代之。天叙有典，敕我五典五惇哉；天秩有礼，自我五礼有庸哉，同寅、协恭、和衷哉；天命有德，五服五章哉；天讨有罪，五刑五用哉，政事懋哉懋哉。天聪明，自我民聪明；天明畏，自我民明威。达于上下，敬哉有土。

有邦，位最高，列爵分土。与天下之贤有德者共理之，此治要也。天子，惟君万邦，百官承式。天子勤俭，则有邦皆勤俭；天子逸欲，则有邦皆逸欲，是为天子教之也，故切戒之。兢兢，慎也；业业，惧也。"几"者，动之微，吉凶之先见者也。一日二日，几之非见者，且万焉？几失时逝，吉凶乖逆，乱亡至矣，其敢不戒惧省察，而逸欲之行乎？旷，空。孔氏曰：非其人为空官，不可以天官，私非其材。建官，代天理物，而不材非据，废天职矣。天叙此有典，必敕我五典，使皆归于厚秩，言有品式也。天秩此有礼，必自我五礼，使可通行。庸，通也。五典，君臣、父子、夫妇、兄弟、朋友；五礼，吉、凶、军、宾、嘉。出于天者，理之所固有也；修之于人者，其事至五而尽也。敕，敕而正之，自言有所自也。非天子，不制度，不议礼，不考文也。我，人君也。典之治乱，礼之兴废，在人而不在天也。五惇，各致其厚不相陵也。有庸礼之变多端，吉凶相袭，君国相错，不可执一，务使通之而后可常行也。此皆天工，而人代之者也。事为有联，治为有体，必将同敬合恭，以和其衷，则可以代天职矣。衷发于其中者也。《左氏》"信不由衷"，人之智识，固不同，若皆由衷，则是非可以相资，短长可以相补，而终归于和。若挟伪饰情，则多端矣。谁能和之，故所谓和者，如"和羹之和"，咸酸不同齐，而使各适；如和乐之和，清浊不同等，而使必谐。"天命有德"，故制为五服，而各使章明；"天讨有罪"，故设为五刑，而各致其用。德之大小不同，故五服五章；罪之轻重不同，故五刑五用。数叁于三，伍于五，可以察天地之情，可以尽万物之理，故曰"叁伍以变服"。彰厥善，罪罚厥死，黜陟幽明，劝惩行焉。于是政事为可勉矣。天之聪明，必自民；其明畏，亦必自民。威用之，斯可畏，民不能自用其威也。天之聪明、明威，因于民而用之。是则命德、讨罪必顺于民心，斯能合天意矣。此道达于上下，虽一家之事，此理不差，而况于有土，其可不敬乎。

8.《洁斋家塾书钞》卷三

（宋）袁燮撰

无教逸欲有邦，兢兢业业，一日二日万几，无旷庶官。天工，人其代之。

此是皋陶说人主心术上事。逸，逸乐也。欲，人欲也。凡喜游观、贪怠惰之类，皆是逸；凡好货财、悦声色之类，皆是欲。此二者岂可犯？益戒舜曰："罔游于逸，罔淫于乐。太甲不贤，伊尹放之。疑其有滔天之罪，而悔过之辞，不过曰：欲败度，纵败礼。盖才有逸欲之心，则此心便不清明。一有此念，何所不至。人之一身，皆是血气。血气聚，而为形体，而耳目之官，又不思，所以易得为物所诱，而溺于逸欲。古人于此防闲甚严。"皋陶以此戒舜。盖"惟圣罔念作狂"，一有逸欲，即非圣人。况人主天下之仪表也，人主以逸欲倡于上，则有邦诸侯，谁不逸欲，是虽不教之，而犹教也。诸侯逸欲，则大夫、士、庶人，无不逸欲矣。原其所以然，由上使之也，是所以教之也。"兢兢业业，一日二日万几"，几，微也。坤初六，履霜坚冰，至阴始凝也。《文言》曰"臣弑其君，子弑其父，非一朝一夕之故，其所由来者渐矣。由辨之不早辨也"。夫至于弑君父，可谓极矣。然其初，只在毫厘之差。历观古今之变，大抵危乱之几，常萌于治安之日。所以一日二日之间，而事之几微，至于万数，惟圣人察之至精，见之至明，故当其几微之萌，而消之于冥冥之中，不使之至于长。自非圣人见之不明，往往积微成大，终至于四出，而不可收拾。明皇禄山之祸，可谓惨矣。然只缘是不察其几。所以不能察者，只是"逸欲"二字，盖才不"逸欲"，才能兢业，则此心清明，故事之几，无不洞烛如明鉴。然妍丑皆莫之逃，逸欲是肆，兢业不存。此心昏蔽，岂能见几而知所戒乎？皋陶陈知人之谟，而言及此。此知人之本也。"无旷庶官。天工，人其代之"，不特有其位，无其人，谓之"旷"，虽充其位，苟非其人，即所谓"旷"也。朝廷设官分职，皆代天理物。天有此理，故人有此职。如礼乐刑政，此皆天理中之所有者，是以设官分职，代天而为之。人主果知朝廷之官，皆所以代天，则岂容一职之旷。"无旷庶官"，惟唐虞、三代之时为然。汉唐以后，其旷者多矣。如武帝之世，号为官各称其职。然石庆、蔡义之徒，碌碌然无一可取者，皆致位宰相，非旷而何？大者尚尔，其余可知。只以今论之，必负天下之望者，然后为宰相；必忠直公清者，然后为台谏；必学问渊深，识见超远，可以论思献纳者，然后为侍从，如此始可谓之"无旷"，不然，虽有人，犹无人也。

9.《书经集传》卷一

（宋）蔡沈撰

无教逸欲有邦，兢兢业业，一日二日万几，无旷庶官。天工，人其代之。

"无"与"毋"通，禁止之辞。教，非必教令，谓上行而下效也，言天子当以勤俭率诸侯，不可以逸、欲导之也。"兢兢"戒谨也。"业业"，危惧也。几，微也。《易》曰"惟几也，故能成天下之务"。盖祸患之几，藏于细微，而非常人之所豫见；及其著也，则虽智者，不能善其后。故圣人于"几"，则兢业以图之，所谓"图难于其易，为大于其细"者此也。"一日二日"者，言其日之至浅；"万几"者，言其几事之至多也。盖一日二日之间，事几之来，且至万焉，是可一日而纵欲乎？旷，废也，言不可用非才，而使庶官旷废厥职也。"天工"，天之工也。人君代天理物，庶官所治，无非天事。苟一职之，或旷，则天工废矣，可不深戒哉。

10.《尚书精义》卷七

（宋）黄伦撰

无教逸欲有邦，兢兢业业，一日二日万几。

无垢曰：天下之事，无一事不出于天者。有是事，必有是官，官所以代天治事也。一官旷，则一事阙；一事阙，则天事有不举者，人君代天，君天下不举可乎？夫天事之举，以官得其人。官得其人，以人君之"允迪厥德"。"允迪厥德"，以戒惧于隐微。此皋陶所以言"兢兢业业，一日二日万几"也。"几"者，动之微也，戒惧正当在此。于微稍怠，则为"逸"；于微稍忽，则为"欲"。逸、欲之微，兆于方寸，潜行于天下，是教天下以逸、欲矣。天下逸、欲，其可望九德之人乎？如此，则治天事者，无其人。治天事无其人，则大乱矣。皋陶言此，所以深言为人君者，不可以不"允迪厥德"，以感移天下也。温公曰："几"之为言微也，言当戒惧万事之微也。夫水之微也，捧土可塞。及其盛也，湮木石，没丘陵。火之微也，勺水可灭，及其盛也，焦都邑，焚山林。故治之于微，则用力寡，而功多；治之于盛，则用力多，而功寡。是故，圣帝明王，皆销恶于未萌，弭祸于未形。天下阴被其泽，而莫知所以然也。《周易·坤》之"初六，履霜坚冰至"，霜者，寒之始也；冰者，寒之极也。坤之初六，于律为林钟；于历为建未。月阳气方盛，而阴气已萌，物未之知也。是故圣人谨之曰"履霜坚冰至"，言为人主者，当绝恶于未形，杜乱于未成也。《系辞》曰"知几其神乎"，君子知微，知彰，知柔，知刚，万民之望，谓此道也。陈氏曰：一日之间，几微之事，其积有万，一或不谨，一或不惧，其失可胜既耶？"兢兢"，谨也。"业业"，惧也。

11. 《尚书详解》卷四

（宋）陈经撰

无教逸欲有邦。兢兢业业，一日二日万几，无旷庶官。天工，人其代之。

有邦，即诸侯也。人君亦何尝教诸侯之"逸欲"哉？盖人君者，天下之诸侯，之所取法也。苟一念不谨，怠忽之心或萌于此，则诸侯视效于彼，皆为"逸欲"之事矣。故"无教逸欲有邦"，常谨其在己者。"兢兢业业"，戒谨危惧而不已也，以一日二日之间，而有万事之繁，安危治乱之机，常存于细微之际。天下之事，如此其不穷，则人君之心，岂可以少忽哉？虽然一人之聪明，安足以周知天下之事，必得其人焉，以任之，故庶官无旷，则天工必有人以代之矣。天下之事，无一而非天之事。盖非人之所能为者，皆天理也。事皆天之事，则用之际不可以私意用之矣。自"无教逸欲"而下，则虑天下之事当以己。自"无旷庶官"而下，则任天下之事不以己。此本末具举人，已兼言之也。皋陶陈知人之谟，大概先行九德，然后能言人之九德，取人以身，其理当如此，至此又申前说，使人君兢业之念不存，而至忘天下之事，则任官之际，必以私意间之，旷而不举者多矣。勿以不正之人而居庶官，则无旷也。

12. 《融堂书解》卷二

（宋）钱时撰

无教逸欲有邦，兢兢业业，一日二日万几，无旷庶官。天工，人其代之。天叙有典，敕我五典五惇哉；天秩有礼，自我五礼有庸哉，同寅、协恭、和衷哉。天命有德，五服五章哉；天讨有罪，五刑五用哉，政事懋哉懋哉。天聪明，自我民聪明；天明畏，自我民明威。达于上下，敬哉有土。皋陶曰：朕言惠，可厎行。禹曰：俞！乃言厎可绩。皋陶曰：予未有知，思日赞赞襄哉。

"庶绩其凝"，既结尽"知人"一段文义。自此以下，却是发挥"安民"之道也。安民之道大概有二：一则无逸欲以教有邦；二则"无旷庶官"，以代天工。皋陶论"安民"第一事，在"无教逸欲有邦"，而所谓无"逸欲",工夫只在"兢兢业业",又直指"一日二日万几",以明示用力之地。有凛然不可斯须少懈之意。人之思虑,流动不停;善恶两端,倏然变化,萌于眇忽,发于微茫。一日二日,其几有万,兢业不继,则丛然朋兴,如风驭飚轮,瞬息千里,无非在"逸欲"路上驰骋。吁!可畏哉。五礼,独曰"有庸";看得五典,各贵有辨,故谓之五惇,与下文"五章"、"五用"同。若"五礼",则无待乎辨,但要行之,有常耳。礼者,防伪而教,中人情而为之节文者也。一有不常,情伪奔放,滔滔焰焰,谁其御之。典礼之后断之以"同寅、协恭、和衷哉",正是指明典礼之本,实用力处。此庶官之代天工。所以不可旷也。自"天叙有典"而下,每于句尾系一"哉"字,有嗟叹讽咏,不可不如此之意。其所以不可不如此者何?"天聪明,自我民聪明;天明畏,自我民明威"故也。"敬哉有土",此一"敬"字,正与"同寅、协恭","懋哉懋哉"相应。(按:钱氏所解,自"无教逸欲有邦"至"敬哉有土"而止。于"皋陶曰:朕言惠可厎行"以下,置而不释,疑《永乐大典》原本有阙文。)

13.《尚书要义》卷四

(宋)魏了翁撰

(归善斋按:未引)

14.《书集传或问》卷上

(宋)陈大猷撰

(归善斋按:未解)

15.《尚书详解》卷二

(宋)胡士行撰

无教(君者臣之师)逸(安)欲(私)有邦(有国之常,或曰侯邦也),兢兢(戒慎)业业(恐惧),一日二日万(事)几(微),无旷(废)庶官。天工(事),人其代之。

"兢"、"业"者,敬之形容也。"几"者,动之微也。一日二日之间,几事有万,少有不敬,善恶判焉,敬天德也。君臣代天理物,非交致此敬，如天之为，不可也。

16. 《书纂言》卷一

（元）吴澄撰

无教逸欲有邦，兢兢业业，一日二日万几，无旷庶官。天工，人其代之。

承上文言天子所以用"九德"之人者，盖不能自治天职故也。无、毋通，禁止辞；教，谓上行而下效之；逸，谓安逸；欲，谓嗜欲；兢兢，戒谨；业业，恐惧；几，微也；旷，废也。天子者，诸侯之视效，不可导之以逸欲，当戒惧。"一日二日"之"万几"，"一日二日"，日之至浅；"万几"，事之至繁。一日二日之间，事之细微，至于"万"焉，其可"逸欲"，而不兢业乎？己虽兢业，然万几之多，岂一人所能自治，庶官与我共治者也。盖天子所事，皆天之事，天以此事付之君，君不能自治，而分之人，是庶官所治之事，皆代天而为之也。其可有一职之旷废乎？孔氏曰：旷，空也。位非其人，为空，言官不可以非才。

17. 《书集传纂疏》卷一

（元）陈栎撰

无教逸欲有邦，兢兢业业，一日二日万几，无旷庶官。天工，人其代之。

纂疏：

《通书》曰：动而未形，有无之间者，"几"也。解曰"几"者，理虽已萌，事则未着。

孔氏曰：不为逸豫贪欲之教，是有国者之常，当戒惧万事之微。位非其人为空官，不可以天官私非其才。

陈氏大猷曰：功成之后，逸欲易生；逸欲生，治功堕矣。惟戒逸欲，而存兢业，则此心清明刚健，事之几微，无不洞烛。否则此心昏惰，何以察几微而图之。天子能以一心审天下之几，不能以一身兼天下之务，任之庶官而已。非无其人之为旷，非其人为旷也。天下事无一不出于天，天不自为，人代为之。一官旷，一事缺矣。天工人代一句，结上文以生下文之意。

743

18. 《读书丛说》卷三

（元）许谦撰

（归善斋按：缺或未解）

19. 《书传辑录纂注》卷一

（元）董鼎撰

无教逸欲有邦，兢兢业业，一日二日万几，无旷庶官。天工，人其代之。

辑录：

"几"者，理虽已萌，事则未著，微而幽也。《通书解》。

纂注：

孔氏曰：不为逸豫贪欲之教，是有国者之常，当戒惧万事之微。位非其人为空官，不可以天官私非其才。

陈氏大猷曰：功成之后，逸欲易生。"逸"，豫怠游宴之类；"欲"，声色嗜好之类。"逸欲"生，治功堕矣。惟戒"逸欲"而存兢业，则此心清明刚健。事之几微，无不同烛。"逸欲"少肆，兢业少间，则此心昏惰，何以察微妙而图之。又曰：天子能以一心察天下之几，不能以一身兼天下之务，任之庶官而已，不可使旷。非无其人之为"旷"，非其人之为"旷"也。君虽兢业，官或旷废，亦危乱之道。终以"无旷庶官"，欲后臣同"克艰"，以保治也。天下之事，无一不出于天，天不自为，人代为之。一官旷，则一事阙矣。天工人代一句，结上文以生下文之意。

周子曰：动而未形，有无之间者，"几"也。又曰：几，微，故幽。
前汉王嘉传引此作"无敖逸欲有国"。

20. 《尚书句解》卷二

（元）朱祖义撰

无教逸欲有邦（人君所为诸侯所法，无教安逸、纵欲于有邦之诸侯）。

21.《尚书日记》卷四

(明）王樵撰

"无教逸欲有邦"至"天工，人其代之"。上行下效，谓之"教"，言天子不可启"逸欲"之门，使有邦效之，当"兢兢业业"，无时而不戒谨恐惧。盖天子以一身而总万务。"一日二日"之至浅，则有"万几"之多。"几"者，事之微也。治乱得失，吉凶祸福之所由，分而未形，故非常人之所能豫见。及其著也，虽智者不能善其后，故不谓之万事而谓之"万几"，见其朕兆所伏，系于人主之一心，常"兢兢业业"察于未然，图难于其易，为大于其细，犹恐不及，况可得而纵欲乎？又言"无旷庶官"，旷，空也，非无其人之为"旷"，非其人之为"旷"也。盖"天工，人其代之"尔，而可"旷"乎？一官"旷"，一事阙矣。"天工"说见《舜典》次节，即天工人代之目。"知人"、"安民"实非判然二事。能"知人"则代天工有人，而可以"安民"矣。

君，源也；臣，流也。故言用人，而先严诸君身。盖皋陶论"知人"、"安民"一一根本修身。故于"知人"中及于"兢兢业业"；"安民"中，详于寅、恭、懋、勉。论治道，何尝离得君身也。

"万几"二字，后人习用而莫知其理。此唐虞君臣之微指也。当就心上说，不当就事上说。

人君有四海之广，临亿兆之众，事之日关听览者，虽有限而"几"之，随事而生者实无穷，则耳目之所不及，心思之所不到，识虑之所不先，而为吉凶祸福之所隐伏者，宁无有万，其多乎？曰"万几"者，言其事之萌兆虽在天下，而其主宰实在君心。故不可不"兢兢业业"。圣人恒先事戒慎，故明常炳于"几"先，而无不及事之悔也。

22.《日讲书经解义》卷二

(清）库勒纳等撰

无教逸欲有邦，兢兢业业，一日二日万几，无旷庶官。天工，人其代之。

此一节书，是皋陶言用人之本宜端，用人之道宜尽，亦"知人"之事也。无，禁止之辞。几，事之几微也。旷，废也。天工，谓上天付与君臣当行之事。皋陶曰：天子者，臣下之表帅也，若先为逸欲，则下而有邦之诸侯，亦皆效之，是教导之为逸欲也。为天子者，岂宜如此？必须兢兢然戒谨，业业然危惧，以倡率之。所以然者，何也？盖一日二日之间，其日至浅，而事"几"之来，且至"万"焉。"几"者，常人之所不能见，及其著也，虽智者不能善其后，此所以必兢业以图之，不可一日而纵欲也。然天子能以一心察天下之"几"，不能以一身兼天下之务，所用庶官，必须得人。若庶官用非其才，职业必旷，为天子者岂可如此？所以然者，何也？盖庶官所行之事，皆代天事，旷庶官之事是旷天事也。此庶官所以不可旷也。夫敦勤俭以率诸侯，端用人之本也。择贤能以任众职，尽用人之道也，"知人"之事，其庶矣乎。

《书义断法》卷一

（元）陈悦道撰

无教逸欲有邦，兢兢业业，一日二日万几，无旷庶官。天工，人其代之。

二"无"字，皆禁止之辞。圣人恭己南面，为官择人，岂有"逸欲"、"旷官"之事，而皋陶每拳拳于此，盖忧治危明之意也。正己所以律人，一毫私欲之萌，则一日万几之积，必有不谨于微者矣。用人所以代天任职，虚旷其位，必有不胜其任者矣。故审事"几"者，莫先于正己；代天工者，必谨于择人。而二者之失，必严为禁止之辞焉。

《尚书注考》

（明）陈泰交撰

"无教逸欲有邦"，训"教"，非必教令，谓上行而下效也。"声教讫于四海"，训"教"谓教化。

《书义矜式》卷一

（元）王充耘撰

无教逸欲有邦，兢兢业业，一日二日万几，无旷庶官。天工，人其代之。

人臣之戒君，既欲其慎于修己以图治，又欲其谨于用人以共治。盖修己而不可纵者，以事"几"之可畏；而用人之不可轻者，以所治皆天事也。

在昔，皋陶于帝舜之前，言人君无以"逸欲"而导诸侯，而当兢业以图治。盖一日二日之间，事几之来，且至万焉。一日或纵，则"万几"荒矣。此所以慎于修己，而不可纵也。既有以修于己又必谨于用人，故又言人君无用人非其才，而使庶官废厥职。盖人君代天理物，庶官所治，无非天事。一职或旷，则天工废矣。此所以必谨于用人，而不可轻也。呜呼！皋陶两陈致戒之词于其前，而复两陈为治之要于其后，爱君之心，为何如也（云云）？尝谓：人主一心，关系于天下，为甚重。下而诸侯之所取法者，君也；上而天命之所付托者，君也。人君任天下之重如此，又安可怠于修己而慢于用人也哉？盖致治之本，固在于己，而分治之则实在于人。苟"逸欲"而怠荒，则上行而下效，一日纵欲，则几微之祸著。用人而非其才，则上天之工废。此皋陶所以陈谟于帝舜之前也。盖声色之谓欲，宴安之谓逸。人君曷尝以是教诸侯哉？然处崇高之位，而为天下之仪，则上有好者，下必有甚焉者矣。故人君当以勤率诸侯，而不可导之以"逸"；当以俭率诸侯，而不可导之以"欲"。此所以修己而不可纵也。为其修己而不可纵者，以"万几"之可畏也。盖"一日二日"为至浅，而"万几"之来为至多。故必戒慎恐惧以图之，不然则祸患之"几"藏于细微。一日纵欲，则祸几著矣，可不慎于修己以图治耶？虽然己既修矣，而天下之大，四海之广，岂一人之所能独理，故内而百揆，四岳外而州牧侯伯，设官分职，与之共治。而人君曷尝使之旷职哉？然庶官非无其人之谓"旷"，用非其人，则虽有其职，如无其职矣。此所以必谨于用人，而不可轻也。惟其谨于用人而不可轻者，以"天工"之可畏也。盖天下之事，无一不本于天，天不能以自治，而命之于君；君不能以独治，而任之于臣。君也者，代天而理物者也；臣也者，与之共食天禄，而共治天职者也。故在选贤任能，不可用非才而旷庶官之职。何则？庶官所治，皆天事也。苟非其人，则天工废矣，可不谨于用人以共治耶？抑尝考之，"帝曰：咨！汝，二十有二人，钦哉，惟时亮天工"，则舜之不以逸欲导诸侯，而兢业以图之为可见矣；不轻用人才，而克相天事，亦可知矣。然皋陶之陈谟而戒之之切如此者，盖"惟圣罔念作狂，惟狂克念作圣"。故圣君不以德业已盛而忘儆惧之心；大臣不以吾君无是事而忘规戒之益，故能保治于无穷也欤。且不特皋陶为然也，吾观禹之告舜曰"无若丹朱傲，惟慢游是好"，岂非皋陶"无教逸欲"之谓乎？又曰"万邦黎献，共惟帝臣，惟帝时举"，岂非皋陶"无旷庶官"之旨乎？他日"帝庸作歌"，有曰"敕天之命，惟时惟几"，则深有感于君臣责难之意矣。吁！盛哉。

《尚书七篇解义》卷一

（清）李光地撰

无教逸欲有邦，兢兢业业，一日二日万几，无旷庶官。天工，人其代之。

言既以德"知人"，又当上下勉为德以终之，事乃可举，民乃可安。"无教逸欲有邦"者，心法也。以"一日二日"之间，"几"之动者有"万"。近而公私、邪正，远而兴废、存亡，不可不谨也。"无旷庶"官者，治法也，以人君奉若天道，一官废，则天道于是而不行矣，不可不修也。

兢兢业业，一日二日万几

1.《尚书注疏》卷三

（汉）孔氏传，（唐）陆德明音义，孔颖达疏

兢兢业业，一日二日万几。

传：兢兢，戒慎；业业，危惧；几，微也。言当戒惧万事之微。

音义：兢，居凌反。业，如字，徐五答反。几，徐音机。

疏：为人君，当兢兢然戒慎，业业然危惧，言当戒慎。一日二日之间，而有万种几微之事，皆须亲自知之，不得自为逸豫也。

《释训》云：兢兢，戒也；业业，危也。戒必慎，危必惧。传言慎惧，以足之。《易》系辞云：几者，动之微。故"几"为"微"也。一日二日之间，微者乃有万事，言当戒慎万事之微。微者，尚有万，则大事必多矣。且微者难察，察则劳神，以言不可逸耳。马、王皆云：一日二日，犹日日也。

2.《书传》卷三

（宋）苏轼撰

（归善斋按：见"无教逸欲"）

3.《尚书全解》卷五

（宋）林之奇撰

（归善斋按：见"无教逸欲"）

4.《尚书讲义》卷四

（宋）史浩撰

（归善斋按：见"曰若稽古皋陶"）

5.《尚书详解》卷四

（宋）夏僎撰

（归善斋按：见"无教逸欲"）

6.《增修东莱书说》卷四

（宋）吕祖谦撰，时澜增修

兢兢业业，一日二日万几，无旷庶官。天工，人其代之。

兢业者，敬之形容也。"几"者，动之微也。"一日二日"之中，几微有万而难察，兢业之心稍有不接，则忘，失于几微者必多矣。非持敬之功深到，则致察之精切，何以及此。自微而动，之善则善，之恶则恶。一心之中，少有不敬，善恶自此判矣。"无旷庶官"，非特无其人之为旷，盖非其人之为旷也。"天工，人其代之"，凡在职位，无非代天理物耳。如天之为，然后能亮。天工，其可不敬乎。

7.《尚书说》卷一

（宋）黄度撰

（归善斋按：见"无教逸欲"）

8.《洁斋家塾书钞》卷三

（宋）袁燮撰

（归善斋按：见"无教逸欲"）

9. 《书经集传》卷一

（宋）蔡沈撰

（归善斋按：见"无教逸欲"）

10. 《尚书精义》卷七

（宋）黄伦撰

（归善斋按：见"无教逸欲"）

11. 《尚书详解》卷四

（宋）陈经撰

（归善斋按：见"无教逸欲"）

12. 《融堂书解》卷二

（宋）钱时撰

（归善斋按：见"无教逸欲"）

13. 《尚书要义》卷四

（宋）魏了翁撰

（归善斋按：未引）

14. 《书集传或问》卷上

（宋）陈大猷撰

（归善斋按：未解）

15. 《尚书详解》卷二

（宋）胡士行撰

（归善斋按：见"无教逸欲"）

16.《书纂言》卷一

（元）吴澄撰

（归善斋按：见"无教逸欲"）

17.《书集传纂疏》卷一

（元）陈栎撰

（归善斋按：见"无教逸欲"）

18.《读书丛说》卷三

（元）许谦撰

（归善斋按：缺或未解）

19.《书传辑录纂注》卷一

（元）董鼎撰

（归善斋按：见"无教逸欲"）

20.《尚书句解》卷二

（元）朱祖义撰

兢兢业业（惟当兢兢而戒谨，业业而恐惧），一日二日万几（诚以一日二日之间，而有万事之繁，安危治乱之机，常存于细微之际）。

21.《尚书日记》卷四

（明）王樵撰

（归善斋按：见"无教逸欲"）

22.《日讲书经解义》卷二

（清）库勒纳等撰

（归善斋按：见"无教逸欲"）

《书义断法》卷一

（元）陈悦道撰

（归善斋按：见"无教逸欲"）

《尚书疑义》卷一

（明）马明衡撰

"一日二日万几"，"几"者，动之微，善恶之所由分也。天子以一人，而应天下之务。一日之间，其几微萌动之间，所以为他日治乱之关者，盖有万其多也。是岂可以不时时戒惧，以正其本端其源耶？由是观之，虞廷之上，何往而非学耶？"逸欲"者，兢业之反，人心才逸乐，便放肆；才兢业，便精明。放肆者乱之"几"也；精明者，治之"几"也。

兢业万几者，所以救己；"无旷庶官"者，所以救"庶官"也，上下交修，安得不治。

《尚书注考》

（明）陈泰交撰

"一日二日万几"，训"几"，微也。"惟几"，训"几"，事之微也。"贡于非几"，训"几"者，动之微，而善恶之所由分也。

《尚书埤传》卷三

（清）朱鹤龄撰

万几。

姚舜牧曰：《易》曰"知几其神乎"，"几"者，动之微，吉之先见者也。疏曰："几"，是离无入有，在有无之际，故云动之微也。盖"人心"初动，本无不善之"几"，慎此"几"，以往其应，必主于吉，故又曰"惟几"也。能成天下之务，不慎此"几"而向于"逸欲"，则祸患萌焉。此"万几"正《易》"知几"之"几"也。解者泥蔡传，却训为"祸患之几"，不惟《书》义不明，《易》义亦晦矣。

《书义矜式》卷一

（元）王充耘撰

（归善斋按：见"无教逸欲"）

《书经衷论》卷一

（清）张英撰

不曰万事，而曰"万几"，盖朝堂之上，一念之动，而四方治乱，捷于影响其发也。至微至隐，其应也至大至速，故曰"几"。《易》曰"几者，动之微，吉凶之先见者也"。人主诚见于此，敢以慢心处之哉？

《尚书七篇解义》卷一

（清）李光地撰

（归善斋按：见"无教逸欲"）

无旷庶官，天工，人其代之

1. 《尚书注疏》卷三

（汉）孔氏传，（唐）陆德明音义，孔颖达疏

无旷庶官，天工，人其代之。

传：旷，空也。位非其人，为空官，言人代天理官，不可以天官，私非其才。

疏：万几，事多，不可独治；当立官以佐己，无得空废众官，使才非其任。此官，乃是天官，人其代天治之。不可以天之官，而用非其人。

"旷"之为"空"，常训也。位非其人，所职不治，是为空官。天不自治，立君乃治之。君不独治，为臣以佐之下。典、礼、德、刑，无非天意者。天意既然，人君当顺天，是言人当代天治官，官则天之官。居天之官，代天为治，苟非其人，不堪此任。人不可以天之官，而私非其才。王

肃云：天不自下治之，故人代天居之，不可不得其人也。

2. 《书传》卷三

（宋）苏轼撰

无旷庶官，天工，人其代之。

天有是事，则人有此官。官非其人，与无官同，是废天事也，而可乎？

3. 《尚书全解》卷五

（宋）林之奇撰

（归善斋按：见"无教逸欲"）

4. 《尚书讲义》卷四

（宋）史浩撰

（归善斋按：见"曰若稽古皋陶"）

5. 《尚书详解》卷四

（宋）夏僎撰

（归善斋按：见"无教逸欲"）

6. 《增修东莱书说》卷四

（宋）吕祖谦撰，时澜增修

（归善斋按：见"兢兢业业"）

7. 《尚书说》卷一

（宋）黄度撰

（归善斋按：见"无教逸欲"）

8. 《洁斋家塾书钞》卷三

（宋）袁燮撰

（归善斋按：见"无教逸欲"）

9.《书经集传》卷一

（宋）蔡沈撰

（归善斋按：见"无教逸欲"）

10.《尚书精义》卷七

（宋）黄伦撰

无旷庶官，天工，人其代之。天叙有典，敕我五典五惇哉；天秩有礼，自我五礼有庸哉，同寅、协恭、和衷哉。天命有德，五服五章哉；天讨有罪，五刑五用哉，政事懋哉懋哉。

史氏曰：因天理以为之教化，则代之者不可异其心；顺天道以为之赏罚，则行之者不可怠其志。

11.《尚书详解》卷四

（宋）陈经撰

（归善斋按：见"无教逸欲"）

12.《融堂书解》卷二

（宋）钱时撰

（归善斋按：见"无教逸欲"）

13.《尚书要义》卷四

（宋）魏了翁撰

（归善斋按：未引）

14.《书集传或问》卷上

（宋）陈大猷撰

（归善斋按：未解）

15.《尚书详解》卷二

（宋）胡士行撰

（归善斋按：见"无教逸欲"）

16.《书纂言》卷一

（元）吴澄撰

（归善斋按：见"无教逸欲"）

17.《书集传纂疏》卷一

（元）陈栎撰

（归善斋按：见"无教逸欲"）

18.《读书丛说》卷三

（元）许谦撰

（归善斋按：缺或未解）

19.《书传辑录纂注》卷一

（元）董鼎撰

（归善斋按：见"无教逸欲"）

20.《尚书句解》卷二

（元）朱祖义撰

无旷庶官（不可旷废众官）。天工，人其代之（以人君所治皆天之事，必须人以代治之）。

21.《尚书日记》卷四

（明）王樵撰

（归善斋按：见"无教逸欲"）

22.《日讲书经解义》卷二

（清）库勒纳等撰

（归善斋按：见"无教逸欲"）

《书义断法》卷一

（元）陈悦道撰

（归善斋按：见"无教逸欲"）

《尚书疑义》卷一

（明）马明衡撰

（归善斋按：见"兢兢业业"）

《书义矜式》卷一

（元）王充耘撰

（归善斋按：见"无教逸欲"）

《尚书七篇解义》卷一

（清）李光地撰

（归善斋按：见"无教逸欲"）

天叙有典，敕我五典五惇哉

1.《尚书注疏》卷三

（汉）孔氏传，（唐）陆德明音义，孔颖达疏

天叙有典，敕我五典五惇哉。

传：天次叙人之常性，各有分义，当敕正我五常之教，使合于五厚，厚天下。

音义：有典，马本作五典。分，符问反。

疏：又言：典、礼、德、刑，皆从天出。天次叙人伦，使有常性。故人君为政，当敕正我父、母、兄、弟、子五常之教教之，使五者皆惇厚哉。

天叙有典，有此五典，即父义、母慈、兄友、弟恭、子孝是也。五者，人之常性，自然而有，但人性有多少耳。天次叙人之常性，使之各有分义。义，宜也，令此义、慈、友、恭、孝，各有分定，合于事宜，此皆出天然，是为天次叙。天意既然，人君当顺天之意，敕正我五常之教，使合于五者皆厚，以教天下之民也。

《尚书注疏》卷三《考证》：
天叙有典，敕我五典、五惇哉。天秩有礼，自我五礼有庸哉。
传：天次秩有礼，当用我公、侯、伯、子、男五等之礼，以接之。
吕祖谦曰：典礼，出于天。天命之，谓性也。曰惇，曰庸，修道之谓教也。时澜曰：命德、讨罪，皆不云我者，见赏罚之纯乎天也。
臣召南按：圣学言天言性，俱始于《皋陶谟》。孔传以公、侯、伯、子、男五等解五礼，未确。五典，即五伦；五礼，即五典之品式节文。我惇、我庸，即经纶天下之大经也。若五等爵列，下文五服五章中已该括矣。

2. 《书传》卷三

（宋）苏轼撰

天叙有典，敕我五典五惇哉。
敕，正也。

3. 《尚书全解》卷五

（宋）林之奇撰

天叙有典，敕我五典、五惇哉；天秩有礼，自我五礼有庸哉，同寅、协恭、和衷哉；天命有德，五服五章哉；天讨有罪，五刑五用哉；政事懋哉懋哉。

下文申结"天工，人其代之"之义。《汤诰》曰"惟皇上帝，降衷于下民，若有恒性，克绥厥猷惟后"，言民有物则之性，好恶之情，无非出于天。之所以降衷者，为君者惟能"克绥厥猷"而已。人之生也，其人伦之典天也，故其彝伦有自然之叙矣。人君敕之以为五典，使父子有亲，君臣有义，夫妇有别，长幼有叙，朋友有信。五者各致其厚，盖所以助乎天之所叙也。谓人之生，交际之礼，天已定其差等，有自然之秩矣。人君自己为五礼：以吉礼，事邦国之鬼神；示以凶礼，哀邦国之忧；以宾礼亲邦国；以军礼同邦国；以嘉礼亲万民。五者各得其常，所以助夫天之所秩也。敕有典，自有礼，必在夫君臣共致其寅畏、恭谨、衷善之意，然后可以施化，故"同寅、协恭、和衷哉"。既曰"寅"，又曰"恭"，又曰"衷"，亦与所谓"严"、"祗"、"敬"同，谓其寅、畏之意有加而无已也。苏氏曰：此二者，道德事，非君臣同其诚敬，莫能致之。若天命有德，讨有罪，则政事也，勉之而已。"天命有德"，凡有德，则顺乎天道。顺乎天道，天之所命也。人君于是制为五服，以章之五服。郑博士曰：自"衮冕"至于"玄冕"，自九章至于一章是也。"天讨有罪"，凡有罪者，则悖乎天道。悖乎天道，则天之所讨也。人君于是制为五刑以用之。五刑：墨、劓、剕、宫、大辟是也。天命有德、讨有罪施之于刑赏之间，必在夫君臣共勉于政事，然后可以劝惩天下，故曰："政事懋哉懋哉。"叙有典，秩有礼，则君臣同寅、协恭、和衷，以助夫天之所叙秩。命有德、讨有罪，则君臣懋于政事，以助夫天之所予夺。君臣之间，尽道如此，则可谓能"兢兢业业，一日二日万几，无旷庶官"，以代天工矣。此皋陶谆谆为帝陈谟也。典、礼言敕我、自我；而命有德，讨有罪，不言我者。杨龟山曰：典、礼必自天子出，故曰敕我，曰自我。若夫爵人于朝，与众共之；刑人于市，与众弃之，虽天子不得而私焉。此说是也。典曰五惇，服曰五章，刑曰五用，而至于礼，则独曰"有庸"者，王氏曰：五典、五服、五刑之所施，非一人之身。若五礼，则取于一人之身。而杨龟山以其说为不然。龟山之说曰：礼虽有五，而其用则非一，如五礼上自天地、社稷、宗庙，下至山林、川泽，以及四方百物，皆有祭焉。而其仪章器物，各从其类不可以数计。吉、凶、军、宾、嘉，亦莫不然，故曰"有庸"。然马融本，则直作"五庸"，与"五惇"、"五章"、"五用"无以异，然世远难以折中，姑两存之。

4.《尚书讲义》卷四

（宋）史浩撰

（归善斋按：见"曰若稽古皋陶"）

5.《尚书详解》卷四

（宋）夏僎撰

天叙有典，敕我五典、五惇哉。天秩有礼，自我五礼有庸哉，同寅、协恭、和衷哉。天命有德，五服五章哉。天讨有罪，五刑五用哉，政事懋哉懋哉。

皋陶上既言天工，须人而代治，故此又申明其代人以治之理。五典，谓父子有亲，君臣有义，夫妇有别，长幼有序，朋友有信是也。是五者，彝伦实叙于天然，天能叙而不能使之加厚，必敕正以我之五典，然后有惇厚之风五礼，谓以吉礼事邦国之鬼神祇，以凶礼哀邦国之忧，以宾礼亲邦国，以军礼同邦国，以嘉礼亲万民。是之，是五者其等差实秩于天然。天能秩，而不能使之有常，故必因我之五礼，然后可以常行而不惑。夫天叙之典待人以嘉厚，天秩之礼待人以有常，则君臣之间，可不同其寅畏，协其恭谨，和其衷善，相与共行典礼？故皋陶于典礼之厚，所以必言"同寅、协恭、和衷"也。林少颖谓：既曰寅，又曰恭，又曰衷，盖畏之意有加无已。此说甚善。有德，天所命也，然天有命德之心，不能以自致，必待人彰之以五服；有罪天所讨也，然天有讨罪之心，不能以自致，必待人威之以五刑。命德、讨罪，天必待人而后行。则人君于政事之间，不可勉哉。故皋陶于命讨之后，必言"懋哉，懋哉"也。"天叙有典"，秩有礼，必待人"同寅、协恭、和衷，而助其秩叙；命有德、讨有罪，必待人懋于政事，而助其命讨；天工须人以代，如此，人君可不兢兢业业登吁贤俊而与之共治乎？皋陶之言，正所以申明前义也。苏氏谓：典、礼者，道德之事，非君臣同其诚敬，莫能致之。若天命有德，讨有罪，则政事也，勉之而已"。

6. 《增修东莱书说》卷四

（宋）吕祖谦撰，时澜增修

天叙有典，敕我五典、五惇哉；天秩有礼，自我五礼有庸哉，同寅、协恭、和衷哉。

天命在人，自然有君臣、父子之教，在我则敕之。"敕"者整齐之功也。"惇"者，"厚"也。惟民生，厚民之五典，本无不厚。敕之使归厚而已。敕之道，从厚，则近本也。物聚然后有礼，人群则礼自生，岂非天秩然，自我而出？天下惟视吾用之如何尔。典、礼出于天，天命之谓性也，曰惇，曰庸，修道之谓教也。"天叙"、"天秩"，非人所为，惟君与天为一，故能"惇"之、"庸"之也。"同寅"、"协恭"、"和衷"，典礼之根源也。君臣聚精会神，与天无间，则所"惇"，所"庸"，乃天之典、礼，不然则典、礼无非虚文矣。

7. 《尚书说》卷一

（宋）黄度撰

（归善斋按：见"无教逸欲"）

8. 《洁斋家塾书钞》卷三

（宋）袁燮撰

天叙有典，敕我五典、五惇哉；天秩有礼，自我五礼有庸哉，同寅、协恭、和衷哉。

所谓"天叙"者，天理自然，有此次叙也。"天秩"者，天理自然之品秩也。所谓"天"者，吾心以为当然者是已。吾心即天也。五典，虽出于天叙，然敕而惇之，则在人君。五礼，虽出于"天秩"，然自天庸之，则在人君。父子、君臣、夫妇、长幼、朋友，此五典者，贵于厚，而恶乎薄，敕之为言，著精神，加工夫。在此理会，使之厚而不薄也。吉、凶、军、宾、嘉，此"五礼"者，民间不能自为之制，须是自上用之，与之立为准则，此所谓"庸"也。《记》曰"礼仪三百，威仪三千，待其人而后行"，又曰"制度在礼，文为在礼，行之其在人乎"，又曰"苟无忠信之人，则礼不虚道，是以得其人之为贵也"。典礼虽是天叙，天秩然，非人则无以自行。欲惇五典、庸五礼，则君臣之间，要必同其寅，协其恭，和其衷。寅，敬也。恭者，敬之发于外者也。或问伊川："君子敬而无失，与人恭而有礼"，敬与恭何别？答曰：发于外之谓"恭"；有于中之谓"敬"。故恭者，寅敬之发于外者也；寅与恭皆只是敬。然又须"和衷"乃可，《记》引《诗》云"肃雍和鸣，先祖是听"。夫肃肃，敬也。雍雍，和也。夫敬以和，何事不行。和而不敬，则失之于不严；敬而不和，则失之于太严。二者一倚于偏，皆所不可。泛观天下之理，何者外得？"敬"与"和"二字，只以五典言之，君臣、父子、夫妇、朋友之间，固不可不敬矣，亦不可不和。君臣之分，可谓至严，然亦须是情意相通乃可，岂能专于严也哉。

9.《书经集传》卷一

(宋) 蔡沈撰

天叙有典，敕我五典、五惇哉；天秩有礼，自我五礼有庸哉，同寅、协恭、和衷哉。天命有德，五服五章哉；天讨有罪，五刑五用哉，政事懋哉懋哉。

衷，音中。"叙"者，君臣、父子、兄弟、夫妇、朋友之伦叙也。"秩"者，尊卑贵贱，等级隆杀之品秩也。敕，正；惇，厚；庸，常也。"有庸"，马本作"五庸"。"衷"，"降衷"之"衷"，即所谓典、礼也。典、礼，虽天所叙秩，然正之，使叙伦而益厚；用之，使品秩而有常，则在我而已。故君臣当同其寅畏，协其恭敬，诚一无间，融会流通。而民彝物则，各得其正，所谓"和衷"也。章，显也。五服，五等之服，自九章以至一章是也。言天命有德之人，则五等之服，以彰显之；天讨有罪之人，则五等之刑，以惩戒之。盖爵赏、刑罚，乃人君之政事。君主之臣用之，当勉勉而不可怠者也。杨氏曰：典、礼自天子出，故言"敕我"、"自我"。若夫爵人于朝，与众共之；刑人于市，与众弃之，天子不得而私焉。此其立言之异也。

10.《尚书精义》卷七

（宋）黄伦撰

（归善斋按：见"无旷庶官"）

11.《尚书详解》卷四

（宋）陈经撰

天叙有典，敕我五典、五惇哉；天秩有礼，自我五礼有庸哉，同寅、协恭、和衷哉；天命有德，五服五彰哉；天讨有罪，五刑五用哉，政事懋哉懋哉。天聪明，自我民聪明；天明畏，自我民明威。达于上下，敬哉有土。

"典"者，君臣、父子、兄弟、夫妇、朋友也。"礼"者，吉、凶、军、宾、嘉也。君臣有自然之敬，父子有自然之恩，兄弟有自然之爱，夫妇有自然之别，朋友有自然之信。吉、凶、军、宾、嘉，亦莫不有自然之理。此皆天之所叙，天之所秩，而不可以人为加焉者也。为之君者，果何为哉？因其天叙之典，敕正而惇厚之；因其天秩之礼，躬行而用之，以此率天下，使之同其寅，协其恭，和其衷，则"典"、"礼"行矣。典礼之在人心，本自寅、敬、衷、善、恭而不侮。今也，同之，协之，和之，无一之不寅，无一之不恭，亦无一之不衷，岂非典礼之效，达于天下哉？五服自衮冕而下，五刑自墨劓而下。"德"者，天命，吾从而彰之以五服；"刑"者，天讨，吾从而用之以五刑。以此惩劝天下，使于政事之间，懋勉而不已，则赏、刑行矣。盖人心无所惩劝，则日以自怠。今焉，勉于事者，有天命之服；不勉于事者，有天讨之刑，又安敢不勉哉？尝观孔子之称舜，以为"无为而治者，其舜也，与夫何为哉？恭己正南面而已矣"。典、礼、德既一本于天理，则舜所为者，皆奉天也，舜曷尝有为？谓之无为可也。典礼谓之我，德刑不谓之我者，盖非天子，不议礼典。礼之行，自上率之，故曰"敕我"、"自我"。至于德刑，则皆纯乎天，而不容己。所以见爵人与士共，刑人与众弃，而非人君之所私有也，其旨微矣。"天聪明，自我民聪明；天明畏，自我民明威"，皋陶既言"天人相因"之理，如此又恐奸人得以肆其邪说，动欲引天以神其事，故皋陶指其所可证验处，"同寅、协恭、和衷"，即典礼之验；"政事懋哉懋哉"，即德刑之

763

验。又从而申之曰："天聪明"，本因民以为聪明，民之闻见，即天之闻见。"天明畏"，本因民之明威，民之好恶，即天之好恶也。人主不必求之天，但考之本心，以卜天意矣。古之圣人，皆以人而占天，如成汤以民之徯后而知天意；武王以孟津诸侯卜天意；成王周公以民献十夫卜天意。惟以人心观天意，则不可诬矣。"达于上下"，谓此理上达于天，下达于民，天与民，初无二理也。有土之君岂可不敬？惟知敬，则不忽乎民，自乃不忽乎天。不知敬，则徒以天为可畏，而以民为易虐。若然，则天之与民为有二理也耶。此皋陶"安民"之谟，必推而至于合天也。

12.《融堂书解》卷二

（宋）钱时撰

（归善斋按：见"无教逸欲"）

13.《尚书要义》卷四

（宋）魏了翁撰

十、天叙有典谓次叙常性各有分义。

"天叙有典"，有此五典，即父义、母慈、兄友、弟恭、子孝是也。五者，人之常性，自然而有。但人性有多少耳，天次叙人之常性，使之各有分义；人君敕正我五常之教，使合于五者皆厚。

14.《书集传或问》卷上

（宋）陈大猷撰

（归善斋按：未解）

15.《尚书详解》卷二

（宋）胡士行撰

天叙（子人自然之序）有（性中有此）典（常理），敕（正齐）我（自君）五典（见《舜典》）、五（使皆归）惇（厚也，惟民生厚。天命之性，本有此五常之理，敕之归厚，还其本然之天也）哉；天秩有礼（人群则礼生，其等差皆天理之自然），自我五礼有庸（用）哉，同寅

（敬）、协恭、和衷（天降之善）哉。

五礼：吉（祭）、凶（丧）、军（兵）、宾（客）、嘉（冠昏），典叙、礼秩，天命之谓性也；五惇、五庸修道之谓教也。寅、恭、衷，典礼之根本也。君臣聚精会神，与天无间，则所惇、所庸，皆天。不然，则虚文矣。同、协、和，敬畏之意有加无已也。一云："同"，"协"君臣之"寅"；"恭"以"和"民之"衷"。一云：同、协、和，君心之无间也。

16.《书纂言》卷一

（元）吴澄撰

天叙有典，敕我五典、五惇哉；天秩有礼，自我五礼五庸哉，同寅、协恭、和衷哉。天命有德，五服五章哉；天讨有罪，五刑五用哉，政事懋哉懋哉。

"五庸"，旧本作"有庸"，今从马本。敕，教戒督勉之意。我，通言君臣；自，由也。寅、恭，皆敬也。寅在心，恭在貌。和，谓不乖；衷即典礼也。五服，五等之服，九章至一章是也。章，显也。承上文，"天工，人其代之"，而言父子、君臣、夫妇、兄弟、朋友，有自然之伦，乃天所叙也。而五者之典，各惇其所当惇者，敕于我，则不可无司徒之官，亲疏、贵贱、尊卑、隆杀，有自然之品，乃天所秩也。而五者之礼，各庸其所当庸者，由于我，则不可无秩宗之官，君臣当内同其寅，外协其恭以和，此典礼之衷，使民彝物，则各得其正，而无乖戾也。命德者，天也，随其德之大小，而章之以五等之服，则不可无百揆之官。讨罪者，天也，因其罪之轻重，而用之以五等之刑，则不可无士师之官。命讨之政事，君臣当勉勉无已，不可使赏罚有一之不当也。此所谓"天工，人其代之"者也。

17.《书集传纂疏》卷一

（元）陈栎撰

天叙有典，敕我五典、五惇哉；天秩有礼，自我五礼有庸哉，同寅、协恭、和衷哉。天命有德，五服五章哉；天讨有罪，五刑五用哉，政事懋哉懋哉。

纂疏：

《语录》：许多典礼，都是"天叙"、"天秩"下了，圣人因而敕正之，因而用出去而已。凡冠昏丧祭之礼，与典章制度，文物礼乐，车旗衣服，无一件是圣人自做底，都是天做下了，圣人只是依傍他天理行将去。如推个车子，本自转将去，我只是略扶助之而已。德之大者，赏以服之大；德之小者，赏以服之小。罪之大者，罪以大底刑；罪之小者，罪以小底刑。尽是天命天讨，圣人未尝加一毫私意于其间，只是奉行天法而已。要"五典"、"五惇"、"五礼"、"有庸"，须是"同寅"、"协恭"、"和衷"；要"五服"、"五章"、"五刑"、"有庸"，须是"政事懋哉懋哉"。

陈氏大猷曰：此下言"安民"之事。人受天地之"中"以生。能者，养之以福；不能者，败以取祸。故全，是"中"者为德，是不失天之所赋也。故天命之君，必体福善之天，制九章至一章五等之服，以章其德。戾是"中"者为罪，是失天之所赋也，故天讨之，君必体祸淫之天，用墨至大辟五等之刑以威其罪。赏罚，政事之大者，当勉勉而不息也。典、礼，教化也，所以尽感发之妙。服、刑，政事也，所以尽劝惩之方，皆承天以从事，而寅、恭、懋、勉，又四者之本也。否则将失其当，乌能与天无间哉？至是则君师之道，代天理民之责尽矣。此尽发上文天工人代之意。

孙氏曰：典、礼，教也；服、刑，政也。教之而善，则服以章之；教之不率，则刑以惩之。

蔡氏元度曰：《周礼·司服》公之服，自衮冕而下，如王之服；侯伯之服，自鷩冕而下，如公之服；子男之服，自毳冕而下，如侯伯之服；孤之服，自希冕而下，如子男之服；卿大夫之服，自玄冕而下，如孤之服。郑氏注：衮冕服九章，一曰龙，二曰山，三曰华虫，四曰火，五曰宗彝，皆画以为缋；六曰藻，七曰米，八曰黼，九曰黻，皆絺以为绣。衮之衣五章，裳四章，凡九也。鷩以华虫为首，衣三章，裳四章，凡七也。毳画虎蜼，谓宗彝也，宗彝为首，衣三章，裳二章凡五也。希刺粉米无画，衣一章，裳二章，凡三也。玄者衣无文，裳刺黻而已。虞制虽未必尽同，大略当然。

马氏曰：周天子与上公皆服九章，然公有降龙无升龙，别于天子者，此耳。

愚谓："典"者，人道之常，天所次序本有此典也。"我"，谓君也。"五典"、"五礼"已解，见《舜典》。敕正"自我"，即"天叙"之本然者而品节之，然后有典，别而为"五典"，而五者皆惇厚也。惇典，如言厚人伦。"礼"者，天理之节文，天所品秩本有此礼也。"自我"，即"天秩"之本然者而品节之，然后有"礼"，别而为"五礼"，始用此五者于天下也。盖典、礼本于天，天命之性也。虽有叙秩之次，然犹在浑融之中。典礼惇庸于君，修道之教也。理，"一"者，品节而为分殊，于是浑然之有别为灿然之"五"。惇于圣人而伦纪厚；庸于圣人，而礼教行。然未尝以一毫之人为求加于本然之天也。吉、凶、军、宾、嘉之"五礼"，行于父子、君臣、夫妇、长幼、朋友人伦之中，所以维持"五典"者也。"衷"，即典、礼之具于人性者，君臣同寅、协、恭，以为惇典、庸礼之本，然后能"和"斯民降"衷"之性也。"同寅"、"协恭"与政事懋懋，皆当合君臣说。大者为政，君所建立；小者为事，臣所奉行，皆君臣同尽其责，以终上文天工人代之意。

18.《读书丛说》卷三

(元) 许谦撰

我躬行心得而措诸彼，亦使之惇五典，庸五礼而已。至于人，蹈典、礼而有德，则命五服以章之；悖典、礼而有罪，则用五刑以讨之。用赏、用刑，所以劝戒，使人皆归于德也；而赏刑之政事，则当勉而又勉者也。四"天"字，皆言出于天理之自然，而不敢忽，不敢容私于其间者也。

19.《书传辑录纂注》卷一

(元) 董鼎撰

天叙有典，敕我五典、五惇哉；天秩有礼，自我五礼有庸哉，同寅、协恭、和衷哉。天命有德，五服五章哉；天讨有罪，五刑五用哉，政事懋哉懋哉。

辑录：

因其生，而第之以其所当处者，谓之"叙"；因其"叙"，而与之以其所当得者，谓之"秩"。"天叙"，便是自然底，故君便教他居君之位，臣便教他居臣之位，父便教他居父之位，子便教他居子之位。"天秩"，便是那"天叙"里面物事，如天子祭天地，诸侯祭山川，大夫祭五祀，庶人祭其先。天子八，诸侯六，大夫四，士二，皆是有这个"叙"，便是他这个自然之秩。义刚。许多典、礼都是"天叙"、"天秩"下了，圣人只是因而敕正之，因而用出去而已。此其所谓冠、昏、丧、祭之礼，与夫典章制度，文物礼乐，车舆衣服，无一件是圣人自做底，都是天做下了，圣人只是依傍他天理行将去。如推个车子，本自转将去，我这里只是略扶助之而已。"同寅"、"协恭"，是君臣上下一于"敬"。德之大者，则赏以服之大者；德之小者，则赏以服之小者。罪之大者，则罪以大底刑；罪之小者，则罪以小底刑。尽是"天命"、"天讨"，圣人未尝加一毫私意于其间，只是奉行天法而已。僩。要"五礼有庸"、"五典、五惇"，须是"同寅、协恭、和衷"；要"五服五章"、"五刑五用"，须是"政事懋哉懋哉"。义刚。"衷"字语录，详见《汤诰》。

纂注：

节初齐氏曰：人而无礼，则诸侯得以请隧，卿得以反坫，大夫得以雍彻，娼优下贱得以后饰，而人道乱矣。故圣人为礼以节之。欧阳公所谓顺其情而节文之，"使知尊卑长幼，凡人之大伦也"。此其高下之宜，丰杀之别，贵贱偏全之等，所以萌于人心，习熟于人之耳目，而终其身不敢肆其情欲于度数之外也。此三代帝王防范人心之先务，隄防世变之大端也。

陈氏大猷曰：人受天地之中以生，能者养之以福，不能者败以取祸。故全是"衷"者为德，是不失天之所赋也，故"天命"之君，必体福善之，天制五等之服以章其德。戾是"衷"者为罪，是失天之所赋也，故"天讨"之君，必体祸淫之，天用五等之刑以威其罪。爵赏刑罚，乃政事之大者，当勉勉而不可息也。典、礼，教化也，所以尽感发之妙；服、刑，政事也，所以尽劝惩之方，皆承天以从事，而寅恭懋勉，又四者之本也。非寅恭懋勉，则典、礼、服、刑将失其当，乌能与天无间哉。至是则君师之道，代天理民之责尽矣。此尽发上文天工人代之意。

吕氏曰：寅、恭、惇典庸礼之根源也。君臣聚精会神，与天无间，则所惇、所庸，皆天之典、礼，否则为虚文矣。赏罚当纯乎天，此心当懋勉不已，一有怠息，赏罚我之赏罚，非天之赏罚矣。

蔡氏元庆曰：《周官·司服》，公服衮冕而下九章之服，如王之服。侯伯服鷩冕而下七章之服，如公之服。子男服毳冕而下五章之服，如侯伯之服。孤服𫄨冕而下三章之服，如子男之服。卿大夫服玄冕而下一章之服，如孤之服。士服皮弁，无章数也。孔氏以天子言之，非也。

马氏曰：周天子与上公皆服九章，然公有降龙，无升龙，别于天子。

新安陈氏曰：蔡传政事懋懋处，亦云君主之臣用之。诸家所忽，最有照应，盖自"无旷庶官"已引上臣与君，各尽其责，故同寅、协恭、政事懋懋，皆当合君臣说。"有庸"，当作五庸；五礼，当主吉、凶、军、宾、嘉者为是。

20.《尚书句解》卷二

（元）朱祖义撰

天叙有典（天次叙人所有父子、君臣、夫妇、长幼、朋友五常之道），敕我五典、五惇哉（天虽序之，必须人以代天敕正我之五典，然后五典有惇厚之风）。

21.《尚书日记》卷四

（明）王樵撰

"天叙有典"至"政事懋哉，懋哉"。程子曰：书言"天叙"、"天秩"，天有是理，圣人循而行之，所谓"道"也。

张子曰：生有先后，所以为"天叙"；小大高下，相并而相形焉，是谓"天秩"。天之生物也有序，物之既形也有秩。知序然后经正；知秩然后礼行。

按，君臣、父子、夫妇、昆弟、朋友之交，五者有自然之常伦，故谓之"天叙"。典叙于天，本至厚也。因物有迁，而厚者薄矣，敕而正之使益厚者，君也。是五者之间，其亲疏贵贱，相接之体，便各有自然之节文。此乃天之所秩，而非人之所强为，本有常也。但人不能不失其常，修之以一道德，同风俗，使礼行于上下而有常者，君也。故言"敕我"、"自我"，以见其责在上，而君臣当同其寅畏，协其恭敬，一德一心，则教化行而民彝，物则各得其正，所谓"和衷"也。

"五礼"说者不同。《舜典》"五礼"既以为吉、凶、军、宾、嘉。则此处岂宜异解，且曰五礼，曰五服，曰五刑，必从古来有其目矣。吉、凶等五者之礼，不出人伦中，相接之节文也。

"衷"即典礼；惇其不惇，庸其不庸，即是"和"。乃还其所固有，而非强其所本无也。

有教化，不能无劝惩，故典礼之后，遂说"命"、"讨"。君道只有此两事而已。

"天命有德"，谓"有德"者，天之所眷，命人君代天以命，"有德"则有"五服"以章之。"五服"，五等之服。五等者，公、侯、伯、子、男，而王朝之公卿大夫，与侯国之卿大夫，亦各有命数，视以为差等。经言"五服"则爵位在其中矣。凡此乃天之所以命有德，所加非人，是违天矣。刑所以奉天讨，而非君之威也。天之所讨，而"五刑"不用，是违天也。"五刑"虽用而不当其罪，非天讨也。天之所讨，五刑用焉，乃可谓之代天讨。

命德、讨罪二者，乃君之政事，不可不勉，勉则当，否则僭。重言勉哉，见不可不慎之至也。

三代而下，愿治之君，懋于政事者有之，"和衷"者谁欤？惇、庸，师道也；命、讨，君道也。

22.《日讲书经解义》卷二

（清）库勒纳等撰

天叙有典，敕我五典、五惇哉；天秩有礼，自我五礼有庸哉。同寅、协恭、和衷哉。天命有德，五服五章哉；天讨有罪，五刑五用哉，政事懋哉懋哉。

此一节书，是皋陶陈"安民"之谟也。叙，伦叙也；敕，正也。五典，五常之道。惇，厚也。秩，尊卑贵贱之品秩。庸，常也；章，显也。五服，五等之服。懋，勉也。皋陶曰：人君"安民"之事，无非天事。天生君臣、父子、夫妇、长幼、朋友之伦，即有亲、义、序、别、信之典，此五典，乃天所次叙，而不可紊。惟君立条教，以敕正之，使民交相惇厚。天生君臣、父子、夫妇、长幼、朋友之伦，即有尊卑贵贱等级之礼，此"五礼"乃天所品秩，而不可逾。惟君著法式以敬用之，使民各循常度。君主此典、礼，固自寅畏、恭敬，臣辅此典礼，亦当同其寅畏，协其恭敬。盖典、礼，即民所受于天之衷，而民不能以惇庸自和，必君臣一心，以和民之衷，使之保合各正，然后"典"无不"惇"，"礼"无不"庸"也。"安民"之在教化者如此。夫典、礼之叙、秩，皆出于天，则民之由乎典、礼者。为有德，即天所眷命者也。人君代天赏善，有衮冕、鷩冕、毳冕、絺冕、元冕五等之服，以章显之，使民知劝于德。民之悖乎典、礼者为有罪，即天所责讨者也。人君代天罚恶，用墨、劓、剕、宫、大辟五等之刑，以惩戒之，使民知远于罪。盖命、讨，乃朝廷大政事。君主令于上，臣奉行于下，皆当勉之又勉，常修明而无怠忽，然后"服"必称"德"，刑必当罪也。"安民"之在政治者如此。凡安民，必兼教养。皋陶不言养者，府修事和，既得其养，之后则政教为尤重，诚能敬以敷教，合乎秩、叙之自然，勤以修政，期于命、讨之各当，则民咸相安于典礼德化之中，而不至有刑辟之犯。人主之所以修身、迪德者，即在是矣。

《书蔡氏传旁通》卷一下

（元）陈师凯撰

典、礼，虽天所秩、叙，然正之，使叙伦而益厚；用之，使品秩而有常，则在我而已。

朱子云：因其生而第之，以所当处者谓之"叙"；因其叙而与之，以其所当得者谓之"秩"。又云：许多典、礼都是"天叙"。天秩下了，圣人只是因而敕正之，因而用出去。凡其所谓冠、昏、丧、祭之礼，与夫典章、制度、文物、礼乐、车舆、衣服无一件是圣人自做底，都是天做下了，圣人只是依傍他天理行将去。如推个车子，本自转将去，我这里只是略扶助之而已。

《书义断法》卷一

（元）陈悦道撰

天叙有典，敕我五典、五惇哉；天秩有礼，自我五礼有庸哉，同寅、协恭、和衷哉。

民受天地之中以生，此事事物物，各有当然之则。所谓"衷"也，即谓典、礼也。五典，有君臣、父子、夫妇、长幼、朋友之伦叙。五礼，有尊卑贵贱等级隆杀之品秩。君臣上下，斯须不诚、不敬，则典、礼皆失其序，必不能正之而益厚，用之而有常，又何以"和"其本然之"中"，而顺其当然之则哉。故必同其寅畏，协其恭敬，诚无一间，融会贯通，而后民彝物则，各得其正，典、礼之"敕我"、"自我"者，为益厚而有常矣。

《尚书疑义》卷一

（明）马明衡撰

典、礼、德、刑，皆天理之自然，人君所以治天下者，惟此而已。所谓"万几"之兢业，天工之人代，亦宁有出此之外哉。

《尚书注考》

（明）陈泰交撰

"敕我五典"，训"敕"，正敕天之命。"惟民其敕懋和"，训"敕"，戒敕也。

《书经衷论》卷一

（清）张英撰

典、礼、命、讨四者，国家之大务，而一归之于天。天视、天听二者，人主之所禀，而一符之于民。彼愚贱其民者，其亦未之思乎。

《尚书七篇解义》卷一

（清）李光地撰

天叙有典，敕我五典、五惇哉；天秩有礼，自我五礼有庸哉，同寅、协恭、和衷哉。天命有德，五服五章哉；天讨有罪，五刑五用哉，政事懋哉，懋哉。

"天叙"、"天秩"、"天命"、"天讨"，皆所谓"天工"也。厚人伦而以礼等杀之,所谓"道之以德,齐之以礼"也。显有德而以刑弼辅之,所谓"道之以政,齐之以刑"也,皆治法也。然行德、礼者,在乎恭敬,以协于中;施政、刑者,在乎勤慎,以要于当,治法归乎心法也。

天秩有礼,自我五礼有庸哉

1.《尚书注疏》卷三

(汉)孔氏传,(唐)陆德明音义,孔颖达疏

天秩有礼,自我五礼有庸哉。

传:庸,常;自,用也。天次秩有礼,当用我公、侯、伯、子、男五等之礼,以接之,使有常。

音义:有庸,马本作五庸。音义:衷,音中。

疏:天又次叙爵命,使有礼法。故人君为政,当奉用我公、侯、伯、子、男五等之礼接之,使五者皆有常哉。

五常之教,人君为之,故言我也。五教遍于海内,故以天下言之。庸,常,《释诂》文。又云:自,由也。由是用,故"自"为"用"也。天次叙有礼,谓使贱事贵,卑承尊,是天道使之然也。天意既然,人君当顺天意,用我公、侯、伯、子、男五等之礼,以接之,使人贵贱有常也。此文,主于天子。天子至于诸侯,车旗衣服,国家礼仪;飧食燕好,饔饩飧牢,礼各有次秩,以接之。上言"天叙",此言"天秩"者,叙,谓定其伦次;秩,谓制其差等,义亦相通。上言"敕我",此言"自我"者,五典以教下民,须敕戒之。五礼以接诸侯,当用我意,故文不同也。上言"五惇",此言"五庸"者,五典施于近亲,欲其恩厚;五礼,施于臣下,欲其有常。故文异也,王肃云:五礼,谓王、公、卿、大夫、士。郑玄云:五礼,天子也,诸侯也,卿大夫也,士也,庶民也。此无文可据,各以意说耳。

《尚书注疏》卷三《考证》:

(归善斋按,见上句)

2.《书传》卷三

(宋)苏轼撰

天秩有礼,自我五礼五庸哉。

秩,亦叙也。庸,常也。

3.《尚书全解》卷五

(宋)林之奇撰

(归善斋按:见"天叙有典")

4.《尚书讲义》卷四

(宋)史浩撰

(归善斋按:见"曰若稽古皋陶")

5.《尚书详解》卷四

(宋)夏僎撰

(归善斋按:见"天叙有典")

6.《增修东莱书说》卷四

(宋)吕祖谦撰,时澜增修

(归善斋按:见"天叙有典")

7.《尚书说》卷一

(宋)黄度撰

(归善斋按:见"无教逸欲")

8.《洁斋家塾书钞》卷三

(宋)袁燮撰

(归善斋按:见"天叙有典")

9.《书经集传》卷一

（宋）蔡沈撰

（归善斋按：见"天叙有典"）

10.《尚书精义》卷七

（宋）黄伦撰

（归善斋按：见"无旷庶官"）

11.《尚书详解》卷四

（宋）陈经撰

（归善斋按：见"天叙有典"）

12.《融堂书解》卷二

（宋）钱时撰

（归善斋按：见"无教逸欲"）

13.《尚书要义》卷四

（宋）魏了翁撰

十一、天叙、天秩、敕我、自我、五惇、五庸。

庸，常，《释诂》文。又云，由，自也，"由"是用，故自为"用"也。天次叙有礼，谓使贱事贵，卑承尊，是天道使之然也。天意既然，人君当顺天意，用我公、侯、伯、子、男五等之礼以接之，使之贵贱有常也，此文主于天子。天子至于诸侯，车旗衣服，国家礼仪，飧食燕好，饔饩饩牢，礼各有次秩以接之。上言"天叙"，此云"天秩"者，"叙"，谓定其伦次；秩，谓制其差等，义亦相通。上云"敕我"，此言"自我"者，"五典"以教下民，须敕戒之；"五礼"以接诸侯，当用"我意"，故文不同也。上言"五惇"。此言"五庸"者，五典，施于近亲，欲其恩厚；五礼施于臣下，欲其有常，故文异也。王肃云：五礼，谓王、公、卿、大夫、士。郑玄云：五礼，天子也，诸侯也，卿大夫也，士也，庶民也。此无文可据，各以意说耳。

14.《书集传或问》卷上

（宋）陈大猷撰
（归善斋按：未解）

15.《尚书详解》卷二

（宋）胡士行撰
（归善斋按：见"天叙有典"）

16.《书纂言》卷一

（元）吴澄撰
（归善斋按：见"天叙有典"）

17.《书集传纂疏》卷一

（元）陈栎撰
（归善斋按：见"天叙有典"）

18.《读书丛说》卷三

（元）许谦撰
（归善斋按：见"天叙有典"）

19.《书传辑录纂注》卷一

（元）董鼎撰
（归善斋按：见"天叙有典"）

20.《尚书句解》卷二

（元）朱祖义撰

天秩有礼（天秩叙人有吉、凶、军、宾、嘉之五礼），自我五礼有庸哉（天虽秩之，必须人以代天因我之五礼，然后可以常行而不惑）。

21.《尚书日记》卷四

（明）王樵撰

（归善斋按：见"天叙有典"）

22.《日讲书经解义》卷二

（清）库勒纳等撰

（归善斋按：见"天叙有典"）

《书蔡氏传旁通》卷一下

（元）陈师凯撰

有庸，马本作"五庸"。

据《释文》云。

《书义断法》卷一

（元）陈悦道撰

（归善斋按：见"天叙有典"）

《尚书疑义》卷一

（明）马明衡撰

（归善斋按：见"天叙有典"）

《尚书埤传》卷三

（清）朱鹤龄撰

天秩有礼。

和衷哉。

五服。

"五礼"注疏作公、侯、伯、子、男五等之礼，非是。蔡传本朱子，极明。黄文叔以为即吉、凶、军、宾、嘉，此说亦有理。"五典"、"五礼"，俱见《舜典》篇不必异说。

衷，即"降衷"之"衷"，古与"中"通。《左传》刘康公曰"民受天地之中以生"，于是有动作威仪，礼义之则，以定命也。能者养以之福，不能者败以取祸。此章叙典秩礼，即礼义、威仪之谓也。合于衷者，有五服，能者养福之谓也。悖于礼者，有五刑，不能取祸之谓也。康公之言，与皋陶相发。

（附考）蔡传自九章至一章，按《周官·司服》，公服衮冕而下九章，如王之服（马廷鸾曰：公有降龙，无升龙，以别天子）；侯、伯服鷩冕而下七章，如公之服；子、男服毳冕而下五章，如侯、伯之服；孤服希（音同止）冕而下三章，如子、男之服；卿大夫服玄冕而下一章，如孤之服。凡五等，然此只周制耳。唐虞之制，未必皆同。

《尚书七篇解义》卷一

（清）李光地撰

（归善斋按：见"天叙有典"）

同寅、协恭、和衷哉

1.《尚书注疏》卷三

（汉）孔氏传，（唐）陆德明音义，孔颖达疏

同寅、协恭、和衷哉。

传：衷，善也。以五礼正诸侯，使同敬合恭，而和善。

音义：衷，音中。

疏：接以常礼，当使同敬合恭而和善哉。

"衷"之为"善"，常训也。故《左传》云"天诱其衷"，说者皆以"衷"为"善"。此文承"五礼"之下，礼尚恭敬，故以五礼正诸侯，使同敬合恭而和善也。郑玄以为并上之礼，共有此事。五典，室家之内，务在相亲，非复言以恭敬，恭敬惟为五礼而已。孔言是也。

2.《书传》卷三

（宋）苏轼撰

同寅、协恭、和衷哉。

寅，敬也。衷，诚也。

3.《尚书全解》卷五

（宋）林之奇撰

（归善斋按：见"天叙有典"）

4.《尚书讲义》卷四

（宋）史浩撰

（归善斋按：见"曰若稽古皋陶"）

5.《尚书详解》卷四

（宋）夏僎撰

（归善斋按：见"天叙有典"）

6.《增修东莱书说》卷四

（宋）吕祖谦撰，时澜增修

（归善斋按：见"天叙有典"）

7.《尚书说》卷一

（宋）黄度撰

（归善斋按：见"无教逸欲"）

8.《洁斋家塾书钞》卷三

（宋）袁燮撰

（归善斋按：见"天叙有典"）

9.《书经集传》卷一

（宋）蔡沈撰

（归善斋按：见"天叙有典"）

10.《尚书精义》卷七

（宋）黄伦撰

（归善斋按：见"无旷庶官"）

11.《尚书详解》卷四

（宋）陈经撰

（归善斋按：见"天叙有典"）

12.《融堂书解》卷二

（宋）钱时撰

（归善斋按：见"无教逸欲"）

13.《尚书要义》卷四

（宋）魏了翁撰

（归善斋按：未引）

14.《书集传或问》卷上

（宋）陈大猷撰

（归善斋按：未解）

15.《尚书详解》卷二

（宋）胡士行撰

（归善斋按：见"天叙有典"）

16.《书纂言》卷一

（元）吴澄撰

（归善斋按：见"天叙有典"）

17.《书集传纂疏》卷一

（元）陈栎撰

（归善斋按：见"天叙有典"）

18.《读书丛说》卷三

（元）许谦撰

（归善斋按：未解）

19.《书传辑录纂注》卷一

（元）董鼎撰

（归善斋按：见"天叙有典"）

20.《尚书句解》卷二

（元）朱祖义撰

同寅、协恭、和衷哉（君臣可不同其寅畏，协其恭谨，和其衷善，相与共成典礼哉）。

21.《尚书日记》卷四

（明）王樵撰

（归善斋按：见"天叙有典"）

22.《日讲书经解义》卷二

（清）库勒纳等撰

（归善斋按：见"天叙有典"）

《书蔡氏传旁通》卷一下

（元）陈师凯撰

衷，"降衷"之"衷"，即所谓典、礼也。

《汤诰》传云：天之降命，而具仁、义、礼、智、信之理，无所偏倚，所谓"衷"也。人之禀命，而得仁、义、礼、智、信之理，与心俱生，所谓"性"也。愚按，以此为即典礼者，盖父子、君臣、夫妇、长幼、朋友之常，即仁、义、礼、智、信之道。圣人所以因而品节，为吉、凶、军、宾、嘉之五礼，亦无往而非此道，故曰"天叙"，又曰"天秩"，盖本于天，而备于我。其体则具于中，而无少偏倚，其用则行于外，而非过不及，此蔡氏所以谓之即典、礼也。

民彝物，则各得其正，所谓"和衷"也。

各得其正，则发必中节，而于天理之自然者，皆无所乖沴，是以能"和衷"也。《辑纂》引齐氏云"圣人为礼以节之"，欧阳公所谓"顺其情而节文之"，"使知尊卑长幼，凡人之大伦也"。此其高下之宜，丰杀之别，贵贱偏全之等，所以明于人心，习熟于人之耳目，而终其身不敢肆其情欲于度数之外也。此三代帝王防范人心之先务，堤防世变之大端也。

《书义断法》卷一

（元）陈悦道撰

（归善斋按：见"天叙有典"）

《尚书疑义》卷一

（明）马明衡撰

"同寅、协恭"，谓五品之人，皆同其寅畏，而不敢肆，合其恭敬而不敢慢。中心乖戾不作，欢然有恩以相接，所谓和衷也。

《尚书注考》

（明）陈泰交撰

"同寅、协恭、和衷哉"，训"衷"，"降衷"之"衷"，即所谓典、礼也。"降衷于下民"训"衷"，中。

《尚书埤传》卷三

（清）朱鹤龄撰

（归善斋按：见"天秩有礼"）

《尚书七篇解义》卷一

（清）李光地撰

（归善斋按：见"天叙有典"）

天命有德，五服五章哉

1.《尚书注疏》卷三

（汉）孔氏传，（唐）陆德明音义，孔颖达疏

天命有德，五服五章哉。

传：五服，天子、诸侯、卿、大夫、士之服也。尊卑采章各异，所以命有德。

疏：天又命用有九德，使之居官，当承天意，为五等之服，使五者尊卑彰明哉。

《益稷》云"以五采彰施于五色，作服，汝明"，是天子、诸侯、卿、大夫、士之服也。其尊卑采章，各异于彼。传具之天命有德，使之居位。命有贵贱之伦，位有上下之异，不得不立名，以此等之象物，以彰之先王。制为五服，所以表贵贱也；服有等差，所以别尊卑也。

2.《书传》卷三

（宋）苏轼撰

天命有德，五服五章哉。天讨有罪，五刑五用哉。政事懋哉懋哉。

懋，勉也。父义、母慈、兄友、弟恭、子孝，皆出于民性之自然。孰

为此叙者,非天乎?我特从而正之,使益厚耳。豺獭之敬,啁啾之悲,交际之欢,攘夺之怒,牝牡之好,此五礼之所从出也。孰为此秩者,非天乎?我特从而修之,使有常耳。此二者,道德之事,非君臣同其诚敬,莫能致也。五等车服,天所以命有德,而我章之;刑罚天所以讨有罪,而我用之。此二者,政事也,勉之而已。

3.《尚书全解》卷五

(宋)林之奇撰

(归善斋按:见"天叙有典")

4.《尚书讲义》卷四

(宋)史浩撰

(归善斋按:见"曰若稽古皋陶")

5.《尚书详解》卷四

(宋)夏僎撰

(归善斋按:见"天叙有典")

6.《增修东莱书说》卷四

(宋)吕祖谦撰,时澜增修

天命有德,五服五章哉;天讨有罪,五刑五用哉,政事懋哉懋哉。

"命有德"、"讨有罪",直言"五服五章"、"五刑五用",皆不云"我"者,见赏罚之纯乎天也。盖典、礼虽本于天,犹待人辅相撙节而成之。若赏罚,则不可加一毫于其间。有一毫之人欲,则赏罚,我之赏罚,非天之赏罚矣。观鲧于舜而诛,禹于舜而用,此"天命"、"天讨"也。舜可谓不以我矣。"政事懋哉懋哉",言赏罚此心勉勉不已,不可有一毫止息。有所止息,则有我之心,乘间而生矣。

7.《尚书说》卷一

（宋）黄度撰

（归善斋按：见"无教逸欲"）

8.《洁斋家塾书钞》卷三

（宋）袁燮撰

天命有德，五服五章哉；天讨有罪，五刑五用哉，政事懋哉懋哉。

赏罚，政事之大者也。懋之为言，勉也。"懋哉懋哉"者，勉勉不已，则兢业常存，怠惰不作。此心清明，无一毫私意介乎其间，其所赏，皆天命也；其所刑，皆天讨也。不能自勉，私意纷然，则有德者，未必赏，有罪者未必刑，岂所谓天命、天讨哉？前论典礼归之"同寅、协恭、和衷"，此论刑、赏归之"懋哉懋哉"。"同寅、协恭、和衷"，行典礼之本也；"懋哉懋哉"，用刑赏之本也。此皆皋陶探本而言之，此处当看。

9.《书经集传》卷一

（宋）蔡沈撰

（归善斋按：见"天叙有典"）

10.《尚书精义》卷七

（宋）黄伦撰

（归善斋按：见"无旷庶官"）

11.《尚书详解》卷四

（宋）陈经撰

（归善斋按：见"天叙有典"）

12.《融堂书解》卷二

（宋）钱时撰

（归善斋按：见"无教逸欲"）

13.《尚书要义》卷四

（宋）魏了翁撰

（归善斋按：未引）

14.《书集传或问》卷上

（宋）陈大猷撰

（归善斋按：未解）

15.《尚书详解》卷二

（宋）胡士行撰

天命有德，五服（见《益稷》）五章（彰其德）哉；天讨有罪，五刑五用哉，政（大纲）事（小纪）懋（勉）哉懋哉。

典礼言我，而命讨不言我者，典礼必自天子出，而赏罚则纯乎天而已。天者，此理之公也。爵人于朝，与众共之；刑人于市，与众弃之，天子不得而私焉。勉而又勉，与天不息。息则有我之私，乘间而生矣。

16.《书纂言》卷一

（元）吴澄撰

（归善斋按：见"天叙有典"）

17.《书集传纂疏》卷一

（元）陈栎撰

（归善斋按：见"天叙有典"）

18.《读书丛说》卷三

（元）许谦撰

（归善斋按：见"天叙有典"）

19.《书传辑录纂注》卷一

（元）董鼎撰

（归善斋按：见"天叙有典"）

20.《尚书句解》卷二

（元）朱祖义撰

天命有德（以至有德者天所命），五服五章哉（必人代天彰之以五等之服）。

21.《尚书日记》卷四

（明）王樵撰

（归善斋按：见"天叙有典"）

22.《日讲书经解义》卷二

（清）库勒纳等撰

（归善斋按：见"天叙有典"）

《尚书通考》卷五

（元）黄镇成撰

天命有德，五服五章哉。

蔡氏曰：五等之服，自九章以至一章是也。《周礼·典命》上公九命，为伯衣服礼仪，皆以九为节；侯、伯七命，皆以七为节；子、男五命，以五为节。《司服》公之服，自衮冕而下，如王之服侯；伯之服自鷩冕而下，如公之服；子男之服自毳冕而下，如侯、伯之服；孤之服，自希冕而下，如子、男之服；卿大夫之服，自玄冕而下，如孤之服；士之服自皮弁而下，如大夫之服。蔡元度曰：公九章，侯、伯七章，子、男五章，孤三章大夫一章，士服皮弁无章数。

五服，五等之服，自九章以至一章是也。

《周礼·春官·司服》注云：九章，一曰龙，二曰山，三曰华虫，四曰火，五曰宗彝，皆画以为缋；六曰藻，七曰粉米，八曰黼，九曰黻，皆希以为绣。公之服，自衮冕而下，衣五章，裳四章，如王之服。侯、伯之服，自鷩冕而下。鷩，即华虫，雉也。衣三章，裳四章，凡七，无龙与山也。子、男之服，自毳冕而下。毳，画虎、蜼二兽于宗彝之器，衣三章，宗彝、藻、米；裳二章，黼、黻，凡五，无龙、山、虫、火也。孤之服，自希冕而下。希者，刺粉米于衣，无画也。衣一章，裳二章，黼黻而已。凡三大夫之服，自玄冕而下。玄者，衣无文；裳一章，刺黻而已。凡冕服，皆玄衣𬘘裳，五服同用冕，其旒数则亦异。又按杨信斋《祭礼经传通解》云，衮衣之冕十二旒，用玉二百八十八；鷩衣之冕九旒，用玉二百一十六；毳衣之冕七旒，用玉百六十八；希衣之冕五旒，用玉百二十；玄衣之冕三旒，用玉七十二。

《书义断法》卷一

（元）陈悦道撰

天命有德，五服五章哉；天讨有罪，五刑五用哉，政事懋哉懋哉。

五等之服，自一章以至九章，所以章有德也。五等之刑，自墨、劓以至大辟，所以用之有罪者也。命德、罚罪之权，虽出于君、臣而实本于天理。国之政事，盖无大于此者矣。君臣不交致其勉，则庆赏、刑威之用，必有失其当，而非天意者。皋陶陈"安民"之谟，于其将终，反复叹咏，以见古者君臣之用心，下尽人事，上答天意，凡所以代天行权者，何可一息之不勉哉。

《尚书注考》

（明）陈泰交撰

"五服五章"，训"五服"，五等之服。"弼成五服"，训"五服"，甸、侯、绥、要、荒也。"五服一朝"，训"五服"，侯、甸、男、采、卫也。

《尚书稗疏》卷一

（清）王夫之撰

五服五章。

蔡元度以公九章，侯、伯七，子、男五，孤三，卿大夫一，为五服。蔡氏用之。今按，公之服，自衮冕以下，至卿大夫。服玄冕而下者，周制也。王之服，则有大裘而冕，《益稷》篇有十二章，盖日、月、星辰，自周以上，登于衣裳，至周始画于旂，为大常殊天子以大裘，而不殊之以十章也。若唐虞，则三辰在衣，其登降之数必有不同者。孔氏谓：天子服日月而下；诸侯自龙衮而下至黼、黻；士服藻火，大夫加粉米。自周以上，诸侯之爵三，大夫、士为二，故有十二牧、胤侯、崇伯之称。《周官》亦云：外有州牧侯、伯，是无公与子、男而有牧也。卿之号，始见于《商书》则"九官"者亦大夫而已。百僚、百工则士也。以降杀以两之义度之，盖牧九章，侯七，伯五，大夫三，士二。而天子之升，以三者取其益隆也。若以牧于天子，降杀以三准之，则牧九，侯六，伯三，大夫二，士一。卑者数，而尊者疏也。二说既无可定，要必居一于此。两蔡以周例虞，不足为征。而孔氏以天子入"五章"之数，则命德、讨罪，皆言天子制下之事，经有明文，固不得屈帝服，以与其列。

《尚书埤传》卷三

（清）朱鹤龄撰

（归善斋按：见"天秩有礼"）

《尚书七篇解义》卷一

（清）李光地撰

（归善斋按：见"天叙有典"）

天讨有罪，五刑五用哉

1.《尚书注疏》卷三

（汉）孔氏传，（唐）陆德明音义，孔颖达疏
天讨有罪，五刑五用哉。

传：言天以五刑讨有罪，用五刑，宜必当。

疏：天又讨治有罪，使之绝恶，当承天意，为五等之刑，使五者轻重用法哉。

2.《书传》卷三

（宋）苏轼撰

（归善斋按：见"天命有德"）

3.《尚书全解》卷五

（宋）林之奇撰

（归善斋按：见"天叙有典"）

4.《尚书讲义》卷四

（宋）史浩撰

（归善斋按：见"曰若稽古皋陶"）

5.《尚书详解》卷四

（宋）夏僎撰

（归善斋按：见"天叙有典"）

6.《增修东莱书说》卷四

（宋）吕祖谦撰，时澜增修

（归善斋按：见"天命有德"）

7.《尚书说》卷一

（宋）黄度撰

（归善斋按：见"无教逸欲"）

8.《洁斋家塾书钞》卷三

（宋）袁燮撰

（归善斋按：见"天命有德"）

9.《书经集传》卷一

（宋）蔡沈撰

（归善斋按：见"天叙有典"）

10.《尚书精义》卷七

（宋）黄伦撰

（归善斋按：见"无旷庶官"）

11.《尚书详解》卷四

（宋）陈经撰

（归善斋按：见"天叙有典"）

12.《融堂书解》卷二

（宋）钱时撰

（归善斋按：见"无教逸欲"）

13.《尚书要义》卷四

（宋）魏了翁撰

（归善斋按：未引）

14.《书集传或问》卷上

（宋）陈大猷撰

或问：龟山言"爵人于朝与众共之，刑人于市与众弃之，虽天子不得私，故刑赏不言'我'"如何？曰：刑赏当纯乎天，故不言"我"，谓因朝市之迹，遂不言"我"，则与天又隔一递。后世爵人、刑人，未尝不如市朝,岂尽合于天哉。

15.《尚书详解》卷二

(宋)胡士行撰

(归善斋按:见"天命有德")

16.《书纂言》卷一

(元)吴澄撰

(归善斋按:见"天叙有典")

17.《书集传纂疏》卷一

(元)陈栎撰

(归善斋按:见"天叙有典")

18.《读书丛说》卷三

(元)许谦撰

(归善斋按:见"天叙有典")

19.《书传辑录纂注》卷一

(元)董鼎撰

(归善斋按:见"天叙有典")

20.《尚书句解》卷二

(元)朱祖义撰

天讨有罪(有罪者天所讨),五刑五用哉(必人代天用之以五等之刑)。

21.《尚书日记》卷四

(明)王樵撰

(归善斋按:见"天叙有典")

22.《日讲书经解义》卷二

（清）库勒纳等撰

（归善斋按：见"天叙有典"）

《书义断法》卷一

（元）陈悦道撰

（归善斋按：见"天叙有典"）

《尚书七篇解义》卷一

（清）李光地撰

（归善斋按：见"天叙有典"）

政事懋哉懋哉

1.《尚书注疏》卷三

（汉）孔氏传，（唐）陆德明音义，孔颖达疏

政事懋哉懋哉。

传：言叙典、秩礼、命德、讨罪，无非天意者。故人君居天官，听政治事，不可以不自勉。

疏：典、礼、德、刑，无非天意，人君居天官，听治政事，当须勉之哉。

2.《书传》卷三

（宋）苏轼撰

（归善斋按：见"天命有德"）

3.《尚书全解》卷五

（宋）林之奇撰

（归善斋按：见"天叙有典"）

4.《尚书讲义》卷四

（宋）史浩撰

（归善斋按：见"曰若稽古皋陶"）

5.《尚书详解》卷四

（宋）夏僎撰

（归善斋按：见"天叙有典"）

6.《增修东莱书说》卷四

（宋）吕祖谦撰，时澜增修

（归善斋按：见"天命有德"）

7.《尚书说》卷一

（宋）黄度撰

（归善斋按：见"无教逸欲"）

8.《洁斋家塾书钞》卷三

（宋）袁燮撰

（归善斋按：见"天命有德"）

9.《书经集传》卷一

（宋）蔡沈撰

（归善斋按：见"天叙有典"）

10.《尚书精义》卷七

（宋）黄伦撰
（归善斋按：未解）

11.《尚书详解》卷四

（宋）陈经撰
（归善斋按：见"天叙有典"）

12.《融堂书解》卷二

（宋）钱时撰
（归善斋按：见"无教逸欲"）

13.《尚书要义》卷四

（宋）魏了翁撰
（归善斋按：未引）

14.《书集传或问》卷上

（宋）陈大猷撰
（归善斋按：未解）

15.《尚书详解》卷二

（宋）胡士行撰
（归善斋按：见"天命有德"）

16.《书纂言》卷一

（元）吴澄撰
（归善斋按：见"天叙有典"）

17.《书集传纂疏》卷一

（元）陈栎撰

（归善斋按：见"天叙有典"）

18.《读书丛说》卷三

（元）许谦撰

（归善斋按：见"天叙有典"）

19.《书传辑录纂注》卷一

（元）董鼎撰

（归善斋按：见"天叙有典"）

20.《尚书句解》卷二

（元）朱祖义撰

政事懋哉懋哉（如是则人君于刑赏之政事，可不勉而又勉哉）。

21.《尚书日记》卷四

（明）王樵撰

（归善斋按：见"天叙有典"）

22.《日讲书经解义》卷二

（清）库勒纳等撰

（归善斋按：见"天叙有典"）

《书义断法》卷一

（元）陈悦道撰

（归善斋按：见"天叙有典"）

《尚书七篇解义》卷一

（清）李光地撰

（归善斋按：见"天叙有典"）

天聪明，自我民聪明

1. 《尚书注疏》卷三

（汉）孔氏传，（唐）陆德明音义，孔颖达疏

天聪明，自我民聪明。

传：言天因民而降之福，民所归者，天命之。天视听人君之行，用民为聪明。

疏：正义曰：此承上"懋哉"之下，言所勉之者，以天之聪明视听，观人有德，用我民，以为耳目之聪明，察人言善者，天意归赏之。

传正义曰：皇天无心，以百姓之心为心。此经大意，言民之所欲，天必从之。聪明，谓闻见也。天之所闻见，用民之所闻见也。然则，聪明直是闻见之意。其言未有善恶。以下言明威，是天降之祸，知此聪明，是天降之福，此即《泰誓》所云"天听自我民听，天视自我民视"，故民所归者，天命之。大而言之，民所归，就天命之为天子也。小而言之，虽公卿大夫之任，亦为民所归向，乃得居之。此文，主于天子，故言天视听人君之行，用民为聪明，戒天子，使顺民心，受天之福也。

2. 《书传》卷三

（宋）苏轼撰

天聪明，自我民聪明；天明畏，自我民明威。达于上下，敬哉有土。

上帝付耳目于民者，以其众而无私也。民所喜怒威福行焉，自天子达，不避贵贱，有土者可不敬哉。

3.《尚书全解》卷五

（宋）林之奇撰

天聪明，自我民聪明；天明畏，自我民明威。达于上下，敬哉有土。

古文《书》，"畏"与"威"二字通用，其义一也。孔氏以上一句属于"天命有德"，言因民而降之福，民所归者，天必命之。下一句属于"天讨有罪"，言天明可畏，亦因民成其畏。民所叛者，天必讨之。按《吕刑》云"德威惟畏，德明惟明"，是"明"与"畏"字相对而言。明者，天之所彰也，畏者，天之所畏也。孔氏既以明、畏属于"天讨有罪"矣，故遂以"聪明"属于彰有德，岂天之彰有德，则用其聪明，而讨有罪则不用其聪明者乎？此说不通。而王氏、张谏议则又以"聪明"主于典礼，而言"明畏"主于命德、讨罪。而言夫"明畏"主于命德、讨罪，无可疑者。而以聪明为主典礼，则失之泥。要之，二句只一意，盖所以总结上文，而尽其义，亦不必分说。《泰誓》曰"天视自我民视，天听自我民听"，此正为命德、讨罪而言也。言天之聪明，能鉴察善恶，故其吉凶祸福之应，未尝有毫厘之差。为人君欲观其聪明、明畏，无观诸他，观之民而已。天有聪明之道，而其闻见，则付之于民。民之所闻，天之聪也；民之所见，天之明也。天有明、畏之道。而其好恶，则付之于民。民之所好，天之明也；民之所恶，天之畏也。盖公天下之闻见，好恶而褒贬，则天之聪明、明畏不外是矣，是道也。达乎上下者，一理而已。下焉，民之所以好恶向背者，此道也。上焉，天之所以吉凶祸福者，亦此道也，所以必在察乎民之意，以察天之意。此理而达于上下，本无有二。民之好恶向背，则天之吉凶、祸福应之，如影响矣。故有土者，不可不敬。如此，敬于民，则敬于天矣。敬于天，则民归之矣。

4.《尚书讲义》卷四

（宋）史浩撰

（归善斋按：见"曰若稽古皋陶"）

5.《尚书详解》卷四

（宋）夏僎撰

天聪明，自我民聪明；天明畏，自我民明威。达于上下，敬哉有土。

皋陶前既以典礼、命讨之事，明天工人其代之之说，至此又恐人君以天道远，而行典礼施命讨之际，徇私意，以违天理，故言："天聪明，自我民聪明；天明畏，自我民明威。"以见天虽高，而视听常卑；天虽远，而好恶常近，欲人君知所儆惧，而不敢忽于代天也。孔氏以"聪明"属于"天命有德"，谓天之"聪明"，观人有德，常用民为耳目；以"明畏"属于"天讨有罪"，谓天明可畏，亦因民明其威。按《吕刑》云"德威惟畏，德明惟明"，是"明"者，天之所彰也；"畏"者，天之威也。由此而言，"明畏"，天讨而已。兼天之用有德，讨有罪，无不用聪明，岂有彰有德，则用聪明，而讨有罪，则不用哉？此说不通。王氏则又以"聪明"主于典、礼，而言"明威"主于命德、讨罪而言。夫以"聪明"为主典、礼未免过泥。要之，二句只一意，所以总结上文而尽其义，且以《泰誓》观之，《泰誓》之作，盖武王誓众，谓我为天所命，纣为天所讨，故其誓曰："天视自我民视，天听自我民听"，则此言"天聪明"，亦可以该命讨之事矣。由是观之，则此言"天聪明"、"天明畏"者，皋陶之意，实为"天工"须人而代。典、礼不自行待人，悼而庸之；命讨不自行待人，彰而用之。今也，人君不可谓天道远，无与于人，旷庶官，而忽于代天。殊不知，天至"聪明"也，而所以为"聪明"者，乃因民之视听而为之视听。天至明畏也，而所以为"明畏"者，乃因民之好恶，而为之好恶。人君于此，苟任于意，而忽天理，则设施注措，背于民心，则亦背于天心矣。天位于上，民位乎下，上下之间常相通达。有土之君，可不敬哉。此正皋陶之意也。天言"明畏"，民言"明威"，少颖谓：古文《书》，"威"与"畏"二字通用，其义一也。

6.《增修东莱书说》卷四

（宋）吕祖谦撰，时澜增修

天聪明，自我民聪明；天明畏，自我民明威。达于上下，敬哉有土。

自我之言，天人贯通之理也。天有显道，厥类惟彰。"自我民聪明"，观之于斯民，生知之时则可见；"自我民明威"，观之于人心，凛然不可犯之地则可见。"达于上下"，此理彻上下而无间断，有土之君，其可不敬。

7.《尚书说》卷一

（宋）黄度撰

（归善斋按：见"无教逸欲"）

8.《洁斋家塾书钞》卷三

（宋）袁燮撰

天聪明，自我民聪明；天明畏，自我民明威。达于上下，敬哉有土。

"聪明"者，聪无所不闻，明无所不见也。"明畏"者，明命赫然可畏也。先言聪明，即言明畏，为其聪明所以明命可畏也。"自"者，因也。民之聪明，即天之聪明也。此只是天、人无二致底道理。今以形体观，遂谓天、人不同，外其形体而以此心言，果有异乎哉？且有人于此为善耶，人皆知好之；为恶耶，人皆知恶之。不特士大夫为然，工商徒卒，亦莫不然。不特贤者为然，愚鄙小人，亦莫不然。此民之所以为聪明也。民之聪明如此，则知天之聪明亦如此。所谓达于上下，言其通达而无间也。既若此，则有土之君，安可不敬？今人但见蚩蚩之氓，至卑且贱，遂谓其可忽而不敬；不知民即天也。林然之众，这便是天，如之何而不敬？自"天叙有典"以下，大略是说安民之事，然前面说"庶绩其凝"，则安民之事，亦在其中矣。此只是一个道理。知人所以安民也，本不可分，所以交贯言之。

9.《书经集传》卷一

（宋）蔡沈撰

天聪明，自我民聪明；天明畏，自我民明威。达于上下，敬哉有土。

"威"，古文作"畏"，二字通用。"明"者，显其善"畏"者，威其恶。天之聪明，非有视听也，因民之视听以为聪明；天之明畏，非有好恶也，因民之好恶以为明畏。"上下"，上天、下民也，敬心无所慢也。有土，有民社也。言天、人一理，通达无间，民心所存，即天理之所在，而吾心之敬，是又合天民而"一"之者也，有天下者可不知，所以敬之哉。

10.《尚书精义》卷七

(宋) 黄伦撰

天聪明，自我民聪明；天明畏，自我民明威。达于上下，敬哉有土。

无垢曰：欲知天之所在，即民可见也。故天之"聪明"，即民之"聪明"也。天之"明畏"，即民之"明威"也。如是，民之闻见，天之"聪明"也；民之喜怒，天之"明威"也，岂可欺哉？"同寅、协恭、和衷"，则知典礼之合于天。"政事懋哉懋哉"，则知赏刑之合于天。其应如此，岂可欺哉？夫合天下之闻见，以为"聪明"；合天下之喜怒，以为"明威"，则天之为天，亦可见矣。倘有一毫私意横乎其心者，皆非天也。又曰：夫合天下之闻见，以为喜怒；合天下之喜怒，以为刑赏，其"聪明"，"明威"如此，可不敬哉？贱而庶民，贵为天子，一以此待之耳，盖位有上下，理无上下。理之所在，虽匹夫，可以动天理之所黜，虽天子谓之一夫，则以天道无私。合天下之闻见以为喜怒，合天下之喜怒以为刑赏，不以贵贱高下，其心故也。然则，有土之君，独何所恃乎？所恃者，"敬"而已矣。张氏曰：高其目，下其耳，天之"聪明"也。其所以"聪明"者，因民之"聪明"而已。善者福之，淫者祸之，天之"明畏"也。其所以"明畏"者，因民之"明威"而已。"天视，自我民视；天听，自我民听"，则其"聪明"，因民可知矣。民之所就天之所予，民之所去，天之所夺，则其"明畏"，自民可知矣。于天言"明畏"，于民亦言"明威"者，盖天不嫌于无威，于天言"畏"，则威可知矣。于民言"威"，则"畏"不足道也。然民受天地之中以生，其性命之理，与天为一，则其好恶取舍，未尝与天违也。圣人知其如此，故自"民聪明"，以叙有典，秩有礼，则典、礼不违民性。自"民明威"，以命有德，讨有罪，则赏罚不悖民心。圣人之因民，乃所以因天者也。然而，天之"明畏"，岂择贵贱而加之，故曰"达于上下"，如是则有土之君不可不钦，故曰"敬哉有土"。

11. 《尚书详解》卷四

（宋）陈经撰

（归善斋按：见"天叙有典"）

12. 《融堂书解》卷二

（宋）钱时撰

（归善斋按：见"无教逸欲"）

13. 《尚书要义》卷四

（宋）魏了翁撰

十二、天用民为聪明，亦用民成其威。

"天聪明，自我民聪明"，言天因民而降之福，民所归者，天命之，天视听人君之行，用民为聪明。"天明畏，自我民明威"，天明可畏，自我民明威，亦用民成其威。民所叛者，天讨之，是天明可畏之效。正义曰：皇天无心，以百姓之心为心。此经大意，言民之所欲，天必从之。聪明，谓闻见也。天之所闻见，用民之所闻见也。然则，聪明直是闻见之义，其言未有善恶。以下言明威，是天降之祸，知此聪明，是天降之福。此即《泰誓》所云"天听自我民听，天视自我民视"，故民所归者，天命之。大而言之，民所归，就天命之为天子也。小而言之，虽公卿大夫之任，亦为民所归向，乃得居之。此文主于天子，故言天视听人君之行，用民为听明，戒天子，使顺民心，受天之福也。

14. 《书集传或问》卷上

（宋）陈大猷撰

（归善斋按：未解）

15. 《尚书详解》卷二

（宋）胡士行撰

天聪（听）明（视），自（从）我民聪明；天明（显）畏（可畏），自我民明威（"明畏"，福善祸淫；"明威"，抚后虐雠）。达于上（天）下（民），敬哉有土（有土之君奉天畏民）。

前言典礼、命讨，皆本之天然。天岂高远茫昧哉，民心之天，即天之天也。民不可欺，天可欺乎？聪明则于典礼、命讨之得失，了然善淫抚虐之分，而祸福后雠，岂不显而可畏乎？天民一理，彻上彻下，有土之君奈何不敬？

16.《书纂言》卷一

（元）吴澄撰

天聪明，自我民聪明；天明畏，自我民明威。达于上下，敬哉有土。

"威"，古文作"畏"，二字通用。"明"者，显其善；"畏"者，威其恶。上，谓天；下，谓民。天之聪明，非有视听，因民之视听以为聪明；天之明畏，非有好恶，因民之好恶，以为明畏。天不在天，而在民。上天、下民，通彻为一，民即天也。故能"安民"，则民怀而天眷之；不能安民，则民离而天释之矣。有土之君，其可不敬哉？

17.《书集传纂疏》卷一

（元）陈栎撰

天聪明，自我民聪明；天明畏，自我民明威。达于上下，敬哉有土。

纂疏：

《语录》：林氏谓"聪明言视听，明畏言好恶"如何？曰：林说是。"明畏"，言天之所"明"、所"畏"。所明，如"明明扬侧陋"之"明"；所威，如"董之用威"，"威用六极"之意。

林氏曰：马本作"天民威"。古文作"民明畏"。威、畏，古字多通用。

唐孔氏曰：天无心，以民心为心，即"天视，自我民视；天听，自我民听"意。

陈氏曰：有土之君，敬而不忽乎民，是即不忽乎天。使知天之当严，而以民为易虐，是天民有二理也。此"安民"之谟所以必推极于此欤。

王氏炎曰：君民而敬心不存，则所以"安民"者必未尽也。

真氏曰：武夷胡氏尝举"天叙"至"有土"，而曰皋陶之学极精粹。

18.《读书丛说》卷三

(元) 许谦撰

"天聪明"至"敬哉有土"一章，此专戒君所以当"迪德"者也。"明威"，天之所以加于君身者也。天难谌命靡，常善，则降祥；不善则降殃，必然之理也。天岂有意哉，亦以民为聪明尔。"敕我"、"自我"之不惇庸。命德、讨罪之不当，则民怨而天怒矣，末又明言之曰，天人一理，上下通达，无有少间。有土者可不敬哉，能敬则能安民矣。

19.《书传辑录纂注》卷一

(元) 董鼎撰

天聪明，自我民聪明；天明畏，自我民明威。达于上下，敬哉有土。

辑录：

问："聪明"、"明畏"，不知"明畏"是两字还是一字。林氏以为"聪明"言视听；"明畏"言好恶，未知如何？先生曰：林氏似是。"明畏"言天之所明、所畏。所明，如"明明扬侧陋"之"明"上"明"字。所畏，如"董之用威"、"威用六极"之意。答潘子善。

纂注：

新安陈氏曰：此因上文言"天叙"、"天秩"、"天命"、"天讨"，而申言天人合一之理。

林氏曰："天明畏"，马本作"天明威，自我民明威"，古文作"自我民明畏"，"畏"、"威"不必分也。

唐孔氏曰：天无心，以民心为心，即《泰誓》所谓"天视自我民视，天听自我民听"。

陈氏经曰：有土之君惟敬，则不忽乎民，是乃不忽乎天。不敬则徒知天之当严，而以民为易虐，是天民有二理也。此皋安民之谟，必推极于此欤。

王氏炎曰：以君临民，敬心不存，则所以安民者必未尽也。自天子以至诸侯、卿大夫有四，封有采地者，皆为有土之君。有土必有民，皆当以敬临之。

真氏曰：武夷胡氏尝举《皋陶谟》"天叙"至"有土"章曰，皋陶之学极醇粹。

20. 《尚书句解》卷二

（元）朱祖义撰

天聪明（况天至聪明），自我民聪明（乃因我民视听为聪明）。

21. 《尚书日记》卷四

（明）王樵撰

"天聪明，自我民聪明"至"敬哉有土"。上言君之教化政事，皆主于奉天，此言天之"聪明"、"明威"皆主于民心。盖自古论君道，则本于天论。天则主于民。后世圣学失传，古治不复者，只由此理不明而已。

莫"聪明"于天，而非有视听也，民所共见而共闻者，天之"聪明"也；莫"明畏"于天，而非有好恶也，民所共予而共弃者，天之"明畏"也。

张子曰：天无心，心皆在人之心。一人私见，固不足尽，至于众心所同，即是义理。总之，则便是天。故曰天，曰帝，皆民之情然也。按，如此，则果何有上下之间乎？故有土者当敬之。敬之，无一日之敢怠。惇典、庸礼、寅恭，形于教化之实，而不敢拂乎民之性；命德、讨罪，懋勉见于政事之施，而不敢违乎民之公。不以民视民，而以天视民，则"安民"之道，岂容有不尽者哉。

22. 《日讲书经解义》卷二

（清）库勒纳等撰

天聪明，自我民聪明；天明畏，自我民明威。达于上下，敬哉有土。

此一节书，是皋陶发明天人一理，见人君不可不尽"安民"之道也。"明"者，显扬其善；"畏"者，刑威其恶。"威"与"畏"通。"上"是天，"下"是民。有土，有国之君也。皋陶曰：惇、庸、命、讨，皆出于天，所以天道至神，其聪，则于善恶无不闻；其明，则于善恶无不见。然天未尝有视听，因民之视听以为"聪明"。天道至公，善者降福以显明之；恶者降祸以畏惧之。然天未尝有好恶，因民之好恶以为明威。夫天在上，民在下，甚相悬绝，而民心之所同然，即是天理之所必然。其通达无间如此，然则有土之君，膺惇、庸、命、讨之寄，可不敬之又敬哉？凡庆赏、刑威，必允协乎民心。斯上当乎天心，而"安民"之道克尽矣。皋陶言"知人"则终以就业，言"安民"则归本于敬，要皆原于人主之修身、迪德，其旨一也。

《书蔡氏传旁通》卷一下

(元) 陈师凯撰

天之"明畏"，非有好恶也，因民之好恶以为"明畏"。

辑录云：问"聪明"、"明畏"。不知"明畏"是两字，还是一字。林氏以为聪明言视听，明畏言好恶，未知如何？先生曰：林氏似是。"明畏"言天之所明、所畏。"所明"如"明明扬侧陋"之"明"，"所畏"如"董之用威"、"威用六极"之意。愚按，此盖谓民之所好者，天必"明"之；民之所恶者，天必"畏"之。"畏"与"威"同。

《书义断法》卷一

(元) 陈悦道撰

天聪明，自我民聪明；天明畏，自我民明威。达于上下，敬哉有土。

天之视听，自民之视听，以为聪明；天之明畏，自民之好恶，以为明威。此以言，天下之一理也。人君妙一心之经纶，膺民社之付托，"敬哉"一语又所以合天人，而"一"之者也。一理通乎上下，此至理之贯彻处。一身位乎两间，此心之存主处。盖始之言天，天固自于民；终之言敬，天乃在人君方寸中，此皋陶"安民"之谟，可以究极其理，而终归于一心也。

《书义矜式》卷一

(元) 王充耘撰

天聪明，自我民聪明；天明畏，自我民明威。达于上下，敬哉有土。

天人之理为无二，人君之心当无忽。盖天人一理，通达无间。而敬而无忽,是又合天人而一之者也。是以,在昔皋陶陈谟于舜,谓天之"聪明",因民之视听以为"聪明";天之"明威",因民之好恶以为"明威"。民心所存,即天理之所在。人君敬而无忽,是又合天人而一之者也。盖敬则不忽乎民,是即不忽乎天也。有天下者,而不知敬谨,奚可哉?人君居天民之两间,上则受乎天眷,下则主乎万民。此可以理论,而不可以势观也。苟以势而观之,则受天之眷,惟知天之尊,而当敬主乎万民。惟知民之卑而可忽,于此知敬天而不知恤民者多矣。以理而论,则祐下民而作君师,正欲其代天以治民也,况民之所欲,天必从之,则天固不可不敬,而民尤不可不恤,岂可以差殊观哉。今夫高高而在上者,天也;林林而居下者,民也。天民之相去,盖邈乎其不接也,则天之"聪明"、"明畏"谓之不自于民可也,而曰自者何也?盖天之"聪明",未尝倾耳以听,下目以视,但因民之视听以为"聪明";天之明畏,未尝见其何为而彰善,何为而威恶,但因民之好恶,以为明威耳。民心所存,即天理之所在,则为人上者,奈何不敬?必也严、恭、寅、畏,以天命而自度治民,祇惧不敢怠荒而安宁。民虽至愚,吾不以愚而忽之;民虽至弱,吾不以弱而易之,则下可以得乎民之心,而上可以合乎天之心,是天人之理合于一者,定于一理。嗟夫!世之人君,固有岐天人为二致,于是知敬天而不知恤民者多矣,卒使民心怨于下,而天变形于上。由此推之,则天、人之理,实相贯通。而有国者,诚不可斯须而不敬也。皋陶陈谟,所以拳拳于此欤。后伊尹之告大甲曰"皇天无亲,克敬惟亲,民罔常怀,怀于有仁",其即皋陶之意,盖无以异。然则,皋之谟、尹之训,真有土者之龟鉴欤。

《尚书七篇解义》卷一

(清)李光地撰

天聪明,自我民聪明;天明畏,自我民明威。达于上下,敬哉有土。

典、礼者,天之所以牖民,"天聪明"也,然于民之良知,良能验之而已矣。命、讨者,天之所以鉴民,"天明畏"也,然于民之善善、恶恶征之而已矣。此天、人无间之理,达乎上下者也。故顺天道,则民安矣。虽曰惠乃"黎民怀之",然至有罪,如骧兜、有苗者讨之,何非安民之事,而又何相悖之有乎?

天明畏，自我民明威

1.《尚书注疏》卷三

（汉）孔氏传，（唐）陆德明音义，孔颖达疏

天明畏，自我民明威。

传：天明可畏，亦用民成其威。民所叛者，天讨之，是天明可畏之效。

音义：畏，如字，徐音威，马本作威。

疏：又天之明德可畏，天威者，用我民言，恶而叛之，因讨而伐之，成其明威。

《尚书注疏》卷三《考证》

天明畏，自我民明威。

王应麟曰：古文"天明畏，自我民明畏"。今文下"畏"字作"威"，盖卫包所改也。

2.《书传》卷三

（宋）苏轼撰

（归善斋按：见"天聪明，自我民聪明"）

3.《尚书全解》卷五

（宋）林之奇撰

（归善斋按：见"天聪明，自我民聪明"）

4.《尚书讲义》卷四

（宋）史浩撰

（归善斋按：见"曰若稽古皋陶"）

5.《尚书详解》卷四

（宋）夏僎撰

（归善斋按：见"天聪明，自我民聪明"）

6.《增修东莱书说》卷四

（宋）吕祖谦撰，时澜增修

（归善斋按：见"天聪明，自我民聪明"）

7.《尚书说》卷一

（宋）黄度撰

（归善斋按：见"无教逸欲"）

8.《洁斋家塾书钞》卷三

（宋）袁燮撰

（归善斋按：见"天聪明，自我民聪明"）

9.《书经集传》卷一

（宋）蔡沈撰

（归善斋按：见"天聪明，自我民聪明"）

10.《尚书精义》卷七

（宋）黄伦撰

（归善斋按：见"天聪明，自我民聪明"）

11.《尚书详解》卷四

（宋）陈经撰

（归善斋按：见"天叙有典"）

12.《融堂书解》卷二

（宋）钱时撰

（归善斋按：见"无教逸欲"）

13.《尚书要义》卷四

（宋）魏了翁撰

（归善斋按：见"天聪明，自我民聪明"）

14.《书集传或问》卷上

（宋）陈大猷撰

（归善斋按：未解）

15.《尚书详解》卷二

（宋）胡士行撰

（归善斋按：见"天聪明，自我民聪明"）

16.《书纂言》卷一

（元）吴澄撰

（归善斋按：见"天聪明，自我民聪明"）

17.《书集传纂疏》卷一

（元）陈栎撰

（归善斋按：见"天聪明，自我民聪明"）

18.《读书丛说》卷三

（元）许谦撰

（归善斋按：见"天聪明，自我民聪明"）

19. 《书传辑录纂注》卷一

（元）董鼎撰

（归善斋按：见"天聪明，自我民聪明"）

20. 《尚书句解》卷二

（元）朱祖义撰

天明畏（天至明畏），自我民明威（因我民好恶为明威）。

21. 《尚书日记》卷四

（明）王樵撰

（归善斋按：见"天聪明，自我民聪明"）

22. 《日讲书经解义》卷二

（清）库勒纳等撰

（归善斋按：见"天聪明，自我民聪明"）

《书蔡氏传旁通》卷一下

（元）陈师凯撰

（归善斋按：见"天聪明，自我民聪明"）

《书义断法》卷一

（元）陈悦道撰

（归善斋按：见"天聪明，自我民聪明"）

《尚书注考》

（明）陈泰交撰

"天明畏"，训"畏"者，威其恶。"虽畏勿畏"，训"畏"、"威"，古通用，威辟之也。

《尚书埤传》卷三

(清）朱鹤龄撰

天明畏。

朱子曰："天明畏"，林氏说作好恶是天之所明，如"明明扬侧陋"之"明"（上明字）。天之所威，如"董之用威"，"威用六极"之"威"。

《书义矜式》卷一

（元）王充耘撰

（归善斋按：见"天聪明，自我民聪明"）

《尚书七篇解义》卷一

（清）李光地撰

（归善斋按：见"天聪明，自我民聪明"）

达于上下，敬哉有土

1.《尚书注疏》卷三

（汉）孔氏传，（唐）陆德明音义，孔颖达疏

达于上下，敬哉有土。

传：言天所赏罚，惟善恶所在，不避贵贱，有土之君，不可不敬惧。

疏：天所赏罚达于上下，不避贵贱，故须敬哉。有土之君，皋陶既陈此戒，欲其言人之。

上句有赏罚，故言天所赏罚，不避贵贱。此之"达于上下"，言天子亦不免也。《丧服》郑玄注云"天子、诸侯及卿大夫，有地者皆曰君"，即此有土，可兼大夫以上。但此文本意，实主于天子，戒天子不可不敬惧也。

2.《书传》卷三

（宋）苏轼撰

（归善斋按：见"天聪明，自我民聪明"）

3.《尚书全解》卷五

（宋）林之奇撰

（归善斋按：见"天聪明，自我民聪明"）

4.《尚书讲义》卷四

（宋）史浩撰

（归善斋按：见"曰若稽古皋陶"）

5.《尚书详解》卷四

（宋）夏僎撰

（归善斋按：见"天聪明，自我民聪明"）

6.《增修东莱书说》卷四

（宋）吕祖谦撰，时澜增修

（归善斋按：见"天聪明，自我民聪明"）

7.《尚书说》卷一

（宋）黄度撰

（归善斋按：见"无教逸欲"）

8.《洁斋家塾书钞》卷三

（宋）袁燮撰

（归善斋按：见"天聪明，自我民聪明"）

9.《书经集传》卷一

（宋）蔡沈撰

（归善斋按：见"天聪明，自我民聪明"）

10.《尚书精义》卷七

（宋）黄伦撰

（归善斋按：见"天聪明，自我民聪明"）

11.《尚书详解》卷四

（宋）陈经撰

（归善斋按：见"天叙有典"）

12.《融堂书解》卷二

（宋）钱时撰

（归善斋按：见"无教逸欲"）

13.《尚书要义》卷四

（宋）魏了翁撰

（归善斋按：未引）

14.《书集传或问》卷上

（宋）陈大猷撰

（归善斋按：未解）

15.《尚书详解》卷二

（宋）胡士行撰

（归善斋按：见"天聪明，自我民聪明"）

16. 《书纂言》卷一

（元）吴澄撰

（归善斋按：见"天聪明，自我民聪明"）

17. 《书集传纂疏》卷一

（元）陈栎撰

（归善斋按：见"天聪明，自我民聪明"）

18. 《读书丛说》卷三

（元）许谦撰

（归善斋按：见"天聪明，自我民聪明"）

19. 《书传辑录纂注》卷一

（元）董鼎撰

（归善斋按：见"天聪明，自我民聪明"）

20. 《尚书句解》卷二

（元）朱祖义撰

达于上下（天位乎上，民位乎下，当相通达），敬哉有土（有土之君，位乎天民两间，可不敬哉）。

21. 《尚书日记》卷四

（明）王樵撰

（归善斋按：见"天聪明，自我民聪明"）

22. 《日讲书经解义》卷二

（清）库勒纳等撰

（归善斋按：见"天聪明，自我民聪明"）

《书义断法》卷一

（元）陈悦道撰

（归善斋按：见"天聪明，自我民聪明"）

《书义矜式》卷一

（元）王充耘撰

（归善斋按：见"天聪明，自我民聪明"）

《尚书七篇解义》卷一

（清）李光地撰

（归善斋按：见"天聪明，自我民聪明"）

皋陶曰：朕言惠，可厎行

1. 《尚书注疏》卷三

（汉）孔氏传，（唐）陆德明音义，孔颖达疏

皋陶曰：朕言惠，可厎（dǐ）行。

传：其所陈"九德"以下之言，顺于古道，可致行。

疏：故曰：我之此言，顺于古道，可致行，不可忽也。

皋陶自言可致行。

2. 《书传》卷三

（宋）苏轼撰

皋陶曰：朕言惠。

惠，顺也。

3. 《尚书全解》卷五

（宋）林之奇撰

皋陶曰：朕言惠，可厎行。禹曰：俞！乃言厎可绩。皋陶曰：予未有知，思曰赞赞襄哉。

自"允迪厥德"以下，至"敬哉有土"，皋陶之所以为帝陈谟，尽于此矣，不可以有加矣。于是又申诰之曰："朕言惠，可厎行。"谓我之言，顺于理，可厎而行。其意，盖以谓，我徒能言之耳，至于行之，则在乎舜与禹也。"禹曰：俞"者然其"惠，可厎行"之言。既然其言，而又谓汝之言，不但见于空言而已，亦可以致行其功。盖欲勉皋陶，以共行其知人、安民之言也。"皋陶曰：予未有知，思曰赞赞襄哉。""襄哉"者，言禹虽勉皋陶共行安民、知人之言，而皋陶犹辞让不敢当也。孔氏曰：我未有所知，未能思致于善，徒亦赞奏上古行事而言之。信如孔氏说，则"曰"之一字，遂为衍文。盖上下文势已足，虽不加"曰"字，犹成文义也。张横渠、薛氏皆以"曰"当作"日"字。下文"予思日孜孜"，相类此说。比先儒为优。虽治经者，不当变易经字，以就己意，然而，考之于经，"曰"之与"日"大抵多相乱。如《洛诰》曰"今王即命曰"释文，一音作"日"。《吕刑》曰"今尔罔不由慰日勤"释文，一音作"曰"，以是知"日"、"曰"字，经文多相乱。而此下文，又有"予思日孜孜"，与此"思曰赞赞襄哉"，文势正相类。故张横渠、薛氏皆以为"日"。此盖有凭据而云，非率意而为此说，故可从也。"赞赞襄哉"者，孔氏以谓"赞奏上古行事而言之"。薛氏曰：日夜进进不已。知进而不知退，知上而不知下也。盖《尔雅》"襄"字惟有二训，其一训"除"，其一训"上"。既不可训"除"而用《尔雅》训，故遂以训"上"，必曰"赞赞上哉"。故其说不得不如此。郑氏虽知《尔雅》二训不可从，又以"襄"字训"畅"，言我未有所知、所思，徒赞明帝德，畅我忠言。其说尤为无据。惟王氏曰：襄，成也，思——赞襄，以成禹之功也。按《春秋左氏传》定十五年，葬定公，雨不克襄事。杜元凯曰：襄，成也。王氏之训，盖出诸此。此说为善。皋陶之意，盖以谓，使我独厎可绩，则未能为禹之助，以成其功而已。

4.《尚书讲义》卷四

（宋）史浩撰

（归善斋按：见"曰若稽古皋陶"）

5.《尚书详解》卷四

（宋）夏僎撰

皋陶曰：朕言惠，可厎行。禹曰：俞！乃言厎可绩。皋陶曰：予未有知，思曰赞赞襄哉。

皋陶之谟，自"允迪厥德"至"敬哉有土"，既终矣。故告于禹曰：我言顺于理，可厎而行。盖欲禹行其言也。禹又谓：汝之言，岂但可行而已，厎而行之，必可成功。皋陶则又谓：行我之言，至于成功，实由于禹。我未有所知，但思一一赞襄，以助成汝功而已。赞之为言，相也；襄之为言，成也。盖禹以皋陶之言行之可以成功，皋陶谓成功在禹，我但能赞禹之成，不敢自当成功之任也。孔氏曰：我未有所知，未能思致于善，徒亦赞奏上古行事而言之。信如孔氏之说，则"曰"之一字，遂为衍文。张横渠、薛氏皆以"曰"当作"日"字，与下文"予思日孜孜"相类。此说比先儒为优。

6.《增修东莱书说》卷四

（宋）吕祖谦撰，时澜增修

皋陶曰：朕言惠，可厎行？禹曰：俞！乃言厎可绩。皋陶曰：予未有知，思曰赞赞襄哉。

皋陶谓我之言顺，果可以厎行否？禹赞美其言，可厎于成功。皋陶慊然以为"予未有知，思曰赞赞襄哉"而已。观皋陶陈"知人"、"安民"之谟如此，方且淡然不自以为可行。贾谊治安一策，才略如不可胜用，曰医能治之，而上不使。又曰：陛下何不令臣属国之官。视皋陶气象为如何？禹与皋陶于舜之前，交陈治道，周旋切至。舜恭己无为，听臣之论治而已。言"若稽古"止于皋陶，见皋陶之德与禹相参。

7.《尚书说》卷一

（宋）黄度撰

皋陶曰：朕言惠，可厎行。禹曰：俞！乃言厎可绩。皋陶曰：予未有知，思曰赞赞襄哉。

惠，顺，顺于理也，可致而行。皋陶在诸臣之中，实主议论，而自称其言如此，言所以明道，当仁不让也。禹称其言行之可致成功。言之而不可行，与行之而无功，皆为空言。皋陶犹恐无以致其效也。故曰"予未有知"，其果能成功与，不凡今致思而言者，必当赞，赞其君，使登进之。襄，上也。舜，圣人也，皋陶犹欲赞赞而登进之，是以知学无止法。

8.《洁斋家塾书钞》卷三

（宋）袁燮撰

皋陶曰：朕言惠，可厎行。禹曰：俞！乃言厎可绩。皋陶曰：予未有知，思曰赞赞襄哉。

赞，进也。襄，上也。皋陶之谟，信乎其可行矣，信乎行而可有功矣。然皋陶不自以为足，方且进进，只欲向上。古人工夫，只是不住。盖此事无住时节，"赞赞襄哉"，此其所以为皋陶也。学者不识治道，不可以为学者。欲识治道，请观皋陶之陈谟。知人、安民，古今为治大端，不出此二者矣。然人如之何而可知，民如之何而可安？反复皋陶之言，如何说知人，如何说安民，则可见其言之至精、至当，非若后世泛然者比矣。"亦行有九德"，所以见于躬行者如此；"无教逸欲"，"兢兢业业"，所以自正其心者。如此，人安得而不知。既以典礼治天下，而君臣之间，必"同寅、协恭、和衷"以行其典礼。至于赏罚之用，一循天理，而不为私焉。所赏者，皆天所命；所罚者，皆天所讨，而又深明天人一致之理。兢兢然敬其民，而不敢忽。夫如是，天下是治耶，是不治耶？民是安耶，是不安耶？安民之道，无出于此矣。先言典礼，后言赏刑，次叙当然也。盖典礼为之本，而赏罚特以辅之耳。皋陶之谟，不与后世泛泛说者相似。后世说知人、安民，但就皮肤中说几句。皋陶之言，直是精确，故曰"谟"。皋陶陈谟，其中何所不有，本末备具矣。而不过只此几句，后世说一件事，费无限语言，然后知古人之不可及也。

9.《书经集传》卷一

（宋）蔡沈撰

皋陶曰：朕言惠，可厎行。禹曰：俞！乃言厎可绩。皋陶曰：予未有知，思曰赞赞襄哉。

"思曰"之"曰"当作"日"。襄，成也。皋陶谓我所言，顺于理，可致之于行。禹然其言，以为致之于行，信可有功。皋陶谦辞，我未有所知言，不敢计功也。惟思日赞助于帝，以成其治而已。

10.《尚书精义》卷七

（宋）黄伦撰

皋陶曰：朕言惠，可厎行。禹曰：俞！乃言厎可绩。皋陶曰：予未有知，思曰赞赞襄哉。

无垢曰：孔子云"圣则吾不能，我学不厌而教不倦也"，"不厌"、"不倦"，即"赞襄"之意也。《中庸》曰"维天之命，于穆不已"，此言天之所以为天也。"文王之德之纯"，此言文王之所以为文也。纯，亦不已。不已者，天也，文王也。孔子之"不厌"、"不倦"，皋陶之"赞襄"也。"汤之盘铭曰：苟日新，日日新，又日新"。"思曰赞赞襄哉"，则"允迪厥德"不已，而德"日新"矣。又不已，则"日日新"矣。又不已，则"又日新"矣。东坡曰：赞，进也；襄，上也。皋陶之意曰：吾不知其他，思日夜进进而已，知进而不知退，知上而不知下也。

11.《尚书详解》卷四

（宋）陈经撰

皋陶曰：朕言惠，可厎行。禹曰：俞！乃言厎可绩。皋陶曰：予未有知，思曰赞赞襄哉。

皋陶既陈知人、安民之谟，恐人之未必信己，故曰我之言顺于理，可以致而行之。"禹曰：俞"，然其言，以谓汝之言，可以致其功，不但可行而已也。古人相与，不事形迹，言其所当言。皋陶不以为夸，禹亦不以

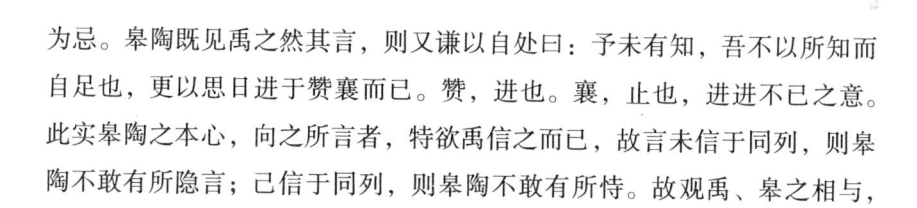

为忌。皋陶既见禹之然其言，则又谦以自处曰：予未有知，吾不以所知而自足也，更以思曰进于赞襄而已。赞，进也。襄，止也，进进不已之意。此实皋陶之本心，向之所言者，特欲禹信之而已，故言未信于同列，则皋陶不敢有所隐言；已信于同列，则皋陶不敢有所恃。故观禹、皋之相与，岂若后世之矜功、伐能者哉。

12.《融堂书解》卷二

（宋）钱时撰

（归善斋按：见"无教逸欲"）

13.《尚书要义》卷四

（宋）魏了翁撰

（归善斋按：未引）

14.《书集传或问》卷上

（宋）陈大猷撰

（归善斋按：未解）

15.《尚书详解》卷二

（宋）胡士行撰

皋陶曰：朕言惠（顺），可厎（致）行（否）。禹曰：俞！乃（汝）言厎可绩（用）。皋陶曰：予未有知（不敢自足），思曰赞赞（相助）襄（成）哉。

"可"者，质之禹，问其可不可也。禹以为可矣，方退然自处于未有知，但思曰相与助成而已。贾谊《治安策》视"知人"、"安民"之谟，未能万分之一也，而才略如不胜用，曰"医能治之，而上不使"，其气象何相远哉。孔"知思"绝句，以"赞赞襄哉"为"赞奏上古之事而行之"。一云：惠，安民也；知，知人也。"知人"难于"安民"，故于"惠"曰可，而于"知"曰未也。

821

16. 《书纂言》卷一

（元）吴澄撰

皋陶曰：朕言惠，可厎行。禹曰：俞！乃言厎可绩。皋陶曰：予未有知，思曰赞赞襄哉。

"思曰"之"曰"当作"日"。襄，去衣而耕也，勤力服事之意。皋陶谓，我所言良可以厎行。禹然之，谓汝之言厎行之可以有功。皋陶谦辞言，我未有所知，不敢计功也，但思每日赞助于帝，勤力服事而已。

此第一章。

17. 《书集传纂疏》卷一

（元）陈栎撰

皋陶曰：朕言惠，可厎行。禹曰：俞！乃言厎可绩。皋陶曰：予未有知，思曰赞赞襄哉。

纂疏：

林氏曰：《左》定十五年葬定公"雨不克襄事"注，"襄，成也"。孔训为"上"不及。

陈氏大猷曰：赞而又赞，赞之不已也。

18. 《读书丛说》卷三

（元）许谦撰

（归善斋按：未解）

19. 《书传辑录纂注》卷一

（元）董鼎撰

皋陶曰：朕言惠，可厎行。禹曰：俞！乃言厎可绩。皋陶曰：予未有知，思曰赞赞襄哉。

纂注：

林氏曰："思曰"，孔氏作"曰"，张横渠、王介甫、苏东坡作"日"。考之于经，"曰"、"日"多相乱。《洛诰》"今王即命曰"，释文音作

"曰"，《吕刑》"由慰日勤"释文，音作"曰"。

张氏曰："赞赞"，所助非一事也。

陈氏大猷曰：赞而又赞，赞之不已也。

林氏曰：《左》定十五年葬定公"雨不克襄事"注，襄，成也。王训襄为"成"本此。孔训为"上"，不及事。

愚谓：皋陶发明"知人"之谟，尤觉详于"安民"之谟者，盖二者虽均为难事，而"知人"为尤难。必明于"知人"，则"安民"有不难者矣。然于言知人之余，则戒逸欲，崇兢业，惟恐人君不知戒惧，而至于旷官废事。于安民之中，则懋政事，敬有土，惟恐人君不知懋敬，而至于亵天玩民。盖以人君一心，又"知人"、"安民"之根柢欤。

20.《尚书句解》卷二

（元）朱祖义撰

皋陶曰（皋陶又告禹曰）：朕言惠（我言顺理），可厎行（可致而行）。

21.《尚书日记》卷四

（明）王樵撰

"皋陶曰：朕言惠"至"思日赞赞襄哉"。"曰：惠可厎行"，乃皋陶为谦辞，以望帝之行，谓其言不悖，可见诸施行云尔。禹"俞"之曰"乃言厎可绩"，盖行汝"知人"之言，则"师师"，其凝之绩可致。行汝"安民"之言，则"和衷"，政事之绩可致。"绩"字，对"行"字说。皋陶谓可施行而已，未敢计功也。因禹许以可绩，故又曰予未敢知绩也，惟以"厎行"之实，思日赞成于帝而已。

22.《日讲书经解义》卷二

（清）库勒纳等撰

皋陶曰：朕言惠，可厎行。禹曰：俞！乃言厎可绩。皋陶曰：予未有知，思日赞赞襄哉。

此一节书，是皋陶陈谟既毕，因勉帝舜力行其言也。惠，谓顺理厎致也。"思日"之"曰"，当作"日"。赞，助也；襄，成也。皋陶曰：我所言,"知人"、"安民"之事,顺于治理,皆人君所当然者,实可以致之施行,非徒言也。禹与皋陶有同心,遂应之曰:信然,汝之所言合理,诚可致之于行而有成功也。皋陶自谦曰:行之有功,我则未敢预知,惟思日日赞助于帝,以成治功而已。皋陶不以有功自居,而以辅君自许,其所以勉帝舜者益切矣。夫以有虞之隆,帝舜之圣,而禹、皋陶犹同心责难如此,使大臣皆以禹、皋陶之心为心,则何君不如舜,而治不若虞哉?

《尚书七篇解义》卷一

(清)李光地撰

皋陶曰:朕言惠,可厎行。禹曰!俞,乃言厎可绩。皋陶曰:予未有知思,日赞赞襄哉。

"日赞赞襄"者,日日赞之又赞,以成其治也。"知人"、"安民",禹之难之,为其道之难尽也。故皋陶称天以矢之任天工者,简在帝心者也。行天叙、天秩、天命、天讨者,顺帝之则者也,患乎身之不修,德之不迪,无以奉承天意;不患乎人之难"知",民之难"安"也,此穷本极源之论。

禹曰:俞!乃言厎可绩

1.《尚书注疏》卷三

(汉)孔氏传,(唐)陆德明音义,孔颖达疏

禹曰:俞!乃言厎可绩。

传:然其所陈,从而美之曰:用汝言致,可以立功。

疏:禹即受之,曰然。汝言用而致,可以立功。重其言,以深戒帝。禹言致可绩。

2.《书传》卷三

(宋)苏轼撰

可厎行。禹曰:俞!乃言厎可绩。皋陶曰:予未有知,思日赞赞

襄哉。

"曰"当作"日"。

3.《尚书全解》卷五

（宋）林之奇撰

（归善斋按：见"朕言惠"）

4.《尚书讲义》卷四

（宋）史浩撰

（归善斋按：见"曰若稽古皋陶"）

5.《尚书详解》卷四

（宋）夏僎撰

（归善斋按：见"朕言惠"）

6.《增修东莱书说》卷四

（宋）吕祖谦撰，时澜增修

（归善斋按：见"朕言惠"）

7.《尚书说》卷一

（宋）黄度撰

（归善斋按：见"朕言惠"）

8.《洁斋家塾书钞》卷三

（宋）袁燮撰

（归善斋按：见"朕言惠"）

9.《书经集传》卷一

（宋）蔡沈撰

（归善斋按：见"朕言惠"）

10.《尚书精义》卷七

（宋）黄伦撰

(归善斋按：见"朕言惠")

11.《尚书详解》卷四

（宋）陈经撰

(归善斋按：见"朕言惠")

12.《融堂书解》卷二

（宋）钱时撰

(归善斋按：见"无教逸欲")

13.《尚书要义》卷四

（宋）魏了翁撰

(归善斋按：未引)

14.《书集传或问》卷上

（宋）陈大猷撰

(归善斋按：未解)

15.《尚书详解》卷二

（宋）胡士行撰

(归善斋按：见"朕言惠")

16.《书纂言》卷一

（元）吴澄撰

(归善斋按：见"朕言惠")

17.《书集传纂疏》卷一

（元）陈栎撰

（归善斋按：见"朕言惠"）

18.《读书丛说》卷三

（元）许谦撰

（归善斋按：未解）

19.《书传辑录纂注》卷一

（元）董鼎撰

（归善斋按：见"朕言惠"）

20.《尚书句解》卷二

（元）朱祖义撰

禹曰：俞（然之）！乃言厎可绩（汝言岂但可行，致而行之必有成功）。

21.《尚书日记》卷四

（明）王樵撰

（归善斋按：见"朕言惠"）

22.《日讲书经解义》卷二

（清）库勒纳等撰

（归善斋按：见"朕言惠"）

《尚书七篇解义》卷一

（清）李光地撰

（归善斋按：见"朕言惠"）

皋陶曰：予未有知，思曰赞赞襄哉

1.《尚书注疏》卷三

（汉）孔氏传，（唐）陆德明音义，孔颖达疏

皋陶曰：予未有知，思曰赞赞襄哉。

传：言我未有所知，未能思致于善，徒亦赞奏上古行事而言之。因禹美之，承以谦辞，言之序。

音义：知，如字，徐音智。思，如字，徐音息吏反。襄，息羊反，上也，马云因也。按《尔雅》作"儴"，因也，如羊反。

疏：皋陶乃承之以谦曰：我未有所知，未能思致于善我所言。曰徒赞奏上古所行而言之哉，非已知思而所自能。是其谦也。

此承而为谦，知其自言未有所知，未能思致于善也。"思"字属上句。王肃云：赞赞，犹赞奏也。顾氏云：襄，上也，谓赞奏上古行事而言之也。经云"曰"者，谓我上之所言也。传不训"襄"为"上"，已从"襄陵"而释之。故二刘并以"襄"为"因"。若必为"因"，孔传无容不训其意。言进习上古行事，因赞成其辞，而言之也。传虽不训"襄"字，其义当如王说。皋陶虑忽之，自云言顺可行。因禹美之，即承谦辞。一扬一抑，言之次序也。郑玄云：赞，明也。襄之，言畅言。我未有所知所思，徒赞明帝德，畅我忠言而已，谦也。

2.《书传》卷三

（宋）苏轼撰

（归善斋按：见"乃言底可绩"）

3.《尚书全解》卷五

（宋）林之奇撰

（归善斋按：见"朕言惠"）

4. 《尚书讲义》卷四

（宋）史浩撰
（归善斋按：见"曰若稽古皋陶"）

5. 《尚书详解》卷四

（宋）夏僎撰
（归善斋按：见"朕言惠"）

6. 《增修东莱书说》卷四

（宋）吕祖谦撰，时澜增修
（归善斋按：见"朕言惠"）

7. 《尚书说》卷一

（宋）黄度撰
（归善斋按：见"朕言惠"）

8. 《洁斋家塾书钞》卷三

（宋）袁燮撰
（归善斋按：见"朕言惠"）

9. 《书经集传》卷一

（宋）蔡沈撰
（归善斋按：见"朕言惠"）

10. 《尚书精义》卷七

（宋）黄伦撰
（归善斋按：见"朕言惠"）

11.《尚书详解》卷四

（宋）陈经撰

（归善斋按：见"朕言惠"）

12.《融堂书解》卷二

（宋）钱时撰

（归善斋按：见"无教逸欲"）

13.《尚书要义》卷四

（宋）魏了翁撰

十三、"未有知思"属上句，"曰赞襄"三字多说。

正义曰：皋陶自言可厎行，禹言厎可绩，此承而为谦，知其自言未有所知，未能所致于善也。"思"字属上句。王肃云：赞赞，犹赞奏也。顾氏云：襄，上也，谓赞奏上古行事而言之也。经云"曰"者，谓我上之所言也。传不训"襄"为"上"已从襄陵而释之。故二刘并以"襄"为"因"，若必为"因"，孔传无容不训其意。言进习上古行事，因赞成其辞而言之也。传虽不训"襄"字，其义当如王说。皋陶虑忽之，自云，言顺可行，因禹美之，即承谦辞，一扬一抑，言之次序也。郑玄云：赞，明也。襄之，言畅言。我未有所知所思，徒赞明帝德，畅我忠言而已，谦也。

14.《书集传或问》卷上

（宋）陈大猷撰

（归善斋按：未解）

（归善斋按：见"朕言惠"）

15.《尚书详解》卷二

（宋）胡士行撰

（归善斋按：见"朕言惠"）

16. 《书纂言》卷一

（元）吴澄撰

（归善斋按：见"朕言惠"）

17. 《书集传纂疏》卷一

（元）陈栎撰

（归善斋按：见"朕言惠"）

18. 《读书丛说》卷三

（元）许谦撰

（归善斋按：未解）

19. 《书传辑录纂注》卷一

（元）董鼎撰

（归善斋按：见"朕言惠"）

20. 《尚书句解》卷二

（元）朱祖义撰

皋陶曰（皋陶又言）：予未有知（行我之言，成功实在禹，我未有所知），思日赞赞襄哉（但心之所思，口之所言，惟欲相成禹之功而已）。

21. 《尚书日记》卷四

（明）王樵撰

（归善斋按：见"朕言惠"）

二典，纪尧、舜之事；三谟，纪禹、皋之言。序书者之微意也。《孟子》曰："由尧、舜至于汤，五百有余岁，若禹、皋陶，则见而知之；若汤则闻而知之。"欲求汤之所闻，与禹、皋陶之所见而知者，舍是书何以哉。

禹陈谟则曰"德惟善政，政在养民"。其论"养民"，则水、火、金、木、土、谷惟修，正德、利用、厚生惟和。"九功惟叙，九叙惟歌"。皋陶陈谟则曰修身、"知人"、"安民"。其论"知人",则"九德咸事","百僚师师"。论"安民",则惇典、庸礼、命德、讨罪,可以见古人之学矣,可以见古人之用矣。

22.《日讲书经解义》卷二

(清) 库勒纳等撰

(归善斋按:见"朕言惠")

《尚书七篇解义》卷一

(清) 李光地撰

(归善斋按:见"朕言惠")

归善斋《尚书》三谟章句集解

下卷

尤韶华 ◎ 纂

SENTENTIAL VARIORUM ON YAODIAN AND SHINDIAN IN SHANGSHU

中国社会科学院创新工程学术出版资助项目

中国社会科学出版社

目 录

·下 卷·

第三编 《益稷》章句集解

益稷第五 ·· 835

一 决川播种 ·· 842

帝曰：来！禹，汝亦昌言 ·· 842

禹拜曰：都！帝，予何言？予思日孜孜 ························ 857

皋陶曰：吁！如何 ·· 861

禹曰：洪水滔天，浩浩怀山襄陵，下民昏垫 ·················· 868

予乘四载，随山刊木 ·· 873

暨益奏庶鲜食 ·· 883

予决九川，距四海，浚畎浍距川 ·································· 888

暨稷播，奏庶艰食鲜食 ·· 902

懋迁有无化居 ·· 906

烝民乃粒，万邦作乂 ·· 911

皋陶曰：俞！师汝昌言 ·· 915

二 慎位安止 ·· 923

禹曰：都！帝，慎乃在位。帝曰：俞 ··························· 923

禹曰：安汝止，惟几惟康，其弼直 ······························ 936

1

惟动丕应徯志	945
以昭受上帝，天其申命用休	949
帝曰：吁！臣哉邻哉！邻哉臣哉！禹曰：俞	953

三 股肱耳目 ·············· 963

帝曰：臣作朕股肱耳目	963
予欲左右有民，汝翼	984
予欲宣力四方，汝为	988
予欲观古人之象	992
日月星辰，山龙华虫	1003
作会宗彝	1010
藻、火、粉、米、黼、黻絺绣	1015
以五采彰施于五色作服，汝明	1024
予欲闻六律、五声、八音，在治忽，以出纳五言，汝听	1032
予违，汝弼，汝无面从，退有后言	1046
钦四邻！庶顽谗说，若不在时	1058
侯以明之，挞以记之	1070
书用识哉，欲并生哉	1078
工以纳言，时而飏之	1082
格则承之、庸之，否则威之	1087
禹曰：俞哉！帝，光天之下，至于海隅苍生	1091
万邦黎献，共惟帝臣，惟帝时举，敷纳以言，明庶以功，车服以庸	1105
谁敢不让，敢不敬应	1111
帝不时敷同，日奏罔功	1115
无若丹朱傲，惟慢游是好	1119
傲虐是作，罔昼夜頟頟	1135
罔水行舟，朋淫于家，用殄厥世	1139
予创若时，娶于涂山，辛壬癸甲	1143
启呱呱而泣，予弗子，惟荒度土功	1150

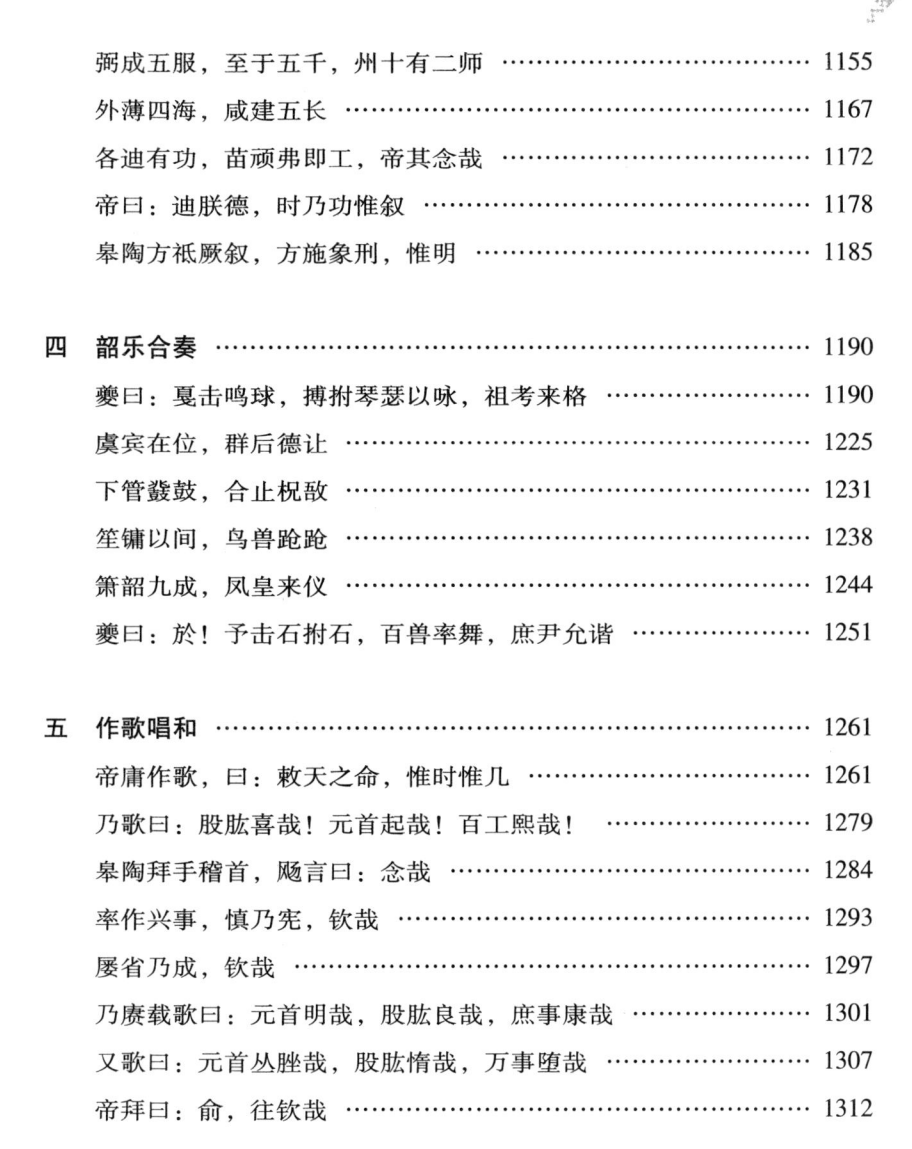

弼成五服，至于五千，州十有二师	1155
外薄四海，咸建五长	1167
各迪有功，苗顽弗即工，帝其念哉	1172
帝曰：迪朕德，时乃功惟叙	1178
皋陶方祗厥叙，方施象刑，惟明	1185

四　韶乐合奏 …………………………………………… 1190
夔曰：戛击鸣球，搏拊琴瑟以咏，祖考来格 …… 1190
虞宾在位，群后德让 ……………………………… 1225
下管鼗鼓，合止柷敔 ……………………………… 1231
笙镛以间，鸟兽跄跄 ……………………………… 1238
箫韶九成，凤皇来仪 ……………………………… 1244
夔曰：於！予击石拊石，百兽率舞，庶尹允谐 … 1251

五　作歌唱和 …………………………………………… 1261
帝庸作歌，曰：敕天之命，惟时惟几 …………… 1261
乃歌曰：股肱喜哉！元首起哉！百工熙哉！ …… 1279
皋陶拜手稽首，飏言曰：念哉 …………………… 1284
率作兴事，慎乃宪，钦哉 ………………………… 1293
屡省乃成，钦哉 …………………………………… 1297
乃赓载歌曰：元首明哉，股肱良哉，庶事康哉 … 1301
又歌曰：元首丛脞哉，股肱惰哉，万事堕哉 …… 1307
帝拜曰：俞，往钦哉 ……………………………… 1312

3

· 下 卷 ·

第三编 《益稷》章句集解

益稷第五

《尚书全解》卷六

（宋）林之奇撰

《益稷》

伏生之《书》，以《舜典》合于《尧典》，《益稷》合于《皋陶谟》。至孔安国按壁中科斗《书》，始厘而为二。观《舜典》"慎徽五典"而下，正与《尧典》"帝曰钦哉"之文相接。《益稷》"帝曰：来！禹，汝亦昌言"而下，实与《皋陶谟》"思日赞赞襄哉"之文相接。则伏生之《书》合而为一者是也。而孔氏必厘而为二者，盖古者简册以竹为之，编次而成书，所编之简不可以多也，故文之多者，一篇之所不能容，则厘而为二。虽厘而为二，苟文势相接，亦不害其为一也。既已厘之，则必为之篇名，以别之。于是有《尧典》、《舜典》、《大禹谟》、《皋陶谟》、《益稷》之目。此但为简册之便耳，非有义于其间也。书序既有此二篇之目，而孔壁之中旧文，虽为一简，孔氏安得不厘而为二哉。以是知伏生之合之也。由是理而推之也，孔氏之厘正也，因其简册之旧也。故简册之当从孔氏。而以二篇之文相属而读之，则当以伏生为正。篇名《益稷》者，盖以篇首有暨"益稷"之文，故借此二字，以名其简册，犹《论语》有《颜渊》、《微子》，《孟子》有《公孙丑》、《万章》等名篇也。而唐孔氏则谓二人佐禹治水有功，因以此二人名篇，既美大禹，亦所以彰此二人之功，此则过论也。

《尚书句解》卷二

（元）朱祖义撰

《益稷第五》

书之名篇，未尝有以二臣共一篇者，以益与稷，道同德合，无有异志，故以名其篇。

《益稷》

《尚书注疏》卷四

（汉）孔氏传，（唐）陆德明音义，孔颖达疏

《益稷》

传：禹称其人，因以名篇。

疏：传正义曰：禹言暨益、暨稷，是禹称其人。二人佐禹有功，因以此二人名篇，既美大禹，亦所以彰此二人之功也。禹先言暨益，故益在稷上。马、郑、王所据书序，此篇名为《弃稷》。弃稷一人，不宜言名，又言官，是彼误耳。又合此篇于《皋陶谟》，谓其别有《弃稷》之篇，皆由不见古文，妄为说耳。

《尚书注疏》卷四《考证》：

《益稷》传：禹称其人，因以名篇。

吕祖谦曰：《益稷》与《皋陶谟》议论相承，初不间断，但以禹首举益稷为言，故取以纪其首。

《尚书全解》卷六

（宋）林之奇撰

《益稷》

帝曰：来！禹，汝亦昌言。禹拜曰：都！帝，予何言？予思日孜孜。皋陶曰：吁！如何？禹曰：洪水滔天，浩浩怀山襄陵，下民昏垫，予乘四载，随山刊木，暨益奏庶鲜食。

此文与皋陶陈谟同为一时之事。其文当与上"赞赞襄哉"相属。"帝曰：

来！禹，汝亦昌言"，益、皋陶，既已陈谟于帝，于是呼禹，使汝陈其盛德之言。禹拜曰："都！帝，予何言？予思日孜孜。"禹既承命，于是拜而叹美，以谓皋陶之谟既已尽善矣，予复何言哉？惟思日夜孜孜，奉臣职而已。"皋陶曰：吁"，叹辞也。皋陶于是叹而问禹，以"予思日孜孜"之事为如何也？扬子云曰：禹以功，皋陶以谟，当舜之时，禹、皋陶之事，君各以其能，自致其上。皋陶陈谟，而不敢自许其功；禹成其功，而不敢自许其谟。故帝虽命禹以陈其盛德之言，而禹乃谦逊不敢即承命，而遂言之也。其意，盖以谓皋陶之谟，既已如此，而我惟日夜孜孜，犹且不逮，其何以有加于皋陶？故皋陶问其何如？而禹但以孜孜奉臣职，见于己试之效者以答之也。周希圣曰：坐而论道，谓之三公，作而行事，谓之士大夫。禹之谦逊，以谓坐而论道者，必皋陶。而己特作而行之而已。此说是也，自此至"烝民乃粒，万邦作乂"，此实禹治水本末先后之序也。"洪水滔天，浩浩怀山襄陵"，于是天下之民，皆昏垫溺困于水灾也。"四载"，说者不同。孔氏曰：水乘舟，陆乘车，泥乘輴，山乘樏。而《史记》及《尸子》、《慎子》、《汉书·沟洫志》与此所载大同而小异。"水乘舟，陆乘车"，诸说皆同。"泥乘輴"，《史记》作"橇"，《尸子》作"蕝"，《慎子》及《沟洫志》作"毳"。"山乘樏"，《史记》作"樺"，《沟洫志》作"桐"。然而名虽不同，其实一也。"輴"与橇、蕝、毳一物也。樏与樺桐一物也。輴以版为之，其状如箕，用以挞行泥上。樏以铁为之，其形似锥，长半寸，施之履下，以上山不蹉跌也。此数物者，盖治洪水之时，以此乘之，以为跋履山川，践行险阻之具也。虽其制度不同，不详见于经，然自汉以来，其说如此，必有所传闻也。或者以谓鲧九载绩用弗成，兖州之功十有三载乃同，则以为禹治水实四年而成功，故谓之"四载"。世多喜此说。盖其文致附会，亦似有可信者。然而，四载指治水而言，谓之四载可也，何以谓之"乘四载"乎？又其年数反覆龃龉而不合。苏氏论之详矣。"随山刊木"者，盖禹之治水，自通障蔽，始于《禹贡》之书。先言禹"敷土，随山刊木"，后言"奠高山大川"。《孟子》曰："当尧之时，天下犹未平，洪水横流，泛滥于天下，草木畅茂，禽兽繁殖，五谷不登，禽兽逼人。兽蹄鸟迹之道，交于中国。尧独忧之，举舜而敷治焉。"舜使益掌火，益烈山泽而焚之，禽兽逃匿。盖禹治水之初，必先烈山泽，驱禽兽，以通障塞。障塞既通，然后土功可得而施之，暨益奏庶鲜食。益是佐禹治水。禹当夫水土未平，民未粒食，于是暨益教民，以食鱼鳖鸟兽之肉，而充饱也。奏，进也，奏庶鲜食，进于民也。鸟兽新杀曰"鲜"，故曰"鲜食"。

《尚书讲义》卷四

（宋）史浩撰

《益稷》

帝曰：来！禹，汝亦昌言。禹拜曰：都！帝，予何言？予思日孜孜。皋陶曰：吁！如何？禹曰：洪水滔天，浩浩怀山襄陵，下民昏垫。予乘四载，随山刊木，暨益奏庶鲜食。予决九川，距四海，濬畎浍，距川，暨稷播，奏庶艰食鲜食，懋迁有无化居，烝民乃粒，万邦作乂。

伏生以《益稷》合于《皋陶谟》似亦有理，盖味其辞意，则未竟也。皋陶方退讬于"未有知，思日赞赞襄哉"，而帝呼禹曰"汝亦昌言"，是喜皋陶之谟，而使禹亦言之也。亦者，连上文言也。禹闻帝命，则拜谓帝曰：皋陶所言至矣，尽矣，予何言哉？皋陶欲其必言也，故惊叹而问焉，曰"如何"。如何者，所以发禹之言也。禹曰：洪水滔天，微茫无际也。"浩浩怀山襄陵"。丘陵且不见，况得平土乎？下民昏瞀垫溺。禹思天下有溺者，由己溺之。三过其门而不入之时也。是故，水行乘舟，陆行乘车，泥乘辅，山乘樏，随山高下，刊木以积薪，为隄防也。当是时，益烈山泽而焚之，得禽兽以进于斯民，补其乏食。益之功大矣。及水之将平，决九川，以距四海。九州各有川，导之至于海。四海者，东南西北之水，各随其地势，而导之。此禹行其所无事也。"濬畎浍，距川"，解者曰：凡一耦之伐，广尺深尺，为畎。百里之内，广二寻，深二仞为浍。濬畎、浍距川，川者，大川也，明其水亦至于海也。此禹尽力乎沟洫也。海内渐得平土，于是稷降播种，以进于民。其曰"艰食"，草木之根也。"鲜食"，鱼鳖也。民既得取艰食、鲜食，而商旅有涂可行，又使之懋迁有无，以其所有，易其所无也。化者，不腐败；居者有储蓄。"烝民乃粒"，则饥馑之患去，稷之功大矣。是禹以万邦作乂之功，归之益、稷也。禹既归功于益、稷，益稷初无言也，而以名篇者，彰禹推贤逊能之德也。

《增修东莱书说》卷四

（宋）吕祖谦撰，时澜增修

《益稷》

《益稷》与《皋陶谟》文相连，以简编之重，分为两篇。议论相承，初不间断。《益稷》名篇，非有意，但以禹首举"益、稷"为言。故取以纪其目。如《论语》、《学而》、《子罕》无他义，理取其初说，以记纪事之次序耳。

《尚书说》卷一

（宋）黄度撰

《益稷》

益、稷，佐禹有功，因禹称其事，故以名篇，孔氏之言是也。

《洁斋家塾书钞》卷三

（宋）袁燮撰

《益稷》

帝舜端拱在上，而禹、皋陶相与讲论治道于前。皋陶既陈谟矣，舜又命禹亦进其昌言，自"思曰赞赞襄哉"之下，即继之曰"帝曰：来！禹"，本不必分为两篇，然必异其篇，而以《益稷》名者，盖二人在唐虞时，其功亚于禹、皋陶，非他臣下比，不可没而不彰，所以表而出之，使天下后世知益稷之功其大如此，《书》之篇名，不与《语》、《孟》叙篇相似，以《益稷》名篇，此等史臣之深意也。

《书经集传》卷一

（宋）蔡沈撰

《益稷》

今文古文皆有，但今文合于《皋陶谟》。"帝曰：来！禹，汝亦昌言"，正与上篇末，文势接续。古者简册以竹为之，而所编之简，不可以多，故厘而二之，非有意于其间也。以下文禹称益、稷二人，佐其成功，因以名篇。

《尚书精义》卷七

（宋）黄伦撰

《益稷》

无垢曰：益、稷未尝有一言，而乃以名篇，何也？曰：此史官之意也。以谓禹之所以成功者，以益稷同心为之佐也。同心赞协，得以名篇，使后世之士，知功不必争，名不必擅。倘吾怀至公之心，共成天下之务，如益稷者，亦自不废于唐虞之时，得列名于禹、皋陶之后，则忌嫉之心，强愎之意，庶几其少瘳乎？益助禹，以刊木而奏鲜食；稷助禹，以濬川而奏艰食鲜食。二人与其同劳苦，共成其大功，二人之心，一而无间。史官以其一也，故以益、稷名篇，而附于皋陶之后焉。

《尚书详解》卷五

（宋）陈经撰

《益稷》

古书以《益稷》合于《皋陶谟》。观此篇之文，大概与《皋陶》相连续，如皋陶曰"予未有知，思日赞赞襄哉"，帝曰"来！禹，汝亦昌言"，此文意相接。其后乃分为《益稷》篇，因禹有暨稷之事，故以名篇。

《尚书详解》卷二

（宋）胡士行撰

《益稷》

此与前篇文势相接，以便竹简分为三。

《书传辑录纂注》卷一

（元）董鼎撰

《益稷》

（归善斋按：《书经集传》略，下文皆同，不另注）

辑录：

义刚问：《益稷》篇，禹与皋陶只管自叙其功，是如何？先生曰：不知怎生地。那夔前面且做是脱简，后面却又有一段。那禹前面时，只是说他无可言，但"予思日孜孜"。皋陶问他如何，他便说他要恁的"孜孜"，却不知后面一段是怎生地。良久云，他上面也是说那丹朱后，故恁地说丹朱缘如此，故不得为天子；我如此勤苦故有功，以此相戒，教莫如丹朱而如我，便是古人直不似今人，便要瞻前顾后。

《尚书句解》卷二

（元）朱祖义撰

《益稷》（二字史官旧题）。

《日讲书经解义》卷二

《益稷》

此一篇书，是帝舜与禹、皋陶论治之言，首节禹称益、稷二臣佐其成功，因以名篇。

《书经衷论》卷一

（清）张英撰

《益稷》

《益稷》一篇，皆禹之言，而篇末终之以皋、夔。其以《益稷》名篇者，因篇中有"暨益"、"暨稷"之语，所以别于《大禹谟》也。首承"孜孜"之谟，言治水粒食之艰，而皋赞之。继承"安止"、"弼直"之谟，帝因其言，念"臣邻"之重，而申警之。禹又因帝之言，进以德化之盛，欲其任德而不任刑也。治定功成，而乐作焉；府事修和，而咏歌兴焉。观明、良、喜、起之歌，元首、股肱之颂，一则曰"慎"，再则曰"钦"，可见唐虞之世，大化翔洽，百昌茂遂，而君臣交警，"无怠无荒"之心，始终贯注，万川同源，总不外于帝尧"钦明"之德而已。呜呼！盛哉。

《尚书七篇解义》卷一

（清）李光地撰

《益稷》

蔡传说是。盖篇名《益稷》，更无"谟"字，可知即《皋陶谟》之分也。

一

决川播种

帝曰：来！禹，汝亦昌言

1.《尚书注疏》卷四

（汉）孔氏传，（唐）陆德明音义，孔颖达疏

帝曰：来！禹，汝亦昌言。

传：因《皋陶谟》九德，故呼禹，使亦陈当言。

音义：当，丁浪反。注："禹功甚当"之"当"同，本亦作谠，当荡反。李登《声类》云：谠，言善言也。

疏：正义曰：皋陶既为帝谋帝，又呼禹进之曰：来！禹，汝亦宜陈其当言。

传正义曰：上篇，皋陶谋九德，此帝呼禹，令亦陈当言。亦者，亦皋陶也。明上篇皋陶虽与益相应，其言亦对帝也。上传云：皋陶为帝舜谋者，以此而知也。

2.《书传》卷四

（宋）苏轼撰

帝曰：来！禹，汝亦昌言。禹拜曰：都！帝，予何言？予思日孜孜。

"汝亦昌言"者，因皋陶之言，以访禹也。皋陶曰"予未有知"者，

犹曰"吾不知其他也，思日夜赞襄而已"。赞，进也。襄，上也，读如"怀山襄陵"之"襄"。皋陶之意曰：吾不知其他也，思日夜进益而已，知进而不知退，知上而不知下也。《易》曰"天行健，君子以自强不息"。行健者，如登高，进而不知止，虽超太山可也。禹亦因皋陶之言，而进之曰"予何言"。何言者，亦犹皋陶之未有知也。又曰：予思日孜孜。"思日孜孜"者，亦犹皋陶之"思日赞赞襄哉"也。其言皆相因之辞"予"，是以知"曰"之当为"日"也。伏生以益稷合于《皋陶谟》，有以也夫。

3.《尚书全解》卷六

（宋）林之奇撰

（归善斋按：见《益稷》）

4.《尚书讲义》卷四

（宋）史浩撰

（归善斋按：见《益稷》）

5.《尚书详解》卷五

（宋）夏僎撰

帝曰：来！禹，汝亦昌言。禹拜曰：都！帝，予何言？予思日孜孜。

皋陶前既已陈谟，帝于是呼禹，使汝亦陈善言。禹既承命，于是拜而叹美，谓皋陶之谟既已尽善，夫何言哉。惟"思日孜孜"，奉臣职而已。扬子云曰：禹以功，皋陶以谟。当舜之时，禹、皋陶之事君，各以其能，自致于上。皋陶陈谟，不敢自许其功；大禹成功，不敢自许其谟。故帝虽命陈昌言，而禹谦逊不敢即承命，而遂言者。其意谓：皋陶之谟既已如此，而我惟日夜孜孜，犹恐不逮，其何以有加于皋陶？此正禹不敢自任能言之责也。以下文历陈"随山刊木"、"决九川"、"濬畎浍"等事，乃因皋陶问其所以孜孜不忘之意，故一一言之，实非自夸耀其治水勤劳如此也。

6.《增修东莱书说》卷四

(宋) 吕祖谦撰,时澜增修

帝曰：来！禹，汝亦昌言。禹拜曰：都！帝，予何言？予思日孜孜。

皋陶之谟既陈，舜见禹在侧，故来禹，亦使昌言而无隐，犹露斧凿。"禹曰：都"以下三句，与曾点之言略相似。但曾点气象，犹有未平，圣贤分量不同。此则稳贴耳。禹所以不言，惟"思日孜孜"，盖其用心在纯，亦不已之地，造理之深，见天下之理无穷，愈加勉，而愈不自足。孔子谓"不知老之将至"云尔，正此意也。禹忧其职之未尽如此，何暇分其心于陈谟。

7.《尚书说》卷一

(宋) 黄度撰

帝曰：来！禹，汝亦昌言。禹拜曰：都！帝，予何言？予思日孜孜。皋陶曰：吁！如何？禹曰：洪水滔天，浩浩怀山襄陵，下民昏垫。予乘四载。随山刊木。暨益奏庶鲜食。予决九川，距四海，濬畎浍距川，暨稷播奏庶艰食鲜食，懋迁有无化居。烝民乃粒，万邦作乂。皋陶曰：俞！师汝昌言。

《禹》"后克艰厥后，臣克艰厥臣"，《皋陶》"慎厥身修，庶明励翼"，《益稷》"予思日孜孜"，是为三谟纲领。皋陶之论道悉矣，禹奚复以言为哉？在力行而已矣。八年于外，手足胼胝，所谓"思日孜孜"者，言莫加乎此也。皋陶故尽发其义，故叹息而问之。"四载"，舟、车、橇、樏。"随山刊木"，川依于山，而路因于川也。"刊木"通道也。《匠人》曰"两山之间必有川焉，大川之上必有涂焉"。益，虞官，奏进鲜食鸟兽，茹毛饮血。在粒食前，洪水草木畅茂，益烈山泽而焚之。乃奏鸟兽鲜食。九州之川，皆因其自然趋下之势，而通于海。大水既入无泛滥之患。则于其中，为畎达沟，为沟达洫，为洫达浍，为浍达川。稷，农官。艰食，稼穑。鲜食，鱼鳖。川、浍、沟、洫，本为播种，因奏鱼鳖鲜食。懋，勉，勉迁有无，使之相通，化其居积，使无壅滞，而后"烝民乃粒，万邦作乂"。凡此不过数十言，禹之治水规模，尽在此。益山泽之政，稷播种，与契敷教，其次序亦尽在此，可谓能言矣。言贵于可行也，而其见效如此，则岂不深切著明矣哉。皋陶昌言，禹拜之；禹昌言，皋陶师之，服善无我，圣人之心一也，故曰师师。

8.《洁斋家塾书钞》卷三

（宋）袁燮撰

帝曰：来！禹，汝亦昌言。禹拜曰：都！帝，予何言？予思日孜孜。皋陶曰：吁！如何？禹曰：洪水滔天，浩浩怀山襄陵，下民昏垫。予乘四载，随山刊木，暨益奏庶鲜食；予决九川，距四海，濬畎浍距川，暨稷播奏庶艰食鲜食，懋迁有无化居。烝民乃粒，万邦作乂。皋陶曰：俞！师汝昌言。

舜命禹亦昌言，不过只此一句，然则有何可拜，有何可美，而禹既拜之，又都之，彼果何所见，而若是也。此不可以不思，禹之拜，拜舜之意也。夫皋陶陈谟，可谓尽善尽美，无以复加矣。舜犹不以为足，更命禹亦昌言。这一个求贤不已之意，禹安得而不拜？只"亦"之一字，禹便当端拜。禹谓我亦何所言哉，我之所思，惟"日孜孜"而已。"孜孜"者，勉勉不已也。"日孜孜"者，无日而不孜孜，言其孜孜之无穷也。禹之孜孜，即舜之求言不已也。所谓圣人亦惟不已而已。舜乐于闻善，其心不已。禹之工夫亦只是孜孜不已。曰"予思日孜孜"，所以印证帝舜求言不已之心也。皋陶见舜有昌言之命，而禹所以复于帝者，不过孜孜之言，心窃疑之，故曰"吁"而问以"如何"。"吁"者，疑辞也。"如何"者，言其所孜孜者何事也。于是自述其前日治水之艰难。"予乘四载"，"四载"，如注家所谓"山乘车"之类是也。"随山刊木"者，方洪水未平，草木畅茂，道路不通，民无所得食。禹于是刊除其草木，辟为通衢，然后往来始无壅遏。"暨益奏庶鲜食"，奏，进也。鲜食，鸟兽之肉也。进庶民以鸟兽之肉也。"予决九川，距四海"，九川，九州之川也，九川皆入于海，则天下之水无有不得其所者矣，决九川而使入于海，濬畎浍而使入于川，观此二句，禹治水之功大纲举矣。观"畎浍"二字，便知井田之制已具。于是时，畎浍，乃井田之所有者也。"暨稷播奏庶艰食"，"艰食"，五谷也，得之也艰，故谓之"艰食"。始也，"奏庶鲜食"，既又播，

845

"奏庶艰食鲜食"，至于洪水既平，"懋迁有无"，彼此变通，然后"烝民乃粒，万邦作乂"。方其始也，民有未得粒食者，且只教食鸟兽之肉，到得"烝民乃粒"，然后举天下之民，无有不粒食者矣。所谓奏庶鲜食，当时多少辛苦，若非禹与益、稷，天下之民，何由而得食。纵使只有禹，无益、稷以辅助，则禹之一身，亦自了许多事不得。是益稷在当时，有生养万民之功。民之于益、稷，有生死肉骨之恩也。无此二人，则民莫之得食，思至于此，其功岂不甚大？此其所以并于禹也，此其所以特举而名篇，表而出之也。禹既如此自述其艰难，皋陶乃曰"师汝昌言"。今观唐虞君臣之间，绝与后世不同。且如后世人主，若命其臣以汝亦昌言，必须于此敷陈治道，以为治天下当若之何。禹却都无一言及于治道，止曰"予思日孜孜"而已。盖"孜孜"二字有无穷之义。说此二字，是说无限治道也。且如人主为天下，果能勉勉不已，日进无疆，天下何患不治？是孜孜之言，乃所以为治道之大者也。至于皋陶有"如何"之问禹，亦不及于治道，但自述其前日之艰难。皋陶便曰"师汝昌言"。且自今观禹之言，若自矜伐其功者，所谓昌言，果安在。然皋陶便欲师之，何哉？后世说者，谓古人不事形迹，理所当言，虽自伐其功，而不为过，亦不必如此说。盖此便是禹不矜、不伐处，便是禹"思日孜孜"处。何者？常人当功业未成之时，则必艰难以基之，及功业既成，前日之艰难，往往忘之矣。于是侈然自大，无复前日之心。此心稍更变，便是矜伐，便是满假。禹成莫大之业，而犹不忘前日之艰难。方洪水未平，存于禹者是心也。及洪水既平，存于禹者，亦是心也。禹之心，只是孜孜不已。学者须当看禹自述其艰难，此正是禹不矜、不伐处。惟皋陶深知禹之心，所以有"师汝昌言"之辞。舜命"禹，汝亦昌言"，禹便拜而"都"之，禹自言其治水之艰难，皋陶便谓"师汝昌言"，皆默会于言意之表，此无他，只缘其工夫一同。舜之工夫，即皋陶之工夫也；皋陶之工夫，即禹之工夫也。工夫既同，此其所以能默会于言，意之表欤。

9.《书经集传》卷一

（宋）蔡沈撰

帝曰：来！禹，汝亦昌言。禹拜曰：都！帝，予何言？予思日孜孜。皋陶曰：吁！如何？禹曰：洪水滔天，浩浩怀山襄陵，下民昏垫。予乘四载，随山刊木，暨益奏庶鲜食；予决九川，距四海，濬畎浍距川，暨稷播奏庶艰食鲜食；懋迁有无化居。烝民乃粒，万邦作乂。皋陶曰：俞！师汝昌言。

孜，音兹。垫，都念反。畎，古泫反。"孜孜"者，勉力不息之谓。帝以皋陶既陈知人、安民之谟，因呼禹，使陈其言。禹拜而叹美，谓皋陶之谟至矣，我更何所言，惟思日勉勉，以务事功而已。观此，则上篇禹、皋陶答问者，盖相与言于帝舜之前也。"如何"者，皋陶问其孜孜者何如也。禹言：往者，洪水泛溢，上漫于天，浩浩盛大，包山上陵，下民昏瞀，垫溺困于水灾如此之甚也。四载：水乘舟，陆乘车，泥乘辀，山乘樏也。"辀"，《史记》作"橇"，《汉书》作"毳"，以板为之，其状如箕，挞行泥上。"樏"，《史记》作"桥"，《汉书》作"桐"，以铁为之，其形似锥，长半寸，施之履下，以上山不蹉跌也。盖禹治水之时，乘此四载，以跋履山川，践行险阻者。随，循；刊，除也。《左传》云"井堙木刊"，"刊"，除木之义也。盖水涌不泄，泛滥弥漫地之平者，无非水也。其可见者，山耳。故必循山伐木，通蔽障，开道路，而后水工可兴也。奏，进也。血食，曰鲜。水土未平，民未粒食，与益进众鸟兽鱼鳖之肉于民，使食以充饱也。九川，九州之川也。距，至；濬，深也。《周礼》，一亩之间，广尺深尺曰畎；一同之间，广二寻，深二仞曰浍。畎浍之间有遂，有沟，有洫，皆通田间水道，以小注大，言畎、浍而不及遂、沟、洫者，举小大以包其余也。先决九川之水，使各通于海，次濬畎浍之水，使各通于川也。播，布也，谓布种五谷也。艰，难也。水平播种之初，民尚艰食也。懋，勉也，懋勉其民，徙有于无，交易变化其所居积之货也。烝，众也。米食曰"粒"，盖水患悉平，民得播种之利，而山林川泽之货，又有无相通，以济匮乏，然后庶民粒食，万邦兴起，治功也。禹因"孜孜"之义，述其治水本末，先后之详，而警戒之意，实存于其间。盖欲君臣上下，相与勉力不息，以保其治于无穷而已。师，法也。皋陶以其言为可师法也。

10.《尚书精义》卷七

（宋）黄伦撰

帝曰：来！禹，汝亦昌言。禹拜曰：都！帝，予何言？予思日孜孜。

无垢曰：舜使禹"亦昌言"，禹见舜好善不已之心，叹曰美哉。此好善之心，然皋陶昌言至此极矣，予复何言哉？"予思日孜孜"，行其平生所学所得者，在"克艰"之言尔。余读至，此乃知圣贤之心，如此其一也。又曰：禹之功，即舜之功。舜不于禹之外，别自求功。皋陶之谟，即舜之谟，舜不于皋陶之外，别自陈谟。至于禹之心，即皋陶之心，所以不见谟，在皋陶而若在己也。皋陶之心，即禹之心，所以不见功，在大禹而若在己也。包氏曰：君臣都、俞，相敕戒胥，赓歌其功，远其言粹，故录而为谟，《大禹谟》、《皋陶谟》是也。《益稷》则不能言谟，然稷为后稷，益作虞。"奏艰食鲜食"，"懋迁有无"，其功钜者也。德焉而谟，功焉而否，不亦昭昭然乎？

11.《尚书详解》卷五

（宋）陈经撰

帝曰：来！禹，汝亦昌言。禹拜曰：都！帝，予何言？予思日孜孜。皋陶曰：吁！如何？

帝呼禹而来谓：汝亦当陈盛德之言。皋陶已陈知人、安民之谋，谟于先矣。舜于此求善无厌，故乐闻其言而不已。《孟子》曰："大舜有大焉，乐取人以为善。""禹拜曰：都！帝，予何言？予思日孜孜。"舜方求其言，而禹且自以为无事于言。盖禹之意，在于躬行，而不徒言也。予尚奚言之有？予之所思者，日以孜孜为念，谓其不怠也。古者言之不出，耻躬之不逮也。古人以躬行为言，而未尝以言为言。舜之求言之意，非不善也，第恐求言则有余，躬行则不足，适以为无益而已。故禹以孜孜"为事，因以感吾帝舜。皋陶见禹"孜孜"之言，遂疑而问之。盖皋陶亦欲禹陈谟，不以己之"知人"、"安民"，而遂自足也。禹乃不以言自任，皋陶岂能无所疑于心哉？君臣有常分，舜以汝命禹，禹以"予"自称。若敌者然于此，亦可见诚意之交孚，不可以常分论也。

12.《融堂书解》卷二

（宋）钱时撰

帝曰：来！禹，汝亦昌言。禹拜曰：都！帝，予何言？予思日孜孜。

孜孜，不已也。孔子曰："为之不厌。"又曰："发愤忘食，乐以忘忧，不知老之将至。"老将至而不知，矧可得而有言？故又曰："天何言哉？"或曰：禹前乎此，陈"克艰"之谟，不一言而足，"克艰"即"孜孜"，曷为而又有言？后乎此，陈"安汝止"之旨，亦不一言而足，"安汝止"即孜孜也，曷为而又有言？噫！禹未始有言也，虽然不可得而言也。如之何而又可思也？起意而思，乃支乃离，不识不知，虽思非思，夫是之谓"孜孜"。

13.《尚书要义》卷五

（宋）魏了翁撰

（归善斋按：未引）

14.《书集传或问》卷上

（宋）陈大猷撰

（归善斋按：未解）

15.《尚书详解》卷二

（宋）胡士行撰

帝曰：来！禹，汝亦昌言（承前篇，皋已"昌言"言）。禹拜曰：都！帝，予何言。予思日孜孜（不忘）。

此禹深见天下之理无穷，其用心在纯亦不已之地。孔子所谓"不知老之将至"云尔也。禹忧其职之未尽，如此何暇分其心于陈谟。

16.《书纂言》卷一

（元）吴澄撰

帝曰：来！禹，汝亦昌言。禹拜曰：都！帝，予何言？予思日孜孜。皋陶曰：吁！如何？禹曰：洪水滔天，浩浩怀山襄陵，下民昏垫。予乘四载，随山刊木，暨益奏庶鲜食。予决九川，距四海，濬畎浍距川，暨稷播奏庶艰食鲜食。懋迁有无化居。烝民乃粒，万邦作乂。皋陶曰：俞！师汝昌言。

"孜孜"，勤勉不已之意。禹、皋陶相与问答于帝前，皋陶既陈谟于帝，呼禹使之亦陈其言。禹拜而叹美，谓皋陶之谟至矣，我更何所言，惟"思日孜孜"以务事功而已。皋陶问其所以"孜孜"者，禹乃言前此勤劳治水之事。昏，瞀，谓四顾茫然，莫知所之也。垫，下，谓卑下之地，为水所及也。四载，水乘舟，陆乘车，泥乘輴，山乘樏也。"輴"，《史记》作"橇"，《汉书》作"毳"，以板为之，其状如箕，挞行泥上。"樏"，《史记》作"桥"，《汉书》作"梮"，以铁为之，其形如锥，长半寸，施之履下，以上山不蹉跌也。随，循；刊，除也。盖水涌不泄，平地皆水，不没者山耳。故循山伐木，以通治水之道路也。奏，进也。肉食曰"鲜"。水土未平，民未播种，暨益教民以田，进刊木所得禽兽之肉以食也。九川，九州之川。距，至；濬，深也。《周官》一亩之间，广尺深尺曰畎；一夫之间，广深二尺曰遂；一井之间，广深四尺曰沟；方十里为成，成间，广深八尺曰洫；方百里为同，同间广二寻深二仞曰浍，皆田间水道。此言畎、浍，而不及遂、沟、洫，举小大以包其余也。先决九川之水，使至于海；次濬畎浍之水，使至于川也。播，谓播种百谷也。艰，汉今文作"根"，谓百谷根生，其实可食者也。或曰"难"也，人力所成，得之不易也。暨稷教民播谷，以供食，然可耕之地尚少，故又教民以渔，兼进决水所得鱼鳖之肉以食也。懋，《大传》作"贸"，贸易也。迁，徙也。化，变换也。居，储积也。两相贸易，迁有于无，变化其所居积之货也。烝，众也。米食曰"粒"，盖水患悉平，民得播种之利，而山林川泽之货，有无相通，以济匮乏，然后，庶民皆得粒食，而万邦兴于治也。禹之意，谓今水患虽平，然不敢忘昔之勤劳，而遂安逸，欲常如治水之时。所谓"孜孜"者如此，而皋陶以其言为可师也。

17.《书集传纂疏》卷一

（元）陈栎撰

帝曰：来！禹，汝亦昌言。禹拜曰：都！帝，予何言。予思日孜孜。皋陶曰：吁！如何？禹曰：洪水滔天，浩浩怀山襄陵，下民昏垫。予乘四载，随山刊木，暨益奏庶鲜食。予决九川，距四海，濬畎浍距川，暨稷播奏庶艰食鲜食。懋迁有无化居。烝民乃粒，万邦作乂。皋陶曰：俞！师汝昌言。

（归善斋按：《书经集传》略，下文皆同，不另注）

纂疏：

苏氏曰：禹曰"俞，何言"，亦犹皋之"予未有知"也。曰"予思日孜孜"，亦犹皋之"思曰赞赞襄"也，皆相因之辞。

愚谓：舜、禹好善之心皆无穷。当时昌言满前，舜犹渴闻不倦，方使禹亦如皋之昌言，此舜好善无穷之心也。禹闻此言，叹美此心，谓皋言已至，我复何言，让善于人也。"思日孜孜"，力行不倦勉，为善于己也。此禹好善无穷之心也。《孟子》曰"禹闻善言则拜，大舜有大焉，善与人同"，舜、禹之所以圣，以此也。禹因述治水之劳，以寓警戒，盖欲君臣闲常如洪水未平时。因前曰之已"孜孜"者，而曰益"孜孜"以保治于悠久，非自称其功而已。他人以言为言，禹述躬行以为言，宜皋以其昌言为可师，亦知其警戒之深意矣。

唐孔氏曰：益为虞官，烈山泽进民以鲜食，水所获也。弃为稷官，掌畎浍稼穑，进民以艰食鲜食，水退，初种粒食及决水所获也。

王氏曰：大水决而有所归，小水濬而有所入，治水之次第也。

吕氏曰：禹用力如此艰难，然后民乃粒食。须看"乃"字。禹不矜伐，今自叙其功，若矜伐者，盖艰难之念易忘，平成之功难保。今已平成，昔之艰难不可忘也。"所思日孜孜"正在此。虽不曰谟，乃谟之大者。使自言其功，而非有深意，何以谓之"昌言"哉？

蔡氏元度曰：水平之后，人知禹功而已。禹以益、稷与有功，故言"暨益"、"暨稷"，不自有其功而与益稷同功。不矜、不伐亦见于此。

董氏鼎曰：播奏播言艰食，奏言鲜食也。辅，音春。檖，音间。揽，丘乔反。捐，音菊。

18.《读书丛说》卷三

（元）许谦撰

（归善斋按：未解）

19.《书传辑录纂注》卷一

（元）董鼎撰

帝曰：来！禹，汝亦昌言。禹拜曰：都！帝，予何言？予思日孜孜。

皋陶曰：吁！如何？禹曰：洪水滔天，浩浩怀山襄陵，下民昏垫。予乘四载，随山刊木，暨益奏庶鲜食。予决九川，距四海，浚畎浍距川，暨稷播奏庶艰食鲜食，懋迁有无化居。烝民乃粒，万邦作乂。皋陶曰：俞！师汝昌言。

纂注：

新安陈氏曰：舜、禹好善之心皆无穷。当时昌言满前，舜犹渴闻不倦，方使禹亦如皋之昌言，此舜好善无穷之心也。禹闻此言，叹美此心，谓皋言已至，我复何言，让善于人也。"思日孜孜"，力行不息，勉为善于己也，此禹好善无穷之心也。《孟子》曰：禹闻善言则拜，大舜有大焉。舜、禹之所以圣，其亦以此与。

苏氏曰："禹曰：予何言"，亦犹皋之"予未有知"也。曰"予思日孜孜"，亦犹皋之"思日赞赞襄哉"也，皆相因之辞，伏生以《益稷》合于《皋陶谟》，有以也。

陈氏大猷曰：勤者，万事所由成；不勤，万事所由废。皋问禹所以"思日孜孜"者如何？禹但述其治水之勤劳以答之，而不及其他，盖以平生受用，惟在孜孜勤劳而已，意在言外也。

王氏曰：大水决而有所归，小水浚而有所入，治水之次第也。不决川，则虽浚畎浍，不能除水患也。

林氏曰："艰食"，谓稼穑之事，艰难而后成。

陈氏曰：益、稷，非人人而饮食之，亦教之有方耳。

吕氏曰：禹用功如此艰难，然后民乃粒食，须看"乃"字。蔡氏元度曰：水平之后，天下知禹之功而已。禹以益、稷与有功焉，故言"暨益"、"暨稷"，是禹不自有其功，而与益、稷同之，"不矜"、"不伐"乃在于此。

吕氏曰：禹"不矜"、"不伐"，今乃历举其功若"矜"、"伐"，何也？盖艰难之念易忘，平成之功难保，今虽平成，昔日之心不可忘也。所"思日孜孜"者，正在此。虽不陈谟，乃陈谟之大者，使自言其功，而非有深意，何以谓之"昌言"哉？

《玉篇》：辀，丑伦反；樏，力追反；橇，丘乔反，亦作鞽，又子绝反；挶，居录反。

愚谓：禹为司空，稷为田正，益为虞，土田山泽，鸟兽鱼鳖，其所掌也。是三人者均主水土，治水之役，所当偕行，随时施宜，因利乘便，以救斯民于垫溺穷馁之中。故所至之处，烈山泽之余，有可采捕以供食者，益致其利；有可播种渔取以得食者，稷授其方。奏，进也，益专言之。稷言"播奏"，于"艰食"言播；于"鲜食"言奏也。既而有无相通，货食兼足。始也不足，终乃有余。禹不忘益、稷相从于艰苦之中，而述其功如此。微禹之言，后世孰从而知之。

20.《尚书句解》卷二

（元）朱祖义撰

帝曰（舜曰）：来！禹（呼禹来），汝亦昌言（汝亦陈善言）。

21.《尚书日记》卷四

（明）王樵撰

"帝曰：来！禹，汝亦昌言"至"皋陶曰：俞！师汝昌言"。"亦"字，"昌言"字，要玩味。帝有味于皋陶之言，谓"知人"、"安民"，其理大，其旨远，切于身，关于治，乃"昌言"也。"汝亦昌言"者，因皋陶而又愿有闻于禹。此帝好善无穷之心也。禹闻帝言，叹美此心，谓皋陶言已至，我复何所言乎？欲使帝重皋陶所陈言已，无以加也。此句包《皋陶谟》一篇意，因言"予思日孜孜"，盖艰难易忘，成功难保。"孜孜"者，不忘所有事之谓也。诚使君臣上下，能"日孜孜"矣，则无待于言可也。此句包《益稷》一篇意。皋陶问"孜孜"者何如？而禹所答皆往事，不言今日"孜孜"之事，而皋陶已深契之，盖禹述其治水，本末先后之详，凡皆"孜孜"之效也。成功之难如此，其欲君臣上下，相与勉力不息，以保治于无穷者，岂待辞之毕哉。虽不陈谟，而实陈谟之大者，故皋陶以为"昌言"而欲师法之也。

张甬川曰：夫忧勤惕励之心，常存而不懈，乃圣之所以圣。然与其托之言辞，不若指其行事之亲切，而尤足以动人也。故禹之昌言，不过自陈其"日孜孜"者，而"皋陶曰：师汝昌言"，则深有以知禹之心矣。

许氏曰：四载，蔡传，水乘舟，陆乘车，泥乘辅，山乘樏。此从古注说。陆德明曰：辀，丑伦反；樏，力追反。疏曰：《史记·河渠书》泥行蹈毳（音莎），山行即桥（丘遥反），徐广注桥一作輂（几王反）。《尸子》云"泥行乘蕝"，《汉·沟洫志》"泥行乘毳（与橇同），山则梮（居足反）"。如淳谓，毳以板置泥上，以通行路。韦昭谓，梮，木器也，如今舆床，人舁以行。又按，《夏本纪》泥行乘橇，山行乘檋。然则辀与橇、毳、蕝为一物，板置泥上也。樏与桥、輂、檋、梮为一物，木床，人舁以行也。

"随山"者，洪水滔天之时，以山为道路，相视高下，因以为治水之经纪也。"刊木"，槎木以通道也。益佐禹治水，此"刊木"、"奏鲜食"，皆益佐禹为之。《孟子》曰"舜使益掌火，烈山泽而焚之"是也。血食曰"鲜"。鲜，良山泽所获也。此一节，禹功之始也。"浚"者，治而深之之谓。一耦之伐，广尺深尺，曰畎；倍畎，曰遂。畎注于遂，遂注于沟，沟注于洫，倍皆如之。洫注于浍。广二寻深二仞，曰浍。浍注于川。言畎、浍，而不及遂、沟、洫者，举小大以包其余也。先决九川之水，使各注于海；次浚畎、浍之水，使各通于川。"暨稷播"当一读，谓随禹功所施之处，便行播种，非待水土尽平也。谷食曰"艰"，言得之"艰"也。兼"奏鲜食"，以谷食尚"艰"也。九川治，而后畎、浍可浚。畎、浍治，而后百谷可播，艰食可奏。此一节禹功之中也。"懋迁"者，懋勉其民，徙有于无，交易变化其所居积之货也。"懋迁有无"，正司空之事，故不烦"暨稷"，此不蒙"暨稷"之文也。米食曰"粒"。"乃粒"，所谓五谷熟而民人育也。"万邦"指侯国，不指民。后言"十二师"、"五长"。"各迪有功"，即"作乂"也。此一节，禹功之终也。"鲜食"于水土未平，民未粒食之时；"艰食"于水平播种之初；"粒食"于水患悉平，民得播植之后。禹功，凡有三节，中间一节，又其大者。朱子谓一篇《禹贡》只此二句，三言民食，以民食为急也，曰"乃粒"见其难也。

"暨益"、"暨稷"，是禹不自有其功，而与益、稷同之，不矜、不伐，乃在于此。

沟、浍，田间水道，旱则借其容水，潦则欲其泄水，而以川为脉络者也。旱阻而川水不入，潦淫而畎浍水不出，皆田之患也。川，以海为"都"者也，不距于海，则有侵畎、浍之分，犯陵陆之位者矣。"距海"

者距海，"距川"者距川，血脉流通，如一身焉。

禹自言浚、畎、浍，孔子亦称"其尽力乎沟洫"，盖此一事，禹经营之力，实多商人之助，周人之彻，因而本之，所以为"万世永赖"也。田功莫大于正经界，备旱潦，此等大纲领，皆定于禹。至于"中公外私"、"九一而助"，则法制品节，因是而加详云尔。"治地莫善于助，莫不善于贡"，此论当时之弊尔，若禹之贡法，则岂有不善哉？

22.《日讲书经解义》卷二

（清）库勒纳等撰

帝曰：来！禹，汝亦昌言。禹拜曰：都！帝，予何言？予思日孜孜。皋陶曰：吁！如何？禹曰：洪水滔天，浩浩怀山襄陵，下民昏垫。予乘四载，随山刊木。暨益奏庶鲜食。予决九川，距四海，浚畎浍距川，暨稷播奏庶艰食、鲜食。懋迁有无化居，烝民乃粒，万邦作乂。皋陶曰：俞！师汝昌言。

此一节书，是帝舜求言无已之诚，禹、皋陶辅君，以保治无穷之意也。"孜孜"者，勉力不怠之谓。垫，沉溺也。四载，水乘舟，陆乘车，泥乘𬨎，山乘樏也。刊，除也；奏，进也。血食，曰"鲜"，鸟兽鱼鳖之肉也。九川，九州之川也；距，至也；浚，深也；畎、浍，田间水道也；播，布也，谓布种五谷；艰，难也。播种之初，五谷难得，故曰"艰食"。懋，勉也。化居者，变化其所居积之货也。烝，众也。米食曰"粒"。"作乂"者，兴起治功也。帝舜既嘉纳皋陶之谟，因呼禹来前曰，皋陶所言"知人"、"安民"，真是盛美之言，汝亦可以昌言告我。禹见帝舜之勤于求言，拜而叹美称帝，而进曰：君德治道，皋陶之言备矣，我更何所言？惟思艰危易忘，成功难保，日孜孜焉，勉力于所当为，不敢以已治已安而少怠也。皋陶遂叹而问：所谓"孜孜"者，如何？禹乃追述治水本末，以见当保治之意曰：往时洪水泛滥，势若漫天，浩浩然包山驾陵，下民困于水灾，昏迷垫溺。予承帝命治水，乃乘四载，依山而行，除木以通道路，相度地势之高下，审视水势之源流。此时五谷不登，我及益教民网罟渔猎，进众鲜食以充饥，先开决九州之川，各至于海，使大水有所归；次疏浚田间畎浍，各至于川，使小水有所泄。此时，田亩可辨，我

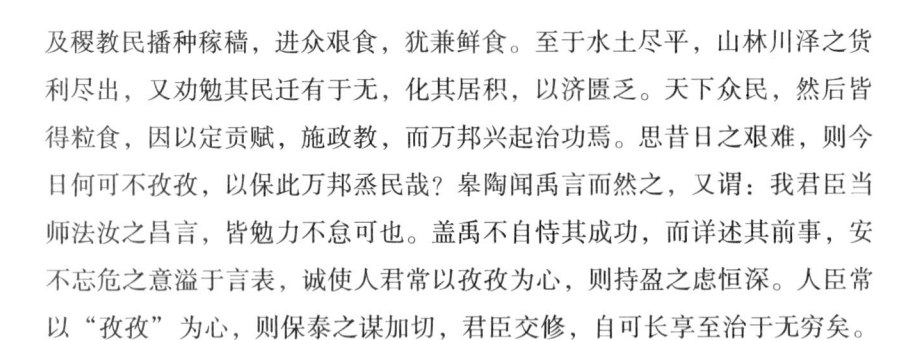

及稷教民播种稼穑，进众艰食，犹兼鲜食。至于水土尽平，山林川泽之货利尽出，又劝勉其民迁有于无，化其居积，以济匮乏。天下众民，然后皆得粒食，因以定贡赋，施政教，而万邦兴起治功焉。思昔日之艰难，则今日何可不孜孜，以保此万邦烝民哉？皋陶闻禹言而然之，又谓：我君臣当师法汝之昌言，皆勉力不怠可也。盖禹不自恃其成功，而详述其前事，安不忘危之意溢于言表，诚使人君常以孜孜为心，则持盈之虑恒深。人臣常以"孜孜"为心，则保泰之谋加切，君臣交修，自可长享至治于无穷矣。

《尚书七篇解义》卷一

（清）李光地撰

帝曰：来！禹，汝亦昌言。禹拜曰：都！帝，予何言？予思日孜孜。皋陶曰：吁！如何？禹曰：洪水滔天，浩浩怀山襄陵，下民昏垫。予乘四载，随山刊木，暨益奏庶鲜食。予决九川，距四海，浚畎浍距川，暨稷播奏庶艰食鲜食。懋迁有无化居。烝民乃粒，万邦作乂。皋陶曰：俞！师汝昌言。

帝命禹昌言，禹谓皋陶之言已尽，我无可言也，惟思孜孜勤事而已。皋陶非不知其勤事之实，而又问之者，欲禹具述本末，更知其所以经理之要，圣人之虚也。洪水泛滥，道皆不通。乘四事者，以随山而相水势，刊木而通道路，此其始事也。斯时也，地未可耕，民未能相往来，教之以鸟兽鱼鳖为食而已。既乃先从下流疏通，使"九川"皆入于海，《孟子》所谓"掘地而注之海"者，此其继事也。于是复从上流浚治，使畎浍皆入于川，《孟子》所谓"水由地中行"，而归于"江淮河汉"者，此其终事也。至是，则地渐可耕，民相来往，教以稼穑艰难之利，而以鲜食佐之，犹谓未足也，使之勤迁其所居货，以其有者易其无者，衣用咸充，然后民得一意耕作，而万邦治矣。化，即"货"，古字通尔。按，禹治水之要，无出于数言者，故《禹贡》首言"随山刊木"，定高山大川，及乎施功，自兖、青、徐、扬始，而迄于荆、豫、梁、雍焉。勤劳八载，而皆行所无事，此所以谓大智也。抑观禹所言，及《孟子》所述，水土之平，益稷实终始之。史者虽以文繁离篇，其亦表而出之之意欤。

禹拜曰：都！帝，予何言？予思日孜孜

1.《尚书注疏》卷四

（汉）孔氏传，（唐）陆德明音义，孔颖达疏

禹拜曰：都！帝，予何言，予思日孜孜。

传：拜而叹，辞不言，欲使帝重皋陶所陈，言己思日孜孜不怠，奉承臣功而已。

音义：思，徐如字，又息吏反。孜，音兹。

疏：禹拜曰：呜呼！帝，皋陶之言既已美矣，我更何所言。我之所思者，每日孜孜勤于臣职而已。

既已拜而叹，必有所美，复辞而不言，是知欲使帝重皋陶所陈言，己无以加也。王肃云帝在上，皋陶陈谋于下，已备矣，我复何所言乎，是也。既无所言，故言己思惟日孜孜，不敢怠惰，奉成臣职而已。孜孜者，勉功不怠之意。

《尚书注疏》卷四《考证》：

予何言，予思日孜孜。

苏轼曰：禹曰"予何言"，亦犹皋陶之"予未有知"也。曰"予思日孜孜"，亦犹皋陶"思日赞赞襄"也，皆相因之辞。伏生以《益稷》合于《皋陶谟》有以也。

2.《书传》卷四

（宋）苏轼撰

（归善斋按：见"汝亦昌言"）

3.《尚书全解》卷六

（宋）林之奇撰

（归善斋按：见《益稷》）

4.《尚书讲义》卷四

（宋）史浩撰

（归善斋按：见《益稷》）

5.《尚书详解》卷五

（宋）夏僎撰

（归善斋按：见"汝亦昌言"）

6.《增修东莱书说》卷四

（宋）吕祖谦撰，时澜增修

（归善斋按：见"汝亦昌言"）

7.《尚书说》卷一

（宋）黄度撰

（归善斋按：见"汝亦昌言"）

8.《洁斋家塾书钞》卷三

（宋）袁燮撰

（归善斋按：见"汝亦昌言"）

9.《书经集传》卷一

（宋）蔡沈撰

（归善斋按：见"汝亦昌言"）

10.《尚书精义》卷七

（宋）黄伦撰

（归善斋按：见"汝亦昌言"）

11.《尚书详解》卷五

（宋）陈经撰

（归善斋按：见"汝亦昌言"）

12.《融堂书解》卷二

（宋）钱时撰

（归善斋按：见"汝亦昌言"）

13.《尚书要义》卷五

（宋）魏了翁撰

（归善斋按：未引）

14.《书集传或问》卷上

（宋）陈大猷撰

（归善斋按：未解）

15.《尚书详解》卷二

（宋）胡士行撰

（归善斋按：见"汝亦昌言"）

16.《书纂言》卷一

（元）吴澄撰

（归善斋按：见"汝亦昌言"）

17.《书集传纂疏》卷一

（元）陈栎撰

（归善斋按：见"汝亦昌言"）

18. 《读书丛说》卷三

（元）许谦撰

（归善斋按：未解）

19. 《书传辑录纂注》卷一

（元）董鼎撰

（归善斋按：见"汝亦昌言"）

20. 《尚书句解》卷二

（元）朱祖义撰

禹拜曰：都（拜而叹美）！帝，予何言（先称帝，而后谓皋陶之谟，既已尽善，我复何言）？予思日孜孜（我但思念日日孜孜以尽躬行之力耳）。

21. 《尚书日记》卷四

（明）王樵撰

（归善斋按：见"汝亦昌言"）

22. 《日讲书经解义》卷二

（清）库勒纳等撰

（归善斋按：见"汝亦昌言"）

《尚书疑义》卷一

（明）马明衡撰

"予思日孜孜"，禹"安民"之心，未尝一日忘也。"洪水滔天"以下，非是自陈其功，盖"安民"之事未可如是而但已也，虽曰粗有成绪，然中间尚更有多少可为之事。此禹之所以"日孜孜"者，持敬惧之心，欲使无一夫不得其所而已矣。故"皋陶曰：俞！师汝昌言"。

《尚书七篇解义》卷一

（清）李光地撰

（归善斋按：见"汝亦昌言"）

皋陶曰：吁！如何

1. 《尚书注疏》卷四

（汉）孔氏传，（唐）陆德明音义，孔颖达疏

皋陶曰：吁！如何？

传：问所以孜孜之事。

疏：皋陶怪禹不言，故谓之曰：吁！问其所以孜孜之事如何。

2. 《书传》卷四

（宋）苏轼撰

皋陶曰：吁！如何？禹曰：洪水滔天，浩浩怀山襄陵，下民昏垫。昏，瞀也。垫，陷也。

3. 《尚书全解》卷六

（宋）林之奇撰

（归善斋按：见《益稷》）

4. 《尚书讲义》卷四

（宋）史浩撰

（归善斋按：见《益稷》）

5.《尚书详解》卷五

(宋) 夏僎撰

皋陶曰：吁！如何？禹曰：洪水滔天，浩浩怀山襄陵，下民昏垫。予乘四载，随山刊木，暨益奏庶鲜食。予决九川，距四海，濬畎浍距川，暨稷播奏庶艰食鲜食，懋迁有无化居。烝民乃粒，万邦作乂。皋陶曰：俞！师汝昌言。

禹既不敢以能言自任，而谓我惟"思日孜孜"，奉臣之职。故皋陶于是"吁"而疑怪其事，谓：禹非不能言。故继以"如何"，所以问禹所谓"孜孜"者果何事也。禹既承皋陶之问，于是言"孜孜"之事，谓洪水之时，其势漫天，浩浩然盛大，包山襄陵。下民遭此水灾，忧愁困苦，以至于精神昏惑，虽垫陷沉溺，亦不自知。我于是乘此舟、车、辁、樏四种之载，以随行其山，刊除其木，开通障蔽，然后致功。是时益实掌火，焚烈山泽，助我治水。我又念水土未平，民未粒食，乃与益因其焚烈所得鸟兽，进之于民，使食之，以充饥。盖鸟兽新杀者，谓之"鲜"，故言"奏鲜食"也。但"四载"之说，解者不同。或以谓：鲧"九载绩用弗成"，兖州言"十有三载乃同"，是九载之后，乘以四载，是为十三载。其实禹之代鲧，乃四载而成功。世多喜此说。苏氏谓：详味本文，"予乘四载，随山刊木"，是禹自谓驾此四物，以行山林川泽之间，非通"九"为"十三"之辞也。按《书》之文，鲧"九载绩用弗成"，在尧未得舜之前，而殛鲧在舜登庸历试之后，鲧殛而后禹兴，则治水之年，不得与鲧九载相接。兖州之功，安可通"九"为"十三"乎？大禹言"娶于涂山，辛壬癸甲，启呱呱而泣。予弗子，惟荒度土功"，是禹娶在治水之中，而生启，亦在水患未平之前。夫禹服鲧三年之丧，自免至娶，自娶至有子，自有子至能泣，亦已久矣，安得在四载中乎？况兖州言"作十有三载乃同"，盖指兖州之事，非谓天下共此十三载也。惟孔氏谓："四载"为"水乘舟，陆乘车，泥乘辁，山乘樏"。而《史记》、《尸子》、《慎子》、《汉·沟洫志》所载，亦与孔氏大同小异。窃意：秦汉以来，必有师传，其说可信。"水乘舟，陆乘车"，诸家皆然。惟"泥乘辁"，《史记》作"桥"，音"菊"，《慎子》及《沟洫志》作"毳"。"山乘樏"，《史记》作"檋"，

《沟洫志》亦作"梮",然名虽不同,其实一也。辅、捣、毳一物也。楯,以版为之,其状如箕,以挞行泥上。樏,以铁为之,其形如锥,长半寸,施之履下,以上山,不蹉跌也。此数物者,盖禹治水之时,以此乘之,以之履山川,践行险阻之具也。禹既乘此"四载","随山刊木",以除障蔽,然后治水之功可施。自"予决九川"以下,又禹申言其孜孜治水之事也。《史记》以此"决九川",谓即《禹贡》"导弱水"以下。盖弱水一也,黑水二也,河三也,汉四也,江五也,沇六也,淮七也,渭八也,洛九也。要之,不必如此之泥,但所谓"决九川"者,盖谓九州之内,凡有川泽,皆疏通之,使距于海也。《史记》既谓"导弱水"以下为"九川",故说者遂以此距四海。导弱水入于流沙为西海;导黑水入于南海为南海;导河积石,后言此播于九河,入于海,为北海。其余六水,所入为东海。窃谓:亦不必如此泥。要之,言"决九州,距四海",但为决九州之川,使各因其势,以归于海,故以四海言治水之法。先大而后小。先下而后高,使大水有所归,然后小水有所入,理势当然。禹之治水,先"决九川距四海",则大者已有所归矣。故此又"濬畎浍"使得达于川,则小水有所入焉。按《考工记》匠人为沟洫,耜广五寸,二耜为耦,一耦之伐,广尺深尺谓之"畎"。田首倍之,广二尺,深二尺,谓之"遂"。九夫为井,井间广四尺,深四尺,谓之"沟"。方十里为成,成间广八尺,深八尺,谓之"洫"。方百里为同,同间广二寻,深二仞,谓之"浍"。自"畎"而之"遂",自"遂"而之"沟",自"沟"而之"洫",自"洫"而之"浍",自"浍"而之"川",自"川"而之"海"。今独言"濬畎浍距川",不言其余者,举大以包其小也。禹既决川距海,濬畎浍距川,水既退,而地利可兴,亦有鱼鳖可食,故禹于是与稷,奏进其艰食、鲜食,而使民得其口体之养焉。"艰食",一说谓:稼穑之事,艰难而后成,故谓之"艰食"。苏氏又谓:草木之实,凡施力而得之艰难者,谓之"艰食"。若古者,凶年饥岁,民有拾橡粟,仰食桑葚,取给蒲蠃,以充饥者,即此"艰食"之类是也。二说皆通。鸟兽新杀曰"鲜",鱼鳖新杀亦曰"鲜"。上言"刊木"而奏"鲜食",是除木所得,故知益所进为鸟兽之肉。此言决九川而奏"鲜食",是决川所得,故知稷所进为鱼鳖之肉也。陈少南谓:益稷奏"艰食"、"鲜食"于民,非人人而饮食之,亦教有方尔，此说极当。禹既"奏艰食、鲜食"，以救民阻饥，于是又使之勉于迁有之无，互相资给，使有居积者，得以贸易。如鱼盐徙山林，林木徙川泽。既懋迁有无，则民之所以资生之具，无所不备，然后可以安坐而享粒食之利。粒食既足，万邦自然各厎其治。盖礼义生于富足，盗贼起于贫穷故也。舜使禹陈昌言，禹让不敢当能言之责，故以孜孜自任，至皋陶问以孜孜之事，禹乃反覆陈其躬行之实，而其所言，皆根极至理。虽曰陈其所行，实天下之至言也。故皋陶所以有"俞"，而"师汝昌言"之说。

6.《增修东莱书说》卷四

（宋）吕祖谦撰，时澜增修

皋陶曰：吁！如何？

吁，亦悄然之辞，畏圣人之意。皋陶用功亦造禹地，故复问其如何也。

7.《尚书说》卷一

（宋）黄度撰

（归善斋按：见"汝亦昌言"）

8.《洁斋家塾书钞》卷三

（宋）袁燮撰

（归善斋按：见"汝亦昌言"）

9.《书经集传》卷一

（宋）蔡沈撰

（归善斋按：见"汝亦昌言"）

10.《尚书精义》卷七

（宋）黄伦撰

皋陶曰：吁！如何？禹曰：洪水滔天，浩浩怀山襄陵，下民昏垫。予乘四载，随山刊木，暨益奏庶鲜食；予决九川距四海，濬畎浍距川，暨稷播奏庶艰食鲜食，懋迁有无化居。烝民乃粒，万邦作乂。皋陶曰：俞！师汝昌言。

张氏曰："昏"，言其性之失也。"垫"，言其身之弱也。民之昏垫如此，圣人其可以坐视斯民之罹害，而不为之忧乎？此禹之所以"思日孜孜"，至于三过其门而不入。盖以天下之溺，犹己之溺故也。吕氏曰："予乘四载"，即旧注所谓"水乘舟，陆乘车，泥乘輴，山乘樏"。随山刊其木，以相视水势，于是与益、稷，播"艰食"，奏"鲜食"。"鲜"，鸟兽之食。当水土未平之时，田泽蔽塞，全未播种，故但奏"鲜食"。及水渐平，民之播种，尚艰，故曰"艰食"，所谓谷粟之食也。惟其艰，故以食鸟兽之食相兼。当洪水未平，天下道路割绝不通，故天下之物，有处充积，无处全无。天生万物，欲以养天下，不可不均化居，变其居积。谓如此处出茶，茶必有余积，故化之于出盐之地，使盐处有茶，茶处有盐。物物如此，自然均足。于是烝民乃得全用粒食，天下皆得其治。此非禹之夸辞也。禹在虞朝，所谓"不矜"、"不伐"、"不自满假"之人也。成功之后，宜其所过者化，而日求新功，不伐不求，何用不臧，至子路终身诵之。夫子则曰"是道也，何足以臧"。禹亦圣人，岂不知此？今乃历举其功，似若矜、伐者，盖治定功成，禹恐虞朝之臣，见其已成，而不知其经营艰难若是，故自言之，以常存敬惧之心。

11.《尚书详解》卷五

（宋）陈经撰

（归善斋按：见"汝亦昌言"）

12.《融堂书解》卷二

（宋）钱时撰

皋陶曰：吁！如何？禹曰：洪水滔天，浩浩怀山襄陵，下民昏垫。予乘四载，随山刊木，暨益奏庶鲜食；予决九川，距四海，濬畎浍距川，暨稷播奏庶艰食鲜食，懋迁有无化居。烝民乃粒，万邦作乂。皋陶曰：俞！师汝昌言。

皋陶闻"予何言"之对，意谓禹亦当陈谟，故"吁"之，然未究

"孜孜"之旨，故复发"如何"之问也。愚观禹答皋陶之问，自言所以"孜孜"者，只说治水一事，不觉使人起敬起叹圣人纯一不已之功，其用处乃如此。或曰：禹之治水在舜摄政之初，今几年矣，"日思孜孜"，正是言日用事，如何独举此旧事以为言。呜呼，是愈使人起敬而起叹也。方治水之时，禹之"孜孜"，犹是也。既治水之后，禹之"孜孜"犹是也，不言我今日之事，如何而独举以异时之所以治水者，此正明示孜孜之妙，始终一念，无古无今，所谓穷天地，亘万世而不变者也。皋陶圣学工夫，洞达此旨，一闻禹言，不觉称赞，既"俞"之，且师之，曰"师汝昌言"。"禹曰：予何言"，而皋陶乃谓之"昌言"，此其所以为"昌言"也。众圣对答，神机妙用，如风雨雷电，出没变化。呜呼！何其盛哉。

13.《尚书要义》卷五

（宋）魏了翁撰

一、禹陈治水，乘载，暨益稷。

皋陶怪禹不言，故谓之曰：吁！问其所以"孜孜"之事如何。禹曰：往者，洪水漫天，浩浩然，盛大包山上陵，下民昏惑沉溺，皆困水灾。我乘舟、车、辇、樏等四种之载，随其所往之山，槎木通道而治之。与益所进于人者，惟有槎木所获众鸟兽鲜肉为食也。我又通决九州名川，通之至于四海；深其畎浍以至于川，水渐除矣。与稷播种五谷，进于众人，难得食处，乃决水所得鱼鳖鲜肉食也。人既皆得食矣，又劝勉天下徙有之无，交易其所居积。于是天下众人，乃皆得米之粒食之，万国由此为治理之政。我所言"孜孜"者在此也。皋陶曰然，可以为师法者，是汝之当言。

14.《书集传或问》卷上

（宋）陈大猷撰

（归善斋按：未解）

15.《尚书详解》卷二

（宋）胡士行撰

皋陶曰：吁！如何？

皋用工造（到）禹地位，故叹而问"孜孜"之旨。

16.《书纂言》卷一

（元）吴澄撰

（归善斋按：见"汝亦昌言"）

17.《书集传纂疏》卷一

（元）陈栎撰

（归善斋按：见"汝亦昌言"）

18.《读书丛说》卷三

（元）许谦撰

（归善斋按：未解）

19.《书传辑录纂注》卷一

（元）董鼎撰

（归善斋按：见"汝亦昌言"）

20.《尚书句解》卷二

（元）朱祖义撰

皋陶曰：吁（吁嗟而疑怪之）！如何（问禹孜孜者何事）？

21.《尚书日记》卷四

（明）王樵撰

（归善斋按：见"汝亦昌言"）

22.《日讲书经解义》卷二

（清）库勒纳等撰

（归善斋按：见"汝亦昌言"）

《尚书七篇解义》卷一

（清）李光地撰

（归善斋按：见"汝亦昌言"）

禹曰：洪水滔天，浩浩怀山襄陵，下民昏垫

1. 《尚书注疏》卷四

（汉）孔氏传，（唐）陆德明音义，孔颖达疏

禹曰：洪水滔天，浩浩怀山襄陵，下民昏垫。

传：言天下民昏瞀（mào）垫溺，皆困水灾。

音义：浩，户老反。垫，丁念反。瞀，音务，一音茂，本或作务。溺，乃历反。

疏：禹曰：往者洪水漫天，浩浩然，盛大包山上陵。下民昏惑沉溺，皆困水灾。

瞀者，眩惑之意，故言昏瞀。垫，是下湿之名，故为溺也。言天下之人，遭此大水，精神昏瞀迷惑，无有所知，又苦沉溺，皆困此水灾也。郑云：昏，没也。垫，陷也。禹言洪水之时，人有没陷之害。

2. 《书传》卷四

（宋）苏轼撰

（归善斋按：见"皋陶曰：吁！如何？"）

3. 《尚书全解》卷六

（宋）林之奇撰

（归善斋按：见《益稷》）

4. 《尚书讲义》卷四

（宋）史浩撰

（归善斋按：见《益稷》）

5.《尚书详解》卷五

（宋）夏僎撰

皋陶曰：吁！如何？

（归善斋按：见"皋陶曰：吁！如何？"）

6.《增修东莱书说》卷四

（宋）吕祖谦撰，时澜增修

禹曰：洪水滔天，浩浩怀山襄陵，下民昏垫。予乘四载，随山刊木，暨益奏庶鲜食。予决九川，距四海，濬畎浍距川，暨稷播奏庶艰食鲜食，懋迁有无化居。烝民乃粒，万邦作乂。皋陶曰！俞！师汝昌言。

"予乘四载"，即旧注所谓"水乘舟，陆乘车，泥乘辀，山乘樏"也。随山刊其木，以相视水势。于是与益进众鸟兽之食于民。九川，水之大者，俾入于海。畎、浍，水之小者，俾入于川。大水决而有所入，小水濬而有所归，治水之序也。于是与稷播艰食，奏鲜食。鲜食，亦鸟兽之食也。水土方平，民之播种尚艰，故曰"艰食"，粟谷之食也。惟其艰，故以鲜食兼之。当洪水未平之时，道路壅塞，阻不相通。九州所有偏聚其处，至是懋迁。彼此之有无，更相补易，化其所居，使之均足。"烝民乃粒"，曰"乃"者，深见"艰难"之意。洪水之势滔天，禹之用工，非一手一足之力，非一朝一夕之故。然后乃得而粒食，万邦以治。此非禹之夸辞也。禹在虞朝，不矜，不伐，不自满假。成功之后，宜其所过者化，而日求新功，不忮（zhì）不求，何用不臧。子路终身诵之，夫子则曰"是道也"，何足以臧？禹，圣人也，岂不知此？乃历举其功，若矜、伐者，何也？盖艰难之念，恐其易忘；平成之功，恐其难保。正如管仲告桓公"无忘在莒时"之意。其意谓：昔者艰难如此，今虽平成，昔者之心，顷刻不可忘。正其持敬不息之工夫，所不期而发也。禹虽不陈谟，乃陈谟之大者，故皋陶曰："师汝昌言。"使禹自言其功，而非有深意，何以谓之"昌言"哉？

7. 《尚书说》卷一

（宋）黄度撰

（归善斋按：见"汝亦昌言"）

8. 《洁斋家塾书钞》卷三

（宋）袁燮撰

（归善斋按：见"汝亦昌言"）

9. 《书经集传》卷一

（宋）蔡沈撰

（归善斋按：见"汝亦昌言"）

10. 《尚书精义》卷七

（宋）黄伦撰

（归善斋按：见"皋陶曰：吁！如何？"）

11. 《尚书详解》卷五

（宋）陈经撰

禹曰：洪水滔天，浩浩怀山襄陵，下民昏垫。予乘四载，随山刊木，暨益奏庶鲜食；予决九川，距四海，濬畎浍距川，暨稷播奏庶艰食鲜食。懋迁有无化居。烝民乃粒，万邦作乂。皋陶曰：俞！师汝昌言。

禹因皋陶"如何"之问，遂历陈当时所以治水之功。"洪水滔天"，浩浩然，言水之大也。"怀山襄陵"，民有"昏垫"之害。昏，瞀；垫，溺，困于水也如此。予于此时，"乘四载"，即先儒所谓"水乘舟，陆乘车，泥乘辅，山乘樏"是也。随九州之山，刊除其蔽障之木，以通水道。害去则利可兴，暨益奏进庶鲜食于民。益是时为山泽之官，所进鲜食，即鸟兽之新杀者。予决九州之川，而至四海，则大水有所归；濬通畎浍之水，而至于川，则小水有所入。自水之未通达也，九川横流，畎浍无受。川既决而之海，则畎浍可濬而之川矣。水退而平，土可耕，乃暨稷播种，而进庶艰食于民。谓民阻饥之际，则五谷之食为艰食，又以鲜食鱼鳖之新杀者兼之。苟可以利民者，无不为也。可见此章，大禹治水之规模次序，莫不先定于胸中。惟其规模先定，是以简要而不繁。初不见九州之为大，洪水之为难也。使禹于此见其大，见其艰，则将退缩而不敢为，纷乱于中而不能为矣。先刊木而后决川，决川而后濬畎浍，自有次第如此。此所以为行其所无事也。"懋迁有无化居"，洪水方退，民之日用饮食者，未均其利，必使有者迁之于无，化其所居积，则民可以均其利。若鱼盐则徙之于山林，材木则徙之于川泽是也。然民情未能遽然从上，必勉之，谓敦劝，使之"迁有无化居"也。如此则交相生养，而民力自裕，故"蒸民乃粒"。仓廪既实，而民知礼节，故"万邦作义"。此禹之功见于孜孜力行者如此而已。然大禹有功，号为不矜、不伐者也，夫何皋陶之问，而乃自言其功，略无谦逊之意，何也？曰禹非矜功也，自言其成功之艰难，所以使君臣之际常以忧勤为念，则艰难之功可保也。"皋陶曰：俞！师汝昌言"，禹以为"予何言"矣，而皋陶复曰"师汝昌言"，盖他人以言为言，而禹以躬行为言，故其言为可法。皋陶以"矢谟"名于世，宜若无羡于禹之言也，而犹问之于先，师之于后，皋陶曷尝矜己忌人，如后世之士，名欲已归，遂至于抑人而扬己哉。

12.《融堂书解》卷二

（宋）钱时撰

（归善斋按：未解）

13.《尚书要义》卷五

（宋）魏了翁撰

（归善斋按：见"皋陶曰：吁！如何？"）

14.《书集传或问》卷上

（宋）陈大猷撰

（归善斋按：未解）

15.《尚书详解》卷二

（宋）胡士行撰

禹曰：洪水滔天，浩浩怀山襄陵，下民昏（瞀）垫（溺）。予乘四载（水、陆、泥、山），随山刊（伐）木（除障蔽），暨益（烈山泽）奏（进）庶（众）鲜（新杀）食（鸟兽鱼鳖）。予决（疏涤）九川（九州之川），距（归至）四（四方）海，濬（深）畎（广尺，深尺）浍〔广二寻（七尺），深二仞（八尺）〕距川，暨稷播（种）奏庶艰食（谷洪水时难得）鲜食（以鲜食兼之）。懋（勉民）迁有无（迁有置于无之地）化（质易）居（所积）。烝（众）民乃粒（粒食），万邦作乂（治）。

水乘舟，泥乘辆（以板为之，状如箕，以挞行泥），陆乘车，山乘樏（以铁为之，形如锥，长半寸，施之履下，以上山不蹉跌）。"乃"者，深见艰难之意。洪水之平，非一手一足之力，一朝一夕之故，然后乃得粒食，以其"成之"之难，而思"保之"之不易，正其持敬不息之工夫，所谓"日孜孜"者，非自夸其功也。迁，化货也。《洪范》一曰食，二曰货。

16.《书纂言》卷一

（元）吴澄撰

（归善斋按：见"汝亦昌言"）

17.《书集传纂疏》卷一

（元）陈栎撰

（归善斋按：见"汝亦昌言"）

18.《读书丛说》卷三

（元）许谦撰

（归善斋按：未解）

19.《书传辑录纂注》卷一

（元）董鼎撰

（归善斋按：见"汝亦昌言"）

20.《尚书句解》卷二

（元）朱祖义撰

禹曰（禹乃言）：洪水滔天（洪大之水，其势漫天），浩浩怀山襄陵（浩浩然盛大包山过陵），下民昏垫（在下之民，精神昏惑，虽垫陷沉溺，不自知垫玷）。

21.《尚书日记》卷四

（明）王樵撰

（归善斋按：见"汝亦昌言"）

22.《日讲书经解义》卷二

（清）库勒纳等撰

（归善斋按：见"汝亦昌言"）

《尚书七篇解义》卷一

（清）李光地撰

（归善斋按：见"汝亦昌言"）

予乘四载，随山刊木

1.《尚书注疏》卷四

（汉）孔氏传，（唐）陆德明音义，孔颖达疏

予乘四载，随山刊木。

传：所载者四，谓水乘舟，陆乘车，泥乘辅（chūn），山乘樏。随行九州之山林，刊槎（chá）其木，开通道路，以治水也。

音义：乘，音绳。刊，苦安反。辅，丑伦反，《汉书》作橇，如淳音蕝（jué），蕝以板置泥上。服虔云：木橇，形如木箕，挞（zhì）行泥上。《尸子》云：泽行乘蕝。蕝，音子绝反。樏，力追反。《史记》作"桥"，徐音邱遥反。《汉书》作"梮"，九足反。行，下孟反。槎，士雅反，下同。《说文》云：衺，斫，又庄下反。

疏：我乘舟、车、辅、樏等四种之载，随其所往之山，槎木通道而治之。《史记·河渠书》云：夏书曰：禹湮洪水十三年，三过家，不入门，陆行载车，水行载舟，泥行蹈橇（音蕝），山行即桥（邱遥反，徐广曰"桥"，一作"辇"，几玉反。辇 jú，直辕车也）《尸子》云：山行乘樏，泥行乘蕝（子蕝反）。《汉书·沟洫志》云：泥行乘毳，山行则梮（居足反）。毳形如箕，挞行泥上。如淳云：毳，谓以板置泥上，以通行路也。《慎子》云：为毳者，患涂之泥也。应劭云：梮或作樏，为人所牵引也。如淳云：梮谓以铁，如锥头，长半寸，施之履下，以上山不蹉跌也。韦昭云：梮，木器也。如今舁床，人舁以行也。此经惟言四载，传言所载者四，同彼《史记》之说。古书《尸子》、《慎子》之徒，有此言也。辅与毳为一，樏与梮、辇为一。古篆变形，字体改易，说者不同，未知孰是。禹之施功，本为治水，此经乃云"随山刊木"。刊木，为治水。治水遍于九州，故云"随行九州之山林"。襄二十五年《左传》云"井堙木刊"，刊是除木之义也。毛传云：除木曰槎，故曰刊槎其木，开通道路，以治水。

《尚书注疏》卷四《考证》：

"予乘四载"传：山乘樏。音义：《史记》作桥，徐音丘遥反。

《史记·夏本纪》作檋。注徐广曰：檋一作桥，音丘遥反。《河渠书》作桥。

2.《书传》卷四

（宋）苏轼撰

予乘四载，随山刊木。暨益奏庶鲜食。

水行乘舟，陆行乘车，泥行乘輴，山行乘樏。秦汉以来，师传如此。且孔氏之旧也，故安国知之，非诸儒之臆说也。"四载"之解，杂出于《尸子》、《慎子》，而最可信者，太史公也。亦如六宗之说，自秦汉以来尚矣，岂可以私意曲学，镌凿附会为之哉？而或者以为鲧治水九载，兖州作十有三载，乃同禹之代鲧，盖四载而成功也。世或喜其说。然详味本文"予乘四载，随山刊木"，则是驾此四物，以行于山林川泽之间，非以四因九，通为十三载之辞也。按《书》之文，鲧九载绩用弗成，在尧未得舜之前，而殛鲧在舜登庸历试之后。鲧殛而后禹兴，则禹治水之年，不得与鲧之九载相接。兖州之功，安得通四与九为十三乎？禹之言曰"娶于涂山，辛壬癸甲"，是娶在治水之中。又曰"启呱呱而泣，予弗子，惟荒度土功"，是启生在水患未平之前也。禹服鲧三年之丧，自免丧而至于娶，而至于子；自有子至于止，禹而泣亦久矣？安得在四载之中乎？反覆考之，皆与书文乖异。《书》所云作十有三载乃同者，指兖州之事，非谓天下共作十三载也。近世学者，喜异而巧于凿，故详辩之，以解世之惑。

3.《尚书全解》卷六

（宋）林之奇撰

（归善斋按：见《益稷》）

4.《尚书讲义》卷四

（宋）史浩撰

（归善斋按：见《益稷》）

5.《尚书详解》卷五

（宋）夏僎撰

皋陶曰：吁！如何？

（归善斋按：见"皋陶曰：吁！如何？"）

6.《增修东莱书说》卷四

（宋）吕祖谦撰，时澜增修

（归善斋按：见"洪水滔天"）

7.《尚书说》卷一

（宋）黄度撰

（归善斋按：见"汝亦昌言"）

8.《洁斋家塾书钞》卷三

（宋）袁燮撰

（归善斋按：见"汝亦昌言"）

9.《书经集传》卷一

（宋）蔡沈撰

（归善斋按：见"汝亦昌言"）

10.《尚书精义》卷七

（宋）黄伦撰

（归善斋按：见"皋陶曰：吁！如何？"）

11.《尚书详解》卷五

（宋）陈经撰

（归善斋按：见"洪水滔天"）

12.《融堂书解》卷二

（宋）钱时撰

（归善斋按：未解）

13.《尚书要义》卷五

（宋）魏了翁撰

二、四载与《史记》诸书同，而字体各异。

《史记·河渠书》云"《夏书》曰：禹湮洪水十三年，三过家不入门，陆行载车，水行载舟，泥行蹈毳（音蕝），山行即桥（丘遥反）"。徐广曰：桥，一作輂。輂，直辕车也。《尸子》云：山行乘樏，泥行乘蕝。《汉书·沟洫志》云：泥行乘橇，山行则梮（居足反）。毳，行如箕挮行泥上。如淳云：毳，谓以板置泥上，以通行路也。《慎子》云：为毳者，患涂之泥也。应劭云：梮或作檋，为人所牵引也。如淳云：梮谓以铁，如锥头，长半寸施之履下，以上山不蹉跌也。韦昭云：梮，木器也，如今舉床，人舉以行也。此经惟言"四载"，传言所载者四，同彼《史记》之说，古书《尸子》、《慎子》之徒，有此言也。辅与毳为一，樏与梮、輂为一。古篆变形，字体改易，说者不同，未知孰是。

三、刊木，训"除"，谓槎，谓开道治水。

襄二十五年《左传》云"井堙木刊"是"除木"之义也，毛传云"除木曰槎"，故曰刊槎其木，开通道路，以治水。

（归善斋按：另见"皋陶曰：吁！如何？"）

14.《书集传或问》卷上

（宋）陈大猷撰

（归善斋按：未解）

15.《尚书详解》卷二

（宋）胡士行撰

（归善斋按：见"洪水滔天"）

16.《书纂言》卷一

（元）吴澄撰

（归善斋按：见"汝亦昌言"）

17.《书集传纂疏》卷一

（元）陈栎撰

（归善斋按：见"汝亦昌言"）

18.《读书丛说》卷三

（元）许谦撰

"四载"，《蔡传》：水乘舟，陆乘车，泥乘輴，山乘樏，此从古注说。陆德明曰：輴，丑伦反；樏，力追反。疏曰：《史记·河渠书》泥行蹈橇（音蕝），山行即桥（丘遥反）。徐广注"桥"一作"輂（几玉反）"，《尸子》云，泥行乘蕝。《汉·沟洫志》泥行乘毳，山则梮。如淳谓毳（与橇同）以板置泥上，以通行路。韦昭谓梮（居足反），木器也，如今舉床，人舉以行。又按《夏本纪》，泥行乘橇，山行乘檋，然则，輴与橇、毳、蕝为一物，板置泥上也。樏与桥、輂、檋、梮为一物，木床人舉以行也。

18.《读书丛说》卷三

（元）许谦撰

（归善斋按：未解）

19.《书传辑录纂注》卷一

（元）董鼎撰

（归善斋按：见"汝亦昌言"）

20.《尚书句解》卷二

（元）朱祖义撰

予乘四载［我乘此四种之载：水乘舟，陆乘车，泥乘輴（以板为之，其状如箕，以板行泥上），山乘樏（以铁为之，其利如锥，长半寸施之履下，以上山不跌）］，随山刊木（随山势刊除其木，开通障蔽以致功）。

21.《尚书日记》卷四

（明）王樵撰

（归善斋按：见"汝亦昌言"）

22.《日讲书经解义》卷二

（清）库勒纳等撰

（归善斋按：见"汝亦昌言"）

《尚书通考》卷五

（元）黄镇成撰

禹曰：予乘四载。

蔡氏曰：水乘舟，陆乘车，泥乘輴（丑轮切），山乘樏（力追切）。輴，《史记》作"橇"（音蕝），《汉书》作"毳"，其状如箕，挆行泥上。樏，《史记》作"桥"，《汉书》作"梮"（居足切），以铁为之，其形似锥，长半寸，施之履下，以上山不蹉跌也。

《书蔡氏传旁通》卷一下

（元）陈师凯撰

四载，水乘舟，陆乘车，泥乘輴，山乘樏。

此据古注也。陆氏云：輴，丑伦反；樏，力追反。

輴，《史记》作"橇"，《汉书》作"毳"，以板为之，其状如箕，挆行泥上。樏，《史记》作"桥"，《汉书》作"梮"，以铁为之，其形似锥，长半寸，施之履下，以上山不蹉跌也。

陆氏云：輴，《汉书》作"橇"，如淳音"蕝"，以板置泥上，服虔云，木橇，形如木箕，挆行泥上。《尸子》云：泽行乘蕝，子绝反。樏，《史记》作"桥"，徐音近遥反。《汉书》作"梮"，九足反。《书》疏云：《史记·河渠书》泥行蹈蕝，山行即桥，丘遥反。徐广曰，桥一作輂，几玉反。輂，直辕车也。《汉·沟洫志》泥行乘毳，山行则梮，居足反。毳如箕，挆行泥上，如淳云，以板置泥上，通行路也。梮谓以铁，如锥头，长半寸，施之履下以上山不蹉跌也。韦昭云，桐，木器也，如今纍床，人纍以行也。辇与毳为一，樏与桐、蕐为一。古篆变形，字体改易，说者不同，未知孰是。又《史记·夏纪》云：陆行乘车，水行乘船，泥行乘橇，山行乘欙。正义云：橇形如舩而短小，两头微起，人曲一脚，泥上挞进，用拾泥上之物，今杭州、温州海边有之也。欙，上山前齿短，后齿长；下山前齿长，后齿短也。

《左传》云"井堙木刊"。

见襄二十五年。

《尚书疏衍》卷二

（明）陈第撰

予乘四载。

孔传谓：水乘舟，陆乘车，泥乘輴，山乘樏。后儒皆从之，舟车不易可矣。輴，《史记·夏本纪》作橇，《河渠书》作毳，《汉书·沟洫志》亦作毳，《尸子》作蕝，实一物也，孟康曰：橇，形如箕，挞行泥上。张守节又详解之曰：橇，形如船而短小，两头微起，人曲一脚，泥上挞进，用拾泥上之物。孟张之解，既得其形，又得其用。今闽越海滨，皆有之泥行之具，必不可易者也。如淳谓，以板置泥上，以通行路。夫置板以行泥，此拙滞之法，不可以变通转移。彼盖未至海滨而睹，所谓橇，特以意度之而已耳。樏，《史记·夏本纪》作欙，《河渠书》作桥，《汉书·沟洫志》作桐，实一物也。如淳曰：桐谓以铁如锥头，长半寸，施之履下，不蹉跌也。蔡注从之。愚见吴下仆夫，施铁环于草履下，以走沮洳之地，可免颠蹶，俗呼为甲马，亦呼为脚涩，此仆佣所用，岂以禹而用之？故知如淳之说舛也。韦昭云：桐，木器也，如今纍床，人举以行，此说颇近之。愚谓，《史记》作桥，桥即今之轿也。愚尝登泰岱与五当绝顶，其土人以竹兜子，施皮绊于肩，遇峻陡则挟之以行，上下岭坂如飞，山行之具必不可易者，岂以禹而废之夫？曰四载如舟车，乃可以载，惟其可载，故可以乘。若如淳之说，置板于泥，施铁于履，板铁之类，既不可谓之载足之所践，又岂可谓之乘乎？夫禹称神圣，用物有宜，水乘舟，不病涉也；陆乘车，可致远也；泥乘橇，从者曲其足也；山乘桥，仆者施其绊也。劳形而有逸形者在，逸形而有劳心者存，此所以"地平天成"，"万世永赖"也。

或问：子谓读书有疑则阙，今不阙四载可乎？曰此无待于阙也。水陆而废舟车，泥山而废橇桥，则没世不行寻文矣。故知大禹，决不能舍斯四者，而别有所济也，以理断之也。

《尚书稗疏》卷一

（清）王夫之撰

四载。檋，旧谓樏，以铁为之，形似锥，长半寸，施之履下，以上山不蹉跌。以理度之，盖非也。乘者坐立而乘之，谓履下施锥。盖今屐类，不得谓之乘。且施半寸之锥于履下以登山，使为石山也，则其仆必矣。即使为土山也，锥深入而拔出亦难，且铁不能施于革上，必间之以木，层累高锐，足不与地谋而徒加重焉。蹠此以登山，一步一蹉跌矣。谢安石登山以屐，彼固从雅用，远泥滓，非如禹之有事于相导。而安石所登又皆修治之蹊涂。若木未槎，道未通，屐且不可入，况施之以锥也。愚久居山中，每雨湿屐行则喘息奔急，屡至蹎蹶。传注家老死堂上，妄意履下施锥，可以登涉，固其宜也。"檋"之为字，从木而不从金，则必以木为之。今其制不可考。大抵如诸葛木牛流马之类，有机以转运，前后互为首尾，施四轮，而高庳各半，登，则庳轮前，而高轮后；降，则庳轮后，而高轮前。其上载人者，则亦舆而已。或以人或以牛马，皆可推挽。禹自乘之，而槎木开道，从行之役人不与焉。禹位司空，即躬亲劳苦，亦不至与役人争道，汗流从事于坡陀。若役者之入山，则莫便于草履，何为违其所甚便，使蹠此痴重尖欹之履哉？经文云"予乘四载"，亦足知仅禹乘之矣。颜师古、洪迈谓，禹山行所乘，即今之山轿，然人车自桀始，恐非禹制。

《尚书埤传》卷三

（清）朱鹤龄撰

四载。

畎浍。

奏艰食鲜食。

孔疏：辁（音春），与橇（音蕝）、毳为一；檋（音雷），与桐（音菊）、桥（音跷）、輂（音菊）为一。古篆变形，字体改易，说者不同，未知孰是。陈第曰：辇，《夏本纪》作橇。张守节曰橇形如船而短小，两头微起，人曲一脚，泥上挞进（挞与挪同。扬子"挞埴索涂"谓，冥行者，扪上而求路也），用拾泥土之物。今杭州、温州海边有之。檋，《夏本纪》作"欙"。韦昭曰：桐，木器也。如今畚床，人举以行。按，二说是也。辇、檋皆可载人，故曰"载"。如淳注云，橇以板置泥上，欙以铁施履下。夫板铁之类，既不可谓之载，足之所践，又岂可谓之乘乎？

《考工记》：匠人为沟洫，耜广五寸，二耜为耦。一耦之伐，广尺深尺，谓之畎。田首倍之，广二尺，深二尺，谓之遂。九夫为井，井间广四尺，深四尺，谓之沟。方十里为成，成间广八尺，深八尺，谓之洫。方百里为同，同间广二寻，深二仞，谓之浍。专达乎川，盖畎极小，而浍极大，故蔡云，举小大以包其余也。王应麟曰：禹尽力乎沟洫，浚畎浍，距川。《遂人》五沟、五涂之制，因于古也。以水佐耕者丰，稻人掌之；以水佐守者固，司险掌之。自乡遂之法弛，郑子驷为田洫，而丧田者以为怨；子产作封洫，而舆人以为谤。晋欲使齐尽东其亩，戎车是利，甚而两周争东西之流。至商鞅决裂阡陌，吕政开通沟防，古制荡然矣。古者，内为田庐，外为沟洫，在易之师，寓兵于农，伏险于顺，取上坎下坤之象。沟洫之成，自禹至周，非一人之力。沟洫之坏，自周衰至秦，非一日之积。先儒谓井田坏，而戎马入中土，如入无人之境。悲夫。

邹季友曰：经言鲜食，则曰"奏"；言"艰食、鲜食"，则曰播奏。盖谓播种艰难，故以百谷为"艰食"也。蔡云：民尚艰食，则与上句语法不协。马氏曰：根生之食，亦谓百谷也，较胜。疏云：益奏鲜食，刊木所获鸟兽也；稷奏鲜食，决水所得鱼鳖也。愚按，《释名》云，艰，根也，如物根，根生之物。盖百谷、菜蔬皆在内（郑玄专主菜蔬，非）。孔传难得之食，固长马义，亦可备一说。

《尚书七篇解义》卷一

（清）李光地撰

（归善斋按：见"汝亦昌言"）

暨益奏庶鲜食

1.《尚书注疏》卷四

（汉）孔氏传，（唐）陆德明音义，孔颖达疏

暨益奏庶鲜食。

传：奏谓进于民。鸟兽新杀曰鲜。与益槎木，获鸟兽，民以进食。

音义：暨，其器反。鲜，音仙，马云：鲜，生也。

音义：距，音巨。濬，思俊反。畎，工犬反。浍，故外反。广，光浪反。深，尸鸩反，下"深二仞"同。艰，工闲反，马本作"根"，云根生之食，谓百谷。处，昌虑反。鼊，必灭反。懋，音茂。盐，余廉反。烝，之丞反。粒，音立。治，直吏反，下同。

疏：与益所进于人者，惟有槎木所获众鸟兽鲜肉为食也。

黎民阻饥，为人治水，故知，奏谓进食于人也。《礼》有"鲜鱼腊"，以其新杀鲜净故名为鲜，是鸟兽新杀曰鲜，鱼鼊新杀亦曰鲜也。此承"山"下，故为鸟兽。下承"水"后故为鱼鼊。其新杀之意同也。既言刊木乃进鲜食，食是除木所得，故言与益槎木，获禽兽，人以进食。

2.《书传》卷四

（宋）苏轼撰

（归善斋按：未解）

3.《尚书全解》卷六

（宋）林之奇撰

（归善斋按：见《益稷》）

4.《尚书讲义》卷四

（宋）史浩撰

（归善斋按：见《益稷》）

5.《尚书详解》卷五

（宋）夏僎撰

皋陶曰：吁！如何？

（归善斋按：见"皋陶曰：吁！如何？"）

6.《增修东莱书说》卷四

（宋）吕祖谦撰，时澜增修

（归善斋按：见"洪水滔天"）

7.《尚书说》卷一

（宋）黄度撰

（归善斋按：见"汝亦昌言"）

8.《洁斋家塾书钞》卷三

（宋）袁燮撰

（归善斋按：见"汝亦昌言"）

9.《书经集传》卷一

（宋）蔡沈撰

（归善斋按：见"汝亦昌言"）

10.《尚书精义》卷七

（宋）黄伦撰

（归善斋按：见"皋陶曰：吁！如何？"）

11.《尚书详解》卷五

（宋）陈经撰
（归善斋按：见"洪水滔天"）

12.《融堂书解》卷二

（宋）钱时撰
（归善斋按：未解）

13.《尚书要义》卷五

（宋）魏了翁撰
（归善斋按：见"皋陶曰：吁！如何？"）

14.《书集传或问》卷上

（宋）陈大猷撰
（归善斋按：未解）

15.《尚书详解》卷二

（宋）胡士行撰
（归善斋按：见"洪水滔天"）

16.《书纂言》卷一

（元）吴澄撰
（归善斋按：见"汝亦昌言"）

17.《书集传纂疏》卷一

（元）陈栎撰
（归善斋按：见"汝亦昌言"）

18.《读书丛说》卷三

（元）许谦撰

（归善斋按：未解）

19.《书传辑录纂注》卷一

（元）董鼎撰

（归善斋按：见"汝亦昌言"）

20.《尚书句解》卷二

（元）朱祖义撰

暨益奏庶鲜食（与益因其焚烈，助我治水，所得新杀鸟兽之鲜者，进之庶民以充食）。

21.《尚书日记》卷四

（明）王樵撰

（归善斋按：见"汝亦昌言"）

22.《日讲书经解义》卷二

（清）库勒纳等撰

（归善斋按：见"汝亦昌言"）

《尚书砭蔡编》

（明）袁仁撰

暨益奏庶鲜食。

暨稷奏庶艰食、鲜食。

民以食为天。水患初平，耕耨未溥，自生之少，则曰"鲜食"；自得之难，则曰"艰食"。今乃谓血食曰鲜，误矣。盖自燧人氏作，而民已久知熟食。若谓进众鸟兽鱼鼋之肉于民，使食以充饱，岂九州之鸟兽鱼鼋皆益取之，以进民乎？且"奏庶鲜食"，则以"庶"为众鸟兽矣。"奏庶艰食"，则

"庶"，又何所指乎？窃谓，奏，即"敷奏"之"奏"；庶，即民庶也。治水之时，尝同益陈奏民庶鲜食，则所以广其生植之源者，何不用也？又尝同稷陈奏民庶艰食、鲜食，则所以贻其丰亨之利者，何不为也？"奏"之者在臣，而所以行之者在君。禹不敢自以为功；而称及二臣，又不敢以为臣下之功，而归之于帝，可为万世告君之法。此《书》以《益稷》名篇，此二句极重。

《尚书疏衍》卷二

（明）陈第撰

暨益奏庶鲜食。

或问：鲜食何食也？曰：谷食也。谷食何以谓鲜食？曰新熟而食之不曰鲜乎？《诗》云"我取其陈，食我农夫"，夫以旧粟为陈，则以新粟为鲜宜矣。问：艰食何也？曰：谷食也。既曰鲜，又曰艰，何也？水之方导，平原旷野即可耕也。故不见其艰，及治水厎绩，畎浍俱修，难耕之处，稷人亦成厥功矣。故于益言鲜食；于稷言艰食鲜食，见治水之次第也。汉宋诸儒，皆以鲜食为鸟兽鱼鳖之鲜杀者。夫茹毛饮血，泰古之时则然，非所论于唐虞烹饪之世矣。故单言食，皆谓谷食，"食哉惟时"是矣。或问：方禹"随山刊木"，稷未降种，安得鲜食，不知耒耜之制，起自神农，尧未得舜，而东作西成，未尝废也。稷特修而备之耳，故《诗》曰"诞后稷之穑有相之道"。

《尚书稗疏》卷一

（清）王夫之撰

鲜食。"鲜"当作上声读，少也，与艰食义相为类通。渔猎所得，非有耕获之艰难，而不能多获，故曰"鲜"；稼穑所敛，或粒米狼戾而不致鲜，乏然必终岁勤动，而后有秋，故曰"艰"。肉曰"鲜"，粒曰"艰"，皆有郑重之意，古人命名不苟如是。若以为"鮇鲜"之"鲜"，则以肉为粮者，必为腊，为脯，而后可继，安得比日而烹鲜哉？

《尚书埤传》卷三

（清）朱鹤龄撰

（归善斋按：见"予乘四载"）

《尚书七篇解义》卷一

（清）李光地撰

（归善斋按：见"汝亦昌言"）

予决九川，距四海，浚畎浍距川

1.《尚书注疏》卷四

（汉）孔氏传，（唐）陆德明音义，孔颖达疏

予决九川，距四海，濬畎浍（huì、kuai）距川。

传：距，至也。决九州名川，通之至海。一亩之间，广尺深尺，曰畎。方百里之间，广二寻，深二仞，曰浍。浍畎深之至川，亦入海。

音义：距，音巨。濬，思俊反。畎，工犬反。浍，故外反。广，光浪反。深，尸鸩反，下"深二仞"同。

疏：我又通决九州名川，通之至于四海。深其畎浍，以至于川，水渐除矣。

距者，相抵之名，故为至也。非是名川，不能至海，故决九州之名川，通之至海也。《考工记》云：匠人为沟洫。耜广五寸，二耜为耦，一耦之伐，广尺深尺谓之畎。田首倍之，广二尺，深二尺，谓之遂。九夫为井，井间广四尺深四尺，谓之沟。方十里为成，成间广八尺，深八尺，谓之洫。方百里为同，同间广二寻，深二仞谓之浍。是畎、遂、沟、洫、浍，皆通水之道也。以小注大，故从畎、遂、沟、洫乃以入浍，浍入于川，川入于海。是畎内之水，亦入海也。惟言畎浍，举大小而略其余也。先言决川至海后，言濬畎至川者，川既入海，然后浍得入川，故先言川也。

《尚书注疏》卷四《考证》

"濬畎浍距川"疏：惟言畎浍，举大小而略其余也。

臣召南按：三代井田之法，始见于此。信南山之诗曰"维禹甸之"，孔子曰"尽力于沟洫"，皆指是文也。《禹贡》提挈（qiè）大纲，详于决川距海。而每州言厥田，则疆理沟洫之制备矣。此疏举大小而略其余，"略"字疑是"包"字之讹。盖小举畎，大举浍，则一夫之遂，九夫之沟，十里之浍，俱该括也。林之奇曰：自畎而之遂，自遂而之沟，自沟而之洫，自洫而之浍，自浍而之川，自川而之海，可谓明晰。决九川距海，其大纲，天下水之害无不除也。濬畎浍距川，其细目。天下水之利，无不兴也。此二句括一篇《禹贡》。

2. 《书传》卷四

（宋）苏轼撰

予决九州，距四海。

九州之名川也。

濬畎浍距川。

畎、遂、沟、洫、浍，皆通水之道，达于川者也。

3. 《尚书全解》卷六

（宋）林之奇撰

予决九川，距四海，濬畎浍距川，暨稷播，奏庶艰食鲜食，懋迁有无化居。烝民乃粒，万邦作乂。

障塞既通矣，然后可以施其治水之功，使川泽之水，各有所归也。《史记》以"导弱水"以下为九川：盖弱水也，黑水也，河也，汉也，江也，沇也，淮也，渭也，洛也。通有九川，然亦不必如此之泥。要之，谓"九川"者，但谓九州之内，凡有川泽，皆疏导之，使之各有所归也。"距四海"，《史记》既以"导弱水"以下为九川，故说者遂以"导弱水"入于流沙为西海；黑水终入为南海；后至于大陆以北，播为九河，入于海者，为北海；其余六水，所入为东海。然海之量，合受众流，若如此说，则是西海所受者惟一弱水，南海所受者惟一黑水，无此理也。若以"决九川"，为九州之川泽，无所不决；而"距四海"为江水皆归于海，则无所不包矣。"濬畎浍距川"，谓川泽之水，既有所归，于是疆理其地，则为沟洫，以宣泄平地之水，使皆归于川泽，亦以为耕稼之渐也。《考工记》曰："匠人为沟洫，耜广五寸，二耜为耦。一耦之伐，广尺深尺，谓之畎。田首倍之，广二尺，深二尺，谓之遂。九夫为井。井间，广四尺，深四尺，谓之沟。方十里为成。成间，广八尺，深八尺，谓之洫。方百里为同。同间，广二寻，深二仞，谓之浍。"自畎而之遂，自遂而之沟，自沟而之洫，自洫而之浍，自浍而之川，自川而之海，不言遂、沟、洫，而曰畎、浍者，盖举小大以包其余也。"决九川，距四海，濬畎浍距川"，则比其功役，又倍于随山刊木矣。故所藉以为众庶之食，又非鲜食而足也。故于鲜食之外，又加艰食焉者。薛氏谓：草木之实，凡施力艰难，而得之者也。古者凶年饥岁，五谷不熟，民无所得食。于是有拾橡栗，仰食桑葚，取给蒲蠃（luǒ），以充饥者，所得艰食，即此类之谓也，谓使民食鸟兽之肉，又加之以草木根实之类，以足之也。"艰食鲜食"者，则民无阻饥矣。于是又勉之以阜通货贿，以给其资生之具；"懋迁有无"，迁有以之无也，如鱼盐徙山林，材木徙川泽是也。"化居"者，化易其所居积。王肃云：易居者不得空去，使满而去，使满而来，其说是也。既懋有无，则民之所以资生之具，无所不备。然后可以兴农事，而使民享其粒食之利。"粒食"者，五谷之食也。民既粒食，则饥馑垫溺之患，皆可以免矣。舜使禹陈其盛德之言，禹谦自牧，不敢以陈谟自居。虽不以陈谟自居，惟述其治水之时本末先后之详，而警戒之意，实存于其间。盖洪水之初，浩浩怀襄，下民昏垫。而其终也，"烝民乃粒，万邦作乂"。其间，险阻艰难备尝之矣。予之所以"思日孜孜"者，盖欲君臣之间，相成警戒。其兢兢业业，常如洪水未平之时。如此，则国家之福，永无穷矣。鲍叔牙谓齐威公曰：愿君无忘在莒时，管仲无忘束缚于鲁时，宁戚无忘饭牛车下时。大禹之"思日孜孜"，其意如此。

4.《尚书讲义》卷四

（宋）史浩撰

（归善斋按：见《益稷》）

5.《尚书详解》卷五

(宋）夏僎撰

皋陶曰：吁！如何？

(归善斋按：见"皋陶曰：吁！如何？"）

6.《增修东莱书说》卷四

(宋）吕祖谦撰，时澜增修

(归善斋按：见"洪水滔天"）

7.《尚书说》卷一

(宋）黄度撰

(归善斋按：见"汝亦昌言"）

8.《洁斋家塾书钞》卷三

(宋）袁燮撰

(归善斋按：见"汝亦昌言"）

9.《书经集传》卷一

(宋）蔡沈撰

(归善斋按：见"汝亦昌言"）

10.《尚书精义》卷七

(宋）黄伦撰

(归善斋按：见"皋陶曰：吁！如何？"）

11.《尚书详解》卷五

(宋）陈经撰

(归善斋按：见"洪水滔天"）

12.《融堂书解》卷二

（宋）钱时撰

（归善斋按：未解）

13.《尚书要义》卷五

（宋）魏了翁撰

四、决川距海，由濬畎浍距川，故先言川。

距者，相抵之名，故为至也，非是名川不能至海。故决九州之名川，通之至海也。《考工记》云"匠人为沟洫，耜广五寸，二耜为耦，一耦之伐，广尺深尺，谓之畎"。田首倍之，广二尺深二尺，谓之遂。九夫为井，井间广四尺深四尺，谓之沟。方十里为成，成间广八尺深八尺，谓之洫。方百里为同，同间广二寻深二仞，谓之浍。是畎、遂、沟、洫、浍，皆通水之道也。先言决川至海，后言濬畎至川者，川既入海，然后浍得入川，故先言川也。

（归善斋按：另见"皋陶曰：吁！如何？"）

14.《书集传或问》卷上

（宋）陈大猷撰

（归善斋按：未解）

15.《尚书详解》卷二

（宋）胡士行撰

（归善斋按：见"洪水滔天"）

16.《书纂言》卷一

（元）吴澄撰

（归善斋按：见"汝亦昌言"）

17.《书集传纂疏》卷一

(元)陈栎撰

(归善斋按:见"汝亦昌言")

18.《读书丛说》卷三

(元)许谦撰

(归善斋按:未解)

19.《书传辑录纂注》卷一

(元)董鼎撰

(归善斋按:见"汝亦昌言")

20.《尚书句解》卷二

(元)朱祖义撰

予决九川(我决九州川泽之水),距四海(使至于海,则大小有所归),浚畎浍距川(浚导畎浍之水使至川,则水有所归。按《考工记》,匠人为沟洫,广尺深尺,谓之畎;广二寻,深二仞,谓之浍,乃田间水道,以正疆界,备旱潦者)。

21.《尚书日记》卷四

(明)王樵撰

(归善斋按:见"汝亦昌言")

22.《日讲书经解义》卷二

(清)库勒纳等撰

(归善斋按:见"汝亦昌言")

《尚书通考》卷五

(元) 黄镇成撰

予决九川，距四海，浚畎浍距川。

蔡氏曰：九川，九州之川也。《周礼》一亩之间，广尺深尺，曰畎；一同之间，广二寻深二仞，曰浍；畎、浍之间有遂、有沟、有洫，皆通田间水道，以小注大。言畎、浍而不及遂、沟、洫者，举小大以包其余也。先决九川之水，使各通于海；次浚畎浍之水，使各通于川也。

愚按，畎浍之制，蔡氏但据《周礼》言之，盖虞夏之制已无所考，然少康"有田一成有众一旅"，与一甸六十四井，五百一十二家之数略同，则田制亦不甚异也。

《考工记·匠人》为沟洫，耜广五寸，二耜为耦。一耦之伐，广尺深尺谓之"畎"。田首倍之，广二尺深二尺谓之"遂"。九夫为井，井间广四尺深四尺谓之"沟"。方十里为成，成间广八尺深八尺谓之"洫"。方百里为同，同间广二寻深二仞谓之"浍"，专达于川。凡天下之地势，两山之间必有川焉，大川之上必有涂焉（注云三夫为屋，屋具也。一井之中，三屋九夫，三三相具，以出赋税，其治沟也。方十里为成，成中容一甸。甸方八里为出田税，缘边一里治洫。方百里为同，同中容四都，六十四成方，六十里出田税，缘边十里治浍）。

畎浍。陈祥道曰：《书》曰"浚畎浍距川"，《诗》曰"惟禹甸之"，《语》曰"禹尽力乎沟洫"，《春秋传》曰"少康之在虞，思有田一成，有众一旅"，则井田沟洫之制尚矣。《周官·小司徒》经土地而井牧其田野。九夫为井，四井为邑，四邑为丘，四丘为甸，四甸为县，四县为都，以任地事，而令贡赋。遂人凡治野，夫间有遂，遂上有迳。十夫有沟，沟上有畛。百夫有洫，洫上有涂。千夫有浍，浍上有道。万夫有川，川上有路，以达于畿。《考工记·匠人》为沟洫，广尺深尺谓之"亩"。田首倍之，广二尺深二尺谓之"遂"。九夫为井，井间广四尺深四尺谓之"沟"。方十里为成，成间广八尺深八尺谓之"洫"。方百里为同，同间广二寻深二仞谓之"浍"。《司马法》，六尺为步，步百为亩，亩百为夫，夫三为屋，屋三为井，井十为成，成十为通，通十为终，终十为同。盖三屋为井，井方一里九夫。四井为邑，邑方二里，三十六夫。十六井为丘，丘方四里，百四十四夫。六十四井为甸，甸方八里，五百七十六夫。二百五十六井为县，县方十六里，二千三百四夫。一千二十四井为都，都方三十二里，九千二百一十六夫。康成以《小司徒》有邑、甸、县、都之别，而此名与采邑同，《匠人》有亩、遂、沟、洫、浍之制，而多寡与遂人异，故言采地制井田，乡遂、公邑制沟洫。又谓，乡遂、公邑之吏，或促民以公，使不得恤其私。诸侯专国之政，或恣为贪暴，税民无艺，故畿内用夏贡，邦国用商助。贾公彦之徒遂以《载师》自国中园廛，以至甸、稍、县、都，皆无过十二，是乡遂及四等公邑，皆用贡而无助，以明乡遂特为沟洫而已。然先王之为井田也，使所饮同井，所食同田，所居同廛，所服同事，出入相友，守望相助，疾病相扶持，乡遂六军之所寓？岂庸各授之田，而不为井法乎？《大田》之诗言"曾孙来止"，而歌"雨我公田，遂及我私"，《噫嘻》之诗言"春夏祈谷于上帝"，而歌"骏发尔私，终三十里，亦服尔耕，十千维耦"，《周官·遂人》言"兴锄旅师有锄粟"，此乡遂、井田之事也。郑氏以乡遂无井田，而又以《遂人》之法释《诗》，以一井之法释《旅师》，是自戾也。《孟子》曰"乡田同井，请野九一而助"，则乡遂之为井田可知矣。《载师》之所征赋，非一夫受田之法，而甸、稍、县、都皆无过十一，则采地有不为井田可知矣。井田之制，方里而井，八家皆私百亩，其"中"为公田，而庐舍在焉。公田八十亩而家治十亩，庐舍二十亩而家二亩半。庐舍在内，贵人也；公田次之，重公也；私田在外，贱私也。民年二十受田，六十归田，而任之也有期；强者有所加予，罢者有所罚辱，而劝之也有法。此民所以乐事劝功，而无憾于养生送死也。先王之时，上以仁抚下，下以义事上。以仁抚下，故先民而后公，则"骏发尔私"是也；以义事上，故先公而后己，则"雨我公田，遂及我私"是也。又私田稼不善则非吏，公田稼不善则非民，庸有"乡遂公邑之吏，促民以公，使不恤其私"者乎？《小司徒》"九夫为井，井间有沟"，自井地言之也。《遂人》"十夫有沟"，兼沟涂言之也。然《遂人》"百夫有洫"，而《匠人》"十里为成，成间有洫"，则九百夫之地。《遂人》"千夫有浍"而《匠人》"百里为同，同间有浍"，则九万夫之地。其不同何邪？"成间有洫"，非一成之地包以一洫而已，谓其间有洫。

同间有浍，非一同之地包以一浍而已，谓其间有浍也。成与同，地之广者也；洫与浍，沟之大者也。于成举洫，于同举浍，亦其大略云耳。《前汉志》曰"理民之道地著为本"，故必建步立亩，正其经界。六尺为步，步百为亩，亩百为夫，夫三为屋，屋三为井，井方一里，是为九夫，八家共之，各受私田百亩，公田十亩，是为八百八十亩，余二十亩以为庐舍，出入相友，守望相助，疾病相救。

夏贡，商助，周彻。校数岁之中以为常者，夏后氏之贡也。借民力以治公田者，商人之助也。兼贡、助而通行者，周人之彻也。《周官·载师》园廛二十而一，近郊十一，远郊二十而三，甸、稍、县都皆无过十二。《闾师》任农，以耕事贡九谷；司稼巡野观稼，以年之上下出敛法，此周之贡法也。《诗》曰"雨我公田，遂及我私"，《旅师》有"锄粟"，许慎释"锄"为"助"，《孟子》曰"九一而助"，《谷梁》曰"十一藉而不税"，此周之助法。藉而不税同乎商（《王制》"古者公田藉而不税"，郑氏以为商制）。其贡法以年上下，则异乎夏。然夏之民耕五十亩，而以五亩贡；商之民耕七十亩，而以七亩助，皆什内之一。周之民耕百亩，以公田十彻助什外之一。《孟子》言其实皆什一者，以其法虽少异，而其实不离什一也。孟子曰"请野九一而助，国中什一使自赋"，"九一"自地言之也，"什一"，自物言之也。郑氏释《匠人》谓通其率以什一为正。颖达之徒申之谓，助则九而贡一；贡则什而贡一，通率为什一，是助之所取者重，贡之所取者轻，非《孟子》之意也。夏、商、周之授田，其亩数不同，何也？《禹贡》于九州之地，或言土，或言作，或言乂，盖禹平水土之后。有土见而未作，有作焉而未乂，则于是时，人功未足以尽地力，故家五十亩而已。沿历商周，则田浸辟，而法备矣，故商七十而助，周百亩而彻。《诗》曰"信彼南山，惟禹甸之，畇畇原隰，曾孙田之，我疆我理，南东其亩"，则法略于夏，备于周可知矣。刘氏曰：王氏谓，夏之民多，家五十亩而贡；商之民稀，家七十而助；周之民尤稀，家百亩而彻。熊氏谓，夏政宽简，一夫之地，税五十亩；商政稍急，一夫之地税七十亩；周政极烦，一夫之地尽税焉，而所税皆什一。贾公彦谓，夏五十而贡，据一易之地，家二百亩而税百亩也。商七十而助，据六遂上地百亩莱五十亩，而税七十五亩也。周百亩而彻，据不易之地百亩全税之。如四子之言，则古之民常多，而后世之民愈少；古之税常轻，而后世之税愈重；古之地皆一易，而后世之地皆不易，其果然哉。

力政。古者府、史、胥、徒有常职，而不与其所，与者军旅田役而已。故任之以地之嫩恶，辨之以国野之远近，均之以岁之上下。《小司徒》上地家七人，可任也者家三人；中地家六人，可任也者二家五人；下地家五人，可任也者家二人，此任之以地也。《乡大夫》国中自七尺以及六十，野自六尺以及六十五皆征之，此辨之以国野也。《均人》凡均力政，以岁上下。丰年，则公旬用三日；中年，则公旬用二日；无年，则公旬用一日。凶札，则无力役，此均之以岁也。上地食七人，中地食六人，下地食五人，而任之者仅半而已。盖以下养上则不足，以上养下则有余。故凡起徒役，又无过家一人。所谓"施从其厚，事举其中"，与"食壮者之食"，"任老者之事"同意。七尺、六尺征之以其才；六十、六十有五，舍之以其齿。国中近而役多，故晚征而早舍；野远而役少，故早征而晚舍，欲使劳役轻重均而已矣。与近郊十一，远郊二十而三，甸、稍、县、都无过十二同意。力政有征于乡，有征于司徒。征于司徒则公用之也，故丰年公旬用三日，则是岁用二十七日；中年公旬用二日，则是岁用十有八日；无年公旬用一日，则是岁用九日而已。以均力政在岁成之后，惟用于冬之一时故也。其作之也，在乡，则族师以鼓铎旗物帅。而至大司徒，以乡之大旗致之。在遂，则鄪长以旗鼓兵革帅，而至遂人，以遂之大旗致之。盖乡百家为族，遂百家为鄪。百家然后致之以旗鼓，则下于百家者非必旗鼓也。司徒之于六乡，遂人之于六遂，以乡遂之大旗致之，则族师、鄪长之旗非大旗也。乡有乡官致之，遂有遂官致之，至于邦国、都鄙、甸稍、郊里之地，县师又备旗鼓兵器致之，则所统有其人，所会有其地，所治有其法，此所以如臂使指，而无不率从也。其不役者，国中贵者、贤者、能者、服公事者，老者、疾者皆舍。又八十者一子不从政，九十者其家不从政。废疾非人不养者，一人不从政。父母之丧，三年不从政。齐衰大功之丧，三月不从政。将徙于诸侯者，三月不从政。自诸侯徙家，三月不从政。然则，役之义也，舍之仁也。义故民忘其劳，仁故民悦其德。此所以《北山》"不均"之刺，不作于下而余力之颂日闻于上也。后世践更之法，虽丞相之子不免戍边，非所谓舍贵者也；绛之老人辱在泥涂，非所谓舍老者也，岂可与议先王之法哉？《周礼·均人》无年之力政，犹至九日;《王制》用民之力,岁不过三日,非周礼也。《乡大夫》国、野之役至于六十、六十有五;《王制》曰"五十不从力政",《祭义》曰"五十不为甸徒"亦非周制也。然六十不与服戎,恐周亦然。班超传曰"古者,十五授兵,六十还之",《韩诗》"养三十授兵,六十还兵",其授兵早晚虽殊,其六十还兵一也。

夫间有遂。

(归善斋按,图略)

《匠人》注曰:古者,耜一金,两人并发之。其垄,中曰甽;甽上曰伐。"伐"之言"发"也。田一夫,所佃百亩,亩方百步。遂者,夫间小沟,遂上亦有途。广二尺深二尺曰"遂"。

井间有沟。

(归善斋按,图略)

《匠人》注曰:此畿内采地之制,九夫为井。"井"者,方一里,九夫所治之田也。采地制,井田异于乡遂及公邑。一井之中,三三相具出赋税,共治沟也。广四尺,深四尺,曰"沟"。

成方十里。

(归善斋按,图略)

成中容一甸,甸方八里出田税,缘边一里治洫,四井为邑,四邑为丘,四丘为甸,为方八里,旁加一里,故方十里。甸之八里开方,计之八八六十四井,五百七十六夫出税;旁加一里,三十六井,三百二十四夫治洫。广八尺深八尺曰"洫";广二寻深二仞曰"浍"。

同间有浍。

(归善斋按,图略)

注云:方百里为同,同中容四都。六十四成,方八十里出田税,缘边十里治浍。井田之制备于一同。

《遂人》职凡治野,夫间有遂,遂上有径;十夫有沟,沟上有畛;百夫有洫,洫上有涂;千夫有浍,浍上有道;万夫有川,川上有路,以达于畿(注云:十夫二邻之田,百夫一酂之田,千夫二鄙之田,万夫四县之田,遂、沟、洫、浍皆所以通于川也。万夫者,方三十三里少半里,九而方一,同以南亩图之,则遂从沟横,洫从浍横,九浍而川周其外焉。去山陵、林麓、川泽、沟洫、城郭、宫室、涂巷，三分之制。其余如此，以至于畿，则中虽有都鄙，遂人尽主其地）。

莆阳黄四如曰：郑司农、盱江李氏，皆以为周之天下不纯用井田。其说曰：《载师职》近郊十一，远郊二十而三，甸、稍、县、都皆无过十二，安在为井田之法？周之畿内，不用井田，而用井田者畿外侯国之制。此郑康成等说也。《匠人职》九夫为井（云云），曰此畿内采地，为井田之制。《遂人职》夫间有遂（云云），曰此乡遂沟洫之法，甸、稍、县、都十二取民之法，既与畿外井田九一之法不同；县、都采地一井一沟之法（匠人），又与乡遂十夫同为一沟之法不同。谁谓成周尽用井田之法，此亦郑司农等说也。夫成周实举天下通用井田，其著于经，本无抵牾，而读者不知经文有上下相蒙，纵横互见之义，故为之说耳，吾观《载师职》皆指园廛而言，冠"国"与"园廛"三字于其上，而其下者悉蒙上文。今以十二为田税用，畿内用贡法，以井田为侯国用之，王畿不用，则经文"九夫为井"等语，皆可弃而不顾矣。《遂人》言"十夫有沟"，以横言之；《匠人》言"九夫为沟"，以方度之，其实则一，是纵横互见，彼此相明而已。而曰《匠人》沟洫之说采地制井田异于乡遂，殊不可晓。《载师》谓之任地，则非田也；谓园廛，又非田矣；漆林，又非田之所植，岂得谓之田税？周之彻法，最为尽善，度其隰原，彻田为粮，盖自公刘已然，后特遵而守之耳。或曰周为井田，田有不可井者，奈何？曰：所谓井田，其亦可井者，井之尔。山川、陵谷所在有之，如不可井，则亦计其夫家与步亩之数，授之，取登足而已，何必坦然如一枰，而沟洫纵横于其上乎？经生说经，必欲画地为图，四方平正，以就死法，故其为说，例皆互异，不能自通，于是立井田沟洫异制之说又不能通，则以为此商制，此夏制，皆不足据也。

《书蔡氏传旁通》卷一下

（元）陈师凯撰

《周礼》：一亩之间，广尺深尺曰"畎"；一同之间，广二寻深二仞曰"浍"；畎浍之间，有遂、有沟、有洫，皆通田间水道。以小注大，言畎浍而不及遂沟洫者，举小大以包其余也。

《周礼·冬官·考工记》云：耜广五寸，二耜为耦。一耦之伐，广尺深尺，谓之亩。田首倍之，广二尺深二尺，谓之遂。九夫为井，井间广四尺深四尺，谓之沟。方十里为成，成间广八尺深八尺，谓之洫。方百里为同，同间广二寻深二仞，谓之浍，专达于川，各载其名。凡天下之地势，两山之间必有川焉，大川之上必有涂焉。

《尚书疑义》卷一

（明）马明衡撰

"予决九川，距四海"，"九川"，蔡氏以为九州之川，盖本下文"九川"涤源之言。然一州恰好一川，亦是大约言之也。观之导水，自弱水至洛，凡九州非九川乎？川者，大水之总名也。由是知古人之言，亦不可以文义执一而泥之也。

《尚书注考》

（明）陈泰交撰

"距四海"，训"距"，至。"不距朕行"，训"距"，违也。

《尚书稗疏》卷一

（清）王夫之撰

决九川。

禹之治水，其事凡二，先儒多合而为一，故聚讼而无所折衷。《尧典》所谓"洪水方割"者，大抵河水为害也。龙门未凿，河之上流壅滞于冀雍之域；九河未宣，河之下流弥漫于兖豫之野，而兖豫之患为尤甚。盖河自出太行而东，南北两崖平衍沙壤，水无定居，随所奔注，辄成巨流，故禹既治壶口，分播九河，则水患息。《孟子》亦以疏九河，瀹济漯为首功者，此之谓也。大河既平，中原底定，人得平土而居之，此则治滔天之洚水者，其一也。若禹所自言"决九川，距四海，浚畎浍距川"者，则洪水既平之后，因以治天下之水，为农计也，故曰"烝民乃粒"，又曰"荒度土功"，《论语》亦曰"尽力乎沟洫"。而《禹贡》所纪定田赋，"六府孔修，庶土交正"，不复以民免昏垫为言，此则遍履九州，画其疆场，作其沟浍，涝患可蠲，旱亦获济，故诗称之曰"维禹甸之"。此以开三代井田之基者，又其一也。所以然者，当禹之时，大河北流，未与淮通，而南条诸水，限以冥阨、瀍霍、楚塞诸山，则势不得与江淮相接，至荆之南土，梁之西陲，较豫兖之野，高下相去不知几百里，使浩浩滔天，漫及荆、梁，则兖、豫、青、扬深且无涯，久不复有人矣。若云大河、江淮及诸小水，同时各涨于其地，则必天下同时皆苦霪雨。而河源远出绝域，彼中晴雨必无一揆之理。江汉之涨，则因雪液。河水莫大于樊水，在春夏之交，汉水盛于夏，江水盛于秋。其他小水，多甚于春。此涨彼落，不能九州而同，况九年而如一日也。雍、梁、荆之地，山高岸峻，水即壅泛，不足为民患，何必措力于随盈随涸之流，以自劳而劳民也哉。然则，九川之决，畎浍之浚，平土也；龙门之凿，九河之播，平水也。舜曰"禹平水土"，两纪其功也。先后异时，高下异地，浚治异术，合而为一则紊矣。

《尚书埤传》卷三

（清）朱鹤龄撰

（归善斋按：见"予乘四载"）

《书经衷论》卷一

（清）张英撰

"决九川，距四海，浚畎浍，距川"，四语是《禹贡》一篇大规模。所谓治水，先下流，使水有所归；然后导其支流，使水有所泄也。"奏庶艰食"，即"三壤成赋"之义也。"懋迁有无"，即"九土贡物"之义也。《禹贡》中，"导岍及岐"以下十余条，即所谓"决九川，距四海"也。其详于各州者，即所谓"浚畎浍，距川"也。此言其用功之次第，故先大而后小。《禹贡》言其成功之次第，故先小而后大，其实一也。

《尚书七篇解义》卷一

（清）李光地撰

（归善斋按：见"汝亦昌言"）

暨稷播，奏庶艰食鲜食

1.《尚书注疏》卷四

（汉）孔氏传，（唐）陆德明音义，孔颖达疏

暨稷播，奏庶艰食鲜食。

传：艰，难也。众难得食处，则与稷教民播种之。决川有鱼鳖，使民鲜食之。

音义：艰，工闲反，马本作"根"，云根生之食，谓百谷。处，昌虑反。鳖，必灭反。

疏：与稷播种五谷，进于众人。难得食处，乃决水所得鱼鳖鲜肉为食也。

艰，难也，《释诂》文。禹主治水，稷主教播种，水害渐除，则有可耕之地。难得食处，先须教导以救之，故云，众难得食处，则与稷教人播种之。易得食处，人必自能得之。意在救人艰危之厄，故举难得食之处以言之。于时虽渐播种，得谷犹少，人食未足，故决川有鱼鳖，使人鲜食之，言食鱼以助谷也。郑玄云：与稷教人种泽物菜蔬艰厄之食。稷功在于种谷，不在种菜蔬也。言后稷种菜蔬艰厄之食，传记未有此言也。

2.《书传》卷四

（宋）苏轼撰

暨稷播，奏庶艰食鲜食，懋迁有无化居，烝民乃粒，万邦作乂。

播，种也。奏，进也。鲜食，肉食也。禹之在山林也，与益同之。益，朕虞也。其鲜食，鸟兽也。其在川泽也，与弃同之。弃，后稷也。其鲜食，鱼鳖也。艰食者，草木根实之类，凡施力艰难而得者也。艰食、鲜食，民粗无饥矣，乃勉之迁易其有无，以变化其所居积，而农事作矣。

3.《尚书全解》卷六

（宋）林之奇撰

（归善斋按：见"予决九川"）

4.《尚书讲义》卷四

（宋）史浩撰

（归善斋按：见《益稷》）

5.《尚书详解》卷五

（宋）夏僎撰

皋陶曰：吁！如何？

（归善斋按：见"皋陶曰：吁！如何？"）

6.《增修东莱书说》卷四

（宋）吕祖谦撰，时澜增修

（归善斋按：见"洪水滔天"）

7.《尚书说》卷一

（宋）黄度撰

（归善斋按：见"汝亦昌言"）

8.《洁斋家塾书钞》卷三

（宋）袁燮撰

（归善斋按：见"汝亦昌言"）

9.《书经集传》卷一

（宋）蔡沈撰

（归善斋按：见"汝亦昌言"）

10.《尚书精义》卷七

（宋）黄伦撰

（归善斋按：见"皋陶曰：吁！如何？"）

11.《尚书详解》卷五

（宋）陈经撰

（归善斋按：见"洪水滔天"）

12.《融堂书解》卷二

（宋）钱时撰

（归善斋按：未解）

13.《尚书要义》卷五

（宋）魏了翁撰

五、"暨稷播奏庶艰食鲜食"，言食鱼以助谷。

禹主治水，稷主教播种。水害渐除，则有可耕之地。难得食处，先须教导以救之，于时，虽渐播种，得谷犹少，人食未足，故决川有鱼鳖，使人鲜食之，言食鱼以助谷也。郑玄云：与稷教人种泽物菜蔬艰厄之食。稷功在于种谷，不主种菜蔬也，言后稷种菜蔬艰厄之食，传记未有此言也。

（归善斋按：另见"皋陶曰：吁！如何？"）

14.《书集传或问》卷上

（宋）陈大猷撰

（归善斋按：未解）

15.《尚书详解》卷二

（宋）胡士行撰

（归善斋按：见"洪水滔天"）

16.《书纂言》卷一

(元) 吴澄撰

(归善斋按：见"汝亦昌言")

17.《书集传纂疏》卷一

(元) 陈栎撰

(归善斋按：见"汝亦昌言")

18.《读书丛说》卷三

(元) 许谦撰

(归善斋按：未解)

19.《书传辑录纂注》卷一

(元) 董鼎撰

(归善斋按：见"汝亦昌言")

20.《尚书句解》卷二

(元) 朱祖义撰

暨稷播奏庶艰食鲜食（洪水既平，与稷播种而进众民以稼穑，艰难而后成食，又以决川所得鱼鳖杀而鲜者，充民食之乏）。

21.《尚书日记》卷四

(明) 王樵撰

(归善斋按：见"汝亦昌言")

22.《日讲书经解义》卷二

(清) 库勒纳等撰

(归善斋按：见"汝亦昌言")

《尚书砭蔡编》

（明）袁仁撰

（归善斋按：见"暨益奏庶鲜食"）

《尚书稗疏》卷一

（清）王夫之撰

（归善斋按：见"暨益奏庶鲜食"）

《尚书埤传》卷三

（清）朱鹤龄撰

（归善斋按：见"予乘四载"）

《书经衷论》卷一

（清）张英撰

（归善斋按：见"决九川，距四海"）

《尚书七篇解义》卷一

（清）李光地撰

（归善斋按：见"汝亦昌言"）

懋迁有无化居

1. 《尚书注疏》卷四

（汉）孔氏传，（唐）陆德明音义，孔颖达疏

懋迁有无化居。

传：化，易也。居，谓所宜居积者。勉劝天下徙有之无，鱼盐徙山林，木徙川泽，交易其所居积。

音义：懋，音茂。盐，余廉反。

疏：人既皆得食矣，又劝勉天下徙有之无，交易其所居积。

变化是改易之意，故化为易也。居谓所宜居积者，近水者，居鱼盐；近山者，居林木也。勉劝天下徙有之无者，谓徙我所有往彼无乡，取彼所有，以济我之所无。鱼盐徙山林，木徙川泽，交易其所宜居积，言此迁者，谓将物去，不得空取彼物也。王肃云：易居者，不得空去，当满而去，当满而来也。

2.《书传》卷四

（宋）苏轼撰

（归善斋按：见"暨稷播，奏庶艰食鲜食"）

3.《尚书全解》卷六

（宋）林之奇撰

（归善斋按：见"予决九川"）

4.《尚书讲义》卷四

（宋）史浩撰

（归善斋按：见《益稷》）

5.《尚书详解》卷五

（宋）夏僎撰

皋陶曰：吁！如何？

（归善斋按：见"皋陶曰：吁！如何？"）

6.《增修东莱书说》卷四

（宋）吕祖谦撰，时澜增修

（归善斋按：见"洪水滔天"）

7.《尚书说》卷一

（宋）黄度撰

（归善斋按：见"汝亦昌言"）

8.《洁斋家塾书钞》卷三

（宋）袁燮撰

（归善斋按：见"汝亦昌言"）

9.《书经集传》卷一

（宋）蔡沈撰

（归善斋按：见"皋陶曰：吁！如何？"）

10.《尚书精义》卷七

（宋）黄伦撰

（归善斋按：见"皋陶曰：吁！如何？"）

11.《尚书详解》卷五

（宋）陈经撰

（归善斋按：见"洪水滔天"）

12.《融堂书解》卷二

（宋）钱时撰

（归善斋按：未解）

13.《尚书要义》卷五

（宋）魏了翁撰

（归善斋按：见"皋陶曰：吁！如何？"）

14.《书集传或问》卷上

（宋）陈大猷撰

（归善斋按：未解）

15.《尚书详解》卷二

（宋）胡士行撰

（归善斋按：见"洪水滔天"）

16.《书纂言》卷一

（元）吴澄撰

（归善斋按：见"汝亦昌言"）

17.《书集传纂疏》卷一

（元）陈栎撰

（归善斋按：见"汝亦昌言"）

18.《读书丛说》卷三

（元）许谦撰

（归善斋按：未解）

19.《书传辑录纂注》卷一

（元）董鼎撰

（归善斋按：见"汝亦昌言"）

20.《尚书句解》卷二

（元）朱祖义撰

懋迁有无化居（然后懋勉斯民，使迁有之无，变化其物之居积者，如鱼鳖徙山林，林木徙川泽是也）。

21.《尚书日记》卷四

(明)王樵撰

(归善斋按：见"汝亦昌言")

22.《日讲书经解义》卷二

(清)库勒纳等撰

(归善斋按：见"汝亦昌言")

《书义矜式》卷一

(元)王充耘撰

懋迁有无化居，烝民乃粒，万邦作乂。

圣人有以均天下之利，然后民食足，而治功成也。夫利或偏聚而不均，则民有不得其养者矣，治功何由而可兴乎？昔在大禹，深虑乎此，故于水患既平之后，山泽之利已兴，懋勉其民，徙有于无，交易变化其居积之货，盖欲使之有无相通，而利均于天下，然后烝民乃得以粒食，而万邦得以兴起其治功焉。噫！使圣人懋迁之政不笃，则利不足以周天下，而治效亦无由而著于天下矣（云云）。尝谓：民之所资者，粒也；民之所急者，食也。天下之民，所以享其利，而遂其生者，皆由于此，而治化兴行之机，四海乂安之效，莫不胥此焉出。何也？民者，邦之本，而食者民之天也。夫民衣食不足，则救死而恐不赡，何暇治礼义？及其家给人足之后，求得欲遂之余，率之以善，而知所劝；威之以刑，而知所惧。然后以令则行，以禁则止。治功之兴，其孰能御之哉？民生于焉，而可遂矣。然而，居山林者多材木，居川泽者多鱼盐。苟上之人，不有以通之，则农有余粟，而病于寒；女有余布，而阻于饥。民生之不遂者自若也。故为之君者，必有以懋勉其民，使之徙其所有，易其所无。教者孜孜而不敢怠，以其有余补其不足者，勉勉而不敢自已。夫然后有无得以相通，匮乏得以相济。天下之利，无不均之患矣。于是民生之众谷不可胜食，而无复阻饥之忧。含哺鼓腹，而非复前日艰食之比矣。民而谓之"烝民"，可以见其无一夫之不获，而林林总总之众，举皆得其养矣。夫圣人在上，惟忧民失其养耳。民得其养，果何患乎治功之不成乎？礼乐刑政，由是而修明；纪纲法度，于是而振举。四方有风动之休，而比屋有可封之俗矣。邦而谓之"万邦"，可以见其无一所之不尽，而东渐西被，迄于四海，举皆兴其治矣。岂非民食足，而治功成乎？嗟夫！圣人爱民之心，无所不用其极也。天锡禹以《洪范》九畴，其三曰农用八政。必以食货为先，盖食货者，所以养生也。是时，黎民方免"阻饥"之厄，宜乎惓勉之意如此也。虽然，舜以皋陶既陈"知人"、"安民"之谟，因呼禹使亦进其言，而禹乃历述其治水之功，以迄于"万邦作乂"，禹岂好为是夸尚哉？不述其治水之本末，则无以知"万邦作乂"之由；不知成功之艰，则未有能保其功于无穷者。禹吾无间然矣。

《书经衷论》卷一

（清）张英撰

（归善斋按：见"决九川，距四海"）

《尚书七篇解义》卷一

（清）李光地撰

（归善斋按：见"汝亦昌言"）

烝民乃粒，万邦作乂

1.《尚书注疏》卷四

（汉）孔氏传，（唐）陆德明音义，孔颖达疏

烝民乃粒，万邦作乂。

传：米食曰粒，言天下由此为治本。

音义：烝，之丞反。粒，音立。治，直吏反，下同。

疏：于是天下众人，乃皆得米粒之食。万国由此为治理之政。我所言孜孜者，在此也。

《说文》云：粒，糁（shēn）也。今人谓饭为米糁。遗余之饭，谓之一粒两粒，是米食曰粒，言是用米为食之名也。人非谷不生，政由谷而就，言天下由此谷为治政之本也。君子之道，以谦虚为德。禹盛言己功者，为臣之法当孜孜不怠，自言己之勤苦，所以勉劝人臣，非自伐也。

2. 《书传》卷四

（宋）苏轼撰

（归善斋按：见"暨稷播，奏庶艰食鲜食"）

3. 《尚书全解》卷六

（宋）林之奇撰

（归善斋按：见"予决九川"）

4. 《尚书讲义》卷四

（宋）史浩撰

（归善斋按：见《益稷》）

5. 《尚书详解》卷五

（宋）夏僎撰

皋陶曰：吁！如何？

（归善斋按：见"皋陶曰：吁！如何？"）

6. 《增修东莱书说》卷四

（宋）吕祖谦撰，时澜增修

（归善斋按：见"洪水滔天"）

7. 《尚书说》卷一

（宋）黄度撰

（归善斋按：见"汝亦昌言"）

8. 《洁斋家塾书钞》卷三

（宋）袁燮撰

（归善斋按：见"汝亦昌言"）

9. 《书经集传》卷一

（宋）蔡沈撰

（归善斋按：见"汝亦昌言"）

10. 《尚书精义》卷七

（宋）黄伦撰

（归善斋按：见"皋陶曰：吁！如何？"）

11. 《尚书详解》卷五

（宋）陈经撰

（归善斋按：见"洪水滔天"）

12. 《融堂书解》卷二

（宋）钱时撰

（归善斋按：未解）

13. 《尚书要义》卷五

（宋）魏了翁撰

六、烝民粒，故万邦乂，禹言此以勉人。

人非谷不生，政由谷而就，言天下由此谷为治政之本也。君子之道，以谦虚为德，禹盛言己功者，为臣之法，当孜孜不息，自言己之勤苦，所以勉劝人臣，非自伐也。

（归善斋按：另见"皋陶曰：吁！如何？"）

14. 《书集传或问》卷上

（宋）陈大猷撰

（归善斋按：未解）

15.《尚书详解》卷二

（宋）胡士行撰

（归善斋按：见"洪水滔天"）

16.《书纂言》卷一

（元）吴澄撰

（归善斋按：见"汝亦昌言"）

17.《书集传纂疏》卷一

（元）陈栎撰

（归善斋按：见"汝亦昌言"）

18.《读书丛说》卷三

（元）许谦撰

（归善斋按：未解）

19.《书传辑录纂注》卷一

（元）董鼎撰

（归善斋按：见"汝亦昌言"）

20.《尚书句解》卷二

（元）朱祖义撰

烝民乃粒（众民乃享粒食之利），万邦作乂（万邦之民皆趋于治）。

21.《尚书日记》卷四

（明）王樵撰

（归善斋按：见"汝亦昌言"）

22.《日讲书经解义》卷二

（清）库勒纳等撰

（归善斋按：见"汝亦昌言"）

《书义矜式》卷一

（元）王充耘撰

（归善斋按：见"懋迁有无化居"）

《尚书七篇解义》卷一

（清）李光地撰

（归善斋按：见"汝亦昌言"）

皋陶曰：俞！师汝昌言

1.《尚书注疏》卷四

（汉）孔氏传，（唐）陆德明音义，孔颖达疏

皋陶曰：俞！师汝昌言。

传：言禹功甚当，可师法。

疏：皋陶曰：然！可以为师法者，是汝之当言。

2.《书传》卷四

（宋）苏轼撰

皋陶曰：俞！师汝昌言。

禹所谓"孜孜"者。其言至约而近也。故皋陶吁而问之，禹乃极言"孜孜"之功效，其所建立成就，巍巍如此。故皋陶曰：俞！师汝昌言。夫以一言而济天下，利万世，可不师乎？

3. 《尚书全解》卷六

(宋) 林之奇撰

皋陶曰：俞！师汝昌言。禹曰：都！帝慎乃在位。帝曰：俞！禹曰：安汝止，惟几惟康，其弼直。惟动丕应徯志，以昭受上帝。天其申命用休。帝曰：吁！臣哉邻哉，邻哉臣哉。

舜命禹以陈其盛德之言，禹谦逊不敢自居，惟述其治水之时本末先后之序，以致其"日孜孜"之意。而皋陶犹以为未也。于是然其"思日孜孜"之言，而皋陶谓之曰：汝之昌言可师法，所当为帝陈谟。禹既不获逊矣，于是又陈谟以戒于舜曰："都！帝慎乃在位"，此虽勉徇皋陶之意，而陈其实，亦所以申结上文之义也。盖洪水之初，"怀山襄陵，下民昏垫"，其终也，至于"烝民乃粒，万邦作乂"，则其间险阻艰难备尝之矣。今也，治定功成，法度彰，礼乐著。垂拱而视。天民之阜，曾无可忧者。然圣人不畏多难，而畏无难。洪水之时，天下可谓多难矣，而君臣相与，焦心劳思，以拯生民之饥溺。既克有济，然人之常情，安于无难，必将忘其所可戒，则骄奢淫泆之所自萌，而危败祸乱自此分矣。故禹之陈谟，蔽以一言曰："帝慎乃在位。"盖谓欲守此盈成之业，绵绵社稷，无疆之休者，惟在慎之而已。董仲舒曰：尧舜以天下为忧，而不以位为乐。盖为人君者，苟以位为乐，则将穷天下之欲，以供耳目之娱，故不能保厥位，至于颠覆丧亡，而不悟。苟其居是位也，兢兢业业，如临深渊，如履薄冰，以致其畏慎之意，则其位之安如泰山，而四维尚谁得而夺之邪。禹之言简而尽。若此，可谓一言而兴邦矣。"帝曰：俞"者，然禹之言，深喻其儆戒之意。孔子语颜回以"克己复礼"之目，则告之曰"非礼勿视，非礼勿听，非礼勿言，非礼勿动"，盖谓欲"克己复礼"者，当如此也。禹之陈谟，尽于"慎乃在位"之一言。帝既虚心而听之，君臣之间，不待问而辨也。故又推明其义，为帝尽言之，盖谓欲"慎乃在位"者，其后先之序，当如此也。"安汝止"者，言汝之所止，不可以不安。《大学》曰："知止而后有定"，又曰："《诗》云：绵蛮黄鸟，止于邱隅。子曰：于止知其所止，可以人而不如鸟乎？《诗》云：穆穆文王，于缉熙敬止。为人君止于仁，为人臣止于敬，为人子止于孝，为人父止于慈，与国人交止于信。"盖人之所止，而不能安，则将泛然而无所归宿，外物得以移之矣。苟能安其所止，则意诚，心正，举天下之外物，曾不足以动其心。如是则寂然不动，感而遂通天下之故矣。此实"慎乃在位"之本也。"惟几惟康，其弼直"，言能安止矣，又能尽此三者，然后有以尽夫"慎乃在位"之道也。"惟几"者，谓人君当戒慎万事之微，而不敢忽也。惟康"者，言当安静天下之民，而不扰之也。"其弼直"者，谓辅弼之臣，当得切直之臣而用之也。自古太平无事之世，上恬下熙，四方无虞，若可以无虑矣。及其祸乱一起，卒至陵夷败坏，而不可复收者，其祸未尝不出于三者。为君者，宴安鸩毒，而不悟危亡之机，祸之所自萌也。好大喜功以扰斯民，祸之所自萌也。人主好佞于上，群臣致谀于下，上下相徇，不闻切直之言者，亦祸之所自萌也。苟能惟几，以成天下之务；惟康，以安天下之业；又能使其弼直，以通天下之情，危败祸乱，无自而萌，而"慎乃在位"之道尽于此矣。"惟动丕应徯志"，《荀子》曰："德操，然后能定；能定，然后能应。"自"安汝止"至"其弼直"，可谓能定矣。惟其能定，故动而有为也，则可以大应夫徯志之民。此其所谓能应也。"徯志"，谓民之于君，听唱而应，视仪而动。徯上之志，而乐从之者也。惟为君者，无以大慰斯民之望，故有悍戾而不从。苟能"安汝止，惟几惟康，其弼直"，则民固得所欲矣。彼之徯志于我，而我之发政施仁，有以待应之。孔氏曰：徯，待也。帝先安所止，动则天下大应之，顺命以待。《诗》曰："宜民宜人，受禄于天。""惟动丕应徯志"，是宜于民人也。民之所欲，天必从之。故有以昭受上帝之命，天将命以休福，受天之祜，永永无穷矣。盖洪水滔天，下民昏垫。其终也，以至于九州攸同，万邦作乂，天命眷顾，锡以休福。何以至此，苟于此能"兢兢业业"，以"慎乃在位"，如上之所云，则固有"以昭受上帝"之意，而天之命以休福，至于亿万年而无易，是天重命之也。"天"与"帝"之称虽异，其实一也。尝考经之所载，凡称"天"、称"帝"者，大抵皆是变其文以成美。既曰"格于皇天"，又曰"格于上帝"。既曰"帝乃震怒"，又曰"天乃锡禹"。《洪范》九畴既曰"惟帝不畀"，又曰"惟天不畀"。凡若此之类甚多，皆是史官错综其文以成义。"以昭受上帝，天其申命用休"，但谓如此，然后可以昭受上天，天其申命以休福。此但是不欲言"以昭受上天，天其申命用休"，故变其文曰"上帝"。必欲从而为之说，则凿。故详考此章之义，盖谓欲"慎乃在位"者，其静而无事

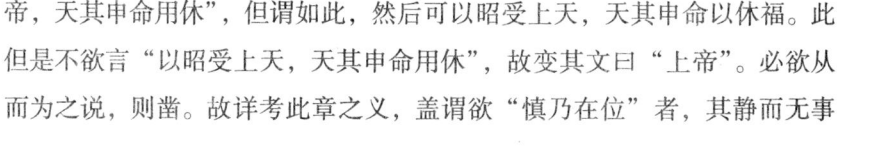

也，则君臣尽道于庙堂之间。其动而有为也，则天人协应于幽明之际。定之于此，应之于彼，盖不期然而然者。此禹所以谆谆反覆，为帝申言之。昔唐太宗问创业守文孰难，房元龄曰：草昧之初，群雄竞逐，攻破乃降，战胜乃克，创业则难。魏征曰：王者之兴，必乘衰乱，反覆昏暴，殆天授人与者。既得天下，则安于骄逸。人欲静，徭役毒之；世方弊，掊克穷之。国于此衰，则守文为难。帝曰：元龄从我定天下，冒万死，遇一生，是创业之难。魏征与我安天下，恐富贵则骄，骄则怠，怠则亡，见守文之不易。创业之不易，既往矣；守文之难，当与公等慎之。房元龄、魏征以其身之所历而言之，故于创业、守文之难易，俱有所偏。若禹者亲与益稷之徒，跋履艰难，践越险阻，以定洪水之难，故其始之所言者，无非所谓创业之难。及其洪水既平，帝方命之以陈其嘉猷、嘉谟以为警戒，故其终之所言者，无非守文之难。盖其意，亦以谓创业之难，既往矣；守文之难，方将慎而图之。观太宗之言，则禹所陈之谟，本末首尾，不烦训诂，而可通矣。夫禹之陈谟，其意不出诸此。而太宗乃与之合。若太宗者，亦岂可多得哉。"帝曰：吁"者，禹之陈谟，盖尽于此矣。帝于是叹其言，而谓之曰"慎乃在位"之道，亦非一人之所能为，必资群臣之助也。"臣哉邻哉"，孔氏曰：邻，近也，言君臣道近，相须相成，此说未通。据下文曰"钦，四邻"，则其所指，禹之僚属，左右前后，所与协力以事君者。"臣哉"者，言必赖尔臣之助。此盖指禹而言之也。"邻哉"者，言汝又当率其僚属，左右前后之人，以为我之助也。"邻哉臣哉"，言之不足，又重言之也哉。自古人多重言之，如"蚖（yuán）哉蚖哉"，"时哉时哉"，"归哉归哉"。以此臣、邻二义，反复言之，以见致意之深也。

4.《尚书讲义》卷四

(宋) 史浩撰

皋陶曰：俞！师汝昌言。禹曰：都！帝，慎乃在位。帝曰：俞！禹曰：安汝止，惟几惟康，其弼直。惟动丕应徯志，以昭受上帝，天其申命用休。帝曰：吁！臣哉邻哉，邻哉臣哉。

"皋陶曰：俞"，信如其言也。然帝实欲师汝昌言，今汝言益、稷之功，固美矣。而帝之所以觊闻于汝者，汝未尝言也。禹于是乃言曰"都"！帝谨乃在位。夫舜以大德得位，而禹犹欲其谨乃在位，则位之难保可知矣。舜视弃天下如敝屣，兢兢业业，夫岂以位为乐哉？其曰"俞"者，敬领其昌言也。禹又以无安厥位惟危，欲安汝止，以尽其保位之道。《大学》所谓"人君止于仁"。君苟能仁，斯安厥位。然而仁岂外求而得哉，在吾心尔。凡人之心，生无不直，"惟几惟康"，可以弼直。不然是罔之生也。是故，圣人"惟几"也。戒谨于微，而弗著"惟康"也。戒谨于安，而弗危。辅之、翼之，吾之直心于是乎在。渊乎其静，皎乎其明，故能止其所也。此帝王治心之要。《大学》所谓正心、诚意之旨也。禹之昌言可谓破的矣。心既直矣，以吾之心，合天下之心。天下之期待于我者，莫不丕应矣。是人予之也。人予之，则天予之矣。天予之，则申明用休，所谓宜民、宜人，受禄于天也。此禹之昌言，径指人心，明白如此。舜安得而不师之乎？禹既以正心之要，专责于舜，舜方叹曰"吁"。为天下岂不在君臣相得，何独在我乎？于是臣邻之助，股肱耳目之喻，方发于口矣。禹非不知此理也，顾其君方有意师其昌言，不得不端本澄源，而责效于其君之心也。说者乃曰其弼直者，其弼臣直也。禹方相舜，其陈昌言岂敢自媒，以谓欲保厥位，须我乃济乎？窃意不矜、不伐者，不肯为也。此语在稷、契辈言之犹可，若禹自赘，则慎乃在位之语，是胁其君以自售也。即此而论，非言弼臣明矣。不然舜安有嗟吁之言，而复于禹乎？其曰"臣哉邻哉，邻哉臣哉"。臣者，大臣。邻者，小臣。盖言必得小大之臣，咸怀忠良，然后天人皆予，以致时雍之治。予一人岂能自致哉。此舜因禹昌言而发也。

5.《尚书详解》卷五

（宋）夏僎撰

皋陶曰：吁！如何？

（归善斋按：见"皋陶曰：吁！如何？"）

6.《增修东莱书说》卷四

（宋）吕祖谦撰，时澜增修

（归善斋按：见"洪水滔天"）

7.《尚书说》卷一

（宋）黄度撰

（归善斋按：见"汝亦昌言"）

8.《洁斋家塾书钞》卷三

（宋）袁燮撰

（归善斋按：见"汝亦昌言"）

9.《书经集传》卷一

（宋）蔡沈撰

（归善斋按：见"汝亦昌言"）

10.《尚书精义》卷七

（宋）黄伦撰

（归善斋按：见"皋陶曰：吁！如何？"）

11.《尚书详解》卷五

（宋）陈经撰

（归善斋按：见"洪水滔天"）

12.《融堂书解》卷二

（宋）钱时撰

（归善斋按：见"皋陶曰：吁！如何？"）

13.《尚书要义》卷五

（宋）魏了翁撰

（归善斋按：见"皋陶曰：吁！如何？"）

14.《书集传或问》卷上

（宋）陈大猷撰

（归善斋按：未解）

15.《尚书详解》卷二

（宋）胡士行撰

皋陶曰：俞！师（法）汝昌言。

禹虽退处于何言，不以谟自鸣，然所言如此，昌孰加焉。

16.《书纂言》卷一

（元）吴澄撰

（归善斋按：见"汝亦昌言"）

17.《书集传纂疏》卷一

（元）陈栎撰

（归善斋按：见"汝亦昌言"）

18.《读书丛说》卷三

（元）许谦撰

（归善斋按：未解）

19.《书传辑录纂注》卷一

（元）董鼎撰

（归善斋按：见"汝亦昌言"）

20.《尚书句解》卷二

（元）朱祖义撰

皋陶曰：俞（皋陶言然）！师汝昌言（谓我当师法汝昌言）。

21.《尚书日记》卷四

（明）王樵撰

（归善斋按：见"汝亦昌言"）

22.《日讲书经解义》卷二

（清）库勒纳等撰

（归善斋按：见"汝亦昌言"）

《尚书七篇解义》卷一

（清）李光地撰

（归善斋按：见"汝亦昌言"）

二
慎位安止

禹曰：都！帝，慎乃在位。帝曰：俞

1.《尚书注疏》卷四

（汉）孔氏传，（唐）陆德明音义，孔颖达疏

禹曰：都！帝，慎乃在位，帝曰：俞。

传：然禹言受其戒。

疏：正义曰：禹以皋陶然己，因叹而戒帝曰：呜呼！帝当谨慎汝所在之位。帝受其戒，曰然。

传正义曰：此禹重戒帝，覆上"慎乃在位"。

2.《书传》卷四

（宋）苏轼撰

禹曰：都！帝，慎乃在位。帝曰：俞！禹曰：安汝止，惟几惟康，其弼直；惟动丕应徯志，以昭受上帝。天其申命用休。帝曰：吁！臣哉邻哉，邻哉臣哉。禹曰：俞。

止，居也。安汝居者，自处于至静也。防患于微曰"几"，几则思虑周。无心于物曰"康"，康则视听审。思虑周而视听审，则辅汝者莫不尽其直也。反而求之，无意于防患，则思虑浅；有心于求物，则视听乱。思

923

虑浅而视听乱，则辅汝者，皆谄而已。士之志于用者众矣，待汝而作，故曰"徯志"。汝既能安、居、几、康，而观利害之实，是惟无动，动则凡徯志者皆应矣。夫岂独人应之，天必与之。邻，近臣也。帝以其言切而道大，故叹曰：我独成此，非臣谁与共之？助我者，四邻之臣。而助四邻者，凡在朝之臣也。故曰"臣哉邻哉，邻哉臣哉"。

3.《尚书全解》卷六

（宋）林之奇撰

（归善斋按：见"师汝昌言"）

4.《尚书讲义》卷四

（宋）史浩撰

（归善斋按：见"师汝昌言"）

5.《尚书详解》卷五

（宋）夏僎撰

禹曰：都！帝，慎乃在位。帝曰：俞！禹曰：安汝止，惟几惟康，其弼直。惟动丕应徯志，以昭受上帝。天其申命用休。帝曰：吁！臣哉邻哉，邻哉臣哉。禹曰：俞！

禹前既陈洪水之初，已与益稷，尽力营治，终至"烝民乃粒，万邦作乂"，故至此称"都"，以叹美其治，且戒帝，使"慎乃在位"，欲帝不以天下已治，而不思也。盖洪水之初，"怀山襄陵，下民昏垫"，禹与益、稷并力治之，险阻艰难备尝之矣。今也，"烝民乃粒，万邦作乂"，虽无可忧者，然圣人不畏多难，而畏无难。洪水之时，天下虽多难，人皆知其难，而焦心劳思，共拯救斯民。今也已安，已治，一无所难，人情既玩其所可乐，而忘其所可戒。已治、已安者，或不可保。故禹所以一言蔽之曰"帝谨乃在位"也。董仲舒谓"尧、舜、禹，以天下为忧，不以位为乐"，岂非有见于此乎？禹之言，既在于居安不忘危，故帝所以俞而然之也。帝既然其言，禹于是又言其所以"慎在位"之事。下文"安汝止"而下，皆"慎在位"之事也。禹之意谓：帝之所以有此天位者，皆本乎天命之眷。今也履兹帝位，能慎以保之，"安汝止"而不为外物所移。"惟几惟康"，而不忽乎至微，不玩于已安。其"弼直"而不谬听于谄谀。"惟动丕应徯志"，而不违于民意，以此"昭受上帝"之命，则天将再命以休矣。故曰"天其申命用休"。"安汝止"者，言所止，不可不安。《大学》引《诗》曰"绵蛮黄鸟，止于邱隅"，子曰"于止，知其所止，可以人而不如鸟乎"，《诗》曰"穆穆文王，于缉熙敬止"，故为人君，止于仁；为人臣，止于敬；为人子，止于孝；为人父，止于慈；与国人，交止于信。盖人各有所止，止于所当止，则善矣。非所止而止焉，则外物得以移之矣。此禹欲帝"慎乃在位"，而必贵于"安汝止"也。"几"者，动之微也。事至于显然，著在耳目，人谁不知所以图之。惟藏于眇绵，微而未著，则人多忽之。殊不知，已安而不能保，则安未几，而危或继于后，此慎在位，又在于"惟康"也。好人顺己，恶人逆己，人之常情也。况已治之后，人情溺于宴安，必厌闻切直之言。殊不知，不好切直之言，则谀谄面谀之人日至。与谀谄面谀之人居国，欲治可得乎？此又在于其"弼直"也。"惟动丕应徯志"，旧说皆谓：人君惟无动，则凡"徯志"者，皆大应于外。详味经文，但言"惟动丕应徯志"，未尝言"惟动徯志丕应"。信如旧说，则文势不顺。余谓：此亦是禹戒舜"慎乃在位"之事。盖人君居士民之上，自非以天下国家为念，则恣情纵欲，妄动妄作，无所不至。故禹戒舜谓：人君不可妄动，惟其动之之际，必欲大应天下徯志之民。天下之民所以徯望于君者，不过欲其治我、安我。今人君于惟动之际，必期欲丕应天下徯志之民，则必无妄动之失。此"丕应徯志"，正与"盘庚"所谓"丕从厥志"之言相类。大舜，始也，因天眷命，尊履帝位，今也，诚能"安汝止，惟几惟康，其弼直，惟动丕应徯志"，兢兢业业，"慎乃在位"，如此，则可以昭受上帝眷命之意，天心亦以其能副吾眷托之隆，而再申以休美之命。此正大禹之意也。林少颖谓：天、帝之称，其实一也。考经所载，凡称天、称帝，皆同，但变文以成其义。既曰"格于皇天"，又曰"格于上帝"，亦是变文可知。若必欲为之说，则凿矣。此说极当。禹既为帝推广"慎在位"之道，帝于是吁而叹美其言，谓之曰："慎乃在位"之道，亦非一人自能为之，实赖群臣之助。故曰"臣哉邻哉，邻哉臣哉"。林少颖云：孔氏以"邻"为"近"，言君臣道近，相须以成。此说未通。据下文言"钦四邻"，则所谓"邻"者，乃指禹之僚属也。谓左右前后相与，叶力以事君者。然则，此所谓"臣哉"者，言必赖尔臣之助，指禹而言也。谓"邻哉"者，言汝又当率其僚属左右前后之人，以为助我也。既言"臣哉邻哉"，又言"邻哉臣哉"，此言之不足，故重言之，反覆申言，以见其至诚之深。此说为善。帝既谓"慎乃在位"，赖臣邻之助，禹亦知此事，非一人所能，实赖群臣赞襄之力，不复过让，故直言"俞"而然之，谓舜责助于臣邻，其说然也。由是观之，唐虞君臣，以诚实相与，不为不情之举，于此可见矣。

6.《增修东莱书说》卷四

（宋）吕祖谦撰，时澜增修

禹曰：都！帝，慎乃在位。帝曰：俞！

吁而曰"都"者，禹体得艰难戒惧之中，有至乐之地也。"帝曰：俞"，领其言，而叹其然也。

7.《尚书说》卷一

（宋）黄度撰

禹曰：都！帝，慎乃在位。帝曰：俞！禹曰：安汝止，惟几惟康，其弼直。惟动丕应徯志，以昭受上帝，天其申命用休。

夫既万邦作乂，则天下无复事矣，怠忽将至，邪佞乘隙而入，六府三事坏而弗修，前功丧矣。故禹谓帝"当慎乃在位"，而舜然之。禹又详其义焉。为人君，止于仁；为人臣，止于敬；为人子，止于孝；为人父，止于慈；与国人交，止于信。莫不各有所当止也。而安之为难，不安则易畔也。几，当察，康，当戒；弼直，当亲。夫能安于其所止，而察几，戒逸，亲近忠直，则君德益进，治功益懋。不动则已，动则四方大应，待志而行。上帝亦故歆之，不庸释，申命用休，斯能昭受之矣。

8.《洁斋家塾书钞》卷三

（宋）袁燮撰

禹曰：都！帝，慎乃在位。帝曰：俞。

天位之尊，极不易居。居其位者，安可不谨。人君之位，又不与他位相似。彼其处四海九州之上，据崇高富贵之极，岂易居也。《易》曰"天地之大德曰生；圣人之大宝曰位；何以守位曰仁"，以天位为大宝，可见其重如此。《书》曰"天位艰哉"，又曰"无安厥位惟危"，今欲见此理分明，须知得人君之位如何，自然不敢不谨。后世人主，皆不知我之位是如何。禹以在位为言，所以警舜者切矣。

9.《书经集传》卷一

（宋）蔡沈撰

禹曰：都！帝，慎乃在位。帝曰：俞！禹曰：安汝止，惟几惟康，其弼直。惟动丕应徯志，以昭受上帝。天其申命用休。

禹既叹美，又特称帝以告之，所以起其听也。"慎乃在位"者，谨其在天子之位也。天位惟艰，一念不谨，或以贻四海之忧；一日不谨，或以致千百年之患。帝深然之，而禹又推其所以谨在位之意，如下文所云也。"止"者，心之所止也。人心之灵，事事物物，莫不各有至善之所，而不可迁者，人惟私欲之念动摇其中，始有昧于理，而不得其所止者。"安"之云者，顺适乎道，心之正，而不陷于人欲之危，动静云为，各得其当，而无有止而不得其止者。"惟几"，所以审其事之发；"惟康"，所以省其事之安，即下文"庶事康哉"之义。至于左右辅弼之臣，又皆尽其绳愆纠谬之职，内外交修，无有不至。若是，则是惟无作作，则天下无不丕应固有先意而徯我者，以是昭受于天，天岂不重命，而用休美乎？

10.《尚书精义》卷七

（宋）黄伦撰

禹曰：都！帝，慎乃在位。帝曰：俞！禹曰：安汝止，惟几惟康，其弼直。惟动丕应徯志，以昭受上帝，天其申命用休。

无垢曰：夫居天子之位，岂易事哉？天命难谌，斯民难保。治中有乱，安中有危，可不谨哉。"谨之"之道如何？"安汝止，惟几惟康，其弼直"，此"谨之"之道也。止，谓心所安处，不愧屋漏，不欺暗室，戒谨不睹，恐惧不闻，心则安矣。虽居无人之处，常若十手所指，十目所视,其敢忽乎?然而,祸有起于微眇,变有生于仓猝。古人所以咏履霜之不早戒,言蔓草之难图,则于安其止之中,又当观几微于将然也。审证参详,果安而无危,果吉而无凶,果治而无乱,则循其礼而行之,因其势而成之。此所以又言"惟康"也。然而,自以为是,未必天下皆以为是;自以为正,未必天下皆以为正,私意妄见,其害人多矣。此所以有望于正救之臣,而欲其弼直也。惟正救之臣直,则天子曰"然",弼臣曰"不然",吾将审其言,而从其所谓"不然"者。天子曰"可",弼臣曰"不可",吾将审其言,而从其所谓"不可"者。如此则以心而无愧,以变而无忽,以事则无谬。以天下之闻见尽白于上,则无不快于心者,故一动,则合人心,而大应以待吾志矣。人心既同,则显然上合天心,而"昭受上帝,天其申命用休"矣。张氏曰:在位者,人君所与共治之人也。与君子则治,与小人则乱,一或不谨其所与,则败乱随至。此禹之戒舜,所以使之"慎乃在位",欲其无轻于得人故也。又曰:夫为人君者,止于仁;为人臣者,止于忠;为人父者,止于慈;为人子者,止于孝。禹之戒舜,使之"安汝止",盖以舜之为君,当止于仁故也。仁者静,则能止。安其所止,则安仁而已。夫人莫鉴于流水,而鉴于止水。惟止能止众止,则为人君者,其可不知所止哉?"惟几",则使之知其"几"。"惟康",则使之安其身也。"几"者,动之微。"惟几",则其智足以有察;康者,安之至"惟康",则其动不妄。"安汝止,惟几惟康",则其在我者尽矣。然其在我者,未能无失。故"其弼直"者,欲其所弼己者"直"也。"其弼直",则左右前后皆正人为之,君者可以立于无过之地矣。如是,则一人有事于四方,而四方莫不"丕应徯志"。"丕应"者,听唱而和之之谓也。"徯志"者,先意而从之之谓也。"惟动丕应徯志",则人与之矣。人与之,则天与之。天与之,则天之所眷命,故继之以"昭受上帝,天其申命用休"。"上帝"者,昊天上帝也。天者,凡在天之百神也。"昭受上帝",则天与之矣。"天其申命用休",则在天之百神,又从而重命之,以休福也。陈氏曰:《大学》之道在"止于至善"。知止,然后能定,能定然后能静,能静然后能安。君止于仁,臣止于敬。既知其止,则反覆倒置,无非仁与敬也。所居之位不同,所临之事不一,而皆有一至善以为止,反覆终始,不忘于止,然后能定、能静,至于能安。至于安矣,则举天下之事，不能易其止，其虑患也甚微，其应物也出于无心。虑患甚微者，"几"也；应物无心者，"康"也。"惟几"，则嗜欲不生于心；"惟康"，则利害不汩于中。嗜欲消，而利害之甚者不能汩，则凡弼辅乎我者，自然直矣，君能"几"、"康"，而辅弼之臣又"直"，是惟无动。动，则天下大应吾志，而无有逆我者矣。此"不言而信"，信在言前之功用也如此，则非惟人应之，天亦将申锡其命，以休美之矣。

11.《尚书详解》卷五

（宋）陈经撰

禹曰：都！帝，慎乃在位。帝曰：俞！禹曰：安汝止，惟几惟康，其弼直。惟动丕应徯志，以昭受上帝，天其申命用休。帝曰：吁！臣哉邻哉，邻哉臣哉。禹曰：俞！

禹戒舜以谨乃在位，先美之，而后言忧勤之中，必有至乐存。谨乃在位，人君之位，常致其谨。情欲之易肆，治安之不可保。一不谨，则失人君之道矣。"帝曰：俞"，禹于是又有"安汝止"，几、康、弼直之戒，所以推广"慎乃在位"之意也。"止"者，心之所安也，心之所止者。苟不得其安，则出其位而不能止其所者，多矣。然"安汝止"之道，又在于几、康、弼直。"惟几"，以虑天下之微，则眇忽之际，尤当加察。"惟康"，以图天下之安，则治平之日，常若祸乱之迫其后，此养之于内也；辅弼之臣，尽正直之意，将顺其美，匡救其恶，此养之于外也。内外交相养，而所止者安，人君处无过之地，自然下合民心，而"惟动丕应徯志"；上合天心而"申命用休"。民心从上，君所已为，而民应之，此"惟动丕应"也；君所欲为，而民待之，此"徯志"也。"昭受上帝"者，显其足以受上天之实也。"申命用休"，天应之以无穷之休也。舜岂有求于民，有觊于天哉？天人之理一而已矣。尽之于己，则无有不应之于彼。既曰"帝"，又曰"天"，以形体言，则谓之天；以主宰言，则谓之帝，其实一也。"帝曰：吁"，舜疑而未敢以为然者，盖其任甚重，若禹之言，非我一人所能当，必有藉臣邻之助而后可。"臣"者，大臣也。"邻"者，近也。人臣之情，盖与人君相亲近而无间者也。故曰"臣哉邻哉"。又言"邻哉臣哉"，所以相亲而无间者，岂非在于臣乎？此舜责望大臣，相须一体之意。故禹于是而然其言。禹之言专责其君；舜之言则责望其臣。然则，君臣之间，皆当尽其力可也。

12.《融堂书解》卷二

（宋）钱时撰

禹曰：都！帝，慎乃在位。帝曰：俞！禹曰：安汝止。惟几惟康，其弼直。惟动丕应徯志，以昭受上帝。天其申命用休。

舜命禹"总朕师"，曰"慎乃有位"，"敬修其可愿"，"敬修其可愿"所以"慎"也。禹之告舜亦曰"慎乃在位"，而继之以"安汝止"，与舜之旨正同，见得此一"慎"字，乃虞廷日用工夫，故舜禹更相教告，不外此旨。帝既闻其言而"俞"之矣，禹于是复申明之。"安汝止"而下，言所以"慎乃在位"者如此也。"安汝止"者，不动乎意。几者微萌，动之初也；不动乎意，罔念不作，变化纵横，全体全妙，平平荡荡，自然安和，故曰"惟康"。我之日用如此，是以辅弼之臣，亦皆直而不回，匡救阙失。

13.《尚书要义》卷五

（宋）魏了翁撰
（归善斋按：未引）

14.《书集传或问》卷上

（宋）陈大猷撰
（归善斋按：未解）

15.《尚书详解》卷二

（宋）胡士行撰

禹曰：都！帝，慎乃在位。帝曰：俞。

典、谟之例，"吁"者，忧惧之辞；"都"者，叹美之辞。谨位当曰"吁"，而曰"都"者禹体得艰难，戒惧中有乐地也。

16. 《书纂言》卷一

（元）吴澄撰

禹曰：都！帝，慎乃在位。帝曰：俞！禹曰：安汝止，惟几惟康，其弼直。惟动丕应徯志，以昭受上帝，天其申命用休。

禹既自述其"孜孜"之意，乃进戒于帝，俾慎于居位。居天位甚难，虽圣人不可忽易"慎之"之道。"安汝止"以下是也。止，谓心之所止，盖一物有一则，皆具于心，各有所止。凡事之来，物各付物，循其自然之则曰"安"。审事之"几"于始；省事之"康"于终。其辅弼，又得直人，斯无过举矣。徯，待，凡所作为，大应下民期望之志。得人心，斯得天心，故以此明答上帝眷祐之心，则天亦申重其已然之命，而嘉美之也。

17. 《书集传纂疏》卷一

（元）陈栎撰

禹曰：都！帝慎乃在位。帝曰：俞！禹曰：安汝止，惟几惟康，其弼直。惟动丕应徯志，以昭受上帝，天其申命用休。

纂疏：

叶氏曰："慎乃在位"，即《禹谟》"慎乃有位"，君臣更相戒也。禹之言，即帝所与言，宜帝俞之。

真氏曰：人之心静，而后能动；定而后能应。使其胶扰，将为物役之不暇，何以宰万物乎？先儒谓，心者，人之北辰。北辰惟居其所，故能为二十八宿之纲。维心惟安所止，故能为万事之枢纽。

夏氏曰："安汝止"而下，皆"慎在位"之事。动则大应天下"徯望"之志。徯望于君，欲其治安我耳。"丕应徯志"，犹言"丕从厥志"。

人氏渐曰：尧之"安安"，不待有"所止"也；舜于"所止"而"安"之，皆性焉，安焉之圣安行者也；太甲于"所止"而尽钦敬，复焉，执焉之贤勉行者也。三言者，圣贤之分量见矣。

愚谓：安汝所当止，静也。几者，动之微；动者，几之着静，而知"几"以图"康"，又得直臣弼之，则下应人心，上当天心矣。训"丕应徯志"，夏说为当。

18.《读书丛说》卷三

（元）许谦撰

（归善斋按：未解）

19.《书传辑录纂注》卷一

（元）董鼎撰

禹曰：都！帝，慎乃在位。帝曰：俞！禹曰：安汝止，惟几惟康，其弼直。惟动丕应徯志，以昭受上帝，天其申命用休。

辑录：

止，守也。"惟几"，当审万事之几；"惟康"当求个安稳处；"弼直"，以直道辅之。应之非惟人应之天亦应之。节。元德问"惟几惟康，其弼直吕"，东莱解"几"作"动"，"康"作"静"如何？先生曰：理会不得。伯恭解经，多巧。良久云，恐难如此说。

纂注：

叶氏曰："慎乃在位"，即前帝命禹所谓"慎乃有位"，君臣更相告戒也。禹之言，即帝所与言，宜帝俞之。

真氏曰：人之一心，静而后能动，定而后能应，若其胶胶扰扰将为物役之不暇，又何以宰万物乎？先儒谓心者，人之北辰，辰惟居其所，故能为二十八宿之纲维；心惟安所正，故能为万事之枢纽。

夏氏曰："安汝止"而下，皆谨在位之事。又曰：动则大应天下徯望之志，徯望于君，欲其治安我尔。"丕应徯志"，犹"丕从厥志"。

20.《尚书句解》卷二

（元）朱祖义撰

禹曰：都（禹又先美后戒）！帝，慎乃在位（谓舜谨慎乃可在位）。帝曰：俞（舜言然）！

21.《尚书日记》卷四

(明) 王樵撰

"禹曰：都！帝，慎乃在位"至"天其申命用休"。林氏曰：圣人不畏多难，而畏无难。洪水之时，天下可谓多难矣。君臣相与焦劳，以拯天下之饥溺。乃克有济，使安于无难，则将忘其所可戒，而危乱自此始。故禹之陈谟，蔽以一言曰"慎乃在位"。

"勤乃有事"，臣之"孜孜"也。"慎乃在位"，帝之"孜孜"也。

夏氏曰："安汝止"而下，皆谨在位之事。

真氏曰：人之一心，静而后能动，定而后能应。若其胶胶扰扰，将为物役之不暇，又何以宰万物乎？先儒谓"心"者，人之北辰（赵岐语）。北辰，惟居其所，故能为二十八宿之纲维。心惟安所止，故能为庶事之枢纽。按真氏之说，似偏于静，止之义，蔡传得之。

事理之在人心，有动有静。静则未形也，动则已形也。惟动而未形，在于有无之间者，是之谓"几"，近则公私、邪正，远则废兴、存亡，只于此。看破便斡转了，便自物物有定止。此是日用第一亲切工夫。"几"动不差，然后有讨安稳处。"康"是事理之至当，人心稳惬处也。

省其事之安，如曾子"三省"之"省"，是当下便省，非事过而后省也。

此三言，禹之心学也。

周子曰：寂然不动者，诚也；感而遂通者，神也；动而未形有无之间者，几也。诚精故明，神应故妙，几微故幽，诚、神、几曰圣人。朱子曰：本然而未发者，实理之体；善应而不测者，实理之用。动静体用之间，介然有顷之际，则实理发见之端，而众事吉凶之兆也。清明在躬，志气如神，精而明也。不疾而速，不行而至，应而妙也。理虽已萌，事则未著，微而幽也。性焉，安焉，则精明应妙，而有以洞其幽微矣。今按，寂然不动，感而遂通者，"安汝止"也。几，则此所谓"惟几"者也。"几"在诚、神之间。诚无不照者，圣人之所以应无不神也；几无不研者，学者之所以动无不当也。寂然不动，安其止也。感而遂通，物各付物，止之各于其所，亦安其止也。寂而感，感而寂无在，而不安其止焉。

933

止，以理言；安，以心言。若何而能安，曰无欲，则静虚动直。

禹曰"安汝止"，伊尹曰"钦厥止"，《诗》曰"於！缉熙敬止"，《易》曰"艮其止"，孔门曰"知止"，圣学相承之微旨也。

周茂叔谓，看一部《华严经》不如看一《艮卦》，注云"各止其所"。

程子曰：艮其止，止其所也。八元有善而举之，四凶有罪而诛之，各止其所也。释氏只曰"止"，安知"止"乎。

"其弼直"，谓心有非"几"，则格其非；事有未当，则正厥事。

天者，吾心之所自出；民者，吾心之所由施。止而安，弼而直，则有以严其心之所自出，而君心合乎天心矣；谨其心之所由施，而君心合乎民心矣。此所以"惟动丕应徯志，以昭受上帝"，则天其"申命用休"也与。

动，指君之有事于下而言。"丕应"者，如卜筮之孚，如桴鼓之应。徯，待也。"徯志"，如吾志在于厚民生，而民之乐生兴事，不待"劳民劝相"之已加。吾志在于正民德，而民之迁善敏德，不待条教章程之已布。

"昭受"见非私意妄干。申命者，前已得天眷，今又申重不已，用休美于帝躬也。

君位系天人之重，故言谨位，而及于得天、得民，然天命主于人心，故"丕应"，又在"昭受"之先。

22.《日讲书经解义》卷二

（清）库勒纳等撰

禹曰：都！帝，慎乃在位。帝曰：俞！禹曰：安汝止，惟几惟康，其弼直。惟动丕应徯志，以昭受上帝，天其申命用休。

此一节书，是禹既详言致治之难，因告帝舜，以保治之道也。"止"者，心之所止，乃至善之所在也。"惟"，思也。"几"者，事之发；"康"者，事之安。弼，谓辅弼之臣也；丕，大也；徯，待也；申，重也；休，美也。禹先叹美，又特称帝以发其听，曰：帝在君位，当慎以居之也。帝舜即然其言，禹又推所以慎位之意曰：人心之于事物，各有至善之当止者，但为私欲动摇而不安，帝当时时存养此心，顺适天理，安汝心之所止，以立应事之本。事未行而将发，谓之"几"，必审所发之皆善，然后行之；事将成而可安，谓之"康"，必察此事之果安，然后成之，则心之所止者，静固安，动亦安矣。又必使辅弼之臣，皆得尽其直言，格心于未萌，救事于未失，而安止之功益密也。既谨"几"、"康"于己，又资"弼直"于人，由此，人己交修，表里一致，将见事事顺乎民心，一有动作，布之政令，则天下翕然丕应，若先待我志之发矣。事事合乎天理，以之昭然受命于上帝，则天且重重眷命，用集休美之福矣。得天、得民如此，而在君位，斯为克慎者哉。要以"慎位"之道，一"安止"尽之。《易》"象艮止"，《诗》"咏敬止"，《大学》"始于知止"，皆此道也。故圣道相传，禹为见知首称。人主欲久安长治，亦体舜、禹之心法而已。

《尚书疑义》卷一

（明）马明衡撰

"帝，慎乃在位"者，古人终日拳拳，只是敬慎，不敢放肆，所以天理常存，人心不死。大圣如尧舜，不过如此，非有他道也。后世怠惰放肆，而以为常，所以为小人而无忌惮也。

《尚书七篇解义》卷一

（清）李光地撰

禹曰：都！帝，慎乃在位。帝曰：俞！禹曰：安汝止，惟几惟康，其弼直。惟动丕应徯志，以昭受上帝。天其申命用休。帝曰：吁！臣哉邻哉，邻哉臣哉。禹曰：俞。

此禹他日之言，非蒙上义。盖惟"俞"为然，其言之辞。余如"都"、"於"、"吁"，皆发语。"都"者，有所善而欲陈之，不与"俞"类也。"慎帝位"者，必先定其志，正其心，所谓"安汝止"也，然后"惟几"而虑之也周；"惟康"而处之也当。又必资于辅弼之"直"，又必凡动皆顺民心，而答其徯望之志如此，以明受天命，则命必申重而休美矣。禹之斯言，盖括皋陶前谟之旨，申为帝诵之者，故帝已默契于心，而惟摘其"弼直"之言而叹咏之。"邻"者亲睦之意。

禹曰：安汝止，惟几惟康，其弼直

1.《尚书注疏》卷四

（汉）孔氏传，（唐）陆德明音义，孔颖达疏

禹曰：安汝止，惟几惟康，其弼直。

传：言慎在位，当先安好恶所止，念虑几微，以保其安。其辅臣，必用直人。

音义：好，呼报反。恶，乌路反。又并如字。

疏：禹又戒帝曰：若欲慎汝在位，当须先安定汝心，好恶所止，念虑事之微细，以保安其身。其辅弼之臣，必用正直之人。

当先安好恶所止。谓心之所止，当止好不止恶，言恶以形好也。《大学》云"为人君，止于仁；为人臣，止于敬"。好恶所止，谓此类也。传意以上"惟"为念，下"惟"为辞，故云念虑几微。然后以保其好恶，所安宁耳。

《尚书注疏》卷四《考证》

禹曰：安汝止。

王应麟曰：禹之告舜曰"安汝止"，尽天理，而无人欲，得至善而止也。伊尹之告太甲曰"钦汝止"，去人欲而复天理，求至善而止也。

2.《书传》卷四

（宋）苏轼撰

（归善斋按：见"帝，慎乃在位"）

3.《尚书全解》卷六

（宋）林之奇撰

（归善斋按：见"师汝昌言"）

4.《尚书讲义》卷四

（宋）史浩撰

（归善斋按：见"师汝昌言"）

5.《尚书详解》卷五

（宋）夏僎撰

（归善斋按：见"帝，慎乃在位"）

6.《增修东莱书说》卷四

（宋）吕祖谦撰，时澜增修

禹曰！安汝止，惟几惟康，其弼直。惟动丕应徯志，以昭受上帝，天其申命用休。

"止"者，"知其所止"之"止"，将以安汝心之所止，必于动之微，及静而无事之时，常致省察之功，又必辅弼之人，直而无隐。不直，则启沃之功不至，省察之所不及所止，或不得其安矣。大抵治身之道，毫厘眇忽，晏闲暇豫，工夫最切；而绳愆纠谬，格其非心，隄防最要。"惟几惟康"，则内得其养；"其弼直"，则外得其养，内外交得其养，则苟有所动，而舟车所至，日月所照，莫不翕然大应所徯之志矣。"徯志"者，人有此志，徯望于我。我之动，能大应之，则昭然可以对越上帝之心，不辱天佑下民，作君师之意。故天从而命之。"用"至休美，以是知天命非自外至，从而申之耳，有以治己之心，有以契天下之心，而昭然可以对越上帝之心，天岂庸释哉。

7.《尚书说》卷一

（宋）黄度撰

（归善斋按：见"帝，慎乃在位"）

8.《洁斋家塾书钞》卷三

（宋）袁燮撰

禹曰：安汝止，惟几惟康，其弼直。惟动丕应徯志，以昭受上帝。天其申命用休。帝曰：吁！臣哉邻哉，邻哉臣哉。禹曰：俞！

止者，人顿放此身之所也。《大学》曰："《诗》云'邦畿千里，惟民所止'，《诗》云'绵蛮黄鸟，止于丘隅'，子曰'于止，知其所止，可以人而不如鸟乎？'《诗》云'穆穆文王，于缉熙敬止'。为人君止于仁，为人臣止于敬，为人子止于孝，为人父止于慈，与国人交止于信。"人莫不有所止，然所止，必安而后可。譬诸人居于屋内则安，暴露则何由而安？立于平处则安，险侧则何由而安？是故顿放此身，止于利欲，则不安；止于道理，则安。伊尹告太甲"钦厥止"。古人多说这"止"字。《书》又曰："惟厥攸居"。《孟子》言"居天下之广居"，居即止也。欲"汝止"之安，要须"惟几惟康"乃可。几者，微也，即"一日二日万几"之"几"也，能致察于几微，则"汝止"安矣。几微之不察，所止何由而安？且如顿放此身于道理之中，非心邪念萌于毫芒之间，于此不致，察"汝止"便不安。推而至于天下，治乱安危，皆当察其几微。古人多说这几字。"敕天之命，惟时惟几"，"一日二日万几"，《易》曰"几者，动之微，吉之先见者也"。凡事之萌芽处，谓之"几"。今试以一身观之，若欲顿放此身，得安稳，不特显显过失，当致察，萌芽之起，便当致察；不特形于外者，当致察念虑之间，便当致察。"惟康"者，康，即安也，言安稳也。"惟几"则"惟康"矣。然内虽自尽于己，外又须资辅弼之臣，故曰其"弼直"。"直"之一字，不可不思。不下他字，而独下一"直"字，盖须真个是"直"，乃可直者。不但是端人吉士，必忠谠正直，敢于犯颜逆耳，尽忠无隐。凡他人所不敢犯者，他敢言之，是之谓"直"。为天下者，岂可无直臣，"直"又不与其他"贤"字之类同。贤者固无不直，然或要回护，不肯直道而行者，非直也。若是忠直之臣，更无疑似，更无回护，截然敢犯人主之怒。此等人，为国家最不可无。故《孟子》谓"入则无法家拂士，出则无敌国外患者，国恒亡"。既是"惟几惟康"，里面有这般工夫，而外面辅弼忠直又如此，汝止何忧其不安乎？"惟动丕应徯志"，徯，望也。志，心也。天下望上之心也。夫天下皆徯望其上，须我之举措能应其徯望乃可。且如人主出来，四海莫不颙颙然瞻仰，望其有所施设。使人主失德举措不当，天下便失望。至于失望，岂所谓"丕应徯志"乎？人主为天下，须是举措皆契合天下之心，乃可"安汝止"。"惟几惟康，其弼直"，此未动之先也。未动之先，有如此工夫，直是细密。故不动则已，动则天下徯望之心无不应焉。谓之"丕应"，丕者，大也，言其无往而不应也。"以昭受上帝"，大凡惟其类，则能受；非其类，则不能受。以水投水，则相受；以水投石，则不相受。以火投火，则相受；以水投火，则不相受。昭受上帝，非与上帝合者。其孰能之，人主为天下，须是能昭受上帝乃可。我能受上帝，则福禄之来，嘉祥之集，申复而无已焉。此所谓"申命用休"也。我能受之，天实命之，故曰"申命"，此非"安汝止，惟几惟康，其弼直，惟动丕应徯志"，岂能如是乎？帝谓此事，非我所能自了得，要必有资于人臣之辅翼焉。"臣哉邻哉，邻哉臣哉"，反复言之也。"邻"之一字，直是相亲，有师友之义。古者五比为邻。言邻，取其亲也。君尊臣卑，固是定分，但才尊君卑臣，便不得。叔孙通制汉礼，采秦仪，尊君卑臣者存之，虽足以消一时拔剑击柱之风，然君臣之间，自此隔绝矣。故帝曰："吾乃今知皇帝之贵"，此一句虽是美也，亦可叹也。自后世，尊君卑臣之说兴，人主俨然南面，以祸福刑威，宰制天下。古人，师友群臣之义，变为以尊临卑之事矣。"邻"之一字，不可不著精神看。此等字，在后世皆无了。

9.《书经集传》卷一

（宋）蔡沈撰

（归善斋按：见"帝，慎乃在位"）

10.《尚书精义》卷七

（宋）黄伦撰

（归善斋按：见"帝，慎乃在位"）

11.《尚书详解》卷五

（宋）陈经撰

（归善斋按：见"帝，慎乃在位"）

12.《融堂书解》卷二

(宋) 钱时撰

(归善斋按：见"帝，慎乃在位")

13.《尚书要义》卷五

(宋) 魏了翁撰

七、安汝止，如《大学》止于仁，止于敬。

"禹曰：安汝止，惟几惟康，其弼直"，言慎在位，当先安好恶所止，念虑几微，以保其安。其辅臣，必用直人。《大学》云：为人君止于仁，为人臣止于敬。好恶所止，谓此类也。传意以上"惟"为念，下"惟"为辞，故云念虑几微，然后以保其好恶，所安宁耳。

14.《书集传或问》卷上

(宋) 陈大猷撰

或问："安汝止"，诸家多作"心之所止"如何？曰：言"止"，则心身与，凡事皆在其中，独指心，则余其余矣，且无经据。

15.《尚书详解》卷二

(宋) 胡士行撰

禹曰：安（宅）汝止（心所止。《大学》所谓"于止知其所止，为人君止于仁"是也），惟几（微者，著之端）惟康（安者，危之伏），其弼（辅）直（忠告不欺）。惟动（几者动之微，动者几之发）丕（大）应（答）徯志（天下徯望治之意），以昭（昭然无愧）受上（当）帝（天心）。天其申（重）命用休（美。以形体谓之天，以主宰谓之帝）。

安止、几康，则内得其养；弼臣忠直，则外得其养。内外交养，则有不动。动而答民情，当天心，皆自人主一心中来矣。吕云：康静时，言安止之工夫；微时、静时，最切天佑下民。作之君师能应"徯志"，则能"昭受"矣。

16.《书纂言》卷一

（元）吴澄撰

（归善斋按：见"帝，慎乃在位"）

17.《书集传纂疏》卷一

（元）陈栎撰

（归善斋按：见"帝，慎乃在位"）

18.《读书丛说》卷三

（元）许谦撰

安汝止，惟几惟康，其弼直。惟动丕应徯志。

金先生曰："止"者，静也，谓未动之时，安犹保养也。"几"事端之微也。"康"，安静而不为也。大抵君心当静止无为之时，必安静以存养之。惟当察其几微之端，亦惟当守其康靖无为之规。其为之辅弼者，亦于此时，当致其忠直之益。必如是而后可以善其动，动而惬乎人心之同然。

19.《书传辑录纂注》卷一

（元）董鼎撰

（归善斋按：见"帝，慎乃在位"）

20.《尚书句解》卷二

（元）朱祖义撰

禹曰（禹言）：安汝止（谓当安行汝之所当止，谓人君止于仁是也），惟几惟康，其弼直（又虑事之微于未著，图国之安于未危，然后辅弼之臣，敢于尽正直之义）。

21.《尚书日记》卷四

（明）王樵撰

（归善斋按：见"帝，慎乃在位"）

22.《日讲书经解义》卷二

（清）库勒纳等撰

（归善斋按：见"帝，慎乃在位"）

《书义断法》卷一

（元）陈悦道撰

安汝止，惟几惟康，其弼直。惟动丕应徯志，以昭受上帝，天其申命用休（此内外交修，天人交应）。

圣人行事，动与天合。人心天命，相为贯通，无感而不应之理，一心之运，必安于至善之止，而慎于未动之先。方其未动，此心湛然；及其事之发也，必审其几微；处事之施也，必择其安稳处。然犹不敢自足，复资左辅右弼之臣，相与效其忠，而成其功。内外交修，无有不至，是以无动，动则人归之，天命之矣。禹之此言，盖发明"慎在位"之意，故必于其出治之原，而深明之。

《尚书疑义》卷一

（明）马明衡撰

"安汝止，惟几惟康"，"止"者，心之纯一处；"安"者，贞固于是，而不动摇也；和乐于是，而无勉强也。盖人心本体与天为一。惟为物欲所牵，故憧憧往来，摇摇靡定。圣人之心纯，是天理精明纯一，更无所杂，而何有于不安？禹亦以是勉之者交相警戒之义。德愈盛，而警戒愈严，益以见圣人之心，日益精明，日以纯一也。"几"者，心之初发动处。人心常精明纯一，则于心之发动处必审，皆由乎天理之正，而无有蹈乎人欲之危，所谓"惟几惟康"也。详观虞廷警戒，一则曰"一日二日万几"；二则曰"惟几惟康"，其所以孜孜不息，惟在致审其"几"而已。后世"慎独"之训，实原于此。盖"作圣希天"之功，其道莫有外焉。外此则为空言，为异端之学矣。或曰：文公之说，以存养、省察二者，两轮并行，一以存未发之中；一以达已发之和。今单指"慎独"是审"几"功夫，则是直言省察，而欠存养也。是但知达已发之"和"，何以存未发之

"中"耶？曰省察、存养，非有两个功夫。但今学者，相缘以两偶相对，又以两配中和，将心体道理，界断作二物，此最害道。盖由未尝实体诸心，而多就文字上分疏，故支离若此，是虽文公之言，亦后人不善观之过也。夫专言存养，则省察在其中矣；言省察者，又非所以为存养耶。故存养是统体省察；省察是细密存养。如养鱼、养树，爱护保持，无一时或忘，欲其生生不已。省察，则是察其荣憔，观其得所与不得所，而时其灌溉，沃以清泠，使日以畅达自得，无非所以尽爱护保持之意，非有二其心者也。且中、和，亦岂有二物耶？以未发而言谓之"中"，以发而言谓之"和"，中即和，和即中也，亦非有二其心者也。况中、和者皆圣人之心体，故有未发之中，乃有已发之和。今人发皆不和，又安得有未发之中。今人日间，万死万灭，至夜间睡梦亦不得宁。虽或夜气清明之时，暂然一觉，亦不可谓之未发之中，故必戒惧慎独之功，久而无间，然后此心复其本体，所谓中、和者可得而言矣。盖圣人平时只是戒惧，而其心精明纯一，其"几"自明而"安"。学者平时亦只是戒惧，而于心之发动之微要，必致敬，不使一毫放过，则所谓"慎独"之功，与此如出一辙。

"安汝止，惟几惟康"，其自治可谓严矣，犹曰"其弼直"，圣人警戒，取善于人，何有穷已。今学者，自修之功，虽在于我，然无朋友交修之益，亦不可以有成也。

《尚书砭蔡编》

（明）袁仁撰

"安汝止，惟几惟康"，心不离事，注就事物上说，止，良是大意，安汝之止，惟在乎"几"，惟在乎"康"。"几"、"康"二字不平。"几"者，审之于微；"康"者，求其妥帖。由"几"而"康"，"康"字正应"安"字。

《尚书注考》

（明）陈泰交撰

"安汝止"，训"止"者，心之所止也。"尔乃尚宁干止"，训"止"，居也。

"惟几惟康",训"惟几",所以审其事之发。"惟时惟几",训"惟几"者,无事而不戒敕也。

《尚书埤传》卷三

(清)朱鹤龄撰

安汝止惟几。

安止,兼动静言。朱子曰:众人之动,流于动而无静;众人之静,沦于静而无动,此周子所谓"物则不通"者也。圣人全乎天理,其动也,静之理未尝亡;其静也,动之机未尝息,此周子所谓"神妙百物"者也。然必曰"主静"云者,以相资之势言之,动有资于静,而静无资于动。如乾不专一,则不能直,遂坤不翕聚,则不能发越。真德秀曰:先儒谓,心者,人之北辰(赵岐《孟子注》)。辰惟居其所,故能为二十八宿之纲维。心惟安所止,故能为万事之枢纽。

周子曰:"寂然不动"者,诚也;"感而遂通"者,神也。动而未形,有无之间者"几"也。诚精,故明;神应,故妙;几微,故幽;"诚"、"神"、"几",曰圣人。

《书义矜式》卷一

(元)王充耘撰

安汝止,惟几惟康,其弼直。惟动丕应徯志,以昭受上帝,天其申命用休。

人君宅心以图治,尤必资其助于臣,天下同心以顺治,斯能必其应于天。盖君臣之交修如此,所以能得天人之交应也。昔者禹之告舜谓,夫圣人一心,万化之原,止于至善,而不可迁察于物欲,而不能蔽。此所谓顺适天道,心之正者。然也,夫既得其所止,则能以之审其事之发,而省其事之安矣。至于左右辅弼之臣,又皆尽其绳愆纠谬之职,则其内外之交修,而无有不至,而图治之要,何以加于此哉?夫如是,则是惟无作,作则天下之人,罔不丕应固有先志而徯我者矣;以是而"昭受上帝",而上天岂不重命而用休美之乎?吁!人君以一心之微,而求感通乎天、人之理,可不尽其交修之功哉。

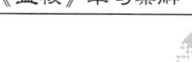

《书经衷论》卷一

（清）张英撰

圣人最重者"几"，故曰"一日二日万几"，曰"惟几惟康"，曰"维时维几"。天下治乱安危之关，人材邪正进退之介，在人主庙堂之上，不过几微念虑之间耳。失此不谨，遂至横决而不可收。故曰"知几"者，"其神乎"。圣人举事，未有不顺乎人情者，虽不肯"违道以干百姓之誉"，然舜之言曰"敬修其可愿"，禹之言曰"丕应徯志"，盖圣人最谨于承天，天不可见，见之于民。逆乎人，即逆乎天矣。岂圣人之所敢哉。

《尚书七篇解义》卷一

（清）李光地撰

（归善斋按：见"帝，慎乃在位"）

惟动丕应徯志

1. 《尚书注疏》卷四

（汉）孔氏传，（唐）陆德明音义，孔颖达疏

惟动丕应徯志。

传：徯，待也。帝先安所止，动则天下大应之，顺命以待帝志。

音义：应，"应对"之"应"。徯，胡启反。施，始豉反。

疏：若能如此，惟帝所动，则天下大应之，以待帝志。

徯，待，《释诂》文。帝先能自安所止，心之所止，止于好事。其有举动，发号出令，则天下大应之。顺命以待帝志，谓静以待命，有命则从也。

2. 《书传》卷四

（宋）苏轼撰

（归善斋按：见"帝慎乃在位"）

3.《尚书全解》卷六

（宋）林之奇撰

（归善斋按：见"师汝昌言"）

4.《尚书讲义》卷四

（宋）史浩撰

（归善斋按：见"师汝昌言"）

5.《尚书详解》卷五

（宋）夏僎撰

（归善斋按：见"帝慎乃在位"）

6.《增修东莱书说》卷四

（宋）吕祖谦撰，时澜增修

（归善斋按：见"安汝止"）

7.《尚书说》卷一

（宋）黄度撰

（归善斋按：见"帝慎乃在位"）

8.《洁斋家塾书钞》卷三

（宋）袁燮撰

（归善斋按：见"安汝止"）

9.《书经集传》卷一

（宋）蔡沈撰

（归善斋按：见"帝，慎乃在位"）

10. 《尚书精义》卷七

（宋）黄伦撰
（归善斋按：见"帝，慎乃在位"）

11. 《尚书详解》卷五

（宋）陈经撰
（归善斋按：见"帝，慎乃在位"）

12. 《融堂书解》卷二

（宋）钱时撰
（归善斋按：未解）

13. 《尚书要义》卷五

（宋）魏了翁撰
（归善斋按：未引）

14. 《书集传或问》卷上

（宋）陈大猷撰
（归善斋按：未解）

15. 《尚书详解》卷二

（宋）胡士行撰
（归善斋按：见"安汝止"）

16. 《书纂言》卷一

（元）吴澄撰
（归善斋按：见"帝，慎乃在位"）

17.《书集传纂疏》卷一

（元）陈栎撰
（归善斋按：见"帝，慎乃在位"）

18.《读书丛说》卷三

（元）许谦撰
（归善斋按：见"安汝止"）

19.《书传辑录纂注》卷一

（元）董鼎撰
（归善斋按：见"帝，慎乃在位"）

20.《尚书句解》卷二

（元）朱祖义撰
惟动丕应徯志（一有动作已为而人丕应之，未为而人待其志）。

21.《尚书日记》卷四

（明）王樵撰
（归善斋按：见"帝，慎乃在位"）

22.《日讲书经解义》卷二

（清）库勒纳等撰
（归善斋按：见"帝，慎乃在位"）

《书义断法》卷一

（元）陈悦道撰
（归善斋按：见"安汝止"）

《书经衷论》卷一

（清）张英撰

（归善斋按：见"安汝止"）

《尚书七篇解义》卷一

（清）李光地撰

（归善斋按：见"帝，慎乃在位"）

以昭受上帝，天其申命用休

1.《尚书注疏》卷四

（汉）孔氏传，（唐）陆德明音义，孔颖达疏

以昭受上帝，天其申命用休。

传：昭，明也。非但人应之，又乃明受天之报施，天又重命用美。

音义：重，直用反。

疏：以明受天之报施，天其重命帝用美道也。

《尧典》已训"昭"为"明"，此重训详之。皇天无亲，惟德是辅。人之所欲，天必从之。帝若能安所止，非但人归之，又乃明受天之报施。天下太平，祚胤长远，是天之报施也。天又重命用美，谓四时和祥瑞臻之类也。或当前后非一，故传言"又"也。

2.《书传》卷四

（宋）苏轼撰

（归善斋按：见"帝，慎乃在位"）

3.《尚书全解》卷六

（宋）林之奇撰

（归善斋按：见"师汝昌言"）

4.《尚书讲义》卷四

（宋）史浩撰
（归善斋按：见"师汝昌言"）

5.《尚书详解》卷五

（宋）夏僎撰
（归善斋按：见"帝，慎乃在位"）

6.《增修东莱书说》卷四

（宋）吕祖谦撰，时澜增修
（归善斋按：见"安汝止"）

7.《尚书说》卷一

（宋）黄度撰
（归善斋按：见"帝，慎乃在位"）

8.《洁斋家塾书钞》卷三

（宋）袁燮撰
（归善斋按：见"安汝止"）

9.《书经集传》卷一

（宋）蔡沈撰
（归善斋按：见"帝，慎乃在位"）

10.《尚书精义》卷七

（宋）黄伦撰
（归善斋按：见"帝，慎乃在位"）

11.《尚书详解》卷五

（宋）陈经撰

（归善斋按：见"帝，慎乃在位"）

12.《融堂书解》卷二

（宋）钱时撰

（归善斋按：未解）

13.《尚书要义》卷五

（宋）魏了翁撰

（归善斋按：未引）

14.《书集传或问》卷上

（宋）陈大猷撰

（归善斋按：未解）

15.《尚书详解》卷二

（宋）胡士行撰

（归善斋按：见"安汝止"）

16.《书纂言》卷一

（元）吴澄撰

（归善斋按：见"帝，慎乃在位"）

17.《书集传纂疏》卷一

（元）陈栎撰

（归善斋按：见"帝，慎乃在位"）

18.《读书丛说》卷三

(元)许谦撰

(归善斋按:未解)

19.《书传辑录纂注》卷一

(元)董鼎撰

(归善斋按:见"帝,慎乃在位")

20.《尚书句解》卷二

(元)朱祖义撰

以昭受上帝(宜其以此而明受上天之眷),天其申命用休(天其重命之,以休美之命而不已)。

21.《尚书日记》卷四

(明)王樵撰

(归善斋按:见"帝,慎乃在位")

22.《日讲书经解义》卷二

(清)库勒纳等撰

(归善斋按:见"帝,慎乃在位")

《书义断法》卷一

(元)陈悦道撰

(归善斋按:见"安汝止")

《尚书七篇解义》卷一

(清)李光地撰

(归善斋按:见"帝,慎乃在位")

帝曰：吁！臣哉邻哉！邻哉臣哉！禹曰：俞

1.《尚书注疏》卷四

（汉）孔氏传，（唐）陆德明音义，孔颖达疏

帝曰：吁！臣哉邻哉，邻哉臣哉。禹曰：俞！

传：邻，近也。言君臣道近，相须而成。

疏：帝以禹言己，重乃惊而言曰：吁！臣哉近哉，臣当亲近君也。近哉臣哉，君当亲近臣也，言君臣当相亲近，共与成政道也。禹应帝曰然，言君臣宜相亲近也。

《周礼》"五家为邻"，取相近之义，故邻为近也。禹言君当好善。帝言须得臣力。再言邻哉，言君臣之道，当相须而成。郑玄云：臣哉，汝当为我邻哉。邻哉，汝当为我臣哉。反覆言此，欲其志心入禹。

《尚书注疏》卷四《考证》

"帝曰：吁！臣哉邻哉，邻哉臣哉"疏：反覆言此，欲其志心入禹。

臣召南按："作会"连上文"日月星辰，山龙华虫"为句。"宗彝"连下文"藻、火、粉、米、黼、黻、绨绣"为句。孔传以五采成此画焉，解"作会"也。宗庙、彝樽二句，解"宗彝"形象，其言亦以山龙华虫为饰，犹郑言以虎蜼为饰耳，不蒙"作会"之文也。孔疏误解传意，遂以"作会宗彝"为句，不可不辨。

2.《书传》卷四

（宋）苏轼撰

（归善斋按：见"帝，慎乃在位"）

3.《尚书全解》卷六

（宋）林之奇撰

（归善斋按：见"师汝昌言"）

4.《尚书讲义》卷四

（宋）史浩撰

（归善斋按：见"师汝昌言"，另见"臣作朕股肱耳目"）

5.《尚书详解》卷五

（宋）夏僎撰

（归善斋按：见"帝，慎乃在位"）

6.《增修东莱书说》卷四

（宋）吕祖谦撰，时澜增修

帝曰：吁！臣哉邻哉，邻哉臣哉。禹曰：俞！

帝深领禹之言，实欲用功，是以深知左右顷刻不可无人，而再三反复臣邻之义的切如此。"臣"、"邻"，指禹言之。

7.《尚书说》卷一

（宋）黄度撰

帝曰：吁！臣哉邻哉，邻哉臣哉。禹曰：俞！帝曰：臣作朕股肱耳目，予欲左右有民，汝翼；予欲宣力四方，汝为；予欲观古人之象，日月星辰，山龙华虫，作会宗彝，藻、火、粉、米、黼、黻，絺绣，以五采彰施于五色作服，汝明；予欲闻六律、五声、八音，在治忽，以出纳五言，汝听。予违，汝弼。汝无面从，退有后言。钦四邻，庶顽谗说，若不在时，侯以明之，挞以记之，书用识哉，欲并生哉。工以纳言，时而飏之。格则承之、庸之，否则威之。

安于所当止，几康之必戒，舜固能自尽其心矣。粥直之言，禹、皋陶、益、稷诸臣，岂得辞其责乎？邻，近也。"臣哉邻哉"，非其臣之近，而谁近？"邻哉臣哉"，近者惟臣，而安得不尽其道乎？"左右有民"，二伯之职分，天下为左右，而使其民皆正王面。左右不相应和，则其体不举矣。"宣力四方"，四岳十二牧之职，四方当相保合也。四方不相联属，则其体不全矣。然而，治有本始也。一人作德，万邦不应，是故逸欲之作。长，主于耳目之娱，五色不能不视，而能使人眩，司视者所当正也。故绘绣之施于作服，则可矣。用于靡曼之观而不能正，是无目也。五声不能不听，而能使人聋，司聪者所当正也。故律吕之施于中正则可矣，施于淫哇之适而不能正，是无耳也。日、月、星辰、山龙、华虫、宗彝、藻、火、粉、米、黼、黻十二章，古人皆当象物明义，施之于绘绣之事矣。舜于是观之，以作服。然则尧、舜何事而不稽诸古哉。日、月、星辰照临，山出云气，润泽万物。龙，变化。华虫，孔氏曰：华，象草；华虫，雉。郑康成注《周礼》"鷩以画雉，谓华虫"。华虫，有文章也。或曰非雉也，当是凤。舜服以凤配，龙画之于衣。衣六章皆神物也。凤知时，非其时不出。夫子曰："凤鸟不至，河不出图。"郑又以"会"为"缋"，恐当是字当作"绘"，恐脱或古字简。宗彝，周人刻虎蜼。《周礼》：毳冕自宗彝而下，则舜物宗彝，有虎矣，蜼有无，不可知。大抵龙鸟虎武，四方之兽。先儒谓雉能知晴雨，为智，是当为北方之兽。藻，水草，洁清；火，明；粉、米，养。古说，黼若斧形，黻两已相背。予按，画缋之事，青与赤，谓之文；赤与白，谓之章；白与黑，谓之黼；黑与青，谓之黻，所谓杂四时五色者也。文，谓物生而有华采也；章，物相见章明也。黼从甫，甫美也。丈夫之称物美成也。黻，从犮，物之终始，除旧更新之义也。文章黼黻，皆杂四时。五色文章，不为物形。独黼为斧，黻为两已相背，未必然也。孔氏曰：绨，葛之精者。其说乖当，从郑。古字，藻或为缫，粉或为纷，米或为粲，皆从系，与黼黻从黹，皆以刺绣立义也。大抵舜服十二章，日月星辰，云气乾之施化也。乾，阳物也。龙东方，鸟南方，皆阳也。阳轻清，故皆画于衣。虎西方，刻虎于翼，以礼乐伏挚，勍也。必备四方之兽，则蜼为北方之兽。然虎蜼，皆凡兽，必登之于宗彝，使服习于礼乐，而后虎挚蜼智，为可贵，不以龟。周人旗物，画日月龙鸟虎龟；服章画龙鸟虎，不画日月龟。周人敬龟，故与日月俱不画于章服。而画虎蜼，谓之毳冕。舜服章，恐当有龟也。藻、火、粉、米，列宗彝之下，所以供神祇也。水、火、粉、米，皆养人也，而先用之于祭祀，教民敬也。藻、火、粉、米，品物流形，坤之效法也。坤，阴物也。阴重浊，故皆绣于裳。《易》系曰"黄帝、尧、舜垂衣裳而天下治"，盖取诸乾坤此之谓也。龙虎鸟雉，四方之兽；青赤白黑，四方之色；藻青，火赤，粉米白，皆以物见。黑，独不以物，而直以色，何也？北方，万物归终，土归于窐，水反其泽。故北方之星为虚，其辰为玄枵，而色为黑。释氏谓之空，老氏谓之玄，皆黑也。是故作服，直以其色见。言物就尽也。黼白与黑，见万物之所终归也；黻黑与青，见万物终而复始，皆由此出也。屠蒯曰：服以旌礼乐，以行事。事有其物，物有其容。然则观象作服，彰施五色，目视之而明，心存之而敬。于是有穆穆之容焉。《周礼·大仆正》"王服位"，屠蒯以擘叔为司明，供仆御之职也。阳律六，阴律六。曰：吕阳倡而阴随，故六律包六吕。宫乱君骄，商乱臣坏，角乱民怨，徵乱事勤，羽乱财匮，五者皆乱，迭相陵，谓之慢律。和声，声成文谓之音。音托于金、石、丝、竹、草、木、陶、匏，谓之八音。在，察也。古人必知乐，审声以知音，审音以知乐，审乐以知政，是之谓察。治，言六律、五声、八音，各适其理数也。忽，乱也，忽而不省，则乱矣。中正为治，淫邪为乱，其变甚焉。其极，遂至于流荡而不可止，故必察之之为贵。《史记》索隐曰：古文《尚书》"在治忽"，今文作"采政忽"，《史记》作"来始滑"。滑之，言乱也，谓声律汩乱也。又或作"曶"，郑康成曰"笏也"，其义绝乖。五色、五声、五味，皆本于五行也。五言仁、义、礼、智、信之言，亦五行也，一理之变也。耳目口鼻，各著其德焉。单穆公曰：耳内和声，而口出美言，以为宪令。又曰：口纳味，而耳纳声，声味生气。然则，听和而视正，耳目聪明，心平气固，而形于言，则体之者，仁也；宜之者，义也；节文之者，礼也；通变者，智也；贞固者，信也，皆一理之变，而一气之贯也。出信诸己，纳征诸人。出当如是，纳亦不容其差忒也。礼节民心，乐和民声。奸声乱色，不留聪明。淫乐慝礼不接心术，则安得有不协于仁义礼乐之言哉？微不中理，一接而知之。邪诐（bì）淫遁，各推之于其所终极。此《孟子》所谓"我知言"者也。舜以命纳言，而使龙为之。龙，盖工官也。侍御仆从，亵为擘倖；祝史工瞽，鄙为伎艺，商周之衰也。仆司明，而工司聪。朝夕在人主左右，视听言动，邪正由之。是故，体均于公卿大臣，事要于股肱羽翼，而可以不择乎？同心一体之臣，绳愆纠谬，职也。而面从后言，其亦为诐矣乎？

朝廷为之，天下效之，咎将谁执？故人君必敬四邻，以为近臣进道，则庶顽谗说为可止矣。前曰谗说殄行，后曰庶顽谗说，谗说声由一机发也，纳言工官而联于乐，其旨远矣。礼以道，其志乐以和其声政，以一其行刑以防其奸，礼乐刑政其极一也。侯明挞记书识，皆刑政也。侯明周礼乡五物询众庶其事，始此挞教刑也，并生同厎于善也。《盘庚》曰"生生自庸"，生故其继无穷，善为可继，恶必当绝。格，至。"有耻且格"。工纳言，时飏上，察其能变，有所至，则承之用之，"否则威之"。让罚不悛，桎梏而坐诸嘉石，甚者纳之圜土，其又甚者迁徙之。

8. 《洁斋家塾书钞》卷三

（宋）袁燮撰

（归善斋按：见"安汝止"）

9. 《书经集传》卷一

（宋）蔡沈撰

帝曰：吁！臣哉邻哉，邻哉臣哉。禹曰：俞！

邻，左右辅弼也。"臣"，以人言；"邻"，以职言。帝深感上文"弼直"之语，故曰"吁！臣哉邻哉，邻哉臣哉"，反复叹咏，以见"弼直"之义。如此其重而不可忽，禹即俞而然之也。

10. 《尚书精义》卷七

（宋）黄伦撰

帝曰：吁！臣哉邻哉，邻哉臣哉。禹曰：俞！

无垢曰："臣哉邻哉"，以言此事在众臣与亲近之力尔。又曰"邻哉臣哉"，又言此事在亲近众臣之力尔。其言反覆劲急，此乃舜深见此理。当臣邻交修，不可少息也。夫有众臣效职于外，然后论思献纳之官，侍御仆从之人，得以尽其忠。此近臣须于众臣之意也。有近臣尽忠于内，然后众臣得以安其职。此众臣须于近臣之意也。又曰：汉元帝、唐文宗，皆孜孜求治之君也。然元帝有一萧望之，而不能用，乃信任石显。文宗有一裴度，而不能用，乃依郑注、李训。一则杀贤者之失，一则有甘露之祸。言之使人于邑,岂知有舜为君,有禹为臣,乃至如此之盛乎?张氏曰:"臣哉"者,以分言之也。"邻哉"者,以情言之也,一于分则离,一于情则亵。先王之驭其臣也,其忘分以道,其严分以礼,外不至于离,内不至于亵。此"臣哉邻哉,邻哉臣哉",舜之所以告禹也。"臣哉邻哉"者,言臣当邻我者也。"邻哉臣哉"者,乃所以为臣也。唐虞之世,上下协心,君臣同德,都俞赓歌,无或异志者,进此道也。

11.《尚书详解》卷五

(宋)陈经撰

(归善斋按:见"帝,慎乃在位")

12.《融堂书解》卷二

(宋)钱时撰

帝曰:吁!臣哉邻哉,邻哉臣哉。禹曰:俞!帝曰:臣作朕股肱耳目。予欲左右有民,汝翼;予欲宣力四方,汝为;予欲观古人之象,日月星辰,山龙华虫,作会宗彝,藻、火、粉、米、黼、黻,絺绣,以五采彰施于五色作服,汝明;予欲闻六律、五声、八音、在治忽,以出纳五言,汝听。

禹言"慎乃在位"如上文所陈,可谓甚善,帝"吁"乃有不然之意,何也?盖帝之所谓慎在位,有赖于臣者为重故也,"臣哉邻哉"二语,犹言吾之臣哉,乃吾之邻哉;吾之邻哉,其吾之臣哉。邻,犹近也,君与臣盖一体也。君,元首也;臣,则股肱耳目也。下文言"予欲"者,而继之以"汝翼"、"汝为"、"汝明"、"汝听",正以发明"股肱耳目"之用也,语益深切。

13.《尚书要义》卷五

(宋)魏了翁撰

(归善斋按:未引)

14.《书集传或问》卷上

(宋)陈大猷撰

(归善斋按:未解)

15.《尚书详解》卷二

（宋）胡士行撰

帝曰：吁！臣哉邻（近）哉（臣之道，当如邻之职），邻哉臣哉（邻之职乃尽臣之道。夏云：邻，禹之僚属也）。禹曰：俞！

帝领禹之言，知左右顷刻不可无人。

16.《书纂言》卷一

（元）吴澄撰

帝曰：吁！臣哉邻哉，邻哉臣哉。禹曰：俞！

帝之意谓，此非吾所自能，实赖臣邻之助。臣，谓任事之臣。当时九官，如周之六卿者是也。邻，谓君所亲近，左辅、右弼、前疑、后丞，如周之师、傅、保者是也，君与为师友而不臣之，故不曰臣而曰邻。邻以辅成君德，臣以分治天职。禹所谓弼帝，所谓邻也。辅成君德之邻，固所当重；分治天职之臣，亦不可轻。故帝因禹言弼直，而并言之，互言至再，以见反覆丁宁之意。

17.《书集传纂疏》卷一

（元）陈栎撰

帝曰：吁！臣哉邻哉，邻哉臣哉。禹曰：俞。

纂疏：

孔氏曰：邻，近也，君臣道近，相须而成。

孙氏曰：邻，指辅、弼、疑、丞。陈氏曰：臣当与君亲近，故曰"臣邻"。相亲近，乃尽为臣之道，故曰"邻臣"，反覆言之。

张氏纲曰："臣"以分言，"邻"以情言，一于分则离，一于情则亵。

邹氏补之曰：臣谨其分，邻忘其分也。臣而邻，严不至苛；邻而臣，和不至流。

一说，"邻"者，亲君如居有"邻"也。臣当如"邻"以亲君。能如"邻"以亲君乃臣也，皆指禹言。

18.《读书丛说》卷三

（元）许谦撰

（归善斋按：未解）

19.《书传辑录纂注》卷一

（元）董鼎撰

帝曰：吁！臣哉邻哉，邻哉臣哉。禹曰：俞！

纂注：

孔氏曰：邻，近也。

陈氏经曰：臣当亲近我而助我，故曰"臣哉邻哉"；亲我助我，乃尽为臣之道，故曰"邻哉臣哉"。

张氏纲曰：臣以分言，邻以情言。一于分则离，一于情则亵。

邹氏补之曰：臣谨其分也，邻忘其分也。臣而复邻，严不至于苛；邻而又臣，和不至于流。

新安陈氏曰：一说，邻，亲君如居有邻也，臣当如邻以亲君，能如邻以亲君乃臣也。臣、邻，皆指禹言。

20.《尚书句解》卷二

（元）朱祖义撰

帝曰：吁（舜言吁以叹其如此实赖人臣之助）！臣哉邻哉（欲尽臣之职者，必有以亲于君），邻哉臣哉（能亲于君者斯可尽臣之职）。禹曰：俞（禹言"俞"以然之）！

21.《尚书日记》卷四

（明）王樵撰

"帝曰：吁！臣哉邻哉，邻哉臣哉！禹曰：俞！"臣以人言，邻以职言。何谓邻以职言，盖左右辅弼乎君，乃臣之职。若视君之是非得失，如不相关而无所匡助，则非所以为臣矣。"邻"之一字，自帝取义，其旨深长。君以一人立于亿兆之上，无邻则孤，所以为之邻者，此臣耳。臣与君

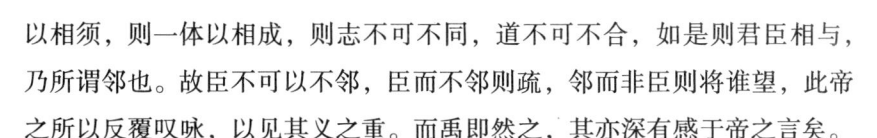

以相须，则一体以相成，则志不可不同，道不可不合，如是则君臣相与，乃所谓邻也。故臣不可以不邻，臣而不邻则疏，邻而非臣则将谁望，此帝之所以反覆叹咏，以见其义之重。而禹即然之，其亦深有感于帝之言矣。

君臣、朋友皆以义合，而以善相辅，古之人有师其臣者矣，有友其臣者矣。君臣之分，实兼师友之义。此臣之所以为邻也。后世不知此义，故有下其臣，而以崇高富贵自尊，疏其臣而与左右近习为密者矣。臣之不邻，此后之所以多辟也与。

22.《日讲书经解义》卷二

（清）库勒纳等撰

帝曰：吁！臣哉邻哉，邻哉臣哉。禹曰：俞！

此一节书，是帝舜感禹"弼直"之言，而反覆叹咏臣职之重也。邻，谓左右辅弼也。臣以分言，邻以职言。帝舜曰：吁！汝谓人君"安所止"而谨于"几"、"康"，尤必赖辅弼之直，可见臣职之所系甚重。布列庶位，谓之"臣"，而臣非具官也。必有以格我之心，必有以正我之事。"臣哉"，其即我之邻哉。左右赞助，谓之"邻"，而邻非泛属也，所以格心者是赖，所以正事者是赖。"邻哉"，其惟我之臣哉，此即以"弼直"致望于禹之意。禹遂承之曰：俞！盖亦以臣邻自任矣。上文禹以慎位责难于舜，而舜即然之，此节舜以臣邻委重于禹，而禹即然之。一德一心，交孚无间，所以相须有成也。

《尚书疑义》卷一

（明）马明衡撰

"臣哉邻哉，邻哉臣哉"，相依相亲，比莫如邻。君必依臣以辅弼，犹人必依邻以相亲也。盖深叹辅弼不可少，甚近甚切之意，则其虚心从善之勇，为何如哉。

《尚书注考》

（明）陈泰交撰

"臣哉"，训"臣"，以人言。"臣妾逋逃"，训男曰"臣"。

"邻哉",训"邻",左右辅弼也。"郭邻",训《周礼》六遂五家为"邻"。

《尚书埤传》卷三

(清)朱鹤龄撰

臣哉邻哉。

张纲曰:臣以分言,邻以情言。一于分则离,一于情则亵。

《尚书七篇解义》卷一

(清)李光地撰

(归善斋按:见"帝,慎乃在位")

三

股肱耳目

帝曰：臣作朕股肱耳目

1.《尚书注疏》卷四

（汉）孔氏传，（唐）陆德明音义，孔颖达疏

帝曰：臣作朕股肱耳目。

传：言大体若身。

音义：股，音古。肱，古弘反。

疏：正义曰：帝以禹然已言，又说须臣之事。作我股肱耳目，言己动作视听，皆由臣也。

传正义曰：言大体若身。君为元首，臣为股肱耳目，大体如一身也。足行、手取、耳听、目视，身虽百体，四者为大，故举以为言。郑玄云：动作视听，皆由臣也。

2.《书传》卷四

（宋）苏轼撰

帝曰：臣作朕股肱耳目。予欲左右有民，汝翼。

左右，助也。助我所有之民也，辅翼之也。

3.《尚书全解》卷六

(宋) 林之奇撰

禹曰：俞！帝曰：臣作朕股肱耳目。予欲左右有民，汝翼。予欲宣力四方，汝为。

自"臣作朕股肱耳目"以下，此又申言资夫臣邻之义也。盖人君当资群臣之助，犹手足耳目为之用也。自"左右有民"以下，所以解释其义也。王氏曰："臣作朕股肱耳目。予欲左右有民，汝翼。予欲宣力四方，汝为"，言作股肱。"予欲观古人之象，至于汝听"，言作耳目。此说是也。盖心居中虚，以治五官，心有所欲为，亦不能独成其功，要必资手足耳目之助。使手足耳目之职废于外，则心之思虑，亦不能独成。故帝言此者，必资夫群臣之助也。"予欲左右有民"，言我欲助我所有之民也。此即孟子所谓"放勋曰：劳之，来之，匡之，直之，辅之，翼之，使自得之，又从而振德之"者也。谓我欲左右有民，以教育成就之，汝当辅翼于我也。宣力，即孔子所谓"陈力就列"也。"予欲宣力四方"，谓我欲宣布其力于四方，汝当黾勉以为之。盖"陈力就列"，人臣之职也，故曰"汝为"。至于"左右有民"，则非人臣之事也。《易》曰"后以财成天地之道，辅相天地之宜"，以"左右民"盖天子之职也。人臣但为之助而已，故曰"汝翼"，言各有所当也。"汝翼"、"汝为"，申言作股肱之事也。虽申言作股肱之事，然而必欲以一句为股，一句为肱，如"汝明"之为目，"汝听"之为耳，则不可。要之，"汝为"、"汝翼"，皆是手足之用也。

4.《尚书讲义》卷四

(宋) 史浩撰

禹曰：俞！帝曰：臣作朕股肱耳目。予欲左右有民，汝翼。予欲宣力四方，汝为。予欲观古人之象，日月星辰，山龙华虫，作会宗彝，藻、火、粉、米、黼、黻缔绣，以五采彰施于五色作服，汝明。予欲闻六律、五声、八音，在治忽，以出纳五言，汝听。予违，汝弼，汝无面从，退有后言。钦四邻，庶顽谗说，若不在时，侯以明之，挞以记之，书用识哉，欲并生哉，工以纳言，时而飏之。格，则承之、庸之，否则威之。禹曰：

俞哉！帝光天之下，至于海隅苍生，万邦黎献，共惟帝臣，惟帝时举。敷纳以言，明庶以功，车服以庸。谁敢不让，敢不敬应，帝不时敷同。

禹曰"俞"者，诚如舜语，须君臣一德，乃能致治也。舜于是有股肱耳目之喻。夫人之有体，非股肱何以运动，非耳目何以聪察。无此则块然一物耳，诚何用哉？"左右有民"者，肱之用；"宣力四方"者，股之用。以"左右"，故言"翼"；以"宣力"，故言"为"。至于观象、作服，皆法古人。《系辞》曰"黄帝、尧、舜垂衣裳而天下治"，则知舜之观象，有自来矣。日也，月也，星辰也，山也，龙也，华虫也，六者绘而为衣；宗彝也，藻也，火也，粉米也，黼也，黻也，六者以絺绣而为裳。则黄帝、尧、舜之衣裳，盖亦有所本也。故曰"古人之象"。此以五采彰施于五色作服，所以为目之用也。故曰"汝明"。太蔟、姑洗、蕤宾、夷则、无射、黄钟，六者谓之六律。宫、商、角、徵、羽，五者谓之五声。金、石、丝、竹、匏、土、革、木，八者谓之八音。声音之道，与政通。作之可以知治忽。治者，治世之音。忽者，乱世之音也。治忽在民。五言，方言也。五方之民，言语不通，嗜欲不同，达其志，通其欲，非音律不可也。《周官·大行人》"属象胥"者，"谕言语，协辞命"也。"属瞽史"者，"谕书名，听声音"也。夫如是，然后五方之言，可以出纳也。"出"者，宣吾命；"纳"者，采其言。言语既通，吾之治忽，所以必可知也。此"出纳五言"所以为耳之用也，故曰"汝听"。夫一人之身，而具股肱耳目，岂不谓之全人乎？舜举此以诏禹，示其必不可无也，责之可谓切矣。予或有违，汝当弼我，"汝无面从，退有后言，钦四邻"，此专责禹也。盖四邻者，左右前后之臣，非禹正色率下，则左右前后之臣，安能罔匪正人乎？高宗命傅说纳诲以辅德，而必曰"惟暨乃僚，罔不同心"，以正乃辟，说能"旁招俊乂，列于庶位"。高宗盖得此意也。然则，舜之所以责"臣哉邻哉"之意可见矣。四邻之正，在禹率之尔。其"庶顽谗说"不能克正者，舜无愤嫉之心，一待之以君子长者之道，是故不忍置之刑，而使得与于射也。"侯"者，立的以明其善恶。"挞"者，扑也。射之有扑，所以示众当其射也。司徒搢扑，司射释弓。去扑以释算，盖非谓施鞭箠也。"侯"者，明其正鹄；挞者，记其算数；书者，识其中否。其实欲其并生愧耻，迁善而远罪也。"工以纳言"，瞽史采其言，飏之以观其所以言。苟顺而无向之谗说,则知其能改过,所谓"格"也。格,则荐之、用之。否,则简不率教,收其威也。此舜欲教养作成臣下之大略也。非待之以君子长者之道,能若是乎?禹于此,窥见舜之心,宽容广大,无一臣之或遗。故曰"俞哉!帝光天之下"者,言舜德光明,丕冒天下,如帝尧所谓"光宅"也。盖四海万里,若以力周,安能遍覆,惟以一性之光明可,以含容烛照,至于"海隅苍生,万邦黎献",莫不共为帝臣。"惟帝时举",则普天之下,莫非王臣矣。盖禹闻舜所以待遇臣邻之道,委曲周尽是,故发是言也。至是,欲帝"敷纳以言,明试以功",车服以宠之。谁敢不逊,"敢不敬应",帝当"不时敷同"也。"敷"者,诞敷;"同"者,调一。欲舜无时而不敷同此道也。如此,则君之所以驭臣,至矣,尽矣。在位之人,孰不怀忠以报上乎。

5.《尚书详解》卷五

(宋)夏僎撰

帝曰:臣作朕股肱耳目,予欲左右有民,汝翼;予欲宣力四方,汝为。

禹既然舜臣邻之责,故帝于是又申言其所以资臣邻之义,谓人君居上,为待臣以有为,亦犹心居中虚,未尝有为,皆须股肱耳目之助,故言"臣作朕股肱耳目",谓人君欲有所动作视听,皆须臣为之用也。自"左右有民"而下,皆所以解释"股肱耳目"之义。王氏谓:"汝翼"、"汝为",言作"股肱","汝听"、"汝明"言作"耳目"。此说是也。"予欲左右有民",谓:予欲善政善教左右斯民,使叶于中。若《孟子》所谓"劳之,来之,匡之,直之,辅之,翼之,使自得之,又从而振德之",即此所谓"左右有民"也。"左右有民",人君特有是欲而已不能自遂其欲也。体人君欲左右之心而辅翼之者,则又在于臣。旧说皆谓:"汝翼",为人君欲左右有民,臣则辅君以为之。此说不通。盖下文言"汝为"、"汝明"、"汝听",谓宣力四方,君所欲为也,君不能自为,汝臣当为之。"观古人之象",君所观也,君不能自观,汝臣当明之。闻六律、五声、八音,君所欲闻也,君不能自闻,汝臣当听之。此三事,皆责臣自任,其责未尝有辅佐之意,何特"左右有民",乃君自左右,而臣乃辅君而已。

予谓此云"左右有民",盖谓君欲辅翼其民,以成其性,君不能自为,汝臣当辅翼之也。此说,正合《孟子》所谓"辅之、翼之"之意也。故其理尤长。"予欲宣力四方",盖欲布治功于天下也。舜谓我欲布治功于天下,以身居九重,特有是欲而已,不能自为也。汝当代我为之也。旧说"左右有民"是作"肱","宣力四方"是作"股"。然以人情观之,手能左右扶翼于人,是"左右有民"为作"肱",可知矣。"左右有民"既是作"肱",则"宣力四方"为作"股",又可知矣。盖奔走四方,必待力乃能至也。林少颖谓"汝翼"、"汝为",申言作"股肱"之事,若欲一句为"股",一句为"肱",如下文以"汝听"为"耳","汝明"为"目"则不可。此说尤浑成。

6.《增修东莱书说》卷四

(宋)吕祖谦撰,时澜增修

帝曰:臣作朕股肱耳目。予欲左右有民,汝翼;予欲宣力四方,汝为;予欲观古人之象,日月星辰,山龙华虫,作会宗彝,藻、火、粉、米、黼、黻绨绣,以五采彰施于五色作服,汝明;予欲闻六律、五声、八音,在治忽,以出纳五言,汝听。予违,汝弼。汝无面从,退有后言。

"作朕股肱耳目",君为元首,股肱耳目,臣为之。君臣相须,为一体也。予欲左右扶持其民,翼而左右者,汝也。予欲宣康济之力而及于四方,为其事者,汝也。竭股肱之劳,以任天下,非一手一足之谓也。"予欲观古人之象",黄帝、尧、舜,垂衣裳而天下治。自黄帝已有衣裳,故曰"观"也。日、月、星辰、山、龙、华虫,此六章者,会之于衣,以为在上之服。宗庙之彝尊,亦用此六章之饰。藻、火、粉、米、黼、黻,此六章者,绣之于绨,以为在下之服。凡此十二章,以五采施五色而作服。所赖以明之者,汝也。"予欲闻六律、五声、八音,在治忽",六律、五声、八音者,天地自然之和也,以此察"治忽",则无纤毫之伪,"出纳五言","五言",乐之成言者,三百篇之诗是也。诗有出于上者为出,有出于下者为纳。出纳作之于乐,所赖以听之者,汝也。"予违,汝弼。汝无面从,退有后言",不独教禹作股肱耳目,至此舜连一身,亦责付禹也。古人,君臣之义,委任之至如此。舜之为君,非有所慊而畏人之后言，非容受之意有所未尽，而致人之后言；虞廷之臣，又非肯欺其君，而为面是背非之行也。圣人敬畏无已，虚怀待谏，惟恐过之不闻，而深忧夫至尊居于九重之上，在下者常有难言之患，求言之切至也。凡此数端，皆所以论为治之道。作服饰，以祭天地宗庙，礼之大者也。六律、八音、五声，乐之大者也。治定功成，制礼作乐之时也。礼乐，非可以虚文举言。礼乐必于左右宣力之后者，人民和气浃洽，然后可以兴礼乐，固有次序也。

7.《尚书说》卷一

（宋）黄度撰

（归善斋按：见"臣哉邻哉"）

8.《洁斋家塾书钞》卷三

（宋）袁燮撰

帝曰：臣作朕股肱耳目。予欲左右有民，汝翼；予欲宣力四方，汝为；予欲观古人之象，日月星辰，山龙华虫，作会宗彝，藻、火、粉、米、黼、黻绨绣，以五采彰施于五色作服，汝明；予欲闻六律、五声、八音，在治忽，以出纳五言，汝听。

股肱耳目，乃人主者，而今使臣下为之。古人何为若此，此不可以不思。大抵唐虞三代之世，股肱耳目皆臣下为之。秦汉以后，股肱耳目，皆人主自为。臣下为之是谓明乎君道。人主自为，是谓侵臣之职。观《立政》一篇，所谓"文王罔攸兼于庶言。庶狱庶慎，惟有司之牧夫"，"庶狱庶慎，罔敢知于兹"。此所谓君道也。后世，如汉宣帝之斋居决事，如唐太宗之兼行将相，又如晁错所谓"五帝亲事法宫之中"，皆错了门路，皆是自为股肱耳目矣。读书当识大体，如"臣作朕股肱耳目"一句，是大头项事，关万世理乱兴衰之。故观此一句，可以识君道矣。"左右有民"，此作朕之肱；"宣力四方"，此作朕之股者。"左右"二字，须当致思。民生于天地之间，任他自然不得，作民父母者，要当有以扶助之。左右云者，是扶助其民也。《传》曰："天生民而立之君，使司牧之，勿使失性。"民不失其性，此人主之职分也。古之君天下者，惟恐斯民之众，有为不善，有失其性者，常常左右辅翼之，礼乐教化，陶冶薰蒸，如以手扶策然，故曰"左右有民"。惟唐虞三代时为然。秦汉以下，皆只以智力劫持天下。尝从事于斯民之心，如汉文帝，盖庶几焉然，亦不过爱养之而已。视古人左右之意，邈乎其甚远也。"放勋曰：劳之、来之、匡之、直之、辅之、翼之"，即所谓"汝翼"也。此是从事于民心。"宣力四方"却是经理民间事，但知"左右有民"，而不知"宣力四方"亦不可。既有以助其为善，又与之竭力理会事，二者未可偏废也。"宣力四方"亦匪易事，要须直是竭尽心力。利有未兴者，与之兴；害有未除者，与之除。勤劳不懈，罔敢苟安，是谓"宣力"。后世人臣，"宣力"者绝少，只如为一方守臣。谁是宣力为民间理会事者，怠惰偷安，苟度岁月，幸其既满而去耳。间有稍欲自见者，则又指以为生事，为好名，而嫉之矣。若古所谓"宣力"，真个是至纤至悉，竭力从事。"予欲观古人之象，日月星辰，山龙华虫，作会宗彝，藻、火、粉、米、黼、黻絺绣"，注家谓：画三辰、山、龙、华虫于旌旗。宗庙彝尊，亦以山、龙、华虫为饰，不专做"作服"说，故"华虫"绝句，而"作会宗彝"又为一句。古之制度，虽为难考，然以理推之，亦不可专以"作服"说。舜之意，固主于作服，但此几件，亦有登于旗者，亦有画于器者，总而言之，则为作服，后世讲师，多以"作会"为句，谓自"日月"而下为六章，会之于衣；自"宗彝"而下为六章，绣之于裳，总为十二章。容有是理然，既有宗彝，又有藻、火、粉、米、黼、黻，则是七章也。其说不通矣。观周以日月星辰登于旗，则可以知三辰画于旗之上。观周有山尊及鸡彝、鸟彝。则可知"山"及"华虫"皆会于彝也。藻、火、粉、米、黼、黻，其他处不可用，却只专施之于服。"絺绣"者，在夏则会于絺，在冬则绣也。絺，葛之至精者。冬裘夏葛，天地常理。若使夏间亦服绣，岂人情也哉。本朝尝欲复大裘之制，竟以不便于暑而议寝，是未知古者"絺绣"之义也。既曰五采，复曰五色，盖"采"者，尚未成色。及至彰施，然后始成色也。学者读书，观"臣作朕股肱耳目"一句，须看他如何说作朕之"股肱"处；又如何说为"耳"为"目"处。能如此看，便知其与后世不同。且如观"象"，"作服"，不过一画工之事，今舜必命大臣掌之。而所以为朕之"耳目"者不过此事，是果何意哉？只缘此事视之虽甚缓，而其实甚急。古人所以取象如此，无非将以养人君心术，是故或登于旌旗，或会于器用，或绣于衣服。人主终日周旋，无非天地万物之理，见日月星辰之高明如此，见华虫之文明如此，见藻火之洁而明如此，见粉米之能养人如此，见黼之能断如此，见黻之两已相背有别如此。终日不离于眉睫之间，其心为何如哉？古者盘盂有铭，几杖有戒，无顷刻失所养。观象、作服，皆所以养成君德，岂徒然乎？观《荀子》中一段，"所以养耳也"，"所以养目也"，此意甚佳。但古之所谓画，不与后世相似。古者只取其意，不具其形。至后世，全象其物，却无意义。《宣和博古图》言：古者画龙、鬐鬣，皆略具。盖髣髴似龙，特取其变化之意，岂真画龙于上耶？"藻、火、粉、米、黼、黻"，后世却时见于所织绫罗之间，如粟地即是粉米锁子，两已相背即是黻，皆是从古而来也。舜谓我观古人之象，尔大臣当为我明致之，察于其中，使物物皆合于理，所谓"明"也。尔为我明，我见成观焉。使人主自明，则失君上之体矣。观象作服，是制礼；闻六律、五声、八音，是作乐。六律：黄钟、太簇、姑洗之类也。自六律而为五声，自五声而为八音，以察天下之治乱也。大抵声音之道，与政相通。欲察天下之治乱，他处犹未见，惟乐不可隐。盖惟乐不可以为伪声。音之发，皆因天地之气，不和，故其乐亦不和。只观人之言语，气清则其声清，气浊则其声浊，知一身语言必关乎气，则知朝廷作乐，岂不因乎天地间之气耶？故曰"顺气成象而和乐兴焉"，"逆气成象而淫乐兴焉"。才是无道之世，自有一等淫乐，非乐之淫也，其气之不和也。且如今鼓吹之类，皆是边塞之乐，非先王之正音。故曰：声音之道与政通矣。然须是将气来说，方始分明。不曰"治乱"，而曰"治忽"，"忽"即"乱"也。乱何以生乎？此心之忽故也。不必言及治乱，忽心一生，即乱之萌，故敬而不忽，谓之"治忽"。而不敬谓之"乱"。治乱之分，敬与忽之间耳。"闻六律、五声、八音"，即可以"出纳五言"，"五言"，五方之言也。五方之民，言语不通，故以律出纳之，则五方之言始通而为一矣。盖惟律为能一天下之言。今五方之言，各不同也。至于读书歌曲，则无不同。只如闽人语言，殊不可晓，及至歌曲，与他处一般。盖曲中却有五声、六律、八音故也。舜谓我欲闻此，尔大臣当为我听之。舜所以不自听者，君道之尊，不当屑屑于其细也。呜呼，后世所谓天子耳目之官者，不过能察访得些少事，以此为开广人主之聪明耳。舜命其臣，以耳目之任，乃在于观象作服。"闻六律、五声、八音"，自后世，言此皆至缓而不切者，舜乃以为至急之务。古今世变，不同在此处也。

9.《书经集传》卷一

（宋）蔡沈撰

帝曰：臣作朕股肱耳目。予欲左右有民，汝翼；予欲宣力四方，汝为；予欲观古人之象，日月星辰，山龙华虫，作会宗彝，藻、火、粉米、黼、黻绨绣，以五采彰施于五色作服，汝明；予欲闻六律、五声、八音，在治忽，以出纳五言，汝听。

黼，音甫。黻，音弗。出，尺类反。此言臣所以为邻之义也。君，元首也。君资臣以为助，犹元首须股肱耳目以为用也。下文"翼"、"为"、"明"、"听"，即作股肱耳目之义。"左右"者，辅翼也，犹《孟子》所谓"辅之、翼之，使自得之"也。"宣力"者，宣布其力也。言我欲左右有民，则资汝以为助；欲宣力四方，则资汝以有为也。象，像也，日月以下物象是也。《易》曰"黄帝、尧、舜垂衣裳而天下治"，盖取诸乾坤，则上衣下裳之制，创自黄帝，而成于尧、舜也。日月星辰，取其照临也，山取其镇也，龙取其变也。华虫，雉，取其文也。会，绘也。宗彝，虎蜼，取其孝也。藻，水草，取其洁也。火，取其明也。粉米，白米，取其养也。黼，若斧形，取其断也。黻，为两已相背，取其辨也。绨，郑氏读为"纲"，紩也，紩以为绣也。日也，月也，星辰也，山也，龙也，华虫也，六者绘之于衣。宗彝也，藻也，火也，粉米也，黼也，黻也，六者绣之于裳，所谓十二章也。衣之六章，其序自上而下；裳之六章，其序自下而上。"采"者，青、黄、赤、白、黑也。"色"者，言施之于绘帛也。绘于衣，绣于裳，皆杂施五采，以为五色也。"汝明"者，汝当明其大小尊卑之差等也。又按《周礼》以日月星辰，画于旂。冕服九章，登龙于山，登火于宗彝。以龙、山、华虫、火、宗彝，五者绘之于衣；以藻、粉、黼、黻，四者绣之于裳。衮冕九章，以龙为首；鷩冕七章，以华虫为首；毳冕五章，以虎蜼为首，盖亦增损有虞之制而为之耳。六律，阳律也。不言六吕者，阳统阴也。有律而后有声，有声而后八音得以依据，故六律、五声、八音，言之叙如此也。在，察也。忽，治之反也。声音之道与政通，故审音以知乐，审乐以知政，而治之得失可知也。"五言"者，诗歌之协于五声者也。自上达下，谓之"出"；自下达上，谓之"纳"。"汝听"者，言汝当审乐，而察政治之得失者也。

10.《尚书精义》卷八

（宋）黄伦撰

帝曰：臣作朕股肱耳目。予欲左右有民，汝翼；予欲宣力四方，汝为；予欲观古人之象，日月星辰，山龙华虫，作会宗彝，藻、火、粉米、黼、黻𫄨绣，以五采彰施于五色作服，汝明；予欲闻六律、五声、八音，在治忽，以出纳五言，汝听。

戴氏曰：甚哉，舜禹君臣，相为戒敕，而成无为之治者，何其详也。仁义以为本，而礼乐以成之，所谓"臣作朕股肱耳目"者，以此而已。"予欲左右有民，汝翼"者，仁也。"予欲宣力四方，汝为"者，义也。左右斯民，非仁不能；宣力天下，非义莫行。仁义立矣，则礼以文之，故于是，"观象"，"作会"，"作服"，而"汝明"之也。乐以和之，故于是，以"六律、五声、八音，在治忽，以出纳五言，汝听"之也。又曰：衣裳之制十有二章之辨。先儒纷然言之不齐，尤不可以不辨也。夫衣皆玄也，裳皆𫄸也。日也，月也，星辰也，山也，龙也，华虫也，此六章者，在衣而会之宗庙之彝也。藻也，火也，粉也，米也，黼也，黻也，绣之于𫄨，以为裳而已。日月星辰，以昭其明；山，以昭其仁；龙，以昭其变。而华虫，文明之物也。圣人明以治天下，而仁以行之，其用虽莫测也，而治教刑政，灿然备具，以此临民，民其安之；以此事神，神其享之。故此六物，见于宗彝，又见于衣也。柔顺清洁，可以荐羞者，藻；昭明齐速，可以烹饪者，火。米以养人，粉以泽物。至于黼，则所以为断也；黻，则所以为辨也。圣人藻饰治具，粉泽王猷，以养天下，在于断而能辨，然后足以成治功。故此六物见于裳也。惟天子，备十有二章。公，自衮冕而下，无日月星辰，而有山龙，盖九章也。侯，自鷩冕而下，无山龙，而有华虫，盖七章也。伯，自毳冕而下，无华虫而有虎蜼，盖五章也。子，自希冕而下，无虎蜼，而有粉米，盖三章也。男，则无冕裳，黼、黻而已。

其章不足道也，此上下等杀之制，于周为详。孙氏曰：自日月至华虫，此六者，皆画于衣，故曰"作绘"，以法于天，其数六者，法天之阳气之六律也。自宗彝至黼黻，此六者，皆绣于裳，故云"絺绣"。絺绣，纸也，谓纸刺以为绣文，以法于地，其数亦六者，法地之阴气之六吕也。故皋陶云"五服五章哉"，郑注云：五服十二也。临川问曰：宗彝所以象孝也。象孝，奚取于虎蜼。文公曰：虎，义也；蜼；知也。义以制事，知以察物，然后可以保宗庙，故取于虎蜼。

11.《尚书详解》卷五

（宋）陈经撰

帝曰：臣作朕股肱耳目。予欲左右有民，汝翼；予欲宣力四方，汝为；予欲观古人之象，日月星辰，山龙华虫，作会宗彝，藻、火、粉米、黼、黻絺绣，以五采彰施于五色作服，汝明；予欲闻六律、五声、八音，在治忽，以出纳五言，汝听。

此章深见帝舜得为君之道，君臣之际，相须如一体。"臣作朕股肱耳目"，则君为"元首"，可知元首无为，股肱耳目，则有为也。后世之君，至于有斋居决事者，兼行将相者，以人主而下行有司之事。一人之聪明，安足以周知天下事哉？此皆不知为君之体。下文翼、为、明、听者，皆"股肱耳目"之职也。"予欲左右有民"，扶持而助之，使归于善，赖汝以辅翼；"予欲宣力四方"，为民兴利除害，广其惠泽，赖汝以有为。"观"者，示也。"古人之象"，谓古人作服所以取象之意，如"日月"而下皆取象也。黄帝、尧、舜垂衣裳而天下治，则自黄帝时，已有衣裳之制矣。日也，月也，星辰也，山也，龙也，华虫也，此六章，绘之于衣。会，画也。宗彝也，藻也，火也，粉米也，黼也，黻也，此六章，絺绣之于裳。絺，葛之精者也。此十二章，各有取象。日月星辰，各取其明；山取其静；龙取其变；华虫取其文。此以象人君之见于己者，故会之于衣而在上。宗彝取其孝；藻取其洁；火取其能照；粉米，即白米，取其能养人；黼，斧形，取其能断；黻，两已相背，取其辨，所以象君之德，见于用者，故绣之裳而在下。十二章之服，所以有取于此数者，盖人主一身备天地万物之理，吾身皆有所取则焉，诚使人君之明与其静，其变，其文，其孝，其洁，能养人，能断，能辨，皆无愧于此数者，则君道备矣。使于此数者，有一之或阙焉，则人君当内观诸己，外省诸物可也。此古人取象之意焉。予欲观古人制作之象于天下，以五彩彰明，施之五色以作服，必赖汝臣以明之。以质言之，则曰"采"；以所施者言之，则曰"色"。"汝明"者，明其制度之有尊卑，则若王之服，自日月而下；诸侯之服，自龙衮而下；士服藻火；大夫加粉米。上得兼下，下不得僭上是也。明其君德之有得失，则合于此象而无愧者，人臣则当将顺其美；不合于此象而有阙者，人臣则当正救其过。此"汝明"之意也。成周时，登三辰于旂，而以九章作服。其礼制虽有增损，而其意则一。《左氏传》臧孙谏纳郜鼎，有及于三辰、火、龙、黼、黻，以谓人君者，昭德塞违，以临照百官，文物以纪之，声名以发之，诚知圣人作服之本旨矣。六律，即黄钟以下；五声，即宫、商而下；八音即金石而下。以律和五声，而播之于八音以为乐，所以察治忽。忽，不治也。声音之道与政通。治世之音安以乐，其政和；乱世之音怨以怒，其政乖。"以出纳五言"，"五言"者，又作乐之本也。乐虽可以察治忽，而其所以作乐者，在于五言。"五言"，即诗之合于五声者。经曰"诗言志，歌永言"是也。"纳"五言者，以民之歌谣讽咏，纳之于上；"出"五言者，以君之赓歌，而达之于下。以此五言，而见于六律、五声、八音之间，"治忽"不可逃矣。如季札观乐，以列国之诗，而知其兴衰。"汝听"者，赖汝臣以听之，则审其治忽之机者，尔臣之责也。凡此翼、为、明、听，即"股肱耳目"之所司。欲者，在君；而所以翼、为、明、听者，则在臣。此又当知"乾始万物，地道无成，而代有终"之意。翼、为、明、听者，虽在臣，使是四者而不出于君所欲，则臣虽翼、为、明、听不可得也。舜之言前后亦有次第，先"左右有民"，"宣力四方"者，然后言礼乐，盖王者制作，皆在功成治定之余也。

12.《融堂书解》卷二

（宋）钱时撰

（归善斋按：见"臣哉邻哉"）

13.《尚书要义》卷五

(宋)魏了翁撰

(归善斋按：未引)

14.《书集传或问》卷上

(宋)陈大猷撰

或问：吕氏说"臣作朕股肱耳目"，谓君臣相须为一体，不载何也？曰：相须为一体，则君犹未免自作一半，语意未莹，不若马氏谓"君无为而臣有为"者之为明净也。

15.《尚书详解》卷二

(宋)胡士行撰

帝曰：臣作朕股（足）肱（手）耳目。

"邻"之喻，禹"俞"之矣，帝心未已也，又申以"股肱耳目"之喻，盖心所欲为"股肱耳目"，不待命令而应，又切于邻也。

16.《书纂言》卷一

(元)吴澄撰

帝曰：臣作朕股肱耳目。予欲左右有民，汝翼；予欲宣力四方，汝为；予欲观古人之象，日月星辰，山龙华虫，作会宗彝，藻、火、粉米、黼、黻绨绣，以五采彰施于五色作服，汝明；予欲闻六律、五声、八音，七始咏，以出纳五言，汝听。

此帝言所资于臣之事。股，足髀；肱，手臂。"左右有民"，谓内治畿甸，厚民生，利民用，正民德也。翼，如鸟翼，谓在身两旁，夹持覆护。"宣力四方"，谓外使诸侯谕志意，布德化，救灾患也。"为"，兽名，猴属，有力便捷效，使令趋事功者似之。黄帝始制衣裳，古人，盖谓黄帝。象，谓肖其形状。星辰，凡经星布列，周十二辰者皆是，此谓星宿三星名，为大辰者也。华虫，有文华之羽虫，雉也。"会"与"绘"同，画也。宗彝，宗庙盛郁鬯之尊，名曰彝。周有六彝，虎彝、蜼彝为上。藻，水中聚藻；粉米，白米；黼黻，黼为斧形，刃白身黑；黻两已相背，青黑线绣。绨，读为"黹"，刺绣也，象"日月星辰，山龙华虫"，六者作为绘画于上衣；象"宗彝、藻、火、粉米、黼、黻"，六者黹为绣纹于下裳。采五色之物，蓝、砂、粉、墨、雌黄之属，绘则以五采泽之于笔绣，则以五采染之于线。彰施，彰显而施用之也。五色，青、黄、赤、白、黑也。明，谓察其物象采色之合法也。"七始咏"，孔氏传作"在治忽"，史记引《书》作"来始滑"，惟《汉书·律历志》引《书》作"七始咏"，今从之。"七始"，《国语》谓之"七均"，盖六阳律、六阴律，各有宫、商、角、徵、羽，三分损益，隔八相生，十二管之中，用其五，为五声。然宫与商，商与角，徵与羽，相去皆一律。角与徵，羽与宫，相去独二律。一律则近而和，二律则远而不相及。五声之序，宫生徵，徵生商，商生羽，羽生角，至角则穷矣。角又隔八，下生其律位，与宫相比，谓之变宫，则羽声距正宫，虽间二律，而距变宫止闻一律矣。变宫又隔八，土生其律位，与徵相比，谓之变徵，则角声距正徵，虽间二律，而距变徵，止闻一律矣。正声五，变声二，每律用七声为均，相和而均调，故曰七均。七声迭用，以终始一调，故曰七始。先有六律，然后可定五声。宫徵该正变、二变，非正声，故止曰五声也。五声定，则被之八音之器，而奏七始之均。咏，歌也，八音之外，有人声也。人声之精者为言。五言，唇、齿、舌、牙、喉之音，为言各不同也。或曰五方之言也。乐工审于声音，故亦能辨人之声音，而使之出纳五言也。听，谓审其声律音调之中伦也。帝欲"左右"，而臣"翼"之，作肱也；帝欲"宣力"，而臣"为"之，作股也；帝所"欲观"，而臣"明"之，作目也；帝所"欲闻"，而臣"听"之，作"耳"也。"有民"，盖后稷司徒所职；"四方"，盖四岳十二牧所职；服色，盖典礼所职；声音，盖典乐所职。"翼"、"为"、"明"、"听"，皆曰"汝"者，禹与群臣咸在，而禹作撰，兼总众职也。

17.《书集传纂疏》卷一

（元）陈栎撰

帝曰：臣作朕股肱耳目。予欲左右有民，汝翼；予欲宣力四方，汝为；予欲观古人之象，日月星辰，山龙华虫，作会宗彝，藻、火、粉、米、黼、黻绤绣，以五采彰施于五色作服，汝明；予欲闻六律、五声、八音，在治忽，以出纳五言，汝听。

纂疏：

《语录》：义刚点"作会"作一句。先生曰：点得是。问："五言"，东莱云"君、臣、民、事、物之言"。曰：此是五声所属。如宫乱则荒，其君骄。宫属君最大，羽属物最小。若商放缓，便似宫声。"出纳五言"，恐是审乐、知政之类。如此说亦颇通。问："五言"，林氏以为"五声"之言，古注以为仁、义、礼、智、信之言，孰是？曰：未详，当阙。或曰：臣当为"我"之身，非但为"邻"以亲君而已。

王氏曰："汝翼"，作"肱"；"汝为"，作"股"；"汝明"，作"目"；"汝聪"，作"耳"也。司徒敷教，岂非"左右"；稷播种，士明刑，岂非"宣力"；秩宗掌礼，岂不制服；夔典乐，岂不察音。然各治一官，禹则总而治之，故尽寄以"股肱耳目"。

孔氏曰：天子服"日月"而下，诸侯"龙"而下，士服"藻、火"，大夫加"粉、米"。上得兼下，下不得僭上，作尊卑之服，"汝明"其制。唐孔氏曰：天数不过十二，天子服十二章，象天数也。

陈氏曰："古人之象"，谓古人"作服"，所以取"象"之意。"日月"以下皆是。

郑氏曰：自"日月"以下，所取义，皆君德也。"服"，是服必有是德，当观象而自省焉。

陈氏大猷曰："五采"，五种华采之物，丹、蓝、粉、墨之类。"彰施"，施其采以彰明之也。五色采施之，为青、黄、赤、白、黑也。舜以"臣邻"命禹，见君臣之忘势；继以"作股肱耳目"，见君臣之忘形，君臣犹一身也。君犹心，臣犹体。"臣作朕股肱耳目"，君以臣为体也。汝"翼"、"为"、"明"、"听"，以遂予所欲，臣以君为心也。"纳"，采诗纳之于上，如"命太师陈诗以观民风"，"工以纳言"是也。"出"，出诗播之乐章，如《关雎》用之乡邦，时而飏之是也。"五言"，谓其诗咏之合五常者。

叶氏曰："五言"，即"五声"。"诗言志，歌永言，声依永，律和声"。虽"言"也，播于律之所和，则为"五声"。虽"声"也，本于诗之所讽，则为"五言"。文之于"音"，为"出"；采之于下，为"纳"。

吕氏曰："五言"，乐之成。"言"者，如三百篇之诗是也。"作服"，礼之大者。"六律"，声音，乐之大者。治定功成，制礼作乐之时也。礼、乐非可以虚文举言。礼、乐必在"左右"、"宣力"之后，民气和洽，然后可兴。礼、乐固有次第也。

18.《读书丛说》卷三

（元）许谦撰

"股肱耳目"，应"翼"、"为"、"明"、"听"。辅翼以肱言，为行也以股言，明以目言，听以耳言。

19.《书传辑录纂注》卷一

（元）董鼎撰

帝曰：臣作朕股肱耳目。予欲左右有民，汝翼；予欲宣力四方，汝为；予欲观古人之象，日月星辰，山龙华虫，作会宗彝，藻、火、粉、米、黼、黻绣绣，以五采彰施于五色作服，汝明；予欲闻六律、五声、八音，在治忽，以出纳五言，汝听。

辑录：

义刚问点《尚书》"作会"作一句。先生曰：公点得是，前人点"作会宗彝"不是。元德问"予欲闻六律、五声、八音，在治忽，以出纳五言，汝听"。先生云：亦不可晓。《汉书》"在治忽"，作"七始咏"。"七始"，如"七均"之类。又问"五言"东莱释作"君、臣、民、事、物之言"。先生曰：君、臣、民、事、物，是五声所属。如宫乱则荒，其君骄。宫属君，最大；羽属物，最小，此是论声。若商放缓，便是宫声，寻常琴家，最取《广陵操》。以某观之，其声最不和平，有臣陵其君之意。"出纳五言"，却恐是审乐知政之类，如此作五言说，亦颇通。问："以出纳五言"，林氏以为宫、商、角、徵、羽之言；古注以为仁、义、礼、知、信之言，未知当孰从？先生曰：未详，当阙，自"侯以明之"以下皆然。答潘子善。

纂注：

新安陈氏曰：臣当为我之身，非但为邻，以与君亲近也。

王氏曰："汝翼"，作"肱"；"汝为"作"股"；"汝明"作"目"；"汝听"，作"耳"也。

孔氏曰：天子服"日月"而下；诸侯自"龙"而下至"黼黻"。士服藻，大夫加粉米。上得兼下，下不得僭上。作尊卑之服，汝明制之。

唐孔氏曰：天数不过十二，天子服十二章，象天数也。

郑氏曰：自"日月"至"黼黻"，所取义皆君德也，服所以象德。服是服，必有是德，当观象而自省焉。

陈氏大猷曰：五采，五种华采之物，蓝、丹、砂、粉、墨之类是也。"彰施"，施其采以彰明之。五色采施之，为青、黄、赤、白、黑也。

苏氏曰：忽，不治也。五言，诗也，以讽咏之言，寄于五声也。

陈氏大猷曰：纳，采诗而纳之于上，如"命大师陈诗以观民风"与"工以纳言"是也。出，出诗而播之乐章，如《关雎》"用之乡人"，"用之邦国"与"时而飏之"是也。五德之言，谓诗咏之合于五常者。

吴氏曰：五言不可被之弦歌者，出之其可者，则纳之。

吕氏曰：五言乐之成言者，如三百篇之诗是也。

叶氏曰：五言，即五声。"诗言志，歌永言，声依永，律和声"，虽言也，播于律之所和，则为五声；虽声也，本于诗之所讽，则为五言。文之于音，则为出，采之于下则为纳。

吕氏曰："作服"，礼之大者也；"六律、五声、八音"，乐之大者也。治定功成，制礼作乐之时也。礼、乐非可以虚文举言。礼、乐，必在"左右"、"宣力"之后，民气和，合然后可以兴礼、乐，固有次序也。

陈氏大猷曰：舜以臣邻命禹，见君臣之忘势；继之以"作股肱耳目"，见君臣之忘形，君臣犹一身也。君犹心，臣犹体。"臣作朕股肱耳目"，君以臣为体也；汝翼、为、明、听，以遂予之所欲，臣以君为心也。

王氏曰：敬敷五教，司徒掌之，岂非"左右有民"；稷掌阻饥，皋治奸宄，岂非"宣力四方"；夷作秩宗，岂非制衣服；夔典乐，岂非察音声。然彼皆各治一官，禹则总百官而治之者也。帝兼举四事，而寄以"股肱耳目"盖如此。

20.《尚书句解》卷二

（元）朱祖义撰

帝曰（舜乃言）：臣作朕股肱耳目（君有动作视听，实须臣以为股肱耳目之助）。

21.《尚书日记》卷四

（明）王樵撰

"帝曰：臣作朕股肱耳目"至"汝听"。此言臣所以为"邻"之义也。"邻"之为言，近而有助也。《易》曰"不富以其邻"，孔子曰"德不孤，必有邻"，皆以居之"邻"取亲助之义也。上文曰"臣哉邻哉"，疑其义亦如是矣。而帝不但然也，乃曰"臣作朕股肱耳目"，语亲助之至，孰有如"股肱耳目"之为，用于腹心者乎？以是言"邻"而知帝之所以待其臣者，真望以一体相须，非姑曰"略堂陛之严"，取形迹之资而已。

"左右有民"，"宣力四方"，以作"股肱"而言；"观古人之象"，"闻五声、八音"，以作"耳目"而言。

"左右有民"，扶持而相导之也。"宣力四方"，宣布劳来，经营四方也。人之左右，有事者手，运奔四方者足，因取作"股肱"之义，故如此立言。王氏指属契、稷、皋陶、夷、夔，亦不过明其意尔。时说，径以"宣力"属养，谬矣。下"明"、"听"分属礼、乐，虽旧说并然，但章服，特礼中之一事，亦未可谓足尽礼也。日、月、星辰，无不照临，天子之象也。故天子十二章，自"日、月"以下。山出云雨，生万物；龙行天而泽物，皆君德也。然所主有方，所及有限，公侯之象也。故公九章，自"山"以下，周"升龙于山"，则九章自"龙"以下。其余物象，各有所取，德有崇卑，故数有多寡；位称其德，德称其服，故因以为侯、伯、子、男、卿大夫、士降杀之等。衣绘裳绣者，绘轻清而上浮，象天；绣有质而下缀，象地也。"彰施"兼绘绣，言"采"与"色"一也。指物言之曰"采"；指施于缯帛言之曰"色"。"作服"所谓"天命有德，五服五章"也。"汝明"者，非谓明其礼意也。杨龟山曰：衣服以章有德，五服五章或非其称，不明孰甚焉。古之正乐者，先定律，故有律而后有声，有声而后八音得以依据声音之道与政通。予将审音以知乐，审乐以知政治之得失，而其本又在出纳之五言。汝当为我听，而知其声与政治之得失也。

"予欲闻六律、五声、八音，在治忽"当作一句。

"观古人之象"，以制章服；播"五言"于"八音"以察"治忽"。二者，想舜当时之所正有事者，故详言其意，而付其"明"、"听"之责于禹也。服章之象，想上古有之而未备，故舜采取其意，定某某绘于衣，某某绣于裳，不然则何待详言之邪。"五言"，盖即九叙之歌，太史之所采，而韶乐之所以作也。于时正将以播之乐，而"治忽"于是察焉，故因以命禹夫。"九功惟叙，九叙惟歌"，乐者，极治之所成，太和之所生也。而又何治忽之察邪？此不知"治忽"无常，成坏相倚，一念之息，一事之不终，而"忽"之端，即由是兆矣。非圣人，孰能察之于微，而谨之于始也哉。

许氏曰："宗彝"，宗庙之尊彝也。有六彝，虎、蜼各居其一。虎取其义；蜼取其智；会彝于衣，则取其孝也。又曰：唐虞之礼不可考。今凡言"礼"者，皆周礼尔。《皋谟》"五服"与"五刑"对言，主于诸侯、卿大夫、士而言之。益稷十二章，则兼上下言之也。《典命》，上公九命，侯伯七命，子男五命，其衣服，皆以其命数为节。王之三公八命，卿六命，大夫四命。及其出封，皆加一等。公之孤四命，公侯伯之卿三命，大夫再命，士一命。子男之卿再命，大夫一命，衣服皆视其命数。郑氏推王之上士三命，中士再命，下士一命。《司服》，王祀昊天上帝，则大裘而冕；享先王，衮冕；享先公、飨射，鷩冕；祀四望、山川，毳冕；祭社稷、五祀，希冕；群小祀，玄冕。公之服自衮冕而下，侯伯自鷩冕而下，子男自毳冕而下，孤之服自希冕而下，卿大夫自玄冕而下。盖王之三公、卿大夫，曰出封加一等，则在王朝为降一等，是三公鷩冕，孤与卿毳冕，大夫希冕矣。《司服》所谓孤、卿大夫者，诸侯之孤、卿大夫也。先儒以郑氏所言，周"升三辰于旗服"，则自山、龙以下者，臆说也。大裘之上，亦蒙以衣，然则，备十二章之服欤。总是而言之，则十二章之服，独王祀帝之所用衮冕，则王之享先王也，上公也。鷩冕，则王之享先公飨射也，侯伯也，王之三公也。毳冕，则王之祀四望山川也，子男也，王之孤也、卿也。希冕，则王之祭社稷、五祀也，王之大夫也，公之孤也。玄冕，则王之祭群小祀也，王之上士也、中士也、下士也，公侯伯之卿也、大夫也、士也，子男之卿也、大夫也。命数不同，而同服其服者，则繅旒有异也。虽周制如此，其必有所本。唐虞之制，从可知矣。又曰：蔡传，衣之六章，其序自上而下；裳之六章，其序自下而上。此谓衣，则日、月为尊；裳，则黼、黻为尊也。疏云：衣在上为阳，阳统于上，故尊在先。裳在下为阴，阴统于下，故重在后。天子诸侯下至黼、黻，大夫粉米兼服藻火，是上得兼下也。士不得服粉米，大夫不得服黼、黻，是下不得僭上也。

林氏曰：《周礼》无十二章之文。说者谓周登三辰于旂，不过据左氏三辰旂旗之文。左氏谓，旂有三辰，何尝谓衣无三辰邪？岂有王者象三辰之明，历代皆饰于衣，周人独饰于旂，有何意乎？《郊特牲》曰"祭之日，王被衮以象天"，郑氏曰，谓有日、月、星辰之章，此鲁礼也。夫被衮以象天，周制实然，何鲁之足云？岂有周制止九章，鲁乃加以十二章之理乎？

今朝祭之服，臣下无章；常服，有章而非古，如欲复古，舍《虞书》何法焉。

22.《日讲书经解义》卷二

（清）库勒纳等撰

帝曰：臣作朕股肱耳目。予欲左右有民，汝翼；予欲宣力四方，汝为；予欲观古人之象，日、月、星辰、山、龙、华虫作会，宗彝，藻、火、粉米、黼、黻绨绣。以五采彰施于五色作服，汝明；予欲闻六律、五声、八音。在治忽，以出纳五言，汝听。

此一节书，是帝舜详言臣之所以为邻，以深明一体之义也。华虫，是雉。宗彝，是宗庙中酒尊，上画虎、蜼二兽，藻，是水草；粉米是白米；黼如斧形；黻如亚字；黄钟、太蔟、姑洗、蕤宾、夷则、无射为六律。不言吕者，阳统阴也。宫、商、角、徵、羽为五声。金、石、丝、竹、匏、土、革、木为八音。在，察也。忽，治之反也。"五言"者，诗歌之协于五声者也。自上达下，谓之"出"；自下达上，谓之"纳"。帝舜曰：君资臣以为助，如人有元首，必资手足以运行，耳目以视听，是臣为我之"股肱耳目"也。盖治道以政教礼乐为先，我思民性未复，欲左右扶持斯民，使人人向化，而不能遍谕也，赖汝臣辅翼之，以遂我教民之心。我思民生未厚，欲宣布惠泽于四方，使人人得所，而不能遍加也，赖汝臣施为之，以遂我养民之心。礼以章服辨等威，我欲观古人所取象，定上衣下裳之制。日、月、星辰，取其照临；山，取静镇；龙，取变化；华虫，取其文，六者绘画于衣。宗彝取其孝，藻取其洁，火取其明，粉米取其养，黼取其断，黻取其辨，六者刺绣于裳。其绘与绣，则以青、黄、赤、白、黑五采之物，彰施于绘帛。成此五色，作朝祭之服。而我不尽能自明也，赖汝臣明视其大小尊卑之等，使礼达而分定焉。声音之道与政通，我欲闻六律以定五声，而被之八音者，察其治不治于政事。音和，由政事之修治；音乖，由政事之怠忽。其察之之法，则以朝廷所出之丝纶，民间所纳之歌谣。凡言之协于五声，播之乐章者，为君德民风之验。而我不尽能自听也，赖汝臣审听其乖和得失之分，使乐行而伦清焉。合四者言之，臣岂非我之"股肱耳目"乎？推帝舜所属望于禹者，见君以臣为体，则臣当以君为心，然后能助成治功也。

《书蔡氏传旁通》卷一下

（元）陈师凯撰

翼、为、明、听，即"作股肱耳目"之义。

翼为在股肱，明、听在耳目。

《尚书七篇解义》卷一

（清）李光地撰

帝曰：臣作朕股肱耳目。予欲左右有民，汝翼；予欲宣力四方，汝为；予欲观古人之象，日、月、星辰，山、龙、华虫，作会宗彝，藻、火、粉米，黼、黻绣绣，以五采彰施于五色作服，汝明。予欲闻六律、五声、八音，在治忽，以出纳五言，汝听。予违，汝弼。汝无面从，退有后言。钦四邻！庶顽谗说，若不在时，侯以明之，挞以记之，书用识哉，欲并生哉。工以纳言，时而飏之。格则承之、庸之，否则威之。禹曰：俞哉！帝，光天之下，至于海隅苍生，万邦黎献，共惟帝臣。惟帝时举，敷纳以言，明庶以功，车服以庸。谁敢不让，敢不敬应。帝不时敷同，日奏罔功。无若丹朱傲，惟慢游是好，傲虐是作，罔昼夜额额，罔水行舟，朋淫于家，用殄厥世。予创若时，娶于涂山，辛壬癸甲，启呱呱而泣，予弗子惟荒度土功。弼成五服，至于五千，州十有二师，外薄四海，咸建五长。各迪有功，苗顽弗即工。帝其念哉。帝曰：迪朕德，时乃工惟叙。皋

983

陶方祗厥叙，方施象刑，惟明。

　　此虽蒙"臣邻"之意，然亦他日之言也。"翼"、"为"，以"股肱"言；"明"、"听"，以"耳目"言。"左右有民"，《易》所谓"左右民"也。"宣力"，《诗》所谓"奔走御侮"者也。十二章之衣，别为五服，将以承祭祀，辨上下。命有德，赐有功。欲其"明"之者以此，非责以夏采染人之事也。"六律"以节"五声"，"五声"以被"八音"。"五言"者，"五声"所歌奏之言，则《诗》是也。"治忽"，犹治乱也。察治乱，以"出纳五言"，即"陈诗以观民风"之事也。舜欲为安内治外，制礼作乐之事，责臣下之助成之，而又申以"弼直"之意，"钦四邻"者，面从、背议，四邻将有非之者。《诗》云亦云可使怨及朋友，"不可不畏"也。"顽谗"，所谓"谗说殄行"者也。工，官也，设纳言之官，以稽之，又时而宣扬告戒之，因以加赏罚焉。按，"左右有民"，而"宣力四方"，即禹、稷、契、皋陶、垂、益等之职。"观象"、"作服"，其大者用之郊社宗庙，即夷之职。六律、五声、八音，即夔之职。虑有"谗说殄行"而为之"纳言"，又即龙之职也。帝约命官之意，而申明之者如此。禹然其言，而犹欲帝以用贤修德为本，盖举直则不仁者远矣；身修则人治矣。"让"者，兴于礼；"敬应"者勉于事。言修身，而直以丹朱为戒，盖"惟圣罔念作狂"，不嫌于引喻非伦也。禹又言己亦惩于舟朱之恶，而勤劳于外者如此，然苗犹顽不即工，盖亦己德之未至耳，欲帝之思念之也。"五服"、"五千"说见《禹贡》。十二师，即十二牧也。九州为正，幽、并、营为附。《舜典》总言之，《禹贡》则以正者统之也。"五长"，五方蛮夷之君长也。帝言汝之功既足以导朕德矣。皋陶又敬承其功，而明刑以弼教，是二人者，真"弼直"之臣矣。嘉纳其言，而深许之也。

予欲左右有民，汝翼

1.《尚书注疏》卷四

（汉）孔氏传，（唐）陆德明音义，孔颖达疏
予欲左右有民，汝翼。

传：左右，助也，助我所有之民，富而教之。汝翼成我。

疏：我欲助我所有之人，使之家给人足，汝当翼赞我也。

《释诂》云"左、右、助，虑也"，同训为"虑"，是左、右得为"助"也。立君所以牧人，人之自营生产，人君当助救之。《论语》称：孔子适卫，欲先富民而后教之。故云：助我所有之民，欲富而教之也。君子施教，本为养人，故先云助人，举其重者。以其为人事重，当须翼成，故言"汝翼"。

2.《书传》卷四

（宋）苏轼撰

（归善斋按：见"臣作朕股肱耳目"）

3.《尚书全解》卷六

（宋）林之奇撰

（归善斋按：见"臣作朕股肱耳目"）

4.《尚书讲义》卷四

（宋）史浩撰

（归善斋按：见"臣作朕股肱耳目"）

5.《尚书详解》卷五

（宋）夏僎撰

（归善斋按：见"臣作朕股肱耳目"）

6.《增修东莱书说》卷四

（宋）吕祖谦撰，时澜增修

（归善斋按：见"臣作朕股肱耳目"）

7.《尚书说》卷一

（宋）黄度撰

（归善斋按：见"臣哉邻哉"）

8.《洁斋家塾书钞》卷三

（宋）袁燮撰

（归善斋按：见"臣作朕股肱耳目"）

9.《书经集传》卷一

（宋）蔡沈撰

（归善斋按：见"臣作朕股肱耳目"）

10.《尚书精义》卷八

（宋）黄伦撰

（归善斋按：见"臣作朕股肱耳目"）

11.《尚书详解》卷五

（宋）陈经撰

（归善斋按：见"臣作朕股肱耳目"）

12.《融堂书解》卷二

（宋）钱时撰

（归善斋按：见"臣哉邻哉"）

13.《尚书要义》卷五

（宋）魏了翁撰

（归善斋按：未引）

14.《书集传或问》卷上

（宋）陈大猷撰

（归善斋按：未解）

15. 《尚书详解》卷二

（宋）胡士行撰

予欲左右（扶持）有民，汝翼（辅）。

此作"肱"之事也。手能左右扶翼。

16. 《书纂言》卷一

（元）吴澄撰

（归善斋按：见"臣作朕股肱耳目"）

17. 《书集传纂疏》卷一

（元）陈栎撰

（归善斋按：见"臣作朕股肱耳目"）

18. 《读书丛说》卷三

（元）许谦撰

（归善斋按：未解）

19. 《书传辑录纂注》卷一

（元）董鼎撰

（归善斋按：见"臣作朕股肱耳目"）

20. 《尚书句解》卷二

（元）朱祖义撰

予欲左右有民（我欲左右扶持所有之民），汝翼（汝禹当为朕股肱以辅翼之）。

21. 《尚书日记》卷四

（明）王樵撰

（归善斋按：见"臣作朕股肱耳目"）

22.《日讲书经解义》卷二

（清）库勒纳等撰

（归善斋按：见"臣作朕股肱耳目"）

《尚书注考》

（明）陈泰交撰

"予欲左右有民"，训"左右"者，辅翼也。"左右惟其人"，训"左右"者，辅弼大臣。

《书蔡氏传旁通》卷一下

（元）陈师凯撰

（归善斋按：见"臣作朕股肱耳目"）

《尚书七篇解义》卷一

（清）李光地撰

（归善斋按：见"臣作朕股肱耳目"）

予欲宣力四方，汝为

1.《尚书注疏》卷四

（汉）孔氏传，（唐）陆德明音义，孔颖达疏

予欲宣力四方，汝为。

传：布力立治之功，汝群臣当为之。

疏：我欲布陈智力于天下四方，为立治之功，汝等当与我为之。

次显君施教化，须臣为之，故言"汝为"。次明衣服上下，标显尊卑，故云"汝明"。次云六律五声，故云"汝听"。各随事立文，其实不异。《诗》云"四方于宣"，《论语》云"陈力就列"，是布政用力，故

言：布力立治之功，汝群臣当为之。

2. 《书传》卷四

（宋）苏轼撰

予欲宣力四方，汝为。

朝诸侯，服四夷，凡富国强兵之事也。

3. 《尚书全解》卷六

（宋）林之奇撰

（归善斋按：见"臣作朕股肱耳目"）

4. 《尚书讲义》卷四

（宋）史浩撰

（归善斋按：见"臣作朕股肱耳目"）

5. 《尚书详解》卷五

（宋）夏僎撰

（归善斋按：见"臣作朕股肱耳目"）

6. 《增修东莱书说》卷四

（宋）吕祖谦撰，时澜增修

（归善斋按：见"臣作朕股肱耳目"）

7. 《尚书说》卷一

（宋）黄度撰

（归善斋按：见"臣哉邻哉"）

8. 《洁斋家塾书钞》卷三

（宋）袁燮撰

（归善斋按：见"臣作朕股肱耳目"）

9. 《书经集传》卷一

（宋）蔡沈撰

（归善斋按：见"臣作朕股肱耳目"）

10. 《尚书精义》卷八

（宋）黄伦撰

（归善斋按：见"臣作朕股肱耳目"）

11. 《尚书详解》卷五

（宋）陈经撰

（归善斋按：见"臣作朕股肱耳目"）

12. 《融堂书解》卷二

（宋）钱时撰

（归善斋按：见"臣哉邻哉"）

13. 《尚书要义》卷五

（宋）魏了翁撰

（归善斋按：未引）

14. 《书集传或问》卷上

（宋）陈大猷撰

（归善斋按：未解）

15. 《尚书详解》卷二

（宋）胡士行撰

予欲宣（布，治功）力四方，汝为（代君为之）。此作"股"之事也。奔走四方，待力乃至。

16.《书纂言》卷一

(元) 吴澄撰

(归善斋按：见"臣作朕股肱耳目")

17.《书集传纂疏》卷一

(元) 陈栎撰

(归善斋按：见"臣作朕股肱耳目")

18.《读书丛说》卷三

(元) 许谦撰

(归善斋按：见"臣作朕股肱耳目")

19.《书传辑录纂注》卷一

(元) 董鼎撰

(归善斋按：见"臣作朕股肱耳目")

20.《尚书句解》卷二

(元) 朱祖义撰

予欲宣力四方（我欲布治功于天下），汝为（汝禹为朕股肱，代我为之）。

21.《尚书日记》卷四

(明) 王樵撰

(归善斋按：见"臣作朕股肱耳目")

22.《日讲书经解义》卷二

(清) 库勒纳等撰

(归善斋按：见"臣作朕股肱耳目")

《书蔡氏传旁通》卷一下

（元）陈师凯撰

（归善斋按：见"臣作朕股肱耳目"）

《尚书七篇解义》卷一

（清）李光地撰

（归善斋按：见"臣作朕股肱耳目"）

予欲观古人之象

1.《尚书注疏》卷四

（汉）孔氏传，（唐）陆德明音义，孔颖达疏

予欲观古人之象。

传：欲观示法象之服制。

音义：观，旧音官，又官唤反。

疏：我欲观示君臣上下，以古人衣服之法象。

观示法象之服制者，谓欲申明古人法象之衣服，垂示在下，使观之也。《易》辞云：黄帝、尧、舜，垂衣裳而天下治。象物制服，盖因黄帝以还，未知何代而具采章。舜言己欲观古，知在舜之前耳。

2.《书传》卷四

（宋）苏轼撰

予欲观古人之象，日月星辰，山龙华虫，作会宗彝。藻、火、粉、米、黼、黻𫄨绣，以五采彰施于五色作服，汝明。

日，日也。月，月也。星，五纬之星也。辰，心、伐、北辰三辰也。山，山也。龙，龙也。华虫，雉也。日也，月也，星辰也，山也，龙也，华虫也，此六章者，画之于宗庙之彝樽，故曰"作会宗彝"也。藻，水

草也。火，火也。粉，粉也。米，米也。黼，斧也。黻，两已也。藻也，火也，粉也，米也，黼也，黻也，此六章者，绣之于绨，以为裳绨葛之精者也。故曰"绨绣以五采，彰施于五色"。"作服"者，通言十二章也。上六章，绘而为衣；下六章，绣而为裳，故曰"作服"也。自孔安国、郑玄、王肃之流，各传十二章，纷然不齐。予独为此解，与诸儒异者，以《虞书》之文为正也。

3.《尚书全解》卷六

（宋）林之奇撰

予欲观古人之象。日月星辰，山龙华虫，作会宗彝。藻、火、粉米、黼、黻绨绣，以五采彰施于五色作服，汝明。

观，视也。"予欲观古人之象"，谓我欲观视古人法象，作服之制于天下也。《易》曰：黄帝、尧、舜，垂衣裳而天下治。盖取诸乾坤，以是知上衣、下裳之制，创自黄帝。尧舜特因之而已，故谓之古人之象。十二章，说者不同，当以郑氏之说为正。其说以谓，华虫，雉也。宗彝，虎蜼（wèi）也。粉米，白米也。绨读为䋲（ěr），绣（zhì）也。画以为绘，绣以为绣。画与绣，皆有六：日也，月也，星辰也，山也，龙也，华虫也。此六章者，画以为绘，施之于衣。宗彝也，藻也，火也。粉米也，黼也，黻也，此六章者绣以为绣，施之于裳。此有虞氏之十二章也。至周，以日月星辰，画于旗。冕服九章，登龙于山，登火于宗彝。其九章：初一曰龙，次二曰山，次三曰华虫，次四曰火，次五曰宗彝，此五者绘之于衣；次六曰藻，次七曰粉，次八曰黼，次九曰黻，此四者绣之于裳。此周之九章也。衮冕九章，以龙为首，龙首卷然，故以衮为名。鷩（bì）冕七章，以华虫为首。华虫即鷩雉也。毳冕五章，以虎蜼为首。虎蜼毛浅。毳是乱毛，故以毳为名。此成周增损有虞氏之服制也。郑氏此言，皆有所据而云，大胜孔氏之说。盖孔氏之失有二，以"日月星辰，山龙华虫，作会宗彝"为句，而曰"五采成此画焉。宗庙彝樽，亦以山龙华虫为饰"。据此经云"予欲观古人之象"，而"以五采彰施于五色，作服汝明"结之于后，则是此言专为"作服"而云尔，岂于其中杂入宗庙之彝樽者哉，此其失一也。又曰："绨，葛之精者"。凡葛非可绣之物，自古未闻有以为裳。唐孔氏云：暑月则染缔为缋，而绣之以为祭服。岂暑月染葛为服，而冬月则弃而不用邪？此其失二也。而又以华虫为二物，以粉米为二物，其说考之制度，皆龃龉而不合，不若郑氏之说为善。"以五采彰施于五色作服，汝明"，郑氏曰：性曰采，施曰色，言以本性施于缯帛。盖绘以为衣，绣以为裳，皆杂施五采，以为五色。"汝明"者，汝当明其小大、尊卑之差等也。按《周礼·司服》云"公之服自衮冕而下，如孤之服；士之服自皮弁而下，如大夫之服。自天子至于卿士，其服皆有差等。上得兼下，下不得僭上。"以《周礼》观之，则知唐虞之制，亦必有尊卑差等于其间。"作服汝明"者，恐其乱于上下之分，故使之明尊卑等差，以示之也。夫自天子至于士，宗庙、宫室、车服、冕旒、器用，莫不有尊卑上下之差。此但言"作服"者，举其一，以包其余，若仲叔于奚，有功于卫，卫人赏之以邑。辞请曲县、繁缨以朝，许之。仲尼谓之曰：惜也，不如多与之邑。惟器与名不可以假人，君之所司也。名以出信，信以守器，器以藏礼，礼以行义，义以生利，利以平民政之大节也。若以假人，与人政也，政亡，则国家从之，不可止也已。舜使禹作服，以五采彰施于五色。"作服汝明"，其意盖亦谓如此而已。自先儒以来，观象以作服之等差，所绘所绣之物，虽有不同，而论其所以观象、作服者，则无有异义也。至王氏始谓日月星辰，山龙华虫，凡此德之属夫阳者，故在衣。而作绘宗彝、藻、火、粉米，凡此德之属夫阴者，故缔绣在裳。辨物则知善之为善。知善之为善，推而上之，可以至于天道，则圣人之能成矣。介甫尝有韩退之，诗曰：纷纷易尽百年身，举世无人识道真，力去陈言夸末俗，可怜无补费精神。王氏于经，其凿如此，则其无补费精神，盖又甚于韩退之矣。故杨龟山力辩其非。杨龟山既辨其非矣。而其说又曰：日月星辰，天象也。山，地之属也，服之所以体天地也。龙，华虫，天产也，故作绘而在上。宗彝形而在下者，藻、火、粉、米，地产也，黼、黻，人为也，故缔绣在下。此则流而入王氏之说而不自知，是皆目睫之论。

4.《尚书讲义》卷四

（宋）史浩撰

（归善斋按：见"臣作朕股肱耳目"）

5.《尚书详解》卷五

（宋）夏僎撰

予欲观古人之象。日月星辰，山龙华虫，作会宗彝。藻、火、粉米、黼、黻絺绣，以五采彰施于五色作服，汝明。

此舜又言臣作朕目之事也。《易》曰"黄帝、尧、舜，垂衣裳而天下治"，盖取诸乾坤，是上衣、下裳。制自黄帝，尧、舜特因之而已矣，故谓之"观古人之象"。盖谓上衣、下裳，十有二章，取象于物，古人为之已有成法。舜今欲观其所象之法，而作为盛服。故在禹，不可不为舜明其制度也。日月星，谓之三辰，取其照临也。山取其能兴云雨，龙取其变化无方。华虫，雉也，取其文昭著。宗彝，宗庙；彝，尊也，取其祀享。《周礼》六彝：有虎彝、蜼彝，则此宗彝，盖谓虎、蜼之状。蜼，音柚，兽名，似猴。《周礼》音垒，又蜼读为"蛇虺"之"虺"。藻，水草之有文者，取其有文。火，绣为"火"字也，取其炎上。郑氏乃谓：《考工记》言"火以圜（huán），则此火乃绣其形，圜如半环"。唐孔氏谓：今之服章，皆绣为"火"字，则孔说是也。粉米，米之白者也，取其洁白能养人。黼如斧形，取其能断。《考工记》云"白与黑"谓之黼。孙炎云：黼文如斧形，盖半白半黑，似斧刃白，而身黑也。黻，为两已相背，谓刺绣为两"已"字相背，欲以见善恶相背也。《考工记》云"黑与青"，谓之黻，盖以青黑线刺绣为两"已"字也。十二章，说者不同，大抵当以郑氏为据。其说，读"会"为"绘"，谓以五色画之也。读"絺"为"黹"，展几反。黹，紩也。紩，时栗反。紩以为绣也。十二章之服谓：日也，月也，星辰也，山也，龙也，华虫也，此六者，画以为绘，施之于衣也。宗彝也，藻也，火也，粉米也，黼也，黻也，此六者，紩以为绣，施之于裳也。此有虞氏之十二章也。至周，以日月星辰，画于旗。冕服，九章而已。登龙于山，登火于宗彝，其九章：初一曰龙，次二曰山，次三曰华虫，次四曰火，次五曰宗彝。此五者，绘之于衣。次六曰藻，次七曰粉米，次八曰黼，次九曰黻。此四者，绣之于裳。此周之九章也。衮冕九章，以龙为首。龙首卷然，故以衮为名。鷩冕七章，以华虫为首，华虫即鷩雉也，故以鷩为名。毳冕五章，以宗彝为首，盖为虎、蜼之状。虎蜼毛浅毳且乱，故以毳名。此成周增损有虞之服制也。郑氏此言，皆有据而云。若夫孔氏之说，则有二失矣。以"日月星辰，山龙华虫，作会宗彝"为一句，谓以五来成服，虽宗庙彝尊，亦以山龙华虫为饰。据此经云："予欲观古人之象"，而"以五采彰施于五色作服，汝明"结之于后，则是此言，盖谓作服而云尔，岂于中杂入宗庙之彝尊者哉。其失一也。又以绤为葛之精者，葛非可绣之物，自古未闻有以为裳者。合孔氏知其说不通，乃附会为说，曰暑月则染绤为之。夫绤绣所以为祭服，岂暑月则染葛为服，而冬月则去乎？其失二也。而又以粉米为二物，其说与制度皆龃龉而不通，故不若郑氏之说为善也。上既言"作会"为衣，"绤绣"为裳，下又言"五采彰施于五色作服"者。盖所言特其所象之物。然作服须用缯采。有缯采然后绘画、绤绣其所象之物于上，故此必言"以五采彰施于五色作服"，谓如上所象十二章之物，当先用五等采色于缯采上。明施以五色，或绘画或绣刺，皆以五色施之也。此十二章天子备焉。诸侯则降于天子，大夫则降于诸侯，士又降于大夫，上得兼下，下不得僭上。分有尊卑，故服有隆杀。此任作服者，所以不可不明其差等。孔氏谓：天子服日月而下，诸侯服自龙以下。士服藻火二章，大夫加粉米四章。郑氏又谓，十二章天子备有，公"山、龙"而下，侯伯"华虫"而下，子男"藻、火"而下，卿大夫"粉、米"而下。二说虽不同，要之，皆以意度之，经文不详，无所考据。姑存之，未敢必信也。

6.《增修东莱书说》卷四

（宋）吕祖谦撰，时澜增修

（归善斋按：见"臣作朕股肱耳目"）

7.《尚书说》卷一

（宋）黄度撰

（归善斋按：见"臣哉邻哉"）

8.《洁斋家塾书钞》卷三

（宋）袁燮撰

（归善斋按：见"臣作朕股肱耳目"）

9.《书经集传》卷一

（宋）蔡沈撰

（归善斋按：见"臣作朕股肱耳目"）

10.《尚书精义》卷八

（宋）黄伦撰

（归善斋按：见"臣作朕股肱耳目"）

11.《尚书详解》卷五

（宋）陈经撰

（归善斋按：见"臣作朕股肱耳目"）

12.《融堂书解》卷二

（宋）钱时撰

（归善斋按：未解）

13.《尚书要义》卷五

（宋）魏了翁撰

八、孔传十二章之制。

"予欲观古人之象"，欲观示法象之服制。"日月星辰，山龙华虫"，日、月、星，为三辰；华象草华；华虫，雉也。画三辰、山、龙、华虫于衣服、旌旗。"作会宗彝"，会，五采也，以五采成此画焉。宗庙彝樽，亦以山、龙、华虫为饰。"藻、火、粉、米、黼、黻絺绣"，藻，水草有文者；火，为火字；粉，若粟冰；米，若聚米；黼，若斧形；黻为两已相背。葛之精者，曰絺；五色备，曰绣。"以五采彰施于五色作服，汝明"，天子服"日月"而下，诸侯自"龙衮"而下至黼黻，士服藻火，大夫加粉米。上得兼下，下不得僭上，以五采明施于五色，作尊卑之服，汝明制之。

九、舜欲观古象，则以前固具采章。

《易》系辞云"黄帝、尧、舜垂衣裳而天下治"，象物制服，盖因黄帝以还，未知何代，而具采章。舜言己欲观古，知在舜之前耳。

14.《书集传或问》卷上

（宋）陈大猷撰

（归善斋按：未解）

15.《尚书详解》卷二

（宋）胡士行撰

予欲观古人（黄帝、尧、舜垂衣裳，而天下治）之象（衣裳绘绣，以物象德），日、月、星辰（三者象其照临）、山（象其静而能兴云致雨）、龙（象其变化无方）、华虫（雉，象其文），作会（绘上衣，六章，以采色绘画）宗彝（宗庙尊彝，为虎、蜼之状，亦以山、龙、华虫为饰），藻（水草，象其有文）、火（象其炎上成物）、粉（象其洁白）、米（象其养人）、黼（白黑相半，象其能断）、黻（亚，两已相配，象其辨善恶，以青白线刺）绘（刺）绣（下裳六章以绨绣之），以（用）五采（五等采色）彰（明）施（用）于（于绘上）五色（作五色绘绣）作服，汝明（视）。

虞五服：天子十二章，上衣六，日、月、星辰、山、龙、华虫；下裳六，藻、火、粉、米、黼、黻。孔氏说：诸侯八章，龙至黻；卿六章，藻至黻；大夫四章，藻、火、粉、米；士二章，藻、火。郑氏说：公山龙而下，侯伯华虫而下，子男藻火而下，卿大夫粉而下。

周五服：周以日、月、星辰，画于旗。冕服九章而已。公九章：衮冕，以龙名，龙首卷然。上衣五，龙、山、华虫、火、宗彝；下裳四，藻、粉米、黼、黻。侯伯七章：鷩冕，以华虫名，鷩雉名也。上衣三，华虫、火、宗彝；下裳四，藻、粉米、黼、黻。子男五章：毳冕，以宗彝

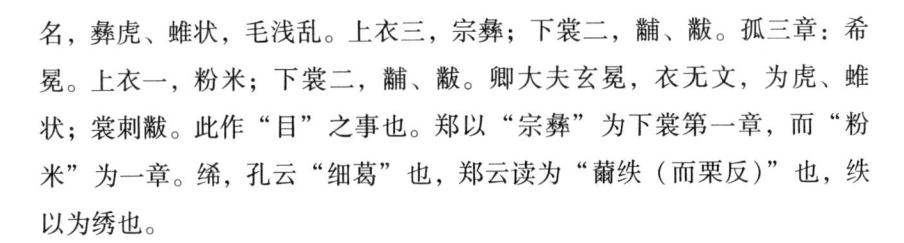

名，彝虎、蜼状，毛浅乱。上衣三，宗彝；下裳二，黼、黻。孤三章：希冕。上衣一，粉米；下裳二，黼、黻。卿大夫玄冕，衣无文，为虎、蜼状；裳刺黻。此作"目"之事也。郑以"宗彝"为下裳第一章，而"粉米"为一章。绨，孔云"细葛"也，郑云读为"蘴纻（而栗反）"也，纻以为绣也。

16.《书纂言》卷一

（元）吴澄撰

（归善斋按：见"臣作朕股肱耳目"）

17.《书集传纂疏》卷一

（元）陈栎撰

（归善斋按：见"臣作朕股肱耳目"）

18.《读书丛说》卷三

（元）许谦撰

（归善斋按：未解）

19.《书传辑录纂注》卷一

（元）董鼎撰

（归善斋按：见"臣作朕股肱耳目"）

20.《尚书句解》卷二

（元）朱祖义撰

予欲观古人之象（我欲观古人取象于物以作服。《易》曰"黄帝、尧、舜垂衣裳而天下治"，盖取诸乾坤，是上衣下裳，制自黄帝，尧舜因之）。

21.《尚书日记》卷四

（明）王樵撰

（归善斋按：见"臣作朕股肱耳目"）

22.《日讲书经解义》卷二

（清）库勒纳等撰

（归善斋按：见"臣作朕股肱耳目"）

《尚书通考》卷五

（元）黄镇成撰

予欲观古人之象，日月星辰，山龙华虫，作会宗彝，藻、火、粉、米、黼、黻缔绣。

蔡氏曰：《易曰》"黄帝、尧、舜垂衣裳而天下治"，盖取诸乾坤，则上衣下裳之制，创自黄帝，而成于尧舜也。

（归善斋按，图略）

《周礼·司服》注云：王者相变，至周以日、月、星辰书于旌旗，所谓三辰。旌旗昭其明也。冕服九章，登龙于山，登火于宗彝，尊其神明也。

（归善斋按，图略）

凡冕服皆玄衣纁裳。

《周礼·司服》王祀昊天上帝，则服大裘而冕，祀五帝亦如之。享先王则衮冕，享先公飨射则鷩冕，祀四望山川则毳冕，祭社稷五祀则缔冕，祭群小祀则玄冕。又公之服自衮冕而下，侯伯之服自鷩冕而下，子男之服自毳冕而下，孤之服自希冕而下，卿大夫之服自玄冕而下。注云：自公之衮冕至卿大夫之玄冕，皆其朝聘天子及助祭之服，诸侯非二王后。其余皆玄冕，而祭于己。《杂记》曰大夫，冕而祭于公，弁而祭于己；士，弁而祭于公，冠而祭于己。

十二章服。陈祥道曰：古之服章十有二。而日、月、星辰，山、龙、华虫绘于衣；宗彝、藻、火、粉米、黼、黻绣于裳，则星，五星也，辰十二次也。华虫，雉也。宗彝，虎彝、蜼彝也。粉米，粉其米也。黼，白黑文也。黻，黑青文也。盖日、月、星辰在天成象者也；山、龙、华虫、虎、蜼、藻、火、粉米、黼、黻在地成形者也。在天成象者，道之运乎上；在地成形者道之散乎下。道固始终于东北，故山、龙而降，始山、终黻，莫不有序。何则山居东北？冬春交也。龙，春也；华虫，夏也；虎秋也；蜼冬也。周而复始，则藻，春也；火，夏也；粉米，中央也；黼，秋冬交也；黻，冬春交也。龙与华虫，阳之阳也，故绘而在衣；虎与蜼，阳之阴也，故绣而在裳。然则，古者合三辰以在服，备十二章以则天数，故章与四时相顺。后世判三辰以在旗，而服止九章，以法阳数，故章与四时相变。郑康成谓，周服九章，登龙于山，登火于宗彝，以尊其神明，理或然也。观《周礼》称"衮冕"，《礼记》称"天子龙衮"，又曰"龙卷以祭"，上服言"龙衮"不言"山"，则"升龙于山"可知矣。《司服》五章之服曰氅冕，氅，毛物。毛物，虎蜼也。五章言氅冕，而不言藻，则"升火于宗彝"可知也。升春物于冬春交之上，升夏物于春之前，则章与四时相变可知也。《礼记》曰"王被衮以象天"，则行天之物，变化不测，天道之象也。《左传》臧僖伯曰：三辰旂旗，昭其明也；火龙黼黻，昭其文也。子太叔曰：为九文、六采、五章，以奉五色。夫僖伯言"服"，止于火；龙太叔言"色"，止于九文，则周之冕服，止于九章，而无日、月、星辰明矣。先儒谓，华非虫，粉非米，宗彝有山龙华虫之饰，而服无宗彝之文，山龙至华虫，尊者在上；藻火至黼黻，尊者在下，皆臆论也。五色备为绣，葛之精者为絺。孔颖达申安国之传，谓古者尚质，絺绘而绣之，以为祭服，后代无用絺者，此说是也。

日月。古者日、月、星辰画于衣，至周登三辰于旗。

星辰。《周礼·大宗伯》"以实柴祀日月星辰"，"保章氏掌天星，以志星辰、日、月之变动"。郑氏谓，星，五纬；辰，日月所会之次。孔安国释《书》历象日月星辰，谓星，四方中星；辰，日、月所会。郑氏于《书》亦以星辰为一。孔颖达曰"敬授人时"，无取五纬之义。郑氏观文为说也。然则，衣之所画，盖五星与十二次也。若旂则画日、月、北斗七星而已。故《礼记》言"招摇在上"。《穆天子传》言"天子葬盛姬，建日、月、七星"。

山。古者衣袚尊圭，皆有山饰。《考工记》曰"山以章"，荀卿曰"天子山冕，诸侯玄冠"，《书》大传曰"山、龙青也"。

龙。古者衣袚，旂旐（《仪礼》有"龙旐"）、簨虡、盾辂、勺帷，皆饰以龙。《周礼》曰"交龙为旂"，《觐礼》曰"升龙降龙"，《尔雅》曰

"升白龙于椫",《曲礼》曰"左青龙",《书》大传曰"山,龙青也",龙有升降,白者升于椫,则青者降矣。白阴而升,青阳而降,此交泰之道也。许慎曰"卷龙绣于下幅,一龙蟠阿上向"。然龙绘于上幅,非绣于下幅,慎之说误矣。

华虫,翟也,翟不特于王服,而后之车服亦有焉。所谓祎翟、揄翟、阙翟、重翟、厌翟是也。不特后之车服,而舞与丧礼亦用焉,《书》与《周礼》言"羽舞",《诗》言"秉翟",《大记》言"揄绞"是也。孔安国、顾氏以华虫为二章,非是。

宗彝。《书》曰"班宗彝,作分器",《周礼》"大约剂书于宗彝",则宗彝,宗庙之彝也。先王致孝,有尊有彝,而衣特以彝为章者,以虎、蜼在焉。故也《书》谓之"宗彝",《周礼》谓之"氀冕"。康成、颖达之徒谓氀画虎、蜼,因号虎、蜼为宗彝。其实虎、蜼而已。此说非也。《书》大传曰"宗彝白盖",宗彝白,而虎、蜼各象其色耳。郑司农以氀为"斸",孔安国谓山、龙、华虫为饰,皆臆论也。

藻。水草也,施于衣与帨而已。冕旒与玉瑬亦曰藻,皆取其文而且洁也。《书》大传曰"藻火赤",郑氏释"巾车",藻,水草,苍色。今藻色兼苍、赤。伏、郑各举其一偏耳。

火。《左传》曰"火、龙、黼、黻,昭其文也",《大记》曰"火三列",《明堂位》曰"殷火、周龙",章则火之所施多矣。《考工记》曰"火以圜",郑司农曰"圜形似火",郑康成曰"形如半环"是也。大传曰"火赤",孔安国谓"火"为"火"字,其说与《考工记》不合。

粉米。郑氏以"粉米"为一章,则粉其米也。粉其米,散利养人之义也。孔安国曰"粉若粟冰,米若聚米",顾氏曰"粉取洁白,米取能养",然粉亦米,为之一物,而为二章,与章不类,其说非也。

黼。《考工记》曰"白与黑谓之黼"。黼,即斧也,刃白而銎黑,有斲断之义。故袭裳、席巾、宸颖、禅之领、冒之杀,覆椁之翼,饰棺用焉。

黻。《考工记》曰"黑与青谓之黻",施于衣与荒翣(见大记),其文两已相戾。盖左青而右黑,此相辨之义也。黻亦作"韍芾",而"韍"亦作"黻"。《左传》曰"火龙黼黻,昭其文也",又曰"衮冕黻珽,昭其度也",则"黼斑"之"黼"乃"黻"也。《白虎通》曰"黼璧,君臣可否相济,见善改恶",贾公彦曰"黼取臣民背恶向善"。

《书蔡氏传旁通》卷一下

(元)陈师凯撰

(归善斋按:见"臣作朕股肱耳目")

《尚书七篇解义》卷一

(清)李光地撰

(归善斋按:见"臣作朕股肱耳目")

日月星辰,山龙华虫

1. 《尚书注疏》卷四

(汉)孔氏传,(唐)陆德明音义,孔颖达疏

日月星辰,山龙华虫。

传:日月星,为三辰。华象草;华虫,雉也。画三辰山龙华虫于衣服旌旗。

音义:虫,直弓反。

疏:其日月星辰,山龙华虫。

桓二年《左传》云:三辰旂旗昭其明也。三辰,谓此日月星也。故日月星为三辰,辰即时也。三者皆是示人时节,故并称辰焉。传言此者以辰在星下,总上三事为辰,辰非别为物也。《周礼·大宗伯》云:实柴祀日月星辰。郑玄云:星,谓五纬也;辰,谓日月所会十二次也。星辰异者,彼郑以遍祭天之诸神十二次,亦当祭之,故令辰与星别。此云:画之于衣,日月合宿之辰,非有形容可画。且《左传》云:三辰,即日月星也。《周礼》:司常掌九旗之物,惟日月为常,不言画星,盖太常之上,又画星也。《穆天子传》称天子葬盛姬,画日月七星,盖画北斗也。草木虽皆有华,而草华为

美，故云：华象草。华虫，雉也。《周礼·司服》有鷩（bì）冕，鷩则雉焉。雉五色象草华也。《月令》五时皆云其虫，虫是鸟兽之总名也。下云"作服汝明"，知画三辰、山龙华虫于衣服也。又言旌旗者，《左传》言"三辰旂旗"，《周礼·司常》云"日月为常"。三者，礼有沿革，后因于前，故知舜时，三辰亦画之于旌旗也。下传云"天子服日月而下"，则三辰画之于衣服，又画于旌旗也。《周礼·司服》云：享先王则衮冕。衮者，卷也，言龙首卷。然以衮为名，则所画自龙已下，无日月星也。《郊特牲》云：祭之日，王被衮冕，以象天也。又曰：龙章而设日月，以象天也。郑玄云：谓有日月星辰之章，设日月画于衣服旌旗也。据此《记》文，衮冕之服，亦画日月。郑注《礼记》言：《郊特牲》所云谓鲁礼也。要其文，称王被服衮冕，非鲁事也，或当二代，天子衣上亦画三辰，自龙章为首，而使衮统名耳。礼文残缺，不可得详。但如孔解，舜时天子之衣画日月耳，郑玄亦以为然。王肃以为，舜时，三辰即画于旌旗，不在衣也。天子山、龙、华虫耳。（另见"藻、火、粉、米、黼、黻絺绣"）

2.《书传》卷四

（宋）苏轼撰

（归善斋按：见"予欲观古人之象"）

3.《尚书全解》卷六

（宋）林之奇撰

（归善斋按：见"予欲观古人之象"）

4.《尚书讲义》卷四

（宋）史浩撰

（归善斋按：见"臣作朕股肱耳目"）

5.《尚书详解》卷五

（宋）夏僎撰

（归善斋按：见"予欲观古人之象"）

6.《增修东莱书说》卷四

（宋）吕祖谦撰，时澜增修
（归善斋按：见"臣作朕股肱耳目"）

7.《尚书说》卷一

（宋）黄度撰
（归善斋按：见"臣哉邻哉"）

8.《洁斋家塾书钞》卷三

（宋）袁燮撰
（归善斋按：见"臣作朕股肱耳目"）

9.《书经集传》卷一

（宋）蔡沈撰
（归善斋按：见"臣作朕股肱耳目"）

10.《尚书精义》卷八

（宋）黄伦撰
（归善斋按：见"臣作朕股肱耳目"）

11.《尚书详解》卷五

（宋）陈经撰
（归善斋按：见"臣作朕股肱耳目"）

12.《融堂书解》卷二

（宋）钱时撰
（归善斋按：未解）

13.《尚书要义》卷五

（宋）魏了翁撰

十、三辰画于衣服，又画于旌旗。

桓二年《左传》云"三辰旂旗，昭其明也"，三辰，谓此日、月、星也，故日、月、星为三辰。辰，即时也。三者皆是示人时节，故并称辰焉。传言此者，以辰在星，下总上三事为辰，辰非别为物也。《周礼·大宗伯》云"实柴祀日月星辰"，郑玄云"星谓五纬也，辰谓日月所会十二次也"。星辰异者，彼郑以遍祭天之诸神十二次，亦当祭之，故令辰与星别。此云画之于衣。日月合宿之辰，非有形容可画，且《左传》云"三辰即日月星也"，《周礼》司常掌九旗之物，惟"日、月"为常，不言画星。盖大常之上，又画星也。《穆天子传》称"天子葬盛姬，画日月七星"，盖画北斗也。草木虽皆有华，而草华为美，故云华象草。华虫，雉也。《周礼·司服》有鷩冕，鷩则雉焉。雉五色，象草华也。《月令》五时皆云其虫，虫是鸟兽之总名也。下云"作服汝明"，知画三辰、山、龙、华虫于衣服也。又言"旌旗"者，《左传》云"三辰旂旗"，《周礼·司常》云"日月为常"，王者礼有沿革，后因于前，故知舜时，三辰亦画之旌旗也。下传云"天子服日月而下"，则三辰画之于衣服，又画于旌旗也。《周礼·司服》云"享先王则衮冕"，衮者，卷也，言龙首卷，然以衮为名，则所画自龙以下，无日月星也。《郊特牲》云"祭之日，王被衮冕以象天也"，又曰"龙章而设日月，以象天也"。郑玄云：谓有日月星辰之章，设日月画衣服旌旗也。据此《记》文，衮冕之服，亦画日月。郑注《礼记》，言《郊特牲》所云谓鲁礼也。要其文，称王被服衮冕，非鲁事也。或当三代，天子衣上亦画三辰，自龙章为首，而使衮统名耳。礼文残缺，不可得详，但如孔解，舜时天子之衣画日月耳，郑玄亦以为然。王肃以为，舜时三辰即画于旌旗，不在衣也。天子山、龙、华虫耳。

（归善斋按：另见"予欲观古人之象"）

14.《书集传或问》卷上

(宋)陈大猷撰

(归善斋按：未解)

15.《尚书详解》卷二

(宋)胡士行撰

(归善斋按：见"予欲观古人之象")

16.《书纂言》卷一

(元)吴澄撰

(归善斋按：见"臣作朕股肱耳目")

17.《书集传纂疏》卷一

(元)陈栎撰

(归善斋按：见"臣作朕股肱耳目")

18.《读书丛说》卷三

(元)许谦撰

(归善斋按：未解)

19.《书传辑录纂注》卷一

(元)董鼎撰

(归善斋按：见"臣作朕股肱耳目")

20.《尚书句解》卷二

(元)朱祖义撰

日月星辰(此下即十有二章，取象于物也，日、月、星辰，谓之三辰，取其明)，山(取其静)、龙(取其变)、华虫(雉也，取其文)作会(读为绘，谓以五色绘画前六者于衣)。

21.《尚书日记》卷四

（明）王樵撰

（归善斋按：见"臣作朕股肱耳目"）

21.《尚书日记》卷四

（明）王樵撰

（归善斋按：见"臣作朕股肱耳目"）

22.《日讲书经解义》卷二

（清）库勒纳等撰

（归善斋按：见"臣作朕股肱耳目"）

《尚书通考》卷五

（元）黄镇成撰

（归善斋按：见"予欲观古人之象"）

《尚书埤传》卷三

（清）朱鹤龄撰

日月（至）五色。

在治忽，以出纳五言。

孔传：天子服日月而下，诸侯自山龙而下至黼、黻。士服藻、火，大夫加粉米。上得兼下，下不得僭上（天子、诸侯下黼、黻，大夫粉米兼服藻、火，是上得兼下也。士不得服粉米，大夫不得服黼、黻，是下不得僭上也）。疏云：自日、月至黼、黻，凡十二章，天子以饰祭服。画者为绘，刺者为绣，此绣与绘，各有六。衣用绘，裳用绣。至周而变之，以三辰为旂旗（日、月合宿之辰，非有形容可画，故传以日、月、星为三辰，此星辰与他处异）。《穆天子传》称，天子葬盛姬，画日、月、七星，盖画北斗也），谓龙为衮，宗彝为毳，或损益上下，更其等差。又云：衣章日、月，尊而在上；裳章黼、黻，尊而在下。衣在上为阳，阳统于上，故所尊在

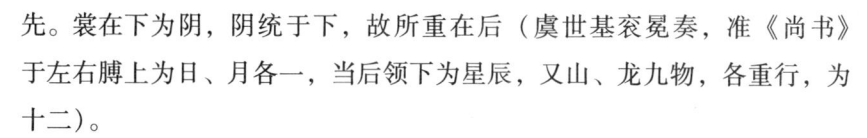

先。裳在下为阴，阴统于下，故所重在后（虞世基衮冕奏，准《尚书》于左右膊上为日、月各一，当后领下为星辰，又山、龙九物，各重行，为十二）。

邹季友曰：宗彝，彝上尊也。盛郁鬯曰彝。《周礼》宗庙彝器，有虎彝、蜼（鲁水反）彝，画虎、蜼于彝。故蔡传以宗彝为虎、蜼也（孔传止言宗庙彝尊。虎、蜼，用郑说）。《尔雅》注蜼以猕猴而大，黄黑色，尾长数尺，似獭，尾末有岐鼻，露向上，雨即自悬于树，以尾塞鼻，或以两指。蔡云，取其孝，指宗庙祭器而言，非谓虎、蜼也。《周礼·司尊彝》疏云，禘祫用虎彝、蜼彝。又《司服》疏云，虎取其严勐，蜼取其有智。罗端良曰风云雷雨亦天象也。而有难于象者，故借四物表见之。风以虎，云以龙，雷以雉（雷动雉始鸣），雨以蜼也。

《考工记》：白与黑谓之黼。《释器》：斧，谓之黼。孙炎云：黼文如斧形，盖半白半黑，似斧，刃白而身黑也。又《考工记》，黑与青谓之黻。孔传：黻为两已相背，谓刺绣为两已字相背，以青黑线绣也。杨旭曰：古黼黻，作囗，囗形囗，象斧，取其断。囗象两弓相背，取其辨。集传：两弓相背，俗讹作"己"，读为"戊己"之"己"，非是，弓不成字，无音可读。

绣，郑氏读为"䋹"（诸矢切，音矢），《尔雅》：䋹，紩（音秩）也。郭璞曰：今人呼缝紩为䋹。《说文》云：箴缕所紩衣，从囗䒑省，象刺文也。《考工记》：五采备谓之绣。

郑玄曰：性曰采，施曰色。陈大猷曰：五采，五种华采之物，蓝、丹、砂、粉、墨之类是也。施于缯帛，为青、黄、赤、白、黑五色。

黄度曰：日、月、星辰，云气，乾之施化也。乾，阳物也。阳轻清，故画于衣。虎、蜼、藻、火、白米，品物流行，坤之效法也。坤，阴物也。黼、黻，色白黑兼青，亦阴也。阴重浊，故绣于裳。《易》曰：黄帝、尧、舜垂衣裳而天下治，盖取诸乾坤谓此也。

林之奇曰：《周礼》无十二章之文。说者谓周登三辰于旂，不过据左氏"三辰旂旗"语（孔疏云：日、月、星为三辰，辰即时也。三者皆示人时节）。左氏谓旂有三辰，何尝谓衣无三辰耶？岂有王者象三辰之明？历代皆饰于衣，周人独饰于旂者。《郊特牲》曰"祭之日王被衮以象天"，郑氏注谓，有日、月、星辰之章。此鲁礼也。夫被衮以象天，周制实然，何鲁之足云。岂有周制止九章，鲁乃加以十二章之礼乎？

孔疏：韶乐尽善尽美，有理无忽，并言忽者，韶乐自美耳。乐，采人歌为曲，若其怠忽，则音辞亦有焉，故常使听察之也。

《朱子语录》：五言，东莱释为"君、臣、民、事、物之言"。君、臣、民、事、物，是五声所属，如《乐记》所云，宫乱则荒，其君骄；商乱则陂，其官坏；角乱则忧，其民怨；徵乱则哀，其事勤；羽乱则危，其财匮。宫属君最大，羽属物最小。若商放缓，便是宫声。琴家最取《广陵操》。以某观之，其声最不和平，有臣凌君之意。"出纳五言"，只是审音知政之说。叶梦得曰：五言，即五声，"诗言志，歌永言，声依永，律和声"，虽言也，播于律之所和，则为五声；虽声也，本于诗之所讽，则为五言。陈大猷曰：采诗而纳之于上，如"命太师陈诗，以观民风"，与"工以纳言"是也。出诗而播之乐章，如《关雎》"用之乡人，用之邦国"与"时而飏之"是也。

《书蔡氏传旁通》卷一下

（元）陈师凯撰

（归善斋按：见"臣作朕股肱耳目"）

《尚书七篇解义》卷一

（清）李光地撰

（归善斋按：见"臣作朕股肱耳目"）

作 会 宗 彝

1. 《尚书注疏》卷四

（汉）孔氏传，（唐）陆德明音义，孔颖达疏

作会宗彝。

传：会，五采也。以五采成此画焉。宗庙彝樽，亦以山龙华虫为饰。

音义：会，胡对反，马、郑作绘。彝，音夷，马同。郑云：宗彝，虎也。

疏：作会，合五采而画之。又画山龙华虫于宗庙彝樽。

会者，合聚之名。下云以五采彰施于五色作服，知"会"谓五色也。礼，衣画而裳绣。五色备谓之绣，知画亦备五色，故云以五采成此画焉，谓画之于衣。宗彝，文承作会之下，故云宗庙彝樽，亦以山龙华虫为饰。知不以日月星为饰者，孔以三辰之尊，不宜施于器物也。《周礼》有山罍龙勺，鸡彝鸟彝，以类言之，知彝樽以山龙华虫为饰，亦画之以为饰也。《周礼·彝器》所云牺象鸡鸟者，郑玄皆为画饰，与孔意同也。《周礼·彝器》无山龙华虫为饰者，帝王革易，所尚不同，故有异也。（另见"藻、火、粉、米、黼、黻绨绣"）

2.《书传》卷四

（宋）苏轼撰

（归善斋按：见"予欲观古人之象"）

3.《尚书全解》卷六

（宋）林之奇撰

（归善斋按：见"予欲观古人之象"）

4.《尚书讲义》卷四

（宋）史浩撰

（归善斋按：见"臣作朕股肱耳目"）

5.《尚书详解》卷五

（宋）夏僎撰

（归善斋按：见"予欲观古人之象"）

6. 《增修东莱书说》卷四

（宋）吕祖谦撰，时澜增修
（归善斋按：见"臣作朕股肱耳目"）

7. 《尚书说》卷一

（宋）黄度撰
（归善斋按：见"臣哉邻哉"）

8. 《洁斋家塾书钞》卷三

（宋）袁燮撰
（归善斋按：见"臣作朕股肱耳目"）

9. 《书经集传》卷一

（宋）蔡沈撰
（归善斋按：见"臣作朕股肱耳目"）

10. 《尚书精义》卷八

（宋）黄伦撰
（归善斋按：见"臣作朕股肱耳目"）

11. 《尚书详解》卷五

（宋）陈经撰
（归善斋按：见"臣作朕股肱耳目"）

12. 《融堂书解》卷二

（宋）钱时撰
（归善斋按：未解）

13. 《尚书要义》卷五

（宋）魏了翁撰

十一、宗彝亦饰山、龙、华虫，不以日、月、星。

会者，合聚之名。下云"以五采彰施于五色作服"，知"会"谓五色也。礼，衣画而裳绣。五色备谓之绣，知画亦备五色，故云以五采成此画焉，谓画之于衣。宗彝，文承作会之下，故云宗庙彝樽，亦以山、龙、华虫为饰，知不以日、月、星为饰者，孔以三辰之尊，不宜施于器物也。《周礼》有山罍龙勺，鸡彝鸟彝，以类言之，知彝樽以山、龙、华虫为饰，亦画之以为饰也。《周礼·彝器》所云"牺象鸡鸟"者，郑玄皆为画饰，与孔意同也。《周礼·彝器》无山、龙、华虫为饰者，帝王革易，所尚不同，故有异也。

（归善斋按：另见"予欲观古人之象"）

14. 《书集传或问》卷上

（宋）陈大猷撰

（归善斋按：未解）

15. 《尚书详解》卷二

（宋）胡士行撰

（归善斋按：见"予欲观古人之象"）

16. 《书纂言》卷一

（元）吴澄撰

（归善斋按：见"臣作朕股肱耳目"）

17. 《书集传纂疏》卷一

（元）陈栎撰

（归善斋按：见"臣作朕股肱耳目"）

18.《读书丛说》卷三

（元）许谦撰

"宗彝"，宗庙之尊彝也。有六彝，虎、蜼各居其一。虎取其义，蜼取其智。会彝于衣，则取其孝也。

19.《书传辑录纂注》卷一

（元）董鼎撰
（归善斋按：见"臣作朕股肱耳目"）

20.《尚书句解》卷二

（元）朱祖义撰
宗彝（宗庙彝樽，取其孝）。

21.《尚书日记》卷四

（明）王樵撰
（归善斋按：见"臣作朕股肱耳目"）

22.《日讲书经解义》卷二

（清）库勒纳等撰
（归善斋按：见"臣作朕股肱耳目"）

《尚书通考》卷五

（元）黄镇成撰
（归善斋按：见"予欲观古人之象"）

《书蔡氏传旁通》卷一下

（元）陈师凯撰
宗彝，虎、蜼，取其孝也。
《尔雅》云：蜼，仰鼻而长尾。郭璞云：蜼似猕猴而大，黄黑色，尾长数尺，似獭尾，末有岐鼻，露向上，雨即自悬于树，以尾塞鼻，或以两指。江东人亦取养之，为物捷健。蜼，音诔，《广韵》音，余救以季二反。《周礼》注，读如"蛇虺"之"虺"，又读如"公用射隼"之"隼"。《释文》又音以水反。《周礼注疏》云：宗彝者，据周之彝尊，有虎彝、蜼彝，因于前代，则虞氏有虎彝、蜼彝可知。若然，宗彝是宗庙彝，非虫兽之号，而言宗彝者，以虎、蜼画于宗彝，则因号虎蜼为宗彝，其实是虎蜼也。但虎蜼同在于彝，故此，亦并为一章也。虎取其严勐，蜼取其有智。以其雨则以尾塞鼻，是其智也。愚按，礼疏谓虎、蜼取其严勐与智，而蔡传云取其孝者，盖以虎彝、蜼彝为四时享祼之器，不与诸尊彝同，孝思之所在也。

《尚书埤传》卷三

（清）朱鹤龄撰

（归善斋按：见"日月星辰，山龙华虫"）

《书蔡氏传旁通》卷一下

（元）陈师凯撰

（归善斋按：见"臣作朕股肱耳目"）

《尚书七篇解义》卷一

（清）李光地撰

（归善斋按：见"臣作朕股肱耳目"）

藻、火、粉、米、黼、黻絺绣

1. 《尚书注疏》卷四

（汉）孔氏传，（唐）陆德明音义，孔颖达疏

藻、火、粉、米、黼、黻絺绣。

1015

传：藻，水草有文者。火，为火字。粉，若粟冰。米，若聚米。黼（fǔ），若斧形。黻（fú），为两己相背。葛之精者曰绨（chī）。五色备曰绣。

音义：藻音早，本又作薻。粉米，《说文》作黺【黹米】，徐本作（籹），音米。黼，音甫，白与黑谓之黼。黻，音弗，黑与青谓之黻。绨，徐敕私反，又敕其反，马同，郑陟里反，刺也。绣，音秀。背，音佩。

疏：其藻、火、粉、米、黼、黻于绨葛。

《诗》云"鱼在在藻"，是藻为水草。草类多矣，独取此草者，谓此草有文故也。火为火字，谓刺绣为"火"字也。《考工记》云：火以圜。郑司农云：谓圜形似火也。郑玄云：形如半环，然《记》是后人所作，何必能得其真。今之服章，绣为"火"字者，如孔所说也。粉若粟冰者，粉之在粟，其状如冰。米若聚米者，刺绣为文，类聚米形也。黼，若斧形，《考工记》云：白与黑谓之黼。《释器》云：斧谓之黼。孙炎云：黼文如斧形，盖半白半黑似斧，刃白而身黑。黻谓两己相背，谓刺绣为"己"字，两己字相背也。《考工记》云：黑与青谓之黻，刺绣为两己字，以青黑线绣也。《诗·葛覃》云"为绨为绤（xì）"，是绨用葛也。《玉藻》云：浴用二巾，上绨下绤。《曲礼》云：为天子削瓜者副之，巾以绨。为国君者华之，巾以绤，皆以绨贵而绤贱，是绨精而绤粗。故葛之精者曰绨，五色备谓之绣，《考工记》文也。计此所陈，皆述祭服。祭服玄纁为之。后代无用绨者，盖于时仍质，暑月染绨为纁，而绣之以为祭服。孔以华象草，华虫雉，则合"华虫"为一。《周礼》郑玄注亦然。则以日、月、星辰、山、龙、华虫六章，画于衣也；藻、火、粉、米、黼、黻六章，绣于裳也。天之大，数不过十二，故王者制作，皆以十二象天也。顾氏取先儒等说，以为日、月、星取其照临，山取能兴云雨，龙取变化无方，华取文章，雉取耿介。顾氏虽以华虫为二，其取象则同。又云：藻取有文，火取炎上，粉取洁白，米取能养，黼取能断，黻取善恶相背。郑玄云：会，读为绘；宗彝，谓宗庙之郁鬯（chàng），樽也。故虞夏以上，盖取虎彝、蜼彝而已。粉米，白米也。绨读为黹。黹，紩也。自日月至黼黻，凡十二章。天子以饰祭服。凡画者为绘，刺者为绣。此绣与绘各有六，衣用绘，裳用绣。至周而变之，以三辰为旂旗，谓龙为衮，宗彝为毳，或损益上下，更其等差。郑意以华虫为一，粉米为一，加宗彝谓虎蜼也。《周礼》宗庙彝器有虎彝、蜼彝，故以宗彝谓虎蜼也。此经所云凡十二章：日也，月也，星也，山也，龙也，华虫也，六者画以作绘，施于衣也。宗彝也，藻也，火也，粉米也，黼也，黻也，此六者，絺以为绣，施之于裳也。郑玄云：至周而变易之，损益上下，更其等差。《周礼·司服》之注具引此文，乃云：此古天子冕服十二章也。王者相变，至周而以日月星画于旌旗。冕服九章，登龙于山，登火于宗彝，尊其神明也。九章：初一曰龙，次二曰山，次三曰华虫，次四曰火，次五曰宗彝，皆画以为缋；次六曰藻，次七曰粉米，次八曰黼，次九曰黻，以絺为绣，则衮之。衣五章，裳四章，凡九也。鷩画以雉，谓华虫也。其衣三章，裳四章，凡七也。毳画虎蜼，谓宗彝也。其衣三章，裳二章，凡五也。是郑以冕服之名，皆取章首为义。衮冕九章，以龙为首，龙首卷然，故以衮为名。鷩冕七章，华虫为首，华虫即鷩雉也。毳冕五章，虎蜼为首，虎蜼毛浅，毳是乱毛，故以毳为名。如郑此解，配文甚便，于絺绣之义，总为消帖。但解宗彝为虎、蜼，取理太回。未知所说，谁得经旨。此言"作服汝明"，故传辩其等差。天子服日月而下十二章；诸侯自龙衮而下至黼、黻八章。再言"而下"，明天子诸侯，皆至黼、黻也。士服藻、火二章；大夫加粉米，四章。孔注上篇五服，谓天、诸侯、卿、大夫、士，则卿与大夫不同，当加之以黼、黻为六章。孔略而不言，孔意盖以《周礼》制诸侯有三等之服。此诸侯同八章者，上古朴质，诸侯俱南面之尊，故合三为一等。且《礼》诸侯多同为一等，故《杂记》云：天子九虞，诸侯七虞。《左传》云：天子七月而葬，诸侯五月而葬是也。孔以此经上句日、月、星辰、山、龙、华虫，尊者在上；下句藻、火、粉、米、黼、黻，尊者在下。黼、黻尊于粉、米；粉、米尊于藻、火。故从上以尊卑差之。士服藻、火；大夫加以粉、米，并藻、火，为四章。马融不见孔传，其注亦以为然，以古有此言相传为说也。盖以衣在上为阳。阳统于上，故所尊在先；裳在下为阴，阴统于下，故所重在后。《诗》称"玄衮及黼"，《顾命》云"麻冕黼裳"，当以黼为裳，故首举黼以言其事，如孔说也。天子、诸侯下至黼、黻。大夫粉、米，兼服藻、火，是上得兼下也。士不得服粉、米，大夫不得服黼、黻，是下不得僭上也。

《尚书注疏》卷四《考证》：

疏：如郑此解，配文甚便。

王应麟曰：康成书注问，见于疏义，如作服十二章，州十有二师，皆孔注所不及。

2.《书传》卷四

（宋）苏轼撰

（归善斋按：见"予欲观古人之象"）

3.《尚书全解》卷六

（宋）林之奇撰

（归善斋按：见"予欲观古人之象"）

4.《尚书讲义》卷四

（宋）史浩撰

（归善斋按：见"臣作朕股肱耳目"）

5.《尚书详解》卷五

（宋）夏僎撰

（归善斋按：见"予欲观古人之象"）

6.《增修东莱书说》卷四

（宋）吕祖谦撰，时澜增修

（归善斋按：见"臣作朕股肱耳目"）

7.《尚书说》卷一

（宋）黄度撰

（归善斋按：见"臣哉邻哉"）

8.《洁斋家塾书钞》卷三

（宋）袁燮撰

（归善斋按：见"臣作朕股肱耳目"）

9.《书经集传》卷一

（宋）蔡沈撰

（归善斋按：见"臣作朕股肱耳目"）

10.《尚书精义》卷八

（宋）黄伦撰

（归善斋按：见"臣作朕股肱耳目"）

11.《尚书详解》卷五

（宋）陈经撰

（归善斋按：见"臣作朕股肱耳目"）

12.《融堂书解》卷二

（宋）钱时撰

（归善斋按：未解）

13.《尚书要义》卷五

（宋）魏了翁撰

十二、上六章作会于衣，下六章缔绣于裳。

《诗》云"鱼在在藻"，是藻为水草，草类多矣，独取此草者，谓此草有文故也。火为火字，谓刺绣为火字也。《考工记》云"火以圜"，郑司农云：谓圜形似火也。郑玄云：形如半环。然《记》是后人所作，何必能得其真。今之服章，绣为火字者，如孔所说也。粉若粟冰者，粉之在粟，其状如冰。米若聚米者，刺绣为文，类聚米形也。黼若斧形，《考工记》云"白与黑谓之黼"，《释器》云"斧谓之黼"，孙炎云"黼文如斧形，盖半白半黑，似斧刃，白而身黑。黻为两已相背，谓刺绣为已字，两已字相背也"。《考工记》云黑与青，谓之黻。刺绣为两已字，以青黑线绣也。《诗·葛覃》云"为绤为绤"，是绤用葛也。《玉藻》云"浴用二巾，上绤下绤"，《曲礼》云"为天子削瓜者副之，巾以绤；为国君者华之，巾以绤，皆以绤贵而绤贱，是绤精而绤粗，故葛之精者曰绤"。五色备，谓之绣，《考工记》文也。计此所陈，皆述祭服。祭服玄纁为之，后代无用绤者，盖于时仍质，暑月染绤为纁，而绣之以为祭服。孔以华象草，华虫，雉，则合华虫为一。《周礼》郑玄注亦然，则以日、月、星辰、山、龙、华虫六章画于衣也；藻、火、粉、米、黼、黻六章绣于裳也。天之大数，不过十二，故王者制作，皆以十二象天也。顾氏取先儒等说，以为日月星，取其照临；山取能兴云雨；龙取变化无方；华取文章；雉取耿介。顾氏虽以华虫为二，其取象则同。又云：藻取有文，火取炎上，粉取洁白，米取能养，黼取能断，黻取善恶相背。郑玄云：会，读为"绘"；宗彝，谓宗庙之郁鬯，樽也，故虞夏以上，盖取虎彝、蜼彝而已。粉米，白米也。绤读为"黹"，黹，紩也。自"日、月"至"黼、黻"，凡十二章，天子以饰祭服。凡画者为绘，刺者为绣。此绣与绘，各有六。衣用绘，裳用绣。至周而变之，以三辰为旂旗，谓龙为衮，宗彝为毳，或损益上下，更其等差。郑意以华虫为一，粉米为一，加宗彝，谓虎蜼也。《周礼》宗庙彝器有虎彝、蜼彝，故以宗彝为虎、蜼也。此经所云，凡十二章，日也，月也，星也，山也，龙也，华虫也，六者画以作绘，施于衣也。宗彝也，藻也，火也，粉米也，黼也，黻也，此六者紩以为绣，施之于裳也。郑玄云：至周而变易之，损益上下，更其等差。《周礼·司服》之注，具引此文，乃云：此古天子冕服十二章也。王者相变，至周而以日、月、星画旌旗；冕服九章，登龙于山，登虎于宗彝，尊其神明也。九章，初一曰龙，次二曰山，次三曰华虫，次四曰火，次五曰宗彝，皆画以为绘；次六曰藻，次七曰粉米，次八曰黼，次九曰黻，以绤为绣，则衮之。衣五章，裳四章，凡九也。鷩画以雉，谓华虫也，其衣三章，裳四章，凡七也。毳画虎蜼，谓宗彝也，其衣三章，裳二章，凡五也。是郑以冕服之名，皆取章首为义。衮冕九章，以龙为首，龙首卷然，故以衮为名。鷩冕七章，华虫为首，华虫即鷩雉也。毳冕五章，虎、蜼为首，虎、雖毛浅毳，是乱毛，故以毳为名。如郑此解，配文甚便，于绨绣之义，总为消帖，但解宗彝为虎、蜼，取理太回。未知所说，谁得经旨。

十三、上六章尊在上，下六章尊在下。

孔以此经上句日、月、星辰、山、龙、华虫，尊者在上；下句藻、火、粉、米、黼、黻，尊者在下。黼、黻尊于粉、米，粉、米尊于藻、火，故从上以尊卑差之。士服藻、火，大夫加以粉、米，并藻、火为四章。马融不见孔传，其注亦以为然，以古有此言相传为说也。盖以衣在上为阳，阳统于上，故所尊在先；裳在下为阴，阴统于下，故所重在后。《诗》称"玄衮及黼"，《顾命》云"麻冕黼裳"，当以黼为裳，故首举黼以言，其事如孔说也。天子、诸侯下至黼、黻；大夫粉、米，兼服藻、火，是上得兼下也。士不得服粉、米，大夫不得服黼、黻，是下不得僭上也。训"彰"为"明"，以五种之彩，明施于五色，作尊卑之服，汝当分明制之，令其勿使僭滥也。郑玄云"性曰采，施曰色，以本性施于绘帛，故云以五采施于五色也"。郑云作服者，此十二章为五服，天子备有焉。公自山龙而下，侯、伯自华虫而下，子、男自藻、火而下，卿大夫自粉、米而下，亦是以意说也。

（归善斋按：另见"予欲观古人之象"）

14.《书集传或问》卷上

（宋）陈大猷撰

或问："绨绣"，郑读为"黹"当矣，复附孔说，何也？曰：观叶说，则孔说恐有所据，故存之。（叶曰：《礼》谓绨绣者不入公门，自周之文而言，则绨非所贵。然孔子以纯冕俭于麻冕，则葛固有精于丝织者矣）。

15.《尚书详解》卷二

（宋）胡士行撰

（归善斋按：见"予欲观古人之象"）

16.《书纂言》卷一

（元）吴澄撰

（归善斋按：见"臣作朕股肱耳目"）

17.《书集传纂疏》卷一

(元) 陈栎撰

(归善斋按：见"臣作朕股肱耳目")

18.《读书丛说》卷三

(元) 许谦撰

"绨"字，古注敕其，反葛之，精者。疏读为黹，绁也。黹，展几反；绁，直质反，缝也。《蔡传》从之，则是以缯为裳，而以线绁之也。《蔡传》衣之六章，其序自上而下；裳之六章，其序自下而上。此谓衣，则日月为尊，裳则黼黻为尊也。疏云，衣在上为阳，阳统于上，故尊在先；裳在下为阴，阴统于下，故重在后。天子诸侯下至黼黻，大夫粉米兼服藻火，是上得兼下也。士不得服粉米，大夫不得服黼黻，是下不得僭上也。

19.《书传辑录纂注》卷一

(元) 董鼎撰

(归善斋按：见"臣作朕股肱耳目")

20.《尚书句解》卷二

(元) 朱祖义撰

藻（水草，取其洁）、火（取其能照）、粉米（取其养人）、黼（如斧形，取能断，音甫）、黻（为两已相背，取其能辨，音弗）绨绣（绨读为"黹"，展里反。黹，绽，谓缝也。以前六者绨以绣施之于裳。绨，蚩）。

21.《尚书日记》卷四

(明) 王樵撰

(归善斋按：见"臣作朕股肱耳目")

22.《日讲书经解义》卷二

（清）库勒纳等撰

（归善斋按：见"臣作朕股肱耳目"）

《尚书通考》卷五

（元）黄镇成撰

（归善斋按：见"予欲观古人之象"）

《书蔡氏传旁通》卷一下

（元）陈师凯撰

黼，若斧形，取其断也。

《书》疏云：《考工记》，白与黑谓之"黼"。《释器》云，斧谓之黼。孙炎云，黼文如斧形，盖半白半黑，似斧，刃白而身黑。

黻为两己相背，取其辨也。

《书》疏云：刺绣为两"己"字相背也。《考工记》云，黑与青谓之"黻"，以青黑线刺也，取其善恶相背也。

绨，郑氏读为絺，绋也，绋以为绣也。

《释文》绨，敕私反。此据《周礼》注。《释文》云，絺，张里反。疏云，郑君读希为絺，絺，绋也，谓刺缯为绣也。绋音姪，《韵会》云，缝也。

《尚书注考》

（明）陈泰交撰

"黼黻"，训"黼"，若斧形。"黼纯"，训"黼"，白黑杂缯。

"绨绣"，训"绨"，郑氏读作"絺绋"也。"厥贡盐绨"，训"绨"，细葛也。

《尚书埤传》卷三

（清）朱鹤龄撰

（归善斋按：见"日月星辰，山龙华虫"）

《书蔡氏传旁通》卷一下

（元）陈师凯撰

（归善斋按：见"臣作朕股肱耳目"）

《尚书七篇解义》卷一

（清）李光地撰

（归善斋按：见"臣作朕股肱耳目"）

以五采彰施于五色作服，汝明

1. 《尚书注疏》卷四

（汉）孔氏传，（唐）陆德明音义，孔颖达疏

以五采彰施于五色作服，汝明。

传：天子服日月而下；诸侯自龙衮而下至黼黻；士服藻火；大夫加粉米。上得兼下，下不得僭上，以五采明施于五色，作尊卑之服，汝明制之。

音义：衮，工本反。僭，子念反。

疏：而刺绣以五种之采。明施于五色，制作衣服，汝当为我明其差等，而制度之。

训"彰"为"明"，以五种之采，明制于五色，作尊卑之服，汝当分明制之，令其勿使僭滥也。郑玄云：性曰采，施曰色，以本性施于绘帛，故云以五采施于五色也。郑云作服者，此十二章为五服，天子备有焉。公自山、龙而下，侯、伯自华虫而下，子、男自藻、火而下，卿、大夫自粉、米而下，亦是以意说也。此云作服，惟据衣服，所以经有宗彝。及孔云旌旗，亦以山、龙、华虫为饰者。但此虽以服为主，上既云古人之象，则法象分在器物，皆悉明之，非止衣服而已。旌旗、器物，皆是采饰。彼服以明尊卑，故总云"作服"以结之。

2.《书传》卷四

（宋）苏轼撰

（归善斋按：见"予欲观古人之象"）

3.《尚书全解》卷六

（宋）林之奇撰

（归善斋按：见"予欲观古人之象"）

4.《尚书讲义》卷四

（宋）史浩撰

（归善斋按：见"臣作朕股肱耳目"）

5.《尚书详解》卷五

（宋）夏僎撰

（归善斋按：见"予欲观古人之象"）

6.《增修东莱书说》卷四

（宋）吕祖谦撰，时澜增修

（归善斋按：见"臣作朕股肱耳目"）

7.《尚书说》卷一

（宋）黄度撰

（归善斋按：见"臣哉邻哉"）

8.《洁斋家塾书钞》卷三

（宋）袁燮撰

（归善斋按：见"臣作朕股肱耳目"）

9. 《书经集传》卷一

（宋）蔡沈撰

（归善斋按：见"臣作朕股肱耳目"）

10. 《尚书精义》卷八

（宋）黄伦撰

（归善斋按：见"臣作朕股肱耳目"）

11. 《尚书详解》卷五

（宋）陈经撰

（归善斋按：见"臣作朕股肱耳目"）

12. 《融堂书解》卷二

（宋）钱时撰

（归善斋按：见"臣哉邻哉"）

13. 《尚书要义》卷五

（宋）魏了翁撰

（归善斋按：见"予欲观古人之象"，另见"藻、火、粉、米、黼、黻絺绣"）

14. 《书集传或问》卷上

（宋）陈大猷撰

（归善斋按：未解）

15. 《尚书详解》卷二

（宋）胡士行撰

（归善斋按：见"予欲观古人之象"）

16.《书纂言》卷一

（元）吴澄撰

（归善斋按：见"臣作朕股肱耳目"）

17.《书集传纂疏》卷一

（元）陈栎撰

（归善斋按：见"臣作朕股肱耳目"）

18.《读书丛说》卷三

（元）许谦撰

疏：郑氏云，性曰采，施曰色，以本性施于缯帛，故云"以五采施于五色"。

唐虞之礼不可考。今凡言礼者，皆周礼尔。《皋谟》"五服"与"五刑"对言，主于诸侯、卿大夫、士而言之。《益稷》十二章，则兼上下言之也。《典命》上公九命，侯、伯七命，子、男五命，其衣服皆以其命数为节。王之三公八命，卿六命，大夫四命，及其出封，皆加一等。公之孤四命，公侯伯之卿三命，大夫再命，士一命。子男之卿再命，大夫一命。衣服皆视其命数。郑氏推王之上士三命，中士再命，下士一命。《司服》王祀昊天上帝，则大裘而冕；享先王，衮冕；享先公、飨射，鷩冕；祀四望山川，毳冕；祭社稷、五祀，希冕；祭群小祀玄冕。公之服，自衮冕而下；侯、伯自鷩冕而下；子、男自毳冕而下；孤之服自希冕而下；卿大夫自玄冕而下。盖王之三公、卿大夫曰出封，加一等，则在王朝为降一等，是三公鷩冕，孤与卿毳冕，大夫希冕矣。《司服》所谓孤、卿大夫者，诸侯之孤、卿大夫也。先儒依郑氏所言，周升三辰于旂服，则自山、龙以下者，臆说也。大裘之上，亦蒙以衣，然则备十二章之服欤。总是而言之，则十二章之服，独王祀帝之所用。衮冕则王之享先王也，上公也；鷩冕则王之享先公，飨射也，侯伯也，王之三公也。毳冕，则王之祀，四望山川也，子男也，王之孤也，卿也。希冕则王之祭社稷、五祀也，王之大夫也，公之孤也。玄冕则王之祭群小祀也，王之上士也，中士也，下士也，公侯伯之卿也，大夫也，士也，子男之卿也，大夫也。命数不同，而同服其服者，则缫旒有异也。虽周制如此，其必有所本，唐虞之制从可知矣。

（归善斋按：另见"臣作朕股肱耳目"）

19.《书传辑录纂注》卷一

（元）董鼎撰

（归善斋按：见"臣作朕股肱耳目"）

20.《尚书句解》卷二

（元）朱祖义撰

以五采彰施于五色作服（取象十二章之物，以五采明施青、黄、白、黑、赤五色。或绘画或刺绣，以为上衣下裳。以质言之，则曰采；以所施者言之，则曰色），汝明（汝禹当为朕目，以明制度）。

21.《尚书日记》卷四

（明）王樵撰

（归善斋按：见"臣作朕股肱耳目"）

22.《日讲书经解义》卷二

（清）库勒纳等撰

（归善斋按：见"臣作朕股肱耳目"）

《书蔡氏传旁通》卷一下

（元）陈师凯撰

衣之六章，其序自上而下；裳之六章，其序自下而上。

此言绘绣于衣裳，其序如此。衣六章，日月在上，华虫在下；裳六章，宗彝在下，黼、黻在上。

绘于衣，绣于裳，皆杂施五采，以为五色也。

《考工记》云：画绘之事，杂五色。东方谓之青，南方谓之赤，西方谓之白，北方谓之黑，天谓之玄，地谓之黄。青与白相次也，赤与黑相次也，玄与黄相次也。青与赤谓之文，赤与白谓之章，白与黑谓之黼，黑与青谓之黻，五采备谓之绣。土以黄，其象方天时变；火以圜（音环），山以章，水以龙鸟兽蛇杂四时。五色之位以章之谓之巧。"凡画缋之事，后素功"注云：玄黄相次以上六色，缋以为衣；五采备以上绣以为裳。"火以圜"者，形如半环。山以章，獐也，在衣，水以龙在衣。鸟兽蛇，华虫也，蛊之毛鳞有文采者在衣。疏云，画山兼画獐，画龙兼画水。衣在上阳，主轻浮，故画之；裳下阴，主沈重，故刺之也。

又按周制。

见《春官·司服》注。

以日、月、星辰画于旂。

郑元云：王者相变，至周，而以日、月、星辰画于旌旗。所谓三辰，旌旗昭其明也。按《书》疏云，桓二年《左传》云"三辰旌旗"，三辰，即日、月、星也。《周礼》司常掌九旗之物。惟日、月为常，不言画星，盖太常之上又画星也。《周礼》疏云：若孔君安国义，虞时亦以日、月、星画于旌旗，与周同。郑意，虞时无日、月、星画于旌旗。若虞时日、月、星画于旌旗，则衣无日月星也。

冕服九章，登龙于山，登火于宗彝。

《周礼》疏云：郑知登龙于山者，周法皆以虫兽为章首。若不登龙于山，则当以山为章首，何得犹名衮龙乎？又知登火于宗彝者，宗彝则毳也，若不登火于宗彝上，则毳是六章之首。不得以毳为五章之首，故知登火于宗彝也。

衮冕九章，以龙为首。

画龙、山、华虫、火、宗彝五者于衣。刺藻、米、黼、黻四者于裳。王享先王，则衮冕。公之服自衮冕而下，如王之服。

鷩冕七章，以华虫为首。

鷩，必列反，即华虫。华虫，即雉。画华虫、火、宗彝三者于衣，刺藻、米、黼、黻四者于裳。王享先，公享射，则鷩冕。侯伯之服，自鷩冕而下，如公之服。

毳冕五章，以虎、蜼为首。

毳，虎、蜼之毛也。画虎、蜼二兽于彝器之腹也。其衣三章，画宗彝与藻，刺粉米；其裳二章，刺黼、黻，凡五也。疏云：粉米不可画之物，虽在衣，亦刺之。王祀四望山川则毳冕。子、男之服，自毳冕而下，如侯、伯之服。愚按，此下再有希冕三章，玄冕一章，蔡传略举不备录也，今具如左。希冕三章（希，音止），希，刺也（刺，七亦反），刺粉米于衣，刺黼、黻于裳，凡三也。王祭社稷、五祀则希冕。孤之服，自希冕而下，如子、男之服。玄冕一章，衣无文，裳刺黻而已。凡冕服皆玄衣纁裳，故玄冕一章，仍以玄为名，明衣无文，玄色而已也。王祭群小祀，则玄冕。大夫之服自玄冕而下，如孤之服。又按杨信斋《祭礼经传通解》云：林之奇曰，黄帝始备衣裳之制。舜观古人之象，绘日、月、星辰、山、龙、华虫于衣；绣宗彝、藻、火、粉米、黼、黻于裳，以法乾坤，以昭象物，所以彰天子之盛德，能备此十二物者也。使服其服者，当须有盛德焉。绘以三辰，所以则天之明，尤为君德之光，自黄帝以来，历代之制，莫不然也。周人特备以旒（留）、缫（阜）之数耳。《周礼》乃无十二章之文，《司服》惟有衮冕至玄冕。说者谓，周登三辰于旂，冕服惟有九章。呜呼，何说之异也。自尧舜至于三代，文物日以盛，名分日以严，仪章日以著。夫子于四代礼乐，特曰"服周之冕"，取其文之备，尊卑之有辨也。何得至周反去"三辰"之饰文，乃不足乎？盖不过据左氏三辰旂旗之文。左氏谓旗有三辰，何尝谓衣无三辰邪？岂有王者象三辰之明，历代皆饰于衣，周人特饰于旗，有何意乎？况又谓上公冕服九章，而王服亦九，将何所别？周公制礼防乱万世，乃至于无别欤。《郊特牲》曰：祭之日，王被衮以象天，则十二章备矣。郑氏曰：谓有日、月、星辰之章，此鲁礼也。夫被衮以象天，周制固然也。何鲁之足云，岂有周制止九章，鲁乃加以十二章之理乎？杨氏云：周制大裘之上有玄衣，玄衣之上有十二章。郑说周止九章，非是。

《尚书疑义》卷一

（明）马明衡撰

"作服，汝明"者，非但明其采色而已，是一工之事也。盖服以彰有德，审其德以施其服，以不失天命之当然，所谓"汝明"也。"明"与"听"其义甚大，非但观色察声而已。"臣邻"而下，皆广谕群臣，非但以命禹也。

《尚书疏衍》卷二

（明）陈第撰

以五采彰施于五色。

愚按，唐虞之世，衣裳文绣，服物采章，何其盛也。鸣球、琴瑟、鼗鼓、笙镛，何其备也？受终格于宗庙，干戚舞于两阶，玉帛行于交际，四海备乎八音，仰何其驯雅而有文也。虽未言宫室器用，而宫室器用可知。天下岂有服物乐舞之类若此，而处陋宫，用恶器者？《易》曰：上古穴居而野处，后世圣人易之以宫室，上栋下宇，以待风雨。盖取诸大壮，自神农已然矣。而《禹贡》篚匦、织文、檿丝、玄纁、玑组、球琳、琅玕，皆京师之蓄积也。韩非曰"尧舜之有天下也，堂高三尺，采椽不斫，茅茨不翦，虽逆旅之宿，不勤于此矣。冬日鹿裘，夏日葛衣，粢粝之食，藜藿之羹，饭土匦，啜土铏，虽监门之养，不觳于此矣"，非之言过也。夫以至圣，开天立极垂世，乃鄙陋若是，则百揆四岳九官十二牧，可以居处服食乎？当倮身而野处，饥饿以从事矣。故禹菲饮食，恶衣服，卑宫室，亦以后世侈靡之君较之则然，岂菲而至于藜藿，恶而至于鹿裘，卑而至于茅茨乎？善乎，《孟子》之论赋税曰：重之于尧舜之道者非，轻之于尧舜之道者尤非。故尧舜之制度，折衷于奢俭，古今之极则也。秦皇欲纵欲，以明得意，故引非之言，以鄙薄二帝。梁武溺浮屠氏，至以面为牺牲，皆不免于杀身而丧国也，悲夫。

《尚书埤传》卷三

（清）朱鹤龄撰

（归善斋按：见"日月星辰，山龙华虫"）

《书经衷论》卷一

（清）张英撰

上衣下裳之制，始于黄帝，想其时，便有九章之饰，故曰"予欲观古人之象"，盖非始于舜也。五采当是染五色之物，有此五种，故曰"以五采彰施于五色"。

《书蔡氏传旁通》卷一下

（元）陈师凯撰

（归善斋按：见"臣作朕股肱耳目"）

《尚书七篇解义》卷一

（清）李光地撰

（归善斋按：见"臣作朕股肱耳目"）

予欲闻六律、五声、八音，在治忽，以出纳五言，汝听

1.《尚书注疏》卷四

（汉）孔氏传，（唐）陆德明音义，孔颖达疏

予欲闻六律、五声、八音，在治忽，以出纳五言，汝听。

传：言欲以六律和声音，在察天下，治理及忽怠者，又以出纳仁、义、礼、智、信五德之言，施于民以成化，汝当听审之。

音义：出，如字，又敕遂反，注同。纳，如字，又音内。

疏：我欲闻知六律和五声，播之于八音，以此音乐察其政治与忽怠者，其乐音又以出纳五德之言，汝当为我听审之。

欲以六律和声音，在察天下治理及忽怠者，此经大意，令臣审听乐音，察世之治否，以报君也。金、石、丝、竹、匏、土、革、木，八物各出其音，谓之八音。八音之声，皆有清浊，圣人差之以为五品。宫、商、角、徵（zhǐ）、羽谓之五声。五声高下各有所准，则圣人制为六律，与五声相均。作乐者，以律均声，声从器出。帝言：我欲以六律和彼五声八音，以此乐之音声，察世之治否。《诗》序云：治世之音，安以乐，其政和；乱世之音，怨以怒，其政乖，此则听声知政之道也。言今听作乐，若其音安乐和平，则时政辨治而修理也。若其音怨怒乖离，则时政忽慢而怠

惰也。是用乐之声音，察天下治理及忽怠者也。知其治理，则保以修之；知其忽怠，则改以修之。此治理、忽怠，人君所愿闻也。又乐之感人，使和易调畅。若乐音合度，则言必得理。以此乐音，出纳仁、义、礼、智、信五德之言，乃君之发言，合彼五德，施之于人，可以成其教化，是出五言也。人之五言，合彼五德，归之于君，可以成讽谏，是纳五言也。君言可以利民，民言可以益君，是言之善恶由乐音而知也。此言之善恶，亦人君之所愿闻也。政之理忽，言之善恶，皆是上所愿闻，欲令察知以告己，得守善而改恶。故帝令臣：汝当为我听审之也。六律、六吕，当有十二。惟言六律者，郑玄云：举阳，阴从可知也。传以五言为五德之言者，《汉书·律历志》称：五声播于五常，则角为仁，商为义，徵为礼，羽为智，宫为信。《志》之所称，必有旧说也。言五声与五德相协，此论乐事，而云出纳五言，知是出纳五德之言。乐音和，则五德之言得其理；音不和，则五德之言违其度。故亦以乐音察五言也。帝之此言，自说臣之大法。于舜所听，使听韶乐也。襄二十九年《左传》吴季札见舞韶乐而叹曰：德至矣哉，大矣，如天之无不帱也，如地之无不载也。然则，韶乐尽善尽美，有理无忽，而并言忽者，韶乐自美耳，乐采人，歌为曲，若有怠忽，则音辞亦有焉。故常使听察之也。

《尚书注疏》卷四《考证》：
予欲闻六律、五声、八音，在治忽，以出纳五言。
臣召南按：在治忽，以出纳五言，《史记·夏本纪》作"来始滑"注云：《尚书》"滑"作"曶"，音"忽"。《汉书·律历志》作"七始咏，以出纳五言"。李光地曰：七始：宫、徵、商、羽、角、变宫、变徵也。七音之清浊，皆始于人声，故曰"七始"也。"咏"，即《舜典》所谓"歌永言"也。"五言"即"诗言志"之"言"，以其言不离乎五音，故曰五言。盖上所谓"五声"，以调"言"也，通调而名之以宫，以商是也。"七始"以字言也。逐字而名之，以宫，以商，是也。《舜典》言"五声"，可包"七始"以调为重也。此以音为重，则非七，而音有缺矣。二变之不为调，与调之外自有音，皆赖《汉志》此文而可见也。按七音、七律，晏子及伶州鸠，皆尝言之"七始"之名。据伏生《大传》曰：定以六律、五声、八音，七始著其素。又曰："七始"，天统也。汉初，安世《房中乐》词曰"七始华始，肃倡和声"，似今文，确有根据。但"咏"字须连以"出纳五言"为句，义始通耳。古文作"在治忽"，则是审音以知政也。

2.《书传》卷四

（宋）苏轼撰

予欲闻六律、五声、八音，在治忽，以出纳五言，汝听。

在，察也。忽，不治也。声音与政通，故可以察治否也。"五言"者，诗也。以讽咏之言，寄之于五声，盖以声言也，故谓之五言。

3.《尚书全解》卷六

（宋）林之奇撰

予欲闻六律、五声、八音，在治忽，以出纳五言，汝听。

声音之道与政通。治世之音，安以乐，其政和；乱世之音，怨以怒，其政乖；亡国之音，哀以思，其民困。故闻六律、五声、八音，则可以察治忽也。忽，不治也。"予欲闻六律、五声、八音"，以察治乱，又在乎出纳五言。舜命夔曰："诗言志，歌永言，声依永，律和声，八音克谐，无相夺伦，神人以和。"盖声乐之所自生，生于诗歌之发于志者。有诗，然后有歌；有歌然后有乐。诗歌和，则声乐用之而无所不和。诗歌不和，则声乐亦不和矣。季札尝观周乐歌邦国之诗，则知其国之政，若身亲而见之。故欲察治忽，必在于"出纳五言"。出五言者，为之诗歌，播于声音，宣之于下。若《关雎》、《葛覃》之类，上之风化，故用之乡人，用之邦国。此所谓宣之于下也。"纳五言"，谓取下之言。播于诗歌者，以达于上，若"太师陈诗以观民风"是也。舜之韶乐既和矣，又使群臣出纳五言，以在"治忽"，于六律、五声、八音之间，所以尽善尽美，如天之无不盖，地之无不载也。"汝听"，言汝当听其诗歌，以察"治忽"也。若"汝明"、"汝听"，盖所谓申结作耳目之义也。五言，即宫、商、角、徵、羽之言。

4.《尚书讲义》卷四

(宋)史浩撰

(归善斋按:见"臣作朕股肱耳目")

5.《尚书详解》卷五

(宋)夏僎撰

予欲闻六律、五声、八音,在治忽,以出纳五言,汝听。

此又舜命禹作"耳"之事也。人君之情,贵乎下通于民;下民之情,贵乎上通于君。君民之间相去辽邈,不能以自通,故出纳之际,不无赖于大臣焉。然仁言不如仁声之入人深,故欲出君言,以通于下,纳民言以通于上,又不可不本于乐矣。舜之命禹,必谓"予欲闻六律、五声、八音,在治忽,以出纳五言,汝听"者,其意,盖谓君民之情,虽不可不出纳,而出纳之际,尤不可不本于乐。故当出纳之际,所以必欲其先审六律、五声、八音,以察政事之治忽,还以是乐,而出纳五言也,所谓以乐出五言者,谓受君之言于上,乃播之于乐,使其言合于宫、商、角、徵、羽之五音,民闻之者,皆洞晓上意,故谓之"五言"。所谓以乐纳五言者,谓采民之言于下,亦播之于乐,使其言亦合于五音。君闻之足,以为戒,故谓之纳五言。闻乐以察治忽。因察治忽,而还以出纳五言,在舜特有是欲而已,自不能任其责也,资之"以听"者,其在禹乎?此所以言"汝听"也。

6.《增修东莱书说》卷四

(宋)吕祖谦撰,时澜增修

(归善斋按:见"臣作朕股肱耳目")

7.《尚书说》卷一

(宋)黄度撰

(归善斋按:见"臣哉邻哉")

8. 《洁斋家塾书钞》卷三

（宋）袁燮撰

（归善斋按：见"臣作朕股肱耳目"）

9. 《书经集传》卷一

（宋）蔡沈撰

（归善斋按：见"臣作朕股肱耳目"）

10. 《尚书精义》卷八

（宋）黄伦撰

（归善斋按：见"臣作朕股肱耳目"）

11. 《尚书详解》卷五

（宋）陈经撰

（归善斋按：见"臣作朕股肱耳目"）

12. 《融堂书解》卷二

（宋）钱时撰

（归善斋按：见"臣哉邻哉"）

13. 《尚书要义》卷五

（宋）魏了翁撰

十四、六律、五声、八音，察治忽，出纳五德之言。

今听作乐，若其音安乐和平，则时政辨治而修理也。若其音怨怒乖离，则时政忽慢而怠惰也，是用乐之声音，察天下治理及忽怠者也。知其治理，则保以修之，知其忽怠则改而修之，此治理忽怠，人君所愿闻者。又乐之感人，使和易调畅。若乐音合度，则言必得理，以此乐音，出纳仁、义、礼、智、信五德之言，乃君之发言，合彼五德，施之于人，可以成其教化，是"出"五言也。人之所言，合彼五德，归之于君，可以成讽谏，是"纳"五言也。君言可以利民，民言可以益君，是言之善恶，由乐音而知也。此言之善恶，亦人君之所愿闻也。

14.《书集传或问》卷上

（宋）陈大猷撰

或问：乐之所以为形，见感召者，如何？曰：夫天地之间，有此理，则有此气；有此气，则有此声。犹人之喜，则有笑歌之声；怒，则有咆哮之声；悲，则有愁戚之声。其中宽裕，则其声和；其中忿躁，则其声厉。故治世之音，必安乐，犹人之喜，而有笑歌之欢也；乱世之音，必怨怒，犹人之怒而有哮吼之戾也。理到则气随，气随则声形，皆实理之不能不著而不可得掩者也。此所谓"形见"者也。天地之间，惟声音之感人也。深听笑歌之声，则欣然而乐；听悲哭之声，则戚然而哀。故啴谐之声作，而民康乐；邪辟之音作，而民淫乱。是以先王作乐，宣播八风，导达和气，陶冶性情，移易风俗，此所谓感召者也。乐之所以可观"治忽"者，以此也。曰：然则，万宝常知隋乱者何也？曰：隋之将乱，当时有识之人，如牛弘、房乔皆预知于极盛之时，则其实，固不可掩于声乐之间，而其声音之感召，又不能无之矣。犹人喜而作乐，乐固因人而和，而人又因乐之和，而喜气愈溢；哀而作乐，乐固因人而悲，而人又因乐之悲，而哀思愈增，而形见感召更相生矣。曰：宝常初欲改乐，炀帝不用。使隋果用宝常之乐，亦可以变其声音之和，以延隋之治乎？曰：使宝常为之固，亦不能掩其形见之实，而其所感召者，要不为无补矣。古人修德以为乐之本，而又正乐以养德之和，未尝偏废，是则通本末之论也。

15.《尚书详解》卷二

（宋）胡士行撰

予欲闻六律、五声、八音，在（察政）治忽（乱），以出纳五言（仁、义、礼、智、信五德之言），汝听。

此作"耳"之事也。"诗言志，歌永言，声依永，律和声，八音克谐，无相夺伦"，声音之道与政通矣。此舜欲审乐以知政也。"纳"，采民诗也；"出"，飏之乐，还以教民也。观其言，合于五德则治，不合则忽。

吕云：受君之言，播之乐为"出"；采民之言，播之乐为"纳"。"五言"，使合于宫、商、角、徵、羽之五音也。"欲"者，予之心也。"翼"、"为"、"明"、"听"，所以从"予欲"者，汝也，此犹"股肱耳目"之从心所欲也。

16.《书纂言》卷一

（元）吴澄撰

（归善斋按：见"臣作朕股肱耳目"）

17.《书集传纂疏》卷一

（元）陈栎撰

（归善斋按：见"臣作朕股肱耳目"）

18.《读书丛说》卷三

（元）许谦撰

（归善斋按：见"臣作朕股肱耳目"）

19.《书传辑录纂注》卷一

（元）董鼎撰

（归善斋按：见"臣作朕股肱耳目"）

20.《尚书句解》卷二

（元）朱祖义撰

予欲闻六律（我欲闻六律，即黄钟、大簇、姑洗、蕤宾、夷则、无射）、五声（单出为声，即宫、商、角、徵、羽）、八音（杂出为音，即金、石、丝、竹、匏、土、革、木。以律和声，而播之于八音以为乐），在治忽（以是乐察政事之治乱），以出纳五言（以是乐出五言，谓受君之言，以播于乐，使其言合于宫、商、角、徵、羽之五声，民闻之者，皆洞晓上意；以是乐纳五言，谓采民之言，以播于乐，使其言亦合于五声，君闻之，足以为戒），汝听（汝禹当为朕耳以听之）。予违，汝弼（我有违失,汝禹当弼正之)。

21.《尚书日记》卷四

(明)王樵撰

(归善斋按:见"臣作朕股肱耳目")

22.《日讲书经解义》卷二

(清)库勒纳等撰

(归善斋按:见"臣作朕股肱耳目")

《尚书通考》卷六

(元)黄镇成撰

八音(见《通志》)。

金一。

钟、栈、镈、錞于、铙、镯、铎、方响、铜钹、铜鼓(凡十)。

钟见前。(归善斋按,见"戛击鸣球",下同)

栈钟,东晋初得之,则《尔雅》所谓钟小者,栈也。小而编次之,亦曰"编钟"。镈如钟而大。按,前代有大钟,若周之无射,非一,皆谓之钟也。錞于(时句反),古礼器也,圆如锥头,大上小下。《周礼》以金錞和鼓。《宋史》云:今人间,犹时有其器则宋非庙庭所用。广汉什邡人段祖,以錞于献始兴王鉴,其器高三尺六寸六分,围二尺四寸,圆如筒(錞音动),铜色黑如漆,甚薄,上有铜马,以绳悬马,令去地尺余,灌之以水,又器盛水于下,以芒当心,跪注錞于,以手震芒,则声如雷清响。良久乃绝。后周平蜀得之,斛斯徵观之曰"錞于也",依干宝《周礼注》验之,如其言也。铙如编钟而无舌,有柄摇之,以止鼓。汉鼓吹曲,有铙歌。镯,钲也,形如小钟,军行鸣之,以为鼓节。《周礼》以金镯节鼓,近代有如大铜叠垂而击之,以节鼓,呼曰"钲"。铎,大铃也。《周礼》有以金铎、铜鼓。《三礼图》云,以铜为之,木舌为木铎,金舌为金铎。方响,梁有铜磬,盖今方响之类也。方响以铁为之,修九寸,广二寸,圆上方下,架如磬,而不设业,倚于架上,以代钟磬。人间所用,才三四寸。铜钹，亦谓之铜盘，出西戎及南蛮。其圆数寸，隐起如浮沤，贯之以韦，相击以和乐也。南蛮国，大者圆数尺，或谓齐穆王素所造铜鼓，铸铜为之，虚其一面，覆而击其上，南夷、扶南、天竺类皆如此，岭南豪家则有之。大者，广丈余（西戎有吹铜角，长可二尺，形如牛角）。

石二。

磬、馨（虚娇反）（凡二）

磬。《世本》云叔所造，不知何代人。又曰无句作磬（《古史考》曰，尧时人也。《礼记》曰：叔之离磬）。《周礼》磬师掌教击磬，教缦乐燕乐之钟磬。

馨。《尔雅》曰，馨形似黎管，以玉为之（余见前"鸣球下"）。

土三。

埙、缶（凡二）

埙。《世本》云"暴辛公所造"，亦不知何代人。周畿内有暴国，岂其时人乎？《尔雅》曰：烧土为之，大如鹅子，锐上平底，形似秤锤，六孔。小者如鸡子。大曰嘂（音叫）。

缶。《说文》曰：瓦器也，所以盛酒浆，秦人鼓之以节歌也。《尔雅》曰"盎谓之缶"，注云"盆"也。《诗》云：坎其击缶。

革四。

鼓、齐鼓、担鼓、羯鼓、都昙鼓、毛员鼓、答腊鼓、鸡娄鼓、正鼓、节鼓、抚拍、雅（凡十二）。

鼓。《世本》云"夷作鼓，以枹击之曰鼓，以手摇之曰鼗"。《周礼·地官》掌教六鼓、四金之音声，以节声乐，以和军旅，以正田役，教为鼓而辨其声用，以雷鼓鼓神祀，以灵鼓鼓社祭，以路鼓鼓鬼享，以鼖鼓鼓军事，以鼛鼓役事，以晋鼓鼓金奏。《礼记》云：夏后之鼓足，殷楹鼓，周悬鼓（足谓四足也。楹谓之柱贯中，上出也。悬者，设之簨虡）。应鼓在大鼓侧，以和大鼓。小鼓有柄曰鼗。大鼗谓之鞞。《月令》"仲夏修鼗鞞"是也。然则，鼗鞞即鞉类也。《帝王纪》曰：帝喾命垂作鞞，又有鼙鼓焉。近代有腰鼓，大者瓦，小者木，皆广首而纤腹。齐鼓，状如漆桶，大头设齐于鼓面，如"麝齐"，故曰"齐鼓"。担鼓，如小瓮，先冒以革而漆之。羯鼓，正如漆筒，两头俱击，以出羯中，故号"羯鼓"，亦谓之

"两杖鼓"。都昙鼓，似腰鼓而小，以槌击之。毛员鼓，似都昙而稍大。答腊鼓，制广羯鼓而短，以指揩之，其声甚震，俗谓之揩鼓。鸡娄鼓，正员而首尾可击之处，平可数寸。正鼓，和鼓者，一以正，一以和，皆腰鼓也。节鼓，状如博局，中间员孔，适容其鼓，击以节乐也。节不知谁所造。傅玄《节赋》云"黄锺（音横）唱歌，九韶兴舞。口非节不咏，手非节不拊"，此则所从来亦远矣。抚拍，以韦为之，实之以糠，抚之以节乐也。雅，《周礼·春官》笙师掌教雅，以教祴乐。教，眠瞭也。郑众曰：雅状如漆筩，而弇口大，二围长三尺六寸，以羊韦鞔之，有两纽疏画之。贾公彦云：长疏而画之，宾醉而出奏祴夏。以此器筑地，为之行节，以明不失礼。

丝五。

琴、瑟、筑、筝、琵琶、阮咸、箜篌、竖箜篌（凡八）。

琴瑟见前。筑，不知谁所造也。史籍惟云，高渐离善击筑，汉高祖过沛所击。《释名》曰：筑，似筝，细项。按今制，身长四尺三寸，项长三寸，围四寸五分，头七寸五分，上阔七寸五分，下阔六寸五分。筝，秦声也。傅玄《筝赋序》曰：世以为蒙恬所造。今观其器，上崇似天，下平似地，中空准六合，弦柱拟十二月，设之则四象在，鼓之则五音发，斯乃仁智之器，岂蒙恬亡国之臣能关思哉？今清乐筝，并十有二弦，他乐皆十有三弦。轧筝，以片竹润其端而轧之；弹筝，则用骨爪，长寸余，以代指。琵琶，傅玄《琵琶赋》曰：汉遣乌孙公主嫁昆弥，念其行道思慕，故使工人裁筝、筑，为马上之乐。今观其器，中虚外实，天地象也。盘圆，柄直，阴阳叙也。柱十有二，配律吕也。四弦，法四时也，以方俗语之曰"琵琶"，取其易传于外国也。《风俗通》曰：以手琵琶，因以为名。《释名》曰：推手前曰"批"，引手却曰"把"。杜挚曰：秦苦长城之役，百姓弦鼗而鼓之，并未详孰实其器，不列两厢。今清乐奏琵琶，俗谓之"秦汉子"，圆体修颈，而小，疑是弦鼗之遗制。傅玄曰：体圆柄直，柱十有二，其他皆兑上锐下，曲项形制稍大，本出胡中，俗传是汉制。兼似两制者，谓之秦汉，盖谓通用秦汉之法。《梁史》称"侯景之害简文帝也，使太乐令彭隽，赍曲项琵琶就帝饮"，则南朝若无曲项者。五弦琵琶，稍小，盖北国所出。旧弹琵琶，皆用木拨挥之。唐贞观中，始有手弹之

1041

法，今所谓挡琵琶者是也。《风俗通》谓以手琵琶之，乃知非用拨之义，岂上代固有挡之者。手弹法，近代已废。自裴洛儿，始为之阮咸，亦秦琵琶也。而项长过于今制。列十有三柱。武后时，蜀人蒯朗，于古墓得之。晋《竹林七贤图》阮咸所弹，与此类同，因谓之"阮咸"。咸世以善琵琶，知音律称。蒯朗初得铜者，时莫识之。太常少卿元行冲曰：此阮咸所造，乃令匠人改以木为之，声甚清雅。箜篌，汉武帝使乐人侯调所造，以祠太乙，或谓侯晖所作。其声坎，坎应节，谓之"坎侯"，声讹为"箜篌"者，因乐工人姓耳。古施郊庙雅乐，近代专用于楚声。宋孝武大明中，吴兴沈怀远，被徙广州，造绕梁，其器与箜篌相似。怀远亡，其器亦绝。或谓师延靡靡乐，非也。旧说一依琴制。今按其形似瑟而小，弦用拨弹之，如琵琶也。竖箜篌，胡乐也，汉灵帝好之，体曲而长二十三弦，竖抱于怀中，用两手齐奏，俗谓擘箜篌，凤首箜篌，颈有轸。

木六。

柷、敔、舂牍、拍板（凡四）。

柷敔见前。舂牍，周制，笙师掌以教祴乐，虚中如筒，无底。郑众曰：舂牍以竹，大五六寸，长七尺，短者一二尺，其端有两空，髹画，以手筑地，宾醉而出，以节之，举舂杵，亦谓之顿相。相，助也，以节乐也。或谓梁孝王筑睢阳城，击鼓为下杵之节。"睢阳操"用舂牍，后代因之。拍板，长阔如手，重十余枚，以韦连之，击以代抃，抃击其节也。情发于中。手抃足蹈。抃者，因其声以节舞。龟兹伎人，弹指为歌舞之节，亦抃之意也。

匏七。

笙、竽（凡二）。笙见前。竽亦匏也（见前）。

竹八。

箫、管、篪、七星、籥、笛、笙箓、箎、角（凡九）。

箫。《世本》曰舜所造，其形参差象凤翼，十管长二尺。《尔雅》曰：编二十三管，长一尺四寸者，曰箎（音言），十六管，长尺三寸者曰筊（音交）。凡箫，一名籁。前代有洞箫，今无其器。蔡邕曰：箫，编竹有底。大者，二十三管；小者，十六管。长则浊，短则清，以蜜蜡实其底，而增减之则和。然则，邕时无洞箫矣。管见前。篪，《世本》曰暴辛公所造。旧制云，一曰管，非也。虽不知暴辛公何代人，而非舜前人，明矣。舜时，西王母献琯，则是已有此器。辛公，安得造篪乎？《尔雅》曰：大篪，谓之沂篪，以竹为之，长尺四寸，围三寸，一孔上出，寸三分，名曰翘，横吹之。小者，尺二寸。《广雅》云八孔。今有胡吹，非雅器也。蔡邕《月令章句》云，篪，竹也，六孔有距，横吹之。七星，不知谁所作，其长盈寻。箫，不知谁所造。按《礼记》，苇箫，伊耆氏之乐也。伊耆已有箫矣。《周礼》有箫师，掌教国子，秋冬吹箫。历代文舞之乐，所执羽箫是也。盖《诗》所谓"左手执箫，右手秉翟"。《尔雅》云：箫，如笛，三孔而短小。《广雅》云：七孔，大者曰产，中者仲，小者箹（中，丁仲反。箹，音握）。笛，马融《长笛赋》：此器起近代，出于羌中，京房备其五音，又称丘仲工其事，不言所造。《风俗通》曰：丘仲造笛，长尺四寸，七孔。武帝时人。后更有羌笛。二说不同。未详孰实。今长笛去觜。其加觜者。谓之义觜笛。按，横笛，小篪也，出汉灵帝好胡笛。《宋书》云有胡篪出于胡吹，即谓此。胡吹歌云"快马不须鞭，拗折杨柳枝，下马吹横笛，愁杀路傍儿"。此歌元出于北国，知横笛是此名也。筚篥，本名悲篥，出于胡中，其声悲。或云，儒者相传，胡人吹角以惊马，后乃以箛为首，竹为管。笳，杜挚有《笳赋》云，李伯阳入西戎所造。晋先蚕注：车驾住，吹小菰，发吹大菰。菰即笳也。又有胡笳。《汉旧筝笛录》有其曲，不记所出本末也。角，《书》、《记》所不载，或出羌胡以惊中国马。马融又云，出吴越。

八音之外又有三。

一桃皮，东夷有卷桃皮。二贝大蠡也，容可数升，并吹之以节，乐亦出南蛮。三叶，衔叶而啸，其声清震，橘柚尤善，或云，卷芦叶为之形，如茄首也。

《书蔡氏传旁通》卷一下

（元）陈师凯撰

六律，阳律也。不言六吕者，阳统阴也。

六律，黄钟、太蔟、姑洗、蕤宾、夷则、无射；六吕，大吕、夹钟、仲吕、林钟、南吕、应钟也。六吕，又名六同。按《周礼·大师乐》注：

1043

黄钟，子之气也，十一月建焉，而辰在星纪；大吕，丑之气也，十二月建焉，而辰在玄枵。太蔟，寅之气也，正月建焉，而辰在娵訾；应钟，亥之气也，十月建焉，而辰在析木。姑洗，辰之气也，三月建焉，而辰在大梁；南吕，酉之气也，八月建焉，而辰在寿星。蕤宾，午之气也，五月建焉，而辰在鹑首；林钟未之气也，六月建焉，而辰在鹑火。夷则，申之气也，七月建焉，而辰在鹑尾；仲吕，巳之气也，四月建焉，而辰在实沈。无射，戌之气也，九月建焉，而辰在大火；夹钟，卯之气也，二月建焉，而辰在降娄。愚按，建者，谓斗柄所指也。辰者，谓日、月所会也。建与辰，各自为合，而阳律统阴，吕之象亦可见矣。子与丑合，黄钟统大吕也；寅与亥合，太蔟统应钟也；戌与卯合，无射统夹钟也；辰与酉合，姑洗统南吕也；申与巳合，夷则统仲吕也；午与未合，蕤宾统林钟也。又有律娶妻，吕生子之说，以类附于下。《周礼》注云：黄钟，初九也，下生林钟之初六，林钟上生太蔟之九二，太蔟下生南吕之六二，南吕上生姑洗之九三，姑洗下生应钟之六三，应钟上生蕤宾之九四，蕤宾上生大吕之六四，大吕下生夷则之九五，夷则上生夹钟之六五，夹钟下生无射之上九，无射上生仲吕之上六。同位者象夫妻，异位者象子母，所谓律娶妻，而吕生子也。贾氏疏云，同位，谓若黄钟之初九，下生林钟之初六，俱是初之第一，夫妇一体，是"象夫妇"也。异位象子母，谓若林钟上生太蔟之九二，二于第一为异位，象母子。但律所生者为夫妇，吕所生者为母子。十二律吕，律所生者，常同位；吕所生者，常异位，故云律娶妻而吕生子也。黄钟为天统律，长九寸；林钟为地统律，长六寸；太蔟为人统律，长八寸。林钟位在未，得为地统者，以未冲丑故也。

有律而后有声，有声而后八音得以依据。

《周礼》云：大师掌六律六同，以合阴阳之声，皆文之以五声宫、商、角、徵、羽；皆播之以八音金、石、土、革、丝、竹、匏、木。愚谓：有律而后有声者，如黄钟既生十二律，然后律吕旋相为宫、徵、商、羽、角五声。五声既具，然后八音有所依据而成乐。如黄钟，九九八十一以为宫，即八十一丝为宫，七十二丝为商之类是也。

声音之道与政通，故审音以知乐，审乐以知政。

《乐记》云：治世之音安，以乐其政和；乱世之音怨，以怒其政乖；

亡国之音哀，以思其民困。声音之道与政通矣。宫为君，商为臣，角为民，徵为事，羽为物，五者不乱则无怗滞之音矣。宫乱则荒，其君骄；商乱则陂，其官坏；角乱则忧，其民怨；徵乱则哀，其事勤；羽乱则危，其财匮。五者皆乱，迭相陵，谓之慢，如此则国之灭亡无日矣。郑卫之音，乱世之音也。其政散，其民流，诬上行私而不可止也。凡音者，生于人心者也；乐者，通伦理者也；是故知声而不知音者，禽兽是也；知音而不知乐者，众庶是也。唯君子为能知乐，是故审声以知音，审音以知乐，审乐以知政，而治道备矣。

五言者，诗歌之协于五声者也。自上达下，谓之"出"；自下达上，谓之"纳"。

《辑纂》引苏氏云：五言，诗也，以讽咏之言，寄于五声也。陈氏曰：纳，采诗而纳之于上，如"命太史陈诗以观民风"，与"工以纳言"是也。出，出诗而播之乐章，如《关雎》"用之乡人，用之邦国"，与"时而飏之"是也。

《书义断法》卷一

（元）陈悦道撰

予欲闻六律、五声、八音，在治忽，以出纳五言，汝听。

乐有六律，而后被之五声，有五声而后播之八音。声音之道与政通，故察乐声者，可以知治乱也。诗歌协于五声，而达乎上下。古者陈诗以观民风，故"出纳"人声者，可以知邪正也。人声之精者为言，"出纳"五言，以协于"五声"，则治乱可察，律吕可得闻矣。"予欲闻"，而汝司听，盖舜之所望于大臣者如此。

《舜典》中始于"诗言志"而后及于"声依永，律和声，八音克谐"，理正如此，但未言"纳"五言。

《尚书埤传》卷三

（清）朱鹤龄撰

（归善斋按：见"日月星辰，山龙华虫"）

《书蔡氏传旁通》卷一下

（元）陈师凯撰

（归善斋按：见"臣作朕股肱耳目"）

《尚书七篇解义》卷一

（清）李光地撰

（归善斋按：见"臣作朕股肱耳目"）

予违，汝弼，汝无面从，退有后言

1.《尚书注疏》卷四

（汉）孔氏传，（唐）陆德明音义，孔颖达疏

予违，汝弼，汝无面从，退有后言。

传：我违道，汝当以义辅正我，无得面从我违，而退后有言我不可弼。

疏：我有违道，汝当以义辅成我，汝无得知我违非，面对而从我，退而后，更有言云我不可辅也。

2.《书传》卷四

（宋）苏轼撰

予违，汝弼。汝无面从，退有后言。钦四邻。帝感禹言，有臣邻之叹，故条四事以责其臣，而又戒之曰：钦四邻。

3.《尚书全解》卷六

（宋）林之奇撰

予违，汝弼，汝无面从，退有后言。钦四邻，庶顽谗说，若不在时。侯以明之，挞以记之，书用识哉，欲并生哉。工以纳言，时而飏之。格，则承之、庸之，否则威之。

我之所言，所行苟有违戾于道者，汝当以礼义弼正于我。汝无面从我之违，退有后言，谓我为不可弼也。盖禹之所论"慎乃在位"者，必在其弼直。舜则答之曰："予违，汝弼，汝无面从，退有后言。"此盖容受其"弼直"之言也。舜，大圣人也，所言、所行，为法于天下，传于后世，岂复有违于道义者哉？而曰"予违，汝弼"。禹亦大圣人也，其事君尽忠，亦可为万世法，岂复有面从而退有后言者哉？而曰"汝无面从，退有后言"。盖君臣之间，相与儆戒，不得不尔。惟其无是事，而尤不忘儆戒之心，此其所以为大圣人也。"钦四邻"者，言汝既弼我之违，又当儆汝左右前后，所与比肩以事上者，与之同心协力，以辅台德也。汝既能弼我之违，又能钦四邻以辅德矣。其有不以辅弼为意，曲从以顺上之旨者，是庶顽谗说之人也。"若不在时"者，谓其所行不在于是。虽其所行不在于是，然未可以谗说殄行之故，遽加之刑戮也，则必尽其宽厚之道以待之。此所以生其愧耻之心，使之迁善悔过，而不忍纳之于小人之域矣。"侯以明之，挞以记之，书用识哉"，此三者，皆所以生愧耻之心也。"侯以明之"，谓明侯射之礼，以别贤否。古之射者，必设鹄王大射，则供虎侯、豹侯，设其鹄。诸侯射则供熊侯、豹侯；卿大夫射则供麋侯，皆设其鹄。古人之于射，盖所以观其贤不肖。其容体比于礼，其节奏比于乐。中者皆得与于祭。其容体不比于礼，其节奏不比于乐，不中者不得与于祭。贤否邪正，皆见于射侯之间。"庶顽谗说"之人，而"侯以明之"者，盖使知其不正，而反于正也。"挞以记之"，所谓夏楚二物，收其威也。盖鞭挞于其小过，使之记而不忘。苟记而不忘，则终身不犯矣。"书用识哉"，是以书其过于策而不忘。此三者，皆是不忍遽弃之于小人之域，故为之启其愤发其悱，使之迁善改过之心油然而生，与"乐则生矣"之"生"同。"欲并生哉"，盖欲"庶顽谗说"之人，并生其愧耻之心。圣人所以待之既如此之尽，则其间必有回心以向善者。圣人无自而知之，则使乐工纳言而飏于上，以观其心。其有格，则"承之、庸之"。惟其长恶不悛，怙终不善，而终无迁善改过之望者，然后纳之于刑。薛氏曰：《论语》曰"有耻且格"。格，改过也。"承"者，荐也。《春秋传》曰："奉承齐牺。"古者，奉圭币而荐之曰"承"。"格则承之、庸之"，盖谓其改过者，则荐而用之。此说是也。自"庶顽谗说"至"否则威之"，其略见于《舜典》，其详见于此。此龙之职，而乃以命禹总其事。"庶顽谗说"，必小人之有才者，虽其邪佞，最为可恶，然苟使人君，能以宽厚为心，为之生其迁善之心，至其一旦翻然而改，未必不为一时豪杰之才。惟上之人弃之于小人之域，而刻核太至，则彼以不肖之心应之矣。自古有志之士，恶小人，欲尽去，未有不为小人所中。小人得志，则国家之势，遂以陵迟而不能复振。两汉之末，皆坐此也。舜之言曰"庶顽谗说"，则是其中非无小人也。虽有小人，而舜不与寇贼奸宄，同弃于皋陶之刑，方且设为一官为之纳言，则待之如此其尽，故虽一时之小人，莫不变心易虑，归乎大中至正之域。善乎，邵康节之言曰：尧舜之世，天下非无小人也，是难其为小人也。所谓"难其为小人"者，谓虽有小人，而染于圣人之教，亦将变而为君子。此唐虞之世，所以比屋可封，而自三代以下，所不可企及之也。

4. 《尚书讲义》卷四

（宋）史浩撰

（归善斋按：见"臣作朕股肱耳目"）

5. 《尚书详解》卷五

（宋）夏僎撰

予违，汝弼。汝无面从，退有后言。钦四邻，庶顽谗说，若不在时，侯以明之，挞以记之，书用识哉，欲并生哉。工以纳言，时而飏之，格则承之、庸之，否则威之。

舜既命禹以"作股肱耳目"，于此又言：汝既居是任，不当阿谀曲从，当直言极谏。凡我一言一行，苟有违戾于道，汝当弼而正之，不可面则苟从，退则言我不可弼也。林少颖谓：舜，大圣人也，所言、所行，为法于天下，可传于后世，岂复有违于道者？而曰"予违，汝弼"。禹亦大圣人也，其事君尽忠，亦可以为法于后世，又岂复有"面从"而"退有后言"之事哉？而曰"汝无面从，退有后言"，盖君臣之间相与警戒，不得不尔。惟其无是事，而尤不忘警戒之心，此其所以为大圣人也。舜既责禹，使尽辅弼之诚，故又从其"钦四邻"，谓禹所与比肩联事，左右前后之人，禹亦当钦之，使之同心协力，而弼正我违也。禹既自尽弼违之诚，又钦四邻而相与弼君之违，其或有"庶顽谗说"之人，不以弼违为意，邪说媚上，曲从顺旨，不在是道者，在禹不可无术以处之也。盖所谓"庶顽谗说"之人，乃小人之有才者。其便口利辞，足以变易人之观听，而彼亦自谓其邪说为是，而顽然不可化，故谓之"庶顽谗说"。若人者，不用则已，一或稍用，则浸润肤受，虽圣主亦不能无惑，故舜于是命禹，谓不幸而有如此之人，汝当讲侯射之礼，以明其贤否。既明之，若果是谗说顽然不可化之人，然后鞭挞之，使之痛楚常记而不忘，又书其过于册，以识录其事，而为他日格不格之验。凡所以再三如此者，欲其受辱于外，愧耻于内，而生于善也。既挞之、书之，其间必有回心向道者，故又使乐工采其言以纳之，时以举听于上。观其格不格者，格者，则承而庸之；不格者，则威之以刑。苏氏云：承，荐也。《春秋传》曰"奉承粢牺"，古者奉圭币而荐之谓之"承"。"承之、庸之"，谓荐而用之也。邵康节曰：尧、舜之世，天下非无小人也，难其为小人也。所谓"难其为小人"者，虽有小人，而蒙圣人之教，亦变而为君子也。今观"庶顽谗说"之人，盖小人之尤者。舜不忍加诛绝，乃挞之、书之，又飏其言，以观之。待之如此，彼欲以小人，自为不可得也。此所以虽有小人，渐染其化，亦难其为小人也。

6.《增修东莱书说》卷四

（宋）吕祖谦撰，时澜增修

（归善斋按：见"臣作朕股肱耳目"）

7.《尚书说》卷一

（宋）黄度撰

（归善斋按：见"臣哉邻哉"）

8.《洁斋家塾书钞》卷三

（宋）袁燮撰

予违，汝弼。汝无面从，退有后言。钦四邻。

人臣事君，在人主之前，与退而在后，易得不同。往往朝政之失，君德之阙，退而在后皆能言之，及至面前，但称圣德而已。李绛所陈十事，俄而去五六，及将以闻又惮，而削其半，理势如此。大抵背后说得十分，面前只说得五分。盖人主威势至重，虽是敢言之臣，易得前后不同。今州县间以下承上，朋友群居会聚，犹有前后不同者，况于君臣之间乎？所以前后一般者，极是难得。舜深惧在廷之臣，或有面从而已，不得闻其阙失，故严于戒敕，可见其求言听谏之切如此。后世人主，如汉高祖从谏若转圜，唐太宗尊人使谏，美则美矣，如何及得唐虞圣人。自今观之，立于高祖、太宗之朝者，果能无隐于君之前乎？以此知前后一心之人，直是难得。舜之有是言，既足以见其求言听谏之切，亦所以正其臣下之心术。面前是一等说话，退后又一等说话，心之不一如此，何以事君？夫前后相违，是欺也。既有欺心，岂忠臣事君之义乎？故曰：舜之有是言，亦所以正其臣下之心术也。观此数句，方是圣君求言之心，方是忠臣事君之心。"钦四邻"，"四邻"，即股肱耳目之四人也。谓之"邻"者，即"邻哉臣哉"之义也。曰"钦"者，言当"敬"也。

9.《书经集传》卷一

（宋）蔡沈撰

予违，汝弼。汝无面从，退有后言，钦四邻！

违，戾也，言我有违戾于道，尔当弼正其失。尔无面谀以为是，而背毁以为非，不可不敬尔邻之职也。申结上文"弼直"、"邻哉"之义，而深责之禹者如此。

10.《尚书精义》卷八

（宋）黄伦撰

予违，汝弼。汝无面从，退有后言。钦四邻，庶顽谗说，若不在时，侯以明之，挞以记之，书用识哉，欲并生哉。

无垢曰：余读至此，乃知舜之所以求于群臣也深矣。夫"左右有民"，"宣力四方"，"观古人之象"以"作服"，以声音察治忽，"出纳五言"，此舜之欲也。然人不自保，欲在于此，而辄自违之，或怠意倦勤，或私见害公，或谗说妨正，于此，四事一有背违，则又望于臣下之正救也。然人主势位崇高，生杀可畏，其有顾望怯懦者，虽晓然知人主背违，本欲纳谏，畏其刑威，乃面从其短，退知其不然也，徒为后言，以自解而已，可谓不忠之大者也。舜察臣下之情，乃至于此，可谓明圣矣。又曰：夫臣邻之间，翼、为、明、听，不失其职。至于君，自背违，则致正救之义，此乃贤人君子也。若夫翼、为、明、听，一皆失职，及见背违，又不正救，此乃"庶顽谗说"也。古人以"心不则德义"者，谓之"顽"；而伤良者，谓之"谗"。顽谗之人，心背正道，必以舜之欲为未然，口生浮言，必以舜之欲有所沮，岂有翼、为、明、听、正救之心乎？舜之待之，亦有道矣。其道如何？"侯以明之"，使之知耻；而又不改，则"挞以记之"，使之知悔；而又不改，则"书用识哉"，使之知惧。其所以困厄之如此者，岂有他哉。

11.《尚书详解》卷五

（宋）陈经撰

予违，汝弼。汝无面从，退有后言。钦四邻！庶顽谗说，若不在时，侯以明之，挞以记之，书用识哉，欲并生哉。工以纳言，时而飏之。格则承之、庸之，否则威之。

舜于上文四者，以所欲，常在是，则是无所违失也。所欲一不在是，斯为违失。予之所违，汝当弼正之。不可面从其君而背议。其君，主势万钧，其尊神也；其威，雷霆也。人之不敢触神侮雷霆多矣。舜于此，启人以犯颜敢谏之路，必使有过，得以正言而无隐情也。"钦四邻"，左右前后邻近之臣，当知所敬，谓弼违纠过，无敢或忽可也。夫舜之所欲者，既有臣以翼、为、明、听之；其有过者，又有臣以弼之。谁谓五帝神圣，其臣莫能及亲事法宫者哉？"庶顽谗说"，自此而下皆舜所以成就人才之意。天下不能皆善，而有恶焉；不能皆君子，而有小人焉。圣人于此，遂以为恶为小人，而弃之、逐之、杀戮之，则人之自弃者多矣。圣人如天地也，天地无弃物，故雨露之恩，霜雪之惨，皆所以生物。圣人无弃人，故爵赏之所施，刑威之所加，皆所以爱人。"庶顽谗说"者，谓君之违不能规正而退言，是心不则德义与乎。巧言以生谗谤者，虽唐虞之世，不可谓无此等人。在舜所以处之如何耳。"若不在时"，谓不在于是。而为非者，则"侯以明之"，谓设射侯之礼，以明其善恶。古人之射，所以观德。志正体直，其容体比于礼，其节奏比于乐，故可以观人之贤否。"挞以记之"，谓答挞其不从者，使之自记其过，所以困辱之也。"书用识哉"，谓书之简牍以识其为非，如《左氏》所谓"苟焚丹书我杀督戎"是也。明之、记之、识哉，所以多方如此者，盖激昂之，折辱之，使之困心衡虑，知所以悔过而改，欲与之并入于生生之域也。"生"者，谓善心自萌芽而扩充之。无有窒碍者，生之理也。苟或善端窒碍，人欲横流，为小人，为愚，为不肖，形存而生理已亡矣。《孟子》曰"生于忧患，而死于逸乐"，此"并生"之意。"工以纳言"，舜虑其侯明、挞记、书识之不足以使之改过也，又以乐而感发之。工，乐官也。"纳言"，采下讴歌之言飏道也。盖"诗言志"，皆其诚心之所发，而为言播之于乐，则为正声。正声感人，"则易直子谅之心油然而生矣"。既感发之如此，其至于是，观其格而从化者，随其才之大小，而承之以为师宾，用之以为百僚。否，不格者，威之以刑。盖至于此而顽不可化矣。圣人乐与人为善，所以扶持成就天下之才者，何其委曲如是哉。此章与《洪范》"五皇极"同意。作乐之事，《舜典》既命之夔矣，而此又责之禹。"庶顽谗说"，舜典既命之龙矣，而此又责之禹。于此亦可见道揆法守，截然不可乱。禹，大臣也，明道揆者也，故无所不统。夔、龙，有司之事，法守者也，故各主其一。《周官》冢宰行六卿之事，亦此意也。

12.《融堂书解》卷二

（宋）钱时撰

予违，汝弼。汝无面从，退有后言。钦四邻！庶顽谗说，若不在时，侯以明之，挞以记之，书用识哉，欲并生哉。工以纳言，时而飏之。格则承之、庸之，否则威之。

舜既以汝翼、汝为、汝明、汝听，委托于禹，凡经纶天下之大经、大法，大略已具于是，复责之以"汝弼"，是又全以此身付之，使正救也。虽然我之责望固在汝，汝亦岂能独办天下事？四邻左右前后之臣也，须要敬礼，四邻与之协心共济可也。舜既一一训饬于其末也，独拳拳乎"庶顽谗说"，此乃申明"出纳五言"未尽之旨。龙作"纳言"，"出纳朕命"，正是理会此事。时，是也，道也。

13. 《尚书要义》卷五

（宋）魏了翁撰

（归善斋按：未引）

14. 《书集传或问》卷上

（宋）陈大猷撰

（归善斋按：未解）

15. 《尚书详解》卷二

（宋）胡士行撰

予违（过），汝弼（正陈）。汝无面从（面是），退有后言（背非）。

前以有民、四方、观象、作乐托之矣，至此，遂以一身之是非，尽付之，委之切也，违也，面从也，舜、禹无是也，而不忘是言，此其为大圣人也。

16. 《书纂言》卷一

（元）吴澄撰

予违，汝弼。汝无面从，退有后言。钦四邻！

此帝言所资于"邻"之事。违，戾也。我有违戾于道，汝当弼正其失。汝无面谀以为是，而背毁以为非，不可不敬尔四邻之职也。"四邻"，谓在前，在后，在左、右也。帝舜之时辅、弼、疑、丞之庶官，不可知其为谁，或百揆、四岳亦兼此职，如周以六卿兼三公也。曰"汝弼"，曰"汝无面从"，责之禹，及居是官，而在帝侧者。林氏曰：舜，大圣人，夫岂有违于道；禹，亦大圣人，岂有面从后言？无是而犹儆戒，所以为圣。吕氏曰：舜非有所歉，而畏人之后言非，容受有所未尽，而致人之后言。虞廷之臣，非背欺其君，而面是背非者，圣人敬畏无已，虚怀待谏，惟恐过之不闻，言之不尽，故其求之切也。如此《大传》曰：古者，天子必有"四邻"，前曰"疑"，后曰"丞"，左曰"辅"，右曰"弼"，其爵视卿，其禄视次国之君。其为人也仁，好学多闻，道顺天子，未尝有过者,谓之疑,其位在前。强立敢断,辅善从义者,谓之辅,其位在左。廉洁切直,弼过谏邪者,谓之弼,其位在右。斋给便利,善应顾问而不回者,谓之丞,其位在后。天子中位而听朝,四邻维之,是以虑无失计,举无过事也。

17.《书集传纂疏》卷一

(元)陈栎撰

予违,汝弼。汝无面从,退有后言。钦四邻!

纂疏:

王氏曰:拂我而相之谓之弼,故弼字或作拂。

吕氏曰:不独命禹为"股肱耳目",至此举一身是非之责尽付之。舜,非有慊而畏人后言,非容受未至而致人后言。禹,又非欺君而面是背非者。圣人敬畏无已。惟恐过之不闻,言之不尽,故求之之切如此。

孙氏曰:圣人不以无"违"自处,而以有"违"求"弼",不居其圣也。

林氏曰:舜欲禹尽所言,弼直之道也。舜,大圣人,岂有"违"待于"弼"?禹,亦圣人,岂肯面从后言?而犹以为戒,所以为圣。

陈氏大猷曰:予欲汝"翼"、"为"、"明"、"听",谓当将顺也。"予违,汝弼",谓不当苟顺也。"四邻"之臣,各有其职。舜悉以责禹者,禹百揆,无所不统也。

孔氏曰:"四邻",四近,前后左右之臣,敕使敬其职。唐孔氏曰:郑玄以"四邻"为"四近"之臣,左辅,右弼,前疑,后丞。惟伏生《书传》有此言。《文王世子》有师、保、疑、丞。此外经传无此官。惟《冏命》云"左右前后"有位之士。

夏氏曰:既责禹以弼违,又欲其敬同列近臣,使同心弼我也。

王氏炎曰:无"面从",于上不谄;"钦四邻",于下不渎。

一说,"钦四邻",即《中庸》敬大臣之义。

愚按:"钦四邻",上下疑有阙文,朱子已尝疑之。

18.《读书丛说》卷三

（元）许谦撰

（归善斋按：未解）

19.《书传辑录纂注》卷一

（元）董鼎撰

予违，汝弼。汝无面从，退有后言。钦四邻！

纂注：

王氏曰：拂我而相之谓之"弼"，故"弼"字或作"拂"。

吕氏曰："予违，汝弼"，不独合禹为股肱耳目，至此舜连一身是非之责尽付之禹检点。

孙氏曰：圣人不以无违自处，而以有违求弼，不居其圣也。

陈氏大猷曰：上言"予欲"，汝则翼、为、明、听，谓当将顺乎我也。此言于"违，汝弼谓"，不当苟顺乎我也。

林氏曰：舜，大圣人，岂有违待乎弼？禹，亦大圣人，岂有面从后言？而犹以为警戒，所以为圣。

吕氏曰：舜非有未慊而畏人之后言，非容受未至而致人之后言；禹又非肯欺君而为面是、背非者。圣人畏敬无已，惟恐过之不闻，言之不尽，故其求之之切如此。

孔氏曰："四邻"，四近前后左右之臣，敕使敬其职。

唐孔氏曰：郑元以"四邻"为四近之臣，左辅、右弼、前疑、后丞。惟伏生《书传》有此言，《文王世子》有师、保、疑、丞。此外经传无此官。惟《冏命》云"实赖左右前后有位之士"。

新安胡氏曰：既责禹以弼违，又欲其"钦四邻"，谓所与同列之近臣，当敬之，使同心而弼我也。

陈氏大猷曰："四邻"，诸臣各有其职，而舜悉以责禹者，禹百揆，无所不统也。于此可观君道，亦可以观相道矣。

王氏炎曰："无面从"于上，不谄；"钦四邻"于下，不渎。

新安陈氏曰：一说"钦四邻"，即《中庸》敬大臣之义。又曰：传语

1055

欠明,当云不可不敬尔,为四邻近臣之职也。又按"钦四邻",上下疑有阙文,朱子尝疑之。今于此等处,姑据众说,虽略可通,然深绎之,与上下文意皆不贯,阙之可也。

20.《尚书句解》卷二

(元)朱祖义撰

汝无面从(汝无面从其君以为是),退有后言(退则背议其君以为非)。

21.《尚书日记》卷四

(明)王樵撰

"予违,汝弼。汝无面从,退有后言,钦四邻!""作股肱耳目"者,臣也;主"股肱耳目"之用者,君也。君之主宰有违,则臣当弼正之。臣尽其直,则君免于违,一体之义固如是也。若远小嫌而难相违拂,姑面从而"退有后言",则不直矣。不直,非臣之所以为邻也,故戒之而曰当敬尔。"股肱耳目",四邻之职夫。"股肱耳目"之为心,用岂有所勉而后诚耶?

孙氏曰:圣人不以无违自处,而以有违求弼,不居其圣也。

林氏曰:舜,大圣人,岂有违待于弼;禹,亦大圣人,岂有面从后言,而尤以为儆戒,所以为圣。

吕氏曰:舜非有慊而畏人之后言,非容受未至,而致人之后言。禹之于君,又岂有不尽之言哉?圣人畏敬无已,惟恐过之不闻,言之不尽,故其求之之切如此。

按,四邻,蔡传无明解。孔传以为前、后、左、右之臣。正义本之伏生,以为左辅、右弼、前疑、后丞,皆以意言。初无确据,细玩上下文意,首曰"臣哉邻哉",即继之曰"臣作朕股肱耳目",则四邻正指"股肱耳目"而言矣。此于经有据,而人自不察左右前后,非止一人。惟"作股肱耳目",既于经有据,又见"四邻"之责,在禹一身,尤得舜所以深责之禹之意。

22.《日讲书经解义》卷二

（清）库勒纳等撰

予违，汝弼。汝无面从，退有后言。钦四邻！

此一节书，是帝舜申结上文"弼直"、"臣邻"之义，而戒勉于禹也。违，戾也，言违戾于道也。拂而相之，谓之"弼"，言匡救其失也。帝舜曰："一日二日万几"，我于政教礼乐之间，岂必能事事合理，但一有违戾于道，汝即尽言救正，使我得闻而改之，方是"弼直"之义，切不可当面顺从以为是，退后却有私议以为非。此不直者之所为，岂我所望于汝乎？汝既为我"股肱耳目"之"四邻"，必当休戚相关，精白一心，敬其所以为"邻"，而无愧"弼直"之任，是我所望于汝者。盖戒其不可如彼，而勉其当如此也。夫以帝舜之圣君，安得有违而待于弼；大禹之圣臣，何至不钦而有后言，犹谆切戒勉若是，其立万世明良之极也，宜哉。

《尚书砭蔡编》

（明）袁仁撰

"汝毋面从，退有后言"，"面从"，是将顺之意；后言，谓有言不尽，而怀忠以退也。面不能直谏，退虽有言无及矣。若谓面谀以为是，而背毁以为非，殊非唐虞景象。

《尚书注考》

（明）陈泰交撰

"予违，汝弼"，训"违"，戾也。"罔尤违"，训"违"，背也。"违之俾不达"，训"违"，背违之也。

《书蔡氏传旁通》卷一下

（元）陈师凯撰

（归善斋按：见"臣作朕股肱耳目"）

《尚书七篇解义》卷一

（清）李光地撰

（归善斋按：见"臣作朕股肱耳目"）

钦四邻！庶顽谗说，若不在时

1.《尚书注疏》卷四

（汉）孔氏传，（唐）陆德明音义，孔颖达疏

钦四邻，庶顽谗说，若不在时。

传：四近，前后左右之臣，敕使敬其职。众顽愚谗说之人，若所行不在于是而为非者，当察之。

疏：既言其须臣之力，乃总敕之敬其职事哉。汝在我前后左右，四旁邻近之臣也。其众类顽愚谗说之人，若有所行不在于是而为非者，汝当察之以法。

《冏命》云：惟予一人无良，实赖左右前后有位之士，匡其不及。知"四近"谓前后左右四者。近君之臣，敕使敬其职也。更欲告以此下之辞，故敕之：众顽愚谗说之人，若有所行不在于是，而为非者，当察之。知其非，乃挞之，书之。此与以下发端也。庶顽谗说，谓朝廷之臣。格则承之，乃谓天下之人。舜之朝廷，当无谗说之人，故说为大法，戒慎之耳。四近之臣，普谓近君之臣耳，无常人也。郑玄以四近为左辅右弼，前疑后承。惟伏生《书》传有此言。《文王世子》云：有师保，有疑承。以外经传无此官也。

2.《书传》卷四

（宋）苏轼撰

庶顽谗说，若不在时，侯以明之，挞以记之，书用识哉，欲并生哉。工以纳言，时而飏之。格则承之、庸之，否则威之。

《论语》曰：有耻且格。格，改过也。《春秋传》曰：奉承齐牺。古者，谓奉牲币而荐之曰"承"。承，荐也。众顽谗说之人，不率是教者，舜皆有以待之。夫化恶莫若进善，故择其可进者，以射侯之礼举之。其不率教之甚者，则挞之。其小者则书其罪，以记之，欲其并居而知耻也。此士之有罪，而未可终弃者，故使乐工采其讴谣讽谏之言而飏之，以观其心。其改过者，则荐之且用之。其不悛者，则威之夏楚之寄之之类是也。

（归善斋按：另见"予违，汝弼"）

3.《尚书全解》卷六

（宋）林之奇撰

（归善斋按：见"予违，汝弼"）

4.《尚书讲义》卷四

（宋）史浩撰

（归善斋按：见"臣作朕股肱耳目"）

5.《尚书详解》卷五

（宋）夏僎撰

（归善斋按：见"予违，汝弼"）

6.《增修东莱书说》卷四

（宋）吕祖谦撰，时澜增修

钦四邻！庶顽谗说，若不在时，侯以明之，挞以记之，书用识哉，欲并生哉。工以纳言，时而飏之。格则承之、庸之，否则威之。

"四邻"，左右前后之近臣也。师臣者，帝；宾臣者，王；友臣者，霸。自古以来，成王畏相，无不以钦大臣而兴者，皆原于舜"臣邻"之意也。自此论教育人才之理。"庶顽谗说，若不在时"，于是收而化之。始则用射侯之礼，以明之。射者心正，然后能中，揖让而升，下而饮，非敬，不可所以发其敬心也。"挞而记之"，"记"者，使之自记，非教者记之也。又书之于简册，以识其过。人之有过，窘诮之时，愧悔之意必生，渐久而渐忘，是以改过常不力。挞而必记，又有书以识之，非斥绝之也，存其过，所以存其耻。目接于所记、所书，则必耻，耻则善心生。"欲并生哉"，欲与之并生于天地之间，善者生之理也。"工"者，掌诵诗之官也。"时而飏之"，飏其诗也，以验其从化与否也。诗者，出于情性。古人采诗以观民风，即此意也。春秋列国，盟会赋诗之际，不能自隐其情，况唐虞之时，诗有不出于真情者乎。歌其诗以观之，感格而化者，可得而知。而感化者，复有浅深，或尊承之，或任用之。至于怙终不悛者，而后用法以刑之。舜何为于"诞说"者教之如此其至，盖作之君，作之师，不如是，则不足以尽君师之职也。

7.《尚书说》卷一

（宋）黄度撰

（归善斋按：见"臣哉邻哉"）

8.《洁斋家塾书钞》卷三

（宋）袁燮撰

庶顽谗说，若不在时，侯以明之，挞以记之，书用识哉，欲并生哉。工以纳言，时而飏之。格则承之、庸之；否则威之。禹曰：俞哉！帝光天之下，至于海隅苍生，万邦黎献，共帷帝臣。惟帝时举，敷纳以言，明庶以功，车服以庸。谁敢不让，敢不敬应。帝不时敷同，日奏罔功。

大凡朝廷欲信用君子，最不可使谗人间之。谗人在朝，虽用君子，君子不能自立。盖其以是为非，点白为黑，浸润之谮，日至于人主之前，正人端士，何以自立。故舜深疾此等人。前既曰"朕疾谗说殄行"，此又欲"挞"之、"书"之；终不格者，"威"之。盖此等人不去，非所以保护忠臣良士也。"侯以明之"者，用射侯之法以明之也。大凡射，最是人心端之处。若内志不正，射必莫能中。惟君子为能正其心，是以，惟君子为能射，故曰"仁者如射"。彼顽谗之人，肆为谗言邪说，心之不正甚矣，何以能中？故舜用是以明别其善恶焉。虽然世之武夫悍卒，既无学问，既非君子，然则射何以能中？此无他，只缘此心之良，人所固有，方其射也，此心至正，更无偏倚。当时之心，即圣人之心也。但彼自迷不知，随即放肆，是以不保其长存耳。所谓

"明之"者，不特以侯明别其善恶，亦是使他明其心。盖觊其因射侯之后，而有所警于中也。"挞以记之，书用识哉"，皆只要使之不忘所以如此，不是徒然"欲并生哉"故也。所谓"生"，却不特是只活在世上。"克绥先王之禄，永厎烝民之生"。人之生也，直须真个是始得"正德、利用、厚生、惟和"。所谓"厚生"，即这"生"字。"生"底人，极难得，谁不活在世上，然"生"者极少，盖才为不善，虽生无以异于死。谢上蔡说得好，不仁者，虽生无以异于死，虽有心亦邻于无心，虽有四体亦不为吾用矣。陷阱在前，人必知所畏。至于不善，却贸然为之。彼其果"生人"耶？则岂不见此是不善，岂不知不善之当改，今既为之，而又不能改，是死也，是无此心也，谓之"生"得乎？古之王天下者，只是要天下之人，得其所以"生"焉。"永厎烝民之生"，常常欲其生也。"工以纳言，时而飏之"，舜疾谗说，专于纳言，致其谨。向者，"疾谗说殄行"，既以命龙矣。今治"庶顽谗说"又使工纳而飏之，盖"顽谗"所以敢肆言无忌，彼谓朝廷之上，未必知耳。今即所纳之言，飏之于歌，使知吾有所言，是非美恶，上之人莫不闻知，则顽谗岂不有所畏忌而少息乎？"格则承之、庸之，否则威之"，"格"者，变格也。如此而有格心，吾将尊而用之，犹不格焉，则将斥逐之也。今观此一段，须合"臣作股肱耳目"而下，相贯看去。盖"翼"、"为"、"明"、"听"之任，既得人以任其职，必当使之竭诚辅弼，尽言无隐，贤人布列，尽忠辅上，又当不使谗人得以间之。股肱耳目徒有其人，而面从背毁，将何补于上。四邻之臣，虽皆竭忠，万一有谗邪出于其间，又岂保全忠贤之道哉？故舜于"翼"、"为"、"明"、"听"之后，而资以正，救切磨之益；当忠贤胥会之时，而深防谗言乱正之害，其措意深，其为虑悉矣。虽然，抑有可疑者。夫所谓"庶顽谗说"之人，非田野间之小民也。彼其得以有言于人主之前，必朝廷之大臣。然今乃曰"挞以记之"，只此一句极是可疑。汉明帝，箠拽郎官，当时识者皆以为不然。岂有九官相逊，穆穆布列之朝，不免鞭挞其臣下。且殿陛之间，岂施鞭挞之处乎？是诚可疑也。呜呼，此可以见舜疾恶之深矣。"好贤如缁衣，恶恶如巷伯，则爵不渎而民作劝，刑不试而民咸服"。好贤，固不可不笃疾恶，又不可不深。夫天下，惟"谗说殄行"之人最为可疾。《诗》人之疾谗也，至"取彼谗人，投畀豺虎；豺虎不食，投畀有北；有北不受，投畀有昊"。韩昌黎以为，伤于谗疾而甚之之辞。顽谗之人，既如此可疾，故虽挞之可也。然舜之言虽如此，而其所以言，又自不同，曰"欲并生哉"，曰"格则承之、庸之"，舜之意，欲其"生"，欲其"格"也。盖顽谗之人肆言无忌，只缘不格。使其果生耶，则必知顽谗之不可为，而安有不翕然丕变者乎？虽然，舜之言诚是矣，所以疾恶诚深矣。然疾之之深，禹尚以为疑，故有"俞哉"之言。曰"俞"者，信其言之然也。曰"哉"云者，犹有疑辞也。舜之于天下，治之而服，固不若化之自从也。禹之所言又高一著说，禹谓：诚使帝之盛德，光辉发越，充塞宇宙，虽海隅苍生，罔不被焉。所谓舟车所至，人力所通，天之所覆，地之所载，日月所照，霜露所队，凡有血气，莫不尊亲。至于如此，则感召贤俊，皆愿立于朝。贤者翕然胥会，而帝又于是举之，考之以言，以观其善否；试之以功，以验其所言，使自别于众庶，然后庸之车服。是以举之也如此，则"谁敢不让，敢不敬应"乎？盖谗说之兴，萌于争心。争心既炽，见贤者登庸，其心必争。既争矣，故为谗言以间之。至于谁敢不让，济济相逊，则不争矣。既无争心，谗言自息。谗言不特是争，亦是不敬。至于莫不敬应，其上又安有所谓谗言者哉？大抵谗言肆害，善治者不治其谗说，益修厥德，勉焉不已，使之光被天下，则感召黎献，翕然胥会，谗说之人将不治而自息。盖正气既盛，邪气即微。太阳当天，群阴自伏。自古治小人者，不专在治小人。君子道长，小人道消矣。唐武宗一相李德裕，而仇士良辈，束手退避，告老而归。然则小人，亦何必屑屑然与之为敌哉？况隆古盛际，贤士布满，而谗说之人，无不逊让，无不敬应，此乃太阳丽天，群阴消伏之时也。必如是，方是唐虞之时。呜呼，不可及也已。"敷同日奏罔功"，言不若是，将日进于无功也。

（归善斋按：另见"予违，汝弼"）

9.《书经集传》卷一

（宋）蔡沈撰

庶顽谗说，若不在时，侯以明之，挞以记之，书用识哉，欲并生哉。工以纳言，时而飏之，格则承之、庸之，否则威之。

识，音志。飏，音扬。否，俯久反。此因上文而虑"庶顽谗说"之不忠不直也。"谗说"，即舜所疾者。时，是也，在是，指忠直为言。侯，射侯也。"明"者，欲明其果顽愚谗说与否也。盖射所以观德。顽愚谗说之人，其心不正，则形乎四体，布乎动静，其容体必不能比于礼；其节奏，必不能比于乐，其"中"必不能多。审如是，则其为"顽愚谗说"也必矣。《周礼》王大射，则供虎侯、熊侯、豹侯；诸侯，供熊侯、豹侯；卿大夫供麋侯，皆设其鹄。又梓人为侯，广与崇方，三分其广，而鹄居一焉，应古制亦不相远也。挞，扑也，即"扑作教刑"者。盖惩之使记而不忘也。识，志也，录其过恶，以识于册。如周制，乡党之官，以时书民之孝悌、睦婣、有学者也。圣人不忍以顽愚谗说，而遽弃之，用此三者之教，启其愤，发其悱，使之迁善改过，欲其并生于天地之间也。工，掌乐之官也。格，"有耻且格"之"格"，谓改过也。承，荐也。圣人于"庶顽谗说"之人，既有以启发其愤悱迁善之心，而又命掌乐之官，以其所纳之言，"时而飏之"，以观其改过与否。如其改也，则进之、用之；如其不改，然后刑以威之，以见圣人之教，无所不极其至。必不得已焉而后威之。其不忍轻于弃人也如此。此即龙之所典，而此命伯禹总之也。

（归善斋按：另见"予违，汝弼"）

10.《尚书精义》卷八

（宋）黄伦撰

（归善斋按：见"予违，汝弼"）

11.《尚书详解》卷五

（宋）陈经撰

（归善斋按：见"予违，汝弼"）

12.《融堂书解》卷二

（宋）钱时撰

（归善斋按：见"予违，汝弼"）

13.《尚书要义》卷五

（宋）魏了翁撰

十五、庶顽谗说，虞廷当无之。

众顽愚谗说之人，若有所行，不在于是而为非者，当察之，知其非乃挞之,言之此与以下发端也。"庶顽谗说"谓朝廷之臣;"格则承之",乃谓天下之人。舜之朝廷当无谗说之人,故设为大法戒慎之耳。

十六、辅弼疑承,惟伏传有此言。

四近之臣,普谓近臣之臣耳,无常人也。郑玄以"四近"为左辅、右弼,前疑、后承,惟伏生《书》传有此言。《文王世子》云有师保,有疑承,以外经传无此官也。

14.《书集传或问》卷上

(宋)陈大猷撰

(归善斋按:未解)

15.《尚书详解》卷二

(宋)胡士行撰

钦四邻(左辅、右弼、前疑、后丞)!

此欲禹比肩联事之人,皆以弼违为职也。师臣者帝,宾臣者王,友臣者霸。自古无不以钦大臣而兴者。

庶顽(不率教)谗(邪)说,若(如)不在时(是),侯(射侯之礼。射者,心正而后能中,揖让升下,非教不可)以明之(发明其敬心。吕云:本明其善恶),挞(教刑也。或云射之筹)以记(使记忆)之,书(简)用识(记其过,使见而愧心生)哉,欲并(皆)生(还其有生之善心)哉。工(乐工掌诵诗之官,采诗以观民风)以纳言(庶顽之言),时(及时)而飏(播)之(诗者,人之性情也。观其言,可验其格否),格(改)则承(章)之、庸(任用)之,否则威(刑)之。

前言钦邻,敬君子也;此言"庶顽",化小人也。唐虞之时,天下无小人也。非无小人也,难乎其为小人也。何难乎为小人,蒙圣人之教,不得而为小人也。一云:取其言之是者,讽之乐,以感化之,侯礼也,言诗也。礼以制之之严,犹未若诗以感之之贞也。夏云:谗说小人,有才辨,正所谓面从、退言者。

16. 《书纂言》卷一

（元）吴澄撰

庶顽谗说，若不在时，侯以明之，挞以记之，书用识哉，欲并生哉。工以纳言，时而飏之。格则承之、庸之，否则威之。

帝与禹言，欲臣邻各尽其职以助己，而未任之人，亦欲教养以成其才。盖百官世胄，万民之俊选，及诸侯所贡之士，皆他日居"臣邻"之职者，其可用之才，固将论定而官。使之其间有"庶顽谗说"，不在是选者，倪以为不可用而遽弃之，虑有遗才之失，故必命掌教乐之官，悉心造就，冀其改过迁善，而得为吾用。侯，张侯以射也，如《王制》所谓"司徒命乡简不率教者以告"，耆老皆朝于庠，习射上功是也。"明之"，使自明也。射之礼，必明于进退周旋，升降揖让之仪；必明于驺虞、狸首、采蘩、采苹之节；又必内志正，外体直，持弓矢审固，而后可以中。所以开悟其心思智识者，非一故曰"以明之"。挞，扑也，如《仪礼·乡射记》所谓"楚扑长如笴"，射者有过则挞之是也。"记之"，使之自记也。人有不善，每欲讳护，不遭戮辱，稍久即忘耻，不甚则悔不深；悔不深，则改不力。射而有过，及犯教者，挞之中庭，众所共见，辱莫大焉，所以坚牢其羞恶愤悔者至切，故曰"以记之"。"书用识哉"者，谓岁时常教习之，苟其有一善，则书而识之，以待考校。如《周官》族师属民读法，书其孝弟睦姻；闾胥聚众庶读法，书其敬敏任恤是也。夫习射而使之明，挞过而使之记，又用书以识其善，道之、齐之、惩之、劝之，至再，至三，而未已者，欲其"并生"而已。善者，生之徒；不善者，死之徒。改不善而从善，是与之"并生"也。已上盖使掌教者教之，犹以为未足，又使典乐者教之。"工"，谓乐工。"纳言"，乐工平日所纳之言也。飏，播扬也。工以所采诗歌之类，时时播扬，倡叹以晓谕感动之，而兴起其善心，如《周官》大司乐以乐语教国子，兴道讽诵言语是也。承，进也。威，谓屏之、责之也。其改过，而至于善者，则进之用之；其不可化而终不改者，则屏之、责之也。呜呼！帝舜为君、为师之道，仁之至，义之尽也。

（归善斋按：另见"予违，汝弼"）

17.《书集传纂疏》卷一

（元）陈栎撰

庶顽谗说，若不在时，侯以明之，挞以记之，书用识哉，欲并生哉。工以纳言，时而飏之。格则承之、庸之，否则威之。

纂疏：

《语录》：问"否则威之"一段。上文说"钦四邻"，止"欲并生哉"多不可晓，如命龙亦曰"朕堲谗说"，皆言"谗说"想是当时有此制，今不能知，又不当杜撰说，只得置之。"侯以明之，挞以记之"只是赏罚。曰：既是赏罚，当别有施设，如何只靠射，岂有无状之人，才得中便为好人乎？

陈氏曰："典乐"命夔，"堲谗"命龙，此又责之禹。二人有司之事，法守也，故各主其一。禹百揆，故无所不统。

孔氏曰："不在时"，所行不在于是，而为非者，当察之。乐官诵诗以纳谏，当是正其义而飏之。《周礼》注"画布曰正，栖皮曰鹄"。《诗》疏"正"、"鹄"皆鸟名，难中，以中为隽，故以名的。

吕氏曰："挞记"、"书识"，非绝之也，存其过，所以存其耻。耻则善心生矣。工，掌诗之官。"纳言"，采其诗也，飏其诗，以验其从否也。诗，可见人真情。春秋会盟赋诗，一有不类，即能知之。

陈氏大猷曰："侯"、"挞"，行于一时；"书识"示于悠久，使其愧耻而迁善改过，以并生于天地间也。

或曰：书用识其善恶，书其孝友、睦婣，识其善也。斐豹欲除丹书，识其恶也。

愚谓：射侯以礼教也，既挞、书以愧耻之于先；纳言以乐教也，复时飏以感发之于后，"有耻且格"，欲与"并生"之心遂矣，用之宜也。否者，终不格与并生之心不获遂，威之不容已也。

（归善斋按：另见"予违，汝弼"）

18.《读书丛说》卷三

（元）许谦撰

（归善斋按：未解）

19.《书传辑录纂注》卷一

（元）董鼎撰

庶顽谗说，若不在时，侯以明之，挞以记之，书用识哉，欲并生哉。工以纳言，时而飏之。格则承之、庸之，否则威之。

辑录：

元德问："工以纳言"止"否则威之"一段。上文说"钦四邻！庶顽谗说"止"欲并生哉"，皆不可晓。如命龙之辞，亦曰"朕堲谗说"，"殄行"止"惟允"皆言"谗说"，此须是当时有此制度，今不能知，又不当杜撰胡说，只得置之。元德谓"侯以明之，挞以记之"，乃是赏罚。先生云：既是赏罚当别有施设，如何只靠射，岂有无状之人才得中，便为好人乎？

纂注：

孔氏曰："不在时"，所行不在于是，而为非者当察之。乐官诵诗以纳谏，当是正其义而飏之。

吕氏曰：挞记、书识，非绝之也。存其过，所以存其耻，耻则善心生矣。

或曰："书用识"其善恶，书其孝悌睦姻有学者，书其善也；如《左氏》斐豹欲焚丹书，书其恶也。

吕氏曰：《诗》可见人真情。春秋会盟赋诗，一有不类，便能知之。

叶氏曰：郑伯享赵孟，七子从赵孟，使赋诗以观其志；子展赋《草虫》，伯有赋《鹑之奔奔》，叔向知"伯有将为戮"，子展后亡，亦犹是也。

葵初王氏曰：按易氏王大射解云：大射，祭祀之射也。王将有郊庙之事，以射择诸侯及群臣与邦国所贡之士，取其中多而可以与祭者，于是有三侯、二侯、一侯焉。天子射虎侯，其道九十弓，六尺为弓，弓二寸为侯中，则虎侯之中，广一丈八尺；三分其广，以其一为之鹄，则鹄方六尺，侯之上中下皆用布，而两旁饰以虎，其中设鹄为的焉。诸侯射熊侯，七十弓。卿大夫射麋侯，五十弓。其鹄眡，其弓之数而降杀之。凡侯天子以三，诸侯以二，卿大夫以一。又梓人为侯，曰张皮侯而栖鹄，则春以功。皮侯，即熊、虎、豹之三侯，天子大射之侯也。张五采之侯，则远国属。五采，即五正之侯，天子宾射之侯也。张兽侯，则王以息燕，此又天子燕射之侯也。其侯虽不见于经，而《乡射记》言天子熊侯白质，诸侯麋侯赤质，大夫布侯画以虎豹，士布侯画以鹿豕，即兽侯尔。盖大射以鹄，宾射以正，燕射以质，不可以不辨。郑氏《周礼》注云：崇，高也；方，犹等也。高、广、等，谓侯中也。画布曰正，栖皮曰鹄。

孔氏《诗》疏：正、鹄，皆鸟名难中，以中为隽，故以名的。

（归善斋按：另见"予违，汝弼"）

20.《尚书句解》卷二

（元）朱祖义撰

钦四邻（故我钦敬左右前后邻近之臣忠于弼违究过者）！庶顽谗说（或有不以弼违为意，多为是心不则德义，肆其巧言谤上），若不在时（意本在是，而言似不在是者）。

21.《尚书日记》卷四

（明）王樵撰

"庶顽谗说"至"否则威之"。上文既以"弼直"之义深责之禹，此又欲禹推广"弼直"之义，董正诸臣，谓诸有不忠、不直，为顽与谗说，不在此"弼直"之义者，当有以处之。

"侯以明之"，盖射以观德，于是使贤、不肖无所遁其实，而生其耻心尔。蔡氏谓，欲明其果"顽愚谗说"与否。夫"庶顽谗说，若不在时"，帝先已洞烛之矣，岂待射侯而始明其果否乎？

"挞记书识"，详蔡传。"欲并生哉"者，盖盛世，人皆为善，而为恶者无以自容，非诛杀即流窜，能全其生者寡矣。故用此以激励而教之，使知迁善改过，庶几得并生于天地之间也。

言之"出纳"有二：有诗歌之言出纳，"五言"是也。有"敷奏"之言，龙之所典是也。"工以纳言，时而飏之"，旧说亦有指为乐教者，盖以"纳言"为"五言"，而飏之为开发其善心。侯明、挞记之严，而乐节雍容涵养于后，无非教也。蔡传谓，此即龙之所典，而命伯禹总之，则不如此说矣。朱子尝言，此须是当时有此制度，今不能知，又不当杜撰，只得置之也。

付其言于龙，使不得行其谗以害政；付其人于禹，使有以革其谗而为忠也。

（归善斋按：另见"予违，汝弼"）

22.《日讲书经解义》卷二

（清）库勒纳等撰

庶顽谗说，若不在时，侯以明之，挞以记之，书用识哉，欲并生哉。工以纳言，时而飏之。格则承之、庸之，否则威之。

此一节书，是帝舜既命禹尽忠直于己，而兼欲其教忠直于人也。时，是也。指忠直而言。侯，射侯也。挞，扑也，即扑作教刑者是也。识，志也。工，掌乐之官也。飏，宣扬也。格，谓改过也。承，荐也。庸，用也。帝舜曰：忠直之道，汝固当自尽，若众人中有顽愚而好为谗说，不在是忠直之列者，先设射侯以明验之。盖射以观德，顽谗之人，志不正，体不直，其射必不能多中。果明其为顽谗矣，须加鞭扑，使之自记于心，知所惩戒；又书其过恶以志于册，使之常存羞愧，速图迁改。凡此三者之教，总欲化其顽谗为忠直，并生于天地间，不至终为弃人耳。然必观其改过与否，又当命乐官取彼所进纳之言，播于乐章，时时而宣飏之。其言和平，是能改过，则荐之、用之，而并生之愿遂矣。其言乖戾，是不能改，则威之以刑。彼终外于并生，不可使与忠直者溷列焉。盖顽愚谗说，伤败善类，最足害治。然犹未忍遽绝之，必曲尽其教之之道，至真不能悔改，然后加以斥谴。可见圣人"好生之德"，如天地之无疆，而圣世所以无弃人也。

（归善斋按：另见"予违，汝弼"）

《尚书疑义》卷一

（明）马明衡撰

虞廷之治，人皆君子，而舜眷眷以"庶顽谗说"为言，上既命龙作"纳言"矣，而此复以命禹，盖圣人以天下为一体，元气虽已周流，而癣疥之微亦欲其尽去，然后为快，故委曲含容教导，欲其化于善而后已也。

《尚书埤传》卷三

（清）朱鹤龄撰

钦四邻。

孔疏：四近之臣。普谓近君之臣耳，无常人也。郑玄以四近为左辅、右弼、前疑、后承（按郑说，本《书》大传）。胡一桂曰：既责禹以弼违，又欲其钦四邻，谓所与同列之近臣，当敬之，使同心而弼我也。陈大猷曰：四邻诸侯各有其职，而舜悉以责禹者，禹百揆无所不统也。于此可观君道，亦可观相道矣。王炎曰：无面从，于上不谄；钦四邻，于下不渎（新安陈氏谓，蔡解"钦四邻"欠明，以上说较可通，故录之）。

《书蔡氏传旁通》卷一下

（元）陈师凯撰

（归善斋按：见"臣作朕股肱耳目"）

《尚书七篇解义》卷一

（清）李光地撰

（归善斋按：见"臣作朕股肱耳目"）

侯以明之，挞以记之

1. 《尚书注疏》卷四

（汉）孔氏传，（唐）陆德明音义，孔颖达疏

侯以明之，挞以记之。

传：当行射侯之礼，以明善恶之教，笞挞不是者，使记识其过。

音义：挞，他末反，又他达反。笞，敕疑反。

疏：行射侯之礼，知其善恶，以明别之。行有不是者，又挞其身以记之。

《礼》射皆张侯射之，知"侯以明之"，当行射侯之礼，以明善恶之教。射礼有序宾以贤、询众择善之义，是可以明善恶也。笞挞不是者，使记识其过，谓过轻者也。大罪刑杀之矣。古之射侯之士，无以言之。按《周礼·司裘》云：王大射，则供虎侯、熊侯、豹侯，设其鹄。诸侯则供熊侯、豹

侯。卿大夫则供麋侯，皆设其鹄。郑玄注云：虎九十弓，即方一丈八尺；熊七十弓，方一丈四尺；豹麋五十弓，方一丈。郑又引《梓人》，为侯广与崇方，三分其广，而鹄居一焉。则丈八之侯，鹄方六尺。丈四之侯，鹄方四尺六寸大半寸。一丈之侯，鹄方三尺三寸少半寸，此皆大射之侯也。《射人》云：王以六耦，射三侯、五正。诸侯以四耦，射二侯、三正。孤、卿大夫，以三耦，射一侯二正。士以三耦，射豻侯、二正。郑玄注云：五正者，五采，中朱，次白，次苍，次黄，玄居外。三正者，去玄、黄。二正者，去白、苍，而画以朱绿。此宾射之侯也。郑以宾射三侯，步数高广，与大射侯同，正大如鹄。《司裘》及《射人》所云诸侯者，谓圻内诸侯。若圻外诸侯，则《仪礼·大射》云：大侯九十弓，熊侯七十弓，豹侯五十弓，皆以三耦。其宾射则无文。若天子已下之燕射，按《乡射记》云：天子，熊侯白质；诸侯，麋侯赤质；大夫，布侯，画以虎豹；士，布侯，画以鹿豕。熊侯，已下同。五十弓，即侯身高一丈，君臣共射之。

《尚书注疏》卷四《考证》：
侯以明之。
黄度曰：《周礼》乡五物询众庶，其事始此。

2. 《书传》卷四

（宋）苏轼撰
（归善斋按：见"庶顽谗说"）

3. 《尚书全解》卷六

（宋）林之奇撰
（归善斋按：见"予违，汝弼"）

4. 《尚书讲义》卷四

（宋）史浩撰
（归善斋按：见"臣作朕股肱耳目"）

5.《尚书详解》卷五

（宋）夏僎撰

（归善斋按：见"予违，汝弼"）

6.《增修东莱书说》卷四

（宋）吕祖谦撰，时澜增修

（归善斋按：见"庶顽谗说"）

7.《尚书说》卷一

（宋）黄度撰

（归善斋按：见"臣哉邻哉"）

8.《洁斋家塾书钞》卷三

（宋）袁燮撰

（归善斋按：见"庶顽谗说"）

9.《书经集传》卷一

（宋）蔡沈撰

（归善斋按：见"庶顽谗说"）

10.《尚书精义》卷八

（宋）黄伦撰

（归善斋按：见"予违，汝弼"）

11.《尚书详解》卷五

（宋）陈经撰

（归善斋按：见"予违，汝弼"）

12.《融堂书解》卷二

（宋）钱时撰

（归善斋按：未解）

13.《尚书要义》卷五

（宋）魏了翁撰

十七、"侯以明之"，谓射礼；挞，谓过轻者。

正义曰：《礼》射皆张侯射之，知侯以明之，当行射侯之礼，以明善恶之教，射礼有序宾以贤、询众择善之义，是可以明善恶也。笞挞不是者，使记识其过，谓过轻者也，大罪刑杀之矣。古之射侯之士，无以言之。按《周礼·司裘》云云。

14.《书集传或问》卷上

（宋）陈大猷撰

（归善斋按：未解）

15.《尚书详解》卷二

（宋）胡士行撰

（归善斋按：见"庶顽谗说"）

16.《书纂言》卷一

（元）吴澄撰

（归善斋按：见"庶顽谗说"）

17.《书集传纂疏》卷一

（元）陈栎撰

（归善斋按：见"庶顽谗说"）

18.《读书丛说》卷三

（元）许谦撰

（归善斋按：未解）

19.《书传辑录纂注》卷一

（元）董鼎撰

（归善斋按：见"庶顽谗说"）

20.《尚书句解》卷二

（元）朱祖义撰

侯以明之（汝当讲射侯之礼以明其贤否），挞以记之（若果顽然不可化，必鞭挞之，使记过而不忘）。

21.《尚书日记》卷四

（明）王樵撰

（归善斋按：见"庶顽谗说"）

22.《日讲书经解义》卷二

（清）库勒纳等撰

（归善斋按：见"庶顽谗说"）

《尚书通考》卷五

（元）黄镇成撰

侯以明之。

《周礼·司裘》王大射，则共虎侯、熊侯、豹侯，皆设其鹄；诸侯，则共熊侯、豹侯，卿大夫则共麋侯，皆设其鹄。

注云：王将有郊庙之事以射，择诸侯及群臣，与邦国所贡之士，可以与祭者，可以观德行。其容体比于礼，其节比于乐，而中多者得与于祭。凡大射，各于其射宫，侯者其所射也。凡此侯道，虎九十弓，熊七十弓，豹麇五十弓。所射正，所谓侯者，天子中之，则能服诸侯；诸侯以下中之，则得为诸侯。郑司农云，鹄，鹄毛也。方十尺曰侯，四尺曰鹄，二尺曰正，四寸曰质。玄谓，九十弓者，侯中广一丈八尺；七十弓者，侯中广丈四尺；五十弓者，侯中广一丈，尊卑异等。《考工记》曰梓人为侯，广与崇方，三分其广，而鹄居一焉。然则，侯中丈八尺者，鹄方六尺；侯中丈四尺者，鹄方四尺六寸大半寸；侯中一丈者，鹄方三尺少半寸。谓之鹄者，取名于鸤鹄。鸤鹄，小鸟而难中，是以中之为隽（鸤音雁）。

王葵初云，侯之上、中、下皆用布，而两傍饰以虎，其中设鹄为（缺）。其鹄，视其弓之数而降杀焉。凡侯天子以三，诸侯以二，卿大夫以一。又《梓人》为侯曰"张皮侯而栖革，则春以功"，皮侯，即熊、虎、豹之三侯，天子大射之侯也；张五采之侯，则远国属五采，即五正之侯，天子宾射之侯；张兽侯，则王以息燕，此又天子燕射之侯也。其侯虽不见于经，而《乡射记》言，天子熊侯白质，诸侯麋侯赤质，大夫布侯画以虎豹，士布侯画以鹿豕，即兽侯尔。盖大射以鹄，宾射以正，燕射以质，不可以不辨。画布曰正，栖皮曰鹄。

《书蔡氏传旁通》卷一下

（元）陈师凯撰

盖射所以观德。

《射义》云：射者，进退周还必中礼，内志正，外体直，然后持弓矢审固；持弓矢审固，然后可以言中。此可以观德行矣。

其容体必不能比于礼，其节奏必不能比于乐，其"中"，必不能多。

《射义》云：古者天子之制，诸侯岁献贡士于天子，天子试之于射宫。其容体比于礼，其节比于乐，而"中"多者，得与于祭。其容体不比于礼，其节不比于乐，而"中"少者，不得与于祭。

《周礼》，王大射则供虎侯、熊侯、豹侯；诸侯则供熊侯、豹侯；卿大夫供麋侯，皆设其鹄。

此《天官·司裘职》文也。大射者，祭祀之射。王将有郊庙之事，以射择诸侯，及群臣与邦国所贡之士，可以与祭者。侯者，其所射者也，以布为之，以虎、熊、豹、麋之皮饰其侧，又方制之以为准，谓之鹄，著于侯中。王之大射，虎侯，王所自射也；熊侯，诸侯所射；豹侯，卿大夫以下所射。诸侯之大射，熊侯，诸侯所自射；豹侯，群臣所射。卿大夫之大射，麋侯，君臣共射焉。

又梓人为侯，广与崇方，三分其广，而鹄居一焉。

梓人，《冬官》职也；崇，高也；方，等也。三分，《周礼》作"参分"。鹄居侯中，于高广，当三分之一也。制弓长六尺以射，故制侯以弓为节。天子大射，侯道九十弓，每弓取二寸，二九一十八，是九十弓得一丈八尺，为虎侯之崇广。熊侯七十弓，崇广一丈四尺。豹侯、麋侯五十弓，崇广一丈。以三分之，则一丈八尺者，其鹄方六尺。一丈四尺者，其鹄方四尺六寸六分。一丈者，其鹄方三尺三寸三分。此所谓参分其广，而鹄居一也。诸侯之在国中者，亦如之。此祭祀之射也。其次有宾射，诸侯来朝，天子入而与之射，或诸侯相朝而与之射。其次为燕射，谓燕息而与之射也。天子、诸侯、大夫，三射皆具。惟士无大射，而有宾射、燕射。三射之外，又有乡射。乡大夫贡贤能之后，行乡射之礼，而询众庶。又有州长射于州，序其侯，并同宾射之法。又有主皮之射二，一是卿大夫从君田猎，班余获而射；一是庶人之射。主皮者，无侯，张兽皮而射之也。又有习武之射，《司弓矢职》云"弧弓，以授射甲革椹质者"是也。又《梓人职》云"张皮侯而栖鹄"，此言大射也。张五采之侯，则远国属，此宾射也。张兽侯，则王以燕息，此言燕射也。朱子《中庸》云：画布曰正，栖皮曰鹄。大射则以虎、熊、豹麋之皮栖于侯中，而又以其皮饰于上下，惟大射用之。宾射用五采之侯，所谓"画布曰正"也。《射人》注云：正之言正也，射者内志正也。又训为鸟名。《射义》疏云：齐鲁之间，名悬肩为正。《射人职》云：王射，三侯五正；诸侯射，二侯三正；卿大夫射，一侯二正；士射，豻侯二正。五正者中朱，次白，次苍，次黄，玄居外。各从五行，所克为次，三正损玄、黄二正画朱绿（三侯者，五正、三正、二正之侯也，余仿此）。其侯，亦如虎、熊、豹之崇广。凡中央之赤，皆方二尺，以外之色分布之，其外又画云气以为饰。惟士豻侯，饰以豻皮。豻，胡犬也。天子以下燕射，尊卑皆用一侯。《礼记》疏云：天子熊侯白质，诸侯麋侯赤质，大夫布侯画以虎豹，士布侯画以鹿豕。白质、赤质，皆以白土、赤土涂之。大夫、士言布，则白布不涂也。熊、麋、虎、豹、鹿、豕，皆正面画其头象于正鹄之处耳。所画处，皆丹质。君画一，臣画二，阳奇阴耦之数也。天子以下，其侯道同五十弓。崇广方一丈也。又六艺五射，一曰参连，二曰白矢，三曰剡注，四曰襄（音让）尺，五曰井仪，是射法也。

《尚书砭蔡编》

（明）袁仁撰

若不在时，侯以明之。

若，如也；在，察也；时，是也。谓"庶顽谗说"之人，一不能察，害治不小。如不能察于是，须于乡射时辨别之。盖射以观德，心正则比于礼乐，心邪则否。古人用此为观人之具。

《尚书稗疏》卷一

（清）王夫之撰

侯以明之。

"明之"为言，辨也。"侯以明之"，当大射之时，差次其等，摈顽谗，使不得与，以明辨其不肖而辱之。如孔子"矍相"之射是已。射以观德者，所以纳君子于轨物；侯以明恶者，所以显小人之斥罚。倘如蔡氏所说，不先察其顽谗，而一取决于射，是略其已著之善恶，而征之于或然之得失，藉有养由之技，汉成之容，非比于礼乐之为难，遂谓其贤于羊叔子耶？侯明、挞记，其义一也。挞，以见及为辱；侯，以不与为辱，皆先知其顽谗，而以是惩之也。

《尚书埤传》卷三

（清）朱鹤龄撰

侯以明之。

书用识哉。

工以纳言。

（附考）蔡传"广与崇方"，按《周礼》注，崇，高也；方，等也。高、广等，谓侯中也。易氏大射解云，天子射虎侯，其道九十弓。虎侯之中，广一丈八尺，三分其广，以其一为之鹄，则鹄方六尺。诸侯射熊侯，七十弓。卿大夫射麋侯，五十弓。其鹄以其弓之数降杀之。凡侯天子以三诸，侯以二，卿大夫以一。

吕祖谦曰："书以识"，兼记善恶，如周制，书孝弟、睦姻，有学者书其善也。《左传》斐豹欲除丹书，书其恶也。侯、挞行于一时，书识示于久远。

黄度曰：工在周为太师，纳言时飏类，若陈诗之事。吴澄曰：射侯以礼教也，纳言以乐教也，于此见帝舜为君，为师之道。王樵曰：蔡传谓"工以纳言"即龙之所典，而命伯禹总之，盖付其言于龙，使不得行其谗以害政；付其人于禹，使有以革其谗而为忠也。

《书蔡氏传旁通》卷一下

（元）陈师凯撰

（归善斋按：见"臣作朕股肱耳目"）

《尚书七篇解义》卷一

（清）李光地撰

（归善斋按：见"臣作朕股肱耳目"）

书用识哉，欲并生哉

1.《尚书注疏》卷四

（汉）孔氏传，（唐）陆德明音义，孔颖达疏

书用识哉，欲并生哉。

传：书识其非，欲使改悔，与其并生。

疏：书其过者以识之。所以挞之、书之者，冀其改悔，欲与并生活哉。

书识其非，亦是小过者也，欲并生哉。总上三者，侯以明之，挞以记之，书用识哉，皆是欲其改悔，与无过之人共并生也。

2.《书传》卷四

（宋）苏轼撰

（归善斋按：见"庶顽谗说"）

3.《尚书全解》卷六

（宋）林之奇撰

（归善斋按：见"予违，汝弼"）

4.《尚书讲义》卷四

（宋）史浩撰

（归善斋按：见"臣作朕股肱耳目"）

5.《尚书详解》卷五

（宋）夏僎撰

（归善斋按：见"予违，汝弼"）

6.《增修东莱书说》卷四

（宋）吕祖谦撰，时澜增修

（归善斋按：见"庶顽谗说"）

7.《尚书说》卷一

（宋）黄度撰

（归善斋按：见"臣哉邻哉"）

8.《洁斋家塾书钞》卷三

（宋）袁燮撰

（归善斋按：见"庶顽谗说"）

9.《书经集传》卷一

（宋）蔡沈撰

（归善斋按：见"庶顽谗说"）

10.《尚书精义》卷八

（宋）黄伦撰

（归善斋按：见"予违，汝弼"）

11.《尚书详解》卷五

（宋）陈经撰

（归善斋按：见"予违，汝弼"）

12.《融堂书解》卷二

（宋）钱时撰

（归善斋按：未解）

13.《尚书要义》卷五

（宋）魏了翁撰

（归善斋按：未引）

14.《书集传或问》卷上

（宋）陈大猷撰

（归善斋按：未解）

15.《尚书详解》卷二

（宋）胡士行撰

（归善斋按：见"庶顽谗说"）

16. 《书纂言》卷一

（元）吴澄撰

（归善斋按：见"庶顽谗说"）

17. 《书集传纂疏》卷一

（元）陈栎撰

（归善斋按：见"庶顽谗说"）

18. 《读书丛说》卷三

（元）许谦撰

（归善斋按：未解）

19. 《书传辑录纂注》卷一

（元）董鼎撰

（归善斋按：见"庶顽谗说"）

20. 《尚书句解》卷二

（元）朱祖义撰

书用识哉（又书其过于册，以记其事，为他日格不格之验），欲并生哉（惟欲与之并生于世，而为善之归耳）。

21. 《尚书日记》卷四

（明）王樵撰

（归善斋按：见"庶顽谗说"）

22. 《日讲书经解义》卷二

（清）库勒纳等撰

（归善斋按：见"庶顽谗说"）

《书蔡氏传旁通》卷一下

(元)陈师凯撰

如周制，乡党之官，以时书民之孝悌、睦姻，有学者。

《地官·党正》云：正岁，属民读法，而书其德行道艺，以岁时涖校比。《族师》云：月吉则属民而读邦法，书其孝悌、睦姻、有学者。《闾胥》云：既比则读法，书其敬敏任恤者。愚按，闾，二十五家也；族，百家也；党，五百家也；五家为比，五比为闾，四闾为族，五族为党，五党为州，五州为乡。党正、族师、闾胥，皆乡大夫所属，故蔡传不别言之，总称为乡党之官也。

《尚书埤传》卷三

(清)朱鹤龄撰

(归善斋按：见"侯以明之")

《书蔡氏传旁通》卷一下

(元)陈师凯撰

(归善斋按：见"臣作朕股肱耳目")

《尚书七篇解义》卷一

(清)李光地撰

(归善斋按：见"臣作朕股肱耳目")

工以纳言，时而飏之

1. 《尚书注疏》卷四

(汉)孔氏传，(唐)陆德明音义，孔颖达疏

工以纳言，时而飏之。

传：工，乐官。当诵诗以纳谏，当是正其义而飏（yáng）道之。

音义：飏，音扬。否方有反，徐音鄙。

疏：工，乐之官，以纳谏言于上，当是正其义而显扬之，使我自知得失也。

《礼通》谓乐官为工，知工是乐官。则《周礼》大师瞽矇之类也。乐官掌颂诗言以纳谏，以诗之义理或微，人君听之，若有不悟，当正其义，而扬道之。扬，举也，举而道向君也。

2.《书传》卷四

（宋）苏轼撰

（归善斋按：见"庶顽谗说"）

3.《尚书全解》卷六

（宋）林之奇撰

（归善斋按：见"予违，汝弼"）

4.《尚书讲义》卷四

（宋）史浩撰

（归善斋按：见"臣作朕股肱耳目"）

5.《尚书详解》卷五

（宋）夏僎撰

（归善斋按：见"予违，汝弼"）

6.《增修东莱书说》卷四

（宋）吕祖谦撰，时澜增修

（归善斋按：见"庶顽谗说"）

7.《尚书说》卷一

（宋）黄度撰

（归善斋按：见"臣哉邻哉"）

1083

8. 《洁斋家塾书钞》卷三

（宋）袁燮撰

（归善斋按：见"庶顽谗说"）

9. 《书经集传》卷一

（宋）蔡沈撰

（归善斋按：见"庶顽谗说"）

10. 《尚书精义》卷八

（宋）黄伦撰

工以纳言，时而飏之。格则承之、庸之，否则威之。

荆公曰："工以纳言，时而飏之"者，所谓以乐教也；"格则承之、庸之"者，既教而成矣。则有德者承之，而承之者使之在位也；有能者庸之，而庸之者，使之在职也。"否则威之"者，教之不率，而后威之以刑。先王所以成就天下之材，至于如此，可谓至矣。

11. 《尚书详解》卷五

（宋）陈经撰

（归善斋按：见"予违，汝弼"）

12. 《融堂书解》卷二

（宋）钱时撰

（归善斋按：未解）

13. 《尚书要义》卷五

（宋）魏了翁撰

（归善斋按：未引）

14. 《书集传或问》卷上

（宋）陈大猷撰

（归善斋按：未解）

15. 《尚书详解》卷二

（宋）胡士行撰

（归善斋按：见"庶顽谗说"）

16. 《书纂言》卷一

（元）吴澄撰

（归善斋按：见"庶顽谗说"）

17. 《书集传纂疏》卷一

（元）陈栎撰

（归善斋按：见"庶顽谗说"）

18. 《读书丛说》卷三

（元）许谦撰

（归善斋按：未解）

19. 《书传辑录纂注》卷一

（元）董鼎撰

（归善斋按：见"庶顽谗说"）

20. 《尚书句解》卷二

（元）朱祖义撰

工以纳言（又使乐工采其言以纳之），时而飏之（时以举飏于上，观其格不格者）。

（归善斋按：见"庶顽谗说"）

21.《尚书日记》卷四

（明）王樵撰

（归善斋按：见"庶顽谗说"）

22.《日讲书经解义》卷二

（清）库勒纳等撰

（归善斋按：见"庶顽谗说"）

《尚书疑义》卷一

（明）马明衡撰

"工以纳言"，以出纳惟允之言；"时而飏之"，使入于耳，感于心，庶几其能改过而迁善。蔡氏云以其所纳之言，"时而飏之"。夫"飏之"者，欲其兴起，而动其天机，必善言，始可讽咏也。若谗慝，所纳之言，其何足"飏"，以使人而有兴也耶。

《尚书埤传》卷三

（清）朱鹤龄撰

（归善斋按：见"侯以明之"）

《书蔡氏传旁通》卷一下

（元）陈师凯撰

（归善斋按：见"臣作朕股肱耳目"）

《尚书七篇解义》卷一

（清）李光地撰

（归善斋按：见"臣作朕股肱耳目"）

格则承之、庸之，否则威之

1.《尚书注疏》卷四

（汉）孔氏传，（唐）陆德明音义，孔颖达疏

格则承之、庸之，否则威之。

传：天下人能至于道，则承用之，任以官；不从教，则以刑威之。

音义：任，汝鸩反。

疏：又总言御下之法，天下之大，有能至于道者，则当承受而进用之，当任以官也。不从教者，则以刑罚威之，当罪其身也。此等皆汝臣之所为。

言承之用之，则此人未在官也。故言谓天下民必也。能至于道，即贤者，故承用之，而任以官也。否，谓不从教者，则以刑威之，而罪其身也。臣过必小，故挞之，书之。人罪或大，故以刑威之。

2.《书传》卷四

（宋）苏轼撰

（归善斋按：见"庶顽谗说"）

3.《尚书全解》卷六

（宋）林之奇撰

（归善斋按：见"予违，汝弼"）

4.《尚书讲义》卷四

（宋）史浩撰

（归善斋按：见"臣作朕股肱耳目"）

5.《尚书详解》卷五

（宋）夏僎撰

（归善斋按：见"予违，汝弼"）

6.《增修东莱书说》卷四

（宋）吕祖谦撰，时澜增修
（归善斋按：见"庶顽谗说"）

7.《尚书说》卷一

（宋）黄度撰
（归善斋按：见"臣哉邻哉"）

8.《洁斋家塾书钞》卷三

（宋）袁燮撰
（归善斋按：见"庶顽谗说"）

9.《书经集传》卷一

（宋）蔡沈撰
（归善斋按：见"庶顽谗说"）

10.《尚书精义》卷八

（宋）黄伦撰
（归善斋按：见"工以纳言"）

11.《尚书详解》卷五

（宋）陈经撰
（归善斋按：见"予违，汝弼"）

12.《融堂书解》卷二

（宋）钱时撰
（归善斋按：未解）

13. 《尚书要义》卷五

（宋）魏了翁撰

（归善斋按：未引）

14. 《书集传或问》卷上

（宋）陈大猷撰

（归善斋按：未解）

15. 《尚书详解》卷二

（宋）胡士行撰

（归善斋按：见"庶顽谗说"）

16. 《书纂言》卷一

（元）吴澄撰

（归善斋按：见"庶顽谗说"）

17. 《书集传纂疏》卷一

（元）陈栎撰

（归善斋按：见"庶顽谗说"）

18. 《读书丛说》卷三

（元）许谦撰

（归善斋按：未解）

19. 《书传辑录纂注》卷一

（元）董鼎撰

（归善斋按：见"庶顽谗说"）

20.《尚书句解》卷二

（元）朱祖义撰

格则承之、庸之（至于善则受而用之），否则威之（不至于善则威之以刑）。

（归善斋按：见"庶顽谗说"）

21.《尚书日记》卷四

（明）王樵撰

（归善斋按：见"庶顽谗说"）

22.《日讲书经解义》卷二

（清）库勒纳等撰

（归善斋按：见"庶顽谗说"）

《尚书注考》

（明）陈泰交撰

"格则承之"，训"承"，荐也。"罔不惟民之承"，训"承"，敬也。"乃承叙万年"，训"承"，听受也。"承弼厥辟"，训"承"，承顺之谓。

《书蔡氏传旁通》卷一下

（元）陈师凯撰

（归善斋按：见"臣作朕股肱耳目"）

《尚书七篇解义》卷一

（清）李光地撰

（归善斋按：见"臣作朕股肱耳目"）

禹曰：俞哉！帝，光天之下，至于海隅苍生

1.《尚书注疏》卷四

（汉）孔氏传，（唐）陆德明音义，孔颖达疏

禹曰：俞哉！帝，光天之下，至于海隅苍生。

传：光天之下至于海隅，苍苍然生草木，言所及广远。

音义：应，"应对"之"应"。

疏：正义曰：禹既得帝言，乃答帝曰：然。既帝之任臣，又言当择人。充满大天之下，旁至四海之隅，苍苍然生草木之处，皆是帝德所及。

传正义曰：《尧典》之序，训"光"为"充"，即此亦为充，言充满大天之下也。据其方面，即四隅为远，至于海隅。举极远之处，言帝境所及广远。

2.《书传》卷四

（宋）苏轼撰

禹曰：俞哉。

《春秋传》太子欲杀浑良夫，公曰诺哉。"诺哉"云者，口诺而心不然也。禹之所以然者，曰"俞"而已。"俞哉"云者，亦有味其言矣。舜举四事以责其臣，立射侯书挞等法，以待庶顽，皆治理也。而禹独有味于斯言也者，盖其心有所不可于此，以为身修，而天下自服也。

3.《尚书全解》卷六

（宋）林之奇撰

禹曰：俞哉！帝光天之下，至于海隅苍生，万邦黎献，共惟帝臣，惟帝时举。

"禹曰：俞哉"，然帝之言也。虽然帝之言，又有以广帝之意，不以帝之言为然，于是故曰"俞哉"，与其他人"曰俞"者异也。舜谓"慎乃在位"必资于群臣之助，汝当钦尔四邻，以共弼予违。其责望于禹者，可

谓大矣。禹则以谓辅弼之责，虽在于臣邻，然而帝当广延天下之贤人，使之居辅弼之任，无以谓贤才止于此而已。光者，充也。"光天之下"者，犹言"普天之下"、"敷天之下"也。"海隅"者，四海之隅也。"苍生"者，谓苍苍然，如草木之生也。"黎献"，贤人在侧陋，献贤也。如《大诰》曰"民献有十夫予翼"。《论语》曰"文献不足征"，皆是贤之称也。谓之"黎献"者，孙氏曰：士大夫而上，冕弁在首，则缁玄爵韎（mò），其色不同至于野人，戴发则但黎首而已。黎首之民，谓之黎民。贤黎民，则谓之黎献。此说是也。凡此普天之下，至于海隅之至远，苍生之至微，其万邦之内，贤而黎首者，莫非帝王之臣，帝当悉举而用之也。禹之意，盖言当时之贤人，或有处于版筑耕钓之微，而未仕于帝朝者，帝当旁搜博采而，罔有或遗，使之处辅弼之任，以为天子之助也。

4.《尚书讲义》卷四

（宋）史浩撰

（归善斋按：见"臣作朕股肱耳目"）

5.《尚书详解》卷五

（宋）夏僎撰

禹曰：俞哉！帝光天之下，至于海隅苍生，万邦黎献，共惟帝臣。惟帝时举，敷纳以言，明庶以功，车服以庸。谁敢不让，敢不敬应。帝不时敷同，日奏罔功。

舜命禹以"作股肱耳目"，又命以"钦四邻"，以共弼朕违。禹于此，故称"俞哉"，以然帝之言。虽然其言，又有以广帝之意，未敢全以帝之言为然也，故曰"俞哉"，与他人之言"俞"者异。苏氏按《春秋传》，太子欲杀浑良夫，公曰"诺哉"，"诺哉"云者，口诺而心未必然也。今禹亦曰"俞哉"，其亦有味于帝之言矣。此说极当。夫禹之所谓"俞哉"，未敢全以帝言为然者。其意盖谓：辅弼之任，虽在臣邻，然普天之下，莫非王臣，又当广延天下之贤，使之居辅弼之任，无谓贤才，止此而已。此正禹"俞哉"之意也。或说"帝光天之下，至于海隅苍生"，多谓帝德之光，能及天下海隅，其有众贤当举而用之也。"光天之下"，犹普天之下，敷天之下。张横渠谓：中国文明之地，故谓之"光天之下"。"海隅苍生"，谓四海之隅，苍然草木之处也。既言"光天之下，海隅苍生"，又言"万邦"者，盖谓内而"光天之下"，外而"海隅苍生"。其地所有"万邦"，其邦所有"黎献"，皆帝之臣，帝当举而用之。献，贤也。如《大诰》所谓"民献"，《论语》所谓"文献"，皆贤之称也。谓之"黎献"，孙氏云：大夫士而上，冕弁在首，其色不同。至于野人戴发，但黎首而已。黎首之氏，谓之"黎民"，贤者未举，亦民尔，故曰"黎献"。禹意言此，谓当时或有处于板筑耕钓，未仕帝朝者，帝当旁搜博采，罔有遗佚也。禹既欲帝求贤举用，故告以举贤之术。"敷纳以言"而下，即举贤之术也。贤者在外议论，不达于朝廷，功业未著于天下，贤否难辨，故必使之敷陈其嘉言，奏之于上。然言但可以观议论，未可以知行事，故彼之敷奏于上者，虽以言，而我所以明其众庶之贤否者，又当以功。既观其言，又明以功，于是旌以车服而用之也，故曰"车服以庸"。人君于贤者，既能庸以车服，则在位之臣，谁敢不举贤荐士，以让其所不如之人。而贤之在下者，又谁敢不欣然乐用，敬出以应帝旁招之命，故曰"谁敢不让，敢不敬应"。禹既告帝以旁招遗佚，则得贤之效如此，又恐帝行之不力，故又以不能旁招之失儆之，谓帝苟不如此，则远近敷同，日奏无功之人，果何以益于治哉，故曰"帝不时敷同，日奏罔功"。

6.《增修东莱书说》卷四

（宋）吕祖谦撰，时澜增修

禹曰：俞哉！帝光天之下，至于海隅苍生，万邦黎献，共惟帝臣。惟帝时举，敷纳以言，明庶以功，车服以庸。谁敢不让，敢不敬应。帝不时敷同，日奏罔功。

"俞哉"者，然其言而犹有可言之谓也。教育之道，固详矣。然或"挞"，或"识"，规模若迫，"顽谗"之人，亦具天地之理。人君，统大体以临之，示大法以警之，则谁敢不逊，敢不敬应。上之规模广大，故功用之著于下者，亦广大。普天之下，率土之滨，莫不精白承休德，所谓"顽谗"自无有也。"帝不时敷同，日奏罔功"，禹不待舜问，即言帝若不如此用人，则将见皆同日而奏无功，欲舜灼然尽心于此。大者否，则即有如此大害也。前一节议论，必得此一节议论，其义始备。

7.《尚书说》卷一

（宋）黄度撰

禹曰：俞哉！帝光天之下，至于海隅苍生，万邦黎献，共惟帝臣。惟帝时举，敷纳以言，明庶以功，车服以庸。谁敢不让，敢不敬应。帝不时敷同，日奏罔功。无若丹朱傲，惟慢游是好，傲虐是作，罔昼夜额额，罔水行舟，朋淫于家，用殄厥世。予创若时，娶于涂山，辛壬癸甲。启呱呱而泣，予弗子，惟荒度土功，弼成五服，至于五千。州十有二师，外薄四海，咸建五长，各迪有功。苗顽弗即工，帝其念哉。

哉，疑辞，政刑为当明也，而又有所未然者。帝德，光华海隅，草木之生，亦与被焉。人，万物之灵，贤其秀也。杰出易见，虽散在侯邦，而一统共尊，皆为帝臣。惟帝援而举之，敷奏明试。舜巡守旧政也。明庶，孔氏谓，功以大小为差是也，言扬事显车服登用，如此，则礼让兴，而顽嚚革矣。上意所向，下必敬应。帝不是务，而一概施之，贤能无所旌异，日进茫茫，功积不著，何能使人自勉于德业哉？禹盖推广皋陶知人之言也。夫子曰"举善而教，不能则劝"，又曰"举直错诸枉"，能使枉者直，意皆本此。傲为不恭，不恭则侮人，不复屈意亲贤。"慢游是好"，傲必虐，虐则任威。治安无事，人主息荒傲虐，皆势使之然也。额额，无休息。无水，陆行舟，虐戏也，与朋淫无度，皆为不循理。禹之治水，行其所无事也。方遏潴堰，而驾舟过之，皆为罔水行舟，皆为逆理，非禹行水之道，而后世方以为利，事之如此者多矣。圣人之意，不复能知，岂容止绝也。朱，尧以为"嚚讼"，禹以为"傲"一也。不循天理，其傲可知；恃力矜夸，其争可知。尧让舜，固为洪水一大事。而朱不肖，不可以君天下，自应殄其世。天位岂容以凉德居之。尧固以天下为公也。是故，禹惩创其事，娶四日而出。启生而弗子。涂山在今濠州钟离县。治水本为昏垫，而田功。遂兴五服，各五百里，四方相距为五千里。水去土出，禹弼成之也。州犹丘也。丘之训"聚"，于是置十二州。师，众也，言各聚其众也。舜分冀置幽、并。并，河南之首，幽下流，分青置营，连亘幽、并。五千之外，薄于四海，皆为夷蛮，而亦使为畎浍之制，均地利焉。五长，公、侯、伯、子、男，皆长民者也。《周礼》"长以贵得民"。或曰：五国以为属，属有长，故曰五长；或曰：自属长，等而上之，听于天子之二伯，谓之五长。众建诸侯，"各迪有功"，禹治水规模也。共工鸠僝，亦然其异者，大体散而不合。于是有障山泽，专其利者矣，三苗是也。禹志在生民，勤劳身率，攘除大灾，德盛业钜，天下趋承之，而苗独顽不就功。四渎，惟江顺道，不为患，与洞庭、彭蠡会合。南北诸水，苗控为形胜之地，泽薮富饶，苗人擅之，不肯受畎浍厉禁之令。《左氏》缙云氏有不才子，贪于饮食，冒于货贿，侵欲崇侈，不可盈厌，聚敛积实，不知纪极，不分孤寡，不恤穷匮，天下谓之饕餮，此苗之罪状也。夫治水赋功，岂为无政。五长各迪，车服旌表，岂非作德？而苗之顽若此，人心为难齐也。然而忿疾于顽，求备于一夫，皆傲也。帝当念此。舜欲修明刑政，使顽谗并生，意本忠厚也。而挞记、书识，未免尚威。一念所存，长傲孕虐。皋陶"知人、安民"之言，禹四凶流窜之戒，舜岂忘之乎？舜隐恶而扬善，无乃与此稍乖违乎？此禹所以既然之，而又疑之，反复其言焉。

8.《洁斋家塾书钞》卷三

（宋）袁燮撰

（归善斋按：见"庶顽谗说"）

9.《书经集传》卷一

（宋）蔡沈撰

禹曰：俞哉！帝，光天之下，至于海隅苍生，万邦黎献，共惟帝臣。惟帝时举，敷纳以言，明庶以功，车服以庸。谁敢不让，敢不敬应。帝不时敷同，日奏罔功。

"俞哉"者，苏氏曰：与《春秋传》"公曰诺哉"意同，口然而心不然之辞也。隅，角也。"苍生"者，苍苍然而生，视远之义也。献，贤也。"黎献"者，黎民之贤者也。共，同；时，是也。"敷纳"者，下陈而上纳也。"明庶"者，明其众庶也。禹虽俞帝之言，而有未尽然之意，谓"庶顽谗说"加之以威，不若明之以德，使帝德光辉，达于天下海隅苍生之地，莫不昭灼。德之远著如此，则万邦黎民之贤，孰不感慕兴起，而皆有帝臣之愿，惟帝时举而用之尔。"敷纳以言"，而观其蕴；"明庶以功"，而考其成。旌能命德，以厚其报。如此，则谁敢不让于善，敢不精白一心，敬应其上，而"庶顽谗说"岂足虑乎？帝不如是，则今任用之臣，远近敷同，率为诞慢，日进于无功矣，岂特"庶顽谗说"为可虑哉。

10.《尚书精义》卷八

（宋）黄伦撰

禹曰：俞哉！帝，光天之下，至于海隅苍生，万邦黎献，共惟帝臣。惟帝时举，敷纳以言，明庶以功，车服以庸。谁敢不让，敢不敬应。帝不时敷同，日奏罔功。

无垢曰：禹闻舜"威"之之言，有似有苗不率，遽令徂征之意，所以有"俞哉"之言也。夫"庶顽谗说"，所以不格者，必吾有所未至也，岂可遽威之哉？圣王所以大有过人者，以知责己之道也。如有苗逆命，帝知德有所不至，"诞敷文德"，"七旬，有苗格"矣。盖省己修德，积而至于七旬，吾之德日新，则彼之恶日去，感应之理也。萧氏曰：贤否明，则人安于分，而无有竞心，是以让也；名器不渎，而不敢慢，是以敬应。苟不于是，敷溥而大同之，则是私于亲近，而贤者远，故日进于无功。

11.《尚书详解》卷五

（宋）陈经撰

禹曰：俞哉！帝，光天之下，至于海隅苍生，万邦黎献，共惟帝臣。惟帝时举，敷纳以言，明庶以功，车服以庸。谁敢不让，敢不敬应。帝不时敷同，日奏罔功。无若丹朱傲，惟慢游是好，傲虐是作，罔昼夜頟頟，罔水行舟，朋淫于家，用殄厥世。

详味此一章，足见君子和而不同。舜禹之君臣，更相劝勉，更相可否，未始雷同。所谓"和"，如和羹同如济水。设使人主有言，臣下无所可否，谄谀成俗，则亦何赖于群臣之助哉？舜言"庶顽谗说"，侯明、挞记，极而至于"否则威之"，可谓尽矣。禹之意，犹不以为然。舜之所言者。大率知所以责人，而责己则未也。禹之所言，则欲舜反求诸己而已。"俞哉"，俞其言，而有所未必然之辞也。"帝，光天之下，至于海隅苍生"，言舜之德，光被于天下，而至于海隅苍苍而生之草木，则其所及者，亦远矣。舜有此德，则贤者各从其类，云龙风虎，理之自然，故"万邦黎献"，皆其为帝者之臣，非有以召之而自来也。惟帝于是举而用之，敷纳其言，明考众人之有功者。因言以考功，谓某人言能治兵，则明其治兵之有功者。某人言能治财，则明其治财之有功者。既有其功，则当以车服旌表其可用之实。"帝，光天之下"，是其躬行之化，有以率之于其先。敷纳、明庶，是其责实之政，又有以儆之于后。若然，则谁敢不逊于善，又谁敢不以敬而应上之命哉？至于是，则"庶顽谗说"有不必威之而自服从者矣。《舜典》言"敷奏"、"明试"，此言"敷纳"、"明庶"。《舜典》所言者，诸侯之功已著者也。诸侯在位既久，其功已著，故舜特使之奏其言，而试其功以验其已然之效者也，故曰奏，曰试。益稷所言者，黎献之功未著者也。黎献之始进，其功未显，故舜受其所言，而于众人之中，分别其功，而责其将然之效也，故曰纳，曰庶。要之，圣人责实之政，则一而已。"帝不时敷同，日奏罔功"，帝若不如是，则布同天下，皆日进于无功之地。既无以率之于其先，又无以警之于后，贤愚无别，是非不分。其曰"奏罔功"，理之宜也。"无若丹朱傲，惟慢游是好"，丹朱，尧子也。其始特傲很，好为慢游而已。及其傲慢之极也，遂至于傲虐，是作傲而虐，则杀人不忌矣。"罔昼夜頟頟"，言为恶不已，无有昼夜。頟頟，言其不休息也。罔水而行舟，言逆天理也。"朋淫于家"，言男女无别也。其所为如此，所以绝其世，而不得有天下。然则，舜可以不反求诸己也哉？慢傲之事，舜岂有是，而禹言之，盖圣、狂之分，生于一念。禹欲其君，常在忧勤警戒之地，则不得不以是为言也。虽然，惟圣君，然后受尽言。离娄之明，人谓之瞽。不讳傲慢之事，舜之所无，故舜不以之为讳。若人主实有此过，而人臣直指其过，其君未必不讳矣。人臣事有过之主，则当婉其辞，而不为是直，指以为讦也。

12.《融堂书解》卷二

（宋）钱时撰

禹曰：俞哉！帝，光天之下，至于海隅苍生，万邦黎献，共惟帝臣。惟帝时举，敷纳以言，明庶以功，车服以庸。谁敢不让，敢不敬应。帝不时敷同，日奏罔功。无若丹朱傲，惟慢游是好，傲虐是作，罔昼夜頟頟，罔水行舟，朋淫于家，用殄厥世。予创若时，娶于涂山，辛壬癸甲。启呱呱而泣，予弗子，惟荒度土功。弼成五服，至于五千，州十有二师，外薄四海，咸建五长。各迪有功，苗顽弗即工。帝其念哉。

自"禹曰：都"，以至于终篇，语脉连贯。"慎乃在位"，是此段主意。禹之言主在"安汝止"一句；舜之言专以"臣作朕股肱耳目"，责望于禹一人。后面更倡互答，衮衮不断。其大旨只是发挥此两端。"俞"者，然也。"哉"者，疑辞，未以为然也。禹意谓：圣德光明，则天下之贤，皆为吾用；天下之心，自无不服，不可但责之于我一人也。如其不然，则普同，日奏无功耳。敷同，犹"普同"也。于是复接此语脉，极言丹朱之傲，以明"汝止"之不可不安。自辛至甲，仅四日。五服不是禹创，为旧来规模，恐或未备，水土之后，因弼而成之，故曰"弼成五服"。独苗民之顽，弗肯就职。帝拳拳于"庶顽谗说"，故云然欤。禹言予创丹朱之傲，所以至于各迪有功，此语正与"日奏罔功"相应。"帝其念哉"，帝不可不念我所陈之旨也。

13. 《尚书要义》卷五

（宋）魏了翁撰

（归善斋按：未引）

14. 《书集传或问》卷上

（宋）陈大猷撰

（归善斋按：未解）

15. 《尚书详解》卷二

（宋）胡士行撰

禹曰：俞哉（然其言而犹有可言）！帝光（德光照）天之下，至于海隅（角）苍生（草木苍然而生之地），万邦黎（众）献（贤），共（皆愿）惟（为）帝臣。惟（随）帝时（是）举（用），敷纳以言，明庶（众）以功，车服以庸。谁敢不让，敢不敬应。帝不时（若是）敷（普）同，日（日日）奏（告）罔（无）功。

前言"挞"、"识",规模似迫,故禹未尽以为然,谓帝统大体,示大法,以临警之,则孰不精白承休逊让而敬应,何顽谗之足忧,不然,则人皆以"罔功"告矣。

16.《书纂言》卷一

（元）吴澄撰

禹曰：俞哉！帝,光天之下,至于海隅苍生,万邦黎献,共惟帝臣。惟帝时举,敷纳以言,明庶以功,车服以庸。谁敢不让,敢不敬应？

"俞哉"者,然之而不尽然。苏氏谓：与《春秋传》"诸哉"意同,是也。隅,角也,"海隅",四海之隅。苍生,草木苍苍然而生之处,言极其远也。"黎献",黎民之贤者。庶,朱子云：当作"试",由音相近而讹也。帝德光辉,远被,普天之下,以至海隅草木所生之地,万邦黎民之贤,谁不感慕兴起,共愿为帝朝之臣。惟帝于是而举之,既"敷纳"之以其言,又"明试"之以其功,必其言之施于事而有功,然后赐以车服而用之。用人之际,如此精别,谁敢不以敬、以让,而应上之求言。此盖谓诸侯所贡之士,必不敢为顽谗也。不言国之俊选者,以远包近也。

17.《书集传纂疏》卷一

（元）陈栎撰

禹曰：俞哉！帝,光天之下,至于海隅苍生,万邦黎献,共惟帝臣。惟帝时举,敷纳以言,明庶以功,车服以庸。谁敢不让,敢不敬应。帝不时敷同,日奏罔功。

纂疏：

《语录》："明庶",恐"庶"字误,只是"试"字。

林氏曰：禹不尽然帝之言,又广帝意,谓辅弼之责,虽在臣邻,然当广延黎献无止此也。

王氏十朋曰：《舜典》所言以待诸侯,此以待"黎献"。诸侯亲天子,故直言奏,自下而奏上也。舜方求贤,故特言"纳"。下陈而上,"纳"也。诸侯以黜陟为重,故言"试"；"黎献",以多得为盛,故言"庶"。

陈氏曰：诸侯之功已著,特使奏其言而试其功,以验其已然之效；

"黎献"之功未著，故受其言而明示众庶以功，使人皆见之，以责其将然之效。

陈氏大猷曰：纳言以言扬，明功以事举也。"敷同"犹"普同"。

18.《读书丛说》卷三

（元）许谦撰

（归善斋按：未解）

19.《书传辑录纂注》卷一

（元）董鼎撰

禹曰：俞哉！帝，光天之下，至于海隅苍生，万邦黎献，共惟帝臣。惟帝时举，敷纳以言，明庶以功，车服以庸。谁敢不让，敢不敬应。帝不时敷同，日奏罔功。

辑录：

"明庶以功"，恐"庶"字误，只是"试"字。广。

纂注：

林氏曰：禹不尽然帝之言，又广帝之意，谓辅弼之责，虽在臣邻，然当广延万邦之贤，无以为止此而已。

孙氏曰："敷同"犹"普同"。

新安陈氏曰：《舜典》所言以待诸侯，此以待"黎献"。诸侯亲天子，故直言"奏"，自下而奏上也。舜方求贤，故特言"纳"，下陈而上纳也。《左传》作"赋纳以言"。

王氏十朋曰：诸侯以黜陟为重，故言"试"；"黎献"以多得为盛，故言"庶"。

或曰：明示众庶以功，使众人皆见贤者之功也。

陈氏大猷曰："纳言"，或以言扬；明功，或以事举也。

20.《尚书句解》卷二

（元）朱祖义撰

禹曰：俞哉（按《春秋传》，太子欲杀浑良夫，公曰"诺哉诺哉"云者，口"诺"而心未"诺然"也。今禹言"俞"，所以然舜之言。"俞哉"，又未敢全以舜之言为然者）！帝，光天之下（盖谓尧德之光，为能及于天下），至于海隅苍生（又至于四海之隅，草木苍然而生之处）。

21.《尚书日记》卷四

（明）王樵撰

"帝光天之下"至"日奏罔功"。禹不尽然帝之言，而又广帝之意。盖君道在于修德进贤。得其道，则顽谗不足虑；失其道，则岂特顽谗为可虑，吃紧之意在此。

以今日之治化为已足，而不加修，贤者之所以不来；以在位之臣邻为可赖，而不旁求，顽谗之所以可虑。诚使帝德光天之下，至于"海隅苍生"，无不被其泽，则"万邦黎献"皆帝之臣，惟帝是举而用之耳。既举而来，于是"敷纳以言"，而观其蕴；明试以功，而考其实，锡以车服，而旌其庸。夫众贤盈于朝，则相观者慕，谁敢不让哉。劝惩明于上，则不及者耻，谁敢不敬应哉？

帝德远著，而贤者无不感慕兴起，惟帝所用，则所以处乎顽谗者，当自有道而不在乎威也。

庶朱子云，此"试"字之误。按《左传》赵襄引《夏书》"赋纳以言，明试以功"，正作"试"字。

"让"者，真知己之不足，人之有余，悦慕之意新，而矜高之志屈，诚服人之善，而推逊之也。"敬应"者，修德举贤，帝之心也；课功核实，帝之待贤之典也。有职者，勤于职；无职者，勤于德，以求不负乎上，而答其陶成之意也。"谁敢"字，谓帝之待人如此，则人之感化响应，自不容己，使有不然，则是自弃于陶镕也，而谁敢哉？

22.《日讲书经解义》卷二

（清）库勒纳等撰

禹曰：俞哉！帝，光天之下，至于海隅苍生，万邦黎献，共惟帝臣。惟帝时举，敷纳以言，明庶以功，车服以庸。谁敢不让，敢不敬应。帝不时敷同，日奏罔功。

此一节书,是禹因帝舜欲化顽谗,而进勉其修德以端本也。"俞哉"者,口然而心犹未尽然之辞也。光,德之光辉也。隅,角也。苍生,即黎民。"黎献"者,黎民之贤者也。共,同也。时,是也。敷,同犹"普同"也。奏,进也。禹曰:帝欲格顽谗之言,固然,但所以广忠直之化者,其本仍在于帝德。诚使帝德之光辉遍被天下,至于海隅之远,苍生之众,无弗照临,将见万邦黎民中素怀忠直之贤者,瞻仰德光,感慕兴起,共思为帝股肱耳目之臣。惟帝是举而用之耳。举用之道,当始进时,使之敷陈所见,而听纳其言,以观其忠直之蕴。进而任用,则量能授官,明辨众职,以考其所言之功。及其果有成功,能践所言,则赐之车马章服,以厚其有功之报。夫既修德以致贤,而又考成激劝,如是,谁敢不斥去忌贤嫉能之私,务以谦让居心,而敢不人人自效其忠直,敬应于上乎?是则黎献益尽其用,而顽谗亦莫不感化矣。帝不如是以德用贤,即今任用诸臣,敷同欺慢,将日进于无功,岂但顽谗足虑哉?此可见尚威,不如尚德也。盖帝舜意在立法,以化顽谗,而禹复推本君德,所以端教化之原,其旨互相发明。若执为舜用刑,而禹用德,非知大圣人之心者矣。

《书蔡氏传旁通》卷一下

(元)陈师凯撰

苍生者,苍苍然而生,视远之义也。

《庄子》云:天之苍苍,其正色邪。其远而无所至极邪,其视下也,亦若是则已矣。

《书义断法》卷一

(元)陈悦道撰

帝,光天之下,至于海隅苍生,万邦黎献,共为帝臣。惟帝时举。

际天所覆之盛德,莫不被其光华,故极地所载之贤才,莫不愿效其用。夫圣人之德,丕冒海隅。其苍然以生者,无不在其照临之中。况灵于物而为人,秀于人而为士,孰不愿仕于圣明之朝。惟在人主举而用之耳。盖明无覆盆之不照,故贤无在野之或遗;衣被光华之日久,故愿仕于治朝之心同,非有虞盛世,孰能及此,故禹特称帝,以美之也。

《尚书疑义》卷一

（明）马明衡撰

"禹曰：俞哉"，蔡氏依苏氏说，谓口然而心不然，此语亦未莹。"帝，光天之下"，虽是禹广帝舜之意，然舜之言自是，禹岂有心不然之意耶？盖辨别淑慝，而教训化诱之勤者，臣道之当然。合弘光大，而运转枢机于上者，君道之当然。舜之命禹，欲其举为臣之职；禹之告舜，欲其尽为君之道。各有攸当，非舜之言有不足，而禹复以是广之也。"帝不时敷同，日奏罔功"，愚意谓"敷"字为句，谓不敷布是道也。

《尚书砭蔡编》

（明）袁仁撰

俞哉。

"俞"者，然其言也；"哉"者助语辞。今以为口然而心不然，误矣。皋陶象刑，原圣世不可少者，况禹有此功叙，陶承其叙，而明刑以辅之，又非徒尚刑威者，禹如何而不然之耶？

《尚书埤传》卷三

（清）朱鹤龄撰

俞哉。

明庶以功。

袁黄曰："俞"者然其言也；"哉"者，语助辞。唐虞之际，君臣相与，岂有口然而心不然者哉。况威加顽谗，始终是并生之意，禹如何而不然之耶？禹果不然之，而舜又曰：皋陶方施象刑，则是禹为无益之言，而舜为愎谏之主矣。详禹之言，只是劝勉，并无不然之意，亦未尝说不用威而用德，不知从何处生来。

孔疏：敷纳、明庶，与《舜典》异者，彼是施于诸侯，其人见为国君，故令奏言试功；此谓方始擢用，故言"纳"，言"庶"。"纳"者，受取之；"庶"，谓在群众。王十朋曰：诸侯以黜陟为重，故言"试"。黎献以多得为盛，故言"庶"。

《书义矜式》卷一

(元) 王充耘撰

帝,光天之下,至于海隅苍生,万邦黎献,共惟帝臣。惟帝时举。

圣人囿天下而有不可掩之德,故能化天下而无不可用之贤。盖君德著于上,贤才兴于下。感应之机,为甚速也。古之大臣,所以启其君之听而告之,以为使帝德光辉达于天下,至于"海隅苍生"之地,莫不昭灼。德之远著如此,则万邦之广,黎民之贤,孰不感慕兴起,而皆有帝臣之愿,"惟帝时举"而用之耳。盖当君德大明之时,正群贤向用之日。彼"庶顽谗说"之未化,岂足虑哉?圣人化天下之德者,其机为至神;天下化于圣人之德者,其效为甚速也。盖阳和布气,则枯株朽甲,无不为之敷荣;皎日丽空,则层冰积雪,无不为之销蚀。夫物则亦有然者矣,而况于人乎?故成汤有"日新之德",则"耕莘"之伊尹归之,而不仁者远矣。文王有"光于四方"之德,则钓渭之太公归之,而天下皆义民矣。夫以汤、文之德,尚能作兴天下之贤俊,况大舜膺大德而出,日月照而四时行,固举一世而熏陶之,其所以鼓舞多士而风动,特其余事耳,而何忧于"庶顽谗说"哉?禹所以不敢轻易其言,必呼舜而后告之,欲使审于听信者,为何如也?且夫天地为至大,故有生之类,无不覆载也,而圣人之德殆与天地同其大。日月为至明,故容光之地,靡不照临也,而圣人之德,殆与日月并其明。彼薄海之隅,地之至远者也,而帝德"无远"而"弗届"。苍苍而生物之至微者也,而帝德无微而弗烛举,天下之大,民物之多,无一而不囿于其间。天涵地育之中,日辉月霍之下,均此生,而均此性,而均此德者也,欢感动荡之余,鼓舞作兴之际,将见怀材抱艺者,孰忍自弃于明时;耕莘、钓渭者,孰不欲致身于廊庙。由是,"禽"而"受"之,"敷"而"施"之,或以事举,或以言扬,而无非可举之贤矣。德之所以感人者如此,推是以往,虽金石可化,豚鱼可孚。于"庶顽谗说"也,何有?昔者有虞之时,以重华协帝之君,而致比屋可封之俗,顾乃犹有"顽不即工","谗说殄行"者焉。明之以射侯,而不能掩,书之以简册而不知愧,刑以威之,屏而不齿,固未为过,而大禹之心,乃有不尽然者,与其加之以威,不若明之以德,惟知求诸己,不必求诸人,徐以待其自化。"惟德动天，无远弗届"，"至诚感神，矧兹有苗"之意，禹之告舜，与益之赞禹者，同一揆也。圣人之心，天地生物之心欤。厥后有苗逆命，不格于大禹"徂征"之时，而格于"文德诞敷"之后，于此见德之足以感人，而威刑之果不足恃如此。唐虞圣人，纯任德教，其有以致雍熙之治也，宜哉。

《书经衷论》卷一

（清）张英撰

唐虞之治，至于"海隅"，"光天"可谓盛矣。而当日始终强梗弗化者，莫过于有苗。观《舜典》之言曰"分北三苗"，《禹谟》之言曰"三旬苗民逆命"，《皋陶谟》之言曰"何迁乎有苗"。

《书蔡氏传旁通》卷一下

（元）陈师凯撰

（归善斋按：见"臣作朕股肱耳目"）

《尚书七篇解义》卷一

（清）李光地撰

（归善斋按：见"臣作朕股肱耳目"）

万邦黎献，共惟帝臣，惟帝时举，敷纳以言，明庶以功，车服以庸

1.《尚书注疏》卷四

（汉）孔氏传，（唐）陆德明音义，孔颖达疏

万邦黎献，共惟帝臣，惟帝时举，敷纳以言，明庶以功，车服以庸。

传：献，贤也。万国众贤，共为帝臣。帝举是而用之，使陈布其言明之，皆以功大小为差，以车服旌其能用之。

疏：其内有万国，众贤皆共为帝臣，言其可用者甚众也。帝当就是众贤之内，举而用之。其举用之法，各使陈布其言，纳受之。以其言之所能，从其所能而验试之。明显众人所能，当以功之大小。既知有功，乃赐之以车服，以表其功有能用。

其内多贤人也。《释言》云：献，圣也。贤是圣之次。臣德不宜言圣，故为贤也。万国众贤，共为帝臣，言求臣之处多也。帝举是众贤而用之，使陈布其言，令其自说己之所能，听其言而纳受之，依其言而考试之。显明众臣，皆以功大小为差，然后赐车服，以旌别其人功能事用，是举贤用人之法也。《舜典》云：敷奏以言，明试以功。"奏"、"试"二字，与此异者，彼言施于诸侯，其人见为国君，故令奏言试功。此谓方始擢用，故言"纳"、"庶"。纳，谓受取之；庶，谓在群众。

2.《书传》卷四

（宋）苏轼撰

帝光天之下，至于海隅苍生，万邦黎献。

众贤也。

共惟帝臣。惟帝时举，敷纳以言，明试以功，车服以庸。谁敢不让，敢不敬应。帝不时敷同，日奏罔功。无若丹朱傲，惟慢游是好，傲虐是作，罔昼夜頟頟。

顽狠之状。

3.《尚书全解》卷六

（宋）林之奇撰

敷纳以言，明庶以功，车服以庸。谁敢不让，敢不敬应。帝不时敷同，日奏罔功。

既广求天下之黎献，必在于敷奏以言，使陈其嘉言、嘉猷，以启沃于上。既敷奏其言矣，而又明其众功，以考其言事，而责其实用。谓之"敷纳"，谓之"明庶"，皆是兼收并蓄，罔有或遗之义矣。谓言无所不纳，功无所不明也。既敷奏其言，明庶其功，审知其可用矣，于是旌之以车服。广求天下之黎献，而登用之也。帝既广求天下之贤才，虚心以纳其言，责实以明其功，而旌之以车服，其好贤乐善之心，有加而无已，则在位之人，谁敢不举贤荐士，以让其所不如之人。推贤让能，则庶官乃和矣。故"敢不敬应"于帝，以弼其人主之违，以致其手足耳目之助。帝苟不如是，则好贤乐善之心替矣。故远近布同，日进于无功。苟远近布同，日进于无功，则禹虽欲"钦四邻"，以致其辅弼之功，亦不可得也。唐武氏无道，于用人无所难，不惟人得荐士，亦听自举，其后开元贤臣叶赞，几致刑措者，武后之所收也。及德宗好察多忌，士无贤不肖，皆不得进，国空无人，以致奉天之祸。故陆宣公论之以谓，武氏以易得人，陛下以精取士。观宣公之论若此，则禹谓"帝不时敷同，日奏罔功"者，诚非过论也。

（归善斋按：另见"帝，光天之下"）

4.《尚书讲义》卷四

（宋）史浩撰

（归善斋按：见"臣作朕股肱耳目"）

5.《尚书详解》卷五

（宋）夏僎撰

（归善斋按：见"帝，光天之下"）

6.《增修东莱书说》卷四

（宋）吕祖谦撰，时澜增修

（归善斋按：见"帝，光天之下"）

7.《尚书说》卷一

（宋）黄度撰

（归善斋按：见"帝，光天之下"）

8. 《洁斋家塾书钞》卷三

（宋）袁燮撰

（归善斋按：见"庶顽谗说"）

9. 《书经集传》卷一

（宋）蔡沈撰

（归善斋按：见"帝，光天之下"）

10. 《尚书精义》卷八

（宋）黄伦撰

（归善斋按：见"帝，光天之下"）

11. 《尚书详解》卷五

（宋）陈经撰

（归善斋按：见"帝，光天之下"）

12. 《融堂书解》卷二

（宋）钱时撰

（归善斋按：未解）

13. 《尚书要义》卷五

（宋）魏了翁撰

十八、《舜典》"敷奏"、"明试"，此言"敷纳"、"明庶"。

帝举是众贤而用之，使陈布其言，令其自说己之所能，听其言而纳受之，依其言而考试之，显明众臣，皆以功大小为差，然后赐车服以旌，别其人功能事用，是举贤用人之法也。《舜典》云"敷奏以言，明试以功"，"奏"、"试"二字，与此异者，彼言施于诸侯，其人见为国君，故令奏言试功。此谓方始擢用，故言"纳"、"庶"。纳，谓受取之；庶，谓在群众。

14.《书集传或问》卷上

（宋）陈大猷撰

（归善斋按：未解）

15.《尚书详解》卷二

（宋）胡士行撰

（归善斋按：见"帝，光天之下"）

16.《书纂言》卷一

（元）吴澄撰

（归善斋按：见"帝，光天之下"）

17.《书集传纂疏》卷一

（元）陈栎撰

（归善斋按：见"帝，光天之下"）

18.《读书丛说》卷三

（元）许谦撰

（归善斋按：未解）

19.《书传辑录纂注》卷一

（元）董鼎撰

（归善斋按：见"帝，光天之下"）

20.《尚书句解》卷二

（元）朱祖义撰

万邦黎献（则万邦众贤），共惟帝臣（皆欲共为帝者之臣）。惟帝时举（惟帝舜一时举而用之是矣，又安有庶顽逸说，劳帝刑威之用耶），敷纳以言（贤者既举，必使之敷陈嘉言，以纳于上），明庶以功（明其众庶之贤否者，又当以功），车服以庸（有功则旌以车服而用之）。

21.《尚书日记》卷四

（明）王樵撰

（归善斋按：见"帝，光天之下"）

22.《日讲书经解义》卷二

（清）库勒纳等撰

（归善斋按：见"帝，光天之下"）

《书义断法》卷一

（元）陈悦道撰

敷纳以言，明试以功，车服以庸。谁敢不让，敢不敬应。

此承上文帝德，而言于"以"，见圣人之进言明功，不愆于爵赏，而非徒委于爵赏，不然何以感动人心欤。

圣人用贤之道，"敷纳以言"而观其蕴；明试以功；而考其成。然后旌能命德，以厚其报。盖无言功之不就，而亦无爵赏之不酬，曲尽其激劝之方，而有以兴起其敬让之意。相让于善，而相感以敬，其于人心、天理之真，固有油然不能自已者，所谓不赏而民劝，而况于爵赏之公乎。

（归善斋按：另见"帝，光天之下"）

《尚书埤传》卷三

（清）朱鹤龄撰

（归善斋按：见"帝，光天之下"）

《书义矜式》卷一

（元）王充耘撰

（归善斋按：见"帝，光天之下"）

《书蔡氏传旁通》卷一下

（元）陈师凯撰

（归善斋按：见"臣作朕股肱耳目"）

《尚书七篇解义》卷一

（清）李光地撰

（归善斋按：见"臣作朕股肱耳目"）

谁敢不让，敢不敬应

1. 《尚书注疏》卷四

（汉）孔氏传，（唐）陆德明音义，孔颖达疏

谁敢不让，敢不敬应。

传：上惟贤是用，则下皆敬应上命而让善。

疏：帝以此法用人，即在下之人，知官不妄授，必用度才能，而使之如此，谁敢不让有德，敢不敬应帝命，而推先善人也。

2. 《书传》卷四

（宋）苏轼撰

（归善斋按：未解）

3. 《尚书全解》卷六

（宋）林之奇撰

（归善斋按：见"敷纳以言"）

4. 《尚书讲义》卷四

（宋）史浩撰

（归善斋按：见"臣作朕股肱耳目"）

1111

5.《尚书详解》卷五

（宋）夏僎撰

（归善斋按：见"帝，光天之下"）

6.《增修东莱书说》卷四

（宋）吕祖谦撰，时澜增修

（归善斋按：见"帝，光天之下"）

7.《尚书说》卷一

（宋）黄度撰

（归善斋按：见"帝，光天之下"）

8.《洁斋家塾书钞》卷三

（宋）袁燮撰

（归善斋按：见"庶顽谗说"）

9.《书经集传》卷一

（宋）蔡沈撰

（归善斋按：见"帝，光天之下"）

10.《尚书精义》卷八

（宋）黄伦撰

（归善斋按：见"帝，光天之下"）

11.《尚书详解》卷五

（宋）陈经撰

（归善斋按：见"帝，光天之下"）

12.《融堂书解》卷二

（宋）钱时撰

（归善斋按：未解）

13.《尚书要义》卷五

（宋）魏了翁撰

（归善斋按：未引）

14.《书集传或问》卷上

（宋）陈大猷撰

（归善斋按：未解）

15.《尚书详解》卷二

（宋）胡士行撰

（归善斋按：见"帝，光天之下"）

16.《书纂言》卷一

（元）吴澄撰

（归善斋按：见"帝，光天之下"）

17.《书集传纂疏》卷一

（元）陈栎撰

（归善斋按：见"帝，光天之下"）

18.《读书丛说》卷三

（元）许谦撰

（归善斋按：未解）

19.《书传辑录纂注》卷一

（元）董鼎撰

（归善斋按：见"帝，光天之下"）

20.《尚书句解》卷二

（元）朱祖义撰

谁敢不让（若然，则谁敢不谦逊其志，不矜、不伐，以立功耶），敢不敬应（又谁敢不以敬，而应上之命，以立功耶）。

21.《尚书日记》卷四

（明）王樵撰

（归善斋按：见"帝，光天之下"）

22.《日讲书经解义》卷二

（清）库勒纳等撰

（归善斋按：见"帝，光天之下"）

《书义断法》卷一

（元）陈悦道撰

（归善斋按：见"万邦黎献"）

《书蔡氏传旁通》卷一下

（元）陈师凯撰

（归善斋按：见"臣作朕股肱耳目"）

《尚书七篇解义》卷一

（清）李光地撰

（归善斋按：见"臣作朕股肱耳目"）

帝不时敷同，日奏罔功

1. 《尚书注疏》卷四

（汉）孔氏传，（唐）陆德明音义，孔颖达疏

帝不时敷同，日奏罔功。

传：帝用臣不是则远近布同，而日进于无功，以贤愚并位，优劣共流故。

疏：若帝用臣不是，不尝试验，不知臧否，则群臣远近遍布同心，而日进无功之人。既戒帝择人，又劝帝自勤。

帝用臣不是，不以言考功，在下知帝不分别善恶，则无远近，遍布同心，日日进于无功之人。由其贤愚并位，优劣共流故也。敷，是布之义，故言远近。布同，同心妄举也。

2. 《书传》卷四

（宋）苏轼撰

（归善斋按：未解）

3. 《尚书全解》卷六

（宋）林之奇撰

（归善斋按：见"敷纳以言"）

4. 《尚书讲义》卷四

（宋）史浩撰

（归善斋按：见"臣作朕股肱耳目"，另见"无若丹朱傲"）

5. 《尚书详解》卷五

（宋）夏僎撰

（归善斋按：见"帝，光天之下"）

1115

6.《增修东莱书说》卷四

（宋）吕祖谦撰，时澜增修

（归善斋按：见"帝，光天之下"）

7.《尚书说》卷一

（宋）黄度撰

（归善斋按：见"帝，光天之下"）

8.《洁斋家塾书钞》卷三

（宋）袁燮撰

（归善斋按：见"庶顽谗说"）

9.《书经集传》卷一

（宋）蔡沈撰

（归善斋按：见"帝，光天之下"）

10.《尚书精义》卷八

（宋）黄伦撰

（归善斋按：见"帝，光天之下"）

11.《尚书详解》卷五

（宋）陈经撰

（归善斋按：见"帝，光天之下"）

12.《融堂书解》卷二

（宋）钱时撰

（归善斋按：见"帝，光天之下"）

13. 《尚书要义》卷五

（宋）魏了翁撰

（归善斋按：未引）

14. 《书集传或问》卷上

（宋）陈大猷撰

（归善斋按：未解）

15. 《尚书详解》卷二

（宋）胡士行撰

（归善斋按：见"帝，光天之下"）

16. 《书纂言》卷一

（元）吴澄撰

帝不时敷同，日奏罔功。无若丹朱傲，惟慢游是好，傲虐是作，罔昼夜额额，罔水行舟，朋淫于家，用殄厥世。

"敷同"，孙氏谓：犹言"普同"也。帝之用人，试其言之有功然后用，不是普同无分别，而日进无功之人。世胄非才者，不得世其官，故以丹朱示戒。尧处子朱于丹渊为诸侯，丹者，朱之国名也。慢，怠慢也。因怠惰而好游行也。傲，嬉戏也，因嬉戏而为虐害也。不分昼夜，额额不休息，此好慢游之事。"罔水行舟"，如鲧之平地荡舟，此作傲虐之事。朋，犹言群聚也，群聚而淫乱于家也。殄，绝也。"世"者，世，尧之天下也。丹朱不肖，尧以天下与舜，而不与朱，故曰"殄厥世"，言此盖以儆公卿大夫元士之子，使之不敢为"顽谗"也。

17. 《书集传纂疏》卷一

（元）陈栎撰

（归善斋按：见"帝，光天之下"）

18.《读书丛说》卷三

（元）许谦撰

（归善斋按：未解）

19.《书传辑录纂注》卷一

（元）董鼎撰

（归善斋按：见"帝，光天之下"）

20.《尚书句解》卷二

（元）朱祖义撰

帝不时（帝苟不如是）敷同，日奏罔功（则布同天下，皆日进于无功之地）。

21.《尚书日记》卷四

（明）王樵撰

（归善斋按：见"帝，光天之下"）

22.《日讲书经解义》卷二

（清）库勒纳等撰

（归善斋按：见"帝，光天之下"）

《尚书疑义》卷一

（明）马明衡撰

（归善斋按：见"帝，光天之下"）

《书蔡氏传旁通》卷一下

（元）陈师凯撰

（归善斋按：见"臣作朕股肱耳目"）

《尚书七篇解义》卷一

（清）李光地撰

（归善斋按：见"臣作朕股肱耳目"）

无若丹朱傲，惟慢游是好

1. 《尚书注疏》卷四

（汉）孔氏传，（唐）陆德明音义，孔颖达疏

无若丹朱傲，惟慢游是好。

传：丹朱，尧子，举以戒之。

音义：傲，五报反，字又作奡。好，呼报反。

疏：无若丹朱之傲，惟慢媟之游，是其所好。

《汉书·律历志》云：尧让舜，使子朱处于丹渊为诸侯，则朱是名，丹是国也。

2. 《书传》卷四

（宋）苏轼撰

（归善斋按：未解）

3. 《尚书全解》卷六

（宋）林之奇撰

无若丹朱傲，惟慢游是好，傲虐是作，罔昼夜额额，罔水行舟，朋淫于家，用殄厥世。

此言尧子丹朱之所以失天下者，以规舜也。夫禹之陈谟，谓帝当广求天下之黎献，"敷纳以言，明庶以功"，而又"车服以庸"，其言可谓大矣。而继之以丹朱之"慢游"、"傲虐"以戒之者，盖自古太平无事之世，贤者在位，能者在职，则其君未尝无好贤乐善之心。其所以至于好贤乐善

之心替，则谗谄日进，而不自知者，未尝不始于一日之慢游也。唐明皇开元中用姚崇、宋璟之徒，以致太平，庶几正观之治。一旦惑于女色，荒于游田之乐，不恤国事，其一时贤人，如张九龄之徒，皆厄于一时而不得志。其所用者，为李林甫、杨国忠、牛仙客数人而已。是明皇一人也，自开元以前而观之，则好贤乐善之主也；自天宝之末观之，则好贤乐善之心无毫厘存于胸中。原其所以致此者，盖本于一日之慢游也。舜，圣人也，虽万万不至于此，然而君臣相与警戒之道，不得不尔。苏内翰曰：禹戒舜曰："无若丹朱傲，惟慢游是好"，舜岂有是哉？周公之戒成王曰："无若殷王受之迷乱，酗于酒德哉"，成王岂有是哉？周昌以汉高为桀纣，刘毅以晋武为桓灵，当时人君皆不以为罪，而书之史策，以为美谈。此说是也。盖人臣之进言，极其切直，而无讳者，此诚盛德之士。《汉·沟洫志》云：尧禅舜，朱处丹渊为诸侯。朱是其名，丹乃所封之国，盖尧之子也，"无若丹朱傲"者，丹朱之为不肖，蔽以一言，曰傲也。"惟慢游是好"以下，又言其"傲"之实也，言丹朱惟傲亵之游是好也。"罔昼夜额额"者，言傲戏而虐，无昼夜也，常欲肆恶无休息。额额，不休息之状也。古者，小人之为恶者，必傲。傲者必虐。"终风且暴，顾我则笑，谑浪笑傲"，此州吁之所以亡也。"罔水行舟"，言丹朱习于无水行舟为能，推于陆也。《论语》曰："羿善射，奡（ào）荡舟"。孔氏云：奡，多力也，能陆地行舟，此亦丹朱之类也。陆地非可以行舟，丹朱恃其力多，推之于陆而行之。古者谓多力者，举百钧，扛洪鼎，揭华旗，谓他人之所以不能举，我独能举之。"朋淫于家"，谓妻妾乱而无别也。丹朱为尧之子，当传尧之天下，惟其慢游、傲虐、淫乱之故，故尧不以天下授丹朱，而授于舜，此所以"用殄厥世"，不得嗣尧之天下也。

4.《尚书讲义》卷四

（宋）史浩撰

曰奏罔功。无若丹朱傲，惟慢游是好，傲虐是作，罔昼夜额额，罔水行舟，朋淫于家，用殄厥世。予创若时，娶于涂山，辛壬癸甲。启呱呱而泣，予弗子，惟荒度土。功弼成五服，至于五千，州十有二师，外薄四海，咸建五长，各迪有功。苗顽，弗即工，帝其念哉。帝曰：迪朕德，时乃功惟叙。皋陶方祗厥叙，方施象刑惟明。

"日奏罔功，无若丹朱傲"，盖言舜之时，独难化者。若曰，日闻其无状，无如丹朱也。禹取是以为戒，所谓不善人，善人之资也。傲而虐，是惨酷也。额额，失法度，无昼夜为之，犹无水以行舟，其能济乎？朋淫于家，朋非止一人，若纣之酒池肉林也。天下之讴歌，讼狱所以不之丹朱，而之舜，用自绝于世也。禹能惩创其失，娶于涂山，涉辛壬癸甲，四日而去家，至于有子而弗子，所谓"克俭于家"也。"惟荒度土功"，荒，大也，大其规画，以尽治水之道，所谓"克勤于邦"也。既反丹朱之傲，所谓"不自满假"也，故能辅成五服，至于五千里，皆得平土而居，九州肇为十二州，州各有师。师者，置牧也。五服之外，边方下国，置长而已，莫不各迪有功，惟苗弗率。禹以谓不可以法治，而可以德服。此欲舜诞敷文德以来之。昌言之要也。舜曰：天下所以允蹈我德，既藉汝有平水土之功，使六府三事允治，万世永赖。又有皋陶明刑以服猾夏之蛮夷，奸宄之寇贼。德刑并用，禹之功惟叙，皋陶之功祗叙，何患苗之不丕叙耶。使舜不知二臣功德之大，安肯以此复其昌言乎。

5.《尚书详解》卷五

（宋）夏僎撰

无若丹朱傲，惟慢游是好，傲虐是作，罔昼夜额额，罔水行舟，朋淫于家，用殄厥世。予创若时，娶于涂山，辛壬癸甲。启呱呱而泣，予弗子，惟荒度土功。

禹之陈言，既欲帝广求黎献，以助成至治，故此又举尧子丹朱为恶，所以失天下者，为舜戒，使舜知尧之天下，合传丹朱。丹朱惟慢傲，则"殄厥世"，故舜得以受尧之天下。今舜既受，故不可如丹朱之傲，而不知所以求贤致治之道。《汉书·沟洫志》"尧禅舜位，丹朱为诸侯"，则朱是其名，丹乃其所封之国也。丹朱不肖，自以为帝之子，恃其富贵，谓人出己下，谑浪笑傲，陵人傲物，无复有好贤乐善之意。惟其傲，故所好者，乃亵慢之游；所作者，乃傲而至于虐。所谓"傲虐"者，谓始虽谑浪笑傲，终实以虐陵人。丹朱于此二事，不惟暂行而已，乃无有昼夜，肆意而行，额额然未尝休息。额额，盖不休息之状也。丹朱之恶，不惟如此而已。又矜其勇力，陆地行舟，多聚朋党，而淫乱于家。惟其如此，故尧之天下，虽朱当受，而尧不与，所以"绝厥世"也。丹朱如是而尧不授以天下。舜有圣德，而受尧之天下。舜既受之，果可如丹朱乎？此禹所以儆之曰：无若丹朱也。夫舜，圣人也，万万不至于如丹朱之举。禹言此者，盖君臣相与儆戒之道，不得不然也。苏内翰曰：禹戒舜以"无若丹朱傲"，舜岂有是哉？周公戒成王曰"无若商王受之迷乱"，成王又岂有是哉？周昌以汉高为桀纣，刘毅以晋武为桓灵，当时人君不以为罪，乃书之史册，以为美谈。此说是也。禹既戒舜不可如丹朱之傲，故此又言己惟惩创丹朱有如是之恶，至于"殄绝厥世"，乃不敢恣情纵欲，抑自勉于事功也。盖禹惟能以丹朱为戒，故娶于涂山氏之女，辛日娶妻，至甲日即往治水，甫及四日，而不敢耽于宴安。其后自娶，至于有子，自有子至于能泣，历世如此。再过其门，亦不以子故而稍留，以抚子之。《孟子》言：禹八年于外，三过其门而不入，即此之谓也。夫妻子之情，人孰无之。禹所以忘情者，以其急于救民之溺，故割己之爱，而大治土功也。《诗》曰"天作高山，太王荒之"，毛注：荒，大也。则此所谓"荒度土功"者，岂非大治土功乎？禹爱民之情，根于天性。视民之溺，由己溺之，急于营救，不期然而然，岂特惩丹朱而始有是心哉。然必云尔者，盖既戒帝以"无若丹朱傲"，故不得不言己，亦以丹朱为戒，而不敢暇豫也。

6.《增修东莱书说》卷四

（宋）吕祖谦撰，时澜增修

无若丹朱傲，惟慢游是好，傲虐是作，罔昼夜頟頟，罔水行舟，朋淫于家，用殄厥世。

禹既推其理之广大，又收拾于工夫之切近者，言丹朱之傲，始于"慢游是好"尔。慢游不已，遂至于"傲虐是作"。夫"慢游"之罪，不过怠惰嬉游，何至于"傲虐"之作，而用是以"殄厥世"。盖为恶之初，以慢游之过小，为不害；日复一日，恶力浸长，则慢游之念，转为"傲虐"而不自知。"傲"而至于"虐"，恶力勐矣，则何恶不可为。及其成熟，自然足以"殄厥世"也。"罔昼夜頟頟"，頟頟然勇于恶昏，肆而穷日夜之力也。舜，大圣人也，视丹朱，不啻天渊。禹为舜忧，而恐其若丹朱之傲，何也？圣人与天地万物为一体。天地之中，一物顺理，无非所以发吾之良心；一物不顺理，无非所以警吾不善之端也。所谓"见贤思齐焉，见不贤而内自省"。丹朱之不肖，去舜虽远，而慢游之初，实人心之所易人，安得不要其终，以为戒。见圣人之工夫，愈无穷也。

7.《尚书说》卷一

（宋）黄度撰

（归善斋按：见"帝，光天之下"）

8.《洁斋家塾书钞》卷三

（宋）袁燮撰

无若丹朱傲，惟慢游是好，傲虐是作，罔昼夜頟頟，罔水行舟，朋淫于家，用殄厥世。予创若时，娶于涂山，辛壬癸甲。启呱呱而泣，予弗子，惟荒度土功。弼成五服，至于五千。州十有二师，外薄四海，咸建五长。各迪有功。苗顽弗即工，帝其念哉。

丹朱之所以为丹朱，"傲"之一字尽之。"傲"者，傲然自大，而略无谦逊之意也。慢游之是好，所为之刻虐，皆自夫傲心，实基之也。儒者类谓：禹以丹朱戒舜，舜岂有是哉？东坡亦尝言之矣。此论，要未为当。"惟圣罔念作狂，惟狂克念作圣"，人心亦何常之有？舜虽大圣人，稍不兢业，稍有怠惰过失便形，当是之时，与丹朱何异？丹朱虽不肖，苟能存兢业之诚，去傲慢之恶，一念自省，当是之时，与舜又何异哉？故舜之当以丹朱为戒，不是怪异厎事，兢业少怠，有为丹朱之理。所以自昔圣人，虽躬甚盛之德，而常恐惧修省，勉勉不已。诚以至诚本无息，稍不黾勉，易流于恶。大凡看圣人，不可过高。所谓圣人，固诚高矣，然所以高者，乃实自近始。惟其勉勉不已，是以日进于高明广大。欲识圣人，不必他求，勉勉不已，兢业常存此，即圣人也，亦非谓勉勉不已，然后至于圣，即其勉勉之心，便是圣人。"朋淫于家"者，朋党相扇，同力为恶也。"用殄厥世"，丹朱帝尧之子，本当绍尧位，今以不肖，而不得继世，以有天下，是自绝其世也。禹惩创乎此，娶于涂山，四日而有子，虽闻呱呱之泣，而荒度土功，不暇视焉。《孟子》所谓"禹八年于外，三过其门而不入"。且以人情论之，谁不私其家,谁不爱其子。不过其门可也,既过其门,安得不一入其门。不闻其子之声可也,既闻呱呱之泣,安得不一视之。今子之声,虽呱呱在耳,而禹之志,惟土功是度。欲识圣人之心,当于此处认取。"呱呱而泣,予弗子",此正圣人心也。一于为国,而忘其家;一于为公,而忘其私。当是之时,禹之心,更无一毫之杂,舜之所谓"惟精惟一",伊尹之所谓"德惟一"即此心也。既欲为公,又欲为私,是"二三其德"也。才有"二三",即非圣人之心。"弼成五服,至于五千。州十有二师,外薄四海,咸建五长",此禹所以成功也。成功之大,根乎其心之至"一"也。五服,从古而然,洪水为患其间,亦有紊乱者,故从而辅成之。每面方二千五百里,东西相距为五千里,南北相距为五千里,所谓"至于五千"也。古者所治,止于五服之内。盖圣人不勤远略,力所不能及,姑置不治,吾但治其中国,而远人自莫不慕义向化。如此,则远近皆归于治矣。州建一师,十二州,则十二师焉。五国则建一长,故曰"咸建五长"。"迪"者,导迪也。迪之,使皆有成功也。夫谓之"各迪有功",是举天下诸侯,无有一人不修职业者,无有一人敢少怠慢者。此不是易事。后世天下郡守,果能"各迪有功"乎?五服诸侯,其为人也多矣,而无敢不虔厥职,此岂易事。想当时,诸国之内,贤才毕集,民生晏安,国用充足。如此而后,始可言功矣。所以致此者,只是"予弗子"一句,在我工夫纯一。如此,所以感化诸侯,举天下亦莫不如此。夫至于天下诸侯,"各迪有功",是无一人有违心矣。而惟有苗之国,恃其险阻,傲然不服,不修朝贡之仪,不奉供王之职。盖有苗亦当时诸侯也。然苗不即工,不可以责苗,惟帝当念之,盖我之工夫,未到所以致得苗如此,可不念乎?

9.《书经集传》卷一

(宋)蔡沈撰

无若丹朱傲,惟慢游是好,傲虐是作。罔昼夜頟頟,罔水行舟,朋淫于家,用殄厥世。予创若时,娶于涂山,辛壬癸甲。启呱呱而泣,予弗子,惟荒度土功。弼成五服,至于五千,州十有二师。外薄四海,咸建五长,各迪有功。苗顽弗即工,帝其念哉。帝曰:迪朕德,时乃功惟叙。皋陶方祗厥叙,方施象刑,惟明。

额，鄂格反。呱，音孤。《汉志》"尧处子朱于丹渊，为诸侯"。丹，朱之国名也。额额，不休息之状。"罔水行舟"，如"罺荡舟"之类。"朋淫"者，朋比小人，而淫乱于家也。殄，绝也。"世"者，世，尧之天下也，丹朱不肖，尧以天下与舜，而不与朱，故曰"殄世"。程子曰："夫圣，莫圣于舜。"而禹之戒舜，至曰无若丹朱好慢游，作傲虐，且舜之不为慢游傲虐，虽愚者亦当知之，岂以禹而不知乎？盖处崇高之位，所以儆戒者，当如是也。创，惩也。禹自言惩丹朱之恶，而不敢以慢游也。涂山，国名，在今寿春县东北，禹娶涂山氏之女也。辛壬癸甲，四日也。禹娶涂山，甫及四日，即往治水也。启，禹之子。呱呱，泣声。荒，大也。言娶妻生子，皆有所不暇顾念，惟以大相度平治木土之功为急也。《孟子》言"禹八年于外，三过其门而不入"是也。五服：甸、侯、绥、要、荒也，言非特平治水土，又因地域之远近，以辅成五服之制也。疆理宇内，乃人君之事，非人臣之所当专者，故曰"弼成"也。"五千"者，每服五百里，五服之地，东西南北，相距五千里也。"十二师"者，每州立十二诸侯，以为之师，使之相牧，以纠群后也。薄，迫也。九州之外，迫于四海。每方各建五人，以为之长，而统率之也。圣人经理之制，其详内略外者如此。即，就也，谓十二师、五长，内而侯牧，外而蕃夷，皆蹈行有功，惟三苗顽慢不率，不肯就工。帝当忧念之也。帝言：四海之内，蹈行我之德教者，是汝功惟叙之故。其顽而弗率者，则皋陶方敬承汝之功叙，"方施象刑，惟明"矣。曰"明"者，言其刑罚当罪，可以畏服乎人也。上文禹之意，欲舜弛其鞭扑之威，益广其文教之及，而帝以禹之功叙，既已如此，而犹有顽不即工如苗民者，是岂刑法之所可废哉？或者乃谓苗之凶顽，六师征之，犹且逆命，岂皋陶象刑之所能致？是未知圣人兵刑之叙与帝舜治苗之本末也。帝之此言，乃在禹未摄位之前，非"徂征"后事。盖威以象刑，而苗犹不服，然后命禹征之，征之不服，以益之谏，而又增修德教；及其来格，然后分背之。舜之此言，虽在三谟之末，而实则禹未摄位之前也。

10.《尚书精义》卷八

（宋）黄伦撰

无若丹朱傲，惟慢游是好，傲虐是作，罔昼夜额额，罔水行舟，朋淫于家，用殄厥世。予创若时，娶于涂山，辛壬癸甲，启呱呱而泣，予弗子，惟荒度土功。

无垢曰：舜，圣人也，岂有傲乎？曰遽征有苗，益则曰"满"。遽威庶顽，岂可不谓之傲乎？此心不已，必变为虐。"慢游是好"，昼夜不息，至"罔水行舟"，以继其逸欲；"朋淫于家"，以紊其天常，皆傲不已之积也。傲不已，则"殄厥世"者，乃傲之影响也。今庶顽之不格，岂有以召之者然乎？予惩创傲虐之绝世，所以娶于涂山，不敢久安，越四日，而往治水。启呱呱而弗子，过门而不入。其心所念，"惟荒度土功"耳。顾氏曰：尧之为父，而子之恶，乃至于"朋淫于家，用殄厥世"，何也？将尧之道，不行于妻子耶。圣人之于父子，先之以恩，而后之以义。惟先恩而后义，则其子虽不善，而不至于忘父子之情。夫丹朱既已不善矣，彼尧将督责，而惩创之，则足以失父之慈，而未足以致子于道。此古人所以易子而教也。故曰"父子责，善贼恩之大者"。又曰"责善则离，离则不祥莫大焉"。尧亦以其身之不幸也，是故，在于不幸之中又有甚之。此固圣人明父子之际者。虽然，盖亦文而过之也。舜之为圣人也，至矣，而禹戒之丹朱者，何也？此所以见君臣之无间也，舜，圣矣，犹戒以丹朱，下而远者，其可以默哉。

11.《尚书详解》卷五

（宋）陈经撰

（归善斋按：见"帝，光天之下"）

12.《融堂书解》卷二

（宋）钱时撰

（归善斋按：见"帝，光天之下"）

13.《尚书要义》卷五

（宋）魏了翁撰

十九、丹，国；朱，名，以行恶，绝其世位。

《汉书·律历志》云"尧让舜，使子朱处于丹渊，为诸侯"，则朱是名，丹是国也。额额，是不休息之意。肆，谓纵恣也。昼夜常额额然纵恣为恶，无休息时也。习于无水而陆地行舟，言其所为恶事，无节度也。此乃禀受恶性，习恶事也。郑玄云：丹朱见洪水时，人乘舟。今水已治，犹居舟中，额额使人推行之。按下句云"予创若时"，乃勤治水，则丹朱行舟之时，水尚未除，非效洪水之时，人乘舟也。群淫于家，言群聚妻妾，恣意淫之，无男女之别，故言妻妾乱也。用是之恶，故绝其世位，不得嗣父也。此"用殄厥世"一句，禹既见世绝，今始言之，以明行恶之验。此句，非禹所创，创之者，创其行之恶耳。

14.《书集传或问》卷上

（宋）陈大猷撰

（归善斋按：未解）

15.《尚书详解》卷二

（宋）胡士行撰

无若丹朱（尧子）傲，惟慢游是好，傲虐是作，罔昼夜额额（不休息之状），罔水行舟（逞力），朋（党）淫于家，用殄（绝）厥世（尧不与以天下）。

舜岂有是哉。圣人以天地万物为一体。一物顺，无非所以发吾之良心；一物不顺，无非所以警吾不善之端，所谓"思齐"、"自省"者也。

16.《书纂言》卷一

（元）吴澄撰

（归善斋按：见"帝不时敷同"）

17.《书集传纂疏》卷一

（元）陈栎撰

无若丹朱傲，惟慢游是好，傲虐是作。罔昼夜额额，罔水行舟，朋淫于家，用殄厥世。予创若时，娶于涂山，辛壬癸甲。启呱呱而泣，予弗子，惟荒度土功。弼成五服，至于五千。州十有二师，外薄四海，咸建五长，各迪有功。苗顽弗即工，帝其念哉。帝曰：迪朕德，时乃功惟叙。皋陶方祗厥叙，方施象刑，惟明。

纂疏：

《语录》："苗顽弗即工"，此是禹治水时，调役他国人夫不动也，后方征之，治其罪而窜之。窜之而后分北之。今说者，谓既格而又叛，恐无此事。三苗想如今之溪洞。溪洞有一种谓之猫，未必非三苗之后。史说"三苗左洞庭，右彭蠡"，今湖南、江西之界地亦甚阔矣。

马氏曰：隆古君臣，告戒如此，谄谀忌讳者可以戒矣。

真氏曰：舜，大圣人，安有可戒之事，而益以"怠"、"荒"戒，皋以"逸欲"戒，禹以"傲"、"虐"戒，岂忧其有是而豫防之邪。抑知其无是，而姑为是言邪。"人心惟危"，自昔所畏，虽圣主不敢忘操存之功；大臣事圣主，不敢废规儆之益也。

孔氏曰：治水一州用三万人，九州二十七万人。

吕氏曰：每州各立一师，十二州十二师。如十二牧养民曰"牧"，为一州师帅曰"师"。

王氏炎曰：薄，迫近也。从京师外近四海，此九州外也。《王制》五国以为属，属有长，即五长也。"咸建"，内外皆建也。九州之内，有师，有长；九州之外，无师有长，详内略外也。

夏氏曰：洪水未平，九功未叙，人救死不赡，何暇迪德？舜谓今天下所以迪行吾德，而各迪有功者，实汝功"惟叙"之故。皋方敬承汝功之叙，又虑迪德者怠，方明示象刑以警之，则已迪德者益勉，未迪德者益畏而勉矣。此如"九功惟叙"，而"董之用威"，不容已也。

陈氏经曰：天下皆迪功，弗即工特一有苗，若不足介意也。圣人之心，以为一物梗化，则有不能忘之意。

愚谓：朱之不肖，蔽以一言，曰"傲"而已。"慢"、"游"、"淫"、"虐"，皆自"傲"出。"罔昼夜额额"，凶人为不善，惟日不足之意。州十二师之说，孔氏说非，吕说差胜。蔡氏云，每方各建五人为长说，本林氏。王说较优。禹欲帝不恃刑威之用，而益广明德之。及以丹朱为帝戒，复以己之惩朱继之，末言天下皆顺，而苗独顽，若以为不止庶顽之顽者，欲帝念之也。

18.《读书丛说》卷三

（元）许谦撰

（归善斋按：未解）

19.《书传辑录纂注》卷一

（元）董鼎撰

无若丹朱傲，惟慢游是好，傲虐是作，罔昼夜额额，罔水行舟，朋淫于家，用殄厥世。予创若时，娶于涂山，辛壬癸甲。启呱呱而泣，予弗子，惟荒度土功。弼成五服，至于五千，州十有二师，外薄四海，咸建五长。各迪有功，苗顽弗即工，帝其念哉。帝曰：迪朕德，时乃功惟叙。皋陶方祗厥叙，方施象刑，惟明。

辑录：

问禹稷三过其门而不入，若家有父母，岂可不入？曰：固是。然事亦须量个缓急。若只是那九年，泛泛底水，未便会倾国覆都，过家见父母亦不妨。若洪水之患甚急，有倾国溺都、君父危亡之灾也，只得奔君父之急，虽不过家见父母，亦不妨也。僩。"苗顽弗即工"，此是禹治水时，调役他国人夫不动也，后方征之。既格而服，则治其前日之罪而窜之，窜之而后分北之。今说者，谓苗既格而又叛，恐无此事。又曰：三苗想只是如今之溪洞相似。溪洞有数种，一种谓之猫，未必非三苗之后。史中说三苗之国，左洞庭，右彭蠡，在今湖北江西之界，其地亦甚阔矣。广。先生庆元丙辰著《九江彭蠡说》，以示诸生，书其后曰：顷在湖南，见说溪洞蛮猺，略有四种，曰犵，曰狑，曰獠，而其最轻捷者曰猫。近年数出剽掠为边患者，多此种也，岂三苗之遗民乎？古字少而通用，然则所谓"三苗"者，亦当正作"猫"字耳。近日又见詹元善说苗民之国三徙，其都初在今之筠州，次在今之兴国军，皆在深山中，人不可入而已，亦难出。其最后在今之武昌县，则据江山之险，可以无所不为，人不得而遏之矣。未及问所据，聊并记之。

纂注：

新安陈氏曰：丹朱之不肖，蔽以一言曰"傲"而已。"慢游"、"虐"、"淫"，皆自"傲"出。"罔昼夜额额"，凶人为不善，惟日不足之意。

东阳马氏曰：隆古君臣告戒乃如此。后世谄谀忌讳者可以戒矣。

真氏曰：舜以大圣之资，安有可戒之事，而益以"怠"、"荒"戒，皋以"逸欲"戒，禹又以"傲"、"虐"戒，岂忧其有是而豫防之邪？抑知其无是，而姑为是言。邪。"人心惟危"，自昔所畏，虽圣主，不敢忘操存之功；大臣事圣主，不敢废规儆之益。后之君臣，宜视以为法。

新安陈氏曰："州十有二师"有三说：孔云治水一州用三万人，盖以二千五百人师。此说非。吕云每州各立一师，十二州立十二师。如十二牧养民，故曰牧。为一州师帅，故曰师。唐孔云"薄"，逼近也。从京师外近四海，谓九州之外也。《王制》五国以为属，属有长，即五长也。"咸建"，内外皆建也。九州之内，有师有长，九州之外无师有长，详内略外之制也。此说优于蔡。蔡每方各建五人以为之长，乃用林说，似欠之当。

又曰：此章禹欲帝无恃刑威之用，而益广明德之及。以丹朱为帝戒，复以己之惩戒丹朱者继之，末言天下皆顺，而苗民独顽，若以为不止于庶顽之顽者，欲帝念之也。

夏氏曰：洪水未平，九功未叙，人救死不暇，何暇迪德？舜谓今天下所以迪行我德，而各迪有功者，实汝之"九功惟叙"故也。皋方敬承汝功之叙，又虑迪德者，怠方施象刑，明示人以儆之，则已迪德者益勉，未迪德者益惧而勉矣。此正如"九功惟叙"之后"董之用威"不容已也。

愚谓：禹戒舜以"无若丹朱"，无怪其然也。他山之石可以攻玉。舜、禹初不自知其圣，则其引以进戒，岂为过哉？当时黎民于变，比屋可封，而内则有丹朱之可戒，外则有苗顽之可忧，未能忘情，惟此二者。此圣所以益圣也。

20.《尚书句解》卷二

（元）朱祖义撰

无若丹朱傲（无如尧之子丹朱傲狠。《汉书·沟洫志》云"尧禅舜，朱处丹为诸侯"，则朱是名，丹是所封之国），惟慢游是好（惟怠慢之游是好）。

21.《尚书日记》卷四

（明）王樵撰

"无若丹朱傲"至"方施象刑，惟明"，欲帝戒丹朱者。丹朱若贤，则宜世尧之天下者也，惟不克负荷，而尧以天下与舜。是舜今日之所居，即丹朱之所失，而不可不以为戒。丹朱之恶多矣，而其长恶之源曰"傲"而已。由"傲"而"慢游是好"。傲虐是作圣、狂分于一念。若帝以今日之治化为己足，而不加修，无亦自满，而亢之萌乎。"予创若时"以下，亦"思日孜孜"之意。看来"创若时"只管到治水下面，疆理、经理两事，重在"各迪有功"上，乃为"苗顽不即工"说起。然经理又因于疆理，非两事也。"荒度土功"，即"随山刊木"，"决九川"，"浚畎浍"诸事。"弼成五服"二句，《禹贡》"甸服"五节，即其事也。主之者帝，而分画之者禹，故曰"弼成"。"至于"二字要玩。圣人制此服数，岂为观美，其分画所及，皆德教所施，法制禁令之所行也。"五千"者，每服五百里，四面相距为方五千里也。郑玄谓，面各五千里，四面相距为方万里者，非。"十二师"者，每州各立十二人为诸侯师，以佐牧也。孔氏以师为人工之数者，非。或以十二师，即十二牧，亦非。《周官》曰"外有州牧侯伯"，"师"即"侯伯"也。"外薄四海"谓"五服"之外，蕃夷之地。每方又各建五人以为之长。如汉西域都护之意。"各迪有功"，即篇首所谓"作乂"也。"苗顽不即工"，朱子以为是禹治水时调役他国不动。金氏曰：十二师五长"各迪有功"，而独"苗顽不即工"，则苗之顽，又有大于"庶顽谗说"者。庶顽之谗，转移之机尚在我。苗民之顽，为中国患，而转移之机有未易致力者。故禹尤欲以苗为念。盖意在于德化也。帝以汝之功叙既已如此，而犹有梗化如苗者，则是德教之所不能加，而必俟于威之，而始畏文告之所不能谕，而有待于惩之而后服。利用刑人，斯其时也。故皋陶"方祗厥叙，方施象刑，惟明"矣。古之刑官，蛮夷猾夏兼在所治，故使皋陶继禹以有事焉。不知当时象刑之施，何如？观曰"惟明"，则是分别其人之逆顺，恶之大小，情之轻重，咸当其罪。盖"不即工"者非一人也。皋陶治以法，意其国犹执送一二罪人就逮以自解。及欲治其首恶，然后彼不服，而命禹征之。或言象刑非施之苗，明刑于此，而苗自服尔。夫"苗不即工"，皋陶不能问其罪，乃杀吾人以恐胁之，可谓拙于计矣。

22.《日讲书经解义》卷二

（清）库勒纳等撰

无若丹朱傲，惟慢游是好，傲虐是作。罔昼夜额额，罔水行舟，朋淫于家，用殄厥世。予创若时，娶于涂山，辛壬癸甲。启呱呱而泣，予弗子，惟荒度土功。弼成五服，至于五千，州十有二师，外薄四海，咸建五长。各迪有功，苗顽弗即工，帝其念哉。帝曰：迪朕德，时乃功惟叙。皋陶方祗厥叙，方施象刑，惟明。

此一节书，是禹进戒帝舜以德之不可不修，而帝舜答其意也。额额，不休息之状。殄，绝也。"世"者，继世相传之业也。创，惩也。涂山，国名，在今江南凤阳府怀远县。呱呱，泣声；荒，大也；弼，辅也；薄，迫也；迪，蹈也，遵行之意也；即，就也。禹曰：人君当勤于修德，不可如帝尧子丹朱之骄傲。盖傲为众恶之本，此心肆然无忌，惟惰慢佚游是好，傲狠暴虐是作，无昼无夜，额额然纵欲不休，行事悖理，如无水行舟，又朋比小人，而淫乱于家，不治国事，故不得继帝尧之天下，以绝其世。我因惩戒若是之傲，初娶涂山氏女，才及辛壬癸甲四日，即往治水。其后生子，启呱呱而泣，我弗暇顾，惟大相度平治水土之功。水土既平，则疆域可定，乃辅帝以成甸、侯、绥、要、荒五服之制。每服五百里，东西南北相至，各五千里。疆域既定，则经制可施。九州之内，分封诸国，固有州牧统之。又每州立十二诸侯为师，使佐州牧，以纠正群后。九州之外，迫近四海，虽已设官治之，又每方立五人为长，使统诸蕃，以固卫封疆。今则，内而十二师侯牧，外而五长诸蕃，各遵行朝廷德教，著有治功。独苗国恃顽，弗肯就工，尚为盛治之累，帝当念之，未可谓天下治安，而稍生傲心也。观此言，而禹"思日孜孜"之实可见。帝舜乃答其意曰：今九州四海，遵行我之德教者，是汝禹由治水而弼服、建官，功有次叙故也。虽苗民顽慢，皋陶方敬承汝之功叙，方施五等之象刑，以辅德教所未至，且用刑之明，足以服人。苗民庶几化而即工乎。夫圣如帝舜，而禹犹戒其傲，岂过为危言哉？傲与慎反，人心操存舍亡，一念"慎"即进于舜，一念"傲"，即流为"朱"。为圣，为狂，祗在几微之分。然则，为人上者，戒惧、慎独之功，顾可须臾有间哉。

《书蔡氏传旁通》卷一下

（元）陈师凯撰

《汉志》"尧处子朱于丹渊，为诸侯"，丹，朱之国名也。

见《前汉·律历志》。

《尚书注考》

（明）陈泰交撰

"无若丹朱"，训"丹"，朱之国名也，"砺砥砮丹"，训"丹"，丹砂也。

《尚书疏衍》卷二

（明）陈第撰

无若丹朱傲。

儒者之言曰：舜之不为慢游傲虐，虽愚者亦当知之，岂以禹而不知？盖以崇高之位，所以警戒者当如是也。噫！是未知"人心"之"几"与，舜之所以研其"几"也。夫空洞一心，攻之者万，理欲之起，倏乎，忽乎。故有高朗绝伦之品，而不能无凡庸卑鄙之心。惟其检察毫芒，而转移微淼。人不知，而圣人自知；人不惧，而圣人甚为之惧也。《易》曰：见几而作，不俟终日。颜氏之子，其殆庶几乎。有不善未尝不知；知之未尝复行也。故曰：不远复，无祗悔，元吉。颜子曰：舜何，人也。予何，人也。有为者，亦若是。为之于几而已矣。

愚少年有友，曰陈道通，慎独寡过人也。尝谓余曰：吾朝夕不能无禽兽之心，赖廓清之早，以绳墨自矫也。不然，吾其有遗行耶？余曰：此实圣功，千古所同。故禹儆舜以丹朱；周公戒成王，无若殷王受之迷，酗于酒也。惟方寸难防，故规诲痛切，知"几"也，岂能与世儒之莽莽者道哉？未几，道通夭矣。每读《庄子》，吾无以为质矣，吾无与言之矣，未尝不废书流涕也。

《尚书埤传》卷三

（清）朱鹤龄撰

丹朱。

娶于涂山。

十二师。

五长。

方施象刑，惟明。

《史记正义》：《帝王纪》云，尧娶散宜氏女，曰女皇，生丹朱。范汪《荆州记》云，丹水县，在丹川，尧子朱之所封也。《括地志》云，丹朱，故城在邓州内乡县西南百三十里。罗景纶曰：尧不以天下与丹朱，而与舜，世皆谓圣人至公之心，知爱天下而不知爱其子。余谓：帝尧此举，固以爱天下尤以爱丹朱也。若使傲虐之资，轻居臣民之上，则毒遍四海，不有南巢之放，将来牧野之诛，尚得谓爱之乎？尧、舜之于子，亦贻之以安耳。

《左传》"禹会诸侯于涂山"，杜预注：在寿春东北（在今凤阳府怀远县）。愚按，《寰宇记》云，古当涂国，在今濠州西一百十七里，汉为县，属九江郡；晋属淮南郡，在寿春东北。《舆地记》谓，即禹所娶涂山氏国也。《世纪》云，涂山氏合婚于台桑之墅，在钟离西七十里，即当涂县。而《华阳国志》又云，禹娶涂山，今江州涂山（今重庆府巴县），禹庙铭存焉，山有禹王祠。涂后村元人贾元亦云，禹生汶川，生于蜀，则娶于蜀宜也。然涂山国，自应以当涂为是。当涂之山，于天下稍向中，故禹娶妻，会诸侯，皆在于此。况禹封阳翟，去当涂亦不甚远（《史记索隐》按，系本涂山氏，名女娲。《连山易》曰"攸女"。《路史》云禹年三十娶于涂山，氏曰"趫"，是为"攸女"，死葬阳城）。

十二师，孔传作"师旅"之"师"，谓一州用三万人功，九州二十七万庸，以为此治水时徒众。其凿甚矣。疏云：九州，立十二人为诸侯师，以佐牧，盖本郑康成之说，蔡传从之。

按《王制》，千里之外，设方伯，五国以为属，属有长，此建五长，略如彼文耳。孔传云，五国立一人为方伯，谓之五长，其说又与《王制》不合，姑从蔡传可也。

邵宝曰：皋陶之象刑，非必用于苗也。惟明于天下，而可以风动乎苗，理有固然矣。苗虽顽，独非人哉？德以化天下，无间于苗；刑以示天下，亦无间于苗。此帝舜之所以为大也。

《书蔡氏传旁通》卷一下

（元）陈师凯撰

（归善斋按：见"臣作朕股肱耳目"）

《尚书七篇解义》卷一

（清）李光地撰

（归善斋按：见"臣作朕股肱耳目"）

傲虐是作，罔昼夜頟頟

1. 《尚书注疏》卷四

（汉）孔氏传，（唐）陆德明音义，孔颖达疏

傲虐是作，罔昼夜頟頟。

传：傲，戏而为虐，无昼夜，常頟頟（éé）肆恶，无休息。

音义：傲虐之傲，五羔反，徐五报反，注同。頟，五客反。

疏：傲戏而为虐，是其所为。为此恶事，不问昼夜，而頟頟然恒为之，无休息。

《诗》美卫武公云：喜戏谑兮，不为虐兮。丹朱反之，故傲戏而为虐也。頟頟，是不休息之意。肆，谓纵恣也。昼夜常頟頟然，纵恣为恶，无休息时也。

2. 《书传》卷四

（宋）苏轼撰

（归善斋按：见"万邦黎献"）

3.《尚书全解》卷六

（宋）林之奇撰

（归善斋按：见"无若丹朱傲"）

4.《尚书讲义》卷四

（宋）史浩撰

（归善斋按：见"无若丹朱傲"）

5.《尚书详解》卷五

（宋）夏僎撰

（归善斋按：见"无若丹朱傲"）

6.《增修东莱书说》卷四

（宋）吕祖谦撰，时澜增修

（归善斋按：见"无若丹朱傲"）

7.《尚书说》卷一

（宋）黄度撰

（归善斋按：见"帝，光天之下"）

8.《洁斋家塾书钞》卷三

（宋）袁燮撰

（归善斋按：见"无若丹朱傲"）

9.《书经集传》卷一

（宋）蔡沈撰

（归善斋按：见"无若丹朱傲"）

10.《尚书精义》卷八

（宋）黄伦撰

（归善斋按：见"无若丹朱傲"）

11.《尚书详解》卷五

（宋）陈经撰

（归善斋按：见"帝，光天之下"）

12.《尚书要义》卷五

（宋）魏了翁撰

（归善斋按：见"无若丹朱傲"）

13.《书集传或问》卷上

（宋）陈大猷撰

（归善斋按：未解）

14.《尚书详解》卷二

（宋）胡士行撰

（归善斋按：见"无若丹朱傲"）

15.《书纂言》卷一

（元）吴澄撰

（归善斋按：见"帝不时敷同"）

16.《书集传纂疏》卷一

（元）陈栎撰

（归善斋按：见"无若丹朱傲"）

17.《读书丛说》卷三

(元)许谦撰

(归善斋按:未解)

18.《书传辑录纂注》卷一

(元)董鼎撰

(归善斋按:见"无若丹朱傲")

19.《尚书句解》卷二

(元)朱祖义撰

傲虐是作(所作者傲而至于虐)。罔昼夜额额(无有昼夜,慢游傲虐,额额然未尝休息。额,音额)。

20.《尚书日记》卷四

(明)王樵撰

(归善斋按:未解)

21.《日讲书经解义》卷二

(清)库勒纳等撰

(归善斋按:见"无若丹朱傲")

22.《书蔡氏传旁通》卷一下

(元)陈师凯撰

(归善斋按:见"臣作朕股肱耳目")

《尚书七篇解义》卷一

(清)李光地撰

(归善斋按:见"臣作朕股肱耳目")

罔水行舟，朋淫于家，用殄厥世

1.《尚书注疏》卷四

（汉）孔氏传，（唐）陆德明音义，孔颖达疏

罔水行舟，朋淫于家，用殄厥世。

传：朋，群也。丹朱习于无水陆地行舟，言无度。群淫于家，妻妾乱用，是绝其世，不得嗣。

音义：殄，徒现反。

疏：又无水而陆地行舟，群朋淫泆于室家之内，用此之故，绝其世嗣，不得居位。

"朋辈"与"群聚"义同，故"朋"为"群"也。圣人作车以行陆，作舟以行水。丹朱乃习于无水而陆地行舟，言其所为恶事，无节度也。此乃禀受恶性，习恶事也。郑玄云：丹朱见洪水时，人乘舟。今水已治，犹居舟中，额额使人推行之。按：下句云"予创若时"，乃勤治水，则丹朱行舟之时，水尚未除，非效洪水之时，人乘舟也。群淫于家，言群聚妻妾，恣意淫之，无男女之别，故言妻妾乱也。用是之恶，故绝其世位，不得嗣父也。此"用殄厥世"一句，禹既见世绝，今始言之，以明行恶之验。

2.《书传》卷四

（宋）苏轼撰

罔水行舟，朋淫于家，用殄厥世。予创若时，娶于涂山，辛壬癸甲。创，惩也，惩丹朱之恶。辛日娶于涂山，甲日复往治水。

3.《尚书全解》卷六

（宋）林之奇撰

（归善斋按：见"无若丹朱傲"）

4.《尚书讲义》卷四

（宋）史浩撰
（归善斋按：见"无若丹朱傲"）

5.《尚书详解》卷五

（宋）夏僎撰
（归善斋按：见"无若丹朱傲"）

6.《增修东莱书说》卷四

（宋）吕祖谦撰，时澜增修
（归善斋按：见"无若丹朱傲"）

7.《尚书说》卷一

（宋）黄度撰
（归善斋按：见"帝，光天之下"）

8.《洁斋家塾书钞》卷三

（宋）袁燮撰
（归善斋按：见"无若丹朱傲"）

9.《书经集传》卷一

（宋）蔡沈撰
（归善斋按：见"无若丹朱傲"）

10.《尚书精义》卷八

（宋）黄伦撰
（归善斋按：见"无若丹朱傲"）

11.《尚书详解》卷五

（宋）陈经撰

（归善斋按：见"帝，光天之下"）

12.《融堂书解》卷二

（宋）钱时撰

（归善斋按：未解）

13.《尚书要义》卷五

（宋）魏了翁撰

（归善斋按：见"无若丹朱傲"）

14.《书集传或问》卷上

（宋）陈大猷撰

（归善斋按：未解）

15.《尚书详解》卷二

（宋）胡士行撰

（归善斋按：见"无若丹朱傲"）

16.《书纂言》卷一

（元）吴澄撰

（归善斋按：见"帝不时敷同"）

17.《书集传纂疏》卷一

（元）陈栎撰

（归善斋按：见"无若丹朱傲"）

18.《读书丛说》卷三

（元）许谦撰

（归善斋按：未解）

19.《书传辑录纂注》卷一

（元）董鼎撰

（归善斋按：见"无若丹朱傲"）

20.《尚书句解》卷二

（元）朱祖义撰

罔水行舟（又矜其勇力，陆地行舟），朋淫于家（多聚朋党而淫乱于家），用殄厥世（所以用绝于世，不得以有天下）。

21.《尚书日记》卷四

（明）王樵撰

（归善斋按：未解）

22.《日讲书经解义》卷二

（清）库勒纳等撰

（归善斋按：见"无若丹朱傲"）

《书蔡氏传旁通》卷一下

（元）陈师凯撰

奡荡舟。

奡，寒浞之子。《左传》作"浇"（鱼弔反），力能陆地行舟。

《尚书疑义》卷一

（明）马明衡撰

"用殄厥世"，蔡氏与孔注皆以为尧以天下与舜，不与朱为"殄世"。

予意,"殄世"是丹朱在封国之时,复朋淫无度,故至殄世。若以不传天下为"殄世"则是尧之"殄世"矣。

《书蔡氏传旁通》卷一下

(元)陈师凯撰

(归善斋按:见"臣作朕股肱耳目")

《尚书七篇解义》卷一

(清)李光地撰

(归善斋按:见"臣作朕股肱耳目")

予创若时,娶于涂山,辛壬癸甲

1.《尚书注疏》卷四

(汉)孔氏传,(唐)陆德明音义,孔颖达疏

予创若时,娶于涂山,辛壬癸甲。

传:创,惩也。涂山,国名。惩丹朱之恶,辛日娶妻,至于甲日,复往治水,不以私害公。

音义:娶,促住反。复,扶又反。

疏:我本创丹朱之恶若是也。故娶于涂山之国,历辛壬癸甲四日,而即往治水。

此句非禹所创,创之者,创其行之恶耳。创与惩皆是见恶自止之意,故云"创惩"也。哀七年《左传》云:禹会诸侯于涂山。杜预云:涂山在寿春县东北。涂山,国名,盖近彼山也,娶于涂山,言其所娶之国耳,非就妻家见妻也。惩丹朱之恶,故不可不勤,故辛日娶妻,至于甲日,复往治水。孔云:复往,则已尝治水,而辍事成昏也。郑玄云:登用之年,始娶于涂山氏,三宿而为帝所命治水。郑意娶后始受帝命,娶前未治水也。然娶后始受帝命,当云闻命即行,不须计辛之与甲日数多少,当如孔

说"辍事成昏"也。此时，禹父新殛，而得为昏者，鲧放而未死，不妨禹娶且治水。四年，兖州始毕，禹娶不必在殛鲧之年也。

《尚书注疏》卷四《考证》：

"娶于涂山，辛壬癸甲"传：辛日娶妻。至于甲日复往治水。

臣召南按：《史记》云"辛壬娶涂山，癸甲生启"，是以岁计，非以日计也，理不可通。《吕氏春秋》曰：禹娶涂山氏，不以私害公，自辛至甲，四日复往治水，此即孔传所本也。

2.《书传》卷四

（宋）苏轼撰

（归善斋按：见"罔水行舟"）

3.《尚书全解》卷六

（宋）林之奇撰

予创若时，娶于涂山，辛壬癸甲。启呱呱而泣，予弗子，惟荒度土功。

此又言己之惩创于丹朱之恶，起于一日之慢游，故不敢不黾勉以成事功也。娶于涂山国之女也，辛日娶妻，甲日复往治水。盖其娶妻甫及四日，遂往从治水之劳，以拯生民之急也。"启呱呱而泣"，《孟子》曰："八年于外，三过其门而不入"，言禹之治水，尝过其门，闻启之泣，其声呱呱然，不暇子之。"惟荒度土功"，《诗》曰："天作高山，太王荒之。"毛氏曰：荒，大也。大度土功之事也。晋重耳出奔及齐，桓公妻之，有马二十乘。公子安之从者，以为不可，将行谋于桑下，蚕妾在其上闻之，以告姜氏。姜氏杀之，而谓公子曰：子有四方之志，其闻之者吾杀之矣。公子曰：无之。姜曰：行也，怀与安实败名。公子不可，姜与子犯谋，醉而遣之，醒以戈逐子犯。重耳之所以能成霸功者，姜氏与有力焉。盖未有沉溺于妻子之爱，而可以建大功，立大节者。禹拯生民之难，思天下之溺，由己之溺。不暇顾其妻子，至于沐雨栉风，股无胈，胫无毛，而不以为劳。其志如此，举天下之声色嗜好，曾何足以易吾之此志哉。

4.《尚书讲义》卷四

（宋）史浩撰

（归善斋按：见"无若丹朱傲"）

5.《尚书详解》卷五

（宋）夏僎撰

（归善斋按：见"无若丹朱傲"）

6.《增修东莱书说》卷四

（宋）吕祖谦撰，时澜增修

予创若时，娶于涂山，辛壬癸甲。启呱呱而泣，予弗子，惟荒度土功，弼成五服，至于五千，州十有二师，外薄四海，咸建五长。各迪有功，苗顽弗即工。帝其念哉。

禹惩丹朱之恶，而求之于身。曰"创"者，见恶而为善之力也。恶在丹朱，创在禹，是禹因傲而得敬也。平成，功用尽于此而出也。丹朱至于"殄世"，其始不过"慢"心。禹至于"各迪有功"，其始不过"敬"心，善恶之端也。"予弗子，惟荒度土功"，禹以天下为一己忧也。五服，二千五百里，方面共五千。每州各立一师，外及四海，皆立五长，以相统率，禹经理天下之大略也。"各迪有功，苗顽弗即工"，深足以见舜世教化之盛，"各迪有功"，如周时，人人有士君子之行，天下皆"迪功"，则不即功者易见，独举苗一人之顽，弗即其工，则自苗之外，必无不即工之人矣。以禹之敬，勤劳治水如此，惩创自反如此，苗尚未即工，则敬之工夫其可已乎？"帝其念哉"，禹将与帝相与自反，共致力于未尽之工夫也。不徒苗之顽，在所当念，天下之事，尽在于艰难之中，念哉之意，无时而可已也。

7.《尚书说》卷一

（宋）黄度撰

（归善斋按：见"帝，光天之下"）

8.《洁斋家塾书钞》卷三

(宋)袁燮撰

(归善斋按:见"无若丹朱傲")

9.《书经集传》卷一

(宋)蔡沈撰

(归善斋按:见"无若丹朱傲")

10.《尚书精义》卷八

(宋)黄伦撰

(归善斋按:见"无若丹朱傲")

11.《尚书详解》卷五

(宋)陈经撰

予创若时,娶于涂山,辛壬癸甲。启呱呱而泣,予弗子,惟荒度土功。弼成五服,至于五千,州十有二师,外薄四海,咸建五长。各迪有功,苗顽弗即工。帝其念哉。

创,惩也。丹朱之"用殄厥世"者,实基于傲慢。禹惩创朱之所为,当其娶涂山氏之女,辛壬癸甲,方四日而往治水。《孟子》称其八年于外,三过其门而不入。启,禹之子也。"呱呱而泣",禹曾不暇顾其子,其心公尔忘私,惟在于荒治谋度土功之事。"弼成五服",即侯、甸、绥、要、荒也。尧时已有五服,洪水之后,五服之制寖坏矣。禹从而辅成之。五服,每服五百里,四方相距为五千里。王肃云"五千里者,直方之数"。"每服之内,为其小数,定其差品,各有所掌",是禹辅成之也。此其疆理天下之大概也。疆界已定,必当经理之,以故每州置十二人,为诸侯师,以佐州牧。"外薄四海,咸建五长",谓九州之外,迫于四海,每方建五人,以为之长。自甸至绥服,方三千里,在九州之内,故每州置十二诸侯以为之师。要荒之服二千里,在九州之外,每方建五人为长。内外之辨,详略之所由以异也。内之师,外之长,而各蹈行而有功。惟有苗之顽，不得以就其官，谓分北三苗，以其有罪故不得就诸侯国君之官也。"帝其念哉"，帝当念丹朱之所以"用殄厥世"者，特其慢心之积。禹之所以能使诸侯各迪有功。亦敬心之所形，舜安可不以此为念。然天下诸侯，各迪有功，而弗即工者，特一有苗，若不足虑也，不必加意也。在圣人之心，以为一物之不得其所者，则常有不能忘之之意。

12.《融堂书解》卷二

（宋）钱时撰

（归善斋按：见"帝，光天之下"）

13.《尚书要义》卷五

（宋）魏了翁撰

二十、涂山言所娶之国，非就妻家见妻。禹辍事成昏，不必在殛鲧之年。

哀七年《左传》云"禹会诸侯于涂山"，杜预云：涂山在寿春县东北。涂山，国名，盖近彼山也。"娶于涂山"，言其所娶之国耳，非就妻家见妻也。惩丹朱之恶，故不可不勤，故辛日娶妻，至于甲日，复往治水。孔云：复往，则以尝治水，而辍事成昏也。郑玄云：登用之年，始娶于涂山氏，三宿而为帝所命治水。郑意娶后始受帝命，娶前未治水也。然娶后始受帝命，当云闻命即行，不须计辛之与甲日数多少，当如孔说，辍事成昏也。此时禹父新殛而得为昏者，鲧放而未死，不妨禹娶，且治水四年，兖州始毕，禹娶不必在殛鲧之年也。

14.《书集传或问》卷上

（宋）陈大猷撰

（归善斋按：未解）

15.《尚书详解》卷二

（宋）胡士行撰

予（禹）创（惩也，见恶而为善之力，因而得致也）若时（是丹朱),娶于涂山(氏),辛壬癸甲(辛日娶妻甲日即往治水)。启(禹子)呱呱(泣声)而泣,予弗子(爱子),惟荒(大也。《诗》云"大王荒之")度土(治土水)功。

禹过家门不入,以天下为己忧,而忘其私爱。

16.《书纂言》卷一

(元)吴澄撰

予创若时,娶于涂山,辛壬癸甲。启呱呱而泣,予弗子,惟荒度土功。

创,惩也。涂山,国名,寿春县东北有山,名曰涂山,国盖近此山也。启,禹子。呱呱,泣声。荒,大;度,营为也。土功,治水之事也。禹言:我惩创丹朱之如此,故娶妻,历辛壬癸甲四日,即往治水。其后过门不入,闻子启泣声,不暇子之。惟以"荒度土功"为急。朱子曰:丹朱如是,故不得为天子,我如此勤苦,故有功。以此戒,教令莫如丹朱,而如我也。

17.《书集传纂疏》卷一

(元)陈栎撰
(归善斋按:见"无若丹朱傲")

18.《读书丛说》卷三

(元)许谦撰
(归善斋按:未解)

19.《书传辑录纂注》卷一

(元)董鼎撰
(归善斋按:见"无若丹朱傲")

20.《尚书句解》卷二

（元）朱祖义撰

予创若时（我惩创丹朱如是），娶于涂山（故娶涂山氏之女），辛壬癸甲（辛日娶至，甲日即往治水，甫及四日）。

21.《尚书日记》卷四

（明）王樵撰

（归善斋按：见"无若丹朱傲"）

22.《日讲书经解义》卷二

（清）库勒纳等撰

（归善斋按：见"无若丹朱傲"）

《书蔡氏传旁通》卷一下

（元）陈师凯撰

涂山，国名，在今寿春县东北。

此据孔氏疏文也。在今淮西道临濠府钟离县。《寰宇记》云：涂山在县西九十五里。《太康地志》云：涂山，古当涂国，夏禹所娶也。山西南，盖禹会诸侯之地。今邑界有当涂故县，后废。

《尚书注考》

（明）陈泰交撰

"辛壬癸甲"，训四日也。"甲于内乱"，训"甲"，始也。

《尚书埤传》卷三

（清）朱鹤龄撰

（归善斋按：见"无若丹朱傲"）

《尚书地理今释》

(清)蒋廷锡撰

涂山,在今江南凤阳府怀远县东南八里。孔颖达正义曰:哀七年《左传》禹会诸侯于涂山。杜预云:涂山,在寿春县东北。涂山国,盖近彼山也。

《书蔡氏传旁通》卷一下

(元)陈师凯撰
(归善斋按:见"臣作朕股肱耳目")

《尚书七篇解义》卷一

(清)李光地撰
(归善斋按:见"臣作朕股肱耳目")

启呱呱而泣,予弗子,惟荒度土功

1.《尚书注疏》卷四

(汉)孔氏传,(唐)陆德明音义,孔颖达疏
启呱呱而泣,予弗子,惟荒度土功。
传:启,禹子也。禹治水,过门不入,闻启泣声,不暇子名之,以大治度水土之功故。
音义:呱,音孤。子,如字,郑将吏反。度,徒洛反。
疏:其后过门不入,闻启呱呱而泣,我不暇入而子名之,惟以大治度水土之功故也。

启,禹子,《世本》文也。《孟子》称禹治水,三过其门而不入,是至门而闻启泣声;不暇如人父子,名为己子,而爱念之,以其为大治度水土之功故也。训"荒"为"大";治,谓去其水;度,谓量其功,故"治

度"连言之。

2.《书传》卷四

（宋）苏轼撰

启呱呱而泣，予弗子，惟荒度土功。

启，禹子也。禹治水过门不入，闻启泣而不暇子也，惟大度土工而已。

3.《尚书全解》卷六

（宋）林之奇撰
（归善斋按：见"予创若时"）

4.《尚书讲义》卷四

（宋）史浩撰
（归善斋按：见"无若丹朱傲"）

5.《尚书详解》卷五

（宋）夏僎撰
（归善斋按：见"无若丹朱傲"）

6.《增修东莱书说》卷四

（宋）吕祖谦撰，时澜增修
（归善斋按：见"予创若时"）

7.《尚书说》卷一

（宋）黄度撰
（归善斋按：见"帝，光天之下"）

8.《洁斋家塾书钞》卷三

（宋）袁燮撰
（归善斋按：见"无若丹朱傲"）

9. 《书经集传》卷一

(宋) 蔡沈撰

(归善斋按：见"无若丹朱傲")

10. 《尚书精义》卷八

(宋) 黄伦撰

(归善斋按：见"无若丹朱傲")

11. 《尚书详解》卷五

(宋) 陈经撰

(归善斋按：见"予创若时")

12. 《融堂书解》卷二

(宋) 钱时撰

(归善斋按：未解)

13. 《尚书要义》卷五

(宋) 魏了翁撰

二一、启呱呱而弗子，即三过门之时。

孟子称禹治水三过其门而不入，是至门而闻启泣声，不暇如人父子，名为己子，而爱念之，以其为大治度水土之功也。

14. 《书集传或问》卷上

(宋) 陈大猷撰

(归善斋按：未解)

15. 《尚书详解》卷二

(宋) 胡士行撰

(归善斋按：见"予创若时")

16.《书纂言》卷一

（元）吴澄撰

（归善斋按：见"予创若时"）

17.《书集传纂疏》卷一

（元）陈栎撰

（归善斋按：见"无若丹朱傲"）

18.《读书丛说》卷三

（元）许谦撰

（归善斋按：未解）

19.《书传辑录纂注》卷一

（元）董鼎撰

（归善斋按：见"无若丹朱傲"）

20.《尚书句解》卷二

（元）朱祖义撰

启呱呱而泣（其后有子，名启。呱呱然泣。呱，孤），予弗子（禹过其门，亦不以子故而留以抚字之。《孟子》言"禹八年于外，三过其门而不入"是也），惟荒度土功（惟大谋度乎水土之功）。

21.《尚书日记》卷四

（明）王樵撰

（归善斋按：见"无若丹朱傲"）

22.《日讲书经解义》卷二

（清）库勒纳等撰

（归善斋按：见"无若丹朱傲"）

《书义断法》卷一

(元) 陈悦道撰

惟荒度土功。弼成五服,至于五千。州有十二师,外薄四海,咸建五长。

大禹之功,非特"荒度土工"之为难,而水土既平,建牧立长之尤不易。"荒"者,大而治之,既以身亲度之地矣。"弼"者,因而助之,则必随地以择人,皆所以参错于内外,而维持于久远矣。盖禹平水土之后,制为甸、侯、绥、要、荒之五服,东、西、南、北相距各五千里。于其中,立十二诸侯以为之师,使之相收,以纠群后。此所以处十二州之内也。五服之外,其地薄于四海之滨,不在五服五千里之内,于其地,各建五人,以为之长,使之相统而羁縻之,所以处十二州之外。此其规模之详略,功业之先后,虽有不同,然非大度土功,何以平水患;非各建五长,何以治民度。禹盖自言其辅相之业如此,而舜之所言"时乃功",惟序者复如此也。

《尚书疑义》卷一

(明) 马明衡撰

启呱呱而泣,予弗子。

《孟子》谓三过其门而不入,亦是极言其治水之急如此,而或又疑家有父母,岂可不入。朱子又谓量缓急,若只泛泛厎水,须见父母。若是甚急,不见父母亦不妨。愚观此说,太觉支离。盖所谓一事,各求一理也。夫弗子与过门不入之言,亦须会意以得之,岂可执滞以求之哉?若家有父母,便是治水甚急,岂有过门不入一见之理。而治水又是远大持久规模,非若存亡在于呼吸之间者,过门一见,岂便废事?况过门不入,亦是当时相沿传说如此。《孟子》取其意,以辟并耕之说,亦或非真有是事也。禹亦只言"弗子"而已,何尝言不入门一视之耶?大抵道理自在人心,此等细琐事迹,不必刻画为之说。为国忘家,固有是事,然亦只可言入门见父母。

《尚书注考》

（明）陈泰交撰

"惟荒度土功"。训"荒",大也。"荒服",训以其荒野,故谓之"荒服"。"内作色荒",训"荒"者,迷乱之谓。"非予自荒"、"兹德无荒失朕命",训"荒",废也。"百年耄荒",训"荒",忽也。

《书蔡氏传旁通》卷一下

（元）陈师凯撰

（归善斋按：见"臣作朕股肱耳目"）

《尚书七篇解义》卷一

（清）李光地撰

（归善斋按：见"臣作朕股肱耳目"）

弼成五服，至于五千，州十有二师

1.《尚书注疏》卷四

（汉）孔氏传,（唐）陆德明音义,孔颖达疏

弼成五服,至于五千,州十有二师。

传:五服,侯、甸、绥、要、荒服也。服五百里,四方相距,为方五千里,治洪水辅成之。一州用三万人功,九州二十七万庸。

音义:至于五千,马云:面五千里,为方万里。郑云:五服已五千,又弼成,为万里。州十有二师,二千五百人为师。郑云:师,长也。要,一遥反。

疏:水土既平,乃辅成五服,四面相距,至于五千里。州十有二师,其治水之时,所役人功,每州用十有二师,各用三万人也。

据《禹贡》所云:五服之名,数知五服,即甸、侯、绥、要、荒服

也。彼五服，每服五百里，四面相距为方五千里也。王肃云：五千里者，直方之数。若其回邪委曲，动有倍加之较，是直路五千里也。治洪水辅成之者，谓每服之内，为其小数，定其差品，各有所掌，是禹辅成之也。《周礼》大司马法：二千五百人为师。每州十有二师，通计之一州用三万人功，总计九州，用二十七万庸。庸，亦功也。州境既有阔狭，用功必有多少，例言三万人者，大都通率为然。惟言用三万人者，不知用功日数多少，治水四年乃毕，用功盖多矣，不知用几日也。郑玄云：辅五服而成之，至于面，方各五千里，四面相距为方万里。九州，州立十二人为诸侯，师以佐牧。尧初制五服，服各五百里。要服之内，方四千里，曰九州。其外荒服，曰四海，此禹所受。《地记》书曰：昆仑山东南，地方五千里，名曰神州者，禹弼五服之残数，亦每服者合五百里，故有万里之界，万国之封焉。犹用要服之内，为九州。州更方七千里，七七四十九。得方千里者，四十九其一，以为圻内，余四十八，八州分而各有六。《春秋传》曰：禹朝群臣于会稽，执玉帛者万国，言执玉帛者，则九州之内诸侯也。其制特置牧，以诸侯贤者为之师。盖百国一师，州十有二师，则州千二百国也。八州，凡九千六百国。其余四百国在圻内，与王制之法准之，八州通率，封公侯百里之国者一，伯七十里之国二，子男五十里之国四，方百里者三，封国七十有畸。至于圻内，则子、男而已。郑云：禹弼成五服，面各五千里。王肃《禹贡》之注已难之矣。传称：万，盈数也。万国举盈数而言，非谓其数满万也。《诗》桓曰"绥万邦烝民"，曰"揉此万邦"，岂周之建国复有万乎？天地之势，平原者甚少，山川所在，不啻居半，岂以不食之地，亦封建国乎？王圻千里，封五十里之国四百，则圻内尽以封人，王城宫室无建立之处，言不顾实，何至此也？百国一师，不出典记，自造此语，何以可从？禹朝群臣于会稽，《鲁语》文也。执玉帛者万国，《左传》文也。采合二事，亦为谬矣。

2. 《书传》卷四

（宋）苏轼撰

弼成五服，至于五千。

五服，侯、甸、绥、要、荒也。服五百里，四方相距为方五千里。

州十有二师。

师，二千五百人，一州用三万人，九州二十七万人。

3.《尚书全解》卷六

（宋）林之奇撰

弼成五服，至于五千，州十有二师。

洪水未平之前，上古帝王之世，已有其制矣。洪水之后，下民昏垫，则五服之制，于是圮坏，而无别。禹既平洪水，至于"九州攸同"，"庶土交正"。于是辅成其五服之制，以复其旧。王肃曰：五千里者，直方之数，谓每服之内，为其小数，定其差品，各有所掌，是禹辅成之力也。至于五千者，每服五百里，五服二千五百里，东西南北，相距各为千里也。"州十有二师"者，孔、郑之说不同。孔氏以谓一州用三万人功，九州二十七万庸。薛氏云：大司马法，二千五百人为师。此盖兵制也。禹之治水，岂故用此师也哉。以是知孔氏之说为不可用。郑氏云：每州立十二诸侯为之师，以佐牧也，此则正与下文"外薄四海，咸建五长"相应。其说为长。而其所以为每州立十二师之说，则为不可信。盖其说以谓尧初制五服，服各五百里。禹弼五服之残数，亦每服各五百里，故有万里之界。万国之封焉，犹用要服之内为九州，州更方七千里，七七四十九得方千里者，四十九其一，以为圻内，余四十八，八州分而各有六。盖百国一师，州十有二师，则州千二百国也。八州凡九千六百国，其余四百国在圻内，合于《春秋传》。禹朝群臣于会稽，执玉帛者万国之言。而先儒、王肃之徒，谓禹之功，在于平治水土，不在于开拓境土，地广三倍于尧，而《书》、《传》无闻焉。以是知郑氏此说，其附会，虽若可从，而其理则非。但其论每州建十二诸侯，以为之师，则其说可行。

4.《尚书讲义》卷四

（宋）史浩撰

（归善斋按：见"无若丹朱傲"）

5.《尚书详解》卷五

(宋)夏僎撰

弼成五服,至于五千,州十有二师。外薄四海,咸建五长。各迪有功,苗顽弗即工。帝其念哉。

此文继"惟荒度土功"之下,盖禹谓:我以丹朱为戒,惟大治土功,故能成五服之制,而内制十二师,外建五长,以共治也。"五服",即《禹贡》甸、侯、绥、要、荒也。五服之制,自古已有其制。洪水横流,其制圮坏,至禹平水土之后,于是辅成之,使复其旧,故言"弼成"。则"弼成"者,盖古有成法,禹特辅成而已,或谓制五服者,君之事,禹不得专,弼君之成而已。此说不通。盖《禹贡》五服之制,皆禹自裁断,舜未尝与,安得为弼君之成哉?五服,各五百里,五五共二千五百里,东西相距,为五千里,南北相距为五千里。故云弼成五服,至于五千。王肃谓:五千者,直方之数。其说是已。禹既弼成五服,则已制地域矣,故又谓之制地守,州十有二师。"外薄四海,咸建五长",所谓地守也。"州十有二师",孔、郑之说不同。孔氏谓一州用三万人,共总九州计二十七万,据其意,谓此师如司马法,二千五百人为师,每州十二师,是通计三万人。然司马法所谓师,乃兵制。治水岂用此师哉?惟郑氏谓每州立十二人为诸侯师。九州之外,薄迫四海,每方各建五人,以为之长。故言"州十有二师,外薄四海,咸建五长"也。林少颖谓:自甸服,至绥服,方三千里,是九州之内也。要服、荒服,各一千里,是谓九州之外也。自甸至绥,每州建十二师;要、荒二服,每服建五人为长,详内略外之道。但世代久远,不知当时若干诸侯置一师,若千种落而置一长耳。惟禹平水土之后,内建十二师,外建五长,内外相维,故能蹈迪其职,而各厎成功。独有苗顽不率教,不肯就功。帝不可不念。王氏谓:禹言"帝念哉",盖谓苗顽,弗即功,帝当念其罪而诛之。故帝于下文言"皋陶方祗厥叙,方施象刑,惟明",乃所以告禹谓:汝欲我念,其所以诛三苗,我当命皋陶施刑以诛之。此说虽可喜。林少颖:谓劝人君以用刑,岂禹爱君之意,兼当时苗之顽凶,率六师以征之,犹且不服,岂皋陶象刑而能制哉?此所谓"帝念哉"者,特谓洪水既平,内外皆乐于赴功,惟三苗顽凶负固不服之国,不肯就功。帝当以苗民为念,忧勤于政事,不可使有一日之慢游也。禹之陈谟,有及于此,盖谓四海九州既已悉服,苟使天子不能窒其利欲之原,则情窦一开,慢游傲虐,无所不至,将见一国叛之,天下靡然,日人于乱矣。唐明王之时,海内无事,四方诸侯贡于京师,不敢有后。及其一旦天子惑于女色,佚心遂生,忠直浸疏,谗谄并进,朝廷势轻,禄山初发于幽陵,两京陷没,四海横流。虽李、郭之徒,奋其忠义,以图恢复之功,而河北之地,卒为割据之壤,终唐室而不能复收。舜时,有顽不即工之三苗,苟舜忽而不念,至于怠忽之心生,忧勤之念忘,三苗乘间而起,则虽内之十二师,外之五长,各迪其功,亦不足恃也。禹之陈谟,其言至此旨哉。

6.《增修东莱书说》卷四

(宋)吕祖谦撰,时澜增修

(归善斋按:见"予创若时")

7.《尚书说》卷一

(宋)黄度撰

(归善斋按:见"帝,光天之下")

8.《洁斋家塾书钞》卷三

(宋)袁燮撰

(归善斋按:见"无若丹朱傲")

9.《书经集传》卷一

(宋)蔡沈撰

(归善斋按:见"无若丹朱傲")

10.《尚书精义》卷八

(宋)黄伦撰

弼成五服,至于五千,州十有二师,外薄四海,咸建五长。各迪有功,苗顽弗即工,帝其念哉。

胡氏曰：自畿甸薄海隅，其为地几何，则溥天之下，莫非王土矣。由王公迄黎庶，其为众几何，则率土之滨，莫非王臣矣。先王以地不能自守也，必分地而与之守；以民不能自治也，必分民而与之治。此分内外，以为畿异远近，以为服，不得已也。先王以建万国，亲诸侯，则大邦小邦，同姓异姓，皆不出乎五服之内。而弼成之，则至于五千也。盖方禹治水之初，兽蹄鸟迹之道，交于中国，春作秋成，有弗获者焉。则天下盖尝否而无泰，嗳而难通。惟"地平天成"，人得平土而居。山治，则鸟兽之害消；川治，则龙蛇之居远。则向之所谓否者，今则易而为泰；向之所谓嗳者，今则变而为通。朝觐会同，于是以均道里，贡赋于是乎一，以之颁正朔，以之考制度，无不由此，非禹弼成之，尚何能哉？盖"拂我而相之之谓弼"，则禹之功，有治险为平，转害为利者矣。然后一州择十二诸侯为之师，而有以取正；五国建一诸侯为之长，而有以为率。使内外相连，小大相属，如身之使臂，臂之运指。国体完备，政无不举，则"各迪有功"乃其效也。又曰：圣人以一身之微，临四海之广，众建诸侯，以为夹辅。然所谓诸侯者，有人民焉，有社稷焉，甲兵足以自卫，财赋足以自奉，不设为之长，则人各有心，国自为政。于是州各有师，以司一州之诸侯，又为州牧，任一州之责，其诸侯为甚众，又设为之长，使相州牧，而主诸侯，使大以比小，小以事大，则上下相维，尊卑相统，莫之违矣。所谓州者，盖要服之内也。

11.《尚书详解》卷五

（宋）陈经撰

（归善斋按：见"予创若时"）

12.《融堂书解》卷二

（宋）钱时撰

（归善斋按：见"帝，光天之下"）

13.《尚书要义》卷五

（宋）魏了翁撰

二二、五服、五千、州十有二师，孔、郑异。

据《禹贡》所云：五服之名，数之五服，即甸、侯、绥、要、荒服也。彼五服，每服五百里，四面相距为方五千里也。王肃云：五千里者，直方之数。若有回邪委曲，动有倍加之较，是直路五千里也。治洪水辅成之者，谓每服之内，为其小数，定其差品，各有所掌，是禹辅成之也。《周礼》大司马法：二千五百人为师，每州十有二师，通计之一州用三万人功，总计九州，用二十七万庸。庸，亦功。州境既有阔狭，用功必有多少。例言三万人者，大都通率为然。惟言用三万人也，不知用功日数多少。治水四年乃毕，用功盖多矣，不知用几日也。郑玄云：辅五服而成之，至于面方各五千里，四面相距为方万里。九州，州立十二人为诸侯，师以佐牧。尧初制五服，服各五百里。要服之内，方四千里，曰九州。其外荒服，曰四海，此禹所受。《地记书》曰：昆仑山东南道，地方五千里，名曰神州者。禹弼五服之残数，亦每服者合五百里，故有万里之界，万国之封焉。犹用要服之内为九州。州更方七千里，七七四十九。得五千里者，四十九其一，以为圻内，余四十八，八州分而各有六。《春秋传》曰：禹朝群臣于会稽，执玉帛者，万国。言执玉帛者，则九州之内诸侯也。其制特置牧，以诸侯贤者为之师，盖百国一师，州十有二师，则州千二百国也。八州凡九千六百国。其余四百国在圻内，与《王制》之法准之，八州通率，封公侯百里之国者一，伯七十里之国二，子、男五十里之国四，方百里者三，封国七十有畸。至于圻内，则子、男而已。郑云：禹弼成五服，面各五千里，王肃《禹贡》之注已难之矣。传称万，盈数也。万国举盈数而言，非谓其数满万也。《诗》桓曰"绥万邦丞民"，曰"揉此万邦"，岂周之建国复有万乎？天地之势，平原者甚少，山川所在，不啻居半，岂以不食之地，亦封建国乎？王圻千里，封五十里之国四百，则圻内尽以封人，王城宫室无建立之处，言不顾实，何至此也。百国一师，不出典记，自造此语，何以可从。"禹朝群臣于会稽"，《鲁语》文也。执玉帛者万国，《左传》文也。采合二事，亦为谬矣。

14.《书集传或问》卷上

（宋）陈大猷撰

（归善斋按：未解）

15.《尚书详解》卷二

(宋)胡士行撰

弼(助)成五服(甸、侯、绥、要、荒之制,自古已有,洪水圮之。水平复旧),至于五千(每服五百里,东西相距五千里,南北相距五千里)。州十有二师(自甸至绥,十二州之内,每州一师),外薄(迫)四海(要、荒在四海之外),咸(皆)建(立)五长,各迪(蹈行)有功。苗顽弗即(就)工(事),帝其念哉。

五服、五千,图见《禹贡》。成五服,立师长,内外相维,人人皆迪功矣。而苗独不即工,禹使帝念,正欲其致力于未尽之工夫,不特苗顽当念。天下事尽在艰难中,天命之不已也。

16.《书纂言》卷一

(元)吴澄撰

弼成五服,至于五千,州十有二师,外薄四海,咸建五长,各迪有功。苗顽弗即工,帝其念哉。

夹持以正弓体,曰"弼"。薄,迫近也。治水事毕,经理天下,定为五服之制。每一服一面五百里,两面相夹,而成千里,如弓之"弼"。然五服共五千里,既别九州后,增其三。一州,立一州牧,为之师,故有十二师。内自侯服而始,外迫四海之远,皆建五等诸侯,为之长。师,统诸侯者也;长,君一国者也。有师有长,各使导迪其民,以趋事功。惟三苗之国,于治水之前,已窜其君于三危,而其民留居故土者,习顽不顺政教。治水之时,不就官司之征役。在内"谗说"之顽可化也;在外苗民之顽未易化。"帝其念之哉",苗民之顽,其后帝分北之,犹殷民之顽,周公迁之于洛,盖所以化其顽也。

17.《书集传纂疏》卷一

(元)陈栎撰

(归善斋按:见"无若丹朱傲")

18. 《读书丛说》卷三

（元）许谦撰

（归善斋按：未解）

19. 《书传辑录纂注》卷一

（元）董鼎撰

（归善斋按：见"无若丹朱傲"）

20. 《尚书句解》卷二

（元）朱祖义撰

弼成五服（水土既平，然后五服之制，古有成法，禹于是辅成之，使复其旧），至于五千（每服五百里，五五共二千五百里，东西相距为五千里，南北相距为五千里，直方为万里）。州十有二师（甸、侯、绥，方二千里，是九州之内也。每州立十二人，为诸侯师）。

21. 《尚书日记》卷四

（明）王樵撰

（归善斋按：见"无若丹朱傲"）

22. 《日讲书经解义》卷二

（清）库勒纳等撰

（归善斋按：见"无若丹朱傲"）

《尚书通考》卷六

（元）黄镇成撰

弼成五服，至于五千，州十有二师，外薄四海，咸建五长。

蔡氏曰：五服，甸、侯、绥、要、荒也。言非特平治水土，又因地域之远近，以辅成五服之制也。五千者，每服五百里，五服之地，东西南北相距五千里也。

王肃云：五千里者，直方之数，若其回邪委曲，动有倍加之数，是直路五千里也。

颖达曰：郑玄云，《地记书》曰昆仑山东南，地方五千里，名神州。

颖达曰：薄者，通"近"之义。"外薄四海"，言从京师而至于四海也。《释地》云九夷、八狄、七戎、六蛮，谓之四海，谓九州之外也。《王制》云"五国以为属"，属有长，故诸侯五国立贤者一人为方伯，谓之五长，以相统治，欲以共奖帝室故也。方伯谓《周礼》"九命作伯"者也。《王制》云"千里之外设方伯"，方伯一州之长，谓《周礼》"八命作牧"者也。

蔡氏曰：十二师者，每州立十二诸侯以为之师，使之相牧，以纠群后也。

《书蔡氏传旁通》卷一下

（元）陈师凯撰

五千里者，每服五百里。五服之地，东、西、南、北相距五千里。

五百里，详见《禹贡》篇末，禹贡之制，五百里甸服，即自王之宫城算起，每面五百里，是穿心一千里，即为王畿，故五服穿心止有五千里也。周制，则除王畿，千里起算，通外九服，穿心万里也。禹服五千，开方为方千里者，二十五止得周制四分之一耳。

十二师者，每州立十二诸侯以为之师，使之相牧，以纠群后也。

如《王制》所载，郑氏以为夏制每州二百一十国，除十二国为师，外余一百九十八国，以十二师分治之，则所掌各得一十六国半。天下九州，惟天子县内九十三国，通八州千七百七十三国内，除为师者一百单八国，余一千六百六十五国，为群后矣。然传言，会诸侯于涂山，执玉帛者万国，亦概言其多乎？将通薄海内外而计之乎？若以五千五服开平方计之，止得方百里者二千五百，必如周制九畿之数，而后得百里之国者万也。然除山川丘陵之外，亦不得以满此数矣。《书》疏云：传称万，盈数也。万国举盈数而言，非谓其数满万也。《诗》桓曰"绥万邦"，《烝民》曰"揉此万邦"，岂周之建国复有万乎？天地之势，平原者甚少，山川所在不啻居半，此以不食之地，亦封建国乎？又按孔氏古注，以二千五百人为师，每州用三万庸，是为十二师。东莱谓，一州一师，十二州共立十二师，如十二牧。蔡氏俱不从者，以如古注之说，则州境有阔狭，用功有多少，例言三万人，不知用工日数，且治水四年，施工必多，计日，则不合人数；计人，则不合日数，故不从也。如吕氏之说，则禹治水之时，弼成五服之日，又止九州，不合十二州之数，且经文"州"字，居十二上，是言每州有十二师，非十二州，故亦不从也。惟注疏引郑氏之说，以为每州十有二师。然彼又谓百国一师，州十二师，则州千二百国，八州凡九千六百国，余四百国在圻内，则又妄之甚者也。蔡传特取其"每州十二师"一语，其外亦不从也。

《书义断法》卷一

（元）陈悦道撰

（归善斋按：见"启呱呱而泣"）

《尚书疑义》卷一

（明）马明衡撰

"州十有二师"，注疏以二千五百人为师，谓计人工之多寡。蔡传以每州立十二诸侯以为之师，使之相牧以纠群后。愚意：注疏人工之说，与"咸建五长"不类，固不可依。但蔡传之言，亦不知其何所本，或自以己意顺文而释之也。《周礼》"八命作牧，九命作伯"，"作牧"者，谓侯伯有贤者，加命为一州之长。"作伯"则上公有功德者，加命为二伯，是又尊矣。又"建其牧，立其监"，则"监"者监一国者也；"牧"则加命作州长，即"八命作牧"者也。《周礼》，周之制，或与唐虞不同，然皆未有"师"之名，若今以"师"为诸侯之长，是即周之"牧"为州长者也。既云州长，则是一州之长，统率一州内之侯伯。而云每州立十有二人则太多矣。夫以为州长，则一州十二为太多；以为州内之侯伯，则一州十二又为太少，是皆未得其说也。《舜典》摄位巡狩之后，肇十有二州，意者每州立一人为诸侯长，谓之州十有二师乎？若是，则与周制亦不异，特其名不同耳。但说者以《禹贡》九州在尧时已定，至舜摄位二年之后，以冀、青二州境界太远，始置十二州，此禹所述治水之时，犹是九州，故不得以十二师应十二州也。予谓，九州、十二州沿革先后，今亦难知。禹之《禹贡》作于"肇十有二州"之前与后，亦不可知。今大略即《书》观之，咨洪水，虽是尧然，意亦是尧之末年之事。唐孔氏谓计尧即位，至洪水六十余年，亦或有理。盖"允厘百工，庶绩咸熙"，此时未有水患，至末年忽有水患，故汲汲求贤，以治之。鲧"九载绩用弗成"。禹作十三载乃同，中间又岂无空年，以是推之，则治水当亦是舜摄位初年之事矣。《孟子》谓：尧独忧之，举舜使治。舜使益掌火，及禹疏九河等，皆是尧忧而舜行之也。由是推之，或舜初为十二州，而禹治水功毕，作书定贡，复并为九亦不可知也。大抵唐虞之事迹既远，文字不详，先后之期，安能尽考而知？只可观其大义，而所谓十有二师者，亦无大关系，特因所疑，遂历陈之，以备一说云尔。

"弼成五服"，如蔡说亦太生意义。弼，犹"辅"也。《周书·洛诰》言"四辅"，后世言"畿辅"，盖甸、侯、绥、要、荒，一服辅一服，而成五服也。

《尚书疏衍》卷二

（明）陈第撰

弼成五服。

孔安国曰：五服，甸、侯、绥、要、荒也。服五百里，四方相距为方五千里。儒者皆以为然，愚窃疑之。天下地势，南北长而东西差短。况尧舜都冀，冀已极北。自冀北行十里，即云"中"，出此，皆夷狄沙漠之处。《诗》曰"薄伐猃狁，至于太原"，安得有二千五百里之广。若东若西，可仅仅焉。若南，则不止二千五百里之数，即倍之可也。故知"五服各五百"里者，截长补短，就各服言，非必包甸服于中，而四方相距为方五千里也。何者？势弗得也。试考之《禹贡》"九州"，冀北矣，东青、兖，西雍、梁，南豫，东南徐、扬，西南荆。甸、侯、绥、要、荒之制，亦就"九州"规画之耳。必欲自宅土中，而四面环拱护之，则豫州之嵩高而后可。故周公作邑于洛，谓之地中，天地之所合也，四时之所交也，风雨之所会也，阴阳之所和也。然邑虽成，而周仍都镐，至平王始迁之耳。今言尧、舜之冀，若成周之洛也。故不得不辨。

《尚书埤传》卷三

（清）朱鹤龄撰

（归善斋按：见"无若丹朱傲"）

《书蔡氏传旁通》卷一下

（归善斋按：见"臣作朕股肱耳目"）

《尚书七篇解义》卷一

（清）李光地撰

（归善斋按：见"臣作朕股肱耳目"）

外薄四海，咸建五长

1.《尚书注疏》卷四

（汉）孔氏传，（唐）陆德明音义，孔颖达疏

外薄四海，咸建五长。

传：薄，迫也，言至海。诸侯五国，立贤者一人为方伯，谓之五长，以相统治，以奖帝室。

音义：薄，蒲各反，徐扶各反。长，之丈反。五长，众官之长。

疏：自京师外迫及四海。其间诸侯五国，皆立一长，递相统领。

《释言》云：逼，迫也。薄者，逼近之义，故云"迫"也。外迫四海，言从京师而至于四海也。《释地》云：九夷、八狄、七戎、六蛮，谓之四海，谓九州之外也。《王制》云：五国以为属，属有长，此建五长，亦如彼文。故云：诸侯五国立贤者一人为方伯，谓之五长，以相统治，欲以共奖帝室故也。僖元年《公羊传》曰：上无天子，下无方伯。方伯，谓《周礼》九命作伯者也。《王制》云：千里之外，设方伯。方伯，一州之长，谓《周礼》八命作牧者也。传言：五国立一人为方伯，直谓五国

之长耳,与彼异也。以其是当方之长,故传以方伯言之。

2. 《书传》卷四

(宋)苏轼撰

外薄四海,咸建五长。

五国立贤者一人为方伯,谓之五长。

3. 《尚书全解》卷六

(宋)林之奇撰

外薄四海,咸建五长。

谓九州之外,迫于四海,每方各建五人,以为之长也。盖自甸服,至绥服,方三千里,是九州之内也。要服,荒服,各一千里,是九州之外也。自甸至绥,每州建十二诸侯为之师。要、荒二服,每方建五人为之长。此详内而略外也。而其若干诸侯而置一师,若千种落而置一长,则世代久远,不可得而知矣。

4. 《尚书讲义》卷四

(宋)史浩撰
(归善斋按:见"无若丹朱傲")

5. 《尚书详解》卷五

(宋)夏僎撰
(归善斋按:见"弼成五服")

6. 《增修东莱书说》卷四

(宋)吕祖谦撰,时澜增修
(归善斋按:见"予创若时")

7. 《尚书说》卷一

（宋）黄度撰

（归善斋按：见"帝，光天之下"）

8. 《洁斋家塾书钞》卷三

（宋）袁燮撰

（归善斋按：见"无若丹朱傲"）

9. 《书经集传》卷一

（宋）蔡沈撰

（归善斋按：见"无若丹朱傲"）

10. 《尚书精义》卷八

（宋）黄伦撰

（归善斋按：见"弼成五服"）

11. 《尚书详解》卷五

（宋）陈经撰

（归善斋按：见"予创若时"）

12. 《融堂书解》卷二

（宋）钱时撰

（归善斋按：未解）

13. 《尚书要义》卷五

（宋）魏了翁撰

二三、五国立一方伯为长，非九命之方伯。

《王制》云：五国以为属，属有长。此建五长，亦如彼文，故云诸侯五国立贤者一人为方伯，谓之五长以相统治，欲以供奖帝室故也。僖元年

《公羊传》曰：上无天子，下无方伯。方伯谓《周礼》九命作伯者也。《王制》云：千里之外，设方伯。方伯一州之长，谓《周礼》八命作牧者也。传言五国立一人为方伯，直是五国之长耳，与彼异也。以其是当方之长，故传以方伯言之。

14.《书集传或问》卷上

（宋）陈大猷撰

（归善斋按：未解）

15.《尚书详解》卷二

（宋）胡士行撰

（归善斋按：见"弼成五服"）

16.《书纂言》卷一

（元）吴澄撰

（归善斋按：见"弼成五服"）

17.《书集传纂疏》卷一

（元）陈栎撰

（归善斋按：见"无若丹朱傲"）

18.《读书丛说》卷三

（元）许谦撰

（归善斋按：未解）

19.《书传辑录纂注》卷一

（元）董鼎撰

（归善斋按：见"无若丹朱傲"）

20. 《尚书句解》卷二

（元）朱祖义撰

外薄四海（要、荒各一千里，是九州之外也，薄近四海），咸建五长（每一服皆五人为长）。

21. 《尚书日记》卷四

（明）王樵撰

（归善斋按：见"无若丹朱傲"）

22. 《日讲书经解义》卷二

（清）库勒纳等撰

（归善斋按：见"无若丹朱傲"）

《尚书通考》卷六

（元）黄镇成撰

（归善斋按：见"弼成五服"）

《书蔡氏传旁通》卷一下

（元）陈师凯撰

九州之外，迫于四海，每方各建五人，以为之长，而统率之也。

《书》疏引《王制》，五国以为属，属有长，是通内外，皆五国立一人以为长也。而蔡传不从者，以十二师系于州，五长系于海，故知五长专在外，所谓"咸建"者，是指东、西、南、北皆建之也。

《书义断法》卷一

（元）陈悦道撰

（归善斋按：见"启呱呱而泣"）

《尚书埤传》卷三

（清）朱鹤龄撰

（归善斋按：见"无若丹朱傲"）

《书蔡氏传旁通》卷一下

（元）陈师凯撰

（归善斋按：见"臣作朕股肱耳目"）

《尚书七篇解义》卷一

（清）李光地撰

（归善斋按：见"臣作朕股肱耳目"）

各迪有功，苗顽弗即工，帝其念哉

1.《尚书注疏》卷四

（汉）孔氏传，（唐）陆德明音义，孔颖达疏

各迪有功，苗顽弗即工，帝其念哉。

传：九州五长，各蹈为有功，惟三苗顽凶，不得就官，善恶分别。

音义：别，彼列反。

疏：以此，诸侯各蹈行所职，并为有功。惟有三苗顽凶，不能就官。我以供勤之故，得使天灾消没。帝念此事哉，不可不自勤也。

蹈为有功之长，言蹈履典法，行之有功。惟三苗顽凶，不得就官，谓舜分北三苗之时，苗君有罪，不得就其诸侯国君之官，而被流于远方也。言九州五长，各蹈为有功，则海内诸侯皆有功矣。唯有三苗不得就官，以见天下大治而恶者少耳。顽则不得就官，言善恶分别也。

2.《书传》卷四

（宋）苏轼撰

各迪有功，苗顽弗即工，帝其念哉。

禹见帝忧谗邪之甚，故推广其意曰：帝之德，光被天下，至于海滨草木，而况此众贤乎。考其言，明其功，谁敢不从。帝不能如是布宣其德，以同天下，使苗民逆命，日进而终无功者，岂其修己有未至也哉，故戒之曰：无若丹朱傲而历数其恶曰：我惟以丹朱为戒，故能平治水土，弼成五服。今天下定矣，而苗犹不即工者，帝不可以不求诸己也。故曰：帝其念哉。此禹得之于益，班师而归，谏舜之词也。而说者乃谓禹劝舜，当念三苗之罪而诛之。夫所谓"念哉"者，岂诛有罪之言乎？

3.《尚书全解》卷六

（宋）林之奇撰

各迪有功，苗顽弗即工，帝其念哉。

谓内之每州十二师，外之每方五长，皆迪道上之德，而从上之政教，以有其功。惟三苗顽凶负固不服之国，不肯就功。帝当以三苗为念，而忧勤于政事，不可使有一日之慢游也。禹之陈谟，有及于此，盖谓四海九州，既已悉服，苟使天子者，不能窒其欲之原，则情窦一开，慢游傲虐，无所不至，将见一国叛之，天下靡然，日入于乱矣。昔唐明皇之时，海内无事，四方诸侯奉职贡于京师，不敢有后者。及其一旦天子惑于女色，侈心遂生，忠直浸疏，谗谄并进，朝廷之势轻，禄山窃发于幽陵，两京陷没，四海横流。虽李、郭之徒，奋其忠义以图恢复之功，而河北之地，卒为割据之壤，终唐室而不能复收。舜之时，既有顽弗即工之三苗，苟使舜忽而不念，至于怠忽之心生，忧勤之志息，三苗乘间而起，则虽内之十二师，外之五长，各迪有功，亦不足恃也。禹之陈谟，其言至此旨哉。

4.《尚书讲义》卷四

（宋）史浩撰

（归善斋按：见"无若丹朱傲"）

5.《尚书详解》卷五

（宋）夏僎撰

（归善斋按：见"弼成五服"）

6.《增修东莱书说》卷四

（宋）吕祖谦撰，时澜增修

（归善斋按：见"予创若时"）

7.《尚书说》卷一

（宋）黄度撰

（归善斋按：见"帝，光天之下"）

8.《洁斋家塾书钞》卷三

（宋）袁燮撰

（归善斋按：见"无若丹朱傲"）

9.《书经集传》卷一

（宋）蔡沈撰

（归善斋按：见"无若丹朱傲"）

10.《尚书精义》卷八

（宋）黄伦撰

（归善斋按：见"弼成五服"）

11.《尚书详解》卷五

（宋）陈经撰

（归善斋按：见"予创若时"）

12.《融堂书解》卷二

（宋）钱时撰

（归善斋按：见"帝，光天之下"）

13.《尚书要义》卷五

（宋）魏了翁撰

二四、各迪有功，惟苗以顽凶，不得就官。

蹈为有功之长，言蹈履典法，行之有功。惟三苗顽凶，不得就官，谓舜分北三苗之时，苗君有罪不得就其诸侯国君之官，而被流于远方也。

14.《书集传或问》卷上

（宋）陈大猷撰

（归善斋按：未解）

15.《尚书详解》卷二

（宋）胡士行撰

（归善斋按：见"弼成五服"）

16.《书纂言》卷一

（元）吴澄撰

（归善斋按：见"弼成五服"）

17.《书集传纂疏》卷一

（元）陈栎撰

（归善斋按：见"无若丹朱傲"）

18.《读书丛说》卷三

（元）许谦撰

（归善斋按：未解）

19.《书传辑录纂注》卷一

（元）董鼎撰

（归善斋按：见"无若丹朱傲"）

20.《尚书句解》卷二

（元）朱祖义撰

各迪有功（故内外相维，蹈迪其职，而各厎成功），苗顽弗即工（独有苗顽不率，不肯就官立功），帝其念哉（舜当以苗民为念）。

21.《尚书日记》卷四

（明）王樵撰

（归善斋按：见"无若丹朱傲"）

22.《日讲书经解义》卷二

（清）库勒纳等撰

（归善斋按：见"无若丹朱傲"）

《书蔡氏传旁通》卷一下

（元）陈师凯撰

帝之此言，乃在禹未摄位之前，非徂征后事。盖威以象刑，而苗犹不服，然后命禹征之，征之不服，以益之谏，而又增修德教，及其来格，然后分背之。

《朱子语录》云："苗顽弗即工"，此是禹治水时，调役他国人夫不动也，后方征之。既格而服，则治其前日之罪而窜之，窜之而后分北之。今说者，谓苗既格而又叛，恐无此事。又《文集》云：顷在湖南，见说溪洞蛮徭，略有四种，曰獠，曰狪，曰狑，而其最轻捷者，曰猫。近年数出剽掠为边患者，多此种也。岂三苗氏之遗民乎？古字少，而多通用。然则，所谓三苗者，亦当正作"猫"字耳。詹元善说苗民之国三徙其都，初在今之筠州，次在今之兴国，皆在深山中，人不可入而已，亦难出。最后在今之武昌县，则据江山之险，可以四出为寇，而人不得而近之矣。未及问其所据，聊并记于此。

《书经衷论》卷一

（清）张英撰

《益稷》之言曰"苗顽弗即工"，《禹贡》之言曰"三苗丕叙"，可见终尧、舜、禹三圣人之时，苗顽时叛时服，故当日庙堂之上，君臣之间，日以此相警戒。于光天旭日之下，而犹有蠢顽不灵，自外于圣人之化者，虽尧、舜亦无如之何矣。然则，外患内忧，虽圣人亦不能无也。况后世之天下乎？丹朱之不肖，非无才之谓也，有才而不胜其德之谓也，故放齐称之曰"启明"，而尧曰"嚚讼"。禹之举丹朱以为戒也，曰"傲"，曰"虐"，曰"罔水行舟"，曰"朋淫于家"。由今思之，大约其人恃才妄作，而不安于义理之恒者，故尧知其不可以君天下。如鲧，如共工，如驩兜，皆当世所称有才人也，而天位之让，终归之"斋栗"之舜；平成之功，终归之勤俭之禹。自圣人如尧、舜尚不敢用有才之小人，而曰畏乎"巧言令色"如此，况后世之天下乎？

《书蔡氏传旁通》卷一下

（清）陈师凯撰

（归善斋按：见"臣作朕股肱耳目"）

《尚书七篇解义》卷一

（清）李光地撰

（归善斋按：见"臣作朕股肱耳目"）

帝曰：迪朕德，时乃功惟叙

1.《尚书注疏》卷四

（汉）孔氏传，（唐）陆德明音义，孔颖达疏

帝曰：迪朕德，时乃功惟叙。

传：言天下蹈行我德，是汝治水之功有次序，敢不念乎？

疏：帝答禹曰：天下之人，皆蹈行我德，是汝治水之功，惟有次叙故也。受其戒，而美其功也。

2.《书传》卷四

（宋）苏轼撰

帝曰：迪朕德，时乃功惟叙。皋陶方祗厥叙，方施象刑，惟明。夔曰：戛击鸣球、搏拊、琴瑟以咏，祖考来格。虞宾在位，群后德让。

此堂上乐也。戛击，柷敔也。鸣球，玉磬也。搏拊，以韦为之，实之以糠，所以节乐。虞宾，丹朱也，二王后，故称宾。

3.《尚书全解》卷六

（宋）林之奇撰

帝曰：迪朕德，时乃功惟叙。皋陶方祗厥叙，方施象刑，惟明。

王氏以谓：禹言苗顽弗即工之事，帝当念其罪而诛之也。故于下文"皋陶方祗厥叙，方施象刑，惟明"，谓皋陶方施刑于苗民，惟明。夫劝人主以用兵，岂禹所以爱君之意哉。苗之顽凶，率六师以征之，犹且逆命，岂皋陶象刑之所能致哉？此说为不可用。自"允迪厥德，谟明弼谐"至于"帝其念哉"，则皋陶与禹相与语帝前，其谟既无余蕴矣。故舜并陈二人之功，申美之，谓天下之人皆迪我之德者，是汝禹之功也。盖非"弼成五服，至于五千"，则无以建师长，无以建师长，则何以各迪有功。此盖因其言而遂美之也。皋陶又能方祗禹所叙之功，而施其象刑，亦明于人

之功罪轻重，各得其宜也。汉孔氏以"皋陶方祗厥叙，方施象刑惟明"二句，为史官之辞。而郑氏以为此乃舜推美二臣之言。郑氏之说为长。唐孔氏则以为此文上无所由，下无所结，是不然。自《皋陶谟》至此，皆是禹、皋陶相与语帝前，其陈谟既终矣。然后申美二人之功而结之。安得谓上无所由，下无所结哉。《孟子》曰："尧以不得舜为己忧，舜以不得禹、皋陶为己忧。"观二人陈谟如此，帝美之又如此，信乎《孟子》之言也。

4.《尚书讲义》卷四

（宋）史浩撰

（归善斋按：见"无若丹朱傲"）

5.《尚书详解》卷五

（宋）夏僎撰

帝曰：迪朕德，时乃功惟叙。皋陶方祗厥叙，方施象刑，惟明。

禹前既言我戒丹朱之恶，勤于治水之事，内外之臣，各已迪功，在帝不可不念。故帝因而叹美其功，谓洪水之初，五行汩陈，九功失序，人救死不赡，何迪德之有。惟禹障百川而东之，水土平而九功复叙。人皆知有生之乐，而勤于迪德，是天下之民所以迪行我之德者，实汝治水能致九功之惟叙，故人皆迪德也。汝谓内而十二师，外而五长，各已迪德有功，惟苗顽不即工，欲我以此为念。我已命皋陶，敬承汝功之有叙者，而用刑，以防之想。已迪德者，益勉其迪德之诚；未迪德者，当知惧而不敢不勉。汝不必过忧也。此正如前"九功惟叙"之后，而"董之用威，俾勿坏也"。汉孔氏乃以上二句，为舜美禹；下二句乃史官之辞，因舜美禹，而美皋陶。详味此文，实出于舜一人之言，安可以二句为史官之辞。惟郑氏云：此乃舜推美二臣之言。其说得之。

6.《增修东莱书说》卷四

（宋）吕祖谦撰，时澜增修

帝曰：迪朕德，时乃功惟叙。皋陶方祗厥叙，方施象刑，惟明。

舜谓能导迪我之德者，皆禹之功，秩然而有次序，归"各迪有功"之功于禹也。皋陶，祗敬汝之功，施象刑而极其明，任苗弗即工之责于皋陶也。功归之禹，责任之皋陶，而舜无所与，君臣一体本无间也。

7.《尚书说》卷一

（宋）黄度撰

帝曰：迪朕德，时乃功惟叙，皋陶方祗厥叙，方施象刑，惟明。

舜承禹言，而知禹迪其德为有叙，因又知皋陶方敬此叙，以施象刑。天下称其明，由是言之。三谟，专推明主德，使民日迁善远罪，而不自知，不使其君恃势倚法，以操劫其民，而后为行君师之职。禹之"思日孜孜"，皋陶之"言惠，可厎行"，皆主此耳。故自修身、知人、安民、惇典、庸礼、命德、讨罪，皆为有叙，而民协之中，不犯有司，岂一主之力哉？

8.《洁斋家塾书钞》卷三

（宋）袁燮撰

帝曰：迪朕德，时乃功惟叙。皋陶方祗厥叙，方施象刑，惟明。

凡为天下国家，安可不识所先务。所谓先务，孰急于君德，正心修身，日彰厥德，此是第一件事。禹之事舜，所先者，惟"迪朕德"而已。观其陈谟，若"曰后克艰厥后，臣克艰厥臣"，"帝慎乃在位"，以至于戒之以"无若丹朱傲"，"帝其念哉"，无非所以迪舜之德也。"迪"云者，开导启迪，使人主此心日益开明也。以"迪朕德"为先，可谓识先后之序矣。舜疾"庶顽谗说"之不在时，欲挞之、威之，而禹历陈治道之本，使帝不可不念。舜至于此，悠然有感于心，美其启迪之功，而嘉其识治之序，故曰"迪朕德，时乃功惟叙"，所以深有感于禹也。皋陶乃"祗厥叙"，不是祗禹之叙。盖皋陶亦敬此叙，先德而后刑也。观其"迈种德，德乃降"，非所谓"祗厥叙"欤？独言皋陶者，皋陶掌刑之官耳，尚敬此叙，则皋陶之用刑，非用刑也，乃用德也。"象刑"，即所谓"象以典刑"之"象"也。大凡用刑最难得"象"，彼犯此罪，吾以此刑加之，轻重大小，无毫厘之差，刑与其罪类焉，夫是之谓"象"。若所犯者轻，而刑之重；所犯者重，而刑之轻，不特甚相辽绝。少有过差，则刑与罪不相类。既不类矣，岂所以为

"象"也哉？后世用刑，皆不似其所犯之罪，非可以言"象"也。皋陶之刑，所以能使"民协于中"，只缘其用是刑，无一毫之差，必若皋陶，方可以当得"象刑"二字。"迪朕德"，此以德为先也。"方施象刑，惟明"，此以刑为后也，先德而后刑，此为治之叙也。

9.《书经集传》卷一

（宋）蔡沈撰

（归善斋按：见"无若丹朱傲"）

10.《尚书精义》卷八

（宋）黄伦撰

帝曰：迪朕德，时乃功惟叙。皋陶方祇厥叙，方施象刑，惟明。

张氏曰：由而行之之谓"迪"。"迪朕德"者，言天下之人，皆由舜德而行之也。舜以谓天下之人，皆"迪朕德"，是"汝功惟叙"故也。"乃功惟叙"者，九功之得其叙也。"水、火、金、木、土、谷惟修"，则六府之得其叙也。"正德、利用、厚生惟和"，则三事之得其叙也。六府得其叙，则民有常产；"三事"得其叙，则民有常心。既有常产又有常心，则其"迪德"也宜矣。又曰：率"九功"之叙，而"迪"者在所赏；违"九功"之叙，而不迪者在所刑。皋陶之"方施象刑，惟明"乃所以祇"九功"之叙也。当是之时，惟苗顽不即"九功"之叙，自非方祇厥叙之人，其能明刑以治之哉。

11.《尚书详解》卷五

（宋）陈经撰

帝曰：迪朕德，时乃功惟叙。皋陶方祇厥叙，方施象刑，惟明。

舜闻禹之言，知其所以"各迪有功"者，皆大禹"荒度土功"之效，故美禹之功，曰天下之所以蹈行朕之德，无有违戾者，皆汝平水土之功有次序。水土未平，疆理之政未施，则天下何从而迪舜之德？然成其功者，禹也。所以保是功者皋陶也。故皋陶方且敬禹功之叙，而不敢少忽，于是施"象刑"而明之。"象刑"，即"象以典刑"也。明以示人，使人知所畏警，则向者已成之功，可保而无亏矣。皋陶非有意于用刑也，特堤防之具，不得不如是尔。舜言禹之功而并及皋陶，以禹之不可无皋陶，犹皋陶之不可无禹也。非特舜不自居其功，归美其功如此，又以见皋陶同功一体，非他人臣所能及，故孟子曰"舜以不得禹、皋陶为己忧"。

12. 《融堂书解》卷二

（宋）钱时撰

帝曰：迪朕德，时乃功惟叙。皋陶方祗厥叙，方施象刑，惟明。

禹首陈"帝，光天之下"，又戒以"无若丹朱傲"，又自谓我创乎此，而至内外之各迪有功，其所主固在"安汝止"耳。舜于是因其言而归美之，复申明己之本意，谓德固在我也，所以迪行我之德于天下者，谁乎？是汝之功，秩然而有叙也。皋陶方且祗敬其叙，方且施布象刑，明示天下，以保其叙于勿坏。然则，我之所倚赖者，岂不专在汝乎？"惟叙"，即"九功惟叙"之"叙"。"祗厥叙"而"明"。"象刑"，"董之用威"之谓也。或：谓舜下二语，是为"苗顽弗即工"而发，然"象刑惟明"，正所以"祗厥叙"，则凡不修六府，不和三事，如"庶顽谗说"，如"苗顽弗即工"之徒，皆在其中，殆不必太泥耳。

13. 《尚书要义》卷五

（宋）魏了翁撰

（归善斋按：未引）

14. 《书集传或问》卷上

（宋）陈大猷撰

（归善斋按：未解）

15. 《尚书详解》卷二

（宋）胡士行撰

帝曰：迪（导）朕德，时（是）乃（汝）功惟叙（秩然有序）。皋陶方祗（敬承）厥叙（功），方施象刑，惟明。

迪德，归"迪有功"之功于禹也。象刑，任"弗即工"之责于皋也。舜一无所与焉。君臣一体，本无间也。叙则所以迪德者，不迫矣。象刑而祗其叙焉，岂徒刑哉。

16.《书纂言》卷一

（元）吴澄撰

帝曰：迪朕德，时乃功惟叙。皋陶方祗厥叙，方施象刑，惟明。

"叙"者，无一事之不理也。帝言：导迪朕德者，是汝之功，惟当更使事事咸叙。又言：皋陶为禹之助，方祗敬其当叙之事，方示人以画象之刑。凡猾夏之蛮夷，奸宄之寇贼，有刑以待之，惟当更加明审。盖因禹、皋陶谟之后，归美二臣，而又欲其加勉也。

此第二章。

17.《书集传纂疏》卷一

（元）陈栎撰

（归善斋按：见"无若丹朱傲"）

18.《读书丛说》卷三

（元）许谦撰

（归善斋按：未解）

19.《书传辑录纂注》卷一

（元）董鼎撰

（归善斋按：见"无若丹朱傲"）

20.《尚书句解》卷二

（元）朱祖义撰

帝曰（舜闻禹言，乃归美其功而言）：迪朕德（内外所以各迪我德而有功者），时乃功惟叙（皆是汝治水，能致九功之惟叙）。

21.《尚书日记》卷四

（明）王樵撰

（归善斋按：见"无若丹朱傲"）

22.《日讲书经解义》卷二

（清）库勒纳等撰

（归善斋按：见"无若丹朱傲"）

《尚书疑义》卷一

（明）马明衡撰

禹于帝前自叙其治水之功，屡屡不已，自后世观之，便有嫌疑之意。而禹之心，初不以为然者，盖禹之治水其功，实难将天地重整顿一番，禹之力竭于是矣。又承鲧之后，其忧勤惕励之诚，日操不已，诚念功之成败，系于一念敬肆之微，故历历言之，如人家祖父训饬子孙，昼夜言其所以辛勤立家之故，岂必要功于子孙。其属意之勤，虑患之周，所以为爱子孙之至，与禹爱君之心一也。

《书蔡氏传旁通》卷一下

（元）陈师凯撰

（归善斋按：见"臣作朕股肱耳目"）

《尚书七篇解义》卷一

（清）李光地撰

（归善斋按：见"臣作朕股肱耳目"）

皋陶方祗厥叙，方施象刑，惟明

1.《尚书注疏》卷四

（汉）孔氏传，（唐）陆德明音义，孔颖达疏

皋陶方祗（zhī）厥叙，方施象刑，惟明。

传：方，四方。禹五服既成，故皋陶敬行其九德，考绩之次序于四方，又施其法刑，皆明白。史因禹功，重美之。

音义：重，直用反。

疏：正义曰：此经史述为文，非帝言也。史以禹成五服，帝念禹功，故因美皋陶言：禹既弼成五服，故皋陶于其四方，敬行九德。考绩之法有次叙也。又于四方施其刑法，惟明白也。由禹有此大功，故史重美之也。

传正义曰：皋陶为帝所任。遍及天下，故方为四方也，天下蹈行帝德。水土既治，亦由刑法彰明，若使水害不息，皋陶法无所施。若无皋陶以刑人，亦未能奉法天下，蹈行帝德。二臣共有其功。故史因帝归功于禹，兼记皋陶之功。《舜典》与《大禹谟》已美皋陶，故言重美之也。传言考绩之次叙者，皋陶所言九德，依德以考其功绩，亦是刑法之事，故兼言也。郑云：归美于二臣，则以此经为帝语。此文上无所由，下无所结形势，非语辞也，故传以为史因记之。

2.《书传》卷四

（宋）苏轼撰

（归善斋按：见"迪朕德"）

3.《尚书全解》卷六

（宋）林之奇撰

（归善斋按：见"迪朕德"）

4. 《尚书讲义》卷四

（宋）史浩撰

（归善斋按：见"无若丹朱傲"）

5. 《尚书详解》卷五

（宋）夏僎撰

（归善斋按：见"迪朕德"）

6. 《增修东莱书说》卷四

（宋）吕祖谦撰，时澜增修

（归善斋按：见"迪朕德"）

7. 《尚书说》卷一

（宋）黄度撰

（归善斋按：见"迪朕德"）

8. 《洁斋家塾书钞》卷三

（宋）袁燮撰

（归善斋按：见"迪朕德"）

9. 《书经集传》卷一

（宋）蔡沈撰

（归善斋按：见"无若丹朱傲"）

10. 《尚书精义》卷八

（宋）黄伦撰

（归善斋按：见"迪朕德"）

11. 《尚书详解》卷五

（宋）陈经撰

（归善斋按：见"迪朕德"）

12. 《融堂书解》卷二

（宋）钱时撰

（归善斋按：见"迪朕德"）

13. 《尚书要义》卷五

（宋）魏了翁撰

二五、皋陶"方祗"至"惟明"，孔云史美，郑云帝语。

"皋陶方祗厥叙，方施象刑，惟明"，方，四方。禹五服既成，故皋陶敬行其九德。考绩之次序于四方，又施其法刑，皆明白。史因禹功，重美之。正义曰：郑云归美于二臣，则以此经为帝语。此文上无所由，下无所结形势，非语辞也，故传以为史因记之。

14. 《书集传或问》卷上

（宋）陈大猷撰

（归善斋按：未解）

15. 《尚书详解》卷二

（宋）胡士行撰

（归善斋按：见"迪朕德"）

16. 《书纂言》卷一

（元）吴澄撰

（归善斋按：见"迪朕德"）

17.《书集传纂疏》卷一

（元）陈栎撰

（归善斋按：见"无若丹朱傲"）

18.《读书丛说》卷三

（元）许谦撰

（归善斋按：未解）

19.《书传辑录纂注》卷一

（元）董鼎撰

（归善斋按：见"无若丹朱傲"）

20.《尚书句解》卷二

（元）朱祖义撰

皋陶方祗厥叙（皋陶方始得以敬承汝功之有其叙），方施象刑，惟明（方始施象刑，而明以示人，如《周官》"垂刑象于象魏"，使人知畏而保其功于无穷）。

21.《尚书日记》卷四

（明）王樵撰

（归善斋按：见"无若丹朱傲"）

22.《日讲书经解义》卷二

（清）库勒纳等撰

（归善斋按：见"无若丹朱傲"）

《尚书疑义》卷一

（明）马明衡撰

皋陶方祗厥叙，方施象刑，惟明。

如注家之说，以为是史臣赞皋陶之言，与下文夔言，皆是逐事记之，亦是"虞宾在位，群后德让"，舜之德化可谓神矣。然以尧之神圣，不能化之，何耶？曰：尧之时，亦不闻丹朱肆于为恶，想在圣帝陶镕之下，安知其不能以善自治，但欲付以天下则不可。《孟子》所谓不肖者，不能承继其父耳，故尧举舜而授之。及至为宾于虞，则其感创思慕，又更二圣之久，阅历益深，则或益进于前矣，故能与"群后德让"，而非以尧不能化，舜独能化之。

《书蔡氏传旁通》卷一下

（元）陈师凯撰

（归善斋按：见"臣作朕股肱耳目"）

《尚书七篇解义》卷一

（清）李光地撰

（归善斋按：见"臣作朕股肱耳目"）

四
韶乐合奏

夔曰：戛击鸣球，搏拊琴瑟以咏，祖考来格

1.《尚书注疏》卷四

（汉）孔氏传，（唐）陆德明音义，孔颖达疏

夔曰：戛击鸣球，搏拊琴瑟以咏，祖考来格。

传：戛击，柷敔（zhù yǔ），所以作止乐。搏拊，以韦为之，实之以糠，所以节乐。球，玉磬，此舜庙堂之乐。民悦其化神歆，其祀礼备乐和，故以祖考来至明之。

音义：夔，求龟反。戛，居八反，徐古八反。马云：栎也。球，音求。搏，音博。拊，音抚。柷，尺叔反，所以作乐。敔，鱼吕反，所以止乐。糠，音康。歆，许金反。

疏：正义曰：皋陶、大禹为帝设谋，大圣纳其昌，言天下以之致治功成，道洽，礼备，乐和。史述夔言，继之于后。夔曰：在舜庙堂之上，戛敔击柷，鸣球玉之磬，击搏拊，鼓琴瑟，以歌咏诗章。乐音和协，感致幽冥，祖考之神来至矣。

传正义曰：戛击，是作用之名，非乐器也。故以戛击为柷敔。柷敔之状，经典无文。汉初以来，学者相传，皆云柷如漆桶，中有椎柄，动而击其旁也。敔状如伏虎，背上有刻，戛之以为声也。乐之初击柷以作之，乐

1190

之将末，戛敔以止之，故云：所以作止乐，双解之。《释乐》云：所以鼓柷谓之止，所以鼓敔谓之籈（zhēn）。郭璞云：柷如漆桶，方二尺四寸，深一尺八寸，中有椎柄连底，挏之，令左右击。止者，其椎名也。敔如伏虎，背上有二十七钼铻（jǔ yǔ），刻以木，长一尺栎之。籈者，其名也，是言击柷之椎，名为止。戛敔之木，名为籈。戛，即栎也。汉礼器制度，及《白虎通》、马融、郑玄、李巡其说，皆为然也。惟郭璞为详。据见作乐器而言之，搏柎，形如鼓，以韦为之，实之以糠，击之以节乐。汉初相传为然也。《释器》云：球，玉也。鸣球，谓击球使鸣。乐器惟磬用玉，故球为玉磬。《商颂》云：依我磬声。磬亦玉声也。郑玄云：磬，悬也，而以合堂上之乐，玉磬和，尊之也。然则，郑以球玉之磬，悬于堂下，尊之，故进之，使在上耳。此舜庙堂之乐，谓庙内堂上之乐。言祖考来格，知在庙内。下云"下管"，知此在堂上也。马融见其言祖考，遂言此是舜除瞽瞍之丧，祭宗庙之乐，亦不知舜父之丧在何时也。但此论韶乐，必在即政后耳。此说乐音之和。而云祖考来格者，圣王先成于人，然后致力于神，言人悦其化，神歆其祀，礼备乐和，所以"祖考来至"明矣。以祖考来至，明乐之和谐也。《诗》称神之格思，不可度思。而云"祖考来至"者，王肃云："祖考来至"者，见其光辉也。盖如《汉书·郊祀志》，称武帝郊祭天，祠上有美光也。此经文次以柷敔，是乐之始终，故先言戛击其球，与搏柎琴瑟，皆当弹击，故使鸣冠于球上，使下共蒙之也。郑玄以戛击鸣球三者，皆总下乐，栎击此四器也。乐器惟敔当栎耳，四器不擽。郑言非也。

《尚书注疏》卷四《考证》：

"夔曰：戛击鸣球，搏拊琴瑟以咏。"传：戛击柷敔，所以作止乐。搏拊，以韦为之，实之以糠，所以节乐。

李光地曰：戛击搏拊注，以为乐器名。惟沈括，以属于鸣球琴瑟，而为作乐之义，于理为优。"虞宾"，一读"在位"，连"群后"读之。盖祭祀时，丹朱无不至，群后有在位者，有不在位者，故言虞宾与在位之群后，皆德让也。据《仪礼》作乐凡四节。"戛击"二句，升歌之乐也；"下管"二句，"下管"之乐也；"笙镛以间"，间歌之乐也；"箫韶九成"，合作之乐也。此舜宗庙之乐也。

2.《书传》卷四

（宋）苏轼撰

（归善斋按：见"迪朕德"）

3.《尚书全解》卷六

（宋）林之奇撰

夔曰：戛击鸣球，搏拊琴瑟以咏。

自此而下，夔言其所以作乐之功也。其文当为一段，不与上下文势相属。盖舜之在位三十余年，其与禹、皋、夔、益之徒相与答问者多矣。夫史官取其尤彰明者为此数篇，以诏后世。其言止于是而已。则是其所言者，自有先后，史官集而记之，非其一日之言也。诸儒之说，自《皋陶谟》至此篇末，皆谓其文势相属。故薛氏以谓，舜以苗民逆命，皋陶方祗厥叙，而行法。故夔又进陈言，鬼神犹可以乐语，鸟兽犹可以乐致，而况于人乎。王氏则以谓，治定制礼，功成作乐，舜之治功，于是乎成矣。故夔称其作乐以美舜也。凡此皆欲会同数篇所载，以为一日之言。岂史官独载其一日之言，而尽遗其余乎？此理之必不然也。理之所不然，而必为之说，故其说皆牵（沿）而不通，今不取。《郊特牲》曰：歌者在上，匏竹在下，贵人声也。《享礼》曰：升歌清庙，示德也。下管象武，示事也。《燕礼》曰：升歌《鹿鸣》，下管新宫。盖堂上之乐，以歌为主。故谓之升歌堂。下之乐以管为主，故谓之下管。是知"戛击鸣球，搏拊琴瑟以咏"者，皆堂上之乐也。下管鼗鼓，合止柷敔，笙镛以间，皆堂下之乐也。盖乐之作，虽有上下之异，其实相合以成乐也。孔氏谓：戛击柷敔，所以止乐；搏拊以韦为之，实之以糠所以节乐，其说亦无所据。但以意度之耳，然其义则有可疑者。器虽有堂上、堂下之异，其实一乐也。其作止节奏，必相待而成声。堂下既已设柷敔，岂于堂上又设之邪？则戛击不得为柷敔。戛击既非柷敔，则搏拊亦不得为节乐之用，明矣。沈内翰曰：鸣球，非可戛且击，和之至，咏之不足，有时而至于戛且击。琴瑟非可以搏且拊，和之至，咏之不足，有时而至于搏且拊，所谓手之舞之，足之蹈之，而不自知。据沈意，但以戛击为戛击鸣球；以搏拊，为搏拊琴瑟。意此说为可矣。至谓"和之至，咏之不足"，手舞足蹈而不自知，则亦不必如此。扬子云《长杨赋》云"戛滴鸣球"。刘良注云：球，乐器也。戛滴，拊击也。颜师古曰：戛击，击考也。以是知鸣球固可以戛击矣。古语云：拊鸣琴，吹洞箫。又曰：手抚五弦，目视云汉，则琴瑟固可以搏拊。盖乐之作，升歌于堂上，则堂上之乐，惟取其声之轻清者，与人声相比，故曰"以咏"。故咏者，但戛击鸣球，搏拊琴瑟以咏。歌，人声也。鸣球，玉磬也。玉磬而谓之鸣球者，按《考工记》云：梓人为笋虡（jù）。羽属无力而轻，则于任轻宜。其声清阳而远闻，于磬宜。若是者，以为磬虡，故击其所悬，而由其虡鸣。鳞属以为笋，深其爪，出其目，作其鳞之而，则于眂，必拨尔而怒。苟拨尔而怒，则于任重宜，且其匪色，必似鸣矣。以其笋虡，如鳞羽之鸣，故曰鸣球。（归善斋按：另见"虞宾在位"）

4.《尚书讲义》卷四

（宋）史浩撰

夔曰：戛击鸣球，搏拊琴瑟以咏。祖考来格，虞宾在位，群后德让，下管鼗鼓，合止柷敔，笙镛以间，鸟兽跄跄，箫韶九成，凤凰来仪。夔曰：于！予击石拊石，百兽率舞，庶尹允谐。帝庸作歌曰：敕天之命，惟时惟几，乃歌曰：股肱喜哉，元首起哉，百工熙哉。皋陶拜手稽首，飏言曰：念哉。率作兴事，慎乃宪，钦哉。屡省乃成，钦哉。乃赓载歌曰：元首明哉，股肱良哉，庶事康哉。又歌曰：元首丛脞哉，股肱惰哉，万事堕哉。帝拜曰：俞！往钦哉。

后夔言作乐之成，皋陶载赓歌之美，非皋陶自言也。禹据二人之言，以表大治之告备也。盖《益稷》一篇，皆禹昌言。前叙益、稷之功，后述皋陶之绩。此禹推贤逊能之本心，欲帝念功而云也。夫"戛击鸣球"，球，玉磬也。合止，搏拊琴瑟皆作升歌，在上幽而祖考明，而群后罔不降顺。丹朱难化，亦且宾服而在位。此堂上之乐，所以动化之效也。"下管鼗鼓，合止柷敔"，笙镛间作。"鸟兽跄跄"，和鸣也；"凤凰来仪"，和应也。击石拊石，磬也。飞者，走者，游于造化，亭毒中，踊跃翔舞以呈瑞。此堂下之乐，所以动化之效也。然极于"击石拊石"者，石为八音之首，于卦为乾，其声清微，必待磬声谐合，而乐遂以成。此所以堂上必鸣球，堂下必击石也。《诗》曰"鼖鼓渊渊，嘒嘒管声，既和且平，依我磬声"，此之谓也。方乐初作，群后德逊，虞宾在位而已。及乐既成，庶尹至于允谐，虽丹朱之不肖亦，为善良矣。季札观乐，独于韶簫，则曰德至矣哉，如天之无不帱，如地之无不载，虽甚盛德，其蔑以加于此矣。孔子在齐闻之，亦至于忘味。想其当时，广大悉备，仁风和气充塞乎。范围之内，无一人一物不得其所也。舜治至此，宜少自逸乐，而作歌自警。"敕天之命，惟时惟几"时者，"一日无旷"。几者，每事防微，一人之身，元首不动，而股肱之运，以熙万事，此其序也。皋陶领其意，以谓君率于上，臣下作而行之，故曰"率作"也。宪，旧章也。屡省，审谛也。于此致"钦"，则事无有不兴者矣。夫君逸，臣劳，万古不易之论。元首之明，则能知人；股肱之良，则云龙风虎，自然相符，庶事安得而不康。若元首不明，则自圣而轻臣下；自用而昵谄谀，细事必亲，徒尔丛脞，而大事不举，失其机会。股肱在位，充员苟禄，无所建明，万事安得而不隳。皋陶之戒，可谓不阿人主矣。帝拜曰"俞"者，非拜皋陶之歌也。禹之昌言至是方毕，拜而受之也。窃尝论，天生圣贤，非为一时，盖亦欲垂法于万世，为君臣之轨范。观《益稷》一篇，可以知人君，下下之仁，听纳之懿；人臣归美报上之忠，推贤逊能之实，莫不两尽焉。盖不如是，不足为禹、皋陶之谟也。呜呼！盛哉。

5.《尚书详解》卷五

（宋）夏僎撰

夔曰：戛击鸣球，搏拊琴瑟以咏。祖考来格，虞宾在位，群后德让。下管鼗鼓，合止柷敔。笙镛以间，鸟兽跄跄。簫韶九成，凤凰来仪。

吕曰：治定功成，故夔以乐之至和为言，堂上之乐作，祖考来格，幽而神和也。虞宾群后，以德相逊，明而人和也。堂下之乐作，鸟兽跄然而舞，微而物和也。"簫韶九成"，圣乐大备，虽至治之祥，如凤凰亦来仪，则和之至也。帝王致治之盛，泰和之气，鼓舞动盘。如祖考、虞宾、群后、鸟兽、凤凰，尽在舜和气之中。林少颖云：自此而下，夔言其所以作乐之劾。其文当自为一段，不与上文势相属。盖舜在位三十余年，与禹、皋、夔、益之徒相与问答者，多矣。史官特取其尤彰明者，以诏后世，是所言自有先后，史臣集而记之，非一日之言也。诸儒之说，自《皋陶谟》至此篇末，皆谓其文势相属。薛氏谓：舜以苗民逆命，命皋陶方施象刑，故夔进谏，乃谓：鬼神犹可以乐格，鸟兽犹可以乐感，况人乎？王氏则谓：治定制礼，功成作乐，舜之治功至此已成。故夔称其作乐。凡此皆欲会同数篇所载以为一日之言，岂史官独载其一日之言而尽遗其余乎？此理之必不然也。《郊特牲》曰：歌者在上，匏竹在下，贵人声也。《享礼》曰：声歌清庙，示德也；下管象武，示事也。《燕礼》曰：歌《鹿鸣》，下管新宫。是堂上之乐，以歌为主；堂下之乐，以管为主。堂上以歌为主，则此言"戛击鸣球，搏拊琴瑟以咏"者，其为堂上之乐也可知矣。堂下以管为主，则此言"下管鼗鼓，合止柷敔，笙镛以间"者，其为堂下之乐也可知矣。堂上、堂下，其器虽不同，要之，作乐之际，实相合以成乐也。然经，于作堂上之乐，则言祖考格；于作堂下之乐，则言鸟兽和，岂既作堂上之乐，以格祖考，然后，作堂下之乐，以感鸟兽哉？予谓堂上、堂下，必翕然并作。其格祖考，感鸟兽，当如《大司乐》，几变而格祖考，几变而感鸟兽。但经文不备，不可得而知。然夔所以于堂上言祖考等格，堂下言鸟兽等感者，特以祖考尊，其格也，必在堂上，故配堂上言之。鸟兽贱，其感也，必在堂下，故配堂下言之。凤凰难致，故必韶乐九变大成，而能感其至，非谓堂上乐可以格祖考，而不可以感鸟兽；堂下乐，可以感鸟兽，而不可以格祖考。盖经文上言"以咏"，下言"以间"，当是堂上之乐歌咏于上，堂下之乐乃与之间作，迭奏于下。况复下文，总言"箫韶九成"，是堂上、堂下咏歌迭奏，至于九变，然后乐成也。以此推之，则乐虽有上下之异，其实盖相合而成乐，非奏堂上，而后奏堂下也明矣。孔氏谓：戛击为柷敔，所以作止乐。搏拊以韦为之，实之以糠，所以节乐。林少颖谓：其说无据。但以意度之，实有可疑者。盖器虽有堂上堂下之异，其实一乐方作，节奏必相待而成声，岂有堂上既设柷敔，而堂下又设之理？戛击既不为柷敔，则搏拊亦不得为作止乐之用也。沈氏谓：鸣球非可以为戛且击和之，至咏之不足，有时而至于戛且击。琴瑟不可以为搏且拊和之，至咏之不足，有时而至于搏且拊。所谓手之舞之、足之蹈之而不自知也。据沈氏此意，谓"戛击"为"戛击鸣球"，以"搏拊"为

"搏拊琴瑟"。此说可取。至谓和之至,咏之不足,手舞足蹈,而不自知,则未必如此。扬子《长杨赋》云"戛滴鸣球",刘氏注:球,乐器也。戛滴,搏击也。颜师古注:戛,击,考也。以是知鸣球固可以戛击矣。古语云:抚鸣琴吹洞箫。又曰:手抚五弦,目视云汉。以是知琴瑟固可以搏拊矣。由是观之,则此谓"戛击"者,岂非击鸣球乎?搏拊者,岂非拊琴瑟乎?鸣球,玉磬也,谓之鸣球者,以其击之能鸣也。堂上之乐,以人声为上,故特取鸣球、琴瑟声之清越者,戛击而搏拊之,以为歌咏之声,故言"以咏"。凡此皆堂上之乐也。作于堂上,则祖考神位,虞宾,助祭之诸侯,皆在堂上,故夔言堂上之乐,则"祖考来格"。丹朱虽顽,以尧之后,为宾于虞,亦在助祭之位,与群后以德相让。考夔此言,但以其并列于上,故配堂上之乐言之。其实是上下之乐并作,乐声既和上,则祖考群后咸和,下则鸟兽万物咸若,不必如王氏谓:堂上乐以象宗庙朝廷之治。故堂上之乐作,而能致和于宗庙朝廷;堂下乐以象鸟兽万物之治,故堂下之乐作,而能致和于鸟兽万物也。夫虞宾群后相让,固有可见之实。祖考,位乎幽冥,夔何以知其来格,盖夔谓乐之和,想其必来。如所谓洋洋如在其上,如在其左右,非实有所见祖考。既非实有所见,而想其来,则鸟兽跄跄,百兽率舞,当亦是想其乐和于此,感于彼,非实有鸟兽跄跄在廷之事。盖百兽有奇形怪状,见者必畏,若一时奔走,岂不恐惧动人哉?若夫"凤凰来仪",是果有来仪于庭,此言"来仪",其有物为可知也。他但言"率舞"、"跄跄"而已,不言"来仪",则夔之意可知矣。大抵夔所言作乐之效,谓之果有物,亦不可当是。乐既和,自应动物悟人如此。"下管"犹《大司乐》所谓孤竹之管、阴竹之管、孙竹之管是也,谓之"下管",所以别堂上之乐也。鼗鼓,如鼓而小,持其柄而摇之,耳旁自击,所以出音。柷,郭璞云:状如漆桶,方二尺四寸,深一尺八寸,中有椎柄,连底撞之,令左右击。敔,状如伏虎背,上有二十七龃铻,刻以木,长一尺,栎之。盖乐之始作,则击柷以合乐;乐之将终,则栎敔以止乐,故谓"合止柷敔"。笙以瓠为之,列管于匏中,又施篁于管端。三十六簧者谓之"竽",十三簧者谓之"笙"。镛,大钟也。凡此皆堂下之乐也。堂上言"以咏",堂下言"以间"者,盖谓堂上之乐,以鸣球琴瑟歌咏于上。堂下之乐,以下管等器,与咏歌迭奏于下,故言"间"。按《仪礼》云：歌《鹿鸣》，以笙《南陔》；歌《鱼丽》，以笙《由庚》。此"间"，所以为迭奏也。堂上之乐作，故鸟兽微物，亦感而跄跄以和也。堂上、堂下之乐，上既备言之，下又言"箫韶九成，凤凰来仪"者，盖舜之乐，别而言之，则有堂上、堂下之异；合而言之，则总名"箫韶"。夔之意谓：堂上、堂下合奏九，变而乐成，凤凰乃感至和，而来仪也。"箫韶"，孔氏谓：言箫以见细器之备。其说不然。而说者又谓"箫"者不齐之管，其声清而细，象凤凰之声，故奏之而凤凰来。其说亦不然。按古文《尚书》"箫"字，从竹从削。"箾"，舞者所执之物。"箫"与"箾"音同，而形异。《说文》于"管箫"之"箫"注云：参差管。至于从竹从削之"箾"注云：舜乐名"箾韶"。又《季札观周乐》"见舞韶箾"者，其字从竹从削，足见"箾韶"是舜乐之总名也。但今文作"管箫"之"箫"，故诸儒以"箫管"解之。此皆曲说，非古《书》本意也。今当依古《书》，以"箫韶"为舜乐之总名，斯可矣。

6.《增修东莱书说》卷四

（宋）吕祖谦撰，时澜增修

夔曰：戛击鸣球，搏拊琴瑟以咏。祖考来格，虞宾在位，群后德让。下管鼗鼓，合止柷敔。笙镛以间，鸟兽跄跄。箫韶九成，凤凰来仪。

此又一节也，治定功成，夔故以乐之至和为言。"祖考来格"，其幽冥所感如此。虞宾在位，群后以德相逊，所谓"相维辟公，天子穆穆"，"济济多士，秉文之德"也。其明而人和如此，则堂上之乐可知矣。至于堂下之乐作，鸟兽跄跄然而舞，其和又可知也。"箫韶九成"，乐大备之时，虽至治之祥，如凤凰亦来仪，言和之至也。史官特以虞乐，结《虞书》五篇之终，盖成于乐，帝王至治之盛，泰和之气鼓舞动荡者如此，如祖考，如虞宾，如群后，如鸟兽，如凤凰，如百兽，尽在舜和气之中。

7.《尚书说》卷一

（宋）黄度撰

夔曰：戛击鸣球，搏拊琴瑟以咏。祖考来格，虞宾在位，群后德让。下管鼗鼓，合止柷敔。笙镛以间，鸟兽跄跄。箫韶九成，凤凰来仪。夔曰：于！予击石拊石，百兽率舞，庶尹允谐。

孔氏曰：戛击，柷敔；搏拊，以韦为之，皆难信，泥文求义。戛击、搏拊，皆考击之名。磬称戛击，亦称击；拊琴瑟，称搏拊。夔曰"击石拊石"，《周礼·大师》"帅瞽登歌，令奏击拊"，皆谓磬也。古言"铿金戛玉"，正谓钟、磬。郑司农曰"乐，或当击，或当拊"，又曰"拊者，击石"是也。搏拊，皆击意。琴，今犹称拊。《周礼》乐器，无搏拊。郑康成谓"拊形如鼓"，以糠实之，盖出孔义。孔氏屋壁《书》有传，恐有此，则不可知。求之六经，则未有据也。球，玉磬。鸣，言有声。中乐，即所谓天球也，此谓"登歌"。《周礼》有"颂磬"。歌颂，则击之。石尚角，角清浊之中。琴瑟尚宫，宫声，大乐。器，重者从细，轻者从大，故登歌，以磬合琴瑟，细大谐也。自昔言乐者如此，予尝闻之，知乐者，以为三代之乐，皆准于磬。鸣球，天成而不可易者。琴瑟、笙竽皆人为之，高下难齐。故皆协之以磬。登歌，琴瑟协之以磬，"戛击鸣球，搏拊琴瑟以咏"是也。间歌，笙协之以磬。笙，磬同音是也。"笙镛以间"，镛，钟也。按，登歌，琴瑟有磬而无钟；间歌，笙有钟而无磬，互相备也。有钟则有磬矣，所谓终始条理，金声而玉振之，声淫液之，振鼓作之也。磬在堂下，登歌钟磬在堂上，由汉而来，非古也。钟磬当在悬。"祖考来格"，虞宾德让，神人和也。丹朱傲嚚而能与群后德让，舜德照临之久矣。于是乐感发之。后郑曰："管如篪而小，并两而吹之"，又曰"鼗如鼓而小，持其柄摇之，旁耳还自击"。《太师》"下管播乐器，令奏鼓棡（yǐn）"。先郑读"棡"为"道引"之"引"，谓小鼓，为大鼓先引。《小师》"下管击应鼓"，后郑亦曰"小鼓应鼙（pí）"，又曰"柷如漆筒，中有椎。"敔，木虎。先郑曰：笙十三簧，此皆诸儒据汉《大予乐》说《诗》、《书》乐器，其间，亦有所出，然终不能知其为是否下管堂下乐也。后郑曰：堂下，特言"管"，贵人气也。播鼗击鼓以应管，合止以柷敔。吹笙击钟，是为"间歌"。《燕礼》曰"乃间歌《鱼丽》，笙《由庚》是也"。于是鸟兽跄跄焉。箫，后郑曰"编小竹"。舜舞名韶。《周礼》作"磬箫"，《左氏》作"箾"。曰箫韶者，吹箫而舞，犹周人吹籥而舞欤。九成，九变。韶舞九变，故曰"九成"。凤，灵鸟。仪，有容仪。"击石拊石"，夔又特言之于此。尹，正也。众正，官之长，信和谐也。舜命九官,济济相让是也。鸟兽无知矣,于此而率舞,苗顽骦悍,尝患其难服矣,于此而允谐。夔言乐效,盖终禹敢不敬应之言也。卒申明此义,则以为其能致此者大,岂特以器与工俱妙哉,舜德盛矣。夫是谓之泰和之世。

8.《洁斋家塾书钞》卷三

（宋）袁燮撰

夔曰：戛击鸣球,搏拊琴瑟以咏。祖考来格,虞宾在位,群后德让。下管鼗鼓,合止柷敔,笙镛以间,鸟兽跄跄。箫韶九成,凤凰来仪。夔曰：于！予击石拊石,百兽率舞,庶尹允谐。

戛击,即柷敔,所以作止乐。搏拊,以韦为之,实之以糠。球,玉磬也。咏,声歌也。此堂上之乐也。"下管鼗鼓",合止柷敔。"笙镛以间",此堂下之乐也。上下皆用柷敔,以合止。乐在堂上,则言"戛击",在堂下则言"柷敔",一也。"间"者,间声歌也。间寓于笙,笙以人声吹之,故用以间堂上之咏歌。舜之乐,总名为"韶箫"。细器之备,故言"箫韶九成"者,九作而乐终成也。堂上之乐作,而"祖考来格,虞宾在位,群后德让"。堂下之乐作,而"鸟兽跄跄"。至"箫韶九成",而又"凤凰来仪",舜之乐,何以能感召如此？此不可以不思。且何以知"祖考来格"？这个只是人心,当其作乐之时,吾心无一毫遗恨,便知祖考亦必来格。虽目不见其形,而心知其来格也。便如今人享祀,苟吾心至诚不散,则所祭者分明,如在目前,所谓"祖考来格",便只是这道理。虞宾,丹朱也。帝尧之子,当有天下,以不肖,而"殄厥世"。舜既绍尧,不敢臣其子,而以宾礼待之,故谓之"虞宾在位"者,尽礼以事舜也。夫天下,本丹朱之所有,今舜实居其位,宜其有忿怒不平之心,而乃能使之在位,此无他,只缘乐之至和,有以消其悖慢忿戾之气,而感其易直子谅之心,能使之尽礼于朝廷之上也。大凡乐之感人,与言语不同。正声一入乎耳,足以动荡人之精神,感发人之心术,故曰"仁言不如仁声之入人深也"。今太常乐,非皆合于先王之制。然闻之者,其心犹为感动,况有虞极治之时,而作乐者又有如后夔之臣乎？古人之乐,非后世之乐也。古人之乐,其制既不同,而其所作之又不同。盖古者乐,皆起于律,彼其以黄钟之黍,积而为清浊高下,无一毫之差。黍,至微也。然多一黍,少一黍,清浊高下,便有差处。古人于此,直是精微。自唐以后,律既亡矣。所谓乐,皆只是测度仿象为之，岂能有所感召乎？古乐之制，既如此精微，而作乐之人，又皆贤人君子，如后夔之徒，岂与后世之乐工比哉？明而为人，幽而鬼神，以至于鸟兽、凤凰之类，本只是一气，本只是一理，其实相通，人自间绝之耳。若是作乐极于至和，有可感召之理。但后世，先王之乐既亡，而作乐者又非其人，所以不能感召。且击石，拊石，只是将这石来击拊，如何更能使百兽率舞。想夫后夔，当其击拊之时，直是各别。盖古人日夜所从事，只是此心。此心既无一毫之病，故见于作乐，亦无一毫之差，其见之于乐，皆其此心之精微也。今夫钟，怒而击之则武；悲而击之则哀。钟"一"也，然而其声有不同者，其人之不同也。以此观之，则知贤者作乐，自是各别。然舜之时，所以能感召，又不特乐制不同，与作乐之人不同。当有虞之时，天下极治，和气充塞，以至和之气，播之于乐，则乐极其和，则天地之和，自应矣。"夔曰：于！予击石拊石，百兽率舞"，所以复如此说者，盖八音以石为君，言只击石拊石，亦能使百兽率舞，则其所以击拊者，盖不同矣。此一段，与前面舜、禹问答，初不相关，然序于此者，何故？张无垢谓"方施象刑，惟明"之言，舜犹有用刑之意，故夔于此论乐，此亦未见其为然。安知夔之论乐，正在舜禹问答之后，然此虽未可知，而史臣叙于此者，亦有深意。盖为祖考之幽，丹朱之傲，以至于鸟兽之微，正声一作，犹可感格，况于"庶顽谗说"亦人耳，岂有不可化者。人主修德于上，则顽谗自格于下，亦奚必至于用威？故序于舜禹问答之后。史臣用意深矣。读书至于"鸟兽跄跄"，"百兽率舞"，"凤凰来仪"，要须潜心致思。此等事，在后世未之见。唐虞之时，所以致此，盖在上者，既是圣明之君，而朝夕左右者，又无非圣人之徒，典乐之臣，又有如后夔者，亦圣人之徒也。以圣人之徒，而一生精神，专用于乐，则其乐宜如何？僚之于丸，秋之于奕，痀瘘之承蜩，彼业一艺之精者，犹能入神。况于后夔，一生精神，用尽于乐，其所感召，固宜若是。今之太常少卿，古后夔之职也。而今之居是职者，远者一二年，近者三数月，便从而迁之，岂得专心于此哉？

9.《书经集传》卷一

（宋）蔡沈撰

夔曰：戛击鸣球，搏拊琴瑟以咏。祖考来格。虞宾在位，群后德让。下管鼗鼓，合止柷敔。笙镛以间，鸟兽跄跄。箫韶九成，凤凰来仪。

戛，讫黠反。鼗，音桃。柷，昌六反。敔，偶许反。戛击，考击也。鸣球，玉磬名也。搏，至；拊，循也。乐之始作，升歌于堂上，则堂上之乐，惟取其声之轻清者，与人声相比，故曰"以咏"。盖"戛击鸣球，搏拊琴瑟"，以合咏歌之声也。格，神之格，思之格。虞宾，丹朱也。尧之后，为宾于虞，犹微子作宾于周也。丹朱在位，与助祭群后，以德相让，则人无不和可知矣。下，堂下之乐也。管，犹《周礼》所谓"阴竹之管，孤竹之管，丝竹之管"也。鼗鼓，如鼓而小，有柄持而摇之，则旁耳自击。柷敔，郭璞云：柷如漆桶，方二尺四寸，深一尺八寸，中有椎柄，连底撞之，令左右击敔，状如伏虎，背上有二十七龃铻，刻以籈，栎之。籈长一尺，以木为之。始作也，击柷以合之；及其将终也，则栎敔以止之，盖节乐之器也。笙以匏为之，列管于匏中，又施簧于管端。镛，大钟也。叶氏曰：钟与笙相应者，曰笙钟；与歌相应者，曰颂钟。颂，或谓之镛，《诗》"贲鼓维镛"是也。大射礼乐人宿县于阼阶东，笙磬西面。其南笙钟，西阶之西，颂磬东面，其南颂钟。颂，钟，即镛钟也。上言"以咏"，此言"以间"，相对而言。盖与咏歌迭奏也。《乡饮酒礼》云"歌《鹿鸣》，笙《南陔》；间歌《鱼丽》，笙《由庚》，或其遗制也。"跄跄"，行动之貌，言乐音不独感神、人，至于鸟兽无知，亦且相率而舞，跄跄然也。"箫"，古文作"箾"，舞者所执之物。《说文》云"乐名箾韶"。季札观周乐，见舞韶箾者，则箾韶，盖舜乐之总名也。今文作"箫"，故先儒误以"箫管"释之。"九成"者，乐之"九成"也。功以九叙，故乐以"九成"。"九成"，犹《周礼》所谓"九变"也。孔子曰"乐者，象成者也"，故曰"成"。凤凰，羽族之灵者，其雄为凤，其雌为凰。"来仪"者，来舞而有容仪也。"戛击鸣球，搏拊琴瑟以咏"，堂上之乐也。"下管鼗鼓，合止柷敔，笙镛以间"，堂下之乐也。唐孔氏曰："乐之作也，依上下而递奏，间合而后曲成"，"祖考，尊神，故言于堂上之乐；鸟兽微物，故言于堂下之乐"。"九成致凤，尊异灵瑞，故别言之，非堂上之乐，独致神格，堂下之乐偏能舞兽也"。或曰：笙之形如鸟翼，镛之虡为兽形，故于笙镛以间，言鸟兽跄跄。《风俗通》曰"舜作箫笙以象凤"，盖因其形声之似，以状其声乐之和，岂真有鸟兽、凤凰而跄跄来仪者乎？曰是未知声乐感通之妙也。瓠巴鼓瑟，而游鱼出听；伯牙鼓琴，而六马仰秣。声之致祥召物，见于传者多矣。况舜之德致和于上，夔之乐召和于下，其格神人，舞兽凤，岂足疑哉？今按季札观周乐，见舞韶簻者，曰德至矣，尽矣，如天之无不覆，如地之无不载，虽甚盛德，蔑以加矣。夫韶乐之奏，幽而感神，则祖考来格；明而感人，则"群后德让"；微而感物，则凤仪兽舞。原其所以能感召如此者，皆由舜之德，如天地之无不覆焘也。其乐之传历千余载，孔子闻之于齐，尚且三月不知肉味，曰"不图为乐之至于斯"，则当时感召从可知矣。又按此章夔言作乐之效，其文自为一段，不与上下文势相属。盖舜之在位五十余年，其与禹、皋陶、夔、益相与答问者多矣。史官取其尤彰明者，以诏后世，则是其所言者，自有先后，史官集而记之，非其一日之言也。诸儒之说，自《皋陶谟》至此篇末，皆谓文势相属。故其说牵合不通，今皆不取。

10.《尚书精义》卷八

(宋) 黄伦撰

夔曰：戛击鸣球，搏拊琴瑟以咏。祖考来格，虞宾在位，群后德让。下管鼗鼓，合止柷敔。笙镛以间，鸟兽跄跄。箫韶九成，凤凰来仪。夔曰：于！予击石拊石，百兽率舞，庶尹允谐。

无垢曰：呜呼！舜廷之臣，几于同气而异息，同心而异形。大舜于"庶顽谗说"责之太严，不知自反，而禹乃以修德，谆谆反覆辩论，几数百言，舜终不悟，若不然。禹之说者，夔乃以典乐之事谏焉，意言"庶顽谗说"，皆舜有以感召之也，岂可不自反而修德哉？如"祖考来格，虞宾在位，群后德让"，则堂上之乐；"戛击鸣球，搏拊琴瑟"，与夫咏歌，有以召之也，"鸟兽跄跄"，则堂下之乐。"下管鼗鼓，合止柷敔"，笙镛间作有以召之也。"凤凰来仪"，则箫韶有以召之也。"鸟兽率舞，庶尹允谐"，则"击石拊石"有以召之也。夫乐一入中和，随类感召如此，则"庶顽谗说"之不格，岂可不自反而修德乎？夔之所言，所以成就禹之所陈，而开悟舜之心也。禹、夔二公，其心无他，一于是而已矣。夔以乐为言，则又显然可见者。如祖考之难格，丹朱之难化，鸟兽之难动，凤凰之难感。乐一动，尚使之"来格"，使之"在位"，使之"率舞"，使之"来仪"。若执契券，以取责于人，无不如其意者。苟吾德之已至。岂有如"庶顽谗说"者而不格乎？舜可以无疑矣。胡氏曰：治定制礼，功成作乐，则乐之象成，其来久矣。自《咸池》、《云门》、《大章》之乐作，而舜因之，则韶之为乐，尽善尽美，而无以加之矣。然乐之数，不过乎九成；而乐之分，不出乎上下而已。盖堂上之乐，所以象宗庙朝廷之治，所谓"戛击鸣球，搏拊琴瑟以咏"者是也。堂下之乐，所以象鸟兽万物之治，所谓"下管鼗鼓，合止柷敔，笙镛以间"者是也。《传》曰"歌者在上，贵人声也"，故乐以登歌为贵，则凡以咏者，举堂上之乐矣。《诗》曰"既和且平，依我磬声"，故乐以磬声为依。凡以"间"者，举堂下之乐也。所谓"间"者乃堂上、堂下之乐，迭作而已。则群后德逊，鸟兽跄跄，不亦宜乎？又曰：戛击，是作止之名，非玉器也。故以戛击为柷敔之状，经典无文。汉初以来，学者相传，皆云，柷，如漆桶，中有椎柄，动而击其旁也。敔，状如伏虎，背上有刻，戛之以为声也。乐之初作，击柷以作之；乐之将末，戛敔以止之，故云所以"作止"。又曰：九成必以箫者，凡乐大矣，而未备，则奏其器之大者。及其既备，则器之小者，无不举矣。《灵台》之诗曰"贲鼓惟镛"，《有瞽》之诗曰"箫管备举"，与此同意。箫之为乐，备矣，小者无不举。又以其形象凤之翼，其声象凤之鸣。古诗"凤凰啾啾，其翼若竽，其声若箫"，箫之形声，取象凤凰，相匹而来也。又曰"有凤有凤，乐帝之心"，箫者，声之至细；凤者，物之难致。以至细之声，来至难之物，非在乐之声音形容，乐帝之心而已。凤凰之为物，鸣中律吕，色备五采，治则见，乱则隐。贾谊曰"览德辉而下之"，此于舜之时，以类应也。"鸟兽跄跄"，"凤凰来仪"，固有间矣。其或凤凰而为跄跄，则非其应也。扬雄曰"凤凰跄跄，匪尧之庭"，其知言乎？箫韶必以九成者，韶出于可欲，文乐也。武出于不得已，武乐也。文为阳，武为阴。阳之变止于九，阴之变止于六。凡乐每一变为一成，故韶以"九成"。武以"六成"。又曰"楚狂接舆歌而过孔子之前曰'凤兮凤兮，何德之衰'"，盖孔子自谓"凤鸟不至"，"吾已矣夫"。夫圣人之出处，天运之所在，天下之所以治乱者也。又曰：周公谓召公曰"收罔勉不及，耇（gǒu）造德不降，我则鸣鸟不闻"，盖言在上者，勉而不怠，则足以倡其臣；在下者，德降于民，则足以成其君。舜所以无为于上，而禹、皋陶所以乐尽其心者，一唱一应，皆得其道也。凤凰以其匹而来也，实在此时。周公以禹、稷自任,以舜望成王,盖亦有意乎。

11.《尚书详解》卷五

（宋）陈经撰

夔曰：戛击鸣球,搏拊琴瑟以咏。祖考来格,虞宾在位,群后德让。下管鼗鼓,合止柷敔。笙镛以间,鸟兽跄跄。箫韶九成,凤凰来仪。夔曰：於！予击石拊石,百兽率舞,庶尹允谐。

此篇大概文意,脉络相贯,然夔言作乐,乃别是一段。作史者,取而继先段,以见治功至此而成,非必连上文也。"戛击鸣球,搏拊琴瑟以咏",此堂上之乐也。堂上之乐,以歌咏为主。"下管鼗鼓,合止柷敔,笙镛以间",此堂下之乐也。堂下之乐,以管声为主。《记》曰："歌者在上,匏竹在下"。孔安国以"戛击"为"柷敔",所以作止乐。搏拊以韦为之,实之以糠,所以节乐。或者以孔之说无所证据,又疑堂上堂下之乐节奏作止,相合而成,堂下既有柷敔,则戛击不得为柷敔,搏拊亦不可以韦为之。其说曰：鸣球,非可以为"戛"且"击"和之,至咏之不足,有时而至于"戛"且"击"。琴瑟,非可以为"搏"且"拊"和之,至咏之不足,有时而至于"搏"且"拊",所谓"手舞足蹈"是也。乐之作,升歌于堂上,则取其声之清轻者,与人声相比,故曰"以咏"。鸣球,即玉磬也。乐音之和,感格幽明,故"祖考来格",此乐作于宗庙之中者。圣王先成民,而后致力于神。人说其化,神歆其祀,礼备乐和,祖考来至,明矣。虞宾,丹朱也,与微子在周作宾王家同,故谓之"虞宾"。丹朱傲慢,今也,亦在臣之位,而与群诸侯以德相让逊,谓年爵之同,推先有德也。朱之不肖,尧不能化,而此言有德者,皆能如此也。乐之感人至此,如《周诗》"济济多士,秉文之德"。"下管鼗鼓",此言"下"所以别"上"文之为堂上乐也。吹竹管击鼗鼓,柷以合乐,敔以止乐。乐之初也,以柷合之,而后众声皆作。乐之将末,以敔止之,而后众声皆止。笙,以匏为之,列管于中。镛,大钟也。间,迭也。吹笙击镛,以次迭作。鸟兽至微之物,亦皆跄跄然而率舞矣。"箫韶九成,凤凰来仪",韶,舜乐名。箫者,细器之备。作乐之时,小大之器皆备。"九成",九奏也。成,犹终也。每曲一终,必变更象。舜之治,"九功惟叙,九叙惟歌",故以九为节也。乐至九奏,备矣。至灵之鸟,如凤凰者,亦来仪,谓有容仪之可观也。鸟兽易来,凤凰难致。言九成而凤凰来,则"鸟兽跄跄",不待九成矣。乐之作也,依上下而迭奏,神物之来,上下共致,非堂上堂下别有所感。祖考尊神,故配堂上之乐。鸟兽微物,故配堂下之乐。总上下之乐,言"九成"而致凤凰。尊灵异瑞,故别言耳,非堂上之乐独致神来,堂下之乐偏能舞兽也。"夔曰:於!予击石拊石,百兽率舞,庶尹允谐",八音之中,石为难和。石,磬也。磬,音之清者。磬必击以鸣之,故曰击,曰拊。拊,亦击也。击有大小,击,大击之也;拊,小击之也。音声,浊者粗,清者精。精则难和,举其清者和,则其余可知。《诗》曰"依我磬声",是言磬声清,诸音来依之。"百兽率舞",即"跄跄"也。百兽舞,则凤凰可知;庶尹谐,则神人可知。尹,正也,众正官之长也。此篇言舜之治,始于任贤,功成以乐,所以见其致太平也。延陵札观周乐,见舞箫韶者,曰德至矣,尽矣。大抵天下至和之理,一而已矣。惟舜有此德,先尽吾心之至和,故能播之乐之至和,所以能感神人万物之至和。故乐者,特其器数耳,所以道达吾心之和者也。使舜之德有所未至,无以感人心,则虽声乐之器数,徒为文具,安足以感神人和万物哉?子在齐闻韶,则齐固常有此乐矣。季札请观乐,则鲁亦常有此乐矣。然田氏篡齐,三家专鲁,卒之无益于齐鲁者。是知有舜之德,有舜之治,则可。无舜之德,舜之治,乐岂可恃乎。

12.《融堂书解》卷二

(宋)钱时撰

夔曰:戛击鸣球,搏拊琴瑟以咏。祖考来格,虞宾在位,群后德让。下管鼗鼓,合止柷敔。笙镛以间,鸟兽跄跄。箫韶九成,凤凰来仪。夔曰:於!予击石拊石,百兽率舞,庶尹允谐。

夔因舜归功于禹,不答"安汝止"之说,而拳拳乎皋之象刑,于是就其本职,极言感通之妙,以发明禹之本旨。夫鬼神至幽也,丹朱至傲也,今鸣球之戛击,琴瑟之搏拊,咏之以声歌,而祖考且来格,虞宾且与诸侯以德而相让,此何为者乎?羽毛之属,蠢然有生于天地间,非可以言语通也,非可以情义动也。今堂下之乐,有管,有鼗鼓,有柷敔,以合止；有笙镛以间；作而鸟兽且至于跄跄，此何为者乎？凤凰灵鸟，非有道之世不出，至不易感也。箫韶九奏，乐既大备，而凤凰且至于来仪，此何为者乎？呜呼！舜之乐，舜之所以为舜也。"乐云乐云，钟鼓云乎哉"。禹论"帝，光天之下"，而极于"谁敢不应"；创丹朱之傲，而终于"各迪有功"，正是此妙。舜自有感通之妙，见于乐者如此，如何不答"安汝止"之旨而但责之于"股肱耳目"也？鬼神可通，鸟兽可感，桀傲可使让，则夫"庶顽谗说"，"苗顽弗即工"之徒，固一人耳，又何以象刑为也？夔就乐上发此妙用，正破的，亦安得不为之感动而有味乎？禹之言"哉"、"来"、"格"、"德让"，系之"戛击"、"搏拊"、"以咏"之后者，盖堂上之乐先作，来格者，降神之初。德让者，始之让位之时也。跄跄之应，在众音俱作之后，故系之堂下乐之下，非是两处分别，各有所主也。凤凰来仪，在九成之后。或谓：此"夔曰：於！予击石拊石，百兽率舞"，即《舜典》中语错简重出，于此详其文义，诚有此理，然未敢轻议也。极其感应之妙，至于庶官无不信和。禹谓"帝不时敷同，日奏罔功"，岂虚语哉。

13.《尚书要义》卷五

（宋）魏了翁撰

二七、柷敔、搏拊皆汉以来相传为然。

戛击，是作用之名，非乐器也，故以戛击为柷敔。柷敔之状，经典无文。汉初以来学者相传，皆云：柷如漆桶，中有椎柄，动而击其旁也。敔状如伏虎。背上有刻，戛之以为声也。乐之初，击柷以作之；乐之将末，戛敔以止之，故云所以作止乐，双解之。《释乐》云：所以鼓柷谓之止；所以鼓敔谓之籈。郭璞云：柷如漆桶，方二尺四寸，深一尺八寸，中有椎柄连底，挏之，令左右击止者，其椎名也。敔如伏虎，背上有二十七钼铻，刻以木，长一尺，栎之。籈者，其名也，是言击柷之椎，名为止。戛敔之木，名为籈，戛即栎也。汉礼器制度及《白虎通》、马融、郑玄、李巡，其说皆为然也，惟郭璞为详。据见作乐器而言之，搏拊，形如鼓，以韦为之，实之以糠，击之以节乐，汉初相传为然也。

二八、惟磬用玉，知球即磬；以下管，知磬在上。

鸣球，谓击球，使鸣乐器。惟磬用玉，故球为玉磬。《商颂》曰"依我磬声"，磬亦玉磬也。郑玄云：磬，悬也，而以合堂上之乐，玉磬和，尊之也。然则，郑以球玉之磬悬于堂下，尊之，故进之使在上耳。此舜庙堂之乐，谓庙内堂上之乐，言祖考来格，知在庙内。下云"下管"，知此在堂上也。

二九、马融言：祖考来格，舜除父丧，祭宗庙。

马融见其言祖考，遂言此是舜除瞽瞍之丧，祭宗庙之乐，亦不知舜父之丧在何时也。但此论韶乐，必在即政后耳。此说乐音之和，而云"祖考来格"者，圣王先成于人，然后致力于神，言人悦其化，神歆其祀，礼备乐和，所以祖考来，至明矣。以祖考来至，明乐之和谐也。《诗》称"神之格思，不可度思"，而云"祖考来至"者。王肃云："祖考来至"者，见其光辉也。盖如《汉书·郊祀志》称武帝郊祭天，祠上有美光也。

14. 《书集传或问》卷上

（宋）陈大猷撰

（归善斋按：未解）

15. 《尚书详解》卷二

（宋）胡士行撰

夔曰：戛击（柷敔）鸣球（玉磬，石音也），搏拊（以韦为之，实以糠，所以节乐者）琴瑟（丝音也）以咏（歌，人声也）。祖考来格，虞宾（丹朱，帝子，以客礼之）在位，群后德让。

此堂上之乐也。《郊特牲》曰：歌者在上，匏、竹在下，贵人声也。

16. 《书纂言》卷一

（元）吴澄撰

夔曰：戛击鸣球，搏拊琴瑟以咏。祖考来格，虞宾在位，群后德让。

此堂上之乐。戛，亦击也，戛轻，击重。球，玉磬，石音也，叩之则鸣，故曰"鸣球"。搏，犹击也。轻手取声曰拊。琴瑟，丝音也。咏，登歌也。鸣球、琴瑟，其声清越和平，可与人声相比，故戛击、搏拊之而咏也。祖考，所祭之祖考。虞宾，丹朱也；在位，内百官也；群后，外诸侯也，皆助祭者。虞宾不臣，故序内外诸臣之上。德让有相让之德也。乐作而所祭者来格。助祭者德让，则神、人无不和矣。

17.《书集传纂疏》卷一

（元）陈栎撰

夔曰：戛击鸣球，搏拊琴瑟以咏。祖考来格，虞宾在位，群后德让。下管鼗鼓，合止柷敔。笙镛以间，鸟兽跄跄。箫韶九成，凤凰来仪。

纂疏：

唐孔氏曰：功成道洽，礼备乐和，史述夔言继于后。

陈氏大猷曰：戛，亦击也，意其有轻重之异。球击能鸣，故称鸣球。

王氏炎曰：磬轻，为戛重为击；琴瑟重，为搏，轻为拊。

林氏曰：扬雄《长杨赋》云"戛滴鸣球"，注云"戛滴，拊击也"，以是知鸣球可以戛击。古语云"拊鸣琴"，又曰"手抚五弦"，以是知琴瑟可以搏拊。盖升歌堂上，取其声之轻清者，以与人声相比也，《飨礼》曰"升歌清庙示德也"。"下管"，象舞示事也。《燕礼》曰"升歌《鹿鸣》，下管新宫"，盖堂上之乐以歌为主，堂下之乐以管为主，其实相合以成，别言则有堂上、堂下之异；合言则总名为"箫韶"。

郑氏曰：琴五弦，瑟二十四弦。管如篪而六孔，十二管为笙。

夏氏曰："以间"与堂上之乐间作也。

陈氏经曰："箫"者，细器，作乐时小大之器皆备。

王氏炎曰：凡乐以人声为主，歌于堂上者，谓之登歌；歌于堂下者，谓之间歌，以咏堂上之登歌也，以间堂下之间歌也。

愚按，此章夔言作乐之效，乃史载之以终典、谟。盖功成作乐，帝者极治之盛也。《郊特牲》曰"歌者在上，匏竹在下，贵人声也"，即此说以证此章，与《仪礼》皆无不合。古文简质，"下"之一字，别"管鼗"等为堂下之乐，显见"鸣球"、"琴瑟"为堂上之乐也。"戛击"之、"搏拊"之，"以咏"歌诗，章所谓歌者在上也。"管鼗"、"柷敔"、"笙镛"皆堂下之乐。管，竹；笙，匏也，皆在堂下以间者。此众乐与堂上之乐，更代而间作也。所谓"匏竹在下"也。奏石丝以咏歌之时，则堂下之乐不作；奏匏竹等众乐之时，则堂上之乐不作。以今奏乐例之，亦如此耳。今诸解，徒见《乡饮酒礼》、《燕礼》并有"间歌《鱼丽》"之文，遂引以证此章。林氏唱之其辞欠明，若王氏炎则看《仪礼疏》，率陈大猷复引《仪礼》分注其下，改却本文，尤非。按《仪礼·乡饮酒礼》云，工入升，自西阶，北面坐。小臣授瑟，工歌《鹿鸣》、《四牡》、《皇皇者华》，卒歌，主人献。工笙入堂下，北面立，乐《南陔》、《白华》、《华黍》，主人献之，乃间歌《鱼丽》，笙《由庚》；歌《南有嘉鱼》，笙《崇丘》；歌《南山有台》，笙《由仪》。郑注，间，代也，谓一歌一吹。歌，歌诗；吹，吹笙也。《南陔》等六题，皆有声无词不可歌，只可按其谱以吹笙，故曰笙，曰乐，曰奏，而不曰歌。六题，今见《小雅》，乃元无诗词，小序妄云云耳。《燕礼》大概相似。盖间歌《鱼丽》、《南有嘉鱼》、《南山有台》，与笙《由庚》、《崇丘》、《由仪》，相更替也，与《书》之"以间"初不相干，不过一"间"字同，间代更替之义亦同耳。双溪谓堂上登歌，堂下间歌，直引"间歌《鱼丽》"以解"笙镛以间"，谓"以间"即是间歌，殊不知堂下安得有歌乎？乍观似可喜，细考误乃如此。即《仪礼》注，朱子《诗传》，参看则可见矣。

18.《读书丛说》卷三

（元）许谦撰

《书》言"戛击鸣球，搏拊琴瑟以咏"，盖咏时击磬拊琴瑟也，此是说升歌（三成）；言"下管鼗鼓，笙镛以间"，盖间时奏笙堂下，而随之管鼗鼓镛也，此是说间歌（三成）；言"箫韶九成，凤凰来仪"，此是说合乐（三成）。以上"九成"不言笙入者，笙入与升歌，共为三成故不言。

19.《书传辑录纂注》卷一

（元）董鼎撰

夔曰：戛击鸣球，搏拊琴瑟以咏。祖考来格，虞宾在位，群后德让。下管鼗鼓，合止柷敔，笙镛以间，鸟兽跄跄。箫韶九成，凤凰来仪。

纂注：

唐孔氏曰：功成道洽，礼备乐和，史述夔言继于后。

孔氏曰：戛击，柷敔，所以作止乐。搏拊，以韦为之，实之以糠，所以节乐。

陈氏大猷曰：戛，亦击也，意其有轻重之异。球击能鸣，故称"鸣球"。

王氏炎曰：搏，犹击也。拊，轻手取声。

林氏曰：扬子云《长杨赋》云"戛滴鸣球"，刘良注云"戛滴，拊击也"，以是知"鸣球"可以"戛击"。古语云"拊鸣琴，吹洞箫"。又曰"手拊五弦，目视云汉"，以是知琴瑟可以"搏拊"。

唐孔氏曰："以咏"，歌咏诗章也。

郑氏曰：琴五弦，瑟二十四弦。管如箎而有六孔，十二簧为笙。

夏氏曰："以间"，与堂上之乐间作也。

林氏曰：《飨礼》曰，升歌清庙示德也，下管象舞示事也。《燕礼》曰，升歌《鹿鸣》，下管《新宫》，盖堂上之乐以歌为主，堂下之乐以管为主，其实相合以成。别而言之，则有堂上、堂下之异；合而言之，则总名为"箫韶"。

王氏炎曰：凡乐以人声为主，歌于堂下者谓之"间歌"。"以咏"，堂上之登歌也；"以间"，堂下之间歌也。

新安陈氏曰：此章夔言作乐之效，乃史官载之，以结典、谟之终。盖功成作乐，帝者致治之盛也。《郊特牲》曰，歌者在上，匏竹在下，贵人声也，即此说以证此章，及仪礼皆无不合。古文简质，"下"之一字，别管、鼗等为堂下之乐，显见鸣球、琴瑟为堂上之乐矣。戛击之、搏拊之，以咏歌诗章。所谓歌者，在上也。管、鼗鼓、柷、敔、笙、镛，皆堂下之乐。管，竹也；笙，匏也，皆在堂下，以间此众乐，与堂上之乐更代而间作也，所谓匏、竹在下也。奏石、丝以咏歌之时，则堂下之乐不作；奏匏、竹等众乐之时，则堂上之乐不作，以今人之乐观之亦如此耳。今诸解者，徒见《仪礼·乡饮酒礼》、《燕礼》并有间歌《鱼丽》之文，遂引以证此章。林氏书于前，蔡氏述于后，其辞欠明。至若王氏炎，则看《仪礼》似欠子细。而陈氏大猷，复引《仪礼》分注于其下，改本文，尤非。

按《仪礼·乡饮酒礼》云，工入升自西阶，北面坐，小臣授瑟，工歌《鹿鸣》、《四杜》、《皇皇者华》，卒歌，主人献。工笙入堂下，北面立，乐《南陔》、《白华》、《华黍》，主人献之，乃间歌《鱼丽》，笙《由庚》，歌《南有嘉鱼》；笙《崇邱》，歌《南山有台》，笙《由仪》。郑元注云，间，代也，谓一歌则一吹。歌，歌诗也；吹，吹笙也。《南陔》等六题，皆有声无辞不可歌，只可按其谱以吹笙，故曰笙，曰乐，或曰奏，而不言歌。六题今见《诗·小雅》中，乃元无诗辞，非本有而亡之，小序不悟而妄云云耳。《燕礼》与《乡饮酒礼》大概相似。盖间歌《鱼丽》、《南有嘉鱼》、《南山有台》与笙《由庚》、《崇邱》、《由仪》相更替也。与此之以间，初不相干，不过一"间"字同，间代更替之义亦同耳。王以为堂上登歌，堂下间歌，直引"间歌《鱼丽》"之"间歌"以解"笙镛以间"之"以间"，谓"以间"即是间歌，殊不知堂下安得有歌乎？乍观捉对议论，似可喜，细考之，误乃如此。学者必即《仪礼》，朱子《诗传》细观之可也。《玉篇》，籈，之人反。

20.《尚书句解》卷二

（元）朱祖义撰

夔曰（夔乃自述其作乐之功而言）：戛击鸣球（鸣球，玉磬也，戛击之则鸣。戛，秸），搏拊琴瑟以咏（搏拊琴与瑟以歌咏。《燕礼》曰：堂上之乐以歌为主）。祖考来格（祖考感乐之和而来）。

21.《尚书日记》卷四

（明）王樵撰

"夔曰：戛击鸣球"至"凤凰来仪"。此与上不相蒙，非一时之言。此章夔言作乐之效，乃史官载之，以结典、谟之终。盖功成乐作，帝者致治之盛也。《郊特牲》曰"歌者在上，匏竹在下，贵人声也"，即此说。以证此章，及仪礼，皆无不合。"戛击鸣球，拊搏琴瑟"，以合咏歌之声。所谓"歌"者在上也。镛，大钟，特悬者以上，皆在堂下。"以间"者，此众乐与堂上之乐，更代而间作，所谓匏、竹在下也。古文简质，"下"之一字，别"管、鼗"等为堂下之乐，即知歌者在上矣。观曰"以咏",即知石、丝轻清之音,按歌调矣。观曰"以间",则知堂上堂下更代而间作矣。升歌之时,降神之始,故言"祖考来格"。非但以祖考尊神,故言于堂上也。虞宾与群后在廷。本是堂下之人,何为不言于堂下,而言之于此,亦是升歌之后,上下肃雍,如或享之。虞宾、群后,对越相让,盖亦记其实尔。鸟兽之感,须在人后跄跄,可见元自在廷,亦非以其微物,故下之也。至于凤凰非常,须是乐成之后,正可偶一暂至,初非闻乐即来,故须系于"九成"之下,亦非以尊异灵瑞,故别言之也。

"以咏",言以人声为主也。汉人独上歌,不以筦弦乱人声,欲在位遍闻之。《乐记》曰"清庙之瑟,朱弦而疏越,一倡而三叹,有遗音者矣",《书》大传曰"周公升歌清庙",苟在庙中,尝见文王者,愀然如复见文王焉。呜呼!知此,则知虞之"以咏"之时,所以"群后德让"者矣。

管如笛,并两管而吹之,长尺有二寸,今以为箫,非也。

"合止"是每一奏之"合止",至今犹然。若"金声玉振",则是特钟特磬,全乐首尾用之,中间不用。中间奏者,是编钟、编磬。特钟,此所谓"镛"也。特磬,此鸣球也。

许氏曰:乐有四节,曰升歌,曰笙入,曰间歌,曰合乐。升歌者,工升自西阶,歌某诗是也。笙入者,工以笙入于堂下,奏某诗是也。间歌者,堂上歌某诗,堂下笙某诗。一歌一笙,相间而作也。合乐者,堂上堂下之乐并作也。升歌三终,笙入三终,间歌三终,合乐三终,通之为十二。而谓之"九成"者升歌、笙入共为三成也。盖间歌合而言之为三,终分而言之为六,终与升歌、笙入同也。是六终,乃为三成,合乐三终,则六终,具在中矣,故谓之三成。又曰:《书》言"戛击鸣球,搏拊琴瑟以咏",盖"咏"时,击磬拊琴瑟也。此是说升歌(三段)。言"下管鼗鼓,笙镛以间",盖间时奏笙,堂下而随之管鼗鼓镛也。此是说间歌(三成)。言"箫韶九成,凤凰来仪",此是说合乐(三成)。

合乐图			
堂上乐	堂下乐	升歌（三终）	笙入（三终）
磬（《书》鸣球也）	鞀	一歌	一笙
	敔	二歌	二笙
		三歌	三笙
琴	管	间歌（一歌、一笙，相间而作，共三终）
		一歌	一笙
	镛	二歌	二笙
瑟	笙	三歌	三笙

22.《日讲书经解义》卷二

（清）库勒纳等撰

夔曰：戛击鸣球，搏拊琴瑟以咏。祖考来格，虞宾在位，群后德让。下管鼗鼓，合止柷敔，笙镛以间，鸟兽跄跄。箫韶九成，凤凰来仪。夔曰：於！予击石拊石，百兽率舞，庶尹允谐。

此二节书，是夔言韶乐感通之妙，而复命于帝舜也。轻敲曰戛，重敲曰击。鸣球，玉磬，名球击能鸣，故称鸣球。重弹曰搏，轻弹曰拊。"以咏"，歌咏诗章也。虞宾，丹朱也，帝尧之后，为宾于虞，故曰"虞宾"。下，堂下也。鼗鼓，有柄小鼓，持而摇之，旁耳自击而成声。柷形如方桶，以木为之，撞之有声。敔形如伏虎，背上有刻，刷其刻而成声。二者，皆节乐之器也。镛，大钟也。"以间"者，以堂下之乐，与堂上之乐相间迭奏也。跄跄，行动之貌。"来仪"者，来舞而有容仪也。"拊石"之"拊"，轻击也。石，磬也。尹，正也。"庶尹"者，众百官府之长也。当时，帝舜作大韶之乐，夔为典乐之官，曰乐作于宗庙中。在堂上者，石音，有鸣球之磬，或轻戛，或重击；丝音，有琴，有瑟，或重搏，或轻拊，以合于人声之歌咏，则见乐音和畅，无感不通幽。而祖考之神来至，以享明。而虞宾丹朱，在助祭之位，与众诸侯以德相让焉。在堂下者，竹音有管，革音有鼗鼓。乐始作，击柷以合之；乐将终，栎敔以止之。匏音有笙，金音有镛，或吹，或击，以与堂上众乐更迭间作，则见和乐。所感

1213

无微不入,虽无知如鸟兽,亦跄跄然行舞焉。凡此堂上、堂下之乐,总名"箫韶","以咏"、"以间"一周,谓之一成,至九成而乐备,则见太和洋溢,感通益神,虽灵异如凤凰,亦来舞于庭有容仪焉。乐之和神人,召物瑞如此,孰非帝德所致哉?夔又曰:美哉!韶乐。八音中,石最难和,我于石磬大者重击,小者轻拊。石声既和,则八音皆和矣。由是,以音之和而动气之和。百兽闻之,亦相率而跃舞,是物无不和也。以音之和,而感心之和,众官正长闻之,皆诚信以克谐,是人无不和也。乐之感人动物如此,又孰非帝德所致哉?夫乐以昭德象功,今绎夔言,幽明灵蠢,无非韶乐所感通,可见帝舜之德真如天地之无不覆载,而虞廷庶政惟和,万国咸宁之治功,亦概可想见其气象矣。

《尚书通考》卷六

(元)黄镇成撰

夔曰:戛击鸣球,搏拊琴瑟以咏。祖考来格,虞宾在位,群后德让,下管鼗鼓,合止柷敔,笙镛以间,鸟兽跄跄。箫韶九成,凤凰来仪。

蔡氏曰:戛击,考击也。搏,至;拊,循也。

孔氏曰:戛击,柷敔,所以作止乐。搏拊,以韦为之,实之以糠,所以节乐。

颖达曰:戛击是作用之名,非乐器也。故以戛击为柷敔。柷敔之状,经典无文。汉初以来,学者相传,皆云柷如漆桶,中有椎柄,动而击其傍也。敔状如伏虎,背上有刻,戛之以为声也。乐之初,击柷以作之;乐之将末,戛敔以止之,故云"所以作止乐"。《释乐》云,所以鼓柷谓之止,所以鼓敔谓之籈。郭璞云,柷如漆桶,方二尺四寸,深一尺八寸,中有椎柄连底,撞之令左右击。止者,其椎名也。敔如伏虎背上,有二十七钮铻,刻以木,长一尺,栎之。籈者,其名也,是言击柷之椎,名为止。戛敔之木,名为籈。戛,即栎也。搏拊形如鼓,以韦为之,实之以糠,击之以节乐,汉初相传为然也。

愚按,歌者在上,贵人声也。球也,琴瑟也,皆取其声之轻清,可以比于咏歌,故堂上之乐以歌为主,虽与堂下之乐相间代作,然其奏也,又各自为始终。其始作也,击柷以合之,其音之有节也,又搏拊以节之。其终也，则戛敔以止之。虽不可以戛击为柷敔，然戛击者，敔之用也。故经言"戛击鸣球，搏拊琴瑟以咏"，其言相错成文，意自可见。若以为考击，则经文简质，不当言戛，言击。而又言鸣、拊，则明有其制。《周礼·太师》"登歌令奏击拊"，则"拊"正为堂上之乐，不得谓之拊循矣。

球，玉磬也。

《周礼·考工》磬氏为磬，倨句（音钩）一矩有半（注云：必先度一矩为句，一矩为股，而求之弦，既而一矩有半，触其弦，则磬之倨句也。磬有大小，此假矩以定倨句耳），其博为一（博，股博也），股为二，鼓为三，参分其股，博去一，以为鼓博，参分其股，博以其一，为之厚（郑司农云：股，磬之上大者，鼓其下小者，所当击者也。玄谓，股，外面；鼓，内面。假令磬鼓广四寸半者，长九寸也。鼓广三寸，长尺三寸半，厚一寸）。已上则摩其旁（郑司农云：磬声大，上则摩鑢其旁。玄谓，大上声清，薄而广则浊），已下则摩其耑（或作端。大下声浊也，短而厚则清）。小胥正乐县之位。王，宫县；诸侯，轩县；卿大夫，判县；士，特县（郑司农云：宫县，四面；轩县，去其一面；判县，又去一面；特县，又去一面。四面象宫室，三面其形曲。玄谓，轩县，去南面，辟王也。特县二，于东方）。凡县钟磬，半为堵，全为肆（钟磬者，编县之二八十六枚，而在一虡谓之堵，钟一堵磬一堵谓之肆。诸侯之大夫半，天子之大夫西县钟东县磬，士亦半，天子之士县磬而已。薛畲曰：天子，八堵四肆；诸侯，六堵三肆；卿大夫，四堵二肆；士，二堵一肆。《通志》曰：《书》云"泗滨浮磬"，泗滨石可以为磬。唐代用华原石，故白乐天作"华原磬"以讥之）。

搏拊见前。

琴瑟。

《琴操》曰，"伏羲作琴"。《世本》曰，"神农作琴"。《乐记》曰，"舜作五弦之琴，以歌南风"。《明堂位》曰，"大琴大瑟，中琴小瑟，四代之乐器也"。《乐书》曰，"琴长八尺一寸，正度也"。《广雅》曰，"琴长三尺六寸六分，象三百六十六日。弦象五行，大弦为君，宽和而温；小弦为臣，清廉不乱。文王、武王加二弦，以合君臣之恩"。《通典》言，"伏羲作琴，以修身理性"。《白虎通》曰，"琴，禁也。琴止于雅，以正人心也"。

《通志》曰，"桓谭《新论》曰：五弦，第一弦为宫，其次商、角、徵、羽，文王、武王各加一弦，以为少宫，少商"。说者不同，又琴之始作，或云伏羲，或云神农，诸家所说，莫能详矣。《尔雅云》"大琴谓之离，二十七弦"，今无其器。齐桓公曰"号钟"，楚庄曰"绕梁"，相如曰"绿绮"，伯喈曰"焦尾"，而傅玄琴赋则曰"非伯喈也"。琴，《世本》云，庖牺作五十弦，黄帝使素女鼓瑟，哀不自胜，乃破为二十五弦，具二均声。《礼图》旧云，雅瑟，长八尺一寸，广一尺八寸，二十三弦，其常用者十九弦。其余四弦，谓之番。番，赢也。颂瑟，长七尺二寸，广尺八寸，二十五弦，尽用之。《易通卦验》，人君冬至日，使八能之士鼓黄钟之瑟，瑟用槐木，长八尺一寸；夏至日，瑟用桑木，长五尺七寸（槐取其气上也，桑取其气下也）。见《通志》。

《礼书》曰：《乐记》曰"清庙之瑟，朱弦而疏越"，《尚书传》曰"大琴练弦达越"。大瑟、朱弦、达、越，盖越，底孔也，"疏"、"达"，通之也。朱弦，练而朱之也。盖丝不练则劲而声清，练则熟而声浊。孔小则声急，大则声迟，故疏越，以迟其声，然后不至于太急；练丝以浊其声，然后不失之太清。

以咏。

《郊特牲》曰：歌者在上，匏竹在下，贵人声也。

《周礼·大师》：大祭帅瞽登歌，令奏击拊。郑司农云，登歌，歌者在堂也。登歌、下管，贵人声也。

《礼·仲尼燕居》：升歌清庙，示德也。

下（堂下乐也）。

管。

蔡氏曰：犹《周礼》所谓阴竹之管，孤竹之管，孙竹之管也。《周礼·春官·大司乐》注云：孤竹，竹特生者；孙竹，竹枝根之末生者；阴竹，生于山北者。

《大师》"下管播乐器，令奏鼓朄"注云：管者，贵人气也。

《周礼》：小师掌教箫管；瞽矇掌播箫管；笙师掌吹篴管。燕礼大射，皆下管新宫。《礼记》曰：下管象。《诗》曰：磬管锵锵，箫管备举。《尔雅》曰：大管谓之簥（音娇），其中谓之篞（乃结反），小者谓之篎。

郑司农曰：管如篪，六孔。《说文》亦曰：管，六孔，十二月之音。

郑康成曰：管如篪而小，并两而吹之。

《通志》曰：《尔雅》曰：长尺，围寸，并漆之，有底。古者以玉为管，舜之时，西王母献白玉琯是也。《月令》：均琴瑟管箫。蔡邕章句曰：管形，长尺围寸，有孔无底，其器今亡。《诗》云：嘒嘒管声。

鼗鼓。

蔡氏曰：如鼓而小，有柄持而摇之，则旁耳自击。

《世纪》曰"帝喾命倕作鞀"。先儒谓：小鼓有柄曰鞀，大鞀谓鞞。

《周官》小师掌教鼓鼗，瞽矇掌播鼗。盖鼗之播也，有瞽矇者，有眂瞭者。而其制，郑氏以为如鼓而小，有柄，持而摇之，旁耳自击是也。《周礼图》曰：鼗所以节乐，宾至乃作乐，故知宾至。淫之以作乐也。

《通志》曰：《世本》云，夷作鼓，以桴击之，曰鼓；以手摇之，曰鼗。

柷敔（又见前戛击下）。

《诗》曰"鼗鼓柷敔"。荀卿曰："鞉、柷、拊、椌、楬。"《明堂位》曰："揩击"，先儒谓之"柷敔"也。《尔雅》曰：所以鼓柷谓之止，所以鼓敔谓之籈。

《通典》曰：碎竹以击其首，而逆戛以止乐。宋依唐制，以竹为籈，长二尺四寸，破一端为十二茎。乐将止，先击其首，次三戛之。此以汉大予乐言之。盖"鼓柷谓之止"，欲戒止于其早也。"鼓敔谓之籈"，谓修洁于其后也。柷，方二尺四寸，阴也。敔，二十七龃龉，阳也，乐作，阳也。以阴数成之，乐止，阴也。以阳数成之，固天地自然之理也。声之所出，以虚为本。椌，以空然后可击，及其止，则归于实焉，故敔为伏虎之形，则实而已。

《乐记》曰：圣人作，为椌、楬（上，苦江切；下，苦八切）。

笙。

蔡氏曰：笙以匏为之，列管于匏中，又施簧于管端。

《礼记》曰：女娲之笙簧。《世本》曰"随作笙"，《通典》曰：未知何代人也。《礼》曰：三笙一和而成声。《周礼》：笙师掌教吹竽笙。先儒谓，笙列管匏中，施簧管端，大者十九簧，小者十二簧，长四尺，簧金鍱为之。后世雅乐和，皆二十七簧外设二管，不定置，谓之义管，每变均易调，则更用焉。由是定置二管于匏中，为十九簧。笙师祭祀，共钟笙之乐。郑氏曰：与钟相应曰笙。韩非曰：笙者，五声之长。

《通典》曰：《说文》曰，笙，正月之音物生，故谓之"笙"。十三簧，象凤之身，列管匏内，施簧管端，宫管在中央。三十六簧曰"竽"，宫管在左傍。十九簧至十三簧曰"笙"。其他皆相似也。大笙谓之簧，小笙谓之和。《诗传》曰：吹笙则鼓簧矣，盖笙中之簧也。《尔雅》曰：笙十九簧者曰巢，十三簧者曰和。汉章帝时，零陵文学奚景于舜祠得笙白玉管。后代易之以竹耳。笙，亦匏也。今之笙、竽，以木代匏，而漆殊愈于匏。荆梁之南，尚仍古制。南蛮笙，则是匏，其声甚劣。

镛。

蔡氏曰：镛，大钟也。叶氏曰：钟与笙相应曰"笙钟"，与歌相应曰"颂钟"。"颂"或谓之"镛"，《诗》"贲鼓维镛"是也。《大射礼》乐人宿悬于阼，阶东笙，磬西面，其南笙镛；西阶之西，颂磬东面，其南颂钟。颂钟，即镛钟也。

《考索》曰：《明堂位》"垂之和钟"，《世本》云"垂作钟"，传曰"伏羲之孙鼓延始为钟"。《考工记》六分其金，而锡居一，谓之钟鼎之齐（才细切），凫氏为钟两栾，谓之铣，钟口角也。铣间谓之于，于上谓之鼓，鼓上谓之钲，钲上谓之舞（郑司农云，于钟唇之上袪也，鼓所击处），舞上谓之甬，甬上谓之衡（此二名者钟柄）。钟县谓之旋，旋虫谓之干（玄谓，今时旋有蹲熊蟠龙，辟邪），钟带谓之篆，篆间谓之枚，枚谓之景（郑司农云，枚，钟乳也。玄谓，每处有九，面三十六），于上之攠（音摩）谓之隧（攠所击之处）。钟已厚则石，已薄则播，侈则柞（声大，外也），弇则郁（声不扬）。钟大而短，则其声疾而短闻；钟小而长，则其声舒而远闻。

《尔雅》曰：大钟谓之镛，其中谓之剽（音漂），小谓之栈。

《通志》：《山海经》云"炎帝之孙鼓延始为钟"，《礼记》云"垂之和钟"，郑康成云"垂，尧时钟工"，未知孰是。

朱子曰：镈，钟甚大，特悬钟也。众乐未作，先击此钟，以发其声，乐既阕，乃击特悬磬，以收其韵。又曰：大曰镈，《尔雅》谓之镛。

箫韶九成。

蔡氏曰：箫，古文作"䈁"，舞者所执之物。《说文》云，乐名，䈁韶。季札观周乐，见舞韶䈁者，则䈁韶，盖舜乐之总名也。今文作箫，故先儒误以箫管释之。"九成"者乐之"九成"也。功有九叙，故乐有"九成"。"九成"犹《周礼》所谓"九变"也。孔子曰"乐者，象成者也"，故曰"成"。

《书蔡氏传旁通》卷一下

（元）陈师凯撰

戛击，考击也。

考，扣也。

搏，至；拊，循也。

《说文》云：搏，至也。《广韵》云：手击也。然则，至者言手之所至也。《韵会》训"抚"为"循"，训"拊"为"击"，然则蔡传训"拊"为"循"者，亦取抚摩琴瑟，以成轻清之声欤。汉《赵充国传》"拊循和辑"，则"拊"亦训"循"矣。古注及疏，皆以"搏拊"为一乐器之名，以韦为之，实之以糠，形如鼓，所以节乐者。而蔡传不从者，以戛击是作用之名，搏拊对之，亦当为作用之辞，且节乐者，不当独见于堂上，又非轻清之声以合咏歌者，故不从旧说。然蔡氏所据，则按《周礼·大师》云"大祭祀帅瞽登歌，令奏击拊"。郑司农云：乐或当击，或当拊。疏云：先郑之意，谓若《尚书》云"击石拊石"皆是作用之名，拊非乐器。后郑不从。然则，蔡氏实据先郑司农之说也。

升歌于堂上。

升，瞽人登阶也。《周礼》疏云：将作乐时，大师帅取瞽人，登歌于西阶之东，北面坐而歌者，鼓瑟以歌诗也。《郊特牲》云：歌者在上，贵人声也。

"神之格思"之"格"。

朱子云：格，来也，随感而至也。

《书义断法》卷一

(元) 陈悦道撰

戛击鸣球,搏拊琴瑟以咏,祖考来格。虞宾在位,群后德让。下管鼗鼓,合止柷敔。笙镛以间,鸟兽跄跄。

后夔奏堂上之乐,则以鸣球、琴瑟之轻清,协于人声,此其所以格祖考,而正群臣也。奏堂下之乐,则以管、鼗、鼓、柷、敔之备,具间以笙、镛,此所以感鸟兽,而舞跄跄也。夫乐与天地同和。其感人动物也。如此岂谓堂上之乐,独能事祖考,化公侯,堂下之乐,偏能动鸟兽哉?盖歌者,贵人声,其功效贯通乎幽显,而众乐迭奏,与歌相应,其功偏及于动物,典乐者必由其序,而闻乐者皆极其和。究其所以至此者,则所谓如天之无不覆焘,而非盛德无以及此也。

《尚书注考》

(明) 陈泰交撰

"戛击",训考击也。"不率大戛",训"戛",法也。"搏拊",训"拊",循也。"击石拊石",训轻击曰"拊"。

《尚书稗疏》卷一

(清) 王夫之撰

搏拊琴瑟(句),以咏祖考来格(句)。自"戛击鸣球"以下,至"庶尹克谐",皆韶乐之谱也。"以咏",即以下三者为"咏"也。"祖考来格",如《周颂》之咏"绥予孝子"也。"虞宾在位",如《周颂》之咏"我客戾止"也。"群后德让",犹《周颂》之咏"式序在位"也。此皆升歌,以配磬瑟之诗,其辞不传,而大旨所咏,则不外此三者也。"鸟兽跄跄"下管之所舞也。"凤凰来仪",韶第九成,吹箫之所舞也。"百兽率舞,庶尹允谐",乐终击磬之所舞也。乐以昭德,而象功舜之德,格祖考,礼虞宾,感群后,谐庶尹。功则平水土,若鸟兽而致凤凰,故夔或以歌咏之,或以舞写之。犹《大武》之歌《武赉桓》而舞,则北出,灭商,疆南国,分周召,复缀以崇也。跄跄,趋貌,鸟兽之害人者,消趋而避之也。率,顺也。兽顺其道,而戢其搏噬，顺其步趋，有若舞也。"戛击鸣球，搏拊琴瑟"，"下管鼗鼓，合止柷敔，笙镛以间"，"搏石拊石"者，八音之奏也。"以咏祖考来格，虞宾在位，群后德让"者，诗歌之言也。"鸟兽跄跄"，"凤凰来仪"，"百兽率舞，庶尹允谐"者，九舞之容也。始乎人声，间以八音，成以舞簻。韶乐之美善，虽不易知，而大概尽于此矣。先儒以格祖、礼宾、群让、鸟跄、兽舞、凤仪、尹谐为乐之应。夫祖考之格与否，既非人之所能知。虞宾则固已在位，不因乐感，庙中群后，各以其事为序，无所于争，则亦无所于让，不待闻乐而始加谦挹。若圣人尽鸟兽之性，亦惟使安于自然而已，以飞鸣攫拏之物，宜在郊野者，一旦翔舞于庙堂，是物违其性，亦为妖为怪，而不得为顺矣。瓠巴鼓瑟，游鱼出听；师旷奏清角，玄鹤来集；南卓击羯鼓，群羊踯躅，言出稗官，不根而亡实，即令有之，一技之士，固能之，而何待舜？夔且使淫夫酣歌于室，而鹁鸠不翔，凶人狂哮于衢，而虎狼不至，何独韶奏于庭，能动兽心而不爽耶？凤凰感德而至，和之致祥，理有然者，乃谓其来，在作乐之顷，则彼凤凰者，非素止于百里之内，安能遄飞速集而不爽其期，即其疾飞捷，至有逾凡鸟，亦不得有飞耳长目，能闻声见舞于千里之外，以遽然而整翮，不然岂和气所烝，旋结一凤鸟之形，如虹如电，而非有其真乎？孔子作《春秋》，而"西狩获麟"，获之于郊也，固不追随于子之室，而睥睨简册之间，则凤亦安能爱止于夔之侧，而错综干羽之列耶？鄂楼黄鹤，普贤白象，牛头衔花之鸟，介象盆水之鱼，仙释之幻谈，知不足为圣诬矣。若庶尹之谐，自舜之德教使然，尤不在作乐之一日。使待乐作而乃谐也，将前乎此与，后乎此之遂不谐与，德不足及庶尹而恃乐，其亦末矣。德盛而乐至，故曰"乐其所自成"，非德待乐而始成也。后人因乐之音容，以知古人之心迹，故曰"闻其乐而知其德"，非乐之即为德也。故童子视端行徐之说，亦流俗所传不足深信。童子之智，不应贤于魏文侯。古乐不能警文侯之卧，敬仲所传之韶，其能感童子之眸乎？韶之为韶，非仲尼、季札，有不能尽知者，岂尽当时之鸟兽，而皆圣如仲尼，贤如季札哉？汉儒好为瑞应之言，宋儒乐道天人之际，惟怪与神子所不语，学者所不当语也。

《尚书广听录》卷一

(清)毛奇龄

特《益稷》篇内有"祖考来格",马融谓,此是舜除瞽瞍之丧,祭宗庙之乐。虽不知在何时,以箫韶九成观之,则禹为舜兴九招乐,在禹摄政后,必瞽瞍尔时始死。观舜践帝位后,常"载天子旗"朝瞽瞍,可验也。其曰"虞宾"者,以尧子丹朱为胜国之宾,反来助祭,则舜于即位后,明立七庙,而蔡注于"祖考"二字不置一解,不知为谁"祖"、谁"考",天下有注经如是者乎?其意但欲模糊此一节,祇为赞韶乐之美,而及鬼神,及生人,及鸟兽,则以祖考而下,与生人、鸟兽同呈秋听,大无理矣。且乐奏,专以祀天地祖宗,无虚奏者。若然,是无事击钟,荒淫之事也。且无虚奏乐,而遍招虞宾,号召群后者,若然是吴人作伎,邀请宾客作胜会也,且前王之后,惟助祭,然后称"宾"。《诗》称《有客》、《振鹭》,皆言见庙助祭是也。若但来朝会,则周襄王会践土,其册书载"王若曰:晋重、鲁申、卫武、蔡甲午、郑捷、齐潘、宋王臣、莒期",皆群后耳,何曾以宋为周宾乎?

《尚书埤传》卷三

(清)朱鹤龄撰

搏拊。

祖考,虞宾。

柷敔。

笙镛。

箫韶九成。

邹季友曰:蔡传,搏,至;拊,循。二训皆从《说文》。按《释名》云,"搏"者,指广博以击之也;"拊"与"抚"同。《广韵》云,弹也,按也。以此释"搏拊",似优于《说文》。戛轻而击重;搏重而拊轻,取其声之高下大小也。又孔传云:搏拊以韦为之,实以糠,所以节乐。《乐记》"治乱以相",注云,相,即拊也,装之以糠,糠,一名相,因以名焉,形如鼓。《尚书大传》云,帝王升歌清庙,以韦为鼓,即搏拊也。以搏拊为乐器，经典无文，盖汉儒凿说耳。

金履祥曰：《祭法》"有虞氏禘黄帝而郊喾，祖颛顼而宗尧"，此小戴收《国语》之言而失之者（《鲁语》"有虞氏禘黄帝而祖颛顼，郊尧而宗舜"）。《国语》论禘、郊、宗、祖，皆以其有功于民者，祀之初，不论其世也。故注者谓，虞以上尚德，夏以下亲亲。戴氏《祭法》易其前后，故读者不觉。朱子固尝言之矣。无已则决之于《书》乎？《书》称舜"格于文祖"，即受终于尧之祖也；称禹"受命于神宗"，即舜宗尧之庙也。其禘黄帝，其郊喾，即宗尧之意耳。是以有虞子孙犹郊尧而宗舜，以天下相传，则有天下之大统焉。有虞氏受尧之天下，则宗尧；宗尧则禘郊尧之宗祖，计尧以前亦或有然者也。况《国语》固云禘、郊、宗、祖与报为五，则礼固有并行而不相悖者。后世有为之说者，曰"祖考来格，虞宾在位"，此有虞氏祭颛，报幕以至瞽瞍之祖考也（胡氏大意），《国语》所谓祖颛顼，与有虞氏报焉者也。禘黄帝，郊喾，宗尧，《书》所谓"文祖"、"神宗"，舜受尧之天下，故宗尧之宗，而祖尧之祖也（《路史》大意）。大传所谓帝入唐郊，以丹朱为尸者也。祖颛顼，报幕以至瞽瞍者，一家之私亲也；禘郊宗尧者，天下之公义也。然韶之为乐，正以绍尧而得名，则"祖考来格"者即文祖、神宗之谓。而"虞宾在位"者，安知非丹朱之在尸位乎？况禘、郊、宗、祖、报五者，各有所尊，自不相厌，与"虞宾"之"位"，亦不相妨也。故曰以天下相传，则有天下之大统焉。至商、周，以征伐革命，始与古异矣。又曰：舜处其子均于商，而禹复封之虞。《古史》谓，舜宗祀尧，至舜之子孙，则更郊尧而宗舜。此据《国语》韦昭之说也。舜郊喾宗尧，则禹固当郊尧而宗舜矣，而乃以尧、舜之祀归之舜之子孙，顾自郊鲧焉何也？曰：此夏之末造也。夫三圣以天下为公，则皆承其祖三王之子孙；以天下为家，则各祖其祖。舜之宗尧，禹之宗舜一也。舜之郊喾，与禹之郊尧，亦一也。其郊鲧也，则夏之末造也。祀夏配天，其诸始于少康乎？于是郊尧宗舜，则属之虞思之国矣。孔子曰："杞之郊也，禹也；宋之郊也，契也。盖商、周存二代之后，犹尊贤也。尊贤，则杞郊禹矣。杞而郊禹，则虞郊舜，而唐郊尧者，天子之事，守也。"

《三礼考注》考周礼，弦歌，用之堂上；鼓鼗埙箫，用之堂下；柷敔则堂上堂下皆用之，以为作止之节。王樵曰：合止，是每一奏之合止，至今犹然。盖"金声玉振"则是特钟、特磬,全乐首尾用之,中间不用。中间奏者,是编钟、编磬。特钟,此所谓镛也。特磬,此鸣球也。

(附考)蔡传:背上有二十七钼铻,刻以籈栎(音历)之,按刻字为句。籈(音真),《尔雅》云:所以鼓敔者。栎当作轹,辗也,施簧管端。簧,管中金叶也。颂磬、颂钟,《仪礼》注音,容,言成功曰颂也,"颂"古与"容"通。

林之奇曰:《飨礼》云,升歌清庙,示德也;下管象舞,示事也。《燕礼》云,升歌清庙,下管新宫。盖堂上之乐,以歌为主;堂下之乐,以管为主。其实相合以成。陈师凯曰:《郊特牲》云,歌者在上,匏竹在下,贵人声也。以证此章,无不合。戛击,搏拊,以咏歌诗章,是歌者在上也。管鼗等与堂上之乐,更迭间作,是匏竹在下也。奏石丝以咏歌之时,则堂下之乐不作;奏匏竹之时,则堂上之乐不作。今时乐亦然。按《韵书》,"箾"有二音,音"箫"者,舜乐名也;音"朔"者,为舞竿。蔡传兼取二义,而以箾韶为舜乐总名。又云,箫,古文作"箾",今文作"箫",故先儒误以"箫管"释之。其云先儒者,孔安国也。安国所传,正古文《尚书》,壁中之藏夫,岂未见而乃训为"箫管"之"箫"乎?又《左传》是舞韶箾,此从古文作箾韶,亦不类,当考。何楷曰:荀子,凤皇于飞,其鸣将将,其翼若芋,其音若箫,有凤有凰,乐帝之心。旧说凤鸣若箫,故帝舜之世,作箫以象之。及"箫韶九成"而"凤凰来仪"。然则,箫韶正当作"箫管"之"箫"而蔡氏以为误,何耶(陈旸曰:舜乐以箫为主,故曰"箫韶九成"。商乐以磬为主,故曰"依我磬声")?

许谦曰:乐有四节,曰升歌,曰笙入,曰间歌,曰合乐。升歌者,工升自西阶,歌某诗是也;笙入者,工以笙入于堂下,奏某诗是也。间歌者,堂上歌某诗,堂下笙某诗,一歌一笙相间而作也;合乐者,堂上堂下之音并作也。升歌三终,笙入三终,间歌三终,合乐三终,通之为十二。而谓九成者,升歌、笙入共为三成也。书言"戛击鸣球,搏拊琴瑟以咏",盖咏时击磬,抚琴瑟也。此是说升歌(三成)。"下管鼗鼓,笙镛以间",盖间时,奏笙堂下,而随之管鼗鼓镛也,此是说间歌(三成)。"箫韶九成,凤凰来仪",此是说合乐(三成)。

《书经衷论》卷一

（清）张英撰

玉磬、琴瑟、人声，列于堂上；管鼓、笙镛，列于堂下。乐中贵贱之等也。感神、感人、感物，皆乐和之所致。而神人属之堂上之乐，鸟兽属之堂下之乐，所以尊祖敬宾，而分言之也。"箫韶九成，凤凰来仪"，是韶乐既成，曾有凤仪之瑞，故特举而言之也。乐中惟磬最难调，故夔两言之。《诗》云"既和且平，依我磬声"，盖以磬为准则也。

《尚书七篇解义》卷一

（清）李光地撰

夔曰：戛击鸣球，搏拊琴瑟以咏。祖考来格，虞宾在位，群后德让，下管鼗鼓，合止柷敔，笙镛以间，鸟兽跄跄。箫韶九成，凤凰来仪。夔曰：於！予击石拊石，百兽率舞，庶尹允谐。

此两记夔言，以见舜治之成也。按《周礼》乐有四节，始而升歌，则此"搏拊琴瑟以咏"是也；次而笙入，则此"下管"是也；三而间歌，则此"笙镛以间"是也；终而合乐，则此"箫韶九成"是也。第二节轻者以笙，《仪礼》乡饮酒、燕射，工歌《鹿鸣》、《四牡》、《皇皇者华》，笙《南陔》、《白华华黍》是也。重者以管。《礼记》"升歌清庙，下而管象"是也。此舜宗庙重乐，故云"下管"也。笙、镛，皆钟、磬之名，与歌声相应者，曰镛钟、镛磬；与笙声相应者，曰笙钟、笙磬。第三节之乐歌奏迭，作故曰"笙镛以间"也。知"箫韶九成"为合乐者，凡乐将终，而后舞入，箫韶，舜舞也，舜舞有九成，犹武舞有六成，《乐记》孔子告宾牟贾者可见。

虞宾在位，群后德让

1. 《尚书注疏》卷四

（汉）孔氏传，（唐）陆德明音义，孔颖达疏

虞宾在位，群后德让。

传：丹朱为王者后，故称宾，言与诸侯助祭，班爵同，推先有德。

疏：虞之宾客，丹朱者，在于臣位，与群君诸侯，以德相让。此堂上之乐，所感深矣。

《微子之命》云：作宾于王家。《诗》颂微子之来，谓之"有客"，是王者之后，为时王所宾也，故知虞宾谓丹朱，为王者后，故称宾也。王者立二代之后，而独言丹朱者，盖高辛氏之后无文而言，故惟指丹朱也。王者之后，尊于群后，故殊言在位，群后亦在位也。后言德让，丹朱亦以德让矣。故言与诸侯助祭，班爵同者，推先有德也。二王之后，并为上公，亦有与丹朱爵同，故丹朱亦让也。丹朱之性下愚，尧不能化。此言有德者，犹上云"瞽亦允若"，暂能然也。

2. 《书传》卷四

（宋）苏轼撰

（归善斋按：见"迪朕德"）

3. 《尚书全解》卷六

（宋）林之奇撰

祖考来格。虞宾在位，群后德让。

此盖谓，乐声和，则人神和也。"祖考来格"者，非谓有神灵光景之接于人也。盖《祭义》曰：其入室也，僾（ài）然必有见乎其位，周还出户，肃然必有闻乎其容声。出户而听，忾然必有闻乎其叹息之声者，以是为来格也。据此作乐，必是在宗庙祭祀之时。此之谓"祖考来格"者，《祭法》曰：有虞氏禘黄帝而郊喾，祖颛顼而宗尧。则知有虞氏之祖宗，是颛顼与尧也。此之作乐，当在颛顼与尧之庙。然以尧为宗则可，以尧为考，则不可，谓之考，则疑瞽瞍之庙。以考为瞽瞍，则祖者，瞽瞍之父也。《祭法》之言，又复不可信。然舜受尧之天下，而韶乐之作，岂不作于尧之庙，而作于瞽瞍之庙，于义未安。然其代远矣，不可得而考矣。虞宾者，丹朱也。尧之后为宾于虞，犹微子为客于周也。夫丹朱之慢游傲虐，可谓难化矣。今也，感乐之和，其在位也，与夫助祭之群后，以德而相让，小人之无不和，盖可知也。

4.《尚书讲义》卷四

（宋）史浩撰
（归善斋按：见"戛击鸣球"）

5.《尚书详解》卷五

（宋）夏僎撰
（归善斋按：见"戛击鸣球"）

6.《增修东莱书说》卷四

（宋）吕祖谦撰，时澜增修
（归善斋按：见"戛击鸣球"）

7.《尚书说》卷一

（宋）黄度撰
（归善斋按：见"戛击鸣球"）

8.《洁斋家塾书钞》卷三

（宋）袁燮撰
（归善斋按：见"戛击鸣球"）

9.《书经集传》卷一

（宋）蔡沈撰
（归善斋按：见"戛击鸣球"）

10.《尚书精义》卷八

（宋）黄伦撰
（归善斋按：见"戛击鸣球"）

11.《尚书详解》卷五

（宋）陈经撰

（归善斋按：见"戛击鸣球"）

12.《融堂书解》卷二

（宋）钱时撰

（归善斋按：见"戛击鸣球"）

13.《尚书要义》卷五

（宋）魏了翁撰

二六、虞宾谓丹朱助祭。

"虞宾在位，群后德让"，丹朱为王者后，故称宾，言与诸侯助祭，班爵同，推先有德。

……

三十、丹朱不肖，此言群后以德让朱。

《微子之命》云"作宾于王家"，《诗·颂》微子之来，谓之"有客"，是王者之后，为时王所宾也。故知虞宾，谓丹朱，为王者后，故称宾也。王者立二代之后，而独言丹朱者，盖高辛氏之后无文。而言二王之后，并为上公，亦有与丹朱爵同，故丹朱亦让也。丹朱之性下愚，尧不能化。此言有德者，犹上云"瞽亦允若"，暂能然也。

14.《书集传或问》卷上

（宋）陈大猷撰

（归善斋按：未解）

15.《尚书详解》卷二

（宋）胡士行撰

（归善斋按：见"戛击鸣球"）

16. 《书纂言》卷一

（元）吴澄撰

（归善斋按：见"戛击鸣球"）

17. 《书集传纂疏》卷一

（元）陈栎撰

（归善斋按：见"戛击鸣球"）

18. 《读书丛说》卷三

（元）许谦撰

（归善斋按：未解）

19. 《书传辑录纂注》卷一

（元）董鼎撰

（归善斋按：见"戛击鸣球"）

20. 《尚书句解》卷二

（元）朱祖义撰

虞宾在位（至丹朱虽顽，以尧之后，为宾于虞，亦在助祭之位），群后德让（与群诸侯相让）。

21. 《尚书日记》卷四

（明）王樵撰

（归善斋按：见"戛击鸣球"）

22. 《日讲书经解义》卷二

（清）库勒纳等撰

（归善斋按：见"戛击鸣球"）

《书蔡氏传旁通》卷一下

（元）陈师凯撰

虞宾，丹朱也，尧之后为宾于虞，犹微子作宾于周也。

《微子之命》传云：宾以客礼遇之也。

《书义断法》卷一

（元）陈悦道撰

（归善斋按：见"戛击鸣球"）

《尚书疑义》卷一

（明）马明衡撰

（归善斋按：见"皋陶方祗厥叙"）

《尚书稗疏》卷一

（清）王夫之撰

虞宾。前禹已言丹朱殄世，则此"虞宾"非朱可知，旧注未之考也。丹朱不道，尧处之于丹渊（今淅川县），而尧之别子，如《孟子》所言"九男"者自绍唐封于平阳，以奉尧祀，范宣子所谓自虞以上为陶唐氏是也。丹朱，不但不有天下，并不得有其故国，而舜必无迁尧宗庙社稷于丹水之理，况舜之于朱，年齿亦应相上下，使朱且在位，而特继嗣未生，安知其不晚年得子，禹何逆料其殄世，而豫诅之乎？且殄世云者，朱已身殂无子，而在位者，其弟之为唐侯者也，亦犹商均受封于房。而夏之时，又有虞思。至周徙唐于蓟，徙虞于陈，而后唐为叔虞之国，虞为虞叔之国矣。若唐之在夏为御龙氏，虞之在商封于遂者，又其支子，非虞宾、虞思之嫡裔，不可概而一之。

（归善斋按：另见"戛击鸣球"）

《尚书广听录》卷一

（清）毛奇龄

（归善斋按：见"戛击鸣球"）

《尚书埤传》卷三

（清）朱鹤龄撰

（归善斋按：见"戛击鸣球"）

《尚书七篇解义》卷一

（清）李光地撰

（归善斋按：见"戛击鸣球"）

下管鼗鼓，合止柷敔

1. 《尚书注疏》卷四

（汉）孔氏传，（唐）陆德明音义，孔颖达疏

下管鼗鼓，合止柷敔。

传：堂下乐也。上下合止乐，各有柷敔、鸣球、弦、钟、箫，各自互见。

音义：鼗，音桃。合，如字，徐音合。箫，余若反。互，音冱。见，贤遍反，下"见细器"同。

疏：又于堂下，吹竹管，击鼗鼓，合乐用柷，止乐用敔。

经言"下管"，知是堂下乐也。敔当戛之，柷当击之。上言戛击，此言柷敔，其事是一，故云上下，合止乐，各有柷敔也。言堂下、堂上，合乐各以柷，止乐各以敔也。上言作用，此言器名，两相备也。上下皆有柷敔，两见其文。鸣球、弦、钟、箫，上下乐器不同，各自更互见也。弦，谓琴瑟；钟，镈也。箫，管也。琴瑟在堂，钟箫在庭。上下之器各别，不

1231

得两见其名，各自更互见之。依《大射》礼，钟磬在庭。今鸣球于庙堂之上者，按《郊特牲》云：歌者在上，贵人声也。《左传》云"歌钟二肆"，则堂上有钟。明磬亦在堂上。故汉魏以来，登歌皆有钟磬。燕礼大射，堂上无钟磬者，诸侯乐不备也。

2. 《书传》卷四

(宋) 苏轼撰

下管鼗鼓，合止柷敔，笙镛以间，鸟兽跄跄，箫韶九成，凤凰来仪。

此堂下乐也。镛，大钟也。夔作乐而鸟兽舞，凤凰仪，信乎。曰何独夔也。乐工所以不能致气召物如古者，以不得中声故尔，乐不得中声者，器不当律也。器不当律，则与挞植鼓盆无异，何名为乐乎？使律能当，律则致气召物，虽常人能之，盖见于古今之传多矣，而况于夔乎。夫能当一律，则众律皆得。众律皆得，则乐之变动，犹鬼神也。是以降天神，格人鬼，来鸟兽，皆无足疑者。不如此，何以使孔子忘味三月乎？丹朱之恶几于桀纣，罔水行舟，朋淫于家，非纣而何？今乃与群后，济济相让，此其难化，盖甚于鸟兽也。

3. 《尚书全解》卷六

(宋) 林之奇撰

下管鼗鼓，合止柷敔。

"下管"以下，此堂下之乐也。管，犹《周礼·大司乐》曰"阴竹之管，孤竹之管，孙竹之管"是也，鼗鼓，如鼓而小，持其柄而摇之，旁耳还自击，所以出音。柷者，郭璞云：柷如漆桶，方二尺四寸，深一尺八寸，中有椎柄，连底撞之，令左右击。"止"者，其椎名也。敔如伏虎，背上有二十七钼铻，刻以木，长一尺，而擽（h）之。盖乐之始作也，则击柷以合之，及其将终也则擽敔，以止之，谓之合止。

4. 《尚书讲义》卷四

(宋) 史浩撰

(归善斋按：见"戛击鸣球")

5.《尚书详解》卷五

（宋）夏僎撰

（归善斋按：见"戛击鸣球"）

6.《增修东莱书说》卷四

（宋）吕祖谦撰，时澜增修

（归善斋按：见"戛击鸣球"）

7.《尚书说》卷一

（宋）黄度撰

（归善斋按：见"戛击鸣球"）

8.《洁斋家塾书钞》卷三

（宋）袁燮撰

（归善斋按：见"戛击鸣球"）

9.《书经集传》卷一

（宋）蔡沈撰

（归善斋按：见"戛击鸣球"）

10.《尚书精义》卷八

（宋）黄伦撰

（归善斋按：见"戛击鸣球"）

11.《尚书详解》卷五

（宋）陈经撰

（归善斋按：见"戛击鸣球"）

12.《融堂书解》卷二

(宋）钱时撰

(归善斋按：未解）

13.《尚书要义》卷五

(宋）魏了翁撰

(归善斋按：未引）

14.《书集传或问》卷上

(宋）陈大猷撰

或问：林氏言"堂下之乐以管为主者，贵人气者"如何？曰：贵者人气之说，固有理，然笙亦是人气，而处于后，又似未通。

15.《尚书详解》卷二

(宋）胡士行撰

下（堂下）管（竹音也）鼗鼓（小鼓有柄，摇之而自击出音），合止柷（柷如漆桶，中有椎柄连底，撞之，令左右击。乐始作，柷以合之）敔（敔，状如伏虎，背上鉏铻，刻以一尺木，攦之。乐将终，敔以止之）。笙（列管于匏中，又施簧于管端，二十三管为箫，十三管为笙）镛（大钟）以间（迭奏），鸟兽跄跄（和）。箫（参差管，言细器之备）韶（舜乐名）九成（九变而乐成），凤（雄）凰（雌）来仪（有容仪）。

此堂下之乐也。治定功成，而乐作焉。泰和之气，鼓舞动荡如此，虞宾群后，鸟兽凤凰百兽，皆在舜和气中。史臣以此结《虞书》五篇之终也。夏云：按古文《尚书》"箫"字，从竹从削，舞者所执。《左传》"季札观周乐，见舞韶筲者"，《说文》"筲"字注云：舜乐名。筲韶曰箫管者，非古书本意也。"戛击"、"搏拊"皆击考之义。

16.《书纂言》卷一

（元）吴澄撰

下管鼗鼓，合止柷敔。笙镛以间，鸟兽跄跄。

"下"，谓堂下之乐，管竹音也。堂上之乐，以歌为主，故谓之"升歌"；堂下之乐，以管为主，故谓之"下管"。鼗，小鼓；鼓，大鼓，革音也。合止，为二音合作，止则敔止。柷，木音。敔，当是土音，埙之类。而旧说相传，以为斫木成伏虎状，背有鉏铻，栎之以为声。盖因敔名，而生鉏铻之义，必不然也。笙，匏音也，列管于匏中，又施簧于管端。镛，大钟，金音也。堂下之吹，与堂上之歌相间，故曰间。"跄跄"，舞貌，"鸟兽跄跄"而舞，则万物无不和矣。孔疏曰：乐上下迭奏而曲成，神人鸟兽之应，上下共致，以神人尊而在上，故配堂上之乐言之；鸟兽贱而在下，故配堂下之乐言之，非堂上之乐独感神人，堂下之乐偏感鸟兽也。

17.《书集传纂疏》卷一

（元）陈栎撰

（归善斋按：见"戛击鸣球"）

18.《读书丛说》卷三

（元）许谦撰

（归善斋按：未解）

19.《书传辑录纂注》卷一

（元）董鼎撰

（归善斋按：见"戛击鸣球"）

20.《尚书句解》卷二

（元）朱祖义撰

下管鼗鼓（《燕礼》曰"堂下之乐以管为主"。鼗鼓，如鼓而小，持其柄而摇，耳旁自击以出音），合止柷敔（柷状如漆桶，方一尺四寸，深一尺八寸，中有锥柄，左右击，以合乐于始也。敔状如虎，背上有二十七钼铻，刻以木，长二尺，栎之以止乐于终。敔，语)。

21.《尚书日记》卷四

（明）王樵撰

（归善斋按：见"戛击鸣球"）

22.《日讲书经解义》卷二

（清）库勒纳等撰

（归善斋按：见"戛击鸣球"）

《尚书通考》卷六

（元）黄镇成撰

（归善斋按：见"戛击鸣球"）

《书蔡氏传旁通》卷一下

（元）陈师凯撰

管，犹《周礼》所谓阴竹之管，孤竹之管，孙竹之管也。

《周礼·大司乐》：孤竹之管，以祀天神；孙竹之管，以祭地示；阴竹之管以享人鬼。郑氏注云：孤竹，竹特生者；孙竹，竹枝根之末生者；阴竹，生于山北者。又按《小师》注云：管，如篪六孔。疏云：《广雅》云，管象箫，长尺围寸，八孔，无底。八孔者，盖转写误，当从六孔，为正也。郑元云：管如篴而小，并两而吹之，如今卖饴饧所吹者。《尔雅》疏云：长尺围寸，并漆之，有底。愚按，《大师》注云"登歌下管，贵人声也"，特言"管"者，贵人气也。

鼗鼓，如鼓而小，有柄持而摇之，则旁耳自击。

此《小师》注文也。又按《大司乐》，祀天神，用雷鼓、雷鼗；祭地示，用灵鼓灵鼗；享人鬼，用路鼓、路鼗。蔡氏既引阴竹、孤竹等以证管，而不引此以证鼗者，以《大师》"下管奏鼓棘"，《小师》"下管击应鼓"，"棘"与"应"，皆鼓之小者。注谓，击鼓者，即事之渐，先击小，后击大。鼗，亦鼓之小者，必先摇鼗，后击鼓，故即引《小师》注，而不复引《大司乐》之文也。且后郑谓，雷鼓、雷鼗皆八面，灵鼓、灵鼗皆六面，路鼓、路鼗皆四面，则其器不为小矣。是以不取为证也。

郭璞云：柷，如漆桶，方二尺四寸，深一尺八寸，中有椎柄连底，撞之，令左右击。

愚按，非如桶也。正方如斗耳，但不如斗上大下小，此则上下皆方二尺四寸，深一尺八寸，不存斗口，六面皆用板平之底，板有孔穿柄，所谓椎柄，正似斛概耳。造时先穿柄于底板，然后合成，故柄横木得陷于内，引柄撞之，其横木自左右击也。蔡传所引，即《尔雅》注文。但彼注"撞"作"挏"。《尔雅》又云：所以鼓柷，谓之止。郭云：止者，其椎名。

敔，状如伏虎，背上有二十七钼铻，刻以籈，栎之。

此亦据《尔雅》注文。《尔雅》云：所以鼓敔，谓之籈。郭云：以木长尺栎之。籈者，其名籈者，音真。《书》疏云：栎，即戛也。

《书义断法》卷一

（元）陈悦道撰

（归善斋按：见"戛击鸣球"）

《尚书注考》

（明）陈泰交撰

"下管鼗鼓"，训"管"，犹《周礼》所谓阴竹之管。"致辟管叔"，训"管"国名。

《尚书稗疏》卷一

（清）王夫之撰

（归善斋按：见"戛击鸣球"）

《尚书埤传》卷三

（清）朱鹤龄撰

（归善斋按：见"戛击鸣球"）

《书经衷论》卷一

（清）张英撰

（归善斋按：见"戛击鸣球"）

《尚书七篇解义》卷一

（清）李光地撰

（归善斋按：见"戛击鸣球"）

笙镛以间，鸟兽跄跄

1.《尚书注疏》卷四

（汉）孔氏传，（唐）陆德明音义，孔颖达疏

笙镛以间，鸟兽跄跄。

传：镛，大钟；间，迭也。吹笙击钟，鸟兽化德，相率而舞，跄跄然。

音义：镛，音庸。间，"间厕"之"间"。鸟兽，孔以为自舞也。马云：鸟兽，笋簴（jù）也。跄，七羊反，舞貌，《说文》作枪。云鸟兽求食声。迭，直结反。

疏：吹笙击钟，以次迭作。鸟兽相率而舞，其容跄跄然。堂下之乐，感亦深矣。

《释乐》云：大钟谓之镛。李巡曰：大钟音声大，镛大也。孙炎曰：镛，深长之声。《释诂》云：间，代也。孙炎曰：间，厕之代也。《释言》云：递，迭也。李巡曰：递者，更迭间厕相代之义，故间为迭也。吹笙击钟，更迭而作，鸟兽化德，相率而舞，跄跄然。云百兽率舞，知此跄跄然，亦是舞也。《礼》云"凡行容惕惕，大夫济济，士跄跄"，是为行动之貌，故为舞也。

2.《书传》卷四

(宋)苏轼撰

(归善斋按:见"下管鼗鼓")

3.《尚书全解》卷六

(宋)林之奇撰

笙镛以间。

笙,乐器也。以匏(páo)为之,列管于匏中,又施篁于管端。笙,竽类也。三十六簧(huáng)者,谓之竽;十三簧者,谓之笙。镛,大钟也。上言"以咏",此言以间相对而言盖与咏歌迭奏也。按《仪礼》云:歌《鹿鸣》,以笙《南陔》间,歌《鱼丽》,以笙《由庚》间。此所以迭奏也。

鸟兽跄跄。

言乐音不独感神人,至于鸟兽无知,亦且相率而舞,跄跄然也。夫韶乐之奏,而能使鸟兽跄跄而和者。盖乐之所以不能感物者,以其不得中声也。苟得中声,则小大动植,无有不感格矣。故瓠巴鼓瑟,而游鱼出听。伯牙鼓琴,而六马仰秣。况舜之盛德,召和气于上;夔之典乐,调中声于下,则韶乐之奏,而百兽跄跄,无足疑者。

4.《尚书讲义》卷四

(宋)史浩撰

(归善斋按:见"戛击鸣球")

5.《尚书详解》卷五

(宋)夏僎撰

(归善斋按:见"戛击鸣球")

6.《增修东莱书说》卷四

(宋)吕祖谦撰,时澜增修

(归善斋按:见"戛击鸣球")

7.《尚书说》卷一

（宋）黄度撰

（归善斋按：见"戛击鸣球"）

8.《洁斋家塾书钞》卷三

（宋）袁燮撰

（归善斋按：见"戛击鸣球"）

9.《书经集传》卷一

（宋）蔡沈撰

（归善斋按：见"戛击鸣球"）

10.《尚书精义》卷八

（宋）黄伦撰

（归善斋按：见"戛击鸣球"）

11.《尚书详解》卷五

（宋）陈经撰

（归善斋按：见"戛击鸣球"）

12.《融堂书解》卷二

（宋）钱时撰

（归善斋按：见"戛击鸣球"）

13.《尚书要义》卷五

（宋）魏了翁撰

三一、堂上下递奏，而乐成，非上能格神，下能舞兽。

吹笙击钟，更迭而作，鸟兽化德，相率而舞，跄跄然。下云"百兽率舞"，知此跄跄然，亦是舞也。《礼》云"凡行容惕惕，大夫济济，士跄跄",是为行动之貌,故为舞也。乐之作也,依上下递奏,间合而后曲成。神物之来,上下共致,非堂上堂下,别有所感。以祖考尊神,配堂上之乐。鸟兽贱物,故配堂下之乐。总上下之乐,言九成致凤,尊异灵瑞,故别言尔,非堂上之乐独致神来,堂下之乐偏令兽舞也。郑玄注《周礼》,具引此文。乃云,此其在于宗庙,九奏效应也,是言祖考来格,百兽率舞,皆是九奏之事也。

14.《书集传或问》卷上

(宋)陈大猷撰

(归善斋按:未解)

15.《尚书详解》卷二

(宋)胡士行撰

(归善斋按:见"下管鼗鼓")

16.《书纂言》卷一

(元)吴澄撰

(归善斋按:见"下管鼗鼓")

17.《书集传纂疏》卷一

(元)陈栎撰

(归善斋按:见"戛击鸣球")

18.《读书丛说》卷三

(元)许谦撰

(杏溪先生和乐图)

乐有四节,曰升歌,曰笙入,曰间歌,曰合乐。升歌者,工升自西阶,歌某诗是也。笙入者,工以笙入于堂下,奏某诗是也。间歌者,堂上歌某诗,堂下笙某诗。一歌一笙,相间而行也。合乐者,堂上堂下之乐并作也。升歌三终,笙入三终,间歌三终,合乐三终,通之为十二。而谓之

"九成"者，升歌、笙入共为三成也。盖间歌，合而言之，为三终；分而言之为六终，与升歌、笙入同也，是六终乃为三成。合乐三终，则六终具其中矣，故谓之三成。

（归善斋按：另见"戛击鸣球"）

19.《书传辑录纂注》卷一

（元）董鼎撰

（归善斋按：见"戛击鸣球"）

20.《尚书句解》卷二

（元）朱祖义撰

笙镛以间（笙以匏为之，列管于匏上，而施簧于管端。镛，大钟也。吹笙击镛，以次迭作），鸟兽跄跄（虽鸟兽微物，亦感至和，跄跄然而率舞。跄，音"锵"）。

21.《尚书日记》卷四

（明）王樵撰

（归善斋按：见"戛击鸣球"）

22.《日讲书经解义》卷二

（清）库勒纳等撰

（归善斋按：见"戛击鸣球"）

《尚书通考》卷六

（元）黄镇成撰

（归善斋按：见"戛击鸣球"）

《书蔡氏传旁通》卷一下

（元）陈师凯撰

笙以匏为之，列管于匏中，又施簧于管端。

《笙师》注云"笙十三簧"疏引《广雅》云：笙以匏为之，十三管，宫管在左方。《尔雅》云：大笙，谓之巢，小者谓之和。注云：大者十九簧。疏云：簧者，笙管之中金薄鏷也。《韵会》引《潜夫论》云"簧，削锐其头，塞蜜蜡，有口舌之类"。

镛，大钟也。叶氏曰钟与笙相应者，曰笙钟；与歌相应者，曰颂钟。颂或谓之镛，《诗》"贲鼓维镛"是也。

《尔雅》云：大钟谓之镛。愚按，《大射礼》云：乐人宿县于阼，阶东笙，磬西面，其南笙钟，其南镈。西阶之西，颂磬东面，其南颂钟，其南镈。《周礼·眡瞭》"击颂磬、笙磬"注云：磬在东方曰笙，在西方曰颂。颂或作庸，功也。疏云：东方是生长之方，故云"笙"；西方，是成功之方，故云"庸"。由是观之，则钟磬，俱有笙颂之名，不当为"贲鼓维镛"之"镛"也。然蔡氏取之者，以经文作"镛"，且合二孔注疏，及《尔雅》大钟之义，故从之也。颂，戚氏音容。又按郭氏注《尔雅》云：《书》曰"笙镛以间"，亦名鎛，音博。据此，则镛正为"其南镈"之"镈"，不当训为"颂钟"之"颂"也。

歌《鹿鸣》，笙《南陔》，间歌《鱼丽》，笙《由庚》或其遗制也。

朱子《诗传》云：间，代也，言一歌一吹。又云：笙诗有声无词，意古经篇题之下必有谱焉。《辑纂》引新安陈氏云：戛击之、搏拊之，以歌咏诗章，所谓歌者在上也。管、籥、鼓、柷、敔、笙、镛，皆堂下之乐。管，竹也；笙，匏也，皆在堂下，以间此众乐，与堂上之乐更代而间作也，所谓"匏竹在下"也。奏石、丝以咏歌之时，则堂下之乐不作；奏匏、竹等众乐之时，则堂上之乐不作。以今人之乐观之，亦如此耳。今诸解者，徒见《仪礼》乡饮酒礼、燕礼，并有间歌《鱼丽》之文，遂引以证此章。林氏倡于前，蔡氏述于后，其辞欠明。盖间歌《鱼丽》、《南有嘉鱼》、《南山有台》与笙《由庚》、《崇丘》、《由仪》相更替也，与此"以间"，初不相干，不过一"间"字同，间代更替之义亦同耳。王氏炎以为堂上登歌，堂下间歌，直引"间歌鱼丽"之"间"，以解"笙镛以间"之"间"谓"以间"即是间歌，殊不知堂下安得有歌乎。

《书义断法》卷一

（元）陈悦道撰

（归善斋按：见"戛击鸣球"）

《尚书稗疏》卷一

（清）王夫之撰

（归善斋按：见"戛击鸣球"）

《尚书埤传》卷三

（清）朱鹤龄撰

（归善斋按：见"戛击鸣球"）

《尚书七篇解义》卷一

（清）李光地撰

（归善斋按：见"戛击鸣球"）

箫韶九成，凤皇来仪

1. 《尚书注疏》卷四

（汉）孔氏传，（唐）陆德明音义，孔颖达疏

箫韶九成，凤皇来仪。

传：韶，舜乐名，言箫见细器之备。雄曰凤，雌曰皇，灵鸟也。仪，有容仪。备乐九奏，而致凤皇，则余鸟兽，不待九而率舞。

音义：韶，时昭反。

疏：箫韶之乐，作之九成，以致凤皇来而有容仪也。

韶，是舜乐，经传多矣。但余文不言。箫箫，乃乐器，非乐名。箫，是乐器之小者，言箫，见细器之备，谓作乐之时，小大之器皆备也。《释

鸟》云：鸴，凤，其雌皇。是此鸟，雄曰凤，雌曰皇。《礼运》云"麟凤龟龙，谓之四灵"，是凤皇为神灵之鸟也。《易·渐卦》上九"鸿渐于陆，其羽可用为仪"，是仪谓有容仪也。成，谓乐曲成也。郑云：成，犹终也。每曲一终，必变更奏，故经言九成，传言九奏，《周礼》谓之九变，其实一也。言箫见细器之备，备乐九奏，而致凤皇，则其余鸟兽，不待九而率舞也。尊者，体盘灵瑞难致，故九成之下，始言凤皇来仪。鸟兽跄跄，乃在上句。传据此文，言鸟兽易来，凤皇难致，故云鸟兽不待九也。乐之作也，依上下递奏，间合而后曲成。神物之来，上下共致，非堂上堂下别有所感。以祖考尊神，配堂上之乐。鸟兽贱物，故配堂下之乐。总上下之乐，言九成致凤，尊异灵瑞，故别言尔，非堂上之乐独致神来，堂下之乐偏令兽舞也。郑玄注《周礼》，具引此文，乃云此其在于宗庙，九奏效应也。是言祖考来格，百兽率舞，皆是九奏之事也。《大司乐》云：凡六乐者，六变而致象物，及天神。郑玄云：象物，有象在天。所谓四灵者，彼谓大蜡之祭，作乐以致其神。此谓凤皇身至，故九奏也。

2.《书传》卷四

（宋）苏轼撰

（归善斋按：见"下管鼗鼓"）

3.《尚书全解》卷六

（宋）林之奇撰

箫韶九成，凤凰来仪。

此又论其舞也。盖乐之作也，九德之歌，升于堂上者。九德之歌，众乐依之，而舞于堂下者，则舞于庭，九韶之舞也，谓之箫韶者。孔氏曰：言箫以见细器之备。其说不然。而说者又谓箫者不齐之管，其声清而细，以象凤凰之声，故奏之，而"凤凰来仪"。其说亦不然。按古今《尚书》，箫字，从竹从削。䉽（shuò），舞者所执之物，箫与䉽音虽同，而义实异。《说文》于"管箫"之"箫"注云：参差管。而从竹从削之"䉽"注云：舜乐名䉽韶。延陵季札观周乐，见舞韶。䉽者其字，从竹从削之䉽。以是知䉽韶二字，盖舜乐之总名也。今文作"管箫"之"箫"，故诸儒皆以为细管之备。而说者又谓编管为之其声，肃然如凤皇声，此皆曲为之说。非古书之本意。今当从古文《书》以箫韶者，为舜乐之总名，则得之矣。"九成"者，郑云：韶乐之作，所以象治功之成。而舜治功之成，见于"九功惟叙，九叙惟歌"，故其乐以九为节。歌于堂上者，九德之歌；舞于庭者，则九韶之舞。亦犹武王之功成于六，故其乐以六为节也。"凤皇来仪"者，凤皇，羽族之最灵者。其为物也，治则见，乱则隐，不可求而得，不可豢而养。今也感乐声而至，舞于庭，而有容仪也。自古太平之世，凤皇出而为瑞气。后世或见于衰乱之朝者，此盖索而后获，非其自至，不足为瑞也。欧阳曰：凤皇，鸟之远人者也。当舜之治天下，政成而民悦命。夔作乐之声和，鸟兽闻之皆鼓舞。当是时也凤皇适至，舜之史因并记其实以为美，故世因以凤皇为有道之应。其后凤皇数至，或出于庸君视政之时，或出于危亡大乱之际，是果为瑞哉？此说未为允当。周公曰：我则鸣，鸟不闻。孔子曰：凤鸟不至，河不出图，吾已矣。夫观周、孔之言云尔，以谓凤皇为非有道之应可乎？若以凤皇为偶见于昏乱之时，则并与帝王之瑞，为不足信矣。欧阳之说不可从。自"祖考来格"至于"凤皇来仪"，是皆韶乐之所感召也。然于堂上堂下文势，各有所属者。唐孔氏曰：乐之作也，依上下而迭奏，音合而后曲成，神物之来，上下共致，非堂上堂下别有所感。以祖考尊神，故配堂上之乐；鸟兽贱物，故配堂下之乐。总上下之乐，言九成致凤，尊异灵瑞，故别言尔，非堂上之乐，独致神来；堂下之乐，偏令兽舞也。

4.《尚书讲义》卷四

（宋）史浩撰

（归善斋按：见"戛击鸣球"）

5.《尚书详解》卷五

（宋）夏僎撰

（归善斋按：见"戛击鸣球"）

6.《增修东莱书说》卷四

（宋）吕祖谦撰，时澜增修

（归善斋按：见"戛击鸣球"）

7.《尚书说》卷一

（宋）黄度撰

（归善斋按：见"戛击鸣球"）

8.《洁斋家塾书钞》卷三

（宋）袁燮撰

（归善斋按：见"戛击鸣球"）

9.《书经集传》卷一

（宋）蔡沈撰

（归善斋按：见"戛击鸣球"）

10.《尚书精义》卷八

（宋）黄伦撰

（归善斋按：见"戛击鸣球"）

11.《尚书详解》卷五

（宋）陈经撰

（归善斋按：见"戛击鸣球"）

12.《融堂书解》卷二

（宋）钱时撰

（归善斋按：见"戛击鸣球"）

13.《尚书要义》卷五

（宋）魏了翁撰

（归善斋按：见"笙镛以间"）

14.《书集传或问》卷上

(宋)陈大猷撰

或问:韶乐苏说如何?(苏曰:乐之所以不能致气召物如古者,以不得中声故耳。乐不得中声者,器不当律也。器不当律,则与挞埴鼓盆无异,何名乐乎?使器能当律,则致气召物,虽常人能之。盖见于古今之传多矣,而况于夔乎?夫能当一律,则众律皆得;众律皆得,则乐之变动,犹鬼神也。是以格天神,格人鬼,来鸟兽,皆无足疑者)。曰:苏说固未足以尽韶乐之全,而论声律有理,不可不知。

15.《尚书详解》卷二

(宋)胡士行撰

(归善斋按:见"下管鼗鼓")

16.《书纂言》卷一

(元)吴澄撰

箫韶九成,凤凰来仪。

箫韶,舜乐名。"箫"字,本作"箾",舞者所执之物。成,谓乐曲之一终也。乐曲终必变而更奏。《周官》言"九变",《传》言"九奏",与"九成"之义同。凤凰,灵鸟也。仪,有容仪也。箾韶合奏,九成而乐大备,虽灵鸟瑞物,不常有者,亦感至和而来仪也。

17.《书集传纂疏》卷一

(元)陈栎撰

(归善斋按:见"戛击鸣球")

18.《读书丛说》卷三

(元)许谦撰

(归善斋按:见"戛击鸣球")

19.《书传辑录纂注》卷一

（元）董鼎撰

（归善斋按：见"戛击鸣球"）

20.《尚书句解》卷二

（元）朱祖义撰

箫韶九成（箫韶，舜乐总名，合奏九变而乐成，以象九功之成），凤凰来仪（至灵如凤凰，亦感其和而来，有容仪之可观）。

21.《尚书日记》卷四

（明）王樵撰

（归善斋按：见"戛击鸣球"）

22.《日讲书经解义》卷二

（清）库勒纳等撰

（归善斋按：见"戛击鸣球"）

《尚书通考》卷六

（元）黄镇成撰

（归善斋按：见"戛击鸣球"）

《书蔡氏传旁通》卷一下

（元）陈师凯撰

箫，古文作箾，舞者所执之物。《说文》云：乐名箾韶，季札观周乐，见舞韶箾者，则箾韶盖舜乐之总名也。

《左传》襄二十九年云"见舞《象箾》、《南籥》者"注云：《象箾》，舞所执文王之乐也。箾，音朔。又云"见舞《韶箾》者"注云：舜乐箾，音箫。然则，"箾"有二音，于舜乐则音"箫"；于文王乐则音"朔"。然独于"象箾"注为"舞所执"，于"箾韶"不注。而蔡氏亦以为舞者所执,何也?盖《左传》既云"见舞韶箾者",则为舞者所执可知。或云"箫韶"或云"诏箾",或音"朔",或音"箫",其实一耳。《韵会》入声注云:舞竿也。

先儒误以箫管释之。

右注及疏皆然。

"九成"者,乐之"九成"也。功以"九叙",故乐以"九成"。"九成"犹《周礼》所谓"九变"也。《周礼·大司乐》疏云:言六变、八变、九变者,谓在天地及庙庭而立四表,舞人从南表向第二表为一成。一成则一变。从第二至第三为二成,从第三至北头第四表为三成。舞人各转身南向,于北表之北,还从第一至第二为四成,从第二至第三为五成,从第三至南头第一表为六成,则天神皆降。若八变者,更从南头北向第二为七成,又从第二至第三为八成,地祇皆出。若九变者,又从第三至北头第一为九变,人鬼可得礼焉。此约周之大武,象武王伐纣。故《乐记》云:且夫武始而北出,再成而灭商;三成而南,四成而南,国是疆;五成而分陕。周公左,召公右,六成复缀以崇。其余大濩以上,虽无灭商之事,但舞人须有限约,亦应立四表,以与舞人为曲别也。

或曰:笙之形如鸟翼。

《风俗通》云:舜作箫,其形参差,以象凤翼。《五经通义》曰:箫,编竹为之,长尺有五寸。《博雅》云:大者二十三管,无底;小者,十六管,有底。云笙形如鸟翼未详。

镛之簴为兽形。

《冬官·梓人》云:厚唇弇口,出目短耳,大胸耀(所教反)后,大体短脰,若是者谓之臝属(虎豹貔螭之属)。恒有力而不能走,其声大而宏。有力而不能走,则于任重宜;声大而宏,则于钟宜,若是者以为钟簴。

瓠巴鼓瑟,而游鱼出听;伯牙鼓琴,而六马仰秣。事见《荀子》注云。瓠巴、伯牙不知何代人。

《尚书稗疏》卷一

(清)王夫之撰

(归善斋按:见"戛击鸣球")

《尚书埤传》卷三

（清）朱鹤龄撰

（归善斋按：见"戛击鸣球"）

《书经衷论》卷一

（清）张英撰

（归善斋按：见"戛击鸣球"）

《尚书七篇解义》卷一

（清）李光地撰

（归善斋按：见"戛击鸣球"）

夔曰：於！予击石拊石，百兽率舞，庶尹允谐

1.《尚书注疏》卷四

（汉）孔氏传，（唐）陆德明音义，孔颖达疏

夔曰：於！予击石拊石，百兽率舞，庶尹允谐。

传：尹，正也，众正官之长，信皆和谐，言神人洽，始于任贤，立政以礼，治成以乐，所以太平。

音义：於，予，并如字。

疏：夔又曰：呜呼！叹舜乐之美。我大击其石磬，小拊其石磬，百兽相率而舞。鸟兽感德如此，众正官长，信皆和谐矣。言舜政教平而乐音和。君圣臣贤，谋为成功所致也。

尹，正，《释言》文。众正官之长，谓每职之首。《周官》所谓"唐虞稽古建官惟百"是也。信皆和谐，言职事修理也。上云"祖考来格"，此言"众正官治"，言神人洽，乐音和也。此篇初说用臣之法，末言乐音之和，言其始用任贤，立政以礼，治成以乐，所以得致太平。解史录夔言之意。

2.《书传》卷四

（宋）苏轼撰

夔曰：於！予击石拊石，百兽率舞，庶尹允谐。

舜闻禹谏，则曰道我德者，皆汝功也。今苗民逆命，皋陶方祗厥叙而行法焉。故夔又进而谏曰：鬼神犹可以乐格，鸟兽犹可以乐致也，而况于人乎？此所谓一执艺事以谏者也。

3.《尚书全解》卷六

（宋）林之奇撰

夔曰：於！予击石拊石，百兽率舞。庶尹允谐。

此又别于一时论作乐之效。"於"字，《释文》无音，当作如字读。据此，当是叹而起语之辞，宜读为"乌"。击石拊石，犹言"戛击鸣球"也。韶乐之作，八音皆备，而独言"击石拊石"者，盖五声之播于八音，而角之声，其数六十有四，其声在于清浊小大之间，而石尚焉。其声有清浊小大之间，则尤难和者，石声，属角。石既和，则金、丝、竹、匏、土、革、木之声，无有不和矣。《诗》曰："既和且平，依我磬声"，则知言石者，总备韶乐之和而言之也。此虽但云"击石拊石"者，其实总箫韶全乐而称之。上言鸟兽，此言百兽者。《考工记》曰：天下之大兽五：脂者，膏者，赢者，羽者，鳞者。羽、鳞可以谓之兽，则知鸟兽，皆可总而名百兽也。尹者，正也。"庶尹"者，百官府之长也。"允谐"者，信皆和谐也。非庶尹之谐，在于百兽率舞之后，盖言百兽从风，犹且如此，况百官者乎。昔季札观周乐，见舞韶箾者，乃曰德至矣，尽矣。如天之无不覆，如地之无不载。虽其盛德，蔑以加矣。夫韶乐之奏，幽而感神，则"祖考来格"；明而感人，则"庶尹允谐"；微而感物，则"百兽率舞"。原其所以能感召如此者，皆由舜之德，如天、地之无不覆、载也。其乐之传至孔子之时，千有余年而孔子闻之于齐，尚且三月不知肉味，曰"不图为乐之至于斯"。以是观之，其闻乐感韶者如此，则知当时所感，从可知矣。观孔子之忘味，与夫季札之称夔之言，虽极其褒崇称美之辞，岂有一言之溢哉。

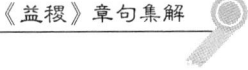

4.《尚书讲义》卷四

（宋）史浩撰

（归善斋按：见"戛击鸣球"）

5.《尚书详解》卷五

（宋）夏僎撰

夔曰：於！予击石拊石，百兽率舞，庶尹允谐。

此一节，陈少南谓：夔既述堂上之乐，能致祖考来格；堂下之乐，能感鸟兽。于此又曰：予但知击石拊石而已，不知其他也。"百兽率舞，庶尹允谐"，岂无所自而然哉？皆帝德有以致之也。少南此说，盖谓：夔之意言，所陈堂上堂下之乐感召如此，岂我之能，我但知击石拊石，而人物自尔格。则上之所陈，盖有不止于我也。林少颖则谓：此一节又别是一时论作乐之效。"於"字，《释文》无音，当作如字读。据此，当是叹，为起语之词，宜读为"乌"。韶乐之作，八音皆备，而独言"击石拊石"者，盖五声之播于八音，而角之声，其数六十有四，其声在于清浊大小之间，尤难和者。石声属角。石既和，则金、石、丝、竹、匏、土、革、木之声，无有不和。《诗》曰"既和且平，依我磬声"，则知言石者，总备韶乐之和而言之也。此虽只云"击石拊石"，其实总韶全乐而称之。上言"鸟兽"，下言"百兽"，《考工记》曰"天下之兽五：脂者，膏者，臝者，羽者，鳞者"，羽、鳞总可谓之兽，则知"鸟兽"皆可总而名"百兽"也。尹者，正也。"庶尹"者，百官府之长也。"允谐"者，信皆和谐也。昔季札观周乐，见舜韶简，乃曰：至矣，尽矣，如天之无不覆，如地之无不载，虽甚盛德，蔑以加矣。夫韶乐之奏，幽而感鬼神，则"祖考来格"；明而感人，则"庶尹允谐"；微而感物，则"百兽率舞"，原其所以能感召如此者，皆由舜之德。而孔子闻之于齐，尚不知肉味，曰"不图为乐之至于斯也"。以此观之，则当时所感，如夔之言，虽极其褒美之辞，岂有一言之溢哉？

6. 《增修东莱书说》卷四

（宋）吕祖谦撰，时澜增修

夔曰：於！予击石拊石，百兽率舞，庶尹允谐。

夔又申言之曰：我作乐，百兽无知者，尚且率舞，则庶尹信其和谐。夔前言舜乐如此之盛矣，至此再言。"夔曰：于！予"，以别之。盖前之，乐舜之乐也，后之乐，夔之乐也。舜乐之盛，虽职在后夔，而实本于帝舜之德。于此而后，自谓我之乐，非自夸也。乐使人鼓舞动荡，而不自知，所谓乐则生矣，生则乌可已也。所以重复言之，感发而不能自已。击、拊，即前之戛击、搏拊也。

7. 《尚书说》卷一

（宋）黄度撰

（归善斋按：见"戛击鸣球"）

8. 《洁斋家塾书钞》卷三

（宋）袁燮撰

（归善斋按：见"戛击鸣球"）

9. 《书经集传》卷一

（宋）蔡沈撰

夔曰：於！予击石拊石，百兽率舞，庶尹允谐。

重击，曰击；轻击，曰拊；石，磬也。有大磬，有编磬，有歌磬。磬有大小，故击有轻重。"八音"独言石者，盖石音属角，最难谐和。《记》曰"磬以立辨"，夫乐以合为主，而石声独立辨者，以其难和也。石声既和，则金、丝、竹、匏、土、革、木之声，无不和者矣。《诗》曰"既和且平，依我磬声"，则知，言石者，总乐之和而言之也。或曰：玉振之也者，终条理之事，故举磬以终焉。上言"鸟兽"，此言"百兽"者，《考工记》曰"天下大兽五：脂者，膏者，臝者，羽者，鳞者"，羽、鳞，总可谓之兽也。百兽舞，则物无不和可知矣。尹，正也。"庶尹"者，众百官府之长也。"允谐"者，信皆和谐也。庶尹谐，则人无不和可知矣。

10.《尚书精义》卷八

（宋）黄伦撰

（归善斋按：见"戛击鸣球"）

11.《尚书详解》卷五

（宋）陈经撰

（归善斋按：见"戛击鸣球"）

12.《融堂书解》卷二

（宋）钱时撰

（归善斋按：见"戛击鸣球"）

13.《尚书要义》卷五

（宋）魏了翁撰

三三、此篇说用臣之法，以乐和终之。

此篇初说用臣之法，末言乐音之和，言其始于任贤。立政以礼，治成以乐，所以得致太平。传解史录夔言之意。

14.《书集传或问》卷上

（宋）陈大猷撰

或问：诸儒皆谓举石以见八音，子则专指言石，不待众音而已，足以感人物，果有是理乎？曰：古之善乐者，以一器而致物者多矣。故伯牙鼓琴，而六马仰秣；鲍巴鼓瑟，而流鱼出听。《史记》载：师旷鼓琴，一鼓再鼓，而致风雨之应，皆不待他器之奏。"夔击石拊石"而感百兽，固有此理，尤见舜德之盛，韶乐之美，感格之妙如此也。

15.《尚书详解》卷二

（宋）胡士行撰

夔曰：於！予击石拊石，百兽率舞，庶（众）尹（官之长）允（信）

谐（和）。

兽且舞，况庶尹乎？季札曰：至矣，尽矣，如天之无不覆，地之无不载，虽甚盛德，蔑以加矣。孔子曰："不图为乐之至于斯也。"下之千余年见闻之者如此，况当时乎，此岂徒乐所能及哉。夔盖推美舜德，非自夸也。

16.《书纂言》卷一

（元）吴澄撰

夔曰：於！予击石拊石，百兽率舞，庶尹允谐。

此又一时之言。拊，犹言"戛"也。石通球而言，石音贵于众音，故韶乐以球为首。《商颂》亦言"依我磬声"也。百兽，该物之飞、走。庶尹，该官之正、贰。方击拊石音，不待众音备奏而已，能召人、物之和。上文先言神人，而后鸟兽，以尊卑为序。此先言百兽，而次庶尹，以难易为序，夔言乐如此。盖有舜之德，是以有夔之乐道德乐之本声音乐之具。舜德极大极盛，而韶乐又尽善尽美，故其感应之妙，古今莫及。

此第三章。

17.《书集传纂疏》卷一

（元）陈栎撰

夔曰：於！予击石拊石，百兽率舞，庶尹允谐。

纂疏：

愚谓：於，音乌，有"禹曰：於"可证，读如字，而连"予"字者，非。

孙氏曰：前先言"祖考"、"虞宾"、"群后"，后及"鸟兽"，以贵贱为序也。此先言"鸟兽"，后及"庶尹"，以难易为序也。

王氏炎曰：八音以石为君，而韶乐以球为首，宜于此又单言石也，此又自为一节。舜、禹议论既载于前，夔之作乐，表治功之成，故以其言次于后。史比而书之。夔上于乐者，有舜之德，不可无夔之乐以发之。有夔之乐，不可无舜之德以本之，二者交致，而天下之至和极矣。

18. 《读书丛说》卷三

(元) 许谦撰

(归善斋按：未解)

19. 《书传辑录纂注》卷一

(元) 董鼎撰

夔曰：於！予击石拊石，百兽率舞，庶尹允谐。

纂注：

新安陈氏曰：於，音乌，有"禹曰：於"可证。读如字，而连"予"字者，非。

王氏炎曰："八音"以石为君，而诏乐以"球"为首，宜于此又单言石也。

孙氏曰：前先言"祖考"、"虞宾"、"群后"而后及鸟兽，以贵贱为序也。此先言鸟兽，而后及"庶尹"，以难易为序也。

王氏炎曰：此又自为一节，舜、禹之议论，既载于前，夔之作乐，所以形容治功之成，故以其言次之于后，亦非一日之言。史臣比而书之尔。夔工于乐者也，有舜之德，不可无夔之乐以发之；有夔之乐，不可无舜之德以本之。二者交致，而天下之至和极矣。

20. 《尚书句解》卷二

(元) 朱祖义撰

夔曰（夔又自述作乐之功而言）：於！予击石拊石（石，磬也。八音之中，石为难和。於！我大击小拊），百兽率舞（百兽感其和而皆舞），庶尹允谐（众正官之长，亦有所感信，皆谐和）。

21. 《尚书日记》卷四

(明) 王樵撰

"夔曰：于！予击石拊石，百兽率舞，庶尹允谐"。王氏炎曰：此又自为一节。舜、禹之议论，既载于前，夔之作乐，所以形容治功之成，故以其言次之于后，亦非一日之言，史臣比而书之尔。孙氏曰"前先言祖考、虞宾、群后而后及鸟兽，以贵贱为序也"。此先言鸟兽，而后及"庶尹"，以难易为序也。

22.《日讲书经解义》卷二

（清）库勒纳等撰

（归善斋按：见"戛击鸣球"）

《书蔡氏传旁通》卷一下

（元）陈师凯撰

有大磬，有编磬，有歌磬。

《周礼·磬氏》疏云：磬，前长三律，二尺七寸；后长二律，尺八寸，是磬有大小之制也。《尔雅》云：大磬谓之馨（虚娇反）。郭璞云：馨形似犁錧。疏云犁刃为錧。《韵会》云：股广三寸，长尺三寸半，十六枚同一簨，谓之编磬。《周礼》注云：股磬之上，大者鼓其下，小者所当击者也。假令股广四寸半者，股长九寸也。鼓，广三寸，长尺三寸半，厚一寸。愚按，《韵会》误以鼓作股。又按，编钟、编磬，所以用十六枚者，盖十二律当十二枚，又有四清声作四枚，共十六枚也。歌声即上文鸣球是也。

石音属角，最难谐和。

角音不高不下。太下则近商，太高则近徵，为清浊之中，故难和也。

《记》曰：磬以立辨。

见《乐记》磬，磬磬然辨别也。

或曰：玉振之也者，终条理之事，故举磬以终焉。

《孟子集注》云：玉磬也，振收也，并奏八音，则于其未作而先击镈钟，以宣其声俟。其既阕而后击，特磬以收其韵。

《考工记》曰：天下之大兽五：脂者，膏者，蠃者，羽者，鳞者。

注云：脂，牛羊属；膏，豕属；蠃，谓虎豹貔螭，为兽浅毛者之属；羽，鸟属；鳞，龙蛇之属。

《尚书疑义》卷一

（明）马明衡撰

夔言乐二段，史臣记之以见舜盛德之至，治化之极，故曰惟天下至诚为能化。

《尚书砭蔡编》

（明）袁仁撰

於！予击石拊石。

於，音乌，叹美声。《尚书》中凡语助之"於"皆作"於"。作"於"者，皆音乌，如"黎民於变"是也。

《尚书注考》

（明）陈泰交撰

"予击石"，训"石"，磬也。"关石和钧"，训百二十斤为石。

"庶尹允谐"，训"尹"，正也。"伊尹"，训"尹"，字也。"尹兹东夏"，训"尹"，治也。"尹旅"，训"尹"，正官之长。"坂尹"，训古者险危之地，封疆之守，或不以封，而使王官治之，是之谓尹。

《尚书稗疏》卷一

（清）王夫之撰

（归善斋按：见"戛击鸣球"）

《书经衷论》卷一

（清）张英撰

（归善斋按：见"戛击鸣球"）

《尚书大传》卷一

（清）孙之騄辑

惟五祀奏钟石（奏，一作定），论人声，及乃鸟兽，咸变于前。秋养耆老，而春食孤子（一作春食铺子），乃浡然招乐，兴于大麓之野，报（一作执）事还归，二年谈然，乃作《大唐之歌》。其乐曰"舟张辟雍，鸧鸧相从，八风回回，凤皇喈喈"。歌者三年，昭然乃知乎王世，明有不世之义。《招》为宾客，《雍》为主人，始奏《肆夏》，纳以《孝成》。舜为宾而禹为主人，乐正道赞曰："尚考太室之义。"唐为虞宾，至今衍于四海，成禹之变。时俊乂百工相和，而歌《卿云》。帝唱之曰："卿云烂兮，礼（一作糺，一作纠，李善引《大传》作体）缦缦兮（一作漫漫），日月光华，旦复旦兮"。八伯咸进稽首曰："明明上天，烂然星陈，日月光华，弘于一人。"帝乃载歌曰："日月有辰（一作常，一作恒），星辰有行，四时从（一作顺）经，万姓几诚（一作百姓允臧，一作万物允成）；施于论乐，配天之灵，迁于贤圣，莫不咸听；鼖乎鼓之，轩乎舞之，精华已竭（一作英华欲遂），褰裳去之，于时八风循通，卿云蘽蘽，蟠龙偾信于其藏，蛟鱼跃踊于其渊，鱼鳖咸出于其穴，迁虞而事夏也。"

郑玄曰：舜始欲改尧乐，百兽之属，率舞谈犹灼也。《大唐之歌》，美尧禅也。《招》、《雍》，皆乐章名也。宾入奏《招》，主入奏《雍》也。始，谓尸入时也；纳，谓荐献时也。《肆夏》、《孝成》指乐章名也。舜既使禹摄天子之事，于祭祀避之，居宾客之位，献酒则为亚献。尚考，犹言古考，谓往时也。太室，明堂之中央室也。义，当为仪，《仪礼》也，谓祭太室礼。尧为舜宾之也。衍，犹"溢"也，言尧之禅天下，至于今，其德义溢于四海也。缦缦，教化广远也，复旦，明明相代也。蘽蘽，言和气相应也。

十有四祀，钟、石、笙、筦变声，乐未罢，疾风发屋，天大雷雨。帝沉首而笑曰：明哉，非一人天下也，乃见于钟石。圣人与圣也，犹规之相周，矩之相袭。（《路史》、《文选》注）

《尚书七篇解义》卷一

（清）李光地撰

（归善斋按：见"戛击鸣球"）

五
作歌唱和

帝庸作歌，曰：敕天之命，惟时惟几

1.《尚书注疏》卷四

（汉）孔氏传，（唐）陆德明音义，孔颖达疏

帝庸作歌，曰：敕天之命，惟时惟几。

传：用"庶尹允谐"之政，故作歌以戒，安不忘危。敕，正也。奉正天命，以临民，惟在顺时，惟在慎微。

疏：正义曰：帝既得夔言，用此"庶尹允谐"之政，故乃作歌自戒。将歌而先，为言曰：人君奉正天命以临下，民惟当在于顺时，惟当在于慎微。

传正义曰：此承夔言之下，既得夔言而歌，故知帝庸作歌者。用"庶尹允谐"之政，故作歌以自戒之，安不忘危也。敕，是正齐之意，故为正也。言人君奉正天命以临下，民惟在顺时，不妨农务也；惟在慎微，不忽细事也。郑玄以为戒臣。孔以为自戒者，以正天之命是人君之事故也。

2.《书传》卷四

（宋）苏轼撰

帝庸作歌，曰：敕天之命，惟时惟几。乃歌曰：股肱喜哉，元首起

1261

哉，百工熙哉。皋陶拜手稽首，飏言曰：念哉。率作兴事，慎乃宪，钦哉。屡省乃成，钦哉。乃赓载歌曰：元首明哉，股肱良哉，庶事康哉。又歌曰：元首丛脞哉。

丛脞，细碎也。

3. 《尚书全解》卷六

(宋) 林之奇撰

帝庸作歌曰：敕天之命，惟时惟几。

文中子曰：昔圣人述史三焉，其述《书》也，帝王之制备矣，故索焉而皆获。其述《诗》也，兴衰之由显矣，故究焉而皆得。其述《春秋》也，邪正之迹明矣，故考焉而皆当。以此三者，同出于史，而不可杂也。故圣人分焉。观文中子之言，其意以谓《诗》也，《书》也，《春秋》也，其原盖出于一书也。至后世，简册繁多，始分为三。《诗》始于商，《书》始于唐虞，《春秋》始于平王、鲁隐公之际。而其源流皆出于《书》。故自西周以前，岁月之终始，惟见于《书》，此则《春秋》之未分也。虞夏，赓歌与其《书》而并传，此则《诗》之未分者也。惟其未分，故自虞夏之时，观之三者，皆合而为一。舜、禹、皋陶之赓歌，与夫《五子之歌》，虽载之于《书》，其实三百篇之权舆也。此三者，皆出于一，而后之学者，各自分藩，以立同异。故学《诗》者，不知有《书》。学《书》者，不知有《诗》。学《诗》、《书》者，不知有《春秋》。学《春秋》者不知有《诗》、《书》。以是为学，岂不失圣人之旨哉。此一段虽《书》之所载，学《诗》者，当自此始。"庸"者，用也，助语也。孔氏云：用"庶尹允谐"之政，故作歌以戒，安不忘乱。据此一段，乃是史官载舜与皋陶相与赓歌之辞。上文曰"百兽率舞，庶尹允谐"。其文意，全不相贯，但其文有"庸"字，故孔氏从而为之说。考之于理不通，在所不取。《诗》曰：情动于中，而形于言，言之不足，故嗟叹之。嗟叹之不足，故永歌之，永歌之不足，不知手之舞之、足之蹈之也。观舜之君臣相与，答问于庙堂之上，曰都，曰俞，曰吁，曰于者，皆言之不足，又从而嗟叹之辞。自"帝庸作歌"以下，是皆嗟叹之不足，而见于咏歌也。舜曰"股肱喜哉，元首起哉，百工熙哉"，皋陶曰"元首明哉，股肱良哉，庶事康哉"等语，此所谓歌也。舜曰"敕天之命，惟时惟几"，皋陶曰"念哉率作兴事，慎乃宪钦哉，屡省乃成，钦哉"，乃赓载歌曰"元首明哉，股肱良哉，庶事康哉"，又歌曰"元首丛脞哉，股肱惰哉，万事堕哉"，帝拜曰"俞往钦哉"，此则道其意于永歌之前也。"敕天之命，惟时惟几"者，此舜言为人君者，不可不敕正上天之命。盖天难谌命，靡常其治乱安危之命果有自而敕正之哉。时既安矣，危之所自萌；时既治矣，乱之所自兆。时既安矣，时既治矣，此之谓"惟时"。危萌于安，乱萌于治，此之谓"惟几"。"惟时"者，言顺天之命于治安已成之后。"惟几"者，言察天之命于危亡未兆之前，此其所以能敕天之命也。

4.《尚书讲义》卷四

（宋）史浩撰

（归善斋按：见"戛击鸣球"）

5.《尚书详解》卷五

（宋）夏僎撰

帝庸作歌曰：敕天之命，惟时惟几。乃歌曰：股肱喜哉，元首起哉，百工熙哉。

汉孔氏谓：此帝庸作歌，乃因"庶尹允谐"之效，作歌戒安不忘乱也。林少颖谓：据此一段，乃史官载舜、皋陶相与赓歌之辞，与上文初不相贯，但有"庸"字，孔氏从而为之说。考之于理，在所不取。"庸"虽训"用"，其实助语也。其曰"帝庸作歌"，犹言"帝乃作歌"，亦不必曲为之说。《诗》曰：情动于中，而形于言；言之不足故嗟叹之；嗟叹之不足，故咏歌之。观舜君臣相与答问于庙堂之上，曰都，曰俞，曰吁，曰于，皆言之不足而嗟叹者。至此，"帝庸作歌"以下，则又"嗟叹之不足"，而见于"咏歌"矣。舜曰"股肱喜哉，元首起哉，百工熙哉"，皋陶曰"元首明哉，股肱良哉，庶事康哉"，此所谓歌也。舜曰"敕天之命，惟时惟几"，皋陶曰"念哉！率作兴事，慎乃宪，钦哉！屡省乃成！钦哉"，此乃导其意于"咏歌"之前也。舜之意：谓人君之所以有天下者，本乎天命之眷顾。今也，已安，已治，则于天命不可以治安而忽，当求有以救而正之。所谓"敕天命"者,"惟时惟几"是也。盖治安所以难保者,惟恃其治安而不知趋时,故于事之当为者,或不为,而至于失职,不知察微,故于事之至微者,或忽而不察,至于失机。如是,则天命若何而保？故舜所以先言"敕天之命,惟时惟几"也。然舜又谓"敕天之命",虽在于"惟时惟几",而"时"、"几"之来,又非一人之所能独任,又必有资于臣焉。故歌曰"股肱喜哉,元首起哉,百工熙哉",谓任"时"、"几"之责者,实赖大臣之助也。股肱,喻臣也。元首,喻君也。舜言先"股肱",而后"元首"者,岂非君,谓我所以起治功者,实赖臣之乐于赴功乎。皋陶先言"元首",后言"股肱"者,岂非臣,谓我之所以得为良者,实赖君之明于任用乎。君言则先臣,臣言则先君,理当然耳。然舜所以先言"股肱喜哉",其意盖谓：大臣喜而乐于赴功,则人君之治功,翕然奋起,无一事之不治,百官之职业,自然广明。此舜之歌,所以先言"股肱喜",而后继以"元首起","百工熙"也。林少颖曰：《文中子》言：昔圣人述史三焉,其述《书》也,帝王之制备矣。故索然而皆获；其述《诗》也,兴衰之由显矣,故穷焉而皆得；其述《春秋》也,邪正之迹明矣,故考焉而皆当。此三者同出于一,而不可杂也。故圣人与焉。观《文中子》之言,其意谓：《诗》也,《书》也,《春秋》也,其原盖出于一书也。至后世,简策繁多,始分为三。《诗》始于商,《书》始于唐虞,《春秋》始于平王、鲁隐之际。而其原流皆出于《书》。故自商、周以前,岁月之始终,皆见于《书》。此则《春秋》之未分也。虞夏赓歌,与其《书》并传,此则诗之未分者也。惟其未分,故自虞夏之时观之,二者皆合而为一。舜、禹、皋陶之赓歌,与夫《五子之歌》虽载之于《书》,其实三百篇之权舆也。此二者皆出于一,而后学者各自分藩,以立同异。故学《诗》者不知有《书》,学《书》者不知有《春秋》。以是为学,岂不失圣人之旨哉。此一段虽《书》之所载,学《诗》者,当自此始。

6.《增修东莱书说》卷四

（宋）吕祖谦撰，时澜增修

帝庸作歌曰：敕天之命，惟时惟几。

见于歌诗，嗟叹之不足，故咏歌之也。不惟夔之言乐重复而不能已，舜发于言语，亦不能已，所以帝庸作歌。曰乃赓载歌又歌曰，亦重复而不自觉。盖鼓舞动荡乐之体也。"敕天之命，惟时惟几"。此圣人之真乐也，庸者因用此以作歌也。天命流行，内而起居寝处，外而天下万事，无非天命，必有以敕正之。敕之工夫少间，便不是天命，杂于人为矣，则天命即不得其正矣。"敕"者，整敕之意也。"时"者，时时敕之。"几"又"时"之微者也。若顷刻之际，几微之中，一毫不敕，则私欲间之。此精密之工夫也。大抵天命流行而不息，圣人亦当流行而不息。《诗》曰"维天之命，于穆不已"，又曰"文王之德之纯"，"纯亦不已"。观"不已"之意，则知"时"、"几"之意矣。此舜居太平极治之心也。

7.《尚书说》卷一

（宋）黄度撰

帝庸作歌曰：敕天之命，惟时惟几。乃歌曰：股肱喜哉，元首起哉，百工熙哉。皋陶拜手稽首飏言曰：念哉，率作兴事，慎乃宪，钦哉；屡省乃成，钦哉。乃赓载歌曰：元首明哉，股肱良哉，庶事康哉。又歌曰：元首丛脞哉，股肱惰哉，庶事堕哉。帝拜曰：俞！往钦哉。

庸，用也，舜用夔言乐效，而作歌也。"敕天之命，惟时惟几"，作歌之意也。夫虽治定功成，而事变为无穷，其敢自已乎？敕，正也。"时"至"几"动，可以观天命矣。此惟圣人为能和同天人之际。秦汉以来，岂无功业，而人事利害，参错其间，奚能尽敕正天命哉。股肱有乐，趋之意，则元首有兴起之功，然后百工为能熙广矣。几康，弼直，禹尝以此戒舜。故舜于此复求之于禹、皋陶。然其事必在人主也。主德不昭，臣力何施？皋陶大声疾言，诚恐此意之或失也，故以为必念之哉。事几之来，当有率作之也。要在慎乃法度，无作聪明以乱旧章。而主于敬，又当屡省而后能成，则亦主于敬。强明小智，果锐忽略，皆难恃也。赓，续；载，则也。元首明，则股肱良，庶事康，此所谓"率作兴事"也。然而，事必有体。君举其纲，臣治其纪。若使君废大体，而亲小事，自以为明，则君任其劳，而臣居其逸，其体不顺，虽有良臣无所效之。君苛，臣惰，庶事必堕矣。大抵好安，常失之惰；喜事常失之苛也。舜拜而受其言，以为吾固有以自尽,而诸臣亦宜往,而各致其敬哉。禹、皋陶事舜,责难尽忠,无言不入。益"怠荒、逸乐"之训,禹"傲虐"之训,皋陶"率作、丛脞"之训,皆微有形象,而遽剿绝之。惟圣罔念作狂,固不容其或滋长也。而历数百千岁,庸君暗主之所为乱亡之状,无能出此数事者,言皆预立,其效必至,譬若岐扁论医,人之百骸九窍,荣卫腑脏,莫不洞究其底蕴,如是则为肠胃之疾,如是则为肤体之疾;如是则可治,如是则不可治,皆不待目见而预言之,世遂操之以为验,稽之以为决,差失其指,必至颠蹶。是故禹、皋陶之言,皆以谟称。谟,犹模也,万世之楷模也。

8.《洁斋家塾书钞》卷三

(宋)袁燮撰

帝庸作歌曰:敕天之命,惟时惟几。乃歌曰:股肱喜哉,元首起哉,百工熙哉。

庸,用也。用作此歌也。"庸"之一字有无穷之义。夫致治之极。至于舞百兽,仪凤凰,可谓无以加矣。常人当是时,谁不以为喜,而舜于此作歌,方且戒谨恐惧,凛然若危乱迫乎后。此岂私忧过计哉。天下之理,惟至于极则必反。冬至,阴之极也,而一阳生。夏至,阳之极也,而一阴生。当天下极治之时,而危乱之机萌焉。故曰天下之生久矣,一治一乱。治亦生乱,乱亦生治,从古而然。汉自高皇帝以来,匈奴骄横,虽武帝之征伐,而犹不衰。至宣帝,有渭上之朝,亦可谓治之极矣,而是岁也,王政君,实生成帝。则王氏篡汉,国祚中绝,其端已见于此矣。圣人知其然,故天下愈治,则戒谨愈甚。"敕"之为言"正"也,戒谨恐惧之意也。夫王者,功成作乐,治定制礼。声乐之作,以见其治功之成,而况"凤凰来仪","百兽率舞",信可谓极矣。今舜方且于此"敕天之命",是岂非圣人之心乎?"惟时"者,欲及时也。"惟几"者,致察于几微也。"时"之一字,不可轻看。《易》曰"君子进德修业,欲及时也"。当为即为,汲汲然,皇皇然,惟恐弗及,所谓及时也。稍或放慢,稍有怠惰,便失其时。孟子谓戴盈之"如知其非义,斯速已矣,何待来年",此所谓"惟时"也。见善便当迁,有过便当改,凡事皆然。贤者可用,便用之;不肖者当去,便去之;小民当恤,便恤之、养之;善政当为,便急为之,故曰"惟时",言其不可后时也。"几"者,微也,凡事皆有这几微。一心之几,则私意妄念,萌于方寸之间者是也。天下之几,则安危、治乱积之有渐,非一朝一夕之故是也。惟萌芽之生,最不可不察。既能汲汲遑遑,不失其时,又能兢兢业业,致察于万事之机,所谓"敕天之命",即此之谓矣。"乃歌曰:股肱喜哉,元首起哉,百工熙哉",曰喜,曰起,曰熙,这几个字不可不子细思索。喜,悦也,为人主股肱,大臣须欣欣然,常有喜悦欢乐之意,然后可。若君德未备,朝政犹有阙失,大臣之心,犹有不足焉,方且戚戚然忧惧之不暇,而又何喜乎?不使大臣怨乎不以。大臣苟怨乎不以,则其时亦可知矣。"起"者,兴起也。人主尊居九重,临御四海,要必常振起兴作,然后天下日进于治。苟无兴起之心,而有放倒之意,不足与有为矣。起之为言,如后世所谓"厉精为治"者是也。厉精为治,固非唐虞时言语,然亦近之。汉、唐以来,欲治之主,必有此二字。汉宣帝、唐太宗皆言"厉精"。"厉精"者,磨砺其精神也。"元首起哉",又不止于磨砺精神而已。"罔游于逸,罔淫于乐,无怠无荒",此所谓"起"也。酗酒嗜音,流连荒亡,岂所谓"起"也哉?熙,是熙广,言百工皆修其职业,日以开广。熙,亦有光明之意。

9.《书经集传》卷一

(宋)蔡沈撰

帝庸作歌曰:敕天之命,惟时惟几。乃歌曰:股肱喜哉,元首起哉,百工熙哉。皋陶拜手稽首飏言曰:念哉!率作兴事,慎乃宪,钦哉;屡省乃成,钦哉。乃赓载歌曰:元首明哉,股肱良哉,庶事康哉。又歌曰:元首丛脞哉,股肱惰哉,万事堕哉。帝拜曰:俞!往钦哉。

明,音芒。脞,取果反。庸,用也。歌,诗歌也。敕,戒敕也。几,事之微也。"惟时"者,无时而不戒敕也。"惟几"者,无事而不戒敕也。盖天命无常理,乱安危相为倚伏。今虽治定功成,礼备乐和,然顷刻谨畏之不存,则怠荒之所自起毫发。几微之不察,则祸患之所自生,不可不戒也。此舜将欲作歌,而先述其所以歌之意也。股肱,臣也;元首,君也。人臣乐于趋事赴功,则人君之治为之兴起,而百官之功皆广也。"拜手稽首"者,首至手,又至地也。大言而疾,曰"飏"。率,总率也。皋陶言：人君当总率群臣，以起事功，又必谨其所守之法度。盖乐于兴事者，易至于纷更，故深戒之也。屡，数也，兴事而数考其成，则有课功核实之效，而无诞慢欺蔽之失。两言"钦哉"者，兴事、考成，二者皆所当深敬而不可忽者也。此皋陶将欲赓歌，而先述其所以歌之意也。赓，续；载，成也。续帝歌，以成其义也。皋陶言：君明则臣良，而众事皆安，所以劝之也。丛脞，烦碎也；惰，懈怠也；堕，倾圮也。言：君行臣职，烦琐细碎，则臣下懈怠不肯任事，而万事废坏，所以戒之也。舜作歌而责难于臣，皋陶赓歌而责难于君，君臣之相责难者如此，有虞之治，兹所以为不可及也欤？"帝拜"者，重其礼。重其礼，然其言，而曰：汝等往治其职，不可以不敬也。林氏曰：舜与皋陶之赓歌，三百篇之权舆也，学诗者当自此始。

10.《尚书精义》卷八

（宋）黄伦撰

帝庸作歌曰：敕天之命，惟时惟几。乃歌曰：股肱喜哉，元首起哉，百工熙哉。

无垢曰：夫人事皆天命也。修人事，则是谨天命，非于人事之外，别有天命也。以威待庶顽，此人事之不至也。人事不至，则是忽天命。修德以格庶顽，此人事之尽者也。人事之尽，则是敕天命。敕者，正也。夫人事之修不修，当于"时"、"几"而察之。庶顽不格，此当谨天命之"时"也，以威俟之，则失天命之"时"矣。庶顽不格，此当谨天命之"几"也，以威俟之，则失天命之"几"矣。失"时"则有后悔；失"几"则有大祸，几微之间，岂可忽哉？又曰：天下之理，一处明，则万理皆明；一处暗，则万理皆暗。舜因禹、夔之说，乃悟万事皆自己出，故"百工熙哉"，遂断之以"元首起"而不复疑也。又悟元首之起，乃自股肱之臣喜于开导也，其深望于禹、夔，岂有既哉？周氏谌曰：古者，君臣相遇，未有如舜、禹、益、稷、皋陶之际，方其朝廷论议，开心腹，露情素，而上下无毫发之间扬君之美，称己之善，而应和唯诺。直言忠告，无所讳忌，不啻若父子兄弟之亲，雍睦谐和，而各进其谋。谟，此非特圣贤之遇合，盖至诚有以结之也。是以相与虑世也深，而忧民也远，悉意丁宁，无所不尽焉。蒲氏宗孟曰：天之所以命人君者，非苟畀其天下之奉而已；人君之所以敕正天命者，非苟利其天下之养而已。天命人君，其要贵于不负其所畀；人君敕正天命，其要贵于不悖其所为。故能措天下于安宁无事如是者，岂有深远难晓之迹，变化不可知之理。一言而可尽者，惟在顺时，惟在谨微耳。举天下之事，有大于天时乎？不逆其时，风雨顺，燠旸节，日月光，庶征明，天地之和格矣。天下之事，有深于几微乎？不忽其微，衅隙闭，芽蘖消，桃虫之害去，坚冰之祸不至矣。"时"在天，"几"在人。谨其在天者，畏其在人者。是以人君之政，有一相戾于其间，阴阳乖谬，寒暑四时，将不得其正，生民将受其弊，为之上者，安得不谨乎？

11.《尚书详解》卷五

（宋）陈经撰

帝庸作歌曰：敕天之命，惟时惟几。乃歌曰：股肱喜哉，元首起哉，百工熙哉。皋陶拜手稽首飏言曰：念哉，率作兴事，慎乃宪，钦哉。屡省乃成，钦哉。乃赓载歌曰：元首明哉，股肱良哉，庶事康哉。又歌曰：元首丛脞哉，股肱惰哉，万事堕哉。帝拜曰：俞！往钦哉。

庸，用也。舜用夔言乐功成治定之意，而寓之歌，所以保其治功也。"敕天之命，惟时惟几"，舜之保治，在于敕天。而敕之要，又在于"时"、"几"。人皆知求天于天。圣人求天于己，谓人之尽，即天也，非人事之外，有所谓天。舜当此治定功成之日，孰非天命？苟于此有怠忽之心，则天命不可保矣。故天不可恃，所可恃者，在己有以敕之。敕之为言，整也，正也。尝存警戒之意，即敕天矣。"惟时"者，不可失时以废事。"惟几"者，不可忽于细微。既不失其"时"，又事"几"之来，至微所在能谨之，则天命可保永久。"乃歌曰：股肱喜哉，元首起哉，百工熙哉"，吾欲敕天，以谨"时"、"几"，必赖群臣之助。"股肱喜"，乐于尽忠，则元首之治功斯起，而百官之事莫不熙广矣。舜之歌，专欲责望其臣也。皋陶拜手稽首，飏言于广众之中曰："率作兴事"，人君先率臣下，以作兴事业，当谨乃宪法，而致其敬。凡事莫不有法度，苟失其法度，则事必有阙。"屡省乃成，钦哉"，事之始作也，当敬其法度。之既成也，又当频频省察之，惟恐其有少亏缺，则他日之患，必基于思虑之所不及，又当致其敬，是此心始终乎敬也。"乃赓载歌曰：元首明哉，股肱良哉，庶事康哉"，其意谓：欲谨其宪于事之始，省其成于事之终，必在人君之明。元首苟明于上，一心无蔽，贤愚不能惑，是非不能乱，则股肱有功，而见知。谁或不竭其良哉？股肱既良，则庶事自得其安，而无有紊乱者矣。皋陶之歌专责望于君，所以足舜之意。君臣之间，各相警戒，各尽其责，则治功可保矣。又从而申戒之曰："元首丛脞哉，股肱惰哉，万事堕哉。"丛脞，繁碎也。惰，怠也。堕，坏也。此即明"良"与"康"之反也。歌之不足，而又歌之，以见其不能自已之意也。"帝拜曰：俞！往钦哉"，帝然其言，以谓在廷之臣，皆当致其敬。观典、谟五篇之书，其君之"出治"、"保治"，其臣之"献可替否"，辞虽异，而旨则同。一言以蔽之，曰敬而已矣。

12.《融堂书解》卷二

(宋) 钱时撰

帝庸作歌曰：敕天之命，惟时惟几。乃歌曰：股肱喜哉，元首起哉，百工熙哉。皋陶拜手稽首飏言曰：念哉！率作兴事，慎乃宪，钦哉。屡省乃成，钦哉。乃赓载歌曰：元首明哉，股肱良哉，庶事康哉。又歌曰：元首丛脞哉，股肱惰哉，万事堕哉。帝拜曰：俞！往钦哉。

帝因夔之言，有感于禹之旨，是用作歌，故曰"帝庸作歌"。庸，用也，有所因之辞也。"敕"者，致谨之谓也。自吾之起居动作，食息语默，以至万变万务，无一非天之命者，不可不谨也。谨之如何？"惟时惟几"而已。时，是也，道也，即天命也。"几"者，几微，萌动之初也。禹之所谓"安汝止"，"惟几惟康"，正此之谓也。舜虽以答"安汝止"之旨，犹未忘"臣作朕股肱耳目"之初意，乃歌而谓"时"、"几"工夫，固当致谨，亦须股肱之臣，欣然协赞，为之君者，乃始振起而无怠荒，百工之事莫不顺理耳。皋陶言帝不可不念我之所陈也。大抵人臣之兴事造业，皆由人君倡率而作成之，所以人人自奋，不敢废弛。率先之道，在"谨乃宪"也。"成"者，凡今日已成之功也。自一身而至于天下国家，须是时时觉察，方谓之"谨乃宪"。皋陶赓歌凡两章，都从元首说起，正是翻舜"股肱喜"而"元首起"之说。两歌反覆，而大禹"安汝止"之旨。与夫帝舜"股肱耳目"之说，较然著明矣。既拜而又"俞"之曰"往钦哉"，言自今以往，敢不敬哉。所以深领其言，而佩服之也。前面多少议论，沛然领于一拜。诸臣发挥，许大功用，都收拾在一"叙"字上。虽然，舜，大圣人，"惟精惟一，允执厥中"，乃三圣相传之要旨。"安汝止"一语，正是日用工夫，何烦大禹谆谆启告，又何烦二三大臣费辞而后"喻哉"。禹之所以忠爱其君者切，故拳拳乎"安汝止"之言。舜之所以委任其臣者，深不敢有一毫自是之意，故拳拳乎"股肱耳目"之谕。及至一闻夔语而遂歌，闻皋陶歌而遂拜，如太空云气，略无倚薄，鉴中万象参错纵横。呜呼！此其所以为有虞之盛也欤。

13.《尚书要义》卷五

（宋）魏了翁撰

（归善斋按：未引）

14.《书集传或问》卷上

（宋）陈大猷撰

（归善斋按：未解）

15.《尚书详解》卷二

（宋）胡士行撰

帝庸（用此）作歌曰：敕天之命，惟时惟几（整时之微）。

"维天之命，于穆不已"。天下万事，无非天命之流行，敕之工夫少间，则不得其正矣。"时"者，时时而敕之，顷刻之际，几微之中，无一豪不敕，纯亦不已也。此舜居太平极治之心也。夏云：天命眷顾，已安已治，然必趋时察微，以保之。

16.《书纂言》卷一

（元）吴澄撰

帝庸作歌曰：敕天之命，惟时惟几。

凡乐必有歌辞，上章载韶乐感应之效验，此章载帝朝君臣之歌诗。

"敕天之命",谓以天命难保,相教戒督勉也。"惟时惟几",谓无一时不敕,无一事不敕,虽须臾不敢忘,虽细微不敢忽也。此帝先言其所以作歌之意。

17.《书集传纂疏》卷一

(元)陈栎撰

帝庸作歌曰:敕天之命,惟时惟几。乃歌曰:股肱喜哉,元首起哉,百工熙哉。皋陶拜手稽首,飏言曰:念哉,率作兴事,慎乃宪钦哉,屡省乃成钦哉。乃赓载歌曰:元首明哉,股肱良哉,庶事康哉。又歌曰:元首丛脞哉,股肱惰哉,万事堕哉。帝拜曰:俞,往钦哉。

纂疏:

陈氏曰:用夔言功成乐作之意而寓之歌,所以保治功也。保治,在敕天。敕天之要,在"时"、"几"。人求天于天,圣人求天于己。人事之尽,即天也。不可失其时,不可忽其微,常存儆敕,天命可保矣。"乃歌"之意,谓吾欲"敕天"以谨"时"、"几",必赖"股肱"之助,专责望于臣也。赓歌之意,专责望于君也。君臣交警,各尽其职,则治功可保矣。

真氏曰:歌为敕天命作,君臣唱和,无一语及天,修人事,所以敕天命也。

李氏杞曰:"惟时",无须臾之顷,而不戒敕;"惟几",无细微之事,而不戒敕也。帝以有为望其臣,皋以无为复其君。

陈氏大猷曰:治至于功成作乐,极矣。然危乱之几,常兆于治安之极。圣人安不忘危,上下交相警戒,故史既载韶乐,复记歌诗。歌诗,亦乐之本也。"箫韶九成",舜之治已极于至盛。"惟时惟几",舜之心方虑其至微。治功已极,圣心本无极也。"喜"、"起"、"熙",帝欲振厉充广也。皋意谓,无妄不可以复往,极治不可以更加,故因帝振厉充广之意,而欲其加谨慎省察之心。凡所"作兴",必谨守成宪而钦哉,不可轻于有为也。又必屡察已成而钦哉,不可玩夫已为也。于是赓歌谓,君臣惟当"明"、"良"而已,不必过于"喜"、"起"。"庶事"惟底于康安而已,不必过于熙广,乃所以凝泰和也。君赖于臣,故先股肱;臣望乎君,故先元首。皋意未已也，谓"明"非聪察之谓，聪察则流于"丛脞"；"良"非软弱之谓，软弱则流于偷惰，万事将堕坏矣。不过而失于激，亦不怠而失于废，真可凝泰和，而保天命矣。"往钦"，谓自此以往，君臣无不敬也。典、谟皆以"钦"终之。"九成"之韶，敕天之歌，非可以二观。虞韶不可得而闻，帝歌犹可得而咏。韶虽亡，不亡者存焉。

愚谓："歌"者，和乐之发也。当和乐之时，不忘戒谨之意。世之歌功颂美者，安知之序意在戒"天命"而谨"时"、"几"。"喜"者喜于乘"时"图"几"也。"起"者，起而乘"时"图"几"也。"熙"者，共乘"时"图"几"之效验也。君臣若此，庶可敕天命而永保之矣。吕氏谓敕正天命之流行，时顷几微，少有不敕，则私欲间之，与天命之流行不相似矣。盖以《中庸》维天之命解之，失之太深，非《书》之本旨也。"帝曰：往钦哉"，盖神会皋飏言两"钦哉"之意矣。舜、皋皆以戒谨之敬，发为咏歌之辞。帝之欲戒敕天命，此心也；皋之欲慎宪省成，亦此心也。君臣心孚意契于钦敬中，钦其百圣之心法、治法欤。歌之云乎，岂徒颂咏而已也。

18.《读书丛说》卷三

（元）许谦撰

（归善斋按：未解）

19.《书传辑录纂注》卷一

（元）董鼎撰

帝庸作歌曰：敕天之命，惟时惟几。乃歌曰：股肱喜哉，元首起哉，百工熙哉。皋陶拜手稽首飏言曰：念哉！率作兴事，慎乃宪，钦哉，屡省乃成，钦哉！乃赓载歌曰：元首明哉，股肱良哉，庶事康哉。又歌曰：元首丛脞哉，股肱惰哉，万事堕哉。帝拜曰：俞，往钦哉。

纂注：

陈氏大猷曰：舜之治至于功成作乐，极矣。然危乱之机，常兆于治安之极。圣人安不忘危，上下交相警戒。故史既载韶乐，复记歌诗。歌诗亦乐之本也。"箫韶九成舜"之治，已极于至盛。"惟时惟几"，舜之心方虑其至微。治功虽已极，圣人本无极也。

新安陈氏曰：歌者，和乐之发也。当和乐之时，不忘戒谨之意，惟虞舜能之，后世歌功颂美之歌，安识此意。又曰：歌之序，意在于戒"天命"而谨"时"、"几"。歌之所谓"喜"，喜于乘"时"图"几"也。所谓"起"，起而乘"时"图"几"也。所谓"熙"，则其乘"时"图"几"之效验也。君臣能如此，庶可戒敕天命而永保之矣。

真氏曰：范太史曰，君以"知人"为明，臣以任职为良。君知人，则贤者得行其所学；臣任职，则不肖者不得苟容于朝，此庶事所以康也。若夫君行臣职，则"丛脞"矣，臣不任君之事，则"惰"矣，此万事所以"堕"也。斯言得之。然帝之歌，本为敕天命而作，君臣唱和，乃无一语及天者，修人事所以敕天命也。后之人主，宜深体焉。

陈氏大猷曰："喜"、"起"、"熙"，帝欲振厉充广也。皋意谓，无妄不可以复往，极治不可以更加，故因帝振奋增广之意，而欲其加谨慎省察之心。凡"作兴"，必谨守成宪而"钦哉"，不可轻于有为也。又必屡察已成之治而"钦哉"，不可玩夫已为也。于是，赓成其歌，谓君臣惟当"明"、"良"而已，不必过于"喜"、"起"也，庶事惟底于康安而已，不必过于熙广也，乃所以凝泰和也。君有赖于臣，故先"股肱"；臣有望于君，故先"元首"。皋意犹未已，谓"明"非聪察之，谓聪察则流于"丛脞"；"良"非软熟之，谓软熟则流于惰偷。君"丛脞"，则臣惰偷，万事堕坏矣。前言"庶事"，此言"万事"，甚言"丛脞"之害事也。不过而失于激，亦不怠而失于废，真可以凝泰和而保天命矣。"往钦"，欲君臣自此以往无不敬也。典、谟之书，皆以"钦"终之。"九成"之韶，敕天之歌，非可以二观也。虞之韶，不可得而闻；帝之歌，犹可得而咏。韶虽亡，不亡者存焉，学者宜深玩绎也。

20.《尚书句解》卷二

（元）朱祖义撰

帝庸作歌曰（舜乃用功成作乐之意，作歌曰）：敕天之命，惟时惟几（今虽天命眷顾，常当警敕，不可以治功成而自忽，惟时以趋事，惟几以察微）。

21.《尚书日记》卷四

(明) 王樵撰

"帝庸作歌"至"帝拜曰：俞！往钦哉"。此章所记，与上文亦不相蒙。孔氏谓"帝用'庶尹允谐'之故，作歌以戒，安不忘危"者，非是。

天命，所谓"聪明"、"明威"也。传中治乱安危，相为倚伏，正言其无常而不可不敕戒之意，非指治乱为天命也。"时"，以天言；"几"以人言。无时而不戒敕者，常谨未然之防，所谓"日监在兹"，"不显亦临，无射亦保"也。无事而不戒敕者，常防未萌之欲，所谓"察微知著"，"图难于其易为，大于其细"也。

人之形视听呼吸，皆在元首作，而行之则在股肱。故君谓之"元首"，臣谓之"股肱"。"喜哉"对"惰"字看。股肱不喜，则元首不起。辅佐不力，虽贤主不能独运以成功。

新安陈氏曰：歌之序，意在于戒天命而谨时、几。歌之所谓"喜"。喜于乘"时"图"几"也。所谓"起"，起而乘"时"图"几"也。所谓"熙"，则其乘"时"图"几"之效验也。君臣能如此，庶可戒敕天命而永保之矣。

王氏曰：皋陶以为，人君不必下侵臣职以求事功，但委任而责成功尔。"率作兴事"者，分职授任，如咨命二十二人是也。"屡省乃成"，则"三载考绩"，"三考黜陟"是也。能如是，则可谓之明君。君明，则臣不敢欺，而思尽其职，庶事自各就绪矣。苟为不然。而欲下侵众职，则"元首丛挫"，而股肱懈怠。天下之事，岂一人所能办哉。万事之堕，固其宜矣。

"兴事"，即所谓"喜"也。皋陶谓，此在人君率作之。

乐于"兴事"者，易至于纷更，信哉言乎。

"慎乃宪"，只"率作"中事。

"屡省"，"屡"字，要见以"时"举行之意。

"赓"者，依帝之歌而续之也。载，成也。帝以为在于股肱之喜，皋陶以为在元首之明，是成其义也。

范氏淳夫曰：《书》曰"元首明哉，股肱良哉，庶事康哉"，又曰"元首丛脞哉，股肱惰哉，万事堕哉"，此舜与皋陶所以赓歌而相戒也。夫君以

"知人"为明；臣以任职为良。君"知人"则贤者得行其所学；臣任职，则不肖者不得苟容于朝。此"庶事"所以"康"也。若夫君行臣职，则"丛脞"矣。臣不任君之事，则"惰"矣。此"万事"所以"堕"也。当是之时，禹平水土，稷播百谷，土谷之事，舜不亲也。契敷五教，皋陶明五刑，教刑之事，舜不治也。伯夷典礼，后夔典乐，礼、乐之事，舜不与也。益为虞，垂作共工，虞工之事，舜不知也。禹为一相，总百官。自稷以下，分职以听焉。君人者，如天运于上，而四时寒暑，各司其序，则不劳而万物生矣，君不可以不逸。所治者大，所司者要也，臣不可以不劳。所治者寡，所职者详也。不明之君务察而多疑，欲以一人之身代百官之所为，则虽圣智，亦日力不足矣。故其臣下事，无大小，皆归之君，政有得失，不任其患。贤者不得行其志，而持禄之士得以保其位。此天下所以不治也。

司马氏曰：《益稷》曰"元首明哉，股肱良哉，庶事康哉"，言君明则能择臣，臣良则能治事也。又曰"元首丛脞哉，股肱惰哉，万事堕哉"，言君亲细务，则臣不尽力，而事废坏也。是故，王者之职，在于量材任人，赏功罚罪而已。苟能谨择公、卿、牧伯而属任之，则其余不待择而精矣。谨察公卿牧伯之贤愚，善恶而进退诛赏之，则其余不待进退诛赏而治矣。然则，王者所择之人不为多，所察之事不为烦，此治事之要也。

按，明、良、康哉之义，范马二公之论至矣。蔡传不载，故备录之。

真氏曰：帝之歌，本为敕天命而作。君臣倡和，乃无一语及天者，修人事，所以敕天命也。后之人主，宜深体焉。

"俞"者，纳皋陶所陈也，管上"率作"至"堕哉"一边意。"往钦哉"者，申己所望也，管上"敕天"至"熙哉"一边意。"往钦哉"，通敕廷臣，不专指皋陶。陈氏大猷曰：典、谟之书，皆以"钦"终之。"九成"之韶，"敕天"之歌，非可以二观也。虞之韶不可得而闻，帝之歌犹可得而咏。韶虽亡，不亡者存焉。学者宜深玩绎也。

22. 《日讲书经解义》卷二

（清）库勒纳等撰

帝庸作歌曰：敕天之命，惟时惟几。乃歌曰：股肱喜哉，元首起哉，百工熙哉。皋陶拜手稽首飏言曰：念哉，率作兴事，慎乃宪，钦哉！屡省乃成，钦哉！乃赓载歌曰：元首明哉，股肱良哉，庶事康哉。又歌曰：元首丛脞哉，股肱惰哉，万事堕哉。帝拜曰：俞！往钦哉。

此一节书，是虞廷君臣交相责难，以期保治于无穷也。庸，用也。敕，戒敕也。几，事之微也。"惟时"者，无时而不戒敕也。"惟几"者无事而不戒敕也。"股肱"谓臣也。"元首"谓君也。大言而疾曰"飏"。宪，法度也。赓，续也。载，成也。丛脞，烦碎也。堕，倾圮也。帝舜时，天下治安，犹恐君臣之间易至怠荒，用作歌以相儆戒，先述其作歌之意曰：天命可畏，今虽治定功成，礼备乐和，然而治乱安危，循环倚伏，必须常以戒敕存心。惟一时之暂，惟一事之微，无弗戒敕，庶乎天命可保也。乃歌曰：为臣者喜于乘"时"而图"几"，则人君之治化兴起哉；百官之事功熙广哉。帝舜之以保治望臣者如此。皋陶拜手稽首以致敬，大声疾言。先述其续成帝歌之意曰：帝以敕天命望之于臣，其先念之于己哉。要在统率群臣，振作以兴起职事，但宜谨守成法，不滋纷更，此帝念所当钦也。又必数加省察，考其成功，使之无敢欺蔽，此帝念所当钦也。皋陶既述其意，乃续成其歌曰：君能明于临下，而率作省成，以为敕天命之倡，则臣皆尽职而忠良哉；众事合宜而安康哉。君若不能率作省成，而下侵臣职，丛烦脞碎，则臣皆推诿而偷惰哉，万事废弛而堕坏哉。皋陶之以保治望君者如此。帝拜受其言曰：明与丛脞之得失，其理信然。我为元首，固当钦念；汝等膺股肱之任，往治其职，亦岂可以不钦哉？皋陶以"钦"责难于君，帝舜亦以"钦"责难于臣，可见祈天永命，制治保邦，不外乎一心之"敬"。此唐虞授受之心法，所以为万世法也。

《书蔡氏传旁通》卷一下

（元）陈师凯撰

舜与皋陶之赓歌，三百篇之权舆也。

《韵会》云：权舆，始也。造衡自权始，造车自舆始。

《尚书稗疏》卷一

（清）王夫之撰

"庸作歌"，飏言"敕天之命"二句，"念哉"六句，系之"作歌"之下，而下文又有"乃歌"、"乃赓"之文，盖前数语不用韵，如后世乐府，有艳，有和，有唱。"股肱喜哉"云云，每三句一韵为一歌，则如乐府之有词也。此歌盖舜及陶所作，而夔以被之管弦，则亦大韶升歌之遗音。故系之"庶尹允谐"之后，功成乐作，而推本治原者，以此歌叹咏之，犹周乐之以《关雎》为乱也。孔传云用"庶尹允谐"之政，故作歌以戒；陈氏曰用夔言功成乐作之意，而用之歌，皆泥于"庸"字之义，而不知史家记事之体也。班固《乐志》前序汉乐，而后载乐府辞，盖师此为之。

《书经衷论》卷一

（清）张英撰

安止、几、康，圣人之心法。止，即"知止"之谓也。"几"即能虑之谓也。"康"，即能得之谓也。"几"者，意之诚；"康"者，心之正，身之修。特典、谟之言浑融，未易寻其畦径次第，《大学》分而析之以示人，究其精义则一也。

《尚书大传》卷一

（清）孙之騄辑

（归善斋按：见"予击石拊石"）

《尚书七篇解义》卷一

（清）李光地撰

帝庸作歌曰：敕天之命，惟时惟几。乃歌曰：股肱喜哉，元首起哉，百工熙哉。皋陶拜手稽首飏言曰：念哉，率作兴事，慎乃宪，钦哉；屡省乃成，钦哉。乃赓载歌曰：元首明哉，股肱良哉，庶事康哉。又歌曰：元首丛脞哉，股肱惰哉，万事堕哉。帝拜曰：俞往钦哉。

此记有虞君臣唱和交儆，以见圣人之心纯亦不已，圣人之治所其无逸也。"惟时"者，敬心之常存；"惟几"者，谨事于方动。二者所以"敕天之命"也。舜警其臣，故先"股肱"；皋陶警其君，故先"元首"。皋陶言为君者，率之于先，守之于继，省之于后，则大要举，而下无遁情矣，所谓"明"也。若智欲遍物，事必攸兼，是之为"丛脞"。此似明而

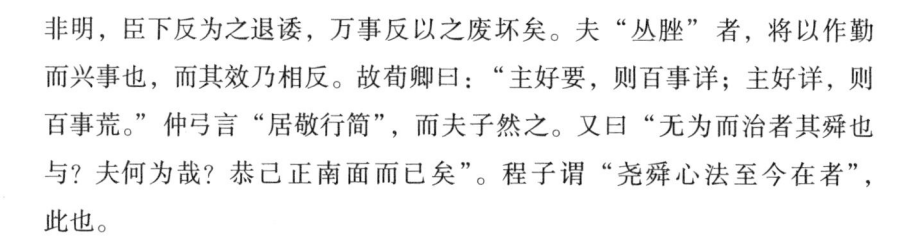

非明，臣下反为之退诿，万事反以之废坏矣。夫"丛脞"者，将以作勤而兴事也，而其效乃相反。故荀卿曰："主好要，则百事详；主好详，则百事荒。"仲弓言"居敬行简"，而夫子然之。又曰"无为而治者其舜也与？夫何为哉？恭己正南面而已矣"。程子谓"尧舜心法至今在者"，此也。

乃歌曰：股肱喜哉！元首起哉！百工熙哉！

1.《尚书注疏》卷四

（汉）孔氏传，（唐）陆德明音义，孔颖达疏

乃歌曰：股肱喜哉，元首起哉，百工熙哉。

传：元首，君也。股肱之臣，喜乐尽忠，君之治功乃起，百官之业乃广。

音义：乐，音洛。尽，津忍反。

疏：既为此言，乃歌曰：股肱之臣，喜乐其事哉。元首之君，政化乃起哉，百官事业乃得广大哉，言君之善政由臣也。

《释诂》云：元首，首也。僖三十三年《左传》称"狄人归先轸之元"，则"元"与"首"。各为头之别名。此以元首共为头也。君臣大体，犹如一身，故元首，君也。股肱之臣，喜乐尽忠，谓乐行君之化。君之治功乃起，言无废事业。事业在于百官，故众功皆起，百官之业乃广也。

2.《书传》卷四

（宋）苏轼撰

（归善斋按：未解）

3.《尚书全解》卷六

（宋）林之奇撰

乃歌曰：股肱喜哉，元首起哉，百工熙哉。皋陶拜手稽首飏言曰：

念哉!

人君欲"敕天之命,惟时惟几",非人臣之助,则治功无自而济,故形之于声,则曰"股肱喜哉,元首起哉,百工熙哉"。股肱,喻臣也;元首喻君也。盖一人之身,手足喜悦,从事于一身,以为元首之助,则元首为之兴起,亦犹人臣趋事赴功,以为人君之助,则人君亦从而兴起。"百工熙哉"者,言百官之职业,亦熙然而兴也。熙,兴也。下言"百工",则知上言"股肱"者,专指大臣而言之也。舜既望大臣如此,则皋陶于是拜手稽首飏言,以奉承所歌之意也。拜手者,自首至手。稽首者,自首至地,言尽敬于君也。飏者,大言而疾曰"飏"。皋陶既拜手稽首,而又飏言曰"念哉"者。盖舜之所歌,泛指当时大臣,而皋陶欲使当时大臣,皆念夫帝所歌之意,于是宣言于众,谓凡我同列大臣,皆念帝所歌之意,故曰"念哉"。

4.《尚书讲义》卷四

(宋)史浩撰

(归善斋按:见"戛击鸣球")

5.《尚书详解》卷五

(宋)夏僎撰

(归善斋按:见"帝庸作歌")

6.《增修东莱书说》卷四

(宋)吕祖谦撰,时澜增修

乃歌曰:股肱喜哉。元首起哉。百工熙哉。

言"敕天之命,惟时惟几",必赖人臣辅佐。君对臣,则先言"股肱喜",亦奋庸之意也。"股肱喜"而常举是意于下,则元首兴起,不昏滞于上矣。朝廷如此,百工安得不广且明哉?

7.《尚书说》卷一

(宋)黄度撰

(归善斋按:见"帝庸作歌")

8. 《洁斋家塾书钞》卷三

（宋）袁燮撰

（归善斋按：见"帝庸作歌"）

9. 《书经集传》卷一

（宋）蔡沈撰

（归善斋按：见"帝庸作歌"）

10. 《尚书精义》卷八

（宋）黄伦撰

（归善斋按：见"帝庸作歌"）

11. 《尚书详解》卷五

（宋）陈经撰

（归善斋按：见"帝庸作歌"）

12. 《融堂书解》卷二

（宋）钱时撰

（归善斋按：见"帝庸作歌"）

13. 《尚书要义》卷五

（宋）魏了翁撰

三二、帝歌归美股肱，皋陶先元首，以足其义。

《释古》云"元首，首也"。僖三十三年《左传》称"狄人归先轸之元"，则"元"与"首"，各为头之别名。此以元首共为头也。君臣大体犹如一身，故元首，君也。股肱之臣，喜乐尽忠，谓乐行君之化，君之治功乃起，言无废事业，事业在于百官，故众功皆起，百官之业乃广也。帝歌归美股肱，义未足者，非君之明，为臣不能尽力，空责臣功，是其义未足，以此续成帝歌，必先君后臣，众事乃安。孔以"丛脞"为"细碎无大略",郑以"丛脞",总聚小小之事,以乱大政,皆是以意言耳。君无大略,则不能任贤,功不见知,则臣皆懈惰,万事堕废,其功不成,故又歌以重戒也。"庶事"、"万事"为一,同而文变耳。

14. 《书集传或问》卷上

(宋)陈大猷撰

(归善斋按:未解)

15. 《尚书详解》卷二

(宋)胡士行撰

乃(遂)歌曰:股肱(大臣)喜(乐于赴功)哉,元首(君)起(兴起不留滞)哉,百工(群臣之事)熙(广)哉。

此三百篇之权舆也。君对臣言,则先股肱。

16. 《书纂言》卷一

(元)吴澄撰

乃歌曰:股肱喜哉,元首起哉,百工熙哉。

股肱,臣也。喜,欢喜而有为。元首,君也。起,谓作兴而无怠。"百工熙哉",谓百工之职业,广大光明也。此"惟时惟几",而"敕天命"者也。

17. 《书集传纂疏》卷一

(元)陈栎撰

(归善斋按:见"帝庸作歌")

18. 《读书丛说》卷三

(元)许谦撰

(归善斋按:未解)

19.《书传辑录纂注》卷一

（元）董鼎撰

（归善斋按：见"帝庸作歌"）

20.《尚书句解》卷二

（元）朱祖义撰

乃歌曰（乃歌云）：股肱喜哉（股肱，喻臣也。大臣喜而乐于赴功），元首起哉（元首，喻君也。人君之治功，翕然奋起），百工熙哉（百工之职业，自然广大）。

21.《尚书日记》卷四

（明）王樵撰

（归善斋按：见"帝庸作歌"）

22.《日讲书经解义》卷二

（清）库勒纳等撰

（归善斋按：见"帝庸作歌"）

《尚书稗疏》卷一

（清）王夫之撰

（归善斋按：见"帝庸作歌"）

《尚书七篇解义》卷一

（清）李光地撰

（归善斋按：见"帝庸作歌"）

皋陶拜手稽首，飏言曰：念哉

1.《尚书注疏》卷四

（汉）孔氏传，（唐）陆德明音义，孔颖达疏

皋陶拜手稽首，飏言曰：念哉。

传：大言而疾曰"飏"，承歌以戒帝。

音义：飏，音扬。

疏：皋陶拜手稽首，飏声大言曰：帝当念是言哉。

2.《书传》卷四

（宋）苏轼撰

（归善斋按：未解）

3.《尚书全解》卷六

（宋）林之奇撰

（归善斋按：见"股肱喜哉"）

4.《尚书讲义》卷四

（宋）史浩撰

（归善斋按：见"戛击鸣球"）

5.《尚书详解》卷五

（宋）夏僎撰

皋陶拜手稽首，飏言曰：念哉！率作兴事，慎乃宪，钦哉！屡省乃成，钦哉！乃赓载歌曰：元首明哉，股肱良哉，庶事康哉。又歌曰：元首丛脞哉，股肱惰哉，万事堕哉。帝拜曰：俞！往钦哉。

大言而疾，曰"飏"。自首至手，曰"拜手"；自首至地，曰"稽

首"。盖敬之至也。舜之歌,既谓元首之起,本乎股肱之喜,故皋陶于是拜手稽首,大言以宣告于庭曰"念哉",盖谓帝之责望于我等如此,我等当念帝之所歌,而求以副帝所望之意。所谓念帝所作歌,求有以副帝所望之意者,不过相率于兴事功之际,不可妄作,当敬以慎其常法。既合于常法,又须再三循省决之于心,然后始成。始也,慎宪而后作;终也,屡省而后成。二者皆不可不敬,故皆言"钦哉"。皋陶既飏言于庭,使各念帝所歌,求有以副帝责望之意,然又念臣虽有乐事赴功之心,非君之明足以知之,则臣虽有是心,未必能展尽底蕴。于是又赓载帝歌,以致其意。赓,续也;载成也。帝意有不尽者,皋陶乃续而成之。帝之所歌谓元首之起,必由股肱之喜,是君之所望于臣也。然未及臣之所望于君者,故皋陶之歌,乃谓股肱之良,必由元首之明,惟人君明于上,则人臣得以尽忠于下,而庶事所由以安。此所以成帝之意也。亦犹《访落》之诗,是嗣王朝于庙,访于诸侯之言,必继以《敬之》之诗,然后其文始足。故序《访落》之诗则曰:《访落》,嗣王谋于庙也。于《敬之》之诗,则曰群臣进戒嗣王也。此正皋陶所以赓歌之意。然皋陶又谓上之赓歌,特言君臣相须之理,未及儆戒之意,故又歌曰:元首细碎不务大略,屑侵臣之职。如后之人君,兼行将相,则为人臣者,知人君任之不专,必怠惰不共乃事,万事从而堕坏矣,在帝又不可不戒,故皋陶所以又歌之也。范内翰谓:舜之时,禹平水土,稷播百谷。土谷之事,舜不亲也。契敷五教,皋陶明五刑。教刑之事,舜不治也。伯夷典礼,后夔典乐。礼乐之事,舜不举也。益为虞,垂作共工。虞共之事,舜不知也。禹为相,总百官。自稷而下,分总而听焉。人君如天运于上,四时寒暑,各司其序,则上不劳,而万物成也。林少颖曰:舜之时,君无为而执其要于上,臣有为而致其详于下。虽其治历万世而不可及。原其所以致此者,亦无出于赓歌之数语。岂非君臣之间,嗟叹不足,形于咏歌。虽不过数语,言有尽,而意无尽。读之者如闻弦歌发越之音,可以一唱而三叹矣。此说尽之。皋陶既歌以成其义,又歌以致其戒,所言皆根极至理,故帝拜而受其言,且俞而然之曰"往钦哉",言自今以往,君臣相当敬其事而行之。《礼》曰"君于臣,则不答拜",盖至尊之势,不可屈也。然太甲于伊尹,成王于周公,皆有拜手稽首之义,所以尊师重道。皋陶之歌,帝拜而受,岂非以师傅之礼待皋陶欤?

6. 《增修东莱书说》卷四

（宋）吕祖谦撰，时澜增修

皋陶拜手稽首，飏言曰：念哉！率作兴事，慎乃宪，钦哉！屡省乃成，钦哉！

"飏言"者，大声而言也。形于声音，动于忾叹，而不自知。"拜手稽首"，大声言之"念哉"。"凡率作兴事"之际，必常常致其敬也。所谓"率作兴事"，"慎乃宪"，最要看。大率人一味兴起去做事，都不思，只是会有失兴者，奋励之谓也。事固以奋庸而立，又必谨守其法，加之以钦。此是情性之正，天理之公矣。"屡省乃成"，不可作保治看，只是时时思量所以成处。"屡"者，无时而不省也。"乃"者，事之所以成也。事所以成，时时省之。盖日中则昃。月盈则亏，当既济大亨之时，省察之功不可歇也。

7. 《尚书说》卷一

（宋）黄度撰

（归善斋按：见"帝庸作歌"）

8. 《洁斋家塾书钞》卷三

（宋）袁燮撰

皋陶拜手稽首飏言曰：念哉，率作兴事，慎乃宪，钦哉。屡省乃成，钦哉。乃赓载歌曰：元首明哉，股肱良哉，庶事康哉。又歌曰：元首丛脞哉，股肱惰哉，万事堕哉。帝拜曰：俞！往钦哉。

"飏言"者，常言之也。"念哉"者，不忘之谓也。唐虞之时，多说这"念"字。"帝念哉"，"念兹在兹"，至"惟帝念功"，此又说"念哉"，皆欲其念念在此，无顷刻之忘也。此一字有无穷之义。"率作兴事，慎乃宪"，宪，法度也，言凡所兴作，当谨其法度也。所谓法度者，规矩准绳是也。凡事不可出于规矩准绳之外，出此外，则荡然无度矣。由一身而言，则动容周旋中礼，一身之法度也。由天下而言，则纪纲修明，政治毕举，天下之法度也。此种法度，岂可放失。"宪"之一字，关涉甚大。老庄之学，无法度者也。孔孟之学有法度。孔子"七十而从心所欲，不逾矩"，所谓"慎乃宪"也。"儆戒无虞，罔失法度"，唐虞君臣，所以相儆戒，无非纳之于法度之中。曰"慎乃宪，钦哉"，甚言其不可违此规矩准绳也。"屡省乃成，钦哉"，省，是省觉。曰"省乃成"者，省其所以成之故。至于既成，犹不忘省者也。常常惺惺，常常觉察，是之谓"省"。曾子"吾日三省吾身"。"屡省"云者，不特一省再省而已，当无时而不省也。此是答舜"敕天之命"。"乃赓载歌"，方是赓舜之歌。舜先股肱，而后元首，所以资臣下之助也。皋陶先元首，而后股肱，端本澄源之论也。皋陶以为必元首之明，然后股肱方良，庶事方康。"良"与"喜"二字不同，而实相似。唐魏郑公愿为良臣，以为龙逢比干，此忠臣也。皋陶、稷、契，此良臣也。惟是良臣，方始会喜。若是忠臣，则君臣之间，不免彼此拂逆，犯颜逆耳，而又何喜乎？"庶事康哉"者，言其康安也，庶事皆安稳也。而"又歌曰：元首丛脞哉"，是躬亲庶务。人主躬亲庶务，侵臣之职，则股肱必不任其责。非不任其责也，虽欲为之不可得也。至于"股肱惰矣"，万事安得不隳隳者坏也，"明"与"丛脞"，若不相对，然不以暗对"明"，而以"明"与"丛脞"对，以是知明者自明，其一心也。"丛脞"者，躬亲庶务之繁也。端本澄源，不累以事，则此心明矣。亲小劳，侵众官，逞其聪明，日取百司庶府之事，自为之，则为细务所汩，胸中纷乱，此心何由"明"乎。言"丛脞"，暗在其中矣。虽然"元首明哉"，是自明，其一心不屑屑于细务也。宜若庶事隳坏，而乃继之以"庶事康哉"。"元首丛脞"是劳其耳目，形神纤悉，而经理之也。宜若庶事毕举，而乃继之以"万事隳哉"。夫何若是相反也，大抵人主不理会事，则万事无一之不治；人主一理会事，则万事无一之不隳。博观历代，莫不皆然。盖才理会事，则为事所汩。第一是不知人，既不知人，事何由治？所以人主不可理会事。宰相且犹不亲细务，而况人主乎？皋陶赓歌，只使舜自明其心，不使舜役役于事物之间也。舜闻此言，不知不觉，至于下拜。当是时，但见忠言嘉谋之可敬可服，初不知我之为君也，彼之为臣也，故以人主之尊，而拜其臣。若使当是时，知我是人君，不当拜其臣，才有这知，便非圣人之心。以君拜臣，此等气象，惟唐虞三代为然。在后世，则无矣。"王拜手稽首曰：予小子不明于德"，则太甲尝拜伊尹矣，是亦其悔过之切，不知不觉下拜也。"王拜手稽首曰：公不敢不敬天之休来相宅"，则成王亦尝拜周公矣。"往钦哉"者，言其自此以往，不可不敬也。二典三谟，学者所宜究心也，其中靡所不具。欲观圣人之处心，则于此见之矣；欲观圣人之处事，则于此见之矣；欲观君道，亦在其中；欲观臣道，亦在其中。以至于为天下国家之法，粲然可考。但将后世，所以不如古者，与之并观，观古今之异在于何处，则可以知唐虞之所以为唐虞者，句句可以为万世之法，事事可为万世法，此之谓二典三谟也。

9.《书经集传》卷一

（宋）蔡沈撰

（归善斋按：见"帝庸作歌"）

10.《尚书精义》卷八

（宋）黄伦撰

皋陶拜手稽首飏言曰：念哉！率作兴事，慎乃宪，钦哉；屡省乃成，钦哉。

临川曰：皋陶承歌以戒帝，有谓"屡省乃成，钦哉"，盖善始非难，而善终为难。能屡自顾，其成功，则治不至于乱，安不至于危。孟子曰"一游一豫为诸侯度"，是游豫，人之所不免也。君子非不豫也，豫至于逸，不可也；君子非不游也，游至于盘，则不可也。此太康所以"逸豫盘游"，而至于失邦矣。

11.《尚书详解》卷五

（宋）陈经撰

（归善斋按：见"帝庸作歌"）

12.《融堂书解》卷二

（宋）钱时撰

（归善斋按：未解）

13. 《尚书要义》卷五

（宋）魏了翁撰

（归善斋按：未引）

14. 《书集传或问》卷上

（宋）陈大猷撰

（归善斋按：未解）

15. 《尚书详解》卷二

（宋）胡士行撰

皋陶拜手稽首，飏（宣）言曰：念（念帝所歌）哉！率（相率）作（为）兴（起）事（功），慎乃宪（法），钦哉；屡（数）省（察）乃成（成者，事之所成。一云：已成之功），钦哉。

飏言以宣告于庭也。于作兴中。而必守法焉，且屡省而后成，其持敬也，至矣。

16. 《书纂言》卷一

（元）吴澄撰

皋陶拜手稽首飏言曰：念哉！率作兴事，慎乃宪，钦哉！屡省乃成，钦哉！

拜手，首至手；稽首，首至地。先拜手，而后稽首，九拜中之吉拜也。飏言，发扬其声而言也。念哉，令同列思念帝歌之意。作，起也，振发之意。兴事，谓建立其事，不可颓废也。宪，法也。率，皆起而立事，事必循法，所当致慎于始；事虽已成，犹当屡省于终，始终同一敬也。此皋陶先拜帝歌，又言所以赓帝歌之意。

17. 《书集传纂疏》卷一

（元）陈栎撰

（归善斋按：见"帝庸作歌"）

18.《读书丛说》卷三

（元）许谦撰

（归善斋按：未解）

19.《书传辑录纂注》卷一

（元）董鼎撰

（归善斋按：见"帝庸作歌"）

20.《尚书句解》卷二

（元）朱祖义撰

皋陶拜手稽首飏言曰（手至首为拜手，首至地为稽首。大言宣于庭）：念哉（我等当思念帝歌）！

21.《尚书日记》卷四

（明）王樵撰

（归善斋按：未解）

22.《日讲书经解义》卷二

（清）库勒纳等撰

（归善斋按：见"帝庸作歌"）

《书义断法》卷一

（元）陈悦道撰

皋陶拜手稽首飏言曰：念哉！率作兴事，慎乃宪，钦哉。屡省乃成，钦哉。

皋陶之言治道，无不主于"钦"。皋陶之格君心，先有以动其听。盖天下万事，皆本于心，而成于敬，所谓诚者，物之终始，不诚无物也。皋陶以"念哉"一语，冠于言事之首，复以"钦哉"二语，贯于行事之终始。其先之以拜稽飏言者，又所以重其事而耸其听也。大臣格君之道。其委曲详尽，固如此。

《尚书注考》

（明）陈泰交撰

"皋陶拜手稽首"，训"拜手稽首"者，首至手，又至地也。"周公拜手稽首"，训"拜手稽首"者，周公遣使之礼也。

《书义矜式》卷一

（元）王充耘撰

皋陶拜手稽首飏言曰：念哉！率作兴事，慎乃宪，钦哉，屡省乃成，钦哉。乃赓载歌曰：元首明哉，股肱良哉，庶事康哉。

大臣之形于言者，固欲君心致敬，以图事功。大臣之形诸声者，尤欲君臣相须，以图治效。盖君臣各尽其道，治功固无难者。然究其本，则在乎君心一念之敬焉，此皋陶所以先述其赓歌之意，而后形为赓歌之辞。观其既拜稽以尽其礼，复飏言以致其辞，而所言者，又以"念哉"为先焉。诚以人君当总率群臣以兴事功，而必谨守其法，不可以不敬也。庶事既兴，又必数考其功，又不可以不敬，此将赓歌而先述其赓歌之意也。而其赓歌之辞乃曰，君犹元首，惟在于明也；臣犹股肱，惟在于良也。君明则臣良，而天下之事无不安。其所曰"明"，曰"良"，非一念之敬者能之乎？噫！尽敬以致其辞，则有以动乎君之听；声歌以致其戒，则有以感夫君之心。皋陶其善于进戒者哉。尝谓：天下之治，由警戒而成，至歌颂而极，于歌颂之中，而不忘儆戒之意，固于有虞之君臣见之矣。然皋陶作歌之意，则谓事之始终，惟在于敬。其歌之辞，则又谓，必君明臣良，而后可以成治功。若不相合焉者，何也？呜呼！此皋陶所以为善于进戒者也。彼诚见夫天下之事，"一日二日万几"，非有明哲之君，忠良之臣，其能成始而后成终者鲜矣。然而明良之道，非存心以敬者，不能也。故君而能敬，则天理存，而私欲不足以汩其中，此心之天，虚灵洞澈，而不患其不明也。臣焉，见君之明如此，则必常怀忠诚之念，而怠慢之气不设于身体，不患其不良矣。君臣之际，明良相逢，天下之事，其有可虑者乎？此皋陶所以先于敬，而启其明良之端；后作歌，而期以明良之效也。今观皋陶之告舜也，其拜手稽首，非谀以取容也，不如是，不足以尽吾诚敬之意也。大声疾言非矫激以为直也，不如是，不足以达吾忠鲠之蕴也。皋陶之忠诚，既已见于辞色之间矣，而复以"念哉"之说进焉，盖谓，夫事之未作，当总率群臣以兴之，而必慎守乎成宪，苟成宪不谨，则有纷更变易之患，旧章或由是而乱矣。而始之一念，不可以不敬也。事之既作，尤必君心自察之，而屡省其成功。苟成功之不省，则有诞慢欺蔽之失，而庶绩讫不能有成矣。是终之一念，不可以不敬也。皋陶作歌之意既以达于君矣，然后赓歌之辞，乃继续而进焉。其赓歌之辞，若曰：君位乎上，譬则元首也，臣位乎下，譬则股肱也。元首者，所以运乎众体，不可以不明，非苛察之谓也。股肱者，所以卫乎心目，不可以不良，非诡随之谓也。"知人则哲"，则尽君之道矣。"咸怀忠良"，则尽臣之职矣。君臣上下，尤有一体之相须，自朝廷而达之邦国，由邦国而达之天下，其纲纪法度备举而不遗，礼乐刑政四达而不悖。庶事虽多，无一不各止其所者矣。君臣相须，以为治其效固如此乎。嗟乎！万世而下，孰不知明哲之君，足以立事功也，而不知有其本焉。盖敬体而明用也。亦孰不知忠良之臣，可以修职业也，而不知实由于君焉，盖君明而后臣良也。君而有怠荒之心，则物欲胶之，而本体之明有时而昧矣，况可以立事功乎？君无知人之明，则邪正不分，贤否莫辨，虽有忠良之臣，亦无由而进矣，又何以成治效乎？皋陶将进明良之说，而必克陈乎钦哉之论，其善于进戒者欤。然舜圣人也，咨百官，有"钦哉"之戒；询四岳，有明目达聪之论，固无待于皋陶之言矣。然犹言之恳切，而不能自已者，盖帝作歌，而责难于臣，故皋陶赓歌必责难于君也。君责难于臣，则先股肱而后元首；臣责难于君，则先元首而后股肱。君臣之间，赓唱迭和，而相责者如此。后世君臣，相悦之歌，果足以语此哉？迨夫成周《鹿鸣》之歌，有"天保"之答；《行苇》之赋，有"既醉"之报。君臣之间，一唱一和，亦皆有更相儆戒之意。此太和之治，所以在虞、周也。舜与皋陶之赓歌，为三百篇之权舆，岂不信欤？

《尚书七篇解义》卷一

（清）李光地撰

（归善斋按：见"帝庸作歌"）

率作兴事，慎乃宪，钦哉

1. 《尚书注疏》卷四

（汉）孔氏传，（唐）陆德明音义，孔颖达疏

率作兴事，慎乃宪，钦哉。

传：宪，法也。天子率臣下，为起治之事，当慎汝法度，敬其职。

疏：率领臣下，为起政治之事，慎汝天子法度，而敬其职事哉。

宪，法，《释诂》文。此言兴事，对上起哉。天子率臣下为起治之事，言臣不能独使起也。

2. 《书传》卷四

（宋）苏轼撰

（归善斋按：未解）

3. 《尚书全解》卷六

（宋）林之奇撰

率作兴事，慎乃宪，钦哉；屡省乃成，钦哉。乃赓载歌曰：元首明哉，股肱良哉，庶事康哉。

"钦哉"，言凡我同列之大臣，当率钦其上之命，以兴作其事业，又当慎汝所守之典宪，无敢不钦也。"屡省乃成，钦哉"者，谓未成之事，则作之、兴之。既成之事，则省之、察之，使无废坏，又不可不钦哉。"率作兴事，慎乃宪"，则能敕天命，而惟时矣。"屡省乃成"者，则是能敕天之命而惟几矣。皋陶既与同列论其所以"惟时惟几"，以助天子"敕天之命"，于是又续成帝歌，以致其规戒之意。赓，续也。载，成也。皋陶之歌，而续成于帝者。盖帝所歌，谓夫元首之起，必由股肱之喜，是君之所望于臣也。皋陶之歌，谓夫股肱之良必，由元首之明，是臣之所望于君也。以足成其义也。所谓"赓载"者，亦犹《访落》之诗，盖是嗣王朝于庙之时，访于诸侯之言，必继之以

1293

《敬之》诗，然后其义乃足。故作序者，于《访落》之序曰：《访落》，嗣王谋于庙也。于《敬》之序曰：敬之群臣，进戒嗣王也。此亦赓载之意也。"元首明哉，股肱良哉"，此亦以人身为喻也。元首明于上，股肱良于下，亦犹人君明于上，则人臣得以尽忠于下。此庶事所以安也。

4.《尚书讲义》卷四

（宋）史浩撰

（归善斋按：见"戛击鸣球"）

5.《尚书详解》卷五

（宋）夏僎撰

（归善斋按：见"皋陶拜手稽首"）

6.《增修东莱书说》卷四

（宋）吕祖谦撰，时澜增修

（归善斋按：见"皋陶拜手稽首"）

7.《尚书说》卷一

（宋）黄度撰

（归善斋按：见"帝庸作歌"）

8.《洁斋家塾书钞》卷三

（宋）袁燮撰

（归善斋按：见"皋陶拜手稽首"）

9.《书经集传》卷一

（宋）蔡沈撰

（归善斋按：见"帝庸作歌"）

10.《尚书精义》卷八

（宋）黄伦撰

（归善斋按：见"皋陶拜手稽首"）

11.《尚书详解》卷五

（宋）陈经撰

（归善斋按：见"帝庸作歌"）

12.《融堂书解》卷二

（宋）钱时撰

（归善斋按：未解）

13.《尚书要义》卷五

（宋）魏了翁撰

（归善斋按：未引）

14.《书集传或问》卷上

（宋）陈大猷撰

（归善斋按：未解）

15.《尚书详解》卷二

（宋）胡士行撰

（归善斋按：见"皋陶拜手稽首"）

16.《书纂言》卷一

（元）吴澄撰

（归善斋按：见"皋陶拜手稽首"）

17.《书集传纂疏》卷一

（元）陈栎撰

（归善斋按：见"帝庸作歌"）

18.《读书丛说》卷三

（元）许谦撰

（归善斋按：未解）

19.《书传辑录纂注》卷一

（元）董鼎撰

（归善斋按：见"帝庸作歌"）

20.《尚书句解》卷二

（元）朱祖义撰

率作兴事（相率作兴政事），慎乃宪（谨慎汝之常法），钦哉（敬哉）。

21.《尚书日记》卷四

（明）王樵撰

（归善斋按：见"帝庸作歌"）

22.《日讲书经解义》卷二

（清）库勒纳等撰

（归善斋按：见"帝庸作歌"）

《书义断法》卷一

（元）陈悦道撰

（归善斋按：见"皋陶拜手稽首"）

《尚书注考》

（明）陈泰交撰

"率作兴事"，训"率"，总率也。"于其子孙弗率"、"率乃祖考攸行"、"俾率先王"、"率自中"、"率惟敉功"，训"率"，循也。

《书义矜式》卷一

（元）王充耘撰

（归善斋按：见"皋陶拜手稽首"）

《尚书七篇解义》卷一

（清）李光地撰

（归善斋按：见"帝庸作歌"）

屡省乃成，钦哉

1. 《尚书注疏》卷四

（汉）孔氏传，（唐）陆德明音义，孔颖达疏

屡省乃成，钦哉。

传：屡，数也，当数顾省汝成功，敬终以善，无懈怠。

音义：屡，力其反。省，悉井反。数，色角反。懈，佳卖反。

疏：又当数自顾省己之成功，而敬终之哉。

《释诂》云：屡、数，疾也。俱训为"疾"，故"屡"为"数"也。顾省汝成功。谓已有成功，今数顾省之，敬终以善，无懈怠也。恐其惰于已成功，故以此为戒。

2. 《书传》卷四

（宋）苏轼撰

（归善斋按：未解）

3. 《尚书全解》卷六

（宋）林之奇撰

（归善斋按：见"率作兴事"）

4. 《尚书讲义》卷四

（宋）史浩撰

（归善斋按：见"戛击鸣球"）

5. 《尚书详解》卷五

（宋）夏僎撰

（归善斋按：见"皋陶拜手稽首"）

6. 《增修东莱书说》卷四

（宋）吕祖谦撰，时澜增修

（归善斋按：见"皋陶拜手稽首"）

7. 《尚书说》卷一

（宋）黄度撰

（归善斋按：见"帝庸作歌"）

8. 《洁斋家塾书钞》卷三

（宋）袁燮撰

（归善斋按：见"皋陶拜手稽首"）

9.《书经集传》卷一

（宋）蔡沈撰

（归善斋按：见"帝庸作歌"）

10.《尚书精义》卷八

（宋）黄伦撰

（归善斋按：见"皋陶拜手稽首"）

11.《尚书详解》卷五

（宋）陈经撰

（归善斋按：见"帝庸作歌"）

12.《融堂书解》卷二

（宋）钱时撰

（归善斋按：未解）

13.《尚书要义》卷五

（宋）魏了翁撰

（归善斋按：未引）

14.《书集传或问》卷上

（宋）陈大猷撰

（归善斋按：未解）

15.《尚书详解》卷二

（宋）胡士行撰

（归善斋按：见"皋陶拜手稽首"）

16.《书纂言》卷一

（元）吴澄撰

（归善斋按：见"皋陶拜手稽首"）

17.《书集传纂疏》卷一

（元）陈栎撰

（归善斋按：见"帝庸作歌"）

18.《读书丛说》卷三

（元）许谦撰

（归善斋按：未解）

19.《书传辑录纂注》卷一

（元）董鼎撰

（归善斋按：见"帝庸作歌"）

20.《尚书句解》卷二

（元）朱祖义撰

屡省乃成（再三循省汝治功之成），钦哉（敬哉）。

21.《尚书日记》卷四

（明）王樵撰

（归善斋按：见"帝庸作歌"）

22.《日讲书经解义》卷二

（清）库勒纳等撰

（归善斋按：见"帝庸作歌"）

《书义断法》卷一

（元）陈悦道撰

（归善斋按：见"皋陶拜手稽首"）

《书义矜式》卷一

（元）王充耘撰

（归善斋按：见"皋陶拜手稽首"）

《尚书七篇解义》卷一

（清）李光地撰

（归善斋按：见"帝庸作歌"）

乃赓载歌曰：元首明哉，股肱良哉，庶事康哉

1. 《尚书注疏》卷四

（汉）孔氏传，（唐）陆德明音义，孔颖达疏

乃赓载歌曰：元首明哉，股肱良哉，庶事康哉。

传：赓，续；载，成也。帝歌归美股肱，义未足，故续歌。先君后臣，众事乃安，以成其义。

音义：赓，加孟反，刘皆行反，《说文》以为古"续"字。

疏：乃续载帝歌曰：会是元首之君能明哉，则股肱之臣乃善哉，众事皆得安宁哉。既言其美，又戒其恶。

《诗》云"西有长赓"，毛传亦以"赓"为续，是相传有此训也。郑玄以载为始，孔以载为成，各以意训耳。帝歌归美股肱，义未足者，非君之明，为臣不能尽力，空责臣功，是其义未足。以此续成帝歌，必先君后臣，众事乃安。故以此言成其义也。

2.《书传》卷四

(宋)苏轼撰

(归善斋按:未解)

3.《尚书全解》卷六

(宋)林之奇撰

(归善斋按:见"率作兴事")

4.《尚书讲义》卷四

(宋)史浩撰

(归善斋按:见"戛击鸣球")

5.《尚书详解》卷五

(宋)夏僎撰

(归善斋按:见"皋陶拜手稽首")

6.《增修东莱书说》卷四

(宋)吕祖谦撰,时澜增修

乃赓载歌曰:元首明哉,股肱良哉,庶事康哉。

臣称君,则先言"元首明"者,君道之本体也。"居上克明","惟明明后"。元首明于上,则股肱无有不良。归美未几警戒,继之圣贤相与之意也。

7.《尚书说》卷一

(宋)黄度撰

(归善斋按:见"帝庸作歌")

8.《洁斋家塾书钞》卷三

(宋)袁燮撰

(归善斋按:见"皋陶拜手稽首")

9.《书经集传》卷一

(宋)蔡沈撰

(归善斋按:见"帝庸作歌")

10.《尚书精义》卷八

(宋)黄伦撰

乃赓载歌曰:元首明哉,股肱良哉,庶事康哉。又歌曰:元首丛脞哉,股肱惰哉,万事堕哉。帝拜曰:俞,往钦哉。

无垢曰:皋陶喜舜之开悟,不自知其言之出也,所以将顺成,就舜"敕天命"之美意,而又坚固之使不变,远大之使不息也。至于赓续舜股肱之歌,而歌之至于载而不已者,此又皋陶责舜之自反而修己也。其歌之意以谓"股肱良哉,庶事康哉",实由乎"元首明哉"而已。是"良"与"康",乃人君"明德"之效验也。又以谓"股肱惰哉,万事堕哉",实由乎"元首丛脞"而已,是"惰"与"堕",乃人君"丛脞"效验也。然则,庶顽不格,是谁之过欤?而区区欲以射侯、挞罚、书识、威刑以惧之,亦几于苛碎矣,不若退而修德。知夫"惰"与"堕",皆吾"丛脞"所致;"良"与"康",皆吾明德所致,则修德其敢已乎?大禹之意,夔之意,皋陶之意,无非使舜之自反。舜祗敬三人之意,而拜曰"然",自兹以往,其敢不钦乎?范氏曰:不明之君,不能知人,故务察而多疑。欲以一人之身,代百官之所为,则虽圣智,亦日力不足矣。温公曰:人君明,则百官得其人。百官得其人,则众事无不美。人君细碎无大略,则群臣不尽力。群臣不尽力,则万事皆废坏。此二者,治乱之至要也。

11.《尚书详解》卷五

(宋)陈经撰

(归善斋按:见"帝庸作歌")

12.《融堂书解》卷二

（宋）钱时撰

（归善斋按：见"帝庸作歌"）

13.《尚书要义》卷五

（宋）魏了翁撰

（归善斋按：未引）

14.《书集传或问》卷上

（宋）陈大猷撰

（归善斋按：未解）

15.《尚书详解》卷二

（宋）胡士行撰

乃赓（和）载（成）歌曰：元首明哉（识大体），股肱良（忠）哉，庶事康（安）哉。

君明而已，臣良而已，事康而已，行其无事，此持敬于"作兴"中之意也。臣称君，则先元首。

16.《书纂言》卷一

（元）吴澄撰

乃赓载歌曰：元首明哉，股肱良哉，庶事康哉。又歌曰：元首丛脞哉，股肱惰哉，万事堕哉。

赓，续也。载，始也。帝歌则先臣后君；皋陶赓，则先君后臣。君以知人为明；臣以任职为良。如此则庶事安泰也。丛脞，烦碎也。惰，懈怠也。堕，倾圮也。君不识体要，而行臣之事；臣虚窃禄位，而怠君之事，则万事废坏矣。王氏曰：前言庶事，后言万事，甚言"丛脞"与"惰"之败事也。

17.《书集传纂疏》卷一

（元）陈栎撰

（归善斋按：见"帝庸作歌"）

18.《读书丛说》卷三

（元）许谦撰

（归善斋按：未解）

19.《书传辑录纂注》卷一

（元）董鼎撰

（归善斋按：见"帝庸作歌"）

20.《尚书句解》卷二

（元）朱祖义撰

乃赓载歌曰（皋陶乃又赓续帝歌有未尽者，载成其歌云）：元首明哉（君明于上），股肱良哉（则臣忠于下），庶事康哉（然后庶事安康而无紊乱）。

21.《尚书日记》卷四

（明）王樵撰

（归善斋按：见"帝庸作歌"）

22.《日讲书经解义》卷二

（清）库勒纳等撰

（归善斋按：见"帝庸作歌"）

《书义断法》卷一

（元）陈悦道撰

乃赓载歌曰：元首明哉，股肱良哉，庶事康哉。

"明"、"良"者，君臣之盛德；而"康哉"者，"庶事"之皆安。然必君"明"而后臣"良"；臣"良"而后事"康"，端本澄源，所当责难于君，而舜之作歌乃先言"股肱喜哉"，责难于其臣，是以皋陶续帝歌以成其义。盖必君臣之交相责难，然后于义为备，而于歌非为容悦也。是则，皋陶之赓歌，所以劝舜，而非以颂舜，其所以赓歌者，正如此。

《尚书埤传》卷三

（清）朱鹤龄撰

元首明哉（至）隳哉。

范祖禹曰：夫君以知人为明，臣以任职为良。君知人，则贤者得行其所学；臣任职，则不肖者不得苟容于朝。此"庶事"所以"康"也。若夫君行臣职，则"丛脞"矣。臣不任君之事，则隳矣（孔疏云：君无大略，则不能任贤；功不见知，则臣皆懈惰），此万事所以隳也。当舜之时，禹为一相，总百官。自稷、契以下分职以听焉。君人者，如天运于上，而四时寒暑，各司其序，则不劳而万物生矣。君不可以不逸也，所治者大，所司者要也。臣不可以不劳也，所治者寡，所职者详也。不明之君，务察而多疑，故以一人之身，代百官之所为，则虽圣智，亦日力不足矣。故其臣下，事无大小，皆归之君。政有得失，不任其患。贤者不得行其志，而持禄之士得以保其位。此天下所以不治也。司马光曰：皋陶之歌言，君明则能择臣；臣良则能治事也。王者之职，在于量才任人，赏功罚罪而已。苟能谨择公卿牧伯而属任之，则其余不待择而精矣。谨择公卿牧伯之贤愚善恶，而进退诛赏之，则其余不待进退诛赏而治矣。然则王者，所择之人不为多，所察之事不为烦。此治事之要也。

《书义矜式》卷一

（元）王充耘撰

（归善斋按：见"皋陶拜手稽首"）

《尚书七篇解义》卷一

(清)李光地撰

(归善斋按:见"帝庸作歌")

又歌曰:元首丛脞哉,股肱惰哉,万事堕哉

1. 《尚书注疏》卷四

(汉)孔氏传,(唐)陆德明音义,孔颖达疏

又歌曰:元首丛脞哉,股肱惰哉,万事堕哉。

传:丛脞,细碎,无大略。君如此,则臣懈惰,万事堕废,其功不成。歌以申戒。

音义:丛,才公反。脞,仓果反,徐音璅。马云:丛,总也。脞,小也。惰,徒卧反。堕,许规反。

疏:元首之君,丛脞细碎哉,则股肱之臣懈怠缓慢哉,众事悉皆堕废哉,言政之得失由君也。

孔以丛脞为细碎,无大略。郑以丛脞总聚小小之事,以乱大政,皆是以意言耳。君无大略,则不能任贤,功不见知,则臣皆懈惰,万事堕废,其功不成,故又歌以重戒也。庶事、万事为一,同而文变耳。

2. 《书传》卷四

(宋)苏轼撰

股肱惰哉,万事堕哉。帝拜曰:俞!往,钦哉。

帝至此,纳禹之谏,乃作歌曰:天命不可常也,待祸福之至而虑之则晚矣。当以时虑其微者。盖始从禹之谏,而取益之言,有畏满思谦之意也。皋陶飏言曰"念哉",申禹之谏也。曰凡所兴作,慎用刑,广禹之意也。虽成功,犹内自省终,益之戒也。帝之歌曰:股肱喜则元首起,而百工熙。皋陶反之曰:良、康、惰、坏,皆元首之致也。呜呼,唐虞之际,

于斯为盛，而学者不论惜哉。

（归善斋按：另见"帝庸作歌"）

3.《尚书全解》卷六

（宋）林之奇撰

又歌曰：元首丛脞哉，股肱惰哉，万事堕哉。帝拜曰：俞！往钦哉。

皋陶之歌，既及于此，犹未足尽其儆戒之意，故又歌曰"元首丛脞哉，股肱惰哉，万事堕哉"。丛脞者，破碎而无大略也。君丛脞于上，则臣懈怠于下。故股肱惰，则事所以堕废而不成也。范内翰尝论此言，以谓君以知人为明，臣以任职为良。君知人，则贤者得行其所学；臣任职，则不贤者不得苟容于朝。此庶事所以康哉。若夫君行臣职，则丛脞矣。臣不任君之事，则惰矣。此万事所以堕也。当舜之时，禹平水土，稷播百谷。土、谷之事，舜不亲也。契敷五教，皋陶明五刑。教、刑之事，舜不治也。伯夷典礼，后夔典乐。礼、乐之事，舜不治也。益为虞，垂作共工。虞、工之事，舜不知也。禹为相，总百官。自稷而下，分职以听焉。君人者，如天运乎上，而四时寒暑，各司其序，则不劳而万物生也。君不可不逸也。所治者大，所司者要也。臣不可以不劳也。所治者寡，所职者详也。此说尽之矣。夫有虞之治，所以能冠百王之上者，惟其君臣，各任其职而已。孔子曰：无为而治者，其舜也。与夫何为哉，恭己正南面而已。又曰：舜有五臣，而天下治。盖君无为，而执其要于上；臣有为，而致其详于下。其治历万代而不可及。原其所以致此者，亦无出于赓歌之数语耳。盖由其嗟叹之不足，形于歌咏。故虽曰不过数语，然言有尽，而意无穷，使读之者，如闻诸弦歌发越之音，可以一唱而三叹也。三百篇之源流，盖出于此。学《诗》者不可不察也。"帝拜曰：俞！往钦哉"者，盖拜受其言而然之。自今而往，君臣皆当钦其事，而践其言也。《礼》曰：君于臣，则无答拜，盖至尊之势，无所屈也。然太甲之于伊尹，成王之于周公，皆有拜手稽首之义，所以尊师重道也。皋陶之赓歌，舜拜而受之，岂亦以师傅之礼而待皋陶与？按《大禹》、《皋陶》、《益稷》三篇，当时君臣相与，"都"、"俞"告戒之辞，史官取其深切著明者，以为三篇，垂于后世。然尧舜行事，其本末，既载于二典，必为此三篇者，盖以君臣之盛德，尤在于此故也。尝观唐太宗之为人，父子兄弟之间，闺门衽席之上，盖有不可言者。然其所以致正观之治，至于米斗三钱，外户不闭，行旅不赍粮，取给于道者，由贵艺好贤，屈己以从谏而已。然太宗克厉矫揉，自力于善故也。太宗岂真能好从谏者哉，强勉而行之，未必出于至诚，而其所成就，犹且如是。故当时史官述其听谏之事，以为《正观政要》之书以示后世子孙，亦以其能成正观之治者，有在于此故也。知太宗之所以能成正观之治，则知舜之所以为大者，舍此《大禹谟》、《益稷》、《皋陶谟》三篇，亦无以见之矣。

4.《尚书讲义》卷四

（宋）史浩撰

（归善斋按：见"戛击鸣球"）

5.《尚书详解》卷五

（宋）夏僎撰

（归善斋按：见"皋陶拜手稽首"）

6.《增修东莱书说》卷四

又歌曰：元首丛脞哉，股肱惰哉，万事堕哉。

君道在于无为，侵臣之职，则"丛脞哉"。"丛脞"者不知纲领之谓也。舜之时，太平无事，不可复有所增。苟强欲有为，即成"丛脞"之害。臣歌先"元首"，君歌先股肱，交相责任之义也。

7.《尚书说》卷一

（宋）黄度撰

（归善斋按：见"帝庸作歌"）

8.《洁斋家塾书钞》卷三

（宋）袁燮撰

（归善斋按：见"皋陶拜手稽首"）

9.《书经集传》卷一

(宋)蔡沈撰

(归善斋按:见"帝庸作歌")

10.《尚书精义》卷八

(宋)黄伦撰

(归善斋按:见"元首明哉")

11.《尚书详解》卷五

(宋)陈经撰

(归善斋按:见"帝庸作歌")

12.《融堂书解》卷二

(宋)钱时撰

(归善斋按:见"帝庸作歌")

13.《尚书要义》卷五

(宋)魏了翁撰

(归善斋按:见"股肱喜哉")

14.《书集传或问》卷上

(宋)陈大猷撰

(归善斋按:未解)

15.《尚书详解》卷二

(宋)胡士行撰

又歌曰:元首丛(杂)脞(细也。不识大体,则不明)哉,股肱惰哉(君行人臣之事则臣废事),万事堕(坏)哉。

九官分职,帝不亲也,反是则堕矣。

16. 《书纂言》卷一

（元）吴澄撰

（归善斋按：见"乃赓载歌曰"）

17. 《书集传纂疏》卷一

（元）陈栎撰

（归善斋按：见"帝庸作歌"）

18. 《读书丛说》卷三

（元）许谦撰

（归善斋按：未解）

19. 《书传辑录纂注》卷一

（元）董鼎撰

（归善斋按：见"帝庸作歌"）

20. 《尚书句解》卷二

（元）朱祖义撰

又歌曰（皋陶又歌以为戒云）：元首丛脞哉（人君亲细碎，不务大略，屑屑侵臣职。脞，取果反），股肱惰哉（则人臣怠惰不共乃职事），万事堕哉（然后万事从而隳废矣。堕，音隳）。

21. 《尚书日记》卷四

（明）王樵撰

（归善斋按：见"帝庸作歌"）

22. 《日讲书经解义》卷二

（清）库勒纳等撰

（归善斋按：见"帝庸作歌"）

《书经衷论》卷一

（清）张英撰

虞廷之臣皆皋、夔也，岂有面从后言之失？虞廷之君，则大舜也，岂有丹朱傲虐之忧，而当日君臣之警戒若此。丛脞、隳惰，尧舜之所不讳，而不累其为圣。"予雄予智"，桀纣之所日闻，而不掩其为愚。然则，直言果奚损，谀言果奚益哉？

《尚书七篇解义》卷一

（清）李光地撰

（归善斋按：见"帝庸作歌"）

帝拜曰：俞，往钦哉

1.《尚书注疏》卷四

（汉）孔氏传，（唐）陆德明音义，孔颖达疏

帝拜曰：俞，往钦哉。

传：拜受其歌，戒群臣，自今以往，敬其职事哉。

疏：帝拜而受之曰：然。然其所歌，显是也。汝群臣，自今已往，各敬其职事哉。

2.《书传》卷四

（宋）苏轼撰

（归善斋按：见"元首丛脞哉"）

3.《尚书全解》卷六

（宋）林之奇撰

（归善斋按：见"元首丛脞哉"）

4.《尚书讲义》卷四

（宋）史浩撰

（归善斋按：见"戛击鸣球"）

5.《尚书详解》卷五

（宋）夏僎撰

（归善斋按：见"皋陶拜手稽首"）

6.《增修东莱书说》卷四

帝拜曰：俞！往钦哉。

皋陶切直辩论，至此深契帝舜之心，拜而受之，有不自觉。盖古者，君臣席地而坐，故闻皋陶之言，而遽拜。君犹父也，无拜臣之礼。一言之间，可以为帝者师，以师礼拜而俞之。观"往钦哉"一语，古人所谓尧、舜，虽没千百年，其心至今犹在也。此篇大概脉络固相通，然其间，非一时之言。"往钦哉"之言，意有不同前者，以戒群臣，往敬其所行，此乃君臣相戒。自今已往，敬而勿失。舜、皋陶之赓歌，三百篇之祖也。治定功成，君臣陶于至和，不能自已。正薰陶浃洽，手舞足蹈之时，于是时而作歌，宜其发扬蹈厉。而云"敕天之命，惟时惟几"，至乐乃在警戒畏惧之中。皋陶闻之天机，自动飚言大呼，亦当铺张治功，而不出于规矩准绳之中，皆不失其则者，所以见情性之正而为，本于三百篇也。皋陶之歌，百代为君者所当戒。而于舜时，为尤切。舜之时，恭己正南面，法度彰，礼乐著，群贤布职，但总其大纲不可复加，正所谓"无妄之往，何之矣"。二典、三谟，或记其臣之拜，或记其君之拜，皆和气浃洽不自知，其所以然也。

7.《尚书说》卷一

（宋）黄度撰

（归善斋按：见"帝庸作歌"）

8.《洁斋家塾书钞》卷三

（宋）袁燮撰

（归善斋按：见"皋陶拜手稽首"）

9.《书经集传》卷一

（宋）蔡沈撰

（归善斋按：见"帝庸作歌"）

10.《尚书精义》卷八

（宋）黄伦撰

（归善斋按：见"元首明哉"）

11.《尚书详解》卷五

（宋）陈经撰

（归善斋按：见"帝庸作歌"）

12.《融堂书解》卷二

（宋）钱时撰

（归善斋按：见"帝庸作歌"）

13.《尚书要义》卷五

（宋）魏了翁撰

（归善斋按：未引）

14.《书集传或问》卷上

（宋）陈大猷撰

（归善斋按：未解）

15. 《尚书详解》卷二

（宋）胡士行撰

帝拜曰：俞！往钦哉。

"往钦哉"一语，古人所谓尧、舜虽没千百年，而其心至今犹在也。治定功成，陶为至和，不知手舞足蹈，而歌作焉。曰敕天之命，其至乐，乃在警戒畏惧中。皋陶闻之，天机自动，当铺张扬厉，而不出规矩准绳之中，所以见情性之正也。舜之时，恭己南面，礼乐著，法度彰，群贤布职，但总其大纲，不可复加，所谓"无妄之往何之矣"。君父无拜礼，而拜焉者，言为帝者师也。

16. 《书纂言》卷一

（元）吴澄撰

帝拜曰：俞！往钦哉。

蔡氏曰：帝拜重其礼也。然其言而曰：汝等往治其职，不可不敬也。陈氏曰：典、谟之书，皆以钦终之。

此第四章。

17. 《书集传纂疏》卷一

（元）陈栎撰

（归善斋按：见"帝庸作歌"）

18. 《读书丛说》卷三

（元）许谦撰

（归善斋按：未解）

19. 《书传辑录纂注》卷一

（元）董鼎撰

（归善斋按：见"帝庸作歌"）

20.《尚书句解》卷二

（元）朱祖义撰

帝拜曰：俞（舜乃拜受其言，"俞"以然之云）！往钦哉（自今以往，君臣皆当敬其事而行之）。

21.《尚书日记》卷四

（明）王樵撰

（归善斋按：见"帝庸作歌"）

22.《日讲书经解义》卷二

（清）库勒纳等撰

（归善斋按：见"帝庸作歌"）

《尚书七篇解义》卷一

（清）李光地撰

（归善斋按：见"帝庸作歌"）

《尚书大传》卷一

（清）孙之騄辑

《九共传》

《书》曰：予辩下土，使民平平，使民无傲（《玉海》：《虞传》有《九共》篇）。